内蒙古年鉴

2021

内蒙古自治区人民政府地方志研究室　编

内蒙古人民出版社

图书在版编目(CIP)数据

内蒙古年鉴. 2021 / 内蒙古自治区人民政府地方志研究室编. -- 呼和浩特 : 内蒙古人民出版社, 2021.12
ISBN 978-7-204-17104-0

Ⅰ. ①内… Ⅱ. ①内… Ⅲ. ①内蒙古－2021－年鉴
Ⅳ. ①Z522.6

中国版本图书馆CIP数据核字(2022)第002484号

内蒙古年鉴(2021)

NEIMENGGU NIANJIAN 2021

主　　编　贺　彪
责任编辑　南　丁
版式设计　白采云
出版发行　内蒙古人民出版社
地　　址　呼和浩特市新城区中山东路8号波士名人国际B座5楼
网　　址　http://www.impph.cn
印　　刷　内蒙古爱信达教育印务有限责任公司
开　　本　889mm×1194mm　1/16
印　　张　41.125
字　　数　1520千
版　　次　2021年12月第1版
印　　次　2022年6月第1次印刷
印　　数　1—2000册
书　　号　ISBN 978-7-204-17104-0
定　　价　320.00元

图书营销部联系电话：(0471) 3946267 3946269
如出现印装质量问题，请与我社联系。联系电话：(0471) 3946120 3946124

▲ 2020 年 1 月 13—14 日，自治区副主席郑宏范（前排左二）在通辽调研推行使用国家统编教材工作　　（自治区教育厅 供）

▲ 2020 年 3 月 9 日，自治区党委召开全区决战决胜脱贫攻坚工作会议　（自治区扶贫办 供）

◀ 2020年3月19日，教育部部长陈宝生（左二）在内蒙古交通职业技术学院实地考察

（自治区教育厅 供）

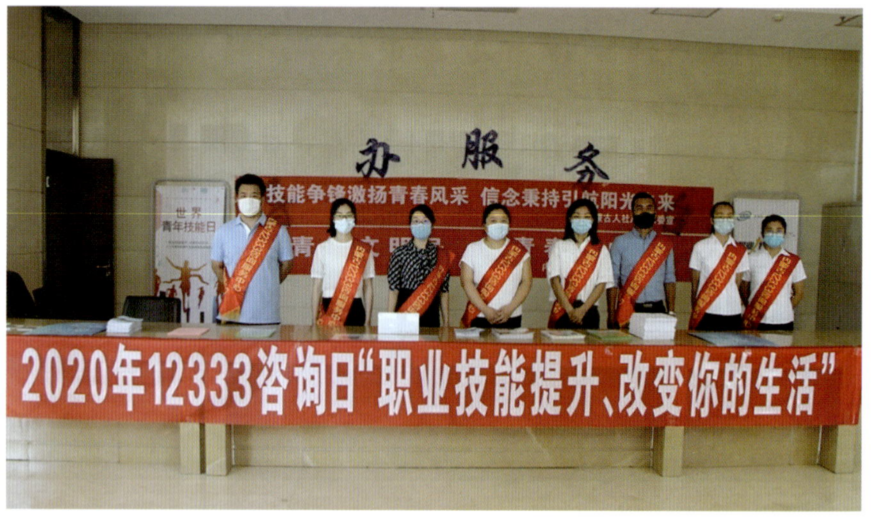

▶ 2020年7月15日，自治区人力资源和社会保障厅举办“职业技能提升、改变你的生活”12333统一咨询日活动

（自治区人力资源和社会保障厅 供）

◀ 2020年8月2日，自治区专家服务基层活动（莫力达瓦达斡尔族自治旗医疗服务项目）在尼尔基镇启动

（自治区人力资源和社会保障厅 供）

▶ 2020 年 8 月 13 日，内蒙古代表团参加全国扶贫职业技能大赛

（自治区人力资源和社会保障厅 供）

◀ 2020 年 8 月 19 日，自治区民政厅厅长陈洁（右三）一行到呼和浩特市调研指导居家和社区养老服务改革试点工作 （自治区民政厅 供）

▶ 2020 年 8 月 28 日，第四届"中国创翼"创业创新大赛内蒙古赛区选拔赛暨内蒙古第五届"创业包头杯"创业创新大赛在包头举行

（自治区人力资源和社会保障厅 供）

▲ 2020 年 9 月 13 日，自治区党委副书记、政法委书记林少春（右三）到赤峰市阿鲁科尔沁旗、巴林右旗调研推进统编教材使用情况　　（自治区教育厅 供）

▲ 2020 年 9 月 15 日，全区消费扶贫月启动仪式　（自治区扶贫办 供）

◀ 2020年9月16日，宁蒙合作宁夏医疗卫生专家服务阿尔山项目在阿尔山市中（蒙）医院正式启动

（自治区人力资源和社会保障厅 供）

▶ 2020年9月17日，内蒙古和谐劳动用工服务系统上线启动仪式

（自治区人力资源和社会保障厅 供）

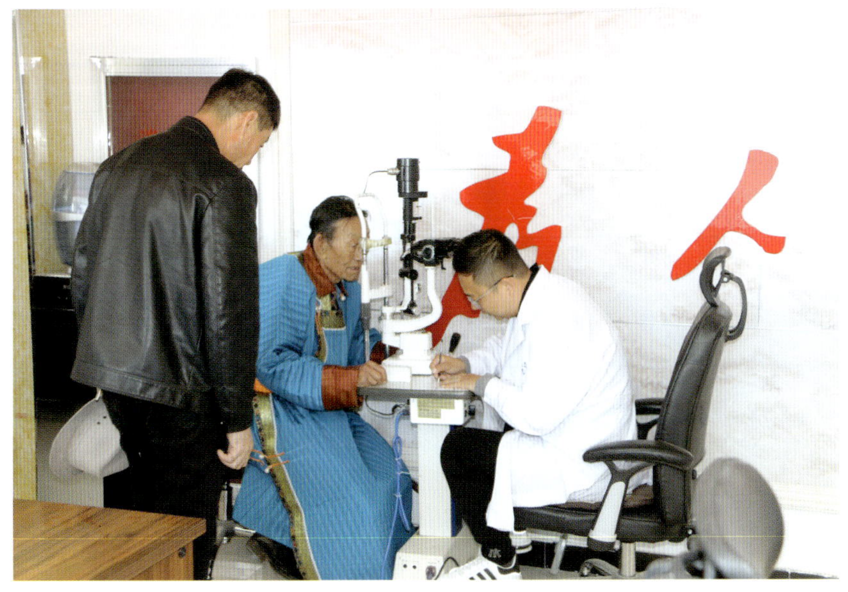

◀ 2020年10月，赤峰市“心明眼亮”社会公益活动走进克什克腾旗巴彦查干苏木、达日罕乌拉苏木 （自治区民政厅 供）

▲ 2020年12月22日，自治区党委副书记、自治区主席布小林（左二）到内蒙古师范大学与师生亲切交流 （自治区教育厅 供）

▲ 鄂尔多斯市鄂托克前旗民政局12349便民为老服务项目 （自治区民政厅 供）

▲锡林郭勒盟苏尼特右旗电商扶贫产业基地　（自治区扶贫办 供）

▲通辽市扎鲁特旗青旺种植专业合作社百亩生态小麦喜获丰收　（自治区扶贫办 供）

▲乌兰察布市兴和县甲坝新村危房改造后实景　（自治区扶贫办 供）

▲呼和浩特市清水河县浑河滩小香米扶贫产业基地　（自治区扶贫办 供）

▲ 2020年6月13日，内蒙古2020年“文化和自然遗产日”非遗宣传展示主场活动以线上线下相结合的方式举办

（自治区文化和旅游厅 供）

▲ 2020年7月13日，由内蒙古民族艺术剧院创作出品的话剧《红手印》，在乌兰恰特大剧院演出

（自治区文化和旅游厅 供）

▲ 2020 年 7 月 21—30 日，自治区文化和旅游厅组织开展了“文旅进军营、慰问子弟兵”系列双拥活动　（自治区文化和旅游厅 供）

▲ 2020 年 7 月 22—23 日，内蒙古民族艺术剧院歌舞团《唱响新时代》歌舞晚会在乌兰恰特大剧院举行　（自治区文化和旅游厅 供）

▶ 2020 年 7 月 24 日晚，内蒙古民族艺术剧院民乐团的民族管弦音乐会《盛夏华章》在剧院音乐厅演出

（自治区文化和旅游厅 供）

◀ 2020 年 7 月 28 日，为期 5 天的内蒙古自治区民族手工艺和文创旅游精品展示活动在内蒙古展览馆开幕，自治区党委副书记、自治区主席布小林（右一）出席开幕式

（自治区文化和旅游厅 供）

▶ 2020 年 8 月 1 日，全景式大型马舞剧《千古马颂》在呼和浩特市内蒙古少数民族群众文化体育运动中心进行首场演出

（自治区文化和旅游厅 供）

◀ 2020年8月3日，自治区人大常委会副主任廉素（右三）带队开展全区非遗一法一条例执法检查，图为在呼和浩特市考察莜面制作技艺

（自治区文化和旅游厅 供）

▲ 2020年9月6日，是自治区第16个草原文化遗产保护日，“内蒙古民族文化——传统工艺现代创意专题展”在内蒙古展览馆开展

（自治区文化和旅游厅 供）

◀ 内蒙古博物院院长陈永志（右一）参加“爱上内蒙古历史文化——内蒙古文化上抖音”直播活动

（自治区文化和旅游厅 供）

▶工程机械——MD42履带式推土机

（自治区工业和信息化厅 供）

◀特种汽车——城市智能渣土运输自卸汽车

（自治区工业和信息化厅 供）

▶铁路车辆——KM100型铝合金煤炭漏斗车

（自治区工业和信息化厅 供）

◀带法兰超高分子聚乙烯管
（自治区工业和信息化厅 供）

▲超高分子聚乙烯管 （自治区工业和信息化厅 供）

▲管材应用 （自治区工业和信息化厅 供）

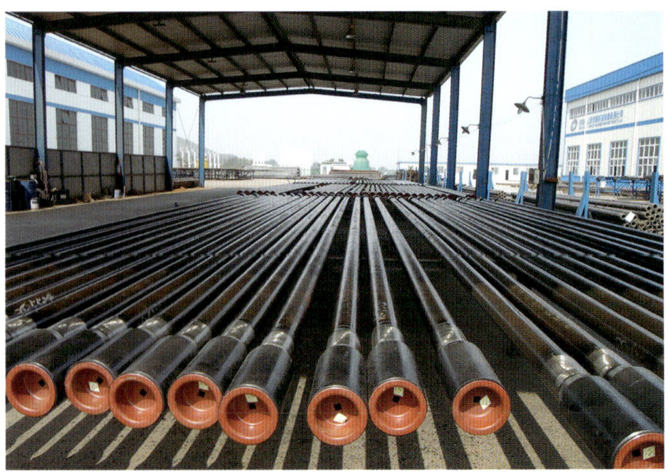

▶石油机械——钻杆
（自治区工业和信息化厅 供）

《内蒙古年鉴（2021）》编委会

编辑说明

一、《内蒙古年鉴（2021）》是以马克思列宁主义、毛泽东思想、邓小平理论、“三个代表”重要思想、科学发展观、习近平新时代中国特色社会主义思想为指导，运用辩证唯物主义和历史唯物主义的立场、观点和方法，全面、系统地记述本行政区域自然、政治、经济、文化、社会等方面情况的年度资料性文献。

二、《内蒙古年鉴（2021）》力求客观、系统、真实地记述2020年内蒙古自治区各领域的基本情况。记述时限为2020年1月1日至12月31日，为了事物记述的完整性，部分类目记述时间适当上溯或下延，部分年度统计数据亦不受此时段所限。

三、《内蒙古年鉴（2021）》遵从分类编排、设条记述的基本原则，全书由类目、分目、条目组成，部分条目加层次性小标题。

四、《内蒙古年鉴（2021）》全书包括内蒙古自治区行政区划图、专题彩图、数字内蒙古、特载、专记、大事记、内蒙古区情、政治建设、经济建设、文化建设、社会建设、生态文明建设、盟市旗县（市、区）、开发区 工业园区、企业选介、荣誉、附录、索引等内容。

五、《内蒙古年鉴（2021）》为突出年度特色、地域特色和时代特色，相关类目和分目进行了适当调整。

六、《内蒙古年鉴（2021）》所用资料由自治区各盟行政公署，市、旗县（市、区）人民政府及其地方志工作机构，自治区各委、办、厅、局，各大企业、事业单位、各社会团体提供。引用统计数据均由全区各级统计部门提供。由于行业和地区统计等方面的原因，个别条目略有差异，凡此均以内蒙古自治区统计局发布的统计数据为准。

七、卷首专题图片主题内按时间顺序排列。

八、《内蒙古年鉴（2021）》行文遵循国家和自治区有关规定。

目　录

特　载

专　记

大事记

内蒙古区情

政治建设

中国共产党内蒙古自治区委员会

内蒙古自治区人民代表大会

内蒙古自治区人民政府

中国人民政治协商会议内蒙古自治区委员会

纪委监委

民主党派

群众团体

军　事

法　治

经济建设

经济综合管理与服务

农业　水利

工　业

信息产业

交通运输　邮政

城乡建设

财政　税务

金　融

商业贸易

科学技术

文化建设

文化旅游事业

新闻出版广电

社会科学

社会建设

教　育

卫　生

体　育

社会管理

生态文明建设

生态环境保护

资源管理

盟市旗县（市、区）

开发区　工业园区

企业选介

央企内蒙古区域公司

自治区国有企业

中国民营企业500强内蒙古企业

荣　誉

附　录

索　引

ᠭᠠᠷᠴᠠᠭ

[illegible]

[illegible]

[illegible]

ᠲᠤᠰᠬᠠᠢ ᠮᠡᠳᠡᠭᠡᠯ ᠮᠡᠳᠡᠭᠡ ᠪᠢᠴᠢᠭ

ᠬᠦᠮᠦᠨ ᠠᠷᠠᠳ ᠤᠨ ᠪᠠᠶᠢᠭᠤᠯᠤᠯᠲᠠ ᠤᠨ ᠲᠥᠷᠥ ᠶᠢᠨ ᠠᠵᠢᠯ ᠬᠡᠷᠡᠭ
ᠬᠠᠮᠲᠤᠷᠠᠨ ᠠᠵᠢᠯᠯᠠᠬᠤ ᠶᠠᠮᠤᠳ ᠤᠨ ᠠᠵᠢᠯ ᠬᠡᠷᠡᠭ ᠤᠨ ᠲᠣᠢᠮᠤ

ᠬᠤᠷᠠᠯ ᠤᠨ ᠰᠠᠨᠠᠯ ᠤᠨ ᠬᠤᠷᠠᠯ
ᠲᠤᠰᠬᠠᠢ ᠮᠡᠳᠡᠭᠡᠯ ᠤᠨ ᠬᠠᠮᠲᠤᠷᠠᠨ ᠠᠵᠢᠯᠯᠠᠬᠤ

ᠬᠤᠷᠠᠯ ᠤᠨ ᠥᠪᠡᠷᠲᠡᠭᠡᠨ ᠤ ᠬᠠᠷᠢᠶ᠎ᠠ ᠶᠢᠨ ᠬᠤᠷᠠᠯ ᠤᠨ
ᠲᠤᠰᠬᠠᠢ ᠮᠡᠳᠡᠭᠡᠯ ᠤᠨ ᠬᠠᠮᠲᠤᠷᠠᠨ ᠠᠵᠢᠯᠯᠠᠬᠤ ᠬᠤᠷᠠᠯ ᠤᠨ

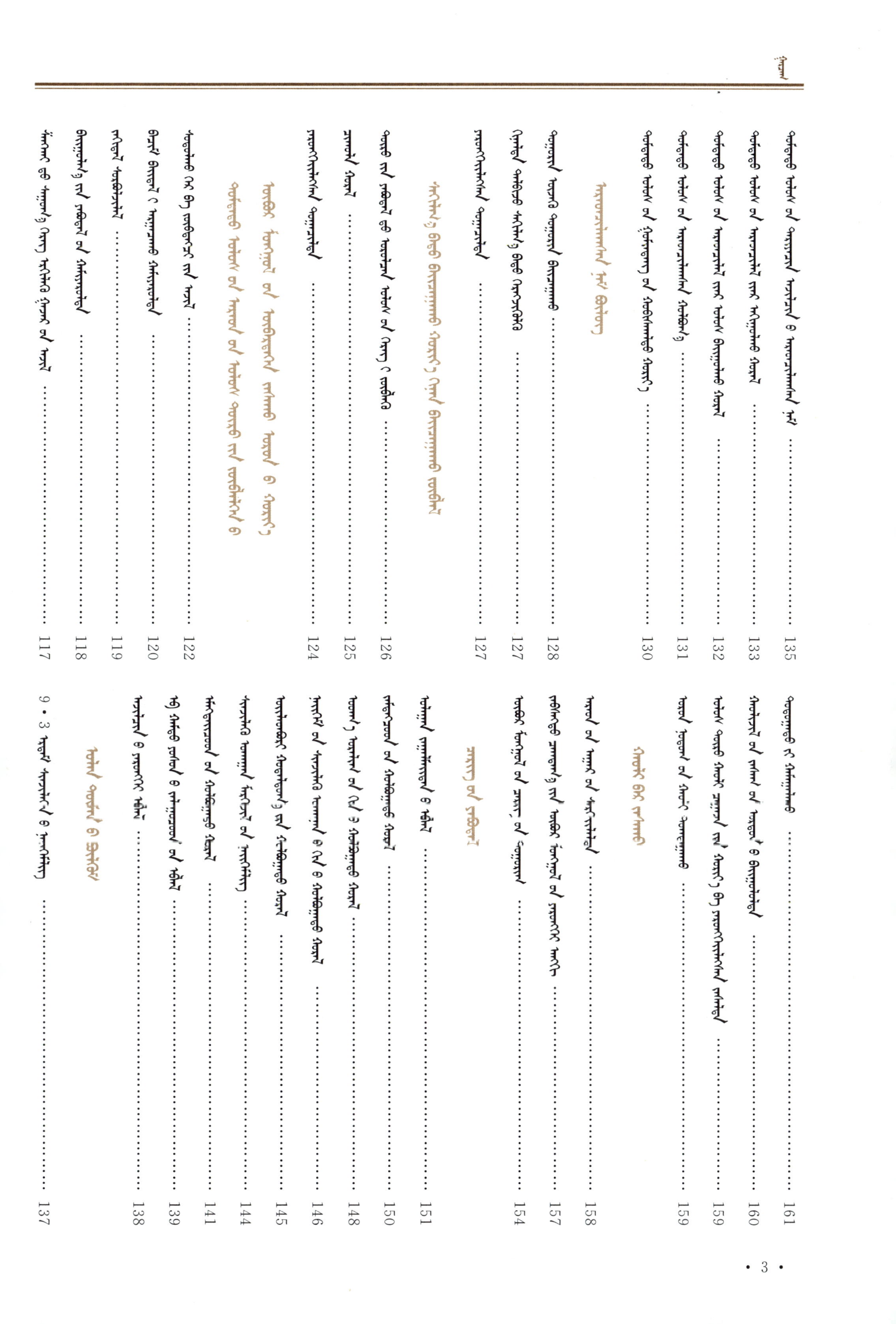

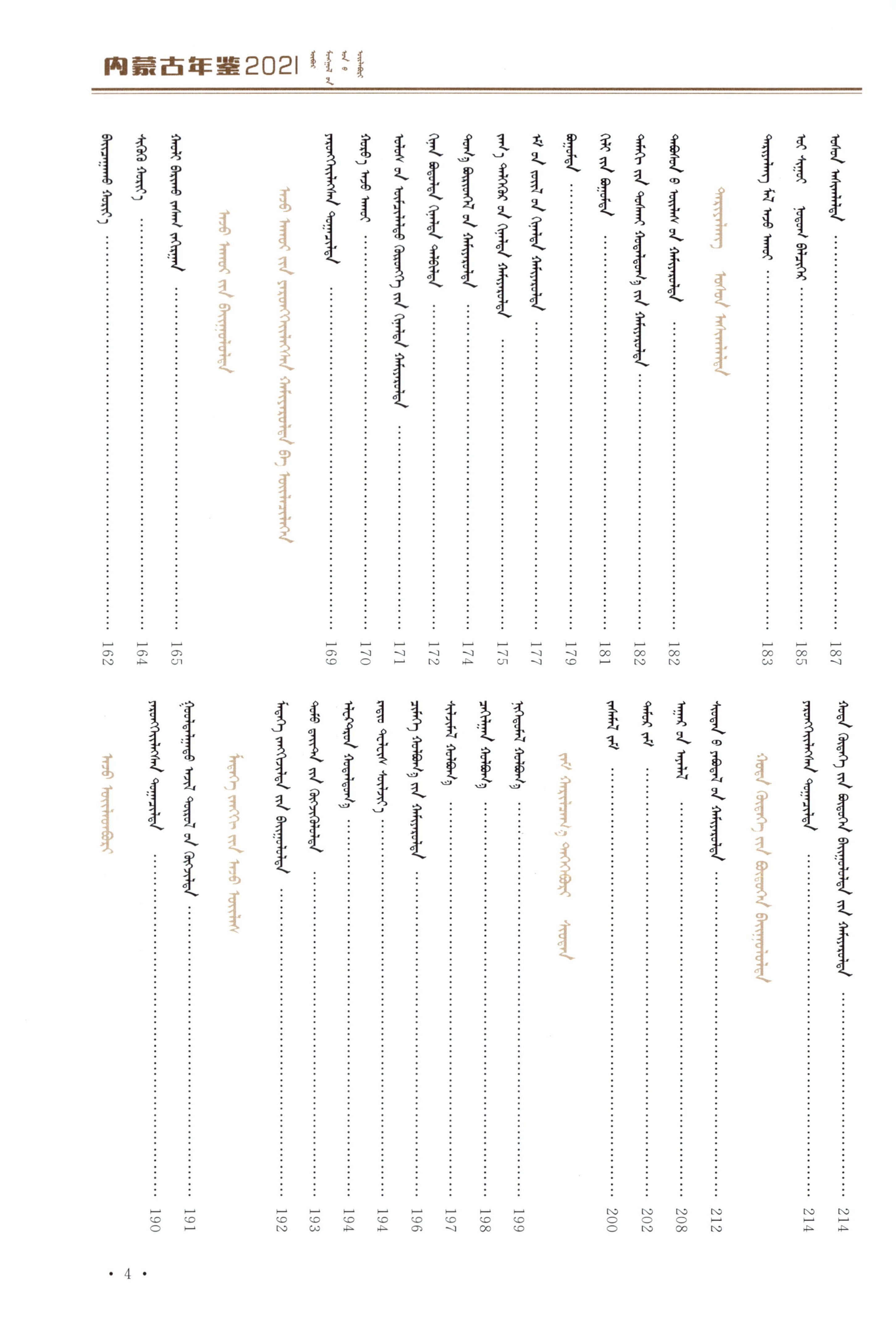

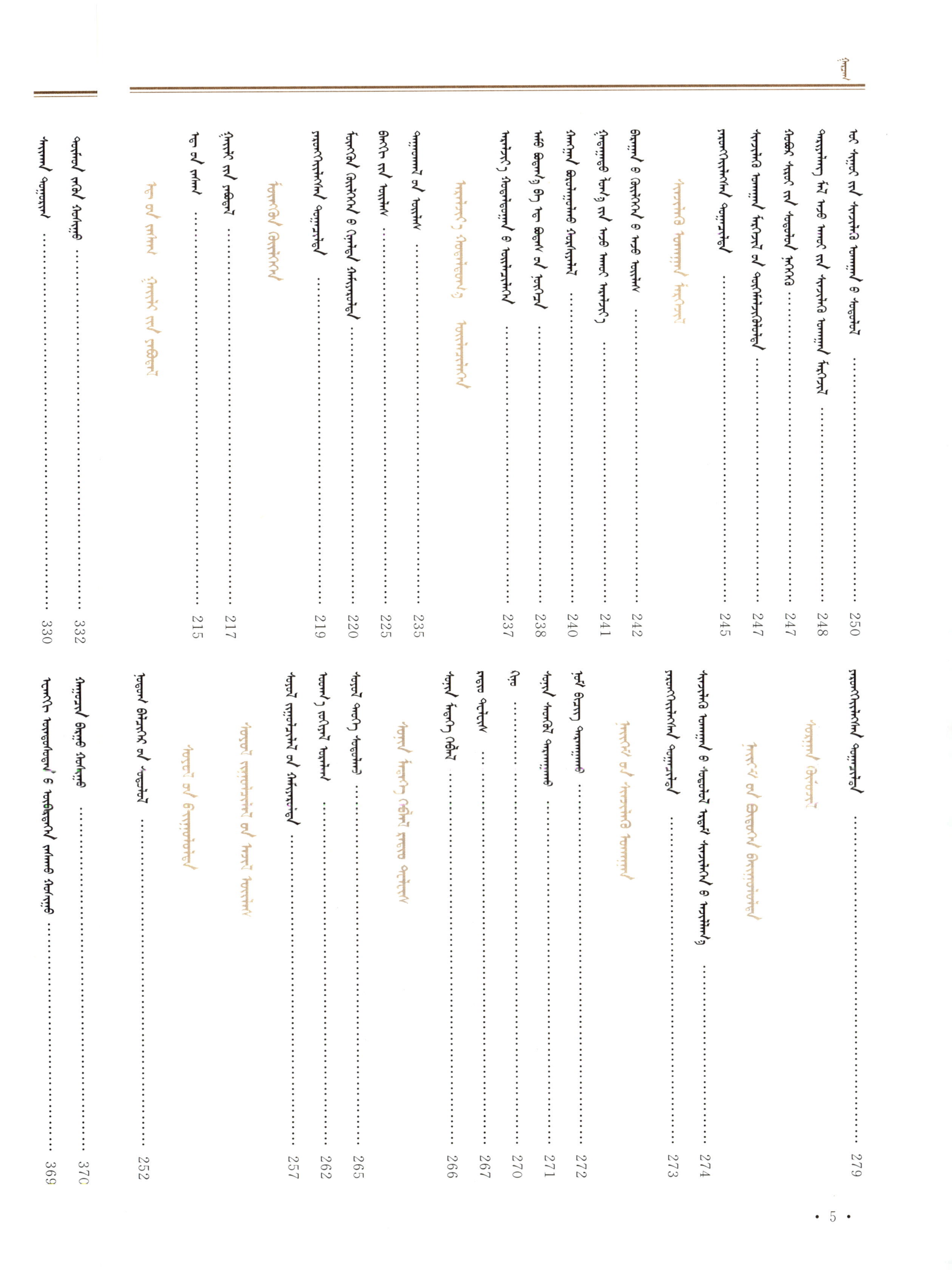

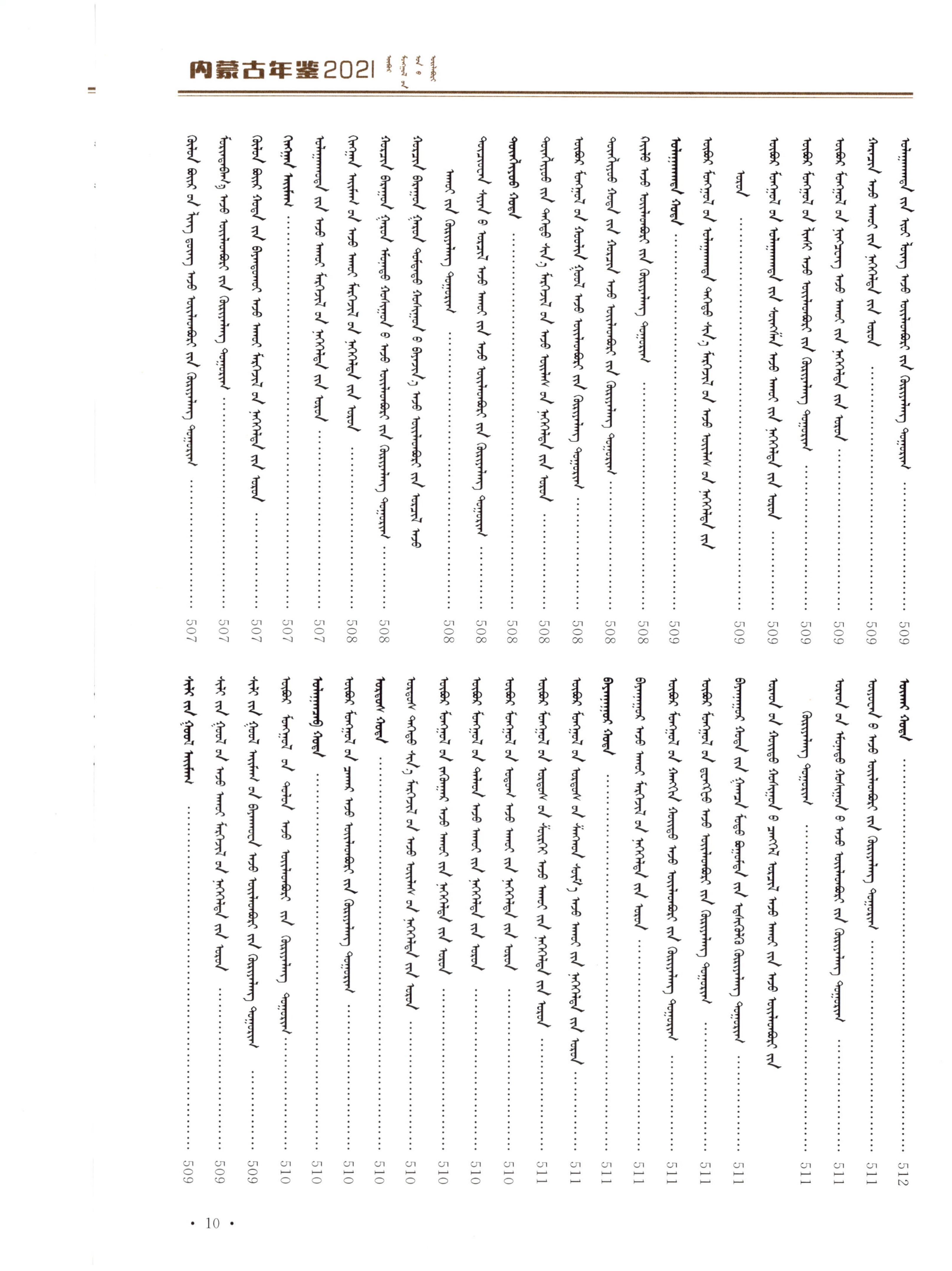

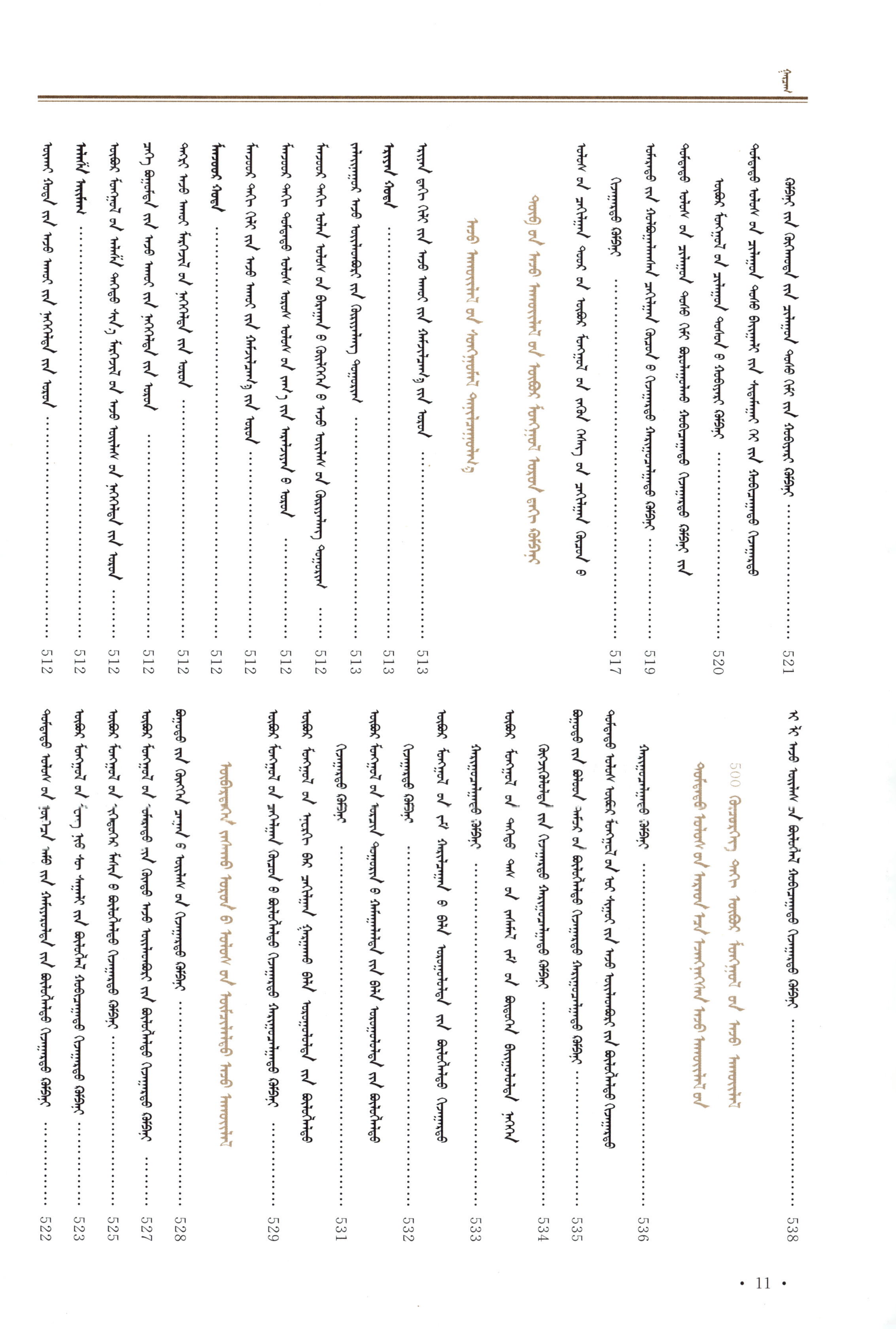

ᠬᠦᠨᠳᠦᠯᠡᠯ ᠴᠣᠯᠠ

ᠬᠠᠪᠰᠤᠷᠤᠯᠲᠠ

ᠬᠡᠯᠬᠢᠶ᠎ᠡ

CONTENTS

Inner Mongolia Autonomous Region People's Congress

People's Government of Inner Mongolia Autonomous Region

Committee of the Chinese's Political Consultative Conference of Inner Mongolia Autonomous Region

Commission for Discipline Inspection and Ministry Supervision

Democratic Parties Association

Mass Organizations

Military Affairs

The Rule of Law

Economic Construction

Integrated Economic Management and Services

Agriculture and Water Conservancy

Industry

Information Industry

Traffic and Postal Service

Urban and Rural Construction

Public Finance and Taxation

Finance

Commercial Trade

Science and Technology

Cultural Construction

Culture and Tourism

Press, Publication, Radio and Television

The Social Sciences

Social Construction

Education

Health

Sport

Social Administration

Ecological Civilization Construction

Environmental Protection

Resource Management

Leagues,Cities,Banners and Counties (Urban Areas)

Development Zone, Industrial Parks

Select Representative Enterprises for Introduction

Central Enterprise Inner Mongolia Regional Company

State-owned Enterprise of Inner Mongolia Autonomous Region

Top 500 Chinese Private Enterprises in Inner Mongolia

Honor

Appendix

Index

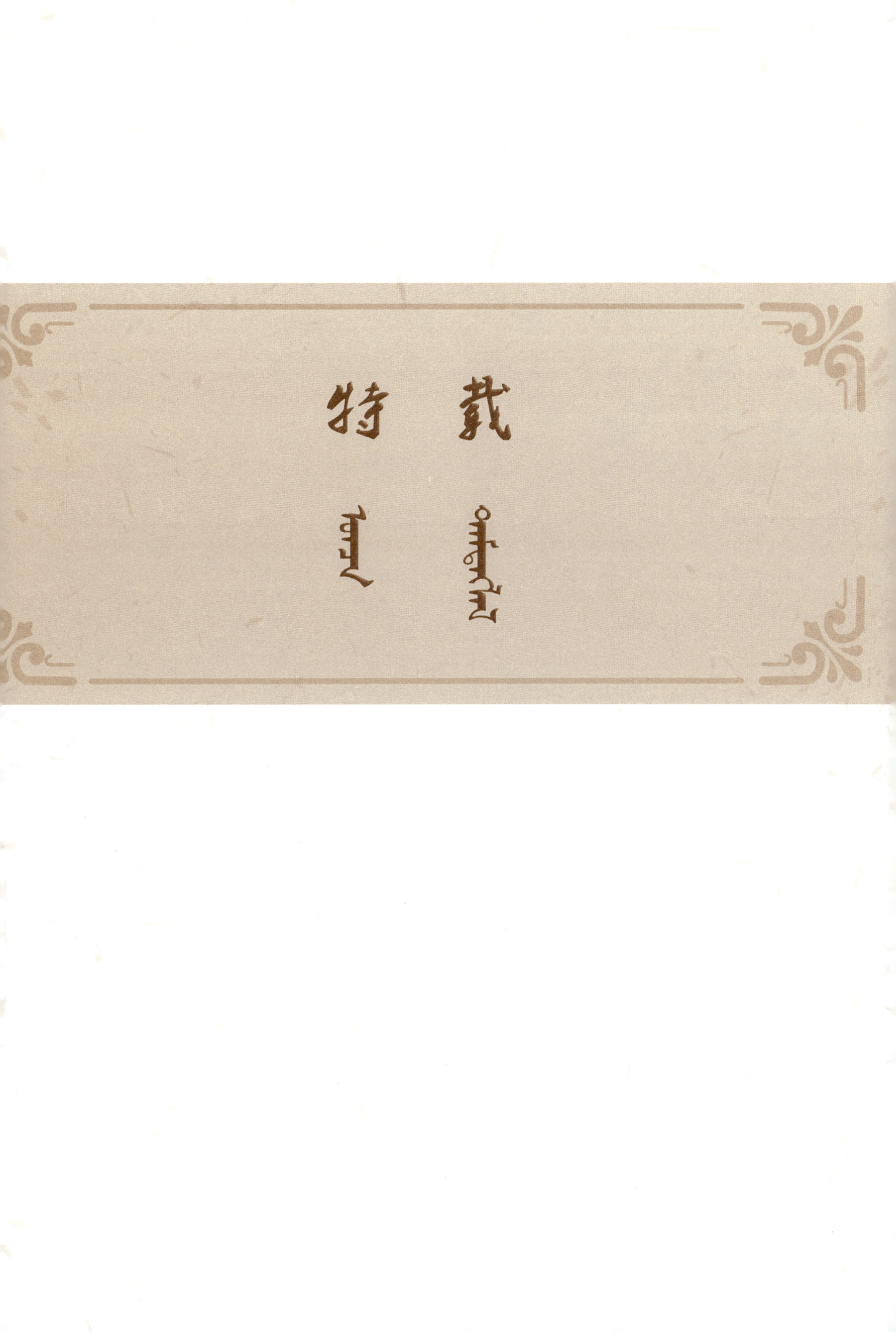

特载

ᠣᠨᠴᠠ ᠲᠡᠮᠳᠡᠭᠯᠡᠯ

习近平在参加十三届全国人大一次会议内蒙古代表团审议时强调 扎实推动经济高质量发展 扎实推进脱贫攻坚

中共中央总书记、国家主席、中央军委主席习近平2018年3月5日下午在参加他所在的十三届全国人大一次会议内蒙古代表团审议时强调，锐意创新、埋头苦干，守望相助、团结奋斗，扎实推动经济高质量发展，扎实推进脱贫攻坚，扎实推进民族团结和边疆稳固，把祖国北部边疆这道风景线打造得更加亮丽。

当习近平走进会场时，全场响起热烈掌声。蒙古族代表向习近平献上蓝色的哈达。习近平祝各位代表及内蒙古各族干部群众新春愉快，祝2500多万草原儿女在瑞犬之年生活幸福、事业兴旺。

李纪恒、布小林、赵会杰、孟和、孟宪东、李翠枝、龚明珠、李全文等8位代表分别就建设亮丽内蒙古和模范自治区、走新时代乡村振兴之路、打造生态旅游产业、打赢精准脱贫攻坚战、促进龙头企业与农牧民共赢、推动资源型地区新旧动能转换、推进国企混合所有制改革等问题发言。习近平边听边记，不时询问。

在认真听取代表发言后，习近平作了发言。他首先表示完全赞成政府工作报告，强调政府工作报告体现了党的十八大以来党中央的一系列决策部署，体现了党的十九大精神，回顾了过去5年政府工作情况和成就，提出了今年政府工作目标任务。

习近平指出，内蒙古是我国最早成立民族自治区、党的民族区域自治制度最早付诸实施的地方，地处祖国北疆，战略地位十分重要。内蒙古改革发展稳定工作做好了，在全国、在国际上都有积极意义。他充分肯定党的十八大以来内蒙古各方面建设取得的新成绩，希望内蒙古的同志们再接再厉，打好三大攻坚战，扎实解决好发展不平衡不充分问题，推动经济发展质量变革、效率变革、动力变革，全面做好稳增长、促改革、调结构、惠民生、防风险各项工作，推动经济社会发展再上新台阶。

习近平强调，我国经济已由高速增长阶段转向高质量发展阶段。现在，我国经济结构出现重大变化，居民消费加快升级，创新进入活跃期，如果思维方式还停留在过去的老套路上，不仅难有出路，还会坐失良机。推动经济高质量发展，要把重点放在推动产业结构转型升级上，把实体经济做实做强做优。要立足优势、挖掘潜力、扬长补短，努力改变传统产业多新兴产业少、低端产业多高端产业少、资源型产业多高附加值产业少、劳动密集型产业多资本科技密集型产业少的状况，构建多元发展、多极支撑的现代产业新体系，形成优势突出、结构合理、创新驱动、区域协调、城乡一体的发展新格局。要把现代能源经济这篇文章做好，紧跟世界能源技术革命新趋势，延长产业链条，提高能源资源综合利用效率。要大力培育新产业、新动能、新增长极，发展现代装备制造业，发展新材料、生物医药、电子信息、节能环保等新兴产业，发展现代服务业，发展军民融合产业，补足基础设施欠账，发挥国家向北开放重要桥头堡作用，优化资源要素配置和生产力空间布局，走集中集聚集约发展的路子，形成有竞争力的增长极。要有效防范化解债务风险，绷紧防范化解债务风险这根弦。要加强生态环境保护建设，统筹山水林田湖草治理，精心组织实施京津风沙源治理、“三北”防护林建设、天然林保护、退耕还林、退牧还草、水土保持等重点工程，实施好草畜平衡、禁牧休牧等制度，加快呼伦湖、乌梁素海、岱海等水生态综合治理，加强荒漠化治理和湿地保护，加强大气、水、土壤污染防治，在祖国北疆构筑起万里绿色长城。

习近平强调，全面建成小康社会，标志性的指标是农村贫困人口全部脱贫、贫困县全部摘帽。打好脱贫攻坚战，关键是打好深度贫困地区脱贫攻坚战，关键是攻克贫困人口集中的乡（苏木）村（嘎查）。要采取更加有力的举措、更加精细的工作，瞄准贫困人口集中的乡（苏木）村（嘎查），重点解决好产业发展、务工就业、基础设施、公共服务、医疗保障等问题。要完善大病兜底保障机制，解决好因病致贫问题。既要解决好眼下问题，更要形成可持续的长效机制。要把脱贫攻坚同实施乡村振兴战略有机结合起来，推动乡村牧区产业兴旺、生态宜居、乡风文明、治理有效、生活富裕，把广大农牧民的生活家园全面建设好。今年是脱贫攻坚作风建设年。要认真开展扶贫领域腐败和作风问题专项治理，加强扶贫资金管理，对挪用、贪污扶贫款项的行为严惩不贷。群众对一些地方脱贫攻坚工作中的形式主义、官僚主义、弄虚作假现象非常反感，要认真加以解决。

习近平强调，我国是统一的多民族国家，民族团结是各族人民的生命线。加强民族团结，根本在于坚持和完善民族区域自治制度。要高举各民族大团结旗帜，全面贯彻党的民族政策，使民族区域自治制度这一理论根源越扎越深、实践根基越打越牢。加强民族团结，基础在于搞好民族团结进步教育，建设各民族共有精神家园。要深入践行守望相助理念，深化民族团结进步教育，铸牢中华民族共同体意识，促进各民族像石榴籽一样紧紧抱在一起，共同守卫祖国边疆、共同创造美好生活。社会主义核心价值观决定着各民族共有精神家园的发展方向，必须在各民族中大力培育和践行，坚持从小就抓、从幼儿园就抓，注重从少数民族文化中汲取营养，创新载体和方式，搞好网上和网下结合，增进各族群众对伟大祖国、中华民族、中华文化、中国共产党、中国特色社会主义的认同，形成各民族同呼吸、共命运、心连心的牢固精神纽带，妥善处理少数民族和民族地区发展中的各种利益矛盾，把祖国北疆安全稳定屏障建设得更加牢固。

（来源：人民网）

习近平在参加十三届全国人大二次会议内蒙古代表团审议时强调
保持加强生态文明建设的战略定力 守护好祖国北疆这道亮丽风景线

中共中央总书记、国家主席、中央军委主席习近平2019年3月5日下午在参加他所在的十三届全国人大二次会议内蒙古代表团审议时强调，保持加强生态文明建设的战略定力，探索以生态优先、绿色发展为导向的高质量发展新路子，加大生态系统保护力度，打好污染防治攻坚战，守护好祖国北疆这道亮丽风景线。

当习近平走进会场时，全场起立热烈鼓掌。鄂温克族代表向习近平献上蓝色的哈达，表达内蒙古各族群众对党中央和总书记的敬意。习近平向他们表示感谢，并请他们转达对各族干部群众的诚挚问候。

张继新、于立新、李玉良、索曙辉、吴云波、赵江涛、刘亚声、龚明珠等8位代表分别就发挥基层干部"领头雁"作用、加强生态环境保护、发展民营经济、打赢脱贫攻坚战、提高资源利用效率完善大病兜底保障机制建设现代能源经济等问题发言。习近平不时同大家交流，最后作了发言。

习近平首先表示，政府工作报告体现了新时代中国特色社会主义思想和党的十九大精神，体现了党中央关于今年工作的总体部署和要求，完全赞成。

习近平充分肯定内蒙古一年来的工作，希望内蒙古的同志认真贯彻落实党中央决策部署，贯彻落实新发展理念，坚持稳中求进工作总基调，按照高质量发展要求，正确处理稳和进的辩证关系，统筹推进稳增长、促改革、调结构、惠民生、防风险、保稳定各项工作，推进全面从严治党，保持经济持续健康发展和社会大局稳定，不断增强各族群众获得感、幸福感、安全感，以优异成绩庆祝新中国成立70周年。

习近平强调，党的十八大以来，我们党关于生态文明建设的思想不断丰富和完善。在"五位一体"总体布局中生态文明建设是其中一位，在新时代坚持和发展中国特色社会主义基本方略中坚持人与自然和谐共生是其中一条基本方略，在新发展理念中绿色是其中一大理念，在三大攻坚战中污染防治是其中一大攻坚战。这"四个一"体现了我们党对生态文明建设规律的把握，体现了生态文明建设在新时代党和国家事业发展中的地位，体现了党对建设生态文明的部署和要求。各地区各部门要认真贯彻落实，努力推动我国生态文明建设迈上新台阶。

习近平指出，内蒙古生态状况如何，不仅关系全区各族群众生存和发展，而且关系华北、东北、西北乃至全国生态安全。把内蒙古建成我国北方重要生态安全屏障，是立足全国发展大局确立的战略定位，也是内蒙古必须自觉担负起的重大责任。构筑我国北方重要生态安全屏障，把祖国北疆这道风景线建设得更加亮丽，必须以更大的决心、付出更为艰巨的努力。

习近平强调，要保持加强生态文明建设的战略定力。保护生态环境和发展经济从根本上讲是有机统一、相辅相成的。不能因为经济发展遇到一点困难，就开始动铺摊子上项目、以牺牲环境换取经济增长的念头，甚至想方设法突破生态保护红线。在我国经济由高速增长阶段转向高质量发展阶段过程中，污染防治和环境治理是需要跨越的一道重要关口。我们必须咬紧牙关，爬过这个坡，迈过这道坎。要保持加强生态环境保护建设的定力，不动摇、不松劲、不开口子。

习近平指出，要探索以生态优先、绿色发展为导向的高质量发展新路子。要贯彻新发展理念，统筹好经济发展和生态环境保护建设的关系，努力探索出一条符合战略定位、体现内蒙古特色，以生态优先、绿色发展为导向的高质量发展新路子。要坚持底线思维，以国土空间规划为依据，把城镇、农业、生态空间和生态保护红线、永久基本农田保护红线、城镇开发边界作为调整经济结构、规划产业发展、推进城镇化不可逾越的红线，立足本地资源禀赋特点、体现本地优势和特色。

习近平强调，要加大生态系统保护力度。内蒙古有森林、草原、湿地、河流、湖泊、沙漠等多种自然形态，是一个长期形成的综合性生态系统，生态保护和修复必须进行综合治理。保护草原、森林是内蒙古生态系统保护的首要任务。必须遵循生态系统内在的机理和规律，坚持自然恢复为主的方针，因地制宜、分类施策，增强针对性、系统性、长效性。

习近平指出，要打好污染防治攻坚战。解决好人民群众反映强烈的突出环境问题，既是改善环境民生的迫切需要，也是加强生态文明建设的当务之急。要保持攻坚力度和势头，坚决治理"散乱污"企业，继续推进重点区域大气环境综合整治，加快城镇、开发区、工业园区污水处理设施建设，深入推进农村牧区人居环境整治。要抓好内蒙古呼伦湖、乌梁素海、岱海的生态综合治理，对症下药，切实抓好落实。

习近平强调，今年是新中国成立70周年，保持经济持续健康发展和社会大局稳定的任务十分繁重。内蒙古要扎实做好各项工作，确保经济平稳运行，打好脱贫攻坚战，稳步提高民生保障水平，促进各民族共同繁荣发展，不断增强人民群众获得感、幸福感、安全感。

习近平指出，过去我们党靠艰苦奋斗、勤俭节约不断成就伟业，现在我们仍然要用这样的思想来指导工作。吃不穷、穿不穷，计划不到一世穷。党和政府带头过紧日子，目的是为老百姓过好日子，这是我们党的宗旨和性质所决定的。不论我们国家发展到什么水平，不论人民生活改善到什么地步，艰苦奋斗、勤俭节约的思想永远不能丢。艰苦奋斗、勤俭节约，不仅是我们一路走来、发展壮大的重要保证，也是我们继往开来、再创辉煌的重要保证。

（来源：新华社）

习近平在参加十三届全国人大三次会议内蒙古代表团审议时强调
坚持人民至上　不断造福人民
把以人民为中心的发展思想落实到各项决策部署和实际工作之中

中共中央总书记、国家主席、中央军委主席习近平2020年5月22日下午在参加他所在的十三届全国人大三次会议内蒙古代表团审议时强调，中国共产党根基在人民、血脉在人民。党团结带领人民进行革命、建设、改革，根本目的就是为了让人民过上好日子，无论面临多大挑战和压力，无论付出多大牺牲和代价，这一点都始终不渝、毫不动摇。坚持以人民为中心的发展思想，体现了党的理想信念、性质宗旨、初心使命，也是对党的奋斗历程和实践经验的深刻总结。必须坚持人民至上、紧紧依靠人民、不断造福人民、牢牢植根人民，并落实到各项决策部署和实际工作之中，落实到做好统筹疫情防控和经济社会发展工作中去。

内蒙古代表团气氛热烈，讨论活跃。费东斌、霍照良、薛志国、呼和巴特尔、梅花等5位代表分别就打赢脱贫攻坚战、加大草原生态保护建设力度、发挥流动党支部作用、提升动物疫病防控能力、做好民族团结进步教育等问题发言。习近平不时同代表交流。

在认真听取大家发言后，习近平作了发言。他首先表示完全赞成政府工作报告，充分肯定内蒙古一年来的工作，希望内蒙古的同志大力弘扬“蒙古马精神”，坚决贯彻党中央决策部署，坚持以人民为中心的发展思想，坚持稳中求进工作总基调，坚持新发展理念，坚决打好三大攻坚战，扎实做好“六稳”工作，全面落实“六保”任务，坚决克服疫情带来的不利影响，确保完成决胜全面建成小康社会、决战脱贫攻坚目标任务，在新时代全面建设社会主义现代化国家征程上书写内蒙古发展新篇章。

习近平指出，我们党没有自己特殊的利益，党在任何时候都把群众利益放在第一位。这是我们党作为马克思主义政党区别于其他政党的显著标志。在重大疫情面前，我们一开始就鲜明提出把人民生命安全和身体健康放在第一位。在全国范围调集最优秀的医生、最先进的设备、最急需的资源，全力以赴投入疫病救治，救治费用全部由国家承担。人民至上、生命至上，保护人民生命安全和身体健康可以不惜一切代价。要继续坚持外防输入、内防反弹的要求，绷紧疫情防控这根弦，完善常态化防控机制，确保疫情不出现反弹。

习近平强调，人民是我们党执政的最大底气。在这次疫情防控斗争中，在党中央统一领导下，全国动员、全民参与，联防联控、群防群治，构筑起最严密的防控体系，凝聚起坚不可摧的强大力量。广大人民群众识大体、顾大局，自觉配合疫情防控斗争大局，形成了疫情防控的基础性力量。我国社会主义民主是维护人民根本利益最广泛、最真实、最管用的民主。我们要坚持人民民主，更好把人民的智慧和力量凝聚到党和人民事业中来。内蒙古自治区是我国最早成立的民族自治区，要坚持和完善民族区域自治制度，加强各民族交往交流交融，加快民族地区经济社会发展步伐，继续在促进各民族团结进步上走在前列。

习近平指出，做好统筹疫情防控和经济社会发展工作，要紧紧依靠人民。这次疫情给我国经济社会发展造成了较大冲击和影响，但某种程度上也孕育了新的契机。我国经济稳中向好、长期向好的基本面没有改变。要积极主动作为，既立足当前，又放眼长远，在推进重大项目建设、支持市场主体发展、加快产业结构调整、提升基层治理能力等方面推出一些管用举措，特别是要研究谋划中长期战略任务和战略布局，有针对性地部署对高质量发展、高效能治理具有牵引性的重大规划、重大改革、重大政策，在应对危机中掌握工作主动权、打好发展主动仗。

习近平强调，必须把为民造福作为最重要的政绩。我们推动经济社会发展，归根到底是为了不断满足人民群众对美好生活的需要。要始终把人民安居乐业、安危冷暖放在心上，用心用情用力解决群众关心的就业、教育、社保、医疗、住房、养老、食品安全、社会治安等实际问题，一件一件抓落实，一年接着一年干，努力让群众看到变化、得到实惠。要巩固和拓展产业就业扶贫成果，做好易地扶贫搬迁后续扶持，推动脱贫攻坚和乡村振兴有机衔接。要做好高校毕业生、农民工、退役军人等重点群体就业工作。要抓紧完善重大疫情防控救治体系和公共卫生体系，加强城乡社区等基层防控能力建设，广泛开展爱国卫生运动，更好保障人民生命安全和身体健康。要保持加强生态文明建设的战略定力，牢固树立生态优先、绿色发展的导向，持续打好蓝天、碧水、净土保卫战，把祖国北疆这道万里绿色长城构筑得更加牢固。党员、干部特别是领导干部要清醒认识到，自己手中的权力、所处的岗位，是党和人民赋予的，是为党和人民做事用的，只能用来为民谋利。各级领导干部要树立正确的权力观、政绩观、事业观，不慕虚荣，不务虚功，不图虚名，切实做到为官一任、造福一方。

习近平指出，我们党要做到长期执政，就必须永远保持同人民群众的血肉联系，始终同人民群众想在一起、干在一起、风雨同舟、同甘共苦。党的十八大以来，我们一以贯之全面从严治党，坚定不移反对和惩治腐败，坚持不懈整治“四风”，进行党的群众路线教育实践活动、“不忘初心、牢记使命”主题教育，就是要教育引导广大党员、干部始终同人民群众同呼吸、共命运、心连心。要坚定不移反对腐败，坚持不懈反对和克服形式主义、官僚主义。

（来源：新华社）

习近平总书记给内蒙古自治区苏尼特右旗乌兰牧骑队员们的回信

苏尼特右旗乌兰牧骑的队员们：

你们好！从来信中，我很高兴地看到了乌兰牧骑的成长与进步，感受到了你们对事业的那份热爱，对党和人民的那份深情。

乌兰牧骑是全国文艺战线的一面旗帜，第一支乌兰牧骑就诞生在你们的家乡。60年来，一代代乌兰牧骑队员迎风雪、冒寒暑，长期在戈壁、草原上辗转跋涉，以天为幕布，以地为舞台，为广大农牧民送去了欢乐和文明，传递了党的声音和关怀。

乌兰牧骑的长盛不衰表明，人民需要艺术，艺术也需要人民。在新时代，希望你们以党的十九大精神为指引，大力弘扬乌兰牧骑的优良传统，扎根生活沃土，服务牧民群众，推动文艺创新，努力创作更多接地气、传得开、留得下的优秀作品，永远做草原上的“红色文艺轻骑兵”。

习近平

2017年11月21日

（来源：新华社）

政府工作报告

——2021年1月26日在内蒙古自治区第十三届人民代表大会第四次会议上

自治区主席　布小林

各位代表：

现在，我代表自治区人民政府向大会报告工作，请予审议，并请自治区政协委员提出意见。

一、2020年及“十三五”时期经济社会发展回顾

2020年是极不平凡的一年。面对极其复杂严峻的国内外形势，特别是新冠肺炎疫情严重冲击，在以习近平同志为核心的党中央坚强领导下，我们坚持以习近平新时代中国特色社会主义思想为指导，全面贯彻党的十九大和十九届二中、三中、四中、五中全会精神，深入贯彻习近平总书记对内蒙古重要讲话重要指示精神，按照自治区党委工作部署，紧扣全面建成小康社会目标任务，坚持稳中求进工作总基调，坚持以人民为中心，科学统筹疫情防控和经济社会发展，扎实做好“六稳”工作，全面落实“六保”任务，全区经济持续回稳，社会大局和谐稳定，“十三五”规划顺利收官。

（一）抗击新冠肺炎疫情取得重大成果。坚持人民至上、生命至上，全力以赴抗击疫情。及时启动重大突发公共卫生事件一级响应，构建起联防联控、群防群控的防控体系，早发现、早报告、早隔离、早治疗，有力遏制了疫情扩散蔓延势头，55天实现本土确诊病例首次清零。自治区849名医护人员驰援湖北，出色完成任务，被誉为“草原英雄儿女”。向湖北捐赠肉、乳、大米、马铃薯等生活物资1000多吨。全区企业通过红十字会向湖北捐赠款物1.21亿元。认真做好首都机场国际航班分流处置工作，入境人员闭环管理流程在全国推广，所有境外输入病例无一病亡、无一本地扩散、无一区外输出，医护和相关人员无一感染。

坚持“外防输入、内防反弹”，建立常态化疫情防控机制。加强防控救治和应急物资保障体系建设，全区所有旗县具备核酸检测能力，所有盟市配备3台以上负压救护车，医用口罩机、一次性防护服、负压救护车等防疫物资生产能力从无到有。11月底满洲里市发生疫情后，及时应急响应，进一步加强口岸、涉外装卸货场的全链条管理，有效控制了疫情。周密部署秋冬季疫情防控工作，开展重点人群疫苗接种。

在同疫情斗争中，广大医务工作者义无反顾挽救生命，社区工作者、公安干警、基层干部、新闻工作者、志愿者不辞劳苦、坚守一线，无数普通劳动者默默奉献，全区各族人民风雨同舟，众志成城，构建起疫情防控的坚固防线，充分彰显了伟大的抗疫精神。

（二）稳增长保就业取得积极成效。初步核算，全年地区生产总值增长0.2%，经济逐季回升；一般公共预算收入完成年度预算的105.2%。落实国家各项助企纾困政策，出台一系列配套措施。预计新增减税降费310亿元，降低企业用电成本222亿元。落实中央财政资金直达机制，下达各类财力性转移支付837.8亿元。加强产业链与供应链对接，全区规模以上工业企业复工率、产销率分别达到95.8%和99.7%，市场主体数量增长7.2%。

开展重大项目“审批月”活动，实行重大项目挂牌督办。赤峰至京沈高铁连接线建成运营，集大高铁、集通铁路扩能改造、呼和浩特新机场等项目开工建设，苏尼特右旗至化德等高速公路竣工通车，镶黄旗、阿鲁科尔沁旗通用机场开通运营。建成呼和浩特国家级互联网骨干直联点，全区5G基站突破1万个。全区行政嘎查村光纤通达率和4G网络覆盖率达到98%以上。发展社区电商、发放消费券、举办消费促进季活动，推动消费复苏。额济纳胡杨林旅游区获批国家5A级景区，呼伦贝尔号草原森林旅游列车运营良好。

加强重点行业、重点群体就业帮扶，举办线上线下招聘会 596 场，在各类园区建立全区共享的就业供求平台，实施精准对接，支持灵活就业。城镇新增就业 23.2 万人，完成年度任务的 105.5%；城镇登记失业率 3.8%，低于控制目标 0.7 个百分点。及时发放失业补助和临时生活补助，兜牢困难群众基本生活底线。

（三）产业转型升级迈出新步伐。改造提升传统产业，延长煤炭和稀土等产业链，煤电铝一体化达到 65%，稀土原材料就地转化率达到 70%，稀土永磁、储氢、抛光等新材料产值位居全国前列，乌海氢基熔融还原铁项目进入调试阶段。发布全国首支现代能源经济发展指数，成立现代能源经济研究院。新开工煤电装机 838 万千瓦，锡林郭勒 700 万千瓦风电项目建成并网，全国最大"源网荷储"示范项目落地乌兰察布，通辽"火风光储制研"一体化示范项目开工建设。可再生能源电力装机占全区总装机 36%，新能源消费比例达到 17%。国内首座民用液氢工厂在乌海投运。石油、天然气、地热等资源勘探取得新突破。整合工业园区，压减规划面积近 30%。信息、物流等服务业加快发展，数据中心装机能力突破 120 万台，"蒙芯"超微功耗传感器已在多个行业应用，"青城之光"高性能计算公共服务平台投入使用。应用 5G 技术，推进智慧矿山建设。

加强与科技部合作，深入推进"科技兴蒙"行动。超纯稀土金属绿色化制备技术、高容量储氢合金材料性能达到国际先进水平。建立上海交大内蒙古研究院、中国农科院内蒙古草业与草原研究院。高新技术企业突破 1000 家。

（四）三大攻坚战取得决定性成效。精准落实各项帮扶措施，全年投入扶贫资金 112.3 亿元，实施扶贫项目 6751 个，剩余 1.6 万贫困人口实现脱贫。80 个旗县推行防贫保险，73 个旗县成立扶贫资产管理机构，赤峰扶贫改革试验区取得积极进展。北京市和中央单位分别投入资金 19.1 亿元和 3.3 亿元，在产业发展、项目建设、人才技术等方面给予了大力支持。

着力防范化解财政金融风险，化解政府隐性债务超额完成年度任务，拖欠民营企业中小企业无分歧账款全部清偿。包商银行风险得到有效处置，蒙商银行正式营业，5 家农信社改制为农村商业银行。发行中小银行资本补充专项债券 85 亿元。全区不良贷款余额和不良率实现双下降。有序处置企业债券违约风险，整治非法金融活动。

持续推进污染防治，"散乱污"企业整治基本完成，清洁取暖改造 15.3 万户。全区空气优良天数比例、细颗粒物（PM2.5）浓度优于国家考核目标。呼伦湖流域生态环境进一步改善，乌梁素海整体水质稳定在五类，岱海生态应急补水工程开工建设。地表水优良水体比例 69.2%，优于国家考核目标 9.6 个百分点。土壤污染状况详查和重金属减排任务全面完成。中央环保督察及"回头看"整改任务基本完成。图牧吉国家级自然保护区生态环境问题整治基本完成。

（五）乡村振兴战略深入推进。新建高标准农田 356 万亩，改良盐碱化耕地 12.2 万亩。全区粮食产量 732.8 亿斤，实现"十七连丰"；肉类产量 260.7 万吨，实现"十六连稳"。新创建草原肉羊和向日葵两个国家级优势特色产业集群。

实施奶业振兴三年行动，规划建设黄河流域、嫩江流域、西辽河流域和呼伦贝尔、锡林郭勒草原五大奶源基地，实施种养加一体化。奶牛存栏 129.3 万头，牛奶产量 611.5 万吨，分别增长 5.6% 和 5.9%。制定传统乳制品地方标准，传统乳制品占全区乳制品产量近 10%。实施种业发展三年行动，建设内蒙古大学草原家畜种质创新繁育基地和 3 个国家级马铃薯良种繁育基地。推进农畜产品公用品牌建设，"天赋河套"荣获中国区域农业形象品牌榜第一。开展牧区现代化试点，统筹推进牧区生产发展、牧民生活富裕、草原生态良好相统一。

完成农村牧区人居环境整治三年行动任务，卫生厕所普及率达到 35%，超出目标 3 个百分点。97.7% 的行政嘎查村建立生活垃圾收运体系，突泉县被评为全国农村生活垃圾分类和资源化利用示范县。30 万农牧民饮用水氟砷碘超标和苦咸水问题得到解决。新改建农村牧区公路 8071 公里。

（六）生态环境持续改善。开展国土空间规划编制工作，完成生态保护红线、环境质量底线、资源利用上线和生态环境准入清单（"三线一单"）编制，全区 50% 以上的国土面积划入生态保护红线。把保护草原、森林作为首要任务，明确规定草原重要生态功能区不再新上矿业开发和风电、光伏项目，已建项目有序退出；停止自然保护区内所有矿山企业开采勘探活动；提高露天矿治理标准。取缔违规占用草原的旅游景区景点 397 家，辉腾锡勒草原保护区风电机组开始拆除，额仑草原违规开垦、开矿等得到治理。完成营造林 1372.6 万亩、种草 1687.5 万亩，大兴安岭及周边地区退耕还林还草还湿 60 万亩。实施黄河流域水土流失综合治理、湿地生态修复和水源涵养提升工程。乌兰察布国家地质公园获批。

（七）改革开放进一步深化。持续推进"放管服"改革，企业开办时间和不动产登记时间分别压缩到 3 个和 5 个工作日内，企业投资类工程建设项目审批时限压减至 75 个工作日内。政务服务移动端"蒙速办"正式上线，自治区本级行政权力事项网办率达到 91%。出台支持民营企业改革发展 24 条措施，民营经济市场主体占比达到 97.4%。自治区本级经营性国有资产基本实现集中统一监管，煤炭等矿产资源全面实行市场化出让。农村牧区集体产权制度改革顺利推进，国有林区改革通过国家验收。

落实稳外贸各项政策，压缩口岸通关时间，降低通关成本。推动口岸经济与腹地加工业、现代物流业深度融合。我区始发中欧班列增长 15.4%，回程货物品类不断增加。包头保税物流中心、乌兰察布七苏木保税物流中心封关运营，满洲里国家跨境电商综合试验区获批。阿联酋赤峰"一带一路"草畜一体化项目、以色列巴彦淖尔现代农业产业园建设有序推进。

与民革中央合作开展招商引资，与中国船舶、中信集团、上海证券交易所等开展战略合作。

（八）民生得到有力保障。城乡常住居民人均可支配收入分别增长 1.4% 和 8.4%，农牧民收入增速高于全国平均水平 1.5 个百分点，居民消费价格涨幅低于控制目标。企业职工养老保险、工伤保险实现自治区级统筹，退休人员养老金、城乡低保、边民补贴、特困人员救助供养标准进一步提高，基本医疗保险参保率达到95%。城市医疗集团、县域医共体建设和分级诊疗工作加快推进，远程医疗系统覆盖面持续扩大。

普惠性幼儿园覆盖率提高到85.5%，义务教育阶段“大班额”问题得到有效解决。加强国家通用语言文字教育，推行使用国家统编教材。高等教育43个专业入选国家级一流专业。30万以上人口旗县特殊教育学校全覆盖。

制定乌兰牧骑事业中长期发展规划，实施乌兰牧骑原创经典作品传承工程，开展“乌兰牧骑月”活动。实施武安州辽塔、阿尔寨石窟等重点文物保护修缮工程。广播电视综合人口覆盖率99.7%。出版鄂伦春语、达斡尔语常用语发音词典。内蒙古农信女篮夺得我区首个全国职业联赛冠军。足球改革试点工作持续深化。

城市精细化管理水平进一步提升。实施城镇老旧小区改造20.6万户、棚户区改造2.6万套。解决房地产历史遗留问题项目2776个、133.4万套。拖欠农民工工资问题得到有效治理。

推进平安内蒙古建设，扫黑除恶专项斗争圆满收官。加强应急救援力量建设，提升草原森林防火装备水平。推进煤矿、危险化学品等重点行业安全生产专项整治，安全生产事故持续下降。

各位代表！过去一年，我们以铸牢中华民族共同体意识为主线，加强和改进民族工作，深化民族团结进步宣传教育，创建全国民族团结进步示范区和示范单位4个。

党的宗教政策全面落实，国防动员、双拥优抚、人民防空、统计调查、地震气象、社会科学、档案史志、参事文史、外事侨务等工作得到加强。工会、共青团、妇联、科协、残联、红十字会等事业取得新进步。完成第四次经济普查，开展第七次全国人口普查。

我们加快法治政府建设，努力提高政务服务水平。提请自治区人大常委会审议地方性法规议案24件，制定、修改和废止政府规章11件。人大代表建议和政协委员提案全部办结。编纂出版了汉蒙法律实用大词典。修订自治区重大行政决策程序规定，建立重大行政决策执行责任制，强化对行政权力的制约和监督。支持检察机关开展公益诉讼。推进政务公开，自治区政府新闻发布161场，及时回应社会关切。

落实中央八项规定精神和自治区配套办法，持续整治形式主义、官僚主义，切实为基层减负。推进煤炭资源领域违规违法问题专项整治和人防系统腐败问题专项治理。对财政资金、政府专项债和民生领域资金使用管理开展审计监督，对自治区政府履行经济责任情况开展审计自查。实施“解决信访问题年”专项行动，一批信访积案得到化解。坚持过紧日子，自治区本级预算专项业务费压减10%，非重点专项资金压减20%。

各位代表！

“十三五”时期是全面建成小康社会的决胜阶段，也是我区发展进程中具有重要历史意义的五年。习近平总书记为自治区成立70周年题词，给乌兰牧骑队员回信，连续三年参加十三届全国人大内蒙古代表团审议，2019年7月亲临我区考察指导，对内蒙古作出一系列重要指示，为新时代内蒙古发展提供了科学指引，全区各族人民欢欣鼓舞、倍感振奋。

“十三五”期间，我们认真贯彻新发展理念，着力转变发展方式，积极探索以生态优先、绿色发展为导向的高质量发展新路子。经济发展质量稳步提升，坚决纠正财政收入、地区生产总值、工业增加值等数据不实问题。财政收入质量明显提高，税收收入占比位居全国前列。人均生产总值突破1万美元，常住人口城镇化率达到64.1%。产业结构持续优化，建成高标准农田4125万亩，改良盐碱化耕地157.2万亩，形成2个千亿级、9个百亿级农牧业主导产业。超额完成“十三五”去产能任务。新增电力装机4000万千瓦，总装机达到1.46亿千瓦，其中新能源占三分之一以上。游客人数和旅游业收入年均增长13.9%和18.9%。数字经济、会展经济、商贸物流、现代金融等加快发展。召开中蒙博览会、蒙商大会，支持举办两届内蒙古国际能源大会、阿尔山论坛。脱贫攻坚取得历史性成就，80.2万贫困人口实现脱贫，57个贫困旗县、3681个贫困嘎查村全部摘帽退出。完成12.49万贫困人口易地搬迁任务，建设安置住房5.33万套。有劳动能力的贫困人口全部落实产业扶贫项目，40.3万贫困人口纳入低保。建档立卡贫困人口人均收入由2015年的3019元增加到2020年的13159元，年均增长34.2%。生态环境保护建设成效显著，林业建设、草原建设和沙化土地治理面积居全国第一，森林覆盖率和草原植被盖度实现“双提高”，荒漠化和沙化土地面积实现“双减少”。库布其沙漠治理获得联合国环境奖，《联合国防治荒漠化公约》第十三次缔约方大会在我区召开，习近平总书记致信祝贺。建成一批绿色矿山、绿色园区、绿色工厂。森林公园、湿地公园、地质公园等达到372个。2019年全区生态产品价值(GEP)4.48万亿元，是同期GDP的2.6倍，比2015年增长13.8%。基础设施保障能力进一步增强，建成高速铁路404公里，接入全国高铁网。全区所有旗县(市、区)通高等级公路，所有苏木乡镇和具备条件的行政嘎查村通硬化路。新建通用机场15个，民用机场达到40个。成立天骄航空公司，建成扎兰屯、乌兰浩特、鄂尔多斯航空培训基地。建成黄河二期防洪工程以及辽河、嫩江干流治理工程。新建5条特高压电力外送通道，发电量和外送电量居全国首位。人民生活水平不断提高，民生投入持续增长，城镇就业稳步增加，全体居民人均可支配收入持续提高。覆盖城乡的社会保障体系基本建成，公共服务体系不断完善。教育普及水平全面提高，义务教育阶段学校“大通铺”、学生宿舍卫生和淋浴设施、食堂土灶台、火炉取暖等突出问题基本得到解决。全区博士学位授权点由32个增加到42个。所有旗县级综合医院均达到二级以上医院标准。每千人口拥有病床数、执业医师数超过全国平均水平。“光明行”社会公益活动累计实施复明手术超过3万例，获得中华慈善奖、亚洲防盲基金会唯一特殊贡献奖。为66.6万儿童青少年进行视力筛查，为3903名贫困家庭近视青少年配了近视镜、522名斜视青少年实施矫正手术。舞剧《草原英雄小姐妹》荣获第十六届文华大奖、《骑兵》荣获中国舞蹈“荷花奖”。报告文学《毛乌素绿色传奇》荣获第六届鲁迅文学奖。水彩画《远方》荣获第三届中国美术奖金奖。建成五原抗日战争纪念馆及城川、桃力民等红色文化教育基地，建成乌兰牧骑宫、内蒙古自然博物馆、内蒙古冰上运动训练中心等一批图书馆、文化馆、博物馆、体育馆、基层文化站。超额完成“十三五”社会足球场建设任务。

在诸多矛盾叠加、风险挑战显著增多的情况下，经过全区上下的共同努力，“十三五”规划确定的目标任务基本完成，全面建成小康社会取得决定性成就，为我们在新发展阶段全面推进社会主义现代化建设奠定了重要基础。

各位代表，过去五年的成绩来之不易。这是以习近平同志为核心的党中央坚强领导、亲切关怀的结果，是全区广大干部群众攻坚克难、团结奋斗的结果。在此，我代表自治区人民政府，向全区各族人民，向所有为自治区建设和发展作出贡献的同志们、朋友们，表示衷心的感谢！

在看到成绩的同时，我们也清醒认识到，我区经济社会发展还面临许多困难和问题。疫情变化和外部环境存在诸多不确定性，经济恢复基础尚不牢固；转变发展方式任务艰巨，科技创新能力弱、人才短缺问题突出；能耗总量和能耗强度未完成控制目标；营商环境存在不少问题，一些企业特别是中小微企业经营困难；部分地区财政收支矛盾突出，社会民生领域存在短板；政府部门形式主义、官僚主义问题不同程度存在。对此我们一定高度重视，采取有力措施加以解决。

二、“十四五”时期经济社会发展主要目标任务

根据自治区党委《关于制定国民经济和社会发展第十四个五年规划和二〇三五年远景目标的建议》，我们编制了《内蒙古自治区国民经济和社会发展第十四个五年规划和二〇三五年远景目标纲要（草案）》，从经济转型、改革开放、社会文明、生态文明、民生福祉、治理效能六个方面，明确了“十四五”时期经济社会发展主要目标，提出了一系列支撑发展的重点任务和政策措施，提请本次大会审议。

“十四五”时期是开启全面建设社会主义现代化国家新征程的第一个五年。我们要准确把握新发展阶段，深入贯彻新发展理念，加快融入新发展格局，按照习近平总书记和党中央对内蒙古的战略定位，筑牢我国北方重要生态安全屏障和祖国北疆安全稳定屏障，建设国家重要能源和战略资源基地、农畜产品生产基地，打造我国向北开放重要桥头堡，走出一条符合战略定位、体现内蒙古特色，以生态优先、绿色发展为导向的高质量发展新路子。

坚持以人民为中心的发展思想，把发展的出发点和落脚点放在增进人民福祉、推动共同富裕上，提升公共服务质量，改善人民生活品质，不断增强人民群众获得感、幸福感、安全感。

坚持深化改革，不断增强发展动力和活力。全面提升科技创新能力，培育壮大发展新动能。加快构建国土空间开发保护新格局，统筹自治区东、中、西部，推进城乡区域协调发展，解决好发展不平衡不充分问题。加强生态文明建设，全面推行绿色低碳生产生活方式，构筑祖国北疆万里绿色长城。

深化供给侧结构性改革，围绕更好保障国家能源安全、粮食安全、产业安全、生态安全，推进现代产业体系建设。加强需求侧管理，贯通生产、分配、流通、消费各环节，健全现代基础设施和流通体系，实行高水平对外开放，更好融入国内大市场和国内国际双循环。统筹发展和安全，强化底线思维，增强忧患意识，有效防范和化解各类风险。

各位代表，绿色是我们最大的财富，良好的生态环境是最普惠的民生福祉，我们一定要保护好草原、森林、河流、湖泊，守护好内蒙古这片碧绿、这方蔚蓝、这份纯净，努力建设人与自然和谐共处的美丽家园。

各位代表，内蒙古已经站在一个新的历史起点上，面向未来，我们充满必胜信心。到2035年自治区同全国一道基本实现社会主义现代化，人民生活将更加美好，祖国北疆这道风景线一定更加亮丽！

三、2021年工作安排

今年是中国共产党成立100周年，是“十四五”规划开局之年。做好政府工作，要在以习近平同志为核心的党中央坚强领导下，以习近平新时代中国特色社会主义思想为指导，全面贯彻党的十九大和十九届二中、三中、四中、五中全会精神，坚持稳中求进工作总基调，立足新发展阶段，贯彻新发展理念，构建新发展格局，以推动高质量发展为主题，以深化供给侧结构性改革为主线，以改革创新为根本动力，以满足人民日益增长的美好生活需要为根本目的，坚持系统观念，巩固拓展疫情防控和经济社会发展成果，更好统筹发展和安全，扎实做好“六稳”工作、全面落实“六保”任务，科学精准实施宏观政策，努力保持经济运行在合理区间，坚持扩大内需战略，强化科技战略支撑，扩大高水平对外开放，确保“十四五”开好局，以优异成绩庆祝建党100周年。

今年经济社会发展的主要预期目标是：地区生产总值增长6%左右；城镇调查失业率6%左右；居民消费价格涨幅3%左右；居民收入稳步增长；生态环境质量进一步改善，单位地区生产总值能耗降低3%，主要污染物排放量继续下降；粮食产量保持在700亿斤以上。重点做好以下工作：

（一）全力促进经济稳定增长

落实各项减税降费政策，支持实体经济发展，对不再延续的政策及早采取应对措施，确保平稳有序过渡，稳定市场预期。创新金融服务模式，让中小微企业融资更加便利、成本更低。支持企业上市和扩大债券融资。帮助企业解决好用地、用工、物流等实际困难。

把扩大消费同改善人民生活品质结合起来，加快实体商业创新转型，推动绿色商场创建、步行街改造，支持品牌连锁店发展。继续开展好“内蒙古味道”系列活动，推动“蒙字号”“老字号”等品牌消费，培育信息消费、绿色消费，合理增加公共消费。健全城乡流通体系，发展农村牧区电子商务，支持农畜产品冷链物流和活畜交易市场建设，扩大县域和农村牧区消费。认真落实“菜篮子”市长负责制，提升各类集贸市场管理水平。

实施一批交通水利、市政工程、防灾减灾等重大项目。落实交通强国战略，加快立体交通体系建设，开工包银高铁、锡林浩特至太子城快速铁路等项目，做好包头至西安、齐齐哈尔—海拉尔—满洲里等高铁项目前期工作。加快察右后旗白音查干至乌兰浩特等高速公路建设。加快通用机场建设。推进病险水库除险加固，推进引绰济辽二期、黄河应急分凌分洪区等项目，做好黄河内蒙古段三期防洪工程前期工作。系统布局5G基站、充电桩、加氢站等新型基础设施。实施城市更新行动，推进老旧小区改造，鼓励政策性租赁住房建设，扩大保障性住房供给，促进房地产市场平稳健康发展。加强城市精细化管理，建设海绵城市、智慧城市，让城市更加宜居、更加富有活力，让居民生活更美好。

（二）深入实施“科技兴蒙”行动

加强创新平台建设，聚焦稀土新材料、大规模储能、现代农牧业、节能环保等领域，创建国家级重点实验室、技术创新中心，支持大众创业、万众创新。继续加强与国家部委和高等院校、科研院所的务实合作，提高协同创新能力。

发挥企业创新主体作用，促进各类创新要素向企业集聚，支持企业组建创新联合体，建设共性技术平台，承担国家和自治区重大科技项目。培育高新技术企业，推动产业链上中下游、大中小企业融通创新。加快科技创新成果转移转化。加强知识产权保护。

持续深化科技体制改革，实行创新攻关“揭榜挂帅”等制度，探索分领域建立首席科学家+专家+科研院所+企业机制，围绕自治区重点产业，集中资源和力量开展系统研究和技术攻关。建立政府科技投入刚性增长机制和企业研发投入激励机制，鼓励金融支持科技创新。落实好各项人才政策，培养、引进、用好各类人才。

（三）着力提升产业链价值链水平

加快传统产业高端化、智能化、绿色化改造升级，延伸产业链。加快设备更新和技术改造，推进新能源装备、新能源汽车、应急装备、农牧业机械等装备制造业发展。进一步发展壮大农畜产品精深加工产业。提升园区发展质量和效益，建设智慧园区。

做优做强现代能源经济，推进煤炭安全高效开采和清洁高效利用，高标准建设鄂尔多斯国家现代煤化工产业示范区。新增新能源装机1000万千瓦。加快特高压外送通道和智能电网建设。推进新能源需求侧改革，推动能源消费革命。发展氢能经济，建设鄂尔多斯、乌海燃料电池汽车示范城市。

推进白云鄂博矿产资源综合高效利用，注重全产业链塑造，建设稀土稀有金属材料产业集群。发展高端金属、石墨烯、高性能纤维等新材料产业。建设特色生物医药产业基地。推动军民融合产业发展。

大力发展数字经济，加快5G技术推广应用，建设一批工业互联网平台、智能工厂、数字车间，推动数字经济和实体经济深度融合。建设数字政府、数字社会。

发展现代物流、研发设计、检验认证、科技服务等现代服务业。建设通用航空产业基地，推动“通航+旅游”“通航+体育”等新业态发展。

（四）全面推进乡村振兴

坚持农牧业和农村牧区优先发展，加快农牧业和农村牧区现代化，促进农牧业高质高效、农村牧区宜居宜业、农牧民富裕富足。

巩固拓展脱贫攻坚成果，做好同乡村振兴有效衔接，保持主要帮扶政策总体稳定。健全防止返贫监测和帮扶机制，持续加大就业和产业扶持力度，做好易地搬迁后续帮扶，促进脱贫人口稳定增收。加强农村牧区低收入人口常态化帮扶，集中支持一批脱贫旗县推进乡村振兴。

坚持藏粮于地、藏粮于技，提升现代农牧业科技和装备支撑能力，推进农牧业生产全程机械化。坚持“节水优先、量水而行”，新建高标准农田459万亩，持续推进盐碱化耕地改良和黑土地保护性耕作。守住耕地红线，规范占补平衡，整治农村乱占耕地建房问题，坚决遏制耕地“非农化”、防止“非粮化”，稳定粮食播种面积。加强种质资源保护利用，建设农作物、林草和畜禽种质资源库，提高育种创新、良种繁育能力，推进育繁推一体化。强化动物防疫和农作物病虫害防治。

坚持绿色兴农兴牧，增加优质绿色农畜产品供给。深入推进奶业振兴，鼓励以混合所有制形式建设奶源基地和牧场，支持传统乳制品产业化、品牌化发展。因地制宜扩大青贮玉米、优质苜蓿种植面积，提高牧草品质。推行标准化饲养，加快肉牛肉羊产业发展，支持肉乳兼用品种发展。鼓励特色种植养殖，发展林下经济。实施农畜产品公用品牌建设三年行动。推进牧区现代化试点，严格落实草畜平衡制度，减少网围栏，解决草场“碎片化”问题。推进一二三产业融合发展。

实施乡村建设行动，做好乡村规划编制，强化县城、乡镇综合公共服务功能。推进农村牧区人居环境整治提升行动，因地制宜推进改厕、垃圾污水处理和种植养殖废弃物资源化利用，建立健全农村牧区公共设施管护机制。

有序开展第二轮土地承包到期后再延长30年试点，健全土地经营权流转服务体系。完成农村牧区集体产权制度改革阶段性任务，发展壮大集体经济，培育新型农牧业经营主体和服务主体。扩大农牧业政策性保险覆盖面，健全农村牧区金融服务体系。

（五）扎实推动黄河流域生态保护和高质量发展

抓好黄河流域生态保护，加强上下游、干支流、左右岸协同治理，实施河道和滩区综合提升治理工程，集中整治“乱占”“乱建”问题，恢复岸线生态功能。加强区域水土流失综合治理，加强堤防和防沙控沙工程建设，提高防洪防凌能力。加强沿黄地区环境污染系统治理和矿区生态环境综合整治。全面实施深度节水控水行动，持续推进用水方式由粗放低效向节约集约转变。

优化能源化工产业布局，提高资源综合利用率。加快新旧动能转换，培育非煤产业、非资源型产业、高新技术产业。推进黄河“几”字弯都市圈协同发展，推进沿黄地区中心城市和城市群高质量发展。

保护、传承和弘扬黄河文化，深入挖掘黄河文化时代价值，推进文化资源和自然资源有机融合，推动长城国家文化公园、黄河国家文化公园建设，打造具有国际影响力的黄河“几”字弯文化旅游带。

（六）更大力度推进改革开放

着力营造市场化法治化国际化营商环境。深化“放管服”改革，推进工程建设项目审批、不动产登记等领域改革，实行行政许可和备案事项清单管理，推进“证照分离”改革全覆盖。实行证明事项和涉企经营许可事项告知承诺制。完善社会信用体系，加大失信惩戒力度，维护公平竞争市场环境。推进“一网通办”、“掌上办”、代办帮办等工作，整合便民服务热线，不断优化政务服务环境。构建亲清政商关系，依法保护民营企业产权和企业家权益。

深入实施国企改革三年行动，制定实施全区“十四五”国有资本布局与结构战略性调整规划。稳妥推进混合所有制改革，加快建立现代企业制度。深化要素市场化配置改革，提高电力交易市场化程度。

强化预算约束和绩效管理，增强重大战略任务和基层公共服务财力保障，提升政府投资基金使用效率。做好政府隐性债务化解工作，建立防止拖欠民营企业中小企业账款长效机制。

进一步完善金融支持实体经济的有效机制，发展普惠金融、绿色金融。全面提升地方金融监管水平，清收处置不良资产，防范交易场所、小贷公司、融资担保等地方金融机构风险，加强债券市场违约风险监测预警，牢牢守住不发生系统性风险的底线。

着力推进呼包鄂乌一体化发展，合作共建园区，权益分享、税收分成。建设赤峰、通辽区域中心城市，加快东部盟市构建绿色产业体系。加快乌海及周边地区绿色转型，增强区域发展竞争力。深化与京津冀、长三角、粤港澳大湾区等地区合作。

大力发展泛口岸经济，统筹全区口岸规划、建设和管理，促进通道经济向落地经济转变。推进满洲里等国家重点开发开放试验区建设，推进二连浩特—扎门乌德经济合作区建设。推进中国（内蒙古）自由贸易试验区申报工作。

（七）持续改善生态环境质量

制定实施国土空间规划，落实“三线一单”生态环境分区管控措施。全面推行林长制草长制，推进生态系统重大保护修复工程。整治破坏草原林地违规违法问题。持续开展国土绿化行动，提升生态系统碳汇能力。推动国家公园申报工作。

做好碳达峰、碳中和工作，编制自治区碳达峰行动方案，协同推进节能减污降碳。实行污染防治精细化差异化监管，落实企业主体责任。推进清洁取暖工程。加强呼和浩特、包头、乌海及周边地区大气污染治理。落实河湖长制，推进“一湖两海”、察汗淖尔生态环境治理。解决城镇生活污水收集难、中水回用率不高等问题，治理地下水超采。防治农业面源污染。加强医疗废物和危险废物收集处置，推进生活垃圾分类管理。

严格控制能耗总量和能耗强度，新建项目单位产品能耗必须达到国家先进标准，化工、冶金、建材等行业限期达到国家能耗先进标准。逐步压减高耗能行业用电负荷。全面推行用能预算管理和重点用能单位能耗在线监测。

建设绿色矿山，严格落实露天矿治理标准，最大限度恢复原貌，决不能治理后的“大坑”依然是“大坑”“土山”还是“土山”。推行矿区清洁运输方式，提高固废综合利用水平。

编制自然资源资产负债表，统一确权登记。开展用能权、森林草原碳汇交易试点。完善差别化考核评价体系，推进生态产品价值核算及结果转化应用。进一步完善生态补偿机制。做好国家生态文明试验区申报工作。

（八）深入推进文明内蒙古建设

以社会主义核心价值观为引领，深入开展爱国主义教育和公民道德建设。做好文明城市创建工作，加强网络文明建设。推进全民阅读，建设学习型社会。制止餐饮浪费，倡导移风易俗新风尚，提高全社会文明程度。

传承弘扬中华优秀传统文化，继承革命文化，发展社会主义先进文化。开展建党100周年文艺创作。繁荣文化艺术事业，支持乌兰牧骑事业发展。推进现代文化产业体系建设，深入实施文化惠民工程，推进“智慧广电”建设，基本完成牧区“智慧广电”宽带覆盖与服务工程。加大文物保护力度，推进文物合理适度利用。

建设乌兰浩特—阿尔山—海拉尔—满洲里等精品旅游线路，发展红色旅游、乡村旅游、冰雪旅游，注重差异化特色化。深入开展“爱上内蒙古”品牌形象宣介活动，推动文化和旅游融合发展，让人们在领略大自然之美中感悟文化、陶冶心灵。

（九）加强基本民生保障和社会治理

千方百计稳定和扩大就业，抓好高校毕业生、农民工、退役军人等重点群体就业。实施援企稳岗行动和职业技能提升行动，完善失业监测预警机制，有效应对失业风险。提高低收入群体收入，扩大中等收入群体。

深入推进健康内蒙古行动，健全公共卫生应急体系，提高应对突发公共卫生事件能力。推进分级诊疗体系建设，支持社会办医。推进中医药蒙医药传承创新。推进全民健身与全民健康融合发展。

落实常态化疫情防控措施，坚持人、物同防，做好“外防输入、内防反弹”各项工作。做好首都机场国际航班分流处置，加强边境口岸疫情防控工作，加强农村牧区疫情防控和社区网格化管理。做好疫苗接种工作。

持续扩大社会保险覆盖面，提高城乡居民基础养老金和困难群众救助保障标准，推进失业保险自治区级统筹。健全重特大疾病医疗保险和救助制度，落实异地就医直接结算。对生活困难的失业人员及家庭，及时纳入最低生活保障、临时救助等范围。促进养老托育服务健康发展，深化医养康养结合，积极应对人口老龄化。健全退役军人工作体系和保障制度。

扩大优质教育资源供给。发展普惠性幼儿园，推进义务教育优质均衡和城乡一体化发展，鼓励高中阶段学校多样化发展。完善职业教育产教融合、校企合作支持措施。推进高校“双一流”建设，加大“部区共建”内蒙古大学建设力度。支持和规范民办教育。做好国家通用语言文字教育和国家统编教材使用工作。

完善社会矛盾综合治理机制，有效化解信访积案，解决群众合理合法诉求。开展“八五”普法工作。依法打击各类违法犯罪活动，常态化开展扫黑除恶。严格落实安全生产责任制。切实保障食品药品安全。推进应急管理体系建设，

提高防灾、减灾、抗灾、救灾能力。做好地质、气象、测绘等工作。

支持社会组织、人道救助、志愿服务、慈善事业发展，保障妇女、儿童、老人、残疾人合法权益。编制实施妇女儿童发展纲要。

全面贯彻党的宗教工作基本方针，积极引导宗教与社会主义社会相适应。

支持国防和军队现代化建设，加强国防动员、国防教育、人民防空和双拥共建工作。

四、加强政府自身建设

面对新形势、新任务，我们要把党的政治建设贯穿政府工作全过程，切实增强“四个意识”，坚定“四个自信”，坚决做到“两个维护”，自觉在思想上政治上行动上同以习近平同志为核心的党中央保持高度一致，确保党中央、国务院决策部署不折不扣落到实处。

深入贯彻习近平法治思想，建设法治政府，忠实履职尽责，全面提高政府工作人员依法行政能力。依法接受人大及其常委会监督，自觉接受人民政协的民主监督，加强行政监督和审计监督。深化政务公开。

坚持全面从严治党，严格落实党风廉政建设责任制，力戒形式主义、官僚主义，以求真务实的作风和“钉钉子”精神狠抓工作落实，持续为基层减负。坚持过紧日子，厉行节约、反对浪费。

各位代表！模范自治区是党和国家赋予我们的崇高荣誉，更是一份沉甸甸的责任。我们要自觉担负起维护国家统一、民族团结的更大责任，不断增强各族群众对伟大祖国、中华民族、中华文化、中国共产党、中国特色社会主义的认同。全面贯彻党的民族政策，坚持和完善民族区域自治制度，全面深入持久开展民族团结进步创建活动，促进各民族交往交流交融，让中华民族共同体意识在各族群众心中深深扎根。办好鄂伦春自治旗成立70周年庆祝活动。推进兴边富民行动，做好城市民族工作。深入践行守望相助理念，促进各民族像石榴籽一样紧紧抱在一起，共同守卫祖国边疆、共同创造美好生活。

各位代表！新的征程已经开启，唯有奋斗才能赢得未来。让我们更加紧密地团结在以习近平同志为核心的党中央周围，继往开来，接续奋斗，实现“十四五”良好开局，以优异成绩庆祝中国共产党成立100周年，永不懈怠、一往无前，奋力书写内蒙古发展新篇章！

（来源：内蒙古自治区人民政府网）

“十三五”时期内蒙古经济社会发展成就

“十三五”以来，面对国内外风险与挑战上升的复杂局面，全区坚持以习近平新时代中国特色社会主义思想为指导，认真贯彻落实党中央、国务院各项决策部署，统筹推进“五位一体”总体布局，协调推进“四个全面”战略布局，坚持稳中求进工作总基调，坚定不移贯彻新发展理念，坚持以供给侧结构性改革为主线，推动高质量发展，有力有序化解发展不平衡不充分的问题。全区“十三五”时期，经济运行总体平稳，粮食、畜牧业生产连续丰收，工业结构进一步优化调整，服务业主体地位更加突显，脱贫攻坚战取得历史性成就，人民生活水平明显提高，全面建成小康社会取得决定性成就，为开启社会主义现代化建设新征程打下坚实基础。

一、地区综合实力迈上新台阶两个“基地”得到提升

地区经济实力进一步跃升

“十三五”期间我国经济由高速增长阶段转入中高速增长阶段，全区积极应对各种风险和挑战，经济平稳运行。全区地区生产总值从2015年1.29万亿元增加到2020年的1.74万亿元，按可比价格计算，“十三五”时期年均增长4.3%。

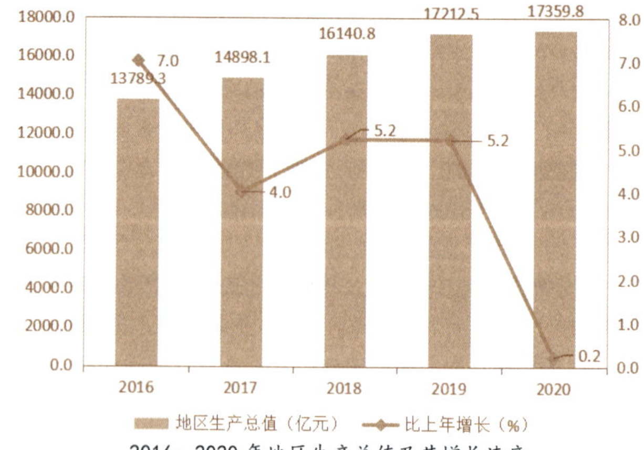

2016—2020年地区生产总值及其增长速度

财政收支保障力度提高

2020年，全区一般公共预算收入2051.3亿元，2016-2020年期间年均增长0.9%；一般公共预算支出为5268.2亿元，年均增长4.4%。为改善民生提供了有力的财力保障。

农畜产品生产基地突显

农业“压舱石”作用稳固。全区实施藏粮于地、藏粮于技战略，“十三五”期间粮食生产不断跃上新台阶。2020年，全区粮食总产量达到3664.1万吨，2016—2020年期间年均增

长2.2%，粮食总产量稳居全国第8位，比2015年提升2位。其中玉米产量为2472.7万吨，占比达到67.5%，年均增长0.7%；油料产量为217.3万吨，年均增长0.7%。畜牧业生产能力提高。目前，我区已经成为全国重要的畜产品生产加工基地，牛奶、羊肉、绒毛产量均居全国首位。2020年，全区肉类总产量268.0万吨，牛奶产量611.5万吨，人均肉类、奶类占有量稳居全国第1位。

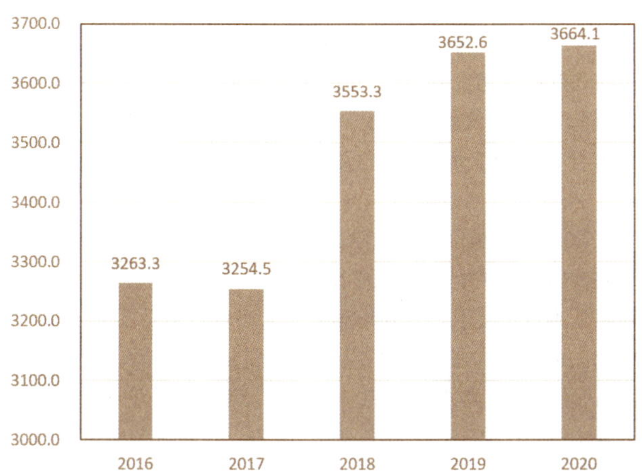

2016—2020年粮食产量

能源和战略资源基地提升

“十三五”期间，全区工业规模稳步扩大。2016-2020年，规模以上工业增加值年均增长4.8%。工业企业效益好转，利润总额年均增长17.1%。主要工业产品中，原煤年生产量突破10亿吨，年均增长2.4%；发电量突破5000亿千瓦小时，年均增长8.1%；粗钢突破3000万吨，年均增长12.3%；成品钢材突破2800万吨，年均增长12.5%。煤炭产能、外运量、发电量和外送电量均居全国首位。

二、高质量发展扎实推进产业结构调整持续优化

人均GDP突破1万美元关口

“十三五”时期，全区人均地区生产总值连续迈上6万元、7万元台阶，2020年全区人均GDP按年平均汇率折合突破1万美元关口。

产业结构优化升级

三次产业比例由2015年的12.6∶40.7∶46.7优化到2020年11.7∶39.6∶48.8，一、二、三产业增加值分别年均增长2.8%、4.0%和5.0%，其中第三产业增加值比重提高了2.1个百分点，年均增速快于GDP平均增速0.7个百分点。第二产业中非煤产业占规模以上工业增加值的比重超过六成，以煤炭为主的产业结构得到积极优化调整。

以优势产业为主导的现代产业体系加快构建

全区突出发展资源延伸加工产业，传统产业新型化、新兴产业规模化趋势明显。形成了新能源、新材料、生物、节能环保四大产值超百亿级战略新兴产业。工业战略性新兴产业在2017-2020年间年均增长7.3%。其中，风力发电、光伏发电为主的新能源发电装机容量规模不断扩大，占全区规模以上全部电力装机总容量的比重超三成，2020年规模以上工业新能源发电量增长4.7%，占规模以上工业发电量的比重为14.4%，较2015年提高3.7个百分点。煤炭、稀土资源深加工领域得到快速发展，2020年，稀土深加工产业产值占稀土行业的比重达到60%以上。农牧业产业化水平稳步提升，全区农畜产品加工转化率达到65%。

三、内外需求持续扩大发展动力明显增强

有效投资发挥关键作用

全区充分发挥投资对增长的关键作用。持续推进投资主体多元化，民间投资占比连续5年近五成，2020年达到52.2%。增强基础设施投资补短板力度，全区12个盟市全部实现高速公路与周边省区中心城市相连通。综合交通网总里程达到22.5万公里，全区历史性实现地上有高铁、地下有地铁，连接内外、覆盖城乡的现代化综合交通运输体系基本形成。新型基础设施布局进展加快，全区5G基站突破1万个，12个盟市均开通了5G试验基站。

消费内需升级态势明显

全区社会消费品零售总额年均增长3.0%，乡村社会消费品零售总额年均增长4.7%，快于城镇年均增速1.9个百分点。居民人均消费支出中服务性消费占比提升，恩格尔系数保持在30%以下，2020年全区全体居民恩格尔系数为28.7%，城镇和农村牧区居民的恩格尔系数分别为28.0%和30.6%。实物商品网上零售额占社会消费品零售总额的比重逐年提高，由2015年底的1.6%提高至2020年的5.6%，提高4.0个百分点。

对外贸易　“引进来”和“走出去”并重

积极参与国家“一带一路”倡议和中蒙俄经济走廊建设，全力支持中欧班列发展。先后成功举办三届中蒙博览会、中国国际生态竞争力峰会、阿尔山国际论坛等活动。海关进出口总额由2015年的792.5亿元增加至2020年的1043.3亿元，2016-2020年期间年均增长5.7%。

四、推进生态安全屏障建设绿色发展取得成效

能源结构调整成效积极

“十三五”期间，全区大力实施“以电代煤、以电代油、以电代气”等电能替代战略，倡导绿色低碳能源消费新模式。新能源发电量稳步提升，2020年发电量达900亿千瓦时，贡献了1/5的全社会用电量。

蓝天碧水保卫战取得重大成果

2020年，全区优良天数比例达到90.8%，细颗粒物（PM2.5）未达标的10个盟市年均浓度较2015年下降25.0%。地表水达到或好于Ⅲ类水体比例达到69.2%；劣Ⅴ类水体比例1.9%，优于3.8%的国家考核要求，水主要污染物化学需氧量、氨氮排放量较2015年分别下降7.1%和7.0%。

同步实现荒沙　“双减少”和增绿“双提高”

截至2020年底，全区治理水土流失面积2303平方公里，林业建设、草原建设和沙化土地治理面积均居全国第一，荒漠化和沙化土地面积实现“双减少”。全区森林覆盖率由2013年

的 21% 提高到 23%，比 2013 年提高了 2 个百分点；全区草原植被平均盖度达到 45%，比 2012 年提高了 5 个百分点，森林覆盖率和草原植被盖度实现“双提高”。

五、供给侧结构性改革深入推进市场主体活力增强

供给侧结构性改革效果显现

提前两年超额完成了“十三五”煤炭、钢铁去产能任务。2020 年，全区规模以上工业企业资产负债率为 59.3%。降成本方面，采取扩大电力多边交易规模、调整交易限价、实施煤电价格联动交易等措施，近两年降低企业用电成本 180 亿元。落实大规模减税降费政策，企业成本低于全国平均水平，2020 年，全区规模以上工业企业每百元营业收入中的成本为 80.2 元，低于全国平均水平 3.7 元。

市场主体活力得到激发

全区聚焦市场主体关切，大力推进“放管服”改革、推出简政放权务实举措，持续优化营商环境，激发市场活力。全区市场主体从 2015 年的 163.9 万户增加到 2020 年末的 226.5 万户。

科技研发投入强度提高

全区 R&D 经费支出占 GDP 的比重由 2015 年的 0.76% 提升至 2019 年的 0.86%。R&D 经费从 2015 年 136.1 亿元增加至 2019 年的 147.8 亿元，2016-2019 年均增长 2.1%。

六、区域差异协调化发展进展良好城镇化率高于全国平均水平

城镇化水平逐步提高

全区坚持以人为核心的发展观念，推进新型城镇化建设，城镇综合承载能力进一步提高。第七次全国人口普查数据显示，全区常住人口达到 2404.9 万人，其中，常住城镇人口为 1622.7 万人，城镇化率达到 67.5%，高于全国平均水平 3.6 个百分点。城乡居民收入差距缩小，全区城乡居民收入比由 2015 年的 2.84 缩小到 2020 年的 2.50。

统筹区域协调发展

中部地区经济引擎带动作用增强，2020 年，中部地区生产总值占全区比重为 57.3%，其中呼包鄂三市地区生产总值占全区的比重为 52.5%，2016—2020 年间呼包鄂乌年均增长 4.5%。东部盟市积极融入东北振兴战略，2020 年东部五盟市地区生产总值占全区的比重为 32.3%，年均增长 3.7%。西部地区发展态势加快，年均增长 5.1%。

七、民生福祉更加提升全面建成小康社会取得决定性成就

城镇新增就业完成预期目标

全区坚持就业优先战略，完善政策、强化落实，实现更高质量和更加充分就业。2016—2020 年，全区累计实现城镇新增就业 128.44 万人，完成 125 万人的“十三五”规划目标，城镇登记失业率始终控制在 4% 左右。

城乡居民收入领跑经济增速

“十三五”期间，全区城镇居民人均可支配收入由 2015 年的 30594 元增加到 2020 年的 41353 元，年均名义增长 6.2%。农村牧区居民人均可支配收入由 2015 年的 10776 元增加到 2020 年的 16567 元，年均名义增长 9.0%。

人口素质不断提高

2020 年，全区小学入学率实现 100%，初中阶段毛入学率达到 98.6%，高中阶段毛入学率达到 94.6%，完成国家“十三五”期间基本普及要求。2020 年第七次人口普查数据显示，全区每 10 万人中拥有大学（指大专及以上）文化程度的人口为 18688 人，高于全国平均水平 3221 人。15 岁及以上人口的平均受教育年限由 2010 年的 9.22 年提高至 10.08 年，高于全国平均水平 0.17 年。

基本民生保障力度加大

城乡居民实现大病保险全覆盖，2020 年末参加基本医疗保险人数 2183.9 万人，基本医疗保险参保率达到 95%。参加基本养老保险 1570.6 万人，如期实现“十三五”目标。脱贫攻坚取得历史性成就，80.2 万贫困人口实现脱贫，57 个贫困县、3681 个贫困嘎查村全部摘帽出列。

“十四五”时期是我国全面建成小康社会、实现第一个百年奋斗目标之后，乘势而上开启全面建设社会主义现代化国家新征程、向第二个百年奋斗目标进军的第一个五年，也是内蒙古走好以生态优先、绿色发展为导向的高质量发展新路子，实现更大发展的关键时期。全区要积极抢抓“十四五”构建新发展格局重大机遇，正确认识把握新发展阶段，完整准确全面贯彻新发展理念，积极服务融入新发展格局，把构建绿色特色优势现代产业体系为主要抓手，努力在调结构、转功能、提质量上持续取得新突破，建设“两个屏障”“两个基地”和“一个桥头堡”，开启建设社会主义现代化国家新征程。

（来源：自治区统计局）

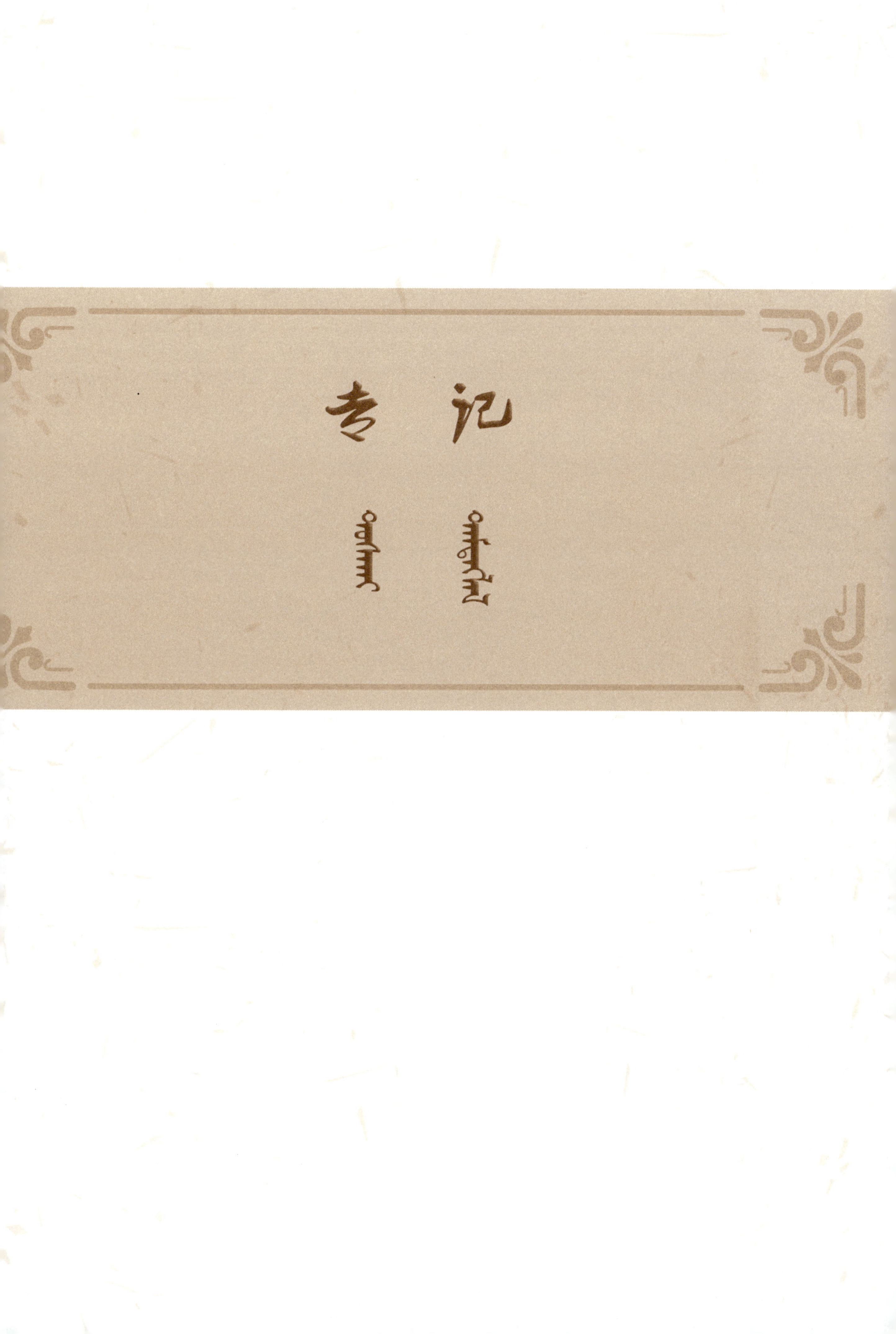

书记

打赢脱贫攻坚战

党的十八大以来，自治区党委、政府深入学习贯彻习近平总书记关于扶贫工作的重要论述和关于内蒙古工作重要讲话重要指示批示精神，增强“四个意识”，坚定“四个自信”，做到“两个维护”，坚决贯彻落实党中央、国务院决策部署，把脱贫攻坚作为重大政治任务和第一民生工程，坚持精准扶贫精准脱贫基本方略，坚决打赢脱贫攻坚战。脱贫攻坚目标任务全部完成。“十三五”以来，全区累计完成脱贫任务80.2万人，建档立卡贫困人口全部标注脱贫，3681个贫困嘎查村全部出列，31个国贫旗县、26个区贫旗县全部摘帽退出，人脱贫、村出列、县摘帽的目标任务全部完成，区域性整体贫困问题得到解决。“两不愁三保障”全面解决。收入保障方面，全区贫困地区农牧民人均可支配收入由2015年的9612元增加到2019年的13793元，年均增长9.45%。建档立卡贫困人口人均收入由2015年的3019元增加到2019年的10473元，年均增长36.6%。义务教育方面，建立控辍保学数据库，实行动态监测。2087所贫困地区义务教育薄弱学校完成改造，贫困家庭子女义务教育有保障全部实现。基本医疗方面，贫困人口全部纳入基本医保、大病保险、医疗救助保障范围，符合救治条件的贫困患者做到应治尽治，贫困慢病患者签约服务实现应签尽签。住房安全方面，“十三五”期间累计完成13.7万建档立卡贫困户危房改造，贫困人口全部实现住房安全。安全饮水方面，全面实施农村牧区安全饮水提升工程，“十三五”期间累计解决了18.3万贫困人口饮水安全问题，贫困人口安全饮水得到全面保障贫困地区生产生活条件明显改善。全区具备条件的嘎查村全部通硬化路，所有贫困嘎查村全部通动力电，所有贫困户全部通生活用电，超过99%的贫困嘎查村通了宽带和光纤。所有贫困嘎查村均配齐卫生室、村医、文化室、文化广场和超市，基本公共服务水平明显提升。所有贫困嘎查村集体经济均有稳定收入且实现递增。通过采取生态扶贫、退耕还林还草等措施，贫困地区生态环境明显改善，进一步增强了贫困群众的获得感和幸福感。贫困地区发展动力和活力明显增强。“十三五”期间，四级财政累计投入专项扶贫资金460.3亿元，整合其他涉农涉牧资金111.2亿元。产业扶贫方面，实施产业扶贫项目3.5万个，累计投入394.1亿元，带动79.6%的贫困人口脱贫。就业扶贫方面，打造培训基地，搭建服务平台，拓展就业渠道。2016年以来，累计实现贫困人口就业52.5万人次。易地扶贫搬迁方面，全区12.48万贫困人口、5.31万套安置住房的搬迁建设任务全部完成。累计投入19.5亿元用于解决后续产业发展、稳定就业和配套建设。光伏扶贫方面，建成光伏扶贫电站518座，覆盖53个贫困旗县、2322个贫困村，可为每个贫困嘎查村增加集体经济收入15-25万元，持续收益20年。电商扶贫方面，55个国家电商进农村示范县网络零售额达127.2亿元，累计服务贫困人口52.9万人次。旅游扶贫方面，支持贫困嘎查村发展旅游扶贫示范项目255个，带动1.2万贫困户增收。贫困治理能力明显提升。通过抓党建促脱贫攻坚，贫困地区基层组织得到加强，基层干部在开展贫困识别、精准帮扶中工作能力水平明显提高，进一步巩固了扶贫工作基础。2016年以来，累计向脱贫攻坚一线选派优秀党员干部8.5万名，2020年底全区有8689个驻村工作队、32180名驻村干部。在防疫抗灾过程中，驻村干部冲在前、干在前，发挥了模范带头作用。对口帮扶质量明显提高。2016年以来，京蒙两地共同推动社会各界资源参与内蒙古脱贫攻坚，累计超过46万人次贫困群众受益。北京市投入的各级财政援助资金50.2亿元，有70%以上用于发展产业项目，累计实施扶贫协作项目2419个，涵盖产业扶贫、教育医疗、基础设施等领域。积极落实惠企利民政策，引进北京市企业190家，完成投资127亿元。大力开展消费扶贫，北京市累计采购自治区农畜产品和认定的扶贫产品94.92亿元，带动11.75万名贫困人口增收。强化与北京的劳务协作，累计帮助8.9万名贫困人口实现就业。广泛动员各方力量，深入开展结对帮扶，自治区167个直属机关、企事业单位定点帮扶兴安盟和乌兰察布市169个贫困嘎查村，22个自治区直属机关定点帮扶呼伦贝尔市3个少数民族自治旗。中央单位直接投入帮扶资金6.8亿元，“万企帮万村”行动累计投入37.9亿元，带动贫困人口38.2万。

（自治区乡村振兴局　祁盈）

生态优先　绿色发展

强化生态空间保护。划定并严守生态保护红线，全区初步划定生态保护红线5969公顷，约占全区国土面积的50.46%，涵盖了全区64.85%的基本草原、61.22%的林地、53.39%的水域湿地，实现一条红线管控重要生态空间；完成3个旗市典型区域生态保护红线勘界定标试点任务，初步建成自治区生态保护红线监管平台一期工程。开展区域空间生态环境评价，2020年12月23日，经自治区人民政府2020年第31次常务会议审议通过，《关于实施“三线一单”生态环境分区管控的意见》（内政发〔2020〕24号）正式印发实施。全区共划分环境管控单元1135个，包括422个优先保护单元、651个重点管控单元和62个一般管控单元，实施分类管控；建立五级生态环境准入清单，即1个自治区总体准入清单、3个重点区域及黄河流域准入清单、12个盟市总体准入清单、103个旗县（市、区）准入清单和1135个环境管控单元准入清单。

加强排污许可管理。按照“核发一个行业、清理一个行业”总体要求和“摸、排、分、清”工作任务，全年指导各盟市共核发排污许可证2461张，对18961家排污单位进行排污登记，对1231家暂不具备条件的排污单位下达排污限期整改通知书，对其他6052家不需要或者暂不需要发证登记的排污单位进行分类处置，基本实现了涉及我区的106个行业固定污染源排污许可全覆盖的总目标。组织各盟市对底单完整性、分类准确性、发证登记合规性等内容进行随机检查和随查随改，发现问题1489个、纠正1280个，新增发证登记排污单位65家，圆满完成排污许可“回头看”质量检查工作。

服务经济社会发展。大力优化营商环境，深化“放管服”改革，将建设项目环评等四大类14项行政审批事项全部纳入政务服务管理平台。开展2次项目环评技术复核和1次规划环评质量检查，强化环评质量监管。全年审批5个项目环境影响评价报告书，组织完成16个规划环境影响评价召集审查。严格实施环评审批正面清单和监督执法正面清单制度，212个建设项目环评实施告知承诺制审批，1135个建设项目豁免环评审批手续，1379家企业纳入监督执法正面清单。积极支持企业复工复产和重大项目落地，协调生态环境部审批集大原高铁、包头煤制烯烃、五间房西一矿共3个重大项目，自治区计划实施的3298个投资项目完成环评审批2751个，列入自治区滚动计划的407个重大项目完成环评审批389个。

推进中央环保督察整改。2016年中央环保督察49项整改任务完成整改并销号48项，2018年中央环保督察“回头看”及草原生态环境问题专项督察100项整改任务完成整改并销号97项，图牧吉国家级自然保护区生态环境问题专项督察16项整改任务全部完成整改并销号。深入开展自治区生态环境保护督察，印发《自治区生态环境保护督察工作实施办法》，分2批完成对呼伦贝尔、鄂尔多斯等6个盟市的督察工作，实现了盟市督察全覆盖。

（自治区生态环境厅 杨爱群）

新冠肺炎疫情防控

本土疫情防控。内蒙古自治区确定113所定点救治医院，在217个医疗机构设置发热门诊，组建263支流行病学调查队伍，早于国家要求扩大核酸检测范围。于2020年1月24日确诊了第一例新冠肺炎感染者，至3月18日本土病例实现清零；从11月21日开始全面防控满洲里市疫情，12月25日，28例病例全部出院，2例无症状感染者全部解除隔离医学观察。提高患者出院标准并对出院患者实行的“出院不离院”策略，在医疗机构实行“院感+监督”的驻院监管新模式。建立了中医蒙医西医协作机制，中医药（蒙医药）参与新冠肺炎病例治疗率达到99%。累计105例本土病例治愈104例，只有1例病亡，实现了病例“零扩散”、医护人员“零感染”。

境外输入疫情防控。指导满洲里制定医疗救治技术文件、确定定点收治医院和建设后备医院，帮助满洲里提升核酸检测能力，调配全区医疗卫生资源全力支持满洲里工作，满洲里口岸确诊的77例输入病例全部治愈，2020年5月21日实现病例全部清零。截至2020年年底，国际航班分流呼和浩特机场85班次，累计排查入境人员18853人，全部实施闭环管理，实现国门到家门的无缝衔接，确诊的184例境外输入病例全部治愈。所有境外输入病例无一病亡、无一本地扩散、无一区外输出，参与防控的医护及相关人员无一感染。

援助湖北抗疫。先后派出12个批次、849名医疗卫生人员，紧急驰援湖北省武汉市、荆门市和随州市所属的11个县市区的13所医院和7个防控机构，累计管理患者3718人，完成3万余份样本的核酸检测任务，完成流行病学调查300例，被誉为“草原英雄儿女”。

常态化疫情防控。内蒙古自治区建立完善及时发现、快速处置、精准管控、有效救治的常态化疫情防控机制。优化医疗机构诊疗流程，规范住院患者探视及陪护管理，医护人员和工作人员继续保持“零感染”。研发部署了“新冠肺炎疫情防控健康码系统”，实现了与30个省市区健康码数据信息的互通互认。持续开展对医疗卫生机构、学校和托幼机构及公共场所落实疫情防控措施情况的监督检查。制定完善重大会议、活动等防控指导方案。认真落实医护人员薪酬待遇、临时性工作补助、职称、人事政策、身心健康、子女教育、表彰奖励等保障激励政策，推荐表彰各级新冠肺炎疫情防控医务人员519名，先进集体65个。

冬春季疫情防控。制定了秋、冬、春季疫情防控一系列政策方案，形成了“1+8+N”政策体系。成立了自治区医疗机构新冠病毒核酸检测工作专项推进组，组建临床基因扩增检验实验室技术审核专家库，全区能够开展核酸检测的各类机构302家，100%的盟市和旗县（市区）疾控机构具备了核酸检测能力，100%的旗县均有一家医疗机构具备了核酸检测能力，核酸检测网络“横向到边，纵向到底”，对口岸旗县加强了快检能力的建设，最快可在45分钟内出结果，单样本单日最大检测量达到42.5万份。各地调整充实医疗救治梯队229支、人员6793人，准备医疗救治后备人员5098人。全区二级及以上医院设置发热门诊204个，至2020年底有定点医院120家，后备定点医院94家，100%的旗县建立了流调、消杀等队伍。全系统培训演练全覆盖，各级各类疫情防控人员应对新冠肺炎疫情的能力和应急处置水平得到明显提升。农村牧区疫情防控措施强化落实。

（自治区卫生健康委员会 陈钢）

大事记

ᠶᠡᠬᠡ ᠬᠡᠷᠡᠭ ᠶᠠᠪᠤᠳᠠᠯ ᠤᠨ ᠲᠡᠮᠳᠡᠭᠯᠡᠯ

1月

1—4日 自治区党委书记石泰峰深入呼伦贝尔市鄂温克族自治旗等地进行慰问和调研，强调要认真贯彻落实党中央和自治区党委部署要求，全力做好当前和关键之年的工作，确保如期实现全面建成小康社会目标任务。自治区党委常委、秘书长张韶春和有关部门负责人参加活动。

3日下午 自治区纪委监委召开新闻发布会，通报2019年全区党风廉政建设和反腐败工作开展情况，并对外公布了2019年内蒙古十大有影响力案件、正风反腐十大关键词。2019年，全区共处置问题线索39254件，初步核实29302件次，同比增长39.5%；立案11144件，同比增长1.6%；结案10331件，同比增长14.6%；给予党纪政纪处分10801人，同比增长17.8%，涉嫌犯罪移送检察机关660人。全区共查处违反中央八项规定精神问题688件，处理876人，给予党纪政纪处分729人。

△ 自治区十三届人大常委会在呼和浩特召开第十八次会议。审议并原则通过自治区人大常委会工作报告、2020年工作要点；审议通过了内蒙古自治区第十三届人民代表大会第三次会议议程和日程，决定自治区十二届人大三次会议1月12日在呼和浩特召开，审议通过拟提请自治区十二届人大三次会议审议的有关事项。会议还审议通过了人事任免事项。自治区人大常委会常务副主任那顺孟和主持会议，副主任王波、吴团英、李荣禧、廉素、和彦苓，秘书长施文学及常委会委员出席会议。

8日上午 党中央召开“不忘初心、牢记使命”主题教育总结大会，自治区领导在内蒙古分会场参加会议，聆听学习习近平总书记重要讲话。总结大会结束后，自治区党委书记石泰峰在分会场强调，全区上下要认真学习贯彻习近平总书记重要讲话精神，着力巩固和拓展主题教育成果，坚定不移推进全面从严治党，切实把各级党组织建好建强，为决胜全面小康、建设亮丽内蒙古提供坚强有力保证。自治区党委副书记、自治区主席布小林，自治区政协主席李秀领，自治区党委常委，人大常委会、政府、政协领导班子成员，法院院长、检察院检察长在分会场参加会议。

8—9日 全区宣传部长会议在呼和浩特召开。会议传达全国宣传部长会议精神，总结2019年宣传思想工作，安排部署2020年工作。自治区党委常委、宣传部部长白玉刚出席会议并讲话。

10日 内蒙古自治区“不忘初心、牢记使命”主题教育总结会议在呼和浩特召开，认真学习贯彻习近平总书记在“不忘初心、牢记使命”主题教育总结大会上的重要讲话精神，对全区主题教育进行总结，就不断深化党的自我革命、持续推动全区各级党组织和广大党员干部不忘初心、牢记使命进行部署。自治区党委书记石泰峰出席会议并讲话。中央主题教育第二巡回督导组副组长龙新南讲话。自治区党委、人大、政府、政协领导，内蒙古军区、自治区法检“两院”主要负责同志出席会议。

11日上午 政协内蒙古自治区第十二届委员会第三次会议在内蒙古人民会堂开幕，全区各党派团体和各族各界的政协委员，驻区全国政协常委和部分委员，自治区各民主党派、工商联和有关部门、有关方面的负责人出席了大会。1月15日上午，会议完成各项议程，闭幕。

12日上午 自治区第十三届人民代表大会第三次会议在内蒙古人民会堂开幕。自治区主席布小林代表自治区政府向大会作《政府工作报告》。1月16日上午，会议完成各项议程，闭幕。

13日上午 十九届中央纪委四次全会召开，自治区领导在内蒙古分会场参加会议，聆听学习习近平总书记重要讲话。会议结束后，自治区党委书记石泰峰在分会场强调，要认真学习、深刻领会习近平总书记重要讲话精神，切实增强“四个意识”、坚定“四个自信”、做到“两个维护”，坚定不移推动全面从严治党向纵深发展。自治区党委副书记、自治区主席布小林，自治区政协主席李秀领，自治区党委常委，人大、政府、政协领导班子成员，法院院长、检察院检察长在分会场参加会议。

16日 2020年全区“红十字博爱送万家”活动在呼和浩特市启动。中国红十字会副会长白岩松，自治区红十字会党组书记、常务副会长王芳，呼和浩特市委副书记、代市长张佰成等进行了慰问。

18日 在京揭晓的2019年度国家科学技术奖中，内蒙古自治区测绘地理信息局参与完成的“中国高精度数字高程基准建立的关键技术及其推广应用”项目荣获2019年度国家科学技术进步一等奖。这是内蒙古测绘领域首次获此殊荣，也是1949年10月以来内蒙古测绘领域获得的最高荣誉。

19日 全区推进健康内蒙古行动电视电话会议在呼和浩特召开。自治区党委副书记、自治区主席布小林作出批示，就实施健康内蒙古行动提出明确要求。自治区副主席欧阳晓晖出席会议并讲话。

△ 全区第四届青年志愿服务项目大赛决赛在呼和浩特举行，共有59个项目进入决赛，最终评出金奖3个、银奖6个、铜奖9个、优秀组织奖41个、最佳人气奖10个。目前全区注册志愿者人数已达205万人，其中团员注册青年志愿者110万人，累计提供志愿服务时长超过1亿小时。

20日 全区扶贫开发工作会议在呼和浩特召开，会议以视频形式开到盟市。自治区党委书记石泰峰，自治区党委副书记、自治区主席布小林分别作出批示。自治区党委副书记、政法委书记林少春出席会议并讲话，自治区党委常委、自治区常务副主席马学军主持会议并讲话。

△ 2019年蒙能集团装机容量572万千瓦，完成发电量301.98亿千瓦时，营业收入83.42亿元，实现盈利8509万元，利税总额5.69亿元，均创历史新高。

20—21日 自治区党委农村牧区工作会议在呼和浩特召开。自治区党委书记石泰峰，自治区党委副书记、自治区主席布小林分别作出批示。自治区党委副书记、政法委书记林少春出席会议并讲话，自治区党委常委、呼和浩特市委书记王莉霞出席会议，自治区副主席李秉荣主持会议并作总结讲话。会议讨论了《自治区党委、政府关于抓好“三农三牧”领域重点工作确保如期实现全面小康的实施意见（讨论稿）》。

21日上午 自治区党委书记石泰峰在呼和浩特会见中国长江三峡集团党组书记、董事长雷鸣山一行。双方介绍了各自有关情况，重点围绕加快可再生能源开发利用进行了深入交流。自治区领导张韶春、艾丽华，三峡集团党组成员、副总经理王良友、杨省世等参加会见。

25日 农历正月初一，自治区政府召开新型冠状病毒感染的肺炎疫情防控工作紧急电视电话会议，启动重大突发公共卫生事件一级响应。自治区党委副书记、自治区主席布小林主持会议并讲话。各盟市政府主要负责人、分管负责人，自治区各有关部门和单位主要负责人参会。

△ 内蒙古首例新型冠状病毒肺炎患者确诊。2月20日，该患者在满洲里市人民医院治愈出院。

△ 自治区党委、政府决定成立自治区新型冠状病毒感染肺炎疫情防控工作指挥部，办公场所设在自治区党政机关办公区会议中心。作为自治区新冠疫情防控指挥部成员单位，自治区机关事务管理局负责指挥部各工作组后勤保障工作。

26日下午 自治区党委书记石泰峰主持召开自治区党委专题会议暨自治区应对新型冠状病毒感染肺炎疫情工作领导小组第一次会议，传达学习中央政治局常委会1月25日会议精神，研究部署全区新型冠状病毒感染的肺炎疫情防控工作。自治区领导布小林、王莉霞、白玉刚、张韶春、艾丽华、欧阳晓晖、李秉荣出席会议。

△ 自治区党委书记石泰峰在自治区综合疾病预防控制中心等地调研。自治区党委常委、呼和浩特市委书记王莉霞，自治区党委常委、秘书长张韶春，自治区副主席欧阳晓晖及有关部门负责同志参加调研。

26日 伊利集团决定持续投入1亿元用于抗击新型冠状病毒感染的肺炎疫情，为防控治疗研究、病人救治恢复、医疗工作人员关爱等提供现金、产品和物资保障，其中2000万元分别捐赠给自治区和呼和浩特市两级政府。同时，内蒙古伊利集团全力调动全球供应商资源购买疫病所需防控物品和药品等物资，积极支持内蒙古自治区和呼和浩特市抗击疫情。

27日 包头市民李辉免费向行人发放2万只口罩。

28日下午 内蒙古首批援助湖北医疗队的139名医护人员飞赴武汉，开展新型冠状病毒感染的肺炎医疗救治工作。

28日 自治区党委书记石泰峰在包头市检查新型冠状病毒感染肺炎疫情防控工作。自治区党委常委、秘书长张韶春，自治区人大常委会副主任、包头市委书记张院忠参加检查。

29日 内蒙古援助湖北医疗队由李杰领队，分赴荆门5个地区医院开展新型冠状病毒感染的肺炎医疗救治工作。

△ 内蒙古伊泰集团有限公司向武汉市红十字会捐助1500万元现金，并向鄂尔多斯市及各旗区红十字会捐助245万元用于疫情防控。随着疫情形势的变化，集团公司再次向武汉等地捐赠。3月16日，定向捐赠的550万元生活物资和813万元捐款已经全部送达。

△ 内蒙古民族大学附属医院充分发挥蒙医药在疫情防控中的特色优势，积极组织蒙医药专家配置蒙药特方。截至1月29日，该医院已有8种疫情防控蒙药制剂通过自治区药监局审批。

30日上午 自治区红十字会举行防控新型冠状病毒感染肺炎疫情爱心捐赠活动。自治区党委副书记、自治区主席、自治区红十字会名誉会长布小林参加活动，并向爱心捐赠企业颁发感谢状。自治区副主席、自治区红十字会会长欧阳晓晖主持捐赠活动。这次自治区红十字会共接受3家企业捐赠1.21亿元款物。

△ 自治区党委组织部紧急将中组部下拨党费和自治区本级划拨党费共计600万元，下拨给各地区各部门。

31日 自治区党委书记石泰峰以视频形式一对一检查督查各盟市疫情防控情况，就进一步做好防控工作提出要求。自治区党委常委、自治区常务副主席马学军逐一指出各盟市存在的主要问题，并通报共性问题。自治区党委常委、秘书长张韶春参加活动。

△ 内蒙古首例新型冠状病毒感染肺炎患者在满洲里市治愈出院，住院费用出院即完成结算。

2月

1日 内蒙古自治区新型冠状病毒感染肺炎防控工作指挥部，印发《关于做好机关企事业单位节后返程上岗人员疫情防控工作的紧急通知》。

1—2日 自治区党委副书记、政法委书记林少春深入到包头市达茂旗、白云鄂博矿区、固阳县和石拐区，随机抽查了乡镇政府、社区、嘎查村和公路检查站疫情监测、排查、防控等工作措施落实情况，听取自治区疫情防控第二督导组和包头市工作情况汇报，指导并研究防控工作中遇到的困难和问题。

2日 自治区新型冠状病毒感染肺炎防控工作指挥部召开第九次调度会。自治区党委副书记、自治区主席、自治区防控工作指挥部总指挥布小林主持调度会并讲话。会议传达了中央应对新型冠状病毒感染肺炎疫情工作领导小组有关文件精神。自治区党委常委、自治区常务副主席、自治区防控工作指挥部副总指挥马学军，自治区副主席、自治区防控工作指挥部副总指挥艾丽华、欧阳晓晖就相关工作进行安排部署。

3日 自治区党委书记石泰峰在自治区新型冠状病毒感染肺炎疫情防控工作指挥部检查指导工作时强调，指挥部作为全区疫情防控的中枢机构，要积极主动作为，科学研判、精心调度、高效指挥，更加有力有效地推动疫情防控工作。自治区领导马学军、张韶春、欧阳晓晖参加活动。

△ 自治区党委副书记、自治区主席、自治区新型冠状病毒感染肺炎防控工作指挥部总指挥布小林深入包头市土右旗、昆都仑区和巴彦淖尔市五原县，检查疫情防控工作。自治区人大常委会副主任、包头市委书记张院忠，自治区相关部门负责同志分别参加检查。

△ 为贯彻落实好党中央国务院和自治区党委、政府关于加强新型冠状病毒感染肺炎疫情防控工作的要求，1月27日以来，自治区防控工作领导小组及时下派12个督导组分赴12盟市，督导新型冠状病毒感染肺炎疫情防控工作。

3—4日 自治区党委副书记、政法委书记林少春到包头市督导新型冠状病毒感染肺炎疫情防控工作，检查基层疫情防控情况，指导市疫情防控指挥部工作，实地调研城市供电供热和居民生活保障等情况。

△ 正在通辽市督导疫情防控工作的自治区领导段志强、那顺孟和、郑宏范等深入各盟市旗县检查指导农村、社区、隔离留观点疫情防控工作并召开疫情防控工作会议。

4日上午 自治区党委常委、呼和浩特市委书记、呼和浩特市委应对新型冠状病毒感染的肺炎疫情工作领导小组组长王莉霞，检查呼和浩特市疫情防控工作。

4日 自治区党委书记石泰峰深入呼和浩特市及自治区有关部门单位检查疫情防控和市场供应、交通保障工作。自治区领导王莉霞、马学军、张韶春参加检查。

5日 自治区党委书记、自治区应对新型冠状病毒感染肺炎疫情工作领导小组组长石泰峰主持召开自治区党委常委会会议暨自治区应对疫情工作领导小组第三次会议，进一步研究部署全区疫情防控工作。自治区党委副书记、自治区主席布小林，自治区政协主席李秀领，自治区党委、人大常委会、政府有关领导同志，自治区应对疫情工作领导小组成员出席会议。国务院应对疫情联防联控机制指导组有关同志到会指导。

5—6日 自治区党委常委、宣传部部长白玉刚再次来到兴安盟督促指导疫情防控工作。

△ 自治区党委书记石泰峰深入通辽市和赤峰市检查调研新型冠状病毒感染肺炎疫情防控和民生保障工作，自治区党委常委、秘书长张韶春参加检查调研，自治区党委常委、统战部部长段志强参加通辽市检查调研。

6日 呼和浩特市第一医院、赛罕区第二医院和鄂尔多斯市达拉特旗防疫措施不力，造成疫情扩散和严重的社会影响，被自治区新型冠状病毒感染肺炎疫情防控工作指挥部予以全区通报。

△ 牺牲在新型冠状病毒感染肺炎疫情防控一线的自治区公安民警何建华被公安部追授为“全国公安系统二级英雄模范”称号。何建华生前是兴安盟突泉县公安局育文派出所三级警长，1月26日在防控疫情岗位上突发脑出血，经抢救无效不幸牺牲，年仅50岁。

△ 全区农信系统向自治区各级疫情防控指挥部、红十字等机构累计捐款1605万元。

7日 自治区人民政府出台《关于支持防控疫情重点保障企业和受疫情影响生产经营困难中小企业健康发展政策措施的通知》。

△ 自治区新型冠状病毒感染肺炎防控工作指挥部召开视频调度会。自治区党委常委、自治区常务副主席、自治区防控工作指挥部常务副总指挥马学军主持会议并讲话，自治区副主席、自治区防控工作指挥部副总指挥欧阳晓晖出席会议并讲话，国家防控工作第五指导组组长郑忠伟等5位出席会议。自治区防控工作指挥部有关领导和各专项组组长在主会场参加会议，各盟市总指挥、副总指挥、各专项组组长，自治区派驻盟市督导组组长在分会场参加会议。

△ 国家卫生健康委科技发展中心主任郑忠伟带领防控指导组到土右旗，就新冠肺炎疫情防控工作进行指导。

7—8日 自治区党委副书记、自治区主席、自治区新冠肺炎防控工作指挥部总指挥布小林到呼伦贝尔市督导疫情防控和患者救治工作。

8日 自治区党委书记石泰峰来到自治区疫情防控工作指挥部，听取疫情防控工作最新进展和疫情发展态势分析汇报。自治区领导马学军、张韶春、欧阳晓晖，自治区防控工作指挥部各专项工作组负责人以及部分医疗专家参加。

9日 自治区党委书记石泰峰深入呼和浩特市回民区、玉泉区和包头市土右旗检查督导新冠肺炎疫情防控工作，暗访抽查防控措施落实情况。自治区党委常委、秘书长张韶春参加检查，自治区人大常委会副主任、包头市委书记张院忠参加汇报会。

10日 自治区党委书记石泰峰到内蒙古电力公司调研电力运行保障工作并主持召开保障经济平稳运行专题汇报会。自治区领导马学军、张韶春、艾丽华参加活动。

△ 自治区新冠肺炎防控工作指挥部召开紧急视频会议，对疫情防控相关工作进行部署。自治区党委副书记、自治区主席、自治区新冠肺炎防控工作指挥部总指挥布小林主持会议并讲话。

△ 自治区人大常委会副主任、自治区红十字会监事长廉素出席自治区红十字会防控新冠肺炎疫情捐赠款物接收仪式。

△ 下午两点整，一批由自治区党委、政府援助，承载着2500万草原儿女深情厚谊的生活必需品正式启运驰援湖北。

△ 自治区人大常委会副主任、包头市委书记张院忠一行到固阳县，调研指导疫情防控工作。

△ 近期，自治区国资委监管企业坚决贯彻党中央、国务院及自治区党委、政府的决策部署，切实履行国有企业社会责任，包钢集团等企业积极捐款捐物，累计捐赠现金1000多万元，捐赠物资价值1900多万元。

12—13日 自治区党委书记石泰峰深入兴安盟扎赉特旗、突泉县调研脱贫攻坚、企业复工复产、基层党组织建设等工作。自治区党委常委、秘书长张韶春及有关部门负责人参加调研。

13日 包头市固阳县教育系统抗击疫情捐赠仪式在固阳县新冠肺炎防控指挥部举行，共计捐款515123.54元。

△ 自治区党委副书记、自治区主席、自治区新冠肺炎疫情防控工作指挥部总指挥布小林深入锡林郭勒盟多伦县、锡林浩特市，检查督导新冠肺炎疫情防控工作。

△ 自治区党委常委、自治区常务副主席、自治区新冠肺炎疫情防控工作指挥部常务副总指挥马学军在呼和浩特市调研检查疫情防控物资生产供应情况。

14日 19时17分，满载52.1吨肉品的波音767-300型全货机，从呼和浩特飞往武汉，驰援湖北抗击疫情。

△ 自治区党委副书记、自治区主席、自治区新冠肺炎疫情防控工作指挥部总指挥布小林深入通辽市，检查督导新冠肺炎疫情防控、企业复工复产等工作。

15日 自治区党委常委会召开会议，就深入贯彻中央八项规定精神、解决形式主义突出问题为基层减负、全面加强党的作风建设等进行研究部署，审议自治区党委、政府《关于抓好“三农三牧”领域重点工作确保如期实现全面小康的实施意见》。自治区党委书记石泰峰主持会议。

△ 内蒙古自治区对口支援湖北省荆门市医疗队第二批成员启程出发。自治区党委书记石泰峰，自治区党委副书记、自治区主席布小林到呼和浩特白塔机场为医疗队壮行。

△ 蒙牛在率先复工的同时，先后累计向抗击疫情一线捐赠款物达7.4亿元，向自治区捐赠款物6000万元。

16—18日 自治区党委常委、自治区常务副主席、自治区新冠肺炎疫情防控工作指挥部常务副总指挥马学军在鄂尔多斯市和乌海市，就新冠肺炎疫情防控、企业复工复产、重大项目建设、安全生产工作情况开展调研督导。

△ 截至2月16日，全区1547家规模以上工业企业复工，复工率56.2%。复工复产企业职工总数61万人，40万人已返岗，返岗率65.5%。

17日 自治区新冠肺炎疫情防控工作电视电话会召开，通报当前全区疫情防控情况，安排部署下一步重点任务。自治区党委副书记、自治区主席、自治区新冠肺炎疫情防控工作指挥部总指挥布小林主持会议并讲话。

△ 自治区政府召开全区春耕备耕电视电话会议，自治区党委副书记、自治区主席布小林主持会议并讲话。自治区副主席李秉荣对全区春耕备耕工作作具体部署。自治区农牧厅负责人在会上通报了全区春耕备耕相关工作情况。

△ 应商务部要求，自治区商务厅紧急协调“中国薯都”乌兰察布市商务局及邮政公司等部门调拨马铃薯2500吨驰援武汉，首批50吨已起程，其余的15天内运完。

17—19日 自治区党委副书记、政法委书记林少春到乌兰察布市、赤峰市和通辽市调研新冠肺炎疫情防控期间的脱贫攻坚和春耕备耕工作。

18日 自治区党委书记石泰峰主持召开企业复工复产工作座谈会。自治区党委常委、秘书长张韶春，自治区副主席艾丽华参加座谈会。自治区有关部门负责同志参加会议。

△ 根据自治区党委统一部署，2019年4月4日至6月15日，自治区党委派出15个巡视组，对呼和浩特市托克托县等41个旗县（市、区）开展了巡视。2019年7月底，自治区党委巡视组向被巡视地区反馈意见后，各旗县党委认真落实巡视整改主体责任，深入研究制定整改方案，及时安排布置整改任务，推动巡视整改取得阶段性成效。

18—20日 自治区党委常委、自治区常务副主席、自治区新冠肺炎疫情防控工作指挥部常务副总指挥马学军赴巴彦淖尔市和包头市开展调研督导。

△ 自治区党委常委、宣传部部长白玉刚深入丰镇市、凉城县和集宁区，就疫情防控及企业复工复产、新时代文明实践中心建设、文旅产业发展和文明城市创建等工作调研。

19—20日 自治区党委书记石泰峰深入鄂尔多斯市准格尔旗、东胜区、伊金霍洛旗、康巴什区调研新冠肺炎疫情防控和企业复工复产情况。自治区党委常委、秘书长张韶春及有关部门负责人参加调研。

20日 自治区党委副书记、自治区主席、自治区新冠肺炎疫情防控工作指挥部总指挥布小林深入赤峰市，调研新冠肺炎疫情防控、企业复工复产工作。

21日 自治区党委全面深化改革委员会召开第八次会议，认真学习贯彻中央全面深化改革委员会第十二次会议精神，就全区完善重大疫情防控体制机制、健全公共卫生应急管理体系有关工作进行研究部署。自治区党委书记、自治区党委全面深化改革委员会主任石泰峰主持会议并讲话。布小林、林少春、马学军出席会议。

△ 按照自治区党委、政府安排，全区重大项目重大工程开复工建设视频会议在呼和浩特召开。自治区党委常委、自治区常务副主席马学军出席会议并讲话。会议传达了全国恢复交通运输秩序电视电话会议精神，通报全区2020年计划实施重大项目重大工程情况。

23日 党中央召开统筹推进新冠肺炎疫情防控和经济社会发展工作部署会议，自治区领导在内蒙古分会场参加会议，聆听学习习近平总书记重要讲话。会后，自治区党委召开全区领导干部视频会议，学习贯彻习近平总书记重要讲话精神，安排部署下一步工作任务。自治区党委书记石泰峰讲话。自治区党委副书记、自治区主席布小林，自治区政协主席李秀领，自治区党委、人大常委会、政府有关领导同志出席会议。自治区有关部门负责同志参加会议。各盟市、旗县（市、区）设分会场。

△ 全区各高校纷纷制定延期开学工作预案，调整教学计划和教学方式，确保疫情防控期间停课不停学。

24—26日 自治区党委书记石泰峰深入巴彦淖尔市有关旗县，调研疫情防控、春耕备耕、复工复产、黄河防凌防汛、生态保护治理等工作。自治区党委常委、秘书长张韶春，自治区副主席李秉荣及有关部门负责人参加调研。

△ 自治区党委副书记、政法委书记林少春到乌兰浩特市和扎赉特旗调研市域社会治理和脱贫攻坚工作。

25日上午 自治区人大常委会召开协调推进会，推动《全国人大常委会关于禁止非法野生动物交易、革除滥食野生动物陋习、切实保障人民群众生命健康安全的决定》在全区贯彻实施。

25日 自治区召开新冠肺炎疫情防控工作电视电话会议，自治区党委常委、自治区常务副主席、自治区疫情防控工作指挥部常务副总指挥马学军主持会议并讲话，自治区副主席、自治区疫情防控工作指挥部副总指挥欧阳晓晖出席会议并作工作安排。

△ 自2月25日24时起，自治区新冠肺炎疫情突发公共卫生事件响应级别由自治区级一级调整为自治区级三级。

26日 自治区党委副书记、自治区主席布小林到乌兰察布市调研项目建设、企业复工复产和春季农牧业生产工作。自治区有关部门负责人参加调研。

27日 自治区党委书记、自治区应对新冠肺炎疫情工作领导小组组长石泰峰主持召开自治区党委常委会会议暨自治区应对新冠肺炎疫情工作领导小组会议，认真学习2月26日中央政治局常委会会议精神，进一步学习习近平总书记在统筹推进新冠肺炎疫情防控和经济社会发展工作部署会议上的重要讲话和2月21日中央政治局会议精神，传达中央应对新冠肺炎疫情工作领导小组有关会议精神，安排部署贯彻落实工作。国务院应对新冠肺炎疫情联防联控机制第五工作指导组有关人到会指导。

△ 自治区人大常委会副主任、包头市委书记张院忠到固阳县，调研春耕备耕及扶贫工作。

28日 自治区党委、政府召开自治区煤炭资源领域违规违法问题专项整治工作动员部署会议。自治区党委书记石泰峰出席会议并讲话。自治区党委副书记、自治区主席布小林主持会议，自治区政协主席李秀领，自治区党委、人大常委会、政府有关领导同志，自治区法检两长出席会议。中央纪委国家监委有关人员到会指导。

△ 下午3时，自治区对口支援湖北省荆门市医疗物资和生活物资捐赠仪式在荆门市举行。自治区政府副秘书长、政府办公厅主任、前方指挥部总指挥高润喜，荆门市委书记张爱国和市委副书记、市长孙兵参加捐赠仪式。

△ 自治区教育厅下发《关于做好延期开学期间中小学校教学工作的通知》，要求全区中小学校3月2日起开展线上教学，学生不返校。

29日 专为抗疫一线医护人员捐赠的3万斤“兴安盟大米”从兴安盟快递物流联运中心出发，驶向湖北省武汉市第五医院。这批物资由兴安盟袁隆平院士工作站联合阿里巴巴数字农业事业部，携手“全国最美志愿者”乌兰图雅、快手知名主播“散打哥”共同捐赠。

29日至3月2日 自治区党委副书记、自治区主席布小林深入兴安盟调研疫情防控、脱贫攻坚、春季农牧业生产、企业复工复产等工作。

29日至3月3日 自治区党委常委、纪委书记、监委主任刘奇凡先后到呼伦贝尔市相关旗市，督导疫情防控和复工复产工作情况。

2月 为应对新冠肺炎疫情，包头石拐区率先开启疫情防控“挂图作战”工作模式。

3月

1日 自治区党委常委、自治区常务副主席马学军到包头市调研黄河防凌工作。

1—2日 自治区党委副书记、政法委书记，自治区煤炭资源领域违规违法问题专项整治工作领导小组副组长林少春到鄂尔多斯市调研检查专项整治工作。

2日 自治区党委常委、宣传部部长白玉刚到土右旗调研新时代文明实践及媒体融合发展等工作。

△ 全区458个共计160万千瓦光伏扶贫项目纳入财政部可再生能源电价附加资金补助目录（第三批光伏扶贫项目），占全国1120万千瓦的14.3%。对这些光伏扶贫项目，财政部将优先拨付用于扶贫部分的补贴资金。这批光伏扶贫项目今年可获得4亿多元补贴，涉及自治区11个盟市的41个贫困旗县，覆盖2144个建档立卡贫困嘎查村，涉及建档立卡贫困户15.22万户。

2—4日 自治区党委书记石泰峰深入锡林郭勒盟调研疫情防控和经济社会发展工作。自治区党委常委、秘书长张韶春及有关部门负责人参加调研。

3日上午 为统筹推进新冠肺炎疫情防控和经济社会发展工作，内蒙古启动重大项目重大工程“审批月”活动。自治区党委副书记、自治区主席布小林到活动现场调研，自治区党委常委、自治区常务副主席马学军参加调研。“审批月”首日，自治区发改、能源等11个部门现场为21个重大项目集中办理了审批、用地等手续，出具了审批文件。

3—4日 全区各级工会用一系列

实实在在的暖心行动关爱内蒙古支援湖北人员。自治区总工会先后拨付423.5万元慰问资金，为内蒙古支援湖北各批次医护人员及工作人员每人发放5000元慰问金，并赠送30万元的健康保险。派人为每一批支援湖北的出征人员送行，对他们及其家属进行慰问。

4日上午 自治区政府召开全区推进污染防治攻坚战电视电话会议，自治区党委副书记、自治区主席布小林主持会议并讲话。自治区副主席包钢部署2020年全区污染防治攻坚战工作任务。自治区生态环境厅通报全区污染防治攻坚战推进情况，呼和浩特市、包头市、巴彦淖尔市、通辽市、乌兰察布市作表态发言。

4日下午 自治区政府召开全区科技创新工作电视电话会议。自治区党委副书记、自治区主席布小林主持会议并讲话。自治区副主席欧阳晓晖对全区科技创新作了工作部署。自治区科技厅通报了相关情况。各盟市、大兴安岭重点国有林管理局设分会场。

4日 自治区党委组织部会同自治区新冠肺炎疫情防控工作指挥部，在呼和浩特举行“汇聚党员爱心 党费助力抗疫”负压救护车发放仪式。自治区党委常委、组织部部长杨伟东，自治区副主席欧阳晓晖为各盟市发放钥匙。

△ 自治区政府发出公告，宣布鄂伦春自治旗等20个国家级贫困旗县达到贫困旗县退出条件，正式退出贫困旗县序列。这20个国贫旗县是内蒙古最后一批退出贫困序列的旗县。至此，全区31个国贫旗县、26个区贫旗县全部摘帽退出。

△ 国家卫生健康委、人力资源和社会保障部、国家中医药管理局作出关于表彰全国卫生健康系统新冠肺炎疫情防控工作先进集体和先进个人的决定，内蒙古自治区2个集体和7名个人获得表彰。

4—5日 自治区党委常委、统战部部长段志强深入通辽市调研疫情防控、复工复产和春耕备耕工作。

5日 自治区党委书记、自治区边防委员会主任石泰峰主持召开自治区边防委员会第一次会议。自治区边防委员会第一副主任布小林，副主任林少春、马学军、马庆雷、欧阳晓晖、刘会成、张英奎出席会议。

△ 按照自治区党委宣传部、文明办、团委、卫健委“送温暖、献爱心”关心一线医务人员及其家属志愿服务活动统一安排，自治区团委、青年志愿者协会开展“争做新时代雷锋，我为‘奉献者’奉献”“3.5”学雷锋日主题志愿服务活动。

△ 自治区党委宣传部决定，命名赤峰市公安局交通管理警察支队等20个集体为第五批全区学雷锋活动示范点，巴彦淖尔市巴音前达门苏木卫生院院长巴特尔等30名人员为第五批全区岗位学雷锋标兵。

6日 党中央召开决战决胜脱贫攻坚座谈会，自治区领导在内蒙古分会场参加会议，聆听学习习近平总书记重要讲话。会议结束后，自治区党委书记石泰峰在分会场强调，全区上下要认真学习贯彻习近平总书记重要讲话精神，全面对标对表党中央新部署新要求，以更大力度、更硬举措抓细抓实各项工作，确保高质量如期完成脱贫攻坚目标任务，确保全面建成小康社会。布小林、林少春、马学军、刘奇凡、白玉刚、杨伟东、张韶春、李秉荣，自治区扶贫开发领导小组部分成员单位负责人参加会议。

△ 包钢集团及下属公司北方稀土通过自治区红十字会，向中国人民解放军中部战区总医院捐赠1台驰影A30磁共振诊疗车，价值940万元。

8日上午 自治区政府与中植企业集团有限公司在北京举行洽谈会，并签订战略合作协议。自治区主席布小林，中植企业集团有限公司董事局主席解直锟出席洽谈会并代表双方签约。

△ 自治区向阿拉善驻军空军某基地和东风航天城捐赠新冠肺炎疫情防护物资仪式在额济纳旗举行。自治区、空军某基地、东风航天城以及阿拉善盟有关领导参加了捐赠仪式。这次捐赠的新冠肺炎疫情防护物资价值208万元。

8日 是第110个“三八”国际妇女节。当日上午，自治区党委书记石泰峰在呼和浩特视频连线奋战在抗疫一线的自治区驰援湖北省武汉市、荆门市的女医务工作者，代表自治区党委、政府向巾帼英雄致以节日问候和美好祝愿。自治区领导马学军、张韶春、欧阳晓晖及有关部门负责同志参加活动。

△ 自治区党委书记石泰峰到自治区新冠肺炎疫情防控工作指挥部，听取指挥部关于疫情防控和复工复产等情况汇报。自治区领导马学军、张韶春、欧阳晓晖及指挥部各工作组有关负责人参加活动。

△ 自治区党委宣传部、文明办、妇联、卫健委联合发布内蒙古自治区一线医务人员抗疫巾帼英雄谱。

9日 自治区决战决胜脱贫攻坚工作会议在呼和浩特召开。自治区党委书记石泰峰出席会议并讲话。自治区党委副书记、自治区主席布小林主持会议，自治区政协主席李秀领，自治区党委、人大常委会、政府有关领导同志出席。会上作了交流发言。会议以视频形式召开，各盟市、旗县（市、区）设分会场。

△ 自治区党委书记、自治区党委统一战线工作领导小组组长石泰峰主持召开自治区党委统一战线工作领导小组2020年第一次会议。自治区党委统一战线工作领导小组副组长段志强、和彦苓、包钢、王中和出席会议。自治区党委统一战线工作领导小组成员出席会议。

△ 自治区党委书记石泰峰到固阳县，调研铝电一体化项目、新时代文明实践站、人居环境整治工作、生态经济林和山区修复情况，以及包头市现代农业固阳示范基地建设情况。

△ 国家教育部发布《关于公布2019年普通高等学校本科专业备案和审批结果的通知》，内蒙古大学获批增设两个本科专业。

△ 在鄂尔多斯市公共资源交易平台“不见面开标直播大厅”内，东

胜区第三十小学建设项目施工、监理标段开标，该项目总投资额为7200万元，是自治区范围内首个“不见面”开标项目。

△“人民楷模”国家荣誉称号获得者、全国“最美奋斗者”都贵玛通过四子王旗红十字会，向一线防控人员捐款5000元。2月17日，都贵玛老人以特殊党费的形式捐款1000元。

△自治区总工会对30个自治区级职工创新工作室进行命名。截至目前，全区自治区级职工创新工作室已经达到228家，各类职工创新工作室超过2000家。

10—11日 自治区党委书记石泰峰深入乌兰察布市调研重点项目建设和脱贫攻坚工作。自治区党委常委、秘书长张韶春及有关部门负责人参加调研。

△自治区党委副书记、政法委书记、自治区煤炭资源领域违规违法问题专项整治工作领导小组副组长林少春深入乌海市调研检查专项整治工作。

△自治区副主席包钢先后来到包钢集团、包铝集团、东方希望铝业公司、神华包头煤化工公司等单位，实地检查污染防治和环保督察工作落实情况，并提出明确的整改时限和整改要求。

11日 自治区十三届人大常委会召开第56次主任会议，研究重点立法、重点监督项目工作方案，通过了自治区十三届人大常委会第十九次会议的建议议程。自治区人大常委会常务副主任那顺孟和主持会议，副主任王波、吴团英、李荣禧、廉素、和彦苓，秘书长施文学出席会议。

△2020年全区“扫黄打非”工作电视电话部署会议在呼和浩特市举行。自治区党委常委、宣传部部长、“扫黄打非”工作领导小组组长白玉刚出席并讲话。

12日 自治区党委书记石泰峰深入呼和浩特市调研服务业复工复产情况。自治区党委常委、呼和浩特市委书记王莉霞，自治区党委常委、秘书长张韶春及有关部门负责人参加调研。

△自治区党委副书记、自治区主席、自治区新冠肺炎疫情防控工作指挥部总指挥布小林主持召开疫情防控工作调度会，自治区党委常委、自治区常务副主席、自治区防控工作指挥部常务副总指挥马学军，自治区副主席、自治区防控工作指挥部副总指挥艾丽华、欧阳晓晖出席会议。会上，疫情防控指挥部医疗防控组、社会管控组负责人汇报了相关工作开展情况。

△自治区财政厅、国家税务总局内蒙古自治区税务局发布全区《关于新冠肺炎疫情期间房产税和城镇土地使用税减免政策的公告》。

△自治区推出2020年193个首批投资合作项目，投资总额3778亿元。

△包钢（集团）公司1-4号焦炉脱硫脱硝超低排放改造工程项目正式开工，标志着包钢以焦炉烟气脱硫脱硝为代表、烧结脱硫脱硝为重点的2020年超低排放改造重点环保项目全面启动。

13日 自治区党委书记石泰峰主持召开自治区党委常委会会议暨自治区应对新冠肺炎疫情工作领导小组会议，学习贯彻习近平总书记在湖北省考察新冠肺炎疫情防控工作时的重要讲话重要指示精神，研究部署贯彻落实工作。会议听取了全区市域社会治理现代化工作情况汇报，研究部署了相关工作。

△全区农资打假“春雷”行动启动。全区各地将以农村牧区、城乡接合部和农资集散地为重点区域，对种子、农药等6大领域进行严格执法整顿，全面护航备春耕生产。全区还将举办多种形式的放心农资下乡进村活动，通过线上订购、送货上门的模式，让农牧民足不出户就能用上放心种、放心肥、放心药。

△内蒙古自治区2020年乌兰牧骑工作方案正式出台，明确了全年6个方面的工作重点。全区75支乌兰牧骑将全面适应新形势下文化传播需要和广大群众精神文化需求，永远做草原上的“红色文艺轻骑兵”。

△自治区党委网络安全和信息化委员会召开第二次会议。自治区党委书记、自治区党委网络安全和信息化委员会主任石泰峰主持会议并讲话。自治区党委网络安全和信息化委员会副主任布小林、林少春出席会议。

△一机集团北方创业公司成功中标中国铁路总公司2000辆C70E型通用敞车，合同金额7.35亿元。北方创业公司所有工序已复工复产。

14—15日 自治区党委副书记、自治区主席布小林深入乌海市调研复工复产、项目建设、污染防治等工作。

15日上午 乌海市2020年春季重点工业项目集中开工仪式在乌海市经济开发区低碳产业园举行，布小林出席开工仪式。这次集中开工涉及8个项目、总投资112.35亿元，涵盖煤化工、新材料、精细化工等领域。开工仪式前，布小林在低碳产业园调研，详细了解园区规划、基础设施建设、招商引资等情况。

15日 自治区党委书记石泰峰在呼和浩特会见以中国证监会党委委员、副主席阎庆民为组长的中办国办复工复产调研工作组一行。马学军、张韶春及有关部门负责同志参加会见。

△引绰济辽工程复工建设。引绰济辽工程是国务院“十三五”期间确定的172项节水供水重大水利工程之一。工程建成后，将有效缓解自治区东部西辽河流域严重缺水状况，提升内蒙古东部地区水资源支撑保障能力。

15—16日 自治区党委副书记、自治区主席布小林深入阿拉善盟调研复工复产、项目建设、春耕备耕、矿山环境治理等工作。

16日下午 中办国办复工复产调研组在呼和浩特市召开座谈会，听取内蒙古自治区复工复产情况汇报。调研组组长、中国证监会副主席阎庆民出席会议并讲话，自治区党委常委、自治区常务副主席马学军汇报自治区复工复产工作情况，自治区副主席艾丽华、李秉荣参加座谈会。

16日 自治区政府发布《内蒙古

自治区人民政府关于调整旗县（市、区）疫情防控风险等级的公告》。根据各盟市对所辖旗县（市、区）疫情防控风险等级研判和调整情况，自治区人民政府决定将全区103个旗县（市、区）疫情风险等级全部调整为低风险。

△ 自治区新冠肺炎疫情防控指挥部发布关于落实疫情防控风险等级调整要求，全面推进企业复工复产的通知。

△ 自治区副主席包钢深入乌兰察布市兴和县、察右前旗、凉城县督导调研脱贫攻坚和生态综合治理工作。

16—17日 自治区党委副书记、政法委书记林少春深入赤峰市贫困旗县检查督导脱贫攻坚工作。

17日上午 内蒙古新冠肺炎疫情防控指挥部推进复工复产工作组召开第一次会议，深入贯彻落实党中央、国务院和自治区党委、政府推进复工复产的决策部署，在做好疫情防控基础上，安排部署复工复产各项工作。

17日下午 全区金融支持复工复产政金企对接推进会在呼和浩特市召开。自治区党委副书记、自治区主席布小林，自治区副主席黄志强出席对接推进会并见证签约。会议以视频形式召开，各盟市设分会场。

18日下午 内蒙古支援湖北省医疗队首批100名护理队员归来，自治区党委书记石泰峰前往鄂尔多斯伊金霍洛机场迎接他们平安归来，并代表自治区党委、政府和全区2500多万各族群众向凯旋的医疗队员致以崇高敬意和诚挚感谢。医疗队员代表闫蕾作了表态发言。自治区领导张韶春、欧阳晓晖参加活动。

18日 自治区党委书记石泰峰在鄂尔多斯市主持召开自治区煤炭资源领域违规违法问题专项整治工作专题座谈会。自治区党委常委、纪委书记、监委主任刘奇凡，自治区党委常委、秘书长张韶春出席会议。会上，鄂尔多斯市、呼伦贝尔市、通辽市、赤峰市、锡林郭勒盟、乌海市、阿拉善盟主要负责同志围绕专项整治工作进展情况和下一步打算作了发言。会前，石泰峰还在鄂尔多斯市、乌海市对煤炭资源领域违规违法问题专项整治情况进行了实地调研。

△ 自治区党委副书记、自治区主席、自治区新冠肺炎疫情防控工作指挥部总指挥布小林主持召开疫情防控工作调度会，自治区副主席、自治区防控工作指挥部副总指挥艾丽华出席会议。会上，各专项工作组负责人汇报了相关工作。

△ 至3月18日9时，黄河内蒙古段已全线开河。

△ 自治区人大常委会副主任、包头市委书记张院忠到固阳县，调研脱贫攻坚、人居环境整治和基层党建工作，并走访慰问贫困户。

△ 内蒙古自治区福利彩票销售系统已正式恢复。

19日上午 自治区党委宣传思想工作领导小组2020年第一次会议在呼和浩特市召开。自治区党委常委、宣传部部长白玉刚主持会议并讲话，自治区副主席郑宏范出席会议。

△ 自治区党委副书记、自治区主席、自治区新冠肺炎疫情防控工作指挥部总指挥布小林到呼和浩特白塔国际机场督导检查疫情防控工作。自治区副主席欧阳晓晖参加督查。

19日 自治区党委副书记、自治区主席布小林到内蒙古一机集团调研复工复产情况。自治区人大常委会副主任、包头市委书记张院忠参加调研。

△ 内蒙古自治区卫生健康委发布消息，内蒙古新冠肺炎确诊病例和疑似病例全部清零。

△ 在自治区远程医疗中心，自治区新冠肺炎医疗救治专家组通过视频连线内蒙古援助卢旺达医疗队，培训新冠肺炎防控工作。

△ 日前，自治区教育厅下发通知，要求各地区和学校要积极采取有效措施，强化疫情防控期间师生健康教育和管理工作。

20日下午 自治区援鄂医疗队第二批返程人员平安抵达鄂尔多斯。返回队员将按照要求，在鄂尔多斯集中休整休养14天后，返回各自盟市。

20日 自治区党委书记石泰峰主持召开自治区党委常委会会议暨自治区应对新冠肺炎疫情工作领导小组会议，听取自治区疫情防控和复工复产等情况汇报，就进一步做好疫情防控工作和全面恢复生产生活秩序进行研究部署。

△ 自治区党委常委会召开扩大会议，通报中央第八巡视组关于对内蒙古自治区开展脱贫攻坚专项巡视“回头看”的反馈意见、国务院扶贫办反馈的对自治区2019年脱贫攻坚成效考核有关情况，研究部署整改落实工作。自治区党委书记石泰峰主持会议。

△ 自治区交通运输厅将按照“全面恢复、积极推进、重点防范、保障到位”的基本原则，即日起全面恢复城乡道路运输等交通服务。

21日上午 自治区红十字会负压救护车及配套医疗设备捐赠活动在呼和浩特举行。自治区党委副书记、自治区主席布小林出席捐赠活动，自治区副主席、红十字会会长欧阳晓晖主持捐赠活动。伊泰集团捐款200万元，支持自治区红十字会专项用于援助国际疫情防控，是自治区首家捐赠援外善款的爱心企业。

△ 自治区党委副书记、政法委书记、自治区煤炭资源领域违规违法问题专项整治工作领导小组副组长林少春深入阿拉善盟调研督导专项整治工作。

22日 自治区党委书记石泰峰调研检查首都机场分流呼和浩特国际航班应对处置工作。自治区领导张韶春、欧阳晓晖及有关方面负责人参加活动。

△ 自治区党委副书记、自治区主席布小林到自治区广播电视局调研。

△ 经过3个多月努力，包钢生产的表面FD等级钢板开始用于奇瑞汽车“白车身”制造。试用结果表明，“包钢造”稀土板材完全合格。

△ 自治区农牧厅日前发出《致全区家庭农牧场、农牧民合作社、农牧业社会化服务组织的倡议书》，要求全区家庭农牧场、农牧民合作社、农牧业社会化服务组织在分区分级做好

疫情防控的基础上，积极带领广大农牧民群众战疫情、抢农时、促生产、抓脱贫、夺小康，为疫情防控和农牧业生产“双胜利”作出贡献。

23—24日 自治区党委副书记、自治区主席布小林深入乌兰察布市和锡林郭勒盟调研鼠疫防控、脱贫攻坚、复工复产等工作。

△ 自治区党委常委、自治区常务副主席马学军到兴安盟乌兰浩特市和脱贫攻坚包联旗县科右前旗调研脱贫攻坚、复工复产情况。

23—25日 自治区党委书记石泰峰深入赤峰市部分旗县调研督导脱贫攻坚工作，主持召开部分盟市旗县脱贫攻坚工作座谈会。马学军、张韶春，张恩惠参加座谈会或调研。

△ 自治区党委常委、组织部部长杨伟东深入锡林郭勒盟二连浩特市、苏尼特右旗等地，围绕抓党建促脱贫攻坚、基层党组织建设等进行调研。

△ 自治区副主席黄志强在乌海市调研金融风险防控和金融服务实体经济支持复工复产等工作。

24日 自治区十三届人大常委会召开第57次主任会议。自治区人大常委会常务副主任那顺孟和主持会议，副主任王波、吴团英、李荣禧、廉素、和彦苓，秘书长施文学出席会议。

25日 自治区党委副书记、自治区主席、自治区新冠肺炎疫情防控工作指挥部总指挥布小林到呼和浩特白塔国际机场，检查指导首都机场分流国际航班应对处置工作。自治区副主席、自治区防控工作指挥部副总指挥欧阳晓晖参加检查指导。

26日零点 通辽机场新飞行程序、新航行情报数据正式生效。当日上午，随着国航1687航班B737-800机型飞机首次安全降落通辽机场，标志着通辽机场跑道延长段、新建联络道、新建机坪转场成功，也标志着通辽市“十三五”重点基础建设项目之一的通辽机场飞行区改扩建项目主体工程正式投产。该项目是通辽市复工复产以来首个完工投产的重点基础建设项目。

26日 自治区党委副书记、自治区主席、自治区新冠肺炎疫情防控工作指挥部总指挥布小林主持召开自治区政府常务会议暨防控工作指挥部调度会，部署新冠肺炎疫情防控工作，研究加快推动农牧业高质量发展的意见、推进5G网络建设政策等事项。

△ 乌海及周边地区大气污染联防联控联治工作推进会召开。自治区党委副书记、自治区主席布小林主持会议并讲话。自治区党委常委、自治区常务副主席马学军出席会议。自治区副主席包钢部署2020年重点工作。自治区生态环境厅通报了2019年大气污染联防联控联治情况，鄂尔多斯市、乌海市政府和阿拉善盟行署汇报了相关工作情况。

27日 173名自治区援助湖北医疗队队员完成医疗救治任务回到家乡。

△ 北重集团签订华能瑞金电厂二期2×1000兆瓦超超临界二次再热机组项目六大管道及锅炉管合同订单，金额超亿元。北重集团已成为国内高端厚壁无缝钢管的首选供应商。

△ 自治区党委书记石泰峰主持召开自治区党委常委会会议暨自治区应对新冠肺炎疫情工作领导小组会议，研究部署严密防范境外疫情输入和全面恢复正常生产生活秩序工作。

△ 截至3月27日，十届自治区党委第七轮巡视12个巡视组已完成进驻，本轮巡视工作全面展开。

28日 自治区党委副书记、自治区主席布小林到鄂尔多斯市，慰问正在当地休整的自治区援鄂医护人员，调研开学复课准备工作。调研期间，布小林还听取了鄂尔多斯市开展煤炭资源领域违法违规专项整治工作汇报。

28—29日 自治区党委副书记、政法委书记林少春到通辽市库伦旗和科左中旗调研督导脱贫攻坚工作。

△ 自治区副主席黄志强到鄂尔多斯市调研金融风险防控和金融服务实体经济复工复产等工作。

29日下午 自治区党委副书记、自治区主席布小林到呼和浩特铁一中调研开学复课准备工作，强调要落实落细各项疫情防控措施，确保开学复课万无一失。自治区副主席郑宏范参加调研。

29日 自治区党委书记石泰峰深入呼和浩特市土左旗、玉泉区、新城区调研文化旅游业发展。自治区党委常委、呼和浩特市委书记王莉霞，自治区党委常委、秘书长张韶春参加调研。

△ 福利彩票双色球游戏第2020017期开奖，乌兰察布市彩民斩获1注奖金高达599.22万元的一等奖。

△ 内蒙古自治区2019年度财政专项扶贫资金绩效评价继2018之后再次被评为优秀等次。

30日 自治区落实中央脱贫攻坚专项巡视“回头看”和脱贫攻坚成效考核反馈意见整改部署会在呼和浩特召开。自治区党委书记石泰峰出席并讲话。自治区党委副书记、自治区主席布小林主持会议，自治区政协主席李秀领和自治区党委常委、自治区人大常委会常务副主任、自治区副主席出席会议。会议以视频形式召开，各盟市、旗县（市、区）设分会场。

△ 内蒙古自治区青年工作联席会议第一次全体会议在呼和浩特市召开。会议研究部署了《内蒙古自治区中长期青年发展规划（2018—2025年）》实施相关重点工作。自治区党委副书记、政法委书记林少春出席会议并讲话。自治区副主席郑宏范出席会议并传达中长期青年发展规划实施工作部际联席会议第二次全体会议精神。

30日至4月1日 自治区副主席黄志强到巴彦淖尔市调研部分农牧业龙头企业和金融机构。

31日下午 277名援鄂医疗队员乘坐两架飞机平安抵达鄂尔多斯市伊金霍洛国际机场，这是最后一批内蒙古援鄂医疗队员，至此，849名内蒙古援鄂医疗队员全部平安归来。

31日 内蒙古商务领域政银企对接会在呼和浩特召开。自治区党委副书记、自治区主席布小林，自治区副主席艾丽华出席对接会，并启动“春暖草原·千家万店百日惠民消费节”活动。

△ 自治区十三届人大常委会第

十九次会议在呼和浩特开幕并举行第一次全体会议。自治区党委书记、人大常委会主任石泰峰主持会议。自治区人大常委会常务副主任那顺孟和，副主任王波、吴团英、李荣禧、廉素、张院忠、和彦苓，秘书长施文学及常委会委员出席会议。自治区党委常委、自治区常务副主席马学军，自治区党委常委、纪委书记、监委主任刘奇凡，自治区高级人民法院院长杨宗仁，自治区人民检察院检察长李琪林列席会议。

31日至4月2日 自治区党委副书记、自治区主席布小林到呼伦贝尔市、兴安盟调研森林草原防火、文化旅游、脱贫攻坚等工作。自治区党委常委、兴安盟委书记张恩惠，自治区副主席艾丽华，中植企业集团董事局主席兼首席执行官解直锟以及自治区相关部门负责人分别参加活动。

4月

1日上午 自治区十三届人大常委会第十九次会议举行第二次全体会议。自治区党委书记、人大常委会主任石泰峰主持会议并讲话。自治区人大常委会常务副主任那顺孟和，副主任王波、吴团英、李荣禧、廉素、张院忠、和彦苓，秘书长施文学及常委会委员出席会议。自治区党委常委、纪委书记、监委主任刘奇凡，自治区副主席郑宏范，自治区高级人民法院院长杨宗仁，自治区人民检察院检察长李琪林列席会议。全体会议后还举行了宪法宣誓仪式。

1—2日 自治区党委书记、人大常委会主任石泰峰深入扶贫包联旗县四子王旗调研督导脱贫攻坚工作。自治区党委常委、秘书长张韶春及有关部门负责人参加活动。

△ 自治区党委常委、统战部部长段志强赴乌海市就贯彻落实全区统战部长会议精神、加强统战系统党风廉政建设和民营企业复工复产等情况进行实地调研并召开座谈会。

2日上午 内蒙古自治区捐助蒙古国首批防疫物资从二连浩特口岸公路货运通道出境，运往蒙古国首都乌兰巴托市。向捐助防疫物资总价值为42.9万元人民币。

△ 全区安全生产工作电视电话会议在呼和浩特召开，传达习近平总书记和李克强总理对四川省西昌市森林火灾作出的重要指示和批示精神，安排部署全区安全生产和森林草原防灭火工作。自治区党委副书记、自治区主席、自治区安委会主任布小林主持会议并讲话。自治区副主席艾丽华、欧阳晓晖、李秉荣、包钢、郑宏范、黄志强、衡晓帆出席会议。

△ 内蒙古自治区在2020年1月1日暨新《土地管理法》实施前上报国务院审批的64个建设项目用地，全部通过国家自然资源部审核，涉及用地面积2.2万多公顷（33万多亩）。

2日 自治区红十字会深入锡林郭勒盟，开展“关爱百姓健康 助力脱贫攻坚——2020年全区光明行社会公益活动走进农村牧区送光明送温暖防近视筛查活动”，为贫困群众送医送药送健康，拉开了2020年全区“光明行”社会公益活动的序幕。全区“光明行”社会公益活动于2015年6月启动实施后，已累计筛查眼疾患者67.78万人次，为贫困家庭白内障患者成功实施免费手术实施白内障复明手术26098例，受益贫困患者24400人。

△ 内蒙古自治区政协主席李秀领带队调研土右旗沿黄地区生态保护和高质量发展情况。

4日 自治区党委副书记、自治区主席布小林到呼和浩特市和林格尔县，查看地震受灾情况，调研植树造林、脱贫攻坚等工作。

△ 内蒙古自治区当前干旱面积达65.97万平方公里，占全区总面积的66.8%，中部以西地区干旱迅速发展，近期干旱面积还将继续扩大。

4—6日 自治区党委副书记、政法委书记林少春到呼伦贝尔市莫力达瓦达斡尔族自治旗、鄂伦春自治旗督导调研脱贫攻坚工作。

7—8日 自治区党委副书记、自治区主席布小林深入通辽市开鲁县、科左中旗，调研高标准农田建设和脱贫攻坚工作。她强调，要深入贯彻落实习近平总书记在决战决胜脱贫攻坚座谈会上的重要讲话精神，进一步巩固提升脱贫成果，坚决打好打赢脱贫攻坚战，坚持绿色兴农兴牧，建设高标准农田，保障粮食安全。

△ 自治区副主席包钢深入通辽市、锡林郭勒盟调研露天煤矿矿坑治理工作。

7—9日 自治区党委常委、组织部部长杨伟东深入阿拉善盟阿左旗、阿右旗等地，围绕抓党建促脱贫攻坚、基层组织建设等进行调研。

△ 自治区党委书记石泰峰深入巴彦淖尔市和包头市达茂旗、白云鄂博矿区、固阳县、九原区、石拐区调研疫情防控和经济社会发展工作。自治区党委常委、秘书长张韶春，自治区人大常委会副主任、包头市委书记张院忠参加调研。

8日零时起 呼和浩特机场恢复至武汉航班

8日 2020年全区“光明行”社会公益活动在通辽市科左中旗启动。自治区主席、自治区红十字会名誉会长、全区“光明行”社会公益活动组委会主任委员布小林出席启动仪式，并为白内障患者受益代表发放了慰问品。通辽市政府、自治区红十字会负责人及患者代表在启动仪式上发言。

△ 全区粮食安全盟市长责任制考核暨全区粮食和物资储备工作电视电话会议在呼和浩特市召开。自治区党委副书记、自治区主席布小林专门对会议作出批示，自治区党委常委、自治区常务副主席马学军出席会议并讲话。

△ 自治区党委副书记、政法委书记林少春深入大兴安岭重点国有林区基层防火单位、产业转型种养基地和改制企业，实地调研森林防火应急指挥调度、林业经济发展和国有林区改革等工作。

9日上午9时 由内蒙古林业总医院27名医护人员组成的驰援满洲里市抗击新冠肺炎疫情医疗队，整装进发满洲里。

9日 自治区党委副书记、自治区主席布小林主持召开自治区政府常务会议，传达4月8日召开的中共中央政治局常务委员会会议精神，研究分析一季度经济形势等事项。

△ 全区政法系统纪律作风教育整顿会议在呼和浩特召开。自治区党委副书记、政法委书记林少春主持会议并讲话。自治区党委常委、纪委书记、监委主任刘奇凡作纪律作风建设专题报告。自治区副主席、公安厅厅长衡晓帆，自治区高级人民法院院长杨宗仁，自治区人民检察院检察长李琪林出席会议。会议以视频形式召开，自治区设主会场，各盟市及满洲里市、二连浩特市设分会场。

△ 内蒙古科协印发了《关于在高校科协和全区学会开展"加强基础研究和科学普及，扎实服务自治区高质量发展"主题活动的通知》，决定从2020年开始，用3年时间在全区高校和学会开展"加强基础研究和科学普及，扎实服务自治区高质量发展"主题活动。

△ 自治区直属机关青年生态文明教育实践基地启动仪式在乌兰察布市卓资县举行。

10日上午10时 由呼伦贝尔市第二人民医院35名医护人员组成的医疗队整装出发，驰援满洲里市开展境外输入新冠肺炎医疗救治工作。

10日上午 中国内蒙古自治区人民政府向蒙古国乌兰巴托市捐赠医疗物资暨"一带一路·光明行"蒙古国行动捐助仪式在呼和浩特举行。内蒙古已向蒙古国捐赠两批疫情防控医疗物资，款物总价值226.7035万元人民币。

10日 自治区党委书记石泰峰主持召开自治区党委常委会会议暨自治区应对新冠肺炎疫情工作领导小组会议，学习4月8日中央政治局常委会会议精神和中央应对新冠肺炎疫情工作领导小组有关会议精神，听取当前全区统筹推进疫情防控和经济社会发展工作情况汇报，研究部署加强疫情防控和推动经济社会秩序全面恢复相关工作。会议研究了自治区党委、政府《关于加快推动农牧业高质量发展的意见》。

11日 自治区党委副书记、自治区主席布小林到自治区测绘地理信息局调研。布小林还到伊利集团，调研了解企业生产经营方面的情况。自治区副主席艾丽华及有关部门负责人参加调研。

△ 内蒙古自治区将投入中央财政资金11432万元，在全区秸秆资源量较大的6个盟市12个旗县实施秸秆综合利用项目。项目实施后，全区秸秆综合利用率将达到85%以上，各项目旗县秸秆综合利用率将达到90%以上，杜绝露天焚烧现象。

11—15日 自治区党委副书记、政法委书记林少春到化德县、兴和县、察右前旗、正镶白旗、太仆寺旗和所包联的商都县调研督导脱贫攻坚工作。

12日 一列专用国际货运列车，驶入二连浩特铁路国际货车换轮库，在更换宽轨转向架和车钩后，13日，赴蒙古国乌兰巴托市。这是中国货运列车首次采用"换轮"方式出境。

13日 自治区党委书记石泰峰深入满洲里口岸及隔离场所、医疗机构，调研指导防控境外疫情输入工作，强调要坚决贯彻落实党中央部署要求，扛起重大责任，抓实防控举措，做细具体工作，坚决打赢防控陆地边境疫情跨境输入战役。自治区领导刘奇凡、张韶春、黄志强及有关部门负责人参加活动。

△ 中央统战部、宣传部、教育部、民委四部委联合发文，公布入选国家首批铸牢中华民族共同体意识研究基地、研究培育基地名单，确定10家单位为研究基地，5家单位为研究培育基地。内蒙古大学入选首批铸牢中华民族共同体意识研究培育基地。

△ 呼和浩特市"互联网+全民义务植树"项目在全民义务植树网正式上线，社会团体或个人可登录全民义务植树网，自由选择义务植树项目，通过在线平台捐款，或直接扫描"微信""支付宝"二维码捐款，实现随愿植树、随处植树、随时植树。

13—14日 自治区党委副书记、自治区主席布小林深入巴彦淖尔市五原县、临河区、乌拉特前旗，调研现代农业发展、高标准农田建设及盐碱地改良、乌梁素海综合治理等工作。期间，布小林还到维信羊绒集团、际华森普利公司调研，了解企业复工复产、口罩及防护服等生产情况。

13—15日 自治区党委书记石泰峰深入新巴尔虎右旗、新巴尔虎左旗、陈巴尔虎旗、牙克石市考察森林草原防火、生态环境保护和牧民生产生活情况。石泰峰还考察了额布都格口岸对外开放及疫情防控情况，出席了呼伦贝尔市、伊利集团绿色智能高端有机乳制品二期升级示范项目签约仪式。自治区党委常委、秘书长张韶春及有关部门负责人参加活动。

△ 自治区党委常委、组织部部长杨伟东深入扶贫包联旗县兴安盟扎赉特旗，调研督导脱贫攻坚工作，并主持召开脱贫攻坚推进会。

△ 自治区党委常委、宣传部部长白玉刚深入兴安盟科右中旗，就中央脱贫攻坚专项巡视"回头看"、国家脱贫攻坚成效考核反馈问题整改工作进行调研，并参加科右中旗肉牛产业推进会和文旅产业座谈会。

14日 "蒙速办"APP上线试运行一个月，注册用户突破100万，累计访问量超过1000万次。"蒙速办"APP是自治区政务服务局负责建设的全区一体化在线政务服务移动端，由自治区、盟市、旗县三级共建共用，为广大群众和企业办事提供"一站式"掌上查询、掌上预约、掌上评价的全流程便民服务，让群众足不出户尽享生活便利。

△ 呼和浩特白塔机场启动过渡期提升改造工程。

△ 鄂尔多斯市伊金霍洛旗人民政府与来自现代物流、新型材料、智慧能源、健康养老、装备制造等领域的企业共签约14个项目，总投资216.09亿元。

15日 北方新报社捐赠新冠肺炎

抗“疫”档案交接仪式在自治区档案局（馆）举行。

△ 4月15日是中国第五个全民国家安全教育日，当天上午，由自治区党委国安办举办的教育日系列活动启动，并在呼和浩特同时开展了三场宣传教育活动。

16日下午 自治区十二届政协召开第34次主席会议。自治区政协党组书记、主席李秀领主持会议并讲话，自治区政协副主席王中和、罗志虎、董恒宇、郑福田、刘新乐、常军政、其其格、魏国楠及秘书长狄瑞明出席会议。会议研究审议了2020年度自治区政协主席会议成员和专门委员会重点督办提案有关事项，研究了年度视察考察、调研和界别活动计划。

16日 石泰峰、布小林、李秀领、林少春、王莉霞、马学军、刘奇凡、白玉刚、杨伟东、张韶春、段志强、马庆雷、那顺孟和等自治区省军级领导到自治区党政军义务植树基地，与首府干部群众一同参加义务植树活动。

△ 乌兰察布市与中国长江三峡集团有限公司签署清洁能源战略合作协议，签约项目总值达1212亿元。

△ 兴安盟重大项目集中开复工仪式在兴安盟经济技术开发区举行。这次集中开复工重大项目共102个，总投资975.7亿元，年度计划投资179亿元。

△ 自治区党委书记石泰峰在呼和浩特会见同程集团董事长吴志祥一行。自治区领导张韶春、郑宏范及有关部门负责人参加会见。

△ 为落实《全面深化北京内蒙古扶贫协作三年行动计划》，内蒙古科协与北京市科协签订战略合作协议。根据京蒙战略合作协议，内蒙古科协与北京市科协在4个方面不断深化合作，联动发力。

△ 内蒙古蒙草生命共同体大数据有限公司借助“生态大数据平台”，为黄河流域内蒙古段生态保护植入“智慧大脑”。从而彻底摸清黄河流域生态本底，完善从“监测—保护—修复—评价—补偿—发展”的完整生态数据管理，有利于建立黄河流域内蒙古段山水林田湖草一体化的生态格局。

17日 自治区党委书记石泰峰主持召开自治区党委常委会会议暨自治区应对新冠肺炎疫情工作领导小组会议，传达贯彻中央应对新冠肺炎疫情工作领导小组有关会议精神，分析研究当前经济形势和经济工作。

△ 自治区政府、兴安盟行政公署与同程集团在呼和浩特市签署战略合作协议。自治区副主席郑宏范见证签约。

△ 乌兰察布市首趟白俄罗斯乳清粉进口专列在七苏木中欧班列枢纽基地开箱。标志着乌兰察布市中欧班列回程货物又增加了1个种类。

18日 自治区党委常委、纪委书记、监委主任刘奇凡在包头市固阳县调研中央脱贫攻坚专项巡视“回头看”、国家脱贫攻坚成效考核、中央纪委国家监委第九监督检查室实地踏查反馈问题整改落实工作。

△ 为持续深入推进“十百千万”生态环保公益宣教工程，4月18日，2020年12盟市生态环保公益宣教集结号活动在包头市举行。

18—19日 自治区党委副书记、自治区主席布小林深入巴彦淖尔市调研奶业振兴工作。期间，布小林出席并见证了巴彦淖尔市政府与中植企业集团等企业签订战略合作框架协议。自治区副主席艾丽华及有关部门负责人参加调研。

19日下午 自治区党委副书记、自治区主席布小林来到内蒙古大学，调研国家重点实验室建设情况。

19日 自治区党委副书记、政法委书记、自治区煤炭资源领域违规违法问题专项整治工作领导小组副组长林少春深入赤峰市调研检查专项整治工作。

△ “源味武川”区域公用品牌新闻发布会在呼和浩特市武川县举行。武川县通过品牌策划与价值链塑造，统一武川县农牧业品牌标志、口号等，推出武川县区域全新品牌形象——“源味武川”。

19—21日 自治区副主席黄志强深入到赤峰市红山区、喀喇沁旗、元宝山区、宁城县、翁牛特旗等地调研。

20日上午 自治区政协召开2020年第一次知情明政吹风会。自治区政协党组书记、主席李秀领出席会议，自治区党委常委、自治区常务副主席马学军通报自治区经济社会发展形势。自治区党委常委、统战部部长、自治区政协党组副书记段志强，自治区政协副主席罗志虎、董恒宇、郑福田、刘新乐、常军政、其其格、魏国楠和秘书长狄瑞明出席会议。自治区政协副主席王中和主持会议。驻呼和浩特全国政协委员、自治区政协委员，自治区政协机关干部参加了吹风会。部分盟市、旗县政协通过远程视频系统同步开展学习。

△ 包头市招商引资网络直播推介会暨重点项目集中签约仪式在青山宾馆举行。来自全国25家企业、23家驻包商会及全市各旗县区政府的主要负责人共200余名代表前来参会。现场通过“面对面”和网络链接的方式，集中签约了31个重点招商引资项目，总投资595.52亿元。

20日 自治区党委书记石泰峰深入部分科研院所、高科技企业考察调研科技创新工作并主持召开座谈会。自治区领导张韶春、欧阳晓晖及有关部门负责人参加活动。

△ 自3月20日“内蒙古总工会”微信公众号推出“助企业复工复产、促就业共谋发展”小微企业专场网络招聘会以来，截至4月20日21时，网络招聘累计注册求职者5013人，简历投递量5355人次，达成初步意向3011人，浏览量101476次，提供实名制就业服务16936人次。

20—22日 自治区党委副书记、政法委书记林少春到兴安盟扎赉特旗、科右前旗、突泉县调研督导脱贫攻坚工作。

20—23日 自治区党委书记石泰峰沿着黄河内蒙古段右岸一路向东，深入海南区、杭锦旗、达拉特旗、准格尔旗、清水河县、托克托县调研黄河流域生态保护和高质量发展工作。自治区党委常委、呼和浩特市委书记王莉霞在清水河县、托克托县参加调研，自治区党委常委、秘书长张韶春及有关部门负责人参加调研。

20—28日 内蒙古自治区第二次全国污染源普查工作领导小组办公室对全区12个盟市的第二次全国污染源普查工作展开验收。

21—22日 自治区党委常委、组织部部长杨伟东深入乌海市乌达区、海勃湾区，围绕党建引领基层治理、抓党建促决战决胜脱贫攻坚等进行调研。

△ 自治区副主席、公安厅厅长衡晓帆到赤峰市敖汉旗调研脱贫攻坚工作，先后深入万亩设施农业扶贫产业园等7个产业园调研了解扶贫企业经营管理、产品销售、产业链延伸、带动贫困农户增收致富等工作。

22日 包头稀土研究院、内蒙古电力勘测设计院2家企业被纳入国家"百户科技型企业深化市场化改革提升自主创新能力专项行动"，入选国家"科改示范行动"企业。全国共有208家科技型企业入选。

△ 由自治区科协、教育厅、科技厅、生态环境厅共同主办的第35届内蒙古自治区青少年科技创新大赛终评工作结束。大赛以"体验·创新·成长"为主题，设置汉语和蒙古语两个竞赛版块，共收到各盟市参赛作品1873项。受新冠肺炎疫情影响，这届大赛采取网络答辩和线下评审相结合的形式进行评审。

23日 自治区党委副书记、自治区主席布小林主持召开自治区政府常务会议，研究《关于设立中国（内蒙古）自由贸易试验区的总体方案》。会议原则通过《方案》，要求按程序报请国务院批准。

△ "书香内蒙古·脱贫奔小康"2020草原阅读季、版权宣传、"绿书签"活动启动仪式在呼和浩特市举行，并通过网络平台在全区12个盟市同步启动。自治区党委常委、宣传部部长白玉刚出席启动仪式，并为抗疫英雄代表捐赠图书。

△ 自治区退役军人事务厅与内蒙古顺丰速运、滴滴出行两家企业签订退役军人就业合作协议，推动全区退役军人稳定就业。

24日 自治区党委书记石泰峰主持召开自治区党委常委会会议暨自治区应对新冠肺炎疫情工作领导小组会议，就进一步做好常态化疫情防控工作，扎实做好"六稳"工作、落实"六保"任务进行研究部署。

△ 全区金融精准服务奶业振兴推进会在呼和浩特召开。自治区党委副书记、自治区主席布小林，自治区副主席艾丽华、李秉荣、黄志强出席会议，并与乳业企业、金融机构代表共同启动金融精准服务奶业振兴专项行动。

△ 4月24日是第五个"中国航天日"，也是中国第一颗人造地球卫星"东方红一号"成功发射50周年纪念日。当日，内蒙古科技馆携手中国航天科工六院联合主办了丰富多彩的线上科普活动，通过云直播、云展览、云课堂等形式，让公众全面了解中国的航天事业。

△ 自治区党委书记石泰峰深入自治区自然资源厅、能源局调研督导煤炭资源领域违规违法问题专项整治工作并主持召开座谈会。自治区领导刘奇凡、张韶春及有关部门负责人参加活动。

△ 自治区人力资源和社会保障厅与中国农业银行内蒙古分行签署人力资源社会保障事业发展战略合作协议。

25日 自治区民政厅与自治区税务局进一步完善社会救助家庭经济状况核对数据共享机制，双方通过网络专线实现了信息实时共享，进一步为社会救助家庭经济状况数据共享平台提速，让全区社会救助家庭经济状况核对工作更加高效、精准，实现"应保尽保、应退尽退"。

26日 自治区发明人侯永昌购买的专利保险正式生效，标志着全区专利保险个人第一单落地生效。侯永昌生于1950年，多年来一直利用业余时间从事发明和创造。在2020年的知识产权宣传活动周之际，侯永昌为自己的专利——"电磁式隔膜增氧气泵"购买了专利执行保险，为自己的智慧劳动成果穿上了"防护衣"。

27日 以"我运动 我健康"为主题的2020年全区全民健身线上运动会启动仪式暨网络开幕式在内蒙古体育馆北广场举行。

28日下午 由自治区党委统战部，自治区工商联、人社厅、发改委、教育厅、退役军人事务厅共同举办的内蒙古自治区民营企业稳就业线上招聘月活动在呼和浩特市启动。自治区党委副书记、自治区主席布小林，自治区党委常委、统战部部长段志强出席启动仪式，并与主办单位负责人共同启动内蒙古自治区民营企业稳就业线上招聘月活动。

△ 自治区政府参事聘任仪式在呼和浩特举行。自治区主席布小林出席聘任仪式并为张利平、向东、张宇、杭栓柱、乌恩、朱炳文、金瑞、清河8位新聘自治区政府参事颁发聘书。

△ 自治区党委书记石泰峰深入部分企业、部门和科研机构，调研数字经济发展并主持召开座谈会。自治区领导林少春、王莉霞、马学军、张韶春、艾丽华及有关部门负责人参加调研或座谈。

△ 全区离退休干部先进集体和先进个人表彰大会暨老干部局长会议以视频形式在呼和浩特市召开。自治区党委书记石泰峰作出批示，代表自治区党委，向受表彰的先进集体和先进个人表示热烈祝贺，向全区离退休干部和老干部工作者致以诚挚问候。自治区党委常委、组织部部长杨伟东出席会议并讲话。

△ 集通铁路电气化扩能改造正式开工，这条铁路将告别"内燃时代"，迎来电气化时代。该工程计划总投资126.28亿元，建设工期4年。

△ 自治区党委、政府印发《关于命名表彰第五届内蒙古自治区文明城市、第六届文明村镇、第九届文明单

位标兵及文明单位的决定》。

29日上午 乌兰察布市、赤峰市、锡林郭勒盟举行自治区推进高质量发展重大项目建设动员会分会场会议。这3个盟市年内共实施重大项目804个，总投资5951亿元。

29日 自治区推进高质量发展重大项目建设动员会在呼和浩特市召开。自治区党委书记石泰峰出席动员会并宣布自治区推进高质量发展重大项目集中开工。自治区党委副书记、自治区主席布小林主持动员会并讲话。会议以视频形式召开，各盟市在当地重点项目开工现场设分会场。自治区领导王莉霞、马学军、张韶春、艾丽华在主会场参加活动。

△ 共青团中央、全国青联共同颁授第24届“中国青年五四奖章”，表彰全国青年中的优秀典型和模范代表。内蒙古青年王颖丽荣获第24届“中国青年五四奖章”，李晓欢被追授第24届“中国青年五四奖章”。

△ “传承五四精神•坚定制度自信”全区各族各界青年学习贯彻习近平总书记给北京大学援鄂医疗队全体“90后”党员回信精神座谈会在呼和浩特市召开。自治区党委副书记、政法委书记林少春出席会议并讲话。

△ 根据国家法律法规规定，结合内蒙古实际，自治区公安厅研究制定《内蒙古自治区公安机关严禁违规管理使用公务用枪规定》，自2020年5月1日起施行。

△ 白云鄂博矿区与自治区、包头市同步举行推进高质量发展重大项目建设动员大会。动员大会在包钢（集团）宝山矿业公司和白云鄂博铁矿东矿两个重点项目地点同步举行。

30日 自治区应对新冠肺炎疫情工作领导小组召开会议，认真学习4月29日中央政治局常委会会议精神，研究部署贯彻落实工作。自治区党委书记、自治区应对新冠肺炎疫情工作领导小组组长石泰峰主持会议并讲话。自治区领导布小林、林少春、王莉霞、马学军、刘奇凡、白玉刚、杨伟东、张韶春、欧阳晓晖、衡晓帆出席会议。

△ 贯彻落实全国党政领导班子建设《规划纲要》和自治区《若干措施》暨全区干部监督工作会议在呼和浩特市召开。自治区党委常委、组织部部长杨伟东出席会议并讲话。

△ 自治区科技厅在内蒙古自治区科技成果（专利）交易平台发布30项科技抗疫先进技术成果，主要涉及生物医药、智能制造、电子信息、新材料等领域。按技术类别划分，包括疫情防控类15项，民生保障类6项，产业发展类9项。

△ 自治区生态环境厅对黄河流域内蒙古段排污口展开专项排查。

△ 呼和浩特市、包头市、鄂尔多斯市分别在当地召开自治区推进高质量发展重大项目建设动员会分会。三市今年计划实施1199个重大项目建设，总投资为10566.2亿元。

5月

1日 内蒙古自治区科技厅在科技成果（专利）交易平台发布30项科技抗疫先进技术成果，主要涉及生物医药、智能制造、电子信息、新材料等领域。按技术类别划分，包括疫情防控类15项，民生保障类6项，产业发展类9项。

△ 内蒙古兴安盟科右中旗首个肉牛交易市场——鸿安现代肉牛交易中心开市，开市当天肉牛入场量7306头，实现交易1716头，交易额过2000万元。

△ 内蒙古大兴安岭林区额尔古纳国家级自然保护区、伊图里河林业局温河生态功能区发生森林火灾，为雷电火。

5日 内蒙古自治区26个品种74份空间诱变育种实验材料搭乘5月5日发射的我国新一代载人飞船试验船在太空进行育种实验。来自内蒙古农牧业科学院作物育种与栽培研究所、内蒙古生物技术研究院等9家单位，包括小麦、玉米、燕麦、蒙古黄芪等26个品种74份空间诱变育种实验材料。

8日 内蒙古自治区人民医院举办祝贺“5•12”国际护士节暨表彰大会，对拥有30年护龄的资深护理工作者及在抗击新冠肺炎疫情期间作出突出贡献的21个“最美战疫护理团队”、1个“特别贡献护理团队”、40名“最美战疫卫士”、164名“最美战疫勇士”、21名“最美战疫先锋”、28名“最美战疫逆行者”进行集中表彰。

△ “乌兰察布市•伊利集团草原生态乳业一体化高质量发展项目”暨凉城县10万头奶牛生态养殖示范园区开工仪式在凉城县举行。项目实施后，带动达千亿元的全产业链经济贡献值，直接带动6万人就业，间接带动全产业链40万人就业。

△ 鄂尔多斯市首个扶贫车间——塔尔河被服厂揭牌仪式在伊金霍洛旗札萨克镇塔尔河村举行。该项目以红十字会“博爱家园”立项，由自治区红十字会、鄂尔多斯市红十字会、伊金霍洛旗红十字会投入52万元，实行“党支部+公司+农户”的经营模式，重点吸纳镇村建档立卡贫困户、富余劳动力开展订单式生产，计件付给酬劳，实现贫困户在家门口持续稳定就业。

9日 在自治区妇联举办的“最美家庭耀北疆”2020年自治区最美家庭暨五好家庭揭晓。100户自治区“最美家庭”和50户“五好家庭”中，包括绿色发展、创业脱贫、抗击疫情、民族团结、移风易俗、孝老爱亲、科学教子、廉洁守法、敬业奉献、热心公益10类家庭。

△ 由内蒙古舞蹈家协会选送的4部原创舞蹈作品《顶碗舞》《马背交响》《传承》《春之声》经专家评审，入选首届“中国舞蹈优秀作品集萃”。

10日 “云上2020中国品牌日内蒙古云展馆”正式开启。

△ “2020年中国钢铁品牌榜”发布，包钢（集团）公司荣获“2020年中国卓越钢铁企业品牌”称号。

13日 自治区贯彻落实习近平总书记参加十三届全国人大二次会议内蒙古代表团审议时重要讲话精神系列

新闻发布会第一场——生态文明建设专题新闻发布会在呼和浩特市召开。自治区自然资源厅副厅长王富友通报了自然资源工作关于推进自治区以生态优先、绿色发展为导向的高质量发展方面重点工作的进展情况和取得的成效，自治区生态环境厅二级巡视员张树礼介绍了生态环境厅贯彻落实习近平总书记参加十三届全国人大二次会议内蒙古代表团审议时重要讲话精神情况。

△ 通辽市·伊利集团高端乳肉双产业集群示范项目暨科左中旗10万头奶牛生态养殖示范园区开工仪式在科左中旗珠日河牧场项目区举行。

15日 黄河流域西北地区种质基因库和现代种业产业园项目签约暨启动仪式在巴彦淖尔市临河区八一乡星光村举行。项目建设在巴彦淖尔市农业高新技术产业示范区核心区，总投资4.5亿元，分三期完成。核心区规划占地面积5.2万平方米，建设种业科技博览馆、种质资源应用馆、种质资源保存库、土壤保存库、种质资源博物馆、种子检测中心等。

16日 中国乳业产业园东部中心10万头奶源基地项目在通辽市珠日河草原开工。自治区副主席李秉荣出席开动仪式。中国乳业产业园项目由蒙牛乳业集团总投资逾1000亿元，以中国乳都呼和浩特为核心区、沿黄河流域巴彦淖尔为西部中心、西辽河流域通辽为东部中心，辐射整个内蒙古。

17日上午 由内蒙古日报社自主研发的蒙文视频APP《呼陆客》上线仪式在呼和浩特举行。《呼陆客》视频APP的上线，填补了我国蒙文专业化短视频APP的空白，标志着蒙文融媒体发展取得新突破、迈上新台阶。

19日 内蒙古自治区第七次全国人口普查综合试点工作在呼和浩特市新城区锡林北路街道办事处启动。

20日 以“点亮内蒙古全民健康、你我同行”为主题的首届内蒙古“云跑马”线上赛正式开跑。参赛者使用任意跑步软件在室内外记录跑步轨迹，5月20日至25日上传跑步记录和完赛时间至指定官方网站视为完赛。比赛设有3公里、5公里、21公里3个组别。完赛者可获得纪念版完赛电子奖牌、纪念版完赛证书和特色号码布。

22日下午 习近平总书记作为内蒙古代表团的代表参加十三届三次全国人代会内蒙古团审议。习近平强调，“必须坚持人民至上、紧紧依靠人民、不断造福人民、牢牢植根人民，并落实到各项决策部署和实际工作之中，落实到做好统筹疫情防控和经济社会发展工作中去。”

23日下午 十三届全国人大三次会议内蒙古代表团在驻地召开代表小组会议，审议国务院关于2019年国民经济和社会发展计划执行情况与2020年国民经济和社会发展计划草案的报告、2020年国民经济和社会发展计划草案；审议国务院关于2019年中央和地方预算执行情况与2020年中央和地方预算草案的报告、2020年中央和地方预算草案。

29日 经国务院批准，农业农村部正式公布《国家畜禽遗传资源目录》。“戈壁短尾羊”新品种入选该目录，它是我国第一个在本品种选育并成功命名的肉羊新品种，是内蒙古自治区育种的重大突破。“戈壁短尾羊”新品种由内蒙古蒙源肉羊种业（集团）有限公司培育，是从苏尼特羊中选育产生的短尾品种，尾重仅为一公斤左右，在既不破坏蒙古羊原有特性和遗传结构的同时，最大程度保留了优秀种质资源。

31日 中央民族大学附属中学呼和浩特分校建设项目开工。中央民大附中呼和浩特分校项目位于玉泉区，规划建筑面积12.79万平方米、办学规模78个教学班。

△ 金山热电厂2×66万千瓦扩建工程在呼和浩特市土左旗开工。工程由内蒙古能源发电投资集团有限公司投资建设，总投资49.9亿元，是呼和浩特市推进清洁供热、打赢蓝天保卫战的重要举措，预计于2022年10月投产发电。该项目建成后，年发电量可达72.6亿千瓦时，供热能力可达3000万平方米。

5月 兴安盟在全区率先启动了林草长制改革试点工作，全面加大414.07万公顷林草资源保护力度，着力构建祖国北疆重要生态安全屏障。

△ 兴安盟首次进行大规模旱作水稻种植。

△ 中国科学院包头稀土研发中心孵化的一家企业成功建设了一条利用自主知识产权的新型稀土储氢合金电极材料生产线，并投产运行，产品正式供应国内镍氢动力电池企业。

6月

1日 纪念乌兰夫副总理为包钢出钢剪彩60周年座谈会在包头举行。自治区副主席艾丽华和全国政协委员、中国钢铁工业协会党委书记、执行会长何文波分别在座谈会上讲了话。原国家经济体制改革委员会副主任、国家发改委原顾问乌杰应邀出席座谈会。1960年5月5日，国务院副总理乌兰夫亲临包钢，为包钢一号平炉出钢剪彩，开启了内蒙古钢水奔流的新纪元。

6日 内蒙古自治区首家社区报—《巴彦淖尔晚报·社区专刊》创刊首发仪式在临河鹿王·芳草地小区举行。该报是由巴彦淖尔日报社与临河区供热供气物业管理中心联合创办的自治区内首份社区报纸，出版周期为半月刊，每期发行3万份，覆盖临河城区主要住宅小区和物业公司。

10日 中国（呼和浩特）跨境电商综合试验区业务开通，自治区首家跨境电商新零售示范店在内蒙古和林格尔新区智能制造产业园开门运营。自治区党委常委、呼和浩特市委书记王莉霞，自治区副主席黄志强出席开通仪式。来自日本、韩国、法国、德国、俄罗斯、澳大利亚等10余个国家和地区的千余种进口商品在零售示范店销售。

△ 由自治区蒙古语言文字研究应用中心与内蒙古网智科技服务有限责任公司合作共建的蒙古语言文字信息化网络安全研究应用博士工作站在

呼和浩特市揭牌。

11 日 内蒙古自治区第十三届人民代表大会常务委员会第二十次会议通过《呼和浩特市耕地污染防治办法》的决议和《莫力达瓦达斡尔族自治旗旅游条例（修订）》的决议及《莫力达瓦达斡尔族自治旗河道保护管理条例》的决议。还通过《内蒙古自治区额济纳胡杨林保护条例》。

15 日 中国移动 5G+ 智慧矿山燎原计划启动会暨示范基地授牌仪式在呼和浩特举行。自治区副主席艾丽华出席授牌仪式，并启动“中国移动 5G+ 智慧矿山燎原计划”。中国移动建设 5G 智慧矿山的示范效应已初步显现，取得全国首套 5G NSA 组网关键设备煤安认证，建成首个煤矿井下 5G 网络，并联合产业合作伙伴，打造露天矿及井下矿两大场景的 5G 应用，实现矿卡无人驾驶、无人化采掘、井下融合组网、高清视频监测等场景落地。

15 日 18 时 乌海湖旅游公司运行部经理冯志礼，在乌海湖开元停船码头附近的鱼笼里发现一条娃娃鱼。

16 日 内蒙古大学创业学院内蒙古战略与规划研究中心与内蒙古地方戏文化研究中心揭牌成立。

17 日 “伊利现代智慧健康谷”重要奶源发展保障项目——敕勒川 30 万头奶牛生态牧场示范项目暨国家奶牛核心育种基地在呼和浩特市土默特左旗开工。

20 日 零时起中铁呼和浩特局管内普速铁路集宁南、乌海、临河、东胜西、开鲁、大板等 25 个客运车站将实施电子客票业务。

22 日 自治区党委副书记、自治区主席布小林深入呼和浩特市，到新冠肺炎救治定点医院、农产品市场、海鲜水产品市场调研疫情防控工作。

△ 自治区科技重大专项“蒙古族文化大数据应用与服务业融合关键技术研究开发”通过验收。

23 日 全国禁毒工作先进集体和先进个人表彰大会召开，内蒙古自治区受表彰的 2 个集体为鄂尔多斯市公安局禁毒支队、自治区公安厅禁毒总队禁种禁吸支队；受表彰的 3 名个人为乌兰察布市公安局禁毒支队支队长陈晓峰，自治区公安厅禁毒总队三级高级警长刘树栋，自治区血液中心血液保障科主任、草原禁毒宣传形象大使陶迎春。

23 日下午 自治区党委宣传部在呼和浩特举办北疆楷模先进事迹发布会，授予阿迪雅、尼玛、赵永前三位同志“北疆楷模”荣誉称号。

24 日 自治区档案馆举行抗疫实物档案捐赠座谈会。座谈会上，呼和浩特市赛罕区委编办、机关工委、团委、妇联、民委等 5 家单位代表赛罕区 12 家单位，向自治区档案馆捐赠了包括锦旗、条幅、工作证、出入证、感谢信、志愿者战疫日记等在内的 100 余件抗疫实物档案。

28 日上午 内蒙古社会主义学院新校区建设项目开工奠基，新校区选址在呼和浩特市赛罕区。

28 日 乌梁素海湿地候鸟展览馆在内蒙古巴彦淖尔市乌拉特前旗正式落成并对外开放。乌梁素海湿地候鸟展览馆陈列的标本、图片涉及近 200 多种鸟类，有疣鼻天鹅、玉带海雕、遗鸥、黑鹳、白骨顶、赤麻鸭、赤嘴潜鸭等珍稀鸟类，均系在乌梁素海迁飞、栖息的候鸟、旅鸟和留鸟。

29 日 2020 年内蒙古自治区首届（线上）亲子体育活动正式启动。参与家庭通过在内蒙古自治区首届线上亲子运动会官方抖音账号中录制并发布相关视频参与活动。活动持续至 8 月 25 日。

30 日 中国共产党内蒙古自治区第十届委员会第十二次全体会议在呼和浩特举行，会议通过《内蒙古自治区党委关于坚持以人民为中心的发展思想，决胜全面建成小康社会、书写新时代内蒙古发展新篇章的决定》。

6 月 防治新冠肺炎的“中国方案”中推荐治疗新冠肺炎的药品有内蒙古的两个蒙药产品即：奥特奇蒙药公司的清热八味胶囊、安神补心六味丸。自方案公布以后，奥特奇产品开始以捐助形式进入非洲，进入南美，开创了蒙药冲出国门、走向世界的新纪元。

△ 包西高铁（包头—西安）呼包高铁（呼和浩特—包头）建设工作启动，包西高铁包鄂（包头—鄂尔多斯）段全长约 150 公里，时速 350 公里。呼包高铁全长 183.7 公里，时速 350 公里。

△ 内蒙古科技大学共有 8 个专业通过《华盛顿协议》工科专业认证。6 月份新通过认证的专业有 6 个，分别为土木工程、金属材料工程、矿物加工工程、化学工程与工艺、冶金工程、材料成型及控制工程等。

7月

1 日 8 时 42 分 G8118 次“和谐号”动车组列车搭载首批旅客从赤峰站驶出，前往辽宁省沈阳北站，赤峰至京沈高铁喀左站铁路正式开通运营。

1 日 21 时 14 分 从 7 月 1 日开始，鄂尔多斯火车站新增一对鄂尔多斯到西安的 T267/8 次双层列车，鄂尔多斯站 21：14 分开车，次日 05：43 分到达西安，全程运行 8 小时 29 分，途经榆林、米脂、绥德、子长、延安、富县东站。

1 日 内蒙古呼和浩特与山西太原间动车开通。呼和浩特与太原间每日新开行动车组列车 4 趟，两地间铁路运行时间由 9 个多小时缩短至 4.5 个小时。呼和浩特与太原间动车组列车开行以后，将连通呼和浩特、乌兰察布、大同、忻州和太原等城市。

6—7 日 自治区党委副书记、自治区主席布小林深入鄂尔多斯市达拉特旗、东胜区、伊金霍洛旗、鄂托克旗、乌审旗，调研重大项目、脱贫攻坚、文化事业、生态治理等方面的工作。

7 日 2020 年，内蒙古自治区参加全国高考有 16.3 万名考生，设 184 个考点，5786 个考场。

8 日 由“舞蹈世界”中外电视舞蹈大赛组委会主办的“舞蹈世界”首届全国网络舞蹈大赛中鄂尔多斯市达拉特旗乌兰牧骑原创舞蹈作品《老书记的心愿》荣获 2020 年度“舞蹈世界”

首届全国网络舞蹈大赛专业组亚军。

10日7时47分 中国国际航空公司全新引进的首架ARJ21-700新型涡扇支线客机执飞的CA1109航班从北京首都国际机场飞抵锡林浩特机场，完成首航任务，正式投入航线运营。

13日 自治区党委书记石泰峰深入部分金融机构考察金融工作并主持召开座谈会，强调各金融机构要充分发挥重要作用，着力服务保障“六稳”“六保”，着力打好防范化解金融风险攻坚战，着力深化金融供给侧结构性改革，为内蒙古探索走好以生态优先、绿色发展为导向的高质量发展新路子加油助力。

△ 内蒙古科技出版社“蓝色草原•听书平台”正式上线运营发布会在赤峰市福兴东方精品酒店举行。“蓝色草原·听书平台”是内蒙古科学技术出版社的蒙古语大型APP听书平台。平台开设有文学、儿童、科普、历史、胡仁乌力格尔、格萨（斯）尔、江格尔、好来宝、祝词颂词、传统文化等主要栏目，已上线有声资源约有8万分钟。

15日 鄂尔多斯应用技术学院“学习强国”学习驿站揭牌，该学院“学习强国”学习驿站成为自治区第一家高校学习驿站。

16日 《内蒙古自治区党委贯彻〈中国共产党农村工作条例〉实施办法》印发。

△ 首届内蒙古自治区青少年女子篮球邀请赛在内蒙古自治区球类运动管理中心休育馆开赛。4天的比赛，有包头市第三十三中学、呼和浩特市第二中学等8支代表队120人参赛。

△ 呼伦贝尔市额尔古纳市室韦农牧场奥洛契庄园人工农作物种植而成的太极图，被世界纪录认证机构（WRCA）——英国世界纪录认证公司认定为“世界最大农业种植太极图景观”，获颁世界纪录权威证书。该太极图景观由小麦和油菜构成，阴为小麦麦浪，阳为油菜花海，直径1301米，外圆4082米，面积132.6公顷。

△ 自治区党委副书记、自治区主席布小林到中国农业科学院草原研究所调研。中国农业科学院草原研究所是全国唯一一所国家级草原科学公益性科研机构，拥有国家种质牧草中期库等系列创新平台。

17日 国内首款蒙古语“奥云AI合成主播”由蒙古文智媒体技术联合实验室（内蒙古大学、内蒙古日报社）与内蒙古奥云信息技术服务有限公司共同研发成功。“奥云AI合成主播”采用蒙古语语音合成、蒙汉机器翻译、人脸关键点检测、人脸特征提取、人脸重构、唇语识别、手势姿态合成等多项前沿技术，并结合语音、图像等多模态信息进行建模训练后，生成与真人无异的蒙古语AI分身模型，进而提高信息表达和传递的效率。

18日 长城电厂2×1000兆瓦空冷超超临界燃煤发电机组工程在鄂托克前旗上海庙经济开发区开工。长城电厂2×1000兆瓦空冷超超临界燃煤发电机组工程项目是国务院《大气污染防治行动计划》12条重点输电通道——上海庙至山东临沂±800千伏特高压直流输电工程配套电源项目之一，由内蒙古能源发电投资集团有限公司、内蒙古能建集团、北方联合电力有限责任公司和山东能源新汶矿业集团有限责任公司联合投资建设，是内蒙古自治区直属能源企业首个单机容量百万千瓦的火电项目。工程静态投资60.98亿元，计划2023年3月建成投产。

21日 由“一带一路”智库合作联盟指导，内蒙古发展研究中心、中联部当代世界研究中心联合主办，中蒙俄智库合作中心（联盟）秘书处、中国内蒙古中俄蒙合作研究院承办的“中蒙俄智库国际论坛视频会议”在呼和浩特举行。会议围绕“抗击疫情推动中蒙俄经济走廊建设走深走实走好”主题，中国、蒙古国和俄罗斯三国智库机构的专家学者，结合“高质量共建中蒙俄经济走廊的新机遇新挑战”“深化中蒙俄经济走廊合作共赢的新举措新路径”“新时代中蒙俄三国数字经济的实践与经验”等议题，通过视频连线形式进行深入研讨。

22日 内蒙古师范大学鸿德学院正式转设为内蒙古鸿德文理学院。

△ 自治区实现首例“超加急”造血干细胞捐献。通辽市的造血干细胞捐献者史坤在呼和浩特市成功采集造血干细胞，成为内蒙古自治区第95例成功捐献造血干细胞的志愿者。与过去的94例捐献不同的是，这次捐献是一次特殊的“超加急”捐献。

23日 中国首部较少民族语言工具书《鄂伦春语常用语发音词典》出版发行新闻发布会在呼和浩特召开。向图书馆、高校、科研院所等单位赠送《鄂伦春语常用语发音词典》。

△ 内蒙古自治区第十三届人民代表大会常务委员会第二十一次会议通过《内蒙古自治区社会科学普及条例》，自2020年9月1日起施行。同时通过《内蒙古自治区基层综合行政执法条例》，自2020年10月1日起施行。

23日下午 自治区十三届人大常委会第二十一次会议举行第三次全体会议。自治区党委书记、人大常委会主任石泰峰主持会议并讲话。会议表决通过了自治区人大常委会关于修改《内蒙古自治区公共安全技术防范管理条例》等4件地方性法规的决定、关于废止《内蒙古自治区技术市场管理条例》等4件地方性法规的决定。会议表决通过了自治区人大常委会关于批准《呼和浩特市人民代表大会常务委员会关于修改〈呼和浩特市人民代表大会常务委员会讨论决定重大事项的规定〉的决定》等8个决议。会议表决通过了自治区人大常委会关于批准2019年自治区本级财政决算的决议，关于批准2020年自治区本级预算调整方案的决议。会议表决通过了《内蒙古自治区人民代表大会常务委员会关于内蒙古自治区矿产资源税适用税率等税法授权事项的决定》，表决通过了《内蒙古自治区第十三届人民代表大会常务委员会代表资格审查委员会关于个别代表的代表资格的报告》。会议决定任命奇巴图为自治区副主席。

24日上午9时46分 首列乌兰察

布至北京高铁从乌兰察布站出发，经2小时2分抵达北京清河站。

27日 新三板精选层设立暨大唐药业挂牌仪式在内蒙古股权交易中心举行，内蒙古大唐药业股份有限公司成功晋层新三板精选层，是内蒙古首家新三板精选层挂牌企业，也是全国首批新三板精选层挂牌企业之一。

29日 由中国连锁经营协会公布的《2020年中国便利店TOP100榜》显示，呼和浩特市内蒙古利客商业有限责任公司（品牌“利客”）、内蒙古一团火商业管理有限公司（品牌“一团火”）、内蒙古悦生活商贸有限公司（品牌“安达”）分别排在第39位、40位，87位。

30日 自治区党委书记石泰峰主持召开自治区党委常委会会议暨自治区党委机构编制委员会会议，研究《内蒙古自治区深化事业单位改革试点实施方案》。

△ 自治区政府与上海交通大学在呼和浩特共同举办推进“科技兴蒙”行动科技成果转移转化对接会暨上海交通大学内蒙古研究院揭牌仪式。

31日 由健康内蒙古行动推进委员会主办，内蒙古自治区卫生健康委员会、内蒙古自治区第三医院承办的“健康内蒙古——心理健康促进行动”在全区启动。同时，“内蒙古自治区心理健康培训基地”在内蒙古自治区第三医院正式挂牌。

△ 呼和浩特市投资231.1亿元动工兴建年旅客吞吐量2800万人次的4F级国际机场。呼和浩特新机场位于和林格尔县巧什营镇大新营村附近，距离南二环直线距离31公里。整个工程项目计划4年完成建设，至2023年12月竣工验收，2024年7月转场运行。

8月

1日 中国内蒙古森林工业集团有限责任公司挂牌运营。自治区党委副书记、自治区主席布小林为中国内蒙古森林工业集团有限责任公司揭牌。

△ 为期3天的2020年第二十六届内蒙古农业博览会在内蒙古国际会展中心开幕。博览会设有农资、节水灌溉、农牧业机械、苗木花卉、农林产品、金融服务6大展区，展出面积15000平方米，吸引了全国400余家参展商参展，设置展位600余个，其中，高新技术项目46项，专利技术产品235个。

3—7日 香港特区政府驻北京办事处主任梁志仁率团在内蒙古考察。3日下午，自治区主席布小林在呼和浩特会见梁志仁一行。会见中，双方一致认为内蒙古与香港经济互补性强，合作潜力巨大，希望今后进一步加强双方各领域的交流与合作。

3日 全国脱贫攻坚奖评选表彰办公室发布了2020年全国脱贫攻坚奖通过初评候选对象公示名单，共有142名候选人和60个候选单位通过初评，内蒙古有4名个人、1个单位入选。分别是：锡林郭勒盟太仆寺旗宝昌镇边墙村党支部书记、村委会主任王文成，呼伦贝尔市鄂伦春自治旗扶贫开发办公室主任马艾飞，锡林郭勒盟羊羊牧业股份有限公司董事长周勇，赤峰市巴林左旗委常委、宣传部部长马树友和兴安盟突泉县。

5日 由自治区党委宣传部统筹，自治区文联、自治区作协组织实施的《内蒙古文学百年大系》编纂工程在呼和浩特市正式启动，自治区党委宣传部、文联有关负责人以及专家学者出席活动。著名作家阿古拉泰担任主编，张锦贻、乌日斯嘎拉、莎日娜、崔荣、刘绪才等作家学者担任分卷主编。《内蒙古文学百年大系》荟萃1921年至2021年一个世纪的内蒙古文学代表性作品，反映在中国共产党领导下，内蒙古大地翻天覆地的历史性巨变，尤其是维护国家统一、民族团结、守望相助，各民族和谐交融、繁荣发展的壮丽画卷，充分体现了百年草原文学的时代性、民族性和艺术性。

7日 内蒙古兴安盟扎赉特旗内蒙古谷语现代农业有限公司生产的160吨大米，通过满洲里口岸出口到俄罗斯，成为近年来兴安盟首批出口大米，实现大米出口零的突破。

8—20日 第十七届中国·内蒙古草原文化节将于在全区各地举行。草原文化节以“八月飞歌—草原音乐创造美好生活”为主题，以“艺术的盛会，人民的节日”为宗旨，以精品展示、传承转化、文化共享和交流互鉴为主要内容。按照“集中、分散、延续”的方式在全区开展。

10日 首部反映内蒙古大兴安岭开发建设波澜壮阔历程的电影《海林都之燃情岁月》，在呼伦贝尔市根河源国家湿地公园开机。《海林都之燃情岁月》以内蒙古大兴安岭开发建设历程为背景，真实再现了从20世纪50年代初期到全面停止天然林商业性采伐的近70年林业创业史、发展史。

△ 内蒙古科技大学与华为技术有限公司签署校企合作协议，双方将在校企创新人才培养、教师实践能力提升、智慧校园建设、校园服务等方面开展合作。华为技术有限公司企业BG教育行业总裁徐俊，内蒙古科技大学党委副书记、校长任慧平，党委委员、教务处处长赵永旺出席签约仪式。

10—13日 民革中央助力内蒙古产业发展招商引资项目推介会在珠三角、长三角、京津冀举行，全区12个盟市及满洲里市、二连浩特市的有关负责人邀请三地企业家们前来内蒙古投资兴业。

12日 内蒙古国际马术节“京蒙粤”马术场地障碍团体赛在内蒙古呼和浩特落幕，内蒙古代表队夺冠。

15日下午 长篇纪实文学作品《蒙古马精神永驻草原》首发仪式在呼和浩特市国际会展中心举行。由内蒙古本土作家巴·那顺乌日图所著，远方出版社出版，入选2020年度国家出版基金项目。

16日上午 《汉蒙法律实用大词典》出版发行新闻发布会在呼和浩特召开。并给高校师生代表赠送《汉蒙法律实用大词典》。

17日 正大集团北方区动物保护中心奠基仪式在呼和浩特市和林格尔

县盛乐经济园区举行。该中心将引入国际先进的动物健康与疾病检测A2级综合实验室，投入使用后将有效监测、预警各种动物疾病，在为正大集团北方区1100万头生猪全产业链项目和300万只蛋鸡全产业链项目提供保障的同时，也将提升和林格尔县的养殖业抗风险能力。

20日 兖煤澳洲首台NTE360A电动轮矿用车交车仪式在包头市北方股份矿用车工业园举行。该矿用车交车标志着北方股份成功进入素有全球矿业皇冠明珠之称的澳洲市场，也是中国制造的大型矿用车首次出口到澳大利亚高端市场。

△ 内蒙古残疾人就业创业示范园揭牌仪式在呼和浩特市举行。内蒙古残疾人就业创业示范园是通过政府购买服务的方式，利用社会化手段，动员社会力量提供残疾人就业创业服务，发挥市场作用，帮助残疾人就业创业，由内蒙古众益残疾人服务中心负责运营。园区占地面积2800平方米，在自治区残联的指导下，设立了就业创业服务中心、创业孵化中心、共享综合培训室、就业工厂、共享办公区、餐厅和宿舍区等各类配套功能。

△ 第二届全国科学技术史学科点联席会议在内蒙古呼和浩特市开幕，来自中国科学技术史学会、中国科学院自然科学史研究所、北京大学、北京科技大学等全国26家高校和科研机构的科学技术史学科点负责人和专家学者进行学科建设经验分享与交流。

22日 第三届创新青城院士论坛在呼和浩特市举行。本届创新青城院士论坛以“弘扬蒙古马精神，践行创新在路上”为主题，围绕资源优势转化、大健康及新型诊疗技术、生态和文化融合发展、新型复合材料应用、智能网络与健康城市、储能技术与应用等领域，开展专题学术前沿演讲，分享最新研究成果，推动产学研互动。

24—25日 北京市党政代表团深入内蒙古赤峰市考察，对接落实京蒙扶贫协作工作，助力内蒙古如期打赢脱贫攻坚战。中共中央政治局委员、北京市委书记蔡奇，北京市委副书记、市长陈吉宁与自治区党委书记石泰峰，自治区党委副书记、自治区主席布小林等一同考察并座谈。

26日下午 由中国电视艺术委员会、中央广播电视总台影视剧纪录片中心、内蒙古自治区党委宣传部、北京市广播电视局主办的电视剧《枫叶红了》创作研讨会在京举行。《枫叶红了》是由中宣部具体指导，中央电视台出品，内蒙古兴安盟科右中旗旗委、政府协助拍摄的34集电视连续剧。该剧以兴安盟科右中旗脱贫攻坚事业为原型，讲述了第一书记韩立带领群众脱贫摘帽的动人故事，反映了草原文化的丰富内涵和草原儿女栉风沐雨攻坚克难的奋斗历程。

27日7时50分 由内蒙古牙克石站开往塔尔气站的“兴安岭号”森林康养文旅专列开通。“兴安岭号”森林康养文旅专列，是由牙克石市人民政府与中国铁道博物馆、中国铁路总公司哈尔滨局集团有限公司、内蒙古森工集团合作开展。专列以森林康养文旅专线为载体，以国家级历史文化名镇博克图、绰源湿地公园、绰尔森林公园的绿水青山良好生态资源为依托，通过列车功能提升和主题布置，实现文旅融合、研旅融合、康旅融合，进而提升凤凰山、塔尔气等康养基地服务品质，实现全域旅游高质量发展。

28日 内蒙古乌拉特后旗境内首条与临哈铁路接轨的货运专用线—乌拉特后旗金浩特呼和温都尔铁路专用线首发专列从巴彦淖尔市乌拉特后旗金浩特站发出，驶往西宁市。

29日 国家草原自然公园试点建设工作启动会在呼和浩特市召开，会上举行了敕勒川国家草原自然公园揭牌仪式，以敕勒川国家草原自然公园为代表的全国首批39个国家草原自然公园正式开展试点建设。

31日至9月4日 “科创中国”巴彦淖尔试点城市建设调研对接活动举行。中国科协党组成员、中国科技馆馆长殷皓参加活动并讲话。

9月

1日 全区巡视巡察工作会议暨十届自治区党委第八轮巡视动员部署会在呼和浩特召开。自治区党委书记石泰峰出席会议并讲话，强调要深入学习领会习近平总书记关于巡视工作的重要论述，以强烈的责任感和使命感做好工作，充分发挥巡视巡察利剑作用，推动全面从严治党向纵深发展、向基层延伸。自治区党委巡视工作领导小组组长刘奇凡对第八轮巡视工作进行动员部署。

△ 自治区人民政府召开电视电话会议，深入贯彻落实党中央、国务院关于民族语言授课学校推行国家统编教材的决策部署。自治区党委副书记、自治区主席布小林出席会议并讲话。

△ 以“文学的中华民族共同体意识”为主题的2020年中国少数民族文学论坛在阿尔山市召开。中国作协书记处书记邱华栋，自治区党委常委、宣传部部长白玉刚出席开幕式并致辞。论坛期间，举行2020年度中国少数民族文学之星证书颁发仪式，8位少数民族文学评论家签约中国作协，6位知名作家、评论家与内蒙古青年作家结对。

△ 第十七届中国·内蒙古草原文化节活动之一—九月飞歌诉衷情专场音乐会在呼和浩特市大召景区阿拉坦汗广场开演。音乐会由达茂旗牧人合唱团与武警内蒙古总队独唱演员乌兰红梅、土默特左旗乌兰牧骑独唱演员斯琴塔那和锡林郭勒盟东乌拉盖呼麦独唱演员都楞扎那共同完成。

4日 在荷兰合作银行日前公布的“2020年全球乳业二十强”榜单中，伊利集团跻身全球乳业五强。“荷兰合作银行的报告是业界公认的乳业权威排名，伊利跻身全球乳业五强，是迄今为止亚洲乳业在世界范围内取得的最佳排名。”

△ 2020第九届中国马术大赛在锡林浩特开赛。比赛设有全国三项锦标赛、中国马术耐力巡回赛、80公里

和40公里达标赛、纯血马速度公开赛、马上拾哈达以及套马等6个项目，来自北京、广东、新疆、河北、江苏、内蒙古等省市自治区的50多家马术俱乐部、300多组人马组合参加比赛。

△ 内蒙古和林格尔新区枫叶双语学校举行揭牌仪式。该学校开设从幼儿园、小学、初中、高中课程，以及外籍人员子女学校各学段课程，是内蒙古第一所开设“双语双学历”模式的国际学校。填补了首府国际基础教育空白、补齐了自治区教育短板。

△ 2020年中国国际服务贸易交易会开幕，交易会期间，来自全区12个盟市服务外包、电子商务、智能制造、软件设计、蒙医药、文旅等领域的数十家企业亮相展会。

△ 2020年“体彩杯”内蒙古自治区青少年足球联赛暨“体彩杯”青少年足球俱乐部赛在呼和浩特青少年足球训练基地开赛。比赛设有U17—16、U18、U13男子和女子共6个组别，全区各盟市青少年足球俱乐部、社会青训机构的38支队伍678名球员参赛。比赛是自治区规模最大、级别最高的青少年足球俱乐部赛事。

4—5日 自治区党委副书记、自治区主席布小林到通辽市调研推进国家统编语文教材使用情况。布小林一行走进通辽市蒙古族学校、科左后旗蒙古族实验初级中学，仔细察看学生住宿条件、校园文化建设和民族传统教育开展情况，了解学生和家长对使用国家统编教材有哪些担忧，耐心细致地答疑释惑，帮助大家消除顾虑。

7日 内蒙古自治区成功研发牛病毒性腹泻、牛传染性鼻气管炎二联灭活疫苗。该疫苗是由内蒙古金宇保灵生物技术研究院有限公司承担的自治区科技重大专项—高纯化、高效价牛病毒性腹泻、牛传染性鼻气管炎二联灭活疫苗，项目已通过专家验收。二联灭活疫苗可以一针两防，在减少人力成本、降低副反应率等方面均有显著优势，为中国养牛产业高质量健康发展提供技术支持。

7—8日 全国粮改饲工作推进现场会在通辽市召开。会上介绍了内蒙古自治区和通辽市粮改饲工作推进情况，山西省、河南省、甘肃省广河县、宁夏回族自治区西吉县分别就粮改饲工作作典型发言，各省区与会代表通过实地观摩、交流发言等方式，互相学习借鉴、总结有益经验和做法。

8日 自治区党委宣传部在呼和浩特举办王晓东、江来柱先进事迹发布会，追授他们“北疆楷模”荣誉称号。自治区党委常委、纪委书记、监委主任刘奇凡，自治区党委常委、宣传部部长白玉刚出席发布会并颁发北疆楷模证书和奖章。

8—12日 全国人大常委会公共文化服务保障法执法检查组在内蒙古自治区进行执法检查，9日在呼和浩特召开座谈会，听取情况汇报。

9日 在由自治区人力资源和社会保障厅组织建设的内蒙古“四位一体”就业服务云平台上线启用。“四位一体”就业服务云平台是为求职者和用人单位提供精准就业服务的全区就业服务主平台，重点是打造信息采集、培训对接、就业对接、跟踪服务“四位一体”的公共就业服务新模式，为广大求职者、培训机构和用人单位组织提供精准就业服务，从而实现线上线下精准培训、人岗精准对接、劳动者就业权益保障等服务。

10日 蒙古族文化数字经济融合创新研究中心揭牌仪式在乌兰察布市举行，该中心的成立旨在推动蒙古族文化的数字化、智能化创新研究及建设。

△ 中国梦2020艺术草原全国美术作品展在乌兰察布市美术馆开幕。全国人大常委会委员、中国文联副主席左中一出席。作品展以“中国梦2020艺术草原”为主题，以“弘扬草原文化、展示艺术精品、推动文化发展”为宗旨，多角度反映和展现内蒙古决胜脱贫攻坚、推进乡村振兴的可喜进展。展览共展出美术作品268件，展览于10月在呼和浩特市举行巡展。

△ 自治区人民政府与河北建设集团股份有限公司在呼和浩特市签署战略合作框架协议。双方将通过搭建建设领域投资、基础设施建设、上下游产业“三位一体”合作平台，在通用民航机场、路桥、铁路、城市轻轨、水利水务、地下管廊、新型城镇化、旅游产业、基础设施等重大项目建设领域开展深层次合作。

15日 2020年内蒙古自治区消费扶贫月活动启动仪式在呼和浩特市举行。自治区党委常委、秘书长，自治区政府党组副书记张韶春讲话。启动仪式结束后，来宾参观了自治区消费扶贫集中采购展销服务中心及扶贫产品展销会。

16日 “科技兴蒙 绿色发展”院士专家建言献策座谈会在呼和浩特市召开。自治区副主席李秉荣出席并讲话。中国工程院院士、北京畜牧兽医学会理事长沈建忠，中国工程院院士、国家农业信息化工程技术研究中心主任赵春江，中国工程院院士、中国农业科学院畜牧兽医研究所研究员姚斌等12位专家学者，围绕“科技兴蒙 绿色发展”主题，聚焦内蒙古社会经济发展，谈看法、提建议，共同研讨推动内蒙古农牧业高质量发展的思路举措。

△ 黄河流域地市报业联盟成立大会在巴彦淖尔市召开，黄河流域九省区（青海、四川、甘肃、宁夏、内蒙古、陕西、山西、河南、山东）50多家党报负责人参会，以“聚合融媒力量，赋能黄河流域高质量发展”为主题，通过《黄河流域地市报业联盟章程》，选举产生首届理事会会长、副会长、秘书长。

△ “智慧白云5G之城”——白云鄂博矿区中国联通5G独立组网全覆盖示范区启动仪式在包头市白云鄂博矿区举行，标志着白云鄂博成为内蒙古自治区第一个实现5G独立组网全区域覆盖的旗县区。启动仪式上，白云鄂博矿区政府和内蒙古包头市白云鄂博联通公司签署了战略合作协议。

16—18日 黄河流域河套灌区、汾渭平原生态保护和现代农业高质量发展交流协作会在巴彦淖尔市召开。会议以“携手黄河流域高水平保护推动现代农业高质量发展”为主题，邀请国家部委、科研院所、高等院校等有关方面权威专家学者及黄河流域山西、内蒙古、河南、陕西、宁夏5省区22市（区）和2个国家级农高区的200多名代表，共同就推动河套灌区、汾渭平原生态保护和现代农业高质量发展，构建跨区域交流平台和协作机制等议题进行研究探讨，并形成“巴彦淖尔共识”。

17日 民革中央助力内蒙古产业发展招商引资项目签约仪式在敕勒川草原会议中心举行，来自全国各地的300多家企业、行业商协会参加。全国政协副主席、民革中央常务副主席郑建邦出席并讲话，自治区党委书记石泰峰致辞，自治区主席布小林，民革中央副主席兼秘书长李惠东等领导参加仪式。

签约仪式上，自治区政府及各盟市、满洲里市、二连浩特市和65个旗县分别与163家企业共签约182个项目。其中，合同签约项目76个，投资额1837.54亿元；意向签约项目104个，投资额1716.01亿元；自治区政府分别与深圳宝能集团、正威国际集团签署框架协议，涉及投资额1100亿元。

19日 君明宜居装配式智能制造示范中心奠基仪式暨内蒙古自治区装配式发展峰会在乌兰察布市举行。装配式智能制造将工厂加工制造全部智能化、机械化。该项目将围绕装配式新技术、新材料打造工业4.0智能生产线，满足国家装配化建筑的标准，覆盖300公里范围内建筑和全装修一体化工程的需求。项目总投资5.6亿元。

20日 2020（第九届）中国国际生态竞争力峰会在呼伦贝尔市开幕。本届峰会以“创新绿色发展、共赢美好未来”为主题，来自多个国家和地区的政府、企业代表和国际组织人员近300人共话生态文明建设和绿色发展新路径。

21日 自治区十三届人大常委会第二十二次会议在呼和浩特开幕并举行第一次全体会议。自治区党委书记、人大常委会主任石泰峰主持会议。会议听取《内蒙古自治区地方金融监督管理条例（草案）》和《内蒙古自治区文明行为促进条例（草案）》审议结果的报告等事项。

23日 下午，自治区十三届人大常委会第二十二次会议举行第三次全体会议。自治区党委书记、人大常委会主任石泰峰主持会议并讲话。会议表决通过《内蒙古自治区地方金融监督管理条例》《内蒙古自治区文明行为促进条例》等事项。决定任命张韶春为自治区副主席。

△ 第八届内蒙古“草原英才”高层次人才合作交流会暨呼包鄂乌人才创新创业周活动新闻发布会在呼和浩特举办。25—30日在呼包鄂乌举办第八届内蒙古“草原英才”高层次人才合作交流会暨呼包鄂乌人才创新创业周活动。

25日 内蒙古自治区生态产品总值（GEP）新闻发布会在北京召开，这是内蒙古首次对外发布全区生态产品总值核算结果。自治区党委副书记、自治区主席布小林等领导出席新闻发布会，共同启动内蒙古生态产品总值发布。核算结果显示，2019年内蒙古生态产品总值为44760.75亿元。从总量上看，是2019年地区生产总值的2.6倍，充分说明内蒙古的生态功能远远大于生产功能；从变化趋势上看，2015年到2019年，全区生态产品总值增加了5410.1亿元，按可比价计算，增幅为13.75%，表明生态保护建设取得显著成效，实现了生态保护与经济发展相协调。

△ 自治区政府与北京快手科技有限公司在北京签订战略合作框架协议。

26日 以“科技创造未来 创新驱动发展”为主题的第一届自治区职工技术创新成果展在呼和浩特开展。展览共展出来自全区12个盟市、6个产业系统155家参展单位提供的468项科技成果，不仅包括电力、煤炭、化工等传统优势行业，也涵盖信息通信、国防科技、智能制造等新兴行业。

△ 内蒙古财经大学建校60周年纪念大会在呼和浩特举行。

△ “同上一堂科学课”全国科技馆联合行动北部区域启动仪式在内蒙古科技馆举行。内蒙古、北京、天津、河北、山西、辽宁、吉林、黑龙江8个北部省区市的27个科普场馆齐聚云端，通过新华网、内蒙古科技馆官方微博等平台共同参与“同上一堂科学课”活动，开展了《“三光日月星”之“仰望星空”》《恒星的奥秘一生》《皮皮防疫记》“了解太阳系”“百变万花筒”“会飞的纸杯飞机”“神秘的恐龙”等科普活动。

27日 内蒙古自治区妇女第十二次代表大会在呼和浩特开幕。全区各族各界的633名妇女代表出席。全国妇联党组书记、副主席、书记处第一书记黄晓薇，自治区党委书记石泰峰出席会议并讲话。自治区党政军领导布小林、李秀领等领导出席会议。自治区妇联主席胡达古拉主持会议，并代表自治区妇联第十一届执委会作工作报告。自治区总工会党组书记、副主席龚家栋代表各群众团体向大会致贺词。会期3天，选举产生内蒙古自治区妇联第十二届执委会和新一届领导班子。

28日 全区民营经济统战工作会议在呼和浩特召开。自治区党委常委、统战部部长，自治区党委统一战线工作领导小组副组长段志强出席会议并讲话。自治区人大常委会副主任、自治区党委统一战线工作领导小组副组长和彦苓主持会议并传达习近平总书记对新时代民营经济统战工作作出的重要指示。盟市委统战部、自治区有关部门和民营企业的5位代表作了发言。

△ 全区实施乡村振兴战略暨推进农村牧区人居环境整治工作现场会在鄂尔多斯市达拉特旗召开。自治区副主席、自治区党委农村牧区工作领导小组副组长李秉荣出席会议并讲话。

28—29日 全区城市精细化管理工作现场会在赤峰市召开。自治区党委副书记、自治区主席布小林出席会议并讲话。会上，赤峰市、呼和浩特市和鄂尔多斯市康巴什区政府负责同志作了交流发言。与会代表实地观摩赤峰市建筑施工管理、垃圾分类、智慧城管、城市双修、老旧小区改造、市政和环卫一体化项目施工作业等精细化管理工作。

29日 包头市汽车产业企地融合推进会在北奔重型汽车集团有限公司总装公司召开。自治区党委副书记、自治区主席布小林，中国兵器工业集团有限公司党组书记、董事长焦开河等领导出席活动。举办本次推进会的目的是，企地双方进一步凝聚融合发展共识，加快提升新能源电动汽车发展水平，加快创建融合创新体系，推动协同创新成果就地转化，推动包头制造业发展水平提升至更高层次。布小林、焦开河共同为“内蒙古智能网联创新平台”揭牌，孟凡利、邹文超共同为“包头市汽车电子元器件性能实验检测平台”揭牌。会后，举行了北奔新能源重卡发车仪式。

△ 自治区党委宣传部在呼和浩特举办“绿色乌审”治沙群体先进事迹发布会，授予他们“北疆楷模”荣誉称号。

30日 上午，烈士纪念日向人民英雄敬献花篮仪式在呼和浩特大青山红色文化公园烈士纪念碑广场举行。自治区党委书记石泰峰，自治区党委副书记、自治区主席布小林，自治区政协主席李秀领，内蒙古军区司令员马庆雷等自治区省军级领导。与各族各界代表一起出席仪式。呼和浩特市各族各界干部群众共1200余人参加敬献花篮仪式。

9月 全国最大沙漠集中式光伏发电基地在库布其沙漠建成，与基地一期光伏电站连成一体，成为全国最大的沙漠集中式光伏发电基地。规划总规模200万千瓦，基地一期规划50万千瓦项目于2018年5月29日全面开工，2018年12月10日实现一次性全容量并网，成为全国第三批10个光伏基地中首个一次性实现全容量并网的基地。基地二期规划50万千瓦项目于2019年10月12日开工建设，项目已具备并网发电条件。

10月

1日 呼和浩特市地铁2号线正式竣工通行投入运营。自治区党委常委、呼和浩特市委书记王莉霞，自治区副主席包钢出席开通仪式。地铁2号线南起阿尔山路站，北至塔利东路站，主干线沿城市南北向和东西向布局呈L型，全长27.32公里，沿途共设24座站点。

△ 第15届越野e族·阿拉善英雄会在阿拉善梦想沙漠公园开幕。本届阿拉善英雄会以“英雄有梦、无畏征程”为主题，期间举办了T3系列赛事、全地形车大奖赛、攀岩赛、搏克金腰带争霸赛、电音节、直升机游览、游乐嘉年华、无人机夜空秀、内蒙古味道等多项文化旅游和赛事活动。

2—3日 2020年全国U系列田径通讯赛（内蒙古赛区）比赛在呼和浩特第二中学（如意校区）举办。比赛进行男子、女子U18、U16年龄组别包括110米栏、200米、400米、800米、1500米、3000米以及跳远、铅球、跳高等项目的比赛，全区各盟市500余名选手参赛。

8日 第一届自治区职工创新成果展落幕。这次成果展在深化职工技术创新平台建设、创新服务职工群众方法和手段、激发产业工人队伍创新活力等方面进行有益探索，搭建创新成果展示、创新带头人交流、推动创新成果转化、职工创新发展研讨交流四个平台。呼和浩特市总工会等10个单位荣获“第一届自治区职工技术创新成果展优秀组织单位”；大青山西叶百合等63个项目获得第一届自治区职工技术创新成果展优秀创新成果，包括一等奖12项，二等奖15项，三等奖17项，优秀奖19项。

12日 内蒙古自治区人民政府与中国华能集团有限公司在呼和浩特签署战略合作协议。自治区党委书记石泰峰，自治区党委副书记、自治区主席布小林，中国华能集团有限公司董事长舒印彪见证签约。

△ 第八届内蒙古绿色农畜产品博览会暨优良品种推广会在内蒙古国际会展中心开幕，为期3天。博览会以“发展现代种业，推动高质量发展”为主题，全面展示内蒙古的优良品种和全区12盟市优质绿色农畜产品，共设置优良品种、12盟市优质绿色农畜产品2个主展区，还设置了“内蒙古味道走进绿博会”美食品鉴区。博览会期间，还将举办内蒙古农牧业品牌目录发布、种业高质量发展论坛、品牌农畜产品推介等活动。

△ 由自治区残联、自治区残疾人福利基金会主办的“大爱北疆 助康圆梦”北疆羽翼行动—草原雏鹰救助项目启动仪式在巴彦淖尔市临河区康复医院举行。活动现场，内蒙古德蒙康复辅具技术有限公司通过自治区慈善总会为全区残疾儿童捐赠下肢矫形器1000例，并安排技术人员为受助儿童进行现场取型。他们将为80名下肢肢体残疾儿童免费提供连续3年的矫形器适配服务。

15日 2020年全国大众创业万众创新活动周内蒙古分会场启动仪式在赤峰市举行。自治区党委副书记、自治区主席布小林出席启动仪式并讲话。活动周期间，举办自治区“双创”成果展、会议论坛、群众竞赛、专业服务等活动，集中展示自治区创业创新成果，活动将持续到10月21日。

16日 2020年世界粮食日、全国粮食安全宣传周内蒙古自治区主会场活动在乌兰察布市集宁区举行。2020年世界粮食日的主题是“齐成长、同繁荣、共持续，行动造就未来”，中国粮食安全宣传周的主题为“端牢中国饭碗、共筑全球粮安”。活动中，中国粮食研究培训中心相关负责人围绕“十四五”粮食安全形势和双循环新发展格局下保障粮食安全的战略举措作了专题讲座，自治区农牧厅相关负责人宣布自治区级粮食安全宣传教育基地评选结果。

△ “2020年京蒙消费扶贫北京集采推介会”在北京举办。来自内蒙

古自治区31个国贫旗县、13个区贫旗县的167家企业参展。展会设置5D实景直播间，联合抖音、快手、一直播等直播平台，开展京蒙消费扶贫专题带货直播。推介会期间，8个盟市分别举办各自主题日活动。

17日 自治区人民政府在锡林郭勒盟镶黄旗召开全区推进奶业振兴暨民族传统奶制品产业发展现场会，全面落实自治区关于推进奶业振兴和民族传统奶制品产业发展政策措施，推动首批试点示范工作全面开展，自治区党委副书记、自治区主席布小林，国家市场监督管理总局副局长孙梅君，自治区副主席欧阳晓晖出席活动。

△ “中国梦2020艺术草原全国美术作品展”巡展在内蒙古展览馆开幕。共有268件作品入选，全国各地的优秀艺术家用手中的画笔尽情描绘草原儿女奋进新时代的英姿，记录他们奔向小康之路的奋斗历程。

△ 第十四届全国高等院校美术史学年会在内蒙古师范大学开幕。来自中央美术学院、四川美术学院、内蒙古艺术学院等全国高等院校的110余名师生参加开幕式。本届年会以“从北方走向世界——开放视野的跨文化美术史”为主题，围绕外国美术史、中国美术史、跨文化美术、美术理论与批评、宗教美术史、少数民族美术史等6个方面展开交流与研讨。

19日 内蒙古农牧业科技成果转移转化中心在自治区农牧业科学院正式启动。中心设立管理委员会，下设信息部、成果转化部、培训宣传部3个执行机构。同时还进行了科技成果转移转化项目签约仪式。内蒙古农牧业科学院“蒙芋1号”“蒙科豆9号”两个作物新品种及盐碱化耕地治理等6项技术服务分别与相关企业、合作社签订转让合作协议。

△ 科学家精神报告团“传承2020”内蒙古草原行活动在呼和浩特启动，报告团专家分别在内蒙古工业大学、呼和浩特市启秀中学、内蒙古科技馆等学校、科技场馆作专场报告。

17—19日 自治区团委主办的全区牧业现代化青年创新创业观摩会在锡林郭勒盟举办。观摩会作为内蒙古共青团服务青年创业就业“六位一体”工作链条的有效实践，旨在做好助力脱贫攻坚和乡村振兴工作，引领广大创业青年秉持生态优先、绿色发展理念。

来自全区12个盟市的团委相关工作负责人、牧业领域青年创业者、青年致富带头人等120余人参加观摩会。

18日 甘乌高速甘其毛都至海流图段PPP项目开工动员暨国道331巴彦淖尔市境内段主线贯通仪式在省道212线甘其毛都收费站举行。

甘乌高速是内蒙古自治区高速公路网规划的一条由北向南的重要通道，北起巴彦淖尔市甘其毛都口岸，南至G6京藏高速乌拉山出口，全长228公里，总投资110亿元，先期实施甘其毛都至海流图段，全长131公里，总投资55亿元。

20日 全国人大常委会副委员长、民进中央主席蔡达峰率调研组到民进“不忘合作初心，继续携手前进”主题教育活动联系点民进赤峰市委会调研。蔡达峰作了题为《学习民进历史，不忘合作初心》的专题辅导报告。调研组深入民进赤峰市委会文化支部，看望民进赤峰市委会老主委、先进支部代表和先进会员代表，参观书画作品展并召开主题教育活动座谈会。

22日 由中华全国新闻工作者协会、蒙古国记者协会主办，内蒙古自治区政府新闻办公室承办的第十一届中蒙新闻论坛，以网络视频方式在北京、呼和浩特和蒙古国乌兰巴托分别设会场举行。中宣部副部长、国务院新闻办公室主任徐麟致辞，内蒙古自治区党委常委、宣传部部长白玉刚，蒙古国国家大呼拉尔委员朝格特巴特尔，蒙古记者协会代主席宝日格勒玛出席并致辞，蒙古国国家大呼拉尔委员、自然环境旅游部部长萨仁格日勒致贺信，中华全国新闻工作者协会党组书记刘正荣、蒙古国记协代主席宝日格勒玛宣读《中蒙两国新闻媒体新10年交流合作宣言》。中蒙两国新闻界160多名代表参加此次论坛。论坛播出《命运与共 风雨同舟》中蒙合作抗疫纪录短片，中蒙双方10位嘉宾围绕“疫情下的媒体：挑战、经验与合作”的论坛主题展开交流。

△ 华为信息与网络技术学院创新人才中心揭牌仪式在内蒙古大学举行，标志着内蒙古大学与华为公司建立全面合作关系。

23日 在中国人民志愿军抗美援朝出国作战70周年之际。内蒙古军区司令员马庆雷、政委杨小康来到呼和浩特第二离职干部休养所，看望参加过抗美援朝出国作战的杨炳余、梁育秀、白增修、汤志坚等9名老战士、老同志，并代表内蒙古军区全体官兵向他们致以崇高敬意和亲切慰问。

24日 在纪念中国人民志愿军抗美援朝出国作战70周年之际，自治区党委书记石泰峰，自治区党委副书记、自治区主席布小林，自治区党委副书记、政法委书记林少春，看望慰问白贵智、李海臣等抗美援朝志愿军老战士老同志，代表自治区党委和政府向他们致以崇高敬意。

26日 内蒙古科创中心在北京京蒙高科大厦挂牌成立。自治区党委常委、组织部部长杨伟东为入选“草原英才”的柔性引进人才代表颁发“草原英才”证书，并和自治区副主席欧阳晓晖共同为内蒙古科创中心（北京）揭牌。活动现场，部分盟市旗县、单位与清华大学、中关村智酷公司、北京大学第三医院、中科院部分院所等签订12项人才、科技项目合作协议。

11月

1日 首届内蒙古民间舞蹈大赛在内蒙古民族艺术剧院音乐厅开赛。大赛为期7天，旨在传承发展内蒙古优秀民间舞蹈艺术。大赛共收到近300部报名参赛作品，经专家评审委员会初审，有100部作品入围决赛。大赛分为专业组和非专业组。专业组参赛的有艺术院团、艺术院校及乌兰牧骑；非专业组参赛的有自治区各级群艺馆、文化馆、街道、社区、农林牧区、企事业单位的民间团体和个人。

3日 内蒙古自治区人民政府与中信集团在北京签署战略合作框架协议。自治区党委副书记、自治区主席布小林与中信集团党委书记、董事长朱鹤新，中信集团副董事长、总经理奚国华就进一步加强区企合作、推动金融与实体经济深度融合举行会谈。双方将围绕综合金融服务、基础设施、生态环保、“科技兴蒙”等领域开展全面战略合作。

△ 自治区人大常委会召开新闻发布会，对《内蒙古自治区地方金融监督管理条例》《内蒙古自治区文明行为促进条例》《内蒙古自治区人民代表大会常务委员会关于进一步优化营商环境的决定》进行阐释推介并推动贯彻实施。

3—5日 自治区党委书记石泰峰在呼和浩特市、包头市、鄂尔多斯市调研重点项目建设，主持召开会议研究“十四五”规划编制工作。

7日 自治区人民政府在乌兰察布市举行2020年内蒙古自治区就业推进会暨就业创业服务攻坚季活动。自治区党委副书记、自治区主席布小林，自治区副主席欧阳晓晖出席推进会。

△ 首届内蒙古民间舞蹈大赛颁奖晚会在内蒙古民族艺术剧院音乐厅举行。经过7天的角逐，《沙嘎•沙嘎》《风之马》等5个作品获得专业组群舞A院团、院校表演金奖，《巴林蒙古女性》《传承》等4个作品获得专业组群舞B组乌兰牧骑表演金奖、创作金奖，比赛还评出了传承奖、学演奖、评委特别奖等奖项。

9日上午 通辽市现代能源“火风光储制研”一体化示范项目在通辽市开鲁县东风镇开工建设。自治区党委副书记、自治区主席布小林，自治区副主席艾丽华，明阳智慧能源集团股份公司董事长张传卫出席开工仪式。通辽市现代能源“火风光储制研” 一体化示范项目，由明阳集团开发建设，是国内首个“火风光储制研”一体化示范项目，项目总投资137.5亿元，建设内容包括新增170万千瓦风电、30万千瓦光伏，同步配套建设32万千瓦储能，规划在通辽市开鲁县、奈曼旗、科左中旗、扎鲁特旗建设风电和光伏项目，分两期实施。

11日 内蒙古自治区落实党风廉政建设责任制工作领导小组召开会议，强调要从严从紧压实各方面党风廉政建设责任，坚定不移推进反腐败斗争，全力净化和修复全区政治生态，把全面从严治党引向深入。自治区党委书记、自治区落实党风廉政建设责任制工作领导小组组长石泰峰主持会议。领导小组副组长布小林、林少春、刘奇凡，小组成员杨伟东、张韶春等出席会议。会议研究调整领导小组成员及明确领导小组工作职责事宜，审议《自治区党委常委会班子、成员党风廉政建设责任清单》。

13日 中国社科院《企业社会责任蓝皮书（2020）》在北京正式发布，伊利荣登“社会责任发展指数”乳品行业第一的同时，《伊利集团可持续发展报告》被评选为乳品行业最高评级的五星佳级报告，夺得社会责任“双冠王”。

14日 以“融合创新动能，智汇草原都市”为主题的新一代工业互联网与新型智慧城市建设大会在呼和浩特举行。全国政协副主席马培华出席并致辞，自治区党委副书记、自治区主席布小林出席，自治区党委常委、呼和浩特市委书记王莉霞致辞。

15日 第二届中国超级算力大会在北京举行，揭晓了2020年中国高性能计算机性能TOP100和国际人工智能性能AIPerf500榜单，内蒙古高性能计算公共服务平台“青城之光”分别位居第四及第六位，跻身中国运算能力最强的超级计算机行列。

内蒙古高性能计算公共服务平台“青城之光”，由自治区人民政府投资、自治区科技厅主管、清华大学设计、同方股份研制，内蒙古和林格尔新区承建。设备总投资3亿元，平台建设包括通用计算系统、人工智能加速计算系统、大数据存储支撑系统、节点互联网络、基础配套系统等系列工程项目。

17日 自治区党委书记石泰峰在通辽市主持召开会议研究“十四五”规划编制工作并调研项目建设。

18日 2020内蒙古自治区油画作品展览在内蒙古美术馆展出，展出时间截至11月30日。这次展览展出内蒙古自治区中青年艺术家近年来创作的百余件优秀油画作品。

△ 第十二届中国包头•稀土产业国际论坛在包头市召开。自治区党委副书记、自治区主席布小林出席论坛开幕式。论坛由自治区政府、中国工程院、中国稀土学会和中国稀土行业协会共同主办，以“打造稀土高质量发展新引擎，拓展对外多元化合作新领域”为主题。论坛设置信息发布与展示环节，对国家新材料测试评价平台——稀土行业中心、中国稀土产业景气指数两项信息进行了发布，对高性能快淬磁粉、轻稀土釉料等7个好产品、新应用项目进行展示；举行项目签约，围绕稀土全产业链，共引进各类稀土产业项目27个，总投资约45.5亿元。论坛还开设“稀土市场与应用”等6个分论坛，就稀土产业高质量发展进行深入研讨交流。

△ 中华人民共和国额布都格海关挂牌并正式对外办理海关业务。额布都格海关是由中编办、海关总署批准成立的新设隶属海关，受满洲里海关直接领导，负责呼伦贝尔市新巴尔虎左旗额布都格口岸的海关监管业务。额布都格口岸与蒙古国巴彦呼舒口岸隔河相对，是对蒙开放的重要桥头堡。

△ 内蒙古自治区“启明行动”眼病项目启动仪式在赤峰市朝聚眼科医院举行。活动由中国残疾人福利基金会、内蒙古残疾人福利基金会、内蒙古扶贫基金会共同主办。该项目将在1年时间内，为赤峰市270例贫困白内障患者实施复明手术。启动仪式上，内蒙古残疾人福利基金会向赤峰市残疾学生和青少年捐赠价值49万的人工智能护眼灯以及1500份能量蜜儿餐。

△ 零时，第三批国家组织集中采购药品中选价格在内蒙古自治区落地执行。这次集采中选55个药品86个品规，为历次国家集采数量最多一次，药品平均降幅77.16%，最高降幅98.79%，预计节约医保资金2.34亿元。全区所有医保定点公立医疗机构和军队医疗机构全部参加本次集采，医保定点社会办医疗机构、零售药店自愿参加。

△ 文化和旅游部公示第二批国家全域旅游示范区名单。在入选的全国97家创建单位中，地处祖国北疆的二连浩特市成功入选。

20日 中国“金融云谷”首个金融科技项目——中国银行金融科技中心和林格尔新区园区开工奠基，由此开启中国“金融云谷”建设的序幕。自治区副主席黄志强出席奠基仪式并讲话。该项目总投资113亿元，分三期建设，建成后将成为中国银行未来重要的金融科技中心、创新中心和生产中心。

△ 自治区党委副书记、自治区主席布小林到内蒙古民族艺术剧院直属乌兰牧骑，看望慰问乌兰牧骑队员，勉励大家牢记习近平总书记的殷切嘱托，传承乌兰牧骑优良传统，促进乌兰牧骑事业薪火相传，让“红色文艺轻骑兵”这面旗帜更加熠熠生辉。

21日 “内蒙古好医生、内蒙古好护士”抗疫特别人物发布活动暨乌兰牧骑+健康义诊活动在乌兰察布市启动。发布114名“内蒙古好医生、内蒙古好护士” 抗疫特别人物，并现场为22名抗疫特别人物代表颁发纪念证书、奖杯；11名抗疫特别人物代表围绕《生命至上》《举国同心》《舍生忘死》等主题讲述自己的抗疫故事；现场举行“弘扬乌兰牧骑精神，到人民中间去”乌兰牧骑+健康义诊综合服务小分队授旗仪式等。本次活动还采用乌兰牧骑+方式，组建110人组成的11支义诊演出志愿服务小分队，分赴乌兰察布市11个旗县市区22个乡镇卫生院进行免费义诊和文艺演出服务活动。

△ 下午，第24届全国发明展览会——“一带一路”暨金砖国家技能发展与技术创新大赛在广东佛山闭幕。来自内蒙古的蒙草快乐小草的发明专利《混合草走路草坪及其建造方法》斩获本届展会最高级别奖项——世界知识产权组织（WIPO）设立的“最佳发明奖”；蒙草的“乡土种业助力产业扶贫”项目与其他79个项目获得“科技助力扶贫奖”。

21—22日 由中国人类学民族学研究会主办、内蒙古师范大学承办的中国人类学民族学2020年年会在内蒙古自治区召开。全国政协副主席，中央统战部副部长，国家民委主任、研究会会长巴特尔书面致辞。年会共设19个专题论坛，以线下线上形式召开，200余人参加线下会议，300余人参加线上会议。会议决定中国人类学民族学2021年年会由暨南大学承办。

22日 以“科技力量·融合创新”为主题的2020第一届内蒙古科技创新成果转化大会在呼和浩特市落幕。内蒙古大学、内蒙古师范大学、内蒙古农业大学、内蒙古工业大学、内蒙古化工学院等高校及张家口清新能源有限公司和部分区内外企业通过路演，展示10多项最前沿的科技创新项目。

23日 自治区十三届人大常委会第二十三次会议在呼和浩特开幕并举行第一次全体会议。自治区党委书记石泰峰主持会议。自治区人大常委会常务副主任那顺孟和，副主任王波、李荣禧、廉素、张院忠、和彦苓，秘书长施文学及常委会委员出席会议。自治区党委常委、秘书长、自治区常务副主席张韶春，自治区高级人民法院院长杨宗仁、自治区人民检察院检察长李琪林列席会议。会议听取关于提请任免职人员情况的说明等事项。

24—25日 自治区党委副书记、自治区主席、自治区新冠肺炎疫情防控工作指挥部总指挥布小林在满洲里市调研疫情防控工作。内蒙古自治区本土确诊病例、疑似病例和无症状感染者均在满洲里市定点医院进行隔离治疗，流调和溯源工作同步进行。布小林强调，要认真贯彻落实全国疫情防控电视电话会议精神，认清当前疫情形势，采取更加坚决果断的措施，严格做好“外防输入、内防反弹”各项工作，坚决防止疫情扩散蔓延。

26日 自治区党委召开全区领导干部警示教育电视电话会议。自治区党委书记石泰峰作案件剖析报告并讲话。自治区党委副书记、自治区主席布小林，自治区政协主席李秀领等领导参加会议，中央纪委国家监委第九监督检查室、宣传部有关同志到会指导。会议组织观看了警示教育片《扫黑除恶之打伞破网》。各盟市旗县和满洲里市、二连浩特市、森工集团设分会场。

△ 自治区十三届人大常委会第二十三次会议举行第三次全体会议。自治区党委书记、人大常委会主任石泰峰主持会议并讲话。自治区人大常委会常务副主任那顺孟和等出席会议。会议表决通过《内蒙古自治区土壤污染防治条例》《内蒙古自治区农村牧区公路条例》等事项。

△ 为庆祝《中华人民共和国残疾人保障法》颁布30周年，全区残联系统庆祝《中华人民共和国残疾人保障法》颁布30周年知识竞赛决赛在呼和浩特市举行。竞赛分为个人必答、小组必答、抢答等3个环节。兴安盟残联代表队获得一等奖，自治区残联机关代表队和内蒙古特殊职业技术学校代表队获得二等奖，乌兰察布市残联代表队和呼伦贝尔市残联代表队获得三等奖。

27日 第十八届中国国际农产品交易会在重庆国际博览中心举办，内蒙古自治区195家农牧业企业参展，近千种绿色农畜产品亮相。

△ 由中国治沙暨沙业学会主办、中国农业科学院草原研究所承办的中国治沙暨沙业学会草原生态修复与草业专业委员会成立暨学术交流大会在呼和浩特举行。26家科研院所、高校和企事业单位的140多位草原生态修复领域的专家。参会大会还通过全体委员投票选举产生专委会名誉主任1

人、主任委员1人、副主任委员26人、秘书长1人、委员77人。

30日 自治区推进高质量发展重大项目签约仪式在呼和浩特举行。自治区党委书记石泰峰，自治区党委副书记、自治区主席布小林等领导参加仪式。自治区政府分别与中国船舶集团、远景科技集团、协鑫集团、科大讯飞签署战略合作框架协议，呼和浩特市、包头市、通辽市、乌兰察布市、巴彦淖尔市、鄂尔多斯市以及自治区教育厅、公安厅、卫健委和内蒙古电力集团分别与山东能源集团、新疆金风科技集团、江苏大烨智能电气、开沃集团、北京清华工业开发研究院、空气化工等企业单位签署重大合作协议。

△ 在北京举办的“2018-2019绿色中国年度人物”、第四批国家生态文明建设示范市县和“绿水青山就是金山银山”实践创新基地表彰授牌活动中，兴安盟被授予第四批国家生态文明建设示范盟称号，科右中旗被命名为第四批“绿水青山就是金山银山”实践创新基地。兴安盟创建成为自治区唯一一个国家生态文明建设示范盟。

△ 由内蒙古赛科星繁育生物技术（集团）股份有限公司自主培育、TPI即总性能指数国内排名第一的国际注册公牛291H019023的冻精产品在呼和浩特正式问世，为内蒙古自治区奶业振兴再添新动能。在美国荷斯坦协会公布的评估结果中，赛科星集团自主培育的两头基因组选择种公牛取得突破性成果：根据中国国内所有在美国国家动物育种者协会注册公牛评估结果统计，来自赛科星的291H019023以TPI=2895的成绩排名全国第一、291H019020以TPI=2856的成绩排名全国第三。

11月 内蒙古首次将自治区本级、呼和浩特市、包头市、鄂尔多斯市、乌兰察布市5个医保统筹区纳入自治区区域一体化地区异地门诊特殊慢性病费用直接结算范围，实现这5个统筹区异地门诊特殊慢性病费用直接结算互联互通，慢性病参保职工告别跑腿垫资、长时间等待报销回款的时代。内蒙古将持续加快推进门诊特殊慢性病直接结算工作，到2021年底实现全区所有盟市异地门诊特殊慢性病费用直接结算。

△ 鄂尔多斯市再次蝉联全国文明城市荣誉，连续四届获得全国文明城市称号；杭锦旗获第六届全国县级文明城市荣誉称号，鄂托克前旗、准格尔旗蝉联全国县级文明城市荣誉称号，成为西部地区全国文明城市数量最多的“文明城市群”。

△ 中央文明委印发《关于表彰第六届全国文明城市、文明村镇、文明单位和第二届全国文明家庭、文明校园及新一届全国未成年人思想道德建设工作先进的决定》，内蒙古电力设计院获评全国文明单位。

△ “内蒙古自治区优化用电报装营商环境”被纳入国家发改委公布的《中国营商环境报告2020》一省一案例的改革集萃篇进行推广和展示。

12月

1日 自治区党委书记石泰峰深入扶贫包联旗县四子王旗调研督导脱贫攻坚工作。期间，石泰峰主持召开座谈会，听取了四子王旗党委、政府关于全旗脱贫攻坚工作推进情况的汇报。

△ 2020—2021赛季WCBA联赛常规赛第二阶段比赛在内蒙古体育馆开赛，来自全国各地的17支球队参事。比赛至21日结束。

2日 自治区党委书记石泰峰主持召开企业家座谈会，听取企业家代表对制定自治区“十四五”规划的意见和建议。范志平、吴劲松、贾振国、潘刚、朱长虹、张翀宇、陈雅、常付田、奥凤廷、周勇等10位企业家代表先后发言。

△ 自治区党委书记石泰峰主持召开座谈会，听取经济社会领域专家学者对制定自治区“十四五”规划的意见和建议。杭栓柱、朱晓俊、李春林、安静赜、张志忠、侯淑霞、金桩、赵海东、蔡常青、张伟健等10位专家学者先后发言，提出有见地的意见建议。

△ 上午，自治区人民政府与上海证券交易所在上海签署战略合作协议。自治区党委副书记、自治区主席布小林与上海证券交易所党委书记、理事长黄红元就进一步加强双方合作、推动资本市场与实体经济深度融合举行会谈，根据协议，双方将围绕培育孵化企业注册上市、支持内蒙古企业直接融资和政府发行债券、打造草原特色金融等领域开展全面战略合作。

3日 自治区党委书记、自治区生态环境保护委员会主任石泰峰主持召开自治区生态环境保护委员会第一次会议暨中央环境保护督察反馈意见整改落实工作领导小组会议，听取中央环境保护督察及“回头看”反馈意见整改落实情况和自治区生态环境保护督察情况汇报，研究部署环保督察整改和生态环境保护工作。自治区生态环境保护委员会主任布小林等领导出席会议。会议审议通过《自治区生态环境保护委员会工作规则》，组织观看专题片《草原上的疮疤》。

△ 内蒙古（通辽）第六届蒙医药产业博览会开幕式在通辽市举行。博览会以“传承蒙医药精华、守正创新，增进人民健康福祉”为主题，全面展示通辽市蒙医药传承与创新发展及对外交流与合作的成就。博览会采取现场活动与智慧数字平台相结合的形式，是国内首次以蒙医药为主题的线上云展会。博览会结合区块链、物联网、大数据、直播、3D虚拟现实、AR实景等新兴技术，打造出一整套在线智慧展览系统，实现展品“云展示”、药品企业“云推介”、惠商政策“云发布”、招商贸易“云签约”。博览会期间，举行蒙中医药学术研讨会、民族药政策解读座谈会、民族药政策解读研讨会、线上展览展示、医药产品交易会、投资洽谈推介会、博览会常规性推介等活动。

4日 由自治区党委全面依法治区委员会守法普法协调小组和自治区司法厅主办的内蒙古自治区首届法治乌兰牧骑“司法好声音”法律宣讲决赛

在呼和浩特市闭幕，鄂尔多斯市司法局选送的薛永丽获得第一名。共有来自全区各盟市的40名选手参加。

5日 自治区党委副书记、自治区主席布小林专程到鄂尔多斯市，对自己负责督办并已化解的3件群众信访事项进行回访。鄂尔多斯市及时成立化解信访事项工作专班，和信访群众面对面交流沟通、研究解决问题的办法和措施，自治区有关部门给予指导支持，截至11月14日，3件信访事项全部化解。

6日 全区教育系统铸牢中华民族共同体意识专题培训班首期在呼和浩特市开班，全区教育系统约300人参加培训。培训将持续到2021年3月底，通过分批分层培训，覆盖全区教育系统广大干部、各级各类学校领导班子和教职工。自治区层面将开展3期培训班，首期专题培训班为期3天，邀请国家民委、教育部教材局和自治区党校专家集中授课。

7日 全区领导干部加强和改进民族工作专题研讨班在内蒙古党校开班。自治区党委书记石泰峰出席开班式并讲话，强调要全面对标对表习近平总书记关于民族工作的重要论述，深刻反思全区区推行使用国家统编教材的问题和教训，进一步澄清模糊认识、纠正错误认识、统一思想认识，以铸牢中华民族共同体意识为主线扎实做好新时代内蒙古民族工作。自治区党委副书记、自治区主席布小林主持开班式。

8日 自治区党委书记石泰峰在内蒙古大学实地走访，作高校形势政策报告并随堂旁听《新时代我国社会主要矛盾的变化》思想政治理论课。自治区党委常委、秘书长、自治区常务副主席张韶春及有关部门负责同志参加活动。自治区驻呼高校师生代表260多人聆听报告。

△ 2020中国新产业峰会在包头举行。峰会以“创新无界、开放互联—变革中的产业机遇”为主题，以“新技术、新产品、新业态、新模式”领域实现新突破为聚焦点，共策划并达成合作意向项目80个，协议总投资1390亿元。其中，现场集中签约项目49个，协议总投资676亿元。

10日 自治区劳动模范和先进工作者表彰大会在呼和浩特举行，隆重表彰全区各行各业涌现出来的劳动模范和先进工作者。自治区党委书记石泰峰出席并讲话。自治区党委副书记、自治区主席布小林主持大会，自治区领导为自治区劳动模范和先进工作者代表颁发荣誉证书。劳动模范付绍清代表自治区劳动模范和先进工作者宣读倡议书。

△ 中国（呼和浩特）跨境电子商务综合试验区创新发展大会在呼和浩特举行。区内外跨境电商行业主管部门、行业专家和外贸企业代表共200余人参会。大会以“打造北向新通道，探索跨境新业态”为主题，聚焦跨境电商产业发展需求和导向。呼和浩特市人民政府和内蒙古和林格尔新区管委会践诺对跨境电商企业的政策资金支持，为内蒙古丝路城有限公司、内蒙古雲图计算机软件开发有限公司2家企业分别发放政策兑现补贴资金30.08万元和10万元。

11日 由科技部和自治区政府共同举办的科技兴蒙合作推进会在呼和浩特召开。自治区党委书记石泰峰，科技部党组书记、部长王志刚出席会议并讲话，自治区党委副书记、自治区主席布小林致辞。自治区政府、有关盟市、自治区有关创新主体分别和相关合作主体进行“科技兴蒙”合作签约。

12日 由农业农村部市场与信息化司、联合国粮农组织驻华代表处支持，中国优质农产品开发服务协会联合中国农产品市场协会、兴安盟行政公署、新浪微博共同主办的2020国际大米品牌大会在兴安盟召开。洮公河大米论坛和高纬度大米产业发展论坛同期举行。大会组委会发布了2020大米区域公用品牌、2020好吃米饭榜单及2020潜力大米品牌榜单。“兴安盟大米”再次获得“2020十大大米区域公用品牌”称号，扎赉特旗蒙源粮食贸易有限责任公司的“蒙源”大米获“2020十大好吃米饭”称号，扎赉特旗绰勒银珠米业有限公司的“绰勒银珠”大米被授予“2020十大潜力大米品牌”称号。

△ 内蒙古家庭与社区教育学会第一届学术年会暨家庭、社区、学校教育有机融合学术论坛在呼和浩特民族学院举行。内蒙古大学、内蒙古师范大学、内蒙古农业大学等全区13所高校的专家学者围绕“家庭、社区、学校教育有机融合”主题，进行深入探讨和交流。

△ 呼和浩特白塔机场新建国际候机楼启用，9时18分首次完成廊桥对接。新建国际候机楼是自治区重点工程项目—呼和浩特白塔机场过渡期提升改造工程最先完成的部分，4月15日破土动工，经过8个月全力建设，正式投入启用。

13日 为期4天的中华人民共和国第一届职业技能大赛在广州落下帷幕。内蒙古代表团在62个项目的比拼中，获得1枚铜牌、9个优胜奖的成绩，实现内蒙古在全国综合性职业技能大赛中奖牌零的突破。内蒙古茶艺项目参赛选手获得铜牌，信息网络布线项目和增材制造项目参赛选手分别获得第四名，这3名参赛选手均获“全国技术能手”荣誉称号，2名选手分别获参赛队最佳奖和“西部技能之星”荣誉称号。

14日 全区“光明行”社会公益活动总结表彰会在呼和浩特举行，红十字会与红新月会国际联合会东亚地区代表处、亚洲防盲基金会、中国红十字会总会向大会发来贺信，45个“光明行”社会公益活动先进集体和80名先进个人受到表彰。自治区主席、红十字会名誉会长、全区“光明行”社会公益活动组委会主任委员布小林出席表彰会并讲话。全区“光明行”社会公益活动自2015年6月启动实施以来，已免费实施白内障复明手术30274例，实现全区建档立卡贫困户全覆盖；累计为66.62万名儿童青少年进行视力筛查，为3903名困难家庭近视青少年配了近视镜、522名斜视儿童实施了矫正手术。

△ 自治区召开全区安全生产暨第一次全国自然灾害综合风险普查工作电视电话会议，贯彻落实全国煤炭安全生产工作紧急视频会议和全国安全生产工作视频会议精神，分析当前安全生产工作形势，安排部署岁末年初安全生产各项重点工作。

16日 内蒙古自治区团校建校70周年内蒙古师范大学青年政治学院建院20周年庆祝大会在呼和浩特举行。

18日 2020年度北疆工匠发布暨颁奖典礼在呼和浩特举行。自治区人大常委会副主任、总工会主席吴团英，自治区政协副主席罗志虎出席。颁奖典礼上为10名北疆工匠称号获得者颁奖。

△ “大美乌梁素海·鸟类生态艺术作品展”在内蒙古自然博物馆开展。共展出《中国·乌梁素海全国摄影作品展》优秀作品以及乌梁素海野生鸟类芦苇画和鸟类摄影家聂延秋的乌梁素海鸟类摄影作品350多幅，同时展出部分乌梁素海珍稀鸟类标本。展览持续3个月。

△ “第四届中国民族美术双年展—内蒙古巡展”在内蒙古美术馆拉开帷幕。作为全国巡展的第一站，展览展出了120件民族美术作品。

20日 二连浩特铁路口岸升级改造完成，两条新建标准轨边检线投入使用，中欧班列出入境接发能力大幅提升。改造后，二连浩特铁路口岸标准轨边检线由原来的1条增至3条，可实现来自中蒙双方的标准轨中欧班列同时停靠、同时进行边检作业，日均接发出入境列车的能力由之前的每天12列增加至18列左右，打通了班列出入境节点的运输瓶颈。

21日 自治区党委召开各民主党派、工商联、无党派人士代表2020年度重点课题调研成果汇报会。自治区党委书记石泰峰主持会议并讲话。自治区领导布小林等出席会议。

22日 自治区双拥模范城（旗县、市区）命名大会在呼和浩特召开，命名新一届自治区双拥模范城（旗县、市区）。会上宣读《中共内蒙古自治区委员会、内蒙古自治区人民政府、内蒙古军区关于命名自治区双拥模范城（旗县、市区）的决定》。命名表彰呼和浩特市、包头市等67个（旗县、市区）。

△ 7时41分，锡林浩特市宝力根500千伏输变电工程顺利合闸。至此，世界首个交直流混联、风火打捆特高压系统工程建成投运，锡林郭勒盟在能源经济领域实现重大跨越，也标志着锡林郭勒盟特高压外送新能源基地基本建成。36个风电项目并网投运后，锡林郭勒盟可再生能源装机将突破1000万千瓦，成为全区首个建成投运的千万千瓦级新能源基地，每年可向北京、华北和华东地区输送清洁电力175亿千瓦时，节能530万吨标煤、降碳1300万吨。

24日 内蒙古自治区人民法院建院70周年纪念活动在呼和浩特举行。

△ 22点38分，建设历时15个月，乌兰察布风电基地一期600万千瓦示范项目首台风机成功发电，标志着由国家电投集团承建的全球陆上单体最大风电项目、国家能源局批复的首个大规模可再生能源平价上网示范项目工程建设取得阶段性成果。该项目全容量投产后每年可为京津冀提供约180亿千瓦时绿色电力，每年减少二氧化碳排放1530万吨。

25日 自治区党委书记、自治区煤炭资源领域违规违法问题专项整治工作领导小组组长石泰峰主持召开自治区煤炭资源领域违规违法问题专项整治工作领导小组第五次会议，审议煤炭资源领域违规违法问题专项整治深化治理工作方案，研究部署下一步专项整治工作任务。领导小组副组长布小林、林少春，成员刘奇凡、张韶春、艾丽华出席会议。

2020年，全国行业职业技能竞赛—第十届全国民政行业职业技能竞赛公墓管理员职业竞赛圆满结束，内蒙古自治区派出的4名参赛选手分别斩获1个二等奖、2个三等奖并获团体三等奖。

27日 第六届中国工业大奖举行发布会，包钢股份申报的“1280MPa贝马复相贝氏体钢轨集成技术开发与应用”项目，获中国工业大奖表彰奖。“1280MPa贝马复相贝氏体钢轨集成技术开发与应用”项目由包钢股份、中国铁道科学研究院集团公司、北京交通大学等企业和院校共同研发。

29日 自治区政府召开“十三五”时期内蒙古自治区公共文化发展成就新闻发布会，自治区副主席郑宏范作主题发布。发布会上，自治区文旅厅、自治区广播电视局、自治区体育局、自治区发改委、自治区财政厅相关负责人回答了记者提问。

△ 自治区召开新闻发布会，解读《各级党委和政府及自治区有关部门生态环境保护责任清单》《内蒙古自治区生态环境保护督察工作实施办法》两项政策，并发布自治区生态文明建设示范创建情况。自治区生态环境厅有关负责人进行了主题发布并答记者问。

30日 内蒙古自治区在上海证券交易所成功发行支持中小银行发展专项债券，发行额度85亿元，期限10年，票面利率3.54%，通过转股协议存款，分别用于认购内蒙古银行、鄂尔多斯银行其他一级资本。

△ 内蒙古自治区东北亚语言资源中心·科大讯飞产学研联合实验室在内蒙古大学成立。联合实验室依托“东北亚语言资源数字化平台”建设项目，由内蒙古自治区东北亚语言资源中心、科大讯飞股份有限公司、北疆蒙古语人工智能产业研究院三方合作共建，深入开展国家通用语言文字、蒙古语言文字、国内其他地区少数民族语言及东北亚各国语言的语音合成、语音识别、自动翻译等核心技术的研发工作。

12月 全国首单政策性草原保险签约仪式在巴彦淖尔市乌拉特后旗举行。乌拉特后旗政策性草原保险试点项目属全国首例，这是内蒙古践行绿色发展理念的全新尝试。该旗获各琦苏木巴拉乌拉嘎查76户共100余万亩草原将享受保险呵护。

△ 中央农办、农业农村部公布了第二批全国乡村治理典型案例，内蒙古自治区鄂尔多斯市伊金霍洛旗“四权四制三把关”村级民主管理模式入选。

△ 内蒙古地矿集团所属第八地勘公司在额济纳旗成功打出阿拉善盟第一口地热井。该项目2020年6月22日钻机进场开始施工，历时140余天，于11月11日终孔，成井深度1800.75米。经测井、抽水试验和采样分析，该井出水量每天1000立方米以上，井底温度54.2℃，井口水温38℃，水中含有大量对人体有益的化学组分和元素，是一大型优质地热井。

△ 全国劳动模范和先进工作者表彰大会在北京隆重举行。兴安盟扎赉特旗宏厦建筑安装工程有限责任公司项目经理、工程师杨立军被授予“全国劳动模范”荣誉称号。

△ 内蒙古包头稀土研究院的“解决地基光学望远镜磁致伸缩促动器输出不足问题”项目，在由中国科协、科技部、天津市人民政府共同主办的2020年中国创新方法大赛总决赛第一赛段中，获得一等奖。

△ 内蒙古自治区商业保险补充工伤保险试点项目在包头市启动。项目通过建立补充工伤保险制度，引入商业保险参与工伤保险服务，构建多层次工伤保险体系，提高工伤保险待遇，减轻用人单位负担。2019年自治区人社厅将包头市确定为自治区首家也是唯一一家开展商业保险补充工伤保险新模式的试点城市。

△ 在2020第六届中国农业品牌年度颁奖盛典上，巴彦淖尔“天赋河套”农产品区域公用品牌获“中国农产品百强标志性品牌”“2020年度中国农业十大杰出品牌”两项大奖。

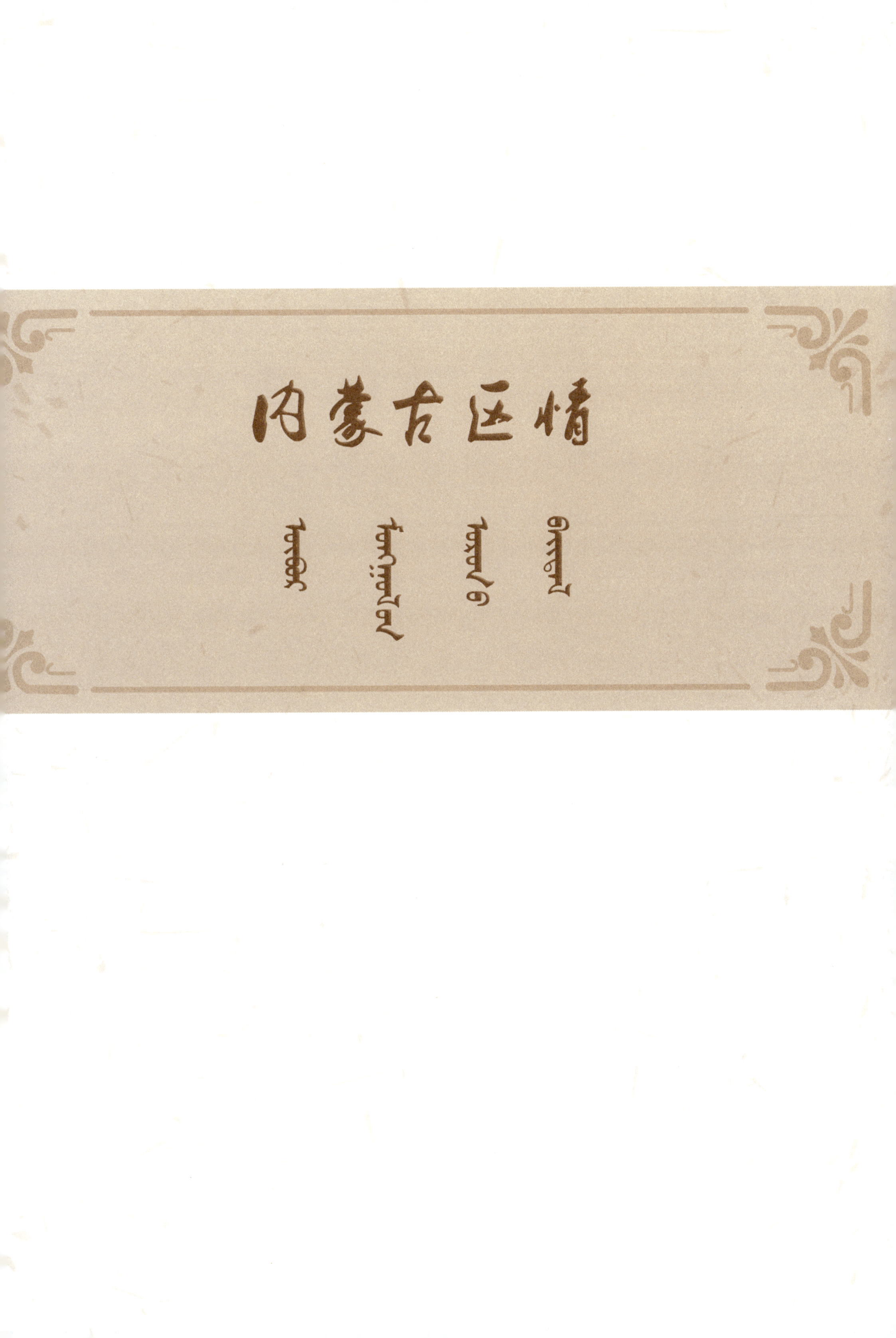

内蒙古医情

区情概览

【概况】 内蒙古自治区位于祖国北部边疆，由东北向西南斜伸，呈狭长形，东西长约 2400 公里，南北最大跨度 1700 多公里。总面积 118.3 万平方公里。横跨东北、华北、西北地区，内与黑龙江、吉林、辽宁、河北、山西、陕西、宁夏、甘肃 8 省区相邻，外与俄罗斯、蒙古国接壤，边境线 4200 多公里。地貌以高原为主，大部分地区海拔在 1000 米以上，东部是莽莽的大兴安岭林海，南部是富饶的嫩江平原、西辽河平原和河套平原，西部是浩瀚的腾格里、巴丹吉林、乌兰布和沙漠，北部是辽阔的呼伦贝尔、锡林郭勒草原。气候属温带大陆性季风气候，夏季气温在 25℃左右，冬季中西部最低气温低于 -20℃，东部林区最低气温低于 -50℃。

【行政区划】 内蒙古自治区，首府呼和浩特市。辖 9 个地级市、3 个盟（合计 12 个地级行政区划单位），23 个市辖区、11 个县级市、17 个县、49 个旗、3 个自治旗（合计 103 个县级行政区划单位）。呼和浩特市辖 4 个市辖区、4 个县、1 个旗，市政府驻新城区；包头市辖 6 个市辖区、1 个县、2 个旗，市政府驻昆都仑区；呼伦贝尔市辖 2 个市辖区、4 个旗、3 个自治旗，5 个县级市，市政府驻海拉尔区；兴安盟辖 2 个县级市、1 个县、3 个旗，盟行署驻乌兰浩特市；通辽市辖 1 个市辖区、1 个县、5 个旗，1 个县级市，市政府驻科尔沁区；赤峰市辖 3 个市辖区、2 个县、7 个旗，市政府驻松山区；锡林郭勒盟辖 2 个县级市、1 个县、9 个旗，盟行署驻锡林浩特市；乌兰察布市辖 1 个市辖区、5 个县、4 个旗，1 个县级市，市政府驻集宁区；鄂尔多斯市辖 2 个市辖区、7 个旗，市政府驻康巴什区；巴彦淖尔市辖 1 个市辖区、2 个县、4 个旗，市政府驻临河区；乌海市辖 3 个市辖区，市政府驻海勃湾区；阿拉善盟辖 3 个旗，盟行署驻阿拉善左旗。

【自然地理】 内蒙古位于祖国北部边疆，由东北向西南斜伸，呈狭长形，东西长约 2400 公里，南北最大跨度 1700 多公里。总面积 118.3 万平方公里。横跨东北、华北、西北地区，内与黑龙江、吉林、辽宁、河北、山西、陕西、宁夏、甘肃 8 省区相邻，外与俄罗斯、蒙古国接壤，边境线 4200 多公里。地貌以高原为主，大部分地区海拔在 1000 米以上，东部是莽莽的大兴安岭林海，南部是富饶的嫩江平原、西辽河平原和河套平原，西部是浩瀚的腾格里、巴丹吉林、乌兰布和沙漠，北部是辽阔的呼伦贝尔、锡林郭勒草原。气候属温带大陆性季风气候，夏季气温在 25℃左右，冬季中西部最低气温低于 -20℃，东部林区最低气温低于 -50℃。

【气候特征】 2020 年，气温大部地区接近常年，降水量大部地区偏多。全年共出现 46 站日极端低温事件、25 站日极端降雪事件和 12 站日极端降雨事件。综合评价 2020 年气候年景为正常偏好。

气温 2020 年，全区平均气温为 5.7℃，较常年偏高 0.6℃，比去年低 0.4℃，为 1961 年以来第 12 高。与常年同期相比，除呼伦贝尔市大部、兴安盟大部、阿拉善盟北部和东南部偏高 1 ～ 1.7℃（鄂温克旗）外，全区大部气温接近常年（图 1）。

降水 2020 年，全区降水量平均为 375.1 毫米，较常年偏多 57.0 毫米，为 1961 年以来同期第 7 多。2020 年，全区降水量在 22.6（额济纳旗）～ 849.0 毫米（扎兰屯）之间，与常年同期相比，大部地区偏多 25% 至 91%（阿尔山市）。

极端气候事件 2020 年，全区共 46 站日日最低气温达到或超过极端阈值，出现极端低温事件；共 25 站日日降雪量达到或超过极端阈值，出现极

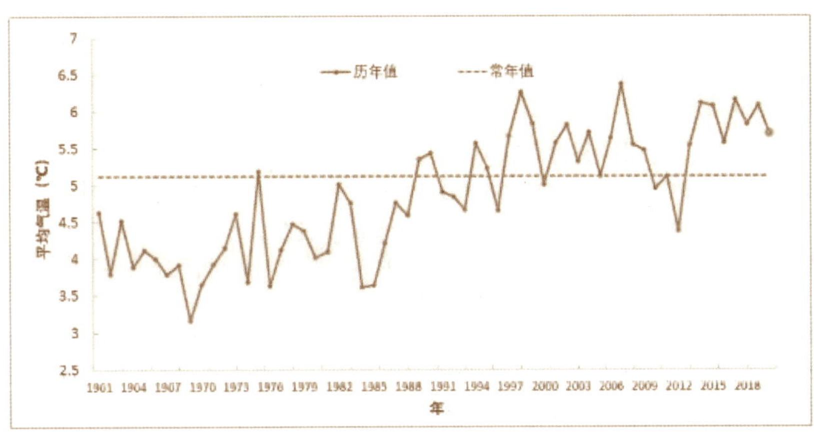

1961—2020 年内蒙古平均气温历年变化

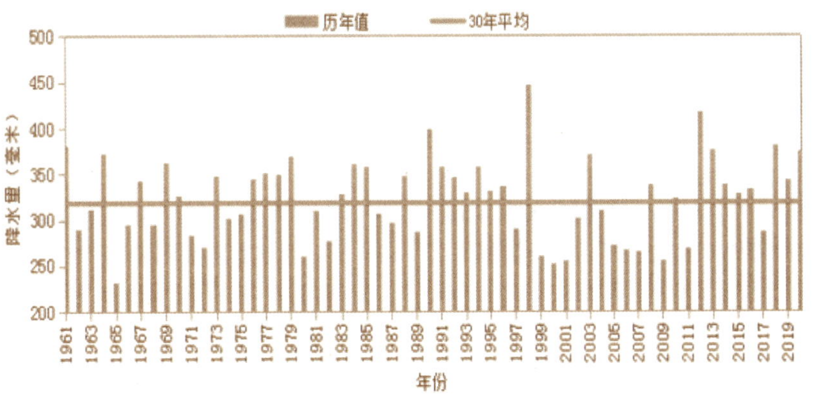

1961—2020 年内蒙古历年年降水量

端降雪事件；共12站日日降水量达到或超过极端阈值，出现极端降雨事件。

【自然资源】

矿产资源 内蒙古地域辽阔，成矿地质条件优越，矿产资源丰富。中西部地区富集铜、铅锌、铁，稀土等矿产；中南部地区富集金矿；东部地区富集银、铅锌、铜、锡、稀有、稀散金属元素矿产；能源矿产资源遍布12个盟市，但主要集中在鄂尔多斯盆地、二连盆地（群）、海拉尔盆地群。包头白云鄂博矿山是世界上最大的稀土矿山。截至2020年底，全区具有查明资源储量的矿产有125种（含亚种），列入《内蒙古自治区矿产资源储量表》的矿产有119种。全区共有103种矿产的保有资源量居全国前十位，其中有48种矿产的保有资源量居全国前三位，特别是煤炭、铅、锌、银、稀土等21种矿产的保有资源量居全国第一位。（资料来源：内蒙古自治区自然资源厅）

农业资源 2020年全年农作物总播种面积888.3万公顷，与上年基本持平。其中，粮食作物播种面积683.3万公顷，增长0.1%。粮食产量3664.1万吨，比上年增长0.3%。（资料来源：内蒙古自治区统计局）

畜牧业资源 2020年全年猪牛羊禽四肉产量达260.7万吨，比上年增长1.5%。其中，猪肉产量61.4万吨，下降1.9%；牛肉产量66.3万吨，增长3.9%；羊肉产量113.0万吨，增长2.9%；禽肉产量20.1万吨，下降3.0%。禽蛋产量60.4万吨，增长4.0%。牛奶产量611.5万吨，增长5.9%。年末猪牛羊存栏7279.4万头（只），较上年增加247.8万头（只），增长3.5%。其中，生猪存栏534.1万头，增长24.3%；牛存栏671.1万头，增长7.2%；羊存栏6074.2万只，增长1.6%。家禽存栏5347.0万只，增长2.9%。

截至2020年末全区农牧业机械总动力4057.1万千瓦，比上年同口径增长4.9%。全年农田有效灌溉面积319.9万公顷。（资料来源：内蒙古自治区统计局）

水资源 内蒙古自治区境内共有大小河流千余条，祖国的第二大河—黄河，由宁夏石嘴山附近进入内蒙古，由南向北，围绕鄂尔多斯高原，形成一个马蹄形。流域面积在1000平方公里以上的河流有107条；流域面积大于300平方公里的有258条。有近千个大小湖泊。全区地表水资源为406.60亿立方米，与地表水不重复的地下水资源为139.35亿立方米，水资源总量545.95亿立方米，占全国水资源总量的1.92%。另外黄河分水58.6亿立方米，黑河分水8亿立方米。全区多年平均水资源可利用量285亿立方米，其中地表水170亿立方米，地下水115亿立方米。年人均占有水量2200立方米，耕地每公顷平均占有水量0.76万立方米，平均产水模数为4.61万立方米/平方公里。内蒙古水资源在地区、时程的分布上很不均匀，且与人口和耕地分布不相适应。东部地区黑龙江流域土地面积占全区的27%，耕地面积占全区的20%，人口占全区的18%，而水资源总量占全区的67%，人均占有水资源量为全区均值的3.6倍。中西部地区的西辽河、海滦河、黄河3个流域总面积占全区的26%，耕地占全区的30%，人口占全区的66%，但水资源仅占全区24%，大部分地区水资源紧缺。

地表水 内蒙古自治区多年平均地表年水资源量约406.6亿立方米。由于河川径流受大气降水及下垫面因素的影响，年径流量地区分布不均，水资源也不平衡，局部地区水量富而有余，而大部分地区干旱缺水。同时，河川径流年内分布不均，年际间变化比较大。年降水集中在6～9月，汛期径流量占全区径流量的60%～80%。历年间径流量大小不匀，相差很大。年径流量最大与最小的比值，东部林区各河流为4～12；中部各河流为6～22；西部地区各河流高达26以上。

地下水 内蒙古自治区地下水平均资源量为236亿立方米。与地表水的重复是97亿立方米。内蒙古地下水资源的分布受大气降水、下垫面条件和人类活动的影响，具有平原多、山丘区少和内陆河流域更少的特点。内蒙古平原区扣除与山丘区地下水资源量间的重复计算后的地下水资源模数，一般在5.9万～6.5万立方米/平方公里，为山丘区地下水平均水资源模数的2.2～2.7倍。内陆河流域地下水资源模数为1.1万立方米/平方公里，因而地下水资源十分贫乏，只是在内陆闭合盆地的平原或沟谷洼地，地下水才比较富集。全区按自然条件和水系的不同，分为：大兴安岭西麓黑龙江水系地区；呼伦贝尔高平原内陆水系地区；大兴安岭东麓山地丘陵嫩江水系地区；西辽河平原辽河水系地区；阴山北麓内蒙古高平原内陆水系地区；阴山山地、海河、滦河水系地区；阴山南麓河套平原黄河水系地区；鄂尔多斯高平原水系地区；西部荒漠内陆水系地区。（资料来源：内蒙古自治区水利厅）

煤炭资源 2020年，全区生产煤炭10.06亿吨，同比增长1.3%。从地区分布看，东部地区生产原煤2.82亿吨、同比增长1.76%，西部地区生产原煤7.24亿吨、同比增长1.16%，其中鄂尔多斯市6.71亿吨、同比下降1.69%。从企业类型看，地方企业生产原煤4.94亿吨、同比增长1.63%，区属国企生产原煤599.4万吨、同比增长57.3%，区外国企生产原煤8661.3万吨、同比下降4.73%，中央所属煤炭企业生产原煤4.2亿吨、同比增长1.8%，其中国家能源投资集团在内蒙古自治区煤矿生产原煤2.6亿吨、同比增长2.9%。

2020年，全区进口煤炭2758.2万吨、下降21.6%，占全国煤炭进口总量的9%。2020年，全区销售煤炭10.1亿吨、同比增长1.7%。其中，销往区外5.7亿吨、同比增长1%；区内销售4.4亿吨、同比增长2.3%。2020年，全区煤炭开采和洗选业增加值同比下降6.8%，占全区工业增加值的36.4%（统计口径）。（资料来源：内蒙古自治区能源局）

野生植物资源 内蒙古有维管植物2686种，其中野生维管植物2498种，引种栽培的有188种。这些植物隶属于144科，783属，被列为第一批国家保护的野生植物有13种。

野生动物资源 内蒙古自治区生境多样、复杂，孕育丰富的野生动物资源。截至2020年，全区共有陆生野生动物683 种。其中，两栖动物9种，爬行动物28种，鸟类497种，兽类149种。陆生脊椎动物列入国家一级、二级重点保护动物116种，列入中国濒危动物红皮书动物名录100种。全区各种生境分布北山羊、普氏原羚、双峰驼、雪豹、蒙古野驴、马麝、原麝、丹顶鹤、黑鹳、金雕、黑嘴松鸡、遗鸥、大鸨、波斑鸨、白鹤、东方白鹳、中华秋沙鸭、白尾海雕等珍稀濒危动物。蒙古百灵是内蒙古自治区区鸟。

森林资源 内蒙古是祖国北方重要的生态安全屏障，是全国森林资源相对丰富的省区之一。从东到西分布有大兴安岭原始林区和11片次生林区（大兴安岭南部山地、宝格达山、迪彦庙、罕山、克什克腾、茅荆坝、大青山、蛮汉山、乌拉山、贺兰山、额济纳次生林区），以及长期建设形成的人工林区。据2020年全区森林资源管理“一张图”更新结果显示，全区森林面积4.08亿亩，居全国第一位，森林覆盖率23.0%；人工林面积9900万亩，居全国第三位；森林蓄积16亿立方米，居全国第五位。天然林主要分布在内蒙古大兴安岭原始林区和大兴安岭南部山地等11片次生林区，人工林遍布全区各地。全区乔灌树种丰富，有杨树、柳树、榆树、樟子松、油松、落叶松、白桦、栎类等乔木和锦鸡儿、白刺、山杏、柠条、沙柳、梭梭、杨柴、沙棘等灌木。

荒漠化和沙化土地 根据2014年第五次全国荒漠化和沙化监测结果，全区荒漠化和沙化土地面积分别为9.14亿亩和6.12亿亩，与2009年相比分别减少625万亩和515万亩。

湿地资源 除海洋以外，有河流、湖泊、沼泽、人工湿地4大类19种类型，湿地面积9015.9万亩，占全国湿地面积的11.26%，居全国第三位。通过实施湿地保护与恢复工程，建立了以湿地自然保护区和湿地公园为主的保护体系，保护湿地面积达到2818.65万亩，湿地保护率31.26%。

自然保护地 全区现有自然保护区、风景名胜区、地质公园、湿地公园、森林公园、沙漠公园等6类自然保护地，共340处，总面积2.34亿亩，约占自治区土地面积的13%。其中，自然保护区182个，总面积1.9亿亩（国家级29个、面积6393万亩，自治区级60个、面积9160万亩，自治区级以下93个、面积3453万亩）；风景名胜区5个，总面积1131万亩（国家级2个、面积228.1万亩，自治区级3个、面积902.9万亩）；地质公园22个，总面积725.5万亩（世界级3个、面积416.5万亩，国家级10个、面积205万亩，自治区级9个、面积104万亩）；森林公园58处，总面积1946.9万亩（国家级36处、面积1629.6万亩，自治区级21处、面积309.2万亩，盟市级1处、面积8.1万亩）；湿地公园58处，总面积517万亩（国家级53处、面积506.4万亩，自治区级5处、面积10.6万亩）；国家沙漠公园15处，总面积69.9万亩。（资料来源：内蒙古自治区林业和草原局）

【人口】

2020年11月1日，全区常住人口为24049155人，全区常住人口中，汉族人口为18935537人，占78.74%；蒙古族人口为4247815人，占17.66%；其他少数民族人口为865803人，占3.60%。与2010年第六次全国人口普查相比，汉族人口减少715150人，减少3.64%；蒙古族人口增加21722人，增长0.51%，其他少数民族人口增加36262人，增长4.37%。（资料来源：内蒙古自治区第七次人口普查公报）

国民经济与社会发展

【主要经济指标】 初步核算，2020年地区生产总值完成17359.8亿元，按可比价计算，比上年增长0.2%。其中，第一产业增加值2025.1亿元，增长1.7%；第二产业增加值6868.0亿元，增长1.0%；第三产业增加值8466.7亿元，下降0.9%。三次产业比例为11.7 ∶ 39.6 ∶ 48.8。

全年城镇新增就业23.2万人，比上年少增3.1万人。失业人员再就业10.5万人。年末城镇登记失业率3.8%，比上年提高0.1个百分点。

全年全区居民消费价格比上年上涨1.9%。分城乡看，城市上涨1.6%，农村上涨2.7%。分类别看，食品烟酒类上涨5.7%，衣着类上涨0.1%，居住类上涨0.2%，生活用品及服务类下降0.1%，交通和通信类下降3.6%，教育

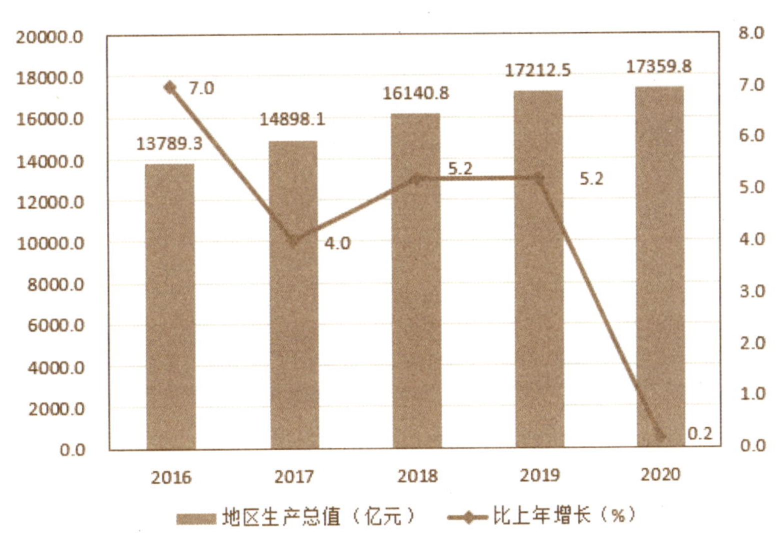

2016—2020年地区生产总值及其增长速度

文化和娱乐类上涨0.5%，医疗保健类上涨3.6%，其他用品和服务类上涨3.0%。从工业生产角度看，工业生产出厂价格比上年下降0.3%，工业生产购进价格比上年下降0.5%。农产品生产价格上涨3.2%。

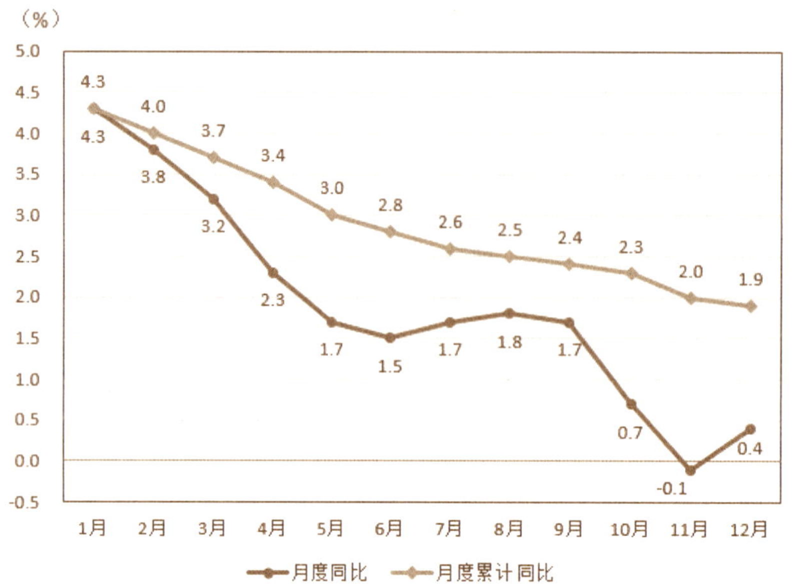

2020年居民消费价格月度涨跌幅度

表1　　2020年居民消费价格比上年涨跌幅度

类别	比上年涨幅（%）
居民消费价格	1.9
其中：城市	1.6
农村	2.7
其中：食品烟酒	5.7
其中：粮食	0.8
鲜菜	7.6
畜肉类	27.4
水产品	-0.1
蛋类	-10.5
鲜瓜果	-9.6
衣着	0.1
居住	0.2
生活用品及服务	-0.1
交通和通信	-3.6
教育文化和娱乐	0.5
医疗保健	3.6
其他用品和服务	3.0

供给侧结构性改革继续深化。减税降费取得积极成效，年末规模以上工业企业资产负债率为59.3%，比上年末下降1.8个百分点。规模以上工业企业每百元营业收入成本为80.2元。固定资产投资关键领域补短板力度加大，全年生态保护和环境治理业投资比上年增长23.2%，教育投资增长12.5%，卫生和社会工作投资增长3.8%，高技术产业投资增长11.8%，高技术制造业投资增长26.1%。

新动能保持较快增长。全区规模以上工业中，战略性新兴产业增加值比上年增长7.2%。非煤产业增加值比上年增长6.6%，占比达到63.6%，较上年提升1.0个百分点。新产业较快增长。规模以上装备制造业增加值比上年增长38.1%，高新技术业增长7.5%。新产品中，单晶硅产量比上年增长93.3%，石墨及碳素制品增长20.4%，稀土磁性材料增长15.4%，智能电视增长5.5%。能源绿色转型发展形势向好。规模以上新能源发电量比上年增长4.7%，占规模以上工业发电量的比重为14.4%。其中，风力和太阳能发电量分别增长4.7%和4.8%。

区域协调发展扎实推进。呼包鄂乌地区生产总值9948.6亿元，与上年持平，占盟市合计的比重为57.5%；东部五盟市地区生产总值5600.2亿元，增长0.3%，占盟市合计的比重为32.4%；其他三盟市地区生产总值1741.9亿元，增长0.8%，占盟市合计的比重为10.1%。

【农业】 2020年农作物总播种面积888.3万公顷，与上年基本持平。其中，粮食作物播种面积683.3万公顷，增长0.1%。粮食产量3664.1万吨，比上年增长0.3%。

全年猪牛羊禽四肉产量260.7万吨，比上年增长1.5%。其中，猪肉产量61.4万吨，下降1.9%；牛肉产量66.3万吨，增长3.9%；羊肉产量113.0万吨，增长2.9%；禽肉产量20.1万吨，下降3.0%。禽蛋产量60.4

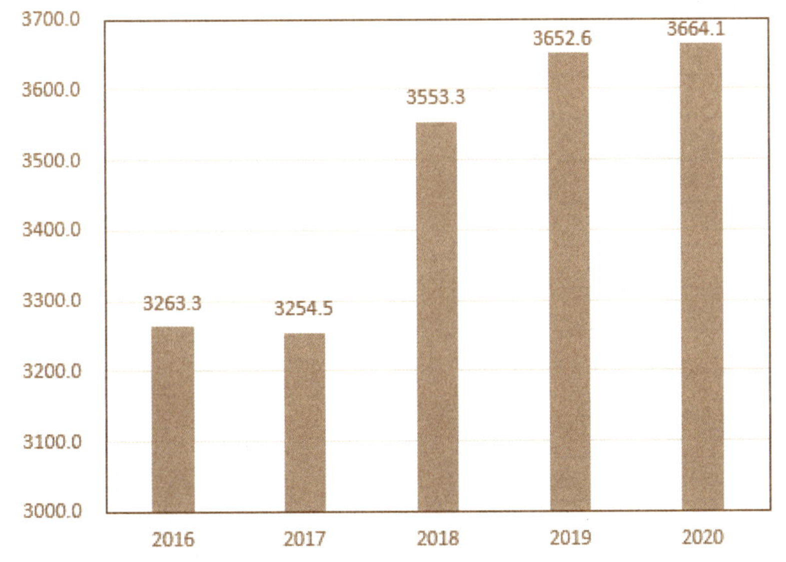

2016—2020 年粮食产量

表 2　2020 年主要农畜产品产量和牲畜存栏数及其增长速度

指标	2020 年	比上年增长（%）
粮食（万吨）	3664.1	0.3
小麦（万吨）	170.8	-6.5
玉米（万吨）	2742.7	0.7
稻谷（万吨）	123.7	-9.6
大豆（万吨）	234.7	3.9
薯类（万吨）	126.1	-9.3
猪牛羊禽四肉产量（万吨）	260.7	1.5
猪肉（万吨）	61.4	-1.9
牛肉（万吨）	66.3	3.9
羊肉（万吨）	113.0	2.9
禽肉（万吨）	20.1	-3.0
年末牲畜存栏数（万头、只）		
猪牛羊（万头、只）	7279.4	3.5
猪（万口）	534.1	24.3
牛（万头）	671.1	7.2
羊（万只）	6074.2	1.6
牛奶（万吨）	611.5	5.9

万吨，增长4.0%。牛奶产量611.5万吨，增长5.9%。年末猪牛羊存栏7279.4万头（只），较上年增加247.8万头（只），增长3.5%。其中，生猪存栏534.1万头，增长24.3%；牛存栏671.1万头，增长7.2%；羊存栏6074.2万只，增长1.6%。家禽存栏5347.0万只，增长2.9%。

年末全区农牧业机械总动力4057.1万千瓦，比上年同口径增长4.9%。全年农田有效灌溉面积319.9万公顷。

【工业】 2020年全部工业增加值比上年增长0.8%。其中，规模以上工业增加值增长0.7%。在规模以上工业中，分经济类型看，国有控股企业增加值增长3.5%，集体企业下降56.6%，股份制企业增长1.3%，外商及港澳台商投资企业下降3.6%。分门类看，采矿业下降7.1%，制造业增长8.4%，电力、热力、燃气及水生产和供应业增长3.7%。分行业看，食品制造业增加值增长7.1%，化学原料和化学制品制造业增长5.1%，黑色金属冶炼和压延加工业增长7.7%，通用设备制造业增长3.3%，专用设备制造业增长64.4%，汽车制造业下降4.7%，电气机械和器材制造业增长196.9%，计算机、通信和其他电子设备制造业增长50.1%，电力、热力生产和供应业增长3.2%。

从主要工业产品产量看，全区原煤产量102550.9万吨，比上年下降6.0%；焦炭产量4222.5万吨，增长14.8%；发电量5811.0亿千瓦小时，增长5.7%。钢材产量2883.9万吨，增长12.5%；铝材产量284.1万吨，增长5.5%。

年末全区发电装机容量14587万千瓦（6000千瓦及以上），比上年末增长13.6%。其中，火电装机容量9388万千瓦，增长7.7%；水电装机容量238万千瓦，与上年持平；风电装机容量3785万千瓦，增长29.7%；太阳能发电装机容量1176万千瓦，增长22.2%。

全年规模以上工业企业实现营业收入16640.4亿元，比上年增长0.1%；实现利润1315.1亿元，下降10.9%；营业收入利润率为7.9%。规模以上工业企业产品销售率为99.7%。

【建筑业】 全年建筑业增加值比上年增长2.0%。全区具有资质等级的总承包或专业承包建筑业企业1171家，比上年减少9家；施工企业房屋建筑施工面积7016.7万平方米，增长21.3%；竣工房屋面积1411.0万平

表 3　　2020 年规模以上工业主要行业增加值增长速度

指标	比上年增长（%）
规模以上工业增加值	0.7
按主要行业分	
煤炭开采和洗选业	-6.8
黑色金属矿采选业	33.8
农副食品加工业	-1.3
食品制造业	7.1
化学原料和化学制品制造业	5.1
医药制造业	11.1
黑色金属冶炼和压延加工业	7.7
有色金属冶炼和压延加工业	8.4
专用设备制造业	64.4
汽车制造业	-4.7
电力、热力生产和供应业	3.2
六大优势产业	
能源工业	-3.4
冶金建材工业	10.6
化学工业	3.8
农畜产品加工业	8.6
装备制造业	38.1
高新技术业	7.5

表 4　　2020 年主要工业产品产量及其增长速度

指标	产量	比上年增长（%）
原煤（万吨）	102550.9	-6.0
焦炭（万吨）	4222.5	14.8
原油（万吨）	125.4	-3.4
发电量（亿千瓦小时）	5811.0	5.7
粗钢（万吨）	3119.9	12.3
钢材（万吨）	2883.9	12.5
十种有色金属（万吨）	725.5	10.4
电解铝（万吨）	574.2	10.2
铝材（万吨）	284.1	5.5
平板玻璃（万重量箱）	1041.2	4.9
化肥（万吨）	421.0	4.7
精甲醇（万吨）	1286.2	8.0
水泥（万吨）	3532.4	5.0
乳制品（万吨）	337.3	16.4
智能电视机（万台）	173.2	5.5
基本型乘用车（轿车）（辆）	28933	5.4

方米，下降 3.3%；房屋建筑竣工率为 20.1%。

【服务业】 2020 年批发零售和住宿餐饮业增加值 1665.0 亿元，比上年下降 7.6%。其中，交通运输、仓储和邮政业增加值 1163.1 亿元，下降 2.2%；金融业增加值 888.9 亿元，增长 0.2%；房地产业增加值 921.3 亿元，增长 3.6%。全年规模以上服务业企业营业收入比上年下降 0.8%。

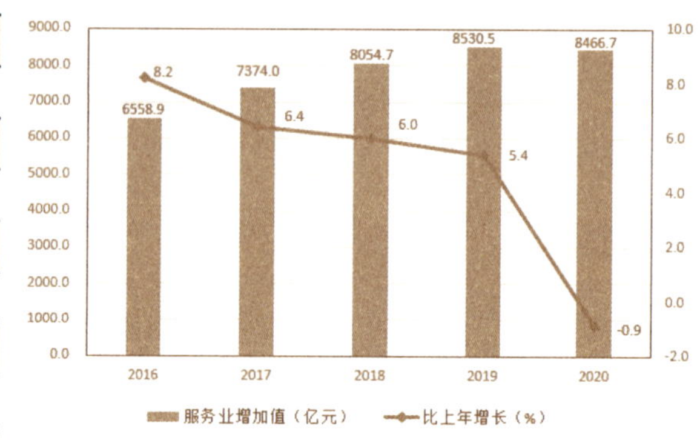

2016—2020 年服务业增加值及其增长速度

全年货物运输总量 170550.1 万吨，比上年下降 6.7%。货物运输周转量 4431.5 亿吨公里，下降 3.4%。全年旅客运输总量 7395.2 万人，比上年下降 45.6%。旅客运输周转量 164.9 亿人公里，下降 47.4%。

年末全区民用汽车保有量 630.1 万辆（包括三轮汽车和低速货车 13.3 万辆），比上年末增长 6.6%，其中私人汽车保有量 580.9 万辆，增长 6.9%。民用轿车保有量 361.7 万辆，增长 5.6%，其中私人轿车 349.7 万辆，增长 5.7%。

全年完成邮政行业业务总量 63.7 亿元，比上年增长 26.4%。邮政业全年完成邮政函件业务 623.3 万件，包裹业务 21.4 万件；快递业务量 19557.6 万件，快递业务收入 42.1 亿元。全年完成电信业务总量 2584.6 亿元，比上年增长 24.5%。年末全区移动电话用户总数 2962.2 万户，其中 4G 移动电话用户 2404.6 万户。移动电话普及率 116.6 部 / 百人。固定互联网宽带接入用户 722.9 万户，比上年末增加 40.4 万户；移动互联网用户

表 5　　2020 年各种运输方式完成货物运输量及其增长速度

指标	单位	绝对数	比上年增长（%）
货物运输总量	万吨	170550.1	-6.7
铁路	万吨	61544.8	-14.3
公路	万吨	109002.0	-1.7
民航	万吨	3.3	-9.8
货物运输周转量	亿吨公里	4431.5	-3.4
铁路	亿吨公里	2542.7	-3.4
公路	亿吨公里	1888.8	-3.4

表 6　2020 年各种运输方式完成旅客运输量及其增长速度

指标	单位	绝对数	比上年增长（%）
旅客运输总量	万人	7395.2	-45.6
铁路	万人	3298.0	-41.5
公路	万人	3224.0	-50.5
民航	万人	873.1	-39.5
旅客运输周转量	亿人公里	164.9	-47.4
铁路	亿人公里	115.5	-45.4
公路	亿人公里	49.4	-51.4

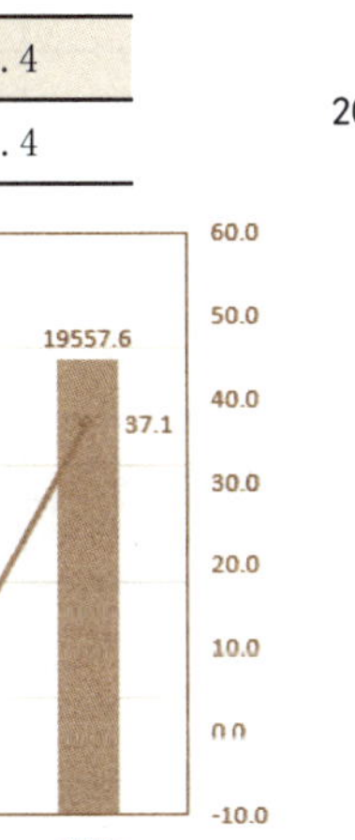

2016—2020 年快递业务量及其增长速度

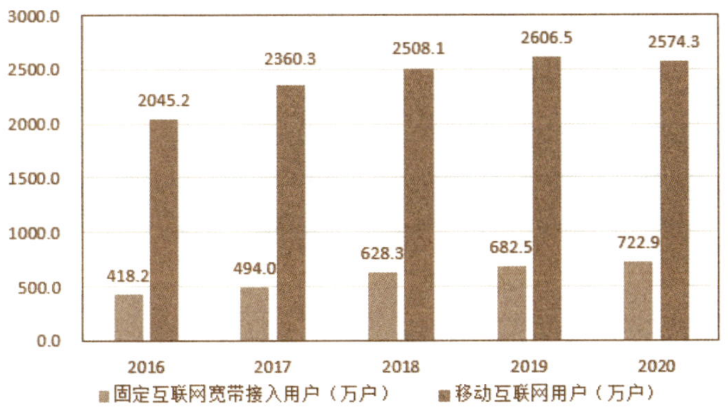

2016—2020 年固定互联网宽带接入用户数和移动互联网用户数

2574.3 万户，减少 32.2 万户。全年移动互联网用户接入流量 32.6 亿 GB，比上年增长 33.4%。

【国内贸易】 全年社会消费品零售总额 4760.5 亿元，比上年下降 5.8%。按经营地统计，城镇消费品零售额 4205.8 亿元，下降 5.9%；乡村消费品零售额 554.7 亿元，下降 4.7%。按消费类型统计，商品零售额 4179.8 亿元，下降 3.6%；餐饮收入 580.7 亿元，下降 18.8%。

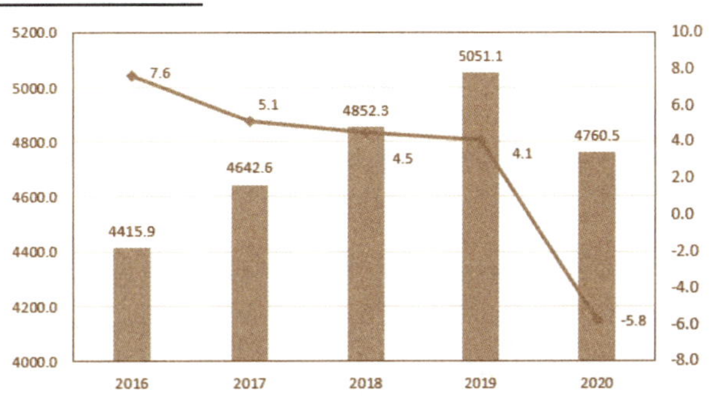

2016—2020 年社会消费品零售总额及其增长速度

在限额以上单位商品零售额中，粮油、食品类零售额比上年增长 15.0%，饮料类增长 1.5%，烟酒类下降 4.4%，中西药品类增长 12.2%，文化办公用品类增长 35.3%，汽车类下降 2.4%。

全年实物商品网上零售额 267.0 亿元，比上年增长 36.5%，占社会消费品零售总额的比重为 5.6%，比上年提高 1.8 个百分点。

【固定资产投资】 2020 年全社会固定资产投资比上年下降 1.7%。其中，固定资产投资（不含农户）下降 1.5%。在固定资产投资（不含农户）中，第一产业投资增长 39.5%，第二产业投资下降 0.4%，第三产业投资下降 4.5%。民间固定资产投资比上年增长 3.4%，占固定资产投资（不含农户）的比重为 52.2%。基础设施投资比上年下降 7.0%。按项目隶属关系分，地方项目投资下降 3.7%，中央项目投资增长 25.0%。分区域看，呼包鄂乌投资比上年增长 0.4%，东部五盟市投资下降 3.5%，其他三盟市投资增长 1.4%。

全年房地产开发投资1176.5亿元，比上年增长12.9%。其中，住宅投资907.2亿元，增长16.0%；办公楼投资7.7亿元，下降45.7%；商业营业用房投资118.1亿元，下降8.2%。商品房销售面积2045.9万平方米，增长1.9%；商品房销售额1365.5亿元，增长9.8%。

【对外经济】 2020年海关进出口总额1043.3亿元（人民币，下同），比上年下降4.9%。其中，出口总额349.1亿元，下降7.4%；进口总额694.2亿元，下降3.7%。从主要贸易方式看，一般贸易进出口额680.1亿元，增长1.6%，占进出口总额的比重为65.2%；边境小额贸易进出口额241.3亿元；加工贸易进出口额19.3亿元。与"一带一路"沿线国家进出口总额628.7亿元，比上年下降12.0%。

全年实际利用外资金额18.2亿美元，比上年下降11.6%。年末全区在市场监管部门注册的外商投资企业3329家。新设立外商投资企业43家。

【财政】 2020年一般公共预算收入2051.3亿元，比上年下降0.4%。其中，税收收入1457.8亿元，下降5.3%，占一般公共预算收入的比重达71.1%。一般公共预算支出5268.2亿元，比上年增长3.3%。

【金融】 2020年末全区金融机构人民币存款余额24970.0亿元，比上年末增长5.6%，比年初增加1324.8亿元。其中，住户存款余额15302.8亿元，增长12.6%，比年初增加1715.5亿元；非金融企业存款余额5089.6亿元，下降1.7%，比年初减少89.0亿元；机关团体存款余额3601.1亿元，下降5.1%，比年初减少192.3亿元。年末全区金融机构人民币贷款余额23249.2亿元，比上年末增长0.7%，比年初增加164.1亿元。其中，住户贷款余额7005.0亿元，增长7.6%，比年初增加494.8亿元；企（事）业单位贷款余额16243.8亿元，下降2.0%，比年初减少326.7亿元。

2020年末全区保险机构2932家，比上年增加8家。全年保险业实现原保险保费收入740.0亿元，比上年增长1.4%。全年保险业累计赔付支出224.5亿元，增长11.8%。全年人寿保险实现原保险保费收入359.8亿元，累计赔付54.6亿元。全年农业保险实现原保险保费收入44.0亿元，累计赔付支出31.1亿元。

【居民收入消费】 2020年全体居民人均可支配收入31497元，比上年增长3.1%。全体居民人均生活消费支出19794元，比上年下降4.6%。

按常住地分，城镇常住居民人均可支配收入41353元，比上年增长1.4%。从主要收入构成看，工资性收入24888元，增长1.8%；经营净收入7697元，下降3.1%；财产净收入2366元，增长0.9%；转移净收入6401元，增长6.1%。城镇常住居民人均生活消费支出23888元，下降5.9%。农村牧区常住居民人均可支配收入16567元，比上年增长8.4%。从主要收入构成看，工资性收入3353元，增长5.6%；经营净收入8828元，增长9.4%；财产净收入498元，下降4.7%；转移净收入3888元，增长10.5%。农村牧区常住居民人均生活消费支出13594元，比上年下降1.6%。全体居民恩格尔系数为28.7%，比上年提高2.1个百分点。其中，城镇居民恩格尔系数为28.0%，农村牧区居民恩格尔系数为30.6%，分别比上年提高1.7个和3.4个百分点。

年末全区城镇拥有各种社区服务

表7　2020年分行业固定资产投资（不含农户）增长速度

行业	比上年增长（%）	行业	比上年增长（%）
总计	-1.5	金融业	-4.9
农、林、牧、渔业	24.9	房地产业	12.5
采矿业	-9.1	租赁和商务服务业	-42.6
制造业	-9.6	科学研究和技术服务业	2.1
电力、热力、燃气及水生产和供应业	12.4	水利、环境和公共设施管理业	-25.4
建筑业	-	教育	12.5
批发和零售业	-31.5	卫生和社会工作	3.8
交通运输、仓储和邮政业	-10.4	文化、体育和娱乐业	-16.4
住宿和餐饮业	-46.5	公共管理、社会保障和社会组织	10.5
信息传输、软件和信息技术服务业	-17.0		

表8　2020年海关进出口总额及其增长速度

指标	单位	绝对量	比上年增长（%）
海关进出口总额	亿元	1043.3	-4.9
出口总额	亿元	349.1	-7.4
一般贸易出口	亿元	305.1	-7.0
边境小额贸易	亿元	24.9	-8.8
加工贸易出口	亿元	6.8	-52.8
进口总额	亿元	694.2	-3.7
一般贸易进口	亿元	375.0	9.7
边境小额贸易	亿元	216.4	-22.5
加工贸易进口	亿元	12.5	26.0

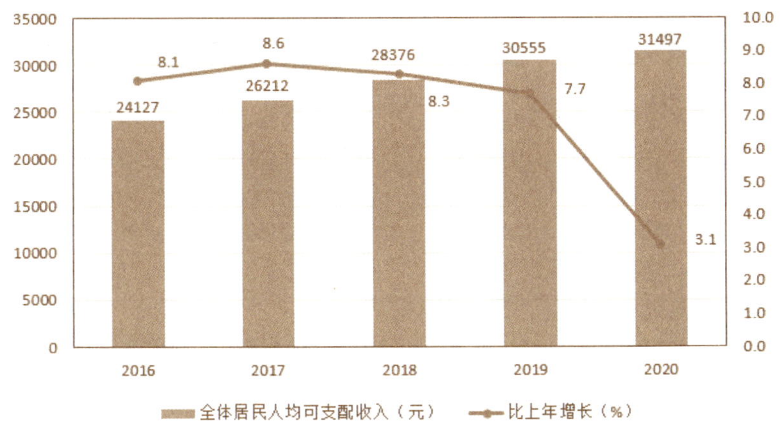

2016—2020 年全体居民人均可支配收入及其增长速度

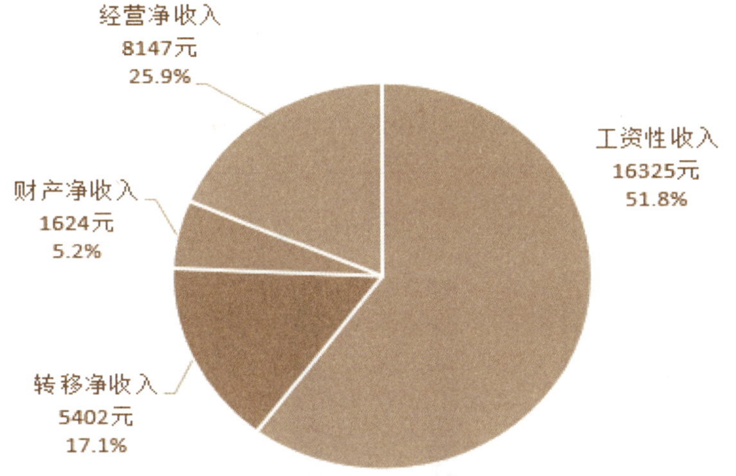

2020 年按收入构成分的全体居民人均可支配收入及占比

【科学技术】 2020 年科技项目中，科技重大专项共安排 27 项，自然科学基金共安排 833 项，关键技术攻关共安排 309 项。科技成果转化专项资金总规模 5.2 亿元。科技企业孵化器 57 家，众创空间 221 家。全年专利授权量 17985 件，比上年增长 62.6%。每万人口发明专利拥有量 2.7 件，比上年提高 0.4 件。年内共签订各类技术合同数 7602 个，其中，区内成交技术合同数 1238 个，增长 34.3%。合同成交金额 254.5 亿元，其中，区内成交技术金额 32.6 亿元，增长 92.6%。

全区共有 8 个产品质量检验机构，其中国家检测中心 5 个。

【教育】 2020 年末全区共有研究生培养单位 11 个，招生 1.0 万人，在学研究生 2.5 万人，比上年增长 16.4%。普通高校 54 所，招生 15.2 万人，在校生 48.7 万人，毕业生 13.1 万人。中等职业教育学校 231 所，招生 6.8 万人，在校生 17.5 万人，毕业生 5.6 万人。普通高中 305 所，招生 14.3 万人，在校生 40.6 万人，毕业生 14.3 万人。初中 711 所，招生 22.0 万人，在校生 66.2 万人，毕业生 22.2 万人。小学 1652 所，招生 24.0 万人，在校

设施 4998 个，比上年增长 2.8%。其中，社区服务中心、站 2376 个。各类社会福利院收养人数 0.7 万人。全年共有 164.8 万人得到国家最低生活保障救济。全年筹集社会福利资金 9.3 亿元，销售社会福利彩票 29.1 亿元。

【社会保障】 年末参加基本医疗保险人数 2183.9 万人，比上年增长 0.3%。参加城镇职工基本医疗保险人数 553.0 万人，增长 4.2%；参加城乡居民医疗保险人数 1630.9 万人。参加城镇职工基本养老保险人数 785.9 万人，比上年增长 2.9%，其中，参加基本养老保险的离退休人员 311.3 万人，增长 4.2%。参加失业保险人数 271.5 万人，增长 1.5%；累计领取失业保险金人数 5.0 万人，增长 8.1%。养老金社会化发放率 100%。

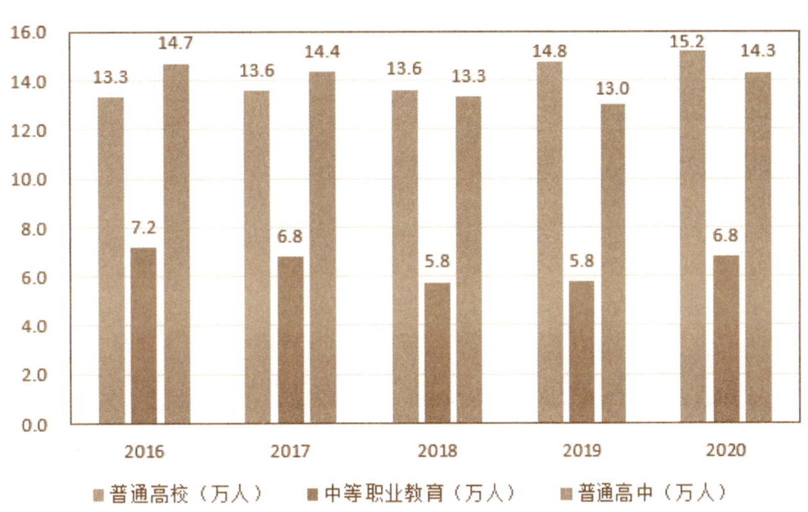

2016—2020 年普通高校、中等职业教育和普通高中招生人数

生138.2万人，毕业生22.0万人。幼儿园在园幼儿61.1万人。初中阶段毛入学率为98.6%，高中阶段毛入学率为94.6%。

【文化】 2020年末全区有艺术表演团体95个，其中乌兰牧骑73个。拥有文化馆120座，公共图书馆117座，博物馆178座。年末全区广播节目综合人口覆盖率为99.7%，电视节目综合人口覆盖率为99.7%。年末全区有线电视用户356.3万户。全年生产故事影片5部，蒙古语译制片100部。自治区和盟市两级出版各类报纸23338万份，各类期刊1129万册，图书6391万册。年末全区有档案馆103座，已开放各类档案459.3万卷（件）。

【旅游】 2020年累计接待国内外游客12503.1万人次，实现旅游业综合收入2406.4亿元。其中，全年接待国内游客12494.4万人次，实现国内旅游收入2404.1亿元。

【卫生健康】 2020年末全区共有卫生机构24614个，其中医院777个，农村牧区卫生院1257个，疾病预防控制中心120个，妇幼卫生机构114个，专科疾病防治院（所）34个。年末全区医疗卫生单位拥有病床16.2万张，比上年增长0.6%。其中，医院拥有病床13.0万张，乡镇卫生院拥有病床2.1万张，妇幼卫生机构拥有病床0.4万张。全区拥有卫生技术人员20.2万人，增长3.0%。其中，执业医师、助理医师8.1万人，注册护士8.3万人。农村牧区拥有村卫生室1.3万个，拥有乡村医生和卫生员1.6万人。

【体育】 2020年内全区体育健儿在国内外重大竞赛中获奖牌169枚，其中，国外获奖牌5枚，国内获奖牌164枚。

【资源环境】 初步统计，2020年总用水量194.4亿立方米，比上年增长1.9%。其中，生活用水下降0.4%，工业用水下降8.0%，农业用水增长0.3%，生态补水增长17.5%。万元工业增加值用水量13.7立方米，下降8.7%。初步统计，全年完成营造林面积91.5万公顷。其中，人工造林29.1万公顷，飞播造林2.5万公顷，封山育林15.1万公顷，退化林修复17.5万公顷，中、幼林抚育（作业）面积27.3万公顷。完成退耕还林工程造林面积4.5万公顷，完成天然林资源保护工程造林面积4.6万公顷，完成京津风沙源治理工程造林面积7.9万公顷，完成“三北”防护林五期工程造林面积9.8万公顷。年末全区森林面积2615万公顷，森林覆盖率为23.0%。

全区确定的自然保护区182个。其中，国家级自然保护区29个，自治区级自然保护区60个。自然保护区面积1267.0万公顷。其中，国家级自然保护区面积426.2万公顷。

全年规模以上工业综合能源消费量比上年增长4.5%，其中七大高耗能行业综合能源消费量增长4.4%。

全区优良天数比例达到90.8%。细颗粒物（PM2.5）未达标的10个盟市年均浓度较2015年下降25.0%。（资料来源：内蒙古自治区2020年国民经济和社会发展统计公报）

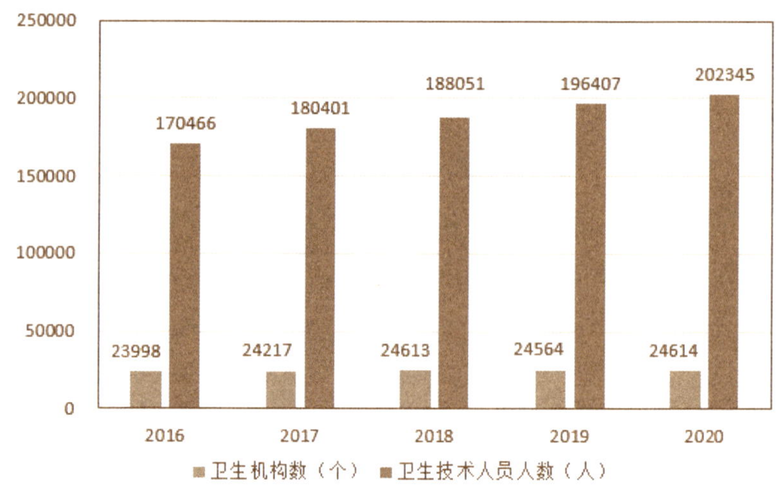

2016—2020年年末卫生机构和卫生技术人员数

政治建设

ᠤᠯᠤᠰ ᠲᠥᠷᠥ ᠶᠢᠨ ᠪᠠᠶᠢᠭᠤᠯᠤᠯᠲᠠ

中国共产党内蒙古自治区委员会

综 述

【重要会议】

自治区第十届党委常委会第188次会议 1月6日，自治区党委常委会召开会议，传达学习全国宣传部长会议精神，研究贯彻落实意见；听取自治区十三届人大三次会议和政协十二届三次会议筹备情况汇报，研究拟提交自治区“两会”审议的有关文件；听取2019年度政协协商计划落实情况汇报，研究2020年度政协协商计划；研究《中央脱贫攻坚专项巡视和2018年脱贫攻坚成效考核整改落实情况汇报》；审议《自治区苏木乡镇、街道党政领导干部选拔任用工作实施办法》。

自治区民营经济座谈会 1月7日，自治区党委书记石泰峰主持召开自治区民营经济座谈会，听取民营企业、科研平台和商会代表的意见建议，自治区领导布小林、李秀领、马学军、张韶春、段志强、艾丽华、黄志强出席座谈会。

自治区第十届党委常委会第189次（扩大）会议 1月9日，自治区党委常委会召开会议，听取各盟市委书记和自治区直属机关工委、高校工委、国资委党委、非公有制经济组织和社会组织党（工）委书记2019年度抓基层党建工作情况述职，并进行现场测评，中央组织部有关同志到会指导。

自治区第十届党委常委会第190次会议 1月10日，自治区党委常委会召开会议，围绕学习中央政治局“不忘初心、牢记使命”专题民主生活会精神进行研讨交流。

自治区“不忘初心、牢记使命”主题教育总结会议 1月10日，自治区“不忘初心、牢记使命”主题教育总结会议召开，石泰峰和中央主题教育第二巡回督导组副组长龙新南讲话，自治区省级领导和内蒙古军区司令员出席。

自治区第十届党委常委会第191次会议 1月16日，自治区党委常委会召开会议，传达学习全国统战部长会议精神，研究贯彻落实意见；听取自治区人大常委会、政府、政协、高级人民法院、人民检察院党组工作汇报；研究自治区党委常委会2020年工作要点。

自治区第十届党委常委会第192次会议 1月19日，自治区党委常委会召开会议，传达学习十九届中央纪委四次全会精神；传达学习习近平总书记对政法工作作出的重要指示和中央政法工作会议精神；传达学习全国组织部长会议精神；听取贯彻落实习近平总书记对内蒙古重要讲话、重要指示批示精神情况汇报。

全区扶贫开发工作会议 1月20日，全区扶贫开发工作会议召开，石泰峰、布小林分别作出批示，林少春讲话，马学军主持并作总结讲话。

自治区党委农村牧区工作会议 1月20—21日，自治区党委农村牧区工作会议召开，石泰峰、布小林分别作出批示，林少春讲话，王莉霞出席，李秉荣主持并作总结讲话。

自治区第十届党委常委会第193次会议 1月21日，自治区党委常委会召开会议，传达学习习近平总书记关于新冠肺炎疫情的重要指示和李克强总理批示精神，听取自治区防控工作汇报，安排部署相关工作。

自治区党委专题会议暨自治区应对新冠肺炎疫情工作领导小组第一次会议 1月26日，石泰峰主持召开自治区党委专题会议暨自治区应对新冠肺炎疫情工作领导小组第一次会议，传达学习1月25日中央政治局常委会会议精神，研究部署全区新冠肺炎疫情防控工作。

自治区第十届党委常委会第194次会议 1月28日，自治区党委常委会召开会议，传达学习习近平总书记就各级党组织和广大党员、干部要在打赢疫情防控阻击战中发挥积极作用作出的重要指示和《中共中央关于加强党的领导、为打赢疫情防控阻击战提供坚强政治保证的通知》，研究部署疫情防控工作。

全区坚决打赢疫情防控阻击战动员会 1月29日，全区坚决打赢疫情防控阻击战动员会以视频形式召开，石泰峰讲话，布小林主持，马学军通报全区新冠肺炎疫情防控工作情况，林少春、王莉霞、张韶春、段志强、那顺孟和、艾丽华、李秉荣、包钢、郑宏范、黄志强、罗志虎出席。

自治区应对新冠肺炎疫情工作领导小组第二次会议 1月31日，自治区党委常委会召开会议，传达中央应对新冠肺炎疫情工作领导小组会议精神，研究自治区领导包联盟市疫情防控工作安排，听取自治区防控工作指挥部关于当前疫情研判和下一步主要工作的汇报。

自治区第十届党委常委会第195次会议暨自治区应对新冠肺炎疫情工作领导小组第三次会议 2月5日，自治区党委常委会召开会议，传达学习习近平总书记在中央政治局常委会会议研究应对新冠肺炎疫情工作时的重要讲话精神；传达学习中央应对新冠肺炎疫情工作领导小组有关会议精神和《关于进一步加强当前疫情防控工作的通知》，安排部署全区疫情防控工作。

脱贫攻坚专题会议 2月10日，石泰峰主持召开专题会议，听取全区脱贫攻坚工作情况汇报，研究脱贫攻坚工作推进措施，布小林、林少春、马学军、张韶春参加。

自治区第十届党委常委会第196次会议暨自治区应对新冠肺炎疫情工作领导小组第四次会议 2月11日，自治区党委常委会召开会议，传达学习习近平总书记在北京市调研指导新冠肺炎疫情防控工作时的重要讲话重要指示精神和中央应对新冠肺炎疫情工作领导小组有关会议精神，听取自治区疫情防控工作情况汇报，分析当前疫情防控形势，对打赢疫情防控阻击战进行再部署再推进。

自治区第十届党委常委会第197次会议暨自治区应对新冠肺炎疫情工作领导小组第五次会议 2月14日，自治区党委常委会召开会议，传达学习习近平总书记在2月12日中央政治局常委会会议研究疫情防控工作时的重要讲话精神，学习中央应对新冠肺炎疫情工作领导小组有关会议精神，听取全区疫情防控工作情况汇报，研究《关于实行分类指导精准施策 统筹做好疫情防控与经济社会发展各项工作的意见》。

自治区第十届党委常委会第198次会议 2月15日，自治区党委常委会召开会议，就深入贯彻中央八项规定精神、解决形式主义突出问题为基层减负，全面加强党的作风建设进行研究部署；审议《内蒙古自治区党委、自治区人民政府关于抓好“三农三牧”领域重点工作 确保如期实现全面小康的实施意见》。

全区污染防治工作专题会议 2月17日，石泰峰主持召开专题会议，听取全区污染防治工作情况汇报，布小林、张韶春、包钢参加。

企业复工复产工作座谈会 2月18日，石泰峰主持召开座谈会，听取企业复工复产工作情况汇报，张韶春、艾丽华参加。

自治区党委全面深化改革委员会第八次会议 2月21日，石泰峰主持召开自治区党委全面深化改革委员会第八次会议。

自治区扶贫开发领导小组2020年第一次会议 2月21日，石泰峰主持召开自治区扶贫开发领导小组2020年第一次会议。

自治区第十届党委常委会第199次会议暨自治区应对新冠肺炎疫情工作领导小组第六次会议 2月27日，自治区党委常委会召开会议，深入学习2月26日中央政治局常委会会议精神，进一步学习习近平总书记在统筹推进新冠肺炎疫情防控和经济社会发展工作部署会议上的重要讲话和2月21日中央政治局会议精神，传达中央应对新冠肺炎疫情工作领导小组有关会议精神，安排部署贯彻落实工作；审议《内蒙古自治区党委贯彻〈中国共产党农村基层组织工作条例〉实施办法》。

自治区党委审计委员会第二次会议 2月27日，石泰峰主持召开自治区党委审计委员会第二次会议，学习了习近平总书记在中央审计委员会第二次会议上的重要讲话精神和对审计工作作出的重要指示，听取了全区2019年审计工作情况和2018年度自治区本级预算执行、其他财政收支审计查出问题整改情况汇报，听取了2020年全区审计工作安排、“一湖两海”专项审计情况的汇报，审议了《2020年度审计项目计划》。布小林、刘奇凡参加。

自治区煤炭资源领域违规违法问题专项整治工作动员部署会议 2月28日，自治区煤炭资源领域违规违法问题专项整治工作动员部署会议召开，石泰峰讲话，布小林主持，自治区党委常委、人大常委会、政府有关领导同志，自治区法检“两长”出席会议，中央纪委国家监委有关同志到会指导。

自治区党委政法工作会议 3月5日，自治区党委政法工作会议召开，总结2019年工作，分析当前形势，部署2020年政法工作，石泰峰作出批示。林少春出席会议并讲话，马学军主持，杨宗仁、李琪林参加。

自治区党委外事工作委员会第二次会议 3月5日，石泰峰主持召开自治区党委外事工作委员会第二次会议，听取了自治区党委外事工作委员会2019年工作情况和2020年工作安排的汇报，审议通过了《2020年度自治区省级领导、厅级人员因公临时出国（境）计划》。布小林、林少春参加。

自治区边防委员会第一次会议 3月5日，石泰峰主持召开自治区边防委员会第一次会议，审议《自治区党政军警民合力强边固防职责分工》《自治区边防委员会工作规则》《自治区边防委员会办公室工作细则》等文件。布小林、林少春、马学军、马庆雷、欧阳晓晖、刘会成、张英奎参加。

自治区第十届党委常委会第200次会议暨自治区应对新冠肺炎疫情工作领导小组第七次会议 3月6日，自治区党委常委会召开会议，学习3月4日中央政治局常委会会议精神和习近平总书记在北京考察新冠肺炎防控科研攻关工作时的重要讲话重要指示精神，传达中央应对新冠肺炎疫情工作领导小组有关会议精神，安排部署贯彻落实工作；听取自治区总工会、团委、妇联、科协党组工作汇报。

新冠肺炎疫情防控工作汇报会 3月8日，石泰峰主持召开新冠肺炎疫情防控工作汇报会。马学军、张韶春、欧阳晓晖参加。

自治区决战决胜脱贫攻坚工作会议 3月9日，自治区决战决胜脱贫攻坚工作会议召开，石泰峰讲话，布小林主持会议，自治区有关省级领导出席会议。

自治区党委统一战线工作领导小组2020年第一次会议 3月9日，石泰峰主持召开自治区党委统一战线工作领导小组2020年第一次会议，传达学习了中央统一战线工作领导小组有关文件精神，研究审议了自治区贯彻措施，审议通过了《内蒙古自治区党委统一战线工作领导小组2020年工作要点》。段志强、和彦苓、包钢、王中和参加。

自治区第十届党委常委会第201次会议暨自治区应对新冠肺炎疫情工作领导小组第八次会议 3月13日，自治区党委常委会召开会议，学习习近平总书记在湖北省考察新冠肺炎疫情防控工作时的重要讲话重要指示精神，传达中央应对新冠肺炎疫情工作领导小组有关会议精神，研究部署贯彻落实工作；听取全区市域社会治理现代化工作情况汇报，研究部署了相关工作。

自治区党委网络安全和信息化委员会召开第二次会议 3月13日，石泰峰主持召开自治区党委网络安全和信息化委员会召开第二次会议，传达学习了中央有关会议精神，审议了自治区党委网络安全和信息化委员会2019年工作总结和2020年工作要点，审议通过了有关文件。布小林、林少春参加。

自治区煤炭资源领域违规违法问题专项整治工作专题座谈会　3月18日，石泰峰在鄂尔多斯市主持召开自治区煤炭资源领域违规违法问题专项整治工作专题座谈会，鄂尔多斯市、呼伦贝尔市、通辽市、赤峰市、锡林郭勒盟、乌海市、阿拉善盟主要负责同志围绕专项整治工作进展情况和下一步打算作了发言。刘奇凡、张韶春参加。

自治区第十届党委常委会第202次会议暨自治区应对新冠肺炎疫情工作领导小组第九次会议　3月20日，自治区党委常委会召开会议，学习3月18日中央政治局常委会会议精神，传达中央应对新冠肺炎疫情工作领导小组有关会议精神，听取自治区疫情防控和复工复产等情况汇报，研究部署统筹推进疫情防控和经济社会发展工作；通报中央第八巡视组关于对全区开展脱贫攻坚专项巡视"回头看"的反馈意见、国务院扶贫办反馈的对全区2019年脱贫攻坚成效考核有关情况，研究部署整改落实工作；学习《党委（党组）落实全面从严治党主体责任规定》，研究贯彻落实意见。

自治区第十届党委常委会第203次会议暨自治区应对新冠肺炎疫情工作领导小组第十次会议　3月27日，自治区党委常委会召开会议，学习习近平总书记在二十国集团领导人特别峰会上的重要讲话，传达学习中央应对新冠肺炎疫情工作领导小组有关会议精神，研究部署贯彻落实工作；研究《关于中央第八巡视组对内蒙古脱贫攻坚专项巡视"回头看"反馈意见和2019年国家脱贫攻坚成效考核指出问题的整改方案》；研究自治区重点国有林区改革有关事宜。

自治区落实中央脱贫攻坚专项巡视"回头看"和脱贫攻坚成效考核反馈意见整改部署会　3月30日，自治区落实中央脱贫攻坚专项巡视"回头看"和脱贫攻坚成效考核反馈意见整改部署会召开，石泰峰讲话，布小林主持，李秀领和自治区党委常委、人大常委会常务副主任、政府副主席出席会议。

自治区第十届党委常委会第204次会议暨自治区应对新冠肺炎疫情工作领导小组第十一次会议　4月3日，自治区党委常委会召开会议，传达学习3月27日中央政治局会议精神，习近平总书记在浙江考察时的重要讲话重要指示精神和中央应对新冠肺炎疫情工作领导小组有关会议精神，研究部署贯彻落实工作；传达学习习近平总书记对四川省西昌市经久乡森林火灾作出的重要指示和李克强总理批示，听取全区森林草原防灭火等安全风险防范工作汇报，研究部署相关工作。

自治区第十届党委常委会第205次会议暨自治区应对新冠肺炎疫情工作领导小组第十二次会议　4月10日，自治区党委常委会召开会议，学习4月8日中央政治局常委会会议精神，传达学习中央应对新冠肺炎疫情工作领导小组有关会议精神，研究部署贯彻落实工作；审议《关于加快推动农牧业高质量发展的意见》。

自治区第十届党委常委会第206次会议暨自治区应对新冠肺炎疫情工作领导小组第十三次会议　4月17日，自治区党委常委会召开会议，传达学习中央应对新冠肺炎疫情工作领导小组有关会议精神，研究部署贯彻落实工作；传达学习脱贫攻坚工作有关通报精神，研究贯彻落实意见；分析研究当前经济形势和经济工作。

自治区第十届党委常委会第208次会议暨自治区应对新冠肺炎疫情工作领导小组第十四次会议　4月24日，自治区党委常委会召开会议，学习4月17日中央政治局会议精神、习近平总书记在陕西考察时的重要讲话重要指示精神、中央应对新冠肺炎疫情工作领导小组有关会议精神，研究部署贯彻落实工作；研究《自治区党委常委会脱贫攻坚专项巡视"回头看"整改落实工作专题民主生活会对照检查材料》；审议《关于进一步加强党政领导干部交流工作的意见》。

全区离退休干部先进集体和先进个人表彰大会暨老干部局长会议　4月28日，全区离退休干部先进集体和先进个人表彰大会暨老干部局长会议召开，石泰峰作出批示，杨伟东出席会议并讲话。

自治区应对新冠肺炎疫情工作领导小组第十五次会议　4月30日，石泰峰主持召开自治区应对新冠肺炎疫情工作领导小组第十五次会议，学习4月29日中央政治局常委会会议精神，研究部署贯彻落实工作。

自治区第十届党委常委会第209次会议暨自治区煤炭资源领域违规违法问题专项整治工作领导小组第二次会议　5月6日，自治区党委常委会召开会议，安排部署加强文物保护工作；传达学习中央应对新冠肺炎疫情工作领导小组有关会议精神；听取煤炭资源领域违规违法问题专项整治工作进展情况汇报，就进一步加大力度深入推进专项整治工作进行研究部署。

自治区第十届党委常委会第210次会议暨自治区应对新冠肺炎疫情工作领导小组第十六次会议　5月18日，学习贯彻近期召开的中央政治局常委会会议、中央政治局会议精神及中央应对新冠肺炎疫情工作领导小组有关会议精神，研究部署贯彻落实工作；听取自治区"十四五"规划编制工作进展情况汇报；听取2020年全国和自治区劳模推荐评选工作汇报，研究全国劳模推荐人选名单和自治区劳模人选名单；听取《中国共产党政法工作条例》及自治区实施办法贯彻落实情况汇报；审议《党委（党组）理论学习中心组学习巡听旁听办法（试行）》。

自治区第十届党委常委会第211次(扩大)会议　5月29日，自治区党委常委会召开会议，传达学习习近平总书记在参加十三届全国人大三次会议内蒙古代表团审议时的重要讲话，安排部署贯彻落实工作。

自治区干部大会　5月29日，石泰峰主持召开自治区干部大会，传达学习全国"两会"精神，安排部署贯彻落实工作，自治区党委、人大常委会、政府、政协省级领导和自治区高级人民法院院长，武警内蒙古总队政委，部分省级离退休老同志出席。

自治区第十届党委常委会第212次会议暨自治区应对新冠肺炎疫情工作领导小组第十七次会议 6月5日，自治区党委常委会召开会议，学习习近平总书记在专家学者座谈会上的重要讲话精神和中央应对新冠肺炎疫情工作领导小组有关会议精神，研究部署统筹推进疫情防控和经济社会发展工作；听取全区文明建设工作情况汇报。

自治区第十届党委常委会第213次会议 6月12日，自治区党委常委会召开会议，传达学习习近平总书记在中央政治局第二十次集体学习时的重要讲话；听取自治区党委常委带头整改落实中央脱贫攻坚专项巡视“回头看”和国家脱贫攻坚成效考核反馈意见工作情况汇报，对进一步推进整改落实、坚决打赢脱贫攻坚战进行研究部署。

自治区第十届党委常委会第214次会议暨自治区应对新冠肺炎疫情工作领导小组第十八次会议 6月19日，自治区党委常委会召开会议，学习习近平总书记关于统计工作的重要指示批示精神，研究部署贯彻落实工作；听取近期新冠肺炎疫情防控工作情况汇报，研究分析当前疫情形势，对进一步加强疫情防控工作进行部署；听取全区农村牧区人居环境整治三年行动工作情况汇报，研究部署下一步工作。

自治区党委网络安全和信息化委员会第三次会议 6月19日，石泰峰主持召开自治区党委网络安全和信息化委员会第三次会议，审议通过了《内蒙古自治区关于进一步建立健全数字经济发展体制机制的方案》《内蒙古自治区公共信息资源开放管理暂行办法》。布小林、林少春参加。

自治区第十届党委常委会第215次会议 6月28日，自治区党委常委会召开会议，研究部署自治区防范化解重大风险和意识形态工作，决定召开自治区党委十届十二次全会。

自治区扶贫开发领导小组2020年第二次会议 6月28日，石泰峰主持召开自治区扶贫开发领导小组2020年第二次会议。

全区总河湖长会议暨河湖长制工作推进会议 6月28日，石泰峰主持召开全区总河湖长会议暨河湖长制工作推进会议，布小林出席会议并讲话。

中国共产党内蒙古自治区第十届委员会第十二次全体会议 6月30日，中国共产党内蒙古自治区第十届委员会第十二次全体会议召开，全会由自治区党委常委会主持，自治区党委书记石泰峰讲话。全会以习近平新时代中国特色社会主义思想为指导，深入学习贯彻习近平总书记在参加十三届全国人大三次会议内蒙古代表团审议时重要讲话精神，全面贯彻落实全国“两会”部署，审议通过了《内蒙古自治区党委关于坚持以人民为中心的发展思想 决胜全面建成小康社会 书写新时代内蒙古发展新篇章的决定》，研究部署全区经济社会发展和党建工作。

自治区第十届党委常委会第216次会议 7月3日，自治区党委常委会召开会议，传达学习习近平总书记对防汛救灾工作作出的重要指示，听取自治区防汛抗旱形势和工作情况汇报，研究部署当前相关工作；审议《内蒙古自治区党委贯彻〈中国共产党农村工作条例〉实施办法》和《内蒙古自治区贯彻落实〈新时代爱国主义教育实践纲要〉若干措施》。

自治区第十届党委常委会第217次会议暨煤炭资源领域违规违法问题专项整治工作领导小组第三次会议 7月10日，自治区党委常委会召开会议，传达学习习近平总书记在中央政治局第二十一次集体学习时的重要讲话，研究贯彻落实工作；听取煤炭资源领域违规违法问题专项整治工作进展情况汇报。

自治区第十届党委常委会第218次会议 7月17日，自治区党委常委会召开会议，传达学习习近平总书记对当前防汛救灾工作的重要指示，研究贯彻落实措施；听取自治区党委、政府有关领导关于贯彻落实习近平总书记对内蒙古重要讲话重要指示批示精神情况汇报，研究部署深化贯彻落实工作。

自治区党委全面依法治区委员会第三次会议 7月17日，石泰峰主持召开自治区党委全面依法治区委员会第三次会议，审议通过了《关于深入学习贯彻习近平总书记重要讲话精神推进民法典实施的意见》、2019年全面依法治区考核结果和2020年全面依法治区考核评价办法、《内蒙古自治区贯彻〈关于加强法治乡村建设的意见〉重大举措落实方案》。听取了贯彻落实《法治政府建设实施纲要（2015－2020年）》情况汇报，传达学习中央全面依法治国委员会《行政复议体制改革方案》主要精神并研究了自治区贯彻落实意见。布小林、林少春参加。

自治区第十届党委常委会第219次会议 7月24日，自治区党委常委会召开会议，分析研究当期经济形势，研究部署下一阶段经济工作；审议《内蒙古自治区巡视整改工作暂行办法》；研究《内蒙古自治区党委贯彻落实〈党委（党组）落实全面从严治党主体责任规定〉的若干措施》，听取自治区党委党的建设工作领导小组上半年工作汇报。

自治区第十届党委常委会第220次会议暨自治区党委机构编制委员会会议 7月30日，自治区党委常委会召开会议，研究《内蒙古自治区深化事业单位改革试点实施方案》。

全区深化事业单位改革试点工作动员部署会 8月6日，石泰峰出席全区深化事业单位改革试点工作动员部署会并讲话，布小林主持会议，杨伟东就《内蒙古自治区深化事业单位改革试点实施方案》作说明。张韶春、艾丽华、欧阳晓晖、李秉荣参加。

自治区第十届党委常委会第221次会议 8月7日，自治区党委常委会召开会议，传达学习《习近平谈治国理政》第三卷出版座谈会精神和中央办公厅转发的《中央宣传部、中央组织部关于认真学习〈习近平谈治国理政〉第三卷的通知》，研究贯彻落实意见；听取全区食品安全工作情况汇报，就进一步加强食品安全工作进行研究部署；听取关于抗击新冠肺炎疫情国家级表彰推荐评选工作情况汇报，研究全区抗击新冠肺炎疫情国家级表彰先进个人、先进集体推荐名单；听取关于自治区党委涉煤领域规范性文件清理工作情况的汇报。

平安内蒙古建设工作领导小组第一次会议 8月13日，石泰峰主持召开平安内蒙古建设工作领导小组第一次会议，传达学习有关会议精神，研究部署重点工作任务。林少春、衡晓帆、杨宗仁、李琪林参加。

自治区第十届党委常委会第222次会议 8月20日，自治区党委常委会召开会议，传达市县巡察工作华北东北片区调研座谈会精神，研究贯彻落实意见；听取解决形式主义突出问题为基层减负工作情况汇报，研究部署下一步工作。

自治区第十届党委常委会第223次会议 8月27日，自治区党委常委会召开会议，传达学习习近平总书记在经济社会领域专家座谈会上的重要讲话，研究部署贯彻落实工作；审议《关于加快推进“科技兴蒙”行动支持科技创新的若干政策措施》；听取全区宣传思想文化工作情况汇报，研究部署有关工作。

自治区第十届党委常委会第224次（扩大）会议 8月30日，自治区党委常委会召开会议，传达学习中央第七次西藏工作座谈会精神，研究部署贯彻落实工作。

全区巡视巡察工作会议暨十届自治区党委第八轮巡视动员部署会议 9月1日，全区巡视巡察工作会议暨十届自治区党委第八轮巡视动员部署会议召开，石泰峰出席并讲话，刘奇凡主持，杨伟东出席。

自治区第十届党委常委会第225次会议 9月3日，自治区党委常委会召开会议，传达中央领导有关批示，对坚决落实中央精神、切实做好相关工作进行安排部署。

自治区第十届党委常委会第226次会议 9月9日，自治区党委常委会召开会议，学习习近平总书记在全国抗击新冠肺炎疫情表彰大会上的重要讲话，安排部署贯彻落实工作；传达学习习近平总书记在中国人民警察警旗授旗仪式上的训词和政法领域全面深化改革推进会精神，听取全区政法队伍调研情况汇报，审议《关于加强新时代全区政法队伍建设的若干措施》。

自治区第十届党委常委会第227次（扩大）会议 9月18日，自治区党委常委会召开会议，学习习近平总书记在科学家座谈会上的重要讲话，安排部署贯彻落实工作；审议《内蒙古自治区文明行为促进条例》《内蒙古自治区地方金融监督管理条例》。

自治区第十届党委常委会第228次（扩大）会议 9月27日，自治区党委常委会召开会议，学习第三次中央新疆工作座谈会精神，研究推广普及国家通用语言文字相关工作；传达学习习近平总书记在中央财经委第八次会议上的重要讲话，学习习近平总书记在企业家座谈会上的重要讲话、在基层代表座谈会上的重要讲话、在教育文化卫生体育领域专家代表座谈会上的重要讲话，学习习近平总书记对新时代民营经济统战工作作出的重要指示和全国民营经济统战工作会议精神，安排部署贯彻落实工作。

自治区第十届党委常委会第229次会议 9月30日，自治区党委常委会召开会议，学习习近平总书记关于巡视工作的重要论述和十九届中央第六轮巡视工作动员部署会精神，研究部署贯彻落实工作。

自治区第十届党委常委会第230次会议 10月7日，自治区党委常委会召开会议，听取自治区推广国家通用语言文字工作情况汇报，研究部署下一步工作。

中央第八巡视组巡视内蒙古自治区工作动员会 10月10日，中央第八巡视组巡视内蒙古自治区工作动员会召开，中央第八巡视组组长宁延令作动员讲话，石泰峰主持并讲话。

自治区第十届党委常委会第231次会议 10月16日，自治区党委常委会召开会议，学习习近平总书记在中央政治局第二十三次集体学习时的重要讲话，听取全区文物保护工作情况汇报，研究贯彻落实意见；进一步安排部署配合中央第八巡视组开展巡视有关工作。

自治区党委财经委员会第三次会议 10月16日，石泰峰主持召开自治区党委财经委员会第三次会议，听取贯彻落实党的十九大以来中央财经委各项决策部署情况汇报，听取自治区党委“十四五”规划建议起草情况汇报，听取自治区“十四五”总体规划和重点专项规划编制进展情况汇报。

全国脱贫攻坚先进事迹巡回报告会 10月22日，全国脱贫攻坚先进事迹巡回报告会在呼和浩特举行，报告团团长、国务院扶贫开发领导小组成员、中央统战部副部长邹晓东传达了习近平总书记对脱贫攻坚工作的重要指示和李克强总理的批示，报告团成员辽宁省朝阳市建平县委常委、建平镇党委书记孙宇，内蒙古自治区赤峰市巴林左旗委常委、宣传部部长马树友，吉林省驻村第一书记协会会长高世龙，黑龙江省佳木斯市人大常委会副主任、桦川县委书记郭广福，贵州省妇联副主席（兼）、麻怀联村党委书记、麻怀村党支部书记邓迎香，精准扶贫首倡地——十八洞村首任扶贫队长、湖南湘西国家农业科技园区管委会主任龙秀林，内蒙古自治区兴安盟突泉县委书记屈振年等7位先进典型代表讲述了各自在脱贫攻坚一线的亲身经历、感人故事和实践经验。石泰峰主持报告会并讲话，自治区党委、人大常委会、政府、政协有关领导同志和人民检察院检察长；中央统战部、国务院扶贫办有关同志在主会场聆听报告。报告会前，石泰峰会见报告团成员，林少春、张韶春参加。

自治区第十届党委常委会第233次会议 10月24日，自治区党委常委会召开会议，学习《中国共产党中央委员会工作条例》，研究贯彻落实意见；分析研究当前经济形势和经济工作，研究部署下一阶段经济工作。

自治区第十届党委常委会第234次（扩大）会议 10月30日，自治区党委常委会召开会议，传达学习党的十九届五中全会精神，安排部署贯彻落实工作。

自治区第十届党委常委会第235次会议 11月6日，自治区党委常委会召开会议，传达学习习近平总书记在中央政治局第二十四次集体学习时的重要讲话，研究部署贯彻落实工作；传达学习全国疫情防控工作电视电话会议精神，听取全区常态化疫情防控工作情况汇报，研究部署有关工作；听取中央第八巡视组移交信访事项办理进展情况汇报，安排部署有关工作；研究《党的十九届五中全会精神学习宣传工作方案》。

自治区党委党的建设工作领导小组会议 11月10日，自治区党委党的建设工作领导小组会议召开，听取全区各级党组织和党员干部在应对处置推行使用国家统编教材事件中发挥作用、存在问题及整改措施的专题汇报，研究审议《自治区党委落实全面从严治党主体责任清单》。

自治区第十届党委常委会第236次（扩大）会议 11月21日，自治区党委常委会召开会议，传达学习中央全面依法治国工作会议精神，研究贯彻落实意见；传达学习习近平总书记对平安中国建设作出的重要指示和平安中国建设工作会议精神；听取全区嘎查村、社区“两委”换届工作有关情况汇报，审议《关于做好全区嘎查村、社区“两委”换届工作的指导意见》。

自治区扶贫开发领导小组2020年第三次会议暨中央脱贫攻坚专项巡视反馈意见整改工作领导小组会议 11月23日，石泰峰主持召开自治区扶贫开发领导小组2020年第三次会议暨中央脱贫攻坚专项巡视反馈意见整改工作领导小组会议。

自治区党委机构编制委员会第六次会议 11月23日，石泰峰主持召开自治区党委机构编制委员会第六次会议，审议各盟市及满洲里市、二连浩特市深化事业单位改革试点实施方案和有关机构编制调整事项，研究部署机构编制重点工作。布小林、委员杨伟东参加。

全区领导干部警示教育电视电话会议 11月26日，自治区党委召开全区领导干部警示教育电视电话会议，石泰峰作案件剖析报告并讲话，刘奇凡主持会议，自治区党委、人大、政府、政协领导班子成员和法检“两长”出席会议，中央纪委国家监委第九监督检查室、中央宣传部有关同志到会指导。

自治区第十届党委常委会第237次会议暨煤炭资源领域违规违法问题专项整治工作领导小组第四次会议 11月27日，自治区党委常委会召开会议，学习习近平总书记在全国劳动模范和先进工作者表彰大会上的重要讲话，研究贯彻落实意见；传达全国精神文明建设表彰大会精神，听取全区精神文明创建工作情况汇报，研究贯彻落实意见；听取满洲里市新冠肺炎疫情防控工作情况汇报，研究部署疫情防控工作；听取煤炭资源领域违规违法问题专项整治各集中整治工作组汇报，安排部署专项整治下一步工作任务。

自治区党委财经委员会第四次会议暨“十四五”规划编制工作领导小组会议 12月3日，石泰峰主持召开自治区党委财经委员会第四次会议暨“十四五”规划编制工作领导小组会议，听取自治区党委“十四五”规划建议起草情况和自治区“十四五”规划纲要编制情况汇报。

自治区生态环境保护委员会第一次会议暨中央环境保护督察反馈意见整改落实工作领导小组会议 12月3日，石泰峰主持召开自治区生态环境保护委员会第一次会议暨中央环境保护督察反馈意见整改落实工作领导小组会议，听取中央环境保护督察及“回头看”反馈意见整改落实情况和自治区生态环境保护督察情况汇报，研究部署环保督察整改和生态环境保护工作。布小林、林少春、张韶春、艾丽华、李秉荣、衡晓帆参加。

自治区第十届党委常委会第238次会议 12月4日，自治区党委常委会召开会议，听取全区污染防治工作情况汇报，审议《内蒙古自治区生态环境保护督察工作实施办法》《各级党委和政府及自治区有关部门生态环境保护责任清单》，安排部署有关工作；听取全区各级各部门召开加强和改进民族工作专题民主生活会情况汇报；审议《内蒙古自治区公职人员涉企事项登记报告办法》。

全区领导干部加强和改进民族工作专题研讨班 12月7日，全区领导干部加强和改进民族工作专题研讨班在内蒙古党校开班，石泰峰讲话，布小林主持开班式，自治区党委、人大、政府、政协领导和法检“两长”出席开班式。

自治区党委统一战线工作领导小组2020年第二次会议 12月9日，石泰峰主持召开自治区党委统一战线工作领导小组2020年第二次会议，研究加强和改进新时代民族工作等事宜。段志强、和彦苓、王中和参加。

自治区劳动模范和先进工作者表彰大会 12月10日，自治区劳动模范和先进工作者表彰大会召开，石泰峰讲话，布小林主持大会，林少春宣读《自治区党委、政府关于表彰自治区劳动模范和先进工作者的决定》，李秀领、刘奇凡、白玉刚、张韶春、吴团英、艾丽华参加。

自治区第十届党委常委会第240次（扩大）会议 12月19日，自治区党委常委会召开会议，传达学习中央经济工作会议精神，安排部署贯彻落实工作。

自治区第十届党委常委会第241次会议 12月24日，自治区党委常委会召开会议，传达学习习近平总书记在中央政治局第二十五次集体学习时的重要讲话，研究部署贯彻落实工作；研究《内蒙古自治区党委关于制定国民经济和社会发展第十四个五年规划和二〇三五年远景目标的建议》，听取全会筹备情况汇报；听取自治区2020年经济运行情况和2021年经济工作安排建议的汇报；听取2020年度全区政法工作情况、政治安全和社会稳定工作情况及扫黑除恶专项斗争工作情况汇报；审议《党委（党组）意识形态工作责任追究办法（试行）》《内蒙古自治区精神文明创建工作管理办法》。

自治区第十届党委常委会第242次会议 12月25日，自治区党委常委会召开会议，听取贯彻落实习近平总书记对内蒙古重要讲话重要指示批示精神情况汇报。

自治区党委机构编制委员会第七次会议 12月25日，石泰峰主持召开自治区党委机构编制委员会第七次会议，审议自治区直属事业单位和部门所属事业单位机构职能编制规定，研究机构编制有关事项。布小林、林少春、杨伟东参加。

自治区党委议军会暨军分区党委第一书记述职报告会 12月26日，自治区党委议军会暨军分区党委第一书记述职报告会召开，石泰峰主持会议并讲话，布小林出席会议并讲话，马庆雷汇报2020年全区国防动员和后备力量建设情况并代表军区党委对各军分区（警备区）党委第一书记的述职作点评。

自治区党委召开十届十三次全会暨全区经济工作会议 12月27－28日，自治区党委召开十届十三次全会暨全区经济工作会议，审议通过《内蒙古自治区党委关于制定国民经济和社会发展第十四个五年规划和二〇三五年远景目标的建议》，对2021年经济工作作出部署。

自治区第十届党委常委会第243次（扩大）会议 12月29日，自治区党委常委会召开会议，听取各盟市委书记和自治区直属机关工委、高校工委、国资委党委书记2020年度履行管党治党责任、抓基层党建工作述职并进行现场测评，中央组织部有关同志到会指导。

自治区第十届党委常委会第244次（扩大）会议 12月30日，自治区党委常委会召开扩大会议，传达中央农村工作会议、全国巩固拓展脱贫攻坚成果同乡村振兴有效衔接工作会议精神，研究贯彻落实意见；学习习近平总书记在中央政治局第二十六次集体学习时的重要讲话精神；学习《中国共产党统一战线工作条例》；传达全国人大常委会学习贯彻习近平总书记关于坚持和完善人民代表大会制度的重要思想交流会精神；听取自治区2020年立法计划执行情况汇报，研究自治区2021年立法计划，研究《内蒙古自治区促进民族团结进步条例（草案）》。

（那日斯 吴鹏 杨婧）

【重要活动】

韩启德在内蒙古出席会议 8月19—20日，全国政协原副主席韩启德一行2人在呼和浩特市参会。自治区党委书记石泰峰在新城宾馆拜会韩启德副主席，自治区政协主席李秀领，自治区党委常委、秘书长、政府党组副书记张韶春，自治区政协副主席刘新乐参加拜会活动。

蔡奇在内蒙古调研并出席会议 8月24—25日，中央政治局委员、北京市委书记蔡奇率北京市党政代表团在内蒙古自治区赤峰市调研。自治区党委书记、人大常委会主任石泰峰，自治区党委副书记、自治区主席布小林，自治区党委常委、组织部部长杨伟东，自治区党委常委、秘书长、政府党组副书记张韶春陪同调研并出席京蒙扶贫协作工作座谈会。

黄坤明在内蒙古调研 8月28—30日，中央政治局委员、中央书记处书记、中宣部部长黄坤明一行在内蒙古自治区兴安盟、赤峰市调研。自治区党委书记石泰峰，自治区党委常委、宣传部部长白玉刚，自治区党委常委、兴安盟委书记张恩惠陪同调研。

赵克志在内蒙古调研 8月29—31日，国务委员、公安部部长赵克志一行20人在内蒙古自治区呼伦贝尔市、呼和浩特市调研。自治区党委书记、人大常委会主任石泰峰在新城宾馆拜会赵克志部长。自治区党委副书记、政法委书记林少春，自治区党委常委、纪委书记、监委主任刘奇凡，自治区党委常委、秘书长、政府党组副书记张韶春，自治区副主席、公安厅厅长衡晓帆参加拜会活动。

万鄂湘在内蒙古调研 8月31日至9月2日，全国人大常委会副委员长万鄂湘一行在呼和浩特市、乌兰察布市调研。自治区党委书记石泰峰，自治区党委常委、秘书长、政府党组副书记张韶春，自治区党委常委、统战部部长段志强在新城宾馆参加拜会活动。

郝明金在内蒙古调研 9月8—9日，全国人大常委会副委员长郝明金一行20人在呼和浩特市调研。自治区党委书记、人大常委会主任石泰峰在新城宾馆拜会郝明金副委员长。自治区党委常委、秘书长张韶春参加拜会活动。

郑建邦在内蒙古出席活动 9月16—17日，全国政协副主席、民革中央常务副主席郑建邦一行14人在内蒙古自治区出席“民革中央助力内蒙古产业招商引资项目签约仪式”。自治区党委书记、人大常委会主任石泰峰，自治区党委副书记、自治区主席布小林在新城宾馆拜会郑建邦副主席。自治区党委常委、秘书长张韶春，自治区党委常委、统战部部长段志强参加拜会活动。

卢展工在内蒙古调研 10月12—16日，全国政协副主席卢展工一行21人在呼和浩特市、兴安盟调研。自治区党委书记、人大常委会主任石泰峰在新城宾馆拜会卢展工副主席。自治区政协主席李秀领，自治区党委常委、秘书长、常务副主席张韶春，自治区政协副主席王中和参加拜会活动。自治区副主席、兴安盟盟长奇巴图陪同在兴安盟调研，王中和全程陪同调研。

何维在内蒙古出席会议 10月18日，全国政协副主席、农工党中央常务副主席何维一行3人在呼和浩特市出席会议。自治区政协主席李秀领在新城宾馆拜会副主席何维。自治区党委常委、统战部部长段志强，自治区政协副主席董恒宇参加拜会活动，并共同出席中国农工民主党建党90周年暨中国农工民主党内蒙古区委成立35周年纪念大会。

蔡达峰在内蒙古调研 10月19—21日，全国人大常委会副委员长、民进中央主席蔡达峰一行在内蒙古自治区赤峰市调研。自治区政协副主席、民进内蒙古区委主委郑福田全程陪同。

马培华在内蒙古出席会议 11月13—14日，全国政协原副主席马培华一行4人在呼和浩特市出席活动。自治区党委副书记、自治区主席布小林陪同马培华在呼和浩特市出席新一代工业互联网与新型智慧城市建设大会。自治区党委常委、呼和浩特市委书记王莉霞参加会议。

辜胜阻在内蒙古调研 11月14—15日，全国政协副主席辜胜阻一行3人在呼和浩特市、乌兰察布市调研。自治区党委书记、人大常委会主任石泰峰在自治区党政办公区拜会辜胜阻。自治区政协主席李秀领，自治区党委常委、秘书长、自治区常务副主席张韶春参加拜会活动。

（张瑾 吴鹏）

党委办公厅工作

【政治思想建设】 牢牢把握党办政治机关属性，旗帜鲜明讲政治，深入开展"两个维护"教育和对党忠诚教育，组织党员干部集体重温习近平总书记重要讲话精神，教育引导党员干部树牢"四个意识"、坚定"四个自信"、做到"两个维护"，不断提高政治判断力、政治领悟力、政治执行力。发挥好理论学习中心组示范引领作用，深入学习贯彻习近平新时代中国特色社会主义思想，围绕习近平总书记在参加十三届全国人大三次会议内蒙古代表团审议时重要讲话开展专题研讨，全年理论学习中心组集体学习12次、专题研讨6次、专题讲座2次。做好宣传思想和意识形态工作，严格责任制落实，教育引导全厅干部职工深入学习领会习近平总书记关于民族工作的重要论述，充分认识加强和改进民族工作的极端重要性，铸牢中华民族共同体意识。聚焦"两个维护"强化政治监督，教育督促党员干部把"两个维护"的政治标准和政治要求贯彻落实到工作全过程各方面。

【服务保障】 全力协助自治区党委推动习近平总书记对内蒙古重要讲话重要指示批示精神和党中央重大决策部署落地见效。充分发挥以文辅政作用，起草审核自治区党委文件566件，办理党中央和中央部委来文来电以及区内请示报告件1048件，翻译发至县团级文件44件。持续抓好党内法规工作，制定党内法规10部，向中央报备自治区党委党内法规和规范性文件62件。开展党内法规执行责任制落实情况督查，推动执规责任落实。创办"北疆党规"微信公众平台。推进党务公开示范创建工作。强化督促检查，坚持把习近平总书记对内蒙古工作重要讲话重要指示批示作为督查工作重点，全过程跟踪落实情况，围绕推动高质量发展、打赢"三大攻坚战"等重大决策部署形成督查报告22篇。做好网民留言办理工作，全年办理人民网网民给自治区党委书记留言2421条，连续12年保持网民留言办理工作先进单位荣誉称号。强化决策咨询，紧跟中央决策部署贯彻落实，突出全区工作亮点特色，累计编报各类信息988期，形成调研专报23篇，向中办报送日常信息288期，为自治区党委科学决策提供及时准确的信息服务。强化协调服务，全年筹办党委常委会会议、党委理论学习中心组学习会等177次，筹办全区性重大会议43次。服务保障自治区党委领导同志深入区直部门、盟市、旗县（市、区）调研116次，完成京蒙扶贫协作座谈会、自治区党政代表团赴北京市学习考察等服务保障工作。

【重大专项任务】 开展煤炭资源领域违规违法问题专项整治，牵头制定专项整治总体方案和阶段性工作方案，履行统筹协调、指挥调度、审核把关、督促落实职责，认真筹备专项整治领导小组会议、主体办监督办主任会议和专题会议等，推动各项工作走深走实。牵头开展涉煤领域文件清理和建章立制，组织自治区、盟市、旗县三级对2000年以来制发的文件进行全面排查。认真做好配合中央巡视的服务保障工作，协调做好疫情防控、信访维稳、宣传舆情、后勤保障、医疗保障等工作。

【作风建设】 严格落实中央八项规定及其实施细则精神，组织开展贯彻落实中央八项规定及其实施细则精神相关制度"回头看"，引导党员干部把好的作风内化为信念、外化为习惯。带头贯彻落实习近平总书记关于制止餐饮浪费重要指示精神，全力创建节约型机关。严格经费预算管理，制定压减项目支出和厉行节约的具体措施，从严控制各类经费支出。持续整治形式主义为基层减负，先后7次调度重点任务落实情况，及时提醒、通报发现的问题，确保减负任务落细落到位。紧盯2020年"只减不增"目标任务，建立文件会议、督查检查事项工作台账，自治区本级4类文件、召开的全区性会议、自治区督查检查考核事项均实现年度精减控制目标。

【党风廉政建设】 严格落实党风廉政建设责任制，坚持把党风廉政建设纳入总体工作安排，统筹谋划、整体推进、一体落实。主要负责同志认真履行第一责任人职责，重要工作亲自部署、重大问题亲自过问、重点环节亲自协调。其他班子成员落实"一岗双责"，带头执行廉洁从政各项规定，严格抓好分管处室单位的党风廉政建设工作。严格执行新形势下党内政治生活若干准则，认真落实"三会一课"、组织生活会、民主评议党员、请示报告等制度。厅班子严格落实民主集中制，全年召开厅务会会议28次，严格做到按程序议事、按规矩办事。集中两个月时间开展以案为鉴、以案促改工作，先后召开厅务会会议、全厅党员干部警示教育大会和各支部（总支）警示教育会，全厅围绕严守党的"六项纪律"深入开展廉政谈话，警示教育党员干部明法纪、知敬畏、存戒惧、守底线。全面梳理排查廉政风险隐患点，逐条逐项制定廉政防控措施。强化党员干部日常监督管理，坚持从小事抓起，从细节严起，推动党风廉政建设各项要求落到实处、见到实效。

（闫立朝 吴鹏）

接待工作

【概况】内蒙古自治区接待办公室（简称“自治区接待办”）为自治区党委办公厅所属的正厅级参公事业单位，加挂内蒙古自治区合作交流办公室牌子。其主要职责是承担副省部级以上领导（包括党和国家领导同志）及其随行人员到内蒙古进行政务、商务活动的联络、组织、计划、安排，以及有关工作的协调运转、沟通联络及随行督促落实等方面的保障服务。

2020年，自治区本级共接待副省部级以上领导干部及其他重要来宾228批2014人次。其中，党和国家领导人15批219人次，党委、人大口接待任务33批302人次，政府、政协口接待任务77批753人次，法检两院10批75人次，群团组织15批74人次，解放军5批33人次，国内企业、金融机构24批191人次，其他非省部级重要宾客49批367人次。

【党和国家领导接待任务】 2020年党和国家领导同志接待任务计15批219人次。主要有：中央政治局委员、北京市委书记蔡奇带领北京市党政代表团与内蒙古共同谋划京蒙扶贫协作；中央政治局委员、中宣部部长黄坤明调研基层新时代文明创建；全国人大常委会副委员长万鄂湘、郝明金、丁仲礼、蔡达峰，全国政协副主席郑建邦、卢展工、何维、辜胜阻，全国政协原副主席韩启德、陈元、罗富和、马培华，公安部部长赵克志等深入内蒙古自治区开展考察、调研、出席会议活动的服务保障任务。

【巡视 督导 督查 检查接待任务】 2020年，党中央、全国人大、国务院、全国政协、各部委派出工作团（组）在内蒙古自治区开展巡视、督导、督查、检查的任务共33批462人次，工作内容涵盖意识形态、民族工作、巡视、选人用人、基层组织建设、脱贫攻坚等内容。

【党委 人大接待任务】 完成党委、人大口接待任务33批302人次，涉及全国人大、中办、中纪委、国家监委、中组部、中宣部、中央政法委、中央统战部、中央网信办、国安办等19个部门及甘肃省等5个省人大的领导。

【政府 政协接待任务】 完成政府、政协口接待任务77批753人次，涉及全国政协、国办、国务院安委会、外交部、国务院扶贫办等31个部门及江苏省等3个省政府和甘肃省等9个省政协的领导。

【企业 金融机构 高校接待任务】 2020年，合作交流任务24批次191人次，涉及中国银行等5家金融机构，中国核工业集团、中国航天科工集团等央企、国企，清华大学、北京大学等高校，以及华为、科大讯飞等民营企业。

（张瑾 吴鹏）

保密工作

【概况】 中共内蒙古自治区委员会保密委员会办公室（简称“自治区党委保密办”）是自治区党委保密委员会的办事机构，承担自治区党委保密委员会日常工作，列自治区党委工作机关管理的机关序列，由自治区党委办公厅管理，加挂内蒙古自治区国家保密局牌子，同时接受中共中央保密委员会办公室、国家保密局的业务指导，主管全区保密工作。

【保密宣传教育】 以增强保密意识、普及保密常识为重点，发挥自治区保密教育实训平台作用，下半年疫情平稳后组织各机关、单位涉密人员开展培训30余场次。举办了全区保密干部培训班。组织拍摄红色保密教育片《北疆密战》，协调译制12集蒙汉双语版保密警示教育系列动画片《红线不能触碰底线不能逾越》，编辑《内蒙古保密》杂志6期、累计发放4500余份。面向公众开展多层次保密宣传，通过播放保密公益广告片、发布保密提示信息、投放保密警示教育短视频等多种方式组织开展“4·15”全民国家安全教育日和保密法宣传月活动。组织开展主题为“忠诚·使命”的全区保密知识线上竞赛活动，23万余人参与网上答题，有效提升全民保密意识。

【保密指导管理】 加强事前事中事后保密管理，推动保密指导管理工作科学化、精准化。启动密点标注定密试点工作，组织开展集中解密审核、编制国家秘密事项细目和工作秘密事项清单工作，定密工作规范化水平进一步提高。严格新录用和新调整到涉密岗位人员的保密审查，做到标准严格、程序规范。制定重点人员保密管理工作规范，指导盟市做好涉密人员离岗离职脱密期管理工作。强化武器装备科研生产单位保密资格认证工作，对保密资格单位进行现场审查（复查）。强化涉密系统集成资质管理和涉密载体印制资质管理，受理资质申请并开展审查工作。

【网络保密管理】 围绕形成攻守兼备的保密工作技术格局，科技支撑助推保密管理整体效能进一步提升。严格把好涉密网络建设方案审查和测评审查关口，加强服务指导，细化安全风险防控措施，提升涉密网络安全稳定运行能力。强化涉密网络管理人员动态管理，举办涉密网络管理人员培训班。加大对盟市涉密网络审查工作指导力度，坚决防止出现“未批先用”“带病运行”问题。进一步完善互联网侧等级保护安全防护建设，完成互联网侧指挥调度系统联通工作，进一步推进平台内网侧分级保护和外网侧等级保护测评工作。分级保护测评审查工作有序开展，全年共审核测评审查申请120余次。

【保密监督检查】 将2020年定为“保密风险隐患排查年”，坚持目标导向和问题导向，不断改进监督检查方式方法，切实将堵漏洞、补短板、强弱项各项工作做实做细。抽调精干力量组成检查组，由自治区党委保密委员会专职副主任和委员带队，对12个盟市、75个自治区直属机关单位和22家中央驻区企业的保密工作情况进行全面检查，推进风险隐患整治整改，检查的权威性和震慑力不断增强。发挥检查监管平台作用，重点分析过滤信息，防范化解风险隐患。依法开展泄密案件查处工作，依法依纪严格处理责任人。

【保密制度机制建设】 发挥保密法规制度的基础保障作用，注重把保密工作好经验好做法固化为制度机制，坚持立改废释并举，确保各项制度科学规范、有效管用。编印保密工作规范，为全区保密行政管理系统依法依规开展工作提供基本制度遵循。正式施行法律顾问制度，制定法律顾问工作规则，选聘法律顾问，启动保密行政执法事项法制审核工作。制定行政执法“三项制度”具体措施及行政复议及行政诉讼处理工作方案，保密行政执法工作进一步规范。

（吴鹏　王欢）

组织工作

【概况】 中共内蒙古自治区委员会组织部（以下简称“自治区党委组织部”）有内设机构20个，所属事业单位4个，工作人员141人。

2020年，自治区党委组织部坚持以习近平新时代中国特色社会主义思想为指导，深入贯彻党的十九大和十九届二中、三中、四中、五中全会精神，全面落实全国全区组织部长会议精神，坚持组织路线服务政治路线，坚持“三年打基础、五年争优先”，制定实施《关于深入贯彻落实新时代党的组织路线的若干措施》，着力提升全区组织工作质量水平，为经济社会高质量发展提供了坚强的组织保证。

【政治建设】 学习贯彻习近平新时代中国特色社会主义思想。实施习近平新时代中国特色社会主义思想教育培训计划，围绕学习贯彻习近平总书记在参加十三届全国人大三次会议内蒙古代表团审议时的重要讲话精神和全国“两会”精神，举办3期网络专题轮训班，实现县处级以上干部全覆盖。围绕学习贯彻党的十九届四中全会精神，自治区层面举办4期网络专题培训班、示范班，带动各地区各部门培训干部2.4万人次。举办5期“学党史、新中国史”网络专题培训班，培训县处级以上干部2.5万人次。深入学习贯彻党的十九届五中全会精神，及时启动专题培训轮训，自治区层面举办1期厅局级干部专题轮训班。

深入贯彻落实中央《党委（党组）落实全面从严治党主体责任规定》，制定自治区《若干措施》和自治区党委落实全面从严治党主体责任清单，压紧压实各级党委（党组）管党治党主体责任。开展党委（党组）书记抓基层党建述职评议考核，聚焦存在问题，建立整改台账，定期调度推进，推动整改任务落实到位。规范领导班子民主生活会，探索建立“延期”“叫停”“补课回炉”“责令重开”和质量评估机制，严把学习研讨、撰写材料、整改落实等“六道关口”，增强各级党委（党组）履行主体责任的思想自觉和行动自觉。

拓展主题教育。召开自治区主题教育总结会议，系统总结主题教育成效和经验，推动建立健全管长远、固根本的长效机制。研究制定贯彻落实中央巩固深化主题教育成果意见的具体措施和分工方案，明确9个方面34项措施。抓好主题教育整改整治工作，全区各单位完成查摆问题整改2.96万个，整改率99.25%。开展向于海俊同志等“全国优秀共产党员”的学习宣传，引导广大党员学习典型、争当先进、担当作为。

【疫情防控】 派出7个调研督导组实地督查指导，推动基层党组织和党员干部冲锋在前、发挥作用。注重在疫情防控一线考察识别干部、发展党员，全区112名抗疫表现突出干部得到提拔重用，836人火线入党，3名个人和3个集体被评为“全国优秀共产党员”“全国先进基层党组织”。组织全区党员捐款2.46亿元，拿出3000余万元为基层购置救护车106辆。

【脱贫攻坚】 召开全区抓党建促决战决胜脱贫攻坚电视电话会议，对全面推动各项任务落实作出安排部署。严格执行中央关于贫困地区党政正职保持稳定和调整工作新要求，对部分贫困旗县的党政正职进行调整。分级分类培训扶贫干部，自治区本级举办网络专题示范培训班3期，带动各级培训干部52.5万人次。加强对脱贫攻坚工作总队管理，对因身体原因等不适宜继续工作的总队队员进行调整。组织开展全覆盖集中踏查暗访行动，推动脱贫攻坚整改任务落实落地。

【助推经济社会高质量发展】 制定《关于改进推动高质量发展的政绩考核的若干措施》，调整优化考核指标体系，完善考核评价机制。改变以往部分单位委托考核的做法，对201个地区、部门单位实行全覆盖、差异化直接考核。制定2020年度绩效考核指标和考核工作实施方案，突出对贯彻新发展理念、推动高质量发展的考核评价。组织实施“干部专业化能力提升计划”，围绕产业转型升级、社会治理、生态保护等内容举办7期专题培训班，增强干部推动高质量发展的能力本领。

【推进国家统编教材使用】 自治区、盟市、旗县三级组织部门抽调1584名组工干部，实地走访嘎查村社区等基层单位3588个，直接或参与劝导6100多名学生按时返校。注重在处理教材事件中考察识别干部，对表现突出的予以提拔使用。指导推动全区12个盟市和141家区直机关单位党委（党组）全部召开加强和改进民族工作专题民主生活会，举办全区领导干部加强和改进民族工作专题研讨班，引导各级干部切实铸牢中华民族共同体意识。

【干部队伍建设】

选优配强各级领导班子　坚持事业为上，以事择人、人事相宜，既重品德也重才干，把政治上过硬、能力本领高强的优秀干部发现出来、任用起来，各级领导班子结构和功能得到优化提升。制定加强党政领导干部交流工作的意见。制定《自治区直属企业领导人员管理规定》，进一步调整理顺区直企业领导人员管理体制。及早谋划市县乡领导班子换届工作，开展调研摸底、研究换届政策，提前把相关干部放到合适岗位进行锻炼。

培养选拔优秀年轻干部　推进培养选拔优秀年轻干部“8266计划”选调

生“81育才工程”和年轻干部“三个一批”任职挂职等重点工作。全年提拔重用厅级年轻干部54人，首次点名调训239名优秀年轻处级干部参加自治区中青班，点名选派109名优秀年轻干部到区直机关、盟市、旗县（市、区）等地区和部门双向挂职锻炼，抽调24名优秀年轻干部参与自治区党委第八轮巡视工作。面向全国“双一流”高校定向选调优秀毕业生100名，面向全国普通高校集中选调929名。统筹做好女干部、少数民族干部、党外干部培养选拔工作。

强化干部管理监督 召开全区干部监督工作会议，对加强和改进新时代干部监督工作进行全面部署。深化选人用人监督，对161个党组织全覆盖开展2019年度“一报告两评议”工作。推动完成自治区第七轮专项检查149个问题整改，完成率达到94.3%。制定《煤炭资源领域干部管理监督办法》《公职人员涉企事项登记报告办法》，着力加强对关键领域、关键岗位干部的管理监督。出台《关于进一步提高领导干部个人有关事项如实报告率的十条措施》。聚焦重点任务加强监督，对工作不力的党员干部给予组织调整和组织处理。

激励干部担当作为 注重在重大任务和重大斗争一线考察识别干部，全区共提拔重用脱贫攻坚一线表现突出干部1203人、疫情防控一线干部112人。健全干部待遇激励保障政策措施，制定《自治区党委管理的易地交流任职领导干部往返交通保障办法》《自治区厅级干部周转住房管理办法》。用好职务职级并行、表彰奖励等措施，加强对基层干部特别是艰苦边远地区和疫情防控、脱贫攻坚一线干部的关心关爱。积极稳妥推动被问责和受处分干部重新使用，及时为受到不实举报特别是诬告的干部澄清正名。

【公务员工作】 全面推行公务员职务与职级并行制度，全区综合管理类公务员晋升一级、二级巡视员职级196人，晋升一级调研员以下职级2.2万人。统筹做好司法人员分类管理，全区公、检、法、司职级套转完成4.35万人次，组织晋升2.87万人次。探索开展分类考录、分级考试，组织公务员考录11场次、考录公务员6439人。研究制定《公务员调任工作规范》《关于适当放宽调任年龄条件的答复意见》，自治区本级年内遴选、调动公务员477人。评选表彰第六届自治区“人民满意的公务员”39人和“人民满意的公务员集体”19个。

【基层党组织建设】出台基层党建“五化协同”发展《实施意见》，召开全区现场会专项推进，提升基层党建工作质量。研究提出38项具体措施，扎实推进全国基层党建工作重点任务推进会议精神落实。迎庆建党100周年，组织开展“北疆百年先锋”选树工作，建设“新时代党建馆”。推进党群服务中心建设全覆盖，建成盟旗乡村（社区）四级党群服务中心14542个，覆盖率98.9%以上。强化党建引领基层网格化治理，全区农村牧区和城镇社区共划分网格9.89万个，配备专兼职网格员26.31万名。全面启动嘎查村、社区“两委”换届工作，印发指导意见，推行党组织书记、主任“一肩挑”。深入推进“智慧党建”信息化建设，全面推广“党建连心桥”应用平台。

持续整顿提升农村牧区党建软弱涣散嘎查村党组织，年内整顿转化178个；大力发展壮大嘎查村集体经济，全区嘎查村集体经济收入全部达到5万元以上。城市党建着力完善街道“大党工委”和社区“联合党委”工作机制，推进社区工作者职业体系建设。“融合党建”做法得到中组部肯定。非公有制经济组织和社会组织党建持续抓好“两个覆盖”，推动成立自治区社会组织党委、总商会党委、互联网行业党委等直属党委，开展“十百千”创建培育行动。国企党建制定《内蒙古国有企业党组织前置研究事项清单》，深化“四强四优”创建。机关党建重点开展“让党中央放心、让人民群众满意”的模范机关创建工作，着力解决“灯下黑”问题。高校党建开展“三抓三促进”行动，着力构建校党委、院系党组织、基层党支部“三位一体”组织体系。

以“最强党支部”建设为抓手，持续推进党支部标准化规范化建设。加强带头人队伍建设，制定《嘎查村党组织书记县级党委备案管理办法（试行）》，实施“一嘎查村（社区）班子一名大学生”培养计划。首次面向嘎查村、社区党组织书记定向考录45名公务员。严把政治标准，全面开展农村牧区发展党员违规违纪问题排查整顿，突出抓好高知识群体发展党员工作。建立嘎查村（社区）“两委”干部报酬和工作经费足额兑现、稳定增长机制，嘎查村、社区年办公经费分别达到8万元和26万元。

【人才工作】 发挥组织部门牵头抓总作用，研究制定构建“一心多点”人才工作新格局《指导意见》，探索开展年度人才工作专项述职，推动盟市和区直有关部门配套具体政策措施，落实人才工作目标责任制。加强人才政治引领、政治吸纳，举办“草原英才”高层次人才国情研修班等专题培训，开展高层次专家学术休假活动。坚持自治区党委常委联系服务专家制度，常态化开展团结、引领、服务专家工作。实施高层次人才引进计划，刚性引进国家杰出青年、长江学者各1人，自治区本级通过“绿色通道”引进重点高校硕士及以上高层次人才334人。加大柔性引才力度，柔性引进院士4人。举办内蒙古首都人才周系列活动，围绕人才交流、校地合作、引进院士等多次对接北京市委组织部、清华大学、北京大学、中关村等部门和高校，吸引400多名毕业生到内蒙古创新创业。实施高校毕业生服务内蒙古计划，7.2万名高校应届毕业生留在区内就业，占2020年全区毕业生总数的53.41%。

探索“研发在北京，转化在内蒙古”人才工作模式，在北京成立内蒙古科创中心，打造首个异地人才孵化器，带动各盟市在北京、上海、深圳等地建设实体性人才工作基地37个。围绕“科技兴蒙”行动，推动呼和浩特市与自治区科技厅共同筹建“科技大市场”，加快科技成果在首府地区转化。举办第八届“草原英才”高层次人才合作交流会暨呼包鄂乌创新创业周，吸引参会机构、企业1000余家，签约项目39个，签约金额近百亿元。持续深化“草原英才”工程，完成第十一批“草原英才”综合评审，评选出“草原英才”个人1657名、团队716个、基地82个，4名专家新增入选第五批国家“万人计划”。积极配合中组部“博士服务团”工作，新接收12名国家中直机关、发达地区优秀人才到自治区挂职。开展“万名专家服务基层活动”，选派9773名各领域专家到贫困地区和基层一线服务。实施第十四批“草原之光”硕士创业行动计划，遴选区直事业单位28名专业技术人员到盟市基层进行为期1年的服务锻炼。

（林浩）

宣传工作

【概况】内蒙古自治区党委宣传部（以下简称“自治区党委宣传部”）为正厅级，加挂自治区精神文明建设委员会办公室、自治区对外宣传领导小组办公室（自治区人民政府新闻办公室）、自治区新闻出版局（自治区版权局）、自治区电影局牌子。内设23个职能处室：办公室、政策法规研究室、理论处、舆情信息处、新闻处、出版印刷发行处、文艺处、电影处、宣传教育处、文化体制改革和发展处、文化产业和文化资产管理处、基层工作指导处、反非法反违禁处（自治区“扫黄打非”办公室）、版权管理处、精神文明建设综合处、精神文明建设创建处、未成年人精神文明建设处、传媒监管处、对外宣传工作处、对外联络处、干部处、机关党委、离退休人员工作处。下设5个事业单位：自治区思想政治工作研究会、自治区新闻工作者协会、国家蒙古文出版管理中心、自治区党委讲师团、自治区党委宣传部机关事务服务中心。核定行政编制95名，事业编制81名。有在职人员133人。

【理论武装工作】理论学习宣讲上，狠抓学习质量提升。自治区党委研究出台《巡听旁听办法》，建立中心组学习巡听旁听机制，对盟市、区直单位、高校、企业党委（党组）理论学习中心组学习习近平总书记关于民族工作重要论述、党的十九届五中全会精神等进行巡听旁听。对57个贫困旗县党委理论学习中心组脱贫攻坚学习研讨情况进行专题巡听旁听，打造“学、思、用、督”的工作闭环，提升学习质量，中宣部《宣传工作》《每日要情》刊发了内蒙古自治区开展巡听旁听经验做法。

理论宣讲上，全面推进分众化、常态化。针对农牧民、城镇居民等7类不同人群编写《分众化学习讲义》，吸纳各级人大代表、政协委员、党政干部、“百姓名嘴”和专家学者、青年宣讲人才等，建立三级宣讲人才库，组建博士宣讲团、8090青年宣讲团，大力开展理论政策宣讲志愿服务，3500多支“草原学习轻骑兵”志愿服务队伍以小分队形式开展常态化“面对面”宣讲。压茬推进决战决胜脱贫攻坚、全国“两会”精神、中共十九届五中全会精神、铸牢中华民族共同体意识等重大主题宣讲，全年累计开展宣讲8.7万场次以上，覆盖人群207万人。

围绕重大主题宣讲活动，制作多元多类融媒体理论宣讲产品全网推送，电视理论节目“开卷有理”“学习强国”内蒙古分平台、“北疆理论风景线”微公号，分别推出脱贫攻坚理论探访节目《思想的田野》《“康康”我的生活》、“艾北疆”理论文章以及各类微视频音频、微语音、H5等理论产品1万多件（次）。围绕自治区学习贯彻习近平总书记对内蒙古重要讲话重要指示批示精神、中共十九届五中全会精神，设立专项课题开展研究，获批国家社科基金项目100项，与中国社科院联合举办走实走好“生态优先、绿色发展”新路子、“黄河几字弯文化旅游高质量发展”论坛，合作开展铸牢中华民族共同意识、内蒙古历史文化研究、跨境民族长周期交互影响等研究。自治区哲学社会科学规划设立“铸牢中华民族共同体意识”招标课题和青年理论骨干课题，开展蒙古国国情及中蒙俄经济社会发展比较研究。

【统筹推进疫情防控】全力开展疫情防控舆论宣传引导。启动重大突发事件应急报道机制，成立全区疫情防控宣传舆论组，统筹调度全区疫情防控舆论引导和舆情管控工作。建立自治区、盟市、旗县、乡镇苏木、嘎查村社区五级联动引导机制，采取网、端、微、抖、快“五位一体”新媒体宣教模式，推出《众志成城 抗击疫情》《做好“六稳”工作 落实“六保”任务》等专栏专题报道，大力宣传疫情防控进展情况，深情讲述防疫一线感人故事，广泛普及防疫科普知识，召开专题新闻发布会72场，累计推出报道13.5万篇（条），阅读量点击量超过10亿次；发起“在家能为战胜疫情做点啥”抖音话题，组织乌兰牧骑队员疫情期间在家录制或直播视频，全网播放超2.5亿次，与湖北省委宣传部联合在网上点对点推送“与湖北同心战疫·草原音乐为您加油”短视频，播放量7.3亿次，是全国首个网上文艺慰问湖北的地区。开展“宅出美好生活”群众性居家文化文明生活竞赛活动，点赞量超1721万次，鼓舞信心、激励斗志、舒缓情绪，凝聚起众志成城抗击疫情的强大精神力量。

【营造良好舆论环境】统筹开展重大主题报道。精心组织决战“脱贫攻坚、决胜全面小康”、习近平总书记对内蒙古重要讲话重要指示批示精神、中共十九届五中全会、中华民族共同体意识、自治区党委全会精神、全国全区“两会”、扫黑除恶等重大主题宣传，组织全区各级各类媒体统一开设“弘扬蒙古马精神——育新机开新局谱新篇”“只争朝夕 决战决胜脱贫攻坚”“全面建成小康社会 百城千县万村调研行”“‘十四五’开新局”等专栏专题，全面展现内蒙古各族干部群众牢记嘱托，在决战脱贫攻坚、决胜全面小康等奋斗实践。中央主要媒体持续关注报道内蒙古，组织小康生活、沙地生态修复治理成效等主题集中采访，中央主要媒体全年累计播发内蒙古相关稿件22400余篇条，其中人民日报、新华社、央广、央视刊播头条稿件39篇。

推行国家统编教材舆论宣传引导。主动发声引导，提升正面宣传和舆论引导的时度效。推动教育部门在官网发布信息，推动自治区举办新闻发布会，回应社会关切。对《国家通用语言文字法》《使用国家统编教材“有问必答”》等法律法规和政策措施进行全媒体刊播、全网推送，启动“村村响”应急广播每天按时播报，广泛采访各地民族语言授课学校的校长、教师、学生等推出系列校园报道，组织采访教育、文化、社科、新闻和经济界有威望有影响的少数民族代表人物与内蒙古籍在外知名人士推出系列深度访谈，共刊播各类报道7700多篇，全网累计发布7.3万条。在内蒙古日报连续推出“艾北疆”署名文章15篇、系列评论25篇，内蒙古卫视新闻节目推出系列评论10篇，及时澄清模糊认识，形成强大宣传声势。

全面开展“爱上内蒙古”品牌形象集中宣介。统筹全区各级媒体、联动中央媒体和商业平台400多个传播平台，聚焦内蒙古好山好水好产品和好人文，不间断推出宣介产品近1000个，发布信息5.9万余条，总点击量达8.2亿次。

大力推进媒体深度融合，制定《关于深化改革加快推进媒体深度融合发展的实施意见》，扎实推进旗县级融媒体中心建设，全区103个旗县（区市）全部入驻“草原云”平台，全面推行“新闻+政务+服务”模式。初步建成全区旗县级融媒体中心信息数据库，基本实现“融到底、传到底、管到底”建设目标。开展“新媒体传播力提升百日行动”，坚持先网后报、先网后台，把新闻内容生产和受众需求有机结合起来，积极推出适合移动传播的新媒体产品，提升正面宣传到达量、阅读量、点赞量。

健全完善新闻发布制度，制定《关于进一步加强和改进新闻发布工作的若干措施》，全年召开新闻发布会169场。修订内蒙古新闻奖、内蒙古十佳新闻工作者《评选办法》，推动媒体生产创作更多、更优的融媒体产品，内蒙古广播电视台记者雷蒙参加全国好记者讲好故事决赛并荣获最佳选手称号。

【“铸牢中华民族共同体意识”学习教育】 自治区、盟市、旗县三级媒体统一开设“铸牢中华民族共同体意识”专栏，深入宣传习近平总书记关于民族工作的重要论述，推出原创稿件1800余篇。开展“全面加强国家通用语言文字”专题宣传，组织蒙古语卫视、广播、报纸、新媒体专门开设专栏，与汉文媒体联动开展政策解读和正面宣传。

编印铸牢中华民族共同体意识《学习资料》《大众读本》、分众化《宣讲提纲》和推广普及国家通用语言文字、推行使用国家统编教材《大众读本》。组建自治区、盟市、旗县三级宣讲队伍，开展“铸牢中华民族共同体意识”宣讲8109场（次），直接受众6.5万人。

牵头制定高校、中小学校铸牢中华民族共同体意识宣传教育方案，围绕校领导班子、教师、学生三个群体开展学习教育活动，省级领导带头深入高校作“形势政策报告会”，与自治区教育厅共同组织开展“国旗下成长”系列主题教育活动，开展“我和我的祖国”爱国歌曲学唱活动，为全区高中生配发《社会主义核心价值观读本》27万册。

【精神文明建设】 深化文明内蒙古建设，统筹推进新时代爱国主义教育、新时代公民道德建设“十大行动”、新时代文明实践和志愿服务、新时代精神文明“六大创建”，构建新时代精神文明建设框架体系，培育新时代“文明树”。

推进新时代文明实践中心所站实体化建设。积极推进旗县设置新时代文明实践工作机构，有29个试点旗县建立实体化机构。建设集指挥调度、群众需求收集点派单、社区电视于一体的新时代文明实践“智慧平台”，得到中宣部部长黄坤明的充分肯定。实行文明委成员单位包联试点旗县、文明单位包联城镇小区以及重点单位牵头负责12类重点群体工作制度，重点在城镇社区开展“邻里守望、互助关爱”、农村牧区开展“守村规、改陋习、重诚信、讲互助”等活动，在嘎查村建设“文明团结积分奖励”超市，指导旗县组建“8+N”志愿服务队、乡村组建特色志愿服务队，收集群众需求1.81万个，开展志愿服务活动6.1万场次，得到中央文明委专项指导组的高度肯定。

推动理想信念教育常态化、制度化、具象化。围绕疫情防控、纪念中国人民志愿军抗美援朝出国作战70周年、学习宣传贯彻中共十九届五中全会精神、铸牢中华民族共同体意识教育、民法典等重要时间节点和重大主题，针对重点人群设计理想信念教育载体，深化开展“小手拉大手·助力文明内蒙古建设”“践行报国志·永远跟党走”“爱祖国担大任做新人”等各类主题教育活动。制定下发《自治区党政领导干部联系高校工作方案》，推动自治区党政领导进高校作形势政策报告、讲（听）思政课、开展工作调研常态化制度化。

启动“万屏行动”，利用公益宣传平台、主题微电影等方式，生动活泼传播社会主义核心价值观。为全区高中学生配发《社会主义核心价值观学生读本》。制定《推动社会主义核心价值观入法入规入策工作规则》，运用法律法规和公共政策向社会传导正确价值取向。每月发布一次“北疆楷模”，授予王晓东、武汉鼎、尼玛、阿迪雅、赵永前、江来柱、“绿色乌审”治沙群体等个人和集体“北疆楷模”荣誉称号。全区各级媒体统一开设“弘扬蒙古马精神·身边的榜样”专栏，推出寻访纪实节目《寻找英雄》，营造人人出力、人人实干的浓厚氛围。

颁布实施《自治区文明行为促进条例》，推动出台《自治区精神文明创建工作管理办法》，全域推进文明城市、文明村镇、文明单位、文明家庭、文明校园、文明社区创建，在全国首个将文明社区（小区）创建作为省级表彰项目。

【发展社会主义文艺】 围绕全面建成小康社会和中国共产党成立100周年等重大主题，召开全区重点文艺创作推进会，大力推进“红色百年内蒙古”重大主题文艺精品创作工程，先后确立65个重点创作项目，完成23个。电视剧《枫叶红了》在央视播出，创造黄金时段电视剧单频道收视率第一成绩，舞剧《骑兵》获第十二届中国舞蹈“荷花奖”，《锦绣小康》入选第八届“中国梦”主题新创作歌曲，《白云之下》获第33届中国电影金鸡奖4项提名并获得最佳导演奖，《神奇的蒙古马》获“夏衍杯”优秀剧本奖。

坚决贯彻落实习近平总书记关于乌兰牧骑事业的重要指示精神，印发《2020年乌兰牧骑工作方案》，深入开展“乌兰牧骑月·一切为了人民”活动，加强网上乌兰牧骑建设，在今日头条、抖音、快手、微博、微信公众号等平台开设网上乌兰牧骑、呼鲁格、草原文化节、酷草原等账号，推出乌兰牧骑日志等品牌栏目，增强乌兰牧骑品牌传播力。

有序推进武安州辽塔修缮和阿尔寨石窟保护等重点工程，制定全区文物保护《工作方案》，确定22项具体任务。开展全区文物安全隐患大排查，累计完成149处国保、476处区保单位自查，逐一落实抢险加固。健全文物安全工作体制机制，印发加强文物保护利用改革《实施意见》，推进文物数字化建设，开展打击文物犯罪专项行动，试点推进文物长制，建立文物场所巡查员制度，组建文物保护志愿者队伍，启动新时代文物人才建设工程。

组织第三届“舞动北疆”全区广场舞大赛、内蒙古合唱大赛、“书香内蒙古·脱贫奔小康”2020草原阅读季、“决胜全面小康、决战脱贫攻坚”农牧民文艺汇演活动等群众性文化活动，拓展网上群众性精神文明和文艺文化活动，推动全区群众性文化活动常态化、制度化和规范化发展，基本实现“月月有活动、全年不断线”。建立完善全区高层次文艺人才库和网上文艺人才库，加强部校合作，启动第五届“蒙古族合唱艺术人才培养基地”招生工作，招收上海戏剧学院、上海音乐学院委培生，举办内蒙古大学第十期文研班暨乌兰牧骑创作人员研修班。

【文化事业】 文化改革设计统筹。坚持问题导向、目标导向、结果导向，启动自治区“十四五”文化改革发展规划编制工作。全面建成公共文化服务体系。实施“智慧广电”网络服务进村入户和“看电视”向“用电视”转变工程，在电视端为群众提供综合信息服务。试点推进“草原书屋”“鸿雁全民悦读”、图书馆一体化改革，实施“公益电影+”惠民放映工程，开展六大主题电影系列展映活动，2个电影院线公司获第八届全国服务农民、服务基层先进集体。实施“亮丽内蒙古”重点图书出版工程，制定《选题指南（2021—2025年）》《2020年度图书出版方案》《2020年—2022年蒙古文图书出版计划》。组建“重大图书选题策划专家委员会”，做好重大图书选题策划、论证研讨、审核把关、编辑加工、整体设计，提升图书出版发行工作水平。全区建立版权服务工作站156个，开展线上线下版权宣传培训、维权执法、志愿服务等“六进”活动，服务触角延伸到旗县、园区、社区、企事业单位等领域，版权作品登记数量连续3年翻倍，版权工作受到国家层面表彰奖励12项，“剑网2020”专项行动查处一批侵权盗版案件，维护良好版权生态。组织开展音乐美食季、文艺进景区、“周末内蒙古有好货”直播带货等活动，形成“赏内蒙古美景、听内蒙古音乐、品内蒙古味道、讲内蒙古故事、带内蒙古好货”的集聚效应。通过发放惠民电影券、减免税费帮助影院复工复产、渡过难关，取得2.7亿元票房收入，其中国庆档票房逆势增长18%。启动《内蒙古自治区文化产业发展战略研究》编制工作，认定全区重点文化产业项目37个，恢复设立自治区文化产业发展专项资金。积极应对疫情影响，举办网上内蒙古马赛、网上内蒙古文化产业博览交易会，搭建线上文化产业平台。启动内蒙古红色旅游、“长城文化公园”、黄河“几”字弯文化旅游带等重点项目规划编制，举办内蒙古民族手工艺和文创旅游精品展示活动，打造文化旅游品牌。

【意识形态工作】 压紧党委（党组）意识形态工作责任。印发《关于当前全区意识形态领域情况的通报》。推动中央新修订《党委（党组）意识形态工作责任制实施办法》落细落实，制定党委（党组）意识形态重点领域工作负面责任清单、《意识形态工作责任追究办法（试行）》，召开区直机关意识形态工作座谈会，推行自治区党政领导联系高校工作制度，强化重点领域意识形态工作责任制落实。开展各级各类展陈场所和文化场所违法违规经营大排查大整治行动，各类出版传播渗透专项行动，严厉打击各类涉黄涉非出版、传播、渗透活动。切实防范化解意识形态领域风险。组建重大突发舆情统筹协调应对工作专班，坚持实施“日报告、周研判、月会商、重大突发舆情随时会商”工作机制和意识形态联席会商制度，编印《重要时间节点月历月知》。

稳妥做好“国家统编教材使用”舆情管控引导，妥善应对处置热点敏感舆情。加强意识形态工作督查考核。结合自治区党委第七轮、第八轮巡视成立意识形态责任制落实情况专项检查组，对15家国有企业党委、24个直属部委办厅局党委（党组）意识形态工作责任制落实情况进行了专项巡视检查。开展年度意识形态工作专项督查，修订2021年意识形态工作考核指标。深化基层意识形态网格化管理。

确定2020年为“意识形态工作基层网格化落实深化年”，与自治区党委政法委、网信办联合印发《意识形态工作基层网格化落实深化年实施方案》，推动各级党组织织严织密意识形态工作网，夯实意识形态工作基础；编印《意识形态应知应会读本》《意识形态工作责任制落实图谱》，举办示范培训班，推动各盟市举办意识形态工作专题培训，着力提升基层意识形态工作水平。

【互联网宣传管理工作】 网上主流思想舆论持续壮大。建设全平台合作、自媒体联动、好作品上央媒工作机制，开展网络主题宣传活动，全国两会、“爱上内蒙古”品牌宣介、“黄河与长城在这里握手”“幸福花开新边疆”“文化扶贫在行动”等活动的全网总阅读量超过24.5亿次。“助力脱贫攻坚·网络名人走进内蒙古”活动话题上榜微博热搜第一名，全网阅读量超3.45亿次。印发新形势下推进网络评论队伍建设《实施方案》，组织调动全区网评员和网络文明志愿者30万余人次，转发75万余条，跟帖45万余条。拓展新媒体阵地，指导建设“爱上内蒙古”正能量网红孵化基地。

坚持运行舆情和网络意识形态会商研判制度，督导调度网络意识形态工作责任制落实情况。推进互联网舆情应急指挥平台二期建设，积极推进盟市应急指挥中心建设，规范网络应急管理，圆满完成重要敏感节点应急响应。协办全国网络综合治理体系调研座谈会，在全区建立21个基层网络综合治理试点并召开经验交流会。制定网络名人队伍建设方案，实施正能量网络大V工程、争做“北疆好网民”工程、“微行大爱”网络公益工程。加强互联网企业党的建设，华讯公司《建设坚强支部做大做强企业》入选中央网信办典型案例。建立自治区网络安全统筹协调和业务协同工作机制，监测网络安全漏洞和事件740个，处置网络安全事件。组织网络安全应急演练和“蒙古马”杯网络安全攻防竞赛。加强关键信息基础设施保护，开展大数据网络安全管理、风险评估和APP违法违规收集个人信息专项治理。成立数字经济发展工作领导小组，统筹推进数字政府、数字社会、数字产业及呼包鄂乌新型智慧城市一体化建设。制定“5G+智慧矿业”应用发展联席会议制度、公共信息资源开放管理暂行办法、盟市公共信息资源开放平台建设指南，深化资源共享和业务协同。推进数字乡村建设和信息化试点，3个旗县申报成为国家数字乡村试点。

【对外宣传工作】 深入宣传习近平新时代中国特色社会主义思想。在蒙古国本土化译制《习近平喜欢的典故——平语近人》，翻译出版“中国关键词”《新时代外交篇》《精准脱贫篇》，组织中蒙智库开展《后疫情时代的中蒙命运共同体建设》等6个课题合作研究。

举办“感知中国、连线蒙古”网上内蒙古文化周，推出28项具体活动，40多家蒙古国媒体实时推送。把京剧名剧《百花芬芳》《追寻美好生活》中国脱贫成就展、《美丽中国》旅游推介、“内蒙古味道”以及《中国机长》等15部优秀中国影视剧通过“云端”呈现给蒙古国民众。以视频连线方式举办第十一届中蒙新闻论坛，举办“脱贫攻坚看中国”等中蒙媒体线上联合采访活动，确保疫情之下对蒙外宣不断档、更有力。讲好中国抗疫故事，通过报纸、广播、电视、刊物、网络、书店、出版、电影“八位一体”在蒙古国本土化传播阵地，跟踪报道全国全区疫情防控进展成效和经验做法，讲述各行各业最美“逆行者”的感人故事，刊发稿件1400多篇，点击量累计超过500万人次。译制播出纪录片《中国抗疫志》《命运与共 风雨同舟》，产生热烈反响。疫情期间，向蒙古国18家主要网站推送稿件130余篇，点击量均超过1万人次。

（路义）

统一战线工作

【概况】 自治区党委统战部内设16个处室，分别为：办公室、研究室民主党派工作处、民族工作处、港澳台统战工作处、非公有制经济工作处、无党派人士和党外知识分子工作处、新的社会阶层人士统战工作处、教育培训处、台湾工作与事务处、侨务处、宗教综合处、宗教业务处、机关党委、离退休人员工作处。所属事业单位2个，分别为：自治区党委统战部综合保障中心、内蒙古自治区宗教团体服务中心。代管：内蒙古侨联、内蒙古台联（黄埔军校同学会）、内蒙古中华职教社。

自治区党委统战部行政编制70名，有人员62人（含离岗厅级干部2人）。核定厅级领导职数1正4副（不含3名兼职副部长），实配厅级领导1正4副。核定处级领导职数16正18副，一级至四级调研员31名（一级、二级调研员15名，三级、四级调研员16名），实配处级领导16正9副，一、二级调研员15名，三、四级调研员7名。

【推动复工复产】 举办金融助力民营企业稳产达产对接会，196家民营企业获得融资228亿元，举办自治区民营企业稳就业线上招聘月活动，登记民营企业9200家、需求岗位9.9万个，达成就业意向3.8万人次。

【助力精准脱贫】 支持各民主党派开展脱贫攻坚专项民主监督和各类社会服务。参与“万企帮万村”活动的1255家民营企业与3139个嘎查村结对帮扶，建设3641个项目，累计投入47.36亿元，带动建档立卡贫困户7.71万户近25万人。“光明行”社会公益活动累计实施免费白内障复明手术30274例，实现全区建档立卡贫困户患者全覆盖。“泛海助学行动”项目累计为全区21954名学生提供资助1.0977亿元助学资金。组织2批“统一战线专家服务团”赴基层开展医疗义诊、技术指导培训等社会服务。

【举办民革中央助力内蒙古产业发展招商引资活动】 积极与民革中央沟通对接，召开7次调度会、推进会，调度各盟市和相关厅局，筛选出13大类、1068个项目，联系31家“国字头”行业协会，在珠三角、长三角、京津冀地区成功举办3场招商引资推介活动，邀请300余名企业家来内蒙古考察、参加签约大会，合同签约项目76

2020年9月17日，民革中央助力内蒙古产业发展招商引资项目签约仪式在敕勒川草原会议中心举办　（刘俊霞）

个、投资额1837.54亿元，意向签约项目104个、投资额1716.01亿元，自治区政府分别与深圳宝能集团、正威国际集团签署框架协议，涉及投资额1100亿元。持续推动签约项目落地见效，已开工（投产）项目67个，投资金额986.77亿元。

【推动中国特色社会主义参政党建设】　抓好2019年度调研成果转化落实和2020年度9个重点课题调研，协助党委召开重点课题调研成果汇报会，建立自治区党委常委会领导同志联系各民主党派区委会、自治区工商联工作机制，7位党委常委走进民主党派、工商联听取意见建议。出台具体措施推动中央关于参政党建设的3个文件落实落地，支持民主党派组织发展，制定并落实好领导班子民主生活会、述职和民主评议等制度，围绕脱贫攻坚、优化营商环境开展民主监督，推动形成中央、自治区和盟市民主党派代表人士人选，结合换届广泛开展摸底调研，进一步优化党派干部结构。

【推进民族团结和边疆稳固】　推动各盟市举办"铸牢中华民族共同体意识"主题教育培训班、研讨班、座谈会近100场次。积极协助自治区党委调整完善民族工作指导思想，配合做好对涉及民族工作的重要政策、地方性法规梳理评估，拟制加强和改进新时代民族工作有关文件，抓实自治区党委常委会及统战部加强和改进民族工作专题民主生活会整改。发挥自治区党委统战工作领导小组机制作用，完善民委委员制度，推动形成民族工作合力。配合制定《促进民族团结进步条例》，在幼儿园开展"立德育苗"活动，在各级各类学校开设民族团结进步课程。制定并落实全区民族语言授课学校推行使用国家统编教材群众工作方案，研究起草有关报告和政策性文件，稳慎推进民族工作纠偏正向，筑牢祖国北疆安全稳定屏障。

【党外知识分子统战工作】　出台5个方面29条工作措施加强和改进新时代党外知识分子思想政治工作，在全区确立30个实践创新试点单位，与70名无党派、党外知识分子代表人士开展谈心谈话，广泛听取意见建议。开展"心系海外同胞、语音传递真情""讲述中国抗疫故事、彰显中国特色社会主义制度优势"讲座、"同心战疫·同学你好"座谈、"留学报国·战役有我"系列活动。规范全区无党派人士政治面貌认定，认定登记无党派人士3828人，确定自治区重点培养人选464人。加强留学人员代表人士队伍建设，注重从体制内外发现培养留学人员代表人士，制定联谊组织内部管理制度和规则，推动高校成立党外知识分子和留学人员联谊组织。

【维护宗教领域和谐稳定】　坚持全国宗教中国化方向，在宗教界开展"铸牢中华民族共同体意识、坚持我国宗教中国化方向"主题教育活动，指导各宗教团体深入开展和谐寺观教堂创建等活动。出台宗教领域反恐怖工作实施办法，深入开展教风整治，对寺观教堂开展财务检查，选拔354名优秀中青年教职人员到宗教团体和活动场所历练，推动内蒙古佛教学校搬迁

内蒙古佛教学校举行搬迁新校址揭牌仪式暨2020年秋季开学典礼　（瑙甘塔拉）

新址并在秋季顺利开学。

【落实中央关于民营经济统战工作部署】 制发贯彻中央关于民营经济统战工作的实施意见，调动自治区46个职能部门单位共同推进民营经济统战工作，推动落实各级领导干部定点联系民营企业和商会组织制度，自治区35名省级领导带头联系140家民营企业和商会组织，53名领导干部与284名民营经济代表人士开展谈心谈话。各级党委统战部、工商联联系走访民营企业、商会2960家，走访企业9640次，召开座谈会、联谊会1015场（次），解决问题904个。发布2020年内蒙古民营企业100强榜单和社会责任报告，健全完善"百企千人"人才库。

2020年12月12日，2020内蒙古民营企业100强发布会暨民营经济创新发展大讲堂在呼和浩特召开 （瑙甘塔拉）

【新的社会阶层人士统战工作】 深化"凝聚新力量，筑梦新时代"主题教育，以微博专栏形式推出"战疫有我"线上公益服务活动11期，举办"同心学习·奋斗圆梦"蒙新聚力公益讲堂、"建设清朗网络空间"主题沙龙等联谊活动。制定加强网络人士统战工作21条举措和细化分工方案，充实自治区网络评论"特种队伍"，召开新的社会阶层人士统战工作联席会议，制定关于加强实践创新基地建设实施方案，召开实践基地建设和网络人士统战工作现场会，推动新的社会阶层人士统战工作创新发展。

【党外干部队伍建设】 建立党外干部"双走访"制度，走访12个盟市委书记、组织部部长、统战部部长和部分区直单位主要领导，与150名党外干部谈心谈话，征求听取36个民主党派市委会意见。深入调查研究提出全区党外干部发现培养现状分析及对策，制定党外厅级处级干部培训工作计划，完成民主党派区委专职副主委和一、二级巡视员、党外正厅级领导干部人选推荐工作，全区全年提拔16名党外厅级干部。了解掌握319名自治区党外政协委员履职表现，撤销3名党外委员资格，推荐34名人选担任党外政府参事、妇代会代表，推荐7名民营企业管理人才入选"草原英才"。

【港澳台和海外工作】 推动国家和自治区惠台利民政策落实落细，为台企协调解决科技成果转化等资金700万元。制定内蒙古自治区加强台湾统战工作实施方案，建立两岸婚姻工作联席会议制度和婚姻信息共享机制。开展"内地港人"统计工作，筹备成立内蒙古中国和平统一促进会。加强与重点侨领、重要华商和参政华人等侨界重点人士的联系。出台《内蒙古侨联"侨胞之家"创建管理办法（试行）》，累计完成65个"侨胞之家"建设，全区旗县区及高校侨联组织扩大至61个。

【荣誉】

2020年统一战线工作取得了很多荣誉，下面用表格展示。在全国获奖集体和个人情况。

表9　2020年自治区统战系统获全国先进集体和个人情况表

获奖集体	获奖名称	评奖单位	获奖日期
自治区侨联	第八届新侨创新创业成果交流活动组工作奖	中国侨联	2020年11月
	第二届"侨商杯"法律知识竞赛组织奖三等奖	中国侨联	2020年12月
综合保障中心	2020年度全国统战信息工作三等奖	中央统战部	2021年1月
干部处	2020年度全国统战理论政策研究创新成果三等奖	中央统战部	2021年1月

获奖个人	获奖名称	评奖单位	获奖日期
史晴	全国侨联系统助力脱贫攻坚先进个人	中国侨联	2021年1月
杜鹏	全国侨联系统抗击新冠肺炎疫情先进个人	中国侨联	2021年1月

（王颖娜）

政策研究与改革工作

【概况】 中共内蒙古自治区委员会政策研究室是自治区党委负责综合性政策研究和决策咨询的工作机关，列自治区党委工作机关序列。中共内蒙古自治区委员会全面深化改革委员会办公室设在自治区党委政研室。自治区党委政研室（改革办）所属事业单位1个：改革研究中心。自治区党委政研室（改革办）有行政编制58名，改革研究中心现有事业编制11名，共有在编人员48人。

【文稿服务】 全年共起草、修改、把关各类文稿500多篇、400余万字。

【改革工作】 坚持抓谋划、促落实一体推进，探索形成自治区党委深改委会议专题学习、专题汇报、专题述职、专项评估、专项审议、专项部署的“六个一”规制。组织筹办深改委会议4次，协调提交会议审议重点改革方案17个、专题汇报述职14人次、专项评估报告6个，推动相关部门出台各类改革方案203个。发挥综合协调作用，向各地各部门印发年度工作要点、改革台账，加强同各专项小组和牵头部门、参加部门的沟通协调，提供改革指导和政策咨询服务，推动形成齐抓共管的工作合力。紧盯各领域改革任务落实进展情况，突出抓好重要领域、关键环节改革任务落实，开展中共十八届三中全会以来全面深化改革情况总体评估和8个重要领域评估。落实为基层减负要求，创新改革督察方式，配合有关部门开展督察3次，建立改革提醒催办督办制度，全年发出提醒单1张、催办单5张。注重改革经验的总结宣传，全年编发《内蒙古改革》《改革动态》64期，评选推出30个全面深化改革优秀案例。

【调查研究】 全年共形成调研成果28篇。完成《内蒙古自治区边境地区发展现状、发展难题及如何加快高质量发展的对策建议》，成果上报中央政研室。主动谋划开展重大调研活动，立足谋划“十四五”时期内蒙古经济社会发展，开展“十四五”时期内蒙古自治区发展环境重大变化、重大政策、重大改革、重大项目4个研究课题，全部形成调研成果。着眼疫情后复工复产、打赢脱贫攻坚战等重点工作组织开展调研。

【信息资讯】 《内蒙古工作》精心策划宣传主题和刊物版面，及时推出“铸牢中华民族共同体意识”“打赢疫情防控阻击战”等重点栏目。《区情手册》全方位宣传介绍内蒙古区情，增加“北疆党建”板块，全年发放1万册，为扩大内外交流提供服务。不断提高服务决策能力，《决策研究》重点报送事关全区改革发展的重大问题和人民群众关心的难点热点问题。增加《调查与研究》刊物，为自治区领导决策提供依据。全年共编辑《内蒙古工作》12期，编发《决策研究》7期、《调查与研究》16期。持续加强资料库建设，累积形成纸质档案资料400余套、电子资料8000多万字，为保障各项业务工作打牢基础。

（刘沛兵）

机构编制

【概况】 中共内蒙古自治区委员会机构编制委员会办公室是自治区党委机构编制委员会的办事机构，承担自治区党委机构编制委员会日常工作，为正厅级，列自治区党委工作机关序列，归口自治区党委组织部管理。现有行政编制49名。内设综合处、政策法规处（研究室）、改革处、机关机构编制处、事业机构编制处（事业单位改革处）、盟市旗县机构编制处、监督检查处、事业单位登记处8个职能处室与机关党委（机关纪委、人事处）。另设有正处级事业单位——政务和公益机构域名注册中心，有事业编制36名。

【做好机构改革“后半篇”文章】 自治区党委编办持续跟踪各部门运行情况，将工作重点放在机构职能全面融合、改革成果巩固提升上，推动部门严格按照“三定”规定更好履职尽责。针对个别部门间协调配合机制不够顺畅、职能职责边界不够清晰等问题，召开专题座谈会，对应急管理、市场监管等部门职责进行梳理界定，推动实现从“物理变化”到“化学反应”。通过组织开展督查评估、跟踪调研等方式，指导盟市、旗县（市、区）机构改革各项任务顺利完成。

【事业单位改革试点】 中央确定内蒙古自治区为全域改革试点后，自治区党委编办超前谋划、行动迅速，在全国第一批次完成方案拟制报批、第一个召开动员部署会、第一时间印发《实施意见》。在推进改革过程中，组织召开4次编委会、5次机构改革协调小组会议，研究改革具体工作。与机构改革协调小组成员单位就改革共性问题形成政策口径108条，操作规范138条，事业单位改革方案等6个模板。截至2020年底，完成自治区本级521家事业单位的“三定”批复工作，自治区本级事业单位改革试点工作基本完成，新组建机构已陆续按新的职能运行。通过“三审、四看、十把关”，经“五上五下”，用时2个月，批复12个盟市及满洲里市、二连浩特市改革实施方案，市县改革试点工作按时间节点有序推进中。通过改革，自治区本级事业单位由929个精简为521个，精简比例为44%；盟市由3880个精简为2400个，精简比例为38%，并实行限额管理。按照中央分类推进事业单位改革的总体部署，行政类事业单位改革全面完成，1.8万项行政职能实现合理归位。采取撤销、转企、剥离经营职能等方式，在全国率先完成全区247家经营类事业单位改革任务。

【苏木乡镇和街道改革】 按照自治区《关于深化苏木乡镇和街道改革推进基层整合审批服务执法力量的实施意见》要求，自治区党委编办强化组织实施，深入8个盟市、14个旗县（市、区）、24个苏木乡镇（街道）开展调研指导，组织4次视频调度培训会议，开展实地督查评估，指导督促各地落实落细改革任务。精干设置党政和事业机构，苏木乡镇和街道机构由最多的28个精简为9个以下，切实解决机构臃杂、职能分散、效率低下等问题。推动管理服务资源下沉，将各旗县设在苏木乡镇和街道的林工站、畜牧兽医站等1800余个站所、6000余名编制、5400余人下沉到一线。扩大基层用人自主权，鼓励从上往下跨层级调剂使用编制，实行编制分类管理、人员统筹使用，切实增强基层力量。积极推进基层审批服务便民化，将99项审批处罚权限下放，打通服务群众"最后一公里"。全面推行基层综合行政执法改革，苏木乡镇和涉农街道均成立了综合行政执法局，实行"一支队伍管执法"。明确属地管理责任，印发了《关于明晰旗县（市、区）部门与苏木乡镇（街道）主体责任和配合责任的通知》，确保责任清晰、履职到位。

【综合行政执法改革】 为切实解决多头执法、重复执法等行政执法领域突出问题，提高执法效能和群众满意度，自治区党委编办认真贯彻落实《关于深化交通运输、农牧业、生态环境保护、文化市场、市场监管综合行政执法改革的实施意见》精神，持续深化5个领域及其他领域综合行政执法改革。加大改革推动力度，采取视频会议、调研指导、实地督查等方式，指导督促改革任务落实落地。统一盟市、旗县（市、区）两级执法机构政策口径，制定设置标准，明确执法层级和权限。结合这次事业单位改革，进一步规范了执法机构职责权限、机构规格、队伍名称与层级设置。主动沟通协调自治区财政厅、司法厅、机关事务管理局等部门，推动制定乡镇综合行政执法用车标准与开展基层执法人员培训等工作，确保相关配套改革落实到位。为加强立法保障工作，自治区党委编办与自治区人大、司法厅制定出台《内蒙古自治区基层综合行政执法条例》，作为全国首部明确基层综合行政执法主体地位和执法事项的省级地方性法规，获评"自治区2020年度十大法治事件"。通过改革，自治区本级保留了生态环境和交通运输2支综合行政执法队伍，盟市由426支减少为144支，旗县由2436支减少为852支，精简率达65%以上。

【重点领域改革】 按照中央和自治区党委关于全面深化改革的部署要求，自治区党委编办统筹推进重点领域和关键环节改革。完成政法领域派驻纪检组使用政法专项编制置换工作。调整森林公安管理体制，由林草部门划归同级公安部门统一管理。规范盟市、旗县公安机关机构设置和领导职数，精简内设机构930余个，减幅达40%以上，得到公安部充分肯定。在全国率先研究制定《关于进一步规范开发区管理机构的意见》，规范机构设置、明确职能定位、理顺管理体制，切实提升园区发展活力。进一步扩大相对集中行政许可权改革试点，印发《关于深化相对集中行政许可权改革有关事宜的通知》，完成包头市、鄂尔多斯市等20个新增试点地区改革实施方案批复工作，推动试点地区营商环境逐步改善。推动经济发达镇行政管理体制改革，适应新型城镇化发展的体制机制基本形成。协同推进纪检监察、金融监管、科教文卫、国有林区、环保监察监测、行业协会商会脱钩、培训疗养等领域体制机制改革。

【优化配置机构编制资源】 自治区党委编办按照中央关于严控总量、创新管理的要求，在坚决守住编制底线不突破的前提下，科学配置教育、药品安全、应急管理、网络安全等重点领域机构编制资源，加大纪检监察、巡视巡察、森林草原防火、军民融合、政法等部门机构编制保障力度。调整优化住建、司法、商务、工信等部门内设机构设置，确保机构履职更加顺畅高效。全力服务疫情防控，强化全区综合疾病预防控制中心机构编制配置和职能配备。建立专家论证评估工作机制，聘请36名专家学者组成专家库，通过召开专家论证会、邀请参与课题研究和调研工作等形式，充分发挥好"外脑"和"智库"作用。结合事业单位改革试点，对撤销、转企后长期未办理注销的56家事业单位开展简易注销。不断深化自治区本级机构编制人员经费共享信息管理平台应用，并在区市县三级全面推广，发挥了机构编制在管理全流程中的基础性作用，被中央编办作为典型在全国推广。机构编制数据应用水平不断提升，统计工作全面加强，网上名称管理连续5年受到中央编办通报表彰。

【机构编制法定化】 自治区党委编办以贯彻落实《中国共产党机构编制工作条例》（以下简称《条例》）为着力点，加大机构编制法治建设力度，研究提出机构编制法规制度体系建设实施意见和三年行动计划。积极将《条例》纳入各级党校（行政学院）干部培训计划和教学内容，办领导班子成员进自治区党校宣讲解读，进一步增强各级领导干部学习贯彻《条例》的行动自觉。制定出台《普通高校人员总量核定标准（试行）》与《公办幼儿园机构编制标准》，助力全区教育事业不断健康发展。目前，已基本建成由10余项标准构成、涵盖主要公益服务领域的事业单位机构编制标准体系，为优化行业领域机构编制资源配置提供了制度保障。做好机构编制规范性文件合法性审查和备案工作，对区直521个事业单位机构职能编制批复和各盟市改革试点方案批复进行合法合规性审查，按要求对制定出台的规范性文件进行备案。

【强化机构编制监督检查】 自治区党委编办围绕党政机构改革、苏木乡镇和街道改革、综合行政执法改革、贯彻落实《中国共产党机构编制工作条例》、机构编制问题整改等五方面内容，对12个盟市、41个旗县（市、区）、87个苏木乡镇（街道）组织督查评估工作。在督查评估的基础上，按照中央部署，结合机构编制问题整改专项工作，开展全区超审批权限设置机构等自查自纠工作，全部完成问题整改。加强与巡视、审计等部门协调配合，推动将机构改革落实情况和机构编制纪律执行情况纳入自治区党委巡视内容。完善机构编制实名管理，指导盟市、旗县（市、区）进一步规范实名制系统数据。优化服务流程，简化事业单位列编注册程序，选取区直10家单位探索开展列编注册事项网上审理。审核批复全区公务员考录和区直事业单位招聘使用空编计划近万名，统筹安排高校、公立医院“绿色通道”引进人才和公开招聘使用空编计划。加大事业单位法人监管力度，组织做好统一社会信用代码赋码颁证工作，完成了848家事业单位法人的年报工作。加强日常登记管理服务，共办理区直机关、群团、事业单位法人登记事项570件。

（张鑫）

外事及港澳工作

【概况】 中共内蒙古自治区委员会外事工作委员会办公室（简称“自治区党委外事办”）是中共内蒙古自治区委员会外事工作委员会的办事机构，承担自治区党委外事工作委员会的日常工作，为正厅级，列自治区党委工作机关序列，与内蒙古自治区人民政府外事办公室合署办公，加挂内蒙古自治区人民政府港澳事务办公室牌子。内设8个业务处室（秘书处、出国审理处、国际合作处、俄蒙处、内蒙古自治区人民对外友好协会办公室、涉外管理处、港澳工作处、边界管理处），以及机关党委（人事处）、离退休人员工作处，机关行政编制44名，现在职37人。设3个事业单位，分别是内蒙古自治区对外友好交流中心（内蒙古自治区外事翻译中心）、内蒙古自治区因公出国（境）证照签证服务中心、内蒙古自治区边界信息采集中心，事业编制43名，在职37人。

【涉外疫情防控】

“快捷通道”和中蒙“绿色通道” 2020年7月3日，中蒙两国举行应对新冠肺炎疫情联防联控合作机制第二次会议，宣布建立并启动中蒙边境口岸“绿色通道”。该通道制度包括人员和货物往来两大部分。人员适用对象为两国从事陆路跨境货运的司机，从事商务、物流、生产和技术服务等领域以及参与重大合作项目的急需必要工人人员。根据国家相关要求，自治区党委外办第一时间牵头制定具体落实政策，在确保“外防输入”“人、物同防”的前提下，严格落实中蒙“绿色通道”制度，保障双方必要急需人员往来，实现口岸跨境货物通关量的进一步增加，助力双方在统筹推进疫情防控的同时确保重大项目复工复产。制定“快捷通道”相关工作方案，推动“快捷通道”建设。

与蒙俄毗邻地区疫情联防联控机制 建立中蒙疫情联防联控机制，支持边境盟市、旗市与蒙方的合作机制建设，统筹开展疫情防控。建立中国驻伊尔库茨克总领事馆、内蒙古自治区、俄后贝加尔边疆区三方疫情联防联控机制，以制度平台建设促进与俄毗邻地区防疫合作，为防范疫情跨境传播作出贡献。

首都机场分流呼和浩特国际航班应对处置 为做好防范境外疫情输入工作，民航局、外交部、卫健委、海关总署和移民管理局等国家五部委于2020年3月19日联合发布公告，将目的地为北京的部分国际航班的第一入境点调整至其他城市，内蒙古自治区呼和浩特市是第一入境点城市之一。自治区党委外事办按照国家和自治区防控要求，建立专项工作机制，科学有序落实分流国际航班涉外工作任务，包括调配多语种翻译（共计9人次）进驻防疫一线，做好外籍旅客流调工作；与机场、边检、海关等部门共同落实各项防控措施，全程闭环做好航班经停期间防控工作。

防疫工作指导督查 针对境外疫情变化特别是俄蒙的疫情发展变化情况，向各盟市印发关于做好涉外疫情防控的有关通知和工作要求，指导各盟市科学有序做好疫情防控工作。组织工作组赴满洲里、二连浩特、甘其毛都等地就口岸防疫和货物通关工作进行10余次实地督查和调研，开展相关工作，筑牢“外防输入、人物同防”防线，确保防控工作责任落实落细、落到一线，确保无外籍人员疑似和确诊病例。

防疫物资捐赠 在做好涉外疫情防控的背景下，积极开展国际抗疫互助合作。在疫情防控初期，协调外国民间组织向自治区捐赠防护服、口罩等防疫物资，有效缓解自治区防控压力。在全国疫情防控取得阶段性成果、国外疫情进入暴发期后，自治区党委外事办牵头开展自治区疫情防控对外捐助工作，向蒙古国、俄罗斯等12个国家捐赠口罩、防护服等防疫物资。

防疫信息发布 在自治区党委外事办门户网站设立“众志成城 抗击疫情”专栏，发布中、英、法、俄、蒙、日、韩七种文字的《内蒙古自治区外事办公室致在内蒙古外籍人士的倡议书》，介绍自治区防疫措施和定点医院名单。设立面向在自治区外国人24小时咨询求助电话，抽调英语、蒙古语、俄语、日语、法语、韩语翻译24小时值守，为在自治区外国人做好咨询服务。及时将自治区卫生健康委员会发布的《内蒙古自治区新冠肺炎疫情最新情况》翻译为英文版和蒙文版在自治区党委外事办官网发布。

内蒙古籍海外留学生防疫工作 动员有关盟市和部门，开展“大手拉小手”对口帮扶，做好关心关爱自治区海外留学人员和安抚留学人员家长工作。向海外内蒙古籍留学生捐助“侨爱心健康包”和相关防疫物资，缓解内蒙古籍留学生防疫压力，为凝聚人心、稳定局势做出贡献。

【对外交流】

布小林出席中蒙红十字会人道救助合作项目协议视频签约活动 2020年7月23日，中蒙红十字会人道救助合作项目协议签约活动以视频方式举行，中国内蒙古自治区主席、内蒙古自治区红十字会名誉会长布小林，蒙古国副总理议事办公厅主任任勒·赛依娜以及自治区红十字会和蒙古国红十字会有关人员在线出席。双方签署了《“一带一路·光明行”白内障患者人道救助计划蒙古国行动补充合作协议》《援建应急救护设备暨增加红十字应急救护师资培训的补充协议》《“一带一路”蒙古国眼科医生／视光师培训项目合作协议》。

布小林会见蒙古国驻华大使 8月6日，自治区主席布小林在呼和浩特市会见蒙古国驻华大使冈呼雅格。布小林回顾了中蒙两国、中国内蒙古自治区

与蒙古国的友好交往，表示内蒙古十分重视与蒙方加强抗疫合作，双方在逐步实现复工复产上取得了积极成效，希望能够进一步深化各领域交流合作。冈呼雅格对内蒙古为其在华履职期间提供的支持表示感谢，希望双方合作能够不断迈上新台阶。

布小林出席蒙古国向中国捐赠3万只羊交接仪式 10月22日，蒙古国向中国捐赠3万只羊交接仪式在二连浩特—扎门乌德口岸举行，自治区主席布小林及中蒙两国商务、外交等部门有关领导出席活动。首批4000只蒙古国捐赠羊入境中国。

自治区副主席在线参加中国东北地区和俄罗斯远东及贝加尔地区政府间合作委员会第三次会议 9月29日，自治区副主席黄志强应邀视频参加中国东北地区和俄罗斯远东及贝加尔地区政府间合作委员会第三次会议。会议由国务院副总理胡春华与俄罗斯副总理兼总统驻远东联邦区全权代表特鲁特涅夫共同主持。中俄双方政府部门、企业及地方代表出席会议。双方围绕投资合作和复工复产、口岸和跨境基础设施合作、地方合作等议题进行交流，达成多项合作成果。

自治区外办负责人参加"机遇与挑战·后疫情时代的中俄地方合作"视频会议 11月12日，自治区外办主任傅永春应邀参加由中俄友好、和平与发展委员会地方合作理事会主办的"机遇与挑战·后疫情时代的中俄地方合作"视频会议。中俄两国10个省州的领导和中国驻俄大使、俄驻华大使参会。双方参会代表总结了疫情期间合作情况，探讨了后疫情时代中俄地方合作的方法路径。

自治区副主席与蒙古国外交部国务秘书举行视频会晤 12月17日，自治区副主席欧阳晓辉在二连浩特市与蒙古国外交部国务秘书安哈巴亚尔举行视频会晤，就中蒙边境疫情防控和口岸合作有关事务进行了交流，达成了广泛共识。

【因公出国（境）和证照管理】 2020年，全区共派出各类因公出国（境）团组20批167人次，为39家企业办理了96张APEC卡，因公护照和赴港澳通行证收缴率继续保持100%。

【边界管理】 克服疫情影响，按照外交部要求，完成全年边管工作。将甘其毛都—嘎顺苏海图铁路口岸、珠恩嘎达布其—毕其格图铁路口岸、乌力吉—查干德勒乌拉公路口岸纳入2020年9月中蒙两国正式签署修订的《中蒙边境口岸及其管理制度协定》。2020年6月15—18日，在呼和浩特市对边境盟市及旗市外办进行业务培训，推动各地规范开展边界管理工作。指导边境盟市和旗市做好边境政策宣传。

【民间友好】 按照党中央和上级部门要求，开展国际友城抗疫合作。向近20个友城致函慰问，交流防疫经验，共享防疫信息，组织盟市向对口友城捐赠防疫物资，确保抗疫期间友城交往不断线。外方向自治区发来感谢信，表示将在疫情结束后继续深化与内蒙古在各领域的友好交流和务实合作。

支持内蒙古蒙医药学会、内蒙古医学会、内蒙古中医药学会、内蒙古老牛基金会等全区5家社会组织参加了"丝绸之路沿线民间组织合作网络国际抗疫在线系列交流"蒙古国专场活动。蒙古国人民党妇联、蒙古国社会民主青年联盟、蒙古国家公共卫生中心等蒙方代表参会。自治区医疗专家围绕"蒙医药在抗疫中的作用"主题进行了在线交流，分享了中国传统蒙医药学在患者临床治疗中的运用及效果，得到了其他参会代表的积极响应。组织自治区青少年参加第八届东北亚地区地方政府联合会青少年绘画作品征集并获奖。

【港澳工作】 2020年8月3—7日，香港特区政府驻北京办事处主任梁志仁率团考察访问内蒙古自治区，自治区主席布小林在呼和浩特会见了代表团一行。考察团还赴包头、鄂尔多斯与两地政府主要负责人会见并考察了相关企业。走访部分区内港资企业，了解企业经营情况，助力复工复产。参加香港特区政府驻京办和中国香港（地区）商会组织的"世界变局中的中国经济与香港未来"专题营商座谈会。完成"内蒙古公众开放日"活动相关报批和筹备工作，将择期在外交部驻香港特派员公署举办。

【海外领事保护】 结合自治区情况制作海外领事保护宣传视频、手册及卡片，与相关部门合作在全区各机场、出入境部门、广播电视台、影院等进行播放，推进12308领保热线深入人心。

【全区地方外办规范化建设暨干部培训会议召开】 自治区外办分别于8月27日和12月22日在二连浩特市和呼和浩特市召开了全区地方外办规范化建设暨干部培训会议东、西片会。各盟市外办主任和边境旗市外办主任参加会议。会议进一步推动全区外事系统深入学习领会习近平新时代中国特色社会主义思想，坚决贯彻习近平总书记对内蒙古的重要讲话重要指示批示和对地方外事工作的重要指示精神，加强各级外办规范化建设。

【荣誉】 二连浩特市外事办公室获评外交部首届"全国地方外事工作优秀集体"。呼伦贝尔市外事办公室及自治区7名边界干部被外交部评为"中俄联检工作先进集体和先进个人"。

（王睿聪）

党校教育

【概况】 内蒙古党校（行政学院）为实行参照公务员管理直属事业单位管理体制，内设哲学教研部、经济学教研部、政治学教研部、党史党建教研部、公共管理教研部、民族理论教研部、法学教研部、社会管理与文化教研部，办公室、教务处、科研处（决策咨询中心）、培训部、进修部、直属机关党员干部教育工作部、研究生部、组织人事处、总务处、计划财务处、信息技术部、编辑部、图书馆、机关党委、离退休人员工作处等23个处级机构；有教授18人、副教授38人；有享受国务院特殊津贴专家3人。

2020年成立内蒙古自治区党委党校直属机关分校。撤销后勤服务中心；增设直属机关党员干部教育工作部；

财务处更名为计划财务处、学员部更名为培训部、公务员培训部更名为进修部、离退休人员管理处更名为离退休人员工作处、社会管理与文化教研部更名为社会和生态文明教研部、民族理论教研部更名为民族理论与政策教研部、信息管理部更名为信息技术部、决策咨询研究中心更名为编辑部。

【干部教育培训】 2020年，举办各类班次30个，累计培训各级各类干部1938人次。其中，主体班班次有：第37-38期中青年干部培训班、第8期新任厅局级干部研讨班、第6期习近平新时代中国特色社会主义思想研修班、旗县区经济发展专题研讨班、第2期少数民族干部进修班，第4期全区党校（行政学院）系统骨干教师“习近平新时代中国特色社会主义思想和党的十九届五中全会精神”专题研修班，共7个班次，培训500人；党委轮训班有：1期全区领导干部加强和改进民族工作专题研讨班、1期自治区厅局级干部学习贯彻中共十九届五中全会精神专题轮训班，累计培训各级各类干部369人次；专题研讨班有：推进“脱贫攻坚与乡村振兴有机衔接”专题研讨班、“草原英才”习近平新时代中国特色社会主义思想研修班、意识形态工作专题研讨班、旗县（市、区）党校教学管理者学习贯彻“党校（行政学院）工作条例”专题研讨班、统一战线工作专题研讨班、依法治国与法治内蒙古建设专题研讨班、企业经营管理者研讨班、高校党政主要负责人专题研讨班，培训干部406人；接受党政机关事业单位委托培训班次6个，培训640余人。

【教学工作】 制定出台《打造用学术讲政治样板课2020年工作方案》《教员与学员双向学习制度》等制度规定；开展第二批“用学术讲政治”样板课打造工作；落实领导干部上讲台制度，自治区到校（院）作专题报告4次；聘请专家学者到校（院）作专题报告12次；建立“专家+学员+实际工作部门”集体备课模式；选派2批14名青年教师到中青班开展学习培训，组织23名教师赴深圳开展素质能力提升培训。

【科研咨询工作】 全年立项各类纵向项目9项，获得立项国家社科基金项目2项，获得立项全国党校（行政学院）系统重点课题3项、自治区社科项目4项；结项全国社科基金项目8项、全国党校（行政学院）系统重点课题4项和自治区社科基金项目4项；出版学术著作9部，在国家一级（或核心期刊）报刊发表文章18篇。

【学员管理】 制定出台《疫情防控期间学员管理实施细则》和应急处理预案，采用封闭式管理；组织学员围绕习近平总书记在2020年秋季学期中央党校（国家行政学院）中青年干部培训班开班式上的重要讲话精神和中共十九届五中全会精神开展专题学习研讨；健全完善学员党支部（班委会）工作制度，组织开展读书推介活动等。

【人才队伍建设】 招收博士生2人，硕士生6人，公开遴选国家公务员1人，选调1人，接收军队转业干部3人，当选自治区突出贡献专家1人；选派教职工参加中央党校（国家行政学院）骨干师资培训班等各类师资培训班15人次；制定《内蒙古党校（行政学院）参公序列人员平时考核工作实施方案(试行)》。

【业务指导】 开通内蒙古党校官方微信公众号；对盟市、旗县党校贯彻落实《条例》情况进行书面督查；召开基层党校常务副校长座谈会，交流研讨《条例》贯彻落实情况；举办全区旗县级党校教学管理者专题研讨班和师资培训班；围绕沿黄河几字湾都市圈城市群发展、等评审设立78项子课题。

（刘轶群）

直属机关党建工作

【概况】 自治区党委直属机关工委是自治区党委的派出机构，统一领导自治区直属机关党的工作。行政编制49名，事业编制14名。现有工作人员56人，其中厅级干部4名、二级巡视员1名，处级领导干部18名，一至四级调研员8名。设有办公室、组织部、宣传部、党建督查指导部、纪检监察工委、工会工委（统战部）、团工委、机关党委（人事处）、离退办，事业单位改革后，原工委党校、机关事务服务中心合并成立综合保障中心。截至2020年底，党组织关系隶属于工委的自治区直属机关单位94家（含工委自身），所辖党员59742人，基层党组织4933个，其中党委415个，总支部211个，党支部4307个。

【政治建设】 组织区直机关广大党员干部深刻学习领会、准确把握“两个维护”的极端重要性和核心要义，在履职尽责中提高政治站位，把好政治方向，落实政治要求。把《中共中央关于加强党的政治建设的意见》等党内法规纳入党组（党委）理论学习中心组、党支部“三会一课”内容，引导党员干部充分认识加强党的政治建设的重大意义。开展“践行‘三个表率’，创建让党中央放心、让人民群众满意的模范机关”活动，引导党员干部强化政治机关意识，进一步树牢“四个意识”，坚定“四个自信”，做到“两个维护”。采取定期调度、实地调研等方式，督促厅局单位扛起政治责任，扎实做好“不忘初心、牢记使命”主题教育“后半篇”文章。区直机关各单位在主题教育中查摆出的4159个问题，已经整改完成4142个，整改率达到99.59%。工委成立“建立‘不忘初心、牢记使命’长效机制”课题组，对巩固拓展主题教育成果进行调查研究，调研报告在《内蒙古工作》刊发。围绕加强和改进民族工作，召开区直机关党委书记紧急工作会议，部署开展“铸牢中华民族共同体意识”专题学习，举办党的民族理论和民族政策档案文献展，共接待440个团体、5.8万人次参观，举办加强和改进区直机关民族工作专题培训会，教育引导区直机关党员干部树立正确的历史观、国家观、民族观、文化观、宗教观。

【思想建设】 引导区直机关党员干部持续在学懂弄通做实上下功夫，突出抓好机关党委的领学工作，围绕学习贯彻《习近平谈治国理政》第三卷和习近平总书记重要讲话精神，对160多名机关党委专职副书记和党务干部进行专题培训，制定落实《区直机关党组（党委）理论学习中心组学习巡听旁听实施细则》，巡听旁听面达到50%以上。全年区直机关举办党员干部培训班812期，累计培训6.9万多人次。筹集近40万元资金，为基层党组织订阅了党报党刊。重视青年理论学习，制定下发《自治区直属机关建立青年理论学习小组指导意见》，区直机关共成立青年理论学习小组1266个，覆盖人数24351人，开展学习活动3611次。印发《落实意识形态责任制实施意见》《区直机关意识形态工作责任制落实座谈会重点工作任务》，把意识形态工作纳入党建工作责任制范畴进行考核。引导区直机关各级党组织加强思想政治工作，丰富工作载体，一体推进思想政治工作与机关文化建设。召开区直机关志愿服务工作座谈会，交流经验做法。5个志愿服务基地、6支专业志愿服务队工作步入常态化、制度化。

【组织建设】 制定党组（党委）、机关党委、党支部责任清单，完善党建考核办法，调整组织述职评议办法为片区日常监控、部门职能监控、现场综合督查、年度述职评议相结合的综合年度考核机制，明责、考责、问责。约谈10个没有按期换届的机关党委。配合事业单位改革需要，调整优化组织设置，实现党的组织和工作全覆盖。推出29项机关党建优秀案例，促进党建工作重在平时、抓在经常、积极创新。区直单位党组（党委）主动落实机关党建主体责任。落实《中国共产党党和国家机关基层组织工作条例》《中国共产党支部工作条例（试行）》，制定实施《区直机关推进"五化协同"和创建"最强党支部"的实施意见》，举办创建工作实训示范班，组织召开党建工作现场观摩会，交流开展"五化协同、大抓基层"和"最强党支部"创建工作经验做法。区直机关各级党组织书记和班子成员建立1342个"最强党支部"联系点。推动广大机关党员干部在服务全区疫情防控工作、决战脱贫攻坚中继续打头阵、当先锋，在服务全区改革发展稳定大局中走在前、作表率。先后举办了抗疫个人故事分享会和"我的扶贫故事"电视分享会暨主题党日活动，取得了较好社会效果。在抗击新冠肺炎疫情斗争中，组织4297名区直机关党员干部包联首府279个社区，发动7万多名党员干部捐款1720万元，为医疗机构党组织紧急拨款76万元，158人"火线入党"，区直1个单位被表彰为全国抗疫先进集体、6人被评为全国抗疫先进个人、1个基层单位被党中央表彰为抗疫先进党组织。

【党风廉政建设】 制定落实《自治区直属机关机关纪委监督责任清单》，明确政治监督、专项监督、日常监督3个方面、23项具体任务，指导各机关纪委实施精准监督，举办机关纪检业务专题研讨班，提升纪检干部履行职责、精准监督能力，出具70批、702人（次）的党风廉政意见，预防干部带病提拔、带病上岗。全年接收案件102件，同比增长17.2%，给予党纪处分27人、政务处分23人，给予党纪、政务双处分24人，受到其他处理5人，答复派驻纪检监察组案件审查调查60余件次。制定落实纪检工作年度考核方案和实施细则，落实定期报告工作制度，强化统计分析运用，及时掌握廉政工作情况。严格做好机关纪委书记和委员人选审核把关，认真审批13个机关纪委换届、60名专职机关纪委书记任职，推动区直机关纪检机构更加健全，纪检干部专业化水平、年轻化程度进一步提升。

【帮扶工作】 完成定点帮扶兴安盟、乌兰察布市贫困嘎查（村）等工作任务，助推自治区打赢脱贫攻坚战。派出工作组开展明察暗访，着力解决驻村干部不按要求驻村和"两头挂"等问题，有效完成中央巡视"回头看"和国家成效考核反馈意见整改工作。定点帮扶工作开展以来，157个单位累计投入资金109.36亿元，其中帮扶点投入35.83亿元、延伸帮扶投入73.53亿元，把被帮扶贫困村民人均纯收入从1510元提高到10066元。

【统战工作】 在区直机关开展《党员领导干部联系党外知识分子》试点工作，培养爱党敬业的党外知识分子骨干。对区直机关各厅局及所属单位进行党外知识分子摸底调查，按照职级和技术职称分类统计直属机关党外知识分子成员名单。

【群团工作】 持续推动工会组织延伸扩面，区直机关工会组织达100个，完成对25个厅局工会组织成立、换届、改选批复工作。持续推动职工医疗互助保障工作，入会单位达334家，入会职工达46636人。推选出席自治区妇女第十二次代表大会代表82名。成立内蒙古自治区区直机关女职工培训基地，为区直机关女职工充实新知识、提升新技能、强化综合素质提供更好的便利条件。持续推动以"智志双扶助脱贫"为重点的青年素质提升工程，形成5大类19个项目，为青年干部成长锻炼搭建平台，累计投入各类物资近400万元，惠及贫困群众7000余人。

（杨艳红）

党史和文献研究

【概况】 中共内蒙古自治区委员会党史和文献研究室为自治区党委直属公益一类（以下简称"自治区党委党史和文献研究室"）事业单位，机构规格相当于正厅级。全室参照公务员管理，编制42名。内设8个处室：办公室、征研一处、征研二处、征研三处、宣传教育处、文献编辑处、乌兰夫研究会办公室、机关党委（人事处）。

2020年，自治区党委党史和文献研究室坚持"政治建室、研究立室、依规治室"，紧紧围绕自治区党委中心工作，积极开展党史研究、党史宣传教育、党史和文献资料征编等工作，积极发挥了党史和文献工作"存史述史、资政育人"的职能作用。

【党史正本编撰 出版】 全力推进《中国共产党内蒙古历史》（第一卷）编撰、出版工作。完成《中国共产党内蒙古历史》（第二卷）档案资料查询工作。启动《中国共产党内蒙古历史》（第三卷）相关编撰工作。

【党史宣传教育】 完成《内蒙古党史》全年发行任务。创建了"内蒙古党史"

微信公众号。重新改版设计了内蒙古党史网。在内蒙古党史网和“内蒙古党史”微信公众号开设“中国人民抗日战争暨世界反法西斯战争胜利75周年”“中国人民志愿军抗美援朝出国作战70周年”专题页面，重点登载自治区抗战时期的重大历史事件、参加抗美援朝等研究宣传成果、抗战时期牺牲烈士和志愿军英烈事迹。委托设计、制作微信表情包，用以传播党史知识、扩大党史部门影响。成立青年理论学习小组，组建“四史”青年志愿宣讲团开展宣讲。举办党史宣讲比赛，充分挖掘室内宣讲人才。邀请党史专家、学者亲临讲授业务知识，进一步提升专业素养、夯实理论基础。为“智志双扶助脱贫”项目贺龙指挥部旧址录制主题党课。参与自治区党委宣传部“红色百年”项目。

【党史编研】 与呼和浩特市委宣传部联合摄制大青山抗日根据地革命历史纪录片《青山铭记》。为《内蒙古新闻联播》专栏提供资料素材并接受采访。协助内蒙古大学《草原明珠》纪录片摄制组完成相关访谈项目。参加中影集团纪录片《战集宁》脚本审读、片样审看和访谈。全年完成近30项审读审看任务。完成《内蒙古防控新冠肺炎疫情》初稿，正在编撰图书《人民至上防疫至上——内蒙古自治区新冠肺炎疫情防控实录》。

（尚虎成）

档案工作

【概况】 内蒙古自治区档案局（馆）是自治区党委和政府管理全区档案事业的职能部门，又是其所属部门、群众团体、相关企事业单位的档案保管基地。总编制132名，实有104人，其中参照公务员管理事业编制108人，实有82人，全额拨款事业编制24人，实有22人。内设12个处室和2个二级单位，即办公室、人事教育处（机关党委）、离退休干部管理处、法规处、档案馆室业务监督指导处、经济档案业务监督指导处、收集整理部、蒙文档案部、科技部、信息技术处、保管利用部、编目编研部和机关事务服务中心、档案教育与研究中心。

2018年11月3日，内蒙古自治区党委办公厅、自治区人民政府办公厅印发《内蒙古自治区机构改革实施意见》，将自治区档案局（自治区档案馆）的行政职能划入自治区党委办公厅，对外加挂自治区档案局牌子。自治区档案馆为自治区党委直属事业单位。2019年11月，中共内蒙古自治区委员会机构编制委员会办公室印发《关于内蒙古自治区档案局（馆）变更机构名称的批复》，将自治区档案局（馆）机构名称变更为内蒙古自治区档案馆。2020年12月，内蒙古自治区党委办公厅印发《内蒙古自治区档案馆职能配置、内设机构和人员编制规定》，确定内蒙古自治区档案馆为自治区党委直属公益一类事业单位，机构规格相当于正厅级。内蒙古自治区档案馆受档案主管部门委托，开展相关的档案行政工作，涉及研究拟订档案工作相关地方性法规、规章草案及档案事业发展规划，承担监督指导全区档案业务工作相关行政辅助性工作，开展档案行政执法相关行政辅助性工作等。内蒙古自治区档案馆实行馆务会领导体制，事业编制共100人，内设11个处室。设置所属事业单位1个，人员编制另行规定。

【服务自治区中心工作】

抗击新冠肺炎疫情服务工作 新冠肺炎疫情发生后，自治区档案馆积极主动介入，发挥档案独特作用，及时把2003年非典时期形成的档案资料汇编呈送自治区防疫指挥部，为领导决策等提供参考。同时积极采取措施，在闭馆的情况下，采用电话、网络查询等方式继续提供查档服务。及时印发《关于做好新型冠状病毒感染肺炎疫情防控档案工作的指导意见》，派出专业人员进驻自治区防疫指挥部，建立工作机制，制定工作方案，确保防疫档案应收尽收。印发《内蒙古自治区档案馆关于面向社会各界征集抗击新冠肺炎疫情工作相关档案资料的公告》《致援鄂医护人员的一封信》，建立援鄂医护人员微信群，与北方新报、援鄂医护人员等召开三次捐赠座谈会，广泛征集防疫一线档案资料。向湖北省档案馆、武汉市档案馆及相关市县档案馆发函，请求协助征集反映内蒙古医护人员援鄂相关资料。到2020年底，共征集整理文件13250件，数码照片5206张，声像资料1186个，疫情网站链接710个，实物323件，微信公众号文章457篇。

服务涉煤专项整治工作 内蒙古自治区煤炭资源领域倒查20年违规违法专项整治进入核查阶段，自治区档案馆积极参与，组成专门小组，对专项整治档案工作进行指导，并做好档案接收进馆工作。至2020年底，共接收12个盟市3800多家企业涉煤核查文件6800余盒。共接待“煤炭资源领域违规违法问题专项整治”利用364人次，为有关部门提供档案1540卷（件），提供档案复印件21329页。以此为契机，2020年11月，以自治区党委办公厅、政府办公厅名义印发《关于进一步加强和改进全区档案工作的意见》，从完善档案工作管理体制、加强档案信息资源建设、推进档案信息化管理等方面提出具体要求和措施，对规范和促进全区档案工作具有指导意义。

服务“三大攻坚战” 加大对机构改革中涉改部门和单位档案工作的指导力度，确保档案交接安全完整。继续配合自治区扶贫办开展精准扶贫工作，跟踪指导赤峰市巴林左旗碧流台镇漫撒子沟村等地的精准扶贫档案工作。协助自治区污染源普查领导小组办公室做好全区全国第二次污染源普查档案监督指导和培训工作，完成对12个盟市的污染源普查档案工作专项验收。

【依法行政】 清理变相审批和行政许可监督检查，对局、馆内直接面向公民、法人和其他组织的在管理方式上具有行政许可特征的管理措施进行全面梳理，未发现存在变相行政许可事项。入驻自治区政务服务网上办事大厅。梳理局、馆权责清单，将其中属行政许可、行政审批、其他行政权力类事项共8

项入驻自治区政务服务网上办事大厅，并全部开通网上咨询服务，实现在线申办，方便人民群众。

【档案利用】 自治区档案馆档案数字化工作按年度计划进行，完成纸质档案611万页数字化任务，已完成馆藏永久档案61.82%。导入数字化成果案卷目录33062条，卷内目录498011条，挂接图片4079942张，约4.5T。建立馆藏零散档案、印章档案、票证档案、徽章档案、袖章档案、日伪档案、宣传品档案数据库，共计导入目录38956条，挂接电子原文1140件。为迎接建党100周年，建设《革命烈士英名录》数据库，收入数据17000余条。

【档案资源建设】 为落实习近平总书记“要加强对蒙古文古籍的搜集、整理和保护，挖掘弘扬蕴含其中的民族团结进步思想内涵”要求，系统整理馆藏蒙古文档案，完成馆藏蒙古文历史档案整理6万多件，拟写文件目录并翻译、录入蒙、汉文目录64516条，与内蒙古鄂温克研究会合作翻译出版《清代布特哈东、西两路总管衙门满文档案》，与新巴尔虎左旗政协合作出版《新巴尔虎左旗满文档案汇编》，为蒙古文档案的科学、规范管理和进一步开发利用奠定了基础。

贯彻落实自治区领导重要批示精神，大力推进音像档案抢救与收集工作，制定《关于加强和改进音像档案工作的实施方案》《音像档案征集接收工作实施方案》等，2020年底，已接收自治区民委、自治区人防办、乌兰察布日报社等移交的音像档案。

举办民间收藏家巴特尔、傅娜英夫妇档案捐赠会，征集到反映内蒙古历史的地图、唱片、照片、藏文经书等1241件。征集兵团档案、家谱档案、文献资料等不同内容、不同种类档案文献资料500余件（册、张）。完成馆藏1600余枚印章档案汇编印制工作，成为自治区档案馆的一张新名片。落实自治区人大代表建议，收集有关满泰将军历史档案资料。

【档案宣传】 运用新媒体、融媒体技术助力档案宣传。贯彻落实习近平总书记让历史说话，用史实发言指示精神，开通内蒙古自治区档案馆微博、抖音公众账号，与内蒙古自治区档案信息网、内蒙古档案信息微信公众号形成立体化档案宣传新媒体平台系统。成立“讲好档案背后的故事”编委会，开辟“档案背后的故事”专栏，选题102个档案故事，已发表13篇，点击量达5641次。

结合纪念抗战胜利75周年，配合中央电视台、内蒙古电视台开展馆藏革命历史档案宣传报道。中央电视台13套新闻直播间报道了题为“内蒙古：揭露日军侵华罪行，千余件档案完成编译”新闻。

（郭鹏飞）

离退休干部事务

【概况】 内蒙古自治区党委老干部局（以下简称“老干部局”）为自治区党委工作机关，归口自治区党委组织部管理。机关内设办公室、政治待遇处、生活待遇处、社会服务指导处、文化活动指导处、直属离退休人员工作一处、直属离退休人员工作二处、直属离退休人员工作三处、机关党委（人事处）、关心下一代工作委员会办公室，核定编制58名。下设老干部局综合保障中心、自治区老干部活动中心、内蒙古老年大学3个局属单位。

2020年，事业单位机构改革中，撤销自治区原党委老干部局机关事务服务中心、自治区直属机关干部休养所、自治区养老公寓管理中心，成立自治区党委老干部局综合保障中心，为老干部局所属正处级公益一类事业单位，核定事业编制26名。主要负责贯彻落实中央和自治区党委关于离退休干部工作的方针政策和决策部署，承担对自治区原直属机关干部休养所住所离休干部和本所离退休人员的管理服务工作；承担老干部入住养老公寓有关问题的协调和日常运营服务质量监管，承担离退休人员健康休养调查研究工作；承担机关和中心区域综合治理、安全防范、后勤服务、国有资产管理等辅助性事务性工作。

【思想政治建设】 召开自治区直属机关离退休干部形势通报会，自治区党委常委、自治区常务副主席马学军通报自治区经济社会发展情况。组织省级离退休干部参加自治区重要会议和重大活动，编发《离退休干部学习手册》4期2000余册，组织收看中组部举办的全国离退休干部网上专题报告会3场次。

【走访慰问】 为10名参加过抗美援

颁发“中国人民志愿军抗美援朝出国作战70周年”纪念章　（高昌）

朝出国作战的老战士老同志颁发“中国人民志愿军抗美援朝出国作战70周年”纪念章。上门走访省级离退休干部，听取老同志意见和建议。重大节日和老同志生病住院、家庭发生重大变故及时走访看望，分组赴13个省市慰问42名易地安置离休干部。

【组织建设】 督查落实旗县（市、区）离退休干部党组织书记工作补助，有102个旗县（市、区）落实到位。对全区离退休干部党建工作开展调研，形成《加强和改进新时代离退休干部党建工作的调研与思考》报告。办好“内蒙古离退休干部党员之家”微信公众号，编发图文信息近2000条，关注人数近3万人。

【办实事解难事】 做好离退休干部来信、来访、来电及上级单位交办的信访件121人次。帮扶32名有特殊困难的离退休干部，发放帮扶资金16万元。协调相关部门通过资产置换方式，将呼和浩特市委党校旧址作为自治区老干部活动学习场所使用。继续推进自治区养老公寓运营前期准备工作。

【“我看脱贫攻坚新成就”专题调研】 在全区离退休干部中开展“我看脱贫攻坚新成就”专题调研，共访谈省级离退休干部28名，召开各类座谈会88场次，4500多名老同志参与座谈，为脱贫攻坚取得的成就加油点赞。

【助力脱贫攻坚】 持续开展离退休干部助力脱贫攻坚志愿服务行动，组织引导老同志在党建、科技、教育、文化、健康等领域发展优势作用、助力脱贫攻坚。全区组建220多支离退休干部志愿服务队，5000多名老同志参与志愿服务。

【表彰集体和先进个人】 召开全区离退休干部先进集体和先进个人表彰大会暨全区老干部局长会议，表彰52个先进集体和112名先进个人。自治区党委书记、人大常委会主任石泰峰在会前作出批示，自治区党委常委、组织部部长杨伟东出席会议并讲话。依托各类媒体平台，宣传“双先”典型事迹。

【自身建设】 在呼和浩特市清水河县老牛坡党员干部教育中心举办中青年干部培训班，局系统45名干部参加培训。组织开展学习习近平总书记关于老干部工作重要论述答题活动。选派优秀年轻干部到贫困地区挂职锻炼或驻村帮扶，在脱贫攻坚一线培养锻炼干部，提升能力素质。

老干部局系统中青年干部培训班　（赵巨）

【“三化”建设】 推进自治区离退休干部服务管理系统建设，启用政务钉钉协同办公系统。指导10个盟市建立老年消费教育基地，举办老年消费教育讲座和主题活动。指导各级老年大学开展人口老龄化国情教育。结合自治区“最强党支部”创建活动，促进离退休干部基层党组织建设规范化。围绕老干部工作信息化、精准化、规范化建设开展调研，形成《持续加强“三化”建设，推动老干部工作高质量发展调研报告》。

【做好定点帮扶工作】 调研兴安盟科右前旗新艾里嘎查定点帮扶工作。协调15万元扶贫资金支持帮扶点发展肉牛养殖产业。投入1.4万元为3户贫困户装修改造住房，投入1.7万元为嘎查购置铡草机、电机水泵等设施。

（高昌盛）

《实践》杂志

【概况】 实践杂志社是自治区党委直属正厅级事业单位，以编辑出版《实践》杂志为中心任务。2020年，实践杂志社围绕自治区党委、政府中心工作，发挥党媒的舆论引导作用，宣传习近平新时代中国特色社会主义思想和党的十九大精神及自治区党委的重大决策部署，党刊的思想理论阵地和新闻舆论阵地作用进一步增强；推动媒体融合发展，提升传播力影响力；“学习强国”内蒙古学习平台学用工作不断加强；完善修订工作制度和内部管理制度，严格制度执行，行政管理服务水平进一步提升。杂志社已形成《实践》（思想理论版、党的教育版、蒙文版）三本主刊、《内蒙古宣传思想文化工作》（蒙汉文版）《中心组学习》三本专刊、《农牧民天地》《大众书法》两本主办刊物以及“学习强国”内蒙古学习平台、实践杂志网、内蒙古文明网、“北疆理论风景线”等微信公众号、“实践融媒”微博、创新头条号和抖音号等新媒体平台联动宣传的格局。截至2020年底，机构编制管理部门核定事业编制81名，在岗在编人员68人。全社共有11个职能部门，分别为办公室、总编室、第一编辑部、融媒体产品制作传播部、“学习强国”内蒙古学习平台服务中心、网络运维部、通联部、第二编辑部、专刊部、机关党委、离退休人员工作处（2020

年12月30日，经自治区党委办公厅批准新成立的部门）。

【党刊宣传】《实践》期刊、网站、微博、头条号等各平台持续宣传阐释习近平新时代中国特色社会主义思想。跟进刊登译发习近平总书记重要讲话原文，采取专家辅导、专题问答等形式推出系列理论解读文章；开设“头条”专栏，集中宣传报道习近平总书记在重要会议、重要活动上发表的重要讲话和重要指示批示；开设“总书记的深情牵挂”专栏，通过“每天一句”等形式宣传阐释习近平新时代中国特色社会主义思想；开设“学习论理”栏目每日选取习近平总书记重要讲话“金句”进行解读。特别是围绕《习近平谈治国理政》第三卷推出的71期“学习日记”系列长图，“学习强国”总平台以“专题”形式播出，排在习近平总书记新闻报道之后，阅读量超过6500万。

围绕疫情防控阻击战，开设《众志成城战疫情保六稳》专栏，推出系列微视频等2800多个作品产品，阅读量接近3亿人次。各宣传平台开设决战决胜脱贫攻坚专题专栏，持续发布习近平总书记关于扶贫工作的讲话金句，制作推出理论宣讲短视频，策划推出系列典型事迹报道。原创系列微动漫《决战决胜脱贫攻坚60热问》，阅读量达到250万+。围绕“全国两会”，各平台推出两会专题报道，《特别策划》栏目推出“坐着高铁看敕勒川”特别报道，《草原阿爸进京记》等系列作品阅读点均达到200万+。围绕五中全会精神，推出“开启新征程砥砺谱新篇”专题报道，对全会进行全面报道；围绕全面加强国家通用语言文字教育，推出系列理论文章与言论评论，制作长图、海报等原创融媒体产品。《关于统编教材，权威答案都在这！》微信公众号单篇阅读量达到10万＋。围绕自治区两会，开展专题报道，原创系列海报《代表委员有话说》27张，被各大媒体平台转载转发；围绕品牌内蒙古，推出“内蒙古味道香飘万里”专题报道，推出系列动漫、言论等融媒体产品，很多作品获得百万+、千万+的点击量。

【媒体融合发展】深入贯彻中央《关于加快推进媒体深度融合发展的指导意见》和自治区《深化事业单位改革试点实施意见》的精神，创新体制机制，推进党刊融合改革发展。构建全媒体党刊运行机构。开展内部机构改革，强化总编室等部门职能，充分发挥指挥调度作用；合并《实践》思想理论版编辑部和党的教育版编辑部组建第一编辑部；合并通联发行部和广告策划部组建通联部；新成立“学习强国”内蒙古学习平台服务中心、融媒体产品制作传播部、离退休人员工作处；强化网络事业部职能，成立网络运维部；规范蒙文版编辑部名称为第二编辑部；明确部室职责、整合人力资源，确定全媒体运行组织架构。强化全媒体策划调度。充分发挥杂志社党组领导的编委会统筹作用，建立全媒体采访运行机制，由总编室对对各业务部门、各宣传平台、各工作环节进行统一调度、一体策划。打造融媒体《实践》期刊。对《实践》纸媒期刊在栏目设置等方面进行全新改版，对“北疆理论风景线”等微信公众号进行改版，同时进一步优化网站，加强实践头条号和抖音号内容策划。建设融媒体中心。融媒体中心主要包括指挥调度大屏、演播室、访谈室、VR制作室等。

【“学习强国”内蒙古学习平台】2020年初，制定印发《“学习强国”内蒙古学习平台深化提质方案》，对平台学用建设推广工作进行大胆探索：推出“学习强国”全国首款卡通形象“苏日娜”，并打造成理论宣讲品牌，推出系列融媒体产品；组织开展“凡人金句”“抗击疫情我在岗”“加油•家有”等系列作品征集活动；对全区1200多名负责人、管理员、通讯员进行线上培训；开展“‘学习强国’党员一带二”进“四区”（社区、农区、牧区、林区）活动，引导带动10万余名群众使用“学习强国”；在包头市设立“学习强国”朗读亭，在鄂尔多斯市建立“学习强国”学习驿站。2020年，“学习强国”内蒙古学习平台共刊发稿件17900篇（件、个），其中图文稿件11000篇，视频作品5700件，图集、音频集1200个。平台有47533个各级管理组、66239名管理员，463个通讯站、845名通讯员，学员数量接近200万，学用和积分情况排在全国第十名左右。

【内蒙古新时代文明实践指挥调度平台】为落实中央和自治区党委关于建设新时代文明实践中心的要求，推进全区文明志愿服务工作，杂志社率先建设完成新时代文明实践指挥调度平台，平台设置志愿服务资源信息、基层群众需求信息、群众评单和组织验单考核评价、预警、宣传展示、媒介

4月22—23日，内蒙古新时代文明实践指挥调度平台在锡林郭勒盟举办培训　（刘佳）

链接等6个系统，为全区各级新时代文明实践中心（站、所）提供志愿服务资源信息，实现全区志愿服务资源与基层群众需求有效对接。平台不仅在苏尼特右旗、察右中旗、新城区进行了试点，还在其他40个试点旗县完成了部署，全区共有2367个志愿服务队入驻该平台，400多位新时代文明实践中心所站工作人员在该平台注册并开展工作。

【内蒙古文明网】 2020年，对内蒙古文明网网站进行全新改版；新增“新时代文明实践”电视APP的内容生产工作。内蒙古文明网开设《文明创建》《志愿服务》《文明视角》等16个专栏，推出《内蒙古精神文明建设公益广告》等15个专题，网站全年发稿5065篇，微信发稿1457篇，微博发稿2017篇，粉丝人数从年初的17.1万增加到现在的37.5万，增长了20.4万。

（李冉）

内蒙古自治区人民代表大会

综　述

【概况】 2020年，内蒙古自治区人大常委会坚持以习近平新时代中国特色社会主义思想为指导，深入贯彻党的十九大和十九届二中、三中、四中、五中全会精神，深入贯彻习近平法治思想、习近平总书记关于坚持和完善人民代表大会制度的重要思想，在自治区党委的领导下，强化政治机关定位，坚定执行党领导人大工作的各项制度，全年就重点工作、重大事项向自治区党委请示报告61次，确保党中央重大决策部署和自治区党委工作要求在人大落实到位。着力推进重点领域立法，全年制定地方性法规10部，审查批准设区的市和自治旗地方性法规、单行条例24部，积极开展创制性立法，在全国率先制定自治区基层综合行政执法条例，依法赋予苏木乡镇人民政府和街道办事处综合行政执法主体地位。围绕食品药品安全、煤炭资源整治、动物防疫和野生动物保护、公共卫生安全、民族工作和实施民法典6个领域开展法规专项清理，完成16部法规的修改、废止工作，以实际行动维护国家法治统一。全面履行法定监督职责，听取和审议“一府两院”专项工作报告22项，对4部法律法规实施情况开展执法检查，组织5次专题询问和满意度测评，开展5项执法调研和专题调研，对78件规范性文件进行备案审查。持续深化“首次监督问题清单制”和“跟踪监督问题清单销号制”，对3个问题清单进行跟踪监督，切实推动解决实际问题。进一步拓展深化人大监督工作，首次对自治区监察委员会工作进行集体视察。依法行使重大事项决定权和人事任免权，作出批准关于发行2020年新增政府债券、自治区矿产资源税适用税率税法授权事项等决议决定8件；任免国家机关工作人员320人。全力支持人大代表依法履职，尊重代表主体地位，密切常委会同代表的联系，多措并举服务保障代表发挥职能作用，20件议案、665件建议全部办理完毕并答复代表。

内蒙古自治区第十三届人民代表大会设有法制、财政经济、教育科学文化卫生、社会建设4个专门委员会。内蒙古自治区第十三届人民代表大会常务委员会（以下简称“自治区人大常委会”）下设办公厅、民族侨务外事工作委员会、内务司法工作委员会、财政经济工作委员会、教育科学文化卫生工作委员会、法制工作委员会、农牧业工作委员会、环境资源城乡建设工作委员会、人事代表选举工作委员会共9个正厅级机构，1个副厅级机构（研究室）。机关内设处级机构35个，其中行政处室31个、事业单位4个（机关事务服务局、内蒙古人大杂志社、自治区人民会堂管理处、电子政务服务中心），核定行政编制167名，核定事业编制93名。

【内蒙古自治区第十三届人民代表大会第三次会议】 1月12—16日，内蒙古自治区第十三届人民代表大会第三次会议在呼和浩特市召开，大会通过了内蒙古自治区第十三届人民代表大会第三次会议关于政府工作报告的决议、关于自治区2019年国民经济和社会发展计划执行情况与2020年国民经济和社会发展计划的决议、关于自治区2019年预算执行情况和2020年预算的决议、关于自治区人民代表大会常务委员会工作报告的决议、关于自治区高级人民法院工作报告的决议、关于自治区人民检察院工作报告的决议。大会补选石泰峰为内蒙古自治区第十三届人民代表大会常务委员会主任，张院忠为副主任，邓月楼、毕力夫、张平江、张英奎、张国忠、萨仁等为委员。会议期间，代表团或者代表10人以上联名提出议案29件，经议案审查委员会审查，将制定《内蒙古自治区优化营商环境条例》等20件案由明确、案据充分、方案具体、符合立案条件的议案确认为大会议案，议案交自治区人大及其常委会相关委员会研究并提出办理意见，其他9件中，6件属于自治区人民政府职权范围内的事项、2件不符合议案构成要件，由代表以建议、批评和意见的形式提出，1件内容相同，作并案处理。会议期间，收到代表建议665件，其中，工交计划方面的建议171件，占25.7%；教科文卫方面的建议139件，占20.9%；农林牧水方面的建议97件，占14.6%；城建环保方面的建议89件，占13.4%；社会民生方面的建议76件，占11.4%；财税金融方面的建议36件，占5.4%；法制建设方面的建议20件，占3%；其他方面的建议37件，占5.6%。自治区党委书记、人大常委会主任石泰峰在闭幕会上发表讲话。

【内蒙古代表团参加十三届全国人大三次会议】 5月22—28日，十三届全国人大三次会议在北京举行，内蒙古代表团60名代表全部出席会议。会议期间，习近平总书记到内蒙古代表团参加审议并发表重要讲话。代表们聚焦党和国家工作大局，聚焦人民群众关心关切，认真审议政府工作报告等各项报告，认真审议《中华人民共和国民法典》。对标中央“六稳”“六保”要求，紧扣以生态优先、绿色发展为导向的高质量发展新路子这一党中央对内蒙古高质量发展的战略定位，切合内蒙古发展需要，认真履行宪法和法律赋予的职责，积极提出建议。会议期间，代表们提出建议174件，其中以全团名义向大会提出“关于创建国家生态文明试验区的建议”和“将乌梁素海生态修复补水专用通道工程列为国家重点项目的建议”。会议期间，中央及自治区各主要新闻媒体对内蒙古代表团的活动情况进行了报道，据不完全统计，各新闻媒体共播发、刊登有关内蒙古代表团新闻稿件10246篇（幅），7次获得中宣部点名表扬。

【内蒙古自治区第十三届人民代表大会常务委员会会议】 2020年，自治区十三届人大常委会共召开6次常委会会议。

自治区十三届人大常委会第十八次会议 1月7日在呼和浩特市召开，自治区人大常委会常务副主任那顺孟和主持会议，副主任王波、吴团英、李荣禧、廉素、和彦苓，秘书长施文学及常委会委员共53人出席会议。自治区副主席欧阳晓晖、黄志强，自治区高级人民法院院长杨宗仁，自治区人民检察院检察长李琪林等列席会议。会议通过《内蒙古自治区红十字会条例》；批准《呼和浩特市人民代表大会常务委员会关于废止〈呼和浩特市预算审查监督条例〉的决定》《通辽市大气污染防治条例》《乌兰察布市粉尘污染防治条例》；通过自治区十三届人大常委会代表资格审查委员会关于个别代表的代表资格的报告。会议共任免自治区国家机关工作人员132人，其中，任免政府组成部门负责人1人，任免自治区人大机关、人大盟工委工作人员1人，任免自治区监察委员会工作人员1人，任免法院、检察院司法人员129人。

自治区十三届人大常委会第十九次会议 3月31日至4月1日在呼和浩特市召开，自治区党委书记、人大常委会主任石泰峰主持会议，自治区人大常委会副主任那顺孟和、王波、吴团英、李荣禧、廉素、张院忠、和彦苓，秘书长施文学及常委会委员共62人出席会议。自治区党委常委、自治区政府常务副主席马学军，自治区党委常委、纪委书记、监委主任刘奇凡，自治区副主席郑宏范，自治区高级人民法院院长杨宗仁，自治区人民检察院检察长李琪林等列席会议。会议通过《内蒙古自治区反家庭暴力条例》；审议《内蒙古自治区社会科学普及条例（草案）》；批准《呼伦贝尔市集中式饮用水水源保护条例》《呼伦贝尔市城市养犬管理条例》《巴彦淖尔市集中式饮用水水源保护条例》；听取和审议自治区人民政府关于自治区本级预算执行和其他财政收支2019年度审计查出问题整改情况的报告,并进行了满意度测评，测评结果为满意；作出关于批准自治区人民政府发行2020年部分新增政府债券事项的决议；审议自治区人民政府关于2019年度法治政府建设工作情况的报告（书面）和自治区人大常委会法制工作委员会关于2019年备案审查工作情况的报告（书面）。会议共任免自治区国家机关工作人员51人，其中，决定任免自治区副主席1人、任免政府组成部门负责人7人，任免自治区人大机关、人大盟工委工作人员8人，任免自治区监察委员会工作人员3人，任免法院、检察院司法人员32人,自治区党委书记、人大常委会主任石泰峰向部分新任命人员颁发任命书，并举行宪法宣誓仪式。

自治区十三届人大常委会第二十次会议 6月9—11日在呼和浩特市召开，自治区党委书记、人大常委会主任石泰峰主持会议，自治区人大常委会副主任那顺孟和、王波、吴团英、廉素、张院忠、和彦苓，秘书长施文学及常委会委员共60人出席会议。自治区副主席艾丽华、衡晓帆，自治区高级人民法院院长杨宗仁，自治区人民检察院检察长李琪林等列席会议。会议传达学习习近平总书记参加十三届全国人大三次会议内蒙古代表团审议时的重要讲话和十三届全国人大三次会议精神；会议通过《内蒙古自治区额济纳胡杨林保护条例》；审议《内蒙古自治区基层综合行政执法条例（草案）》《内蒙古自治区文明行为促进条例（草案）》；批准《呼和浩特市耕地污染防治办法》《莫力达瓦达斡尔族自治旗河道保护管理条例》《莫力达瓦达斡尔族自治旗旅游条例（修订）》；听取和审议自治区人民政府关于现代能源经济发展情况的报告、关于深化放管服改革优化营商环境工作审议意见和问题清单整改落实情况的报告、关于2019年度环境状况和环境保护目标完成情况的报告；通过自治区十三届人大常委会代表资格审查委员会关于个别代表的代表资格的报告；作出关于批准自治区人民政府发行2020年新增政府债券的决议和通过自治区十三届人大三次会议主席团交付的第1号至第20号议案办理情况的报告。会议共任免自治区国家机关工作人员25人，其中，任免自治区人大机关、人大盟工委工作人员10人，任免法院、检察院司法人员15人。会议期间对自治区人民政府关于现代能源经济发展情况进行专题询问。6位自治区人大常委会委员和人大代表分别就现代能源经济战略发展规划纲要、统筹疫情防控和能源产业复工复产、煤炭资源的清洁高效利用、可再生能源开发等问题进行询问，自治区有关部门负责人到会回答。

自治区十三届人大常委会第二十一次会议 7月20—23日在呼和浩特市召开，自治区党委书记、人大常委会主任石泰峰主持会议，自治区人大常委会副主任那顺孟和、王波、吴团英、李荣禧、廉素、张院忠、和彦苓，秘书长施文学及常委会委员共58人出席会议。自治区副主席欧阳晓晖、郑宏范、黄志强，自治区高级人民法院院长杨宗仁，自治区人民检察院检察长李琪林等列席会议。会议通过《内蒙古自治区社会科学普及条例》《内蒙古自治区基层综合行政执法条例》；通过《内蒙古自治区人民代表大会常务委员会关于修改〈内蒙古自治区公共安全技术防范管理条例〉等4件地方性法规的决定》和《内蒙古自治区人民代表大会常务委员会关于废止〈内蒙古自治区技术市场管理条例〉等4件地方性法规的决定》；审议《内蒙古自治区地方金融监督管理条例（草案）》《内蒙古自治区农村牧区公路条例（草案）》；批准《呼和浩特市人民代表大会常务委员会关于修改〈呼和浩特市人民代表大会常务委员会讨论决定重大事项的规定〉的决定》《呼和浩特市人民代表大会常务委员会关于修改〈呼和浩特市养犬管理规定〉的决定》《鄂尔多斯市绿色矿山建设管理条例》《乌海市地下水保护条例》《莫力达瓦达斡尔族自治旗城市市容和环境卫生管理条例》《鄂温克族自治旗人民代表大会关于废止〈鄂温克族自治旗环境保护条例〉和〈鄂温克族自治旗城市市容和环境卫生管理条例〉的决定》；听取和审议自治区人大常委会关于检查《中华人民共和国野生动物保护法》《全国人民代表大会常务委员会关于全面禁止非法野生动物交易、革除滥食野生动物陋习、切实保障人民群众生命健康安全的决定》《内蒙古自治区实施〈中华人民共和国野生动物保护法〉办法》《中华人民共和国土壤污染防治法》实施情况的报告；听取和审议自治区人民政府关于黄河流域内蒙古段生态保护和高质量发展情况的报告，2020年国民经济和社会发展计划上半年执行情况的报告，2019年自治区本级财政决算和2020年上半年预算执行情况的报告，2019年度自治区本级预算执行和其他财政收支的审计工作报告，应对人口老龄化、加强养老机构“放管服”工作情况的报告，全区高等教育高质量发展情况的报告；作出关于批准2019年自治区本级财政决算的决议；审议自治区人民政府关于2020年自治区本级预算调整方案(草案)的报告(书面)、作出关于批准2020年自治区本级预算调整方案的决议；审议关于内蒙古自治区矿产资源税适用税率等税法授权事项的报告（书面）、作出关于内蒙古自治区矿产资源税适用税率等税法授权事项的决定；作出关于接受郝茂荣辞去第十三届全国人民代表大会代表职务的决议；通过自治区十三届人大常委会代表资格审查委员会关于个别代表的代表资格的报告；听取自治区人大财政经济委员会关于2019年自治区本级财政决算草案审查结果的报告。会议共任免自治区国家机关工作人员32人，自治区党委书记、人大常委会主任石泰峰向部分新任命人员颁发任命书，并主持宪法宣誓仪式。会议期间对自治区人民政府应对人口老龄化，加强养老机构“放管服”工作情况进行专题询问。7位自治区人大常委会委员和人大代表分别就放开养老服务市场、改进政府服务、推进医养结合、民办养老优惠政策等问题进行询问，自治区政府有关部门负责人到会回答。

自治区十三届人大常委会第二十二次会议 9月20—23日在呼和浩特市召开，自治区党委书记、人大常委会主任石泰峰主持会议，自治区人大常委会副主任那顺孟和、王波、吴团英、廉素、张院忠、和彦苓，秘书长施文学及常委会委员共57人出席会议。自治区党委副书记、自治区主席布小林，自治区副主席李秉荣、包钢、郑宏范，自治区高级人民法院院长杨宗仁，自治区人民检察院检察长李琪林等列席会议。会议通过《内蒙古自治区地方金融监督管理条例》《内蒙古自治区文明行为促进条例》《内蒙古自治区人民代表大会常务委员会关于修改〈内蒙古自治区城市房地产开发经营管理条例〉等4件地方性法规的决定》；作出关于调整全区第十一届嘎查村（居）民委员会换届选举时间的决定、关于进一步优化营商环境的决定；审议《内蒙古自治区促进民族团结进步条例（草案）》《内蒙古自治区土壤污染防治条例（草案）》《内蒙古自治区精神卫生条例（草案）》；批准《呼和浩特市人民代表大会常务委员会关于修改〈呼和浩特市市容环境卫生管理条例〉的决定》《呼和浩特市人民代表大会常务委员会关于修改〈呼和浩特市节约用水管理条例〉的决定》《乌兰察布市农用地膜污染防治条例》《鄂尔多斯市养老服务条例》《巴彦淖尔市农药污染防治条例》；听取和审议自治区人大常委会关于检查《中华人民共和国草原法》《内蒙古自治区草原管理条例》实施情况的报告、关于检查《中华人民共和国非物质文化遗产法》《内蒙古自治区非物质文化遗产保护条例》实施情况的报告；听取和审议自治区人民政府关于预算绩效管理情况的报告、关于绿色矿山建设工作情况的报告，自治区高级人民法院关于全区法院环境资源审判工作情况的报告；审议关于全区县乡人大工作和建设情况的专题调研报告；通过自治区十三届人大常委会代表资格审查委员会关于个别代表的代表资格的报告；作出关于许可对自治区人大代表余佳荣采取强制措施的决定。会议共任免自治区国家机关工作人员47人，自治区党委书记、人大常委会主任石泰峰向部分新任命人员颁发任命书，并主持宪法宣誓仪式。会议期间对自治区人民政府贯彻实施《中华人民共和国草原法》和《内蒙古自治区草原管理条例》实施情况进行专题询问。7位自治区人大常委会委员和自治区人大代表分别就打击草原违法行为、推进畜牧业转型发展、加强草原执法监督、加强草原植被恢复以及草原生态补奖政策等问题进行了询问，自治区政府有关部门负责同志到会回答。

自治区十三届人大常委会第二十三次会议 11月23—26日在呼和浩特市召开，自治区党委书记、人大常委会主任石泰峰主持会议，自治区人大常委会副主任那顺孟和、王波、吴团英、李荣禧、廉素、张院忠、和彦苓，秘书长施文学及常委会委员共59人出席会议。自治区副主席张韶春、艾丽华、郑宏范，自治区高级人民法院院长杨宗仁，自治区人民检察院检察长李琪林等列席会议。会议传达学习党的十九届五中全会精神；会议通过《内蒙古自治区土壤污染防治条例》《内蒙古自治区农村牧区公路条例》《内蒙古自治区精神卫生条例》；作出关于修改《内蒙古自治区耕地保养条例》等4件地方性法规的决定；审议《内蒙古自治区促进民族团结进步条例（草案二次审议稿）》《内蒙古自治区公共信用信息管理条例（草案）》《内蒙古自治区工会劳动法律监督条例（草案）》；批准《呼和浩特市文明行为促进条例》《呼伦贝尔市文明行为促进条例》《通辽市蒙医正骨保护条例》《赤峰市农村牧区人居环境治理条例》《鄂尔多斯市中小学校幼儿园规划建设条例》《巴彦淖尔市城市客运交通管理条例》；听取和审议自治区人民政府关于2019年度行政事业性国有资产管理情况的专项报告、自治区人民检察院关于全区检察机关开展未成年人检察工作情况的报告；听取和审议自治区人大常委会关于自治区十三届人大三次会议代表建议、批评和意见办理情况的报告和自治区人民政府关于自治区十三届人大三次会议代表建议、批评和意见办理情况的报告；作出关于调整设区的市、旗县（市、区）、苏木乡镇人民代表大会换届选举时间的决定、关于召开内蒙古自治区第十三届人民代表大会第四次会议的决定、关于进一步加强未成年人检察工作的决定、关于批准2020年自治区本级预算调整方案的决议；审议自治区人民政府落实人大关于全区旗县级公立医院综合改革和分级诊疗制度建设推进落实情况审议意见和问题清单情况的报告（书面）、关于《中华人民共和国动物防疫法》和《内蒙古自治区动物防疫条例》执法检查问题清单整改落实情况的报告（书面）、关于2019年度国有资产管理情况的综合报告（书面）、关于2020年节能工作情况的报告（书面）。会议共任免自治区国家机关工作人员33人，自治区党委书记、人大常委会主任石泰峰向部分新任命人员颁发任命书，并举行宪法宣誓仪式。会议期间对自治区人民检察院关于全区检察机关开展未成年人检察工作情况进行专题询问。7位自治区人大常委会委员和人大代表分别就打击侵害未成年人犯罪、保护未成年人合法权益、教育感化挽救涉罪未成年人等问题进行了询问，自治区人民检察院、自治区公安厅负责同志到会回答。

人大立法

具体内容见法治类目下地方立法。

监督工作

【助力三大保卫战】 对土壤污染防治法开展执法检查，推动生态环保法律深，完成污染防治攻坚战收官行动。对草原法和自治区草原管理条例实施情况进行执法检查并形成问题清单，强调要统筹考虑草原的生态功能和生产功能，更加坚决地把生态功能挺在前面，最大限度减少人为因素对草原的破坏，维护草原生态系统的完整和平衡。审议政府节能工作情况报告，听取和审议绿色矿山建设工作情况报告，听取和审议全区法院环境资源审判工作情况报告。

【依法助力经济发展】 听取和审议计划、预决算报告，先后两次调整自治区本级预算，强调要适应常态化疫情防控的特点，抓市场主体、抓提振消费、抓有效投资，巩固壮大实体经济根基。听取和审议审计报告和审计查出问题整改情况报告，首次对整改情况进行满意度测评，监督完成审计整改资金204亿元。听取和审议政府预算绩效管理情况报告，探索建立“全方位、全过程”的预算绩效监督管理体系提高财政资金使用效率和效益。审议2019年度国有资产管理情况的综合报告，听取和审议行政事业性国有资产管理情况专项工作报告，监督政府管住用好国有资产，发挥国有经济战略支撑作用。听取和审议现代能源经济发展情况报告并开展专题询问。听取和审议政府关于黄河流域内蒙古段生态保护和高质量发展情况报告，组成人员重点围绕水资源短缺、水生态损害、水环境污染等突出问题，就做好节水、治水、管水三篇文章提出改进工作建议。着力打造更好营商环境，在对政府深化放管服改革、优化营商环境工作提出问题清单的基础上，继续跟进监督，听取落实人大审议意见和问题清单情况报告，问题清单所涉20个问题已经大部分完成整改。

【依法保障民生】 强化公共卫生领域法治保障，助推疫情防控，面对百年不遇的新冠肺炎疫情，及时新增人大监督项目，开展野生动物保护“一法一决定一办法”执法检查，组成4个执法检查组赴7个盟市进行实地检查，对全区人工繁育饲养陆生野生动物情况进行全面摸底调查，形成问题清单交政府研究办理，推动彻底革除滥食野生动物陋习。关注重点群体利益，推动解决民生热点难点问题，在连续对入学、医疗等民生问题开展监督的基础上听取和审议全区高等教育高质量发展情况报告，针对人才流失严重、创新能力不足等提出问题清单。高度关注“一老一小”问题，听取和审议政府应对人口老龄化、加强养老机构放管服改革情况报告，强调既要把养老问题当作事业来办，也要当作产业来办，努力把“夕阳事业”办成“朝阳产业”，不断满足多样化、多层次的养老服务需求。听取和审议全区检察机关开展未成年人检察工作情况报告，在全国率先出台关于进一步加强未成年人检察工作的决定，强化未成年人综合司法保护，保障未成年人健康成长。持续关注脱贫攻坚，助力攻克最后堡垒，围绕巩固脱贫成果、建立稳定脱贫长效机制开展专题调研，建议政府在“精准”上下功夫，在“稳定”上做文章，实现巩固拓展脱贫攻坚成果同乡村振兴有效衔接，接续推进脱贫地区发展和群众生活改善。

【讨论和决定重大事项】 全年依法行使重大事项决定权，作出决议决定共8件：关于批准发行2020年新增政府债券的决议，关于自治区矿产资源税适用税率税法授权事项的决定，关于批准2019年自治区本级财政决算的决议，关于批准2020年自治区本级预算调整方案的决议，关于进一步优化营商环境的决定，关于调整全区第十一届嘎查村（居）民委员会换届选举时间的决定，关于调整设区的市、旗县（市、区）、苏木乡镇人民代表大会换届选举时间的决定，关于进一步加强未成年人检察工作的决定。

【人事任免】 全年共任免自治区国家机关工作人员320人，其中，决定任免自治区副主席4人、任免政府组成部门负责人17人，任免自治区人大机关、人大盟工委工作人员53人，任免监察委员会工作人员4人，任免法院、检察院司法人员242人。

代表工作

【代表履职能力建设】 举办3期民法典培训班，优先安排基层代表、相关领域代表列席常委会会议，深度参与人大调研、视察等活动。组织内蒙古自治区全国人大代表、自治区人大代表围绕草原生态补奖政策、粮食安全保障、疫情防控等开展专题调研和集中视察。组织代表围绕审查“十四五”规划和2035年远景目标纲要草案开展集中视察，座谈听取代表们的意见建议。65位组成人员通过多种形式密切联系249名人大代表，实现了直接联系基层人大代表全覆盖。建立起向代表通报年度人大代表工作情况制度，建立起与列席常委会会议的代表座谈交流的常态化工作机制。

【代表议案建议办理】 协助代表提出议案建议，代表提出的关于制定自治区社会信用信息管理条例等5件议案已经纳入常委会年度立法计划。增强代表建议办理实效，组成人员分工督办重点建议，自治区人大常委会主任会议成员带头进行督办，草原生态保护、岱海生态补水工程等一批群众高度关注的重点建议得到解决。代表所提建议中，得到解决的A类建议达275件，同比上升11.3%；列入计划逐步解决的B类建议315件，同比下降5.6%。

【人大代表票决制试点工作】 总结推广试点经验，扩大试点范围，试点地区由2019年的127个扩大为358个，全年共票决确定民生实事项目1279项，总投资88.96亿元。民生实事项目人大代表票决制已经成为代表“为人民用权、为人民履职、为人民服务”的重要实现途径。

【宣传工作】 围绕人大常委会重点工作，改进提升宣传报道工作，对常委会全年重大会议、活动进行深度报道和解读，增进群众对人大工作的了解、认同和支持。2020年共召开3次新闻发布会，对基层综合行政执法、地方金融监督管理、优化营商环境和促进文明行为等社会关注的法规制定情况进行及时发布，中央及自治区30余家媒体进行了宣传解读，增强了人大信息公开的主动性和权威性，新闻发布工作逐步纳入规范化、制度化、专业化轨道。在“内蒙古人大”微信公众号开设“人大要闻”“权威发布”“权威解读”“工作动态”等栏目，及时发布原创新闻宣传作品。全年共推送原创文稿新闻稿件共832篇，其中原创稿件445篇，发布原创图片1000多幅，新闻浏览量62万人次，关注人数增加3000人。“内蒙古人大”公众号影响力稳步提升，在全区主要政务微信公众号中最高排名第十一位，其中，《自治区草畜平衡和禁牧休牧条例立法工作启动》《那顺孟和与列席常委会会议的自治区人大代表座谈》《护佑一方净土，内蒙古自治区土壤污染防治条例出台》等原创文章得到大量关注转发。协助全国人大办公厅主办的第30届中国人大新闻奖作品的筛选和参评工作有2件作品获得一等奖、2件作品获得三等奖，圆满完成第二十二届内蒙古人大新闻奖评选工作，共评选出获奖蒙、汉文优秀作品45件，其中一等奖10件，二等奖15件，三等奖20件。

（张鹏　燕玉荣　高鑫　那赫）

内蒙古自治区人民政府

综　述

【概况】 2020年，自治区政府召开常务会议28次，主席办公会议25次，研究决定相关重大事项。召开行业工作会议15次，进行工作部署。自治区政府党组召开有关会议24次，自治区主席出席重要活动102场次。

【自治区政府常务会议】

内蒙古自治区人民政府2020年第1次常务会议 1月14日，自治区主席布小林主持召开，听取人大代表审议《政府工作报告》《自治区2020年国民经济和社会发展计划执行情况与2020年国民经济和社会发展计划草案的报告》《自治区2020年财政预算执行情况和2020年财政预算草案的报告》情况汇报。

内蒙古自治区人民政府2020年第2次常务会议 1月21日，自治区主席布小林主持召开，研究《政府工作报告》重点任务责任落实分工、《深化燃煤发电上网电价形成机制改革实施方案》《2020年自治区政府规章立法计划建议项目》《自治区地震预警管理办法（草案）》《自治区行政执法公示、执法全过程记录、重大执法决定法制审核办法（草案）》，听取《当前我区就业形势及应对措施》汇报。

内蒙古自治区人民政府2020年第3次常务会议 2月11日，自治区主席布小林主持召开，听取新冠肺炎疫情防控工作情况汇报，安排部署当前经济运行和安全生产工作。

内蒙古自治区人民政府2020年第4次常务会议 3月4日，自治区主席布小林主持召开，传达学习习近平总书记2月26日在中央政治局常委会上的重要讲话精神和国务院扶贫开发领导小组积极应对新冠肺炎疫情决战脱贫攻坚电视电话会议精神，研究《关于批准20个国贫旗县退出贫困旗县序列事宜》《关于营造更好发展环境支持民营企业改革发展的若干措施（送审稿）》《推进自然资源资产产权制度改革实施方案（送审稿）》。

内蒙古自治区人民政府2020年第5次常务会议 3月10日，自治区主席布小林主持召开，听取自治区重点项目开复工及前期工作情况、岱海生态应急补水工程情况、铁路重点项目进展情况、当前全区就业工作情况汇报。

内蒙古自治区人民政府2020年第6次常务会议暨自治区新冠肺炎疫情防控指挥部第17次调度会议 3月26日，自治区主席布小林主持召开，安排部署新冠肺炎疫情防控和复工复产相关工作，研究《内蒙古自治区关于加快推动农牧业高质量发展的意见（送审稿）》《内蒙古自治区关于加快推进5G网络建设若干政策》。

内蒙古自治区人民政府2020年第7次常务会议 4月9日，自治区主席布小林主持召开，研究分析一季度经济形势、设立赤峰应用技术职业学院事宜，安排部署通用航空产业发展、城市精细化管理、解决房地产遗留问题等工作。

内蒙古自治区人民政府2020年第8次常务会议暨自治区新冠肺炎疫情防控指挥部第21次调度会议 4月15日，自治区主席布小林主持召开，传达中共中央办公厅、国务院办公厅《关于2019年脱贫攻坚成效考核情况的通报》，研究部署满洲里口岸疫情防控、教育系统疫情防控及开学复课等工作，研究发射遥感卫星及数据信息接收应用有关事宜。

内蒙古自治区人民政府2020年第9

次常务会议 4月23日，自治区主席布小林主持召开，研究《关于设立中国（内蒙古）自由贸易试验区的总体方案》。

内蒙古自治区人民政府2020年第10次常务会议 5月7日，自治区主席布小林主持召开，听取全区民族工作、矿业权出让收益有关情况汇报，安排部署推进种子工程建设和动物防疫、全区困难群众基本生活保障、就业、清理拖欠民营企业中小企业账款等工作，研究《内蒙古自治区工业园区优化调整实施方案》《关于黄旗海自治区级自然保护区范围和功能区调整的意见》《〈内蒙古自治区基层综合行政执法条例（草案）〉以及修改、废止11件地方性法规和规章（草案）》。

内蒙古自治区人民政府2020年第11次常务会议 5月18日，自治区主席布小林主持召开，研究《内蒙古自治区人民政府关于废止和宣布失效涉及煤炭资源领域规范性文件的决定》。

内蒙古自治区人民政府2020年第12次常务会议 5月29日，自治区主席布小林主持召开，研究《呼伦贝尔国家公园设立方案》。

内蒙古自治区人民政府2020年第13次常务会议 6月11日，自治区主席布小林主持召开，研究推进牧区现代化试点、农村牧区人居环境整治、城镇小区配套幼儿园治理、爱国卫生运动、当前就业等工作，听取自治区政府重点合作协议落实情况汇报。

内蒙古自治区人民政府2020年第14次常务会议 6月24日，自治区主席布小林主持召开，研究部署文化旅游、财政重点工作，研究《内蒙古自治区关于加快推进政策性农业保险高质量发展的工作方案》《内蒙古自治区关于深化消防执法改革的实施意见》《内蒙古自治区消防安全责任制实施办法》。

内蒙古自治区人民政府2020年第15次常务会议 6月29日，自治区主席布小林主持召开，传达贯彻习近平总书记关于防汛救灾工作重要批示，研究部署推进现代能源经济、体育事业发展、高等教育等工作，研究《内蒙古自治区农村信用社深化改革方案》。

内蒙古自治区人民政府2020年第16次常务会议 7月8日，自治区主席布小林主持召开。研究部署退役军人事务、交通运输工作，研究《内蒙古自治区农村牧区公路条例（草案）》《内蒙古自治区地方金融监督管理条例（草案）》《2020年自治区本级预算调整方案（草案）》《内蒙古自治区部分矿产资源税适用税率等税法授权事项建议报告（代拟稿）》，研究部署全区财政暂付款消化清理等工作。

内蒙古自治区人民政府2020年第17次常务会议 7月22日，自治区主席布小林主持召开，研究分析上半年经济形势，听取副主席分管领域上半年重点工作、重点项目推进中存在的困难和问题汇报，研究部署推进清理拖欠民营企业中小企业账款、农村牧区散埋乱葬整治、促进农畜产品销售助力消费扶贫、牧区"智慧广电"宽带网络覆盖与服务工程建设等工作，研究《内蒙古自治区矿山环境治理实施方案》。

内蒙古自治区人民政府2020年第18次常务会议 8月13日，自治区主席布小林主持召开，研究《内蒙古自治区产教融合建设试点实施方案（试行）》《关于加快推进"科技兴蒙"行动支持科技创新的若干政策措施》《关于强化知识产权保护的实施方案》《关于促进马铃薯产业高质量发展实施意见》《内蒙古自治区人民政府关于废止和宣布失效涉及煤炭资源领域文件的决定》《推动包钢高质量发展实施方案》。

内蒙古自治区人民政府2020年第20次常务会议 8月26日，自治区主席布小林主持召开，研究《内蒙古自治区自然保护地整合优化预案》《医疗卫生领域自治区与盟市财政事权和支出责任划分改革方案》《科技领域自治区与盟市财政事权和支出责任划分改革方案》《教育领域自治区与盟市财政事权和支出责任划分改革方案》《内蒙古自治区通用机场建设三年行动方案（2020—2022年）》，研究部署落实《全球新冠肺炎疫情影响下确保我国粮食安全的应对方案》、推进国资国企改革发展等工作。

内蒙古自治区人民政府2020年第21次常务会议 9月3日，自治区主席布小林主持召开，研究《内蒙古自治区关于构建更加完善的要素市场化配置体制机制的实施意见》，研究制定和修改《内蒙古自治区促进民族团结进步条例》等地方性法规草案以及废止部分政府规章的决定。

内蒙古自治区人民政府2020年第23次常务会议 9月20日，自治区主席布小林主持召开，研究《关于加强民族语言授课学校国家统编教材师资队伍建设的若干措施》《党委、政府及有关部门生态环境保护工作职责（修订稿）》《关于深化医疗保障制度改革的实施意见》，研究部署运输结构调整工作。

内蒙古自治区人民政府2020年第24次常务会议 9月30日，自治区主席布小林主持召开，研究《内蒙古自治区生态保护红线评估调整方案》《关于进一步加强国有企业矿业权合作转让管理的通知》《农业高质量发展三年行动方案（2020—2022年）》《牧区现代化三年行动方案（2020—2022年）》。

内蒙古自治区人民政府2020年第25次常务会议 10月12日，自治区主席布小林主持召开，研究《内蒙古自治区绿色矿山建设方案（修订稿）》《关于加强煤炭资源专项审计工作的指导意见（试行）》《煤炭资源领域违规违法行为造成的国有资产损失追回与处置办法》，听取关于申报燃料电池汽车示范城市群有关事宜汇报。

内蒙古自治区人民政府2020年第26次常务会议 10月18日，自治区主席布小林主持召开，研究分析前三季度经济形势，研究《内蒙古自治区推进贸易高质量发展行动计划（2020—2022年）》《深入贯彻〈交通强国建设纲要〉推进高质量交通强区建设实施方案》《内蒙古自治区数字政府建设行动方案（2020—2023年）》《关于促进全区煤炭工业高质量发展的意见》。

内蒙古自治区人民政府2020年第27次常务会议 11月6日，自治区主席布小林主持召开，传达全国疫情防控电视电话会议精神，部署贯彻落实工作；研究《关于废止部分规范性文件的决定》《内蒙古自治区奶业振兴三年行动方案

（2020—2022年）》《内蒙古自治区种业发展三年行动方案（2020—2022年）》《内蒙古自治区政府债券资金管理办法》《关于规范全区进出口环节海关监管区经营服务性收费有关事宜》《内蒙古自治区公共信用信息管理条例（草案）》《〈内蒙古自治区耕地保养条例〉修正案（草案）》《〈内蒙古自治区农业节水灌溉条例〉修正案（草案）》《〈内蒙古自治区边境管理条例〉修正案（草案）》，听取2020年京蒙扶贫协作工作进展情况汇报。

内蒙古自治区人民政府2020年第28次常务会议 11月16日，自治区主席布小林主持召开，听取污染防治攻坚战和中央环保督察问题整改情况汇报，研究《内蒙古自治区构筑我国北方重要生态安全屏障规划（2021—2035年）》《关于推行行政指导工作的意见》《关于建立异地行政执法协助制度的指导意见》《2021年地方性法规和政府规章立法计划建议项目》《〈内蒙古自治区行政执法监督条例〉修正案（草案）》《2020年自治区本级预算调整方案（草案）》《全区建设工程社会保障费存量资金处置工作相关事宜》。

内蒙古自治区人民政府2020年第30次常务会议 12月10日，自治区主席布小林主持召开，听取自治区落实国务院《政府工作报告》目标任务情况汇报，研究《内蒙古自治区关于建立健全城乡融合发展体制机制和政策体系的实施意见》《内蒙古自治区关于建立防止拖欠民营企业中小企业账款长效机制的实施意见》《内蒙古自治区关于完善建设用地使用权转让、出租、抵押二级市场的实施意见》。

内蒙古自治区人民政府2020年第31次常务会议 12月23日，自治区主席布小林主持召开，听取关于2020年全区经济运行情况和2021年经济工作安排建议汇报，研究《内蒙古自治区关于新时代加快完善社会主义市场经济体制的实施意见》《内蒙古自治区关于构建现代环境治理体系的实施方案》《内蒙古自治区关于实施"三线一单"生态环境分区管控的意见》《内蒙古自治区关于推进矿业权出让制度改革的实施意见（修订）》《内蒙古自治区关于进一步做好煤田（煤矿）火区采空区灾害治理管理工作的意见》《内蒙古自治区重大行政决策程序规定（修订）》《关于进一步深化体教融合推进内蒙古足球改革发展的实施意见》《内蒙古自治区关于促进中医药蒙医药传承创新发展的实施意见》《内蒙古自治区关于改革完善社会救助制度的实施意见》《内蒙古自治区房地产市场调控评价考核暂行办法》《关于蒙西、蒙东电网2020—2022年输配电价核定及销售电价调整方案》，听取关于"十四五"能耗双控、食品安全等工作情况汇报。

【自治区政府主席办公会议】

内蒙古自治区人民政府2020年第1次主席办公会议 1月21日，自治区主席布小林主持召开，研究《关于安排岱海水生态治理退灌还水专项补贴资金的意见》《关于公开处置第一批自治区本级行政事业单位闲置房地产资产的意见》。

内蒙古自治区人民政府2020年第2次主席办公会议 2月11日，自治区主席布小林主持召开，听取关于援助湖北省生活物资有关情况汇报，研究《关于新建看护特警值勤（训练）用房建设项目立项的意见》。

内蒙古自治区人民政府2020年第3次主席办公会议 3月26日，自治区主席布小林主持召开，研究《关于开展城乡居民基本养老保险基金委托投资工作的意见》《关于预下达2020年新增地方政府一般债务限额的分配意见》《关于2020年中央预拨部分转移支付的分配意见》《关于2020年度国有金融资本发展资金的分配意见》《关于追加援助湖北省物资资金预算的意见》。

内蒙古自治区人民政府2020年第4次主席办公会议 4月9日，自治区主席布小林主持召开，研究《内蒙古自治区本级使用财政周转资金采购新冠肺炎疫情防控重要物资的实施细则》《内蒙古高等级公路建设开发有限责任公司存量债务化解方案》《关于盘活2019年财政存量资金的意见》《关于追加农村牧区生活垃圾治理补助资金的意见》《关于内蒙古林草生态建设有限责任公司注册资本金的安排意见》。

内蒙古自治区人民政府2020年第5次主席办公会议 4月15日，自治区主席布小林主持召开，研究《关于中央第二批提前下达新增专项债券项目的安排意见》。

内蒙古自治区人民政府2020年第6次主席办公会议 4月23日，自治区主席布小林主持召开，研究《内蒙古矿业（集团）有限责任公司重组方案》《关于2020年自治区边民补助的安排意见》《关于缴纳宏丰煤炭运销有限责任公司采矿权出让收益金的意见》。

内蒙古自治区人民政府2020年第7次主席办公会议 5月7日，自治区主席布小林主持召开，研究《关于安排脱贫攻坚普查经费的意见》。

内蒙古自治区人民政府2020年第8次主席办公会议 5月18日，自治区主席布小林主持召开，研究《关于2020年民族地区转移支付资金的分配意见》《关于补助医疗机构核酸检测实验室建设经费的意见》《关于安排全区自然保护地整合优化工作经费的意见》《关于调整部分牧民转移安置资金用于自治区现代农牧业产业园创建的意见》《关于安排自治区税务部门职业年金经费的意见》。

内蒙古自治区人民政府2020年第9次主席办公会议 5月29日，自治区主席布小林主持召开，研究《关于中央第三批提前下达新增专项债券项目的安排意见》。

内蒙古自治区人民政府2020年第10次主席办公会议 6月11日，自治区主席布小林主持召开，研究《关于困难群众基本生活保障增支资金的安排意见》《关于中央脱贫攻坚补短板综合财力补助资金的分配意见》《关于车辆通行费结转资金的分配使用意见》。

内蒙古自治区人民政府2020年第11次主席办公会议 6月24日，自治区主席布小林主持召开，研究《关于核销采购新冠肺炎疫情紧缺防控物资经费的意见》《关于抗疫特别国债及相关转移支付资金的分配意见》。

内蒙古自治区人民政府2020年第12次主席办公会议 7月8日，自治区主席布小林主持召开，研究《关于调剂解决2020年自治区本级企业职工基本养老保险基金缺口的意见》《关于追加2020年应急安全救灾保障经费的意见》《关于落实监狱系统武警"智慧磐石"执勤安保领域建设项目资金的意见》。

内蒙古自治区人民政府2020年第13次主席办公会议 7月22日，自治区主席布小林主持召开，研究《关于2020年新增地方政府债券资金（增量）的安排意见》《关于2020年自治区对下农牧业转移人口市民化奖励资金和资源枯竭城市转移支付的分配意见》《关于2020年中央财政产油大县奖励资金的分配意见》《关于将中央下达我区部分抗疫特别国债补充到企业职工基本养老保险基金的意见》《关于解决自治区黑臭水体治理示范城市建设资金缺口的意见》《关于安排岱海生态应急补水工程项目所需资金的意见》《关于安排部分自治区直属高校基础设施维修改造及相关经费的意见》。

内蒙古自治区人民政府2020年第14次主席办公会议 8月13日，自治区主席布小林主持召开，研究《关于落实国家在贫困地区安排的公益性建设项目配套资金有关事宜的意见》《关于应急物资保障体系建设补助资金安排使用的意见》《关于2020年第二批新增一般债券和第四批新增专项债券的分配意见》《关于筹建内蒙古金融租赁公司有关事宜的意见》。

内蒙古自治区人民政府2020年第15次主席办公会议 8月17日，自治区主席布小林主持召开，赴额仑草原（军马场区域）实地调研并召开现场办公会议，专题研究该区域草原生态保护问题。

内蒙古自治区人民政府2020年第16次主席办公会议 8月26日，自治区主席布小林主持召开，研究《关于下达消化财政暂付款奖励资金的意见》《关于收回财政沉淀资金的意见》。

内蒙古自治区人民政府2020年第17次主席办公会议 9月3日，自治区主席布小林主持召开，研究《关于追加2020年自治区森林消防总队经费的意见》。

内蒙古自治区人民政府2020年第18次主席办公会议 9月20日，自治区主席布小林主持召开，研究《关于内蒙古大学草原家畜种质创新与繁育基地等五个政府投资项目建设资金的意见》《关于自治区铁路专项债券还本付息相关情况的意见》《关于落实牧区智慧广电宽带网络覆盖与服务工程建设资金的意见》《关于追加自治区纪委监委专项经费的意见》《关于提高师范生生均拨款标准的意见》。

内蒙古自治区人民政府2020年第19次主席办公会议 9月23日，自治区主席布小林主持召开，研究《关于自治区纪委监委划转盟市处置涉案财物的意见》《关于解决农村牧区厕改资金缺口的意见》。

内蒙古自治区人民政府2020年第20次主席办公会议 9月30日，自治区主席布小林主持召开，研究《关于落实支持文旅产业若干措施专项资金的意见》。

内蒙古自治区人民政府2020年第21次主席办公会议 10月18日，自治区主席布小林主持召开，研究《关于中小银行发行专项债化解风险预分配资金的意见》《关于2020年中央阶段性财力和自治区困难地区财力补助资金的分配意见》。

内蒙古自治区人民政府2020年第22次主席办公会议 11月6日，自治区主席布小林主持召开，研究《关于调整自治区预算内基本建设投资计划的意见》《关于继续使用电信普遍服务项目中央财政结余资金的意见》。

内蒙古自治区人民政府2020年第24次主席办公会议 11月26日，自治区主席布小林主持召开，研究《关于2020年中央东北振兴专项转移支付的分配意见》《关于蒙东电网同网同价补助资金有关事宜的意见》。

内蒙古自治区人民政府2020年第25次主席办公会议 12月10日，自治区主席布小林主持召开，研究《关于继续设立自治区法律援助办案补贴专项转移支付资金的意见》。

内蒙古自治区人民政府2020年第26次主席办公会议 12月23日，自治区主席布小林主持召开，研究《关于解决重点人群新冠疫苗接种所需经费的意见》《关于对满洲里市新冠肺炎防控资金的支持意见》《关于调整新增一般债券资金项目和用途的意见》《关于自治区生态保护红线勘界定标经费的安排意见》《关于核定盟市国有企业退休人员社会化管理补助标准的意见》《关于延长社区矫正专项转移支付资金实施年限的意见》《关于为内蒙古环投集团公司划拨相关资金的意见》《关于对部分盟市给予特殊困难补助的意见》《关于追加内蒙古森工集团"三供一业"、城镇消防职能移交队伍组建等相关补贴资金的意见》《关于自治区机关事业单位养老保险基金补助的意见》《关于自治区本级医疗机构核增一次性绩效工资补助资金的意见》《关于追加自治区第四医院经费的意见》《关于追加自治区原国土资源系统2017年、2018年土地整治"先建后补"项目和2016年、2017年自治区已验收未拨付新建高标准农田项目补助资金预算的意见》《关于追加2020年内蒙古自治区森林消防总队人员工资和集体退役经费的意见》《关于中央自然灾害救灾资金和自然灾害防治体现建设补助资金的分配意见》。

【自治区政府党组会议】

自治区政府党组2020年第1次会议 1月10日，自治区主席、自治区政府党组书记布小林主持召开，围绕中央政治局"不忘初心、牢记使命"专题民主生活会精神研讨交流，审议自治区政府党组工作要点。

自治区政府党组理论学习中心组2020年第1次集体学习会议 2月24日，自治区主席、自治区政府党组书记布小林主持召开，传达学习习近平总书记关于新冠肺炎疫情防控和统筹推进经济社会发展工作的重要讲话精神（2月3日、2月10日、2月12日、2月21日、2月23日五次讲话）；传达习近平总书记在中央财经委第六次会议上、黄河流域生态保护和高质量发展座谈会上的重要讲话精神。

自治区政府党组2020年第2次会议 3月26日，自治区主席、自治区政府党组书记布小林主持召开，传达学习中共中央办公厅《关于2019年中央政治局贯彻执行中央八项规定情况的报告》《关于解决形式主义突出问题为基层减负工作情况的报告》精神，研究部署相关工作。

自治区政府党组理论学习中心组2020年第2次集体学习会议 4月9日，自治区主席、自治区政府党组书记布小林主持召开，传达学习习近平总书记关于脱贫攻坚的重要讲话精神（2019年4月16日、2020年3月6日两次讲话）；传达党中央《关于在全党开展“不忘初心、牢记使命”主题教育总结报告》的通知精神；聚焦决战决胜脱贫攻坚，政府班子成员研讨交流学习体会。

自治区政府党组理论学习中心组2020年第3次集体学习会议 4月23日，自治区主席、自治区政府党组书记布小林主持召开，会议聚焦脱贫攻坚专项巡视“回头看”整改落实工作专题民主生活会主题，围绕调查研究成果，政府班子成员开展研讨交流。

自治区政府党组理论学习中心组2020年第4次集体学习会议 6月11日，自治区主席、自治区政府党组书记布小林主持召开，传达学习习近平总书记参加十三届全国人大三次会议内蒙古代表团审议时的重要讲话精神。

自治区政府党组2020年第3次会议 6月24日，自治区主席、自治区政府党组书记布小林主持召开，传达学习习近平总书记在中央政治局第20次集体学习时的重要讲话精神，听取政府班子成员带头推进脱贫攻坚整改落实情况汇报，研究部署相关工作。

自治区政府党组2020年第4次会议 7月17日，自治区主席、自治区政府党组书记布小林主持召开，研究有关事宜。

自治区政府党组2020年第5次会议 7月22日，自治区主席、自治区政府党组书记布小林主持召开，传达学习习近平总书记重要批示精神（高考冒名顶替），传达《党委（党组）落实全面从严治党主体责任规定》《中共中央办公厅关于持续解决困扰基层的形式主义问题为全面建成小康社会提供坚强作风保证的通知》精神，研究部署相关工作。

自治区政府党组2020年第6次会议 7月29日，自治区主席、自治区政府党组书记布小林主持召开，传达学习国务院第三次廉政工作会议精神，邀请自治区纪委监委刘奇凡书记作廉政报告，安排部署政府系统党风廉政建设和反腐败工作。

自治区政府党组2020年第7次会议 8月3日，自治区主席、自治区政府党组书记布小林主持召开，宣布张韶春同志的任职决定；传达习近平总书记在中央政治局第21次集体学习时的重要讲话和7月21日企业家座谈会上的重要讲话精神。

自治区政府党组会议2020年第8次党组会 8月26日，自治区主席、自治区政府党组书记布小林主持召开，通报中组部关于内蒙古自治区政府班子考核情况。

自治区政府党组理论学习中心组2020年第5次集体学习会议 8月27日，自治区主席、自治区政府党组书记布小林主持召开，深入学习贯彻习近平生态文明思想和习近平总书记关于内蒙古重要讲话精神，邀请中国林业科学研究院首席专家、研究员王兵作专题报告，分析研究我区生态系统服务功能与价值，探索以生态优先、绿色发展为导向的高质量发展新路子。

自治区政府党组2020年第9次会议 9月3日，自治区主席、自治区政府党组书记布小林主持召开，传达学习中央第七次西藏工作座谈会精神。

自治区政府党组2020年第10次会议 9月17日，自治区主席、自治区政府党组书记布小林主持召开，传达学习习近平总书记重要批示精神，研究贯彻落实工作。

自治区政府党组2020年第11次会议 9月23日，自治区主席、自治区政府党组书记布小林主持召开，传达学习中央通报精神，研究政府党组成立意识形态工作领导小组事宜；传达习近平总书记在基层代表座谈会上的重要讲话精神。

自治区政府党组理论学习中心组2020年第6次集体学习会议 9月23日，自治区主席、自治区政府党组书记布小林主持召开，深入学习《习近平谈治国理政》第三卷，政府班子成员研讨交流学习体会。

自治区政府党组2020年第12次会议 9月30日，自治区主席、自治区政府党组书记布小林主持召开，传达学习习近平总书记重要讲话精神，研究审议《中共内蒙古自治区人民政府党组工作规则》（审议稿）。

自治区政府党组2020年第13次（扩大）会议 11月6日，自治区主席、自治区政府党组书记布小林主持召开，传达学习党的十九届五中全会精神、习近平总书记关于民族工作重要论述和中央有关文件精神，研究自治区政府党组加强和改进民族工作专题民主生活会整改落实工作。

自治区政府党组2020年第14次（扩大）会议 11月16日，自治区主席、自治区政府党组书记布小林主持召开，传达学习习近平总书记在深圳经济特区建立40周年庆祝大会和浦东开发开放30周年庆祝大会上的重要讲话精神，研究成立自治区政府党组党风廉政建设工作领导小组事宜，研究部署政府党组和全区政府系统党风廉政工作。

自治区政府党组2020年第15次（扩大）会议 11月26日，自治区主席、自治区政府党组书记布小林主持召开，传达学习习近平总书记在全面推动长江经济带发展座谈会、中央全面依法治国工作会议上的重要讲话精神和中央《关于深入贯彻新时代党的治疆方略进一步做好新疆工作的意见》精神，研究部署贯彻落实工作。

自治区政府党组2020年第16次会议 12月23日，自治区主席、自治区政府党组书记布小林主持召开，研究自治区政府系统党风廉政建设工作和意识形态工作，通报落实党风廉政建设责任制和落实意识形态工作责任制督查情况，听取政府班子成员落实党风廉政建设责任制和意识形态工作责任制、履行“一岗双责”、指导检查督促分管部门和单位工作的情况汇报，安排部署相关工作。

自治区政府党组理论学习中心组2020年第7次集体学习 12月24日，自治区主席、自治区政府党组书记布小林主持召开，深入学习贯彻党的十九届五中全会精神和中央经济工作会议精神，结合 2020 年工作亮点和 2021 年主要思路重点工作开展研讨交流。

自治区政府党组 2020 年第 17 次会议 12 月 30 日，自治区主席、自治区政府党组书记布小林主持召开，研究自治区政府党组加强和改进民族工作专题民主生活会整改落实工作，听取政府班子成员牵头落实自治区政府党组专题民主生活会整改工作情况汇报，安排部署下一步重点工作任务。

【重要调研活动】 2020 年，自治区政府重视深入基层调研活动。全年自治区主席出席重要活动有 102 场次，访遍全区 12 个盟市及 2 个计划单例市。调研督导内容涉及全区政治建设、经济建设、文化建设、社会建设、生态文明建设等各行各业，访民情、解难事。

2020 年自治区主席出席的重要活动一览表

表 10

序号	名称	时间	活动地点	主要内容
1	赴乌兰察布市调研	1 月 17 日	乌兰察布市察右前旗、集宁区	赴乌兰察布市察右前旗看望慰问老党员、困难群众和一线职工；考察京宁热电公司供热保障工作，看望慰问一线职工。
2	赴呼和浩特市调研	1 月 18 日	呼和浩特市	在呼和浩特市政府会议中心出席见证呼和浩特市政府与王府井集团股份有限公司签订战略合作协议，调研内蒙古音乐厅建设事宜。
3	赴自治区卫生健康委、应急管理厅、生态环境厅、信访局调研	1 月 23 日	呼和浩特市	听取自治区卫生健康委关于满洲里市发现 1 例新冠肺炎疑似病例处置情况汇报，了解全区防控疫情采取的应对措施。在自治区应急管理厅检查安全生产工作情况，了解危险化学品等重点行业安全生产及森林草原火险、黄河凌汛等监测预警工作。听取自治区生态环境厅关于大气污染防治情况汇报。在自治区信访局各接访室与工作人员交流，了解信访案件办理情况。
4	赴自治区卫生健康委调研	1 月 24 日	呼和浩特市	赴自治区卫生健康委调研并看望慰问春节期间坚守一线工作人员。
5	赴呼和浩特市调研	1 月 25 日	呼和浩特市回民区、玉泉区	赴呼和浩特市回民区、玉泉区调研超市、货站和菜市场等市场供应情况。
6	赴自治区卫生健康委调研	1 月 25 日	呼和浩特市	研究新冠肺炎疫情防控工作。
7	赴乌兰察布市调研	1 月 26 日	乌兰察布市集宁区	赴乌兰察布市集宁区调研内蒙古银行、大河湾滑雪场、厂汉营滑雪场及超市、货站和菜市场等市场供应情况和新冠肺炎疫情防控工作。
8	赴呼伦贝尔市调研	1 月 27—28 日	呼伦贝尔市海拉尔区、满洲里市	带领自治区疫情防控工作第三督导组赴呼伦贝尔市疾控中心（海拉尔区）、满洲里市人民医院督导新冠肺炎疫情防控工作。
9	赴呼和浩特市区调研	1 月 30 日	呼和浩特市赛罕区	赴呼和浩特市第二医院、昭君路社区卫生中心、赛罕区丁香苑小区和中专路办事处社区卫生中心督导检查新冠肺炎疫情防控工作，出席自治区红十字会举行防控新冠肺炎疫情爱心捐赠活动。
10	赴呼和浩特市调研	2 月 1 日	呼和浩特市赛罕区	赴呼和浩特市赛罕区黄合少镇西黄合少村、呼和浩特市民政福利院、赛罕区中心敬老院西黄合少分院、G6 高速公路呼和浩特东出口实地督导检查新冠肺炎疫情防控工作。
11	赴自治区公安厅调研	2 月 1 日	呼和浩特市	实地督导检查新冠肺炎疫情防控工作，看望慰问奋战在一线的公安民警。
12	赴包头市、巴彦淖尔市、乌海市、阿拉善盟调研	2 月 3—4 日	包头市土右旗、昆区，巴彦淖尔市五原县，乌海市海勃湾区，阿拉善盟阿左旗	督导检查医院、社区、商场等场所新冠肺炎疫情防控工作，实地调研企业复工复产、超市货物供应和物价稳定等工作。

续表 1

序号	名称	时间	活动地点	主要内容
13	赴自治区第四医院调研	2月6日	呼和浩特市新城区	赴自治区第四医院督导检查新冠肺炎患者救治工作。
14	赴呼伦贝尔市传染病医院调研	2月7—8日	呼伦贝尔市扎兰屯市、海拉尔区	带领自治区医疗专家组赴呼伦贝尔市传染病医院督导检查新冠肺炎患者救治工作，看望慰问医护人员，并赠送相关医疗设备。
15	赴锡林郭勒盟、通辽市调研	2月12—14日	锡林郭勒盟多伦县、锡林浩特市	赴锡林郭勒盟多伦县、锡林浩特市和通辽市霍林郭勒市、科尔沁区督导检查新冠肺炎疫情防控、患者救治、城市供热、安全生产等工作。
16	赴自治区工信厅调研	2月16日	呼和浩特市赛罕区	调研物资储备情况。
17	赴呼和浩特市调研	2月19日	呼和浩特市新城区	赴欣龙康医疗器械公司督导检查防护服生产情况。
18	赴赤峰市调研	2月19—20日	赤峰市红山区	赴赤峰市红山区调研新冠肺炎疫情防控、企业复工复产等工作。
19	赴乌兰察布市调研	2月26日	乌兰察布市察右前旗、集宁区	赴乌兰察布市察右前旗、集宁区调研高铁等重点项目和春耕备耕情况。
20	赴兴安盟调研	2月29日—3月2日	兴安盟乌兰浩特市、阿尔山市、科右前旗	赴兴安盟乌兰浩特市、阿尔山市、科右前旗调研新冠肺炎疫情、脱贫攻坚、企业复工复产、森林草原防火等工作。
21	出席2020年计划实施的重大项目工程审批月现场集中审批活动并调研	3月3日	呼和浩特市赛罕区	在自治区、呼和浩特市两级政务服务中心参加2020年计划实施的重大项目工程审批月现场集中审批活动并调研。
22	赴乌海市、阿拉善盟调研	3月14—17日	乌海市乌海经济开发区、阿拉善盟左旗	赴乌海市乌海经济开发区督导检查新冠肺炎疫情防控、生产经营、节能减排及安全生产等工作，出席乌海市2020年春季重点工业项目集中开工仪式并宣布项目开工。赴阿拉善盟阿左旗督导检查乌力吉口岸工程建设、新冠肺炎疫情防控、生产运营、安全生产、春耕备耕、矿山环境治理、生态修复等工作。
23	赴呼和浩特白塔国际机场调研	3月19日	呼和浩特白塔国际机场指挥部	赴呼和浩特白塔国际机场指挥部，听取公安、海关、边检、民航监管、外事、卫生健康、工信、呼和浩特市政府和机场集团等单位和部门负责人相关情况汇报，了解航班运行、人员入境及应对处置工作安排。
24	赴包头市陪同中办国办复工复产调研组阎庆民组长一行调研	3月19日	包头市	赴包头市陪同中办国办复工复产调研组阎庆民组长一行，深入一机集团生产一线，了解中央和自治区出台系列支持企业复工复产政策措施落实情况、生产经营中存在的困难和问题、疫情防控设备和物资生产等情况。
25	赴呼和浩特白塔国际机场检查疫情防控工作	3月20日	呼和浩特市	赴呼和浩特白塔国际机场督导检查新冠肺炎疫情防控工作。
26	赴自治区广播电视局调研	3月22日	呼和浩特市	听取内蒙古广播电视事业的发展历程介绍，仔细参观展品，与相关部门负责同志交流，深入了解有关情况。
27	赴呼和浩特白塔国际机场检查疫情防控工作	3月22日	呼和浩特市	赴呼和浩特白塔国际机场督导检查新冠肺炎疫情防控工作。

续表 2

序号	名称	时间	活动地点	主要内容
28	赴乌兰察布市、锡林郭勒盟调研	3 月 23—25 日	乌兰察布市四子王旗、察右后旗、商都县、化德县，锡林郭勒盟镶黄旗、正镶白旗、太仆寺旗、正蓝旗	调研督导鼠疫和新冠肺炎疫情防控、患者救治、产业扶贫、企业复工复产、农村牧区饮水安全、人居环境整治、安全生产等工作。
29	赴呼和浩特白塔国际机场应对处置工作前线指挥部调研督导	3 月 25 日	呼和浩特市	听取公安、机场、卫生健康委、海关、边检等部门工作汇报，了解经停分流航班应对处置和存在的困难和问题，安排部署下一步重点工作任务。
30	赴呼和浩特白塔国际机场检查疫情防控工作	3 月 27 日	呼和浩特市	赴呼和浩特白塔国际机场督导检查新冠肺炎疫情防控工作。
31	赴鄂尔多斯市调研	3 月 28 日	鄂尔多斯市东胜区	采取视频方式慰问正在当地休整的全区援鄂医护人员；调研学校开学复课准备、疫情防控措施落实、应急处置及防疫物资配备等情况。
32	赴内蒙古美术馆调研	3 月 29 日	呼和浩特市赛罕区	参观油画、雕塑等作品展览，与相关人员就艺术作品表达方式、展现角度及创作细节等深入研讨交流。
33	赴呼和浩特铁一中调研	3 月 29 日	呼和浩特市回民区	调研督导检查学校体温监测、学生健康状况登记、教学环境消杀、防疫物资储备、学生寄宿管理、就餐安全保障等工作，深入了解疫情防控措施落实、应急处置预案制定等情况。
34	赴呼伦贝尔市、兴安盟调研	3 月 31 日—4 月 2 日	呼伦贝尔市海拉尔，兴安盟阿尔山、乌兰浩特	调研大兴安岭森林消防支队队伍建设、日常训练、物资保障等情况，现场观看机械化灭火综合演练；赴阿尔山市自然博物馆，观看动植物标本等展览，了解阿尔山自然资源、历史文化等情况，到国际文化交流中心、火车站、阿尔山—松贝尔口岸等场所，调研旅游业发展情况；走访慰问易地搬迁贫困户，了解帮扶措施、收入来源、看病就医等情况；出席呼伦贝尔市与中植企业集团深化务实合作座谈会。
35	赴呼和浩特市和林格尔县调研	4 月 4 日	呼和浩特市和林格尔县	走访查看地震造成村民房屋、棚圈受损等情况，了解地震影响、现场灾害处置工作进展和村民饮水、垃圾和污水处理设施、人居环境整治情况。
36	赴呼和浩特市赛罕区调研	4 月 5 日	呼和浩特市赛罕区、新城区	调研督导检查生活设施、分流通道设置、检测消毒等防控措施，详细了解隔离人员的住宿条件、餐饮服务、物资供给、文化生活、体温监测等情况。
37	赴通辽市调研	4 月 7—8 日	通辽市开鲁县、科左中旗	实地调研产业项目实施、推进和发展规划等情况，察看水肥一体化井安装、小麦播种等情况；走访慰问建档立卡贫困户家庭状况，了解致贫原因、医疗保障及帮扶措施，察看住房、取暖、饮水及种植养殖情况；出席通辽市文旅重点项目座谈会暨签约仪式，见证通辽市政府与中植企业集团签署战略合作协议；出席启动 2020 年全区“光明行”社会公益活动启动仪式，为白内障患者受益代表发放慰问品。
38	赴自治区测绘地理信息局、伊利集团调研	4 月 11 日	呼和浩特市	仔细察看测绘地理信息装备性能，了解现代化测绘地理信息产品生产及应用情况，听取内蒙古遥感卫星建设、测绘地理信息大数据平台建设、测绘地理信息应急保障、“一湖两海”监测、地理国情普查成果应用等情况汇报；调研伊利集团企业生产经营等情况。

续表 3

序号	名称	时间	活动地点	主要内容
39	赴巴彦淖尔市五原县、临河区、乌拉特前旗调研	4 月 13—14 日	巴彦淖尔市五原县、临河区、乌拉特前旗	调研五原县塔尔湖现代农业产业园集现代农业、脱贫攻坚、乡村旅游、科普教育、河套美食于一体的现代农业发展模式，察看农村人居环境整治情况；调研隆兴昌镇 2 万亩高标准农田建设及盐碱地改良示范项目现场，深入了解项目进展情况；调研三瑞农科公司向日葵研究院研发育种、向日葵品种优化等情况；听取乌梁素海生态修复补水专用通道、湖区网格水道疏浚等工程进展情况介绍，乘船察看乌梁素海水生态综合治理情况；赴乌拉特前旗矿山地质环境综合整治工程现场和乌拉山南北麓林业生态修复工程现场，了解工程推进情况；赴维信羊绒集团、际华森普利公司调研，了解企业复工复产、口罩和防护服等生产情况。
40	出席阿拉善盟行政公署与中国铁路呼和浩特局集团有限公司联合举行的“额济纳”旅游专列启动仪式并调研	4 月 15 日	呼和浩特市	在呼和浩特市出席阿拉善盟行政公署与中国铁路呼和浩特局集团有限公司联合举行的“额济纳”旅游专列启动仪式并调研。
41	赴巴彦淖尔市调研	4 月 18—19 日	巴彦淖尔市杭锦后、磴口县、临河区	调研奶业振兴、重大项目开复工情况，考察巴彦淖尔市黄河水利文化博物馆、临河区干召庙镇民主村、“天赋河套”农产品区域公用品牌联合管理中心。
42	赴内蒙古大学调研	4 月 19 日	呼和浩特市	调研国家重点实验室建设。
43	调研内蒙古音乐厅、内蒙古老年大学选址情况	4 月 22 日	呼和浩特市 赛罕区	调研内蒙古音乐厅、内蒙古老年大学选址情况。
44	赴通辽市调研	4 月 29 日	通辽市 科尔沁区	赴通辽经济技术开发区科尔沁绿色食品加工园区调研，听取园区发展情况介绍，了解入园企业的生产能力、产品质量和品牌建设等情况，在生产流程监控中心通过大屏幕查看企业生产流程。走访内蒙古澳丰食品有限公司、通辽市净食安餐饮管理服务有限公司，了解产品研发、生产工艺、质量检测、食品安全风险防范、市场销售等情况。出席吉林大学与内蒙古民族大学合作协议签约仪式并见证双方签约，为科尔沁历史文化国际研究中心揭牌。
45	赴兴安盟、呼伦贝尔市调研	4 月 30 日—5 月 3 日	兴安盟乌兰浩特市、阿尔山，呼伦贝尔市满洲里市、新巴尔虎右旗、新巴尔虎左旗、扎赉诺尔	出席兴安盟乌兰浩特市启动红城·青城手牵手文化旅游系列活动，到红城·青城文化旅游产品大集巡展；宣布兴安盟·伊利集团绿色健康产业创新示范区暨有机高端乳制品智能示范项目开工；看望慰问建档立卡贫困群众。赴满洲里市集中收治新冠肺炎确诊病例定点医疗机构－满洲里口岸医疗救治医院，了解设施设备、医护力量及患者救治等情况，以视频连线方式看望隔离病区的医护人员和患者，调研满洲里口岸疫情防控工作和满洲里市备用隔离医学观察点。听取新巴尔虎右旗森林草原防灭火指挥部关于森林草原防灭火联防联控网络和组织体系建设情况介绍，察看防灭火设备配备和物资储备情况，走访调研牧区现代化建设试点推进情况。听取新巴尔虎左旗大兴安岭及周边地区已垦林地草原退耕还林还草实施情况汇报，调研鼠害防治工作。赴扎赉诺尔煤业公司灵露煤矿调研，了解企业安全生产等情况，督导煤炭资源领域违规违法问题专项整治工作。

续表 4

序号	名称	时间	活动地点	主要内容
46	赴乌兰察布市调研	5月16日	乌兰察布市 凉城县	陪同黄河水利委员会主任岳中明一行赴乌兰察布市凉城县调研，宣布内蒙古乌兰察布市岱海生态应急补水工程开工。
47	赴呼和浩特市调研	5月31日	呼和浩特市	出席中央民族大学附属中学呼和浩特分校建设项目开工仪式，为项目培土奠基并调研。
48	赴呼和浩特市调研	5月31日	呼和浩特市 土墨特左旗	出席金山热电厂 2×66 万千瓦扩建工程开工仪式，为项目培土奠基并调研。
49	赴呼和浩特市调研	6月7日	呼和浩特市和林格尔县、清水河县	赴和林格尔县台基营村苜蓿草种植基地，了解苜蓿草品种选择、种植管护、收获加工、配比饲喂等情况；赴清水河县北堡乡，实地察看明长城小元峁段保护情况。赴准格尔黄河大峡谷、老牛湾国家地质公园、青龙洞山，调研了解生态保护和旅游开发情况，并参观抗战时期蒙晋交界地区成立最早的农村党支部老牛坡党支部。
50	赴巴彦淖尔市调研	6月8—9日	巴彦淖尔市 乌拉特中旗、 乌拉特后旗	赴乌拉特中旗温更镇了解百万亩牧园综合体建设情况，参观特色产品和电子商务进农村牧区服务展示，察看嘎查便民服务举措，了解当地优质农畜产品和民族特色产品走出去、贫困户脱贫增收等情况。赴乌拉特后旗高标准戈壁红驼牧养基地了解当地壮大红驼产业措施和成效，考察“大数据＋智慧农牧业”平台建设情况；考察中核龙腾100兆瓦（10小时储能）光热发电示范项目和内蒙古黑猫煤化工项目建设进度情况，参观全国公安系统一级英雄模范宝音德力格尔事迹馆，考察巴彦淖尔市风蚀冰臼国家地质公园、潮格温都尔镇便民服务大厅、乌拉特后旗蒙医医院，并对巴彦淖尔市煤炭资源领域违规违法问题专项整治和脱贫攻坚工作提出要求。
51	赴赤峰市调研	6月13—16日	赤峰市宁城县、红山区、翁牛特旗、巴林左旗、阿鲁科尔沁旗	调研宁城县辽中京遗址、红山区的红山文化博物馆、巴林左旗辽上京博物馆、阿鲁科尔沁旗巴拉奇如德庙和查干浩特古城址，仔细察看文物遗存，听取讲解和相关介绍，了解史前文化发掘整理工作和契丹辽文化、蒙元文化等历史沿革，深入考察文化遗产的保护和利用情况。走访翁牛特旗阿什罕苏木那林高勒嘎查牧民，询问收入来源、生活状况、看病就医等情况，察看院落、牛棚和羊圈等情况。了解阿鲁科尔沁旗坤都镇实施民族工艺品扶贫项目、带动贫困户增收情况，听取阿鲁科尔沁旗牧区现代化试点建设工作汇报。考察喀赤高铁赤峰站，了解基础设施建设、乘客出入站及周边配套建设等情况。
52	赴呼和浩特市调研	6月17日	呼和浩特市 土墨特左旗	出席伊利现代智慧谷敕勒川 30 万头奶牛生态牧场示范项目暨国家核心育种基地开工仪式，为项目培土奠基并调研。
53	赴呼和浩特市调研	6月22日	呼和浩特市 赛罕区、新城区	赴内蒙古第四医院实地察看升级改造后负压病房，了解功能配置、救治流程和医护人员休息保障等情况。赴美通农产品批发市场肉食、水产品大厅，仔细察看环境卫生，详细了解消杀措施、进货渠道等情况。赴赛罕区融桥海鲜市场，了解海鲜和水产品产地、物流运输、销量变化等情况，听取农产品及海鲜、水产品市场食品安全监管情况汇报。

续表 5

序号	名称	时间	活动地点	主要内容
54	赴乌兰察布市调研	6 月 26 日	乌兰察布市 兴和县、四子王旗	调研苏木山自然保护区生态保护治理、红召高山牧场草原生态保护和旅游业发展等情况。
55	赴自治区统计局调研	6 月 29 日	呼和浩特市	观看图片视频、台账资料，了解人口普查、执法监督、党建等工作开展情况，现场聆听统计历史沿革，听取企业统计电子台账、社情民意调查等统计业务汇报。
56	赴赤峰市调研	6 月 30 日— 7 月 3 日	赤峰市 克什克腾旗、红山区	调研桦木沟林场、乌兰布统草原、黄岗梁国家森林公园、克什克腾石阵、白音敖包国家级自然保护区、达里诺尔国家级自然保护区生态保护、旅游产业及林下经济发展情况。调研内蒙古黄岗矿业有限责任公司 610 米深的矿井绿色矿山建设和安全生产工作。考察中国契丹辽博物馆二期项目进展情况，了解展览大纲和展陈方案，调研应昌路故城遗址文物保护工作。走访达来诺日镇岗更嘎查党员中心户，仔细询问生产生活及西门塔尔肉牛养殖专业合作社带动农牧户和贫困户增收情况。
57	赴鄂尔多斯市、包头市、呼和浩特市调研	7 月 6—7 日	鄂尔多斯市达拉特旗、东胜区、伊金霍洛旗、鄂托克旗、乌审旗，包头市九原区、高新区、青山区，呼和浩特市土左旗	调研建能兴辉新型墙体陶瓷砖项目和海明堡直升机生产项目投资规划、建设进度、产值效益等情况，察看工艺流程和产品性能。察看桃力民红色文化教育基地和现场教学基地项目建设进度，了解史料挖掘整理、史实陈列等情况。走访乌审旗乌兰陶勒盖镇巴音高勒嘎查乌兰牧骑队员。调研乌兰陶勒盖治沙站治沙造林工作，与全国“三八·绿色奖章”获得者殷玉珍亲切交流。考察伊金霍洛旗红庆河镇乡村治理、消费扶贫等工作。深入了解鄂尔多斯市煤炭资源领域违规违法问题专项整治工作推进情况，对下一步工作提出要求。
58	赴锡林郭勒盟调研	7 月 12—14 日	锡林郭勒盟阿巴嘎旗、东乌珠穆沁旗、乌拉盖管理区	实地查看阿巴嘎旗玛尼特庙井煤矿、宏泰煤矿闭坑治理和玛尼图煤矿采空区灾害综合治理工程实施情况，了解锡林郭勒盟煤炭资源领域违规违法问题专项整治工作推进情况，安排部署下一步重点工作任务。考察东乌珠穆沁旗退化草原生态修复试点项目，深入了解项目规划、治理模式及取得的成效。调研乌拉盖管理区李燕家庭牧场、哈拉盖图国有农牧场草原生态保护、文化旅游业发展及牧民增收等情况。调研珠恩嘎达布其口岸建设情况。看望慰问东乌珠穆沁旗边境和巡逻驿站边防部队官兵，走访当地牧户，了解生产生活、民族团结进步教育等情况。调研乌拉盖水库，仔细询问水位涨落、除险加固、调度用水等情况。
59	赴中国农科院草原研究所调研	7 月 16 日	呼和浩特市 赛罕区	在草原研究所牧草与草畜产品质量安全监督检验测试中心，了解草原生态保护修复、草牧业高质量发展等方面技术研究和成果应用情况。在国家种质牧草中期库，仔细询问草种质资源收集、鉴定评价、保护利用及新品种选育、良种繁育等情况。

续表 6

序号	名称	时间	活动地点	主要内容
60	赴乌兰察布市调研	7 月 18 日	乌兰察布市 察右前旗、集宁区	调研内蒙古薯都凯达食品有限公司，听取企业项目规划建设及进展介绍，了解带动周边农户和帮扶建档立卡贫困户情况。调研内蒙古田牧乳业有限公司，详细询问奶源分布、加工生产、产品品质、市场销售等情况。调研内蒙古中弘紫晶科技有限公司，了解企业规划建设内蒙古政务云大数据灾备中心和蓝光光盘生产线等方面情况。调研内蒙古普析通用仪器有限公司，了解研发生产及用工情况。
61	赴巴彦淖尔市调研	7 月 19 日	巴彦淖尔市五原县、临河区、磴口县和乌海市海勃湾区、乌达区	调研五原县黄河皮房圪旦险工段、临河区黄河马场地六八社险工段、磴口县黄河东地险工段和南套子险工段、黄河内蒙古段二期防洪工程乌海市段工程、黄河海勃湾水利枢纽库区、乌海湖左岸兰亭广场码头险工段，实地查看汛情、防洪工程建设、排沙减淤等情况，详细了解应急值守、巡堤查险、防汛救灾方案预案和应对措施。考察龙游湾国家湿地公园，了解黄河流域生态系统恢复、环境保护等情况。
62	陪同国务院扶贫办主任刘永富一行在呼和浩特市调研	7 月 20 日	呼和浩特市	陪同国务院扶贫办主任刘永富一行在呼和浩特市调研。
63	赴内蒙古展览馆调研	7 月 25 日	呼和浩特市	实地调研 2020 年内蒙古自治区民族手工艺和文创旅游精品展。观看精品旅游线路和重点景区、民族手工艺品、特色文创旅游商品、非物质文化遗产、传统技艺制作及传统蒙古包展示，了解文旅科技发展，与相关人员交流商品的创意设计、制作工艺、市场销售等情况。在内蒙古味道展示区，仔细询问特色美食的制作和食材来源，并向现场群众介绍内蒙古农畜产品。
64	赴呼和浩特市调研	7 月 30 日	呼和浩特市 和林格尔县	出席呼和浩特新机场项目建设开工仪式并调研。
65	赴呼伦贝尔市调研	8 月 1—2 日	呼伦贝尔市海拉尔区、牙克石市、阿荣旗、扎兰屯市	为中国内蒙古森林工业集团有限责任公司揭牌。考察内蒙古大兴安岭森林调查规划院，了解森林资源监测、野生动植物资源调查、沙盘和卫星遥感影像制作等情况。参观内蒙古大兴安岭生态文明建设成就图片展，了解大兴安岭开发建设、改革发展、生态成就、生态保护等情况。调研呼伦贝尔市·伊利集团绿色智能高端有机乳制品示范项目区、齐鲁制药（内蒙古）有限公司呼伦贝尔生物制药项目区，了解项目规划、建设等情况，详细询问企业存在的困难和问题、对政府工作的意见和建议等。赴阿荣旗章塔尔防洪大堤，查看堤防加固情况，了解流域防汛形势、应急预案准备及堤防巩固提升工程进展情况。
66	赴乌兰察布市、锡林郭勒盟调研	8 月 4—5 日	乌兰察布市察右中旗、商都县，锡林郭勒盟镶黄旗、正镶白旗、集宁区	赴乌兰察布市察右中旗医院、商都县医院和锡林郭勒盟正镶白旗医院，了解关爱百姓健康事业推动情况，看望接受手术的白内障患者，为他们揭开纱布，送上爱心被、保护眼睛的偏光镜和健康箱。

续表 7

序号	名称	时间	活动地点	主要内容
67	赴呼伦贝尔市调研	8月8—10日	呼伦贝尔市满洲里、新巴尔虎右旗、新巴尔虎左旗、海拉尔	出席在新巴尔虎右旗召开的全区推进牧区现代化试点工作现场会。调研呼伦湖女神像东侧湖岸、达兰鄂罗木河入湖口、小河口和贝尔湖银海岸，仔细询问水量、水质、周边生物多样性指标变化及呼伦湖保护区内违规生产经营设施拆除等情况，了解呼伦湖生态综合治理进展和贝尔湖生态保护举措。考察新巴尔虎左旗娜仁萨其尔巴尔虎奶食品加工基地产品种类、工艺流程、安全检测、包装销售等情况。走访新巴尔虎左旗新宝力格苏木贡诺尔嘎查党员中心户哈斯图雅家，详细询问生产生活情况及在通讯、用电、出行、信贷等方面存在的困难和问题，了解党员中心户带动牧户开展党组织生活和牧业生产情况。
68	赴呼和浩特市调研	8月11日	呼和浩特市赛罕区	调研内蒙古历史博物馆、北方足球训练基地、乌兰牧骑宫、艺术学院新校区项目建设情况。
69	赴通辽市、兴安盟调研	8月17—19日	通辽市霍林郭勒市、兴安盟乌兰浩特市、阿尔山、扎赉特旗、科右前旗	出席在通辽市霍林郭勒市召开的全区绿色矿山建设推进会。赴通辽市、兴安盟、锡林郭勒盟交界处和通辽市霍林郭勒市军马场生态保护区，听取相关情况汇报，了解草原生态保护情况。赴兴安盟科右前旗乌兰毛都苏木深入了解当地牧业发展和生态建设情况，详细察看草原保护修复状况。考察阿尔山市大兴安岭及周边地区已垦林地退耕还林项目区，了解项目进展、杜拉尔自然保护区、黄羊及野生动物通道试点项目管护救助站建设情况。赴苏金宝力高奶制品专业合作社，了解奶牛养殖和民族传统奶制品制作、产品种类、包装销售等情况。看望慰问宝格达山哨所边防官兵，了解官兵作战训练和生活学习等情况。调研阿尔山敖伦布坎自驾车营地旅游市场发展状况。
70	陪同北京市代表团在赤峰市调研	8月23—25日	赤峰市 翁牛特旗、林西县	陪同北京市代表团在赤峰市翁牛特旗、林西县调研。
71	陪同中国法学会党组成员、学术委员会主任张文显赴内蒙古自然博物馆调研	8月28日	呼和浩特市	陪同中国法学会党组成员、学术委员会主任张文显赴内蒙古自然博物馆调研。
72	赴呼和浩特市蒙古族学校、内蒙古大学、内蒙古师范大学、内蒙古农业大学、师大附属蒙古族学校、赛罕区民族小学调研	8月29日	呼和浩特市	赴呼和浩特市蒙古族学校、内蒙古大学、内蒙古师范大学、内蒙古农业大学、师大附属蒙古族学校、赛罕区民族小学调研。
73	赴呼和浩特市民族实验学校调研	8月30日	呼和浩特市	赴呼和浩特市民族实验学校调研。
74	赴赤峰市、通辽市调研	9月3—5日	赤峰市阿鲁科尔沁旗，通辽市科尔沁区、科左后旗	调研赤峰市阿鲁科尔沁旗天山第五中学，走访坤都镇布仁塔拉嘎查牧民。调研通辽市蒙古族学校、科左后旗蒙古族实验初级中学、内蒙古民族大学。

续表 8

序号	名称	时间	活动地点	主要内容
75	走访慰问内蒙古医科大学教师王玉华、呼和浩特市第二中学退休教师姜超霞	9 月 10 日	呼和浩特市	走访慰问内蒙古医科大学教师王玉华、呼和浩特市第二中学退休教师姜超霞。
76	赴锡林郭勒盟调研	9 月 13 日	锡林郭勒盟锡林浩特市	赴锡林郭勒盟锡林浩特市调研双语教材工作。
77	赴内蒙古工业大学调研疫情防控工作	9 月 23 日	呼和浩特市 新城区	赴内蒙古工业大学调研新冠肺炎疫情防控工作。
78	参观国际会展中心	9 月 27 日	呼和浩特市 赛罕区	赴国际会展中心参观职工技术创新成果，了解技术创新成果的研发、应用等情况。
79	出席全区推进城市精细化管理现场会	9 月 28 日	赤峰市	赴赤峰市出席全区推进城市精细化管理现场会。
80	赴包头市、呼和浩特市调研	9 月 29 日	包头市、呼和浩特市	出席北奔新能源智能网联产业建设大会暨北奔新能源汽车产品发车仪式，调研白塔机场东边物资储备局内蒙古局储备仓库自治区红十字会救灾应急物资储备情况。
81	赴阿拉善盟调研	10 月 4-6 日	阿拉善盟 阿右旗、额济纳旗	赴阿拉善盟阿拉善右旗调研曼德拉山岩画保护、特色产业发展和林业生态保护建设情况；赴额济纳旗蒙古族学校调研学校教育、推行使用国家统编教材等情况。
82	赴鄂尔多斯市调研	10 月 8 日	鄂尔多斯市 东胜区	赴蒙泰东胜二期 2×66 万千瓦热电联产项目、绿动新能源汽车充电设施项目现场调研。
83	赴乌海市调研	10 月 11 日	乌海市 乌达区	赴乌海市乌达区内蒙古兴发科技有限公司有机硅新材料一体化循环项目现场，深入了解企业技术路线、环保装置等情况。
84	赴赤峰市调研	10 月 15 日	赤峰市	出席“双创周”启动仪式，参观调研自治区“双创”成果展。
85	赴锡林郭勒盟调研	10 月 11 日	锡林郭勒盟 镶黄旗	赴锡林郭勒盟镶黄旗深能北方（锡林郭勒）能源开发有限公司镶黄旗热电厂调研。
86	赴锡林郭勒盟调研	10 月 22 日	锡林郭勒盟 二连浩特市	赴锡林郭勒盟二连浩特市出席中蒙举行蒙古国向中国捐赠羊交接仪式并调研。
87	赴乌兰察布市调研	10 月 31 日	乌兰察布市 集宁区	出席源网荷储示范项目暨三峡现代能源产业园开工奠基仪式。
88	赴乌兰察布市调研	11 月 7 日	乌兰察布市 商都县、集宁区	赴乌兰察布市商都县调研督导察汗淖尔生态治理工作；出席乌兰察布市举行 2020 年内蒙古自治区就业推进会暨就业创业服务攻坚季活动，到技能培训、创业项目展示区及招聘活动区，与参展人员、招聘单位代表交流，深入了解就业创业政策措施落实情况。

续表 9

序号	名称	时间	活动地点	主要内容
89	赴通辽市调研	11 月 8-9 日	通辽市 科尔沁区、开鲁县	赴通辽市科尔沁区木里图工业园区龙马集团高端装备制造基地项目现场调研，深入了解项目建设规模、预期经济效益和用工等情况；赴通辽市开鲁县建华镇先胜村，深入调研高标准农田建设进展等情况。
90	赴呼和浩特市调研	11 月 10 日	呼和浩特市 新城区、玉泉区	走访调研内蒙古蒙草生态环境（集团）股份有限公司，听取对自治区“十四五”发展的意见和建议；与内蒙古福建商会会员企业代表座谈，听取对自治区“十四五”发展的意见和建议。
91	赴呼伦贝尔市调研	11 月 12—13 日	呼伦贝尔市 陈巴尔虎旗、海拉尔区	走访所联系民营企业根林木业有限责任公司，到呼伦贝尔农垦集团谢尔塔拉农牧场调研民族传统奶制品产业发展。
92	赴包头市调研	11 月 18 日	包头市	出席第十二届中国包头・稀土产业国际论坛并调研，探讨稀土产业链条延伸、科学技术创新、产业绿色发展、开放合作共赢和多元化合作的新思路。
93	赴内蒙古民族艺术剧院直属乌兰牧骑调研	11 月 20 日	呼和浩特市 新城区	看望慰问乌兰牧骑队员，勉励大家牢记习近平总书记的殷切嘱托，传承乌兰牧骑优良传统，促进乌兰牧骑事业薪火相传，让“红色文艺轻骑兵”这面旗帜更加熠熠生辉。
94	走访调研赤峰中色锌业有限公司	11 月 21—23 日	赤峰市 红山区	走访调研企业发展和升级改造等情况。
95	赴乌兰察布市调研	11 月 23—24 日	乌兰察布市 集宁区	赴乌兰察布市集宁区调研大数据等重点项目建设情况，对接宁德时代重点项目落地情况。
96	赴满洲里市调研疫情防控工作	11 月 24—25 日	呼伦贝尔市 满洲里市	赴满洲里市调研新冠肺炎疫情防控工作，听取工作汇报，与国家、自治区专家会商，了解核酸检测能力、工作流程、检测人员隔离和轮岗等情况，调研社区居民核酸检测组织情况，研判疫情防控形势，研究部署下一步疫情防控工作。
97	赴呼和浩特市调研	11 月 26 日	呼和浩特市 回民区	赴呼和浩特市回民区朝聚眼科医院出席“光明行”活动并调研。
98	赴鄂尔多斯市调研	12 月 5 日	鄂尔多斯市 伊金霍洛旗、鄂托克旗	赴鄂尔多斯市对负责督办并已化解的 3 件群众信访事项进行回访，到伊金霍洛旗阿勒腾席热镇走访看望信访当事群众，并召开座谈会。赴鄂尔多斯市鄂托克旗调研阿尔寨石窟保护情况，察看壁画现存状况，了解石窟保护修复、学术研究及遗址保护规划和方案制定情况。
99	赴赤峰市调研	12 月 8 日	赤峰市 敖汉旗	调研武安州辽塔保护情况，深入了解武安州辽塔加固维修方案编制和实施推进情况，查看加固维修工程进展等工作。

续表 10

序号	名称	时间	活动地点	主要内容
100	陪同国家科技部部长王志刚一行调研	12 月 11 日	呼和浩特市 金山开发区、新城区	陪同国家科技部部长王志刚一行围绕企业技术创新、研发应用等工作到伊利集团和蒙草种业中心走访调研。
101	赴内蒙古师范大学调研	12 月 22 日	呼和浩特市 赛罕区	赴内蒙古师范大学听思政课、作报告并调研。
102	赴巴彦淖尔市甘其毛都口岸检查指导疫情防控工作	12 月 31 日	巴彦淖尔市 乌拉特中旗	赴巴彦淖尔市甘其毛都口岸督导检查新冠肺炎疫情防控工作。

政府办公厅工作

【概况】 内蒙古自治区人民政府办公厅机关核定行政编制 131 名，设有 22 个内设机构：办公室（自治区人民政府总值班室）、秘书一处、秘书二处、秘书三处、秘书四处、秘书五处、秘书六处、秘书七处、秘书八处、秘书九处、文电处、会议处、自治区人民政府督查室、信息调研处、翻译处、法律事务处、改革协调处、新闻发布处、人事处、财务处、机关党委、离退休人员工作处。

自治区政府办公厅管理的机构和所属的事业单位核定编制 271 名，共计 9 个，分别是：内蒙古自治区政务服务局（行政机关）、内蒙古自治区公共资源交易中心（参照公务员法管理事业单位）、内蒙古自治区人民政府地方志研究室（参照公务员法管理事业单位）、内蒙古自治区人民政府驻北京办事处（参照公务员法管理事业单位）、内蒙古自治区人民政府驻上海办事处（参照公务员法管理事业单位）、内蒙古自治区人民政府机要运行服务中心（挂内蒙古自治区人民政府公报室牌子、公益一类事业单位）、内蒙古自治区人民政府办公厅综合保障中心（公益一类事业单位）、内蒙古自治区翻译中心（公益一类事业单位）、内蒙古自治区政务服务保障中心（公益一类事业单位）。

2020 年，在自治区党委、政府的坚强领导下，自治区政府办公厅紧紧围绕党中央、国务院决策部署和自治区党委、政府中心工作，提高站位，居公守正，担当作为，充分发挥参谋助手、统筹调度、综合协调、督办落实、服务保障作用，各项工作取得了新成效。

【机构改革】

机构转隶　内蒙古自治区人民政府驻北京办事处上访人员劝返办公室划归自治区信访局管理。

机构撤销　内蒙古自治区人民政府驻北京办事处天津联络处（挂内蒙古自治区人民政府天津办事处牌子）、内蒙古自治区外埠建筑施工管理中心、内蒙古干部（上海）培训中心、内蒙古自治区人民政府公报室。

机构更名　内蒙古自治区地方志编纂委员会办公室更名为内蒙古自治区人民政府地方志研究室；内蒙古自治区人民政府办公厅综合保障服务中心更名为内蒙古自治区人民政府办公厅综合保障中心；内蒙古自治区电子政务服务中心更名为内蒙古自治区政务服务保障中心；内蒙古自治区蒙古文翻译中心更名为内蒙古自治区翻译中心。

机构整合　内蒙古自治区公共资源交易管理服务中心、内蒙古自治区政府采购中心、内蒙古自治区工程项目招投标中心、内蒙古自治区土地使用权与矿业权出让交易中心整合，组建内蒙古自治区公共资源交易中心。

机构新设　利用内蒙古自治区人民政府公报室的机构限额重新组建内蒙古自治区人民政府机要运行服务中心（挂内蒙古自治区人民政府公报室牌子）。

【落实推行使用国家统编教材】 深入贯彻“三个必须进一步”“五个不能低估”“六个搞清楚”“三个服从”“五个到位”等重要要求，组织召开推行使用国家统编教材有关会议 27 次，推动出台《全区民族语言授课学校小学一年级和初中一年级使用国家统编〈语文〉教材实施方案》《关于加强民族语言授课学校统编教材师资队伍建设工作的若干措施》等重要政策文件。向国务院总值班室和自治区党委、政府上报有关信息和情况报告 42 期。

【疫情防控】 坚持把疫情防控作为服务中心的重要政治任务，自觉服从服务大局，全身心投入疫情防控斗争。认真履行自治区疫情防控指挥部综合协调组职责，全力将工作重心、人员力量向疫情防控倾斜，建立统筹调度、指挥协调、文件运转、督导检查、新闻发布、物资保障系列制度，最短时间内构建起统一指挥、统一调度、统一部署的高效指挥体系。协调推动抓好源头防控、重要防疫物资生产调配和医疗资源调配等重要任务。

自治区政府办公厅第一时间研究部署，制定疫情防控 12 条硬性措施、4 项深化举措，采取网格化、全覆盖管理机制，全面推行疫情台账管理，实行首报告、日报告、零报告制度，确保疫情防控任务稳步推进，坚决贯彻落实党中央和自治区安排部署，牵头组建自治区援鄂前方指挥部，抽调精干力量尽锐出征。围绕“防控、救治”两大关键任务精准发力，前方指挥部成员获湖北省委、省政府和自治区卫生健康委颁发荣誉证书。

【推动复工复产促进经济稳定恢复】 认真贯彻统筹疫情防控和经济社会发展各项要求，积极协调推动复工复产，畅通政策传导，全力保障经济运行保持在合理区间。

加强中央决策部署和自治区经济社会领域重大问题研究，紧盯“六稳”“六保”工作，围绕打赢三大攻坚战、决胜全面建成小康社会、推动高质量发展等各项目标任务，细化完善有效投资、激发消费活力、稳岗就业等举措，推动出台《应对新冠肺炎疫情影响强化稳就业若干措施》《支持防控疫情重点保障企业和受疫情影响生产经营困难中小企业健康发展政策措施》《促进农村牧区劳动力就业创业意见》等40多项政策文件，完成优化营商环境、财税体制、要素市场化配置等经济体制和重大民生领域45项改革任务。

围绕“十三五”规划目标实施和全面建成小康社会指标完成情况、三大攻坚战、区域协调发展、对外开放、“十四五”规划编制等重点工作和资源能源、财税金融、国企国资等重点改革，深入走访企业和项目，加强分析研判和协调调度，督促指导地区和部门、积极与国家部委沟通对接，推动出台《加快推进5G网络建设若干政策》《推进数字经济发展意见》《自治区通用航空产业高质量发展行动方案》等政策，增强支撑经济运行的实效性和针对性。

建立有关民营企业、行业协会常态化信息直报机制，突出疫情防控、复工复产、稳定就业等领导关心关注和社会群众关切问题，编发各类刊物2000余期，问题类信息占比达60%，助推政策完善和实施。全年获自治区政府领导批示400余条、同比提高2倍，上报国办1298条、同比增长54.2%。

【督查工作】 全面跟进自治区中心工作，聚焦习近平总书记、李克强总理等中央领导同志重要指示批示，党中央、国务院重要决策部署，巡视督查检查考核等反馈问题和《政府工作报告》重点任务，分解200余项督办事项全面建账、一抓到底，组织开展决策和专项督查63次，形成督查专报和核查报告64篇。

整合明察暗访、重点督办、挂图督办、网上督办等线上线下手段，对自治区政府主要领导关注事项一事一报告，定期跟踪盯办。坚持政府秘书长和办公厅主任调度会议、例会等制度，每周通报重点工作落实情况，盯办自治区政府会议议定事项和领导批办交办任务，推动形成全员、全线、全面、全力抓落实工作格局。全年编写《主席专报》40期，督办领导批示事项35项、自治区政府常务会议议定事项88项。

做好“互联网+督查”平台群众留言办理工作，及时分类转办，限时查清答复，办理群众留言问题线索600余条，并对事关群众切实利益的17条线索重点核查，破解政策落实“中梗阻”和“最后一公里”问题。高质量督办自治区人大代表建议580件、政协委员提案672件，办复率100%。

【政务运转】 强化办文办会全环节全流程全周期管控，压实文件要素审核、协同把关责任，简化运转环节，全程盯办催办，优化升级公文一体化平台功能和网上办文流程，提高公文办理速度，全年登记收文9000余件，发送机要等各类文件21万余件，无一压误、遗失和泄密事件发生。加强自治区政府会议议题确定、内容把关、会前调度、合法性审查和议定事项盯办落实，全年组织召开自治区政府常务会议31次、主席办公会议21次，研究议题261项。

整合文件、会议、督查、信息、值班等业务一体化平台，定期开展办文办会办事“回头看”，压紧压实责任、统筹资源力量，构建自治区政府办公系统“大办文”“大办会”“大信息”“大调研”“大督查”工作机制和责任传导机制，推动形成整体合力和“一盘棋”工作格局。

在开会、发文、督检考等方面打破路径依赖，强化刚性约束，通过总量控制、分战线推进、点对点督导，及时预警、动态调节，切实为基层减负松绑。全年制发文件同比下降3%，召开全区性会议同比持平（电视电话会议占比80%），督查检查事项同比下降50%以上。

【综合服务】 开展政务公开系统化标准体系建设，编制审定《政府信息主动公开工作规范》等8项地方标准。综合运用新闻发布会、专家解读、政务新媒体等多角度多维度宣传解读政策，组织自治区政府各类新闻发布会161场，由自治区政府省级领导带头发布带动地区部门定期发布，提升政府新闻发布效果和影响力。

牵头编制完成《加快推进数字政府建设工作行动方案（2020—2023年）》，严格按时序完成办公厅系统国产化适配改造工程，定期开展保密、网络安全、软件正版化专项检查。电子政务内网自治区政府管理区域与国务院办公厅网络中心、自治区党委网络中心全部联通，完成与国办接入区网络系统、安全策略、域名系统、视频系统、业务信息系统等任务对接。自治区政府系统办公业务平台被中国信息协会评选为“2020政府信息化管理创新奖”。

加大规范性文件合法性审核范围和力度，坚持完善法律顾问参与政府重大行政决策论证制度，全年应审尽审规范性文件509件次、同比增长27.9%，稳妥有序推进涉煤、涉民族领域文件清理、修订和废旧立新，废止和宣布失效自治区本级涉煤规范性文件和其他涉煤文件49件宣布失效涉民族领域行政文件5件、拟宣布失效规范性文件2件。按照综合设置、优化职责、集成服务、协同高效的原则，精干设置驻京办、驻沪办，撤销驻京办天津联络处、自治区外埠建筑施工管理中心、内蒙古干部（上海）培训中心。设立自治区政府机要运行服务中心（政府公报室）和政务服务保障中心，进一步提升机关保障服务水平。整合自治区公共资源交易管理服务中心、政府采购中心、工程项目招投标中心、土地使用权与矿业权出让交易中心，组建自治区公共资源交易中心，推动公共资源交易服务、管理与监督职能分离。

巩固对口扶贫成果在对口扶贫点兴安盟学田村2019年12月已评估验收脱贫的基础上，协调落实50万元巩固产业扶贫项目。自治区政府办公厅主要负责同志带队深入调研，现场调度解决基础设施、村容村貌建设等困难，协调办公厅机关旧电脑50台改善办公条件。

（郝智江 陈鹏 孔繁宇 刘宪鹏 牛博）

政务服务

【概况】 自治区政务服务局2018年11月成立，是自治区政府办公厅管理的副厅级行政机构，核定行政编制20名，事业编制30名，内设4个处室：综合处、放管服改革推进处、电子政务处、政务公开与效能监察处；下设1个中心：政务服务保障中心。

2020年，坚持把深化“放管服”改革、优化政务服务作为做好“六稳”工作、落实“六保”任务的重要抓手，全力推进政府职能转变、助力经济高质量发展。

【“放管服”改革】 组织召开2次全体会议安排部署重点工作，印发《内蒙古自治区2020年深化“放管服”改革优化营商环境工作安排》，对9个方面50项任务进行台账式管理、清单化调度。认真抓好培训考核，采用多种形式强化指导，严肃考评，积极发挥指挥棒和风向标作用。

印发《进一步深化工程建设项目审批制度改革实施方案》，完成自治区本级6个部门审批事项流程梳理优化，进一步优化审批环节、压缩审批时间。打通2个试点盟市的自治区部门垂建业务系统和联通盟市线下大厅政务服务审批系统，创新开展“不见面审批”“告知承诺制”等服务新业态，设立小微企业和个体工商户服务、疫情防控、复工复产等专题服务，推动营商环境明显改善。一体化政务服务平台完成与国建业务系统和20个区直垂建业务系统对接，注册用户达1400多万人，50项高频事项实现“跨省通办”，“蒙速办”APP推动全区4400多个部门11余万政务服务事项上线，自治区本级政策文件库发布各类信息5万余条，在全国网站年度考评中获国办通报表扬。

依法依规清理各类变相审批，及时调整完善清理具有审批性质的管理措施，摸清备案、登记、年检、认定等部门管理措施的底数，加快推进自治区本级36个部门370余事项的梳理工作，初步认定变相审批20余项。推行政务服务代办帮办服务，建立起从自治区到嘎查村、社区五级政务服务代办帮办工作机制。围绕重点领域，聚焦高频事项，创新开展“一件事一次办”改革，认真做好事项清单梳理、流程图制作、办事指南编制等基础工作，已梳理事项清单113项。根据机构改革后职能调整、法律法规立改废和国务院取消下放行政许可事项等要求，对自治区本级行政权力进行全面梳理、调整归位。将自治区本级行政权力事项由3278项压减到947项，被国务院列为全国推动“放管服”改革100项典型案例。

组成专题调研组，对阿荣旗推进项目建设优化营商环境进行专题调研并形成报告，在全区推广阿荣旗经验；组织开展了全区“放管服”改革工作督查。

【政务办理】 在呼和浩特市、锡林郭勒盟两个试点地区打通自治区部门垂建业务系统和联通盟市线下大厅政务服务审批系统，有效利用政务数据资源、电子证照库、“好差评”系统等服务支撑能力，推行“综合一窗受理”系统，已受理办件438件，为“全程网办、一网通办”打下坚实基础。

“蒙速办”APP服务自5月8日上线以后，实现自治区、盟市、旗县三级5900个部门9.6万个事项的办事指南查询，提供健康卡、社保卡、驾驶证等14类电子证照服务，接入高频特色应用527项。疫情期间，及时上线应用健康码功能，累积亮码3000万次。

建成政务信息资源共享交换平台和政务服务数据共享受理服务系统，实现政务服务数据跨地区、跨部门、跨层级共享共用。自治区本级政务信息资源挂接率提升至60%，汇聚库表类政务服务数据1.9亿条，累计调用1700亿次。自治区、盟市、旗县纵向三级网络覆盖率均已达到100%，乡镇接入率提升至96%，政务云部署服务器达5000余台，承载91个部门498个业务应用系统，成为自治区覆盖面最广、连接部门最多、业务承载量最大的政务网络。

从4月开始，组织自治区有关部门，选取2个盟市、3个旗县区作为试点，对三级政务服务事项进行精细化、颗粒化、情景化梳理和标准化确定，并将成果在全区进行推广复用。完成国建系统对接，梳理出30个部委的104个垂建业务审批系统，按照国办统一部署，已开展8个部委10个垂建业务系统对接工作；扎实开展区建系统对接，共梳理确定自治区本级15个部门41个垂建业务系统，逐一确定对接方案，明确完成时限，先后进行105场涉及1400余人的现场培训和对接，并采取定期通报、集中调度、跟踪督办等方式，力促工作取得实效，已完成20个业务系统对接，共推送办件数据367万余条。以“六个统一”为主要内容扎实推进一体化政务服务平台建设。统一政务服务门户，已纵向覆盖五级、横向覆盖所有政务服务部门；设立小微企业和个体工商户服务、疫情防控、复工复产等专题服务，梳理相关服务事项6522项；完成政务服务门户“跨省通办”专区开设，67项高频事项实现与国家平台的互联互通。统一政务服务事项库，对事项进行清单化管理，累计梳理全区政务服务事项10.6万项。统一电子证照库，梳理电子证照269类，汇聚电子证照数据2787万条，并同步开展电子证照标准化建设。自治区住建厅强化证照应用，先后签发安全生产许可证、建筑业企业资质证书等15类电子证照1.97万张。统一电子印章系统，自治区本级33个部门电子印章备案全部完成，盟市已完成3080枚电子印章备案。统一身份认证系统，与区直13个部门的22个业务系统完成对接，与盟市平台实现身份互认，现有注册用户1451万。统一好差评，完成系统建设和三级评价渠道全覆盖，产生评价数据111余万条，好评率达100%。以政务服务一体化业务支撑为核心，全面提升“服务同源、多端协同”能力，初步形成面向企业和群众的“五端”(PC端、移动端、自助端、电视端、窗口端)服务。

自治区本级政务大厅2020年1月1日正式运行，入驻31个部门，办理548项行政许可和公共服务事项，累计受理办件8.13万件，接待办事群众8.4万余人。及时畅通服务咨询投诉渠道，自治区本级政务服务热线累计接听29606件，答复各类留言8442条。推动全区120个政务服务大厅实行分领域“一窗通办”，并将服务链条延伸到乡、村两级，最大程度解决办事来回跑、多头跑问题。

推出“线上预约、线下办理”“不见面审批”“告知承诺制”等政务服务新业态，在全国一体化在线政务服务平台“内蒙古”专栏中设置主题服务，展示相关政策。先后共减免企业职工医保费14.73亿元、社保费140.49亿元。

【政务公开】 在全国范围内较早开展了系统化的标准体系建设，印发《内蒙古自治区政务公开标准体系》，编制审定《政务公开标准目录编制》《政府信息主动公开工作规范》等8个地方标准，为全区各级行政机关开展政务公开工作提供标准指引。印发《自治区全面推进基层政务公开标准化规范化工作的实施意见》，全区103个旗县（市、区）全部编制完成本地区基层政务公开标准目录，并向社会公开。完成760件规章、规范性文件的效力标注工作。对全区政府系统政务新媒体基本情况进行摸底统计，共录入全区在用政务新媒体5169个，关停200多个。围绕重点工作和重点任务，开展政策解读1700余篇。

将自治区本级网站重新改版上线，集约化建设扎实推进，自治区本级政策文件库上线运行，全年共发布各类信息5.14万条，在全国网站年度考评中得分较高，获得国办通报表扬。在自治区政府门户网站开设《疫情防控工作专题》《复工复产政策专题》，共推送各级各类专题信息3400余条，汇集高频服务事项6522个。

（云志君　郭子兴）

公共资源交易

【概况】 内蒙古自治区公共资源交易中心为自治区人民政府办公厅所属副厅级公益一类事业单位，参照公务员法管理。机构改革后，将原内蒙古自治区公共资源交易管理服务中心、内蒙古自治区政府采购中心、内蒙古自治区工程项目招投标中心、内蒙古自治区土地使用权与矿业权出让交易中心整合，组建内蒙古自治区公共资源交易中心。中心内设处室由原来的4个（办公室、信息技术处、管理协调处、交易管理处）增加至9个，分别为办公室、管理协调处、运行保障处、交易管理处、业务受理处、交易组织处、采购组织处、交易评审处、采购评审处。

核定中心事业编制66名。设主任1名（副厅级），副主任3名（正处级）；内设机构处级领导职数18名，其中正处级9名、副处级9名。

2020年，全区各级公共资源交易服务机构完成各类交易23528项，交易总额2148.72亿元，累计节约资金69.93亿元。其中，自治区本级完成交易2566项，实现交易金额268.34亿元，累计节约资金7.23亿元。中心先后被中国公共资源交易跨区域合作联盟评为“2020年全国公共资源交易助力复工复产先进单位”“2020年全国十佳公共资源交易机构”；在2020全国公共采购年度评选中，中心所属政府采购中心荣获“十佳集中采购机构”荣誉称号。

【政策指导】 以自治区政府名义印发了《内蒙古自治区公共资源交易平台服务标准》，为各级公共资源交易平台标准化建设提供制度遵循。认真贯彻落实《自治区全面深化改革2020年工作要点》及自治区政府重大民生领域2020年重点改革任务清单有关要求，印发《内蒙古自治区公共资源交易领域基层政务公开标准目录》《内蒙古自治区公共资源交易信用管理办法》等一系列规范性文件，积极推动公共资源交易平台制度化、规范化建设。修订出台《内蒙古自治区公共资源交易目录（2019版）》。交易目录新增了环境权类项目，推动平台覆盖范围从工程建设项目招投标、自然资源交易、国有产权交易、政府采购、医药采购逐步扩大到适合以市场化配置的各类公共资源。

【平台建设】 全面推行自然资源交易全区“一张网”建设，将土地使用权、矿业权、补充耕地指标等交易系统整合到统一的交易平台，推动实现全区自然资源交易项目统一模式、统一流程、统一监管。上线运行自治区公共资源交易主体信息库，建成启用自治区统一的综合评标评审专家库，完成与自治区社会信用信息平台对接，推动全区优质专家和交易中心设施场所、监管环境等资源共享。上线运行自治区本级政府采购云平台电子卖场，推行电商商品、协议供货、定点服务等通用类货物和服务的全流程在线交易。自治区工程交易平台各类工程建设项目全部实现全流程电子化，自治区本级矿业权、补充耕地指标、地质勘查基金项目实现“不见面”网上开标竞价，国有产权“E交易”平台实现全区12个盟市“全覆盖”。

【监管创新】 发挥自治区公共资源交易管理工作联席会议机制作用。7月，自治区政府召开了2020年度公共资源交易管理工作联席会议，研究公共资源交易领域重大问题，对工作作出安排部署。指导推动呼和浩特市出台《呼和浩特市公共资源交易监督管理办法》，进一步规范首府地区公共资源交易市场综合监管工作。先后联合自治区发改委、财政厅、住建厅、自然资源厅印发了《内蒙古自治区政府采购项目电子化交易管理实施方案》《内蒙古自治区政府采购负面清单》《关于加强土地使用权出让网上交易的通知》《依法必须招标的房屋建筑和市政工程招标文件编制指导意见》《关于进一步加强房屋建筑和市政工程招投标监管工作的通知》《内蒙古自治区公共资源交易远程异地评标管理办法（试行）》《内蒙古自治区国有土地使用权网上交易流程（试行）》和《内蒙古自治区国有土地使用权网上交易应急处置办法（试行）》等一系列规范性制度文件；通过协同行业监督部门加强制度顶层设计，不断规范全区各级公共资源交易市场秩序。实施“互联网+监管”模式，协调推动各行业行政监管、纪检部门使用监管系统，开放相应的电子平台权限，构建多部门协同，事前、事中、事后全覆盖的公共资源交易活动监督体系。

【优化营商环境】 组织开展“集中整治形式主义官僚主义，优化公共资源交易营商环境”专项行动，驻厅纪检监察组和厅机关纪委全程参与指导，推动解决了一批涉及内部管理、交易服务、信息化建设等方面的问题，建立健全打通“堵点”优化服务的长效机制。深化公共资源交易领域“放管服”改革，取消投标报名、招标文件审查、原件核对等没有法律依据的审核事项和环节，实行同一事项无差别受理、同标准办理，推进“一表申请”“一窗通办”。在全区范围内推进“不见面”开标和远程异地评标常态化，加入由陕西、山西等11个省级开通的跨区域远程异地评标省际合作平台，鼓励远程异地评标跨区域省际合作。积极配合财政部门落实采购人主体责任，对于政府集中采购目录范围内30万元以下的项目，预算单位可以通过政采商城电子卖场网上直采，实现政府采购供应商“零跑腿”。

【管理服务】 出台减轻疫情影响10项措施，建立绿色通道服务机制，加快平台扩面对接，提高资源配置效率和效益，全年完成各类交易项目2.35万项、交易总额2148亿元，累计节约资金70亿元。

（楚金刚）

地方志工作

【概况】 内蒙古自治区人民政府地方志研究室（以下简称“自治区地方志研究室”）成立于1982年9月9日，是隶属于内蒙古自治区人民政府办公厅的副厅级参照公务员法管理事业单位。2020年12月31日，经自治区党委机构编制委员会批准，内蒙古自治区地方志编纂委员会办公室更名为内蒙古自治区人民政府地方志研究室。编制28名，设主任1名（副厅级），副主任2名（正处级）；内设处级机构5个：综合处、自治区业务处、盟市业务处、年鉴处、资源开发处，内设机构处级领导职数10名，核定科级职数10名。截至2020年底，自治区地方志研究室有主任1人、副主任1人，在编23名，在岗21人，聘用4人。

全区12个盟市、2个计划单列市均设有地方志工作机构，编制人数271名。事业单位改革后，包头市、乌兰察布市、巴彦淖尔市为单一地方志研究室，呼和浩特市、锡林郭勒盟、通辽市为党史地方志二合一办公室，其余地区均为档案史志馆。其中，正处级机构6个，副处级机构5个，正科级机构1个；参公事业单位7个，事业单位5个。全区103各旗县（市区）有97个设有地方志工作机构，全区地方志系统共有600多名干部职工。

2020年末，内蒙古自治区基本完成国务院部署的地方志“两全目标”任务（到2020年，完成第二轮地方志书规划任务，省、市、县三级地方志书全部出版；做到地方综合年鉴由地方志工作机构组织编纂，一年一鉴，公开出版，实现省、市、县三级综合年鉴全覆盖），全区依法修志、依法治志进程加快。

【“两全目标”任务】 2015年，国务院办公厅印发《全国地方志事业发展规划纲要（2015—2020年）》，明确部署“两全目标”任务。内蒙古自治区共规划二轮三级志书188部，其中自治区分志73部，盟市志12部，旗县（市、区）志103部。截至2020年12月31日，188部第二轮三级志书全部移交出版，185部取得公开出版书号，《外事志》《草原志》《民主党派志》3部志书因涉及外交、边境、统战对象问题，需申报重大选题备案，待国家相关部门审批后再公开出版。2020年内，共评审志稿62部，约9000万字；验收志稿78部，约11000万字；出版志书101部，约16000万字。

全区应公开出版三级综合年鉴116种，其中《内蒙古年鉴》1种，盟市级综合年鉴12种，旗县级综合年鉴103种。截至2020年12月31日，116种2020年卷综合年鉴全部公开出版。2020年内，共计出版三级综合年鉴279部，约9600万字。其中：出版《内蒙古年鉴（2019卷）》1部，移交出版《内蒙古年鉴（2020卷）》1部，移交出版盟市、旗县级2018卷综合年鉴48部，移交出版盟市、旗县级2019卷综合年鉴114部，移交出版盟市、旗县级2020卷综合年鉴115部。

2020年12月28日，中国地方志指导小组办公室党组向自治区政府办公厅致函，对内蒙古自治区2020年地方志工作取得显著成绩表示祝贺。

【信息化建设】 2020年，逐步建成“内蒙古区情网”蒙汉文网站、手机网站、手机报、方志内蒙古微信公众号、数据库和内蒙古地情网站集群为一体的地方志信息网络服务平台，面向全国宣传内蒙古区情信息。截至2020年末，“内蒙古区情网”站点击量突破9000万人次，微信公众号年阅读量达10万人次；2020年内，上传志鉴55部，约5600万字。地方志数据库入库志书年鉴达400余部，总字数约4.68亿字。

【方志馆建设】 内蒙古方志馆于2018年开始建设，截至2020年底，已完成地下两层及地上5层主体框架。2020年3月，自治区地方志研究室按照主席办公会议要求，协调呼和浩特市人民政府重新核算内蒙古方志馆项目概算和分摊土地费用。5月，呼和浩特市人民政府复函明确内蒙古方志馆项目主体建设资金为1.95亿元，分摊土地费用为3357万元，在原概算基础上压缩经费1361.4万元。

【培训工作】 2020年，克服疫情影响，加大业务培训力度。举办《内蒙古年鉴》（2020卷）撰稿人培训班1期，自治区各厅局年鉴承编单位、各盟市旗县年鉴撰稿人180余人参加培训；举办2020年全区地方志业务培训班1期，全区200余名业务骨干参加培训；选派业务骨干对《共产党志》《扶贫志》等专业志编纂人员进行培训，约150名编纂人员接受培训。

（李洋）

驻北京办事处工作

【概况】 内蒙古自治区人民政府驻北京办事处（以下简称“驻京办事处”）原有内设机构4个：办公室（驻京机构工会办公室）、政务联络和接待处、经济联络和信息处、财务和资产管理处。核定事业编制36人，核定厅级领导职数5名（2正、3副），处级领导职数10名（4正、6副）。下设机构4个：内蒙古自治区人民政府驻北京办事处上访人员劝返办公室、内蒙古自治区人民政府驻北京办事处天津联络处、内蒙古自治区外埠建筑施工管理中心、北京内蒙古大厦。

2020年底，按照《内蒙古自治区深化事业单位改革试点实施方案》，撤销了内蒙古自治区人民政府驻北京办事处天津联络处自治区外埠建筑施工管理中心，原内蒙古自治区人民政府驻北京办事处上访人员劝返办公室划归自治区信访局管理。

内蒙古自治区人民政府驻北京办事处主要职责调整为：承担自治区与中央、国家机关以及北京市委、市政府各有关部门的政务经济联络和服务工作，承办中央和国家机关有关部门交办事项；承担自治区领导同志在京公务活动的相关政务联络和服务保障工作；承担自治区党委、政府有关部门和盟市在京经济联络的相关服务工作，协助开展招商引资工作；承担收集并整理上报与自治区经济社会发展密切相关的各类信息，开展信息调研，协助开展经济、人才相关政策宣传工作；承担自治区对京津冀等相关地区高层次人才的联系联络，协助做好自治区招才引智工作；协助做好与京津冀等相关地区开展合作交流服务工作；承担为自治区基层组织、社会组织、群众来京活动提供相关服务工作；承担北京内蒙古大厦和天津综合办公楼等相关资产管理工作；指导、协调自治区各盟市驻京机构开展工作；做好自治区党委、政府交办的应急处置和值班值守工作；配合北京市做好维护首都稳定的有关工作；完成自治区党委、政府和自治区人民政府办公厅交办的其他任务。

增加了“做好自治区党委、政府交办的应急处置和值班值守工作”职责；取消了原“承担全区进入北京地区建筑施工企业的协调、联络工作，并提供工程信息咨询和相关服务工作”职责。

现有内设机构5个：办公室、政务联络处、合作交流处、信息综合处、财务资产处。核定事业编制36人。核定厅级领导职数3名（1正、2副），处级领导职数10名（5正、5副），科级职数20名（10正、10副）。

【政务联络和服务保障】 完成政务联络和服务保障。全年共接待副省级以上领导755人次，厅局级以下领导2363人次。与中办、国办、国管局和北京市相关部门等沟通联络36次，保障自治区省部级领导到京参加重要会议等政务联络工作。参与自治区党委、政府在京举行的重要政务、经济活动的联络服务工作，中央巡视组、考核组及有关领导到自治区考察调研等工作的联络和服务工作110次。协助自治区各厅局和盟市在京开展的联络和服务工作200余次。重点做了全国“两会”、中央纪委全会等的服务保障工作。车队安全管理。全年共计出车3708车次、安全行驶里程达38万余公里。接待工作规范化和精细化。对规章制度进行梳理和补充完善，制定切实可行的工作措施，坚持把提升保障能力与降低成本结合起来。

【经济联络和信息服务】

加大对内蒙古的宣传 开展了大量资源对接活动。协助北京内蒙古企业商会做好届中调整工作。为自治区主要领导报送《信息专报》19期，向自治区两办信息处分别报送《驻京信息》250期、5051条，文字编辑量约310万字，上报自治区政府办公厅信息共被采用600条，获自治区领导批示91次，列驻外机构第一，参照对比区直部门排名第一；上报自治区党办信息共被采用37条，列驻外机构第一。编印《内部参阅》16期，《内蒙古驻京机构工作简报》14期。加强对盟市驻京联络处信息工作的指导与互动，全年向其分享信息5051条，举办信息讲座1次。办事处被全国省区市驻京办事处信息协会评为信息共享工作先进单位，两名同志分别被评为先进领导和个人。

推动“鸿雁行动”和草原英才工作 同内蒙古8所高校北京校友会建立紧密联系，有效开展了京蒙经济、文化资源对接。

【信访劝返】

完成日常接劝返工作 实现“三个不发生”的工作目标。坚持24小时值班接劝返，认真贯彻落实自治区“随有随接、一步接回”的工作要求，全年接劝返626人次，妥善处理了互联网金融投资受损群体等多批集体进京上访。因处理及时妥当，没有在京形成大规模聚集等事件。

信访保障工作 全力以赴完成了全国“两会”、北戴河暑期、十九届五中全会等重大活动、会议及敏感节点期间的信访保障工作。全国“两会”期间，劝返办全体人员连续16天24小时在岗工作。为期72天的北戴河暑期信访安全保障工作因收到良好成效受到国家信访局的表扬。

做好信息报送和分析研判工作 全年共上报《驻京信访信息》474期。向盟市（企业）驻京信访工作组下发《工作通知》23期，《督查通报》28期。

【内蒙古大厦工作】 2020年，内蒙古大厦获得了“五叶级中国绿色饭店”“2020中国酒店品质服务100强”等多项荣誉。服务自治区来京公务人员2758人次，全年营收达5057.2万元。

疫情防控 先后召开69次疫情防控会议，制定闭环管理工作方案，细化疫情防护措施。采取一系列暖心措施，不裁员、不降薪、不拖薪，切实保障139名留守员工食宿无忧。协助办事处做了入境人员转送工作期间的后勤保障工作。

完成全国“两会”接待任务 以优质的服务保障了员工、代表及工作人员738人“疫情零感染”，受到了全国人大常委会办公厅、国家机关事务管理局及重庆、青海两个代表团的高度赞扬。自治区党委书记石泰峰也作出批示，给予肯定。

率先在全国驻京酒店业实施垃圾分类 全国“两会”期间，内蒙古大厦垃圾分类工作被央视网进行了报道，并在北京73个地铁站、1万多块电子屏上进行循环播报。

【天津联络处工作】

解决综合办公楼遗留问题 积极推动综合办公楼工程的节能和五方验收等系列工作，使综合办公楼遗留问题取得阶段性进展，下一步将加快推动天津内蒙古酒店启用运营。

做好政务联络和接待服务工作 坚持同天津当地相关单位保持良好的沟通联络机制，积极为自治区政府与天津市政府交流合作牵线搭桥，促进蒙津之间的交流合作。

做好信息采集上报工作 积极拓宽信息交流渠道，围绕党政中心工作和民生关注热点，有针对性地报送信息，全年度向自治区党办、政办信息处报送信息8343条，其中有27条被采用。

【外埠施工建筑管理中心工作】 重点开展了在京建筑企业流动党员管理工作。开展了贫困党员慰问活动。做了进京企业服务工作。为234名拟返京内蒙古籍农民工办理了健康登记卡，对已返京的172人实行实名制申报，并建立了动态监控机制。组织在京建筑施工企业领导参加了疫情期间建筑企业法律风险防范培训。推进建筑扶贫和劳务输出工作。协调住总集团等企业增加劳务输出规模，组织20名（其中建档立卡贫困人员3名）农民工来京上岗。与中交一局签订了劳务输出意向。协助北京市住建委完成了2019年度内蒙古在京企业考核评价工作。截至2020年底，内蒙古自治区在京建筑企业已达45家，数量规模均创历史新高。

【疫情防控工作】 严格防控，打赢疫情防控阻击战。疫情面前，驻京办事处党委第一时间做出反应，成立领导小组，统筹抓好常态化疫情防控和其他各项职能工作。驻京办事处及自治区各盟市驻京机构全员无一人感染，未出现任何安全问题。3月6日，国务院副秘书长、国家机关事务管理局局长李宝荣带队到驻京办事处检查指导工作，对疫情防控工作给予了高度认可。

完成入境人员转送工作。3月10—30日，驻京办事处承担了由北京入境来自治区外籍人员和回国公民的转送工作。班子成员亲自担负起自治区新冠肺炎疫情防控指挥部社会管控组北京工作组副组长及下设各专项小组组长职责，研究制定了转送工作实施细则，组织办事处干部职工积极投身一线及后方支援，24小时轮流值守，协调各盟市驻京联络处开展转送工作，取得了转送工作“零失误”、参与转送工作人员“零感染”的好成绩。期间涌现出一批先进典型，苏文清、安利兵分别被国家机关事务管理局评为“优秀共产党员”“抗击新冠肺炎疫情先进个人”，政务联络和接待处被国家机关事务管理局驻京办事处与综合管理司评为驻京办事处抗击新冠肺炎疫情先进集体。

（魏巍）

驻上海办事处工作

【概况】 内蒙古自治区人民政府驻上海办事处（以下简称“上海办事处”），是自治区人民政府派驻上海市的副厅级综合办事机构，以“立足上海、服务自治区”为工作目标，主要从政务联络、经济合作、信息报送、接待服务、人才联络等方面开展工作，发挥着宣传内蒙古、促进蒙沪交流的窗口桥梁作用。

根据自治区编办《关于印发〈关于内蒙古自治区人民政府驻上海办事处机构职能编制的批复〉的通知》核定：上海办事处为自治区人民政府办公厅所属公益一类事业单位，机构规格相当于副厅级，设置4个内设机构：办公室、政务联络处、合作交流处、人才服务处。

上海办事处事业编制18名，2020年底实有在职人员3人，退休23人，聘用人员1人。所属内蒙古干部（上海）培训中心根据《内蒙古自治区党委办公厅 内蒙古自治区政府办公厅印发〈关于深化事业单位改革工作试点工作的实施意见〉的通知》于9月27日被撤销，2020年底实有在职人员4人，退休人员5人；原所属上海内蒙古白云宾馆于2019年12月移交自治区国资委，处于停业待维修状态，暂由上海办事处指派干部兼职管理，2020年底实有退休人员10人，聘用人员3人。

【交流活动】 认真服务第三届进博会等国家级会议活动，做好自治区领导和交易团的服务保障工作。与自治区商务厅联合主办了内蒙古自治区—各省市驻上海办事处及商会交流合作洽谈会、内蒙古自治区—江苏省（苏州）产业转移合作洽谈会等大型活动。协助有关盟市举办了兴安盟—上海招商引资推介会、锡林郭勒盟上海招商推介会、呼伦贝尔城市推介会等。与上海市合作交流办、普陀区、自贸区、商飞公司、东方卫视等部门多次开展座谈对接，配合完成了上海市合作交流系统“十四五”规划专题调研。主动参加上海市主办的驻沪机构及商会合作交流座谈会、上海国际食品产业园洽谈会等重要会议活动，积极参加各兄弟省区市主办的各类宣传推介活动，如“第二届世界晋商（上海）论坛”等。主办了3次驻沪机构交流座谈会议，参与了宁夏、吉林、贵州、湖南等兄弟省区驻沪办举办的会议活动。加大对各盟市驻沪联络处和长三角地区蒙商会的指导力度，主办自治区驻沪机构招商引资工作研讨会，共同推进项目进展。

【项目对接】

上海内蒙古绿色产业文化园项目 联系对接上海蒙盛集团和星益实业有限公司，谋划建设绿色产业文化园，在长三角地区推销内蒙古绿色农特产品。同时，拟在上海人民广场建立内蒙古城市会客厅（建筑面积1100平方米），开展商务洽谈、宣传交流、招商引资等业务。

浙江省民营投资企业联合会投资计划项目 浙江省民营投资企业联合会计划投资内蒙古自治区能源、金融、农牧、工业园等领域。上海办事处紧跟项目进度，双方多次举行洽谈协商会议，推介自治区重点招商项目和特色产品。10月12日，组织带领各盟市联络处和商会代表，赴杭州与浙民投联合会进行了座谈对接，加快推进项目合作。

引进华东师范大学赵晨团队焦炉煤气综合利用项目 上海办事处联系引进华东师范大学赵晨教授课题组焦炉尾气重整制甲醇项目。2020年9月，赵晨团队赴呼和浩特市参加了自治区“人才周”主会场的科技人才项目引进活动，现场与国家能源集团煤焦化有限责任公司完成了项目合作签约。

推动内蒙古羊肉进入长三角市场 上海办事处在对上海地区羊肉消费市场调研的基础上，积极推动蒙羊、额尔敦等企业在长三角地区与浙江省民营投资企业联合会、联合大厦等建立合作关系，帮助企业拓宽仓储和融资渠道。促成上海联厦实业公司与蒙羊牧业股份有限公司合资成立蒙羊联合（上海）供应链管理股份有限公司在上海地区销售羊肉，推动额尔敦在上海建成2间餐饮店和1间“前店后厂”体验中心。

上海国际食品产业园内蒙古食品文化街项目 上海国际食品产业园作为中国农民丰收节上海分会场，是上海市政府打造的重点项目。产业园内设地方特产品牌馆，设置各省区市农特产品和食品文化街，上海办事处协助邀请自治区特色农牧品牌参展，集中农特产品面向全球客商展示，拟建内蒙古特色产品一条街，长期设置农特产展销店及特色食品体验店。

【政务接待】 全年围绕自治区决策部署与重大活动做好服务保障工作，认真做好进博会团组、自治区在沪公务、省部级领导在沪体检等，以贵宾接待为核心内容的各项工作。全年服务自治区在沪公务53批次、300多人次，其中省部级领导21次，厅级58人次，服务天数共173天。

【信息报送】 收集、报送能为自治区各项工作起参考借鉴作用的信息。为拓展工作思路，积极发挥办事处“桥梁”及“窗口”作用，开通办事处微信公众号。做好意识形态领域工作，依托沪办刊物、微信公众号和驻地宣传资源等，大力宣传党的民族理论政策，2020年开展主题宣传活动4次，向自治区党委、政府报送信息3000多条，被采用300多条，获得领导批示60多条。

【人才培训】 持续完善长三角蒙商会企业信息库、内蒙古招商项目和名优特产信息库等，做好基础信息收集工作；加大宣传对接力度。实施“育才选才，智汇草原——长三角青年人才储备招募计划”，面向长三角重点高校发布《内蒙古自治区2020年高层次人才需求目录》《2021内蒙古选调生考试公告》等，配合自治区党委组织部实施长三角地区高层次人才计划，做好引进上海院士任职区内高校和2021年定向选调生考试上海考场的服务保障工作。9月，组织参加了自治区“人才周”开幕式活动及呼和浩特人力资源发展高峰论坛。

（赵宏）

机关事务管理

【概况】 自治区人民政府直属机关事务管理局为内蒙古自治区机关事务管理局（以下简称“自治区机关事务管理局”）是自治区政府办公厅的二级单位。2016年7月，内蒙古自治区机关事务管理局经批准成立，升格为自治区政府直属正厅级参公事业单位。2020年12月，经自治区党委机构编制委员会审定，自治区党委、政府批准，机关事务管理局为自治区政府直属公益一类事业单位，机构规格相当于正厅级。

根据《自治区党委办公厅、政府办公厅关于印发〈内蒙古自治区机关事务管理局职能配置、内设机构和人员编制规定〉的通知》，机关事务管理局设立党组，事业编制83名，设党组书记、局长1名（正厅级），副局长4名（副厅级），共设10个内设机构和机关党委（巡察工作办公室）、离退休人员工作处及9个所属事业单位。局机关增设了机关党委（巡察工作办公室）和离退休人员工作处。

【盘活办公用房闲置资产】 对自治区本级行政事业单位第一批22宗转让房产进行公开挂牌处置，共成交7宗房产，成交价格5434.2万元，整体溢价率38.9%；正在推进第二批12宗闲置房地产资产处置，拟转让4宗，转让底价约1113万元；出租8宗，出租底价约116万元／年。管理出租房地产资产共计51处，总建筑面积约5.4万平方米，全年租金收入1721.77万元。

【集中统一管理办公用房】 全年为自治区本级党政机关统筹调剂使用办公用房8838.56平方米，解决了12个部门单位办公及业务用房紧缺问题；制定《自治区本级事业单位机构改革办公用房配置方案》，涉及521个涉改单位，为40家单位配置办公用房10余万平方米。共清理26家行业协会商会占用办公用房2757.12平方米，完成自治区本级纳入脱钩改革范围的行业协会商会占用行政办公用房清理工作。制定《自治区党政机关和事业单位培训疗养机构改革实施方案》。

【审核维修项目】 坚守“厉行节约、反对浪费，过紧日子，消除安全隐患，恢复和完善使用功能”原则，全年完成自治区本级行政事业单位80个维修改造项目的审核工作，审核维修资金13.17亿元，审减维修资金2.28亿元，审减率14.75%。

【压减公务用车经费支出】 完成自治区本级企事业单位车改任务，全区企事业单位车改取消车辆4359台。将车改后1700余台保留车辆安装车载定位系统，纳入“全区一张网”公务用车信息化监管平台统一管理，进一步提高车辆使用率，节约车辆运行成本。取消2020年自治区本级更新一般公务用车59台计划，压减了预算资金；最大限度压缩各盟市、旗县党政机关计划更新一般公务用车数量，节省大量财政预算资金。

【公共机构节能管理】 全区完成2000余家节约型机关创建自评工作。创建61家节约型公共机构示范单位。科学合理安排使用自治区公共机构节能预算专项资金，投入300万元对自治区本级公共机构开展节能改造。完成700余万元低碳能力体系建设项目建设工程，建成覆盖自治区本级20余个单位的节能监测平台，淘汰老旧用能设备，提升节能成效。开展公共机构领域节约粮食垃圾分类、能耗双控和塑料污染治理等工作，倡导集中办公区机关食堂率先使用可降解材质的包装袋、餐盒，采取推行小份菜、开设拼餐窗口、充分利用食材等具体举措节约粮食，减少餐余垃圾30%；在党政机关办公区试点放置垃圾分类回收箱，推动生活垃圾分类工作积极开展。

【运行管理】 盘点、维修各工作组使用的办公设施、设备300多台、套，纳入机关事务管理局“公物仓”循环利用，节约财政资金228万元。优化管网维修、系统改造、加固翻新等项目和电梯更新项目，节约预算341万元。推行新型节能灯具、调整灯具开闭实践和开启范围，降低设计能耗30%～40%。推进党政机关办公区光伏电站运行管理（全年发电128.42万度，节约电费120万元）。撤除办公区内租摆花卉，实施“节约自然型”绿化养护方案。增设137个停车位。

【标准化建设】 完成第二批机关事务标准化国家试点单位创建任务，通过国管局联合工作组验收。创建了自治区机关事务管理局第一后勤服务中心、包头市机关事务管理局两家全区示范单位和呼和浩特、乌兰察布、巴彦淖尔3家后勤服务专项试点单位。《党政机关办公区突发事件应急预案编制导则》等6项地方标准11月26日起实施。服务通用基础标准等360项标准项目全面进入标准实施阶段。

【信息化建设】 研究制定《自治区机关事务管理局信息化建设管理办法（试行）》。大力推进信息化建设，公务用车实现“全区一张网”基础上，将公检法司系统的执法执勤用车信息化分平台接入自治区总平台，全区19437台公务用车全部纳入信息化平台管理；自治区和各盟市办公用房信息管理平台全部建成，全区已完成2521处，7178栋，总建筑面积2036.55万平方米办公用房的信息录入工作；推动"互联网+机关后勤"深度融合，推进库房信息化管理，实施物品采购、出入库闭环式管理；自治区党政机关办公区建立变电站智能化管理平台；配合武警部队实施"磐石工程"，推动安保系统信息化监控能力水平进一步提升。

【法治化建设】 推进《自治区党政机关办公用房管理实施办法》《自治区公务用车管理实施办法》宣传贯彻和配套制度建设工作，起草《内蒙古自治区党政机关办公用房统一权属管理实施细则（试行）》等4个细则，推进党政机关办公用房权属统一登记工作；会同自治区纪委监委、党委组织部、发展和改革委员会、财政厅、住房和城乡建设厅印发《内蒙古自治区厅级干部周转住房管理办法》及解读稿；制定了《内蒙古自治区本级公共机构节能专项资金管理办法》。

【后勤服务社会化】 引入市场机制，后勤服务项目外包数量和比例逐年增加，自治区本级集中办公区公共区域后勤项目90%实现了服务外包；政府办公北区机关食堂采取委托经营管理，有效解决了驻区2800余名干部职工就餐和饮食安全问题。

【疫情期间专项服务保障】 按照自治区党委安排部署，机关事务管理局先后为280名参加全国"两会"代表委员及、400余名赴京参加疫情表彰大会人员代表和保障人员完成疫情防控、医疗保健和后勤服务保障工作，确保参会人员顺利进京。

【助力复工复产】 为帮助企业纾困解难、对冲疫情影响，机关事务管理局与自治区发展改革委、住房城乡建设厅等8部门联合印发《内蒙古自治区应对新冠肺炎疫情进一步帮扶服务业小微企业和个体工商户缓解房屋租金压力实施方案》，帮助中小企业减轻困难。经统计和认定机关事务管理局管辖的出租房产中，为111家租户减免租金271.07万元。

（李繁英）

信访工作

【概况】 内蒙古自治区信访局共有行政编制47名，设有办公室、机关党委（人事处）、综合指导处、法规处（复查复核处）、办信处（人民建议征集处）、来访接待一处、来访接待二处、网络信访处、督查处等9个行政处室；共有事业编制47名，设有联合接访中心、综合保障中心、驻京劝返中心、内蒙古自治区信访矛盾纠纷调解服务中心等4个局属公益一类正处级事业单位。

新冠肺炎疫情期间，自治区副主席欧阳晓晖、自治区卫健委主任许宏智赴白塔机场就北京国际航班分流转运工作开展调研 （石春光）

【信访矛盾化解攻坚】 按照国家信访局部署，坚持完善工作机制，多措并举合力攻坚。实行台账管理。对中央信访联席办交办事项，建立健全工作台账，逐案分解明确责任地区和部门，一案一策推动化解。压实工作责任。指导属地、部门层层落实责任，督促主要负责同志带头包案，成立工作专班，分工负责化解稳定，及时开展教育疏导、帮扶救助等工作，确保案结事了、事心双解。强化督查督办。实行挂图监控、视频调度、实地督导，实时掌握工作进度，定期通报进展情况，及时跟进落实。2020年，中央信访联席办交办自治区的重点攻坚事项全部化解。

【集中治理重复信访 化解信访积案】 2020年9月，按照中央信访联席办、国家信访局有关部署，全区迅速行动，扎实推进重复信访治理和积案化解工作。对中央信访联席办交办的重复信访事项认真梳理，分类交办。自治区党委、政府召开集中治理重复信访、化解信访积案专项工作暨"解决信访问题年"专项行动推进会进行了专题部署，制定《集中治理重复信访、化解信访积案专项工作实施方案》，明确目标、方法，抽调自治区纪委监委、党委政法委、法院、检察院、公安厅等单位业务骨干，成立专项行动工作专班，分类指导化解工作。开展了"大督查大接访大调研"活动，成立由5位局领导和10个处室组成的工作组，分别包联盟市和相关厅局、单位开展督查指导，突出带案督查、接访、调研，指导推动工作落实，形成调研成果。截至2020年底，汇报化解率为31.8%，达到国家信访局有关要求。

【"解决信访问题年"】 针对重复信访问题和疑难积案化解率不高的实际情况，自治区将2020年确定为"解决信访问题年"，石泰峰书记亲自审定工作方案，14位省级党政领导分别包联12个盟市，推动化解工作。自治区信访联席办、信访局及时梳理重复信访等重点信访事项，分3批滚动交办到责任地区和单位，每月通报调度，及时跟进抓好落实。以"一封信"的形式每月向省级领导汇报工作进展情况及所包事项化解情况。截至2020年底，化解率94.9%。

【办理中央巡视移交信访事项】 自治区党委、政府高度重视，把中央巡视组移交信访事项办理工作作为一项重要政治任务来抓，综合施策扎实推进。领导示范带动。推动自治区信访工作联席会议召开2次巡视移交信访事项办理推进会。实行省级领导分期挂牌督办机制，推动重点信访事项化解。盟市委书记、盟市长带头包案推动化解。实行局领导班子分工负责制，主要领导负总责，4位班子副职分别牵头组成转送交办、督查督办、审核验收、综合保障4个专班，每一批信访事项在48小时内分别交办至属地和责任单位，每日动态更新化解台账。印发《关于认真办理十九届中央第六轮巡视第八巡视组移交信访事项的通知》等文件，明确标准规范和方法步骤。加强统筹调度,每10天调度1次办理进度，先后召开7次视频调度会，及时传达自治区领导指示，通报办理进度，指出问题不足，提出明确要求。加强审核验收，对已化解事项进行抽查、回访，核实有关情况，不符合办结要求的一律退回重办。加强督导检查，抽调厅局力量组成6个督查组，分赴各盟市实地督办。由自治区住建厅牵头，纪委监委、自然资源厅和信访局、税务局参加组成工作组，对房地产领域信访问题进行专项督查调研，有针对性提出化解意见。加强服务保障，强化来访群众分流引导和秩序维护，配备救护车和医护人员，做好突发情况应急处置。成立巡视组驻地工作组，设立分流场所，派驻值班人员，及时做好保障工作。截至2020年底，中央巡视移交行政民生类信访事项化解率68%。

【重大活动时期的信访保障】 发挥联席会议牵头抓总作用，统筹调度属地和驻京信访工作，确保了全国“两会”、中共十九届五中全会等重大活动时期的社会稳定。全年未发生规模性进京聚集、未发生涉访个人极端事件、未发生因信访问题引发的负面炒作，实现了“三个不发生”的工作目标，受到中央信访工作联席会议办公室、国家信访局表扬。

【信访制度改革】加强信访信息化建设。加快视频信访系统建设，对未建成联通的17个旗县（市区）进行约谈，专门召开乡镇延伸建设现场调度推进会。12个盟市、103个旗县（市区）、425个苏木乡镇（街道）已接通。深化视频系统应用，远程开展视频调度、培训、约谈等工作。组织人员赴安徽调研学习，按自治区领导批示要求，同数字政府、数字社会建设、安可替代工程结合，推进信访智能辅助系统研发。有的盟市探索创建“网上群众之家”，网上信访主渠道作用进一步凸显，网上信访量占三级信访总量的50%。加强工作责任落实。对城乡建设、劳动社保、农村农业、自然资源及生态环境、脱贫攻坚、拖欠农民工工资等重点信访事项实行“双向转”，推动属地、部门合力解决问题。建立局领导班子分片包干巡回指导工作机制，综合发函督办、电话督办、实地督办等方式，督促指导基层推动工作落实、问题解决。与纪检监察机关建立定期移送机制，及时移送揭发控告类事项。深化法治信访建设。推动35个职能厅局重新完善、公布依法分类处理信访诉求清单，认真办结复查复核信访事项。深化访诉分离，及时移送涉法涉诉类信访事项，完善律师参与信访工作机制。组织开展了《信访条例》修订实施15周年知识竞赛、网络有奖答题、网上信访宣传月等系列宣传教育活动，新华社等主流媒体报道了全区贯彻实施《信访条例》情况。强化信访业务政策法规宣传，引导群众依法有序信访。

【信访接待】 认真做好疫情期间来访接待工作，指导各地细化完善疫情后规模性上访处置工作预案，避免人群聚集；加强来信、网上投诉和信访热线工作力量，倡导群众通过网上投诉、写信等表达诉求，加大问题解决力度。疫情期间受理的涉疫类信访事项已全部办结。

【信访工作联席会议机制】 坚持把信访联席会议机制作为加强党对信访工作领导的重要抓手，推动召开联席会议全体会议，分析信访形势，研究省级领导接访、包案督办事项等工作，修订《自治区信访工作联席会议工作规则》，印发联席会议2020年工作要点。根据工作需要，召开4次联席会议视频会、推进会，安排部署重点任务，推动工作落实。

【制度化规范化建设】 推动自治区出台《省级领导干部接待人民群众来访工作的实施意见》，石泰峰、布小林、林少春、衡晓帆等自治区领导分别到自治区信访局、包联包案地区和所在部门接待群众来访。旗县（市、区）基本做到工作日安排党政领导接访，重大活动期间加大接访下访力度。强化初信初访办理，制定《群众来访接待工作规程（试行）》《初次网上信访事项闭环管理机制》《“三跨三分离”信访事项办理规程》等制度，压实首接首办责任，及时跟踪督办，推动落实“最多访一次”。

【基层基础建设】 制定《信访“三无”旗县（市区）创建方案》，指导开展创建活动，推荐申报9个地区为“三无”旗县（市区）。组织力量考察学习浙江省创新建设县级矛盾纠纷调处化解中心（信访超市）、探索推进基层治理领域“最多跑一地”改革的经验做法。

【信息研判】 围绕全区推广普及国家通用语言文字等重点任务，一方面认真做好来访接待工作，及时将群众信访问题转交职能部门，另一方面积极向群众宣讲政策、澄清模糊认识，增进对政策的理解、认同。对进京赴区访、集体访、扬言类信息等重要涉访问题及时汇总、点对点预警，指导属地做好化解稳定工作，做到当天问题当天处置、重要情况马上处置，牢牢把握工作主动权。

（苗茂盛）

应急管理

【概况】 内蒙古自治区应急管理厅是自治区人民政府组成部门，为正厅级。2018年11月12日正式组建。2020年3月30日，中共内蒙古自治区委员会印发《内蒙古自治区党委关于自治区应急管理厅党组改设党委的通知》，将“中共内蒙古自治区应急管理厅党组”改为“中共内蒙古自治区应急管理厅委员会”。下设办公室、人事训练处、应急指挥调度中心、风险监测和综合减灾处、救援协调和预案管理处、火灾防治管理处、防汛抗旱处、地震和地质灾害救援处、危险化学品安全监督管理处、安全生产基础处、安全生产执法局、安全生产综合协调处、救灾和物资保障处、政策法规处、规划科技处、调查评估和统计处、新闻宣传处、机关党委18个处室。所属内蒙古自治区安全生产执法监察总队、内蒙古自治区安全生产信息中心、内蒙古自治区减灾中心、内蒙古自治区人民政府应急指挥服务中心4个事业单位。2020年12月25日，经中共内蒙古自治区委员会机构编制批复，内蒙古自治区安全生产信息中心整建制转隶到内蒙古自治区大数据中心；撤销内蒙古自治区安全生产执法监察总队、内蒙古自治区减灾中心、内蒙古自治区人民政府应急指挥服务中心3个事业单位；成立内蒙古自治区应急管理厅综合保障中心、内蒙古自治区应急管理技术中心和内蒙古自治区风险监测预警与灾害评估中心3个事业单位。

2020年，全区安全生产形势保持稳定，未发生重大及以上生产安全事故，发生各类生产安全事故927起、死亡785人，同比分别下降10.6%和31.7%；发生较大生产安全事故15起、死亡52人，同比分别下降37.5%和38.1%。自然灾害形势保持稳定，因灾受灾416.14万人、倒塌房屋175间、死亡7人，与近三年同期均值比，受灾人数、倒塌房屋间数、死亡人数分别下降17.37%、93.19%、56.25%；发生森林草原火灾101起（雷击火65起），火灾起数、森林受害面积、草原受害面积同比分别下降56.1%、76.9%、86%，为全区新冠肺炎疫情防控、经济社会平稳健康发展创造了安全稳定环境。

【安全生产】 落实安全责任。充分发挥参谋助手和综合职能作用，提请自治区党委常委会4次、政府常务会5次、政府专题会3次、全区专项工作会9次，及时传达学习习近平总书记重要讲话、批示精神，对重点工作作出具体安排。提请自治区党委和政府出台《关于全面加强危险化学品安全生产工作的实施方案》《消防安全责任制实施办法》，进一步明确重点行业领域地方属地和部门行业安全监管责任。组织实施盟市政府和自治区有关部门年度安全生产、消防安全考核，重点地区重点时段加强对安全生产、森林草原防灭火、防汛救灾、地震地质灾害应急准备工作督导，对事故多发、问题隐患突出的地方和部门实施通报建议、约谈警示、挂牌督办，督促有关部门和地方严格落实事故灾害安全风险防控责任。安全服务保障。迅速制定服务推进复工复产工作措施，从到期证件自动顺延、行政审批网上办理、简化复工复产手续等方面支持各类企业复工复产，各级应急部门累计派出1342个组次、1.52万人次，指导帮助复工复产企业9019家次，自动顺延到期证件43044个。成立安全服务指导组对防疫物资生产企业、集中收治定点医疗机构和隔离场所开展安全指导服务和安全专项检查，累计服务检查各类场所（单位）1.39万家次，排查治理问题隐患4000多项，保障疫情防控重点单位安全运行。组织开展安全生产集中整治，累计检查企业单位（场所）84566家次，排查整治隐患6.06万项，严防发生大的事故影响和干扰疫情防控工作大局。在疫情防控中发挥职能优势，累计调拨帐篷、棉被等应急物资10.93万件（套），全力支持保障地方和有关部门疫情防控。安全专项整治。全面部署推进2个专题、15个重点行业领域安全生产专项整治三年行动，建立完善了工作会议、调度通报、信息报送、督导考核、约谈曝光等工作制度，制定“一情况四清单”，严格按既定部署有序推进。专项行动开展期间，全区各级各部门共成立各类检查组6600多个，检查企业6.33万家次、整治隐患11.85万项，依法行政处罚企业2236家次，责令停产整改358家，暂扣吊销证照24家，关闭取缔48家。以三年行动为抓手，紧盯直接监管领域和薄弱环节，持续深入推进专项治理。危险化学品方面，投入资金2286万元，对全区470家危险化学品生产储存企业安全状况进行了新一轮评估，评定蓝色等级51家、黄色332家、橙色79家、红色8家，实现“一企一策”精准治理；开展非法违法“小化工”专项整治，打击整顿非法违法生产经营使用企业48家；完成1044个重大危险源两轮次安全专项督导检查，国务院安委办交办的11项重大隐患全部整改完成；对涉及硝酸铵等企业开展三轮次专项排查整治，督办整改问题隐患3141项。金属非金属矿山方面，制定《防范化解尾矿库安全风险工作实施方案》，完成全区606座尾矿库安全风险排查并全部落实了旗县级政府包保责任人，督办整改问题隐患1118项；对23家单个采空区体积超过100万立方米的地下矿山、7座尾矿库“头顶库”事故隐患治理情况进行了安全评估；持续推进全区铁、有色金属矿山安全生产突出问题专项整治；对尾矿库、地下矿山、陆上石油天然气开采专项执法进行“回头看”。冶金等工贸方面，组织开展钢铁、铝加工、粉尘涉爆专项执法，检查企业261家次，督办整改问题隐患997项。对岁末年初、全国“两会”、中秋国庆、汛期等关键时期安全风险防范进行专门部署，会同有关部门推进煤矿、建筑施工、道路交通、消防火灾等重点行业领域专项治理和隐患排查整治，有效防范各类生产安全事故发生。

【防灾减灾救灾】 森林草原防灭火工作。组织开展野外火源专项治理行动和打击违法用火行为专项行动，全区各级派出900余个督导检查组，排查整改隐患风险点3100余处，查处野外违规用火和防火治安案件2200余起、查处肇事人员2100人；布控2万余名护林员、709个防火检查站、1039座瞭望台24小时值守，9500名专业扑火队伍、700名森林消防救援队伍实施靠前驻防；在6个航站7个基地布设21架飞机，全部按时开航，并派出移动航站靠前保障；特别是东北部森林防雷击火关键期采取非常措施，组织指导呼伦贝尔市、兴安盟、森工企业361座瞭望台全天候值守，每天派出2万余人地面巡查，交通要道、关键路口增设卡站到1532个，根河、满归、海拉尔3个航站、12架飞机每天全覆盖航线巡查，7月份发生的雷击火均做到第一时间发现，实现当天火当天全部灭的目标，为后精准监测和扑救雷击火积累了成功经验。防汛抗旱工作。自治区防汛抗旱指挥部办公室设立黄河防凌前线指挥部，靠前指挥、统筹调度各方力量，做到平稳顺利封开河，充分利用应急分洪区分蓄凌水5.85亿立方米，实现黄河防凌安全和生态保护双赢。汛前公布各盟市、旗县、重点防洪工程防汛抗旱行政责任人；汛期联合有关部门派出17个工作组督导检查防汛救灾工作；主汛期加密会商研判，坚持日调度、日报告制度，先后两次启动防汛Ⅳ级应急响应，成功应对了入汛后13次大范围降雨。组织各地累计投入5.19万人次、1.44亿元开展抢险救援，排除险情215处，减淹人口331.04万人、减淹面积1540平方公里。地震和地质灾害应急准备工作。对11个盟市和20个重点旗县地震和地质灾害应急准备工作进行专项检查；组织开展地震和地质灾害应急管理工作互检互查；绘制全区地震和地质灾害应急资源分布图；会同自治区地震局开展建设工程地震安全监管督察检查；及时派出工作组科学指导处置和林格尔“3•30”4.0级地震灾害。自然灾害综合风险普查试点工作。成立自治区第一次全国自然灾害综合风险普查领导小组，完成赤峰巴林右旗、兴安盟扎赉特旗、锡林郭勒盟西乌珠穆沁旗3个全国自然灾害综合风险普查试点的普查清查工作，编制自治区第一次全国自然灾害综合风险普查实施方案和3个试点实施方案，各盟市、旗县（市、区）均成立普查领导小组。救灾和物资保障工作。绘制全区救灾储备物资“一张图”，制定《内蒙古自治区本级救灾储备物资管理办法》，完成了5000万元自治区本级救灾物资采购工作，新增防汛、地震地质、森林草原火灾救援救灾物资装备4600多万元。建立了五级1.7万人灾害信息员数据库。累计下拨中央冬春救灾、防汛抗旱救灾资金3.76亿元，前置调拨救灾物资5.91万件（套），保障了受灾群众生产生活和社会安全稳定。

【应急救援】 应急指挥体系建设。进一步完善森林草原防灭火、防汛抗旱等自治区级指挥机制，与林草、水利、自然资源、气象、地震等部门建立完善了灾害预警发布、信息资源共享、重点工作会商、隐患共查、救援联动等机制，投入1997万元，加快推进自治区应急救援指挥中心项目建设。年内累计组织10次会商研判，及时作出安排部署，科学指挥调度，提前预置力量物资，有力有效应对了各类事故灾害。完善应急预案体系建设。加快推进内蒙古自治区突发事件总体应急预案和专项预案修订，新制修订《内蒙古自治区突发地质灾害应急预案》《内蒙古自治区黄河防凌应急预案》和厅本级突发地震、地质灾害应急处置工作预案，各级应急部门组织指导开展事故灾害应急演练216场次。应急救援力量建设。投入1.57亿元专项资金为消防救援总队、森林消防总队和矿山救援队伍配备应急救援装备。依托地方和企业在全区布点建设了25支森林草原火灾、地震地质灾害、防汛救灾区域性应急救援专业队，探索建立重大灾害事故和跨区域联调联战工作机制。

【基础保障能力建设】 坚持依法治理。制定自治区应急管理厅行政执法公示制度、行政执法全过程记录制度和重大行政执法决定法制审核制度，组织开展专项监督检查。制定《重大生产安全事故防范和整改措施落实情况评估办法（试行）》，对2016年后发生的3起重大事故防范和整改措施落实情况进行评估。科学制定年度监督检查计划，编制《企业安全生产责任制落实自检自查指导手册》，建立完善重点、专项和三级联动执法检查机制，全面推行“三位一体”执法检查方式，严格企业主体责任特别是主要负责人安全生产第一责任人责任落实情况的执法检查。强化规划科技支撑。完成《内蒙古自治区应急体系建设“十四五”规划》《内蒙古自治区综合防灾减灾“十四五”规划》《内蒙古自治区安全生产“十四五”规划》初稿编制。危险化学品重大危险源企业299家、三等以上尾矿库26座应接尽接安全生产风险预警系统，实现联网监控。组建首批288名专家库，修订专家管理办法，为安全生产、应急管理和防灾减灾工作提供技术支撑保障。加强新闻宣教培训。举办“学习贯彻习近平总书记关于安全生产重要论述”专题讲座。组织开展“安全生产月”“5•12防灾减灾日”安全生产宣传“五进”等系列宣传活动。在腾讯网开设“应急直播间”，在厅门户网站开设应急科普知识网上展厅，拍摄制作应急安全科普知识系列宣传片10部。与中国应急管理报新媒体中心、自治区党委宣传部、网信办协作加强舆情监测监控和舆论引导。制定《内蒙古自治区高危行业领域安全技能提升行动计划实施方案》，年内累计安全培训考核企业主要负责人、安管人员和特种作业人员90455人。

（张萍）

研究室与参事工作

【概况】 自治区研究室是自治区政府直属机构，加挂自治区人民政府参事室牌子。机关设办公室、综合研究处、农村牧区经济研究处、工交商贸研究处、社会发展研究处、信息研究处、参事工作处、机关党委8个处室，行政编制38名，实有31人。所属事业单位自治区发展研究中心，核定事业编制53名。2020年，自治区研究室认真贯彻落实党的十九大和十九届二中、三中、四中、五中全会精神，深入学习贯彻习近平总书记对内蒙古工作重要讲话重要指示批示精神，围绕自治区党委、政府中心工作，担当作为、务实进取，较好地完成了各项任务。

【调查研究和决策咨询】 紧紧围绕贯彻落实习近平总书记对内蒙古工作重要讲话重要指示批示精神，聚焦自治区党委、政府中心工作，认真开展调查研究和决策咨询。全年形成主要研究成果50项，自治区领导综合批示率66%，为自治区党委、政府提供了重要决策参考，部分成果被相关规划和领导讲话采纳或直接转化为具体政策措施。

增强微观主体活力等重要指示精神，按季度对全区经济运行情况进行调研分析，为自治区科学研判经济运行态势，统筹疫情防控和经济社会发展提供了依据。针对重点领域、重点问题开展深度调研，形成《新冠肺炎疫情对我区经济的影响及对策》《新冠肺炎疫情对我区第三产业的影响及对策研究》《关于我区稳外贸工作的几点建议》等多项成果，部分建议得到自治区政府主要领导批示。组织开展了自治区有关政策执行和落实问题调研，梳理出65项执行落实过程中存在问题的政策措施，并提出针对性的对策建议，得到自治区政府主要领导的肯定并批转至相关部门办理落实。

围绕贯彻落实习近平总书记关于优化和稳定产业链、供应链，围绕保障国家能源安全、粮食安全、产业安全来推进现代产业体系建设等重要指示精神，针对制约资源型产业高质量发展、发展现代能源经济、供给体系质量提升、打造农畜产品生产基地、推动农牧业向优质高效转型等重大现实问题赴区内外开展专题调研，形成《关于赣州市稀土产业发展情况的调研报告》《内蒙古传统产业清洁化绿色化发展研究报告》《我区农牧业产业带和产业集群建设研究报告》《加快我区肉牛种业发展研究报告》《我区盐碱化耕地改良情况调研报告》等一批成果，部分政策建议得到自治区政府主要领导批示。

围绕贯彻落实习近平总书记关于畅通经济循环、建设全国向北开放重要桥头堡，更好融入国内大循环等重要指示精神，组织实施了多项专题研究，形成了《我区参与中蒙俄经济走廊建设相关问题研究》《以二连浩特国家物流枢纽建设为契机、大力发展泛口岸经济》《我区沿边开发开放相关政策情况及“十四五”时期沿边发展布局相关建议》《加强边境口岸监管筑牢北疆生物安全屏障》等多项研究成果，部分建议被自治区领导批转至有关部门落实。

围绕贯彻落实习近平总书记关于深入践行守望相助理念，深化民族团结进步教育，铸牢中华民族共同体意识等重要指示精神，针对兴边富民政策创新、牧区年轻干部培养、民族工艺品和旅游商品保护与开发等具体问题进行专题研究，为相关工作开展提供了参考。其中《我区牧区年轻干部培养存在的问题和建议》得到多位自治区领导批示，为制定出台相关政策提供了依据。

围绕贯彻落实习近平总书记关于筑牢祖国北方重要生态安全屏障的重要指示精神，组织开展了内蒙古生态产品总值核算研究，并在北京市召开新闻发布会发布研究成果。该项工作是自治区成立以来，首次对全区生态价值进行全面、系统研究，为自治区生态文明制度建设、制定重大决策及实施重点项目等提供了重要依据。多位自治区领导对研究成果作出批示，得到国务院发展研究中心的充分肯定，有力推动了该领域工作的开展。

根据自治区政府安排部署，组织力量赴包头、鄂尔多斯、乌海等地实地调研、座谈，详细了解掌握相关情况，研究形成《推动我区氢能产业发展问题调研》，自治区政府主要领导批示相关部门，明确要求研究制定自治区氢能产业发展规划和支持政策。组织对包钢集团发展面临的困境和突出问题开展专题调研，对包钢集团运行管理体制机制、深化股份混合所有制改革以及支持包钢发展等重点问题进行深入分析，提出了针对性对策建议。自治区政府主要领导和分管领导对调研形成的《当前包钢集团发展亟需解决的问题与建议》作出批示，为自治区支持包钢集团高质量发展提供了决策参考。组织开展呼和浩特市金山开发区及周边地区发展专题调研，形成《金山开发区及周边地区发展问题调研》，被自治区政府主要领导批转至工信、发改、自然资源等部门及呼和浩特市政府，作为推进园区整合工作的参考。赴锡林郭勒盟东乌旗、乌拉盖管理区专题调研草原生态功能区建设情况，研究形成《乌拉盖管理区经济及生态建设存在的问题和建议》，被自治区政府主要领导批转锡林郭勒盟委、行署深入研究实施。针对蔬菜价格、重大传染病防控等群众关心关注的热点、难点问题组织开展专题研究，部分政策建议直接转化为具体工作举措。其中《呼和浩特市蔬菜供应、价格专题调研报告》《我区重大传染病防控存在的问题和建议》等得到自治区政府主要领导批示。

配合国务院发展研究中心赴巴彦淖尔市开展黄河故道恢复引水工程专题调研，详细掌握河套地区用水情况、乌梁素海山水林田湖草生态修复国家试点工程进展、成效以及农牧业节水潜力等，探索引水工程建设的可行性，争取国家部委将该项目纳入实施范围，相关情况形成内参上报中共中央办公厅、国务院办公厅及中央和国务院各有关单位。

【文稿起草】 坚持把习近平总书记对内蒙古工作重要讲话重要指示批示精神和党中央决策部署作为文稿起草的根本遵循，自觉同习近平总书记重要讲话重要指示批示对标对表，提高文稿起草的政治站位，把准文稿政治方向，努力提升文稿服务质量效能。全年完成《政府工作报告》和全区经济工作会议、黄河流域生态保护和高质量发展工作推进会议、推进首府建设发展工作会议、城市精细化管理现场会、牧区现代化试点工作现场会及“十四五”规划编制工作专题会议领导讲话等10余项重要文稿起草任务。对2020年度各民主党派区委会、自治区工商联和无党派代表人士重点调研课题、自治区2021年度政协协商计划议题、自治区党委统战部推荐重点调研课题等提出一系列选题建议。对《内蒙古自治区政府投资管理办法》《内蒙古自治区农村牧区公路条例》《关于进一步规范县级、部门、工业园区、企业统计工作管理办法》《关于加快推进“科技兴蒙”行动支持科技创新的若干政策措施》等一批规范性文件提出了修改建议。按照自治区政府工作安排，开展《内蒙古大辞典（第二版）》和《内蒙古自治区参事志》编纂工作。

【参事服务管理】 创新参事管理服务方式，组织政府参事多角度、多渠道参政议政、建言献策。围绕学习贯彻习近平新时代中国特色社会主义思想和党的十九届五中全会精神，组织参事开展了4次专题学习研讨。邀请国务院参事开展专题辅导，参加国务院参事室举办的政府参事线上专题培训，促进参事履职能力提升。设立参事年度调研课题，引导政府参事积极参与自治区重大问题调查研究和决策咨询，促进参事工作与决策咨询各项工作协同推进。全年组织3批次集中调研，形成参事建议15篇，自治区领导综合批示率73%。建立参事文稿承办跟踪反馈制度，及时跟进自治区领导对参事建议的批示落实情况，努力推动建言成果在实际工作中落地、落实，部分建议被相关部门采纳运用。修订完善政府参事参加《政府工作报告》征求意见工作制度，为更好发挥参政议政、咨询国是作用搭建平台。积极参与“十四五”专题研究工作，提交9篇建议，向国务院参事室上报2篇研究报告。组织参事参加2020国是论坛，形成论文2篇。多项参事研究成果在国务院参事室《工作通讯》和国是论坛刊登，建言献策渠道进一步拓宽。按程序做好参事选聘，完成8位新选聘政府参事聘任，参事队伍结构进一步优化。制定实施了《内蒙古自治区政府参事履行职责考评办法（试行）》，进一步细化了参事履行职责的考核评价标准，参事服务管理工作水平明显提升。

【联系协调智库】 广泛凝聚智库力量，服务自治区党委、政府决策。制定实施了《内蒙古自治区研究室联系智库工作办法（试行）》，明确了联系智库的范围、方式、职责分工、具体操作办法，为深化与智库机构常态化合作提供了制度保障。结合重大决策需求，新选聘25名专家充实到特约研究员队伍，特约研究员总数达到57名，基本涵盖了自治区经济、社会、生态、文化、产业、民生、对外开放等重点领域。建立完善了特约研究员聘任管理办法和作用发挥机制，设立《构建我区绿色产业体系对策研究》等12项特约研究员年度调研课题，形成了一批质量较高的研究成果。组织国内知名专家围绕“内蒙古贯彻落实党的十九届五中全会精神若干重要任务”主题开展线上交流研讨，提出补齐科技创新和人才短板，深化重点领域改革、激发市场主体活力，大力改善营商环境、提升政府服务效能等一系列有价值的意见建议，形成《内蒙古贯彻落实党的十九届五中全会精神若干重要任务研究》，为自治区编制“十四五”规划提供了参考。强化与盟市、部门合作力度，调训年轻同志参与重大课题调研和文稿起草，促进全区研究系统整体能力水平提升。

【服务决策能力】 制定实施了《自治区研究室关于加强专业化干部队伍建设的意见》，各处室结合工作职能确定每一位干部的重点研究领域和具体方向，针对性加强专业化建设，增强服务决策本领，着力锤炼“七种能力”，干部队伍整体结构和综合素质明显提升。选派干部参加自治区相关部门组织的各类培训，举办专题讲座，不断拓宽研究视野、强化知识更新和储备。建立课题评审专家库，入库专家80余位，并配套建立专家抽取规则，堵塞课题评审风险漏洞，课题评审把关能力进一步提升。

认真贯彻落实习近平总书记关于在全党大兴调查研究之风的重要指示精神，建立重点问题清单调研机制，把在调研中发现问题、解决问题作为履职尽责、转变作风、提升能力的重要手段和提升文稿起草、决策咨询能力的重要途径。引导业务处室把工作力量更多投向基层一线，及时发现自治区重大决策部署落实过程中存在的问题，提出有价值、可操作的意见建议。全年共组织21项、35批次、170余人次的基层调研，向基层和一线找方法、找答案的氛围进一步形成。借助与国家智库合作和赴区外调研机会，学习新方法，寻找新视角，不断提升把握大局、分析问题的能力。各处室依托决策研究数据信息应用系统，分类梳理和整理建档，建立专项研究资料库，为高质量研究提供科学丰富的资源支撑。

初步完成决策研究数据信息应用系统开发建设，综合运用大数据、人工智能等技术整合本单位、智库机构、国家部委和自治区相关部门业务数据，建立涵盖宏观经济、产业经济、科技创新、社会民生等16个领域的数据资料库，为课题研究和决策咨询提供全面、科学、实时、有效的信息化支撑。

【荣誉】 积极回应群众关切，连续五年获评人民网网民留言办理工作实干担当单位。组织向人民网报送15个内蒙古“六保”任务有效措施创新案例，其中3个被评为“全国落实‘六保’任务优秀案例”（全国共20个）。

（昆鹏）

中国人民政治协商会议内蒙古自治区委员会

综　述

【概况】 人民政协的主要职能是政治协商、民主监督、参政议政。中国人民政治协商会议内蒙古自治区委员会（以下简称“自治区政协”）根据工作需要设立9个专门委员会，专门委员会是在常务委员会和主席会议领导下的工作机构。自治区政协办公厅是自治区政协的办事机构。

自治区政协机关共有10个正厅级、1个副厅级和21个处级机构，3个处级全额拨款事业单位和1个社团组织，核定行政编制103名。截至2020年底，在职人员97人（含离任在职主席）。10个正厅级单位分别为：自治区政协办公厅、提案委员会、经济委员会、人口资源环境委员会、教科卫体委员会、民族和宗教委员会、文化文史和学习委员会、港澳台侨联络和外事委员会、社会和法制委员会、农牧委员会。自治区政协办公厅内设研究室（副厅级）和办公室、秘书处、会议处、综合处、宣传处、信息调研处、委员联络处、人事处、翻译处、机关党委、财务审计处、离退休人员工作处、提案委员会办公室、经济委员会办公室、人口资源环境委员会办公室、教科卫体委员会办公室、民族和宗教委员会办公室、文化文史和学习委员会办公室、港澳台侨联络和外事委员会办公室、社会和法制委员会办公室、农牧委员会办公室等21个职能处室。3个处级全额拨款事业单位分别为内蒙古自治区政协机关事务管理局，核定编制46名，截至2020年底，在职人员35人；内蒙古政协杂志社，核定编制14名，截至2019年底，在职人员12人；自治区政协信息中心，核定编制5名，截至2020年底在职人员5人。

全年组织各类协商活动10次，开展视察考察7项、界别活动22项，推动提案办理731件，报送社情民意信息767篇，形成了一批有质量的履职成果。

【协商平台建设】 自治区政协把加强思想政治引领、广泛凝聚共识作为履职工作中心环节，融入委员和专委会学习教育、调查研究、协商议政、提案办理等履职活动全过程，与协商活动一体设计、一体落实。在发挥既有平台职能的同时，构建凝聚共识新平台新载体，形成了“一会、一书、一讲堂、一品牌、一通道”新的系列平台。“一会”就是每季度召开一次“知情明政吹风会”“一书”即《政协委员履职导引》。“一讲堂”就是定期组织“委员讲堂”“一品牌”就是大力培育“同心”学习品牌，办好《同心》杂志、同心读书会、同心书屋，开办网上《同心夜读》栏目。在政协全体会议期间开设“委员通道”，由委员结合本职工作向社会作宣传阐释的工作，就群众关心的热点问题现场解答回应，汇聚和传递正能量。

重要会议

【全体委员会议】

自治区政协第十二届三次会议　1月11—15日在呼和浩特举行。自治区党委书记、人大常委会主任石泰峰，自治区党委副书记、自治区主席布小林等自治区领导出席会议。石泰峰、布小林参加联组讨论，与委员共商自治区改革发展大计。自治区党政领导林少春、马学军、杨伟东、段志强出席会议听取大会发言。会议审议批准自治区政协主席李秀领所作的常委会工作报告、自治区政协副主席其其格所作的提案工作情况报告。会议共收到发言材料206篇，14位委员进行大会发言。会议从五个方面对2019年自治区政协工作作了总结，从四个方面对2020年工作进行了部署。会议期间，共收到提案887件，审查立案700件。会议选举魏国楠为十二届自治区政协副主席、王月胜等2人为十二届自治区政协常务委员。

【常务委员会会议】

第九次会议　1月10日，自治区政协十二届九次常委会议在呼和浩特召开。会议审议通过关于同意马峰等同志辞去自治区政协委员的决定，关于撤销黄贵彬自治区政协委员资格的决定，关于免去马明自治区政协副主席职务、撤销其自治区政协委员资格的决定；审议通过自治区政协第十二届委员会增补委员名单、专门委员会副主任免职名单，自治区政协十二届三次会议编组办法和讨论组召集人名单。自治区政协党组书记、主席李秀领主持会议并讲话。

第十次会议　1月14日下午，自治区政协十二届十次常委会议在呼和浩特召开。会议审议了关于常务委员会工作报告的决议（草案），关于十二届三次会议提案审查情况的报告（草案），政治决议（草案），选举办法（草案）等，以及有关人事事项。

第十一次会议　7月8日下午至9日，自治区政协十二届十一次常委会议在呼和浩特召开，围绕“推动沿黄地区生态保护和高质量发展”进行专题协商。自治区政协党组书记、主席李秀领出席会议并讲话。自治区党委常委、自治区常务副主席马学军出席会议并作情况通报。自治区政协副主席其其格围绕议题作主题发言，4位政协常委、委员及4位盟市政协负责人从不同角度作了大会发言。自治区相关部门负责人与政协常委、委员进行互动交流。参会人员围绕协商议题进行了分组讨论。会议邀请专家围绕协商议题作专题讲座。

第十二次会议　9月29日，自治区政协十二届十二次常委会议在呼和浩特召开，围绕“增加科技有效供给，助推高质量发展”进行专题协商。自治区政协党组书记、主席李秀领出席会议并讲话。自治区副主席黄志强出席会议并作情况通报。自治区政协副主席王中和作关于协商议题的说明。8个产业领域的代表就现代能源、煤化工、稀土冶金、大数据及数字经济等作了发言。自治区相关部门负责人与政协常委、委员进行互动交流。参会人员围绕协商议题进行分组讨论。会前，邀请专家围绕协商议题作了专题讲座。

第十三次会议　12月9日下午，自治区政协十二届十三次常委会议在呼和浩特召开，主题是“学习贯彻党的十九届五中全会精神，为编制自治区‘十四五’规划建言献策”。自治区党委副书记、自治区主席布小林出席开幕会并通报自治区重点工作情况和编制自治区“十四五”规划进展情况。自治区政协党组书记、主席李秀领出席会议并讲话。与会常委、委员和智库专家围绕产业发展、生态建设、科技创新、乡村振兴等重大问题作发言，为编制自治区“十四五”规划积极建言献策。会议审议通过了开展委员履职量化考评强化委员责任担当的办法（试行）。

【知情明政吹风会】　4月20日上午，自治区政协召开2020年第一次知情明政吹风会。自治区政协党组书记、主席李秀领出席会议，自治区党委常委、自治区常务副主席马学军通报自治区经济社会发展形势。会上，自治区政协委员、自治区发展研究中心总经济师赵云平作了专题辅导报告。

4月20日上午，自治区政协召开2020年第一次知情明政吹风会，听取政府领导通报自治区经济社会发展形势　（云瑞兵）

9月8日上午，自治区政协召开2020年第三次知情明政吹风会，通报自治区新能源产业发展情况和相关工作部署。自治区政协党组书记、主席李秀领出席吹风会。自治区副主席艾丽华通报自治区新能源产业发展情况和自治区党委、政府相关工作部署。内蒙古电力公司计划发展部负责人就新能源开发利用作了专题分析和展望。

【"当前国际形势"专题讲座】 6月23日下午，自治区政协举行"当前国际形势"专题讲座，邀请全国人大外事委员会副主任委员、清华大学战略与安全研究中心主任傅莹做讲座。讲座中，傅莹围绕学习贯彻习近平外交思想，以"国际格局与中美关系"为主题，从什么是世界格局、中国在世界格局中的地位、未来中美关系会怎么走、中国的选择等方面进行讲解。

【举办全区政协贯彻落实中央和自治区党委政协工作会议精神专题研讨班】 8月5—6日，全区政协贯彻落实中央和自治区党委政协工作会议精神专题研讨班在呼和浩特举办。自治区政协党组书记、主席李秀领出席并讲话。专题研讨班邀请全国政协文化文史和学习委员会驻会副主任刘佳义、中央社会主义学院统战理论教研部教授孙信，分别围绕"学习领会中央政协工作会议精神，发挥人民政协专门协商机构作用"和"学习贯彻习近平总书记关于加强和改进统一战线工作的重要思想，坚持和完善中国共产党领导的多党合作和政治协商制度"进行解读和辅导。与会人员进行了分组讨论和交流发言。各盟市、旗县政协主席及盟市政协秘书长，自治区政协业务骨干参加研讨班。

【举办"委员讲堂"】 10月19日上午，自治区政协围绕"深入学习贯彻习近平总书记关于民族工作的重要论述，做好新时代城市民族工作，铸牢中华民族共同体意识"主题在呼和浩特举办"委员讲堂"。中央民族大学党委委员、研究生院院长乌小花，自治区政协委员、自治区政府参事乌恩，分别围绕"习近平总书记关于民族工作的重要论述""以铸牢中华民族共同体意识为主线，做好新时代城市民族工作"进行宣讲。

10月19日上午，自治区政协围绕"深入学习贯彻习近平总书记关于民族工作的重要论述，做好新时代城市民族工作，铸牢中华民族共同体意识"举办委员讲堂

【优化营商环境民主监督专题协商会】 10月20日，自治区政协召开优化营商环境民主监督专题协商会，围绕"落实《优化营商环境条例》和自治区优化营商环境各项部署，进一步加强营商环境建设"协商建言。会议听取了自治区政协经济委员会负责人所作的关于优化营商环境民主监督调研情况说明。各民主党派区委、自治区工商联负责同志，部分盟市、旗县政协负责人，自治区政协委员作了交流发言并与有关部门负责人进行了互动交流。会议通过自治区政协云平台，与各盟市、旗县政协进行了远程联通，实现了三级政协共同协商。

参政议政

【建言献策】 自治区政协围绕党和国家中心工作和重大决策部署，特别是聚焦习近平总书记关于内蒙古工作的重要讲话重要指示批示精神，选择涉及内蒙古高质量发展的重要问题、人民群众关心的热点难点问题，认真开展调查研究，深入进行协商议政，提出意见建议。围绕"增加科技有效供给，助推高质量发展""沿黄地区生态保护和高质量发展""学习贯彻党的十九届五中全会精神，建言'十四五'规划"召开3次专题议政性常委会会议。围绕"进一步充实完善草原生态保护措施""建立常态化贫困识别和贫困救助机制""完善就业促进政策措施，扩大城镇就业吸纳能力"举办3次专题协商会。围绕"发挥区位优势，主动融入'中蒙俄经济走廊'建设""加强基层文化教育医疗体育建设，助力乡村振兴"开展2次对口协商。围绕"落实《优化营商环境条例》和自治区优化营商环境各项部署，进一步加强营商环境建设"开展了监督性协商。围绕"加快出台《内蒙古自治区民族团结进步工作条例》"开展提案办理协商。围绕岱海水生态综合治理、现代农牧业发展、文化与旅游产业融合、民族职业教育、宗教场所管理等议题，开展视察考察7项，界别活动22项。全年组织各类重点协商活动10次，推动提案办理731件，其中主席会议成员督办重点提案20件，各专委会督办重点提案27件。全年报送社情民意信息767篇，全国政协和自治区党委办公厅采用115期，其中38期信息得到自治区党政领导的批示。

【提案办理】 自治区政协委员、政协各参加单位和各专门委员会，深入学习贯彻落实习近平新时代中国特色社会主义思想、习近平总书记对内蒙古工作的重要讲话重要指示批示精神，认真贯彻自治区党委政府决策部署，聚焦自治区经济社会发展的重大问题和人民群众关注的问题，认真开展调查研究，积极提交提案。全年共收到提案925件，经审查立案731件。立案的提案分别交由91家单位办理。截至2020年10月31日，立案交办的731件提案全部办复，办理答复达1483件次。经过提办双方双向评议，提案者对提案办理表示满意的占98%，基本满意的占2%，提案办理质量与往年相比继续提升。

（邢泰）

纪委监委

综　述

【概况】 内蒙古自治区纪委监委机关内设办公厅、组织部、宣传部、政策法规研究室、党风政风监督室、信访室、案件监督管理室、第一至第六监督检查室、第七至第十审查调查室、案件审理室、纪检监察干部监督室等19个厅部室。另设机关党委、离退休人员工作处。其中，有6个内设机构下设17个处，均为正处级建制。委机关核定人员编制265名。设有4个事业单位，分别是融媒体中心、大数据中心、廉政教育中心、信息化建设与服务保障中心，核定人员编制96名。

【体制改革】 深化纪检监察体制改革，逐步完善监督体系。建立纪委监委机关与派驻机构协调联动、组团审查调查机制，细化巡视监督与其他监督贯通融合的责任清单和操作导引，推动“四项监督”贯通融合。深化纪检监察职能向功能区和苏木乡镇（街道）延伸覆盖。推动盟市级以下开展派驻机构改革，完成盟市、旗县两级国有企业派驻机构改革。在生态环保系统开展垂直管理单位纪检监察体制改革试点工作，在盐业公司、高路公司开展监察权赋权试点工作。制定《自治区纪委监委派驻机构考核办法》，研发纪检监察工作网上考核评价综合管理系统；制定《自治区纪委监委驻自治区直属金融企业纪检监察组副组长任免办法（试行）》，明确对驻自治区直属金融企业纪检监察组副组长的任免权。

【制度建设】 加强法规制度建设，围绕健全统一决策、一体运行的执纪执法工作机制，整合规范纪检监察工作流程，强化内部权力运行的监督制约，推进纪检监察工作规范化、法治化，制定自治区纪委监委机关规范性文件23件。全面起底、集中清理1978年以来规范性文件，废止、宣布失效115件。制定《内蒙古自治区纪委监委机关规范性文件制定和管理办法》，加强合法合规性审查和备案工作。加强对盟市纪委监委，自治区纪委监委派驻（出）机构，区直企业、区管金融企业和自治区高校纪检监察机构规范性文件备案审查，重点从是否同党章、党的理论和路线方针政策相抵触，是否同宪法和法律不一致等10个方面进行严格审核，确保纪检监察机关始终依规依纪依法安全文明办案。

【自身建设】 从严从实加强自我监督约束，打造高素质专业化队伍。自治区纪委常委会坚持以上率下，带头旗帜鲜明讲政治，带头提高政治判断力、政治领悟力、政治执行力，坚持从自身做起、严起，知责于心、担责于身、履责于行。开展全员培训，全区共举办培训班311期、培训1.24万人次。强化实战练兵，通过组团办案抽调4804人次参与自治区纪委监委办案。加强大数据应用人才培养选拔，认定纪检监察大数据应用核心专家8名、骨干人才26名。持续开展“百千万人才工程”建设，累计审核认定执纪监察组组长137名、执纪监察尖兵1369名、执纪监察合格人员10381名。围绕思想政治工作、谈话突破、大数据分析“三项核心技能”培养16支“尖兵突击队”。自觉接受约束和监督，严格执行纪律检查机关监督执纪工作规则、监察机关监督执法工作规定，严守纪检监察权力边界。坚决整治“灯下黑”，全区共立案118件，给予党纪政务处分117人，组织处理126人，移送司法机关2人，严肃查处了自治区纪委监委原副厅级检查员刘文、呼伦贝尔市监委原委员崔元庆等严重违纪违法案件。

（高福刚）

监督执纪

【政治监督】 完善政治监督台账，加强党中央重大决策部署和习近平总书记重要讲话重要指示批示特别是对内蒙古工作重要讲话重要指示批示精神落实情况的监督检查，聚焦政府债务化解、“一湖两海”生态环境治理、减税降费、农村乱占耕地建房、冒名顶替上大学、推行使用国家统编教材等强化监督执纪执法，全区立案违反政治纪律案件202件，同比增长129.5%，给予党纪政务处分350人，组织处理88人。强化新冠肺炎疫情防控监督检查，全区各级纪检监察机关上下联动、靠前监督，推动整改问题20191个，发出纪检监察建议230份，督促完善制度536个。加强对做好“六稳”工作、落实“六保”任务的监督检查，全区经济呈现稳步复苏态势。

【案件查办】 坚持严的主基调，全区各级纪检监察机关共处置问题线索34451件，初步核实24921件次，立案10265件，结案10719件，给予党纪政务处分11435人，移送司法机关641人；运用“四种形态”处理41588人次，厅局级干部立案数同比增长58.3%，县处级干部立案数同比增长34.2%，307名干部主动投案，1546人主动交代问题。自治区本级立案134件，给予党纪政务处分120人，坚决查处了杜学军、孙振云等厅局级干部严重违纪违法案件。对“百名红通人员”白静贪污违法所得依法罚没，是2020年全国唯一一起，也是全区首次对外逃人员适用违法所得没收程序，对外逃人员产生了强大震慑。制定《关于推进以案促改制度化常态化的实施意见》，常态化开展以案促改，协助自治区党委召开全区领导干部警示教育大会。

【煤炭领域倒查20年】 开展煤炭资源领域违规违法问题专项整治，对涉煤腐败"倒查20年"，全区共立案涉煤案件599件869人，其中厅局级干部31人、县处级干部203人，结案402件，给予党纪政务处分503人，组织处理687人，移送司法机关78人，推动挽回煤炭资源领域经济损失337.9亿元。制定《煤炭资源领域违规违法问题专项整治移交问题线索追责问责办法》，追责问责1247人。协助自治区党委制定《关于规范领导干部配偶、子女及配偶参与矿产资源开发行为的规定（试行）》。督促涉煤地区部门企业完善监管措施，堵塞制度漏洞，促进煤炭产业健康有序发展。"倒查20年"入选中央纪委国家监委2020年度十大反腐热词。

【专项治理】 全区纪检监察机关立案扶贫领域腐败和作风问题655件，给予党纪政务处分711人，移送司法机关28人；立案涉黑涉恶腐败和"保护伞"案件273件391人，结案657件，给予党纪政务处分804人，移送司法机关101人，坚决查处了苏和、曹文敏等12名厅局级干部"保护伞"，推动通辽市科尔沁区试点开展未成年人犯罪预防和教育矫治"复苗工程"；深挖彻查人防工程建设、审批、缴费、出租、管理中存在的违规违纪违法问题，立案178件，给予党纪政务处分134人，移送司法机关8人，督促追缴易地建设费30.18亿元；严肃查处金融领域腐败问题，立案150件，给予党纪政务处分103人，严肃查处了薛纪宁、刘金明、贾奇珍、佟铁顺等一批金融监管部门和国有金融企业领导干部严重违纪违法案件；严肃查处原包商银行违纪违法案，采取留置措施和司法强制措施36人，督促达成还款协议、收回现金、查封扣押冻结资产266亿元；全面清扫基层"微腐败"，对全区各级纪检监察机关受理的反映乡、村两级干部问题的信访举报深入起底排查、分期交办清扫，立案1644件，给予党纪政务处分2104人，化解信访问题2685个。

【作风建设】 深化作风建设成果，持续治歪树新风扬正气。集中整治形式主义、官僚主义全区立案1888件，给予党纪政务处分1927人，通报曝光典型问题258起。深入落实中央八项规定及其实施细则精神，全区共查处享乐主义、奢靡之风问题591个，给予党纪政务处分616人，通报曝光典型问题757起。贯彻落实习近平总书记关于坚决制止餐饮浪费行为重要指示批示精神，全区共开展监督检查967批次，发现问题388个，约谈360人，发送提醒函、反馈意见函、整改通知书240份。印发《关于激励担当作为的实施意见》，落实容错纠错、"三个区分开来"要求，激励干部担当作为。严肃查处诬告陷害信访举报行为，为467名受到不实举报的干部澄清正名。推动基层"清风干部"评选工作，全区共评选19.5万人，选出"十大标兵"。

【精准监督】 开展"精准监督年"活动，不断提升监督效能。以领导干部为重点完善廉政档案系统，收纳67.3万名党员干部的496万余条廉政信息，录入16.9万余条问题线索。以廉政档案系统为依托，严把廉政意见回复关，全区共回复组织人事等部门党风廉政意见19.8万人次，暂缓、否定性回复1044人，将防止边腐边升工作纳入日常管理。持续打好净化基层政治生态"组合拳"、净化机关政治生态"连环拳"，形成净化政治生态常态化机制。对全区政治生态情况及发生区域性、系统性腐败的地区、行业政治生态情况进行分析画像，提升净化政治生态的针对性、精准性。制定执行《重大监督事项报告办法（试行）》，健全完善问题线索处置"四办"机制、领导干部联点包案机制、专题督导机制，把监督任务一抓到底。推行"末端工作法"，做到责任压实到末端、统筹调度到末端、监督下沉到末端、跟踪处置到末端。规范问责、精准问责，全区共立案1209件，问责1716人。通过以事立案，严肃追究巴图孟和、王韵虹"纸面服刑"问题相关责任人员187人，其中区管干部22人。

【数据监督】 部署推广检举举报平台，实现信访举报全流程信息化管理。利用纪检监察大数据实验室作用，开展37项课题研究。推广运用大数据信息查询、挂图作战、廉政档案、安全监管、专案宝5个具有自主知识产权的核心业务系统，推行大数据监督执纪执法"18种战法"。在全区范围推行"三务"公开再监督机制，实现公开、监督、反馈、预警、分析相互联动，提升基层数字治理能力。建设煤炭资源专项整治综合数据信息查询系统，精准发现全区公职人员及其配偶、子女及其配偶入股涉煤公司问题线索。

（高福刚）

巡视巡察

【概况】 自治区党委巡视机构于2004年4月设立，成立之初由巡视工作领导小组办公室（以下简称"巡视办"）和3个建制巡视组组成，2008年增设巡视四组、巡视五组，2011年增设巡视六组。自治区党委巡视工作领导小组组长由自治区党委常委、纪委书记、监委主任担任，副组长由自治区党委常委、组织部部长担任。巡视办为巡视工作领导小组的日常办事机构，正厅级建制，列入自治区党委工作机构序列，设在自治区纪委监委。目前，巡视办下设秘书处、综合处、巡察工作指导处、督查室和数据室，其中数据室为事业编制机构。巡视机构有编制76名（行政编制59名、事业编制17名），有人员73人，6个建制巡视组组长均为正厅级配备。

【组织领导】 自治区党委带头抓巡视巡察工作，将巡视列入常委会工作要点，把巡视巡察与全面从严治党工作同部署、同推进。2020年先后召开3次党委常委会、3次书记专题会，研究巡视工作、安排重点任务。2020年9月30日，自治区党委常委会专题学习研讨了习近平总书记关于巡视工作重要论述和中央第六轮巡视主要精神，进一步增强了贯彻巡视工作方针、落实政治巡视要求的自觉性坚定性。自治区党委书记石泰峰认真履行第一责任人职责，审定巡视方案，压实工作责任，在全区巡视巡察工作会议上作讲话、提要求，推动中央精神在全区落地见效，并专程到巡视机构看望巡视干部、指导巡视工作。党委巡视工作领导小组召开5次领导小组会议，听取巡视情况汇报，推动解决重要问题，对监督重点、线索处置和巡视整改等工作全面把关，保证了巡视监督规范高效、顺利开展。党委巡视办召开22次办务会，通过跟进学习、印发通知、现场督促等形式，带动巡视组和巡察机构学习领会中央精神、对标看齐中央要求，形成了一级抓一级、层层抓落实的工作格局。

【配合指导督导】 2020年10月至12月，中央巡视办第四巡视指导督导组对自治区党委巡视工作开展了指导督导。自治区党委成立了分别由党委常委、纪委书记和组织部部长为组长、副组长的领导小组，并将自治区纪委监委、党委办公厅、党委组织部、党委宣传部作为协作单位，共同配合指导督导工作。印发配合指导督导总体方案，明确责任单位、任务分工，增强协作配合的积极性。党委巡视工作领导小组召开专题会议，研究配合指导督导的重点任务，为指导督导工作顺利推进提供了保障。党委巡视办先后召开4次办务会研究配合工作，制定配合指导督导组“4+1”工作方案。在指导督导过程中，党委巡视机构配合指导督导组完成了4场专题培训、7次座谈会、10次深入旗县嘎查村调研任务。

【巡视工作】 坚持围绕中心、服务大局，以常规巡视为主导全年共开展两轮巡视，累计巡视党组织65个，包括15家国有企业、24个机关单位。第七轮巡视发现问题1176个、问题线索769件；第八轮巡视发现问题644个、问题线索325件，巡视覆盖率达到87.08%。把专项巡视作为净化政治生态、推动经济高质量发展的重要举措，分别在第七轮、第八轮巡视中，安排了对全区煤炭资源领域和优化营商环境的专项巡视。在对煤炭资源领域开展专项巡视时，从践行“两个维护”的高度强化政治监督，紧扣习近平总书记对自治区煤炭资源领域违规违法问题开展专项整治重要指示精神，紧扣中央纪委国家监委纪检监察建议指出的重点问题，以巡视巡察上下联动的方式开展监督巡视共发现问题647个，问题线索509件，巡察共发现问题1376个，问题线索192件，督促立行立改87件。在对优化营商环境开展专项巡视时，结合党中央关于优化营商环境和推进“放管服”改革的决策部署，深入查找了各盟市及职能部门、党员干部在优化营商环境中存在的政治问题、责任问题、作风问题和腐败问题，及时通报曝光一批损害营商环境的典型案例。

【巡察工作】 压实市县党委主体责任，对盟市委书记专题会议听取巡察情况汇报材料进行阅研，召开2次盟市委巡察办主任座谈会，调度巡察情况，传导工作压力。制定印发《关于自治区直属机关部门和企事业单位党组（党委）开展巡察工作的指导意见》，加强对自治区国资委、自然资源厅、水务投资集团等区直部门巡察机构的具体业务指导。督促各地抓好巡察全覆盖，严格执行巡察报备制度，探索实行领导干部包联指导下级巡察工作制度，推动巡察机构规范工作、提升质量。提升巡察干部能力素质，举办第四期盟市巡察干部培训班，组织开展巡察业务“微课”大赛，制作的巡察工作情景剧，得到了中央巡视办的表扬。对照“三个聚焦”的监督要求，深入14个旗县进行指导督导，并约谈2名旗县巡察工作领导小组组长，督促巡察机构持续加强对村级党组织延伸巡察。2020年，全区各盟市旗县共巡察党组织6063个，发现问题5.29万个、移交问题线索2050件；其中，延伸巡察村级党组织3884个，发现问题1.47万个，移交问题线索441件。

【成果运用】 推进巡视整改工作，规范巡视整改程序，印发《内蒙古自治区巡视整改工作暂行办法》，对十届党委第一轮至第五轮157个被巡视党组织的巡视整改档案进行全面整理，对煤炭资源领域专项巡视集中整改事项进行综合统计和情况报告。制定《关于建立健全自治区党委巡视机构与自治区党委组织部协作配合机制的意见》，制作《巡视监督与纪律监督、监察监督、派驻监督统筹衔接工作流程导图》，细化了自治区纪委监委各室、派驻机构、高校纪委等部门贯通融合的工作清单和操作说明，进一步强化巡视机构与纪检监察监督、组织监督贯通融合的责任意识和具体分工。加强实地督查评估，会同自治区纪委监委、党委组织部、党委宣传部组成督查组开展实地监督，先后完成了对第六轮巡视、“点穴式”巡视的整改督查任务，以及对第七轮巡视整改的巡回督导工作。截至2020年底，督促被巡视党组织完成整改事项1681个，整改完成率达到80.82%。

【制度建设】 把完善体制机制作为提高巡视工作规范化水平、推进巡视工作高质量发展的重要抓手，对标中央巡视工作制度体系和经验做法，以解决实际问题为出发点，及时对现行巡视巡察制度进行查漏补缺、健全完善，特别是加快建设实务操作、方式方法、工作流程、模板规程等方面的制度机制。参照中央巡视制度框架和标准加强立改废释工作，全面梳理现行制度文件规定，2020年，认定现行有效制度63件，废止47件，宣布失效1件，出台《关于自治区党委巡视组与被巡视党组织主要负责人沟通情况的工作机制》《党委巡视机构巡视组组长负责制实施办法（试行）》《自治区党委巡视信访工作规定（试行）》等5项制度，制定《关于规范巡视准备工作的意见》等8个规范性文件，修订《关于规范巡视期间公开发布被巡视党组织审查调查信息的意见》等7项制度，推动形成前后衔接、功能完备、上下配套、系统集成的巡视巡察制度体系。

【信息化建设】 2020年，完成了巡视机构纪检监察内网分级保护改造，优化内蒙古巡视巡察工作数据管理系统的升级优化，提高了信息系统安全防护水平，上下联动、分级管理、实时交互的信息化体系完备高效。

（吴超）

民主党派

中国国民党革命委员会

【概况】 中国国民党革命委员会内蒙古自治区委员会（以下简称“民革内蒙古区委会”）下设民主协商专题研究、“三农”工作、科教文卫工作、经济与社会服务工作、社会与法制工作、祖国统一工作、老龄工作、妇女工作8个专门工作委员会和团结书画社、孙中山研究分会。机关设有办公室、组织部、宣传部、联络部、参政议政部5个职能部室，有在职人员13人。截至2020年底，民革内蒙古区委会下设4个市级委员会，1个工作委员会，75个基层组织（包括18个总支部、55个支部），2个学习小组，全区民革党员总数1917人，较上年同期增加79人。党员中厅级现职干部10名，处级现职干部49名。民革内蒙古自治区第八届委员会共有290人次担任各级人大、政协职务，其中，全国人大代表1名，全国政协常委1名，自治区人大常委1名、代表3名，自治区政协常委4名、委员18名。

【助力内蒙古产业发展招商活动】 8月10—14日，民革内蒙古区委会在深圳、上海、北京三地4天召开三场招商引资推介会，共有近800家企业的董事长、总经理参与推介会，224家企业与各盟市对接了合作意向。

9月17日，民革内蒙古区委会在呼和浩特市举办民革中央助力内蒙古产业发展招商引资项目签约大会，来自全国各地300多名企业家参会，签约项目182个，合同签约金额1837亿元，意向签约金额1716亿元，自治区政府与正威、宝能集团签订战略框架协议1100亿元。其中节能环保、新材料、装备制造、生物制药等战略新兴产业项目70项，文化旅游等现代服务业项目29项，农畜产品加工类项目27项，传统冶金化工项，22项，能源类项目24项；非能源类项目占比87%。截至2020年底有近30%项目落地投产。

【“民革大课堂”系列培训】 2020年，共开办四期。第一期由内蒙古党校（行政学院）经济学教研部主任、博士、教授张学刚讲授《非常时期的决胜“蓝图”2020年我国经济工作思路和主攻方向》；第二期由自治区纪委监委驻党委统战部监察组组长姜言文作题为《纪检监察体制改革与反腐败斗争》的廉政警示教育专题讲座；第三期由自治区党委统战部培训处副处长韩春晓作《全面准确把握铸牢中华民族共同体意识》专题报告；第四期由陈岩讲授《统一战线的光辉历程》。参训民革党员达500余人次。

【“精准扶贫·医疗百县行”系列活动】 2020年持续聚焦脱贫难题，组织医疗专家41人次，先后赴通辽市、锡林郭勒盟9个贫困旗县开展巡回义诊，接待患者899人次，投入资金50万元。为助力解决群众看病难看病贵问题发挥了积极作用，为助力自治区党委政府打赢脱贫攻坚战贡献民革力量。

【重点调研课题】 民革内蒙古区委会2020年度向自治区党委、政府作专题汇报的重点调研课题为《加强我区沿黄重点输沙区域治理的建议》，文中提到的“加强沿黄区域水土流失综合治理和防沙治沙工程建设”被写入2021年政府工作报告。

【民主协商】 民革内蒙古区委会起草《关于振兴我区奶业发展的提案》《关于强化草种业战略支撑推进我区绿色发展的提案》被列为自治区政协重点提案；《关于推进我区沿黄经济带生态、产业发展的提案》被评为自治区政协优秀提案。2020年，共完成全国、自治区“两会”发言11篇，提交集体和个人提案65篇，向各单位、部门函复提案议案62篇。

【社情民意信息】 2020年，民革内蒙古区委会向民革中央报送社情民意信息29篇，向自治区政协报送95篇，向自治区党委统战部报送48篇，累计报送172篇次。在自治区政协召开的“全区政协系统反映社情民意信息工作会议”上，民革内蒙古区委会被评为2018—2020年度全区政协系统反映社情民意信息工作先进单位；民革内蒙古区委会专职副主委、自治区政协委员洪冬梅被评为反映社情民意信息先进个人；民革内蒙古区委会反映的《发展股权投资促进我区新兴产业发展》《推动内蒙古沿黄地区绿色发展》《强化央地协同加快资源型产业转型升级》被评为2018—2020年度优秀社情民意信息。

【民主监督】 按照自治区党委统战部《关于支持各民主党派区委会做好脱贫攻坚、优化营商环境民主监督工作的实施办法》民革内蒙古区委会组织机关干部专家赴脱贫攻坚民主监督定点旗县——呼和浩特市清水河县、武川县，呼伦贝尔市扎兰屯市、阿荣旗、新巴尔虎左旗、鄂温克族自治旗6个旗县市18个乡镇苏木，41个村嘎查进行调研。梳理出来的问题建议均被采纳。对定点监督对象——呼和浩特市、呼伦贝尔市围绕“优化营商环境条例”和贯彻落实情况开展调研，共发现5类问题，提出10条意见建议。

【表彰先进树立典型】 2020年，民革内蒙古区委会在全区范围内开展内蒙古民革“示范支部”“优秀民革党员之家”“优秀民革党员”表彰工作。评选出38名优秀民革党员，22个示范先进支部，7个优秀党员之家。

【石泰峰走访调研民革内蒙古区委会】 8月17日，自治区党委书记、人大常委会主任石泰峰走访调研民革内蒙古区委会并座谈。了解民革内蒙古区委会各项工作开展情况，并围绕更好促进全区各项事业发展听取民革党员代表的意见建议。并对民革内蒙古区委会近几年工作给予“四个成效显著”的评价：一是思想教育成效显著，二是参政议政成效显著，三是服务社会成效显著，四是自身建设成效显著。对内蒙古民革下一步工作提出三点意见：一是把牢政治方向、提高政治站位，不断巩固共同团结奋斗的思想政治基础；二是聚焦使命任务、发挥优势特长，积极主动为全区经济社会发展献计出力；三是顺应形势变化、加强自身建设，进一步树立新时代参政党良好形象。

【八届七次全委会议】 11月15日，民革内蒙古自治区八届七次全委会议在呼和浩特市召开。会议免去吴平在民革的相关职务，增补洪冬梅为民革内蒙古自治区第八届委员会副主任委员。

（陈晓丽）

中国民主同盟

【概况】 中国民主同盟内蒙古自治区委员会（以下简称“民盟内蒙古区委会”）机关设组织部、宣传部、社会服务部、参政议政部、办公室5个职能部门，总编制数16名。2020年，在职干部有副厅级1名、处级（领导职务）4名、处级（非领导职务）5名、科级以下（含科级）2名、工人编制2名。

2020年，全区发展新盟员112人。截至2020年12月底，全区共有盟员3664人，平均年龄51岁。具有中、高级职称的盟员2464人，占67.2%；博士124人，占3.38%；硕士576人，占15.7%。其中，各级人大代表56人，政协委员256人，担任副处级以上职务的126人，高等院校校（院）级领导4人。

2020年，全区12个盟市均有民盟组织，有7个地方委员会、1个工作委员会、21个直属基层组织。10月27日，民盟呼伦贝尔总支完成届中调整，增补杜伯军为总支主委；12月15日，民盟呼和浩特市委完成届中调整，增补李丽琴为市委主委；12月16日，民盟通辽市委完成届中调整，增补白红梅为市委主委。

【第八届第四次全委会议】 1月9日，民盟内蒙古区委会八届四次全体（扩大）会议在呼和浩特召开。自治区政协副主席、民盟内蒙古区委会主委董恒宇出席会议并作常委会工作报告。民盟内蒙古区委会副主委李相合、赵吉、贺俊、胡润召出席会议。自治区党委统战部党派处处长闫慧龙应邀到会指导。会议认真学习了中共十九届四中全会精神，民盟中央十二届三中全会精神，中共内蒙古十届十一次全会精神，听取和审议常委会工作报告，审议民盟内蒙古区委会监督委员会工作报告，听取各市委2019年工作总结和2020年工作计划汇报。

【政治协商】 自治区党委常委会上就2020年区委承担的重点调研课题《关于南水北调西线工程内蒙古段前期调研》作专题汇报。民盟内蒙古区委会主委董恒宇主持召开了自治区政协“聚焦充实完善草原生态保护措施”专题协商会并通报有关情况，赵吉、梁存柱在会上专题发言。《草原生态保护与草牧业高质量发展有关专家建议》上报自治区党委政府后，获自治区副主席李秉荣批示。胡润召副主委在自治区政协召开的优化营商环境民主监督专题协商座谈会上作题为《促进营商环境优化，推动放管服改革落实落地》的发言。区委会还与自治区文旅厅就重点提案《关于把文化遗产产权登记工作列入自治区“十四五”规划的提案》办理情况进行座谈协商。

【民主监督】 民盟内蒙古区委会承担自治区政协优化营商环境民主监督专题协商课题，率调研组于2020年5—9月在赤峰市、兴安盟开展优化营商环境民主监督调研，与自治区发改委、工信厅、文旅厅、中国人民银行呼和浩特中心支行、国家开发银行内蒙古分行、中国农业发展银行内蒙古分行，兴安盟、赤峰市有关部门召开座谈会4次，走访企业10余家，梳理出5个方面的问题86条、建议50条。

民盟内蒙古区委会承担自治区党委统战部脱贫攻坚民主监督工作，李相合、贺俊副主委分别与民盟赤峰市委、包头市委组成的联合调研组，在赤峰市和包头市固阳县采取入户调查、实地察看、座谈交流等方式开展民主监督，对中央和自治区扶贫政策落实情况进行核查。调研期间，召开工作培训会、座谈会、情况反馈会近20次，走访7个旗县区的23个乡镇苏木57个嘎查村的贫困家庭156户，查看扶贫档案百余份，访谈驻村干部、村两委班子成员698人，摸实底，报实情，最终形成报告反馈有关部门。

【调查研究】 民盟内蒙古区委会围绕自治区党委重点调研课题赴兴安盟、呼伦贝尔市等地调研，形成《铸牢中华民族共同体意识，巩固和发展模范自治区实践成果》调研报告。完成与民盟中央合作调研课题《城市工业文化遗产保护与开发》，探索实现工业遗产与城市文明的和谐共生，让工业遗产焕发生机和活力。组织民盟界政协委员和有关专家学者完成《长城文化遗产保护和利用》调研课题，就推进呼和浩特市乃至内蒙古长城文化遗产保护和利用提出意见和建议。赴赤峰市、包头市开展脱贫攻坚民主监督调研工作，完成7份调研报告。积极配合民盟中央在内蒙古就“推进黄河流域生态环境保护、水土保持与综合治理”“放管服改革—进一步下放行政审批权”等课题开展调研。多位同志以政协委员和智库专家身份积极参与自治区政协“关于充实完善草原生态保护措施”的调研和协商。

【议政建言】 2020年，全国政协十三届三次会议上，董恒宇主委提交大会发言3篇，提案8件，十三届全国人大三次会议上，盟员人大代表王欣会提交建议10件。区委会向自治区政协十二届三次会议提交大会发言10篇、集体提案35件、界别提案5件；民盟自治区级政协委员提交发言9篇、提案31件；民盟自治区级人大代表向十三届内蒙古人大三次会议提交建议15件，推动相关工作的开展。区委会集体提案《关于推进草牧业高质量发展，提升天然草地生态安全功能的提案》获自治区政协年度优秀提案，《关于把文化遗产产权登记工作列入自治区“十四五规划”的提案》被列为重点督办提案。

【反映社情民意】 反映社情民意是民主党派履职的重要渠道和方式。截至2020年10月底，区委会向民盟中央、自治区政协、自治区党委统战部报送信息220篇次，据前半年统计，民盟中央采用8篇，自治区政协采用28篇。其中，《关于重视消毒和防护用品生产过程中原料补给问题的建议》《建议编写传染病科普宣传手册》被全国政协办公厅采用。《推动草牧业高质量发展，提升天然草地生态安全功能》获自治区党委书记石泰峰、副书记林少春批示，《积极推动职能转变，加快建立治理现代化政府》获自治区政协党组成员马学军批示。在2020年自治区政协系统反映社情民意信息工作会上，区委会报送的3篇社情民意信息获评2018—2020年度优秀社情民意信息。

【社会服务】 为应对新冠肺炎疫情，区委会制定《民盟内蒙古区委会抗击疫情工作方案》，发出《民盟内蒙古区委会关于防控新型冠状病毒感染的肺炎疫情接收盟员捐赠款物的倡议书》，广大盟员积极响应区委倡议开展捐赠，据不完全统计，共收到来自全区各级盟组织和盟员捐款38万元、捐物价值8.4万元、其他途径捐款3.2万元，共计49.6万元，收到自治区卫健委的感谢信。

联合深圳理邦公司向鄂托克旗基层医院捐赠医疗设备7台，价值人民币300余万元。联合章如庚慈善基金会向兴安盟捐赠图书、学习用品，价值人民币1130万元。民盟内蒙古师范大学委员会与乌海市第九中学签署助学合作意向书，使助学活动与科普进校园活动常态化；社法委发挥优势，开展法制教育，推进普法进校园活动，2020年组织普法讲座5次，参与制作《与法同行、抗疫有我》法治微课，在呼市地区中小学播放，点击率近3万次，收看人数十余万人次；民盟通辽市委组织盟员向通辽五中捐赠文学、科技、历史类图书千余册。

按照民盟中央的总体要求，与自治区文明办共同协调在内蒙古开展科普活动。9月，由大连化物所组织科学家、科研人员、学生担任科普志愿者，通过在线直播的方式，走进呼伦贝尔市、通辽市两所学校，开展了针对乡村少年宫相关辅导员的科普培训。12月，中国科学院国家天文台走进锡林郭勒盟、赤峰市的4所学校，再次开展了针对乡村少年宫相关辅导员的天文科普培训。

【荣誉】 石文静、朱丽娜、潘桂芳、董京生4位盟员荣获"民盟中央抗击新冠肺炎疫情先进个人"称号，民盟内蒙古区委会直属内蒙古人民医院委员会荣获"民盟中央抗击新冠肺炎疫情先进集体"的光荣称号。

区委会先后荣获民盟中央2020年度"参政议政优秀成果奖"、民盟中央2020年度群言杂志发行优秀单位奖、民盟中央2020年度"社会服务优秀省级组织"荣誉称号。

（王艳茹）

中国民主建国会

【组织机构】 中国民主建国会内蒙古自治区委员会（以下简称"民建内蒙古区委会"）是主要由经济界人士组成的、具有政治联盟特点的政党，接受中国共产党领导，与中国共产党通力合作的中国特色社会主义参政党。

截至2020年底，全区共有会员2383人，5个市委会、1个直属工作委员会，4个直属总支、1个小组、97个基层组织（20个总支部，77个支部）。

民建内蒙古区委会机关设有办公室、组织部、宣传部、参政议政部、社会服务部5个内设机构。机关核定编制12名，实有工作人员10名，其中副厅级1名，二级巡视员1名，一级调研员2名，四级调研员1名。

【宣传工作】 2020年民建内蒙古区委会着力加强宣传工作制度建设和通讯员队伍的培养。通过《区委会网站管理办法（修订）》《区委会微信公众号工作办法（试行）》《区委会新闻宣传工作评比表彰办法（试行）》。截至12月9日，全年编印内部资料《内蒙古民建》4期，在民建内蒙古区委会网站登载信息426篇，在民建内蒙古区委会官方微信公众号编发推文413篇，报民建中央网站332篇，采用258篇，在会外省级以上主流媒体刊登新闻作品30篇。在区委会成立30周年纪念大会上，表彰全区新闻宣传工作先进集体11个，先进个人22人。

【民建内蒙古区委会成立30周年纪念大会议】 10月27日，召开中国民主建国会成立75周年、民建内蒙古区委会成立30周年纪念大会，重温民建75年的光辉历程，总结民建内蒙古区委会30年来在自身建设、思想政治建设、参政议政、社会服务等方面所取得的成绩。

【会员发展】 严格按照《中共中央关于加强中国特色社会主义参政党建设的意见》《民主党派代表人士队伍建设规划（2018—2022）》《各民主党派中央关于新时代组织发展工作座谈会纪要》三个文件精神，制定全年各地组织发展人数计划，确保发展新会员工作稳步有序开展。到年底，全区会员总数2383人，平均年龄50.76岁，其中经济界会员占72.6%，具有中高级以上职称者677人，企业高级管理人员824人，任政府及司法机关县处级以上职务的70人，担任各级人大代表和政协委员399人。在民建内蒙古区委会成立30周年纪念大会上，表彰全区优秀会员117名，先进基层组织23个。在中国民主建国会成立75周年全国优秀会员和先进集体表彰大会上，全区3个先进集体（民建包头市委会、兴安盟总支部、呼和浩特市城建委总支部）、6名先进个人（王召明、王丽云、刘佃文、刘巧稚、孙海民、雷彩霞）受到表彰。民建中央抗击新冠肺炎疫情先进个人和先进集体表彰大会上，自治区2个组织（区直工委、乌海市委会）、3名会员（吐嘎、蒋福明、穆利平）受到表彰。

【会内监督】 召开民建内蒙古区委会

10月27日上午，中国民主建国会成立75周年、民建内蒙古区委成立30周年纪念大会在呼和浩特市举行　（潘肖远）

监督委员会第三次会议，强化会内监督责任意识。细化监督分工，深入基层组织（包头市、赤峰市、兴安盟）调研指导。在与乌海市党委统战部协商后，批准成立了民建乌海市监督委员会（首个市级监督委员会）。依照会章和会内监督条例对违反法律、政纪、会纪的2名会员给予开除处分，警示全区会员遵纪守法，拒腐防变，做到严守纪律、警钟长鸣。

【全区民建会员之家建设】 按照民建中央的相关要求，统筹做好地方、直属基层组织"民建会员之家"建设的服务、指导。下发《民建内蒙古区委会关于加强推进民建会员之家建设的通知》，统一制作"民建会员之家"牌匾，制定"四有"（有固定场所、有组织活动、有会史会章等相关资料、有管理人员）建设标准。至11月，全区建立37个民建会员之家，为会员学习交流、基层组织活动搭建平台、创造条件。

【课题调查研究】 结合民建联系经济界的特点，选定了58个调研课题征选方向。确定"我区营商环境问题与优化举措建议"作为区委重点课题进行了深入调研。印制了《优化营商环境法律法规和政策汇编》，召开专家座谈会、行业座谈会，向自治区8家厅级机关函询了解有关优化营商环境情况。前往3个盟市进行了实地调研。报送民建中央调研报告13篇。

【政协提案】 向自治区政协第十二届三次会议推荐12件大会发言被采用，一件作为口头发言（《制定〈内蒙古自治区文明交通信用管理办法〉建立联合惩戒机制、缓解交通压力》），25件集体提案被立案。目前共收到40份提案答复，已全部反馈给提案撰稿人并进行了沟通和答复。《关于规范发展融资担保公司，解决小微企业融资难、融资贵问题》被评为大会优秀提案。

【反映社情民意】 民建内蒙古区委会报送民建中央社情民意60篇，报送自治区政协社情民意120篇，报送自治区党委统战部社情民意148篇。部分稿件被中共中央统战部《零讯》、全国政协、民建中央、自治区党委办公厅、自治区政协采用。《疫情防控期间严禁"双黄连"事件再次发生》被中共中央统战部《零讯》期刊采用；《"药用价值"认识是食用野生动物屡禁不止的根源》被全国政协采用；《建议国家尽快成立高级别冠状病毒疫情防控捐资统一调配委员会》等8篇社情民意被民建中央综合采用；《受疫情影响我区养猪企业面临滞销问题应予关注》被自治区党委办公厅《要情摘报》采用；《建议尽快修改中华人民共和国献血法》等44篇社情民意被自治区政协采用。民建内蒙古区委会参政议政部被评为2018—2020年度全区政协系统反映社情民意信息工作先进单位。《应加强现制售饮用水监管》《适当消减2019年第五套人民币小面额硬币发行量》的信息，被自治区政协评为2018—2020年度优秀社情民意信息。在民建内蒙古区委会成立30周年纪念大会上，表彰全区参政议政先进集体11个，先进个人63名。

【推进专委会工作】 各专委会有序运转，举办参政议政骨干会员培训班，40余人参训。召开专委会主任联席会议3次、专委会全体会议2次、专家座谈会3次，确定各自调研课题，积极开展调查研究。专委会向民建内蒙古区委会提交成果116篇，承担大量课题调研任务。

【编撰参政议政十年成果】 为纪念民建成立75周年，民建内蒙古区委会成立30周年，以《履职谏言 继往开来——民建内蒙古区委会参政议政成果汇编（2010—2020）》一书作为献礼。全书收录自治区党委重点调研报告38篇，自治区政协大会发言80件，自治区政协提案172件，展现了近十年间广大会员参政议政、建言献策的成果。同时内部编印了《民建内蒙古区委会社情民意信息十年汇编（2010—2020）》一书，此汇编被中央统战部《零讯》期刊、民建中央、自治区党委统战部、自治区政协采用的社情民意信息94件。

【民主监督】 参与自治区政协"落实《优化营商环境条例》和自治区优化营商环境各项部署,进一步加强营商环境建设"协商建言，民建内蒙古区委会《关于优化营商环境民主监督专题协商的调研报告》，在自治区政协优化营商环境民主监督专题协商会上交流发言。担任全区各级人大代表和政协委员的会员积极参加全区各级人大和政协组织的监督检查、考察视察活动，担任全区各级特约人员的会员积极参加全区各级党政部门开展的视察活动，对法律法规、方针政策在执行过程中出现的问题，及时提出意见建议。

【助力脱贫攻坚】 全区各级组织结合当地实际，积极开展捐资助学、捐款捐物、科技培训、抗震救灾、送医送药、支援基础设施建设、招商引资等活动，总计600多万元。

联系会中央中华思源扶贫基金会，争取各类扶贫项目。中华思源工程扶贫基金会已累计为全区31个国贫旗县捐赠救护车357辆，总价值4000多万元，捐赠100套"移动互联网医疗服务平台"，总价值2000万元，有效提升受助乡镇应急医疗救助能力。区委联合思源•新浪扬帆公益基金在全区开展图书捐赠、乡村教师培训等项目，共计510余万元，受益学校210所；联合仁慧公益基金，开展"关爱女性HPV计划""脱贫致富羊光道"项目，共计615万元，受益群众近千人。按照民建中央关于做好河北省丰宁满族自治县结对帮扶工作的通知要求，民建内蒙古区委会数次率队赴丰宁县开展对口帮扶调研，确定扶持项目，由会员企业家捐款50万元，支持苏家店乡80户贫困户搞光伏集中联建（已安装52户），改善人居环境，扩大村集体经济，推动牧业产业提档升级，助推丰宁脱贫攻坚。

在民建内蒙古区委会成立30周年纪念大会上，表彰脱贫攻坚先进集体9个，先进个人54名。

【脱贫攻坚民主监督工作】 抽调会内骨干力量，成立了专门工作组，举办脱贫攻坚民主监督专题讲座。根据自治区党委统战部的统一部署，在阿拉善盟、兴安盟开展调研。深入农牧户走访企业，考察产业项目，召开座谈会，听取各地工作情况汇报，发现问题，提出对策建议，向各级党委统战部进行反馈，帮助扶贫政策落地落实落细。

（赵娇　雷音）

中国民主促进会

【概况】 中国民主促进会内蒙古自治区委员会（以下简称"民进内蒙古区委

会”）在自治区11个盟市建立了组织（4个盟市级组织、7个盟市基层组织），有13个直属基层支部，有基层组织88个，小组1个。下设教育、文化艺术、出版传媒、科技医卫环保、经济、社会法治、环境资源7个专门委员会及开明画院和企业家联谊会等专门机构。区委会机关设有办公室、组织部、宣传部、参政议政部、社会服务部、内设研究室。

【队伍建设】 广泛开展学习贯彻《中共中央关于加强中国特色社会主义参政党建设的意见》等3个文件精神和《各民主党派中央关于新时代组织发展工作座谈会纪要》精神，制定全区年度发展规划，在净增率、学历、年龄、界别等方面提出要求，确保提高会员质量，保持党派界别特色。2020年发展会员90人，博士占比2.2%，硕士占比22.2%，正高占比3.3%，副高占比10%，中级占比27.8%，发展正处级干部3人，副处级干部1人。在职会员中副省级以上干部1人，副厅级以上干部9人，正处级以上干部37人，副处级以上干部81人，其中担任副处级以上政府机关实职的12人。把培训作为培养代表人士、骨干会员的重要途径，联合社会主义学院，在赤峰、呼和浩特分别举办全区“组织干部和骨干会员培训班”“新会员培训班”，推荐各级领导班子成员、代表人士、骨干会员参加各类培训班，对拟入会会员开展教育培训，累计培训400余人次。

【会内监督】 召开监委会工作会议，组织委员参加培训和学习；与民进四川监督委员会开展工作交流，全面提升履职能力；列席主委会、常委会、全委会、民主生活会，参加区委会重要活动，对领导班子遵守会章、履行职责等方面进行监督并提出要求；向全会副处级以上干部发放《廉政提醒书》，开展廉政警示教育活动；指导盟市组织开展民主生活会，指导市委会开展会内监督工作，2020年呼和浩特市委会、乌海市委会成立监督委员会。

【参政议政】 制定并印发实施方案，成立领导小组，印发民进中央2020年重要履职活动及重点议题（调研选题）计划，同时规范选题论证、考察调研、集体研究、成果报送、成果会商等工作，统筹考虑计划、组织、调研和成果。各级组织及专委会报送调研报告及相关材料20余篇，经严格筛选，向民进中央报送17篇。2020年11月，呼和浩特市委会、乌海市委会被授予“民进全国履职能力先进集体”荣誉称号，4名会员被授予“民进全国履职能力先进个人”荣誉称号。

【建言献策】 2020年全国两会期间，民进内蒙古区委会主委郑福田提出加强生态文明建设，守护绿水青山美丽家园，得到社会广泛认同，所提交的关于苜蓿和稀土产业发展的2篇提案，在政府工作报告中也有相关规划和布局。2020年年初，区委会向自治区政协十二届三次会议提交18份大会发言，35份集体提案，15份委员提案。其中，集体提案《关于大力推进文化与旅游产业融合，助力我区高质量发展的提案》被列为主席会议成员督办重点提案；集体提案《关于加快盟市、旗县级政府采购采用互联网+电商采购方式的提案》等3篇提案被列为专门委员会督办重点提案，分别由自治区政协文化文史和学习委员会、社会和法制委员会督办。由区委会领衔，其他党派附议，提出提案《关于恢复黄河故道，利用总排干沟引水，改善乌梁素海水环境》，该提案得到自治区党委常委、统战部部长段志强批示。1月，自治区政协表彰十二届二次会议以来的优秀提案，区委会集体提案《关于加快我区乡村旅游业发展的提案》，委员个人提案《关于鄂尔多斯地区加快天然气产业发展，推进能源结构调整的提案》《关于促进内蒙古民族特产规范发展亟待解决的若干问题的提案》被评为优秀提案。

【调查研究】 与民进中央重点调研相结合。积极参与民进中央重点考察调研“提升基层治理效能，促进社会和谐稳定”，组织区直支部完成问卷调查，包头市委会和乌海市委会深入区镇（街道）、社区开展实地调研，形成并提交调研报告。与自治区重点工作相结合。为助力自治区文化产业和旅游产业繁荣发展，区委会把疫情影响下如何推动自治区文旅产业高质量发展作为重点课题，汇集会内外有关专家、学者力量，形成调研报告《关于新冠疫情影响下我区文旅产业高质量发展》。同时，对编制自治区“十四五”规划和2021年经济社会发展提出意见建议。与盟市组织、基层组织重点调研相结合。内蒙古农业大学支部与巴彦淖尔市总支开展联合调研，信息、资源、成果共享，完成自治区政协系统年度重点信息课题。

【民主监督】 根据《自治区党委统战部2020年决战决胜脱贫攻坚工作方案》的相关部署要求，区委会成立领导小组，自2020年4—6月，实地调研6个旗县、26个乡镇村，访谈178人次，提出建议共计5个方面30余条；根据《自治区2020年度政协协商计划》安排部署，7月，区委会联合自治区政协，听取自治区监委、自然资源厅、生态环境厅等6家单位工作情况汇报，赴乌海市、巴彦淖尔市实地走访多家国有企业和民营企业，分别在乌海市、巴彦淖尔市就优化营商环境政策落实情况与乌海市和巴彦淖尔市发改委、财政局等17个有关部门、单位及企业负责人召开座谈会，形成调研报告，为自治区优化营商环境献计出力。

【反映社情民意】 2020年，共向民进中央报送社情民意信息132篇，向自治区党委统战部、自治区政协报送社情民意信息380篇。其中1篇被中共中央办公厅采用，3篇被全国政协采用，9篇被民进中央采用，7篇被自治区党委采用，2篇得到自治区领导批示，37篇被自治区政协采用。区委会《加快鄂尔多斯地区天然气产业发展的建议》等3篇信息被自治区政协评为2018—2020年度优秀社情民意信息，区委会参政议政部被评为2018—2020年度全区政协系统反映社情民意信息工作先进单位，2名会员分别被评为反映社情民意信息工作先进个人和反映社情民意信息优秀委员。

【社会服务】

抗击疫情　2020年年初，面对突如其来的新冠肺炎疫情，区委会按照民进中央和自治区党委的统一部署，第一时间发出倡议，领导班子成员、区委会委员、机关干部率先垂范，各级组织积极参与，截至2020年4月，累计捐款535815.99元，捐赠物资118万余元，企业界会员捐赠及协调所在企业或协会组织捐赠现金620万余元，物资折合现金1600万余元，其中向民进湖北省委会捐赠现金117079.99元，近200名会员参与社区一线防疫工作，发布90余篇“抗击疫情”专题报道。

助力脱贫攻坚 乌兰察布工作委员会举办“我有半分有机土豆田”认购活动，认购近400份有机田，其领导班子成员通过直播销售农产品23.6万斤，共计90余万元；通辽市总支先后多次开展帮扶贫困户、医疗帮扶、技术指导等工作；企联会理事为370多名环卫工人送去价值3万余元的中秋慰问品及消杀产品，等等。

大病救助 区委会领导班子成员率队，分赴呼和浩特市玉泉区、清水河县、乌兰察布市化德县开展以大病救助为主题的“健康·彩虹行动”，救助疾困患者近200名，全年捐赠医药价值340万余元，为100多个困难家庭发放粮油等爱心物资5万余元；医卫界会员赴青海省，开展“健康彩虹·爱的践行医疗援助行动”，为可可西里国家级自然保护区管理局28名巡山队员、玉树市八一医院等地70多名疾患进行义诊，全年无偿提供价值598万余元医药品。

爱心助学 6—8月，区委会与呼和浩特市委会联合开展“送教案，助力首府教育”活动，向赛罕区英华学校等多所学校免费赠送教案与教学课件233套、1165册，价值24465元；8月，联合北京市西城区委赴贵州省黔西南州安龙县开展教育医疗帮扶工作；12月，由区委会牵线，北京东城区委联合北京教育学会在乌兰察布市化德县开展线上学科教研帮扶，100余名教师受益。

画院工作 区委会积极响应民进中央“春联万家”活动的号召，50余名书画家书写春联2300余副、福字2300余张。9月29日，内蒙古民进开明画院在乌海市成立二届理事会。在乌海市当代中国书法艺术馆举办二届理事书画展暨庆祝民进成立75周年、民进内蒙古区委会成立35周年书画笔会。

【荣誉】 1名会员任民进第十四届中央委员会青年工作委员会委员，1名会员任自治区妇联常委、执委，1名会员任自治区妇联执委，2名会员被推荐为第十二次妇代会代表，1名会员获聘自治区特约审计员。会员中多人荣获国际比赛大奖和科技部等国家部委表彰。

2020年民进内蒙古区委会荣获民进中央“机关建设工作先进单位”荣誉称号、“民进全国会史工作先进集体”称号、“民进全国机关建设工作先进单位”荣誉称号。

民进包头市委员会荣获“民进全国抗击新冠肺炎疫情先进集体”荣誉称号；民进呼和浩特市委员会、乌海市委员会荣获“民进全国履职能力先进集体”荣誉称号。

民进内蒙古区委会理论研究室主任刘利军、社会服务部负责人吴春娟荣获“民进全国会史工作先进个人”称号。

内蒙古农业大学生命科学学院教授尹俊、赤峰市残疾人联合会理事长刘彦华、内蒙古呼和浩特市玉泉区百草堂秦氏中蒙医医院院长秦立梅、国药控股国大药房呼伦贝尔有限公司总经理李冬梅、乌海市润森教育基地董事长段玉峰荣获民进全国抗击新冠肺炎疫情先进个人。

民进内蒙古区委会经济委员会主任、民进鄂尔多斯市支部常务副主委刘翠，民进呼和浩特市委会社会法制委员会副主任张小英，民进呼伦贝尔市总支副主委高宇明，民进内蒙古区直经济支部会员额尔德木图荣获“民进全国履职能力先进个人”荣誉称号。

民进呼伦贝尔市总支副主委高宇明撰写的论文《浅析新时期扶贫领域存在的问题对脱贫攻坚的影响》在民进中央举办的“2020年度学习习近平总书记关于扶贫工作的重要论述征文活动”中荣获二等奖。

（刘利军）

中国农工民主党

【概况】 中国农工民主党内蒙古自治区委员会（以下简称“农工党内蒙古区委会”）机关核定编制16名，其中，厅级领导职数（主任委员或副主任委员）1名，处级领导职数5名，科（员）级非领导职数5名，工勤人员3名。机关设办公室、组织部、宣传部、参政议政部、社会服务部5个内设机构。2020年，机关实有工作人员12人。

【调查研究】 农工党内蒙古区委会完成中共自治区党委确定的重点调研课题《关于加强我区旗县级疾病预防控制服务能力建设调研》并作成果汇报。对自治区“十四五”规划编制和2021年经济社会发展工作、政府工作报告提出意见建议。其中，提出的“加快推进‘健康内蒙古’‘美丽内蒙古’建设步伐，以深化疾控体系改革为重点，完善公共卫生服务制度，进一步加强自治区疾病预防控制系统服务能力建设”“协同推进黄河流域生态保护和高质量发展，结合乡村振兴战略，支持少数民族聚居区发展生态型产业”等意见建议得到重视。

【民主监督】 农工党内蒙古区委会和自治区政协提案委员会等单位联合向自治区政协十二届三次会议提交的《关于加快出台内蒙古自治区促进民族团结进步条例的提案》，被自治区政协确定为提案办理协商议题，农工党内蒙古区委会多次积极参加提案办理协商会。参加自治区政协优化营商环境民主监督，进行实地调研，起草调研报告，提交大会发言。

【建章立制】 研究制定农工党自治区委《参政议政工作条例（试行）》《调研工作办法（草案）》《提案工作办法（草案）》《反映社情民意信息工作办法》。

【履职尽责】 参加农工党中央举办的“黄河流域生态环境保护与高质量发展”第十五届中国生态健康论坛，农工党内蒙古区委会就黄河流域生态环境保护与高质量发展作交流发言。参加农工党第三届人口发展战略研讨会。与农工党辽宁省委开展“边境人口结构老龄化”调研。在农工党全区各级组织和广大党员中广泛开展“我为国家‘十四五’规划建一言献一策”活动。

组织召开2020年度参政议政工作研讨会。提交农工党中央提案6件、调研选题3件，提交自治区政协大会发言7件、重点提案5件、提案30件、社情民意信息64件。其中，《亟需建构战“疫”心理防护网》《关于组建远程心理援助团队对武汉市进行心理援助的建议》社情民意信息被全国政协采用;《关于加强臭氧污染防治工作的建议》《疫情势态下针对保健品销售的几条建议》《我国少数民族体育非物质文化资源急需数字化保护》社情民意信息被农工党中央《信息专报》采用上报全国政协。

【组织建设】 全区共有农工党党员3374名。引进高层次人才,博士2名,发展厅局单位正处职务党员3名。陶迎春等3名党员入选内蒙古第二届人民监督员。持续开展基层组织创优工作,对符合创建条件的11个单位授予"农工党党员之家"牌匾。深入基层开展困难党员走访慰问工作,3名党员获得农工党成立90年关爱扶助困难党员活动慰问金。

【队伍建设】 召开2020年度农工党内蒙古区委会领导班子民主生活会,落实领导班子成员联系盟市和基层组织制度,领导班子深入基层调研指导,加强与党员沟通联系。根据地方基层组织建设实际,适时调整领导机构和成员。农工党呼和浩特市委员会补选蓝峰为委员、主委,呼伦贝尔市总支增补毛宇彤为委员,锡林郭勒盟基层委员会增补邱珺为委员,乌兰察布市委员会增补王清为委员。对医疗、蒙中医、卫生食品药品等10个工作委员会、联络工作办公室和监督委员会班子成员和组成人员进行了调整。对直属基层组织机关联系人员进行充实完善。

【骨干培养】 举办农工党内蒙古委员会第八期领导干部创新管理与素质提升暨骨干党员代表人士培训班,80名农工党党员参加培训。组织举办全区农工党新党员培训班,50多名农工党党员参加培训。组织15名机关和骨干成员参加行政处举办民主党派机关干部和骨干成员培训班;组织参加农工党中央首次在中国公务员网干部云课堂举办的农工党基层组织负责人、新党员、中西部骨干党员网络培训班,全区18名农工党党员参加培训,全部完成33学时在线培训课程,并通过考试取得结业证书。

深入贯彻落实《各民主党派中央关于加强内部监督工作座谈会纪要》精神,在农工党全区各级组织和广大党员中开展廉洁风险预警提示活动。组织七届五次全会代表实地参观自治区纪委监委大数据中心和大数据实验室。邀请自治区纪委监委驻党委统战部纪检监察组长姜言文进行专题授课。组织机关副处级以上干部参加统战系统警示教育大会。在农工党新党员培训班开展廉洁风险防控视频教学。组织监委会部分成员开展专题监督调研学习。农工党乌兰察布市委员会、农工党乌海市委员会两个市级组织成立了监督委员会。

【抗疫工作】 成立农工党自治区委防控新冠肺炎疫情工作领导小组,张卿等6名农工党员医疗专家驰援湖北,全区640余名党员奋战在抗击疫情一线。报送社情民意信息110余件,其中,中共自治区党委副书记林少春批示1件、农工党中央《信息专报》采用3件、中共自治区党委统战部《党外人士反映》采用3件、自治区政协办公厅《内蒙古政协信息》采用18件。编报参与防控疫情情况报告48期,及时反映农工党参与抗疫工作。在微信公众号发布124篇、官方网站发布107篇。农工党全区各级组织和广大党员通过不同途径,捐赠爱心善款共计710.24余万元,捐赠医疗用品、食品等物资价值1067.68余万元,其中为湖北捐款203.11余万元、捐物价值52.10万元。抗疫期间,133名农工党党员和农工党自治区委机关干部,通过农工党自治区委代转捐款的方式,向自治区红十字会捐赠爱心善款总计59400元。为满洲里口岸医疗救治医院捐赠价值13.95万元的快餐食品。组织农工党党员专家提供心理健康防护知识讲座、心理疏导和危机干预指导,直接受益人群1000余人次。

【舆论宣传】 围绕农工党成立90周年开展主题教育活动。农工党全区各级组织参与农工党中央"美丽中国"美术摄影作品展,15件作品入展,农工党自治区委荣获农工党中央第二届"美丽中国"美术摄影展省级"优秀组织奖"。全面启动农工党成立90周年暨农工党自治区委成立35周年征文活动,推荐征文18篇、中央网站LOGO设计作品3件。农工党全区各级组织通过举办座谈会、纪念大会、主题教育培训班、主题禁毒宣誓、文化下乡、义诊等形式,积极开展主题教育活动。

充分发挥网站内容全、微信公众号速度快、展览室更直观、《内蒙古农工》有深度等各宣传媒体优势,统筹各级组织宣传资源,开展主题宣传、形势宣传、政策宣传、成就宣传和典型宣传。编印《内蒙古农工》杂志4期,微信公众平台全年共编发各类信息300余条,其中被农工党中央网站采用202条、微信采用16条,团结网采用21条,自治区政协采用或转载42条,中共自治区党委统战部采用22条,微信公众平台全年点击量9.2万余次。

农工党全区各级组织《前进论坛》订阅率达58%。农工党自治区委和农工党呼和浩特市委等11个单位被评为"2020年度《前进论坛》发行工作先进单位"称号。

完成《内蒙古大辞典》词条目录农工党修订清单,撰写提交农工党《内蒙古大辞典》新增词条,编纂《农工党志》交付自治区地方志办公室审定出版发行,完成自治区《统一战线志》《扶贫开发志》农工党篇的供稿、审稿、定稿工作,完成内蒙古民主党派展览馆二层农工党展区布展工作。完成农工党内蒙古区委会《口述党史》编撰工作。

征集农工党中央庆祝农工党成立90周年理论征文11篇,2篇征文获二等奖、5篇征文获三等奖。提交2020年度学习习近平总书记关于扶贫工作的重要论述征文1篇。征集农工党中央《我为国家"十四五"规划建一言献一策》建言献策稿件3篇。报送内蒙古人民政协理论研究会征文5篇。完成思想政治工作情况调研报告1篇。下发并回收农工党员基本情况调查问卷180余份,为农工党中央制定提升农工党自身建设对策建议提供参考依据。

【助力脱贫】 对锡林郭勒盟6个旗县开展脱贫攻坚民主监督。深入走访12个苏木乡镇、13个嘎查村、3家扶贫企业(车间),32户贫困户,帮助当地政府查漏补缺、及时整改。农工党呼和浩特市委员会、赤峰市委员会、锡林郭勒盟基层委员会、呼伦贝尔总支、兴安盟总支等基层组织，分别以开展专项行动、健康讲座、爱心帮扶、联动督导帮扶等形式助力脱贫攻坚。闫敏、李艳茹、岱沁、陈美玲、巩海军荣获2020年度“农工党全国脱贫攻坚民主监督先进个人称号”。

【义诊活动】 联合自治区民政厅在呼和浩特市武川县举办“中华慈善日—决战脱贫攻坚，助力疫情防控”主题活动。10家慈善组织参与，开展公益慈善项目18项，捐赠款物价值46.08万元，直接受益1.3万余人次。组织自治区6家医院医疗专家开展“农工携手慈善，义诊助力脱贫”慈善活动，为武川县200多名贫困患者提供医疗服务。

农工党内蒙古区委会与内蒙古综合疾控中心在呼和浩特大召广场举办“健康地摊，福泽百姓”健康知识宣传活动；呼和浩特市委组织优质医疗资源深入五申镇开展义诊活动；通辽市科尔沁区支部委员会组织医疗专家开展“送医送药，助力脱贫攻坚”义诊活动；鄂尔多斯市委员会开展“名医专家下基层•医疗服务送到家”健康扶贫义诊活动；包头市委员会组织医疗专家开展“情系子弟兵，同心健康行”义诊慰问进军营活动，取得显著社会效益。

【健康宣传】 联合自治区蒙中医药管理局举办“‘健康内蒙古’基层医务人员蒙中医药适宜技术研修班”，全区140多名基层医务人员现场参加培训，有27000余人次线上同步学习。学员获颁权威性的《培训证书》《学分证书》。

开展“2020年环境与健康宣传周”活动。在呼和浩特市回民区通北社区开展“2020年环境与健康宣传周”暨6.6全国爱眼日“视觉2020，关注普遍的眼健康”公益活动。呼和浩特市、包头市、赤峰市、乌兰察布市、兴安盟、锡林郭勒盟等地，分别组织党员以开展捡拾垃圾、义诊、专题讲座、健步走等形式，推动环境与健康知识进社区、进乡村，受益群众1000余人次，发放宣传资料、光盘830余份，捐赠价值5000多元的药品。

开展“同心健康环保科技行”品牌活动。以专家健康知识宣讲、发放健康知识宣传资料、提供健康知识咨询等方式，传播普及科学卫生知识。

禁毒工作农工党员、全国禁毒工作先进个人、内蒙古草原禁毒形象大使陶迎春募集资金1600多万元建设禁毒主题雕塑公园—内蒙古（国际）禁毒主题雕塑公园。农工党内蒙古区委会组织农工党党员实地开展“健康人生、绿色无毒”禁毒主题教育。

（刘伊杰）

【荣誉】

农工党员刘德江、董彩凤荣获“全国抗击新冠肺炎疫情先进个人”称号。

党员张卿荣获“全国卫生健康系统新冠肺炎疫情防控工作先进个人”称号。

在纪念中国农工民主党成立90周年表彰大会上，全区荣获表彰的优秀地市（县）级组织1个、优秀基层组织2个、优秀党员4名、优秀党务工作者2名、先进地市（县）级组织6个、先进基层组织5个、先进个人10名，农工党自治区委被评为省级组织机关建设工作先进集体。

在农工党中央抗击新冠疫情表彰大会上，农工党呼和浩特市委员会、农工党包头市委员会、农工党内蒙古自治区第四医院支部委员会荣获“农工党抗击新冠肺炎疫情先进集体”称号。

王文明等19名党员荣获“农工党抗击新冠肺炎疫情先进个人”称号。

在全国禁毒工作表彰大会上，农工党员陶迎春荣获全国禁毒工作先进个人称号，并做典型发言。

九三学社

【概况】 九三学社内蒙古自治区委员会（以下简称“九三学社内蒙古区委会”）于1984年9月3日成立。经过30多年的发展，在九三学社中央和中共内蒙古自治区委员会的正确领导下，在自治区党委统战部的指导帮助下，九三学社在自治区的组织不断发展壮大。

九三学社内蒙古区委会是正厅级建制，核定编制15名，设办公室、参政议政部、社会服务部、组织部、宣传部5个部门。

【传达学习习近平总书记在中共中央召开的党外人士座谈会上的重要讲话精神和全国两会精神】 2020年6月5日，九三学社内蒙古区委会在呼召开传达学习习近平总书记在中共中央召开的党外人士座谈会上的重要讲话精神和全国两会精神座谈会。社区委员会副主委兼秘书长刘德主持会议并传达习近平总书记在中共中央召开的党外人士座谈会上的重要讲话精神和全国两会精神。

【机关建设检查】 2020年8月26—30日，根据九三学社中央机关正规化建设交叉检查有关要求，由九三学社云南省委、九三学社重庆市委和部分市级组织机关同志组成的机关建设检查组一行12人来内蒙古区委会检查指导机关建设工作。

【“九地合作”项目基地专家工作站揭牌】 8月15日上午，九三学社内蒙古区委会与阿拉善左旗人民政府“九地合作”项目基地专家工作站揭牌仪式在阿拉善左旗蒙中医院举行。九三学社内蒙古区委会副主委、阿拉善盟副盟长刘德出席了揭牌仪式。

【送医 送文化服务】 2020年9月29日，九三学社内蒙古区委会联合自治区政府办公厅、自治区工信厅、内蒙古民族艺术剧院等单位，组织医疗专家和文艺骨干志愿者服务队，赴呼和浩特市新城区成吉思汗街道办事处生盖营村开展“发扬九三传统、心系百姓生活”送医、送文化社会服务活动。

【卓资县专家工作室启动】 2020年10月18日，九三学社内蒙古区委会卓资县专家工作室启动仪式在卓资县卫健委举行。内蒙古自治区政协副主席、九三学社内蒙古区委会主委刘新乐出席活动，自治区政协常委、九三学社内蒙古区委会副主委闫伟在揭牌仪式上致辞。

【九三学社成立75周年专题讲座】 2020年7月2日，九三学社内蒙古区委会举办庆祝九三学社成立75周年专题讲座。特邀全国政协委员，九三学社中央委员许进主讲。九三学社内蒙古区委会副主委兼秘书长刘德主持讲座。

【学习外省经验】 2020年9月25—26日，由自治区政协常委、九三学社区委会副主委闫伟带队，九三学社内蒙古区委会一行赴河南省学习社务工作经验。

（贺冰琼）

群众团体

总工会

【概况】 内蒙古自治区总工会设有12个部门：办公室、组织部、宣传部、基层工作部、法律工作部、保障工作部、经济部、女职工部、财务部、经审办、机关党委、离退休人员工作处；5个驻会产业工会：教科文卫体工会、建筑建材交通机冶工会、财贸轻纺农牧林水工会、国防邮电工会、能源化学地质工会；6个事业单位：传媒信息中心、工会干部学校、工人疗养院、职工维权服务中心、职工对外交流中心、机关事务服务中心。

【弘扬劳模精神 劳动精神 工匠精神】 坚持面向基层和一线，做好2020年全国、自治区劳动模范和先进工作者推荐评选工作，61名全国劳模中疫情防控一线人选占20%，776名自治区劳模中设置了130个专项领域名额，其中疫情防控64人。召开表彰大会，表彰自治区劳动模范和先进工作者，自治区党委书记、人大常委会主任石泰峰出席并讲话。自治区党委副书记、自治区主席布小林主持大会，自治区党委副书记、政法委书记林少春宣读表彰决定。加强劳模管理服务工作，与自治区政府召开第十二次联席会议，研究审议《内蒙古自治区劳动模范和先进工作者管理办法（试行）》。通过专题视频会议，安排部署学习贯彻习近平总书记全国劳模大会重要讲话精神。

【自治区总工会十一届二次全委会议】 4月28日，自治区总工会在呼和浩特召开十一届二次全委会议。自治区党委副书记、政法委书记林少春出席并讲话，自治区人大常委会副主任、总工会主席吴团英作题为《守望相助团结奋斗组织动员各族职工为决胜全面建成小康社会建功立业》的工作报告。自治区总工会党组书记龚家栋传达全总十七届三次执委会和自治区第十届党委常委会第200次会议精神，并作总结讲话。会议审议通过吴团英作的工作报告，履行有关人事事项，龚家栋当选为自治区总工会第十一届委员会副主席。会议还听取了自治区总工会十一届经费审查委员会的经审工作报告。

【思想政治引领】 在全区职工中广泛开展“草原职工心向党、建功亮丽内蒙古”主题教育实践活动，利用工会报刊、院校、文化宫等宣传阵地和互联网等新媒体，全方位、多渠道推动习近平新时代中国特色社会主义思想进企业、进车间、进班组，组织各种宣讲、讲座、培训、文体活动等2.8万余场次，参与职工339万人次。举办“中国梦·劳动美”纪念中国人民志愿军抗美援朝出国作战70周年全区职工书画摄影作品展评活动、“决胜小康奋斗有我”全区职工主题演讲比赛，组织北疆职工乌兰牧骑深入企业车间为一线职工演出。推进职工文化活动阵地建设，新建旗县级职工文化活动阵地86个。

【工会改革】 坚持大抓基层的工作导向，深入开展“八大群体”入会、百人以上企业建会、农牧民工入会攻坚专项行动，全区企业建会率和职工入会率持续动态保持在80%以上，农牧民工入会率动态保持在70%以上。开展基层工会规范化建设推进行动，整顿无人干事、无经费办事、无活动载体的“空壳工会”。开展口岸工会和职工之家建设试点，在“一带一路”建设上体现工会组织作为。实施安可替代工程，推进智慧工会建设，完成“北疆工惠”职工服务平台建设。

【产业工人队伍建设改革】 落实工会牵头抓总责任，建立由自治区党委副书记、政法委书记林少春为召集人的推进产业工人队伍建设改革暨思想政治工作联席会议机制，制定加强和改进产业工人队伍思想政治工作具体措施，实施培育技能人才“百千万”工程，选树并命名10名“北疆工匠”，为自治区经济高质量发展提供技能型人才支撑。

【劳动和技能竞赛活动】 扎实推进“凝心聚力决胜小康”行动，制定全区劳动和技能竞赛工作计划，完善职业技能竞赛奖励机制，围绕打好“三大攻坚战”和打赢疫情防控阻击战，以“当好主人翁、建功新时代”为主题，举办66个工种的自治区职业技能竞赛，助推企业全面复工复产。全区有2.54万家企事业单位组织开展、115万人次参与劳动和技能比赛活动，帮助1.6万名职工提升了职业技术等级。

【职工技术创新】 强化立足岗位全员创新、依托班组团队创新、职工创新工作室引领创新的“三位一体”职工创新体系建设，组织职工广泛开展技术革新、技术协作、发明创造、合理化建议等群众性经济技术创新活动。在全国率先建成省级职工创新成果网上展馆，展示职工创新工作室84个、创新成果743项，助推职工技术创新成果孵化转化。举办第一届内蒙古自治区职工技术创新成果展，155家企事业单位参展，展出职工技术创新成果468项，达成合作意向56个。广泛开展“安康杯”竞赛活动，协助相关部门开展好职业病防治、生产事故调查工作，发挥工会组织在保障职工生命健康权益方面的监督作用。

【和谐劳动关系单位创建】 推动自治区党委、政府将以集体协商为主要内容的构建和谐劳动关系纳入对盟市党政领导班子考核，牵头制定考核评价办法。开展模范劳动关系和谐单位评选工作，授予50家单位“内蒙古自治区模范劳动关系和谐单位”称号。加大工会法制化建设力度，推动自治区人大常委会将《内蒙古自治区工会劳动法律监督条例》纳入2020年立法审议项目。连续六年举办“劳动托起中国梦·法治烛照职工心”全区职工法律知识竞赛，累计有300多万名职工参与。打造“遵法守法·携手筑梦”服务农牧民工普法品牌，组建30支法律服务分队，实地宣讲117场次，服务农牧民工2万余人次。

【职工维权】 维护职工队伍稳定，明确将维稳工作纳入盟市工会绩效考核指标，坚持全区维护职工队伍稳定工作季通报制度。开展劳动关系领域风险隐患专项排查化解，及时协调处置集体上访事件，第一时间报告自治区党委、政府，履行第一知情人、第一报告人职责。建立劳动争议多元化解机制，加大“法院＋工会”劳动争议处理平台建设，组建工会调解员队伍，成功调解劳动争议案件300多件，挽回经济损失600多万元。落实和完善以职工代表大会为基本形式的企业民主管理制度，深入开展“公开解难题、民主促发展”主题活动，畅通职工参与管理、诉求表达的渠道。

【落实就业优先政策】 印发《关于在做好“六稳”工作 落实“六保”任务中充分发挥工会组织作用的实施意见》，各级工会联合人社部门举办“春风行动”网络招聘会，及时向开复工企业、求职者发布供需信息，有效拓宽就业渠道。举办为期一个月的“助企业复工复产、促就业共谋发展”小微企业专场网络招聘会，400家企业上线招聘，提供1635个岗位，招聘1.2万余人。连续10年开展京津冀蒙跨区域促进就业创业系列活动，依托北疆工惠、智联招聘，举办“2020年京津冀蒙工会跨区域促就业系列活动暨线上招聘会”，平台浏览量突破52万人次，3717家企业入场招聘，实名制就业服务4.9万人，实名注册求职者1万余人。

【困难职工帮扶】 紧盯在档全国级困难职工、困难职工脱困退档、受疫情影响“三大重点人群”，制定10项具体措施，确保困难职工应帮尽帮。下拨专项资金7800万元，对在档全国级、自治区级及纳入渐退期管理的困难职工进行帮扶救助。制定自治区困难职工档案管理办法、专项帮扶资金使用管理实施细则，建立健全常态化帮扶机制。2018年以后在档的33527户困难职工全部解困脱困。深化职工医疗互助保障工作，参加单位超过1.3万多家、职工110余万人，累计发放补助金2900多万元，3.6万人次从中受益。

【服务职工】 发挥基层工会和企业工会送温暖主力军作用，组织开展“夏送清凉”“金秋助学”“冬送温暖”等活动。2020年元旦春节期间，全区工会共筹集送温暖慰问款物总额约7153.42万元，走访慰问企业1188家，慰问对象总计105147人次，实施环卫工人关爱行动，做好女职工权益维护工作，累计建成自治区级爱心妈咪小屋518家。为解决青年职工后顾之忧，组织“走进工会，缘来为你”交友联谊活动。103个旗县（市区）开展了普惠性服务工作，直接受惠会员达120多万人。持续聚焦脱贫攻坚，主动承担帮扶责任，安排350万元产业扶贫资金，积极与北京市总工会开展扶贫协作和支援合作，在助力扶贫消费、帮扶困难职工等方面争取100万元资金。

【厂务公开民主管理】 推动各地健全以职工代表大会为基本形式的企事业单位民主管理制度体系，深入推行职工代表巡视检查制度，提升公有制企业制度建设质量，探索完善集团职代会制度，扩大非公有制企业建制覆盖面，巩固企事业民主管理制度建设成果。印发《关于充分发挥企业民主管理积极作用在常态化疫情防控中助力企业全面复工复产的通知》，组织动员职工代表为企事业单位复工复产献计献策，为企事业单位健康发展凝聚智慧和力量。深化厂务公开，75个单位被评为全区厂务公开民主管理先进单位，3家单位被评为全国厂务公开民主管理示范单位，11家单位被评为全国厂务公开民主管理先进单位。深入开展“公开解难题、民主促发展”主题活动和职工代表提案征集活动，推动已建工会的企业职代会、厂务公开建制率动态保持在80%左右，其中国有及国有控股企业的建制率保持在90%以上。

【基层工会组织建设】 依法推进苏木乡镇（街道）、开发区（工业园区）工会组织建设，推进区域（行业）基层工会联合会建设，实现对小微企业全面覆盖，全区基层工会5.7万个，涵盖各类单位8.6万个；工会会员541.8万人，全区企业工会组建率和职工入会率动态保持在80%以上。开展货车司机等“八大群体”入会工作。持续开展全区农牧民工入会集中行动、入会攻坚行动，全区农牧民工会员达到154.7多万人，入会率动态保持在70%以上，实现了农牧民工入会数量和服务质量双提升。下发《关于开展口岸工会建设试点工作的通知》《关于加强口岸工会建设的指导意见》，在满洲里口岸等5个口岸开展了口岸工会和职工之家建设试点工作。深入开展“双创优”活动，全区三类以上工会组织达到1100多个。自治区22个职工之家、22个职工小家受到全总表彰。

（任丽媛）

共青团

【概况】 共青团内蒙古自治区委员会部门设置为：办公室、组织部（机关党委）、宣传部、青年发展部、基层组织建设部、学校部、少年部（自治区少工委办公室）、统战联络部、维护青少年权益部；内蒙古自治区青年传媒中心、内蒙古自治区青年创业就业服务中心、内蒙古自治区青少年民族团结教育实践中心、内蒙古自治区青少年社会事业发展中心、内蒙古自治区团校（内蒙古师范大学青年政治学院）（共计9个部室，5个二级单位）。截至2020年底，全区有基层团组织7.09万个，团员117.4万人。

【宣传教育】 深化“青年大学习”行动，网上主题团课每期参与团员数稳定在60万人次，全团排名始终保持前列。围绕学习宣传贯彻党的十九届五中全会精神，全区累计开展主题团队日活动2.1万场次，宣讲活动1000余场次，覆盖青少年155万人次。

【青少年社会主义核心价值观教育】 依托爱国主义教育基地、新时代文明实践中心、青年爱里等阵地，分层分类、突出重点开展青少年制度自信教育，引导广大青少年坚定中国特色社会主义制度自信。建立“北疆青骑兵”青年讲师团，成立自治区、盟市、旗县三级“草原学习轻骑兵”共青团理论宣讲志愿服务队。组织开展内蒙古青年五四奖章、自治区“两红两优”评选表彰活动，自治区优秀青年李晓欢、王丽颖获第24届中国青年五四奖章，组织受表彰青年代表赴全区各地开展分享活动104场，覆盖青年312万人次。

【青年马克思主义者培养工程】 贯彻落实《关于深入实施青年马克思主义者培养工程的意见》，持续把青年马克思主义者培养工程向盟市、旗县、国有企业、社会组织延伸，完成第十二期青年马克思主义者培养工程线上培养，衔接启动第十三期培训，带动培养校院两级青年马克思主义者5500人次。

【铸牢中华民族共同体意识团队实践活动与座谈】 围绕“践行守望相助理念、铸牢中华民族共同体意识”主题，开展线下团队实践活动4.9万余场次，覆盖青少年220余万人；联合自治区总工会、妇联召开“践行守望相助理念·铸牢中华民族共同体意识”各族各界群众代表座谈会。

【网上思想政治引领】 利用微博、微信、B站等平台开展舆论宣传，制作《五四精神·传承有我》《学习寄语精神，展现青春担当，我接力！》H5宣传页，《You are the hero》公益歌曲等网络文化产品，发起的“五四精神在草原”“青春拥抱新时代”等活动，阅读量超1000万人。“内蒙古青年”“内蒙古团委”长期位居自治区政务微信微博排行榜前列。

【积极投身疫情防控】 疫情期间，组织6.2万名青年志愿者、791个青年志愿服务组织和公益组织、1182支青年突击队投身一线疫情防控，覆盖4420个苏木乡镇、街道社区和嘎查村。筹集抗击疫情捐款500.81万元，募集防护物资78.99万元，启动“天使守护”关爱一线医护人员行动，及时传递北疆团组织关爱。

【脱贫攻坚青春建功行动】 深化脱贫攻坚青春建功、京蒙共青团对口帮扶、“青力扶贫·联创梦想”助力精准脱贫等行动，继续发挥“一县一品”青年社会组织扶贫电子商务平台作用，全区累计投入资金3667.7万元，覆盖贫困青年9.2万余人。自治区《深化“银团合作”缓解融资难题支持有志青年扎根贫困地区创业》典型案例入选全团《共青团扶贫实践20例》。

【助力乡村振兴战略】 开展“美丽乡村我行动”助力脱贫“百日攻坚”专项志愿服务活动，全区累计9.8万名青年志愿者参与，覆盖全区70%以上嘎查村社区。开展全区大中专学生暑期“三下乡”社会实践服务活动，15万余名学生参与。

【助力北疆绿色长城建设】 以“保护母亲河”行动为统揽，开展生态环保宣传实践主题活动500余次，植树造林近1300亩。持续深化“一湖两海”生态文明实践行动，引导广大青少年积极践行“青山绿水就是金山银山”理念。

【青年志愿者行动】 印发《内蒙古自治区青年志愿服务社区行动实施细则（2020-2025年）》，全面展开40个试点旗县青年志愿者服务社区专项行动。打造“志愿北疆”APP，全区累计注册青年志愿者209万余人，其中活跃人数为130万人。

【青年创业就业】 发放“青创易贷”27.47亿元，抗疫专项创业贷款3521.63万元，组织动员全区各级青年创业孵化器为280家企业减免1—3个月房租。持续做好青创“10万+”工作，投入287.16万元，开展青年创业服务活动243场。坚持育人导向，持续扩大“青创赛”影响力，开展“农行杯”第七届“创青春”内蒙古青年创新创业大赛。提升“青创课”示范带动效应，累计开展本级示范培训70期，覆盖青年64.31万人次。

【困境青少年帮扶工作】 建设“青易筹”网捐平台，募集款物4245万元，共资助家庭困难学生11715名。动员5000余名青年志愿者、174个志愿者服务团队与农牧民工子女残疾青年建立结对帮扶。依托“红领巾梦想号”等平台，推进“情暖童心”工程，为6300余名困境青少年发放“六一”礼物和爱心温暖礼包，使他们感受到党和政府的温暖。

【维护青少年合法权益】 深化“共青团与人大代表、政协委员面对面”活动。继续做实“守望成长”关爱农村牧区留守少年儿童服务项目和服刑人员子女服务项目、自治区未成年人防性侵服务项目，推动专业青少年社会工作服务惠及更多青少年。启动12355青少年服务台实体化建设，开展新冠肺炎疫情“12355青少年心理援助特别行动”和“线上轻松备考·12355与你同行”中高考解压活动，覆盖12万余名青少年。

【“希望工程”建设】 制定《内蒙古推进新时代希望工程事业发展实施方案》，着力推动进内蒙古希望工程事业实现高质量发展。聚焦助学育人，募集款物3936.88万元，资助家庭困难中小学生4367名，为新立项3所希望小学筹资115万元。

【团的基层组织建设】 印发《团（总）支部“对标定级”工作指引》，不断提升团组织活力。深化“青年爱里”建设，持续推进项目化工作，全区374家“青年爱里”入驻云平台，累计开展活动2.7万场、覆盖69万人次，积分排名全团第二。落实“党建带团建”制度，推荐入党积极分子2.6万人、重点发展对象1.5万余人。

【团干部队伍建设】 深入实施“团干部素质提升工程”，举办全区“团干部上讲台”大赛，全区共开展177场次培训，覆盖人数2.87万人次。狠抓团干部配备，持续推动专挂兼干部选配，强化日常通报和监管，干部在岗率和班子配备率均达85%以上。

【深化共青团改革】 聚焦团的职能职责和作用发挥，将6个事业单位整合为4个，新设立内蒙古青少年社会事业发展中心、内蒙古青少年民族团结教育实践中心。系统梳理全区共青团改革成效，自治区党委深改委第11次会议审议了《党的十八届三中全会以来全区群团改革进展情况评估报告》，自治区团委多项改革举措得到自治区党委充分认可。

【贯彻落实《中长期青年发展规划（2016—2025年）》】 召开内蒙古自治区青年工作联席会议第一次全体会议，推动全区所有盟市、旗县全部建立青年工作联席会议机制，构建起自治区、盟市、旗县三级联席会议制度体系。推动青年马克思主义者培养工程、青年民族团结进步创建工程、青年志愿者行动等7个青年发展重点项目纳入自治区“十四五”规划纲要及专项规划。

【内蒙古青年工作联席会议第一次全体会议】 2020年3月30日，内蒙古自治区青年工作联席会议第一次全体会议在呼和浩特市召开。会议研究部署了《内蒙古自治区中长期青年发展规划（2018—2025年）》实施相关重点工作。自治区党委副书记、政法委书记林少春出席会议并讲话。自治区副主席郑宏范出席会议并传达中长期青年发展规划实施工作部际联席会议第二次全体会议精神。

【“爱上内蒙古·团团请你来北疆”共青团助力内蒙古旅游网络直播宣介活动】

7月11日，由自治区团委、青联主办，内蒙古青少年新媒体协会、内蒙古互联网行业联合会协办的“爱上内蒙古·团团请你来北疆”共青团助力内蒙古旅游网络直播宣介活动在快手、抖音等平台上线。此次活动是自治区团委、青联贯彻落实自治区“爱上内蒙古”主题宣传活动、助力旅游业发展的举措之一，邀请内蒙古籍明星达人，通过“全媒体+文旅产品+直播”的形式，以“爱上内蒙古的N个理由”为主题与全国网友热情互动，推介内蒙古壮美的自然风光和深厚的历史文化、独特的民俗风情，并为线上网友推介内蒙古特色文创产品、地方特产等。截至直播结束，全网各直播平台累计4000万网友观看直播。

【“筑梦亮丽北疆”中国青年企业家协会会员走进内蒙古经贸考察活动】 8月24—26日，由内蒙古自治区团委、中国青年企业家协会主办的中国青年企业家协会十二届会员，首期培训暨“筑梦亮丽北疆”中国青年企业家协会会员走进内蒙古经贸考察活动在内蒙古呼和浩特开班。活动为期3天，内容丰富，旨在以区内外青年企业家的影响力为依托，更好地宣传、推介内蒙古，助力自治区经济高质量发展，促进区内外青年企业家合作交流、互利共赢。

【71对青年志愿者举行草原集体婚礼】 9月12日，中国青年志愿者协会和自治区团委联合举办“全国青年志愿者草原集体婚礼”，来自全国的71对青年志愿者参加了活动。

【“践行守望相助理念·铸牢中华民族共同体意识”各族各界群众代表座谈会】 9月21日，自治区总工会、团委、妇联在呼和浩特召开“践行守望相助理念·铸牢中华民族共同体意识”各族各界群众代表座谈会。自治区党委副书记、政法委书记林少春出席并讲话，自治区副主席郑宏范主持。座谈会上，6位代表围绕学习使用好国家通用语言文字，践行守望相助理念，铸牢中华民族共同体意识，结合各自成长和工作实际，交流自己学习和使用国家通用语言的心得和认识，畅谈学好用好国家通用语言对自己学习技术技能、拓展就业渠道、更好地融入社会、成长进步、创造出彩人生、实现梦想的切身感悟和体会。

【内蒙古12355青少年服务台投入使用】 按照“打造区级统筹，盟市旗县联建，整合社会资源，回应青少年亟待解决的成长烦恼和发展难题”的青少年信赖的专业服务平台的目标要求，自治区团委筹建的内蒙古12355青年综合服务台于2021年1月正式投入使用，平台组建了115名法律专家、心理咨询专家团队，为全区青少年提供7×24小时蒙汉双语心理咨询、法律咨询、法律维权、法治宣传、禁毒防艾等公益服务。同时与公安、司法、民政、妇联等6个部门建立互联互通关系，制定了青少年紧急事件联动预案。

（赵志星　肖晛）

9月12日，全国青年志愿者草原集体婚礼举办　（共青团内蒙古自治区委员会办公室）

妇女联合会

【概况】 2020年，内蒙古自治区妇女联合会（以下简称“自治区妇联”）机关内设6个部室，分别为办公室、组织部（与机关党委合署办公）、宣传部、家庭和儿童工作部、权益部、妇女发展联络部。内蒙古自治区人民政府妇女儿童工作委员会办公室设在自治区妇联，另有离退休人员工作处。核定编制37名，在编人员35人。2020年，内蒙古自治区妇女联合会进行了事业单位改革。整合《内蒙古妇女》杂志社、内蒙古自治区妇联网络信息传播中心，组建内蒙古妇女媒体网络工作中心；整合内蒙古自治区家政服务指导中心、内蒙古自治区家庭教育服务指导中心，组建内蒙古自治区家庭工作服务中心；内蒙古自治区儿童基金会退出事业单位序列。事业单位改革后，内蒙古自治区妇女联合会现有处级事业单位4个：内蒙古妇女干部学校、内蒙古自治区妇女儿童中心、内蒙古自治区家庭工作服务中心和内蒙古妇女媒体网络工作中心，全部为自治区妇女联合会所属正处级公益一类事业单位。共核定事业编制64名，实有在编人员50人。

【妇女维权】 2020年4月1日，《内蒙古自治区反家庭暴力条例》经自治区十三届人大常委会第十九次会议全票通过。7月，由自治区妇联牵头，自治区高院、检察院、公安厅、司法厅等单位联合印发《内蒙古自治区家庭暴力告诫制度实施办法》“一法一办法”完善了自治区反家暴法规制度体系建设。对《内蒙古自治区精神卫生条例》《自治区人大关于进一步加强未成年人检察工作的决定》等15部法规、政策性文件的草案征求意见提出修改意见建议13条，推进法治内蒙古建设和全面依法治区工作。

6月24日，自治区妇联与自治区禁毒办举办“健康人生，绿色无毒”—2020年“唱响禁毒歌走好健康路”暨“不让毒品进我家”内蒙古巾帼志愿者公益宣教活动。7月1日，呼和浩特市赛罕区妇女维权与心理健康服务中心揭牌成立，中心的成立在推动社区矫正工作与妇女工作融合发展、维护妇女儿童合法权益、心理健康疏导方面发挥积极作用。11月，自治区妇联推动自治区公安厅将“警察如何干预家庭暴力”列入新入职警察培训内容，“万家无暴”项目发起人万飞为全区360余名新警作专题讲座。

【实施妇幼健康促进项目】 针对“两纲”实施过程中发现的妇幼健康领域的重点难点指标，自治区妇儿工委办筹划实施“妇幼健康促进项目”。7—8月，组织28名自治区知名专家深入20个边远旗县区的基层医疗机构，开展一线诊疗，对妇幼医生进行业务培训指导，帮助解决基层医疗队伍能力不足问题。共举办互动交流会70场次，指导基层医生2000多位，帮助诊疗148名患者。

【举办内蒙古大学生和妇女就业草原集市暨“布丝瑰”民族服饰大赛作品直播电商节】 7月16—26日，自治区妇联联合自治区党委宣传部、教育厅等单位举办促进内蒙古大学生和妇女就业草原集市暨“布丝瑰”民族服饰大赛作品直播电商节活动。活动优选来自全区12个盟市51家布丝瑰工坊（企业）的3600多种产品，提供200多个大学生实习岗位。活动整体传播量1530.69万人次，实现销售总额59.3万元，带动工坊或企业近400名从业者、呼和浩特地区1000名手工艺人、12户贫困边缘户妇女增加经济收入。

【妇联改革】 2020年9月26—28日，自治区妇联召开内蒙古自治区妇女第十二次代表大会，选优配齐配强新一届领导集体，提高了领导班子中各族各界、各行各业优秀代表比例，充分体现了代表性、广泛性。深入推进基层妇联组织改革“破难行动”，制定相关制度规则，推动市、县级妇联依章换届工作，推进专兼挂职干部队伍建设。把握嘎查村（社区）“两委”换届时机，促进女性进“两委”，同步做好嘎查村（社区）妇联换届工作。推动组织覆盖向更广领域延伸拓展，引导各级妇联在社会组织和新领域中建立妇联组织达3400多家，按程序吸纳团体会员达300多家。实施“基层妇联领头雁培训计划”，强化妇干和执委履职能力建设，举办女领导干部和嘎查村女干部培训及开展执委线上线下培训，评选妇女之家优秀案例，推动工作阵地不断提质增效。稳步推进所属事业单位改革工作，将原有的7个事业单位精简整合成为4个事业单位。

【内蒙古“北疆亮姐”家政代表队荣获佳绩】 2020年10月20日，“建行杯”第二届全国巾帼家政服务职业风采大赛总决赛在山东济南落下帷幕。由自治区妇联组建的“北疆亮姐”代表队，荣获母婴护理项目二等奖、家务料理项目和养老护理项目三等奖。

【成立女职工培训基地和女律师宣讲团】 2020年10月23日，内蒙古直属机关工委女职工培训基地在内蒙古自治区妇女干部学校正式挂牌成立，培训基地成立后，开展8期兴趣技能培训，扩大了妇联组织的影响力、凝聚力和引领力。

12月25日，由全区4000多名女律师组成的自治区女律师协会加入自治区妇联团体会员，成立“女律师宣讲团”，自治区妇联为首批87名律师颁发证书。

【困境儿童风险点排查】 自治区党委部署防范中小学生个人极端事件工作后，自治区妇联第一时间研究部署对全区范围内单亲和离异家庭、留守儿童、患心理疾病和特异体质学生、情绪波动明显学生进行常态化全面排查，排查中小学生家庭965.84万户次，目前有1.68万户家庭在跟踪关爱服务范围内。此项工作得到自治区党委、全国妇联领导批示肯定，并在全国妇联常委扩大会议上作了经验介绍。

开展以“权心权益·用爱守护”关爱系列为主题的公益活动17场，服务内容涉及法律、心理非遗文化体验等，受益妇女儿童近700人。

【实施“母亲健康快车”项目】 截至2020年，中国妇女发展基金会共捐赠自治区125辆“母亲健康快车”，其中在项目期内的有21辆。2020年，依托21辆“母亲健康快车”累计开展义诊咨询10523人次，健康普查11994人次，培训2541人次，救助933人次，运送孕产妇285人次，发放价值123385元药品。

【妇女思想政治引领】 2020年，以“巾帼心向党·奋进新时代”为主题开展“百千万巾帼大宣讲”线上线下宣讲7179场，全区各级妇联组织组建巾帼宣讲团236支，参与群众73.1万人次；开展女性恳谈4655场次，参与群众11.7万人，中国妇女报客户端对此做法予以报道推广。“百千万巾帼大宣讲”、妇女恳谈等成为妇联引领广大妇女听党话、感党恩、跟党走的重要抓手。

【内蒙古自治区妇女第十二次代表大会召开】 2020年9月27—28日，内蒙古自治区妇女第十二次代表大会在呼和浩特召开。出席大会正式代表633名。全国妇联党组书记、副主席、书记处第一书记黄晓薇到会祝贺并讲话。自治区党委书

7月16—26日，内蒙古自治区妇联举办促进内蒙古大学生和妇女就业草原集市暨“布丝瑰”民族服饰大赛作品直播电商节活动，主办方领导参加开幕式　（白双伟）

内蒙古自治区妇女十二大代表举手表决　（杨婷）

记、人大常委会主任石泰峰出席大会并讲话。大会听取、审议、通过了胡达古拉代表自治区妇联第十一届执行委员会作的题为《高举习近平新时代中国特色社会主义思想伟大旗帜团结引领全区各族妇女为开启全面建设现代化内蒙古新征程而努力奋斗》的工作报告。大会选举产生由67名委员组成的内蒙古自治区妇女联合会第十二届执行委员会。在十二届一次执委会全体会议上，胡达古拉当选为主席，郑剑虹、赵红军、郭静丽、王玲等4人当选为副主席，会议还选举产生王丽红、邸星、戴燕、李一芝、孟根花5名兼职副主席，仲玉霞挂职副主席，17名常务委员。

【引领妇女脱贫攻坚】　自治区妇联通过开展扶志励志、技能培训、基地创建、产业带动、金融扶持、拉手帮扶、协作帮扶、公益支持、健康救助、爱心支援10项举措，助力妇女实现脱贫。举办巾帼大宣讲活动2.7万余场次，受众人数126万余人次；组织女性恳谈活动2.4万余场次，参与群众90.3余万人次。开展手工编织、种植养殖等实用技能培训2500多期，培训妇女8.9万人次。兴安盟科右中旗大力开展刺绣培训，形成刺绣产业村50多个，2万余名草原绣娘稳定增收，2895名贫困妇女脱贫。实施“布丝瑰就业行动计划”，推动民族服装服饰元素化、时尚化、生活化、产业化发展，举办各类活动百余次，1070名贫困妇女受益。创建100个自治区巾帼脱贫示范基地，带动1.2万余名贫困妇女增收。巴彦淖尔市临河区“巧手手”编织厂，在9个村培训妇女2000多人，人均月收入达2200元。与中国农业银行内蒙古自治区分行共同实施“金融支持妇女发展行动计划”，截至2020年底累计发放贷款88.52亿元，惠及13.53万人。定点帮扶的兴安盟科右中旗吐列图嘎查和二龙屯嘎查共429户1320人实现整体脱贫，实施的木耳培植和刺绣项目被中央电视台专题报道。开展“姐妹手拉手巾帼脱贫快步走”活动，6564名妇联干部、执委与14612名贫困妇女结对，10570户“最美家庭”与3965户贫困家庭结对。开展“京蒙妇女同发展创新合作奔小康”系列活动，北京市妇联共捐赠169万元的资金、物资及培训项目。完成41个班次2600人培训，其中65%的班次安排在深度贫困旗县。五年累计争取农村贫困母亲“两癌”救助项目资金8570万元，8570名贫困妇女得到救助，切实防止因病致贫、因病返贫。2016—2020年累计争取“母亲水窖”“母亲邮包”“春蕾计划”等公益项目资金3671万元，惠及6.8万余人。广泛发动社会力量，自治区女企业家协会累计向贫困群体捐赠物资1577.8万元。全区37.2万农村贫困妇女实现全部脱贫。

【家家幸福安康工程】　全年揭晓各级各类最美家庭13358户。组织创作的《大手拉小手共建绿色家庭》短视频在全国妇联创意作品征集活动中分别荣获一等奖、二等奖。对“十三五”期间家庭教育工作进行自查评估；持续推动家庭教育立法进程。举办“铸牢中华民族共同体意识家庭、社区、学校在行动”学术论坛。命名44个自治区亲子阅读体验基地、家风家教实践基地。深化家庭教育理论研究，完成家庭教育重点课题结题评审并编辑出版家庭教育课题优秀论文集。以内蒙古妇女儿童研究会为平台，提升教科研水平，形成紧扣妇联重点工作、实效性强的优秀课题成果。内容包括内蒙古自治区旗县级妇联改革“破难行动”的破难路径方法、预防性侵保护女童法律机制调查研究等7个课题。

【“蒲公英”妇女儿童权益服务项目】2020年，“蒲公英”妇女儿童权益法律服务项目投入经费120万元，在巾帼普法、家事调解、儿童自护、心理关爱、禁毒宣传等领域实施项目41个。项目调解婚姻家庭矛盾1293件，入户排查4125户。开发普法“小蒲娃”表情包16幅，儿童自护进校园普法97场，收到孩子来信500封，反映问题的90余封。家庭教育讲座110场，读书会能力提升培训112场。开展法律服务等各类培训讲座300场，进行心理讲座、团体辅导沙盘242场，个案心理辅导452人次。精准服务人数8万人，间接受益人数106万人，服务家庭2.6万余户。

【法律服务】　新冠肺炎疫情期间，自治区妇联及各盟市妇联开通了12338热线24小时服务，同时拓展心理咨询内容。2020年，全区旗县级以上妇联通过信访渠道接待投诉1679件，其中12338热线来电877件；持续开展婚姻家庭纠纷排查化解工作。1—12月主动排查矛盾纠纷1385件。2020年，自治区妇联继续实施中彩金妇女法律援助项目，共办结法律援助案件239件，为247名贫困弱势妇女挽回经济损失510多万元。

（赵敏雁　杨婷　许世晨）

科学技术协会

【概况】 内蒙古自治区科学技术协会经机构改革后按照“撤一设一”原则，撤销国际部，设立宣传联络部。并将组织宣传部更名为组织人事部、将科学技术普及工作部更名为科学技术普及部、将学会工作部更名为学会学术部。现有机关内设部室5个，分别为：办公室、组织人事部（机关党委、离退休人员工作办公室）、科学技术普及部、学会学术部、宣传联络部。内蒙古科协所属事业单位改革中，撤销内蒙古自治区科技信息传播中心、内蒙古自治区农村牧区科普服务中心、内蒙古自治区青少年科技中心、内蒙古企业创新服务中心，现下设三个直属事业单位，分别是内蒙古科学技术馆、内蒙古自治区科技信息传播服务中心、内蒙古自治区科技教育和创新服务中心。

【科普宣传】 广泛选树和宣传科技工作者典型，2020年度评选出全区“最美科技工作者”20名，8月份开展“最美科技工作者”学习宣传活动，通过在内蒙古日报等媒体开设专栏等形式讲好优秀科技工作者故事。举办了“学习贯彻习近平总书记在科学家座谈会上的重要讲话精神”主题演讲比赛。举办科学家精神专题报告会，承办了“中国科协科学家精神报告团‘传承2020’内蒙古草原行”活动，累计开展18场次，参加人数8000多人次。开展“2020年全国科学道德和学风建设宣传月”活动，2500多名高校师生和青年科技工作者参加。

2020年度在全区高校、学会开展“加强基础研究和科学普及，服务自治区高质量发展”主题活动。在全区企业开展“提升科技服务能力，推动企业创新驱动发展”主题活动，推动企业与科研院所、高校协同创新，组织19家区直学会对接服务200多家科技企业，帮助包钢金属制造有限公司完成“高新技术企业”认证，为企业每年节约税费1亿元。举办2020年自治区创新方法大赛，选拔优秀项目参加全国大赛，包头稀土研究院“解决磁致伸缩促动器体积过大与发热问题”项目，在全国3336个项目中，获得唯一金奖，这是自治区参赛项目首次获此殊荣。

【推动“科创中国”落地】 支持巴彦淖尔市入选“科创中国”22个首批试点城市（园区）。推动巴彦淖尔市人民政府与中国农学会、中国作物学会分别签署“地方政府＋全国学会”战略合作框架协议。投入资金420万元，支持巴彦淖尔市“科创中国”试点建设。加强与中国农学会、中国农技协等单位的沟通协调，集聚院士专家智库资源为内蒙古服务，目前已入库院士专家264名。组织农业科研杰出人才及其创新团队就果蔬加工与合作社、企业进行座谈，为华莱士保鲜、黄柿子加工等提供技术支持。包头市成为“科创中国”新增试点城市之一。以“科创中国”试点建设为抓手，推动20家内蒙古科协所属学会和40余家企业结对，实施“服务科技经济融合发展”行动，把创新要素引向基层、引向企业，助力企业创新发展；指导全区181家企业注册“科创中国”经济融通平台，征集科技需求39项，“科创中国”试点城市建设已纳入内蒙古自治区“十四五”规划建议。

【学会建设】 面向区内外开展学术交流活动，主办“科技兴蒙”家畜种质资源创新与繁育技术学术研讨会，邀请两院院士以及全国各地的畜牧学、动物学等相关领域顶尖专家为全区农畜产业发展把脉开方；联合相关学会主办第二十一届全国复合材料学术会议；举办自治区第15届自然科学学术年会，全国2200多名科技工作者参加年会活动，征集学术论文870多篇，各行业专家学者为内蒙古自治区经济社会高质量发展出谋划策。面向国内外开展学术交流活动，举办2020年中日科技成果交流对接研讨会，200多名国内外科技工作者参加交流达成合作意向4项。内蒙古科协组织召开蒙医药高质量发展座谈会。召开“科技兴蒙、绿色发展”院士专家建言献策座谈会，3位院士、26位专家立足内蒙古实际，围绕“科技兴蒙、绿色发展”主题，从智慧农业、品牌建设、种养结合、人才引进等方面对自治区农牧业绿色高质量发展提出宝贵意见。深入开展海智专家内蒙古行活动，促进成果转化。通辽市科协获批成为全区首家中国科协海智计划工作基地，标志着内蒙古自治区海智工作进入新阶段。邀请多名来自比利时、日本等国家的海智专家深入通辽市科尔沁区、开鲁县、霍林郭勒市等地的科技示范园区、养殖企业及协会、煤电铝企业进行考察指导，与温忠生猪产业协会、国电投霍林河煤矿等部门单位就优良品种推广、生态修复治理等达成合作意向，推动相关领域新技术在自治区落地。

8月15日，自治区科协、自治区科技厅、内蒙古大学、内蒙古农业大学和内蒙古赛科星繁育生物技术（集团）股份有限公司联合主办的“科技兴蒙”家畜种质资源创新与繁育技术学术研讨会暨院士专家工作站揭牌仪式在呼和浩特举行 （宁金）

【科技助力精准扶贫】 深化“县会协作”，31家区直学会与国贫旗县科协签订合作协议，开展“一对一”定向科技帮扶服务，2020年度累计组织实用技术培训150多次，受益农牧民1.5万人次。加大实用技术培训力度，自治区科协牵头在国贫旗县开展“科技助力精准扶贫和乡村振兴专家旗县行”活动，举办实用技术培训300多场次，10万多农牧民受益。大力推广“科技小院”模式，搭建“院地共建”项目平台，建成“科技小院”12个。呼和浩特市科协组织专家进行食用菌大棚栽培和林下栽培技术指导，兴安盟科协举办水稻高效栽培技术培训班，培训农牧民2000多人次。

【荣誉】

集体荣誉

2020年12月，内蒙古科协荣获中国创新方法大赛“优秀组织奖”

2020年12，内蒙古科协被中国科协评为2016年以来全国科技助力精准扶贫工作先进团队

2021年2月，内蒙古科协被中国科协评为2020年科普中国信息员队伍建设优秀单位

2020年11月，内蒙古自治区青少年科技中心获得第十一届全国青少年科学影像节活动优秀组织单位

2020年12月，内蒙古自治区青少年科技中心获得2020年全国科普日活动优秀组织单位

2021年2月，内蒙古自治区青少年科技中心获得“中国科协—联合国儿童基金会农村青少年校外教育项目”2016—2020周期优秀组织单位

2021年5月，内蒙古自治区青少年科技中心获得2020年度全国青少年科技教育工作五星评比“五星奖”

2020年12月，内蒙古自治区科学技术协会科普部获得“全国科普工作先进集体”

2020年12月，内蒙古自治区科学技术协会科普部获得2020年全国科普日活动优秀组织单位，2020年全国科普日优秀活动

2020年12月，内蒙古科技信息传播中心获得2020年度全国科技报系统抗击新冠肺炎疫情宣传工作先进单位

个人荣誉

2021年5月，内蒙古科技信息传播中心张浩、李琳、郭莉、王文丽、周亚军、宁金获得中国科技新闻学会2020年度全国科技报优秀作品一等奖

2020年9月，内蒙古科技信息传播中心秀梅获得原创视频《新时代牧民毕力格图的新生活》荣获2020年度全国科技报系统优秀作品评选三等奖

2020年12月，内蒙古科技信息传播中心秀梅获得2020年度全国科技系统抗击新冠肺炎疫情宣传工作先进个人

2021年5月，内蒙古科技信息传播中心永青获得中国科技新闻学会2020年度全国科技报优秀作品二等奖

（伊丽娜）

工商业联合会

【概况】 内蒙古自治区工商业联合会成立于1995年6月。截至2020年12月底，自治区工商联机关核定编制58名（其中：行政编制37名，事业编制21名），现实有在编人员41名，借调人员1名，编外长期聘用人员9名，现有厅级领导职数6名，实配主席1名，副主席3名，秘书长1名，并配一级、二级巡视员各1名；实配处级干部19名，设办公室、会员部、经济部、调查研究室、宣传教育部5个内设机构，另设机关党委（非公企业党建办公室）。核定2个所属正处级公益一类事业单位（机关事务服务中心、非公有制经济服务中心）。自治区民营经济发展专项推进领导小组办公室设在自治区发展改革委和工商联。

【疫情防控】 成立疫情防控领导小组，统筹做好疫情防控、复工复产等工作。向民营企业连续发出5次抗击疫情倡议，5943家民营企业和商会捐款捐物等共计10.1亿元，全区30个民营企业、13家商会组织受到全国工商联表彰。向自治区党委报送的《民营企业100强复工复产情况的调查报告》得到石泰峰书记批示，荣获全国工商联优秀调研报告三等奖。

【脱贫攻坚】 组织动员民企参加“万企帮万村”精准扶贫行动，五年来，全区1255家企业参与帮扶建档立卡贫困户，与3139个嘎查村结对，建设3641个项目，累计投入47.36亿元，带动帮扶建档立卡贫困户7.71万户近25万人。

【非公经济人士理想信念教育】 举办企业家副主席副会长理想信念培训班、爱国主义培训班、年轻一代民营企业家理想信念教育专题培训班、“铸牢中华民族共同体意识”专题讲座等，坚定了民营经济人士跟党走的决心和信心。在《中华工商时报》《内蒙古日报》发布信息164篇、官方微信发布信息1147篇。加强舆情工作，及时稳妥处置民营经济领域的舆情信息8条，建立了全区工商联系统宣传员队伍。

【民营企业履行社会责任】 组织引导民营经济人士参与“光明行”活动，截至2020年底，筛查眼疾患者79.05万人次、实施白内障复明手术29972例。参与构建和谐劳动关系，与自治区相关部门完成构建和谐劳动关系考核评价工作。发布《内蒙古民营企业履行社会责任报告》，代表性地反映了民营企业履行社会责任的实践成就，荣获全国工商联2020年度优秀数据分析报告三等奖。

【推动构建亲清政商关系】 组织50家民营企业参加自治区党委、政府主要领导召开的民营经济座谈会，梳理出8个方面34个问题及建议上报党委、政府。落实自治区四大班子领导联系民营企业和商会组织工作，落实自治区党委统战部、工商联领导干部联系走访民营企业工作制度，走访调研全区140余家民营企业，形成调研报告4篇，整理上报企业困难诉求159个，解决56个。引导民营企业参与涉企政策制定，就民营企业产权保护、疫情期间惠企政策等10余个涉企政策提出意见和建议。

【建言献策】 配合自治区政协开展优化营商环境民主监督专题协商调研，预选120家民营企业，完成专题调研报告。完成填报“万家企业评价营商环境”调查问卷1118份。在调研基础上，完成并上报《内蒙古民营经济发展报告》《东北区域民营经济发展报告》《上规模民营企业调研报告》《军民融合调研报告》等11篇调研报告。加强提案和社情民

意信息工作，向自治区政协会议提交提案共立案24个，向全国工商联提交提案6个，其中1个提案被提交全国政协会议；反映民营经济痛点难点问题，10篇社情民意信息被自治区政协采用，其中1篇得到石泰峰书记批示，1篇社情民意信息荣获全国工商联三等奖。

【民营企业绿色高质量发展】 与生态环境厅建立支持民营企业绿色发展沟通协调机制。形成并上报《内蒙古民营企业践行绿色发展典型案例汇编》。共同举办2020第二届内蒙古绿色环保发展大会，启动5亿元的绿色投资发展基金，发布“内蒙古绿色发展百强企业”名录，举行“内蒙古绿色产业合作中心”揭牌仪式。

【科技兴蒙】 完成重点课题《内蒙古数字经济发展状况调研报告》，为内蒙古数字化转型建言献策。推荐71家企业纳入全国工商联创成型中小企业数据库，《加快科技创新平台建设促进民营经济高质量发展》荣获全国工商联调研成果二等奖。向全国工商联推荐民企科技创新人才12人、技能人才4人、项目类科技成果9个。举办内蒙古民营经济高质量发展培训班。召开内蒙古民营企业100强发布会，发布民营企业100强、民营企业履行社会责任报告。与中华国际科学交流基金会、上海交通大学内蒙古研究院分别签订合作框架协议。

【“六稳”“六保”】 开展自治区民营企业稳就业线上招聘月活动，全区登记用工需求民营企业9200家，需求岗位99037个，达成就业意向38055人。与党委统战部、税务局联合召开“减税费、促发展、问需求、优服务”民营企业座谈会，疫情期间全区新增减税降费88.91亿元，下达出口退税计划20.39亿元、免抵调库计划5.47亿元。开展了疫情期间民企融资需求调查，共收集372家企业91.1亿元融资需求信息，推动各银行完成对72家企业27.8亿元的授信。举办了金融助力民营企业稳产达产对接会，助力银行业金融机构连线自治区196家民营小微企业进行对接融资，融资金额228亿元，现场签约金额65.38亿元，已全部到位。

【对外交流合作】 助力打造“向北开放的桥头堡”。召开新疆阿勒泰地区招展暨内蒙古新疆民间经贸交流座谈会，组织全区多家民企和商会与阿勒泰地区签署合作协议，畅通了与蒙、俄等国经贸合作渠道；指导内蒙古食品商会打造“一带一路国际食品城”，组织参加第三届中国国际进口博览会。

【法律服务】 联合政法系统单位深入开展法律维权服务。与司法厅、内蒙古律师协会在全区范围内开展“法治体检”活动，为162家商会和700余家民营企业提供法律咨询2000余次，帮助化解矛盾纠纷80余件。指导各级工商联与同级人民检察院共同开展“服务六稳六保、护航民企发展”检察开放日活动、涉非公经济控告申诉案件清理和监督活动。与自治区高级人民法院建立常态化工作机制。制定了“民营企业家法律维权服务联席会议制度”议事规则和办公室工作制度。全年共收集民营企业维权诉求36件，涉及金额60多亿，近80%诉求得到妥善解决。

全区77家工商联所属商会调解组织调解矛盾纠纷300余起，涉及金额28.5亿元，《内蒙古自治区工商联创新多元化解矛盾纠纷有效形式》荣获全国工商联工作实践创新二等奖。指导3家执委企业进行信用修复移出黑名单。

【商会改革发展】 召开自治区工商联商会改革和发展推进会，推动各盟市工商联开展所属商会改革和发展工作，《内蒙古工商联所属商会改革发展调研报告》荣获全国工商联探索实践奖。深入开展“四好”商会建设工作，全区31家商会被全国工商联认定为全国“四好”商会。开展互学互促、“学一防一推送一”活动，依托9家外埠内蒙古商会挂牌成立了自治区总商会联络处。培育和发展商会组织，截至2020年底，全区各级工商联共有团体会员1650个，其中自治区工商联161个（所属商会41个）、盟市工商联381个、旗县级工商联1108个。清理撤销了9个不合格商会的团体会员资格。

【基层工商联建设】 制定盟市级工商联工作评价办法、组织建设工作三年规划（2020—2022），全区69%的县级工商联达到“五好”标准，97%的县级工商联实现“一个设立、五个有”。

【民营经济代表人士队伍建设】 召开自治区工商联十二届四次执委会议，完成了22名执委、常委、副主席人选的增补替补工作。组织自治区工商联企业家副主席副会长、所属商会会长秘书长进行述职。

（庞娟）

社会科学界联合会

【概况】 内蒙古自治区社会科学界联合会（以下简称“自治区社科联”）。截至2020年底，区直社科学术社会组织共计124家，其中业务主管95家，团体会员29家。自治区社科联机关参公管理，内设办公室、社团管理与社科评奖部、社会科学普及部、研究部和机关党委5个职能处室。核定编制数23个，实有在职人员21人。下辖内蒙古自治区社会科学文献信息中心和内蒙古社科联学刊杂志社2个处级事业单位，主管、主办内蒙古社会科学网、社科类综合性学术刊物《前沿》和内部刊物《内蒙古社会科学动态》。其中，内蒙古自治区社会科学文献信息中心现有编制数9个，实有在职人员7人；内蒙古社科联学刊杂志社现有编制数6个，实有在职人员6人。内蒙古自治区社会事业工作领导小组哲学社会科学奖评选工作协调办公室设在自治区社科联。

2020年涉及机构改革的部门为自治区社科联所属事业单位：内蒙古自治区社会科学文献信息中心和内蒙古社科联学刊杂志社，整合两个单位为内蒙古自治区社会科学学术中心。新单位增加开展社会科学类智库研究及相关学术研究职能。

【社科类社会组织管理】 严格落实社团重大事项报告制度，对不执行报告制度的社团主要负责人进行约谈，对列入资助范围、未进行重大事项报告的学术活动，取消其资助资格。在鄂尔多斯组织举办区直社科学术社团专题培训会共100余人参加培训会。召开区直社科学术社团意识形态工作座谈会、智库建设座谈会20家社科学术社团负责人参加座谈。召开挂靠委办厅局社团工作座谈会，12家相关社团参会。走访调研内蒙古大学社科联、内蒙古师范大学社科联、内蒙古财经大学社科联、内蒙古工业大学社科联等高校社科联。清理内蒙古煤炭经济学会等5家已注销团体会员。前置批准成立内蒙古干部教育学会、内蒙古学研究会等7家社科学术社会组织。批准恢复成立内蒙古乌兰夫研究会，接收内蒙古领导决策信息中心为业务主管社会组织。接收内蒙古社会心理服务咨询协会、内蒙古北方文化研究院为团体会员。推动成立内蒙古民族幼儿师范高等专科学校社科联，单位社科联总数达到30家，其中高校社科联26家。对27项社团学术活动给予资助，资助总金额为20万元。参与指导内蒙古民族文化产业研究院、内蒙古领导学学会、内蒙古妇女儿童研究会、内蒙古宏观经济学会等社团二十余次学术研讨和换届活动。

【社会科学普及】 2020年7月23日，经内蒙古自治区第十三届人民代表大会常务委员会第二十一次会议通过，《内蒙古自治区社会科学普及条例》9月1日起施行。这是自治区首部专门针对社会科学领域的地方性法规，对社会科学普及的内涵和外延、主体和客体、政府及有关部门的职责、保障措施、内容和形式、社会责任、法律责任等作出规定。

第一季社科普及集中活动采取线上方式，于3月23日在内蒙古医科大学启动，主题为“打赢疫情防控阻击战，共筑健康内蒙古”；第二季社科普及集中活动于6月16日在兴安盟启动，主题为“牢记嘱托、人民至上”；第三季社科普及集中活动于10月23日在通辽日报社启动，主题为“中华民族一家亲、同心共筑中国梦”；第四季社科普及集中活动于12月15日在内蒙古财经大学启动，主题为“铸牢中华民族共同体意识”。

【重要学术活动】 2020年，由内蒙古自治区社会科学界联合会组织设立并实施管理的内蒙古社会科学基金项目，共立项148项。2020年编发29期《北疆智库》，获得自治区领导批示6人次。举办第八届科学社会科学颁奖大会。

2020年7月16日，内蒙古自治区第八届哲学社会科学奖颁奖大会在呼和浩特召开　（自治区社科联办公室）

2019—2020年度，完成项目软件开发、资源加工、系统集成工作。软件开发严格按照初设方案建设，实现6万个功能点的开发。完成内蒙古自治区哲学社会科学奖一至六届一、二、三等奖和其他社科类成果数字化加工。平台资源共有论文1240724篇，著作、志书等共计103212册，古籍10320册，社科类专家952名，音像制品5034个。2020年12月25号召开“内蒙古社会科学文献大数据项目”初步验收会，专家一致通过验收。

2020年共举办8期北疆学术沙龙，9月北疆论坛2020暨第三届“内蒙古学”论坛在乌兰察布市召开，15位区内外专家学者就“新时代视阈下的‘内蒙古学’：交流与互鉴”做主旨发言。出版6期《前沿》，共发表学术论文116篇。根据《中国学术期刊影响因子年报（人文社会科学·2020版）》显示，《前沿》在全国637种同类期刊中排名第158位，位于Q1区，影响因子为0.522。根据中国知网提供“发行与传播统计报告”数据显示：《前沿》国内机构用户数5660个、国外机构用户数621个。

【内蒙古自治区社会科学界联合会第六

2020年7月24日，内蒙古自治区社会科学界联合会第六届委员会第八次全体会议在呼和浩特召开　（自治区社科联办公室）

届委员会第八次全体会议】 2020年7月24日在呼和浩特召开。会议补选高慧广为内蒙古自治区社会科学界联合会第六届委员会主席。会议讨论《关于加强内蒙古哲学社会科学学术社团建设的实施意见(征求意见稿)》《内蒙古自治区哲学社会科学科研诚信建设实施办法(征求意见稿)》。

(刘佚)

文学艺术界联合会

【概况】 内蒙古自治区文学艺术界联合会(以下简称"内蒙古文联")内蒙古文联下设有办公室、人事部(与机关党委合署办公)、组联部、离退休人员工作处4个部(处)室;2020年经内蒙古党委编办批复,撤销内蒙古文联机关事务中心、草原杂志社和花的原野杂志社,成立内蒙古文学杂志社、内蒙古网络文艺传播中心和内蒙古文学馆(挂内蒙古文学院牌子)。机构改革后,内蒙古文联所属有内蒙古文学杂志社、内蒙古网络文艺传播中心、内蒙古美术馆、内蒙古文学馆(挂内蒙古文学院牌子)和内蒙古文联所属协会研究会研究室(即内蒙古作家协会、戏剧家协会、音乐家协会、舞蹈家协会、书法家协会、美术家协会、摄影家协会、电影家协会、电视艺术家协会、曲艺家协会、杂技家协会、民间文艺家协会、评论家协会、翻译家协会、职工文联15个文艺家协会和理论研究室)5个处级事业单位。核定参照公务员管理人员编制20个,全额拨款事业编制141个,现有在职人员126人。

【思想政治引领】 组织内蒙古文艺界学习习近平总书记文艺工作重要论述理论研讨会、内蒙古文艺骨干高级研修班、内蒙古文联十九届四中全会轮训班、内蒙古文联学习习近平总书记参加十三届全国人大三次会议内蒙古代表团审议时重要讲话专题会等教育培训活动。组织开展"文学的中华民族共同体意识"2020年中国少数民族文学论坛、"赏中华明月·颂祖国华诞"内蒙古国庆中秋电视文艺晚会、"守望相助·同心筑梦"内蒙古蒙汉文书法篆刻作品展、"草原风·中华情"内蒙古民乐新作品音乐会、内蒙古自治区蒙古族青年作家铸牢中华民族共同体意识主题文学培训班等一系列文艺活动。

【主题文艺活动】 围绕打赢脱贫攻坚战、全面建成小康社会,举办"打赢脱贫攻坚战"书法、美术、摄影作品展览,主题征文活动和主题纪录片、专题片征集、评选及展播活动;围绕生态优先、绿色发展,持续推进《万里绿色长城图》《万马奔腾图》百米中国画长卷创作,组织"我们的家园——内蒙古自然与生态"摄影展;围绕弘扬"蒙古马精神",组织了油画、雕塑、少儿美术、蒙汉文书法篆刻、摄影五项主题展览,以及"弘扬蒙古马精神"蒙汉文诗歌和散文征稿评选活动;围绕庆祝中国共产党成立100周年,策划启动"红色百年内蒙古"文艺精品创作工程,实施《内蒙古文学百年精品大系》和重大主题文学丛书编撰工作、大型油画、雕塑、摄影主题创作工程,以及内蒙古文学艺术名人主题雕塑创作工程,并推进大型交响组歌《永远跟党走》创编工作。

【文艺品牌建设】 与中国文联、中国作协和全国各文艺家协会对接,主办承办一系列主题鲜明、规模较大、影响广泛的文艺活动,与中国作协联合举办了全国网络文学会议暨第六届中国网络文学论坛、"名刊名编走基层"活动;与中国美术家协会联合举办第十三届全国美术作品展览进京作品暨第三届中国美术奖作品内蒙古巡展、中国民族美术双年展内蒙古巡展、"相约草原丝路·共建美好家园"2020年内蒙古"一带一路"版画作品展;与中国舞蹈家协会联合举办"鸿雁高飞、精神永存"贾作光舞蹈艺术高峰论坛;与中国民间文艺家协会联合举办2020年中国北方民歌那达慕暨北方民歌生态保护与传习座谈会;与中国电视艺术家协会联合主办了2020年度全国春晚及文艺晚会座谈会等,并参与中国·内蒙古草原文化节,组织了"百景百部"短视频大赛、内蒙古音乐发展研讨会、内蒙古合唱大赛阿拉善盟展演等活动,以高层次文艺活动扩大内蒙古文艺的影响力和传播力。主办第24届内蒙古摄影展、第5届内蒙古篆刻艺术展、第9届内蒙古键盘乐艺术节、第6届内蒙古职工美术书法摄影奖评奖、第2届内蒙古传统手工艺作品展、第10届华北五省区市舞蹈大赛内蒙古地区选拔赛,以及内蒙古戏曲名家名段演唱会、内蒙古融媒体微广播剧创作展播、内蒙古油画作品展、内蒙古青少年书法作品展、内蒙古音乐文学学会年会暨培训、"笔墨丹青赞高铁"主题美术书法创作活动、内蒙古戏剧家、舞蹈家"深入生活、扎根人民"采风创作等一系列具有广泛影响的文艺活动,组织策划内蒙古杂技60周年、内蒙古电影家协会成立60周年、《草原》创刊70周年、《花的原野》创刊65周年、《世界文学译丛》创刊40周年等纪念活动。

【文艺创作和人才培养】 推进"内蒙古文艺精品创作扶持工程",召开内蒙古文学作品重点作品扶持工程推进会、重大主题作品创作策划座谈会和内蒙古新时代乡村题材文学创作会,持续推进"蒙古民间文化遗产抢救工程""内蒙古文学作品重点作品扶持工程""优秀蒙古文文学作品翻译出版工程"有序开展,共签约22部重点扶持作品,出版5部优秀文学作品。推进"内蒙古文艺理论与评论建设工程",组织了敖德斯尔中篇小说奖评奖活动,开展内蒙古文学理论研讨会、内蒙古诗歌创作座谈会、内蒙古传统美术研讨会、内蒙古杂技艺术发展研讨会等活动。推进"内蒙古文艺人才培养工程",举办内蒙古第六届"十佳"电视艺术家评选活动,组织鲁迅文学院内蒙古作家培训班、《民族文学》作家翻译家培训班、内蒙古蒙古剧编创人员培训班、内蒙古优秀曲艺创作人才培训班等人才培养活动;实施内蒙古老作家艺术家口述史记录工程,举办了何奇耶徒书法艺术汇展、乌雅泰文学创作研讨会、阿云嘎先生追思会等活动;扶持培养内蒙古文艺新人,举办"绿色的火焰"《草原》青春诗会、内蒙古中青年影视编剧培训班等活动。2020年,通过内蒙古文联和文艺家协会推荐参加的国家级和省区级文艺评奖比赛活动中有97部作品获奖,其中包括中国舞蹈荷花奖、全国少数民族文学创作"骏马奖"、夏衍杯优秀电影剧本优秀奖等国家级重要奖项。

【文艺惠民工作】 入选中国文联新时代文明实践文艺志愿服务试点，召开工作培训会议，确定3个地级市、9个旗县区、27个乡镇苏木和71个村社区嘎查为试点，六级联动推进文艺志愿服务工作。项目启动后，内蒙古各级试点志愿者已有2553人在中国文联智慧云平台完成注册，呼和浩特、包头、鄂尔多斯三市及下辖九个旗县区分别举办启动仪式后，与内蒙古文联共同陆续开展了230余场次的志愿服务活动，"村歌嘹亮""我们的美好生活微笑墙"等9项主题活动全面推开。承办中宣部、中国文联文艺志愿服务队走进科右中旗、"我们的中国梦"文化进万家文艺小分队走进乌兰察布、中国民协"送欢乐、下基层"走进巴彦淖尔和学雷锋文艺志愿服务内蒙古站启动仪式等活动，中国电视文艺乌兰牧骑也在内蒙古正式成立。2020年，内蒙古文联以"到人民中去""中国梦""送欢乐、下基层"等为主题开展各类文艺惠民演出、文艺培训、文艺支教135场次。内蒙古文艺志愿者协会被中宣部、中央文明办等18个单位部门共同授予2019年度全国学雷锋志愿服务"四个100"先进典型——最佳志愿服务组织。

【深化文联改革】 发挥内蒙古美术馆公共服务阵地作用，完成各类艺术展览28个，观众年参观量达13万人次；改版"内蒙古文联网"和微信公众平台，开发运营"内蒙古文艺"客户端，推动内蒙古各团体会员信息平台、资源数据有序纳入内蒙古文联网络体系，充分利用互联网技术组织开展文艺活动，聚力打造"云文艺"。探索推进信息化条件下内蒙古文联工作新途径、新办法，研发试行内蒙古文联文艺家协会会员管理系统，构建"网上文艺之家"服务体系；构建完善内蒙古文联文艺人才专家库，开展相关申报工作，为文艺名家、文艺骨干、文艺新秀等不同层次文艺人才开展有针对性的服务。进一步做好新文艺组织和新文艺群体的服务管理工作，与内蒙古党委统战部联合开展新文艺组织和新文艺群体专项调研工作，制定了《内蒙古文联关于加强新文艺群体服务管理工作的指导意见》，邀请新文艺群体优秀人才参与到内蒙古文联及文艺家协会组织的各项活动中来，通过主办承办中国网络文学论坛、内蒙古网络春晚、第四届花的原野网络文学那达慕等活动，为新文艺组织和新文艺群体提供更多专业上的扶持。

【以艺战"疫"主题文艺创作】 2月1日，内蒙古文联发布《致全区广大文艺工作者的倡议书》，号召内蒙古广大文艺家和文艺工作者充分发挥文学艺术温暖人心、鼓舞士气、提振信心的积极作用，创作推出一系列优秀主题文艺作品，汇聚起内蒙古各族人民打赢疫情防控阻击战的强大精神力量。倡议发出后，内蒙古文联收到文学、音乐、美术、书法、摄影、曲艺、戏曲等各门类文艺作品13000余件，其中优秀作品在"内蒙古文艺"微信公众平台展览展示。内蒙古文联还充分利用网络媒体做好文艺惠民工作，与内蒙古党委宣传部等联合发布《关于利用"网上乌兰牧骑"进一步丰富群众文化生活的紧急通知》，与人民网联合举办"众志成城、战'疫'必胜"文艺作品征集展示活动，重点组织"致敬最美逆行者"内蒙古文艺志愿者线上专场演出。

【2020年内蒙古文联工作电视电话会议】 5月22日，2020年内蒙古文联工作电视电话会议在呼和浩特市召开。内蒙古自治区党委宣传部副部长、电影局局长乌恩奇出席会议并讲话。内蒙古文联领导班子成员，各部室、协会、事业单位负责人在主会场参加会议，内蒙古文联第八届委员会委员、内蒙古各盟市文联领导班子成员、各旗县区文联领导班子成员在分会场参加会议。内蒙古文联党组书记冀晓青总结2019年内蒙古文联工作，对2020年内蒙古文联工作进行了安排部署。

【"文艺进万家、健康你我他"——2020年中国文联"送欢乐、下基层"学雷锋文艺志愿服务活动（内蒙古站）】 7月18日，由中国文联、中国文艺志愿者协会、中国文学艺术基金会、湖北省文联、河南省文联、内蒙古自治区文联共同主办的"文艺进万家、健康你我他"—2020年中国文联"送欢乐、下基层"学雷锋文艺志愿服务活动正式启动。活动采取线上线下相结合的创新方式，由北京主会场与内蒙古、湖北、河南三地同步启动，内蒙古站启动仪式在兴安盟科右前旗乌兰毛都苏木举行。中国文艺志愿者协会主席冯巩在主会场带领内蒙古、湖北、河南三地的文艺志愿者共同宣读《中国文艺志愿者协会用明德引领风尚倡议书》，中国舞蹈家协会副主席、中国文艺志愿者协会副主席黄豆豆在分会场为内蒙古自治区文联文艺志愿者队伍授旗。启动仪式后，中国文艺志愿者协会联合全国各文艺家协会、各地文联深

5月22日，2020年内蒙古文联工作电视电话会议在呼和浩特市召开 （内蒙古文联）

入多地，以慰问演出、文艺培训、网络赛歌等形式开展了丰富多彩的文艺志愿服务活动，受到基层群众的广泛欢迎。

【内蒙古 2020 年“打赢脱贫攻坚战”暨“弘扬蒙古马精神”主题美术、书法、摄影作品展】 8 月 9 日，由内蒙古自治区党委宣传部、内蒙古文联主办的内蒙古 2020 年“打赢脱贫攻坚战”暨“弘扬蒙古马精神”主题美术、书法、摄影作品展在内蒙古美术馆开幕。内蒙古自治区副主席郑宏范参观展览，乌恩奇、冀晓青、李培燕、李晓秋、李莉、朱晓俊、孟显波、王亚东、吉日木图、郭刚、曾涵、陆文祥等领导，以及何奇耶徒、董从民、乌拉汗等艺术家代表参加开幕式。展览共分 8 个子项展览，涉及油画、雕塑、蒙汉文书法、蒙汉文篆刻、摄影等艺术形式，1176 件作品入展。入展作品不仅通过多种艺术形式承载了“脱贫攻坚”征程中蕴含的“蒙古马精神”，更是新时代内蒙古自治区各项事业蓬勃发展的艺术缩影。展览开幕同时网络系列展同步上线。

【荣誉】 《骑兵》（内蒙古民族艺术剧院）荣获第十二届中国舞蹈“荷花奖”舞剧奖。长篇小说《青色蒙古》（海伦纳）、中短篇小说《骑马周游世界》（海勒根那）、诗歌《春夜，谁在呼唤》（蒙古文）（满全）荣获第十二届全国少数民族文学创作骏马奖。

（赵旺）

残疾人联合会

【概况】 内蒙古自治区残疾人联合会成立于 1988 年 7 月，内设办公室、组联部、教就部、宣文部、康复部、维权部、发展规划部、机关党委 8 个部室。机构改革后，保留 3 个事业单位：自治区残疾人康复服务中心、内蒙古特殊职业技术学校、自治区残疾人就业服务中心。跨部门调整的事业单位有：自治区残联所属内蒙古自治区残疾人辅助器具资源中心整建制转隶到自治区民政厅，并入内蒙古自治区荣誉军人肢残康复中心；自治区民政厅所属事业单位内蒙古自治区盲人按摩培训医疗中心整建制转隶到自治区残联，并入所属事业单位内蒙古自治区残疾人就业管理中心。部门内调整的事业单位有：内蒙古自治区聋儿听力语言康复中心更名为内蒙古自治区残疾儿童康复中心；自治区民政厅所属事业单位整建制转隶到自治区残联的内蒙古自治区盲人按摩培训医疗中心，并入到内蒙古自治区残疾人就业服务中心（内蒙古自治区盲人按摩服务中心）。

内蒙古自治区残疾人工作委员会是内蒙古自治区政府的议事机构，由自治区党委和自治区人民政府有关部门组成。自治区残工委主任由分管残联工作的自治区副主席担任，副主任由自治区政府分管副秘书长和残联理事长担任，委员由区直相关部门负责人担任。自治区残疾人工作委员会下设办公室，设在自治区残联。

内蒙古自治区各类残疾人总数为 158.58 万，占全区总人口的比例 6.39%。截至 2020 年底，全区共有持证残疾人 783055 人。

【扶持指导全区残疾人就业企业和残疾人服务机构】 分级开展特殊困难残疾人家庭访视探视活动，全区共走访 1974 户，为有需要的残疾群众纾难解困。扶持指导全区残疾人就业企业和残疾人服务机构疫情防控和复工复产。

全区城镇残疾人新增就业 3849 人，完成任务数 116.64%；农村残疾人新增就业 5641 人，完成任务数 170.94%；城乡残疾人新增培训 8635 人，完成任务数 107.94%；残疾毕业大学生调查 723 人，就业率 71.1%，比国家要求提高 6 个百分点。加强 4 个自治区级辅助性就业试点机构建设，扶持 24 个辅助性就业机构建设。配合有关部门做好残疾人“两项补贴”发放工作，全区享受生活困难补贴残疾人 31.05 万人，享受重度残疾人护理补贴 28.43 万人。扩大残疾人缴纳意外伤害保险保费参保范围，实现残疾人意外伤害保险政策全覆盖。

【全区建档立卡贫困残疾人全部脱贫摘帽】 贯彻落实《内蒙古自治区打赢脱贫攻坚战三年行动方案（2018—2020 年）》，实施《内蒙古自治区贫困残疾人脱贫攻坚行动计划（2016—2020 年）》及配套方案，建档立卡贫困残疾人全部清零。完成残疾人脱贫攻坚成效和经验总结工作。推动京蒙残疾人扶贫协作项目落地见效，2020 年度的 42 个项目全部完成。投入 1200 万元实施全区青壮年残疾人文盲扫盲项目，完成 12025 名残疾青壮年文盲扫盲任务。协调住建厅落实残疾人危房改造任务，完成了 496 户贫困残疾人家庭危房改造。

【建设残疾人基本公共服务“八张网”】 落实自治区残联七代会提出的织牢织密残疾人“八张基本公共服务网”行动。

康复方面　推进内蒙古残疾人综合服务园项目。贯彻落实《自治区政府关于建立残疾儿童康复救助制度的实施意见》，94 个旗县（市、区）出台了配套救助措施，救助经办服务实现旗县级全覆盖。自治区人民政府出台《内蒙古自治区残疾预防和残疾人康复办法》。开展残疾人精准康复和辅具适配服务，康复服务率为 94%，全区辅助器具适配率为 98%，家庭医生签约率为 66.7%。启动实施听力儿童人工耳蜗双侧耳植入行动计划。

就业方面　组织 2 场线上线下残疾人就业专场招聘会，共有 170 多家用人单位提供 800 余个岗位，365 名残疾人与用人单位达成就业意向。完成 2020 年度全国盲人医疗按摩考试内蒙古考区工作任务。通过政府购买服务方式创建内蒙古残疾人就业创业示范园。

托养方面　继续实施“阳光家园”项目，下达补贴资金 626.5 万元，为全区 4176 名智力、精神和重度残疾人在托养服务机构和居家托养残疾人家庭提供资助。支持“温馨家园”建设，下达补贴资金 1140 万元，建设 38 个街道残疾人温馨家园。

教育方面　继续抓好特殊教育二期提升计划的有效落实，协调教育部门做好残疾儿童少年义务教育“一人一案”工作。对 359 名贫困家庭残疾大学新生开展教育资助。开展 2020 年内蒙古籍残疾大学毕业生基本情况摸底工作，对全区 723 名内蒙古户籍残疾大学应届毕业生进行统计分类。

文体方面　推进内蒙古残疾人综合服务平台落地，完成自治区发改委审批立项工作。与自治区民族剧院签订框架协议，合作举办特殊艺术人才培训班，培养全领域残疾人艺术人才，首期培训学员30人。为内蒙古残疾人图书馆等盲人阅览室购置无障碍影片播放机14台。完成贫困残疾人康复体育进家庭项目，为1000户残疾人提供康复体育器材。备战东京残奥会、2021年全国残运会和2022年北京冬残奥会。

无障碍环境方面 配合住建部门开展无障碍市、县、乡（镇）创建调研工作。安排资金2000余万元，为6000余户残疾人家庭提供了家庭无障碍改造服务。推进全区残疾人免费乘公交政策，开通公交车的盟市、旗县（市、区）全部实现残疾人免费乘坐公交车。呼和浩特市地铁对持证残疾人提供免费乘坐服务。

社会化志愿助残方面 印发《关于进一步加强志愿助残工作的指导意见》。开展“大爱北疆·助康圆梦”公益活动，北京爱尔基金会捐赠轮椅1085台，通辽市爱心助残单位捐赠128.77万元，在巴彦淖尔市向肢体残疾儿童捐赠1000例矫形器。8·28光明行动启动仪式多家爱心企业进行了现场捐赠，累计筹集慈善物资折合人民币500余万元。与自治区文明办等9家单位组织开展了全区首届优秀志愿服务项目，全区残联系统评选出10个优秀志愿服务项目，给予20万元补贴。

维权方面 印发《内蒙古自治区残联系统2020年普法宣传工作要点》。组织开展全区残联系统庆祝“《中华人民共和国残疾人保障法》颁布30周年知识竞赛”活动。每月进行信访工作和12385服务热线工作分析，推动信访突出问题和积案化解工作。

【8·28光明未来公益行动】 8·28光明未来公益行动由自治区残联、教育厅、卫生健康委三家单位发起，以帮助视力功能障碍的儿童恢复或补偿视力功能为出发点，拟用5年时间，为全区4200名贫困家庭12周岁以下弱视儿童开展视力矫治。2020年8月25日，在呼和浩特市举行了启动仪式。在活动现场内蒙古朝聚眼科医院、内蒙古残疾人康复中心、赛罕区医院、赛罕区第二医院等医疗机构现场提供了视力检查、耳鼻喉窥镜检查等义诊服务。自治区妇联、公安厅、人力资源社会保障厅、网信办、教育厅、卫生健康委等15家单位和呼和浩特市政府、赛罕区政府相关负责人以及社会各界爱心人士、残疾人群众共400余人参加了宣传活动。8·28光明未来公益行动启动后，中国残疾人福利基金会、弗雷德·霍洛基金会（澳大利亚）昆明代表处、内蒙古老牛慈善基金会、内蒙古公益事业发展基金会、内蒙古德蒙康复辅具技术有限公司等慈善组织和爱心企业进行了现场捐赠，累计筹集慈善物资折合人民币500余万元。

【首届沙漠轮椅挑战赛】 2020年9月25日，由自治区残联、自治区残疾人福利基金会、自治区肢残人协会主办，阿拉善左旗政府、阿拉善盟残联具承办的全区“沙漠印象”金百合杯首届（2020）残障人轮椅挑战者大会在阿拉善左旗梦想沙漠公园（英雄会场）隆重开幕。中国残疾人福利基金会宣传部部长魏晓梅，自治区残联党组书记、理事长佟国清，党组成员、副理事长张志新，自治区残疾人福利基金会理事长玉荣，副理事长吕新生，副盟长刘德，盟政协副主席、阿左旗旗委副书记、旗长戈明出席大会。来自湖南、湖北、河北、陕西、青海、宁夏、甘肃、内蒙古等地区的110多名轮椅挑战者报名参加，设置了个人轮椅耐力赛、个人轮椅障碍赛、团体轮椅接力赛三个比赛项目，赛期1天。

（许海东）

红十字会

【概况】 内蒙古自治区红十字会是参照公务员法管理的正厅级群团单位。核定参公编制28名，现有26人。内设办公室、监事会秘书处、赈济救护部、组织宣传与筹资部、三献工作部5个部室，另设机关党委。下设备灾救灾培训中心（核定事业编制11名，实有6人）、应急救护训练中心（核定事业编制11人、实有6人）、人体器官和造血干细胞捐献服务中心（本年度新增，核定编制11人、实有0人）均为正处级公益一类事业单位。

2020年，自治区红十字会在应对和防控新冠肺炎疫情阻击战中，坚持人民至上、生命至上，服务大局、主动担当，本级累计接受捐赠款物2.56亿元，全区红十字会系统累计接收捐赠款物9.84亿元，位列全国省级红十字会前列；共接受3669批次捐赠款物，其中分发物资589批次、援外29批次，支出率98.18%，创造内蒙古红十字会历史上筹款额度最多、执行时间最短、执行效率最高的纪录。“光明行”公益活动突破3万例，举办“光明行”公益活动表彰大会，各方面对实施“光明行”活动的共识持续增强。“5个500重点项目、2个100基地建设、5年筹资3.75亿元”等目标任务全部超额完成、筹资达到8.1亿元；“十四五”规划编制列入自治区规划清单目录，推动《内蒙古自治区红十字会条例》出台。自治区红十字会改革创新做法及成效在中国红十字会总会改革推进会议上作了典型发言。坚持党建引领、党员带头，激励党组织和广大党员干部履职尽责、积极作为，各项工作都取得了长足发展。

【新冠肺炎疫情防控】 全区红十字会系统累计接收捐赠款物9.84亿元，区会本级累计接受捐赠款物2.56亿元，位列全国省级红十字会前列。全区红十字系统定向援助湖北、武汉等地捐赠款物1.21亿元。按照自治区疫情防控指挥部统一部署，向全区紧急调拨棉帐篷、折叠床等防控物资1000余件套，规范采购抗疫急需物资设备价值3631.17万元。选派24名优秀医护人员和救护车驾驶员，组成中国红十字会救护转运车队内蒙古队，驰援武汉，抗击疫情，累计转运患者3683名（危重症患者431名），赢得了“生命摆渡人”的赞誉。积极动员并按照爱心企业捐赠意向，先后支出256万元，慰问全区849名驰援湖北一线人员及其家庭，使一线人员轻装上阵；为疫情亡故的警务人员和5个困难家庭提供人道救助。积极宣传推动康复者恢复期血浆捐献工作，联合自治区卫健委下发了《关于做好新冠肺炎康复者恢复期血浆招募动员服务工作的通知》，实现捐献15例，捐献血浆量4600毫升，捐献率位居全国前列。在联防联控、群防群治工作中，组织59支志愿服务队，发动11257名红十字志愿者参与到疫情防控工作中，志愿服务时长达90余万小时。同时，支援"一带一路"沿线国家疫情防控工作，向俄罗斯、巴基斯坦、蒙古国等13个国家捐赠31批次、700余万元的疫情防控款物。在中国红十字会召开的抗击新冠肺炎疫情表彰大会上，自治区3个集体、3名个人、6名志愿者和71家爱心企业分别获得表彰。

【全面深化改革和依法治会】推动盟市、旗县（市、区）红十字会依法设立监事会，10个盟市红十字会已设立监事会，其余2个盟市完成了监事会设立的前期筹备工作；103个旗县（市、区）2/3以上设立了监事会。通过换届和依法设立监事会，全区共核增正科级内设机构17个，增加编制79名，其中增设处级专职副监事长职数10名。争取推进乌海市、二连浩特市红十字会分别升格为正处级、副处级单位。自治区红十字会新增1个公益一类事业单位——人体器官和造血干细胞捐献服务中心，新增事业编制15个。以《中国红十字事业发展规划纲要(2020—2024年）》为依据，立足红十字事业发展实际，将编制行业发展规划与地方规划相衔接，争取《自治区红十字事业"十四五"发展规划》列入自治区人民政府批准的专项规划编制目录清单，为促进全区红十字事业发展指明了方向。推动《内蒙古自治区红十字会条例》出台，为提升全区红十字会系统治理体系和治理能力现代化提供法律保障。制定并落实《自治区红十字会2020年依法治会工作要点》，持续推行公信力建设暨年度工作目标化管理考核。充分发挥全国首家省级红十字会监事会的职能作用，加大对核心业务、重点项目、捐赠款物等专项督查。

【人道文化传播】 新建人道文化传播点63个、人道文化传播基地11个。加强红十字新闻志愿服务队伍建设，邀请新华社、凤凰网等新闻媒体参加"光明行"走进赤峰等活动，举办"我的记疫——红十字志愿者开讲"在线直播活动。推进红十字会群众性文明内蒙古建设和新时代文明实践中心包联挂点工作。加强与主流媒体合作，向"今日头条""学习强国"推送信息，提升官网、微信公众号等自媒体传播力，推送刊发信息700余篇（条），被自治区党委、政府采用39条，自治区政协采用5条，自治区疫情防控指挥部和部门采用11条。

【人道资源动员】 坚持三级示范抓引领、五级联动强基层，以"五进""六有"为抓手，推进全国红十字基层组织示范点建设工作。强化会员组织意识，依法依规收缴会费，全年向总会上缴2019年度会费11668.88元。规范红十字志愿者管理，强化骨干志愿者培训，推动红十字志愿服务项目化，新招募注册志愿者3465人，创建红十字志愿服务基地9个，举办了全区红十字会系统志愿服务项目大赛暨志愿者骨干培训班，以奖代补16个优秀志愿服务项目20万元。发挥红十字救护转运车队、南丁格尔志愿服务队、退役军人应急救援志愿服务队等多支志愿服务队的特色引领作用，积极开展贴近人道需求的志愿服务活动，着力打造有竞争力、有社会影响、群众认可的志愿服务品牌。联合教育厅开展红十字示范校评选工作，新建红十字示范校93所，深入推进探索人道法项目，将试点盟市扩大到5个，培训师资34名，进一步加强与教育厅的沟通合作，联合下发《关于贯彻落实〈中国红十字会总会、教育部关于进一步加强和改进新时代学校红十字工作的通知〉精神的实施意见》。继续做好"博爱一日捐"长效筹资，依托互联网开辟公益筹资新模式，策划"大爱北疆，救在身边"等一批人道公益网络筹资项目，区会筹募爱心善款3251.83万元，人道救助实力显著提升。

【救援救护】 健全应急救援体系，推进备灾仓库标准化建设，扩大提升物资储备库容量和水平；加强救灾物资储备和管理，根据疫情防控需求，储备近千万元的秋冬季防疫物资。组织全区红十字系统开展赈济救援和应急救护综合演练，有效提升紧急救援能力和水平。推进应急救护培训向重点行业、重点领域、重点人群覆盖，自治区红十字会为自治区信访局、内蒙古武警总队等多家单位举办救护员培训班21期、培训红十字救护员1441人，为内蒙古高级人民法院、内蒙古师范大学、新华书店等单位开展普及性培训12期、共5886人，在呼和浩特人群密集公共场所和机关行政事业单位布置安装AED机200台，实现呼和浩特地铁1、2号线44个站点全覆盖，500多名安全员全部接受培训，成为红十字救护员；支持包头市、鄂尔多斯市鄂托克前旗新建红十字生命健康安全教育基地2处，不断提高群众自救互救知识和技能；全年分别设置98个红十字应急救护角和96个救护点，"十三五"期间共设置救护角627个、救护点542个；培训应急救护师资296人，红十字救护员3.83万人，普及性培训23.42万人次。

【人道救助】 全区共投入救助款物3336.86万元继续开展"红十字博爱送万家"活动，救助困难群众40.86万人；与直属机关工委联合救助区直困难职工1540人，发放救助款物47.6万元。持续推进全区"光明行"社会公益活动，先后在通辽市、赤峰市、乌兰察布市、阿拉善盟等盟市开展推进活动，年内累计筛查眼疾患者12.5万人次，为困难家庭白内障患者免费实施复明手术4176例；累计为6万余名儿童青少年进行视力筛查并建立档案，为198名困难家庭真性近视青少年配戴眼镜，为22名困难家庭斜视儿童青少年免费实施矫正手术。助力脱贫攻坚，推进"博爱家园"项目，全区年内新立项实施102个，"十三五"期间共实施505个。组织开展"关爱生命健康、情系血液病儿童"专项救助活动，发放慰问金65.4万元、救助218名重症血液病儿童；继续实施"小天使""天使阳光""健康心"等项目，救助血液病患儿199人、发放救助金208.2万元，救助先心病患儿31人、发放救助金48.95万元，救助困难家庭精神病患者、区直单位大病职工等困难群众224人、发放救助金38.28万元。全区红十字系统共投入1200多万元，选派扶贫干部50余名。主要领导带队分别赴包扶点开展了庆祝建党 99 周年“送医送药送光明”“博爱送温暖”等活动，年内投入扶贫资金和项目资金 20 余万元。

【关爱生命】 大力推进无偿献血、造血干细胞及遗体和人体器官捐献工作，实现遗体（角膜）和人体器官捐献 38 例、造血干细胞捐献 19 例，全区造血干细胞捐献达到 106 例，完成造血干细胞血样采集 3000 人份，全区遗体（角膜）人体器官捐献登记 16345 人。配合卫健委完成全国无偿献血和造血干细胞捐献推荐表彰工作，全区 23 人获造血干细胞“奉献奖”、1 人获“特别奖”。因疫情防控需要，创新缅怀方式，搭建“生命回响 云上缅怀”线上平台。在全区开展“关爱生命健康·情系血液病儿童”主题救助慰问活动，投入 22.2 万元对内蒙古人民医院等三家医院 14 周岁以下正在治疗的白血病和重症血液病儿童进行人道救助和慰问。投入资金 45.5 万元，持续做好捐献者及困难家庭人道救助和人文关怀工作。投入资金 15 万元，支持三地的遗体（角膜）和人体器官捐献缅怀纪念园建设。召开纪念第六个“世界骨髓捐献者日”暨内蒙古造血干细胞捐献突破 100 例分享座谈会，紧盯人体器官捐献志愿登记日等重大节日节点，组织举办系列宣传活动，深入挖掘宣传感人事迹，弘扬的人道主义精神。

【中国红十字会救护转运车队内蒙古队驰援武汉】 2 月 8 日，按照中国红十字总会紧急通知，内蒙古自治区红十字会组建中国红十字会救护转运车队内蒙古队支援湖北抗疫工作，承担武汉市重症患者接诊转运任务。自治区疫情防控工作指挥部领导高度重视、亲自部署，自治区卫健委紧急选配人员，组建了救援队。2 月 8 日下午，自治区红十字会组织召开出发前动员会议。10 名队员分别来自自治区国际蒙医医院、妇幼保健院、中医医院、第三医院、肿瘤医院，具有丰富的呼吸科、重症医学科的救治护理经验和救护车驾驶经验。年龄最大的 51 岁，最小的 26 岁，8 人为中共党员。自治区红十字会指导救援队成立了临时党支部，自治区中医医院的护士陈辰担任了党支部书记、救援队队长。2 月 9 日晚，内蒙古自治区红十字会支援湖北一线救援队出发。2 月 11 日晚，中国红十字会救护转运车队内蒙古队第二批 14 名队员集结出征，驰援武汉。7 名医生、7 名护士全部来自内蒙古国际蒙医医院，自治区红十字会和内蒙古国际蒙医医院相关领导为救援队送行。自治区红十字会为队员们紧急调配物资，补充了给养。3 月 20 日，中国红十字会救护转运车队内蒙古队完成任务，离开武汉，凯旋归乡回到鄂尔多斯。自治区副主席郑宏范前往鄂尔多斯机场迎接，代表自治区党委、政府和全区 2500 多万各族群众向凯旋的队员致以崇高敬意和诚挚感谢。根据统一安排，他们在鄂尔多斯市进行 14 天的统一隔离。内蒙古自治区红十字会支援湖北一线救护转运队作为全区赴鄂医疗队成员，先后于 2 月 9 日、11 日奔赴武汉，在抗击新冠肺炎疫情的紧急关头勇担使命、冲锋在前，投入到新冠肺炎患者转运工作，在武汉连续工作达 40 天。

【组织开展纪念 5·8 世界红十字日系列活动】 5 月 8 日是第 73 个“世界红十字日”。为弘扬红十字精神，助力内蒙古自治区防疫工作，5 月 7 日，内蒙古自治区红十字会、呼和浩特市红十字会共同举办“助力疫情防控红十字救在身边”的纪念活动。自治区红十字会党组书记、常务副会长王芳，自治区妇联党组书记、主席胡达古拉，自治区红十字会党组成员、副会长孟克宝音，呼和浩特市副市长、市红十字会会长徐睿霞等出席了“人道情、巾帼爱——为奉献者奉献”慰问满洲里市疫情防控一线工作人员活动启动仪式。内蒙古自治区红十字会、内蒙古自治区妇联共投入款物 69.15 万元，其中，拨付医用防护 N95 口罩 1 万只、一次性医用口罩 5 万只，拨付慰问金 40 万元，全部用于满洲里市疫情防控一线工作人员。自治区红十字会在前期组建的中国红十字会救护转运车队内蒙古队的基础上，依托自治区和各盟市医疗机构的志愿者新组建内蒙古红十字应急救护转运总队，并下设东部、中部、西部三个分队，协助各级疫情防控指挥部开展应急转运工作。活动现场为转运队授旗。

5 月 7 日晚，内蒙古自治区红十字会联手雷蒙公益在呼和浩特市举办了“我的记‘疫’—红十字志愿者开讲”主题宣传活动。内蒙古红十字会爱心大使、媒体人雷蒙主持活动。呼和浩特市红十字仁爱妈妈志愿服务队志愿者刘玉敏，中国红十字会救护转运车队内蒙古队志愿者石文静，自治区红十字会备灾救灾中心志愿者赵燕燕、武健，包头红十字蓝天救援队志愿者傅钰、李海峰等 6 位红十字志愿者，分享了他们的“战疫”经历。

全区各级红十字会组织了网络直播、抗击新冠肺炎疫情知识竞赛、应急救护知识讲座等各具特色的宣传活动，开展爱心捐赠、关爱贫困群众、助力精准脱贫等活动，以不同形式纪念第 73 个“世界红十字日”。

【与蒙古国红十字会签署人道救助项目合作协议】 自治区红十字会认真落实《中蒙建交 70 周年纪念活动计划》，因应蒙古国人道需求，受自治区政府委托，7 月 9 日，通过视频连线方式与蒙古国红十字会进行人道救助项目交流并达成初步意向；7 月 23 日，举行了中蒙红十字会人道救助合作项目视频签约仪式，明确“一带一路·光明行”蒙古国行动在原协议为蒙古国白内障患者免费实施复明手术 1000 例的基础上，新增 2000 例，达到 3000 例；红十字应急救护师资培训在原协议为蒙古国红十字会培训应急救护师资 500 人的基础上，新增 500 人，达到 1000 人；为蒙古国每年培训眼科医生和视光师 6—10 人，5 年共培训 50 人，尤其是克服疫情影响支持为蒙古国红十字会建设的两所红十字应急救护站，捐赠相关应急救护设施设备，组织开展跨国视频网络应急救护培训，帮助指导蒙古国红十字会组建应急救护专业志愿服务队，援助 600 个应急救护包；继续与中国红十字基金会合作开展“天使之旅——‘一带一路’大病患儿人道救助计划”蒙古国行动，待能够通关后即为符合手术指征的先心病患儿实施免费手术治疗。自治区主席、红十字会名誉会长布小林，自治区副主席、红十字会会长欧阳晓晖，蒙古国副总理议事办公厅主任勒•赛依娜、蒙古国卫生部副部长希•昂赫玛、蒙古国红十字会总秘书长那•宝勒尔玛等分别在内蒙古自治区会场和蒙古国红十字会会场出席活动。

【内蒙古红十字生命健康安全教育基地落户"红色"城川】 10月23日，内蒙古自治区红十字人道文化传播与生命健康安全教育基地揭牌仪式在鄂尔多斯市鄂托克前旗城川红色拓展基地举行。自治区红十字会党组成员、副会长、机关党委书记陈立本出席活动并揭牌。该基地建筑面积490平方米，是鄂尔多斯市首个已建成的群众性应急救护培训和普及生命安全知识的综合性教育体验基地，由内蒙古自治区红十字会、鄂尔多斯市红十字会、鄂托克前旗党委政府筹建，投入300余万元，历时1年建成。共设人道文化、溺水防护、自然灾害、公共安全、应急救护、疫病防控宣传等10个模块，为学员提供"菜单式"培训课程。基地立足城川丰富的红色资源，将红十字人道文化传播、安全教育融入城川"1+6"红色教育培训基地的总体布局，融入培训研学和实践拓展课程中，实现红十字人道文化传播与生命健康安全教育基地与城川"1+6"红色教育培训基地共建共享、融合发展。

【纪念第35个国际志愿者日活动】 12月5日，是第35个国际志愿者日。自治区红十字会在呼和浩特地铁新华广场站举行"关爱生命'救'在身边——红十字志愿者在行动"，2020年呼和浩特地区纪念第35个国际志愿者日主题活动。自治区党委常委、呼和浩特市委书记王莉霞，自治区红十字会党组书记、常务副会长王芳，自治区直属机关工委副书记、一级巡视员王君，自治区红十字会党组成员、副会长陈立本，自治区红十字会志工委主任张晓兵等出席活动，呼和浩特政府副市长、红十字会会长徐睿霞主持活动。活动现场，自治区红十字会向呼和浩特市轨道交通公司地铁二号线捐赠24台AED机，向呼和浩特市捐赠援建8个博爱校医室、2个博爱卫生站，向环卫工人发放御寒棉大衣1000件，为250名困境儿童捐赠"宝包爱干净"健康大礼包，总价值190.2万元。呼和浩特市红十字会向市四区捐赠50台AED机，价值150万元。红十字志愿者现场开展了应急救护演示及预防艾滋病宣传等志愿服务活动。

【全区"光明行"社会公益活动总结表彰会】 12月14日，全区"光明行"社会公益活动总结表彰会在呼和浩特市召开。自治区党委副书记、自治区主席、"光明行"社会公益活动组委会主任委员布小林出席会议并讲话，自治区党委常委、统战部部长段志强主持会议，自治区副主席、"光明行"社会公益活动组委会副主任委员欧阳晓晖通报全区"光明行"社会公益活动情况。45个先进集体、80名先进个人受到表彰。自治区党委统战部副部长、工商联党组书记梁淑琴宣读红十字会与红新月会国际联合会东亚地区代表处、亚洲防盲基金会发来的贺信；自治区红十字会党组书记、常务副会长、全区"光明行"社会公益活动组委会办公室主任王芳宣读表彰决定及中国红十字会总会发来的贺信。全区"光明行"社会公益活动发起、支持单位的负责人，自治区有关部门和单位负责人，各盟市红十字会会长、常务副会长，受表彰的先进集体和先进个人代表，白内障患者及家属、志愿者、医务人员代表等180余人参加了会议。

（孙慧莲）

军　事

内蒙古军区

【概况】 内蒙古军区前身是1938年8月八路军120师358旅715团和师直属骑兵1个连组成的八路军大青山支队。1942年12月，晋绥军区决定将大青山骑兵支队和晋绥第5军分区合并，成立塞北军分区，取消晋绥第5军分区和大青山骑兵支队番号。1945年7月改为绥蒙军区。解放战争时期（1945年9月至1949年9月），在内蒙古中西部的绥远省，有绥蒙军区、第8纵队（1948年8月以绥蒙军区部队为主改编，1949年2月改称中国人民解放军第8军），1949年5月，绥蒙军区和第8军合编为绥远省军区，隶属华北军区领导；在内蒙古东部，有内蒙古人民自卫军（1948年1月改称内蒙古人民解放军，1949年5月改编为内蒙古军区）。1952年8月，内蒙古军区与绥远省军区合并为绥蒙军区（是年9月改称蒙绥军区），1954年3月，改称内蒙古军区，隶属华北军区领导。1955年4月，内蒙古军区行使大军区权限，转由国防部直接领导，军区领导人未变。1967年6月改为省级军区，9月划归北京军区领导。2016年2月，转隶中央军委国防动员部领导。

【思想政治建设】 突出习近平新时代中国特色社会主义思想和习近平强军思想的学习，第一时间学习习近平主席重要讲话通稿、精读原文，每月集中组织团以上党委中心组带机关学习。制定学习贯彻十九届五中全会精神6条措施，印发宣讲提纲和宣传展板，组织宣讲2600余人次，民兵乌兰牧骑演出39场次，受众近3万人。全面深入贯彻军委主席负责制，成立信息服务工作专班，制定加强重大事项请示报告实施办法和信息服务措施。集中开展"五看五增强"教育，组织"弘扬抗美援朝精神"主题党日，深化两项主题教育。积极应对推行使用国家统编教材事件，加强教育引导，下发对照检查参考提纲，部队保持了纯洁巩固。认真贯彻党管武装原则，创新形式内容牵头组织自治区党政领导干部"八一"军事日活动，将党管武装工作纳入盟市领导班子绩效考核，自治区、盟市、旗县三级全部召开党委议军会、第一书记述职会。

【应急应战】 抓好军委军事训练会议精神学习贯彻，严格落实党委专题议战议训制度。坚持狠抓日常战备，加强值班分队应急演练和值班人员业务培训，推进各级战备基础设施建设和物资器材配备。严格按纲施训，扎实开展首长机关训练考核，全面推开民兵基地轮训，集中组织无人机操作手培训，圆满完成黄河防凌、“嫦娥五号”返回器回收保障等任务。认真贯彻习近平主席关于疫情防控部署要求，第一时间抓好学习领会，第一时间制定应对措施，第一时间向自治区党委请战参战，充分发挥民兵“六个特殊作用”，动员兵力42万余人次、各类装备700余台次，调运帐篷、防寒物资等2.4余万件（套），设置检查卡点2900余处，入户排查30万余户，有力支援了自治区疫情防控。

【国防动员和后备力量建设】 组织国防动员领域“十三五”规划总结评估和“十四五”项目上报。扎实组织国防动员潜力调查，更新采集数据，现地核查重点潜力单位。深入推进民兵调整改革，组建边防民兵骑兵分队和无人机侦察班，军地联合出台基干民兵优待办法，为基层武装部配套物资器材。圆满完成义务兵征集和直招士官任务，大学生和大学毕业生征集比例分别达到87%和34%，“五率”考评在任务相近省军区中排名第三。认真抓好军民融合机构派驻人员编配管理，建立驻军单位军民融合工作协调机制，汇总对接驻区部队军事需求，协调推进边防旅冬季供暖“煤改电”工程。创新开展国防教育，编播49期《国防大北疆》。深入推进双拥共建，全区9个市、4个旗县被命名为“全国双拥模范城（县）”。积极参与生态建设和脱贫攻坚，帮扶109个村如期脱贫。

【基层建设】 深入贯彻新《军队基层纲要》，采取专题授课、典型示范等形式，进一步凝聚各级抓建基层的思想共识。突出按纲规范，梳理军区机关抓建基层工作清单，制定加强新时代干休所建设措施和干休所系统开展“双争”活动实施意见，建立军师领导机关挂钩帮带基层制度，对表《纲要》调整规范评比表彰，组织军师机关干部业务培训，推动形成按纲抓建基层良好局面。注重服务解难，组织家庭特殊困难干部区内平职交流，协调地方开通老干部就医“绿色通道”。移交退休干部27名，超额完成年度任务。

【正规化建设和管理】 深入抓好《安全管理条例》《保密条例》学习贯彻，集中组织网络安全、保密工作、涉枪涉弹点位等清查整顿，及时排查化解风险隐患。积极推进不同类型单位“四个秩序”达标建设。严格落实疫情防控措施，深入开展卫生整治活动，实现“零输入、零感染、零扩散”。定期分析安全形势、讲评部署安全工作，2次组织全区安全大检查，开展“百日安全”活动，不打招呼末端检查督导，全区保持总体安全稳定，在国防动员部安全大检查中排第16名。

【正风肃纪】 严明政治纪律和政治规矩，全面彻底清查清理涉郭（郭伯雄）徐（徐才厚）房（房峰辉）张（张阳）信息，常态组织党风党纪教育。突出问题整治，采取建立台账、定期通报等方式，狠抓巡视巡察反馈问题整改，深入推进师级以上领导干部落实有关待遇规定专项清理整顿。从严开展监督执纪，加强对兵员征集、文职人员招聘等工作的监督，集中审查各单位2019年度经费开支情况，督导抓好整改落实。加大惩治力度，给予10人纪律处分，对13名干部诫勉谈话，对7名领导干部和5个单位追责问责。

【保障工作】 全面做好预征预储工作，完成本级战场应急物资准备，调整补充各型装备1万余件。制定党委理财规定，如期完成家底经费清缴，配合呼和浩特审计中心圆满完成领导干部离任经济责任审计。完成4个干休所和军区公寓区综合整治项目。深入推进后勤“三个专项任务”整肃治理，认真整改房地产擅处、财务行业领域等问题，清退31套不合理住房。顺利完成8万余件退役报废武器销毁任务。

【党委班子和干部队伍建设】 抓好《中国共产党军队党的建设条例》学习贯彻，专题组织学习讨论，严格规范机关党支部组织生活，科学调整军区机关、干休所党组织设置。广泛开展“亮丽北疆党旗红”活动，从交现金党费、戴党徽等细节管起严起，进一步严肃党内政治生活。着力加强党委班子建设，集中组织党委书记培训，自下而上考核军分区（警备区）和人武部、干休所党委班子。注重加强干部和人才队伍建设，调整使用128名干部，扎实组织交流干部培训、文职人员培训，严密组织面向社会公开招考文职人员考务工作和笔试入围面试。把军转安置工作作为暖心工程，6个盟市100%安排行政岗位，全区安置行政和参公岗位比例达到94%，为历年最高。

【召开2020年全区征兵工作电视电话会议】 1月16日，在全国“两征两退”暨全国征兵工作电视电话会议后，自治区政府和军区随即召开全区征兵工作电视电话会议。会上，军区司令员马庆雷重点围绕“一年两征”新形势新特点，从“硬性任务，各级头脑要清醒；时间紧迫，质量标准不能降；矛盾突出，超常举措要跟上；要求更严，廉洁底线不能破”四个方面提出具体要求；自治区政府副秘书长任福生从“思想认识、宣传发动、质量把关、落实政策、履职尽责、清正廉洁”六个方面作了讲话。按照国务院、中央军委的统一部署，从2020年起，国家实施一年两次征兵（由于疫情原因，是年只征兵一次），征集重点聚焦大学毕业生特别是全日制本科以上学历毕业生，着力提升兵员征集质量。自治区、盟市、旗县三级征兵工作领导小组全体成员，及各高校领导参加会议。

【调研扶贫工作】 1月17日，内蒙古军区司令员马庆雷深入乌兰察布市察哈尔右翼后旗调研扶贫工作、慰问困难群众。期间，马司令员与旗委、政府领导进行座谈交流，共商脱贫对策措施，到土牧尔台镇现地察看军区援建食用菌项目建设发展情况；深入困难群众家中，并赠送慰问品。

【检查指导疫情防控工作】 2月14日，军区副司令员张英奎到呼和浩特警备区检查指导疫情防控工作，先后到回民区坝子口疫情防控点和新城区西落凤街社区疫情防控点等地，分别听取执勤情况介绍，实地查看卡点设置和执勤记录，详细询问民兵的执勤数量、人员成分、值守时间、防控措施以及伙食和防控物资保障等情况。19日，张英奎赴呼和浩特东罗家营高速路收费站、209国道桃花收费站和玉泉区水磨社区检查指导民兵参与疫情防控工作，先后检查民兵参与设卡封控、执勤等各个点位，看望慰问执勤民兵，并对进一步做好疫情防控工作提出要求。

【军区工作组深入沿黄一线检查督导黄河防凌工作】 3月3—4日，军区司令员马庆雷、副司令员张英奎带机关有关人员赴鄂尔多斯、巴彦淖尔、包头地区实地检查督导黄河防凌工作。工作组一行沿黄河一线深入达拉特旗、杭锦旗、乌拉特前旗、包头市九原区等重点河段和险工险段进行实地勘察，了解掌握凌情形势，现地听取有关部门防凌工作情况汇报，观摩达拉特旗和包头市2支民兵防凌爆破分队演练，查看各地防凌装备器材储备使用情况。期间，工作组还看望慰问担负防凌任务的空军某部官兵、部分旗县疫情防控点执勤和防凌分队民兵，赠送防护用品和方便食品。

【检查指导脱贫攻坚工作】 3月17—19日，内蒙古军区副政治委员李少军带工作组一行到赤峰军分区检查指导脱贫攻坚工作。期间，到巴林右旗、翁牛特旗、松山区和喀喇沁旗人武部帮扶的贫困村调研指导，先后听取各单位参与脱贫攻坚工作汇报，并深入帮扶村、贫困户进行实地查看，详细了解脱贫攻坚工作进展情况及成效。18日，李少军在翁牛特旗毛山东乡毛山东村主持召开脱贫攻坚工作座谈会，听取翁旗人武部对毛山东村帮扶情况汇报，赤峰市常务副市长生效友、翁牛特旗旗长房瑞分别作了表态发言；李少军围绕巩固毛山东村脱贫攻坚工作成果从“坚决杜绝对脱贫攻坚工作摆位不当、认识不够、底数不清等问题；坚持地方党委主导，人武部配合抓好基层支部帮带、扶贫政策宣传、群众动员等工作；紧抓既定项目落实，围绕‘四个不摘’的要求攻坚克难，切实做到扶贫力度只增不减”等三个方面提出具体要求。

【召开防范境外疫情输入情况研判会暨疫情防控形势分析会】 4月16日，军区疫情防控领导小组办公室组织召开军区防范境外疫情输入情况研判会暨疫情防控形势分析电视电话会议。会上，军区疫情防控办公室副主任、保障局副局长解广惠传达上级有关文件精神，7个边防军分区分别汇报了防范境外疫情输入工作情况、边情及疫情情况和下一步工作打算，军区疫情防控办公室主任、保障局局长沈瑞智分析疫情形势，并对抓好疫情防控工作提出具体要求。会议由局长沈瑞智主持。军区各局办副职领导及综合组组长在主会场参加会议，各军分区副司令员，有关处长，满洲里市人武部领导在各分会场参加会议。

【组织召开新冠肺炎疫情期间边防管控形势分析研判会】 4月22日，军区战备建设局组织军地有关部门和单位召开自治区新冠肺炎疫情期间边防管控形势分析研判会。会议听取各单位边防和疫情形势、本系统采取防控措施等情况汇报，研究修订《自治区加强新冠肺炎疫情期间边防管控行动预案（征求意见稿）》。自治区党委网信办、外事办、边防办，自治区卫健委、公安厅、安全厅、口岸办、出入境边防检查总站，呼和浩特海关，武警内蒙古总队，军区战备建设局、保障局有关业务部门领导和业务人员共计16人参加。

【召开常态化疫情防控下兵员征集暨大学生征兵工作会议】 6月29日，内蒙古军区和自治区教育厅联合召开全区常态化疫情防控下兵员征集暨大学生征兵工作会议。会上，自治区教育厅副厅长成涛从“提高政治站位、坚持主动作为、注重制度建设”三个方面作了讲话；内蒙古军区副司令员张英奎总结2019年年初以来征兵工作进展情况，详细分析年度征兵工作面临的形势特点，对下一步工作提出具体要求。会议开至县级人武部，自治区、盟市、旗县三级兵役机关和教育、公安、卫生健康部门分管领导，有关业务部门负责人，各高校领导参加。

【开展“庆八一·法官送法进军营”活动】 7月29日，内蒙古高级人民法院一行36名法官为军区直属队官兵进行普法宣传。二级法官赵婧结合自身多年的办案经验，精选典型案例进行法律知识宣讲授课；法官们设立三个法律咨询服务点现场开展“多对一”法律咨询服务，并向官兵们赠送100余套法律书籍，强化了官兵法律意识和法治观念。期间，组织法官观看直属队男兵刺杀操和女兵捕俘刀表演，参观士兵楼宿舍、荣誉室和内蒙古军区军史馆等场所。

【军区组织师团职领导干部理论集训暨党委书记培训】7月31日至8月10日，集中利用6个学习日，采取统一安排部署、异地同步参训、以军分区（警备区）为单位相对集中组织的方式，举办师团职领导干部理论集训暨党委书记培训。期间，军区司令员马庆雷围绕“如何认清形势和如何抓学习、带班子、强主业”作了指示；军区副政委李少军进行集训动员并围绕“提升贯彻民主集中制质量”作了辅导授课；政治工作局主任谷立峰主持会议并作了集训总结；2名机关局办领导、3名师级单位主官和外请院校专家进行授课辅导，5名参训的师团职领导进行大会交流发言。军区副司令员张英奎、局办领导全程参加学习。

【组织召开《内蒙古自治区志·军事志》评审会】 9月2日，内蒙古军区办公室组织召开《内蒙古自治区志•军事志》评审会。期间，军区办公室主任陈建广致辞，内蒙古自治区地方志办公室主任贺彪作了讲话；6位评审委员分别对《军事志》编纂工作和志稿质量给予客观评价，并提出具体修改意见和建议；自治区地方志办公室副主任孟秀芳就提高志稿质量提出三点意见；军区办公室副主任吕文勇围绕落实好评审会精神作了讲话。

【检查调研】 10月20—21日，军区司令员马庆雷先后到巴彦淖尔、乌海军分区检查调研。在巴彦淖尔调研期间，围绕“确保北部‘三个稳定’（边防、边疆、社会稳定）提升战备训练水平、把握‘三个方面’（摆位用心、加强调研、守住底线）提升干事创业能力、抓实‘六项举措’（把方向、正风气、抓班子、带队伍、搞协调、督落实）提升全面工作质量”作了指示。在乌海军分区调研期间，从抓好班子带好队伍、把好方向出好思路、搞好协调促进服务等三方面作了指示。

【集中组织纪念中国人民志愿军抗美援朝出国作战70周年系列活动】 10月23日，军区集中组织纪念中国人民志愿军抗美援朝出国作战70周年系列活动。期间，组织观看纪念中国人民志愿军抗美援朝出国作战70周年大会、聆听中央军委主席习近平重要讲话，集中组织“弘扬抗美援朝精神、凝聚强军兴军力量”主题党日活动，邀请军区第四干部休养所离休干部梁育秀为全区官兵讲述革命故事，各办局、各师团级单位以党小组为单位围绕“如何大力传承弘扬抗美援朝精神，当好新一代北疆红色传人”进行讨论交流。军区司令员马庆雷、政治委员杨小康、副司令员张英奎，局办领导和全体机关人员在主会场参加。

【调研指导部分军分区工作】 10月26日至12月3日，利用18天时间，军区政治委员杨小康先后到阿拉善、呼伦贝尔、兴安、巴彦淖尔和乌海军分区调研指导工作。期间，深入各军分区机关，16个人武部和部分基层武装部实地查看，重点检查了解按纲抓建、“四个秩序”规范、民兵整组、应急力量建设、兵员征集和党组织建设等情况，并与各军分区交换了意见，围绕“深刻领悟习近平主席重要指示、创建学习型党委、注重目标导向、按纲精准抓建、关注‘两支队伍’、建强各级组织、确保安全稳定和把握好军地交往”等方面内容，有针对性地提出具体要求。

【边防军旅电影《守望相思树》全国首映式暨新闻发布会在呼举办】 11月7日，根据发生在内蒙古三角山哨所的“相思树”真实故事改编创作的边防军旅爱情电影《守望相思树》首映式暨新闻发布会，在内蒙古自治区科学技术馆巨幕影院举行。影片讲述19世纪80年代，内蒙古三角山边防连连长李相恩在巡逻途中为救战友英勇牺牲，他的妻子为寄托哀思，在哨所旁种下一颗樟子松，并在去世前嘱托儿子把自己的骨灰撒在哈拉哈河，继续陪伴丈夫扎根边关、戍守北疆的感人故事。该片于2020年被中央军委政治工作部列为庆祝建党100周年军事文艺重点献礼影片，定于2020年11月20日在全国各大院线上映。首映式由自治区党委宣传部、军区政治工作局、自治区国防教育办公室主办。军区司令员马庆雷，自治区党委宣传部部长白玉刚等军地领导和军民代表参加。

（高宇）

武警内蒙古总队

【概况】 中国人民武装警察部队内蒙古自治区总队简称“武警内蒙古总队”。2020年，武警内蒙古总队坚持以习近平新时代中国特色社会主义思想为指导，深入贯彻习近平强军思想，坚决落实中央军委和武警部队党委决策部署，统筹打好遂行任务、规划攻坚、改革落地和疫情防控“四场硬仗”，年度各项任务圆满完成。

【思想建设】 扭住扎实铸牢忠诚这个首要任务，以党的十九届五中全会精神、《习近平谈治国理政》第三卷为重点，严密组织党委中心组带机关理论学习和团以上干部理论轮训，大力开展微课宣讲、理论服务走基层等活动，持续推动习近平强军思想走深走实。全面深入贯彻军委主席负责制，常态抓好“三项机制”“二十条措施”落地落实。坚持“三个导向”统筹抓好开年教育、主题教育和各类专题教育，紧盯热点敏感问题有的放矢做好经常性思想工作。广泛开展群众性文化活动，精心打造强军书屋、乌兰牧骑进军营等特色品牌，有序推进军史场馆建设。扎实开展网上敏感信息排查整治，高效应对各类涉军负面舆情。

【执勤战备】 突出总队担负任务重心，持续抓实思想提领、方案修订、专攻精练和检验评估，全面加强实研、实训、实演、实备工作。加快推进执勤方式优化改革，扎实开展执勤安全教育整顿和“五大系统”普查鉴定，总队连续17年执勤无事故。精心组织演习演练和各类比武竞赛，广泛开展群众性练兵活动，扎实推进战备建设，严密组织“学方案、修方案、推方案”活动，遂行任务能力不断提升。年内圆满完成“两会”安保、环京出疆检查站设卡警戒、监管羁押对象追逃、灾害救援等任务，有效处置自治区推进国家统编教材政策落实出现相关情况，维护了自治区社会大局稳定。

【疫情防控】 累计投入专项经费570余万元、下拨专项党费37万元，采购各类物资63万余件（套），组织核酸检测2900余人次，协调各级政府筹措物资17万余件（套）。坚持将鼠疫、腺病毒以及其他散发性传染病与新冠疫情防控捆在一起抓，有效构建整体防控格局，部队实现“零感染”。

【后勤保障】 聚焦“一切为了打仗的后勤”目标，精细落实建制单位“五率六量”，精心组织后勤战备建设集训和专业人才培训，服务打赢能力不断提升。聚力打好后勤重点行业领域整肃治理攻坚仗，相关问题台账全部销号，“清仓归零”问题全部打结。用心做好公寓住房分配、被装精确申领、官兵健康体检、“三巡一访”走基层等工作，承诺的16件实事全部兑现，官兵满意度进一步提升。

【召开总队基层建设会议】 1月8日，内蒙古总队基层建设会议在总队机关召开，会议深入学习习近平主席抓建基层一系列重要思想，传达学习军委和武警部队基层建设会议精神，深入分析总队基层建设形势，研究部署抓建基层任务。

【召开新型冠状病毒感染的肺炎疫情防控工作电视会议】 随着湖北武汉和全国部分省市相继发生新型冠状病毒肺炎疫情，1月22日下午，总队紧急召开新冠肺炎疫情防控工作电视电话会议，传达了习近平主席和军委首长重要指示批示，以及军委和武警部队疫情防控工作电视会议精神，全面部署总队疫情防控工作，明确提出八个方面落实硬性要求，坚决防止疫情传入部队。

【举办新冠肺炎疫情防控业务培训】 1月30日，总队召开新冠肺炎疫情防控业务培训电视会议。总队医院卫生防疫科主任格日乐围绕流行病学调查、密切接触者管理和隔离观察的组织与实施等内容进行授课辅导，对基层疫情防控工作难把握、难落实、难规范的问题进行具体指导。

【举办“奋斗强军”书画摄影展览】 为深入贯彻习近平主席关于强军文化建设重要指示，热烈庆祝建军93周年，7月31日上午，总队隆重举办“庆八一·奋斗强军”书画摄影展览，展览以激发战斗精神为着力点，全方位展示官兵投身强军生动实践，共展出原创美术作品40余幅、书法作品50余幅、摄影作品50余幅，进一步巩固了部队思想文化阵地，丰富了官兵精神文化生活。

【应对呼伦贝尔市满洲里市新冠肺炎疫情】 11月21日，呼伦贝尔市发布满洲里市新冠肺炎疫情防控三级预警后，总队高度重视做好驻呼伦贝尔地区部队疫情防控工作，专题召开新冠肺炎疫情防控工作领导小组会议作出部署安排，及时派出以保障部副部长王建文任组长的工作组赴呼伦贝尔支队实地检查指导。呼伦贝尔支队立即启动应急响应机制，进入封闭管理状态，恢复24小时值班值守，持续加强官兵教育引导，层层压实责任链条，严格落实武警部队疫情防控15条措施，突出抓好驻满洲里市2个中队重点防控和任务官兵全覆盖核酸检测，搞好防疫物资筹措储备，部队疫情防控成效明显，实现“零感染”。

（汪海涛）

人民防空

【组织机构】 内蒙古自治区人民防空办公室是自治区人民政府直属机构，是自治区人民防空工作的主管部门，同时也是自治区国防动员委员会常设办事机构，正厅级。受自治区人民政府、内蒙古军区双重领导，负责管理全区人民防空工作。自治区人民防空办公室内设8个职能处，分别为：综合处、工程处、防空指挥处、信息通信处、重要目标防护处、法治宣传与计划财务处、机关党委（人事处）、离退休人员工作处，核定机关行政编制42名。2020年12月，经自治区党委编办《关于自治区人民防空办公室所属事业单位机构职能编制的批复》（内机编办发〔2020〕156号），自治区人民防空办公室由所属5个事业单位：机关事务服务中心、人防指挥信息保障中心、人防工程质量监督（定额管理）站、人防地下指挥设施管理训练中心、人防建筑设计研究所合并为3个正处级公益一类事业单位：内蒙古自治区人民防空办公室综合保障中心、内蒙古自治区人民防空工程质量技术服务中心（挂内蒙古自治区人民防空工程定额服务中心牌子）、内蒙古自治区人民防空指挥信息保障中心，核定事业编制101名。

【决策部署】 召开自治区人防工作会议，总结2019年工作，安排部署2020年全区人防重点工作。制定印发《2020年度全区人防建设任务指标》《2020年全区人民防空改革计划》《开展全区人防系统“基层规范年”工作方案》等文件，不断校准政治方向、目标导向，引领自治区人防工作高质量发展。

【法治建设】 制定《2020年度法治政府建设工作要点》《开展全区人防系统“基层规范年”工作方案》，先后印发《内蒙古自治区人民防空事业以生态优先、绿色发展为导向高质量发展实施方案》《内蒙古自治区城市地下空间开发利用兼顾人防工程要求暂行管理办法》《内蒙古人民防空办公室工作制度汇编》等文件。健全完善制度机制，坚持用制度管权管事管人。清理废止制约人民防空事业健康发展的政策性文件共217份，规范了人防行政行为。深化“放管服”改革，认真落实公平竞争审查制度和市场准入负面清单，将自治区、盟市、旗县三级人民防空行政许可和其他行政权力事项纳入全区一体化政务服务平台，基本实现线上审批。

【宣传教育】 制定《2020年全区“人民防空宣传月”活动实施方案》，结合“9·15”国防教育日和“9·18”人民防空警报试鸣日等时间节点，开展“七五”普法依法治理“法律六进”和人防宣传教育“六进”活动。全区24.22万名学生、38.9万名居民、4.4万名企业干部职工接受人防法律法规和人民防空知识教育。

【工程建设】 推动落实全区人防工程建设管理和地下空间开发利用兼顾人防要求，印发《内蒙古自治区人防工程规划建设指南（试行）》《内蒙古自治区城市地下空间开发利用兼顾人防工程要求暂行管理办法》《人民防空工程设计资质管理办法》《关于加强人民防空工程质量监督管理的意见》《人防工程建设安全专项整治三年行动实施方案》《关于进一步加强人民防空工程建设的通知》等规范性文件。依法加强人防工程建设，全区防护工程总量和人防重点城市人均防护面积逐年增加。大力加强工程质量监督工作。持续开展人防工程防护设备生产企业专项治理。

【平战结合】 全区依托建成的人防工程进行平战结合开发，开发利用面积33.58万平方米，完成产值8942.5万元，上缴税收444.28万元，人防部门收取使用费2474.22万元，为社会提供就业岗位1480个，安排就业人员1840人。全区未发生安全事故。

【重要目标防护】 推进重要经济目标防护立法工作，成立立法工作领导小组，代拟《内蒙古自治区重要经济目标防护管理条例（草案）》，立法工作受到国家人防办的充分肯定。开展全区重要经济目标普查、防护培训和训练演练，着力提升重要经济目标综合防护能力。在赤峰市举办全区重要经济目标防护培训，近百家重要经济目标单位180余人参训。指导乌兰察布市和巴彦淖尔市开展人民防空方案评审工作，全面提升重要经济目标综合防护能力建设。

【防空指挥和信息通信建设】 建立沿黄九省（区）人民防空合作协调机制和联席会议联合训练制度；与自治区气象局签署合作协议，共同推进防灾减灾预警体系建设。开展2020年度全区人防系统国防动员潜力统计调查，协助北部战区完成“空情信息军地互通共享、人防纳入战区联合空防体系”调研工作。紧抓信息化指挥手段建设。升级改造人防指挥信息系统，加快推进内蒙古人民防空智慧化指挥系统“人防云”建设项目、第二代人防机动指挥平台建设项目、安可替代工程和自治区人民防空卫星网管中心建设，出台《内蒙古自治区人民防空卫星通信网使用管理办法》《人防光缆骨干通信网“红网”使用管理暂行规定》等制度，规范专用网络使用管理。常抓实战化训练演练。开展全区人防系统“9·18”警报试鸣活动，警报鸣响率100%。组织开展“检验-2020”全区人民防空实战化演习，参加自治区国动委组织的“应对强敌严重军事挑衅动员支前保障演练”。

【人防系统腐败问题专项治理工作】人防系统腐败问题专项治理扩展到人防系统全领域。压茬推进专项治理工作向纵深发展。自治区专项治理领导小组采取“两表格、五清单”工作法，对全区12个盟市和103个旗县（市、区）开展施工许可项目、人防工程、施工图纸核查“三个全覆盖”和人防工程审批“一个全流程”式的两轮联合督查排查，实现了督查排查问题清仓见底。自治区人防办密集部署此项工作，其中召开党组会21次、调度会15次，编印《专项治理调查整顿问题线索排查路径和方法指导手册》，制定《内蒙古自治区人防系统腐败问题专项治理调查整顿发现问题分类处置原则》，分类建立盟市问题整改处置台账，针对问题一对一提出处置意见，全力推动问题整改工作，2019年至2020年底，全区追缴易地建设费累计33.88亿元，补建防空地下室23.92万平方米。

（杨利刚）

法　治

地方立法

【内蒙古自治区额济纳胡杨林保护条例】　2020年6月11日，自治区十三届人大常委会第二十次会议通过《内蒙古自治区额济纳胡杨林保护条例》（以下简称《条例》），《条例》共六章四十四条，重点对适用范围、保护原则、保护机制、法律责任等方面作出规定，自2020年9月1日起正式施行。《条例》的颁布施行，对于规范和加强胡杨林保护和管理，维护生态平衡、保障生态安全，构建天然林保护法治体系等方面，具有重要意义。《条例》的颁行入选2020年内蒙古自治区十大具有代表性、影响力的典型法治事件，被称作自治区坚持生态优先、绿色发展，建设生态文明的生动立法实践。

【内蒙古自治区基层综合行政执法条例】　2020年7月23日，自治区十三届人大常务委员会第二十一次会议通过《内蒙古自治区基层综合行政执法条例》（以下简称《条例》），《条例》共二十一条，赋予苏木乡镇人民政府和街道办事处基层综合行政执法主体地位；建立综合行政执法事项的赋权清单；规定苏木乡镇人民政府和街道办事处与旗县级人民政府有关部门派出机构的执法联动；提出基层综合行政执法的工作要求和细化了基层综合行政执法的保障措施。《条例》自2020年10月1日起正式施行。《条例》的出台，对于规范和保障基层综合行政执法改革、提高基层行政执法效率和水平、推动基层治理体系和治理能力现代化具有重要意义。

【内蒙古自治区文明行为促进条例】2020年9月23日，自治区十三届人大常委会第二十二次会议通过《内蒙古自治区文明行为促进条例》（以下简称《条例》），《条例》共六章五十九条，结合内蒙古实际，将文明行为规范进行细化，在助力新风尚、弘扬正能量等方面对文明行为加强了正向引导，对于进一步弘扬社会主义核心价值观、提升全区各族群众文明意识、促进文明习惯养成具有重要意义。《条例》自2020年12月1日起施行。

【行政立法】　围绕自治区党委、政府中心工作，提请自治区人大常委会制定地方性法规9件，修改11件，废止4件；制定政府规章2件，修改2件，废止5件，同比增幅47%。自治区本级现行有效的地方性法规179项，政府规章106项。

政法委与综治

【概况】　自治区党委政法委是自治区党委领导政法工作的职能部门。机关设置办公室、政策研究室、政治安全处、维稳指导处、综治督导处（专项行动办公室）、基层社会治理处、反邪教协调处、执法监督处、法治处（自治区司改办）、宣传教育处、信息化建设工作处、政法队伍建设指导处、机关党委13个处室，社会管理创新研究中心、机关事务服务中心、法制教育中心3个事业单位，代管自治区法学会、反邪教协会办公室。核定行政编制66名。

【制度建设】　制定出台贯彻落实《中国共产党政法工作条例》“1+8”配套制度，制定党领导政法工作责任清单和任务清单，细化党领导政法工作的抓手、流程和具体要求，健全党领导政法工作的制度体系。定期对全区落实情况进行调度，重大事项请示报告、政法单位主要负责人述职、执法监督、综治督导等制度得到有效落实，苏木乡镇（街道）政法委员配备率达到100%，党领导政法工作的制度化、法治化、规范化水平明显提高。举办全区政法信访系统领导干部培训班，专题学习贯彻党的十九届五中全会精神、习近平法治思想和习近平总书记训词精神。组织政法各单位分层分批开展政治轮训、全员培训，推动科学理论武装持续走深走实。建立盟市、旗县（市、区）政法机关“一把手”和重要副职异地交流任职制度，推动执法司法关键岗位、人财物重点岗位有计划轮岗。在全区范围内开展政法队伍建设大调研，以党委办公厅名义印发《关于加强新时代全区政法队伍建设的若干措施》，启动政法队伍素质提升五年行动计划。召开全区政法系统纪律作风教育整顿会议，建立防止干预司法“三个规定”刚性记录报告制度，开展“严整改、促提升、树形象”纪律作风整顿活动，坚决肃清邢云、赵黎平、马明流毒影响。

【国家政治安全和社会大局稳定】 践行总体国家安全观，深化反分裂、反颠覆、反渗透、反恐怖、反邪教专项斗争，强化意识形态领域安全工作，国家政治安全和社会大局稳定持续巩固、民族团结和边疆稳固扎实推进。依法稳妥推动历史遗留问题逐步化解，房地产遗留问题解决率达到94%以上，重点人群进京赴区走访和信访总量实现双降，规模性聚集和个人极端事件零发生。深入实施重大不稳定问题清单制度，全区列入四级台账的重大不稳定问题化解率持续提升。严格落实属地管理责任，加大从政策、制度层面解决问题力度，积极解决合理诉求，切实把不稳定苗头解决在萌芽，问题化解在基层。

【新冠肺炎疫情防控】 坚持人民至上、生命至上，组建社会防控工作专班，迅速启动联防联控协作机制和特殊时期维护稳定工作机制，第一时间组织政法干警和基层网格员投入社区防控一线，紧扣大数据排查、紧盯各类高危人员，全面追踪筛查，监所疫情防控实现“零感染”，稳妥处置国际分流航班人员，构筑起外防输入、内防反弹的坚固屏障。出台疫情防控法律服务便民惠民举措，深入开展涉疫情矛盾纠纷集中排查化解专项行动，及时依法惩治妨害疫情防控和复工复产违法行为，有力稳定社会预期、维持正常经济社会秩序，助力自治区统筹疫情防控和经济社会发展取得积极成效。

【扫黑除恶专项斗争】 全区部署开展三轮督导“回头看”，全区共打掉黑社会性质组织63个，铲除涉恶团伙1149个，抓获犯罪嫌疑人10869名，易连峰、范泉智等一大批黑恶势力受到法律严惩。将扫黑除恶与反腐“拍蝇”结合起来，纪法协同、以贪查伞、破网查黑，孟建伟、辛金山等一批“保护伞”被连根拔除。组织各行业主管部门全面整治行业乱象，累计启动各类行动130余项，查处各类问题3万余个，清退违规企业近700家，扫黑除恶专项斗争取得决定性胜利。

【保障经济高质量发展】 组织政法机关完善服务“复工复产”“六稳”“六保”司法举措，强化民营经济平等保护，开展涉民营企业“挂案”专项清理，坚持慎捕慎诉慎羁押，严禁超标的查封扣押冻结资产，监督行政机关依法行政，保护市场主体、保护产业链供应链、保护企业家干事创业法治环境取得实效。主动服务打好“三大攻坚战”，严惩贪污挪用扶贫款等犯罪行为，执结涉民生类案件1.1万件、6.2亿元，起诉涉金融风险犯罪659人，追赃挽损9255万元，建立自治区首个黄河流域环境资源司法保护基地，环保公益诉讼起诉1474人。坚持查全查清、挖深挖透，组织专班深入推进煤炭资源领域违规违法重要专项问题集中处置，解决了一批重大问题、查办了一批重大案件、挽回了一批国有资产损失，有效遏制了扩散蔓延势头。

【社会公平正义】 健全党对执法司法工作的领导监督、政法各系统内部监督、政法部门之间制约监督、社会监督、智能化管理监督“五大监督”机制。出台改革文件57个，46项改革任务取得重大进展，法官检察官惩戒委员会运行机制不断健全，优化协同高效的政法职能体系加快构建。开展中央巡视组交办涉法涉诉信访案件办理工作，建立“双清单”、明确“双责任”、实施“双包案”、做到“双销账”。深入开展执法监督，挂牌督办“王韵虹案”，深挖彻查巴图孟和“纸面服刑”问题，依法纠正“多伦县乡镇干部被定罪判刑”案。针对“纸面服刑”反映出的问题，开展“违规减刑、假释、暂予监外执行”专项整治行动，起底倒查30年。

【平安建设】 组建平安内蒙古建设工作领导小组，自上而下健全三级平安建设领导体制机制，聚焦筑牢祖国北疆安全稳定屏障战略目标，科学谋划、统筹部署新时代平安内蒙古建设工作。加强立体化、信息化社会治安防控体系建设，严厉打击各类违法犯罪。全区刑事案件发案数总体保持平稳，八类案件下降14.6%，群体性事件下降44.7%。出台命案防控两年行动计划，开展命案积案攻坚行动，共破获命案积案135件，近三年现行命案破案率保持100%，每10万人命案发案数同比下降24.6%。推进市域社会治理现代化试点工作，全区8个盟市纳入第一批全国试点、4个盟市纳入第二批全国试点。以“枫桥式派出所”、综治中心、司法所、矛盾排查调处中心建设为抓手，大力推进基层基础建设。实施“大数据+网格化”战略，制定党建引领基层网格化治理方案，推动党建网格和综治网格“双网融合”。编制数字社会建设行动方案，推进“雪亮工程”建设。

（康敏）

法治政府建设

【公安系统法治内蒙古建设】 深入贯彻习近平法治思想，认真履行法治政府建设责任，自治区公安厅建成全区统一的新警综平台执法办案系统，盟市公安局建成66个“一体化、智能化、精细化、合成化”执法办案管理中心并投入使用（占拟建的61%），实现对执法活动的全方位、全流程、封闭式、精细化监督管理。严格执行防止干预司法“三个规定”和异地办案协作“六个严禁”等规定，试点推进执法办案积分制和行政案件快速办理，切实将严格规范公正文明执法要求落到实处。

【审判系统法治政府建设】 监督行政机关依法行政，保护行政相对人合法权益，审结各类行政诉讼案件9905件，行政机关负责人出庭应诉率同比提升近15个百分点。以出台《行政诉讼中一并审理相关民事争议指导意见（试行）》为契机，着手破解民行交叉案件相互制约、循环诉讼及相左裁判文书无法执行的司法困境。翁牛特旗法院审理了全区首件行政诉讼一并审理民事争议案件，宣判后各方服判息诉。陆续在5个盟市开展行政案件集中管辖改革试点，建成“内蒙古自治区行政诉讼案件数据库”，助力法治政府建设。

【司法系统法治政府建设】 制定《2020年度法治政府建设工作计划》，筹备召开工作会议，部署推进年度工作。加强统筹调度，党中央、国务院《纲要》和自治区《实施方案》确定的144项任务，除3项等待顶层设计外，其他任务全部完成。

开展法治政府建设督察，实地督察10个盟市、8个区直部门，分地区分部门梳理反馈问题清单，加强督察整改，推动法治政府建设整体推进。接受了中央依法治国办第二督察组实地督察，中央督察组对自治区法治建设给予高度评价。创新依法治区考评方式，组成考评委员会，采取日常监控和现场考评相结合的方式，对盟市和区直单位开展考核，有效发挥了考核“指挥棒”“风向标”作用。开展第二批法治政府建设示范创建活动，评出5个示范盟市、5个示范部门和20个示范旗县（市、区）。

公　安

【概况】 2020年，内蒙古自治区公安厅有内设机构28个，另有政治部、机关党委和离退休人员工作处不列入内设机构序列；有厅属行政单位6个，厅属事业单位7个，其中2个为参公单位。截至2020年底，自治区公安厅机关和所属行政单位共有政法专项编民警3679人（不含边境管理总队和特勤局人员）；所属事业单位有371人，其中参公事业人员277人。

【维护祖国北疆安全稳定】 全区公安机关始终把防范政治安全风险置于首位，统筹推进反分裂反渗透反恐怖斗争，精心组织实施了中央政法委、公安部部署的3个专项工程和10个专项行动，守住了暴恐案事件“零发生”底线，挫败了境内外敌对势力策划发起的各种捣乱破坏图谋。出台并落实《加强新时代全区公安政治安全保卫工作的决定》，部署构建情报预警等六大体系建设工作。

【打击突出违法犯罪】 2020年，全区公安机关共破获各类刑事案件30913起，抓获犯罪嫌疑人30760名，查处治安案件89664起。197起现行命案全部告破，2018年以后现行命案破案率保持100%。侦破命案积案135起，超额完成公安部年度目标任务。深入开展打击电信网络诈骗、民族资产解冻诈骗“云剑2020”专项行动，打击食药环和涉野生动物等民生领域违法犯罪“昆仑2020”专项行动，煤炭资源领域专项整治行动，打击跨境赌博、禁毒两打两控、“6.30”等专项行动，取得明显战果。是年，全区公安机关共破获经济犯罪案件1357起、毒品犯罪案件339起、森林和野生动植物案件931起；电信诈骗案件立案与上年同比下降14.8%、破案上升107.5%；破获跨境赌博案件38起，抓获嫌疑人1762人，冻结资金16亿元；抓获逃犯3313人，全区社会治安秩序持续好转。

【深化打击整治工作】 按照扫黑除恶专项斗争的总体部署，打好决战收官之战，截至2020年12月底，全区公安机关共打掉涉黑组织63个、恶势力团伙1120个，抓获嫌疑人10869名，破案9256起，查扣资产215亿元。“六清”中，线索“清仓”、案件“清结”已完成，逃犯“清零”完成97.08%，并着手建立健全打击、整治、管理、建设等长效机制，推动扫黑除恶常态化。

民警向群众宣传扫黑除恶知识　（韩斌、石英）

【协同配合做好新冠疫情防控】 在自治区党委、政府统一领导下，全区公安机关依法履行职责，积极会同卫健等部门，紧扣大数据研判、社区防控、边境口岸、分流航班处置等关键环节，做到精准研判、全面追踪，未发生因不掌握数据情况导致失控、感染问题，大数据建设、“大数据+网格化”社区警务、合成作战、区域警务合作等警务模式得到了实战锤炼和加速发展。疫情防控常态化后，坚持科学精准严密防控和局部地区应急处突相结合，构筑起疫情防控的坚实防线。

【矛盾纠纷排查化解】 坚持和发展新时代“枫桥经验”，正确处理人民内部矛盾，防范化解社会风险，严格领导包案、接访下访等制度，深入开展“信访问题解决年”等活动，2个派出所被公安部命名为“枫桥式公安派出所”。深化派出所、司法所联调联治等矛盾纠纷多元排查化解机制，认真做好中央巡视组移交信访事项化解办结工作，截至2020年12月，共接收信访事项6批次2141件，化解办结2070件，化解办结率达96.7%。

【煤炭资源领域违规违法问题专项整治】 组建100支“雄鹰”突击队，落实与纪委监委“双专班”“双上案”机制，对386个灭火煤项目逐一核查。至2020年底，共立案470起（其中立灭火煤案件234起），抓获违法犯罪嫌疑人621人，涉案资金269亿余元，挽损119亿元，铲除了一批污染政治生态的“毒瘤”和源头。

【社会治安防控体系建设】 自治区公安厅改革重组情报指挥中心，构建运行“情指勤舆”一体化合成作战机制。完善公安武警联勤武装巡逻机制，建成盟市、旗县两级特警队伍，着力提升应急处置能力。完善京蒙、西北、蒙吉辽黑等区域警务合作机制，大力推进“数字边境”建设，筑牢环京“护城河”，确保了全国“两会”等重大安保任务圆满完成。深化道路交通管理“减量控大”行动，道路交

草原骑警队开展巡逻　（韩斌、石英）

通事故四项指数分别下降23.29%、27.83%、33.95%、20.47%。

【机构改革】　全区60%的盟市、旗县（市区）公安局已完成大部门、大警种制改革，现代警务管理体制正在形成。完成森林公安管理体制调整，组建生态环保新警种。

【人民警察管理制度改革】　人民警察两个职级序列改革政策全面落地，全区公安机关有32415名民警首次套改、22581名一级警长以下民警和1425名派出所所长、指导员晋升全部完成，四级高级警长以上晋升完成98.3%。规范辅警招录、管理、保障等环节，实现人均工资增加35%、社保缴纳率100%，辅警立法纳入自治区立法计划，辅警管理迈出新步伐。

【“北疆云·智慧公安”建设】　推进一期、二期重点项目和大数据“中央厨房”建设，警务云、大数据平台等一批基础性、通用性、支撑性平台系统建成投入使用。完成50家社会单位274项数据和18个业务警种351项数据的全量汇聚、整合治理，现有数据5000多亿条，在维护稳定、打击犯罪和新冠疫情防控中发挥了重要作用。

【“放管服”改革】　上线运行“互联网＋公安政务服务”平台，推行跨盟市户口迁移“一站式”办理等举措。集中出台了26条便民惠企措施，在户籍、道路交通、治安、出入境管理和优化营商环境等方面进一步减材料、减环节、减时限，并公开发布、接受监督。

【基层基础建设】　持续推进全区公安派出所建设三年规划和“五年三批一万人”工程，加快推进“大数据＋网格化”社区警务战略、交警派出所“两警合一”和“两队一室”建设，联合自治区财政厅出台公用经费保障标准指导意见，基层经费、装备、车辆以及基础设施得到改善。完成16个环京出疆检查站改造，协调完成内蒙古警察职业学院新校区项目立项审批。

自治区副主席、公安厅党委书记、厅长衡晓帆为2019年“感动北疆最美警察”获奖者颁奖　（韩斌、石英）

【队伍建设】　深化运用监督执纪“四种形态”，严格执行最严“禁酒令”、公务用枪管理“九个严禁”，着力解决枪、酒方面顽瘴痼疾。深化廉政建设，建立民警辅警廉政档案52336册，着力涵养清风正气。全区公安机关全面启动了“坚持政治建警全面从严治警”教育整顿，抓好全国试点包头市公安局和自治区公安厅4个试点单位教育整顿工作，打造了“包头样本”，推出了上级公安机关对派出机构党的领导100%、旗县级纪委监委单独派驻同级公安机关100%、补齐配强基层政工主官100%“三个100%”等一批好经验好做法。在全区公安机关开展常态化全警实战大练兵，公安队伍作风形象明显好转。自治区公安厅成立“爱警办”，跟进战时思想政治工作。开展“感动北疆·最美警察”评选，涌现出了苏玉平、刘建平、袁大森、何建华、宋大伟等一批全国先进典型。战时表彰2910人次，极大提升了民警荣誉获得感。

（邰菊花）

检　察

【典型案件监督】　全年受理各类民事监督案件8762件，提出民事抗诉和再审检察建议526件，提出审判活动监督检察建议1463件，提出民事执行监督检察建议3281件，对1867件依法不支持监督申请案件，释法说理、促使申请人服判息诉。联合法院开展执行款物管理专项监督，促进标的物查封扣押、保管处置和执行款收取管理发放依法规范。持续强化对民间借贷、离婚财产分割、劳动争议等领域“虚假诉讼”监督，监督纠正82件，移送犯罪线索12件，追究刑事责任22人，维护清朗的诉讼秩序。

【诉讼监督】 全年办理各类行政诉讼监督案件3364件。加强行政裁判结果监督，提出抗诉和再审检察建议26件，强化行政审判活动监督，提出检察建议567件。对临河区人民政府土地行政登记案提起抗诉，入选最高检十大行政检察典型案例。以行政非诉执行监督为抓手，促进解决生态环境、自然资源、违建拆除等领域行政执行问题，提出检察建议1466件。针对行政争议化解难、行政诉讼案结事不了问题，开展促进行政争议实质性化解专项活动，通过监督纠正、促成和解、司法救助等方式化解行政争议91件，促进了案结事了政和。有效运用听证方式，提升司法公信，在全国首次通过网络直播，公开听证行政诉讼监督案件，为阳光监督作出有益探索。

【公益诉讼】 全年办理公益诉讼案件6289件。通过诉前程序督促行政机关依法履职，办理诉前程序案件5775件，以小投入获取大效果。对发出公告和检察建议后，公益受损仍未修复的，提起诉讼258件。办理涉残疾人、文物保护、生产生活安全等新领域案件1630件。开展保护军用土地专项行动，完成24件军用土地确权，检军携手共同维护国防和军事利益。强化恢复性司法、社会化治理，共建“青城环境资源司法保护基地”，打造东胜1359亩“检察公益林”、牙克石1500亩生态修复基地，补植复绿，恢复生态。落实《额济纳胡杨林保护条例》，以公益诉讼守护金色胡杨。注重“有引领价值”公益诉讼案件的梳理储备，扎兰屯清理医疗垃圾案、青山区整治危险废物案、锡林郭勒保护军用土地案、乌海清理堵塞河道案，入选最高检典型案例；杭锦旗督促行政机关依法履职案、通辽督促企业修复生态案、呼和浩特推动企业防治污染案、东乌旗保护百灵鸟案，被最高检公益诉讼研究基地评为精品案件。

【服务疫情防控】 制定出台5个规范性文件，指导和规范依法办理涉疫案件。对有社会影响的案件提前介入、引导侦查，对情节严重的依法快捕快诉、及时震慑，起诉妨害疫情防控和复工复产各类犯罪197人，办理防疫物资监管等领域案件65件。发布典型案例30个，规范司法、警示犯罪、教育社会。协力公安、司法行政机关，同步做好监管场所疫情防控，实现监管场所“零感染”。适应疫情防控要求，及时转变办案方式，充分运用智慧检务系统，远程提讯、网上庭审、视频接访、电子送达、律师异地网上阅卷，做到防疫和办案两不误。积极响应各级党组织号召，三级院派出4500多名干警，第一时间、第一现场参与联防联控。

【扫黑除恶专项斗争】 聚焦提质增效，对进入起诉阶段的涉黑恶案件坚决依法从严追诉，起诉1747人。坚持“一个不凑数、一个不放过”，同步审查把关重大黑恶案件，改变定性75件，追捕追诉267人，不捕不诉47人。聚力深挖整治，移送“保护伞”线索206件。致力长效常治，针对交通运输、矿产资源、建筑工程等重点领域突出问题，督促整章建制，推动治本清源。

【煤炭资源领域违规违法问题专项整治】 全面核查涉煤案件，移送线索133件，审查起诉涉煤领域职务犯罪案件45件。紧盯低价转让探矿权、欠缴矿业权出让收益等违规违法问题，开展煤炭资源领域国有财产保护专项行动，通过诉前磋商追回国有资产25.79亿元，诉前检察建议和支持起诉追回7亿元。

【营造法治化营商环境】 依法严惩破坏市场经济秩序犯罪，加大打击侵犯知识产权犯罪力度，突出打击涉众型经济犯罪，重点打击洗钱犯罪，积极防范化解金融风险。全年批捕各类经济犯罪1158人，起诉2222人。落实“六稳”“六保”要求，平等保护民营经济发展，起诉侵害企业家权益、干扰企业生产经营等犯罪389人。开展涉民营企业刑事诉讼“挂案”专项清理，排查清理39件，让企业放下包袱安心经营。贯彻“慎捕慎诉慎押”刑事政策，对企业及负责人涉经营类犯罪，不批捕274人、不起诉366人。

【依法守护生态环境】 用最严法治保护生态环境，起诉污染环境、非法狩猎、非法占用农用地等犯罪1664人。针对办案发现的大面积草原被破坏突出问题及时向党委报告，推动全区开展破坏草原林地违规违法行为专项整治行动。通过公益诉讼督促保护森林1.56万亩，保护草原28.15万亩。服务打好蓝天碧水净土保卫战，开展乌海市大气污染防治专项监督，推动固阳县解决秸秆焚烧污染顽疾，针对呼和浩特市某电厂扬尘污染问题提起公益诉讼，把百亩贮灰场变成绿色公园。强化“河湖长+检察长”联动，开展河湖治理秋季行动，督促恢复治理被污染水域6307亩，清理非法占用河道408公里。推动呼伦贝尔市划定“禁猎（渔）区、禁猎（渔）期”，为野生动物保护划定红线。紧盯土壤污染和废弃物治理，多地开展农膜污染防治行动，督促清理处置固体废物、生活垃圾48万吨。

【社会治理】 发挥检察官主导作用，全面落实认罪认罚从宽制度，适用率86.3%，量刑建议采纳率88.9%，一审服判率95.7%，有效发挥了化解矛盾、消减戾气、促进和谐的作用。强化安全隐患治理，注重从“小案件”中发现“大问题”，提出堵塞制度漏洞、增强治理能力检察建议1576件。针对利用快递物流寄递毒品问题制发检察建议，力堵毒品流通渠道；针对社区矫正监管手机APP程序漏洞制发检察建议，推动全区、全国开展专项核查，防范脱管漏管。强化法治正面引导，持续讲好检察故事，6个检察院、8个新媒体账号、7部宣传作品受到国家级表彰，“内蒙古检察”获评中国最具影响力“互联网+政法服务”平台。

【脱贫攻坚】 提高扶贫领域腐败犯罪办案质效，依法严惩贪污挪用扶贫款等犯罪，督促及时返还涉案资金，让扶贫款早日发挥效用。用好司法救助政策，防止因案致贫返贫，为551名刑事被害人或其近亲属发放救助金1020万元。兴安盟检察机关建立“双向延伸大治理工作机制”，推动司法救助与民政救济、就学资助、就业促进相融合，获评全国五佳司法救助事例。全区三级院选派261人驻村，帮扶160个贫困村、4942家贫困户全部如期实现脱贫，为全面建成小康提亮检察“底色”。

【解决民生实事】 严守舌尖安全每道防线，开展禁食野生动物宣传月活动，开展校园周边售卖烟草专项整治，起诉危害食药安全犯罪104人，办理食药安全领域公益诉讼案件1123件。严惩坑农害农犯罪，组织过期农药专项检查，起诉生产销售假冒伪劣农资犯罪63人。利用支持起诉手段帮助102名农民工追回欠薪210多万元。在全国率先实现12309检察服务呼叫热线盟市全覆盖，诉求表达渠道更加便捷畅通。对2万件信访事项全部及时答复。不止于程序答复和办结，注重解决实际问题，开展定点接访、重点约访、带案下访，检察长包案化解重大疑难信访案件，全区挂牌督办的32件信访积案全部化解，中央巡视组移交的信访事项全部办结。全面推行检察听证，零距离排解纠纷。

【依法守护未成年人健康成长】 严惩侵害未成年人犯罪，起诉1031人。坚持宽容不纵容，依法起诉未成年人犯罪481人。践行感化挽救的“母亲情怀”，通过法律援助、社会调查、家教指导、技能培训等精准帮教。实行“一站式”办案，对未成年被害人一次性完成询问、身体检查等取证工作，全力避免二次伤害。向自治区人大常委会专项报告未成年人检察工作，推动构建家庭、学校、社会、网络、政府、司法六位一体保护体系。积极与公安、教育、妇联、共青团等部门建立教职员工准入查询和案件强制报告制度，强化性侵未成年人源头预防。邀请地方党政领导共同督导落实“一号检察建议”，持续开展检察官校园巡讲活动，以一起小饭桌经营人员性侵幼女个案为警示，建议当地政府开展整治，取得了“办理一案，治理一片”的效果。

（白丽艳）

法　院

【概况】 2020年，围绕疫情期间立案、审判及执行工作出台5个指导意见；依法严惩妨害疫情防控、编造传播虚假信息等涉疫犯罪；及时制定10项举措保障复工复产，促进生产生活秩序加快恢复；推出14条具体服务举措，落实纾困惠企政策。全区法院受理案件75万件，审执结69.2万件，结案率92.2%，审判执行工作态势平稳，结案率稳中有升。

【法治化营商环境】 依法平等保护各类市场主体合法权益，加大知识产权保护力度，审结各类知识产权案件1585件，切实维护企业家的创新权益。服务“我国向北开放重要桥头堡”建设，依法审结涉外案件141件。呼和浩特市、包头市、阿拉善盟等法院结合实际，制定破产案件立案、审判、执行操作指引，帮助企业化解危机、摆脱困境。

【三大攻坚战服务】 依法保障决战决胜脱贫攻坚，妥善审理涉农涉牧案件6820件，打击贪污挪用扶贫资金、涉农骗补骗保等脱贫攻坚领域犯罪。全区法院先后选派300余名干警担任驻村干部，做好对口帮扶工作。依法保障筑牢祖国北方重要生态安全屏障，制定全区法院服务保障黄河流域生态保护和高质量发展意见，发布环境资源审判白皮书，审结各类环境资源案件1.4万件。对通辽市霍林河露天煤业生态环境损害赔偿案进行司法确认，由赔偿义务人承担生态损害赔偿修复费用2.85亿元。呼和浩特市、鄂尔多斯市、兴安盟等地法院建立环境资源司法保护基地，呼伦贝尔市、乌兰察布市、巴彦淖尔市法院立足保护“一湖两海”设立河湖司法服务保护站，服务生态文明建设。

【扫黑除恶专项斗争】 全区法院依法审结一、二审涉黑涉恶案件655件、348件，依法审结易连峰、贾净博、夏景魁等一批群众反映强烈、社会影响恶劣的重大涉黑案件，审结的史春杰涉黑案被全国扫黑办作为典型案例公开发布。

【惩治腐败】 审结贪污贿赂、渎职等职务犯罪案件700件1201人。依法审理全区首例“百名红通人员”白静贪污违法所得没收申请一案，该案入选“内蒙古十大法治事件”。依法审结苏誉、孟建伟、傅铁钢等重大职务犯罪案件，推动反腐败斗争向纵深发展。

【人权司法保障】 坚持罪刑法定、疑罪从无、证据裁判，依法宣告78名被告人无罪。审结国家赔偿案件121件，保障赔偿请求人合法权益。开展违规违法减刑、假释、暂予监外执行问题专项整治，在全面摸清底数的基础上，坚决做到认真清查、严格复查，不允许任何人享有法外特权。

【矛盾化解机制】 全区法院全年新收民事一审案件同比下降14.4%，多元解纷机制成效初显。推进一站式多元解纷和诉讼服务体系建设，向当事人提供一站通办、一网通办、一号通办的全流程诉讼服务，乌海市两级法院全部建成“24小时自助诉讼服务站”，呼铁中院推动跨域审判“+”模式向诉讼服务全链条延。深化“分调裁审”机制改革，累计调解案件13.3万件，81%的民事案件通过简易程序审结，全区358个人民法庭立足城乡基层，及时就地解决群众诉求。

【依法维护人民权益】 注重民生司法保障，审结涉及医疗、养老等民生案件5.4万件。开展“根治欠薪冬季专项行动”，帮助农牧民工追讨欠薪6759.5万元。全年发放司法救助金2387.9万元，帮助涉诉困难群众摆脱困境。推进人身损害赔偿标准城乡统一试点工作，实现城乡居民人身权利的平等保护。深化家事审判改革，联合自治区15家单位建立家事审判联席会议制度，签发人身安全保护令57份，依法保护妇女儿童老年人的合法权益。

【案件执行】 全区法院受理执行案件26.9万件，执结24.2万件，执结涉民生类案件1.4万件，到位金额8.4亿元；执结耕地保护案件103件。推进“基本解决执行难”长效机制建设，将失信被执行人信息嵌入“信用内蒙古”平台，实施全方位联合惩戒。

【司法责任制落实】 制定审判权责清单和四类案件监督管理办法，落实院庭长监督管理职责，强化案件质量评查、办案绩效考评、责任终身追究，让司法权力在有效的监督下行使。推类案和关联案件强制检索机制，健全审判委员会和专业法官会议制度，促进裁判尺度统一。推进院庭长办案常态化，全区法院院庭长办理各类案件39.6万件，占全区法院结案数的57%。法官员额制改革，法官员额自治区级统筹、动态调整，建立有进有出、优胜劣汰的交流机制，激励法官秉公办案、公正司法。

【网络司法新模式运用】 依托互联网、大数据，全面开启“指尖立案”“云端办案”“智慧执行”，全区法院普遍建成互联网法庭，共网上立案3.4万件，网上开庭5.6万件，司法网拍成交额29.5亿元。运用内蒙古法院大数据平台，整合优化各类数据资源，为法官办案、群众诉讼提供智能化辅助，案件审理周期平均缩短14天。

【自觉接受监督】 主动接受人大监督，向自治区人大常委会专题报告环境资源审判等工作，贯彻落实审议意见要求。自觉接受政协民主监督，主动听取各方面意见建议。邀请代表、委员、特约监督员参与司法活动，为代表、委员行使监督权创造条件。加强代表建议、委员提案办理工作，办理各级人大代表建议、意见和政协委员提案347件，办理关注案件203件。深入贯彻监察法，自觉接受监察机关对法院工作人员进行监督。依法接受检察机关法律监督，依法审理抗诉案件，认真办理检察建议。主动接受社会监督，全区法院庭审直播6.2万件，公开裁判文书44.7万份、审判流程信息41万件，让司法公开看得见、能评价、受监督。

（赵亚楠）

司法行政

【概况】 内蒙古自治区司法厅（以下简称“自治区司法厅”）机关内设处室21个，管理监狱管理局、戒毒管理局。全区设监狱管理局、戒毒管理局和12个盟市司法局、103个旗县（市、区）司法局、1046个乡镇（街道）司法所；设19所监狱、13个强制隔离戒毒所（5个直属所、8个盟市所）、2所医院、1个堤防水电管理处、1个公安分局、5个入监队；另有668个律师事务所、118个公证处、116个法律援助机构、57个司法鉴定机构、563个基层法律服务所、9个仲裁委员会、15838个人民调解组织。

【依法治区】 筹备召开自治区党委全面依法治区委员会第三次会议和委员会办公室主任会议，审议通过《关于深入学习贯彻习近平总书记重要讲话精神推进民法典实施的意见》、2019年全面依法治区考核结果和2020年全面依法治区考核评价办法、《内蒙古自治区贯彻〈关于加强法治乡村建设的意见〉重大举措落实方案》；听取贯彻落实《法治政府建设实施纲要（2015—2020年）》情况汇报；传达学习中央全面依法治国委员会《行政复议体制改革方案》主要精神并研究自治区贯彻落实意见，全面依法治区顶层设计进一步增强。

【行政执法监督】 推进行政执法监督制度建设，修改行政执法监督条例，出台行政执法“三项制度”办法，锡林郭勒盟全面推行“三项制度”被评为中央依法治国办法治政府建设示范项目。出台《基层综合行政执法条例》，赋予苏木乡镇政府和街道办事处综合行政执法主体资格，自治区政府以赋权清单形式将99项执法权力下放至基层。组织开展全区行政执法主体清理公布工作，公布自治区本级行政执法主体78家，组织全区20145名执法人员参加行政执法人员资格认证考试，全面启用电子版行政执法证件，“持证上岗、亮证执法”工作迈上新台阶。开展行政规范性文件备案审查工作，共审查各盟市、区直部门报送备案的规范性文件183件。组织开展涉及民法典等4项规范性文件专项清理，共清理规范性文件440件。

【监狱管理】 在监狱系统制定出台民警罪犯管理“三个规范”，实行流程化、规范化管理，全面加强罪犯教育监管改造，全年实现“四无”目标。在戒毒系统全面推进统一戒毒模式，11个戒毒所全部完成统一戒毒模式建设任务，实现“六无”目标。在疫情期间，及时调整警务运行模式，全系统实现“零感染”“零输入”“零输出”。深入开展减假暂倒查专项行动，深挖彻查“纸面服刑”案件，摸清了一批案件、掌握了一批重点人重点案件、纠正了一批问题案件。选派60名干警及医务工作者千里驰援武汉抗疫一线，连续奋战56天，实施核酸采集4454次，教育改造罪犯1000余人次，完成援鄂任务。选拔100名干警参与援疆工作，完成援疆政治任务。

【社区矫正】 成立社区矫正委员会并召开第一次会议，制定出台《社区矫正对象分类管理办法（试行）》，受到国家司法部高度评价。首创妇联参与社区矫正新路径，受到自治区充分肯定，被央视专题报道。推进刑罚执行一体化建设，实现民警参与社区矫正工作旗县（市、区）全覆盖。

【人民调解】 坚持和发展新时代“枫桥经验”，完善公安派出所和司法所联动机制，积极构建以人民调解为基础，与行政调解、司法调解协调联动的大调解格局，推动矛盾纠纷化解在基层。全区调处矛盾纠纷85302件，组织排查纠纷22690次，排查发现矛盾纠纷14667件，预防纠纷14465件。

【扫黑除恶】 在监狱、戒毒、社区矫正、司法鉴定、公证、法律服务等多领域持续推进涉黑涉恶线索摸排，坚持深挖彻查，除恶务尽，3年共挖掘涉黑涉恶犯罪线索342条，查实率达30%。全区律师累计代理涉黑涉恶案件4900件，其中，黑社会性质组织犯罪案件1102件，有力支撑了全区扫黑除恶专项斗争的有序开展。

【保障企业复工复产】 认真贯彻落实中央和自治区关于疫情防控的决策部署，及时出台《关于加强新型冠状病毒感染肺炎疫情防控工作法治保障的实施意见》，统筹推进依法防控疫情工作。充分发挥职能作用，开展企业复工复产公益法律服务，出台疫情防控法律服务便民惠民12条举措，为全区知名企业赠送《企业驰名商标知识产权法律保护手册》，组成法律专家团队，对“两法一条例”进行深度解读，开展防疫法律法规和政策宣讲，组建10个疫情防控复工复产专项志愿律师服务团，完成律师网络热线值班700余人次，提供法律意见建议180余条，推动企业在法治轨道上安全有序复工复产。

【法治宣传】 落实“谁执法谁普法”责任制，深入推进法治乌兰牧骑普法金色品牌建设，“法润草原进边关”活动被评为“十大法治事件”。举办内蒙古首届“司法好声音”宣讲活动，受众达130多万。累计制作系列宣传片300多期，系列动漫剧先后荣获中宣部和应急管理部一等奖。开展“七五”普法总结验收，全国普法办将内蒙古自治区列为实地验收免检省区。

【公共法律服务体系建设】 整合优化各类法律服务资源，促进资源共建共享。全区共建成盟市级公共法律服务中心12个，建成率100%；旗县（市、区）公共法律服务中心103个，建成率100%；苏木乡镇（街道）公共法律服务工作站1019个，建成率98%；嘎查村（居）公共法律服务工作室12164个，建成率95%。全年12348热线话务总量达24.1万通，日均话务量达660通，接通率达95.6%，满意率达96.3%。全年累计办理公证事项30.7万件，仲裁案件3712件，司法鉴定案件3.3万件，律师办理法律案件20.7万件。完成国家统一法律职业资格考试，考试合格4394人，合格率17%，疫情防控和考试实现平稳正常。编辑出版《汉蒙法律实用大词典》。

【司法行政改革】 成立行政复议体制改革领导小组，出台自治区《行政复议体制改革方案》，有序推进行政复议体制改革各项工作。开设行政复议网上工作平台，全年全区复议案件数达2633件，行政复议解决行政争议的主渠道作用得到有效发挥。将律师、司法鉴定等业务审批事项集中到法律职业资格管理处统一办理，做到审管分离，22个审批事项纳入自治区一体化在线服务平台，进驻自治区政务服务大厅，全年受理各类审批事项5274件。推动全区所有旗县（市、区）实现刑事案件律师辩护全覆盖，全年办理刑事法律援助案件11082件。全区267个律师调解工作室累计调解案件1223件，583名律师通过专业评审。加强法治政府建设智能化一体平台推广应用，实现行政复议、重大行政决策备案网上办理，规章、规范性文件网上报备。运用信息化手段，开展行政执法人员资格考试、法治政府建设日常考核、舆情监控、疫情防控等工作，有力保障日常政务运转和司法行政改革发展高效有序推进。

【队伍建设】 坚持分级培训原则，通过网络平台、视频讲座、岗位练兵等多种形式，全系统各级各单位累计组织开展培训36类58期，其中，司法厅连续举办三期全区司法行政系统党委（党组）书记暨处级干部培训班，专题学习党的十九届五中全会、中央全面依法治国工作会议和习近平总书记训词精神，实现481名处级干部轮训全覆盖。充分利用干部网络教育方式，开展铸牢中华民族共同体意识和党史、新中国史等系列培训，全区司法行政系统处级以上干部参训率达98%。在自治区人民会堂组织开展丁为民同志先进事迹报告会，在保安沼地区、赤峰监狱、鄂尔多斯监狱开展巡回报告会，现场聆听800多人，通过视频播放75.4万次，点赞2.3万次。邀请《中国作家》杂志社对5名基层同志的先进事迹进行深度挖掘报道，在全社会引起强烈反响。充分挖掘司法行政资源，组建司法行政宣讲团，深入宣传法律法规和先进典型，引领作用不断彰显。

【荣誉】 监狱管理局第一医院苏妮荣获党中央、国务院、中央军委颁发的全国抗疫先进个人。呼和浩特第二监狱丁为民被司法部授予二级英模。内蒙古兴安盟乌兰浩特市司法局等10个集体被司法部评为全国司法行政系统抗疫先进集体。王文礼等25人被司法部评为全国司法行政系统抗疫先进个人。呼和浩特市玉泉区兴隆巷街道清泉街社区人民调解委员会等7个调解组织被司法部评为全国模范人民调解委员会。呼和浩特市玉泉区兴隆巷街道清泉街社区人民调解委员会主任武荷香等20人被司法部评为全国模范人民调解员。

（催一浩）

经济建設

ᠡᠳ᠋ ᠦᠨ ᠵᠠᠰᠠᠭ ᠤᠨ ᠪᠠᠶᠢᠭᠤᠯᠤᠯᠲᠠ

经济综合管理与服务

综 述

【概况】 内蒙古自治区发展和改革委员会（以下简称“发政委”）核定行政编制133名、机关工勤编制1名，自治区党委财经委员会办公室设在自治区发展和改革委员会，设自治区党委财经委员会办公室秘书处，设办公室、人事处、固定资产投资处等21个内设机构以及机关党委、离退休人员工作处。管理自治区区域经济合作局、粮食和物资储备局2家部门管理机构，自治区区域经济合作局核定行政编制20名，设综合协调处、地区经济处等4个内设机构；自治区粮食和物资储备局核定行政编制50名，设办公室、人事处、粮食与物资储备处等7个内设机构以及机关党委、离退休人员工作处。

2020年，地区生产总值17360亿元，增速实现由负转正，增长0.2%；全体居民人均可支配收入增长3.1%，扣除价格因素后，快于地区生产总值增速1个百分点；城镇新增就业23.2万人，超额完成年度计划；城镇登记失业率3.8%，居民消费价格上涨1.9%，均处于年初确定的控制目标范围内。

【新冠肺炎疫情防控】 牵头推动复工复产。组织清理不符合疫情防控等级、不利于复工复产的政策154条，出台多个领域复工复产指导意见，实施“六大集中行动”，印发《关于落实疫情防控风险等级调整要求全面推进企业复工复产的通知》。精准施策保市场主体。代自治区政府起草《关于支持防控疫情重点保障企业和受疫情影响生产经营困难中小企业健康发展政策措施的通知》（内政发电〔2020〕1号）。争取201家企业纳入全国疫情防控重点保障企业名单，为企业提供优惠贷款20.6亿元。制定出台自治区《关于健全公共卫生应急物资保障体系的实施方案》《秋冬季新冠肺炎疫情防控物资保障方案》，保障供应北京市生活物资8479.7吨，向满洲里调运自治区本级储备8000套防护服、2万件隔离服。

【供给侧结构性改革】 持续巩固“三去一降一补”成果，持续加大降成本力度，全年为企业和社会减轻负担267亿元。完成蒙西、蒙东电网第二监管周期输配电价核定工作，全年减少企业电费支出14亿元。出台《关于营造更好发展环境支持民营企业改革发展的若干措施》《自治区优化营商环境行动方案》。全面清理不符合《优化营商环境条例》的现行规定，废止63件，修订4件。开展2020年营商环境评估。修订《内蒙古自治区定价目录》，由原来的60项缩减至49项。起草完成《内蒙古自治区政府投资管理办法》，初步建成了投资项目综合管理系统、民间资本推介系统、PPP项目信息监测服务系统。拟认定自治区级工程研究中心11家，国家级、自治区级、国地联合共建工程研究中心（工程实验室）达到126家。成功举办2020年全国大众创业万众创新活动周内蒙古分会场活动。推动产业转型升级，起草完成《自治区现代化工产业链延伸和技术装备升级的实施方案》《自治区推进数字产业化、产业数字化发展行动方案》。加快发展现代服务业，包钢集团进入国家首批40个服务业与制造业深入融合试点名单。组织起草了《内蒙古会展业2025年发展规划》《内蒙古自治区关于推动物流高质量发展促进形成强大国内市场的实施意见》《内蒙古自治区促进家政服务业提质扩容重点任务清单》《内蒙古关于促进消费扩容提质形成国内强大消费市场的工作方案》。牵头建立自治区促进家政服务业提质扩容厅际联席会议制度、自治区完善促进消费体制机制厅际联席会议制度。

【全面深化改革】 2020年6项改革任务出台成果。起草了《工程建设项目审批要件目录》《内蒙古自治区关于推进党政机关和国有企事业单位培训疗养机构改革工作实施方案》《新时代加快完善社会主义市场经济体制的实施意见》《构建更加完善的要素市场化配置体制机制的实施意见》，印发《深化燃煤发电上网电价形成机制改革的实施方案》。列入脱钩改革名单的3428家行业协会商会提前3个月全部完成脱钩改革。自治区社会信用信息平台二期项目全部完成并通过竣工验收，累计归集信用信息2.69亿条。国有林区改革以全国第一名的成绩通过国家验收。

【三大攻坚战】 打好防范化解重大风险攻坚战，按时完成“16亿利资源债”“16通辽小微债”“10鄂国资债”兑付任务。2020年到期的17只企业债券全部如期兑付。

打好精准脱贫攻坚战，搬迁贫困人口“两不愁三保障”问题全部解决。建立易地扶贫搬迁后续扶持工作联席机制，印发《自治区贯彻落实易地扶贫搬迁后续扶持政策措施的意见》，下达易地扶贫搬迁补短板资金9.4亿元，支持集中安置区基础配套和公共服务设施建设。出台《自治区消费扶贫行动实施方案》，征集并发布第二批贫困地区产品展销平台84个。

打好污染防治攻坚战，坚持“一湖两海”月调度、现场督导和联席会议制度，呼伦湖二期、乌梁素海、岱海综合治理项目年度建设任务基本完成，水质基本符合修编后规划的目标要求。推进察汗淖尔生态保护工作，建立厅际联席会议机制，制定《察汗淖尔生态保护和修复实施方案》，争取500万中央预算内资金用于支持察汗淖尔湿地围封保护。印发《自治区加强塑料污染治理工作实施方案》。

【项目资金管理】 完善自治区、盟市、旗县三级重大项目储备制度，牵头组织重大项目、重大工程“审批月”活动。全区发展改革部门通过在线平台共受理项目16859个，总投资16420亿元，完成审核备项目15740个，总投资12786亿元。全年实施了3066个政府投资5000万元以上、企业投资亿元以上重大项目，完成投资4398亿元。全年争取中央预算内投资131.5亿元，建立“红黑名单”奖惩机制。积极申请政府专项债券项目，累计上报项目1469个、申请资金2611亿元。争取国家发展改革委备案自治区企业境外发行债券共9支，拟发债规模78.07亿美元。

【生态文明建设】 落实生态领域中央预算内投资21.5亿元，林草建设任务1376万亩，重点支持天然林保护、京津风沙源治理、“三北”防护林、退牧还草等工程建设，批复总投资49.99亿元通辽科尔沁沙地综合治理项目可研。印发实施《建立市场化、多元化生态保护补偿机制行动计划》，编制《国家生态文明试验区（内蒙古）实施方案》。

【能耗“双控”】 开展节能审查违规项目摸底排查和清理整顿，实施重点用能企业“百千万”节能行动目标考核，建成能耗在线监测系统平台，制定《重点用能单位节能管理实施细则》《节能失信行为认定和记录办法》《关于进一步加强能耗总量和强度双控工作实施方案》《能耗双控工作存在突出问题整改方案》，先行分解下达自治区和各盟市2021年能耗双控目标任务。研究调整高耗能行业电价政策。

【区域协调发展】 发布《自治区关于新时代推进西部大开发形成新格局的实施意见》。配合国家制定《东北振兴重点项目三年滚动实施方案（2020—2022年）》。编制完成《呼包鄂乌智慧城市建设一体化行动方案（2021—2023年）》，推动召开呼包鄂榆城市群及呼包鄂乌协同发展党政联席会议，指导呼包鄂乌四市共同签署了一批合作协议。编制完成自治区黄河流域生态保护和高质量发展规划纲要。牵头建立厅际联席会议制度，制定《推动黄河流域生态保护和高质量发展2020年工作要点》，推动成立自治区推动黄河流域生态保护和高质量发展领导小组。落实安排中央和自治区预算内资金30亿元支持沿黄地区生态保护修复和治理、转型发展、社会民生等项目建设。深入实施乡村振兴战略，支持建设高标准农田60万亩。印发《关于加强农村牧区公共基础设施管护的通知》。支持5个旗县开展农村人居环境综合整治工程等项目建设，建设2个农业科学观测实验站、1个专业性试验基地、2个重点实验室和3个农垦公益性基础设施。

【保障改善民生】 切实稳就业保就业，出台《自治区推动返乡入乡创业高质量发展的实施意见》。加快补上基本公共服务短板，积极争取中央预算内投资21亿元，制定《自治区公共卫生防控救治能力建设行动计划》《自治区产教融合建设试点实施方案》，确定乌海市、鄂尔多斯市为自治区首批产教融合试点城市，培育试点企业30家。做好重要节假日期间冻猪肉和冬春蔬菜储备投放，累计投放政府储备冻猪肉1513吨。及时启动价格补贴联动机制，累计为近200万困难群体发放补贴资金4.1亿元配合国家发改委完成蒙西、蒙东电网第二监管周期输配电价核定工作。开展蒙东电网同网同价政策实施情况评估工作，建立内蒙古自治区非居民用天然气销售价格联动机制。积极做好价格成本调查监审和重要民生商品市场价格监测工作。

（苏力德）

宏观经济

【全区宏观经济总体形势】 2020年，全区地区生产总值完成17359.8亿元，全年增长0.2%。经济增速逐季提高，全年增速实现由负转正，恢复态势持续巩固。其中，第一产业增加值2025.1亿元，比上年增长1.7%，农牧业生产实现增长为全区经济企稳回升奠定了基础；第二产业增加值6868亿元，比上年增长1.0%；第三产业增加值8466.7亿元，比上年下降0.9%。三次产业占GDP的比重分别为11.7%、39.6%和48.8%。

除生产总值外，全年一般公共预算支出5268.2亿元，比上年增长3.3%。其中，一般公共服务支出增长8.6%。全体居民人均可支配收入31497元，全体居民人均可支配收入增长3.1%，扣除价格因素后，快于地区生产总值增速1个百分点。其中，城镇和农村牧区居民人均可支配收入分别为41353元和16567元。城镇新增就业23.2万人，超额完成年度计划；城镇登记失业率3.8%，居民消费价格上涨1.9%，均处于年初确定的控制目标范围内。全区规模以上工业增加值、居民人均可支配收入等多项主要经济指标增速实现转正，经济运行逐步回稳，社会大局保持和谐稳定，“十三五”规划顺利收官。

【三次产业】 全区三大类粮食作物中，谷物播种面积7758万亩，比上年增长0.7%；豆类播种面积2071万亩，比上年下降1.0%；薯类播种面积421万亩，比上年下降6.3%。全区粮食产量3664.1万吨，比上年增长0.3%。工业生产逐步恢复，为经济恢复提供了较为有力的支撑。2020年，全区规模以上工业增加值比上年增长0.7%，工业增速由负转正。产业链供应链稳定畅通。全区38个工业大类行业中，31个行业增加值实现增长，增长面达81.6%。规模以上工业中，中小型企业营业收入比上年增长2.1%。货物运输周转能力持续恢复，全区货运量、货物周转量比上年分别下降6.7%和3.4%。服务业持续恢复。餐饮业增加值降幅较前三季度收窄5.8个百分点。交通运输、仓储和邮政业增加值降幅较前三季度收窄2.9个百分点。全年金融业增加值比上年增长0.2%。

【两大需求】 2020年，全区固定资产投资（不含农户）同比下降1.7%，增速与2019年同期相比下滑8.5个百分点，低于全国投资增速4.6个百分点，是全国负增长的4个省区之一。全年来看，整体固定资产投资降幅逐月收窄。主要领域投资增速并不均衡，房地产开发投资复苏较快，制造业投资恢复较慢，生态、高技术、民生领域投资趋势向好，民间投资由负转正并占据半壁江山。其中，房地产开发投资完成1176.5亿元，同比增长12.9%，高于全国增速，且是三大领域投资中率先复苏的，占全部投资的比重为26.6%，较上年提高3.4个百分点，高于制造业占比9.3个百分点，成为投资降幅收窄的主引擎。全区5G基站突破1万个，全年移动互联网用户接入流量32.6亿GB，比上年增长33.4%。关键领域投资力度加大，全年生态保护和环境治理业投资比上年增长23.2%，教育投资增长12.5%，卫生和社会工作投资增长3.8%。

随着系列促消费政策落地见效，四季度消费品市场复苏进程明显加快。全年全区社会消费品零售总额4760.5亿元，比上年下降5.8%。无接触式消费、在线消费增长亮眼，全年实物商品网上零售额267.0亿元，比上年增长36.5%，占社会消费品零售总额的比重为5.6%，比上年提高1.8个百分点。全年完成邮政行业业务总量63.7亿元，比上年增长26.4%。快递业务量19557.6万件，快递业务收入42.1亿元，分别比上年增长37.1%和27.9%。业态创新发展，线上消费高速增长。从消费业态看，直播带货、社团购物、门店到家等新型消费业态蓬勃发展，成为消费市场一大亮点。如金桥电子商务产业园已形成成熟直播产业，目前有20多个共享直播间，平均每月完成直播110多场，提供培训、孵化、供应链、市场运营一体化服务。从消费方式看，全区实物商品网上零售额比上年增长36.5%，增速明显高于社会消费品零售总额。占社会消费品零售总额的比重为5.6%，比上年提高1.8个百分点。日常居家消费品线上消费全面增长，限额以上粮油食品、服装类网上零售额分别增长20.9%和15.5%。

（康磊）

国有资产监督管理

【概况】 内蒙古自治区人民政府国有资产监督管理委员会（以下简称“自治区国资委”）为自治区人民政府直属特设机构。机关现有行政编制55个，配置委领导职数5个（不含派驻纪检监察组长），内设处室11个、处级领导职数24个（11正、13副）。截至2020年12月31日，有在编人员46人，其中委领导4人（不含派驻纪检监察组长）、处长9人。直属事业单位1个（自治区国资监管综合保障服务中心），事业编制31名，有在编人员19人。

4月，自治区编办批复设立国资委党委巡察机构，在国资委党建工作处加挂国资委党委巡察办牌子，增核副处级领导职数1名，专门负责巡察办工作；增核国资委所属事业单位事业编制5名，用于国资委党委巡察事务性工作。调整后，党建工作处增加“负责对监管企业巡察工作的组织协调，负责对巡察人员进行培训、考核和管理，协助自治区党委巡视工作领导小组办公室做好对监管企业的巡视工作”等职责。7月10日，经自治区国资委党委2020年第17次会议研究决定，巡察办正式组建。

12月，自治区编办批复自治区国有资产监督管理信息服务中心相关职能和6名人员编制划转至自治区大数据中心，其余人员编制重新组建内蒙古自治区国资监管综合保障服务中心，核定事业编制31名，核定处级领导职数3名（1正2副）、科级领导职数9名（6正3副）。

【疫情防控】 自治区国资委党委第一时间向企业下拨党费411万元，系统企业配套600多万元，发动党员干部职工自愿捐款940多万元，组建党员先锋队、志愿者服务队360余支，帮助基层社区缓解疫情防控缺钱缺人问题。监管企业为抗击疫情捐赠1060万元现金、1900多万元物资、减免3610万元房屋租金，国资系统30万干部职工及家属“零感染”。电力公司在保供电基础上主动降电价，全年电力让价9.36亿元；蒙能集团确保了6个盟市居民供暖供热安全；高路和公交投减免通行费23.8亿元。民航机场呼市分公司党委荣获“全国抗击新冠肺炎疫情先进集体”和“全国先进基层党组织”。

【稳增长】 2020年，自治区国资委监管企业实现营业收入1959亿元，同比增长0.7%；受疫情影响，在高路公司亏损19.1亿元、民航机场亏损3亿元、航旅集团亏损2.5亿元情况下，监管企业整体盈利13.8亿元。内蒙古电力（集团）有限责任公司、包头钢铁（集团）有限责任公司利润总额分别达到22.4亿元和13.8亿元，内蒙古环保投资集团有限公司、国电内蒙古能源有限公司利润总额分别增长138.6%、43.8%，内蒙古能源建设投资股份有限公司、内蒙古自治区盐业公司同比分别减亏7.9亿元和5585万元。加快重大项目建设，监管企业2020年完成投资458.7亿元、同比增长19.6%，金山二期2×66万千瓦热电、上海庙2×100万千瓦火电、旗下营2×35万千瓦热电和集大高铁开工建设，赤峰至京沈客专喀左站建成通车，呼和浩特新机场、“引绰济辽”项目顺利推进。盟市、旗县级企业营业收入同比增长4%，利润总额较2019年减亏17.3亿元，锡林郭勒盟、乌海市、鄂尔多斯市、呼伦贝尔市、通辽市、乌兰察布市、兴安盟等地利润实现正增长。

【国企改革】

市场化经营机制 包头钢铁（集团）有限责任公司、国电内蒙古能源有限公司探索对部分所属子公司经理层成员实行任期制和契约化管理。自治区国资委监管企业全年压减94户法人单位，电力、能建的9户5级企业全部处置完毕后监管企业管理层级控制在4级以内。在11户监管企业中开展“总部机关化”问题专项治理。

混合所有制改革 利用产权交易中心平台发布监管企业第二批混改项目47个。包钢和电力蒙能物业、蒙能兴安热电深入推进国家第三批、第四批混合所有制改革试点工作。包钢铁捷

物流公司等混改企业深入转换经营机制，运营效率和发展活力大幅提升。

剥离办社会职能和解决历史遗留 全力推动国企退休人员社会化管理工作，年内组织2次集中培训、10次座谈交流和12次现场推进会，会同自治区党委、政府督查室开展两轮督查，整体完成率达到99.8%（国家要求的年度目标为80%）。协调推动解决森工集团历史遗留问题，解决了森工享受事业待遇的8000多名退休人员历史遗留问题，彻底解决了森工积攒16年的信访积案。国电内蒙古能源有限公司、内蒙古交通投资（集团）有限责任公司改革经验入选全国国企“双百行动”改革案例集，包头稀土研究院、内蒙古电力勘测设计院2户科改示范企业积极推进改革方案落地。

【国资监管】 制定实施国资监管工作提示函和通报工作规则，及时发现和处置企业风险隐患。全区国资监管与国企服务大数据平台建成并试运行，实现对监管企业“三重一大”决策、财务、产权、投资等方面的在线监管。基本完成区本级经营性国有资产集中统一监管。交投、公交投等企业交由国资委直接监管，纳入集中统一监管体系的经营性国有资产总量占应脱钩企业资产的99.7%以上，走在全国前列。乌兰察布市将市属7家企业出资人全部变更为国资委，呼伦贝尔市制定了本级经营性国有资产集中统一监管实施方案。

推行法律顾问制度，监管企业全部设立了法务部门，10户配备了总法律顾问，企业规章制度、经济合同和重大决策法律审核率达到100%。加强工作指导和服务。

对12个盟市国资监管业务指导，盟市国资监管能力水平大幅提升，全区国资监管“一盘棋、大格局”正在加快形成。

【参与全区煤炭领域违规违法问题专项整治】 按照自治区党委、政府决策部署，4月起，自治区国资委抽调30名业务骨干参与问题排查、核查、综合研判、集中整治和追损挽损工作。共排查国企改制、国资监管方面涉煤项目253个、发现问题189个；完成通辽市、赤峰市、兴安盟三地408户煤炭企业和53个规划主体的核查任务；对398户涉煤改制企业的462个问题进行综合研判。在69.5%的项目涉损、57.7%的项目涉案的情况下，整治完成率达70%以上。

【第二轮巡察工作】 8月13日至9月5日，国资委党委组成2个巡察组，对国资运营公司、产权交易中心、威信押运公司、恒基审图公司和蒙达宾馆5户委管企业开展了常规巡察。巡察期间，查阅各类档案资料3401份，发放问卷调查表201份，个别谈话107人次，列席相关会议6次，受理群众来信来电7件次，开展明察暗访5次，下沉了解7次，督促立行立改事项11个，发现“四个落实”方面存在的问题73项、线索6条。

【内蒙古自治区直属国有企业高质量党建引领高质量发展工作推进会召开】 8月15日，自治区党委、政府在呼和浩特市召开自治区直属国有企业高质量党建引领高质量发展工作推进会，自治区党委副书记、政法委书记林少春，自治区党委常委、纪委书记、监委主任刘奇凡出席会议并讲话，自治区副主席艾丽华主持会议，国资委党委书记、主任张金亮汇报自治区直属国有企业高质量党建引领高质量发展工作情况。自治区国资委领导班子成员、相关处室及驻委纪检监察组负责人，自治区有关部门和直属国有企业负责同志参加会议。

【统一监管】 上海内蒙古白云宾馆和内蒙古兴源（香港）有限公司纳入自治区国资委集中统一监管体系。

内蒙古交投集团划转自治区国资委直接监管。内蒙古公路交通投资发展有限公司由交通运输厅划转国资委直接监管。

（赵发）

审计监督

【组织机构】 2020年，内蒙古自治区审计厅（以下简称“自治区审计厅”）实有231人。内蒙古自治区党委审计委员会办公室设在自治区审计厅，设有内蒙古自治区党委审计委员会办公室秘书处。自治区审计厅设有办公室、综合督查处、人事处、机关党委（机关纪委）、法规处、行政政法审计处、金融审计处、财政审计处、税收征管审计处、农业农村审计处、企业审计一处、固定资产投资审计处、政府投资审计处、社会保障审计处、社会民生审计处、经济责任审计局、企业审计二处、涉外审计处、教科文卫审计处、自然资源和生态环境审计处、电子数据审计处、审理处、离退休人员工作处。

派出（区直机关）审计处：党委机关审计处、政府机构审计处、企事业单位审计处、金融企业审计处。派驻（盟市）审计处：驻海拉尔审计处、驻赤峰审计处、驻乌海审计处。所属事业单位：自治区审计厅综合保障中心、自治区审计科研所、自治区内部审计发展中心。主管社团组织：内蒙古自治区审计学会、内蒙古内部审计协会。

【审计成果】 2020年，自治区审计机关共完成审计（调查）项目2122个，促进增收节支和挽回损失112.2亿元，促进被审计单位建章立制95项。出具审计报告和专项审计调查报告2128篇，向社会公告审计结果48篇；向被审计单位或有关单位提出审计建议4309条，被采纳3233条；提交审计信息4357篇，被批示、采用1702篇次。

自治区审计厅机关、包头市审计局被中央文明办表彰为第六届“全国文明单位”。呼和浩特经济技术开发区2013—2018年经济运行等情况审计项目被审计署评为全国省级审计机关优秀审计项目二等奖；内蒙古自治区达尔罕茂明安联合旗人民政府2017—2018年财政决算及其他财政收支情况审计项目被审计署评为全国市级审计机关优秀审计项目二等奖。内蒙古自治区原赤峰市红山区预防保健中心2014—2017年财政收支审计项目、内蒙古自治区巴彦淖尔市临河区妇幼保健院原院长任职期间经济责任履行情况审计项目被审计署评为全国县级审计机关优秀审计项目三等奖。

【自治区党委审计委员会办公室】 按照自治区党委审计委员会工作部署，向自治区党委、政府和审计署上报审计工作计划、总结、报告等重大事项142件。坚持问题导向，全面落实2019年自治区党委第九巡视组对自治区审计厅党组巡视反馈意见要求，对指出的问题立行立改、举一反三，已健全完善相关制度12项。

【政策跟踪审计】 开展专项再贷款政策落实跟踪审计，促进9家银行内蒙古省级分行向区内36户全国疫情防控重点保障企业发放贷款20.3亿元。开展稳就业和保居民就业政策落实跟踪审计，提高就业补助资金使用绩效，促进本区就业优先战略贯彻落实。开展融资担保政策落实跟踪审计，查出问题资金16.2亿元，为防范重大金融风险发挥了有效作用。开展优化营商环境审计，查出减税降费、放管服改革和办理建筑许可以及清理拖欠民营企业中小企业账款不到位等突出问题。开展全区新增财政资金直达市县基层直接惠企利民情况专项审计，整改问题金额达41.9亿元。

【三大攻坚战审计】在脱贫攻坚方面，完成全区57个贫困旗县扶贫资金管理使用情况第四轮审计全覆盖；完成12个非贫困旗县扶贫和乡村振兴审计；对31个国贫旗县2016年以来扶贫审计整改落实情况开展了“回头看”，对审计发现问题的整改情况进行了督促检查，各旗县依据审计意见和建议制定相关制度、办法等142项。在污染防治方面，完成全区12个盟市和满洲里市、二连浩特市审计局对其辖区内1个旗县（市、区）或主管部门领导干部实施自然资源资产离任（任中）审计。在防范化解重大风险方面，组织全区审计机关对自治区本级和12个盟市、满洲里、二连浩特市化解政府债务情况进行审计调查，全面掌握各地政府债务化解情况，及时指出和纠正化债中存在的突出问题，推动各地完善政府债务管理制度，严格规范化债行为，加快化债奖励资金拨付下达，有力促进了地方各级政府化解防范财政风险。

【疫情防控资金和捐赠款物专项审计】自治区审计厅组织开展应对新冠肺炎疫情防控资金和捐赠款物审计，延伸审计了154家红十字会、慈善组织、2274个疾病控制中心等政府机构、单位和91家企业和28家金融机构。

【财政审计】 自治区审计厅采取现场审计与大数据审计相结合的方式，完成自治区本级101个一级预算单位预算执行审计；按照审计署的统一安排，组织对国家税务总局内蒙古自治区税务局2019年度预算执行情况进行了审计；完成了亚行贷款内蒙古公路发展项目和呼和浩特市低碳供热项目审计。针对审计查出预算编制不合理、专项资金分配不规范、中央和自治区专项资金分配下达不及时、资金管理制度不健全等问题，督促被审计单位不断强化预算管理、盘活存量资金，及时分配拨付专项资金，促进财政资金规范使用，进一步提升了自治区财政资金使用绩效。7月，受自治区政府委托，向自治区人大常委会作上年度自治区本级预算执行和其他财政收支审计工作报告。

【民生审计】 完成了2019年度保障性安居工程资金投入和使用绩效审计、医疗保险基金审计等。对12个盟市、35个旗县区2018年度棚户区改造和公共租赁住房进行了审计。

【经济责任审计】 全区审计机关组织对766名领导干部履行经济责任情况开展审计监督，查出负有直接责任问题金额近5.5亿元，促进增收节支1.56亿元。开展人防系统专项审计，查出问题金额64.02亿元。连续2年组织对自治区人民政府主要领导同志履行经济责任情况开展自查工作。抽调100多名审计人员，配合自治区纪委监委查办案件、参加巡视和煤炭资源领域违规违法问题专项整治等任务。

【审计整改落实】 贯彻执行《中共内蒙古自治区委员会审计委员会关于贯彻落实习近平总书记重要讲话重要批示进一步加强审计整改工作的意见》，加大与自治区党委、人大、政府、纪检监察、组织部门和有关主管部门的沟通协作力度，健全完善问题整改制度机制，积极督促被审计单位认真履行整改主体责任，不断加强审计整改工作，增强监督合力。3月，受自治区政府委托，向自治区人大常委会报告了自治区本级预算执行和其他财政收支上年度审计查出问题整改情况，自治区人大常委会首次进行满意度测评，满意度达到84%。

【信息化建设】 按照等保四级建设标准，规划建设了审计数据分析网，实现了核心机房到数据分析室，以及核心机房与业务处审计送审室的网络规划和安全建设。新建数据分析网在自治区审计厅预算执行全覆盖大数据分析中投入使用。对全厅《审计管理系统》《审计大数据中心》《审计综合作业平台》《财政资金全覆盖审计分析系统》四套系统开展保护测评工作。有针对性对网络系统进行整改完善和系统升级，全面提高各系统网络安全防护能力，确保四套业务系统达到网络安全等保三级建设要求。完善计算机审计人才培训规划。持续推进计算机审计中级培训工作，组织全区67名审计人员赴南京参加审计署计算机审计中级考试，34名同志取得审计署计算机培训中级证书，过关率超过50%。

【审计科研】 推动本厅启动了以处室为单位的经常性研究制度，25个处室签订21项课题研究协议。改革课题组织方式，由以往定向委托盟市审计学会开展课题研究的方式改为自选课题的方式灵活开展研究。联合高校专家，开展与中国审计学会合作课题的研究，完成了题为“人工智能背景下内蒙古审计人才队伍建设策略研究”的课题研究任务。聚焦习近平总书记关于审计工作重要论述，研究完稿“习近平总书记关于审计工作的重要论述摘编”2020版。组织召开本厅2020年度课题调度推进会，落实经常性研究制度，推动16项课题落地。在全区开展“高素质专业化审计队伍建设”和“审计项目审计组织方式‘两统筹’长效机制”征文活动。加强对审计理论研究成果、审计工作成果的宣传力度，促进审计科研成果转化。编印出版《领导干部自然资源资离任（任中）大数据审计研究》，成为年度重点书籍在全国推广。编印《审计参考资料》8期，编发《内蒙古审计》6期。加强对盟市审计科研工作的指导。指导督促盟市审计学会提交41篇课题论文。结合党的十九届五中全会精神，为盟市审计机关做了“基于新发展阶段的审计研究”专题讲座，指导基层审计机关如何更好地开展审计理论研究，调动从事审计研究的积极性。

（燕伟龙）

统计管理

【概况】 内蒙古自治区统计局共设行政编制75名，实有人数64人，设有办公室、人事处、财务处、统计设计管理处、国民经济综合统计处、国民经济核算处、固定资产投资统计处、工业统计处、能源与环境统计处、贸易外经统计处、社会科技和文化产业统计处、人口和就业统计处、农村牧区经济统计处、服务业统计处、统计执法监督局、机关党委、离退休人员工作处17个处室。

所属事业单位有内蒙古自治区统计普查中心、内蒙古自治区城市经济统计监测中心、内蒙古自治区统计局综合保障中心、内蒙古自治区统计科研宣教中心、内蒙古自治区社情民意调查中心。事业编制173名，人员151人。

【统计改革】 扎实推进国家重点领域改革，开展全区生产总值统一核算。完成包括规模以上工业和服务业统计台账、“法产并重”改革、社会消费商品和服务零售总额测算、名录库动态维护更新机制改革以及统计信息化建设、深化劳动工资统计改革，科学调整推算评估方法等6项国家试点工作。加快构建内蒙古特色领域统计。研究测算2018、2019两个年度“三新”经济、民营经济、数字经济以等14个相关产业增加值；制定规范农林牧渔业总产值季度核算方法及流程；继续补充开展省级调查和服务业生产指数测算；与发改委等17个部门建立定期获取行政记录资料机制，实时比对验证数据，动态跟踪项目建设进度；先行先试，推进名录库维护更新向乡镇一级延伸，建立异常单位和“准四上”库，并开发地址智能赋码系统，实现“日清月结”与“减负”双目标，名录数量与质量得到“双提升”；建成全国首家省级社情民意调查“12340云平台”；率先启动自治区“十四五”统计现代化改革规划编制。

【重大普查调查】 有序推进全区第七次全国人口普查各阶段性工作。全区共组建普查机构1.56万个，落实经费3.84亿元，选聘“两员”13.9万人。自治区综合业务培训首次统筹市县、直插乡镇，涉及2500余人，编写“七人普”专项答题向“学习强国”平台推送并被采用。从2020年11月1日零时至12月10日，完成短、长表的登记上报，比对复查等工作。开展“四经普”年鉴出版、课题招标等后期工作，编印《全区37个脱贫攻坚重点旗县（市、区）社会经济基本情况》资料手册。

【统计监测服务】 聚焦全区发展定位，完善建立反映高质量发展、全面小康、“六稳”“六保”“三新”经济、民营经济、沿黄流域及农牧业高质量发展和《规模以上中小企业统计监测方案》等统计监测体系。全年共编发统计内参34期、专报68期；围绕全面小康、“十三五”经济社会发展刊发系列分析报告25篇；自治区党委和政府“两办”采用各类信息176篇，实现历史性突破。自主开展并完成国家、自治区及有关部门委托的党风廉政建设、公共服务满意度、营商环境等49项调查。举办第十一届统计开放日，各类新闻媒体对外报道200余次，内蒙古统计微讯影响力在国家统计局公布的58个省级和474个全国统计调查系统微信公众号综合影响力排行榜中，分列第1和第3名。

【统计基层基础建设】 根据自治区政府出台的《关于进一步加强和规范苏木乡镇统计工作的意见》，自治区统计局制定6个配套文件，推进苏木乡镇统计“八有八化”（有编制、有人员、有经费、有场地、有设备、有网络、有制度、有培训；统计管理制度化、统计人员专业化、统计报表标准化、统计台账电子化、统计资料档案化、统计工作法治化、统计信息网络化、统计宣传常态化）建设。以“一乡镇一台账”为抓手，建立全区乡镇电子信息库，编印《苏木乡镇统计工作规范化操作手册》，依托内蒙古统计微讯平台发布业务操作视频和课件等，全方位了解并指导全区各苏木乡镇推进建设情况。初步完成全区1161个苏木乡镇“八有八化”分级验收。出台《旗县级、部门、工业园区、企业统计工作规范化管理办法》，延伸制定《部门统计工作手册》《工作细则》《工业园区“准四上”工业企业统计制度》等多个配套文件；全面推行企业电子统计台账，基本实现全区“四上”企业全覆盖。

【统计法治建设】 做好统计督察迎检配合工作，在全区12个盟市和22个区直机关开展统计督察自查；坚持即知即改立行立改，联合自治区纪委监委办公厅建立统计问题线索移送和反馈办理工作机制；印发《关于移交疑似统计违法行为线索的通知》。修订《内蒙古自治区统计行政处罚自由裁量基准》等5个制度性文件，制定《统计监督检查工作流程》。对全区12个盟市700余家企业开展执法检查，对违法企业进行了查处。加大统计违法案件通报曝光力度，对统计违法企业进行公示和联合惩戒。运用反馈通报机制，将执法检查情况及时反馈当地盟市行署（政府），常态化呈送自治区政府领导，首次在全区经济运行情况新闻发布会上通报，就专业数据质量及重点工作推进中存在的突出问题召开盟市统计局局长恳谈会。选派10名骨干赴各地各部门对2300余名乡科级及以上干部开展统计普法培训；全区

126人通过国家统计执法证资格考试。

【部门统计】 修订完善《部门综合统计报表制度》《考核办法》《管理办法》等多个文件，45个部门首次采用省级联网直报平台报送统计数据。与商务、海关、邮政等部门建立沟通协调机制，为掌握疫情对消费品市场影响、边境贸易情况提供数据支撑；配合自治区政府督查室、妇儿工委等部门完成有关情况专项督查；利用税务、工商、司法等部门数据监测规模以上服务业企业及时入退库；与农牧、林草等部门对接获取农林牧渔业总产值核算基础数据。按照部门统计调查项目管理工作要求，部署开展部门统计调查项目的自查清理工作；商务、国资、文旅等18个部门建立防范和惩治统计造假、弄虚作假责任制问责制。

（春英）

市场监督管理

【概况】 自治区市场监督管理局机关内设28个处室局（含机关党委、离退处），行政编制207名。设局长1名，副局长5名；处级领导职数73名（35正38副）。直属事业单位34个（含13个盟市特种设备检验所），共有事业编制1241名。

2020年，开展标准化提升、服务百家企业高质量发展、“蒙”字标认证打造内蒙古品牌、传统奶制品产业发展“四大行动”，使全区农牧业、制造业、服务业等领域1000多家企业受益，帮助企业、区域创造效益近70亿元，解决近5万人就业，发挥市场监管系统完善市场机制、服务发展大局的作用。

【疫情期间监管防控】 新冠肺炎疫情期间，开展冷链食品风险排查，推进自治区进口冷链食品追溯平台“蒙冷链”建设并投入使用。办结非法制售口罩等防护用品案件1041件，罚没款623.7万元，移送公安机关案件4件。加强疫情期间防疫用品和民生商品的价格监管，开展防疫防护用品检查和调研，严厉打击价格违法行为，全区共查办价格违法案件511件，罚没款317万元。出台《支持企业复工复产十条》等措施，对生产经营疫情防护用品企业实行特事特办、应急审批，直属机构减免检验检测费用3000余万元，助力企业复工复产。

【商事制度改革】 市场监管领域首批17项政务服务事项实现“跨省通办”。印发《内蒙古自治区市场监管局落实优化营商环境条例实施意见》，进一步优化企业开办，推动实现6项企业开办事项“一网通办”；开通企业注销“一网通”，取消纸质“清税证明”，企业开办时限压缩至3个工作日内，简易注销公告时间由45天缩短至20天。推进电子营业执照广泛应用，开展“证照分离”改革，全区已为市场主体签发电子营业执照224万张，办理“证照分离”类市场主体登记8.64万户，一站式“政银合作”代办全面推开。2020年全区新登记市场主体36.13万户，日均新增注册企业989户，全区登记注册市场主体225.83万户。

【事中事后监管】 在《内蒙古日报》发布《内蒙古自治区市场监督管理局关于延长2019年度个体工商户年报时间的通告》，凡于2019年12月31日前领取营业执照的个体工商户2019年度的年报截止时间由2020年6月30日延长至2020年12月31日，方便群众年报。年报结束后按照《企业经营异常名录管理暂行办法》规定将16192户未年报企业列入经营异常名录，做到“应列尽列”。完善“双随机、一公开”监管机制，完成内部双随机抽查任务6098次，全区市场监管领域相关部门制定部门内部双随机抽查任务4819批次，部门联合抽查任务581批次。

【市场乱象整治】 开展口岸进出口环节收费“回头看”，整治供电供气等公用事业收费、公路、铁路等物流领域收费、中介服务、行业协会收费，开展商业银行、医疗机构、教育行业收费自查自纠，全区共检查收费单位391家，退还违规收费金额1905.00万元，罚没款金额226.00万元。开展知识产权执法“铁拳”行动，针对侵权假冒高发多发的重点市场、重点领域和关系人民群众健康安全的重点商品，依法严厉查处知识产权违法行为，共部署开展“铁拳”执法行动12778次，共出动执法人员79785人次，立案443件，移送司法机关5件。开展扫黑除恶专项斗争工作，确定6项整治重点、7项整治措施，100%完成整改工作，在全区专项斗争调度会上做典型经验交流。

【消费者权益保护】 开展“放心消费在内蒙古”创建活动，创建了一批“放心消费创建示范街区（商圈、景区）”“放心消费创建示范经营户”等示范单位，全区分别评选出自治区级、盟市级“放心消费示范单位”55家、923家，起到了示范引领作用。打造网络版“3·15”活动，推动成立内蒙古市场发展促进会，组织在商超等场所建设12315消费维权服务站1368个。整合投诉举报渠道，实行“五线合一、一线受理”，2020年全系统受理咨询、投诉、举报26.2万件，处理消费纠纷8.2万件，为消费者挽回经济损失7951.3万元。

【网络市场监管】 加强网络市场监管，制定《自治区网络市场监管厅际联席会议制度》《自治区网络市场监管厅际联席会议工作规则》《2020年电子商务平台突出问题专项整治工作方案》，会同自治区发改委等14部门联合印发《2020网络市场监管专项行动（网剑行动）方案》，共出动执法人员1172人次，发现网络违法线索280条，下达责令改正通知书30份，约谈相关企业60次，查处违法案件117件。开展合同行政监管，规范房地产、教育培训机构等领域格式合同条款。开展“合同帮农”，形成实用性强、易于操作、便于推广的《农业（玉米）种植买卖合同》《农作物种子买卖合同》《传统奶制品销售合同》等12个涉农涉牧合同范本。开展野生动物市场监管专项执法行动，配合林业、公安、交通等部门，以集贸市场、农产品市场、古玩市场、车站、餐馆饭店、皮毛收购门市部等为重点开展检查，禁止违法销售野生动物及其制品行为。

【广告监管】 2020年在全区组织或参与开展了“打击市场销售长江流域非法捕捞渔获物专项行动”“网络直播行业专项整治和规范管理”“保健食品虚假宣传专项整治”“特供专供专项行动”“未成年人网络环境专项治理行动”等10余项专项行动。全区市场监管系统累计出动执法人员7705人（次），出动车辆2603台（次），检查经营主体6954户，查处违法广告案件178件，罚没款221.82万元，下达责令改正通知书215份。

【质量强区】 召开自治区质量强区专项工作协调办公室2020年第一次工作会议，审议印发了《2020年质量强区工作要点》，开展质量强区督查，梳理各盟市质量工作的亮点和问题，形成了包含77个具体项目的实地督查清单。开展质量工作考核，向23个成员单位和区局21个处室局分解下达了考核任务分工340项，制定了《2020年盟市质量工作考核细则》，把质量强区实地督查内容作为日常评价指标纳入了2020年盟市质量工作考核。开展2020年度自治区主席质量奖申报工作，共有46家组织申报自治区主席质量奖，为历届之最。会同乌兰察布市人民政府举办内蒙古自治区暨乌兰察布市2020年“质量月”活动，推荐历届获奖企业参与“云上2020中国品牌日内蒙古云展馆”活动。在2020年国家市场监管总局质量提升行动座谈会上，作为省级市场监管部门代表作典型经验介绍。成立自治区缺陷产品（包头）召回中心和自治区缺陷召回标准化委员会，从12315平台筛选有效信息，针对食品相关产品、日用洗化品开展市场购检和缺陷分析后发布相关消费警示。组织实施4个质量评价监测项目，为提升自治区制造业竞争力、合格率及社会公众满意度提供决策参考。

【产品质量安全监管】 印发《自治区市场监管部门产品质量监督抽查管理办法（试行）》，制定年度《自治区重点工业产品质量安全监管目录》及抽查计划，将群众、媒体关注度较高、历年产品质量监督抽查合格率低、投诉举报较多、涉及人身财产安全的产品作为2020年监督抽查重点，全年共开展了4批次监督抽查任务。加强重点工业产品证后监管，对生产、流通领域涉及97种产品3434家企业的4909批次进行监督抽查，不合格发现率为11.1%。

【食品安全全链条监管】 创新开展对食品生产企业跨省互查，延伸监管链条。推动食品生产监管领域率先实现“食品安全公开承诺”、小作坊登记、企业安全员考核三个100%。持续开展保健食品、农贸市场、农村牧区假冒伪劣食品治理和校园食品安全守护行动等专项整治，全区98%的学校食堂实现“明厨亮灶”。创新特殊食品及食盐清单管理模式，组织实施国产婴幼儿配方乳粉提升行动，实现了体系检查全覆盖。全区开展食品相关抽检监测任务13.23万批次，食品安全评价性抽检合格率为99.6%。

【食品生产许可优化】 制定出台《内蒙古自治区低风险食品生产许可告知承诺管理暂行办法》，对6类低风险食品实行告知承诺许可；修订《含乳制固态成品制品生产许可审查细则》《生乳制民族奶制品生产许可审查细则》，进一步规范现场核查；印发《关于停止发放内蒙古自治区速冻畜禽肉生产许可证的通知》，终止了自治区速冻畜禽肉分割企业许可，进一步明晰许可事权划分；在全国率先制定“浓缩乳”“乳酸菌粉”“抗性糊精”“棉子低聚糖”四类产品的生产许可审查《方案》，为该类产品生产许可提供了借鉴，填补了国家未出台该类产品生产许可细则的空白。

【食品经营许可改革】 推行食品经营许可“告知承诺制”，对仅申请预包装食品销售的经营者和未改变经营条件申请续展、变更的经营者，属地市场监管部门可当场作出行政许可决定，并在作出许可决定之日起30个工作日内通过检查核实经营者实际情况是否符合承诺内容，为食品经营主体准入搭建快速绿色通道。推进食品经营许可电子证书管理工作，在呼和浩特市开展了试点试行，逐步向全区推广发放和使用食品经营许可证电子证书。

【特种设备安全监察】 自治区特种设备信息化系统上线运行，实现监察、检验等“一网通办”，纳入平台管理设备28.4万台套，占全区特种设备总数的98.7%。开展特种设备执法监督检查，全区共执法监督检查8211家，其中生产单位851家、使用单位7129家、经营单位193家、检验检测单位6家、其他单位32家；下达安全监察指令书2029份；立案数量88件；责令停产停业13家；查封扣押特种设备68台/套；经济处罚246.77万元；受理投诉举报数量169件，办结166件，办结率达96.45%。

【计量监管】 4月1日起，自治区、盟市、旗县三级同时推广启用计量器具强制检定业务管理系统，累计受理预约单41651条、器具262042台（件），逐步构建计量工作“互联网+”管理和政务服务模式。开展近视矫正市场、压力仪表等民生计量监管及集贸市场计量专项检查、重点用能单位能源计量审查、能效水效标识检查等工作。建成“内蒙古自治区能耗在线监测系统”并启动试运行。占地163.5亩，实验室建设面积23064.03平方米的“国家城市能源计量中心（内蒙古）暨自治区计量测试与科学研究基地”全部投入使用，包括内蒙古自治区计量测试研究院、国家城市能源计量中心（内蒙古）、国家石油天然气大流量计量站内蒙古分站、国家非自动衡器型式评价实验室等国家计量中心。开展计量技术支撑疫情防控工作，共出动计量行政及技术人员45279人次，服务医疗卫生、交通等单位4957家，共校准人体温度计量仪器设备11139台（件），检定校准其他医用计量器具23904台（件），服务复工复产企业23538家，为复工复产企业检定校准计量器具479353台（件），为复工复产企业减免检定校准费用7457.304万元，开展计量技术服务19701次。

【知识产权发展与保护】 启动“专利质量提升工程”和“地理标志运用促

进工程”，加大知识产权试点示范培育，自治区知识产权公共服务体系平台上线运行。2020年全区专利申请量累计达24317件，同比增长15.42%；专利授权量累计达17958件，同比增长62.38%。开展知识产权执法保护专项行动，共查处商标侵权案178件、案值520万元、罚没金额302万元；共查处假冒专利案27件，办理专利侵权纠纷案28件。深入开展专利代理行业“蓝天”专项整治行动，共查处无资质专利代理行为2件；组织全区353家商标代理机构开展全面自查，并签订商标代理机构承诺书，查处商标代理违法行为2件。开展查处侵权假冒防护用品专项行动，共查处侵犯飘安、3M商标口罩案30件，案值21万元，罚没金额88万元。加强外商投资企业知识产权保护，共查处侵犯涉外商标案50件，案值42万元，罚没金额79万元。查处销售假冒“鄂尔多斯”注册商标羊绒衫案，现场查获假冒“鄂尔多斯”羊绒衫445件，货值6万余元。

【煤炭领域违规违法问题专项整治】 将煤炭领域违规违法问题专项整治工作作为“一号工程”，从上到下层层动员、履职尽责，三级市场监管部门与有关部门会商422次，共排查煤炭生产企业3341家，核查呼和浩特、包头、乌兰察布、巴彦淖尔4个盟市涉煤项目，处置研判股权变更和矿产交易问题1666个，审核完成整治问题1447个，完成率达93.4%。

【风险管控平台建设】 围绕食品、药品、特种设备、重点工业产品“四大领域”，建立以“风险点责任链”“滚动式”督导检查为核心，以打造千人职业化检查员队伍等为支撑的一体联动风险管控体系，经验做法被国务院食安委列为可复制、可推广重大独特创新监管方式。在此基础上进行信息化“赋能”，建成了全国首家一体化风险管控平台。2020年11月，应市场监管总局邀请，内蒙古自治区市场监管局在全国食品安全工作培训班上就《市场监管重点领域风险管控探索与实践》作专题讲座，得到兄弟省市与会领导的高度肯定。

【“滚动式”督导检查】 继续深入开展市场监管领域安全“滚动式”督导检查，进一步推出“查训合一”，强化对市场主体的教育引导，提高重点风险隐患治理效能。2020年完成4次“滚动式”督导检查，共检查企业1660家，发现问题3469项，立案44件。

【“衣食住行”领域专项整治】 联合教育厅、民政厅、住建厅、农牧厅、商务厅、文旅厅、供销社等厅局制定《2020年“衣食住行”领域市场整治工作方案》，协同推进专项整治，共检查市场主体47.9万家（次），查办案件1.2万件，罚没款1.24亿元，解决了一批群众关切的违法违规经营问题。国家“双打”考核组对内蒙古“双打”工作进行考核时，对“衣食住行”领域专项整治给予充分肯定，建议作为一个工作品牌持续深入推进，在全国发挥示范引领作用。

【标准化提升行动】 编制《加强农牧业农村牧区标准化工作实施方案》，开展中蒙医药药材种植、民族传统奶制品等21项高质量标准体系建设；主导或参与制修订国际标准2项、国家标准93项、行业标准8项，批准发布地方标准365项（含市级）；瞄准国际国内先进标准，开展“百城千业万企对标达标提升专项行动”，助推797家企业提升了产品质量。

【服务百家企业高质量发展行动】 集成市场监管服务企业的各项职能，按照“一企一策、一需一案”要求，先后为85家企业提供以计量、标准、检验检测为核心，以知识产权、特种设备等为延伸的技术指导、人员培训等116项“滴灌式”服务，为110家企业解决知识产权质押融资26.4亿元；全年共办理动产抵押登记2220件，抵押登记金额1176.9亿元；累计帮助企业创造效益近1.3亿元，节约成本5000余万元，带动全区牧民年增收近8000万元。

【“蒙”字标认证、打造内蒙古品牌行动】 先后召开“蒙”字标认证发布会、总体架构论证会、产销对接与品牌创新座谈会，加快“蒙”字标质量链、认证监管平台和质量服务平台建设。首批为兴安盟大米、乌兰察布马铃薯等9种产品19家企业开展“蒙”字标认证，对5类产品9家企业进行授权。

【传统奶制品产业发展专项行动】 深化局校合作共建机制，加强从业者管理、技术、销售、培训。加大传统奶制品抽检力度，实现企业、手工坊全覆盖。强化食品安全地方标准和工艺规范执行，不断拓宽营销渠道，扩大传统奶制品的影响力。通过优准入、建标准、严检测、抓示范、创品牌，推动传统奶制品产业发展，获证手工坊由年初746家增至1085家，平均溢价15%，带动就业3000余人。

【教育培训宣传】 制作市场监管系列动漫剧《安安时刻》，荣获全国和自治区科学防疫科普微视频、公益广告、中国传媒行业协会年度影响力影片等多个奖项。为解决基层监管执法能力不足问题，开展“每周一课”37期，应用“钉钉”学习平台进行常态化培训54期，以线上线下培训相结合的方式对市场监管重点领域1000余名业务骨干进行定向精准培训，着力打造千人监管执法铁军。

【获国家级荣誉】 内蒙古自治区市场监督管理局斯琴被中共中央、国务院评为“全国先进工作者”；内蒙古自治区市场监督管理局王军被中国知识产权报社授予2020年度通联工作先进个人；内蒙古自治区计量测试研究院热工计量检测研究所温度室、内蒙古自治区药品检验研究院、呼和浩特市市场监督管理局被国家市场监督管理总局评为全国市场监管系统抗击新冠肺炎疫情先进集体；国家知识产权局专利局呼和浩特代办处马洪明被国家知识产权局办公室评为2020年度专利局代办处先进个人。

（赵佳宁）

药品监督管理

【概况】 内蒙古自治区药品监督管理局是内蒙古自治区市场监督管理局的

部门管理机构，为副厅级建制。内设综合和规划财务处、政策法规和科技处、蒙药中药监督管理处（药品注册处）、药品生产监督管理处、药品流通和化妆品监督管理处、医疗器械监督管理处、药品安全监察处、稽查处、机关党委、离退休人员工作处（人事处）10个处，按区域设置5个检查分局，下设自治区药品监督管理局综合保障中心、自治区药品检查中心（药品审评中心）、自治区药品检验研究院（化妆品检验检测中心）、自治区医疗器械检验检测研究院、自治区药物警戒中心（医疗器械不良事件监测中心）5个事业单位。

【新冠肺炎疫情防控】 新冠肺炎疫情暴发初期，自治区仅有1家医疗器械生产企业持有1张一次性使用医用口罩注册证。为有效缓解全区防疫用医疗器械严重短缺的局面，一方面广泛动员药品流通企业调运防护消杀物资，协调畅通物流配送，努力保障市场供应、防控救治一线、援鄂医护人员的口罩、防护服等防护物资供应；另一方面鼓励区内企业尽快组织转产、投产医用防护服、医用口罩等产品，果断启动防控医疗器械应急审批，随到随审、点对点服务、争分夺秒地推进，并快速实现医用口罩、防护服“全项目”检验。在保证产品质量安全的前提下，2个工作日完成首个产品应急审批，实现了本土生产“零”的突破，70天内应急审批通过69个医用口罩、防护服产品，通过指导企业迅速扩大产能，基本满足了全区医用防护物资需求和对外援助需要。

启动中药（蒙药）制剂应急备案绿色通道，14天内应急备案91个医疗机构中药（蒙药）制剂品种，调剂8种蒙药制剂在定点救治医院临床一线使用。在疫情防控期间，对辖区内药械经营、使用单位开展全覆盖、无死角、无盲区的监督检查、巡查，严防假劣产品流入我区市场。在全国率先发布实施《关于从严从重从快打击疫情防控药械违法行为的通告》，检查疫情防控药械生产经营使用单位5万家次，严查重处销售假劣防疫药械违法行为，有效规范了市场秩序、维护了社会稳定。

持续开展新冠病毒疫苗质量安全专项检查，为疫苗质量安全提供全面保障。积极履行联防联控责任，下发进一步加强疫情防控期间零售药店规范管理、严格落实预防新冠肺炎疫情联防联控要求两个紧急通知，加强药品批发和零售连锁（总部）企业秋冬季新冠肺炎疫情防控工作，动员企业切实加强内部防控和消杀，严防疫情输入，开展零售药店常态化疫情监测，开发使用预警系统，发挥零售药店预警监测“哨点”作用。及时出台支持“两品一械”企业复工复产6项举措，制定“七个到位、八个必须、九个确保”复工复产指南，精准指导企业规范、高效复工复产。区直监管企业15日内复工复产率从68.0%上升到98.7%。

【药品监管体系】 构建起以“五大支撑”为骨干的药品监管体系，这“五大支撑”分别是：检查分局、职业化专业化药品检查队伍、“两品一械”检验检测和不良反应（事件）监测技术机构、药品智慧监管平台、盟市旗县属地监管。5个检查分局完成了对区直监管企业2轮全覆盖检查，办案118件。独立设置自治区药品检查中心，完成自治区级职业化专业化药品检查机构的组建。单独设立自治区药品检验研究院、医疗器械检验检测研究院、药物警戒中心，检验和监测技术支撑得到切实加强。“内蒙古药品智慧监管平台”十大项目建设加快推进并初步建成，被国家药监局列入智慧监管6个试点省区之一。

各盟市、旗县（市、区）局以疫苗国家监管体系评估工作为抓手，落实属地监管责任，提升安全保障水平。在以“五大支撑”为骨干的监管体系基础上，制定实施《自治区药品监管事权划分指导意见（试行）》等一系列制度措施，健全并理顺运行机制，形成监管合力，使“五大支撑”之间达到1+1＞2的效果，努力实现协同、高效的目标。

【药品质量安全】 推进世卫组织疫苗国家监管体系（NRA）评估准备工作。全面加强日常监管，开展各类专项整治12项，全区共检查生产经营企业和使用单位89617家次。立案查办“两品一械”案件1685件，涉案货值金额2036.84万元，罚没款2808.13万元，分别较2019年增长15.3%、6.4倍、2.6倍，货值金额50万元以上案件6件，实施“处罚到人”案件5件。强化“两品一械”抽检、不良反应（事件）监测、舆情监测风险预警和数据利用。守住不发生系统性、区域性药品安全事件的底线。

7月1日上午，内蒙古自治区药品监督管理局举行5个检查分局集中授牌仪式　（内蒙古自治区药监局）

【推进法治建设】 完成《内蒙古自治区实施〈药品管理法〉办法》修订颁布实施工作。依法依规收回已下放盟市的6项行政审批事项。发布《医疗机构蒙药制剂调剂使用管理办法》，制修订中药（蒙药）标准及规范1251项。制定实施《行政处罚案件管理规定（试行）》等制度措施。

【企业主体责任】 在保持监管执法高压态势的同时，实施示范引领，夯实企业主体责任。制定企业分类分级管理办法，将区直监管企业分为A、B、C三个等级，实施一级引领一级、逐级带动提升。全年共组织召开示范引领现场会12次，增加A类、减少B类、消除C类，推动企业全面规范提升。

【优化营商环境】 优化16个项目56个子项目办事指南和审批系统流程，药品再注册、执业药师注册等6个项目实现跨省通办，全面对接自治区政务服务一体化平台，全年办理“一站受理”“一窗服务”事项2.4万件。自治区成立5个专家指导组，为重点企业、园区提供现场指导和服务，特别是对医用口罩、防护服生产企业采取“一对一、点对点”全程主动紧跟式服务，全力推动药械产业成为自治区战略性新产业、“六稳”“六保”新动能、经济社会发展新增长极。

【荣誉】 2020年11月，被中央文明委评为第六届“全国文明单位”；2020年12月，在全国“两法”知识竞赛总决赛中取得优异成绩；内蒙古自治区药品检验研究院荣获全国市场监管系统抗击新冠肺炎疫情先进集体；内蒙古自治区食品药品审评查验中心医疗器械审评员、医疗器械检查员李宜铮荣获全国市场监管系统抗击新冠肺炎疫情先进个人。

（杨燕　徐崇）

海　关

呼和浩特海关

【概况】 呼和浩特海关业务辖区为内蒙古自治区呼和浩特市、包头市、鄂尔多斯市、乌海市、巴彦淖尔市、乌兰察布市及锡林郭勒盟、阿拉善盟的各项海关管理工作。呼和浩特海关现内设18个正处级机构，下设正处级隶属海关单位12个，向隶属海关共派驻7个纪检组；设4个直属事业单位。现有干部职工1115人，其中，海关1026人、缉私局89人。拥有国家乳及乳制品检测重点实验室等5家重点实验室（建成2家，筹建3家），区域中心实验室9家（建成7家，筹建2家），筹建中的“国家级生物安全三级实验室”1家。

2020年，呼和浩特关区口岸进出口货物4446.9万吨，比上年减少11.7%；货物总值771.9亿元，比上年增加0.6%；进出境运输工具138.5万辆/节/架次，比上年减少29.4%；进出境人员92.6万人次，比上年减少76.7%。监管邮、快递147.7万件/票，比上年减少18.7%。征收税款入库62.67亿元，比上年减少28.26%。检验检疫进出口货物14.6万批，货值438.8亿元，分别比上年增加3.9%、减少12%；检验检疫不合格2057批次，比上年增加73.6%。保障分流进境国际航班90架次，检疫监管分流航班入境人员1.89万人次，检出新冠肺炎确诊病例184例。完成3万只蒙古国捐赠羊进境检疫工作。保持打击走私高压态势，全年立案侦办刑事案件25起，案值987.62万元，涉嫌偷逃税159.04万元；查办行政案件82起，案值5401.81万元，涉嫌偷逃税335.41万元。

【关区进出口业务】 2020年，受新冠肺炎疫情影响，呼和浩特关区口岸进出口货物4446.9万吨，比上年减少11.7%；货物总值771.9亿元，比上年增加0.6%；进出境运输工具138.5万辆/节/架次，比上年减少29.4%；进出境人员92.6万人次，比上年减少76.7%；监管邮、快递147.7万件/票，比上年减少18.7%。征收税款入库62.67亿元，比上年减少28.26%。

【口岸疫情防线】 参与自治区新冠肺炎疫情防控指挥部工作，成立关区统筹疫情防控与服务外贸稳增长指挥机构，落实各项疫情防控决策部署和防控措施，确保陆路口岸“零输入”，航空口岸“零漏检”“零扩散”。对首都机场分流国际航班采取“一航班一方案”工作模式，高效实施针对性检疫，全年保障分流进境国际航班90架次，入境人员1.89万人次，检出新冠肺炎确诊病例184例。分类管理陆路口岸跨境运输货车司机、包车入境旅客、铁路货运列车司乘人员等，严格实施“手递手”闭环管理，全年检疫陆路口岸出入境人员92.18万人次。严格按照海关总署操作规范要求做好进口冷链食品风险监测，检测结果均为阴性。

【海关监管效能】 完善综合治税工作机制，定期开展税收风险联合研判、处置，提升税收征管质效，2020年，关区关税和进口环节税净入库62.67亿元。推进进口食品“国门守护”行动，强化不合格进口食品信息报送和后续处置，做好进出口食品年度监督抽检和风险监测。精准检验监管进出口危险化学品，与自治区应急管理厅建立安全生产联防联控合作机制，加强运输工具、海关监管作业场所场地的安全管理。加强稽查、风险、统计工作，稽查追补税2769.94万元，同比增长95.6%，优化风险信息收集应用、风险预警评估、布控指令集中处置等工作，与自治区27个相关单位建立口岸安全风险联合防控工作机制，全年查发安全准入（准出）情事745起。加强统计数据质量管控，建立进出口疫情防控物资报关数据质量控制闭环。

【打击走私】 推进打击走私“国门利剑2020”行动和禁止洋垃圾入境“蓝天2020”专项行动，保持打击走私高压态势。全年立案侦办刑事案件25起，案值987.62万元，涉嫌偷逃税159.04万元；查办行政案件82起，案值5401.81万元，涉嫌偷逃税335.41万元。破获走私子弹案2起、寄递渠道走私毒品进境案15起；破获走私固体废物（骨废料）案1起、疫区冻品案2起、禁止进出口货物物品案2起。

【优化营商环境】 深入落实《海关全面深化业务改革2020框架方案》，持续推进“两步申报”“两轮驱动”“两段准入”改革，“两步申报（第一步提货申报，第二步完整申报）”通关模式适用尽用，申报率超16%；落实企业信用管理差别化措施，实施科学随机布控，“两轮驱动（随机抽查、精准布控）”实现业务现场全覆盖；以进口矿产品为切入点，推动“两段准入（准许入境、合格入市）”改革落实落地。优化行政审批和监管服务，推动实现“一窗受理”“一网通办”，国际贸易“单一窗口”主要业务应用率保持100%。“门到门”运输直通车—TIR（国际道路运输公约）业务快速发展，二连公路口岸办理的进境TIR运输业务位居全国第一。深化“放管服”改革，持续开展“减证便民”，8个进出口环节监管证件实现网上申报、网上办理，全程无纸化申报比例超99.5%，除4种因安全保密需要外全部实现联网核查。水运、空运、公路、铁路舱单作业和运输工具备案、监管作业全部实现无纸化。“证照分离”改革全面推开，取消监管作业场所注册登记证书有效期，出口食品生产企业由审批改为备案。关区进出口整体通关时间分别为29.4小时、0.32小时，较2017年分别压缩80%、86%。

【辖区外贸发展】 制定稳外贸稳外资5方面56条具体措施，出台《呼和浩特海关稳外贸促增长提升公路口岸货运量工作措施》。制定《呼和浩特海关支持中欧班列发展22条举措》，提升二连铁路口岸运能，全年经二连铁路口岸进出境班列2384列，同比增长60%，集装箱满载率达99.54%。助力做大做强优势产业，畅通保鲜果蔬出口“绿色通道”，2020年监管出口果蔬9.7万吨，货值1.2亿元，同比分别增长5.7%、10.4%，支持巴彦淖尔市打造“天赋河套”品牌，完善品牌评价及培育标准体系。扶持外贸主体发展，落实减税降费政策，减免滞纳金38.18万元，减免进口捐赠防疫物资税款228.09万元，办理对美加征关税商品排除清单退税207.49万元；加强信用体系建设，出台支持AEO企业发展16项措施；落实减免税优惠政策，办理5000万元以上内资鼓励项目适用产业政策审核确认11份，办理各类减免税证明2633份，减免税款2.54亿元。

【支持自治区开放平台快速发展】 推动自治区政府召开推进呼和浩特、鄂尔多斯综合保税区高质量发展专题会议，推动呼和浩特市政府出台支持综合保税区高质量发展的工作机制和实施细则。2020年，呼和浩特综合保税区、鄂尔多斯综合保税区进出口总值分别为9.3亿元、4.1亿元，分别是上年的6.8倍、161.4倍。推动建立中国（呼和浩特）跨境电子商务综合试验区联席会议制度，开通关区跨境电商保税和直购业务的软硬件系统，全年1210（进口网购保税）清单共332票，9610（零售一般出口）清单共31329票。积极支持提升口岸开放层次，阿拉善海关正式挂牌，乌力吉口岸获准临时开放，支持呼和浩特航空口岸、鄂尔多斯航空口岸申报水果、冰鲜水产品等进口指定监管场地，支持二连浩特边民互市贸易区开展进口商品落地加工业务。

（王梁　郭萍）

满洲里海关

【概况】 满洲里海关业务辖区为内蒙古东部的呼伦贝尔市、赤峰市、通辽市和兴安盟4个地级行政区，辖区面积45万平方公里；辖区内边境线长1819公里，其中中俄边境线长1012公里，中蒙边境线长807公里；所辖已对外开放口岸9个，其中对俄口岸4个（满洲里铁路口岸、满洲里公路口岸、黑山头口岸、室韦口岸），对蒙口岸3个（阿日哈沙特口岸、额布都格口岸、阿尔山口岸），航空口岸2个（满洲里航空口岸和海拉尔航空口岸）。下辖11个正处级隶属海关单位、属4个事业单位。2020年，关区进出口贸易额353.1亿元，同比下降11.4%；税收入库27.5亿元，同比下降8.3%；监管进出口货物1508.4万吨，同比下降10.3%；监管进出境人员20.3万人次，同比下降91.5%。

【新冠肺炎疫情防控】

口岸履职　密切关注俄蒙疫情形势变化，实时分析研判输入风险，动态调整应对策略。落实“三查三排一转运”等措施及要求，精准做好重点人群疫情防控工作。坚持“人”“物”同防，严格做好进口冷链食品和进口高风险非冷链集装箱货物口岸环节风险监测、预防性消毒工作，严防境外疫情输入。

联防联控　建立完善与地方政府

4月7日，满洲里十八里海关旅检关员对进境旅客开展流行病学调查

和有关部门联防联控工作机制，做到信息互通、处置联动。严格落实转运移交措施，形成管理闭环。支援地方疫情防控工作，加强检测资源合作，协助地方开展全员核酸检测和社区值守工作。

【国门安全】

监管　完善风险管理体系，加强重点领域和非贸渠道风险防控，人工分析布控查获率不断提升。推动监管作业场所、场地规范化建设，清理合并监管作业场所、场地25个。推进关区安全生产专项整治三年行动。持续强化后续监管，提升稽查作业有效率。加强知识产权海关保护。

检验检疫　推进口岸核心能力建设。监测疫情疫病，严防霍乱、黄热病等重大传染病及沙漠蝗、高致病性禽流感等动植物疫情疫病输入。截获检疫性有害生物7种39批次，全国首次截获一般性有害生物长荚罂粟。开展进口食品“国门守护”行动。强化防疫物资检验。

综合治税　制定税收征管考核评估办法。完善分层次多角度税收风险协同防控体系，加强涉税要素监控和税收形势分析，报送税收风险参数建议124条，移交风险线索4条，审价补税2577.2万元。

打击走私　推进缉私部门管理体制调整，强化缉私业务领导和综合保障。推进“国门利剑2020”行动。全力打好野生动物走私攻坚战。严厉打击医疗物资违法活动。

【服务开放大局】

支持外贸发展　全面落实“六稳”“六保”任务，制定“59+41”项措施并持续推动落实。问需于政于企，主动与辖区盟市对接，深入外贸企业调研，组建“专家服务团”，开展送政策上门活动。加强进出口监测预警和宏观形势分析，编发《统计专报》19期，监测报告112期。

服务中欧班列　完善中俄海关、铁路双边“四方会谈”常态化机制，与俄罗斯远东海关管理局开展视频会谈，持续推动落实班列便利化通关措施。健全与属地海关沟通协调机制，与24个直属海关签署合作备忘录。推动满洲里中欧班列枢纽站点建设。率先实现铁路口岸物流监管无纸化和出口提前申报，创新铁路进出境快速通关业务模式并在全国推广。全年监管进出境中欧班列3079列，同比增长42.1%。

助力辖区特色产业　开展谷氨酸钠税政调研，为企业增加直接收益7000万元。检疫出口供港澳活牛3527头，同比增长15.9%。推动呼伦贝尔食用菌、兴安盟大米实现首次出口。助力辖区乳源基地、生物制药等重点项目建设，减免税款2054.9万元。签发原产地证书1.2万份，帮助企业享受进口国关税优惠1789.2万美元。加强AEO企业培育和认证，6家企业通过高级认证。

支持开发开放平台建设　阿日哈沙特口岸、额布都格口岸实现常年开放，额布都格海关正式开关。支持满洲里综保区健康发展，进出口值达10.5亿元，同比增长1倍。推动满洲里市获批内蒙古首个市场采购贸易试点。服务赤峰和满洲里跨境电商综试区建设，加快国际快件邮件监管场所审批速度，支持网购保税出口业务开展。

【业务改革】

推进业务改革　牵头完成总署公路、铁路运输模式“两段准入”及铁路运输模式“两步申报”信息化任务书编写。有序推动“两轮驱动”改革。实施进口铁矿、铅精矿、锌精矿、原油“先放后检”模式改革，平均验放时长由10.8天压缩至0.7天。推进邮递物品监管改革，出口邮件实现信息化监管。落实关税保证保险改革措施，惠及33家企业。深化主动披露制度应用，办结主动披露情事17起，同比增长近8倍。

“放管服”改革　采取不见面审批、容迟受理、随到随审等措施，行政许可网上办理率达99%。持续压缩整体通关时间，12月份关区进、出口整体通关时间较2017年同期分别压缩57.55%和87.99%。深化国际贸易“单一窗口”应用，实现报关报检资质网上一次注册。严格规范涉企收费，强化监督检查，所有涉企收费项目均建立目录并对外公示。

科技保障　开发运行国内首个火车车载木材材积测量系统。保障21个署级项目上线平稳运行。开展海关业务数据安全专项行动，网络攻防演习顺利完成。加大科研攻关力度，新立项署级项目1项。加强实验室设备配备，推进P2实验室建设，实验室检测能力、安全管理水平不断提升。

（李姬莹）

5月15日，满洲里海关所属车站海关查验关员对中欧班列进行优先查验

口　岸

【口岸进出境情况】　2020年，全区

口岸进出境货运量6633.4万吨，同比下降27.1%。进境货运量5832.5万吨，同比下降28.4%；出境货运量800.9万吨，同比下降16.4%。全区口岸进出境客运量113.6万人次，同比下降81%。全区口岸进出境交通工具81.2万辆架次，同比下降52.4%。内蒙古自治区口岸管理办公室是自治区商务厅部门管理机构，为副厅级，内设4个处室，行政编制20名。其中，口岸办主任1名（副厅级），口岸办副主任2名（正处级），处级领导职数8名（4正、4副），一至四级调研员职数8名（一级调研员1名，二级调研员职数2名，三级、四级调研员职数5名）。

【出入境中欧班列】 经二连浩特口岸出入境中欧班列2384列、同比增长60%，24.13万标箱、同比增长74.8%，货值277.85亿元、同比增长39.67%。经满洲里口岸出入境中欧班列累计开行3054列、同比增长40.9%，265156标箱、同比增长43.6%，总货值约合人民币338.26亿元、同比增长29.6%。

（韩明通）

烟草专卖管理

【概况】 内蒙古自治区烟草专卖局、中国烟草总公司内蒙古自治区公司（两块牌子、一套机构，合署办公）依照《中华人民共和国烟草专卖法》及其实施条例，履行烟草专卖行政管理和烟草专营职能。内蒙古自治区烟草专卖局（公司）内设机构：办公室、综合计划处、专卖监督管理处、内部专卖管理监督处、政策法规与体制改革处、财务管理处、审计处、人事处、党建工作处、纪检监察处、安全管理处、烟叶管理处、卷烟销售管理处、物流管理处、离退休人员管理办公室、机关服务中心、信息中心、教育培训中心、烟草质量监督检测站、烟草学会秘书处、规范管理办公室、职业技能鉴定站、群团工作处、内蒙古自治区烟草专卖局铁路分局。截至2020年底，自治区烟草专卖局（公司）本级总资产71.29亿元，从业人员180人。

【烟草专卖管理和烟叶产销】 深化“政府主导、部门配合、联管联治、共建共享共赢”专卖工作格局，规范卷烟市场经营秩序，优化卷烟消费环境工作机制，巩固专卖管理“北疆防线”持续。2020年，烟叶收购等级合格率81.62%。户均种烟收入同比增长50.36%。烟叶生产守住红线、稳住规模、提升质量、优化布局、实现扶贫富农。

【企业管理】 提升经济运行质效，压实发展责任，坚持“总量控制、稍紧平衡，增速合理、贵在持续”调控方针。卷烟物流管理实现控本增效，“2+2”跨区域物流整合取得进展，平均物流费用指标同比全面下降，效率指标同比全部提升。

提升风险防控能力，压实安全责任，深化“党政同责、一岗双责、齐抓共管、失职追责”工作要求，安全发展理念贯穿生产经营全过程。完成“七五”普法宣传工作深化“法律六进”活动。

提升企业整体实力，压实岗位责任，机关百名干部下基层督导工作，成立11个下基层临时党支部，有力推动重心向基层下移、力量向基层下沉。机关干部到联系点督导309人次，累计为基层解决问题216个，形成研究成果16个。办事公开、民主管理同业务工作深度融合，公开事项91733项，促进服务和监管贴近客户和市场。推进政府网站建设、云平台和大数据建设，建成机关综合档案室（档案库）。

【企业文化建设】 截至2020年底，建立124个“责任文化”教育阵地，传承和发扬“两个至上”烟草行业共同价值观，利用阵地组织行业内学习教育12530人次，接待行业外参观学习5168人次。

（班晓华）

盐业管理

【概况】 内蒙古自治区盐业公司是自治区直属国有独资企业，是自治区各类盐品供应的主渠道。公司在全区11个盟市下辖企业20家，其中全资子公司12家，分公司1家，控股公司2家，参股公司5家，在全区旗县（市区）设有87家盐品配送中心。

2020年销售各类盐品21.18万吨，同比增销2.07万吨；其中直接入口盐销量7.57万吨，同比增销0.69万吨。营业总收入2.94亿元，同比增长12.93%，产品结构和品种进一步优化，高品质盐占比同步增加3.27%。

【抗疫保供】 新冠肺炎疫情期间，针对外省盐企无法配送，个体、民营盐企不愿配送的疫情风险区、交通管制区、偏远贫困区，广大党员干部员工及时布货补货，为人民群众装满“盐袋子”。在疫情较为严苛时期，从1月24日至2月25日，公司为访销配送盐品出动8128人次，配送门店14448个，上门访销门店11258个，累计配送盐品15417吨，确保食盐价格不涨、质量不降、供应不断，保证全区2400万人民群众，尤其是边远地区、疫情隔离社区居民的用盐需求，有效预防了疫情期间抢盐囤盐事件的发生，维护了食盐市场稳定和社会大局稳定。

【渠道建设】 线上线下联动开展盐品宣传、销售。线下“用盐讲座”进社区、进学校、进讲堂，科普健康用盐知识；“母亲湖”牌产品宣传上机场、下地铁，进公交、走高速伴随百姓出行；草原湖盐清晨出早市、晚上摆地摊，商超设专柜、农贸搞活动，融入了群众生活。线上推进“互联网+”发展方式，公司正式加入了中央企业电子商务联盟，与其他300多家联盟成员一道，在体制机制创新、业务协同协作，资源互补共享等方面推进务实合作。公司电商平台“盐宝”注册会员超过1.75万户，线上商品突破4400种，全年累计交易额超过5000万元。畜牧盐网销售畜牧盐粉2.69万吨，订单数量日益递增。推进“蒙盐”品牌系列产品“走出去”战略，与贵州盐业集团签订战略合作协议，与京津冀、陕甘宁、粤贵滇等地盐业公司促成合作业务，实现盐品区外销售6717吨。

【项目建设】 利用闲置土地资源建设仓储物流基地，投资内蒙古新华发行集团IPO项目取得实质性进展。投资8497.288万元购买了内蒙古新华发行集团股份有限公司4%的股份，开启了跨行业股权合作新篇章，实现了对国有资源资产化、资产资本化、资本证券化的有益探索。

【结构调整】 按照党中央关于推动互联网和实体经济深度融合发展精神，参股成立内蒙古弥特物联公司，以盐产品为基，利用物联网应用技术，在自治区推广物联追溯系统，完善产品安全溯源体系建设，已在锡林郭勒盟和山西省实现业务落地。助力污染防治攻坚战，公司结合实际投资进军环保领域，与中科实业集团、新加坡WIS（外资），深圳艾柯斯环境生物工程有限公司，合资成立北京中科美星环境生物技术有限公司，开展餐厨垃圾生物降解项目。通过先进的微生物降解霉菌，大规模降解餐厨餐余垃圾为有机肥料，变废为宝。项目已在四川绵阳和天津开工建设。

【混合所有制改革】 额吉淖尔制盐公司混改工作完成，募集资金8144万元，使其成为集中央企业、地方国企、民营资本、管理层持股的标准混改企业。其中混改引入非国有资本总量3000万元，同步引入了技术、人才，为企业高质量发展提供了新动能。

【民生工程】 严格落实食盐储备政策，年储备食盐1万吨/月，保障应急供应。调增配送费、市场维护费，保障全区食盐兜底供应，补贴边远农牧区食盐运费，平抑食盐价格，持续巩固持续消除碘缺乏病成果。组织开展形式多样的科普宣传活动等具体措施，认真落实减盐、补碘行动，为健康中国行动作出积极贡献。在新冠肺炎疫情暴发的关键节点，所属各单位基层党组织成立13个党员先锋队、3个党员志愿队，划设28个党员责任区，相继选派20余名党员和入党积极分子助力社区疫情防控。捐赠物资、减免房租260万元支援抗击新冠肺炎疫情。公司大力支持脱贫攻坚各项事业发展，助力乡村振兴进程，对口帮扶点兴安盟图牧吉镇哈达嘎查全部脱贫摘帽。

【企业荣誉】 由内蒙古自治区盐业公司控股的内蒙古额吉淖尔制盐有限公司与中视微传（北京）文化发展有限公司联合制作的微电影《我的母亲湖》，荣获第八届亚洲微电影艺术节最佳作品奖和最佳音乐作品奖。

（郝雯娜）

农业 水利

农牧业

【概况】 内蒙古自治区农牧厅机关内设办公室、人事处、法规处（综合执法局）、政策和改革处、发展规划处、计划财务处、乡村产业发展处、农村牧区社会事业促进处、农村牧区合作经济指导处、市场与信息化处、对外合作处、科技教育处（农牧业转基因生物安全管理办公室）、农畜产品质量安全监管处、种植业管理处（农药管理处）、畜牧局、兽医局、饲料饲草处、渔业渔政管理局、农垦局、种业管理处、农牧业机械化管理局、农田建设管理处22个处室局，另设机关党委、离退休人员工作处；所属公益一类事业单位25个，公益二类事业单位2个；自治区党委农村牧区工作领导小组办公室（党委农牧办）设在农牧厅，党委农牧办设置党委农牧办秘书处，负责处理自治区党委农村牧区工作领导小组办公室日常事务。2020年，创建草原肉羊和向日葵2个国家级优势特色产业集群，新认定呼和浩特市和林格尔县奶牛、鄂尔多斯市乌审旗鄂尔多斯细毛羊、阿拉善盟阿拉善左旗阿拉善双峰驼、通辽市开鲁县开鲁红干椒、乌兰察布市燕麦、锡林郭勒盟西乌珠穆沁旗乌珠穆沁白马、巴彦淖尔市河套番茄、阿拉善盟阿拉善左旗肉苁蓉、赤峰市喀喇沁旗中药材、兴安盟阿尔山市阿尔山卜留克10个内蒙古特色农畜产品优势区。2020年，全区粮食总产732.8亿斤，位居全国第八，肉类产量260.7万吨，其中牛肉产量66.3万吨，位居全国第二，羊肉产量113万吨，是全国唯一过百万吨的省区，渔业产量12万吨；农畜产品总体合格率稳定在98%以上，全区农作物耕种收综合机械化率达86%，农村牧区居民人均可支配收入16567元，增长8.4%，继续保持“两个高于”。

【粮食生产】 粮食生产实现“十七连丰”，全区农作物总播面积905.6万公顷，同比增长1.3%；粮食播种面积724.26万公顷，同比增长1.9%；全区粮食总产量达到732.8亿斤以上。下达生产者补贴和耕地地力补贴等各类资金146亿元，划定340万公顷粮食生产功能区和80万公顷重要农产品保护区，实施黑土地保护利用7.33万公顷、耕地轮作60万公顷，新建高标准农田23.73万公顷，0.813万公顷盐碱地改良试点基础建设基本完工，完成保护性耕作50.6万公顷、深松整地104万公顷。深入实施粮改饲、高产苜蓿种植项目，带动全区青贮玉米、苜蓿种植面积增加到104.07万公顷和53.33万公顷。

【畜牧业生产】 畜牧业生产实现“十六连稳”，年末牲畜存栏数7279.4万头（只），同比增长3.5%。其中，生猪存栏534.1万头，同比增长24.3%；牛存栏671.1万头，同比增长7.2%；羊存栏6074.2万只，同比增长1.6%。肉类总产量达到260.7万吨。制定实施《奶业振兴三年行动计划》，落实专项资金4亿元，支持母牛扩群增量，推进伊利智慧谷、蒙牛产业园为主导的九大产业集群建设，奶牛存栏达到129.3万头，同比增长5.6%，牛奶产量达到611.5万吨，同比增长5.9%；挖掘民族奶食品加工发展潜力，改造提升364个中小奶牛养殖场和100个民族奶制品手工作坊，打造锡林郭勒奶酪区域公用品牌。坚持抓大不放小，优化生猪产业布局，新增出栏万头猪场87个，在保证全区猪肉自给的同时，净调出生猪405.5万头，是去年同期8倍。聚焦饲草优势产区和奶牛主产区，开展苜蓿、燕麦等饲草基地保障建设，带动全区苜蓿种植面积达到53.33万公顷，全区饲草产量9930.57万吨、饲料产量463万吨，饲料和饲料添加剂总产值307亿元，为畜牧业转型升级提供保障。

【产业扶贫】 坚持规划先行，修订完善《内蒙古自治区“十三五”产业扶贫规划》，制定《2020年产业脱贫攻坚行动计划》《2020年产业扶贫工作要点》，起草产业扶贫与产业振兴衔接办法。推动扶贫产业发展，将56个有条件的贫困旗县全部纳入自治区优势产业带和产业集群重点县范围，倾斜农牧业产业发展资金100亿元以上，因地制宜发展肉羊、肉牛、生猪、家禽、饲料饲草、玉米、水稻、小麦、马铃薯、向日葵、杂粮杂豆、果蔬等优势特色产业，项目累计覆盖人口近83.15万人次。强化利益联结，大力推广“菜单式”“托管式”“资产收益式”“龙头企业+合作社+贫困户”等利益联结模式，将贫困人口吸附在产业链条上实现脱贫增收。累计培育扶贫龙头企业983家，建设扶贫车间268个，发展产业化联合体189个，直接带动贫困人口7.5万人，年人均增收达到1519元。强化技术指导服务，组建产业扶贫技术专家组230个，选聘产业指导员1.7万人，对贫困旗县开展科技包联，累计开展培训3800多期，指导贫困户35.5万户次。

【农村牧区人居环境整治】 以农村牧区人居环境整治三年行动方案为引领，制定农村牧区人居环境整治“十县百乡千村”示范行动计划；97.5%的行政嘎查村基本建立起生活垃圾收运体系，非正规垃圾堆放点整治和生活污水综合治理任务均已全部完成。广泛发动群众，结合农村牧区新冠疫情防控，深入推进“三清一改”，97.8%的嘎查村实现常态化保洁，村庄绿化率达到30%以上，村庄环境面貌整体改观。在全区开展1546个公共基础设施管护机制嘎查村试点，推介农村牧区10大公共服务典型案例。全区所有旗县完成村庄分类，60.2%的旗县完成县域乡村建设规划，55.4%的嘎查村编制村庄规划。

【农牧业产业化】 全区销售收入500万元以上农畜产品加工企业实现销售收入3722.8亿元，同比增长5.29%；完成增加值1038.9亿元，同比增长5.49%；农畜产品加工转化率达到65%；自治区级及以上农牧业重点龙头企业达到716家，国家级龙头企业46家。聚焦乡村特色产业和产业融合发展，10个乡镇苏木成功申报获批实施农业产业强镇建设项目，做优做强奶业、玉米2个千亿级产业集群，做大做强肉牛、肉羊、羊绒、马铃薯、杂粮杂豆、小麦、向日葵、蔬菜、饲草料9个百亿级产业集群，培育壮大大豆、粳稻、马、双峰驼等特色产业集群；实施休闲农牧业和乡村旅游精品工程，新增7个国家“一村一品”示范村镇，达到89个，向国家推介了乌兰察布市集宁区北部乡村旅游等16条特色休闲旅游路线，伊金霍洛镇布拉格嘎查等8个嘎查村被农业农村部认定为“2020年中国美丽休闲乡村”，11个休闲农牧业和乡村旅游典型案例被农业农村部收录。

【农牧业科技】 支持87个旗县（市区）开展基层农技推广体系改革与建设，组织开展农牧业重大技术协同推广试点工作，建设长期稳定示范基地120个。农作物耕种收综合机械化率达到86%，农业科技进步贡献率超过57%。印发《内蒙古自治区种业发展三年行动方案（2020—2022年）》，建设内蒙古大学草原家畜种质创新基地，印发《第三次全国农作物种质资源普查与收集行动内蒙古2020年实施方案》，全面启动94个旗县农作物种质资源普查工作。组织255个品种参加第八届内蒙古绿色农畜产品博览会暨优良品种推广会，加强科技成果的转化落地和优良品种推广力度；审定主要农作物新品种76个，牙克石、四子王旗、察右前旗三个国家级马铃薯良繁基地县，标准化种薯基地7万亩。落实国家畜禽保种任务，加强白绒山羊、双峰驼、乌珠穆沁羊等国家保种项目管理。

【农牧业绿色发展】 坚持“生态优先，绿色发展”，推进畜禽粪污资源化利用，支持3388个规模养殖场配套粪污处理设施设备，制定《畜禽粪污资源化利用整县推进项目任务责任书》，推进57个畜牧旗县整县实施畜禽粪污资源化利用项目，全区畜禽粪污综合利用率达到86.43%，规模养殖场粪污处理设施装备配套率达到97.94%。开展秸秆综合利用和地膜回收处理，搭建国家、自治区、盟市、旗县四级秸秆资源数据共享平台，在7个盟市的16个秸秆资源量较大旗县实施秸秆综合利用重点县项目，选择莫力达瓦旗探索开展秸秆综合利用区域补偿制度试点，2020年项目重点县秸秆综合利用率达到90%以上，带动全区秸秆综合利用率超过85%；在15个旗县开展地膜回收处理示范县建设，在7个旗县安排开展可降解地膜试验示范，在五原县、杭锦后旗和开鲁县探索开展农膜回收区域补偿制度试点，2020年项目旗县农膜当季回收率达到85%，带动全区地膜回收率达到80%。推进控肥、控药、控水、控膜“四控”行动，推广测土配方施肥11856万亩次，实施统防统治4410万亩、绿色防控4660万亩，化肥农药连续第三年保持负增长。在通辽市、赤峰市等地下水匮乏地区推广浅埋滴灌、膜下滴灌135万亩，在巴彦淖尔市黄灌区开展地表水滴灌试点，全区高效节水面积达到2811万亩。推进水产生态健康养殖，创建国家级水产健康养殖示范场14个。开展水产养殖用药减量行动，全面实施水产苗种产地检疫制度，创建和复核国家级水产健康养殖示范场18个。加大水生生物资源养护力度，全年共放流各类鱼类苗种 8197.6万尾。

【农牧业品牌】开设《爱上内蒙古》《内蒙古味道厨房》节目，制作完成38期，重点宣介牛肉、羊肉、牛奶、大米、小米、燕麦、荞麦、马铃薯、胡萝卜、红薯以及天赋河套、锡林郭勒奶酪等“蒙字号”优质农畜产品，在内蒙古卫视频道、网络融媒体同步播出。召开第八届内蒙古绿色农畜产品博览会暨优良品种推广会，达成意向协议8188.8万元，参观人数超过3万人次；组织参加第十八届中国国际农产品交易会等各类展会，大力加强区域公用品牌和优质“蒙字号”品牌宣传推介。通过京蒙扶贫协作和线上线下推广等方式销售贫困地区农畜产品9.5亿元。开鲁县红干椒入选第四批“中国特色农产品优势区”，国家级特优区达到10个；新认定呼伦贝尔市三河牛、阿巴嘎黑马等10个内蒙古特色农畜产品优势区，自治区级特优区达到20个，对通辽黄玉米等11个地理标志农产品实施了保护工程。

【农村牧区改革】 全区确权耕地646.67万公顷，占应确权面积的98%；确权农户332万户，颁发土地承包经营权证书98%，较国家平均水平高出2个百分点。第二轮土地承包到期后再延长30年试点有序开展。全区应开展改革的嘎查村中99.9%完成了清产核资，99.5%完成了集体经济组织成员身份确认，93%完成了股权设置，96.3%成立了股份（经济）合作社。集体经济收入低于5万元的嘎查村基本清零。在通辽市开鲁县等3个旗县开展全国试点工作的基础上，同步在呼伦贝尔市阿荣旗等6个旗县开展自治区试点，积极探索盘活闲置扎基地和闲置农房利用模式，努力增加农牧民财产性收入。通过项目带动扶持合作社739个，创建农牧业产业化联合体387家，实施生产托管面积23.8万公顷，带动小农户加快与现代农牧业衔接。发挥联席会议牵头单位职能，建立协调机制，组织召开全区推进牧区现代化试点现场会和观摩会，推动成员单位加强政策资金倾斜，支持4个试点旗在产业发展、生态保护、体制机制等方面取得积极成效。

【兽医卫生管理】 严格落实春秋强制集中免疫、加强监测排查等各项防控措施，强化防疫队伍建设，迅速规范处置1起输入性非洲猪瘟疫情和1起进口牛结节性皮肤病疫情。全区累计排查养猪场户744万个次、生猪1.34亿头次。全年免疫动物33234万只次，口蹄疫等重大动物疫病监测264万头份。全区共检疫动物9127万头只羽、动物产品44万吨，无害化处理动物39.8万头只。监督兽药生产、经营企业严格执行兽药GMP、GSP标准，全面实施兽药二维码追溯管理，加大对网络销售兽药进行监控力度，全区共监督抽检兽药产品928批次，合格率99%。探索推进兽医社会化服务，指导锡林郭勒盟、兴安盟部分旗县开展政府购买防疫服务试点和3家第三方兽医检测机构建设。在通辽市等6个盟市的14个牧区旗实施了国家动物保护能力提升工程项目。

【农畜产品质量安全】 持续推动监测体系建设和能力提升，新创建国家级质量安全县4个，在原有9个国家级安全县开展全程质量控制技术体系试点县创建，全区累计通过“双认证”质检机构达到46个，定量监测农畜产品3.1万批次，合格率稳定在98%以上。坚持产管并举，全区“两品一标”产品总量达到500万吨，绿色食品原料标准化生产基地面积位居全国第二，85%的旗县已部署启动农畜产品合格证制度试行工作，绿色有机农产品企业全部纳入了国家追溯信息平台。开展“春雷”行动和“利剑”行动，立案查处农畜产品质量安全和农资案件600余件。

【农村牧区政策落实】 落实中央及自治区惠农惠牧资金221.13亿元，其中：中央财政资金186.91亿元，自治区财政资金24.12亿元，中央预算内投资10.1亿元。已将农牧民补助奖励任务0.68亿公顷、45.745亿元，其中禁牧0.27万公顷，29.24亿元；草畜平衡0.41亿公顷，16.5亿元全部落实到盟市旗县；全面落实中央及自治区农机购置补贴资金11.7亿元，全区共补贴机具8万台，受益农牧户6.8万户。

（赵丽　包阿古魅拇　张洁）

林业　草原

【概况】 内蒙古自治区林业和草原局是内蒙古自治区人民政府正厅级直属机构，主要承担统筹推进全区森林、草原、湿地等生态资源保护建设管理，自然保护地管理，野生动植物资源保护和开发利用、推进林业和草原改革、森林草原防火等职责。自治区林业和草原局内设机构14个，另设机关党委、离退休人员工作处，行政编制66名。12月25日，自治区编办批复《内蒙古自治区林业和草原局关于事业单位改革方案（草案）的请示》。改革前，局直属事业单位20个，包括副厅级2个、正处级18个，其中参公单位11个，公益一类事业单位9个，共有事业编制1100名。改革后，重组11个直属事业单位，包括副厅级2个、正处级9个，其中拟申报参公单位2个、公益一类事业单位9个。完成营造林和种草分别为91.5万公顷、112.5万公顷，为年度计划的105.8%和112.5%。在黄河流域完成林业生态建设38.93万公顷、种草49万公顷。完成沙化土地治理85.2万公顷，“十三五”期间累计完成荒漠化和沙化土地治理479.83万公顷，超额完成“十三五”防沙治沙目标任务。新建5个国家沙化土地封禁保护区。完成退化草原人工种草生态修复国家试点任务6.19万公顷。自治区自筹资金5.5亿元，完成内蒙古大兴安岭及周边地区已垦林地草原退耕还林还草试点4万公顷。在全区557个乡镇苏木2481个嘎查村开展了乡村绿化美化，完成绿化2.09万公顷。义务植树3567万株。完成自治区重点区域绿化3.33万公顷。

【林业和草原资源管理】 办理使用林地申请事项1199项，收缴森林植被恢复费13.90亿元。办理使用草原申请事项1466件，收缴草原植被恢复费10.5亿元。集中力量整治毁林毁草开垦、乱占林地草原、乱砍滥伐林木等问题，通过卫片发现的疑似涉林违法地块和疑似违法面积分别下降83%和82%，乱砍滥伐林木蓄积量下降81%。草原违法案件立案率99.96%，结案率91.6%。

【森林草原防火】 发生森林火灾75起，受害森林面积653.34公顷，森林火灾受害率0.026‰，森林火灾起数和受害面积较2019年分别减少67.4%和80.2%。发生草原火灾10起，受害草原面积7020.2公顷，草原火灾受害率0.08‰，草原火灾起数和受害面积较2019年分别减少71.4%和89.4%。

【森林草原有害生物防治】 全区发生林业有害生物灾害73.49万公顷，林业有害生物成灾面积1.19万公顷，成灾率0.47‰。防治各种林业有害生物41.48万公顷，无公害防治率98.81%。完成松林松材线虫病监测面积159.15万公顷，未发生松材线虫病。完成美国白蛾防治面积6553公顷，成灾面积500公顷。防治草原鼠害306万公顷、治虫182.5万公顷、毒害草防控15.26万公顷。

【湿地和野生动植物资源保护】 认定自治区重要湿地16处，建设自治区级湿地公园5处，完成3处国家级湿地公园验收工作。印发《关于禁止非法交易和食用野生动物的通知》，完成禁食野生动物补偿处置工作，全区发放补偿处置补助资金965万元。开展野外野猪非洲猪瘟和鸟类禽流感等野生动物疫源疫病监测预警工作，初步建立野生动物疫源疫病监测防控体系。安排资金1000多万元用于野生动物疫源疫病监测防控和收容救护工作。办理野生动植物行政许可27项，其中野生动物人工繁育许可4项，出售、购买、利用许可18项，野生动物捕猎许可3项，2项不予许可。

【林业和草原改革】 落实以奖代补改革支持政策，筹措国有林场改革奖补资金1亿元，对财政负担较重的盟市给予补助，支持解决欠缴职工社保问题。编制印发《关于支持扶贫攻坚造林合作社的意见》。发展林下种植、养殖、采集加工、景观利用等林下经济79.36万公顷、参与农户14.65万户。

【科技兴林兴草】 组织申报各类林草科技创新项目21项，组织实施中央财政林业科技推广示范项目12项，6项林草科技成果获得2019年度自治区科学技术进步奖，其中一等奖2项、二等奖1项、三等奖3项。审定地方标准8项、正式发布14项地方标准。

【生态扶贫】 继续实施“两补偿、两带动”（建档立卡贫困人口生态护林员补偿、森林生态效益补偿；林业重点生态工程带动、绿色惠民产业带动），将全年83.1%的林业重点工程任务安排在贫困地区，在贫困地区完成营造林48.87万公顷。新增生态护林员648人，累计达17348人。下达贫困地区国家、自治区公益林补助资金近16亿元、特色经济林示范基地建设项目资金720万元、林业产业化项目资金1100万元。

【林业草原信息化建设】持续推动《内蒙古自治区林草局大数据建设项目》，项目主要利用政务云环境建设林草局综合数据存储、共享、展示平台，将各业务系统数据、外部资源数据集中存储到林业大数据平台中，并通过数据清洗、检查入库、分析展示等功能，实现林业大数据智能分析与可视化展示，为林草业管理决策提供服务。项目建设包括五个部分，即搭建林业大数据云服务环境、编制林业大数据标准规范、建设林业大数据管理服务系统、建设林业大数据智能分析与可视化展示系统和建设林业大数据科学决策系统。已收集信息4.5T，完成数据资源目录编制工作。11月1日，《内蒙古自治区林草局大数据建设项目》通过专家验收。

【党政军义务植树】 4月16日，石泰峰、布小林、李秀领、林少春、王莉霞、马学军、刘奇凡、白玉刚、杨伟东、张韶春、段志强、马庆雷、那顺孟和等自治区领导到自治区党政军义务植树基地，与首府干部群众一同参加义务植树活动。内蒙古自治区党委、人大常委会、政府、政协、法院、检察院、内蒙古军区、武警内蒙古总队的省军级领导及自治区林草局、呼和浩特市、和林格尔新区的干部群众参加植树。内蒙古自治区党政军义务植树基地总规划面积43.2公顷，位于和林格尔新区“两河一廊道”什拉乌素河治理东水泉段项目区。内蒙古自治区党政军领导已经连续三年在此植树。

【乌兰察布火山地质公园获批国家地质公园】 4月，乌兰察布市林草局委托河北地质大学开展乌兰察布国家地质公园晋升申报资料编制工作，开展了野外考察定界、收集资料、拍摄图片和视频等工作，完成《综合考察报告》《国家地质公园申报书》初稿编写。12月24日，国家林草局批复同意新建乌兰察布国家地质公园。

【全区林草系统扫黑除恶专项斗争行业整治工作部署视频会议】4月30日，全区林草系统扫黑除恶专项斗争行业整治工作部署视频会议召开，主会场设在自治区森林公安局视频会议室。自治区林草局局长牧远讲话，自治区森林公安局局长杨峻山宣读《全区林草2020年扫黑除恶专项斗争行业整治工作方案》。各盟市林草局有关负责人，专项斗争领导小组成员单位负责人在分会场参会。

【中国内蒙古森林工业集团有限责任公司挂牌】 8月1日，中国内蒙古森林工业集团有限责任公司挂牌运营。自治区党委副书记、自治区主席布小林为中国内蒙古森林工业集团有限责任公司揭牌。揭牌仪式前，布小林到内蒙古大兴安岭森林调查规划院考察，了解森林资源监测、野生动植物资源调查、沙盘和卫星遥感影像制作等情况。

【国家草原自然公园试点建设工作启动会】 8月29日，国家草原自然公园试点建设工作启动会在呼和浩特市召开，会上举行了敕勒川国家草原自

2020年8月29日，敕勒川国家草原自然公园（试点）揭牌仪式　（郭利平）

然公园揭牌仪式，标志着以敕勒川国家草原自然公园为代表的全国首批39个国家草原自然公园正式开展试点建设。国家林业和草原局副局长李树铭、自治区副主席李秉荣出席会议并致辞。全区共有14家国家草原自然公园被列入首批国家草原自然公园建设试点名单。

【内蒙古大兴安岭重点国有林区改革通过国家验收】 9月7—10日，由国家发展改革委、林草局、人力资源社会保障部组成的国家验收组，到内蒙古大兴安岭重点国有林区，对国有林区改革情况开展实地验收。内蒙古自治区国有林区改革验收评分为98.8分，总体评价为“优”，通过国家改革验收。

【草原保险试点】 10月28日，全国首个财政保费补贴型天然草原保险试点项目—内蒙古自治区巴彦淖尔市乌拉特后旗草原保险试点项目，由中国人民财产保险股份有限公司内蒙古分公司成功中标。中标机构将为乌拉特后旗70余户牧民的9.3万公顷草原提供草原旱灾、病虫鼠害、沙尘暴和火灾保险等风险保障服务。是内蒙古自治区实施的首个天然草原保险试点项目。根据约定，承保标的每公顷草原保险金额300元，每公顷保险费15元，保费缴纳地方财政补贴90%，牧民自担保费10%，总体风险保障额度2800余万元。

【自然保护地整合优化】 按照自然资源部和国家林草局的部署安排，内蒙古于3月开展全区自然保护地整合优化工作，6月24日完成现地评估、调查、勘界及整合优化初步工作，编制完成《内蒙古自治区自然保护地整合优预案》，8月26日通过自治区政府常务会议审议后上报国家林草局。12月14日通过国家林草局初审。

【荣誉】 内蒙古自治区林草局《林草生态大数据平台》作品在首届全国生态大数据创新应用大赛中获优秀奖。内蒙古自治区绿化站刘世杰，获第四届中国绿化博览会组委会颁发的2020年第四届中国绿化博览会突出贡献个人称号。《中苜2号高产苜蓿新品种的推广应用》项目荣获农业农村部颁发的全国农牧渔业丰收奖一等奖，获奖人：内蒙古自治区草原工作站赵景峰。

（赵美丽　何泉玮）

水　利

【概况】 内蒙古自治区水利厅是自治区人民政府正厅级组成部门。2020年，厅机关内设职能处室13个，核定编制61名，在编45人；下设厅属事业单位25个，核定编制2407人，在编2038人。2020年，全年落实水利投资100.93亿元，纳入水利部考核年度投资完成率90.7%，其中重大水利工程投资完成率97.1%，中央水利发展资金绩效评价良好。农村饮水安全工程受益总人口58万人，解决75万农牧民饮水型地方病氟砷碘超标问题、10.3万农牧民苦咸水问题，贫困人口饮水安全问题得到全面解决。河湖长制深入落实，“量水而行”、地下水超采治理等工作扎实推进，重点河湖水生态不断改善。防汛抗旱工作成效明显，水利工程安全管理工作不断夯实，有力保障人民群众生命财产安全。

【水政】 起草《内蒙古自治区河湖管理条例（草案）》，列入自治区人大2021年立法调研计划。起草《自治区地下水保护和管理条例》，列入2021年自治区人大立法计划。完成《自治区农业节水灌溉条例》修订。全面梳理水利厅权责清单事项内部分工，制定行政管理手册。制定印发《前期工作技术审查与行政审批管理办法》《本级政务服务平台在线行政审批管理制度》，进一步明确审批事项办理流程。对行政许可事项的中介服务开展专项整治。全年，通过自治区互联网政务平台及窗口受理审批事项，全部按照规定时间完成。

【水资源管理】 推进西辽河流域水生态修复，协调成立以自治区分管副主席为组长的工作领导小组，制定印发内蒙古西辽河流域水量调度管理办法（试行）、“量水而行”2020年行动计划等，开展用水总量控制指标分解等10项重点工作，累计压减超采水量1.9亿立方米。向西辽河干流河道下泄生态水量3700万立方米，实现20年来西辽河干流首次生态水量下泄。抓好察汗淖尔流域生态保护工作，形成《察汗淖尔流域水资源及其调控措施研究报告》，研究制定水利厅《贯彻落实习近平总书记察汗淖尔重要指示精神工作方案》。建立自治区水量分配河流名录，编制绰尔河、大凌河、雅鲁河跨盟市河流水量分配方案，配合流域委开展窟野河等跨省河流水量分配。开展“一湖两海”生态水量确定和保障工作，着力保障河流湖泊生态用水需求。编制自治区《“十四五”水资源利用配置规划》。继续实施最严格水资源管理制度差异化考核。推动《自治区地下水生态保护和治理规划实施纲要》落实，将地下水“五控”指标分解到旗县。完成339家违规取用地下水企业整治和“十二五”期间新增机电井整治工作。严禁地下水发展高耗水工业项目等，严厉打击违规取用水。印发“以电折水”试点工作指导方案，选择5个旗县开展试点。按季通报重点区域地下水水位变化情况，对地下水超采区进行动态管理。印发《自治区取用水管理专项整治行动实施方案》，核查登记取水口46152个。有序推进用水统计制度改革和取水许可电子证照工作。全区33个超采区中30个一般超采区已达到采补平衡并销号，3个大型超采区达到阶段性治理目标，累计压采水量5.9亿立方米。

【节约用水】 2020年，印发自治区年度节水行动计划、工作要点等，编制《“十四五”节约用水规划》。开展行业用水定额修订工作。46个旗县建成县域节水型社会，建成率45%；盟市、旗县节水型机关建成率达到50%和30%以上，自治区本级节水型机关建成率达到85%和40%以上；1家企业获得国家水效领跑者称号。编制《内蒙古黄河流域水资源节约利用专题规划》。严格落实“四定”，从严审批规划水资源论证和取水许可。对巴彦淖尔市1300万立方米工业闲置水指标进行盟市间转让。大力实施节水护水行动，规模以上钢铁、造纸等高耗水行业全部建成节水型企业。开展“节水内蒙古，我们在行动”大型主题系列宣传活动。

【水利规划】 编制全区《“十四五”水安全保障规划》，制定2020年及“十四五”期间重点水利工程实施方案。印发自治区拟建重点水利项目推进方案，谋划引调水、水生态、防洪等方面12项重点水利工程。开展黄河流域生态保护和高质量发展水利专项规划编制。编制2020年“一湖两海”生态环境治理水利工作方案。制定2020年水利脱贫攻坚工作实施方案。推动重大水利项目前期工作，LXB供水内蒙古支线、引绰济辽二期、引嫩济锡(霍)、黄河科泊尔应急分洪区等工程取得积极进展，岱海生态应急补水工程如期开工。

【水利工程建设】 2020年，全区在建水利工程1191个，水利投资100.93亿元，其中中央投资35.82亿元，自治区投资40.01亿元，盟市旗县等投资18.97亿元，其他6.13亿元。全年纳入水利部基建月报45.82亿元，投资完成率90.75%，其中重大水利工程投资完成率97.07%，面上水利工程投资完成率84.71%，完成国家确定的年度目标任务。提高地方政府债券资金使用效益，印发《水利工程使用地方政府债券的指导意见（试行）》，全年争取地方政府专项债券23.4亿元。

【水旱灾害防御】 召开黄河防凌工作领导小组工作会议，实行凌情工情零报告制度。结合疫情防控要求，严格落实盟市、旗县两级防凌巡查值守行政责任人、管理责任人和技术责任人。协调龙羊峡、刘家峡等沿黄控制性工程联调联控，及时启用应急分洪区分蓄凌水，确保黄河凌情平稳，没有发生凌汛灾害。聚焦超标洪水、水库失事、山洪灾害三大风险点，认真落实监测预报预警、水工程防洪抗旱调度、抗洪抢险技术支撑“三项职责”。成立由厅级领导干部任组长的6个督导检查组，开展风险隐患排查督导。印发《全区水利系统汛期重点风险点盯防方案》，落实厅本级、盟市、旗县盯守组619个。与自治区气象局签订合作协议，共同推进监测预报预警。抓好山洪灾害防范，及时发布预警信息。成立4个水旱灾害防御专家组，第一时间赶赴一线指导地方抢险救灾。全年，有效防御黄河干流1号、2号、4号编号洪水和其他重要河流洪水及山洪灾害，水库淤地坝无一溃坝，河道堤防无一决口。同时，优化水利工程调度，强化水利抗旱服务组织管理。年内，全区各级财政投入抗旱资金2490万元，抗旱灌溉面积1780千公顷，基本保障了旱区用水需求。

【农村牧区水利】 印发《自治区大中型灌区标准化管理工作指南》，推动河套、磴口等大型灌区在“十四五”期间进行续建配套与现代化改造。完成《自治区“十四五”中型灌区续建配套与现代化改造规划》编制。制定全区农业水价综合改革规划，以旗县为单位提出协商水价、限额指标等参考意见。组织大中型灌区开展供水成本核算。继续开展计量设施试点旗县的用水计量测试分析，在部分地区开展以电折水水量计量率定，在河套灌区开展用水合作组织奖补范围试点。

【河湖长制工作】 协助自治区党委召开2020年全区总河湖长会议，以总河湖长令印发《2020年河长制湖长制工作要点》，印发《内蒙古自治区河长湖长巡河巡湖暂行办法》。组织开展新一轮“一河一策”“一湖一策”编制和修订。与黑龙江、辽宁、甘肃、宁夏四省建立河湖管护联防联控机制。抓好流域面积1000平方公里以下和50平方公里以上河流的管理范围划界。开展黄河流域岸线利用项目整治专项行动，摸排项目773个。以河湖管理保护“春季”行动为抓手，推进“四乱”整治常态化、规范化，排查整改“四乱”问题803个。与检察部门联合开展河湖治理“秋季”行动，针对河湖有关重大敏感问题等开展重点整治。开展哈素海、达里湖、东居延海等重点河湖生态环境保护工作，组织专家对相关实施方案进行可行性审查。组织开展敏感湖泊和湿地摸排工作。开展联合执法2次，依法打击涉河湖违法行为。

【重点水利工程建设】 引绰济辽工程实现全线开工建设，年内计划投资16.4亿元、完成17.14亿元，累计完成投资126亿元、占总投资49.94%。

东台子水库工程年内计划投资4.3亿元、完成3.9亿元，累计完成投资14.84亿元、占总投资69.1%。岱海生态应急补水工程完成投资1.3亿元、占总投资4.87%。

【中小水利工程建设】 列入规划的大江大河主要支流和内陆河流治理工程27项，完成投资4.2712亿元。新增中小河流治理工程26项，全部开工建设，完成投资3.3307亿元。稳步推进病险水库除险加固，列入《防汛抗旱水利提升工程实施方案》和《灾后水利薄弱环节建设实施方案》有关重点水库工程相继开工。

【水土保持】 依托坡耕地综合治理、国家水土保持重点治理、东北黑土区侵蚀沟综合治理和淤地坝除险加固等国家水土保持重点工程，全区完成综合治理面积65.8万公顷，超额完成目标任务。组织开展"十四五"水土保持重点工程专项实施方案编制，起草《内蒙古自治区生产建设项目监督管理办法》，修订《内蒙古自治区水土保持目标责任考核办法》，完成《黄河流域生态保护和高质量发展水土保持专项规划》制定。推动黄河粗泥沙集中来源区一期工程和黄河十大孔兑综合治理工程前期工作。继续组织开展全区水流失动态监测。连续16年发布全区水土保持公报。对淤地坝进行全面排查，实现全区淤地坝汛前排查全覆盖。强化人为水土流失监管，通过遥感监管、现场检查、"互联网+监管"等多种方式开展水土保持方案实施情况跟踪检查，实现在建项目督查检查全覆盖。组织开展2次覆盖全区的生产建设项目水土保持卫星遥感监管，实现全区生产建设项目遥感监管全覆盖。启动自治区加密遥感监管工作。

【农村牧区饮水安全】 下达各类饮水安全资金8.7亿元，用于巩固提升农村牧区供水工程，实现受益人口59.4万人。组织开展脱贫攻坚饮水安全隐患大排查，发现各类隐患781处并全部完成整改，实现脱贫攻坚饮水安全问题动态清零。开展农村牧区饮水安全工程暗访检查7批次，覆盖全区12个盟市、51个旗县、195个村，发现问题全部整改。下达饮水型氟砷碘超标改水资金2.41亿元，解决42个旗县、20万人的氟砷碘超标问题；下达苦咸水中央专项改水资金2亿元，巩固提升了389处苦咸水改水工程，受益人口10.3万人，全面消除全区饮水型地方病、苦咸水问题。建立农村牧区供水"三个责任""三项制度"，基本形成"以水养水"的工程管护模式，全区集中供水工程全部完成定价，水费收缴率达到95%。落实村级管水员制度，制作"明白卡"发放至贫困户。开展《自治区"十四五"农村牧区供水保障规划》编制。

【安全生产】 组织开展全区水利行业安全生产专项整治三年行动，持续加强疫情防控期间复工复产安全生产工作，印发《全区水利安全生产监管责任清单》等文件。组织开展为期3个月的安全生产集中整治；进行为期2个月的全区2020年度水利行业安全生产风险隐患排查专项行动；每月组织水利生产经营单位开展隐患自查工作。加快"安全监管＋信息化"建设。推进水库大坝安全鉴定和降等报废管理，完成157座水库大坝安全鉴定、36座水库报废实施和20座水库降等。开展全区小型水库安全运行自查，对隐患和问题做到无死角、零疏漏。组织开展草原上已建水库排查整治工作，逐库组织编制整治方案。2020年，全区水利行业安全生产形势继续保持平稳态势，未发生重特大生产安全事故，在第四季度全国各省市水利安全生产状况评价考核中位列第三名。

【水利科技】 实施引黄灌区高效节水首部泥沙清淤及资源化利用关键技术研究、岱海水面蒸发控制方法试验研究与应用项目。内蒙古磴口扬黄灌区渠道泥沙输移过程监测模拟和防治技术研究与应用获自治区科学进步奖，内蒙古水利水电勘测设计院BIM数字工程中心和"引绰济辽"工程测绘项目组分别获自治区创新先锋号。年内，自治区水利科研单位获得专利授权11项。

【行业监管】 印发《自治区水利督查工作办法》，明确全区水利监督检查内容、形式、责任等，建立"四位一体"水利监管体系。组建近200人的自治区级水利督查队伍，确保每一个业务领域督查工作都有监管队伍。在全区随机选取29项在建工程进行专项督查，将结果在全区通报。强化市场红黑名单管理，发布全区首批信用红名单，入围企业13家。加强质量问题查处，对4家市场主体不良行为进行通报批评。

（李建国）

医药制造业工业增加值增长11.1%，占规模以上工业的1%，规模以上企业58家，完成营业收入179.8亿元，增长17.5%。主要产品产量：乳制品完成337.3万吨，增长16.4%；猪牛羊禽肉产量完成260.8万吨，同比增长1.5%；禽肉产量20.1万吨，同比下降3.0%；鲜冷藏肉19.8万吨，同比下降15.2%；毛纱0.17万吨，同比下降37.7%；纺织服装完成526.8万件，同比下降28.9%；白酒完成2.6万千升，同比下降18.1%；饮料74.2万吨，同比增长19.7%；卷烟61万箱，同比增长19.6%。

【建材工业】 水泥熟料产能5719万吨，产量3502万吨、同比下降1.1%，其中，电石渣熟料产能675万吨、占总产能的11.8%。水泥产能1亿吨，产量3265.9万吨，各盟市都有水泥企业，赤峰、鄂尔多斯、乌海规模较大。平板玻璃产能1520万重量箱，产量1039万重量箱、同比增加4.67%，分布在乌海、通辽2个盟市。陶瓷产能1.5亿平方米，产量1亿平方米，分布在鄂尔多斯、乌兰察布2个盟市。

【电子信息制造业】 2020年，全区规模以上电子信息制造企业33家。主要产品有智能电视、多晶硅、单晶硅、新型平板显示器件、电子原材料、电子元器件等。重点企业电视机生产企业2家，产能220万台；化成箔企业5家，产能3880万平方米；液晶显示模组企业2家，产能6000万片。2020年，全区电子制造业增加值同比增长50.1%，占全区规模以上工业增加值的比重为0.6%。其中，单晶硅生产17.6万吨，同比增长93.3%，多晶硅生产6.3万吨，同比下降5.1%，智能电视生产173.2万台，同比增长5.5%。

【盐业】 全区共有批准开采的制盐企业14家，其中食盐定点生产企业4家，总生产能力为213万吨/年，其中食用加碘盐生产加工能力40万吨/年，工业盐生产能力173万吨/年。全区有食盐定点批发企业18家，食用盐常年正常销量16.5万吨，其中直接入口食用盐11.6万吨，食品工业盐4.9万吨。

【信息产业】 全区两化融合管理体系贯标试点企业113家。其中，国家级贯标试点企业64家，全国第17家。启动评定企业63家，全国第22名。通过评定企业33家，全国第23名。其中通过国家级试点评定企业22家，全国第24名。全区参与两化融合评估诊断和对标引导3838家，全国第12名。对标企业两化融合发展指数50.3，全国第17名。全区电子政务外网纵向骨干网络：自治区、盟市、旗县（市、区）纵向三级网络覆盖率均为100%；接入乡镇（苏木、街道）1080个，接入率97%；2020年未做行政村统计。横向接入部门：自治区本级接入部门139个，接入率100%；盟市级接入部门1317个，接入率94%；旗县区级接入部门6259个，接入率97%。

（付成霖）

信息产业

信息化建设

【概况】 中共内蒙古自治区委员会网络安全和信息化委员会办公室（挂内蒙古自治区互联网信息办公室牌子）为自治区党委工作机关，承担全区网络内容建设管理、网络安全保障、信息化统筹协调等职能，内设机构8个。2020年，按照自治区深化事业单位机构改革统一部署，结合网信工作职能拓展，对所属事业单位进行系统优化、功能强化，设置网络安全应急指挥中心、互联网舆情中心（参公，挂举报中心牌子）、信息化与数字经济推进中心（挂综合保障中心牌子）3个事业单位。2020年，服务保障新冠肺炎疫情防控。成立疫情防控工作领导小组，常态化抓好疫情防控。推动网信企业有序复工复产，协调20家网信企业提供150个信息化应用服务。统筹做好网上信息发布和舆论引导，组织各级各类网络媒体制作推送优质新媒体作品，公布疫情动态、普及防控知识、弘扬抗疫精神，守护美好家园内蒙古在行动等网上话题播放量超过15亿次。开展打击涉疫情网络谣言专项行动，认真做好疫情期间网上个人信息和隐私保护工作。深化网上正面宣传，开设"沿着习近平总书记指引的道路埋头苦干奋勇前进""弘扬蒙古马精神育新机开新局谋新篇"等专题专栏，开展"爱上内蒙古"品牌宣介、"黄河与长城在这里握手""幸福花开新边疆""文化扶贫在行动"等网络主题宣传活动，全网传播量超40亿次。推进网络综合治理。开展"清朗""网络生态治理"等涉网专项行动44个，依法依规打击整治违法违规信息和行为。开展互联网新闻信息服务许可，共审批通过6家新闻单位、24家融媒体中心，共138个互联网新闻信息服务项。开展"助力脱贫攻坚·网络名人走进内蒙古"活动，举办"爱在内蒙古第四届V影响内蒙古年会"，凝聚网上网下正能量。

【信息通信基础设施建设】 2020年互联网省际出口带宽为31.56Tbps，固定宽带家庭普及率达到85.35%，4G用户普及率达到94.89%，行政村通4G覆盖率达到98.39%，呼和浩特国家级互联网骨干直联点开通试运行，乌兰察布市、鄂尔多斯市进京直通光缆投入运营。建成5G基站超过1万座，覆盖全区中心城市和重点工业矿区。开工建设苹果、阿里巴巴、华为、优刻得等大型数据中心，新引进快手、中国保险、东方超算等大型数据中心。算力基础设施规模居全国前列，2020年数据中心装机能力达到120万台，可用机架数达到14.9万架，位列全国第九。

【新一代信息技术应用创新】 围绕网信领域建成自治区级重点实验室12

家、自治区级工程技术研究中心15家、国家备案众创空间101家。清华大数据分布式数据处理系统研究中心、工业大数据应用技术国家工程实验室分中心等机构逐步落地，成立了内蒙古数字经济研究院、内蒙古区块链研究院和北疆蒙古语人工智能产业研究院等创新服务机构。在物联网、大数据、区块链、人工智能、5G技术等领域，组织实施了49个应用研发项目。自2019年设立科技成果转化引导项目以后，支持涉及云计算、大数据领域项目14个，累计投入经费3636万元。通过支持众创空间、科技企业孵化器建设，孵化一批大数据、互联网企业，自治区科技企业孵化器中主要从事云计算、大数据等领域的8家，占全部孵化器的14.4%；自治区众创空间中主要从事云计算、大数据等领域的26家，占全部众创空间的11.76%。2020年度，对从事云计算、大数据等领域绩效评价（考核）优良的1家科技企业孵化器、3家众创空间和3家国家备案众创空间给予奖励性补助资金共计290万元。

【数字经济发展体制机制】 2020年6月19日，自治区党委召开网络安全和信息化委员会第三次会议，审议通过《内蒙古自治区关于进一步建立健全数字经济发展体制机制的方案》，成立数字经济发展工作领导小组，初步形成在自治区党委政府领导下，党委网信委牵头总抓、数字经济发展工作领导小组统筹、各部门协调推进、专家决策咨询支撑的工作机制。

【数字产业化】 2020年，自治区数字产业规模达到443.7亿元，规模以上网信企业数量达到152家。引进苹果、微软、百度、阿里巴巴等一批网信龙头企业入驻内蒙古，带动信息技术产业高速发展。形成和林格尔新区大数据产业核心区、乌兰察布中关村科技产业园、鄂尔多斯市高新技术产业园、赤峰市蒙东云计算大数据产业园等产业集聚区。和林格尔新区引进清华同方、显鸿科技、东方国信、百信等一批龙头企业，建成年产10万台服务器生产线，正在建设适配中心及国产化服务器、PC生产线等项目。乌兰察布市引进华唐、鸿联九五、国信优易等13家数据加工、呼叫外包等企业，建成同方科技智能制造产业基地、紫晶蓝光光盘制造等项目。鄂尔多斯市推动以源盛光电（京东方）为代表的电子信息制造业发展，积极培育数据清洗、云渲染、人工智能和区块链等产业。赤峰市建成蒙东云计算、拓佳电子、恩沃科技等产业园区，引进一批智能装备研发、电子信息关键零部件生产企业。

【产业数字化】 启动“5G+智慧矿山燎原计划”，挂牌“5G+智慧矿山示范基地”，成立“5G+无人矿卡联合实验室”。农牧业生产、经营和管理数字化水平稳步提升，农业耕种收综合机械化水平达到86%，马铃薯等单品种大数据平台助力农畜产品降本增效。工业数字化、智能化程度不断加深，两化融合发展指数提升至50.3分。服务业数字化亮点频现，2020年网络零售额达507亿元，赤峰市、满洲里市获批国家跨境电子商务综合试验区。

【数字乡村建设】 呼和浩特市托克托县、鄂尔多斯市鄂托克前旗、兴安盟扎赉特旗申报成为国家数字乡村试点。

【公共信息资源开放】 出台自治区公共信息资源开放管理暂行办法、盟市公共信息资源开放平台建设指南，推动建设自治区公共数据资源开放平台。

【电子政务】 基本建成人口、法人、空间地理、宏观经济信用、文化、电子证照基础数据资源库。动态更新政务信息资源目录，可共享信息项达到93%。自治区、盟市政务信息资源共享平台全部完成建设和深化级联工作，累计共享数据资源594亿条，服务接口调用369.6万次。“云上北疆”大数据云平台汇聚了公共数据、行业数据、互联网数据等非政务数据，数据总量3.06亿条。推进自治区本级部门12个部门28个垂建业务系统与一体化在线政务服务平台对接，实现行政权力事项“一窗受理”。“互联网+政务服务”工作取得成效，政、企、民三方面数据资源初步汇集，实现了数据统一分析、交换。建设完成政务服务统一身份认证系统，实现企业群众网上办事“单点登录、多点互认”，全面支撑“一次登录、全网通办”。“蒙速办”移动端政务服务APP实现自治区、盟市、旗县三级5900个部门的办事指南查询，提供健康卡、社保卡、驾驶证等14类电子证照服务，接入公积金、高考成绩查询等特色应用527项，支持健康码申领、亮码，截止2020年底通过“蒙速办”累积亮码3000万次。

【网络安全】 组织开展自治区2020年“国家网络安全宣传周”，首次采用互联网线上直播形式举办活动，组织网上数字化企业展会，开展线上网络安全短视频展播和线上论坛讲座，全面普及网络安全知识、切实提升全民网络安全意识和防护技能。加强大数据安全管理，编制完成密码应用、数据交易、智慧城市等方面的大数据安全系列标准《大数据应用安全风险控制》《大数据应用云服务安全技术规范》《大数据应用云密码应用规范》《大数据交易安全技术规范》《智慧城市数据及服务管理安全规范》。

（贾仲铠 王冀）

大数据发展

【概况】 自治区大数据发展管理局为自治区政府直属的相当于正厅级一类公益事业单位，自治区大数据发展管理局设办公室、人事处、规划投资处、数字基础设施处、数字经济发展处、数据资源管理处、网络与数字安全处、合作交流处8个内设机构及机关党委，单位职能职责未明确。2020年9月27日，自治区党委办公厅、政府办公厅印发的《内蒙古自治区深化事业单位改革试点实施方案》明确，将自治区财政信息中心、水利信息中心、住房和城乡建设信息中心、交通运输信息中心、卫生信息中心、粮油信息中心、统计数据中心、安全生产信息中心等8个事业单位，以及自治区社会信用管理中心、经济信息中心、信访信息中心、人力资源和社会保障信息中心、人力资源和社会保障统计调查中心、工商行政管理信息中心、基础地理信息中心、国有资产监督管理信息服务中心、教育信息中心、民政信息中心、林业信息中心、农牧业信息中心、商务信息中心、文化电子政务中心、扶贫电子政务中心、食品药品监督信息中心、政府法制信息中心、旅游信息中心、旅游宣传促进中心、发展改革委信息技术服务中心、环境信息中心、国土资源信息院、清洁能源中心、计算机审计管理中心、电子口岸中心等25个事业单位有关信息化建设、管理、运行、维护及数据资源管理职能职责和人员编制整合，重新组建内蒙古自治区大数据中心，为自治区政府直属事业单位，业务由自治区政府办公厅管理，机构规格相当于正厅级。自治区大数据中心设办公室、政策规划处、数字基础设施处、数据资源管理处、数字经济发展处、应用推进处、网络与数据安全处、信息技术服务一部、信息技术服务二部、信息技术服务三部、信息技术服务四部、信息技术服务五部、信息技术服务六部、信息技术服务七部、信息技术服务八部、信息技术服务九部、信息技术服务十部、合作交流处、人事处、财务审计处20个内设机构及机关党委。事业编制380名。所属事业单位1个，即内蒙古自治区软件和信息安全测评中心。建成呼和浩特国家互联网骨干直联点。制定加快推进5G网络建设若干政策，全区建成5G基站超过1万座，覆盖全区中心城市和重点工矿区。引进建设一批数据中心、高性能计算中心，全区大型数据中心服务器装机能力超过120万台，高性能计算能力达到100P。工业互联网平台、电子商务平台等应用基础设施作用逐步显现，交通、电力、市政等基础设施数字化改造步伐加快。

【内蒙古国家大数据综合试验区改革】 按照自治区党委办公厅、政府办公厅印发《内蒙古国家大数据综合试验区改革实施方案》，进一步加强统筹协调和督促检查，加快推进综试区重点改革任务落地落实。截至2020年底，65项改革重点任务已基本完成，搭建起数字内蒙古四梁八柱。

【技术产品创新】 推动成立内蒙古区块链研究院、科大讯飞北疆蒙古语人工智能产业研究院等科研机构，引进国家工业大数据应用技术工程实验室在内蒙古设立分中心。

【数字产业化发展】 引进建设百信、长城、同方等服务器生产和紫晶蓝光光盘制造等项目，培育大数据、人工智能、区块链等新兴产业，和林格尔新区、乌兰察布、鄂尔多斯、赤峰等大数据产业园区初具规模。

【产业数字化发展】 继续实施大数据与产业深度融合行动计划，支持建成一批智慧农牧场、智慧矿山、智慧能源、智能工厂、智慧旅游等示范项目，网上办公、在线教育、网上诊疗、直播带货等新产业、新业态、新模式快速发展，呼和浩特、赤峰、满洲里国家跨境电子商务综合试验区加快建设。

【大数据创新应用】 建成自治区“云上北疆”大数据云平台，基本建成人口、法人、宏观经济、信用、电子证照基础数据资源库。制定公共信息资源开放管理办法，建成自治区公共数据资源开放平台。大数据在党的建设、政务服务、公共服务、宏观调控、市场监管、生产安全、公共安全、生态环保、精准脱贫、疫情防控等领域应用不断深化。呼和浩特、包头、鄂尔多斯、赤峰、乌海等新型智慧城市建设取得积极进展，托克托县、鄂托克前旗、扎赉特旗等成为首批国家数字乡村试点。

【大数据保障体系】 开展数字内蒙古“十四五”建设发展规划、政务数据资源管理办法、促进5G产业应用实施意见、推进区块链技术和产业创新发展的意见等研究工作。新立项大数据地方标准7个，发布标准7个。发布了《自治区数字经济发展白皮书（2020）》。

（李淑敏）

电子商务

【网络零售】 2020年，全区实现网络零售额507亿元，同比增长4.5%。其中，实物商品网络零售额390.2亿元，非实物商品网络零售额116.8亿元，网络零售前三行业分别为粮油食品、在线餐饮和服装鞋帽针纺织品。

【电商直播产业】 全年活跃主播累计766人次，开展直播业务店铺累计6062家、平台直播9.9万场，吸引消费者观看1.2亿人次。

【创建电商示范基地】 全区拥有国家级电商示范基地5家，国家级电商示范企业3家，筹建了木兰电商示范基地等新型电商示范集聚区。

【电商主题消费活动】 开展“夜青城”“情满草原”“呼伦贝尔草原羊肉消费促进”等多场电商主题促消费活动。

（韩明通）

广播电视网络

【概况】 内蒙古广播电视网络集团有限公司下设13个一级分公司、85个二级分公司及4个子公司，员工3600人。全区有线数字电视主终端用户210.94万户，宽带用户112.41万户，4K智能终端用户178.37万户。集团公司主要经营业务有全区有线数字电视传输、高清电视节目传输、付费节目销售、视频点播、宽带上网以及电路出租等业务。集团公司积极实施全区广电网络公共文化服务与信息化建设，完善全区有线电视基础网络，进行光纤到户建设工程，大力发展农村有线、无线数字电视，实现村村通广播电视和通信工程。公司建设运营的《足球频道》已上星覆盖全国。集团公司已建成自治区、盟（市）、旗（县）三级贯通的光缆干线，总里程21600多公里，建设各类型光传输基站193个，覆盖全区盟市旗县和乡镇以及部分农村苏木嘎查，并与周边黑龙江、吉林、辽宁、山西、陕西、宁夏、河北等省份实现互联互通，网络承载能力显著增强。2020年，有线电视用户是2015年用户开始流失以来，首次实现正增长。宽带用户已超过有线电视总用户数的50%以上。

【基础网络】 通过实施新一代基础设施完善工程、智慧广电网络服务进村入户、广播电视固边等工程建设，2020年，全区新建农网支干线4750公里，新建接入行政村297个，自然村2120个，累计接入苏木乡镇705个、行政村6937个、自然村8100个。全区新增光缆干线193公里，建设光缆干线OLP保护链路450公里，新扩容传输带宽1630G，新建IPQAM有线电视分前端32个。

【节目内容】 在悦家影视专区，引入戏曲视频（地方戏曲）、民族歌舞演艺等文艺类本地资源；在阳光小安达专区，引入内蒙古少儿频道、迪士尼动漫、疯狂麦咭等品牌栏目，打造以宣传本地少儿精品内容为主，全国精品动漫、国学、幼教为辅的融合专区；在《乌兰牧骑》专区，增加全区30多支乌兰牧骑表演的近180个节目。在互动视频点播平台中，引入4家内容合作伙伴，丰富了电影、电视剧、少儿、纪录片类内容。优化教育点播专区内容、界面及栏目，为全区中小学生提供便捷、优质的教育视频服务。引入《作业帮》、北京市教委等教育内容超6000个知识点，改版小学、初中、高中等3个教育轮播频道。配合自治区宣传需要，新增《战胜疫情影视剧免费大放送》《只争朝夕决战决胜脱贫攻坚》《铸牢中华民族共同体意识》等宣传专区。

【传输质量】 根据不同地区骨干网和传输资源的实际情况，对骨干网和城域网进行扩容，数据网实现了自治区到地市数据干线带宽1460G，平均带宽约112G；地市到旗县带宽997G，平均带宽约为11G，城市和农村家庭宽带接入能力达到500兆和100兆。对网宿、金山、创辛3个内容节点进行容量扩容；百度、字节跳动（今日头条）节点正式上线；完成阿里北京、百度北京直连业务的扩容；新建又拍云杭州和华为云廊坊基地直连业务。宽带业务流量内网化比例达到82%。有线电视总前端停传率为0.274秒/百小时，盟市分前端停播率为0.6秒/百小时，均优于国家广播电视总局制定的停播指标。全区光缆干线网主用电路可用率达到99.99%，优于国家广播电视总局制定的停传指标。

【服务保障】 全年累计完成9次版本升级，新增功能105个，优化功能111个，BUG修复19个。对增值业务线上销售功能进行升级，实现增值业务统一打包、订购、支付、计费和查询，形成线上、线下一体化运营。加强电子缴费渠道建设，面向蒙速办等第三方APP和各分公司官方微信公众号开放了电子缴费功能。围绕大数据融合、电子渠道智能化推介等方面深入开发大数据系统和智能营销系统。持续优化网格管理系统和网格运营APP的功能，采用网格化管理系统实施网格化管理的分公司94家，使用率95.9%。围绕机顶盒的技术创新，推出高清视频通话、智能音箱以及通用语音遥控器，研发出适用于牧区的无线组播机顶盒。

【市场营销】 通过改革现有的产品打包和套餐组合形式，逐步形成以用户为中心的产品体系。进一步加强营业员、网格化人员和市场营销人员培训，形成以营销为主导的产品销售和售后服务体系。应用新型的传播手段（两微一端、抖音、快手、今日头条客户端等）打造广电网络新的品牌形象。根据不同时段开展各类营销活动，在农民丰收节、中秋、国庆节之际以“庆丰收、迎国庆”为主题开展市场营销活动，加快推进城网、农网用户的协同发展。增加语音播报层级和引导自助受理渠道，解决用户因忙线难以呼入客服电话的问题。2020年，电话总呼入量为146万通，同比下降12.04%。月平均报修率、超时率、投诉率和用户满意度分别为1.36%、0.22%、0.14%、100%，前三项同比分别降低了0.05%、0.09%和0.03%。用户的热点、难点问题得到及时解决，体验得到提升。

【转型发展】 推动“看电视”向“用电视”转变，坚持项目引领，实现多元发展。正在实施的智慧广电网络服务进村入户工程显现了良好的带动效应。与北部战区签订《内蒙古自治区边防营区广播电视网络覆盖工程协议》。配合推进全区宣传思想文化信息网络整合大数据应用系统和国家文化大数据建设。获得我国信息安全行业最高级别的安全集成认证资质——涉密信息系统集成甲级资质，成为自治区首家获得该资质的企业，已开始承接信创项目、政企项目、信息化项目等涉密业务。蒙古国乌兰巴托有线、无线数字电视业务发展平稳，完成三大平台的建设和网络规划试点工作。无线数字电视用户达到4.1万户。桑斯尔项目在国家广电总局国际司对全国广播电视网络系统“走出去”工程进行评审时被评定为连续三年优秀。2020年11月，集团公司开始实施内蒙古牧区“智慧广电”宽带网络覆盖与服务工程，试点建设的5个旗县租用铁塔基站已全部开通，完成全区规划租用铁塔开通站点的16.2%，累计发展分散牧户8000余户。

受疫情影响，足球赛事、活动都被迫取消或延期，《足球频道》在逆势中创新方式，以线上为主，线下为辅的方式开展运营，频道的传播效果和影响力进一步提升。先后为自治区教育厅策划推出“居家抗疫之宅家线上运动会”等线上活动，为内蒙古体彩中心策划推送防疫板块和专题报道，为自治区体育局录制“我运动、我健康”全民健身线上运动会开幕式等活动。与北京市足协、四川省足协、江西省足协等单位签订合作意向。陆续推出《中甲世界》《超级足球少年》等五档全新自办栏目。转播了全国第十四届冬季运动会雪地足球比赛项目、中国足协2020女子足球超级联赛等赛事。

【政策落实】 贯彻落实中宣部、国家发改委等九部委印发的《全国有线电视网络整合发展实施方案》要求，在全国和自治区有线电视网络整合发展领导小组的统一安排和部署下，积极稳妥的开展有线电视网络整合工作。先后配合完成有线电视网络审计、评估、法律尽职调查，签署中国广电网络股份公司《发起人协议》和《章程》，资产评估备案等工作，2020年10月12日，中国广电网络股份公司正式挂牌成立，自治区即将完成股权实缴和工商变更工作。在落实“小片网”整治工作中，整合完成33个地方广播电视行政机构经营的片区小网。贯彻落实国家、自治区关于商务楼宇宽带接入市场联合整治行动要求，完成了311个商务楼宇宽带接入检查工作，发现5个问题楼宇，进一步规范全区商务楼宇宽带接入市场。

（马妍）

通信管理

【概况】 内蒙古自治区通信管理局实行工业和信息化部与地方双重领导、以工业和信息化部为主的管理体制，电信管理工作由工业和信息化部直接领导。行政编制15个，事业编制12个。内设办公室（人事处）、政策法规处（监察处）、信息通信发展处、信息通信管理处、网络安全管理处5个处室；设内蒙古自治区信息通信应急保障中心、内蒙古通信行业职业技能鉴定中心、内蒙古自治区通信工程质量监督中心3个事业单位；设通信建设管理办公室。2020年电信业务总量增长较快，全年完成2584.55亿元，同比增长24.53%。电信业务收入增速回升，全年完成207.27亿元，同比增长2.41%，增速较上年提高4.9个百分点。其中固定通信业务实现收入63.17亿元，同比增长7.9%，在电信业务收入中占比由上年的28.9%提升到30.5%；移动通信业务实现收入144.1亿元，同比增长0.2%，占比由上年的70.9%下降至69.5%。移动数据消费规模继续扩大，全年实现收入107.8亿元，同比增长4.4%，在电信业务收入中占比为52%。月户均流量（DOU）达12.2G，同比增长30.2%。

【网络提速降费】 固定宽带逐步由百兆向千兆升级，100兆及以上速率的用户总数达到707.83万户，占固定宽带用户总数的97.9%；其中，1000兆及以上速率的用户数达1.48万户。移动宽带用户规模稳步提升，4G用户总数达到2404.57万户，占移动电话用户数的81%；移动宽带用户普及率达到96.96%。全面完成国务院部署的“企业宽带和专项平均资费降低15%”任务。

【网络服务能力】 全年完成固定资产投资68.12亿元，同比增长5.76%，增速较上年提高31个百分点。移动通信基站总数达到18.57万个，净增6.41万个；其中5G基站9199个。全区行政村光纤通达率98.9%，4G通达率98.44%，宽带通达率99.8%。其中贫困村光纤通达率99.3%，4G通达率98.83%，宽带通达率达到99.9%，完成国家“十三五”规划目标。

【5G网络建设】 《内蒙古自治区人民政府关于加快推进5G网络建设若干政策的通知》正式发布，从统筹规划布局、开放社会公共资源、开放商用建筑和住宅小区、降低用电成本、推进“一站一表”直接供电方式、加强组织领导6个方面，为5G建设提供了有力政策保障。《内蒙古自治区通信基础设施总体规划（2020—2035年）》通过行业评审，促进全区5G网络合理规划布局。电价优惠政策逐步落地，四家企业分别与蒙东、蒙西电网公司签订了5G电价优惠协议，西部8盟市率先落实优惠用电政策，2020年12月正式进行5G电量平台交易，5G基站电价降幅达到50%，为全国最低价。网络建设全力推进，全年共完成投资24.5亿元，实现12个盟市市区的基本连续覆盖以及重要场景的覆盖。

【工业互联网】 推进“5G+工业互联网”512工程。遴选重点行业，挖掘典型应用场景，打造联通乌海焦化工业园5G互联网融合应用服务项目、移动包钢白云鄂博铁矿5G无人自动驾驶项目、电信锡林郭勒盟国家电投白音华三号矿智能化安全管理平台项目3个标杆样板工程。重点突破，将“5G+智慧矿业”打造成为全国5G应用标杆。成立自治区“5G+智慧矿业”项目推进组，统筹各方合作，推进项目拓展。联合能源局等8个厅局出台《关于加快全区煤矿智能化建设的实施意见》，建立运营商与矿企的对接渠道。发布《5G+智慧矿山白皮书（2020年）》，面向全国推广系统的智慧矿山方案。发挥优势，为全区工业互联网发展提供智力支撑。统筹行业优势和包头市工业基础优势，引入外脑，编制《包头市工业互联网发展研究报告》和《关于加快推进包头市工业互联网发展的指导意见》，助力包头市打造工业互联网发展先行区。编制印发《内蒙古自治区IDC发展指引》，开展2020年度国家绿色数据中心推荐工作，全区5家数据中心获得“国家绿色数据中心”称号。

【网络基础设施升级】 网络架构持续优化，呼和浩特国家级互联网骨干直联点于2020年11月24日开通试运行，建成带宽700G，开通600G。区内网间平均时延由原来的29.11毫秒左右降至3.3毫秒左右，丢包率下降到0；跨省网间平均时延由原来的41.57毫秒左右降至37.08毫秒左右，全国排名第13位，丢包率由原来的0.12%左右下降至0.02%左右，全国排名第1位，显著改善了网间通信效率和质量。推动和林格尔新区国际互联网数据专用通道申报工作，完成了申报方案的网络信息安全论证。IPv6端到端贯通能力不断提升。网络基础设施已全面支持IPv6，应用基础设施初步具备IPv6服务能力，IPv6网络流量规模持续提升，活跃连接数达到2071万。电信普遍服务完成第五批试点工作，投入资金8100万元，建成117个4G基站。启动牧区现代化试点通信网络建设工作，针对新巴尔虎右旗等4个试点牧区，制定通信网络建设方案。完成第六批试点申报工作，4个盟市23个行政村列入试点范围。

【“放管服”改革】 优化审批流程，全年增值电信业务企业新增518家，平均审批时长5.6天，较法定审批时长缩短了90.6%，审批好评率达到99.9%，全区增值电信业务企业突破1000家。电信业务经营不良名单和失信名单管理，将未进行年报的77家企业和受到行政处罚的3家企业列入电信业务经营不良名单。开展信用记分工作，对5家基础和增值电信企业进行了扣分。新入网电话用户实名登记率达100%。加强域名注册市场管理，备案信息准确率和有害网站的发现处置力得到提升。出台《建筑物信息基础设施建设标准》，印发《关于加强住宅小区及商住楼宇宽带网络建设管理的通知》，商务楼宇宽带接入市场联合整治行动已进入整改阶段。

【服务民生】 加强“携号转网”服务管控，全区1小时携号转网成功率超过99%，累计成功携转16.9万户。完成电信用户申诉受理属地化工作，申诉满意率达72.96%，电信服务质量综合满意度为84.31分。保障用户权益，全面开展手机APP侵害用户权益专项整治行动。规范呼叫中心业务接入，各企业加强端口类信息发送管控。积极推广谢绝来电服务，谢绝来电注册用户近80万户，成功拦截骚扰电话近2700万。升级电话网反诈系统功能，累计处理诈骗电话号码140万个，互联网反诈系统上线试运行。开展“断卡”行动，联合公安厅制定《内蒙古自治区涉电信网络新型违法犯罪电话用户管理意见（试行）》，保护人民群众财产安全。

【安全保障能力】 全年出动应急通信保障人员1.5万人次、应急通信保障车辆五千余辆，发电油机1.1万台次，为全国两会等重大活动以及自然灾害提供应急通信和网络安全保障。开展应急通信实战演练，加强应急通信培训，实现区、市两级保障队伍及指挥人员全覆盖。加强网络运行安全监管，配合多个部门开展跨境赌博、扫黄打非等专项治理行动，依法处置违法违规网站518个。工业互联网安全态势感知平台建设稳步推进。IMS网络互联互通建设改造工作取得阶段性成果，各基础电信企业均完成IMS工程建设和网内测试工作，具备网间联调联测条件。安全生产工作，落实三年整治行动攻坚计划，强化安全生产监管，全面排查安全风险，及时治理安全隐患。开展全区安全生产检查，共发现40处隐患问题，相关企业已经整改35项，剩余5项正在整改中。

【疫情防控和复工复产】 利用通信大数据追踪溯源，提前完成大数据综合分析平台建设，为自治区疫情防控指挥部提供数据支撑130余批次。保障疫情期间网络畅通，启动通信保障响应，确保政府单位、医疗机构、交通枢纽等重点部门通信畅通，实现网络不堵、服务不断、性能不降。开展免停机、紧急开机、送流量等便民服务，对赴武汉支援的医护人员实行话费减免。协助教育部门开展全区中小学延期开学期间线上教学工作，完成“停课不停学”网络运行维护和服务保障。扩大疫情防控宣传，发布疫情预警、公共卫生等公益信息10.66亿条。

（段怡）

移　动

【概况】 截至2020年底，中国移动内蒙古分公司共有员工1.1万人，在全区下设12个盟市分公司、118个城区（旗县）分公司，机关设置27个直属部门（中心）。2020年，面对错综复杂的形势，特别是新冠肺炎疫情带来的冲击，公司坚持以习近平新时代中国特色社会主义思想为指导，坚决贯彻落实党和国家、自治区、集团公司决策部署，统筹推进疫情防控和生产发展各项工作，加快转型升级，深化改革创新，经营保持稳中向好。全年主营业务收入同比增幅4.18%。

【疫情防控】 成立新冠肺炎疫情防控领导小组，加强对防控工作的实时指挥。坚持对全体员工进行30余项维度的日报统计分析，强化实时监控。建立起横向协同、纵向联动的高效配合机制，打破常规，特事特办，快速响应，保障疫情防控物资供应、配送。全年采购各类防疫物资460万元，疫情期间完成应急物资派送512吨。充分发挥电信企业特长，全力做好通信、服务、防控“三保障”。累计投入应急通信保障人员5426人次，车辆2061辆次，完成15家定点重点单位通信保障任务。仅用5天时间完成了云视讯扩容，为全国提供了20万并发连接数接入和400G安全网络接入能力。充分利用大数据手段，为全区提供疫情监控及出行查询服务近150万次。免费提供云视讯、和对讲、疫情填报系统、公益直播课堂等信息化产品，助力复工复产复课。

【移动网络建设】 推动5G新基建、网络强国、网络安全建设，统筹4/5G协同发展，加快构建宽带、高速的信息通信基础设施，全年开通5G基站4374个，实现首府城区全覆盖、其他盟市主城区连续覆盖、县城重点区域有效覆盖，党政机关、交通枢纽、高价值小区等重点场景的良好覆盖；坚持速度质量两手抓，构建以客户感知为核心的5G网络常态化运维体系，开展“4/5G网络质量协同大会战”，网络指标达到集团精品网络性能要求和5G SA商用标准。截至年底，全区传输光缆累计超过28万皮长公里，4G基站规模累计超过5.6万个，4G网络已经实现深度覆盖，家庭宽带覆盖率达到81%，稳步推进云计算数据中心建设，二期4栋机房土建完工，新增装机能力1173架。持续开展诈骗骚扰电话打击治理，遏制违法违规电话高发势头，骚扰电话同比下降28%，数据安全和客户信息保护能力显著增强，连续多年全网“零重大网络故障、零重大安全事件、零重要用户投诉”。

【移动融合发展】 把握5G新机遇，深化“四轮驱动”融合发展。移动市场增量拓展与存量保有双管齐下，保持客户规模优势，4G客户通信客户份额稳定在64%，5G客户从无到有突破百万。家庭市场坚持家庭宽带、宽带电视、智能家居“三驾马车”并驾齐驱，树立规模价值并重导向，家宽客户规模超过200万户，家庭增值业务收入同比增幅166%。智慧家庭市场从2018年开始起步，收入增长40倍。政企市场以“网+云+DICT”为牵引带动传统业务发展，DICT、云、ICT收入增幅、IDC收入份额均高于全国平均水平。深耕重点垂直行业，打造了一批5G标杆示范项目，其中包钢5G+智慧矿山项目荣获中国移动5G龙头示范项目二等奖。新兴市场聚焦重点产品，融合拓增量、精准稳存量、内容提声量。运用信用购生态合作新模式，赋能线下合作渠道超千家，发展合约客户14.3万户。

【企业管理】 推动市场、政企、网络、IT等改革举措落地实施，集中指挥、横向协同、纵向一体的组织体系基本形成，集中化、专业化运营水平进一步提升。深入开展领先工程和不满客户修复，持续改善满意度短板；推进阳光、削峰和费用质疑专项行动，有效治理侵害客户权益问题；大力营造全员服务文化氛围，初步建立起全方位、全过程、全员服务体系，手机客户、家宽客户满意度实现双领先。严格执行一切成本皆可控的理念，持续开展降本增效工作，在资产规模不断扩大的基础上，对标逐优提升效能，维修费、销售费用、经营租赁费、行政管理类费用大幅下降。发挥法律、审计、稽核监督功能，聚焦公司管理热点、难点问题，深入揭示问题和风险，促进合法合规经营，护航公司高质量发展。围绕一体化创新体系，加大组织创新力度，加快已有创新成果的复制和集团最佳实践成果的引入，加大核心能力内化项目的深度和广度，激发创新动能。建设企业级智慧中台，通过IT系统打通跨域能力，实现业务融合、产品融合与服务融合，推进能力共享、渠道共用、数据互通、业务互促，持续完善企业级数字化能力。大力发展云计算、大数据产业，助力自治区数字经济发展。

【脱贫攻坚助力】 2020年，公司承接自治区及盟市各级党委政府扶贫点60个，派驻村扶贫人员46人，批复专项扶贫资金83.67万元，赵志强荣获“全国脱贫攻坚先进个人”。

（李立君）

电　信

【概况】 中国电信内蒙古分公司成立于2002年11月8日，是中国电信集团公司为适应国家电信体制改革，在内蒙古自治区设立的全资国有通信运营企业，也是内蒙古自治区唯一一家同时具备固话、宽带、移动和卫星综合接入手段，能够同时提供语音、互联网、云计算、卫星通信等多种服务内容的综合智能信息服务运营商，并独家承担了国家自主建设的军民融合示范工程——天通卫星业务。截至2020年底，公司拥有员工6988人，下设12个盟市分公司和2个专业公司（云计算事业部、系统集成公司），代管云计算内蒙古信息园开发建设运营部，内蒙古分公司本部共设置13个部门，7个管控中心。2020年，内蒙古分公司收入增幅保持行业第一；收入份额15.20%，较上年底提升0.28%，行业增幅第一；移动过网用户份额14.33%，较上年底提升0.46%；宽带用户份额23.28%，较上年底下降0.40%。

【宽带网络建设】 中国电信积极承担自治区家庭信息化的社会责任，持续打造覆盖广泛、固移融合的精品网络。2020年全区新增光宽端口15万个，总端口数到达450万个，FTTH端口数占宽带总端口数96%以上，FTTH覆盖区域网络带宽达到200Mbit/s以上，城镇FTTH住宅覆盖率达到83%，比上年增长1%。在百兆普及的同时，各盟市也试点开展千兆接入业务，引领宽带发展。天翼高清业务作为基础业务，4K视频业务迅速发展。加快推进X-GPON网络升级，建设千兆小区，X-GPON端口数量达到8000多个，覆盖83万户。

【5G网络建设】 2020年，新建成5G核心网。截至2020年底，已完成部署5G基站4000余个，全区核心市区和发达县城实现连续覆盖，一般县城已达到热点覆盖。全球首个基于电联共享的双超级上行方案在呼和浩特试验实施，弥补了5G上行体验短板，进一步满足各行业对于上行速率的需求。

【呼和浩特互联网骨干直联点建成投产】 2020年11月24日，呼和浩特国家级互联网骨干直联点建成并开通试运行。互联网骨干直联点是我国互联网网间互联架构的顶层关键节点，是国家级重要通信枢纽，也是区域经济发展的战略性基础设施，使得互联网网间通信质量显著提升。

【普遍服务】 提升农村和偏远地区4G网络覆盖率。2020年，落实第五批普遍服务试点项目，新建34个4G基站，完成30个行政村通信覆盖，呼准鄂动车线、冬运会赤峰赛区周边道路的4G网络覆盖任务。

【提速降费】 2020年，企业宽带资费由2019年的平均212.59元/G下降至2020年的平均153.67元/G，降幅26%，全区11万余家中小企业享受到综合通信费用降低带来的实惠。

【5G物联网发电项目】 2020年4月21日，由国电内蒙古东胜热电有限公司、中国电信鄂尔多斯分公司、华为技术有限公司、华电电力大学“5G+智慧火电厂联合创新实践基地”揭牌仪式和战略合作签订仪式在鄂尔多斯举行，标志着全国首个5G物联网发电创新实践项目正式落地。

【全面推进改革发展三年行动纲领】 2018年4月，召开全面深化改革推进会，部署中国电信内蒙古分公司改革发展三年行动纲领，提出“内创领先运营效率、外塑独特竞争优势”的目标。2020年，内蒙古分公司紧紧围绕“1266”（1条主线：以客户为中心，践行云改数转战略，坚持高质量规模发展；2项任务：持续改善组织运营效率，强力打造企业竞争优势；6个精筑：平台化组织、市场化机制、新锐化产品、云智化运营、数字化攻防、生态化拓展；6个强基：满意服务、腾云尖兵、增益价值、适岗创新、利他文化、创业情怀）发展改革施工图，持续推动深化改革工作，加快实现三年扭亏奋斗目标。管理体制改革持续深化，制定改革任务清单，包含13项重点任务、61项工作项目。按照高度重视、明确目标、靠实责任、聚焦重点、狠抓落实的总体要求，出台系列举措，深化“划小承包、专业化运营、倒三角支撑”三维联动改革，建立1142个划小承包单元，企业发展的活力不断增强。

【精准扶贫政策落实】 中国电信担当电信普遍服务和网络扶贫责任。全区总计36个扶贫点已全部实现4G覆盖，其中12个扶贫点已完成4G、光宽双覆盖，实现了边远贫困地区农牧民能够用得上、用得起、用得好的信息网络。全力做好网络扶贫、信息化扶贫、智力扶贫、公益扶贫、产业扶贫、就业扶贫工作，助力贫困地区打赢脱贫攻坚战，共享美好生活。

【云计算项目】 中国电信云计算信息园是亚太地区最大的云基地，项目规划总投资概算173亿元，设计容量42栋机楼，超过10万机架、200万台服务器的承载能力，可提供IDC机架、互联网带宽、CN2/VPN和传输电路、云主机、云存储、云桌面以及其他云业务。百度、阿里、腾讯、网易、搜狗等超大型互联网企业、多家IT企业、软件企业入驻园区，成为拉动内蒙古自治区信息产业高速发展的驱动器。

（郭晓梅）

联　通

【概况】 中国联通内蒙古分公司是2008年10月15日在原中国联通内蒙古分公司和原中国网通内蒙古分公司的基础上合并重组而成。公司下设12个盟市分公司、96个旗县分公司，截至2020年底，拥有干线光缆线路共36100皮长公里，宽带端口总数达811.8万个，IP城域网出口带宽达到6600G，出省带宽达到7000G，上市披露口径总资产为127.9亿元，员工1.45万人。公司主要经营GSM、WCDMA、FDD-LTE制式和5G移动网络业务，固定通信业务，国内、国际通信设施服务业务，卫星国际专线业务、数据通信业务、网络接入业务和各类电信增值业务，以及与通信信息业务相关的系统集成业务等，拥有“沃4G+”“智慧沃家”“5Gn”等众多知名品牌，能够为个人、家庭和集团客户提供集通信技术、信息技术于一体的管家式、全程化综合信息服务，在自治区信息化建设中发挥着主力军作用。

【5G网络】 截至2020年12月底，全区已经开通5G基站5825个，5G网络覆盖12个盟市市区、县城核心区域、高铁车站、飞机场等口碑场景；5G人口覆盖率达到42%。

【网间互联互通】 完成呼和浩特国家级互联网骨干直联点项目，建成互联带宽能力700G，开通网间带宽达到600G。

【千兆宽带】 结合国家“双千兆”发展目标，按照城区到旗县再到乡镇的顺序，分批逐步推进千兆网络部署。千兆网络覆盖小区累计到达1816个，覆盖住户170万户。

【IPV6升级改造】 完成核心网、城域网、接入网等基础网络的IPV6升级改造。移动网IPV6活跃用户数757.02万；分配IPV6地址的宽带用户数48.15万。

【赋能自治区数字经济发展】 赋能重点行业，聚焦智慧城市、数字政府、工业互联网、医疗健康、文化旅游、生态环境等行业，持续深耕。签约兴安盟公共安全视频监控和呼市“12345”为民服务热线2个亿元项目。深耕5G应用，在5G+智慧医疗、5G+智慧煤化工和5G+智慧农业均取得突破，5G灯塔项目达到7个。持续旗县振兴，聚焦96个旗县市场，助力创新转型，组建5G+智慧医疗联合创新实验室。企业登云，持续在全区开展企业登云服务推广和宣讲，惠及6231家中小企业，助力企业信息化转型。荣获万户企业登云行动优秀云服务商称号。打造数据中心，发挥数据中心基础保障的作用，成为赋能数字经济的加速器和孵化器。建成1个基地、4个数据中心及N个DC。

【营销服务】 2020年底，移动电话出账用户数达到882.8万户，其中2G用户27.5万户，3G用户43.9万户，4G用户706.1万户，5G用户75.7万户。宽带用户到达294.0万户，本地电话用户150.2万户。2020年，主营收入完成69.22亿元，同比增长0.7%。不含5G利润完成0.3亿元，实现扭亏为盈；EBITDA率同比改善3.4pp；自由现金流大幅提升，同比增加13.5亿元。

【网络能力】 2020年，完成无线网固定资产投资125211.94万元，共计新建4G基站4697站，4G宏基站累计达到20924站；2020年4G室分新建1060站；新增覆盖楼宇385栋，4G室分站点累计达到8304站；2020年，新建5G基站5527个，累计达到5677站，5G重点城市市区连续覆盖，其他城市基本连续覆盖、重点城市县城基本连续覆盖，其他县城重要区域点覆盖。

【改革与基础管理】 完成5条专业线运营体系变革工作，并构建区、市两级“权责对等、主体清晰、协同融合”的经营责任主体。成为集团智慧中台建设第二批试点省，加快中台运营和业务验证工作；完成智能双推、沃家组网、可视交付等34个场景应用。推进实体网格兼并，兼并网格40个；做优做精逻辑BU，全区共计立项113项，参与项目人数971人，项目预计创收/创利1.3亿元。5G网络与电信联合规划，全量共享；率先推进全面共建共享，节省投资6375万元，成本706万元，创收2200万元。带头推进行业竞合。

（武栋）

交通运输　邮政

公　路

综　述

【概况】 交通运输厅为自治区政府组成部门，正厅级，内设机构11个，分别为办公室、人事教育处、政策法规处、规划处、建设管理处、公路处、运输服务处（地方海事局）、财务处、科技处、安全监督管理处、行政执法监督局。另有机关党委、离退休人员工作处。核定行政编制73名。厅直属11个处级事业单位。其中，参公事业单位2个，分别为自治区公路路政执法监察总队〔辖12个盟市路政执法监察支队（公益一类事业单位）、1个直属支队（公益一类事业单位）〕、自治区渔业船舶检验站；公益一类事业单位7个，分别为自治区公路局、交通运输管理局、交通建设工程质量监督局、厅机关事务服务中心、公路贷款项目服务中心、交通运输信息中心、交通工程造价站；公益二类事业单位2个，分别为自治区交通运输培训中心、自治区交通运输厅职业资格中心。共核定事业编制1903名，实有人员1325人。根据2020年自治区深化事业单位改革试点工作部署，交通运输厅所属事业单位撤并为6个，分别为自治区交通运输事业发展中心、自治区交通运输厅综合保障中心、自治区综合交通运行监测与应急指挥中心、自治区交通建设工程质量监测鉴定站、自治区交通运输教育中心、自治区交通运输综合行政执法总队（下设13个副处级综合行政执法支队）。自治区交通运输事业发展中心（以下简称“发展中心”），是由自治区原公路局、交通运输管理局、渔业船舶检验站、交通工程造价站4个单位合并成立的厅属副厅级公益一类事业单位。自治区交通运输厅综合保障中心是由原厅机关事务服务中心、厅职业资格中心、自治区公路贷款项目服务中心合并成立的正处级公益一类事业单位。自治区综合交通运行监测与应急指挥中心是新组建的正处级公益一类事业单位。主要承担行业运行监测、预警分析、应急处置等技术支撑和辅助职能。自治区交通建设工程质量监测鉴定站，加挂自治区交通运输科学发展研究院牌子，是由自治区原交通建设工程质量监督局更名的正处级公益二类事业单位。自治区交通运输教育中心（以下简称“教育中心”），是由自治区原交通运输培训中心更名的正处级公益二类事业单位。自治区交通运输综合行政执法总队是落实交通运输综合行政执法改革要求，以自治区原公路路政执法监察总队为基础，整合工程建设、质量监督、道路运政、地方海事等执法职能组建的综合执法单位。自治区交通运输信息中心整建制划转至自治区大数据中心。

【三大攻坚战】 深入推进“四好农村路”建设，开工建设农村牧区公路11363公里、建成8071公里，新增167个撤并建制村通硬化路，提前完成“两通”兜底性指标，全面完成交通扶贫各项任务，实现所有贫困旗县通一级及以上公路。扎实推进运输结构调整、柴油货车污染治理、清洁高效交通装备推广、公路建设污染防治等工作，建立实施在用机动车排放检测和强制维护制度，取消符合技术条件的城市配送车辆通行限制，公路改扩建及养护工程旧路面材料利用率达到85%。自治区本级“统贷统还”存量公路建设政府隐性债务化解年度任务全面完成，盟市“统贷分还”存量公路建设政府隐性债务化解工作稳步推进。

【交通强国建设】 落实《交通强国建设纲要》，推动自治区党委、政府出台《内蒙古自治区贯彻〈交通强国建设纲要〉实施方案》。落实《交通运输部关于内蒙古自治区开展交通运输高水平对外开放等交通强国建设试点工作的意见》，按照《交通强国试点工作推进方案》相关要求，积极协调推进高水平对外开放、智慧物流枢纽、交通与旅游融合发展、特色冷链物流、“四好农村路”高质量发展等试点工作，着力打造一批具有内蒙古特色样板工程，力争用1～2年时间取得阶段性成果，用3～5年时间形成一系列可推广、可复制的试点经验和模式，为交通强国建设探索具体路径。

【“十四五”交通运输发展规划编制】 按照国家和自治区相关要求，根据自治区“十四五”规划编制目录清单，组织开展《自治区综合立体交通网规划（2021—2050年）》《自治区交通基础设施国土空间控制规划》《自治区交通与文化旅游融合发展规划》等中长期交通运输发展规划编制工作，以及《自治区“十四五”综合交通运输发展规划》《自治区“十四五”公路水路交通运输发展规划》等“十四五”规划编制工作，推进“多规合一”体系建设。

【法治政府部门建设】 推动行业立法，《内蒙古自治区农村牧区公路条例》于2021年1月1日正式实施。定期开展规范性文件清理，编制交通运输制度库。完善健全科学、民主、依法决策机制，健全法律顾问机制，实现法律服务资源共享。以落实“谁执法谁普法”责任制为抓手，圆满完成“七五”普法任务。行政执法“三项制度”深入落实，“四基四化”建设逐步推开，“双随机、一公开”监管全面覆盖，清理整顿执法证件和整治路域执法问题专项行动顺利完成。2020年，交通运输厅被评为全区法治政府建设示范部门。

【管理体制机制】 自治区本级交通运输综合执法机构挂牌组建，初步构建了权责统一、权威高效、监管有力、服务优质的自治区本级综合执法队伍。盟市及以下交通运输综合执法改革压茬推进，综合执法体系初步建立。

【重点领域改革】 “放管服”改革成效明显，自治区本级交通运输36项政务服务事项和11项公共服务事项全部进驻实体政务服务大厅，并接入一体化政务服务平台，基本实现“一门办、一网办”。交通运输领域财政事权和支出责任划分改革走向纵深，推动自治区政府出台《内蒙古交通运输领域自治区以下财政事权和支出责任划分改革实施方案》。内蒙古公路交通投资发展有限公司移交国资委统一监管，厅属国企改革任务全面完成。印发自治区《公路建设项目招标投标备案管理办法》《公路建设项目评标专家库管理办法》和自治区公路工程标准招标文件，开展建设市场督查，公路建设信用工作取得良好成效。

【行业信息化建设】 建成综合交通运输调度和应急指挥中心，协调自治区自然资源、气象、文旅、铁路、民航等行业数据资源接入数据交换共享平台。深化行业协同电子政务服务，开发行业政务信息资源目录管理信息系统。完善行业运行监测监控体系，建立网络安全应急处置体系，组织开展网络安全检查和应急演练，加强系统网络安全管理，切实保障网络安全稳定运行。

【对外交流合作】 参加中俄总理定期会晤委员会运输合作分委会第二十四次会谈，就《中华人民共和国政府与俄罗斯联邦政府国际道路运输协议》实施以及其他推进中俄国际道路运输合作的事项进行磋商。截至2020年底，中国内蒙古自治区与蒙古国、俄罗斯达成开通协议国际道路客货运输线路共有42条，基本形成了以边境口岸为节点、覆盖蒙古国、俄罗斯边境地区重点城市、重点矿区的道路运输网络。全年国际道路运输累计完成客运量约224.3万人次，货运量约为2837.1万吨，货运量连续14年排名全国第一。

【抗击新冠肺炎疫情】 全区交通运输系统第一时间形成了上下联动、左右协同、整体推进的联防联控工作格局，构建稳固有力的交通抗疫作战体系。暂停部分客运线路，实施国际道路运输“货开客关”政策，开展“党旗飘、战疫情、我先行”活动，全部位、全环节落实交通运输工具和场站防控措施，日均查验车辆逾14万辆、乘客20余万人次，有效阻断了病毒通过交通运输渠道传播。4名个人和2个集体荣获全国交通运输系统抗击新冠肺炎疫情先进个人和先进集体荣誉称号。全面落实“一断三不断”“三不一优先”工作措施，迅速恢复公路通行。根据人员运输和物资保障需要，及时开通400条应急运输绿色通道，组建14支应急运输车队，全力畅通应急运输“生命线”，优先保障防疫物资人员、煤炭、“米袋子”“菜篮子”等生产生活物资“零阻碍”通行，累计发送医护人员、防疫物资和重要生产生活物资近5000批次，保障了重点人群及时到位、物资供应稳定畅通，完成保障交通畅通任务。及时推进复工复产，分区分级恢复道路客运、城市交通服务，全力做好春运错峰返程工作，采取“点对点”“一企一策”“定制客运”等方式，发送包车近400辆次、保障1.4万余名农牧民工返岗就业。针对疫情对道路运输造成的严重冲击，积极协调财政、税务等部门出台纾难解困政策，助力市场主体渡过难关、恢复正常运营，营业性公路货运量自2020年5月份实现正增长，有力对冲经济下行态势。

公路建设与运输管理

【公路网建设】 全年落实公路建设补助资金173.4亿元，其中：中央车购税资金63.5亿元、成品油价格和税费改革交通专项资金20亿元、自治区财政预算内资金4.4亿元、一般债券资金9.7亿元、收费公路专项债券资金75.75亿元，累计完成固定资产投资422.7亿元，公路建设规模1.9万公里。开工建设G5511二广高速集阿联络线公主埂至经棚、G5511二广高速集阿联络线大板至查白音塔拉、G5511二广高速集阿联络线草高吐至乌兰浩特、G1817乌银高速巴音呼都格至巴彦浩特、G55二广高速公路二连浩特至赛汉塔拉等重点公路项目，建成G5516苏尼特右旗至化德高速公路、S31大饭铺至龙口高速公路、G110呼和浩特至毕克齐一级公路、G306乌里雅斯太—珠恩嘎达布其一级公路等重点项目。截至2020年底，全区公路总里程21万公里，其中高速公路6985公里、一级公路8785公里、二级公路1.99万公里。全区12个盟市政府所在地全部连通高速公路，103个旗县（市、区）全部通一级及以上公路，具备条件的建制村嘎查全部通硬化路。

【基础设施管养】 全年实施公路路面灌缝3171万延长米，修补病害142万平方米，完成预防性养护378万平方米，更换标志10.6万块，施划标线73万平方米，修复防护设施11.5万立方米。圆满完成养护专项工程，其中干线灾害防治工程137公里、安防工程209公里、危桥改造57座。开展公路路况、重点桥梁、隧道技术状况检查，完成路况自动化检测1.7万公里，列入年度计划的养护大中修工程50项，开工率100%，废旧路面材料回收率达98%。高质量完成“十三五”全国干线公路养护管理治理能力评价工作。截至2020年底，全区普通国省干线公路优良路率达74.1%，农村公路优良路率达61%。

【公路服务】 全力打赢撤销高速公路省界收费站第十战役，高速公路联网收费系统运行稳定，收费站拥堵数量和拥堵时间“双降低”。不断优化ETC服务，客服热线接通率跃升至99%以上，实现ETC用户“一次行程，一个账单、一次扣费、一次告知”。持续拓展ETC覆盖范围，年内建成39个ETC智慧停车场，涵盖高铁站、汽车站、大型医院、核心商圈等场景，鄂尔多斯市成功申请为ETC智慧停车城市试点。建设改造普通公路服务设施59处、服务区公共卫生间44处，建成“司机之家”3个。

【运输场站布局】 加快推进乡镇汽车客运站和农村牧区公路客运候车亭建设，新建4个乡镇运输服务站和80个农村公路客运候车亭。截至2020年底，全区建成三级以上客运站137个，其他客运站2868个，货运站61个。12

个盟市政府所在地及二连浩特、满洲里口岸均建有一级客运站，全区97%的旗县拥有二级及以上客运站，65%的乡镇拥有乡镇客运站。

【客运服务质量】 强化与民航、铁路的接驳运输，推动运输与旅游融合发展，初步形成广覆盖、深通达、可持续、惠民生的城乡客运网络，全区共有客运业户935户，从业人员7.8万人，营运客车10734辆，开通客运线路4231条，日均发送班次0.8万班次，跨省班线通达全国24个省市区，运距最长达2400多公里。深入落实四好农村路“运营好”工作任务，全区具备通车条件乡镇和建制村100%通客车，实现农村客运“开得通”“留得住”，通过交通运输部组织的乡镇和建制村通客车质量第三方评估。呼和浩特市被命名为国家“公交都市”示范城市，社区公交、定制公交、学生公交、夜间公交等多种模式有效满足多元化出行需求。全年累计完成营业性公路客运量3224万人次、旅客周转量49.4亿人公里，分别占综合运输量的43.6%和30.0%。

【货运物流降本增效】 落实公路通行费减免政策，联合自治区发改、财政部门对各类货车给予进一步的优惠措施，一般高速公路1类货车至6类货车收费标准分别下调百分之20至百分之40不等，全年免征公路通行费51.64亿元。与重点运输企业建立“一对一”服务联络机制，大件运输许可平均办结时限压缩至2个工作日。积极发展网络货运，46家货运企业取得网络货运经营许可证，有效整合社会闲散运力和分散货源，实现人、车、货、线等物流要素的精确匹配。“西北地区—京津冀多功能智慧公铁水联运示范工程”进展顺利，场站基础设施已投入使用，全年铁路多功能驼背运输车共计开行54列，运送货物10.5万吨。截至2020年底，全区货运业户共13.5万户，从业人员32.3万人，营业性载货汽车25.1万辆、316.7万吨位。全年累计完成营业性公路货运量10.9亿吨，货物周转量1888.79亿吨公里，分别占综合运输量的63.9%和42.6%。

【安全整治】 开展安全生产专项整治三年行动，深入排查治理安全生产风险隐患。处置县乡道安全隐患里程1910公里、村道安全隐患里程1028公里，改造县乡道危桥89座、村道危桥51座。持续强化营运车辆安全监管，实现“两客一危”车辆动态监控全覆盖。加大非法超限运输打击力度，累计规划157个治超站、66个治超点、79处非现场执法点位，基本实现公路网关键节点全覆盖，高速和干线公路超限率分别下降至0.2%和2.2%。全年交通运输安全生产责任事故起数和死亡人数同比分别下降66.7%和77.8%，未发生较大及以上安全生产责任事故。

【工程质量】 大力推进“平安百年品质工程”建设，推进“施工班组规范化管理攻关行动”示范项目实施，编制完成《施工班组规范化管理指南》。开展“坚守公路工程质量安全红线”专项行动工作，健全工程质量监督管理机制，落实施工质量样板引领、隐蔽工程影像资料留存、实体质量实测实量标识等制度，强化工程建设全过程质量监督，高速、一级公路监督到位率100%、质量鉴定合格率100%。推进公路水运建设工程领域电线电缆及电器设备综合治理，整顿规范监理检测市场，加强检测设备计量工作。

【应急管理】 建成综合交通运输调度和应急指挥中心，建立水上搜救联席会议制度，基本形成部、区、市、县四级运行协调与应急指挥体系。健全风险防范化解机制，加强运行监测和应急调度指挥。结合机构改革，修订完善应急预案，加强应急队伍建设，强化科技兴安能力和装备技术支撑，组织开展多区域、多部门的应急演练，不断增强应急处置能力。

公路科研

【关键技术研究应用】 公路建设与养护技术、新材料新技术推广应用、高纬度冻土地区公路建设技术、公路长期服役性能监测等方面取得重大技术突破，获得自治区科技进步一等奖1项，中国公路学会特等奖1项、二等奖1项，中国技术市场项协会金桥奖项目一等奖1项。“东北多年冻土区交通基础设施长期性能交通运输行业野外科学观测研究基地”入选交通运输部首批行业野外观测研究基地，并设立了国家博士后科研工作站。

【科研成果转化】 发布内蒙古交通运输科技成果推广目录，推动科技成果转移转化，为行业高质量发展提供技术支撑。编制《内蒙古自治区交通运标准体系建设指南》，发布实施《热拌沥青混合料路面施工技术规范》等5部地方标准，启动编制《高纬度多年冻土交通基础设施高质量标准体系》。

（赵海涛）

铁　路

呼和浩特铁路管理

【概况】 中国铁路呼和浩特局集团有限公司（以下简称“呼铁集团”）地处内蒙古自治区中西部，管内大部分线路北傍阴山，南沿黄河，由西向东穿越自治区3盟（阿拉善、锡林郭勒、兴安盟）、8市（乌海、鄂尔多斯、巴彦淖尔、包头、呼和浩特、乌兰察布、赤峰、通辽），向北经二连浩特、策克口岸与蒙古国连接，是连接西北、华北物资运输的主要通道，也是连接蒙古国、俄罗斯的重要国际通道。

呼和浩特局集团公司分别与北京、太原、沈阳、西安、兰州、乌鲁木齐局集团公司毗邻，北面与蒙古国接轨。其中唐包线（曹妃甸北—包头东），与北京局相连，分界位置为小蒜沟与友谊水库站间（K591+000）；京包线（昌平—台阁牧）与太原局相连，分界位置为古店与孤山站间（K380+500）；集通线（贲红—通辽）与沈阳局相连，分界位置为哲里木与通辽站间（K943+966）；锡乌线（锡林浩特—霍林河）与沈阳局相连，分界位置为海彦呼都格站霍林河方向出站信号机（K19+332）；锡二线（海彦呼都格—西里）与沈阳局相连，分界位置为海彦呼都格站西里方向出站信号机（K1+159）；包兰线（包头东—兰州）与兰州局相连，分界位置为乌海西与惠农站间（K423+000）；包西线（包头—西安）与西安局相连，分界位置为新街与中鸡站间（K176+923）；临哈线（临河—哈密）与乌鲁木齐局相连，分界位置为明水与梧桐水站间（K1115+100）；集二线（集宁—二连）与蒙古国接轨，分界位置为二连站至蒙古国扎门乌德站间（K335+630）。

2020年，集团公司对葫芦疏解进行改造，该工程在葫芦车站西端将既有唐呼、京包线进行相互置换，线路进行里程贯通，并重新命名为京包线、唐包线。

2020年末，呼和浩特局集团公司职工期末人数66083人，较上年末67531人减少1448人。其中：国铁集团所属单位职工期末人数55289人，较上年末减少1296人；合资铁路公司期末人数10794人，较上年末减少152人。

2020年，集团公司从业人员期末人数71119人，较上年末减少1972人，其中：国铁集团所属单位从业人员期末人数59603人，较上年末减少1514人；合资铁路公司从业人员期末人数11516人，较上年末减少458人。

2020年，集团公司运输业职工期末人数59242人，较上年末减少1094人。运输业从业人员期末人数61742人，较上年末减少1494人。

2020年末，呼和浩特局集团公司所属单位61个，其中：运输单位36个（直属站5个、车务段5个、客运段2个、机务段3个、供电段2个、工务段4个、电务段2个、车辆段3个、通信段1个、工务机械段1个、临策运输管理部1个、临策基础管理部1个、货运中心4个、综合维修段2个）；非运输企业10个（内蒙古铁鑫煤化集团有限公司、内蒙古呼铁房地产开发集团公司、内蒙古铁路运营管理集团有限公司、内蒙古呼铁旅游广告（集团）有限公司、内蒙古呼铁物流有限责任公司、内蒙古呼铁物资工业（集团）有限公司、内蒙古蒙铁石油有限公司、沁原工程建设监理有限责任公司、蒙铁工程项目管理公司、呼铁对外经济技术合作集团有限责任公司）；运输辅助单位1个（恒诺房建生活段），其他单位14个（扬州职工教培基地、科研所、信息技术所、机关服务所、呼和浩特职工培训基地、包头职工培训基地、疾病预防控制所、物流时代编辑部、港口工作办公室、焊轨段、包头住房建设指挥部、呼和住房建设指挥部、林业总场、铁路巡防支队）。

呼和浩特局集团有限公司机关行政职能管理机构27个，定员编制587名；生产机构1个，定员编制524人；派出机构1个，定员编制9名；附属机构29个，定员编制773名。

【站车评比】 2019年度，全路客运站车评比中，呼和浩特站、呼和浩特东站和K263/4次、K89/90次、K574/3次、Z284/3次、Z267/8次、K598/599/600/597次、K396/5次等7对旅客列车被中国国家铁路集团公司授予“文明车站”“红旗列车”称号。

【服务质量】 深化复兴号品牌战略。打造草原特色动车服务品牌草原风味特色食品、浓郁蒙古元素的乘务员服饰、热情得体的周到服务，给乘坐复兴号的旅客留下深深的草原记忆。推进普速达标提质。全面提升站容站貌，开展普速车站标识系统标准化、规范化建设，优化完善“四区一室”等服务功能。开展站车形象、窗口形象、岗位形象建设，提倡“用心”服务和“有温度”的服务，满足旅客多样化、差异化的服务需求，让普速车旅客出行体验进一步提升。深化品牌服务建设。对车站“孙奇温馨服务台”进行优化，统一车站服务台标识、主要功能，对服务台岗位人员的业务能力、接待礼仪、应急技巧等综合素质进行强化培训，全面提升服务台旅客服务水平。呼和浩特站“峻屹爱心服务队”、乌海车务段“爱心壹基金”等一大批品牌服务典型深受社会认可和旅客欢迎。

【63条线路】 截至2020年12月31日，集团公司管内共有63条线路，分别为：

京包线（昌平—台阁牧），全长656.872公里，管内长272.566公里（双线）。包兰线（包头东—兰州），全长989.8公里，管内长422.868公里（双线）。包西线（包头—西安），全长845公里，管内长173.650公里（双线）。唐包线（曹妃甸北—包头东），全长1017.819公里，管内长421.192公里（双线）。京包客专线（北京北—包头西），管内长419.589公里（双线）。临哈线（临河—哈密），全长1327.340公里，管内长1115.100公里（单线）。集二线（集宁—二连），全长335.699公里（其中集宁—贲红，双线35.796公里；贲红—二连，单线294.528公里；二连—国界，单线宽轨5.375公里）。呼鄂线（台阁牧—鄂尔多斯），全长220.098公里（双线）。集通线（贲红—通辽），管内长940.723公里（单/双线）。响大线（响沙湾—大院东），全长105.699公里（单线）。包白线（包头西—白云鄂博），全长147.074公里（其中包头西—包头北，双线7.199公里；包头北—包头北，单线3.878公里；包头北—昆独仑召，双线3.487公里；昆独仑召—白云鄂博，单线132.510公里）。包石线（二道沙河—石拐），全长31.664公里（单线，目前封闭）。包环线（包头东—昆都仑召），全长28.964公里（单线）。乌吉线（乌海西—吉兰泰），全长130.088公里（单线）。海拉线（乌海—拉僧庙），全长44.530公里（单线）。郭查线（郭尔奔敖包—乌日根塔拉），全长2.645公里（单线）。包神线（包头—神木），管内长1.165公里（双线）。呼王联络（呼和浩特西—王气），管内长1.287公里（双线）。包满线（白云鄂博南—巴音花），全长85.627公里（单线）。黄公线（黄白茨—公乌素），全长31.245公里（单线）。天策联络线（天鹅湖西—策克），全长67.490公里（单线）。西金线（西小召—金泉南），全长56.875公里（单线）。新上线（新街—上海庙），新街至陶利庙段已开通，线路长165.052公里（单线）。公锡线（公庙子—锡尼），目前开通至四眼井站，线路长51.700公里（单线）。响四线（响沙湾—四眼井），全长86.429公里（单线）。吴高线（吴四圪堵—高头窑），全长23.248公里（单线）。桑锡线（桑根达来—锡林浩特），全长153.998公里（双线）。桑多线（桑根达来北—多伦），全长101.220公里（双线）。白浩线（白音库伦—制气厂），全长65.430公里（单线）。锡乌线（锡林浩特—乌兰浩特），管内全长18.263公里（单线）。锡二线（海彦呼都格—西里），管内全长2.802公里（单线）。多丰线（塔黄旗东—多伦），管内全长141.749公里（单线）。虎丰线（虎什哈—塔黄旗），管内全长23.045公里（单线）。集葫联络线（集宁—葫芦），全长5.962公里（双线）。南北联络线（集宁南—集宁），全长4.984公里（双线）。石环联络线（二道沙河—二道沙河），全长1.087公里（单线）。白环联络线（昆都仑—昆都仑），全长0.766公里（单线）。兰白联络线（打拉亥—包头北），全长5.142公里（单线）。中蒙联络线（二连—中蒙边境），全长5.523公里（单线）。万包联络线（包头站—万水泉南），全长3.897公里（单线）。包西疏解线（包头西—包头南），全长4.884公里（双线）。呼甲联络线（呼和浩特南—甲兰营），全长2.271公里（单线）。瓜房子联络线（台阁牧—瓜房子），全长3.237公里（单线）。西甘联络线（金泉南—金泉南），全长1.840公里（单线）。呼前联络线（呼和浩特南—前朱堡），全长11.670公里（双线）。大院东疏解线（大院东—大院东），全长3.188公里（单线）。呼准线（呼和浩特南—周家湾），管内全长0.155公里（单线）。呼准增二线（呼和浩特南—周家湾），管内全长1.385公里（单线）。呼东联1（呼和浩特东—呼和浩特东动车所），全长2.506公里（单线）。呼东联2（呼和浩特东—呼和浩特东动车所），全长0.796公里（单线）。呼东联3（呼和浩特东—呼和浩特东动车所），全长1.078公里（单线）。桑东联络线（桑根打来—桑根达来东），全长7.484公里（单线）。锡东联络线（锡林浩特北—东二矿方向），全长8.692公里（单线）。通白联络线（大板东—宝木吐），管内全长1.444公里（单线）。赉红联络线（赉红—赉红线路所），全长2.959公里（单线）。哲里木联络线（哲里木—哲里木），全长1.541公里（单线）。哲通联络线（哲里木—哲里木），全长0.260公里（单线）。公联联络线（公庙子—联光），全长6.238公里（单线）。乌联联络线（乌拉山—联光），全长10.806公里（单线）。乌审旗联络线（乌审旗—乌审旗南），管内全长0.305公里（单线）。西东联络线（鄂尔多斯—龙虎渠），管内全长21.515公里（单线）。新上浩吉联络线（陶利庙—陶利庙北线路所），管内全长7.972公里（单线）。集白联络线（麻斯塔拉—麻斯塔拉线路所），管内全长3.201公里（单线）。

线路总延展长11846.976公里，其中正线延展长9203.948公里，站线延展长2643.028公里。共有道岔7547组，其中正线道岔2812组。

【运营线路】 总延展长3738.047公里，其中正线延展长2367.800公里（准轨2362.425公里，宽轨5.375公里）。无缝线路总长度2255.021公里，其中：正线无缝线路总长度2162.764公里，占正线延展长91.5%；站线无缝线路总长度92.257公里，占站线延展长7.0%。60kg/m钢轨正线铺设总长度2198.928公里，占正线总延展长度的92.9%。道岔总计4009组，其中正线道岔1209组（准轨1198组，宽轨11组）。

【合资线路】 总延展长8108.929公里，其中正线延展长6836.148公里。无缝线路总长度5172.798公里，其中：正线无缝线路总长度5113.266公里，占正线延展长74.8%；站线无缝线路总长度59.532公里，占站线延展长4.7%。60公里/米钢轨正线铺设总长度5495.440公里，占正线总延展长度的80.4%。道岔总计3538组，其中正线道岔1603组。

【桥隧涵及附属设备】 桥隧涵及附属设备共计4616桥隧百换算米，桥梁3207座515625米，隧道116座178917米，涵渠9133座215552米。其中国铁桥梁1260座55197米，隧道9座8488米，涵渠1413座32102米，计499桥隧百换算米；合资桥梁1947座460428米，隧道107座170429米，涵渠7720座183450米，计4117桥隧百换算米。

【机务辖属站段级生产单位】 有3个：包头西、集宁、大板机务段，分别配属HXD1、HXD2、HXD3C、HXD3D型等电力机车及HXN3B、DF4DK、DF4D型等内燃机车共计957台，承担京包、包兰、包西、包白、唐包、集二、呼鄂、集通、临哈等56条线路的牵引任务。

【机车检修】 电力机车中修（C4修）4台位（包头西），年中修能力168台；电力小辅修（C3及以下修）16台位，年能力1696台。内燃机车中修4台位，年能力168台；内燃小辅修21台位，年能力2226台。整备能力：电力机车整备26台位，内燃机车整备30台位。

【运输组织】 2020年，按照国铁集团要求分别参加“4.10”“6.30”“10.11”“1.20”四个阶段的列车运行调整，及2020年暑运、2021年春运列车运行图编制工作。动车组列车开行方面，随着京包客专全线开通运营，呼和浩特、包头、乌兰察布地区进京动车组重新进行调整，安排呼和浩特东（包头）——北京北（清河）直通动车组日常线25对、周末线3对、高峰线10对，新增开呼和浩特东——太原间动车组2对，并对管内动车组交路进行部分调整。货物列车方面，新街口货物列车由19对增至21对，海彦呼都格口货物列车由5对增至9对，乌审旗口货物列车由4对增至5对，通辽北口货物列车由20对增至21对，新增陶利庙南口6对货物列车，古店口新增大秦线迂回货物列车16对。通过优化旅客列车运行时刻，集通线预留出210分钟天窗，为集通线双线电化改造工程创造了有利条件。为保证集团公司完成运输生产任务，提出了葫芦站疏解改造工程施工期间运输组织调整建议，在得到国铁集团批复后，下发《葫芦站疏解改造工程施工实施分号列车运行图》并组织实施。

【科技成果】 2020年，多个项目荣获集团公司“科技进步奖”，其中“集团公司安全大数据平台建设”获科技进步一等奖；“新造时速250公里复兴号动车组正线试验”“铁路手持支付系统”获科技进步二等奖、“行车设备施工维修登销记（CMIS3.0）”“客服中心业务辅助决策系统”“唐呼线货源保障及预警监测系统研究”“口岸站票据电子化系统”“集宁货运中心管理和专业技术人员履职考核信息系统”“供电接触网作业车管理系统”“铁路运输设备大修工程造价管理系统”“数据中心网络虚拟化建设”“铁路信息管理系统人脸识别平台”“信息机房智能安全供电管理系统”“职工培训基地综合管理平台”“劳动竞赛信息管理系统”获科技进步三等奖。

【车站重点旅客服务智能管理系统】 成果于2019年9月初开始在呼和站投入试用。系统完成后，在呼和站进行了测试实验，效果良好；2020年以来主要根据呼和浩特站试用人员的反馈意见，对系统部分功能模块进行优化设计，并在呼和东站进行项目推广和展示。

【客车DC600V逆变器驱动电路检测试验台】 针对运用客车DC600V逆变器系统中电路板故障频发且检修困难、价格昂贵，在对这些电路进行更换或自主维修时，缺乏相关配套测试工具，无法准确判断故障源头。研发的客车DC600V逆变器驱动电路检测试验台，用于在地面对IGBT驱动板测试，准确判断故障部位，现已交付包头车辆段呼和车间进行应用。

【客车车厢音视频记录仪】 满足现场记录仪的正常使用，按季度对呼包两地充电房客车车厢音视频记录仪及充电柜进行检修。技术人员为呼包两地现场维修故障3871台记录仪，维修故障充电柜7台。

【钢轨纵向位移检测装置】 2020年以来共推广销售984套钢轨纵向位移检测基座，11台激光检测仪，销售额共计514020元。同年11月，参与内蒙古铁路运营管理集团有限公司钢轨纵向位移检测基座采购招标议价，中标并确定该采购项目。

【项目开发】 2020年，落实集团公司“公转铁”战略部署，快速补强乌海如意俊安专用线装卸设备和二连浩通专用线环保设施，带来运量34万吨；同达拉特旗政府携手完成响沙湾基地环保改造工程，累计发运23列；完成金泉南物流基地环保改造工程，增加运量7.39万吨；研究推进策克如意永晖物流基地和二连浩通物流基地环保改造，累计发运355列；反复对接大唐国际集团推进吴四圪堵项目，推进项目开发工作。土地综合开发项目落地见效。加快推进既有地产项目开发进度，如意42亩地开发的5座商业综合体，4座取得预售许可证，D座已封顶；呼铁新阁商住项目取得了预售许可证，办理了预售网签手续，3栋楼盘已建成，具备竣工验收条件。乌海滨铁佳园17#楼面向全局销售。启动呼和东站152亩地、呼铁佳园三期商业项目前期工作。推进去库存工作，全年去库存115套。推进经营开发项目，完成山桥轨道装备项目土地确权，进入招拍挂阶段；包头九原物流园（B型）保税中心实现封关运营；醇基燃料经营项目顺利取得经营资质；自主开发的康之旅草原特色产品在呼东高铁站5G店上架销售。涉铁工程市场得到大力拓展，以集团公司“公转铁”项目为契机，先后完成“三线一园一廊”“三桥”工程，即：点石沟、马场壕、华云古城湾铁路专用线工程，七苏木国际物流园，石拉乌素矿井输煤廊栈桥，哲里木路、巴彦路、三环路立交工程。重点完成磴口电厂专用线、中蒙班列庙梁煤炭矿石基地工程。拓展与铁路相关的工程监理市场，新拓展红庆河、马场壕等5条专用线委管业务，轨道车、机车配件检修、轮对大修等修理修配业务，新增泊江海、查汗淖等6条线机车牵引业务。物资经销企业拓展西安局石砟供应业务，临小工程招标代理和油品供销业务，全力承接废旧物资销售，完成国铁集团下达的2.14亿吨废旧物资销售指标。

【数字口岸系统推广实施】 2020年，落实《国铁集团货运部关于开展数字口岸及国际联运无纸化通关项目推广试用工作的通知》，全面做好数字口岸系统推广工作，组织数字口岸系统培训、测试，制定《中国铁路呼和浩特局集团有限公司开展数字口岸及国际联运无纸化通关试点实施方案》，成立项目推进工作小组、按计划推进数字口岸方案实施。会同对外合作部主动与呼和浩特海关对接，共同研究数据交互、海关系统切换实施计划方案，联合呼和浩特海关共同制定下发《数字口岸、国际联运无纸化通关系统及仓单管理、运输工具管理系统铁路子系统联合推广应用实施方案》。

【疫情防控概况】 2020年，相关部门协助集团公司疫情防控办公室落实防控物资，与国药集团等多家大型医药企联系，为集团公司购置口罩169500个、红外线体温计300支、消毒液200千克、酒精1000升、连花清瘟胶囊6000盒、板蓝根冲剂10280包、口腔消炎喷剂7740支、穿心莲滴丸3000盒。后勤保障单位及房建、生活系统防控疫情工作做到“外防输入、内防扩散”，测温和消杀全覆盖、无死角。坚持疫情防控和安全生产经营工作“两手抓”“两不误”。在部分铁路招待所（宾馆）、行车公寓、单身公寓购置安装人体测温预警系统，开设单独留观室，对有异常情况的入住人员进行隔离观察。对外局的乘务人员采取分区域、分楼层安排住宿。餐饮采取错峰用餐及分餐、单独取餐制。做好途经湖北等重点地区列车乘务人员及其他地区直通列车乘务人员退乘期间安全防护，并对所有人员进行测温、衣物紫外线消毒防护以及住宿房间的消毒工作。对30413人次乘务人员进行安全防护。组织恒诺房建生活段全力做好包头、包头东、呼和浩特始发列车车厢消毒工作。累计完成7819列车及94216辆编组列车预防性消毒工作。

【客运部门疫情防控】 2020年，在保证物资运输的同时，通过采取停运列车、减编等措施有效阻止疫情传播。春运办及时转发国铁集团有关疫情防控、退票费调整、填写健康登记表等内容的通话记录50多份。先后安排组织停运旅客列车75.5对，4921趟次，其中集团公司担当列车停运38.5对，2413趟次，外局担当列车停运37对，2508趟次。在此基础上安排集团公司担当的17对普速列车减编运行。为方便疫情期间旅客退票，结合现场实际情况对有关退票业务进行优化调整。实时监控各次列车客票预售情况，及时做好部分列车减编、封站、停运的客票数据维护，向互联网购票旅客下发通知短信，做好旅客退票组织工作。依法合规做好重点旅客乘车信息的协查，共协助集团公司、各级政府疫情防控部门排查162批次、共123.3万人的购票信息，严格执行信息保密制度。集团公司49个三等及以上客运车站实施进出站口进行旅客体温检测。车站发现发热旅客69人，留观35人，各次列车发现发热旅客115人，下交250人（含同行旅客）。各次旅客列车终到属地入库后实施专业喷杀消毒，折返停留期间进行物理表面消毒；途中由列车乘务人员对重点部位进行物理表面消毒；餐车每餐后进行一次物理表面消毒。对管内车站候车区、售票厅等人流集聚场所累计进行消毒9764万余平方米，133437辆。集团公司安排从2月初开始，在包头地区铁路宾馆和呼和地区天悦酒店对重点列车三乘人员退乘后进行集中测温、洗浴、消毒等防护检测。在恒诺集团公司支持配合下，共有2.4万人次三乘人员进行退乘消杀防护。协助政府向高风险地区应急运送医务人员4批86人，11月22日协调途经K998次行李车，一次为满洲里紧急运送防控物资7吨620件。制定疫情期间《路用防控物资运送办法》，简化承运手续，规范运送流程，向武汉局和局管内各站运送马铃薯130吨、萝卜35吨、药品600箱、医疗物资932箱、消毒液1400箱、口罩和一次性手套等378、其他救援物资219箱。各单位牢固树立“防麻痹、防松懈、防走样”的三防思想，坚持执行测温、列车宿营车严禁出售旅客、站车消毒通风、加强卧具更换整备质量、严格进京旅客二次测温等制度，同时加强隔离席、铺位的使用管理。针对北京、大连、青岛、哈尔滨等地区出现的个别病例情况，按照国铁集团和集团公司安排，停运开往疫情地区列车，加强站车的宣传和卡控，配合地方政府做好旅客出示健康码等应急应对措施，加强对乘务人员的监测和防护。在全局上下的共同努力下，实现了站车工作人员及旅客“零感染、零输入、零事故”的疫情防控工作目标。呼和客运段张敬钰荣获全国抗疫先进个人，包头客运段荣获国铁集团抗疫先进单位。

【二连口岸运输】 2020年，集团公司始发的中欧班列X8205次累计发运68列；二连口岸通过的中欧班列出口1137列，同比增加425列；进口1294列，同比增加452列；通过的中亚班列出口464列，同比减少44列。2020年，二连口岸进出口运量合计完成1615.7万吨，同比增长9.8%，其中进口运量完成1465.5万吨，同比增加142.8万吨。截至2020年12月31日18:00时，进出口货物运量完成1615.72万吨，同比增加143.79万吨，增长9.8%。其中：进口完成1465.49万吨；同比增加142.80万吨，增长10.8%；出口完成150.23万吨，同比增加1.00万吨，增长0.7%。进口货物主要品类完成情况：进口铁矿石790.47万吨，木材74.36万吨、原油8.36万吨、纸浆54.02万吨、煤炭132.38，集装箱，224.68万吨。自俄罗斯进口348.05万吨，自蒙古进口1117.44万吨。出口货物品类完成情况：化工品3.13万吨，建材11.61万吨，集装箱105.26万吨，黑色金属3.05万吨。出口俄罗斯68.50万吨，出口蒙古81.73万吨。

【国际货物联运】 2020年，国际货物联运工作在抗击疫情的关键时期，加强与蒙古乌兰巴托铁路局、俄铁东西伯利亚铁路局协调配合，全力确保口岸运输组织有序畅通，高效指挥一线生产运输，做到疫情可控，运量不减，确保中欧班列运输稳步上量、常态化运行，二连口岸进出口货物运量不仅未受疫情影响，反呈逆势增长，提前完成全年运量计划，并再创历史新高。截至2020年4月21日，二连口岸进出口货物运量较去年提前24天突破500万吨，同比增长19.9%，8月10日较去年提前31天突破1000万吨，11月20日完成1455.65万吨，提前41天完成全年计划任务（1450万吨），11月27日完成1485.01万吨，赶超2019年。

【旅客发送】 2020年，集团公司旅客发送量完成2328.2万人，完成年必保计划1906万人的122.2%，超必保计划422.2万人，完成年奋斗目标2033万人的114.5%，超奋斗目标295.2万人，同比减少1323.2万人，下降36.2%。其中直通619.1万人，同比减少335.8万人，下降35.2%，管内1709.1万人，同比减少987.4万人，下降36.6%。

【小长假运输】 2020年，元旦小长假（运输期限2019年12月31日至2020年1月3日）集团公司共计发送旅客41.1万人（日均10.3万人），同比增运0.3万人，增长0.7%。由于受疫情影响，国铁集团取消了清明假日运输。五一小长假（运输期限4月30日至5月5日），集团公司共计发送旅客31.3万人（日均5.22万人），同比减少55.7万人，下降64.1%。端午小长假（运输期限6月24日至6月27日），集团公司共计发送旅客23.1万人（日均5.78万人），同比减少28.2万人，下降54.9%。国庆节（运输期限9月28日至10月8日，10月1日恰逢中秋节），集团公司共计发送旅客

122.2万人（日均11.1万人），同比减少30.3万人，下降19.9%。国庆期间，为满足额济纳“胡杨节”旅客出行需求，开行呼和浩特至额济纳Y631/2次旅游专列11列，接入外局旅游专列48列。

【春运】 2020年春运期间（1月10日至2月18日），受新冠疫情影响，客运总体任务完成情况同比大幅下降。集团公司共计发送旅客205.4万人（日均5.14万人），同比减少177.4万人，下降46.3%。其中直通61.7万人，同比减少41.8万人，下降40.4%。管内143.7万人，同比减少135.6万人，下降48.5%。其中节前（1月10—24日）未受疫情影响时集团公司发送旅客165.7万人（日均11.04万人），同比增运42.3万人，增长34.3%。其中直通47万人，同比增运11.8万人，增长33.6%。管内118.7万人，同比增运30.5万人，增长34.6%。客运收入完成13981万元，同比增收3456万元，增长32.8%。其中客票收入完成12741万元，同比增收3177万元，增长33.2%。旅客发送量增幅排名全路第四。

【暑运】 2020年暑运期间（7月1日至8月31日），集团公司共计发送旅客502.7万人（日均8.11万人），同比减少246.6万人，下降32.9%。其中直通124.7万人，同比减少99.4万人，下降44.4%。管内378万人，同比减少147.2万人，下降28%。客运收入完成39032万元，同比减少21938万元，下降36.0%，其中客票收入完成35839万元，同比减少18335万元，下降33.8%。

【开通旅客列车】 2020年，呼和浩特局集团公司共计开行旅客列车118对（动车58对，普速60对），其中直通80对，管内38对。呼和浩特局集团公司担当70对：直通旅客列车32对（动车7对、直达6对、快速17对、普快1对、普客1对），管内38对（动车19对、直达1.5对、特快1对、快速10对、普快0.5对、普客4对、高峰线1对、临客1对）；外局担当直通旅客列车48对：哈尔滨局2对，沈阳局4对，北京局34对（动车32对、普速2对），太原局2对（动车1对、普速1对），西安局2对，南昌局1对，兰州局2对，乌鲁木齐局1对。

（蒋子阁）

沈阳铁路内蒙古境内的管理

【铁路基本情况】 2020年，内蒙古境内有一等站1个（通辽站），二等站7个，三等站20个。内蒙古境内铁路营业里程2976.8公里，其中电气化铁路1621.3公里。配属机车321台，其中内燃机车93台，电力机车228台。全年，内蒙古境内铁路单位完成旅客发送量668.8万人；货物发送量10338.6万吨，货物到达量4421.5万吨，货物周转量58522百万吨公里；换算周转量60405百万吨公里；基本建设计划总投资3190971万元，年内计划投资101016万元；开工累计完成2894732万元，年内完成107016万元；技术改造投资完成10680万元。

【铁路工程建设】 赤峰至京沈高铁喀左站铁路工程完成投资11.4亿元；通辽至霍林河铁路电气化改造工程完成投资0.17亿元；白阿铁路葛根庙至乌兰浩特扩能工程完成投资0.32亿元；通辽至大虎山铁路电化改造工程完成投资0.23亿元；叶柏寿至赤峰扩能改造工程完成投资0.5亿元；京通铁路朝阳地至通辽段电气化改造工程完成投资1亿元；通辽至四平铁路电气化改造工程完成投资0.45亿元。

【喀赤高铁开通运营】 2020年6月30日，喀左至赤峰高铁开通运营，内蒙古自治区赤峰地区正式接入全国高铁网。该线路于2016年下半年正式开工建设，喀左站与京沈高铁接轨。喀赤高铁起自辽宁省朝阳市喀左县，经辽宁省朝阳市建平县、内蒙古自治区赤峰市宁城县、平庄镇，到达内蒙古自治区赤峰市，运营里程156公里，设计时速250公里，全线设喀左、建平、宁城、平庄、赤峰5个车站。喀赤高铁是国家中长期高速铁路规划网的重要组成部分，经与京沈高铁相连接，使内蒙古自治区重要城市赤峰市接入东北地区乃至全国高铁网，打通了内蒙古赤峰地区西进京津、南下丹大、北上哈齐、东至长吉高铁横纵网络，成为内蒙古东南部地区进入东北、关内各方向最便捷的快速客运通道。喀赤高铁开通运营后，从赤峰到元宝山区和宁城县时间均在半小时以内。京哈高铁全线开通后，赤峰到北京运行时间将由最快的8.5小时缩短至3小时左右，压缩近5.5个小时。

【铁路交通项目建设】 2020年，铁路建设建设规模达到历史最高水平，铁路网络规模快速扩张，路网质量明显改善，客货运量逐步提高，服务水平较大提升。全区重点铁路项目完成投资39.76亿元；赤喀高铁于2020年6月30日开通运营，集通电气化改造工程先期开工段于4月28日开工建设，集大原高铁先期开工段于9月16日开工建设，锡太铁路于9月27日取得可研批复；全年新增铁路运营里程102公里，全区铁路运营里程达到1.48万公里，其中高铁405公里。全区铁路复线、电气化率分别达到39.9%、45.1%。城市轨道交通方面，呼和浩特市城市轨道交通1、2号线一期工程。呼和浩特地铁1号线、2号线一期工程建设规模49.27公里，设车站43座。呼和浩特地铁1号线一期工程已于2019年12月29日开通运营。2号线一期工程，于2020年9月12日通过竣工验收，9月30日开通运营。

（李英奇 苏力德）

兰州铁路内蒙古境内的管理

【基本概况】 中国铁路兰州局集团有限公司始建于1956年，地处西部铁路网的枢纽，是亚欧大陆桥在中国境内的重要区段。现管辖4条高铁线、15条干线和4条支线，是西北交通运输和经济建设的大动脉。截至年底，兰州局营业里程6051.5公里，其中内蒙古境内88.2公里（平汝支线35公里、干武线53.2公里）。

【运输主要指标】 全年兰州局完成旅

客发送量4635.35万人，客发恢复度达到70.8%、排名全路第一，其中内蒙古境内旅客发送量0.27万人；旅客周转量24895.157百万人公里，其中内蒙古境内旅客周转量60百万人公里。全年完成货物发送量7839.55万吨，货发任务兑现率排名全路第三，其中内蒙古境内货物发送量23.34万吨；货物周转量145862.854百万吨公里，内蒙古境内货物周转量12.36亿吨公里。

（杨雍梅）

航 空

民 航

【概况】 内蒙古自治区民航机场集团有限责任公司（以下简称“内蒙古民航机场集团公司”）于2003年12月19日正式成立，前身为中国民用航空内蒙古自治区管理局。2005年12月19日，内蒙古自治区人民政府委托首都机场集团公司经营管理内蒙古民航机场集团公司，是首都机场集团公司的成员企业，是以法人治理结构为核心的国有独资有限责任公司。截至2020年，内蒙古民航机场集团经营管理自治区内已运营的机场21个（不含满洲里、鄂尔多斯机场），形成了涵盖干线、支线、通勤、通用机场在内的多层级机场管理体系。内蒙古机场集团所辖各类机场中：干线机场1个，为呼和浩特机场；支线机场13个，分别为呼伦贝尔、扎兰屯、乌兰浩特、阿尔山、通辽、霍林河、赤峰、锡林浩特、二连浩特、乌兰察布、包头、巴彦淖尔和乌海机场；通勤机场3个，分别为阿拉善盟的阿拉善左旗、阿拉善右旗和额济纳旗机场；通用机场4个，分别为根河、乌拉特中旗、新巴尔虎右旗和镶黄旗机场。2020年，内蒙古民航机场集团公司安全运行态势平稳可控，未发生飞行事故、空防事故、航空地面事故、航空维修事故和运输航空严重事故征候；未发生社会高度关注的责任原因安全服务事件和公共治安事件。呼和浩特机场ACI旅客满意度分值达到4.86，支线机场旅客满意度平均分值达到4.5。全年，内蒙古民航机场集团公司全年完成旅客吞吐量1528.1万人次，保障运输起降15.9万架次，完成货邮吞吐量6.0万吨，同比分别降低37.6%、28.9%和15.5%。实现营业总收入10亿元，同口径相比下降27.5%。

【疫情防控】成立疫情防控组织机构，制定下发防控工作方案。围绕严密旅客防控、严密货运防控、严格员工防控目标，落实各项防控措施。第一时间全面停飞至湖北省的航班，暂停“经呼飞”中转业务，动态调整国内中高风险地区航班保障流程；打好北京保卫战，完成全国“两会”等重要航班保障任务。做好员工防控，组织全员接种新冠肺炎疫苗。全力保障紧急运输，累计保障紧急运输航班334架次，运送医护人员及警务人员1578人次、行李3598件共计47.8吨、防控及食品物资26819件共计568.6吨。全力做好首都机场分流国际航班保障。截至12月31日，呼和浩特机场共保障分流国际航班83班、旅客16717人次、托运行李21996件，实现全程管控无一例扩散。建立联防联控工作机制，不断优化保障流程。建成并启用呼和浩特机场新建国际候机楼，分流国际航班保障条件和工作环境得到明显改善。为自治区849名援鄂医疗队员赠送“最美逆行·白衣天使”服务卡。紧急采购2000箱优质牛奶，支援湖北机场集团疫情防控工作等。呼和浩特机场分公司党委荣获了全国先进基层党组织、全国抗击新冠肺炎疫情先进集体。

【复工复产达产】加大航线航班恢复：内蒙古民航机场集团公司积极推进“调时刻、调机型、调结构”，提升呼和浩特机场时刻资源利用率，优化“干支航线”机型结构，推进基地航空公司结构性调整。创新宣传方式，开展“直播旅游+带售机票”推广活动。解决“经呼飞”中转保障难点问题，制定特殊旅客保障办法，完善保障流程、扩大保障范围。落地包头“次枢纽”建设，推出“经包飞”中转服务品牌，打造赤峰“经包飞”至重庆、郑州等精品航线。开通呼和浩特—赤峰—呼伦贝尔等5条“支支通”航线，强化支线机场间互联互通；开通呼伦贝尔—扎兰屯等6条短途运输航线，构建相邻支线机场间航线网络。推动货运恢复发展，首次实现顺丰航空全货机全年运营；呼和浩特机场跨境电商直购快件监管库正式获批，成为自治区首个投入使用的航空口岸跨境电子商务直购快件监管库。

【实施基本建设项目】 呼和浩特新机场项目正式进入施工阶段。呼和浩特白塔机场过渡期提升改造工程单体项目全部完成，实现“当年开工，当年竣工”。赤峰机场改扩建工程复工，通辽机场飞行区改扩建工程完成转场投运，乌兰浩特机场专业机坪扩建工程通过行业验收，呼伦贝尔机场新建反恐处突中心及机务综合业务用房工程实现当年完工、新建大型除冰雪设备库具备竣工验收条件。

【平安机场建设】 贯彻落实习近平总书记对民航安全工作系列重要批示指示精神，坚持“安全隐患零容忍”，推进“依法合规”。严守安全“四个底线”，开展“抓作风、强三基、守底线”安全整顿活动；制定以“三个敬畏”为内核的安全从业人员工作作风建设指导意见，开展安全宣讲；开展空防安全、空管设备运行专项整治。狠抓“三基”工作，领导班子成员包干到班组，制定安全模范班组评定标准；空管培训中心正式投运；情报业务集中服务试点被列为民航局创新项目；建成呼和浩特机场综合应急救援实训基地，填补国内机场消防指战员实火救援和搬移训练实战场景空白。落实“三抓”要求，加大对托管机场安全绩效考核权重；出台安全管理规定，明确各层级安全管理组织机构和职责，制定不安全事件调查规定、安全专项整治三年行动实施方案和通用机场安全管理办法。

【绿色机场建设】 完成“打赢蓝天保

卫战”各项任务，加大新能源车辆引进力度，呼和浩特机场新增车辆中新能源车占比达到83.95%，高于50%的行业要求。

【智慧机场建设】 修订智慧机场建设工作方案，发布信息系统网络安全保护等级评定标准和旅客登机桥运行与保障标准。完成视讯全网通系统、安全管控生产运行云平台建设，启动中小机场视频整合和数据共享平台、协同共享平台、OA系统升级和安全质量管理系统二期项目建设。锡林浩特、二连浩特机场与呼和浩特远程塔台示范验证项目完成实验验证。呼和浩特机场地理信息融合管控平台项目试运行，旅客服务平台项目完成验收安检集中判图、中心配载、空管设备远程监控和远程塔台四个项目在首都机场集团“四型机场”技术创新大会发布。

【人文机场建设】 出台服务管理规定，下发值机专项优质服务标准，开展服务质量品牌建设专项行动。细化航班正常性考核指标，完善运管委机制，呼和浩特机场航班放行正常率90.97%，始发航班正常率92.42%，同比分别提高11.63和7.52个百分点。成员机场形成值机、行李提取及自选项目优质服务标准，提高支线机场手机值机占比显著，特殊旅客出行体验进一步提升。

【民用航空机场建设】 2020年7月30日，呼和浩特新机场项目全面开工建设，鄂尔多斯、通辽机场完成了飞行区改扩建。2020年，全区运输机场开通423条航线，通航城市123个，参与运营的航空公司48家，全区运输机场完成旅客吞吐量1694万人次。

（云春芳　苏力德）

国际航空

【概况】 中国国际航空内蒙古有限公司（以下简称“公司”）于2012年8月8日获得民航局筹建许可，2013年5月14日经自治区工商局注册成立，2013年11月18日获得民航局颁发的公共航空运输企业经营许可证，2013年12月30日获得运行合格证和运行规范，公司于2014年1月8日实现首航运营。截至2020年12月31日，公司在岗员工790人，设有15个部门，其中7个生产业务部门：运行控制中心、飞行部、客舱服务部、地面服务部、机务工程部、综合保障部、市场与服务质量部；8个管理支持部门：办公室、规划财务部、人力资源部、航空安全管理部、运行标准与飞行技术部、党群工作部、纪委办公室（审计部）、保卫部。2020年，公司引进1架B737-800型飞机，继续湿租3架飞机，机队规模扩大至12架飞机，执行定期航线合计36条，累计开通航线50余条，航线网络已遍布国内华北、东北、华东、华中、西南和区内赤峰、通辽等主要地区和城市。2020年，公司完成运输生产飞行小时27938.26小时，同比减少13.7%；运输总周转量16300.01万吨公里，同比减少23.1%；旅客运输量157.09万人次，同比减少26.7%；货邮运输量8674.35吨，同比减少24.4%。实现营业收入97928.06万元，其中航空运输收入96361.53万元，营业成本100583.01万元，营业利润-4139.72万元，利润总额-4135.79万元，受疫情影响，各项指标同比有所下降。

【安全运行】 2020年，公司自有飞机安全飞行20311小时、起落10769架次，湿租飞机安全飞行7627小时、起落3206架次。未发生一般差错及以上级别不安全事件，年度安全考核指标达到T3值。

【安全运行基础】 明确专业领域重点管控风险和主要安全工作，细化安全管理人员角色定位、基本要求、控制风险和安全职责，建立健全对区域单位、供应商和湿租飞机的安全监管程序，按期开展“五防”事件、发动机故障、防颠簸伤人、站坪安全等管控重点的量化评估和主要安全工作的考核评价，并先后提出管理建议38项。明确职责事项管控范围、手册依据、体系归属，形成以《质量手册》为统领的13个安全运行服务体系和7个行政保障管理体系，完成运行体系、行政保障管理体系手册的全面梳理与修订。制定发布疫情防控预案和应急处置预案，完成新版《应急处置手册》编制并正式发布，联合呼和机场开展“航空器火警中断起飞、偏出跑道、应急撤离”实景综合应急演练，分阶段、分专业开展桌面应急推演。公司电子飞行包（EFB）正式上线运行，航线维修工作整体移交AMECO并正式签署《飞机维修与技术服务总协议》，危险品航空运输安全管理体系（SMS-DG）顺利通过局方审定，飞行员资质管理系统、智能生产指挥系统和航班运行监控系统深度应用。

【风险管控】 生产运行过程管控。就CCAR121-R6与历史版本运行差异、国际分流航班保障和ARJ21-700站坪保障等重点环节开展现场检查，对复工复产、雷雨季节、冬季运行、岁末年初等重要运行节点开展专项检查。年内实施公司级安全检查174次，发现问题66项，收集安全隐患97条，现均有效制定措施并严格落实。融合现有体系强化合规管理。严格落实民航局、国航股份等上级单位检查发现的22项问题整改和相关工作要求，建立健全行政检查要求落实机制，就问题短板或管理建议深入剖析原因，开展整改，严格复核验证。完善风险预警模型，严控安全风险。持续做好生产运行监控、事件信息收集和运行风险分析，先后发布航空安全信息周报44份、风险警示28份，并就新开航线、ARJ机型运行保障等28次内外部运行环境变化进行专项风险评估，前移管理关口；结合航线特点强化颠簸伤人风险管控；持续做好飞行品质监控，监控航段10460个，探测到严重超限71起、轻度超限912起，就操纵类风险趋势和不利的外部运行环境进行提示，对重点人员进行补充训练，就重点事件开展研讨和专题教育。

【飞行技术管理】 全年完成升级机长A1训练5人、机长J训练4人、副驾驶F5训练7人，飞行员保持资质训练完成率100%。分析研讨机队飞行品质数据、训练及航班飞行中存在问题和训练重点工作，制定针对性措施，对公司拟聘检查员及新机长进行技术评审。持续强化短期使用人员管理，保障航班运行安全。持续推进飞行员资质管理系统和云桌面系统应用，系统准确率和可用率均保持100%。积极协调，简化流程，全年共计办理飞行执照调转171人次、纸质飞行执照47本，确保短期使用飞行员合法合规航班派遣。及时修订飞行技术管理手册、飞行驾驶员训练大纲和运行手册，完善公司训练政策。

【安保体系建设】区域单位联防联控，持续做好体温检测和筛查工作，坚决打赢疫情防控阻击战。严格落实重点航线安保措施，顺利完成重要节点、重大政治活动期间安保任务。强化安保质量控制，开展航空安保测试、反恐自查工作，完成对公司新开航线安保考察及通航机场的安保检查，以零不符合项通过局方空防安全保障能力评估，加强入职及重点岗位人员背景调查，落实重点要害部位的安保管控。持续开展消防隐患排查整治，重点难点问题得到有力解决。

【服务保障】 2020年，公司总体旅客满意度得分85.2分，在国航各分、子公司中排名第一，是国航各单位中唯一超过T3值的单位；国航对公司的服务质量管理考核得分为100分；有效投诉率0.03件/万人，在国航各分、子公司中名列前茅。收到旅客表扬信478封，同比增加110封。公司总体服务满意度波动幅度较小，保持在84.4分至88.4分的区间内；空中服务在87.1分至83.6分之间波动；地面服务在84.4分至91分之间波动。公司总体、空中服务、地面服务满意度均保持了良好的上升态势。

【疫情防控】 完成18班援鄂包机服务工作，服务国际分流航班82班、分流旅客16529人。坚持旅客界面疫情防控不放松，持续落实手部清洁消毒、旅客测温、客舱清洁消杀等措施，始终为旅客创造安全放心的乘机环境。

【餐食服务】 基于满意度数据确定改进方向，制定改进方案。地面服务部贵宾休息室策划“助力成长卡”，以旅客需求为导向，联合航食公司推出具有地方餐食特色的温馨牛肉面、烧麦、“乳都”知名冷饮产品，优化西式早餐、特色小菜、甜点等精品餐食，获旅客诸多好评。休息室餐食满意度达到85.2分，大幅提升9分，在国航各单位中排名第一。客舱服务部协调航食公司推出“春暖花开”“夏雨清风”特色面点，重点航线推出餐食伴手礼、“胖安达”主题随心包，精心选择特色风味菜品。通过各项改进措施，机上餐食满意度同比提升2.2分。

【提升不正常航班服务品质】 建立清单管理制度，为实际工作提供清晰指导。明确信息加工要求，匹配旅客需求。开展跨部门交叉培训及交流观摩工作，增强换位思考和主动服务意识。加强航班信息的主动灵活获取，及时答复旅客疑问。全年公司航延环节满意度同比提升4.7分。

【打造职业化服务队伍】 组织公司服务系统298名干部、员工完成全流程产品服务标准线上培训及考试，培训完成率100%。按照中航集团统一部署，服务系统疫情期间线上学习国航推荐课程。创新服务明星宣传方式，制作并通过钉钉平台发布服务明星宣传展示彩图，丰富服务先进宣传展示渠道。

【内部精品航班建设】 在公司有CA1833/4北京—厦门—北京精品航班基础上扩展范围，赴南京、厦门与相关单位协调沟通餐食、地面服务保障事宜，形成14条内部精品航班改进提升建议，修订实施新版公司精品航班实施方案。各单位坚持精品航班动态监控、重点保障、航站协调工作，全年精品航班正常率达到90.07%，同比提升8.26个百分点，未发生责任原因导致的有效投诉。

【打造区域特色】策划特色促销产品。推出呼和浩特中转“机票+酒店”产品，为旅客提供便捷化中转服务；推出重点航线免费休息室产品，为55人次旅客提供免费休息室服务；推出重点航线付费升舱产品，193人次旅客通过购买该产品享受公务舱服务。一系列营销产品“组合拳”为公司成功迈出自有产品的第一步，为公司增加收入约7.4万元。客舱服务部从精短航线入手，以“靓丽形象”打造客舱名片，以“极致迎客”营造温馨氛围，精准提供细微服务，将满意度精准回溯至个人，全年乘务员服务满意度同比提升1.1分。地面服务部科学分析关键旅客接触点，推进重点岗位业务互通，利用智能生产系统搭建高效服务保障链条，以点带面提升人员服务意识和能力素质，全年高端旅客对地面服务的满意度同比提升3.1分。

【服务质量管理】 CSM体系持续改进。将“三个导向”纳入服务方针，完成全部CSM文件的换版和20个体系文件的常态化维护工作，实施管理评审和内部审核，完成4个发现项的纠正预防，顺利通过第三方审核。全年共受理旅客投诉34件，结案率100%，对67个国航投诉案例、3个公司典型案例进行分析，制定风险预防措施102条，实现动态闭环管理。持续开展服务奖惩工作。对34件优秀服务事迹进行服务奖励，评选公司级服务明星23名、明星班组1个，3名员工（5人次）、1个班组获评国航服务明星（班组），13名员工获评机场服务明星，奖励金共计82800元。持续发布质量工作简报、服务质量评价报告，通过服务检查整改问题6项，为服务改进提供支持。

（王力祥）

通用航空

【概况】 内蒙古通用航空股份有限公司（以下简称“内蒙古通航”）成立于2013年10月。截至2020年底，累计安全运行12699小时，10455架次，运送旅客4.67万人次，开通短途运输航线累计20余条。内蒙古通航现有110余人，其中：飞行员30余人，机务维修人员30余人，航管人员10余人，管理人员30余人。现有飞机17架，包括国王350飞机1架、塞斯纳208飞机9架、运12飞机5架、小鹰500飞机2架，满足通用航空市场的各种需求。

【航运业务】 内蒙古通航是全国首家承担国家通用航空短途运输试点工作的企业，运行全国首条“海拉尔—根河”往返短途运输航线，引领中国通用航空短途运输发展，打开了通用航空短途运输市场的篇章，进一步推进短途运输模式复制到全国。公司具备通用航空CCAR-135通用航空短途运输、CCAR-91通用航空作业、CCAR-145部机务维修、驾驶员培训、无人机培训等资质，主运营基地和145维修基地均在呼伦贝尔海拉尔东山机场，是华北地区首家具备水上运行资质的通航公司。2020年主要业务为，CCAR-135部通用航空短途运输和CCAR-91部通用航空作业，2020年全年共飞行3875.48小时，2979架次，载客11927人次。2020年上半年，受疫情影响，内蒙古通航2、3、4、5月份航线基本处于停航状态。内蒙古通航积极抗击疫情，保障好公司及员工安全的同时，主动请缨纳入呼伦贝尔市疫情防控指挥部交通保障应急组。在疫情期间全面保障疫情防控工作的安全高效出行，累计应急保障飞行44.69小时、36架次，应急转运疫情防控工作人员和医务工作者120人次，运送防护服1110件、隔离服800件、护目镜120只、口罩9800只、2瓶特效药品等物资，运送物资重量约1.0205吨。受到自治区政府、呼伦贝尔市政府、民航局、中国航空工业集团的表扬。

【短途运输】 2020年，短途运输飞行2823.32小时，2518架次，11580人次；2014—2019年，内蒙古通航每年短途运输飞行量与载客量均位居全国首位，以民航局统计数据2018年短途运输飞行量与载客量均占全国通用航空短途运输数据的50%左右。全年运行航线以区域划分为：自治区西南部运行“呼和浩特—鄂尔多斯”“乌拉特中旗—包头/巴彦淖尔”；自治区东南部运行“阿鲁科尔沁—赤峰”“阿鲁科尔沁—通辽”；自治区东北部运行“海拉尔—莫旗”“海拉尔—阿荣旗”“海拉尔—阿尔山”“海拉尔—新巴尔虎右旗”“海拉尔—加格达奇”航线；自治区外运行“银川—盐池”“银川—固原”，临时运行山东“环鲁飞”航线（“济南—东营”“济南—日照”“济南—临沂”“东营—烟台”）；“海拉尔—根河”航线待根河机场改扩建竣工后适时复航。

【通航作业】 2020年通航作业飞行696.15小时，222架次，主要业务为自治区内人工影响天气、林草巡护、航拍航摄。在人工影响天气方面，内蒙古通航全力为自治区服务，缓解自治区部分地区旱情，保障农林牧业的正常生产、预防火灾，还曾在国庆70周年阅兵和自治区人民政府成立70年大庆等重大活动提供人工影响天气作业。人工影响天气：2020年内蒙古通航顺利开展呼伦贝尔、通辽、兴安盟、乌兰察布人工增雨作业，有效缓解当地旱情，全年人工影响天气作业388.43小时、134架次。航拍航测：2020年完成内蒙古呼和浩特、包头、鄂尔多斯、四子王旗、东乌珠穆沁旗航拍任务，共飞行108.61小时，22架次。林草业务：2020年完成兴安盟、锡林郭勒等地航空护林，共飞行154.06小时、51架次。

【融合发展】 航空工业通飞公司依托研发制造、“通航+”运营服务模式，以及航空工业集团的丰富资源，充分发挥呼伦贝尔市机场、空域等优势，共同推动呼伦贝尔通用航空产业深入发展，在呼伦贝尔开展高寒测试、综合试飞、应急基地、通航应急救援、低空旅游等产业，推进自治区通用航空产业与地方经济社会紧密融合发展。

【安全主体责任落实】 内蒙古通航始终以安全运行为首位，保证无重大安全事故，构建“讲诚信、重安全”的文化氛围。营造“人人讲诚信、重安全”的文化氛围。安全无小事，每人养成“讲诚信、重安全”思维习惯，视诚信为底线，视安全为红线，永不触碰，保证运行安全。

【通用航空机场建设】 2020年，全区新增锡林郭勒那仁宝拉格等7个通用机场，通用机场总数达到20个，其中A1级通用机场8个，位列全国第一。新开工巴林右旗等5个通用机场，在建通用机场达到7个，新增内蒙古北方快线通用航空有限公司、内蒙古翔瑞国际通用航空有限公司2家通航企业，镶黄旗、阿鲁科尔沁旗通用机场先后通航运营，全区通用机场完成旅客吞吐量1.5万人次，通用航空企业在全区运营短途运输航线20条。

【助力“十四届全国冬运会”】 为“十四届全国冬运会”提供应急救援、

2020年2月17日，公司运送扎兰屯市支援湖北医疗队员 （马宁）

2020年1月15日，公司在“十四冬”比赛场馆以及公司呼伦贝尔维修基地召开保障“十四冬”誓师大会　（苏磊）

医疗转运、短途运输、宣传推广、后勤保障等任务，同时在“十四届全国冬运会”的召开之际展示地方政府特色服务吊牌。

（刘利剑）

邮政管理

【概况】　2020年，内蒙古自治区邮政管理局共有编制17名，在编17人。设有办公室、政策法规处、人事处（纪检监察室、党建办）、普遍服务处（机要通信处）、市场监管处5个内设机构。全区12个盟市均设立邮政管理局，全区县域邮政监管机构共8家。2020年，全区邮政业务总量和业务收入分别完成63.68亿元和69.28亿元，同比分别增长26.44%和19.29%；快递业务量和业务收入分别完成1.96亿件和42.13亿元。从业人员4.5万人，其中2020年新增就业4100余人。

【寄递畅通】　面对2020年初突发新冠疫情，自治区邮政管理部门在全国率先将邮政快递企业防疫物资纳入各级防疫指挥部保障范围，率先将邮政快递车辆通行纳入保畅通范围，率先协调地方出台快递进小区进村（嘎查）政策，主动协调二连浩特、满洲里市政府细化跨境寄递防控措施，保障中蒙、中俄国际邮路的运行。春节期间，邮政顺丰京东坚守运行，确保寄递大动脉畅通；2月12日全区所有快递园区恢复运行，3月全部网点复工，全区没有发生一起快递作业过程中感染病例。疫情期间共发运防疫物资1.14万吨。

【行业发展政策】　《内蒙古自治区邮政条例》修正案颁布实施，明确邮政管理部门可以在法定权限内委托依法成立的事业组织行使执法检查权，并用立法形式固化了自治区促进快递业发展的政策成果。将内蒙古邮政业“十四五”规划纳入自治区规划编制目录清单，重点项目纳入自治区规划纲要和“交通强国建设纲要”、综合交通、物流枢纽规划中。将“快递进村”工程纳入自治区党委文件，列入“十四五”现代流通体系建设任务中。全年联合自治区交通、发改、工信、住建、公安、国安、人社等多部门出台了11个促进发展、强化监管、关爱快递员群体的政策文件。

【企业减税降费】　2020年，持续优化许可审批业务办理和公开流程进一步精简分支机构备案手续，完成5321个快递末端网点、7家新业态企业的备案和许可手续。全区邮政业减税降费金额总计约1.01亿元。2020年，邮政快递业总计获得各类扶持资金1576.98万元，其中，乌海局争取到快递业发展专项资金、锡林郭勒盟局争取服务业专项补贴、呼伦贝尔局争取交邮融合项目补贴总计275万元；呼和浩特、赤峰、通辽、乌兰察布、巴彦淖尔共争取县级物流配送体系建设或运营补贴总计1144万元；鄂尔多斯争取到新能源车辆和快递包装补贴20万元。

【关爱快递员长效机制】　内蒙古邮政管理局成立快递从业人员职业保障工作领导小组。包头等8个盟市成立了快递行业联合工会，7个盟市成立了快递行业团工委。年内推动省市两级相关部门出台关心关爱快递员政策措施29项。健全服务质量联席会议制度，督促企业避免随意“以罚代管”。争取到3600人的补贴性培训名额和175.1万元培训补贴资金，全区3617名快递从业人员参加了“以工代训”和职业技能提升培训，77人获得人社厅认定的快递工程初级专业技术职称。2020年全区各级工会看望慰问快递员累计61次、慰问品总额87万元。全区2.8万快递员免费办理了新冠疫病保险，4588名快递员进行了免费体检，2.5万名快递员购买了社会保险或商业保险。各级防控指挥部拨付口罩17.98万个，各类消毒液3400余公斤，手套1.5万双，全部发放到企业员工手中。全区邮政快递企业共有4个集体、13名个人获得交通运输部、国家邮政局和自治区政府等省部级表彰，有44个集体和90名个人获得总公司和地方各级表彰。

【邮政服务创新发展】　推进“邮快合作”，全区3618个村借助合作实现快递进村。推进邮政综合服务平台建设，警邮合作、税邮合作、政邮合作实现所有旗县区全覆盖。推进“互联网+优化审批服务”，4项许可审批事项与自治区政务服务系统完成对接，实现跨省通办。提升苏木乡镇邮政局所服务水平，全区156个乡镇“营投合一”的单人局所和134个无独立营业场所的局所已完成整改，1502个普服网点完成电子化改造。开展“两轮”邮政机要通信常规检查，整改了51个安全隐患。

【“双品网购节”活动】制定下发“双品”网购节工作方案，持续跟踪活动开展情况，“双品网购节”期间，全区快递业务量增速明显，网购节带动行业发展成效显著。鼓励企业采取“快递+直播带货”等新模式不断拓展业务种类，全区邮政快递企业累计直接参与直播销售电商活动439次。

【冷链快递建设】全行业已建设冷库面积2万平方米，形成800余条线路组成的全程冷链网络。涌现出内蒙古邮政“邮牧飞羊”、顺丰“牛羊鸣天下”和京东“羊帆起航 京东鲜到”等提供全程冷链解决方案的牛羊肉寄递项目。

【“快递进厂”工程】联合工信厅印发推进快递业与制造业深度融合发展意见，培育快递服务烟草制造、食品加工、纺织服装、医药保健等示范项目26个，实现业务量765万件，带动产值22.31亿元。

【“快递进村”工程】以内蒙古自治区被列为全国“快递进村”试点省为契机，推动自治区党委政府出台的数字乡村发展、“互联网+”农产品出村进城、开展消费扶贫、加快发展流通促进商业消费等9个文件中，将“快递进村”作为重点任务予以推进。出台“快递进村”三年行动方案，采取“邮快合作”为主，交邮合作、快快合作等模式为补充的工作思路，一县一策推进快递进村。截止2020年底，已通快递的建制村数量6317个，建制村快递服务覆盖率达56.9%。

【“快递出海”工程】联合商务厅、海关优化跨境寄递环境。内蒙古邮政分公司新建的国际邮件、商业快件及“9610”跨境电商“三关合一”场地投入使用，满洲里口岸快件监管场所获批设立。

【基础设施建设】2020年，西部和农村地区邮政普遍服务基础设施建设项目全部完工，完成投资1.4亿元。村邮乐购站点2542个，设立快递末端公共服务站3668个，布放智能快件箱27万格口。全区邮政快递企业新增处理场地9.79万平方米。

【脱贫攻坚】持续推动快递服务与现代农业联动发展，全区邮政“一市一品”精品项目52个，“一地一品”超百万件项目4个。2020年11月18日，顺丰集团与巴彦淖尔市政府签订战略合作协议，助力“天赋河套”农产品物流产业链建设。12月8日，顺丰大型无人机从鄂尔多斯市至宁夏盐池运载阿尔巴斯羊肉试飞成功。

2020年，自治区邮政管理局在定点帮扶村实施的种公羊服务站项目为村集体增加收入3.6万元，为养殖户增加毛收入180万元。5年中行业累计投入近30万元，实现定点帮扶的贫困村128户301人全部脱贫。

【行业绿色发展】新修订的《内蒙古自治区邮政条例》中增加行业生态环保条款，实现了行业环保在自治区立法上的突破。自治区和12个盟市邮政管理局全部出台快递业环保治理部门联合发文，压实快递包装共治共管责任。将邮政业生态环保纳入对寄递企业日常检查和专项检查范围，纳入全区快递业信用评定体系，对11家违反行业环保相关规定的企业作出立案处罚。2020年，全区瘦身胶带封装率达到99%，95%的电商件不再二次包装，循环中转袋使用率达到98%，全区网点全部设置快递包装回收箱，高标准完成国家局“9792”目标。

【安全监管体制】2020年，内蒙古呼伦贝尔市邮政快递业安全中心获批成立；通辽市邮政业安全中心在事业单位改革中人员编制增加至9人；阿拉善盟邮政业安全中心场地建设基本完成；自治区邮政业安全中心完成首批事业单位人员公开招聘。“绿盾”工程一期13个子系统中已有5个上线运行，全区459名安检机操作人员全部实现持证上岗。全区83个旗县区成立了县级寄递渠道安全管理领导小组，77个旗县区建立了网格化企业自律管理组织，呼和浩特市、乌海、通辽、巴彦淖尔、兴安盟、锡林郭勒盟、阿拉善盟实现旗县“两个机制”全覆盖，有效推动属地管理责任和企业主体责任落实。

【寄递渠道安全整治】制定平安寄递建设方案，落实行业安全生产协调机制，健全安全生产责任制。开展邮政快递业安全生产专项整治三年行动，实施实名收寄信息异常、邮件快件“三项制度”落实等专项治理。联合公安、

4月10日，内蒙古自治区邮政管理局以视频会议形式组织召开《邮政快递合作下乡进村战略框架协议》签订仪式　（武佩瑶）

万元。安排疫情防控周转金1亿元，用于援助湖北疫情防控、首都机场国际航班转运、以及采购疫情防控所需物资和设备。

【促进经济社会稳定】 落实积极财政政策更加积极有为要求，对冲投资不足，争取并发行新增政府债券1074.2亿元、同比增长61%，争取中央预算内投资128.9亿元、落实交通资金336.8亿元，保障重点项目建设，扩大有效投资。对冲企业困难，坚决落实国家“减、免、缓、降”等减税降费政策，迅速出台地方税减免政策，全年累计新增减税降费319.4亿元；为2.5万户受疫情影响市场主体提供70多亿元低费率融资担保，助企纾困。对冲基层压力，落实中央财政直达资金443.2亿元，全部直达旗县基层，快速精准投放到终端，直接惠企利民。通过压减本级非刚性、非重点支出，腾出资金20亿元安排困难地区财力补助，支持基层兜牢“三保”底线。加快库款调度，将中央对自治区当年留用比例统一提高5个百分点增加的现金流全部留给旗县，对重点旗县实行工资保障监测预警，防范支付风险。

【助力“三大”攻坚战】 充分发挥财政职能，助力三大攻坚战取得决定性成效。在防风险上，安排奖励资金支持地方统筹化债和消化暂付款。通过政府债务平滑基金缓释政府偿债压力。超额完成年度政府性债务化解任务，拖欠民营企业中小企业无分歧账款应清尽清，清偿金额居全国第一位。化解包商银行风险，推动签署收购承接协议，支持蒙商银行组建并平稳运营；争取化解中小银行风险专项债券额度，成功发行85亿元专项债支持内蒙古银行、鄂尔多斯银行补充资本金，防范地方中小银行风险。企业纾困发展基金和流动性风险防控基金累计投放359.8亿元，释放流动性701.5亿元，维护融资信用。在促脱贫上，全区财政专项扶贫支出144.8亿元、增长1.1%，自治区本级投入51.5亿元、增长14.8%。统筹整合贫困旗县涉农涉牧资金74亿元，助力贫困人口全部脱贫、贫困旗县全部摘帽。在助防治上，节能环保支出147.2亿元，支持打好“蓝天、净土、碧水”保卫战。推动设立自治区土壤污染防治基金。支持黄河流域生态保护和高质量发展，争取欧投行黄河流域治理中央财政统借统还资金约15亿元，额度居全国第一。落实草原生态补奖、天然林保护政策，支持重点国有林区改革全面完成，推动全区50%以上国土划入生态保护红线。持续推进“一湖两海”综合治理，支持岱海生态应急补水工程。下达中央2020年基础奖补资金20亿元，支持乌梁素海流域山水林田湖草生态修复保护工程建设。

【支持经济转型发展】 聚力创新驱动，科技支出32.4亿元、增长13.7%，支持实施“科技兴蒙”，配合有关部门围绕突出企业创新主体地位、统筹创新平台载体建设、健全科技成果转化机制等出台30项真金白银措施。聚力城乡协调发展，落实资金862.1亿元，支持新建高标准农田20万公顷，实施黑土地保护性耕作46.67万公顷，改良盐碱化耕地0.81万公顷，促使粮食生产实现“十七连丰”。支持推进粮改饲试点，争取国家税收政策支持，减轻奶业税收负担，促进奶业振兴。支持农村牧区人居环境整治三年行动圆满完成。聚力均衡发展，积极争取中央财力性转移支付增量和抗疫特别国债357.8亿元，下达老少边贫转移支付123.8亿元，落实东北振兴专项转移支付3.3亿元，促进区域协调发展。

【民生福祉】 加大资金投入支持公共就业服务，完善就业创业扶持政策体系，促进全区城镇新增就业23.2万人。全区教育支出642.2亿元，增长5.28%，推动普惠性幼儿园学位新增7.2万个，普惠性幼儿园覆盖率提高到85%，促进义务教育均衡发展，支持普通高中教育和现代职业教育协调发展，扎实推进高校“双一流”建设。卫生健康支出374.9亿元，增长16.4%，城乡居民基本医疗保险财政补助标准提高至每人每年550元。退休人员基本养老金实现“十六连涨”，城乡低保补助标准和特困人员、孤残儿童等困难群体救助标准持续提高，保障困难群众基本生活。全区住房保障支出178.6亿元，增长3.4%，支持棚户区改造2.5万套，完成全区“4类重点对象”农村危房改造5836户，全区国家级贫困旗县其他低收入农户危房改造22920户，推动城镇老旧小区改造1015个，惠及居民约13万户。全区文化旅游体育与传媒支出123.7亿元，增长3.6%，推进全区公益文化场馆、体育场馆免费或低收费开放，支持县级融媒体中心建设、新时代文明实践中心建设、公共数字文化建设、广播电视节目覆盖等文化惠民工程，推动文化、旅游、体育事业发展，促进基本公共服务均等化。

【财会监管】 各级政府坚持最大限度下沉财力，优先保障基本民生。坚持以紧促保，提请自治区出台制度文件，完善过“紧日子”机制，自治区本级年初预算安排压减非重点、非刚性支出26%。预算执行中，建立存量资金实时盘活机制，盘活资金125亿元，调整用于疫情防控等重点、急需支出，支持跨年度预算平衡。推动预算绩效管理，初步建成分行业、分领域、分层次的预算绩效管理指标和标准体系。加强国有金融资本管理，完成自治区本级9家国有金融机构清产核资，华宸信托、日信担保等正式监管。落实法治政府建设及优化营商环境要求，以法治财政示范点考核工作为抓手，推进全区各级财政法治建设。加强会计监督管理，全年办理92户次会计师事务所申请事项，办理评估师事务所备案审核56家，对不符合要求的7家会计师事务所下达《行政监管关注函》《整改通知书》，对4家未按规定限期整改的4家会计师事务所下达撤销其执业许可的决定。加强国有资产管理，自治区直属企业和行政事业单位所属企业全部纳入本级国有资本经营预算范围，实现国有资本经营预算全覆盖，强化自治区本级行政事业单位资产处置审核批复，保障国有资产安全完整和处置效益最大化，实现国有资产使用和处置收益共计1.44亿元。

【深化财税改革】 高质量推进预算管理一体化建设，将信息化手段嵌入到预算管理中，依托“制度+技术”为预算管理赋能。完善事权与支出责任划分改革，印发医疗卫生、科技、教育等领域自治区与盟市财政事权和支出责任划分改革方案。调整完善增值税留抵退税分担机制，深化资源税改革，调整161个矿产资源税适用税率，促进可持续发展。健全债务管理，建立政府债券还本付息预算管理和资金扣款机制。加快推进全区划转部分国有资本充实社保基金工作，完成25家国有企业股权划转，企业职工养老保险、工伤保险实现自治区级统筹。深化政府采购制度改革，印发相关工作方案及配套制度，率先实现集采目录全区统一，构建“全区一张网”走在全国前列，上线政采商城电子卖场，年交易额达到6.1亿元。建设完成全国首家集注册、发布、自查、审核、核查打分、整改、自动排名公示为一体的财政预决算公开、监管平台，进一步完善预决算公开机制，细化部门预决算公开内容，除涉密信息外，自治区本级335个部门公开2020年部门预算、336个部门公开2019年部门决算。

（闫海城）

税　务

【概况】 国家税务总局内蒙古自治区税务局实行以国家税务总局管理为主、与内蒙古自治区党委和政府双重领导的管理体制，下设内设机构（含另设机构和纪检监察工作机构）、派出机构、事业单位共计33个，盟市税务局12个（正处级单位）、计划单列市税务局2个（副处级单位）、旗县（市区）税务局（含开发区税务局）131个。2020年，国家税务总局内蒙古自治区税务局全区税务系统创建、复检全国文明单位33家，1家单位获评全国“三八”红旗集体，1名税务干部被评为全国先进工作者。税收收入2569.4亿元。

【疫情防控】 深入学习贯彻习近平总书记关于统筹疫情防控和经济社会发展的重要讲话精神，全系统1.1万名党员、干部主动下沉950个社区，志愿服务13万人次，实现干部职工和服务场所纳税人缴费人零确诊、零疑似、零集中隔离、零无症状感染“四个零”目标。

【服务经济社会发展】 落实国家7批28项和自治区政府8项税费优惠政策，切实减轻企业负担。编制税电产销指数，反映全区经济运行情况和发展趋势，运用增值税发票等税收大数据开展企业复工复产复销分析，建立三级联动分析机制并形成分析报告455篇，积极服务各级领导决策；“点对点”帮扶163户原材料短缺企业在全国范围内成功匹配3942户供应商，有力支持企业复工复产。

【税收收入】依法依规组织税费收入，加强税费收入分析预测和质量监控。全年累计完成各项税收收入2569.4亿元（含海关代征增值税、消费税，未扣减出口退税），比上年下降7.3%。其中，税务部门组织收入2488.8亿元，减少180亿元，下降6.7%；海关代征完成80.7亿元，减少22.5亿元，下降21.8%。完成一般公共预算收入1592.5亿元，为自治区经济社会发展提供了坚实财力保障。

【社会保险费和非税收入】 社会保险费收入859.5亿元，同比减收51亿元，下降5.6%；非税收入166.4亿元，同比增收19.9亿元，增长13.6%；其他收入90.9亿元。积极推广应用社会保险费信息共享平台，有序做好退役士兵社会保险费接续征缴、生育保险和职工基本医疗保险费合并工作，与人社、医保、财政、民政等部门协同拓展多元缴费服务方式，全力保障应保尽保。率先在全国实现可再生能源发展基金、大中型水库移民后期扶持基金、国家重大水利工程建设基金“三项基金”属地征管模式。

【减税降费】围绕服务“六稳”“六保”，健全优惠政策落实机制，减免降缓抵退“六个到位”，全年新增减税降费超过310亿元，办理延期缴纳862户次、21.6亿元，办理出口退（免）税40.1亿元、增值税留抵退税34.86亿元，政策红利直达市场主体、直接惠企利民。与自治区财政厅、中国人民银行建立预算会商机制，制定电子退库规程，压缩退税时限，提高办理效率，全年办理退税135.28万笔，电子退库占比99%。制发《支持新冠肺炎疫情防控的企业所得税新政指引》，联合自治区财政厅下发并公示公益性捐赠税前扣除名单，确保政策精准落实。

【税收法治】 深入推进依法行政，在试点基础上全面推行行政执法公示、行政执法全过程记录、重大执法决定法制审核“三项制度”，加强法治税务建设，在税务总局权责清单范本基础上，科学编制内蒙古税务系统权力和责任清单，明确9类97项173子项事项的设定依据、履责方式，促进规范公正文明执法。

【税种管理】 健全征管协作、完善信息共享、落实常态化复核管理3个机制，推进跨部门联动和协同管理，提升环保税征管水平。建立横向互动、纵向联动工作体系，完成首次个税综合所得年度汇算，实现退税5.46亿元。建立企业所得税纳税申报监控系统，企业所得税汇算清缴实现应纳税额和减免税额“双增长”。落实落细增值税专用发票电子化试点要求，制定符合全区实际的17个工作方案，确保受票、开票平稳有序。

【办税缴费服务】 落实《优化营商环境条例》和国家税务总局等13部门联合推出的5类16项48条纳税缴费便利化改革举措，持续优化税收营商环境。深化“便民办税春风行动”，压缩企业开办注销时间，实施增值税、消费税同城建税等附加税费合并申报，实现218项业务“非接触式”办理，其中213项业务“全程网上办”。建设涉税涉费咨询服务统一平台实现“一号通答”。开展大企业个性化、精准化服务，编写推送乳业、煤炭、风电等11个行业的《行业税收风险防控手册》。联合16家金融机构发放“银税互动”信贷69.8亿元，有效缓解小微企业融资难融资贵问题。税务服务“好差评”、财行税一体化纳税申报、大企业票据智能识别等多项举措获得好评。

【征收管理】 认真落实税务总局构建“大小三角”架构体系要求，制发《“小三角”处室协同工作办法》，以税费征管问题协同工作机制为抓手，打破分工壁垒，深化数据共享，有效提高税收治理能力。深化“放管服”改革，推进新办企业涉税事项全程网上办理、发票“线上申领，线下配送”等措施，提高办税缴费效率。优化大企业和自然人分类分级管理，建立重点行业管理团队实施专业化管理，全面推广应用5C监控评价系统，优化完善社保费核心征缴系统，上线居民养老保险数据共享平台。

【国际税收】 服务“一带一路”，扩大对外开放，协助税务总局签署我国首例制造业“走出去”企业双边预约定价安排文本，消除国际重复征税2.16亿元。加强国别税收信息研究，编制完善《中国居民赴蒙古国投资税收指南》，翻译蒙古国最大规模税法修订资料。与商务、人民银行、海关、人保财险建立部门协作机制，助力外向型经济健康发展。

【信息化建设】 持续优化完善电子税务局功能，取消第三方CA平台登录方式，实现双因子登录。清理整合地方特色软件，缩减率达89%。向总局信息化建设主干道并轨推动社保费标准版上线。整合12366业务咨询与电子税务局操作问题咨询服务，建设涉税涉费咨询服务统一平台。加强后台运维管理，压缩运维项目和人员，节约经费2062万元。实施信息系统运维管理、运维公司及人员考核管理、信息系统运维服务热线暂行管理等管理制度，修订网络安全管理制度，开辟运维平台、呼叫热线、税务通、微信群等多种渠道，及时高效解决运维信息管理反馈。

【税务稽查】 理顺稽查管理体制，优化税务稽查职能，深化“双随机、一公开”监管。开展风险案源和虚开骗税高风险案源布置工作，制定《进一步加强税收违法案件发票协查工作实施细则（试行）》，畅通检举渠道做好举报受理工作。深化与税务总局驻北京特派办、公安、海关、人民银行“4+1”协作机制。强化“黑名单”和联合惩戒力度，开展扫黑除恶、打虚打骗“三假”和大要案查办，查补入库15.8亿元，税收经济秩序、国家税收安全、社会公平正义得到有效维护。

【大数据和风险管理】 围绕实际业务需求和基层诉求，将内蒙古大数据平台和电子税务局生产环境剥离，推动业务部门对接税务总局数据标准和跨省数据云平台接口，优化平台结构、功能、数据库，提高运行速度。制定数据管理“两个办法、三个规程”，在安全可控前提下释放平台全数据权限，实现基层数据共享和实时查询。落实内蒙古税收保障办法，持续深化税收共治，推动政府建设统一综合治税平台，实现28个部门94类785项涉税信息共享交换。实施动态“信用＋风险”监管，建立《风险任务应对指引和反馈标准》，利用数据分析、风险应对等方式组织入库税费7.13亿元。

【助力脱贫攻坚】 坚持落实税费优惠政策与优化税费服务相结合，脱贫攻坚领域累计减税93.75亿元，减免企业所得税应纳税所得额40.63亿元；累计直接投入帮扶资金5340万元、协调帮扶资金9388万元、投建帮扶项目535个；选派578名优秀干部担任驻村第一书记和专职扶贫干部，定点帮扶、配合其他单位共同帮扶216个嘎查村，建档立卡贫困户10808户、24191人全部如期脱贫。

【煤炭资源领域违规违法问题专项整治】 国家税务总局领导多次听取汇报并部署相关司局给予大力支持，积极向内蒙古党委、政府、纪委监委及相关部门请示汇报，提出的13条重大涉税问题处置建议被地方采纳。树牢上下“一盘棋”思想，领导包联包片，逐级传导压力，压实“税款当期未征的责任、现在整治期的责任”。动员全区税务系统3.16万名公职人员开展全面自查自纠。选派108名稽查业务骨干支援重点地区。整合全区2.26万户煤炭企业税收数据，实现涉煤企业税收资料“一户一档、一企一册、一户一清”。税务稽查部门、煤炭专班与纪检、公安、法院及金融部门通力协作，穷尽征管手段追损挽损，加速减存遏增，加力标本兼治。对转入常态化的深化治理阶段的剩余问题开展全面梳理，确保专项整治任务清仓见底、问题归零。

【税收宣传】 在主流媒体报道300余篇，信息采用列各厅局第9位。创新税收宣传形式，持续开展税收宣传月活动，发挥融合传播优势，通过“两微一端”、12366热线、服务场所等线上线下渠道，税收宣传更加生动、活泼、接地气。多维度分层次开展税法宣传辅导，有效提升纳税人缴费人税法遵从度，税收法治宣传微电影《蒙古马》获第四届全国税收公益广告作品一等奖。加强税务文化建设，通过打造党建文化展厅、草原税史陈列馆，推动中国税务精神宣传教育，展示税务部门良好形象。2020年全系统51个单位获全国或自治区文明单位标兵称号、13名干部获省部级以上荣誉。

【税收税研】 持续完善数字化税收科研学习平台建设，加强科研数据库建设管理，参与总局年度重点课题《高质量推进税收治理现代化》，承接总局国家社科基金项目《以高质量发展为导向加强税务绩效改进提升的路径与方法》，完成5个年度课题研究任务，参与内蒙古政府关于《内蒙古优化营商环境暨促进民营经济高质量发展政策评估报告》评审工作，完成《内蒙古税务》12期出版发行任务，编撰完成《内蒙古自治区·地税志（1994—2018）》和《内蒙古税务年鉴·2020卷》，“国家税务总局税收科研调研基地”投入实体运行，3篇课题报告获得国家税务总局优秀科研成果。

【集体荣誉】

国家税务总局呼和浩特市回民区税务局、国家税务总局呼和浩特经济技术开发区税务局、国家税务总局包头市税务局、国家税务总局额尔古纳市税务局、国家税务总局扎赉特旗税务局、国家税务总局阿鲁科尔沁旗税务局、国家税务总局商都县税务局、国家税务总局内蒙古鄂托克经济开发区税务局、国家税务总局巴彦淖尔市临河区税务局、国家税务总局乌拉特前旗税务局被中央精神文明建设指导委员会授予“第六届全国文明单位”称号。

国家税务总局呼和浩特市税务局第二税务分局办税服务厅、国家税务总局陈巴尔虎旗税务局、国家税务总局阿鲁科尔沁旗税务局、国家税务总局鄂托克经济开发区税务局、国家税务总局阿拉善左旗税务局吉兰泰镇税务分局被人力资源社会保障部、国家税务总局授予“全国税务系统先进集体”荣誉称号。

国家税务总局乌海市乌达区税务局、国家税务总局克什克腾旗、国家税务总局包头市石拐区税务局、国家税务总局西乌珠穆沁旗税务局、国家税务总局乌拉特后旗税务局、国家税务总局呼和浩特市赛罕区税务局、国家税务总局阿拉善右旗税务局获国家税务总局授予的“全国税务系统文明单位”荣誉称号。

国家税务总局包头市税务局被国家机关事务管理局、国家发展改革委、财政部授予“2019—2020节约型公共机构示范单位”。

国家税务总局海勃湾区税务局被国家广播电视总局、国家税务总局授予“视频类扶持作品入围类”荣誉称号。

课题《“稀土+”与税收政策研究》被国家税务总局授予“2017—2018年度全国税务系统优秀税收科研成果一等奖”。课题《内蒙古自治区税收营商环境调查》被国家税务总局授予“2017—2018年度全国税务系统优秀税收科研成果二等奖”。课题《内蒙古煤炭行业及其资源税调查报告——以鄂尔多斯市煤炭企业为例》被国家税务总局授予“2017—2018年度全国税务系统优秀税收科研成果三等奖”。

【个人荣誉】

呼伦贝尔市海拉尔区税务局许昂德被中共中央、国务院授予“全国先进工作者”荣誉称号。

国家税务总局额尔古纳市税务局刘忠范、国家税务总局扎赉特旗税务局张志平（已去世）、国家税务总局包头市税务局陈晓龙被人力资源社会保障部、国家税务总局授予“全国税务系统先进工作者”荣誉称号。

国家税务总局扎赉特旗申成山，国家税务总局内蒙古鄂托克经济开发区税务局苏雅拉图，国家税务总局阿荣旗税务局董成源，国家税务总局通辽市税务局额尔敦白乙，国家税务总局二连浩特市税务局其木格，国家税务总局乌兰察布市税务局周大伟获国家税务总局授予的“全国税务系统精神文明建设先进工作者”称号。

国家税务总局内蒙古自治区税务局稽查局王洁璐获国家税务总局授予的“减税降费专项工作二等功”。国家税务总局通辽市税务局苗青、国家税务总局五原县税务局袁伟获国家税务总局授予的“减税降费专项工作三等功”。

国家税务总局赤峰市税务局李亚利获得国家税务总局给予的税务系统表现突出的离退休干部集体、个人和工作人员通报表扬。

（陈永霞）

金　融

综　述

【概况】 内蒙古自治区地方金融监督管理局核定机关行政编制36名，设局长1名（兼任自治区人民政府金融工作办公室主任），副局长4名；处级领导职数17名〔9正（含总经济师、机关党委专职副书记各1名）8副（含机关纪委书记1名）〕。设办公室（人事处）、政策法规处、金融发展处、资本市场处、监管一处、监管二处、监管三处（自治区处置非法集资工作领导小组办公室）和机关党委（纪委）。实有在编30人，其中局长1人、副局长3人、一级巡视员1人、处长7人（含一级调研员2人），副处长4人，二级调研员3人、四级调研员2人，一级主任科员1人、二级主任科员4人、科员及以下4人。

2020年末，全区人民币各项贷款余额23249.19亿元，按可比口径计算，同比增长4.8%，比年初增加1117.38亿元，同比多增220.28亿元。其中，农业银行内蒙古分行、工商银行内蒙古分行和农村合作金融机构合计新增贷款829.91亿元，比上年同期多增263.7亿元，占全部新增贷款的74.27%。

【信贷结构】 2020年末，制造业贷款较年初增加132.6亿元，同比多增216.1亿元，其中制造业中长期贷款较年初增加111.2亿元，同比多增173.7亿元。对“三农”领域贷款投放明显加大，涉农贷款较年初增加170.3亿元，同比多增107.9亿元。民营企业贷款增加143.8亿元，同比多增45.5亿元。普惠小微企业贷款增加191亿元，同比多增60.8亿元。

【存款】 2020年末，全区人民币存款余额24969.98亿元，同比增长5.60%，比去年同期提升3.95个百分点，全年新增存款1324.84亿元，比上年同期多增947.37亿元。住户存款新增1715.46亿元，同比增长12.63%。

【实体经济融资】 2020年12月，全区新发放一般贷款加权平均利率6.19%，比年初下降0.22个百分点；

企业贷款加权平均利率5.12%，比年初下降0.29个百分点；普惠小微企业贷款加权平均利率7.46%，比年初下降0.53个百分点。

【上市企业】 2020年末，全区企业直接融资796.22亿元（股票融资58.22亿元、债券融资738亿元），政府专项债券融资1847.28亿元，合计2643.5亿元，比去年同期增长42%。大唐药业成功晋层全国首批新三板精选层，首次公开发行股票募集资金2.89亿元；大中矿业、欧晶科技向证监会报送中小板首发上市申请；全区新增上市辅导期企业5家（金海股份、塞飞亚、双欣环保、威丰电磁、骑士乳业），另有近20家企业加快上市挂牌报辅进程。

【保险业】 2020年，累计实现原保险保费收入740亿元，同比增长1.39%。其中财产险保费收入216.94亿元，同比下降7.69%；人身险保费收入523.07亿元，同比增长5.67%。赔付支出224.51亿元，同比增长11.70%。

【地方金融机构】 2020年末，融资担保公司注册资本金195亿元，在保余额321.67亿元；小额贷款公司注册资本金243.13亿元，贷款余额220.8亿元；典当公司注册资本金19.63亿元，典当总额9.59亿元，息费收入3811.86万元；融资租赁公司资产总额14.58亿元，应收租金余额17.08亿元。

【金融风险】 2020年，全区防范化解金融风险攻坚战取得重要阶段性成果，不良贷款实现大幅双降，不良贷款余额857.07亿元，同比下降1000.21亿元，不良贷款率3.66%，同比下降4.17个百分点。持续开展网络借贷风险专项整治，全力清退P2P网贷机构，成为全国第十个宣布全部取缔P2P网贷机构的省区。防范化解债务违约风险，全年没有发生债权违约事件。

（李睿）

金融监管

人民银行呼和浩特中心支行

【概况】 中国人民银行呼和浩特中心支行，内设职能处室24个：办公室（党委办公室）、法律事务处（金融消费权益保护处）、货币信贷管理处（跨境人民币业务办公室）、金融稳定处、调查统计处、会计财务处、支付结算处、反洗钱处、科技处、货币金银处、国库处、内审处、人事处（党委组织部）、金融研究处、征信管理处、国际收支处（外汇综合处）、经常项目管理处、资本项目管理处、事后监督中心、保卫处、离退休干部处、纪检监察办公室、工会办公室、宣传群工部，直属单位5个：营业部、后勤服务中心、钞票处理中心、清算中心、电子结算中心。

2020年末，全区社会融资规模存量为36816亿元，按可比口径计算，同比增长5.6%；全年社会融资规模增量2139.4亿元，是上年的1.4倍。人民币全部贷款余额23249.2亿元，按可比口径计算，同比增长4.8%，较上年末增加1117.4亿元；人民币全部存款余额24970亿元，同比增长5.6%，较上年末增加1324.8亿元。

【疫情防控和复工复产】 落实全面降准、普惠定向降准、中小银行定向降准、县域新增存款一定比例用于当地贷款考核政策，累计释放地方法人金融机构可贷资金323.3亿元。用足再贷款再贴现政策，运用专项再贷款政策为疫情防控保障企业发放贷款20.6亿元、实际利率1.03%；运用再贷款再贴现政策向小微企业、农牧户发放普惠贷款50亿元，平均利率4.48%。金融机构运用再贷款、再贴现资金发放的贷款或贴现利率均低于同期同档次贷款或贴现利率。

【稳企业保就业】 制定《自治区金融支持稳企业保就业工作方案》，构建自治区、盟市、旗县三级联动工作机制。围绕企业融资症结，在推进首贷、无还本续贷、信用贷等方面促进银企合作，联合自治区党委统战部、工商联举办金融助力民营企业稳产达产对接会，2020年全区累计召开政银企对接会258次，企业共计获得贷款671.3亿元。会同政府有关部门共同摸排全区需要支持的重点领域和重点群体，采取名单制管理和名单推送方式，促进产融有效匹配。建立重点企业信息库，全年累计向4509家重点企业发放贷款2299.6亿元。推广贷款延期还本付息支持工具和普惠小微贷款信用支持工具，按月监测通报各盟市、各金融机构两项工具执行情况。全区金融机构全年累计为4.9万家（次）企业办理贷款延期还本付息1014.9亿元。地方法人银行机构普惠小微企业贷款延期率提高至62.4%。

【实体经济融资】 推进市场报价贷款利率改革，完成存量贷款利率定价基准转换，推动金融机构通过减免费用、降低利率等方式，主动向企业减费让利，缓解市场主体融资负担。2020年，企业贷款加权平均利率4.91%，同比下降0.33个百分点；其中，小微企业贷款加权平均利率6.07%，同比下降0.45个百分点。全年金融机构向实体经济让利24.3亿元。

【融资渠道】 引导银行承购地方政府债券。全区11家企业通过银行间债券市场融资670亿元，同比多融资290亿元。发展应收账款融资业务。推动金融精准扶贫与乡村振兴战略相结合，发展活体牲畜质押贷款和农牧区承包土地经营权抵押贷款。推广科技成果质押融资。

【金融风险】 坚持早识别、早预警、早发现、早处置，稳妥审慎应对各类风险，在金融风险持续暴露、地方法人金融机构风险突出的严峻形势下，保持自治区金融运行总体稳定。2020年末全区金融机构不良贷款率同比下降4.17个百分点，贷款质量向好发展。

及时启动蒙商银行加入人民银行金融管理与服务体系工作，完成新旧银行业务资质承接和系统切换，保证蒙商银行顺利开业。制定全区人民银行攻坚战工作方案，明确具体任务和职责分工，对170家地方法人银行业金融机构逐家制定风险应对处置方案。按照“一行一策”原则细化具体措施。推动自治区农村信用合作联社和内蒙古银行改革，督促高风险村镇银行发起行落实主体责任，参与辖区金融机构风险处置，配合做好企业风险化解处置工作。

按季对全区地方法人银行业金融机构开展央行评级，强化评级结果运用。对高风险机构央行评级进行红线指标调整，采取早期纠正措施。按日跟踪地方法人银行业金融机构流动性，对重点机构实施“一日两报”。落实存款保险政策要求，完成171家投保机构存款保险费率核定工作，并开展现场核查。发挥差别费率风险校正作用，通过下发警示函、早期纠正通知书，促进金融机构审慎经营。部署存款保险标识启用工作，开展存款保险宣传，提升公众对存款保险的认知度。

【金融监管政策落实】 在全国率先落地金融委办公室地方协调机制，与自治区政府金融工作议事协调机制协作配合，组织召开季度例会、专题会议，通报金融形势，会商金融支持稳企业保就业、防范化解金融风险、地方法人银行改革重组等重点工作，协同推进政策落实。提请自治区人大审议通过《内蒙古自治区地方金融监督管理条例》，推动建立自治区金融纠纷多元化解机制。制定信息数据共享办法，构建部门间信息数据共享框架。协调机制运行的基础性制度初步建立，各项工作运转顺畅。

【外汇管理服务】 2020年，跨境贸易投资便利化改革新政惠及全区1600余家涉外企业，资本项目外汇资金便利结汇1070万美元，通过绿色通道办理防疫物资进出口收付汇1300余万美元。开展跨境金融区块链服务平台试点，企业出口融资时限由2～3天缩短为15分钟。推动包钢和鄂尔多斯财务公司开办即期结售汇业务，累计为企业节约成本1625.6万元。深化金融对外开放，与蒙古国中央银行举办视频会议，就双边本币合作和反洗钱等议题开展交流。组织跨境人民币业务政策宣讲，对接涉外企业金融需求。2020年全区跨境收支总额220.2亿美元，同比增长16.2%。结售汇总额150.3亿美元，同比增长18.9%。人民币跨境收支总额457.5亿元，同比增长26.6%。

【支付环境建设】 组织“春暖草原惠民消费节”，自治区政府主要领导出席启动仪式，活动期间发放惠民消费券272万张，直接带动消费1.7亿元。推动移动支付便民工程，开展全国首家“云闪付”线上消费助农助牧直播，2020年全区40所高校、35个综合商圈、18项公共事业缴费完成移动支付受理改造。挂账销号金融服务空白行政村，实现农牧区支付环境建设指标数字化管理。全面部署涉赌涉诈资金链治理和“断卡”行动，累计排查银行和支付账户2.2亿户、特约商户111.1万户，对可疑账户采取限制措施。强化银警合作，与自治区公安厅建立线索移交机制，配合侦破跨境赌博案，冻结账户资金2亿元。配合自治区党委开展煤炭资源领域专项整治，派出人员参与专班工作，配合自治区纪委监委和公安部门累计查询煤炭资源企业268家，参与问题企业研判处置。

【征信管理】 2020年累计调整个人和企业信贷逾期记录2.5万笔，合计金额204.6亿元，减免罚息2亿元。推广金融机构代理个人信用报告自助查询，布放自助查询设备250台。推进小微企业和农村信用体系建设，建档立卡贫困户信用档案建设实现全覆盖，共为316.5万农牧户建立信用档案，79.9万信用户获得无担保无抵押的信用贷款，2020年末贷款余额451.1亿元。

【经理国库】 全区156家各级国库及时准确办理财政预算收入和预算支出。高效办理新冠疫情防控专项资金、中央直达资金和抗疫特别国债资金拨付。落实减税降费政策。全区财政支出联网实现全覆盖，财政实拨业务、国库集中支付业务办结时间大幅缩短，95%以上退库业务实现电子化。加强国库监督管理，对违规占压财政资金的金融机构给予行政处罚。

【反洗钱】 依托公安+金融“双专班”机制开展金融领域扫黑除恶专项行动，会同地方金融监管局排查非金融机构和地方金融组织8千余个，治理金融领域乱象。配合政法部门开展涉黑涉恶案件反洗钱协查，2020年累计开展反洗钱协查49起，发出反洗钱调查通知书501份，涉及涉案主体731个、资金账户1863户。推进反洗钱协调机制建设，推动7起案件以洗钱罪入罪，以掩饰、隐瞒非法所得罪宣判5起。加强金融机构反洗钱监管，开展执法检查、反洗钱评级、风险评估。举办全区金融机构洗钱案件线索分析研判大比武，提升反洗钱队伍工作能力。

【货币发行】 加强人民币流通管理，开发人民币非现场监管云平台，完成2020年新版人民币发行，对全区28家现金服务示范区开展自评估，组织现金服务进社区、进市场，整治拒收现金行为。

【金融消费权益保护】 妥善处理金融消费者投诉咨询，中央银行“12363”热线投诉咨询办结率100%。强化金融广告治理，加入自治区整治虚假违法广告厅际联席会议，处置违法违规广告19条。组织全区人民银行和金融机构开展“守住钱袋子·金融知识普及月”宣传活动，利用新媒体和“金融乌兰牧骑”进行金融知识宣传。

（李连俊）

银行保险监管

【概况】 内蒙古银保监局为中国银保监会省级派出机构，单位级别为正厅级，内蒙古银保监局下设11个银保监分局和80个监管组，内设机构20个，另设机关党委（宣传部）、纪委办公室。人员编制974名，其中：省局机关235名，分局机关435名，监管组304名。2020年，全区银行业资产总额34137.34亿元，按照可比口径，较年初增加1573.72亿元，同比增长5.15%；负债总额32870.52亿元，较年初增加1583.4亿元，同比增长5.37%。银行业金融机构各项贷款余额23405.55亿元，较年初增加1100.03亿元，同比增长5.05%；银行业金融机构各项存款余额24444.90亿元，较年初增加386.52亿元，同比增长1.61%。

保险业累计提供各类风险保障46.03万亿，实现保费收入740亿元，赔付支出224.51亿元，同比增长11.81%。

【支持企业复工复产】 细化金融支持复工复产政策措施，推动各项精准支持措施落地。开展金融支持复工复产和助力决战决胜脱贫攻坚专项督查工作，制定专项督查工作实施方案，细化分解57项具体工作，实现11个分局现场督查全覆盖。推动政银企对接活动，创新信贷产品和金融服务，新增各项贷款1100亿元，增长5.05%，对受疫情影响较重企业采取缓缴保费、费率优惠等方式提供保险保障。

【助推地方经济高质量发展】 支持自治区基础设施建设，重点项目贷款余额达6631亿元。发展绿色金融，银行机构绿色融资余额1965.8亿元。支持传统产业转型升级，先进制造业贷款余额481.28亿元，年内累计投放148.72亿元。支持现代能源产业贷款余额1230.56亿元，较年初增加128.64亿元。助力科创产业发展，支持科创型企业项目107个，贷款余额60.78亿元，较年初增加28.1亿元。

【助力脱贫攻坚】 构建"立体化、便捷化、特色化、精准化、长效化"的金融扶贫工作机制，引导银行保险机构按照"四不摘"政策，加大金融扶贫支持力度。推动扶贫小额信贷精准投放、能贷尽贷，累计发放信贷137.6亿元，较年初增加27.41亿元，增速24.88%。发挥保险强农惠牧功能作用，大宗农产品保险累计覆盖农户245万户次、保额564亿元，为蒙古马、苜蓿等30余种地方特色农畜产品提供风险保障48.7亿元。实行大病保险倾斜支付政策，报销起付线降低50%，累计向贫困参保人员赔付5441.61万元。配合做好定点扶贫工作，累计向"两旗"投放各项贷款余额94.32亿元，投入帮扶资金716.48万元，推动减贫57532人，贫困发生率降到1%以下，实现脱贫摘帽。

【小微企业信贷支持】 开展"百行进万企"融资对接专项活动，对接2.4万家小微企业融资需求，共向小微企业授信21.72亿元。开展减费让利行动，累计为民营企业、小微企业减免3.64亿元利息。推动临时性延期还本付息政策落地，对1.88万家中小微企业的418亿元贷款金额实施临时性延期还本，对1.38万家中小微企业的15.5亿元贷款利息实施临时性延期付息，有效缓解了小微企业的资金压力。

【"三农三牧"金融服务】 创新"三农"和扶贫贷款产品、保险产品，满足各类农牧业经营主体和贫困人口的金融需求。截至2020年底，大中型银行分支机构普惠型涉农贷款余额414.79亿元，较年初增加99.12亿元；法人银行业金融机构普惠型涉农贷款余额1430.87亿元，较年初增加167.52亿元。

【包商银行后续风险处置、破产清算】 落实相关要求，按规定审批蒙商银行开业，依法完成包商银行破产申请初审。制定细化风险处置预案和接收安排，对新时代信托实施全方位接管。

【不良资产清收处置】 按照实质重于形式的原则，全面准确反映资产真实情况，制定不良贷款清收处置三年行动方案，代拟订清收处置银行业不良贷款专项行动方案，督导地方银行真实入账不良贷款、处置不良贷款达到历史之最，不良率同比出现下降。

【推进高风险机构摘帽脱困】 实施盯住式、贴身式监管，制定出台高风险农合机构处置包联机制、监管工作"一对一"联动会商机制、高风险村镇银行处置"1+N"联动机制，督导高风险中小银行逐一制定和实施风险化解处置三年规划方案，指导中小银行补充资本。助力自治区联社改革，稳步推进6家农合机构改制工作，推进一批高风险机构"摘帽"。

【重点风险领域防控】 纵深推进打击非法集资、处置P2P以及重点行业扫黑除恶行动，阻断非法金融向金融系统传染风险的渠道。严防流动性风险，制定中小银行应对集中取款事件处置预案，联动相关部门制定突发事件应对和处置的措施，防范信用风险、声誉风险引致流动性风险。加强车险风险防控，清理多家"空壳"保险中介机构。

【遏制案件风险】 启动"案件专项清理整顿年"活动，加快陈案处置进度，处置历年陈案，大幅化解案件存量。坚持预防为主、处置为要，稳妥处置大案要案风险，控制新增案件数量，案发数量和涉案金额同比均呈现下降趋势。

【规范法人机构股东股权】 部署开展农村中小金融机构2018—2020年股东股权专项整治，实现机构检查全覆盖。依法限制严重违法违规问题股东的相关权利。全面完成93家农合机构成股权确权及托管工作。

【内控合规管理】 启动"内控合规管理年"活动，开展市场乱象整治"回头看"和行业政治生态整顿专项行动。2020年累计行政处罚161项，罚没金额2596万元，取消8名高管人员任职资格、禁止7人从事银行业工作。

【信贷结构优化】 2020年末，辖内银行业中长期贷款余额15937.38亿元，较年初增加832.20亿元，增幅5.51%，高于全部贷款增速0.46个百分点；其中六家大型银行制造业中长期贷款余额740.74亿元，较年初增加118.67亿元，增速19.08%，高于各项贷款增速12个百分点以上，完成"大型银行制造业中长期贷款增速不低于全部贷款增速"的目标。2020年末，精准扶贫贷款余额824.81亿元，为本地区全部如期实现脱贫摘帽作出了贡献。

【助力产业转型升级】 推动辖区银行机构以市场为导向，利用大数据、移动渠道等方式提升服务效率。开发"云税贷""小微快贷"等产品，解决部分科技型企业贷款中的痛点、难点问题。创新担保服务方式，推出"科技贷""政保贷""助保贷""政采贷""乳产业链"等特色服务模式。引导股份制银行积极参与跨境金融区块链试点，运用区块链技术实现多维技术共享，支持实体企业贸易融资。2020年末，辖内银行业非法人机构为工业企业技术改造升级项目投放贷款余额为440.33亿元，向战略性新兴产业投放贷款余额为811.99亿元。

（廖慧 樊越）

证券监管

【概况】 内蒙古证监局前身是“内蒙古自治区证券委员会”，成立于1993年5月4日，隶属于内蒙古自治区人民政府。1995年9月11日，内蒙古自治区人民政府正式批准成立内蒙古自治区证券监督管理委员会。1998年12月19日，内蒙古自治区证券监督管理委员会上划中国证券监督管理委员会（以下简称“证监会”）管理，更名为“中国证监会呼和浩特特派员办事处”，为准厅级事业单位。2004年3月1日，呼和浩特特派员办事处更名为“中国证券监督管理委员会内蒙古监管局”，简称“内蒙古证监局”。内蒙古证监局作为证监会的派出机构，在中国证监会的垂直领导和授权下，依法履行下列监管职责：依据有关法律法规规定和中国证监会授权，对辖区内证券发行人、上市公司、非上市公众公司、证券公司、基金管理公司、期货公司、私募基金管理人、证券投资咨询机构、基金销售机构，以及从事证券期货业务的会计师事务所、律师事务所、资产评估机构等市场主体实施日常监管；对辖区股权市场监管工作进行指导、协调和监督；防范和处置辖区有关市场风险；对证券期货违法违规行为实施调查、作出行政处罚；证券期货投资者教育和保护；法律、行政法规规定和中国证监会授权的其他职责。内设办公室、党务（纪检）工作办公室、公司监管处、机构监管处、稽查处、综合业务监管处。核定人员编制39人。2020年末，实有人员38人。

【上市公司】 截至2020年底，全区共有上市公司26家。其中，主板21家，中小板2家，创业板3家；国有控股8家，民营控股16家，公众公司2家。截至2020年末，我区上市公司总股本为973.22亿股，总市值达6335.93亿元，资产规模合计6603.62亿元。2020年，上市公司实现营业总收入3731.50亿元（除金融保险类企业西水股份，其余25家公司总收入为3520.61亿元），净利润-182.97亿元（西水股份亏损405.16亿元，剔除西水股份，其余25家公司实现净利润222.20亿元），平均净资产收益率-0.30%（剔除西水股份，其余25家公司平均净资产收益率为5.21%），平均每股收益-0.07元（剔除西水股份，其余25家公司每股收益为0.25元）。其中，营业总收入超过50亿元的有14家（含西水股份），最高为内蒙古伊利实业股份有限公司968.86亿元；净利润在1亿元以上的有16家，最高为内蒙古伊利实业股份有限公司70.99亿元；每股收益在0.5元以上的有5家，最高为内蒙古伊利实业股份有限公司1.17元。2020年，赤峰黄金、兰太实业发行股份购买资产配套融资13.1亿元；蒙草生态发行优先股融资8亿元。

【拟上市企业】 辖区共有IPO（是首次公开募股）在审企业3家，在辅导公司7家。

【新三板挂牌公司】 全区共有新三板挂牌公司49家。其中，国有控股7家，民营控股39家，公众公司3家。截至2021年4月30日，共有43家挂牌公司按时披露年报。截至2020年12月31日，43家公司已披露年报显示，挂牌公司总股本为43.42亿股；资产总计211.93亿元；全年实现营业总收入127.98亿元，同比减少1.47%；归属于挂牌公司股东净利润合计6.29亿元，同比增长24.55%；平均基本每股收益0.12元，同比下降25%。其中，营业总收入超过1亿元的有20家，最高为赛科星35.05亿元；归母净利润在2000万元以上的有10家，最高为赛科星2.65亿元；每股收益在0.5元以上的有6家，最高为云科数据1.18元。2020年，新三板精选层企业大唐药业公开发行实现融资2.9亿元；北方时代、圣氏化学、英华融泰、天昱园、云科数据、信元网安6家新三板挂牌公司通过非公开发行实现融资0.77亿元。

【公司债发行】 内蒙古蒙电华能热电股份有限公司、内蒙古伊泰煤炭股份有限公司等15家债券发行人发行公司债募集资金339.76亿元。

【证券经营机构】 全区共有证券公司2家，分公司22家，证券营业部

2020年IPO在审企业情况表

表11

序号	公司名称	拟上板块	证监会（或交易所）受理首发申请时间
1	内蒙古大中矿业股份有限公司	主板	2020.6.19
2	内蒙古欧晶科技股份有限公司	中小板	2020.6.22
3	内蒙古天和磁材科技股份有限公司	科创板	2020.9.2

2020年IPO在辅导企业情况表

表12

序号	公司名称	辅导备案时间
1	内蒙古莱德马业股份有限公司	2016.1.25
2	内蒙古佰惠生新农业科技股份有限公司	2016.11.21
3	内蒙古新华发行集团股份有限公司	2019.5.9
4	内蒙古双欣环保材料股份有限公司	2020.6.12
5	包头市威丰稀土电磁材料股份有限公司	2020.7.9
6	内蒙古塞飞亚农业科技发展股份有限公司	2020.7.30
7	内蒙古骑士乳业集团股份有限公司	2020.11.6

101家（其中恒泰证券27家，国融证券15家，其他公司59家），本地公司外埠营业部164家。2020年，全区代理证券交易总额16370.96亿元，较2019年增加24.20%。从交易品种看，A股占65.41%，基金占2.39%，债券占3.36%，债券回购交易占28.47%，其他证券交易占0.35%。2020年，全区证券经营机构实现营业收入34.45亿元，较2019年减少5.23%，其中手续费收入及佣金收入为19.20亿元，利息收入9.00亿元。实现利润总额9.36亿元，净利润7.60亿元。

【期货经营机构】 截至2020年底，全区共有期货营业部10家。

【私募基金】 全区共有私募基金管理人54家，其中私募证券管理人3家，私募股权、创业投资类管理人50家，其他类管理人1家。管理基金115只，按类型统计，私募证券投资基金15只，私募股权投资基金82只，创业投资基金15只，其他私募投资基金3只；按认缴管理规模统计，5000万以内的62只，5000万至1亿的15只，1亿至5亿的21只，5亿至10亿的7只，10亿至50亿的10只。

【上市公司日常监管】 全面掌握问题和风险，针对性制定监管计划。坚持管少管精原则，适时调整公司风险等级，聚焦问题公司、高风险公司。全年完成各类检查5家次。积极引导辖区上市公司参与疫情防控，履行社会责任，15家公司累计捐款捐物4.17亿元。紧抓“四个关键”，着力推动上市公司质量提升，制定《内蒙古证监局落实＜国务院关于进一步提高上市公司质量的意见＞任务分工表》，明确局内各处室任务分工，与地方政府形成合力；抓住关键环节，注重企业培育把好入口关的同时，深入推进分行业监管，促进质量提高；盯住“关键少数”，解决关键问题，对存量高质押公司分类施策，稳妥处置资金占用、违规担保等问题，推进企业“清欠解保”，集中力量压降风险。

【经营机构合规风控能力】 针对辖区证券分支机构因“飞单”事件引发群访群诉、证券公司因执业不当引发大量投诉举报等突发风险，在全力做好维稳工作的同时，从快从严查处违法违规问题，及时向市场及受害者表明监管态度，引导投资者合法维权。积极协调当地政府和有关部门，平稳有序完成辖区相关证券分支机构接管工作。完成对恒泰证券、国融证券被暂停业务的现场验收，推动两家公司逐步恢复正常化运营。建立完善证券公司风险台账，加强对资管产品、资产支持证券等重点业务领域的风险监测，持续跟进和督导存量风险化解工作。推动解决国融证券、恒泰证券股权结构和公司治理规范问题，强化两家公司合规风险管控。持续监测两家证券公司资产管理业务规范整改进度，实现有序平稳压降缩减。在2020年分类评价中，两家证券法人机构的监管评级实现大幅提升，恢复到历史最好水平。全年开展现场检查和核查27家次，采取3项行政监管措施。借力行业协会，开展2019年度分支机构分类评价工作，探索建立风险排查机制，强化证券分支机构分类监管和借力监管。

【新三板改革】 对于基础层企业，督促其合法合规稳健经营；对于创新层企业，强化监管的同时，支持企业做大做强；对于精选层企业，推动企业规范运作和提高公司治理水平，为企业转板上市夯实基础。以问题和风险为导向，督促中介机构归位尽责，提高现场检查效果。首次采取与股转公司联合检查的方式提高工作质效。推动新三板改革落地见效，以培训、调研和专家会诊等多种方式，向市场宣传新三板改革举措，年内12家企业对标进入创新层，1家企业成功晋级新三板精选层，成为全国首批32家晋级精选层企业之一。1家企业接受申报新三板精选层的辅导。

【稽查执法】 全面贯彻落实“总对总”机制，加强与日常监管的执法协同，明确公司机构类简单案件的查办机制，

2020年证券公司经营状况表

表13

项目	2020年	2019年	同比
资产（亿元）	399.59	363.06	10.06%
负债（亿元）	278.85	232.82	19.77%
净资产（亿元）	120.74	130.25	-7.30%
净资本（亿元）	101.24	87.20	16.09%
营业收入（亿元）	28.61	31.48	-9.12%
经纪业务净收入（亿元）	9.61	7.45	29.02%
利息净收入（亿元）	2.87	1.96	46.31%
净利润（亿元）	6.81	5.28	28.79%

2020年期货经营机构经营状况表

表14

项目	2020年	2019年	同比
成交量（万手）	910.11	517.97	40.70%
成交额（亿元）	5665.38	3309.18	40.15%
手续费收入（万元）	1272.24	748.41	70.05%
净利润（万元）	-74.85	-640.31	88.31%
客户权益（亿元）	5.09	4.81	5.82%
投资者开户数（户）	11399	8361	36.34%

推动监管处室直接立案、直接调查、直接移送审理。强化线索发现、案件管理和执法协作，不断提高办案质效。全年共承办各类案件10起，协查11起，初查案件量和立案案件量均为历年最高。年内完成2起自立案件的行政处罚，罚没金额100余万元。

【行政监管】 全年累计对辖区相关市场主体出具行政监管措施4份。对辖区新三板挂牌公司和私募基金管理人涉嫌违法违规事项稽查提前介入调查。及时将市场主体违法违规信息记入诚信档案，并在行政许可审核、并购重组分道制审核、出具持续监管意见等工作中积极查询使用。把检查发现问题纳入证券期货机构分类评价和审计执业质量评价，加强惩戒措施与日常监管的联动性。

【市场整治】 开展“股市黑嘴”“非法荐股”等专项整治行动。制定行动方案，向公安厅、网信办和辖区证券机构征集辖区内有效线索，通过现场查实取缔1家非法荐股机构。结合投诉举报和舆情监测情况，认真梳理交易场所风险隐患，及时向地方政府转交线索，强化敏感时期的风险提示。配合地方政府推进各类交易场所清理整顿“攻坚战”相关工作，积极传递政策信息，主动揭示部分交易场所的违法违规问题和风险隐患；积极参与辖区交易场所现场检查工作，督促地方政府落实属地责任。

【化解股票质押风险】通过一线调研，分析风险成因，向地方政府献计献策，探究风险化解的根本方法。以证监会副主席向自治区政府通报内蒙古资本市场风险状况为契机，推动辖区相关政策落地实施。新冠肺炎疫情期间推动企业复产复工建议得到自治区领导的重视和批示。年内净化解2家高比例质押公司，4家质押比例在70%～80%的公司将质押比例降至70%以下。

【常态化处置公司风险】 在公司风险处置过程中，重点关注3家公司经营风险，推动化解ST明科、华资实业股票质押风险。针对西水股份子公司天安财险被接管事件开展一系列针对性工作。

【处置部分公司经营风险】 多次向自治区政府通报包钢股份面值退市风险，推动政府出台《推动包头钢铁（集团）有限责任公司高质量发展实施方案》，包钢集团作出大额增持承诺。针对君正集团跨界并购生物制药资产、大额变更募集资金用途、出售华泰保险股权等事项，联合上交所对公司现场检查，及时回应市场关注。

【防范债券违约风险】 督促发行人合理控制负债规模，重视流动性管理，严格履行还本付息义务；通过现场检查提醒发行人牢固树立募集资金专款专用意识、重大事项及时披露意识；压实受托管理人责任，督促其严格履行核查验证、专业把关职责；发挥局所联动优势，加强日常风险研判，全年开展公司债券现场检查3家次，公司债及ABS到期兑付21只、回售20只。成功化解“呼公交05”债兑付风险。全年未发生公司债券发行人兑付违约风险事件。

【私募基金兑付违约风险防控】 根据投诉举报线索，对存在较大兑付风险和业务合规风险的私募管理人深入核查，及时采取监管措施，传导监管压力。促成1只违约基金管理人与投资者达成和解，为投资者挽回近1亿元的投资本金。推动运用稽查手段对1家涉系高风险私募管理人3只在管基金LP资金来源进行了穿透核查，排除了发生兑付风险的可能性。

【服务市场】 多次向自治区政府专项报告辖区资本市场发展情况，落实自治区分管副主席的指示批示，协调解决企业上市过程中存在问题，推进企业加快上市进度。协调政府工作组赴郑商所推动自治区优势农产品马铃薯和葵花籽进入期货上市品种名录。加大对上市后备企业调研力度，邀请专家对企业上市进行会诊。推动和联合上交所、深交所通过线上线下相结合的方式，多次对拟上市企业开展专题培训，进行政策讲解、业务指导。局领导带队到兴安盟、通辽市、呼伦贝尔市等资本市场欠发展地区，推动发掘培育上市后备企业。全年推动辖区各类市场主体在交易所市场实现融资160.39亿元。其中，1家晋级新三板精选层企业公开发行融资2.9亿元，上市公司再融资54.58亿元，公司债及ABS融资102.51亿元，新三板挂牌企业定向增发0.77亿元，资本市场服务实体经济的能力不断增强。

【投资者保护】做好投资者关系管理，保障投资者参与权。推动辖区上市公司健全内控制度、推行网络投票，支持中小股东参与重大事项决策，有效保障中小投资者的参与权。严格执行信息披露制度，保障投资者知情权。全年辖区上市公司发布定期报告263份，临时公告2927份，接待投资者调研6次，在E互动、互动易等平台回复提问3680条，回复机构投资者电话19次。落实分红制度，16家上市公司在2019年年报披露现金股利分红方案，总金额为128.66亿元，同比增长28.17%。线上和线下相结合，开展走进上市公司活动，通过走访、座谈等形式深入上市公司，畅通沟通渠道。指导证券期货业协会适时开展科创板、创业板和新三板改革等专题培训。培育理性投资价值投资理念，持续加强投保工作力度。指导辖区行业协会、市场经营主体、投教基地制作投教产品，举办《股东来了》2020内蒙古片区活动。推进投资者教育纳入辖区国民教育体系，指导投教基地编写出版首本少数民族地区青少年财商读本，开设“学法知法·懂法守法做理性投资者”线上直播课堂并作为高校选修课。督促经营机构落实投诉处理首要责任，推进纠纷化解多元化，全年处理各类纠纷案件144件，提升投资者诉求服务的质量和效率。

（王俊生）

银行业

国开行内蒙古分行

【概况】 截至2020年末，分行管理资产余额4607亿元，信贷资产余额3174.75亿元。其中：人民币贷款余额

3113.67亿元（含转贷款余额64.46亿元），外汇贷款余额9.36亿美元。全年发放表内贷款544亿元，其中：表内人民币贷款456.29亿元、外汇贷款3.91亿美元，发放转贷款61.93亿元。分行本外币贷款、人民币贷款、外币贷款市场份额等指标连续27个季度居区内同业首位。

【服务“六稳”“六保”】 全年累计完成授信承诺865.82亿元；投放疫情防控应急贷款，累计向9家区内企业发放人行专项应急贷款1.91亿元，是全区首家发放人行专项再贷款的银行。累计向5个盟市政府指定企业发放应急贷款3.26亿元，帮助地方政府及时解决防疫物资采购资金短缺难题；支持复工复产达产和春耕备耕，向20户重点企业投放贷款77.24亿元，保障“煤电油气运”等重要物资领域企业复工复产。发放春耕备耕贷款3.5亿元，为企业抢抓时点恢复生产、支持春耕备耕提供资金保障；转贷款业务，实现授信承诺78.79亿元，发放61.93亿元，余额新增43.65亿元，支持小微企业及个体工商户7000多户，助力地方保市场主体、稳就业形势；政策助力，主动响应监管政策要求，通过计结息周期和还款计划调整、降低贷款利率等方式，完成28个项目还款计划调整。减费让利服务实体经济，2020年新增贷款平均利率较去年下降81BP（降低17%），减让利息约4.12亿元；减免中间业务费用4600万元、房屋租金187万元，有效降低企业成本。

【金融服务】 发放新型城镇化贷款17.23亿元，助力新型城镇化提质升级。发放能源交通水利重大工程贷款390.69亿元，助力自治区稳投资稳增长。发放制造业贷款27.39亿元，其中制造业中长期贷款11.14亿元，增速高于全部贷款平均增速。发放乡村振兴贷款75.94亿元，积极推动乡村振兴与脱贫攻坚有机结合。服务黄河流域生态保护，成立由分行一把手任组长的工作领导小组，与4个沿黄河盟市开展现场调研或高层会谈，制定分行工作要点，编制专项融资规划，落实项目化、清单化、责任化要求，梳理67个重点项目，融资需求2341亿元。全年向沿黄河7个盟市发放贷款439亿元，占当年投放额的81%。支持东北振兴，成立由分行一把手任组长的工作领导小组，制定印发专项工作方案和重点项目清单，发挥融资主渠道作用，向蒙东地区发放贷款81亿元，超额完成全年计划任务。全年实现授信承诺26.2亿美元，发放外汇贷款5.57亿美元、“一带一路”贷款21.3亿元，顺利实现分行首笔跨境人民币贷款业务落地。年末外汇贷款余额全区占比约80%。

【脱贫攻坚】 保持贷款投放和人员帮扶力度，全年发放扶贫贷款35.3亿元（其中精准扶贫贷款19.21亿元），贷款余额235亿元；适时延长扶贫专员派驻时间，保证收官之年人员稳定，助力决战决胜脱贫攻坚。加大产业扶贫工作力度，发放产业扶贫贷款20.7亿元。落实东西部扶贫协作合作协议，发放贷款4.57亿元。支持扶贫基础设施建设。全年投放贷款5.1亿元，支持了经乌高速、林西北控风电等贫困地区基础设施建设。开展扶贫转贷款业务。发放扶贫转贷款4.94亿元，助力贫困地区小微企业融资和产业增收。助学贷款业务，发放生源地助学贷款9.5亿元，累计发放贷款85.76亿元，累计支持贫困学生135万人次，助力阻断贫困代际传递。开展消费扶贫，全年实现消费扶贫47.5万元，助力解决贫困地区农畜产品销售问题。

【风险防范化解】 化解交通领域贷款集中到期风险，推动公路融资再安排业务——内蒙古高路公司融资再安排项目落地，截至12月末，发放贷款444亿元，其中分行发放152亿元，协助地方有效管控公路行业贷款系统性风险。化解棚改项目贷款本息偿付风险，完成涉及12个盟市、64个旗县区棚改贷款资产质量总体稳定。参与地方政府债务化解，推动呼和浩特市政府化债项目成功落地，发挥开发性金融优势，持续巩固银政合作关系。维护自治区金融市场稳定，响应监管部门要求，从维护金融稳定大局出发，迅速完成对包商银行、蒙商银行新增授信，发挥同业市场“稳定器”和带头示范作用。

（郭浩然）

农发行内蒙古分行

【概况】 中国农业发展银行内蒙古自治区分行（以下简称“农发行内蒙古分行”）成立于1995年2月13日。截至2020年末，累计投放贷款228.5亿元，贷款余额1275.8亿元；各项存款余额163亿元，日均余额302.6亿元；实现账面盈利9.67亿元。截至2020年末，全行共有分支机构85个，员工1796人。其中，自治区分行机关1个，12个盟市分行，1个直属支行，71个旗县级支行。具体包括：自治区分行营业部（下辖6个支行）、包头市分行（下辖4个支行）、呼伦贝尔市分行（下辖9个支行）、兴安盟分行（下辖6个支行）、通辽市分行（下辖8个支行）、赤峰市分行（下辖12个支行）、锡林郭勒盟分行（下辖4个支行）、乌兰察布市分行（下辖10个支行）、鄂尔多斯市分行（下辖6个支行）、巴彦淖尔市分行（下辖6个支行）、乌海市分行、阿拉善盟分行、满洲里市支行。内蒙古分行机关共设置19个处室，具体包括：办公室（党委办公室）、人力资源处（党委组织部）、资金计划处、扶贫业务处、粮棉油处、基础设施处、创新处、投资处、信用审批处、信贷管理处、风险管理处、内控合规处（法律事务处、反洗钱中心）、财务会计处、运营管理处、信息科技处、纪委办公室、巡察办公室、党群工作处、行政服务处。

【支持脱贫攻坚】 农发行内蒙古分行保持扶贫信贷政策的稳定性，推动信贷资源和各方力量向巩固脱贫攻坚成果倾斜，2020年投放扶贫贷款143.3亿元，同比增加19.2亿元。围绕自治区玉米、马铃薯、肉、绒毛等优势农畜产品，累放扶贫贷款116.3亿元，支持龙头企业做大做强，支持现代农业园区发展，支持土地流转和规模化经营，助力自治区优势产业转型升级，带动农牧民致富增收。支持“三保障”扶贫，投放贷款8.02亿元，支持兴安盟职业技术学院、呼伦贝尔民族少年宫等教育扶贫项目，促进贫困学生就近上学和教育现代化普及率提升；支持呼伦贝尔、通辽市、开鲁县、敖汉旗4家医院建设，改善贫困地区就医条件；支持多伦湖景区贫困村提升工程，改善农牧民居住条件。累放旅游扶贫贷款7.84亿元，支持赤峰宁城特色小镇、兴安盟神俊山、乌兰察布丰镇旅游等扶贫项目建设。投放基础设施扶贫贷款4.04亿元，支持生态环境、集中供热等4个项目。投放易地扶贫搬迁后续扶持专项贷款5.6亿元，支持13个安置区周边的生产生活设施、产业园区、扶贫工厂、扶贫车间等建设，使贫困搬迁人口“稳得住、能脱贫”。加大定点扶贫和消费扶贫力度。组织开展消费扶贫月活动，全行全员参与，优先购买国家和自治区定点扶贫地区的农产品，帮助拓宽销售渠道。全年累计购买贫困地区农产品172万元，累计帮助销售贫困地区农产品176万元，引进和投入帮扶资金34.4万元。加大信贷资源向重点贫困地区倾斜力度。对接31个国贫旗县特别是15个深度贫困旗县脱贫攻坚的重点领域和重点项目，实行差异化的特定信贷政策，全年向国贫旗县投放扶贫贷款43.5亿元，同比增加16.2亿元；向15个深度贫困旗县投放扶贫贷款21.5亿元，同比增加6.7亿元。

【支持生态建设】 贯彻落实习近平总书记关于筑牢我国北方重要生态安全屏障的要求以及黄河流域生态保护和高质量发展讲话精神，支持自治区生态建设，2020年审批生态建设类贷款53.8亿元，投放39.7亿元。投放8亿元内蒙古金融业首笔农村土地流转和土地规模经营贷款，支持巴彦淖尔市耕地占补平衡项目，新增河套平原耕地指标19.6万亩，同时有效阻止土地荒漠化和沙化，保护区域内生物多样性。支持产业治沙，审批贷款4.3亿元，投放3.1亿元，支持杭泰达拉特光伏发电领跑奖励激励基地项目。项目位于库布其沙漠腹地，被国家能源局确定为内蒙古唯一示范基地。项目建成后，实现年产值15亿元，统筹光伏、光热、风电、生物质能源发展，带动文化旅游、健康医养、科技创新等多业态并进，推动沙漠清洁能源经济、沙漠生态治理、沙漠有机农业和沙漠风情旅游的多产业融合发展项目，可有效治理沙化土地20万亩，延缓库布其沙漠对黄河的黄沙倾泻，保护和改善河道生态系统，并带动周边约1500户农牧民增收致富。支持黄河流域水土保持，审批10.5亿元贷款支持呼和浩特大青山前坡生态治理和林业资源开发保护项目，助力解决大青山毁林开荒、悬草种粮等生态问题，改善大青山局部小气候，增强沿黄流域的水土保持能力，同时通过“项目+产业+扶贫”的金融链条，为部分建档立卡贫困人口提供护林、巡查等就业岗位，推动当地旅游、餐饮、休闲、娱乐等产业的融合发展。支持黄河流域生态修复，审批2.5亿元贷款支持二道沙河生态治理及南海湿地修复，治理河道5.3公里、修复南海湿地面积3255亩、削减包头市经由二道沙河和南海湿地进入黄河的污染物总量，修复南海湿地的原生态景观并形成防污生态屏障，每年增加3650万立方米的生态再生水供应能力，缓解水资源短缺压力。

2020年5月，中国农业发展银行内蒙古自治区分行“助力脱贫攻坚展现青春担当”义务植树活动在呼和浩特市举行 （李晓昇）

【服务粮食安全】 深入贯彻习近平总书记关于粮食工作的重要指示，积极配合落实粮食安全省长责任制。支持2019粮食跨年度收购。在政策性收购下降、市场化收购占据主导、玉米价格大幅波动以及新冠肺炎疫情影响的复杂形势下，保障新冠疫情防控特殊时期的政策性收购资金供应。2019粮食年度，累计向158户企业发放贷款60.4亿元，支持各类企业收购粮食92.6亿斤。支持河套和兴安盟夏粮收购。投放贷款1.05亿元，支持收购夏粮0.68亿斤。做好2020粮食年度秋粮收购。支持粮食市场化改革，坚持“多收粮、收好粮、防风险”，在全区布局150多个收购企业，东部每个主产旗县平均布局3～4户企业进行收购，托住了农民“种粮卖得出”的底线。截至2020年末，审批秋粮收购贷款152户、64.5亿元，发放145户、51.44亿元，支持收购粮食91.7亿斤，较上年同期多投放贷款14.1亿元，多收购粮食51.5亿斤。创新金融服务。针对节假日等特殊节点的资金支付需求，按收购进度提前测算，通过网银结算，确保农民“粮出手、钱到账”。

【服务农牧基础设施建设】 围绕各级政府关注的重点项目，全年累计投放贷款47.09亿元，重点支持了改善农村人居环境、集中供热、棚户区改造、农村交通、光伏发电、农村电商等25个项目。

【服务现代农牧业和涉农普惠小微企业】 支持绒、肉产业发展，累计投放贷款20.5亿元。其中投放羊绒生产加工贷款10亿元，主要支持鄂尔多斯资源股份有限公司、巴彦淖尔春雪羊绒公司等骨干企业稳定生产；投放牛羊肉生产加工贷款4.1亿元，主要支持包头小尾羊牧业科技公司等重点企业恢复经营。支持春耕备耕，确保不误农时。在新冠肺炎疫情防控特殊时期和春耕备耕的关键时期，投放春耕备耕贷款1.1亿元，用于支持企业购入种子、化肥及其他生产资料。支持生猪稳产保供。制定《支持生猪目标任务行动方案》，紧密对接5个生猪调出大县资金需求，累计为12户生猪企业发放贷款3.41亿元，支持企业繁育母猪7.62万头，出栏生猪67万头，促进自治区生猪产业发展。支持民营和普惠小微企业发展。累计投放普惠小微企业贷款5.71亿元，并实施“整体优惠+首年再优惠”优惠利率政策，企业融资成本在2019年基础上再下降0.83个百分点，降幅19.95%。积极落实“万企帮万村”行动，支持精准扶贫企业134户，贷款余额达71.48亿元，获全国工商联通报表彰。

【支持疫情防控和复工复产】 面对新冠肺炎疫情，启动疫情防控信贷业务“应急通道”和支持企业复工复产“绿色通道”，累计投放疫情防控应急贷款8.5亿元，重点支持36家企业的防护服、医用酒精、重要生活物资生产；累计投放复工复产贷款189.5亿元，支持320家企业复工复产，支持28个新项目开工建设。针对受新冠疫情冲击导致经济下行的实际，通过再融资、贷款展期、调整还款计划、重置贷款期限等措施缓解还款困难，累计涉及30个项目83.98亿元。

【荣誉】 农业发展银行赤峰市分行获评“全国‘万企帮万村’精准扶贫行动组织工作先进集体”称号。

（李晓昇）

工行内蒙古分行

【概况】 2020年，工商银行内蒙古分行认真贯彻总行新时期“48字”工作思路和“三比三看三提高”的工作方法，准确把握工商银行发展方位，坚持稳中求进、稳中求新、稳中求变总基调，做好“六稳”工作，全面落实“六保”任务，全年，实现净利润26.29亿元，较上年同期增加3.1亿元，增长13.37%，较31家一级分行平均水平高9.79个百分点。全年，各项存款余额3014.39亿元，较年初增加221亿元，增长7.97%。人民币存款付息率为1.42%，较系统平均水平低0.2个百分点。

【助力脱贫攻坚战】 形成电商扶贫先行、信贷扶贫创新、服务网络延伸、公益扶贫带动、消费扶贫助力、定点扶贫支持的金融大扶贫格局。特别是在消费扶贫“金秋行动”中，超额完成总行采购贫困地区农产品和帮助销售贫困地区农产品任务计划。

【“335”发展战略制定】 实施“335战略”，“3”是打造第一个人金融银行、第一公司金融银行、第一机构金融银行，全面提升市场竞争力、价值创造力、风险控制力和金融服务力；“3”是建设普惠金融首选银行、外汇业务首选银行、信用卡首选银行，做到业务领跑、多维发力、有效赋能；“5”是实施存款立行、信贷强行、拓户活行、内控安行、人才兴行五大基础工程，集众智、汇众力，把内蒙古分行建设成为系统小而优、同业大而强的区域竞争力强行。

【重点城市行建设】 在已确定呼和浩特分行作为总行级重点城市行，包头、鄂尔多斯、赤峰分行作为区分行级重点城市行的基础上，按照自治区明确培育通辽等区域性中心城市的工作部署，同步将通辽分行纳入分行级重点城市行统一管理，配套机制，优化资源配置，支持重点城市分行把握战略机遇，抢占发展先机。同时还推荐包头和赤峰分行纳入总行新一轮重点城市行名单，加快重点区域竞争力提升。

【重点县域支行竞争力提升】 优选20家重点县支行，专题召开竞争力提升座谈会，解剖麻雀、逐个把脉，明确重点县支行竞争力提升的目标任务和主攻方向，加强组织、协调、指导和帮扶，从政策调控、机制配套、资源倾斜和产品支持等多领域，制定支持保障和推动措施。

【支行特色化经营】 启动支行特色化经营，在各机构全面发展个人金融业务的基础上，分别确定33个对公业务（含公司、机构、结现等）、30个普惠金融、23个国际业务、23个信用卡业务特色化经营支行，同步建立指导、培训、考核、目标、管理业务线条管理机制，将特色化经营支行打造成为全行政策落地引领基地、创新发展试验基地、优质服务体验基地、特色业务示范基地、业务增长贡献基地。

【储蓄存款】 把“第一个人金融银行”战略作为优先发展战略，持续加大战略引领力度、资源投入力度、考核推动力度、责任落实力度和精细管理力度。12月末，储蓄存款时点增量、日均增量分别为187.55亿元和194.22亿元，同业排名由上年末“双第三”提升至“双第二”。时点、日均余额较上年末均提升一个位次至系统第23位。个人金融资产余额2299.33亿元，较年初净增212.11亿元，系统排第24位，较上年提升1个位次。持续加大客户维护力度，提升网点对公服务能力，公司存款稳存增存基础进一步夯实。公司存款余额430.57亿元，同业排名较年初提升1个位次至第2位，市场占比较年初提升2.83个百分点；公司存款增量60亿元，增长18.88%，增量较上年提升1个位次至同业第1位。克服职业年金归集、财政非税资金上划和军队客户家底资金集中上收等不利因素影响，紧盯中央调剂金调拨资金、社保转移支付资金归集，以及城乡居民养老保险省级统筹等工作，机构存款较年初下降41.53亿元，同业排名第4位。同业存款增量15.16亿元，同业排名第3位。抓住内蒙古口岸较多的独特区位优势，配套政策资源，补齐人员短板，赋能业务发展。外币各项存款余额2.07亿美元，同业占比较年初提升6.2个百分点，同业排名较年初上升1个位次至同业第2位。外币存款增量0.92亿美元，增长80.85%，同业排名较年初上升1个位次至第2位。

【信贷业务】 2020年累计投放各项贷款906.68亿元，较上年增加114.22亿元，增长14.41%。各项贷款余额2277.19亿元，市场占比较年初提升1.09个百分点。各项贷款增量256.13亿元，较上年同期多增113亿元，增长12.67%，增幅排在系统内第13位，较系统内平均增幅高0.06个百分点；各项贷款增量市场占比39.4，较年初提升1.98个百分点，同业排名第2位；实际增加263.53亿元。

【支持复工复产】 一户一策提供个性化信贷服务方案，确保资金第一时间用于疫情防控相关生产经营活动，为自治区全国性名单企业发放首笔疫情防控贷款，向20家全国和地方名单内疫情防控重点企业投放贷款、债券承销近20亿元。与自治区商务厅共同主办“春润春融行动”，与38家企业签订总金额为66亿元的《合作意向书》，助力稳外资外贸。

【重点领域营销】 重点支持“两新一重”、交通能源等领域，助力自治区经济补短板强弱项。2020年末，公司贷款增量189.07亿元，较上年增长13.69%，增量市场占比63.12%，同业排名第1位。支持制造业，围绕49家优质制造业企业名单，充分用好各项优惠政策，进一步加大名单内企业和制造业中长期贷款的支持和投放力度。2020年累计向制造业投放贷款164.2亿元，同比多投31.29亿元。12月末制造业贷款余额262.39亿元，较年初增加19.04亿元，其中制造业中长期贷款余额206.16亿元，较年初增加30.97亿元，制造业中长期贷款余额同业第一。支持民营企业，对总分行级39户民营企业客户加强精准信贷支持，同时将民营企业新增有贷户纳入2020年重点产品积分计价，并按照上调一档计价标准进行计价激励，提升全行民营企业营销积极性。累计向重点民营企业投放贷款207.05亿元，贷款余额282.38亿元，较年初增加41.12亿元，增量同业排名第一。

【普惠首选银行建设】 12月末，人民银行和银保监局口径普惠贷款分别较年初增加14.92亿元和13.58亿元，增幅分别为51.62%和43%；不良额和不良率实现“双降”，完成“两增两控”目标，余额、增量实现同业赶超，排名第3位。

【个人贷款】 坚持“房住不炒”，注重一手房、二手房协同发展，以“优先发展重点城市，适度发展资源城市，控制发展偏远县域”为梯次策略，优选中介合作机构，加强二手房全流程真实性管理，全口径个人贷款余额突破500亿关口，增长21.24%，增幅系统排名第3位。个人贷款增加89.78亿元，较上年增加21.24%，增量排同业第2位。

【支持自治区政府化解债务】 配合自治区、主要盟市政府及相关企业通过存量债务优化、拓展再融资渠道等方式妥善处理好政府隐性债务风险，完成地方隐性债务融资置换97.36亿元。在自治区政府发行11个批次地方债中，工商银行内蒙古分行共承销450亿元，占比24.4%，连续11期承销额市场排名第一，进一步深化银政合作关系。

【客户经营能力】 通过开展“2020服务先行”“暖心服务在行动”等主题活动，加大网点标准化装修及优化调整力度，加快“网点+”场景渠道建设，推进亲民惠民服务、改善网点服务环境，全面提升网点服务效能，客户服务体验持续改善。2020年超额完成网点标准化装修任务，无恶性服务事件，无超时等候网点，线上线下满意度分别为98.83%和99.66%，较上年同期分别提升0.82和0.06个百分点，客户口碑持续提升。坚持全市场布局、全板块统筹、全流程服务、全产品对接，围绕谋客、获客、活客、留客四个核心环节发力聚力，核心客户回归初见成效。个人客户方面，全量个人客户较年初增加68.6万户，增长5.3%；开展社保发卡百日攻坚营销活动，全年新增发卡突破40万张。公司客户方面，加强网格化营销和精细化管理，建立行业、地区、部门“三维”同步、网格式、立体化营销机制，对全区3200个重点建设项目和2800户规模以上企业目标清单，逐级落实目标责任、措施要求和管理考核，确保名单内重点项目和客户的营销走访全对接，争取开户、结算、存款和融资业务机会。新开对公结算账户2.73万户，同比多开375户，增长1.45%；日均金融资产1万元以上公司客户3.48万户，较上年末增加3626户，同比多增1156户，增长47%；存量结算账户13.92万户，四行占比26.7%，较年初提升0.27个百分点，同业排名第2位。机构客户方面，深化财政、社保、军队等重点领域金融服务，机构客户较年初净增3131户，系统内排名第3位，较年初提升7个位次。

（孟昕）

农行内蒙古分行

【概况】 2020年，中国农业银行股份有限公司内蒙古自治区分行（以下简称“农行内蒙古分行”）辖属14个二级分行和1个培训学校，134个一级支行，544个营业网点，是唯一一家在全区103个旗县均设有固定营业机构和服务人员的大型国有商业银行。全行在岗员工11048人。全行各项存款余额3049.99亿元，增量121.55亿元。各项贷款余额2323.88亿元，增量310.45亿元。

【服务实体经济】 2020年，扩大地区融资投放总量，当年净增融资总额1008.6亿元，其中各项贷款净增310.46亿元，占全区金融机构贷款增量的近三分之一，保持同业首位。投行类融资新增698亿元，其中信用债承销新增210亿元，地区同业占比30.75%，计划完成率525%，首次实现市场占比和计划完成率“双第一”；

地方债承销新增449.66亿元，累计承销总额1830.18亿元，连续6年居同业首位。战略领域金融服务稳步推进，营销重大项目333个，投放贷款225亿元，为央企绿色信贷项目授信370亿元。

【支持疫情防控和复工复产】 认真贯彻中央金融支持疫情防控、企业复工复产决策部署，出台金融支持疫情防控21条措施，启动实施“金融支持疫情防控八大行动计划”。信贷投放上，对接支持1633家疫情防控相关企业，投放贷款269.78亿元。累计分销抗疫专题债1亿元，发行疫情防控债15亿元，为疫情重点生活保障企业伊利和蒙牛集团，分别发行超短期融资券170亿元和15亿元。创新启动“百城千队、万户百亿”金融支持复工复产复商复市专项行动，组建600余支流动服务党员先锋队，深入推进“保居民就业”“保基本民生”金融服务，累放城市个贷240.04亿元、余额489.16亿元、新增107.37亿元，是唯一一家增量超百亿元的国有商业银行。

【助力自治区打赢脱贫攻坚战】 “千乡千队、万村百亿”金融支持脱贫攻坚专项行动。向全区各地乡镇派驻“农行支持脱贫攻坚流动服务党员先锋队”355支、队员1356人。“专项行动”开展以来累计投放贷款488亿元，覆盖全区717个乡镇（苏木）、8982个行政村（嘎查），支持36.57万户农牧民，惠及建档立卡贫困户9.11万户。开展了乌兰牧骑式金融轻骑兵“送习近平思想下基层”暨“送金融服务下乡”活动，向全区9984个行政村（嘎查）基层党组赠送《习近平谈治国理政》（1-3卷）汉语和蒙古文版。推进精准扶贫“三大行动计划”。累计投放“金融支持妇女发展行动计划”“支持青年创业行动计划”贷款91.74亿元、84.70亿元。“金融支持农牧业产业化龙头企业行动计划”为91户自治区级以上龙头企业授信282亿元，用信54亿元，对国家级和自治区级农牧业产业化龙头企业综合服务覆盖面分别达到87%和65%。加大精准扶贫贷款投放力度。全行精准扶贫贷款余额169.89亿元，增量34.93亿元，帮扶、带动贫困人口41.09万人；31家国贫县支行贷款余额393.68亿元，增量79.75亿元，计划完成率234.57%；15家深度贫困地区贷款166.12亿元，增量32.36亿元，高于全行各项贷款增速8.77个百分点。农户贷款余额260.56亿元，增量76.97亿元，增幅41.92%。

【普惠金融业务】 全面完成“两增两控”监管要求，连续12年完成监管要求。央行降准口径、银监口径普惠金融贷款余额余额328.78亿元、90.58亿元，较年初分别增长78.81亿元、26.61亿元，计划完成率分别为157.62%、133.06%。普惠型小微企业贷款客户数25624户，较年初增加4721户。出台《关于积极应对疫情防控保障小微企业发展的紧急通知》，支持小微企业复工复产、共克时艰。对69户受疫情影响小微客户进行宽限期处理及征信保护措施。

【国际业务】 推动“金融支持受疫情影响外贸企业行动计划”，制定《金融支持受疫影响外贸企业行动计划方案》，筛选出195户客户名单，达成资产合作意向客户103户，金额101.57亿元。积极开展跨境金融区块链试点。按照国家外汇管理局内蒙古自治区分局关于开展跨境金融区块链服务平台试点工作的有关要求，筛选出7家试点支行及企业进行平台试点的推广工作。持续推进“金融支持自治区外贸企业行动计划”落实。国际结算量（含转汇）、结售汇业务量分别为47.93亿美元、10.27亿美元，人民币跨境结算业务量（含转汇）210.12亿元，继续保持同业第一，被国家外汇管理局内蒙古分局评为外汇管理A级行。

【转型发展】 坚持“五转合一”理念，推进数字化、网点、零售、对公和三农转型。建立健全“一体化转型”考评体系，推行五大领域量化考核。持续强化场景金融建设，上线27个重点项目，新增互联网场景1285个。突出智能化建设，网点移动授权系统提前完成总行推广目标，智慧货架覆盖网点432家、覆盖率81.5%，以“N+M”配置模式优化网点人员结构，营销人员占比提高15个百分点。“个人e贷”提质增效，累放96.67亿元、余额52.97亿元、新增13.94亿元，服务客户超10万户。坚持对公转型“五新”打法，推动对公贷款新增123亿元、增幅9.2%。坚持“农户信息建档+全线上化办贷”，全力推进“惠农e贷”，余额、增量分别达132.41亿元和100.07亿元，均居系统内第5位。

（阮鹏宏）

中行内蒙古分行

【概况】 2020年，中国银行股份有限公司内蒙古自治区分行（以下简称“中行内蒙古分行”）。截至2020年末，全行资产、负债总额均突破2200亿元，较年初分别增加205亿元、154亿元，资产负债规模实现双升，实现净收入56.53亿元，净利润43.72亿元。在资产质量方面，全行不良贷款较年初减少81亿元，不良率较年初下降4.65个百分点，风险化解显效，不良实现双降。

【支持疫情防控】 面对疫情，中行内蒙古分行第一时间发布支持疫情防控15项措施，全面落实“六稳”“六保”要求，期间共计为全国级和自治区级疫情防控重点保障企业发放专项贷款10.85亿元，居同业首位；累计发放小微企业贷款180.36亿元，为各类企业办理无还本续贷等业务超10亿元，全年减费让利近6亿元。研发“复工贷”，推出“种植贷”，首发疫情防控债，多措并举克时艰。为驰援抗击疫情，向内蒙古赴湖北医疗队等一线医护人员捐赠保险7000份，为学校、部队等重点单位捐赠防疫资金近200万元。

【服务实体经济】 中行内蒙古分行围绕自治区“5+5”重点领域持续加大信贷供给，倾力支持伊利、蒙牛、包钢钢联等区内核心企业，重点服务国电投风电项目、高路公司融资再安排等一大批重点项目建设，成功落地首笔利用金融支持民营企业中小企业应收账款清欠项目，与政府部门合作推出“政保贷”“助保贷”“政采贷”等特色服务方案与产品，全面提升服务实体经济的效率和水平。2020年，共协助自治区发行地方债1709亿元，为全区199个重点客户累计批复授信1445亿元，投放贷款近700亿元，民营企业贷款投放、金融扶贫贷款新增、制造业贷款指标均超额完成任务目标。

【普惠金融高质量发展】 2020年，中行内蒙古分行在服务小微企业上持续加码，出台《支持小微企业和个体工商户复工复产16项措施》，针对受疫情影响较大的涉农涉牧、批发零售、住宿餐饮等行业客户，主动开展摸底调查，及时开辟绿色通道，快速为18家全国、自治区两级重点防疫中小企业批复授信1.4亿元，其中全国重点防疫企业支持数量在同业中最多；支持区内疫情防控定点医院，医药制造等与疫情防控相关中小企业20多家，发放授信近2亿元，落地“五专”机制，全辖二级分支行设立单独业务部门，打造12家县域普惠专营机构、34家普惠金融特色网点，重点抓好普惠金融服务场景拓展，推出“银税贷”“蒙牛乳产业链线上融资”“政采贷”等线上融资产品，累计新发放贷款20亿元。联合举办“金融助力民营企业稳产达产”等10场银企对接会，达成合作意向8亿元。普惠金融“两增两控”、定向降准口径较年初分别新增9.76亿元、11.16亿元，增速分别达25.26%、31.51%，完成信贷计划的195%、223%。

【支持奶业振兴】 依托良好条件，立足自身优势，中行内蒙古分行将奶业振兴列为全行五大重点发展领域之一，围绕伊利、蒙牛金融服务需求，制定《推动奶业高质量发展的政策组合方案》，举办奶业生态圈助力中国乳业产业园高质量发展招商会；破题活体奶牛抵押融资新模式，创新推出“牧草产业链经营贷款”“青贮贷”“乳业通宝”等特色产品，为乳业全产业链批复授信规模达到近200亿元。同时将奶业振兴的成功模式和经验应用到肉牛产业发展中，以成立区内首家“牛支行”为契机，精准服务肉牛全产业链，助力内蒙古构建现代肉牛产业生产体系、经营体系、产业体系，为统筹推动奶业、牛业向更广、更深、更高水平发展提供重要支撑。

【支持对外开放】 充分发挥全球化、综合化优势，以“一揽子”金融服务全面对接各类需求，年内成功落地全区首笔跨境金融区块链服务平台业务、首笔外币出口融资业务，国际贸易、跨境人民币等业务市场份额持续保持市场领先。面对疫情对国际贸易形势产生的深刻复杂影响，全面落实“稳外贸”十三条措施，与自治区商务厅签署稳外贸专项合作协议，在甘其毛都、策克两个重要口岸设立分支机构，打造对外开放的金融“桥头堡”，举办5场全区稳外贸政策培训会，帮助涉外企业用好用活国家和自治区稳外贸各项政策措施，积极组织中小企业客户参加第三届进博会。

【创新发展】 聚力改革创新，通过首批公司授信体制改革验收，完成部门职能调整，个人金融组织架构改革和数字化转型加速推进；聚力服务创新，研发伊利产业链融资贷款、银税互动、蒙牛乳产业链线上融资等系统，累计投放贷款超10亿元，成立“科创企业金融服务中心”，推出“科技贷”和“科技兴蒙·稀土产业”普惠专项服务方案，为全区32户科创企业投放贷款5亿元，破解科创企业融资难题；聚力科技创新，精准对接科技兴蒙行动，与包头市政府全面开展“互联网+政务服务”场景建设，助力“云谷”打造。

【防范化解风险】 多措并举推动清收化解工作，多个重点不良项目实现突破，累计化解表内外不良授信95.47亿元，化解潜在风险10亿元。不良率降至2.13%，较年初下降4.55个百分点，不良规模达到近五年最低水平。支持企业106亿元融资再安排。创新推出利用金融手段收购民营中小账款业务模式，实现全国首笔业务放款。妥善处理风险事件，确保不发生声誉风险。

【助力脱贫攻坚】 持续加大金融扶贫力度，扶贫贷款较年初新增4.85亿元。无偿捐赠扶贫资金52.64万元，支持扶贫项目32个，帮扶33个扶贫村和2660名贫困人口脱贫。通过“公益中行”平台采购、食堂定向采购、员工分散采购等方式实现消费扶贫62.9万元。中行内蒙古分行驻村队员王汉文获得全国脱贫攻坚先进个人荣誉称号。

（刘其鑫）

建行内蒙古分行

【概况】 2020年，聚焦“三个能力”建设，坚持用“新金融”理念服务实体经济和供给侧结构性改革，主体业务实现新突破，发展基础更加坚实。全年实现主营业务收入105亿元，同比增幅10.1%。实现中间业务净收入20.75亿元，同比增加2.4亿元，保持四行第一。实现拨备前利润72.6亿元，四行占比33.2%，保持第一，同比增幅19.3%，建行系统排名第11位，计划完成率102.8%。

【负债业务】 一般性存款日均余额3392亿元，新增335亿元，四行占比47.55%，余额、新增均保持四行第一。个人存款余额突破2000亿元大关，时点及日均新增均突破300亿元，日均新增四行占比46%，系统排名第二。对公存款时点和日均新增均实现正增长。

【资产业务】 各项贷款余额2586亿元，新增94.4亿元，扭转了连续两年负增长局面。对公非贴贷款同比多增156亿元。个人住房贷款余额和投放额保持四行第一。

【对公业务】 折算前对公有效客户增速建行系统排名第9位。机构有效客户新增及增速均建行系统排名第3位。单位人民币结算账户总量、新增、新开立账户保持四行第一。涉农贷款超额完成监管考核任务；民营企业贷款新增26亿元；发放表内外网络供应链融资37亿元，同比多投25亿元；中型客户贷款新增70亿元；制造业贷款完成新增计划。承销认购地方政府债341亿元，同比增加114亿元，增幅50.4%。承销发行5亿元中国蒙牛熊猫债。完成对公国际业务金融总量19.07亿元。对公黄金积存及大宗商品客户总量建行系统排名第3位。国内石化行业首笔区块链数字仓单质押融资等多项业务成功落地。

【个人业务】 个人客户经营综合竞争力建行系统排名第12位。理财产品、代理保险等业务收入保持四行第一。“理财季”活动期间，理财产品AUM新增25亿元。信用卡业务多项指标保持四行第一；消费交易额建行系统排名第8位。手机银行、网上银行客户总量保持四行第一；悦生活场景建行系统排名第12位，当年新增建行系统排名第6位。私人银行客户总量，金融资产规模、新增保持同业第一。

【资产质量】 不良贷款余额24.84亿元，较年初减少13.35亿元，不良率0.96%，较年初下降0.57个百分点，资产质量四行最优。

【住房租赁】 公租房系统实现12个盟市上线全覆盖；存房业务在总行核准范围的4家分行全部上线并实现交易；“智慧建筑”成功签订全区推广模式；首家“CCB建融家园”分散式存房公寓项目在呼和浩特正式落成。

【普惠金融扩量提质】 普惠金融贷款余额99.4亿元，新增46.5亿元，四行占比46.6%，余额和新增均居四行第一。“惠懂你”客户新增1.11万户。小微快贷新增34亿元。裕农快贷抵押版全国首笔贷款落地内蒙古分行，裕农快贷个人版授信客户2912户，支用1.03亿元。

【金融科技】 上线便民缴费项目258个。兴安盟人民医院建融智医平台入选建行总行C端拓客样板间项目。上线青城地铁刷脸支付功能。

【裕农通提质增效】 裕农通有效服务点1.13万户，乡村总量覆盖率112%；活跃率89%，完成全年目标任务。

【“劳动者港湾”功能完善】 建设特色“劳动者港湾”44个。举办各类活动1000余次，参与人数5万余人。

【助力脱贫攻坚】 精准扶贫贷款新增超额完成监管部门和总行考核任务。实现善融商务扶贫买家交易额10.38亿元，建行系统排名第四。区分行定点帮扶村和建档立卡贫困户全部实现脱贫摘帽，贫困人口收入明显增长。

【精准配置资源】 向实体经济让利8.69亿元。发放疫情防控专项贷款近40亿元。为136户大中型企业、437亿元贷款办理延期还本付息业务。为469户产业链上下游企业提供26亿元供应链融资贷款。为36户政府购买服务贷款客户办理还款计划调整业务，调整后客户未来三年贷款本金减少14.55亿元。承销发行疫情防控债5亿元。

【助力小微企业】 累计为受疫情影响的小微企业提供2600笔、8.7亿元信贷资金。完成436笔、0.99亿元贷款的无还本续贷。办理2429笔、10.24亿元“云义贷”业务。疫情防控相关行业小微企业新发放贷款利率下调至3.85%。

【外贸企业复工复产支持】 为进出口贸易融资客户减免手续费1012万元。为小微外贸企业投放跨境快贷2913万元。办理境外低成本融资3.2亿元。

【金融科技赋能疫情防控】 为1.66万个城乡社区和企业上线“智慧社区管理平台”，服务用户超25万人。全面推广线上医疗就诊和“线上菜篮子”等智能便民服务。

【助力乡村振兴】 全面参与自治区奶业振兴一体化布局，为奶业全产业链、全周期提供“融资+融智”综合金融服务。成立乡村振兴金融推进办公室，统筹推进奶业振兴各项工作。围绕自治区奶业振兴规划，制定《奶业全产业链“融资+融智”综合金融服务方案》。推出奶牛抵押贷等12项信贷产品。上线“奶融通”APP首期版本，同步部署“农户快贷”系列产品。34个奶业振兴项目启动授信流程，金额33.73亿元。发起设立巩固脱贫成果乡村振兴基金。在阿荣旗成立奶业振兴支行，设立“金融副村长”。挂牌成立建行大学乡村振兴学院、建行大学内蒙古奶业振兴学院，联合新西兰分行开展“金智惠民”培训。

【风险内控管理】 严格防控风险，建立资产质量管控长效机制。做实资产质量过程管控，确保资产质量整体平稳。对建行总行“30大”、区分行“10大”示范项目制定一户一策方案，实现建行总行“30大”风险管控项目本金压退目标，区分行十大项目信贷余额较年初下降3.88亿元。对延期续贷客群、煤炭及煤化工行业信贷客户加强动态排查；注重理财回表整体衔接。强化政府购买服务贷款存续期管理，全力配合地方政府做好隐性债务风险化解。持续优化调整信贷结构。零售类贷款余额占比提升2.56个百分点，普惠金融贷款余额占比提升1.71个百分点。贯彻总行“充分暴露、加快处置、协调有序”的总体要求，加快不良处置进度。实现表内不良贷款现金回收2.91亿元，已核销资产现金回收3.71亿元。实现拨备回拨约6.29亿元。

（其木格）

交通银行内蒙古分行

【概况】 交通银行内蒙古自治区分行成立于2006年7月，成立初期称为“交通银行呼和浩特分行”。2009年1月18日，交通银行呼和浩特分行更名为交通银行内蒙古自治区分行。截至2020年12月末，资产余额554.49亿元，较上年增加32.57亿元，增幅6.24%。各项存款时点余额325.59亿元，贷款余额556.14亿元，较上年增加26.91亿元，增幅5.08%；不良贷款余额和不良率实现“双降”。交通银行内蒙古自治区分行全辖共设有5家辖属行、6家直属支行（营业部）、1个大客户部，机构网点总数31个，全辖人员总数809人，网点覆盖呼和浩特、包头、鄂尔多斯、锡林郭勒、乌海和赤峰6个盟市，业务覆盖全区所有盟市。

【金融支持】 积极融入实体经济运转生态，加大对交通运输、电力热力、制造业等行业的信贷投放力度，2020年累计投放实质性贷款241.22亿元。其中，对公贷款216.86亿元，对私贷款24.36亿元。截至12月末，人民币贷款余额556.14亿元，较上年增加26.91亿元。其中，实质性贷款较上年增加33.77亿元，增幅6.78%。认真落实自治区政府关于稳金融、控风险有关要求，积极助力化解地方政府债务，已投放42.07亿元项目贷款用于承接内蒙古高路公司到期债务。截至2020年12月末，为乳品制造业企业累计提供授信115.9亿元，授信余额43.65亿元。围绕核心企业上下游产业链，持续推进交行“蕴通供应链”系列“快易贴”“快易收”“快易付”等拳头产品。截至2020年12月末，支持的产业链核心企业共52家，融资余额共计64.63亿元，支持产业链上下游企业共432家，融资余额共计60.28亿元。为优然牧业、圣牧高科、赛科星、第一医院、赤峰学院附属医院等龙头农牧业企业上下游客户提供金融服务。

【支持企业复工复产】 出台做好疫情防控及金融服务、临时性还本付息等政策，精准对接企业金融需求，开辟授信审批绿色通道，为涉疫物资供应企业及时提供资金支持，2020年，累计为疫情防控重点企业投放贷款21.08亿元。落实纾困政策，对受疫情影响较大、出现暂时困难的企业，坚持做到不抽贷、不压贷，对地矿集团、包头交投等企业调整还款计划，纾困金额26.21亿元；为内蒙古能源建设投资有限公司续授信6.95亿元，帮助企业渡过难关。通过延期还本付息、借新还旧续贷等方式缓解企业压力，帮助大中矿业等10家企业脱困，金额合计8.81亿元。完成包钢债转股后的贷后管理工作。

【普惠金融服务】 用好项目制和“线上抵押贷”“惠民贷”等金融产品，分行“两增”贷款余额较上年增加6.95亿元，完成普惠贷款投放增长目标。着力改善小微企业临时还款难局面，积极主动排摸，采用延长还款期限、无还本续贷等方式缓解企业后顾之忧。截至2020年12月末，为3家小微企业调整还款计划、1家小微企业办理无还本续贷、37户个人经营贷客户提供展期服务，金额近2900万元。

【减费让利】 2020年，为企业累计减免服务收费约10700万元，累计为各类企业及个人承担融资过程中产生的抵押登记费、公证费、评估费等费用230万元。

【风险管理】 落实重大项目清收责任，提升管理层级，制定高风险客户“一户一策”，按季汇报动态调整和优化清收策略，按月更新“一户一表”，做好精准管控。研究制定银保监局口径不良贷款三年压降目标，力争2020—2022年三年不良率逐年下降。落实重大风险保全清收责任，对5000万元以上的风险项目由分行班子成员按照清收责任全流程进行提级指导督导，形成清收化解的长效机制。

（尹灵枝）

内蒙古银行

【概况】 内蒙古银行成立于1999年11月，前身是呼和浩特市商业银行。2009年，自治区政府出资入股成为第一大股东，正式更名为内蒙古银行股份有限公司。截至2020年末，内蒙古银行总股份数46.46亿股，自治区本级财政持股10.69亿股，占比23.01%，为内蒙古银行最大股东。全行持牌机构146家，覆盖自治区8个盟市，其中，区内设10家分行、1家直属支行和1家小企业金融服务中心，区外在哈尔滨设1家分行。在全区103个旗县区中，内蒙古银行机构覆盖49个旗县区，覆盖率47.57%。截至2020年末，内蒙古银行资产总额1467.38亿元，较年初增加73.95亿元，增幅5.31%；负债总额1335.26亿元，较年初增加73.72亿元，增幅5.84%；各项存款余额1022.1亿元，较年初增加119.83亿元，增幅13.28%；各项贷款余额801.93亿元，较年初增加58.57亿元，增幅7.88%。顺利完成专项债发行工作，年末资本充足率13.03%，高于监管标准2.53个百分点。全年共缴纳税金4.18亿元。

【服务经济】 内蒙古银行持续加大对制造业、民营小微、“三农三牧”、受疫情影响企业的支持力度，全年投放一般性贷款319.76亿元。主动聚焦奶业、肉业、葵花、燕麦、马铃薯等自治区优势特色产业，大力发展供应链金融服务。召开金融支农支牧现场会，马铃薯全产业链金融服务方案成功落地，薯业银行建设正式启动。全年认购地方政府债、盟市城投债22.55亿元，余额83.27亿元。成功发行1年期内蒙古银行疫情防控专项同业存单，金额1亿元。积极与环投、交投、能投、水投、电力、煤勘、出版、发行等重点国有企业及其上下游开展全面合作，实现银企共赢，增强合作黏性。加大机构网点覆盖范围，新设7家县域支行。

【复工复产】 内蒙古银行认真落实中小微企业金融服务、稳企业保就业系列要求，出台15项惠企助企政策，提出58项具体措施，全力抓好疫情期间金融服务和经营发展。2020年累计发放162.85亿元支持1817户受疫情影响企业复工复产，使用支小再贷款资金12.53亿元满足小微企业融资需求，对2.08亿元符合条件的普惠小微企业贷款进行延期，为维护地方经济社会发展稳定大局作出努力。

【助力脱贫攻坚】 内蒙古银行与蒙银村镇银行双线作战、双向推进，通过“银行+贫困户”“银行+政府风险补偿金+帮扶企业+贫困户”“银行+合作社+贫困户”等九种扶贫模式，助力脱贫攻坚，实现扶贫工作从“输血式”向“造血式”转变。截至2020年底，累计发放扶贫贷款29亿元，累计支持建档立卡贫困户1.7万户。不断向全区农村牧区延伸机构和服务，设立34家县域支行，并推动蒙银村镇银行在乡镇设立64个营业网点，26个助农金融服务点和88个自助银行。不断加大涉农信贷投放力度，支持县域经济和美丽乡村建设，拓展农牧民消费信贷和民生金融业务，积极践行社会责任。

【特色金融】 内蒙古银行积极落实国务院有关要求，加大支小再贷款、专项再贷款、国开行转贷款使用力度，减轻企业负担，小微企业贷款平均发放利率5.98%，同比下降1.02个百分点，全面完成普惠金融和“两增两控”任务目标。“扶贫转贷款+代理开行PPP项目资金结算”组合业务模式被评为国开行精品业务，绿色金融保持较快增长势头，增速16.31%。大力发展对蒙对俄口岸金融，全年国际结算量7.39亿美元，连续六年被评为跨境人民币业务A类机构。与自治区人社厅签订协议，正式取得社保卡发行资格。累计发行理财产品587期，累计发行金额310.52亿元，有效满足了广大客户多样化的理财需求。境内同业合作机构达623家，实现业务净收入15.6亿元，内蒙古银行品牌影响力明显提升。大力发展科创金融，重点对接内蒙古股权交易中心科创板企业和内蒙古生产力促进中心推荐的科技型企业，为科创企业提供专属金融服务。

【服务质效】 内蒙古银行不断强化线上金融服务能力，持续扩展线上金融服务功能，开通绿色通道，简化用户操作流程，满足了客户在疫情期间线上进行大额转账和购买理财、基金、存单等产品的金融需求。截至2020年末，内蒙古银行电子渠道业务客户总数达110.23万户，业务种类覆盖率接近90%，柜面业务替代率93%。继续完善智慧银行系统建设，加快智能柜台、智能机具布放，客户体验度进一步提升。严格履行消保主体责任，不断优化消保机制，深入开展宣教活动，全面提升服务水平。“放管服”改革深入推进，信贷审批流程更加优化，审批时限大幅压缩。

【村镇银行】 截至2020年末，内蒙古银行主发起的31家村镇银行资产总额529.83亿元，负债总额489.71亿元，各项存款余额456.86亿元，各项贷款余额332.34亿元，实现净利润1.88亿元。制定印发《关于进一步加强村镇银行党建工作指导意见》高风险机构处置化解取得重大进展，有9家高风险机构有望实现“摘帽”，另外6家机构风险状况都有不同程度的改善。

（云候雄　李宗鑫）

邮储银行内蒙古分行

【概况】 中国邮政储蓄银行内蒙古自治区分行（以下简称“邮储银行内蒙古分行”）下设21个一级部门，9个二级部门，1个直属单位，下辖12个二级分行，28个一级支行，年度内新增2个一级部门，1个二级部门，8个一级支行。2020年新设代理营业网点1个，全区共有营业网点798个。2020年末，分行资产总额1132亿元。各项贷款余额541亿元，年净增40亿元。各项存款余额1000亿元，年净增87亿元。成本收入比47.8%，同比下降4.54个百分点。

【支持疫情防控】 落实金融支持抗疫政策，出台抗疫信贷支持十条举措，支持抗疫企业33户，资金1.32亿元。其中为全国重点抗疫企业提供信贷支持1800万元，为自治区抗疫企业办理票据贴现1800万元。通过自治区青少年发展基金会，向抗疫一线筹集捐款27.4万元。

【服务实体经济】 坚持服务实体经济本源，为自治区重要项目建设提供融资支持，全年投放各类贷款285亿元。全行基础社会建设贷款余额107.65亿元，累计向呼和浩特地铁、公路等重点工程投放贷款44.52亿元。全年投放风力发电等现代能源产业贷款11.2亿元，余额18.73亿元。支持解决民营、小微企业融资难与融资贵问题，做好“六稳”工作，落实“六保”任务，全年投放普惠型小微企业贷款77亿元，净增6.03亿元，余额103.65亿元。完成“两增两控”监管考核任务。

【助力乡村振兴】 助力脱贫攻坚如期全面收官，金融扶贫贷款余额净增3.8亿元，连续三年超额完成总行金融扶贫任务。助力全面推进乡村振兴，三农贷款结余119亿元。贯彻自治区政府“农牧业红利”概念和“大农牧业思维”，作为葵花籽、马铃薯行业牵头主办行，创新推出“金葵贷”“金薯贷”信贷产品，推进农牧业特色金融建设。建设信用村1570个，占邮储系统比重10%，助力优化农村信用环境。推进与内蒙古农担公司合作开发的“邮农贷”项目，项目年净增8亿元。

【防范化解风险】 加强信用风险防控，落实不良贷款限额与预警管控。开展资产质量真实性清查，揭示风险底数。加大不良资产处置力度，全年处置化解不良贷款3.6亿元。加强内控案防管理，开展“市场乱象回头看”整治工作，组织“内控合规提质增效”活动。开发合规管理系统模型应用，获评总行创新优秀奖。加大监管检查、监管评价发现问题整改力度。开展民法典、反洗钱金融知识宣传。创建“平安邮储”，推进网点标准化达标建设，开展安全生产专项行动。

【普惠金融服务】 坚持以客户为中心的经营理念，创新金融产品，推广社会保障卡、退役军人服务卡，ETC卡、腾讯联名卡等专属客群卡片，不断丰富理财、贵金属、保险业务种类，满足客户资产配置多元化需求，新增储蓄存款20.38亿元。开展“千区万店”建设，拓展商户收单业务，开发线上开放式缴费平台，为2.06万新增商户提供便捷的支付结算服务。推进客户信息治理，累计完善个人及法人客户信息近640万户。

【改革发展转型】 以建设现代化一流商业银行为目标，持续推进改革发展转型。推进机构改革，8家二级支行升格为一级支行。实施“领航工程”，开展人才库建设，完善岗位职级体系。组织代理金融制度库与案例库建设，健全代理金融管理组织体系。持续推进网点综合化、智能化转型，可分流交易离柜率提升至95.2%。试点网点智能排队系统，自营网点服务态度类有责投诉同比压降36%，客户体验提升。

【开放合作共享】 坚持合作共享理念，推进政银企合作。11月17日、11月19日分别与乌兰察布市人民政府、兴安盟行政公署签署战略合作协议。未来五年，拟分别向乌兰察布、兴安盟地区提供200亿元、100亿元意向性融资，助力地方经济建设，构建政银企优势互补、深度合作、协同发展局面。

（郭岩升）

农村信用社

【概况】 内蒙古农村信用社联合社有93家法人机构，其中农商银行31家、农合行3家、统一法人社59家，营业网点2366个，助农金融服务点9359个。2020年，重新“三定”后，自治区联合社内设部室17个，驻自治区联社纪检监察组1个，盟市审计中心9个，员工总数423。

截至2020年末，全区农村信用联合社资产突破6000亿，达到6207.34亿元、同比增长8.03%，存款突破5000亿，达到5011.78亿元、同比增长11.50%，贷款余额3463.64亿元、同比增长8.18%，缴纳税款15.30亿元，资产、存款、贷款总量和存款增量均居全区银行业首位。

【金融扶贫】 在脱贫攻坚决战决胜之年，派出驻村扶贫干部161人，定点帮扶贫困村121个，用实际行动诠释脱贫攻坚精神。推出产业带动、核心企业增信、能人兴业等扶贫模式，设计10余款专属信贷产品，满足贫困地区和贫困农牧户金融需求。通过协调资金、提供技术等方式支持44.5万贫困户、97.8万贫困人口发展生产、脱贫致富，占全区建档立卡贫困户的78%。截至2020年末，累计发放精准扶贫贷款64.6亿元，余额72.2亿元，其中扶贫小额贷款占全区62%。在全国脱贫攻坚总结表彰大会上，被党中央、国务院授予“全国脱贫攻坚先进集体”荣誉称号，成为全国两家获此殊荣省级农信机构之一。

【助力乡村振兴】 2020年，累计发放涉农涉牧贷款2132.75亿元、同比增长11.57%，余额达2188.11亿元，同比增长6.45%。以“春天行动”为抓手，全面深化“整村授信”服务，不断提升客户的金融服务获得感和满意度，截至2020年末，所服务区域常住农牧户建档评级率98.86%、符合条件的授信覆盖率99.10%。优化助农金融服务点、“农信驿站”功能，切实打通金融服务“最后一公里”。在呼和浩特、包头、鄂尔多斯人口净流入地区设立金融服务中心。

【服务小微企业】 2020年，做好“六稳”“六保”工作，帮助更多市场主体活下去、挺过来。推出助保贷、信易贷、地摊贷等专属产品，发放抗疫保供、复工复产贷款867.86亿元，满足小微企业“短小频急”的金融需求。制定支持民营小微企业发展“一揽子”措施，大力推进减费让利，使政策红利直达目标企业。帮助29.71万户小微企业发展生产，发放小微企业贷款1620.97亿元、同比增长13.97%，小微企业贷款余额1910.33亿元、同比增长5.52%，减息让利9.61亿元。

【农商银行改制】 全年推动农商银行改制6家法人机构批筹，其中2家挂牌开业。全面完成股权登记托管，确权比例达88%，规范股东股权及关联交易，排查违规股东5282户。推进设立自治区联社监事会，首次完成全区农信社法人治理监管评估，法人治理能力进一步提升。选取8家法人机构参与申报专项债补充资本金。坚持科技创新驱动，科技赋能作用和效果日益显著，信息化建设支出1.85亿元、同比增长80.7%，建设生物识别平台、智能柜台、柜面无纸化等信息化项目8个，总数达152。积极推进“两地三中心”建设，异地灾备中心、同城灾备中心项目建设完成率分别达85%、30%以上。上线运行互联网信贷系统，电子银行交易替代率达49.6%，同比增长5个百分点。建成并运营“农信商城”，开展直播带货公益活动，完成交易3万余笔、金额189万元，助力优势农牧产品走向全国。

（郭晓辉）

保险业

人保财险内蒙古分公司

【概况】 中国人民财产保险股份有限公司内蒙古自治区分公司（以下简称“中国人保财险内蒙古分公司”）拥有13个盟市级分公司，111个旗县级支公司、37个营业部、536个营销服务部，三农营销服务部386个，全区系统员工4502人，保险营销员（代理制销售人员）8609人。2020年，主动融入自治区经济社会发展大局，加强产品创新与保险服务，提升保险保障能力和服务水平，积极服务“六稳”“六保”，自觉承担起“中央企业”与“地方企业”的双重职责，为自治区经济发展做出积极贡献。

公司累计实现保费收入80.79亿，市场份额33.7%。

【社会责任】 助力复工复产。在疫情发生的第一时间推出多项服务、保障政策措施，全力抗击疫情，助力复工复产。2月25日，向全区奋战在疫情防控一线的约4万人提供新冠肺炎死亡及意外伤害保险保障。为大唐集团、国电投、包钢集团等多家企业出台免费扩展传染病责任、免费延长保险期、减免保费、开通理赔绿色通道、加强线上服务能力等多项服务举措。

【服务实体经济】 2020年，公司累计承担风险7.75万亿，处理各类赔案94.06万件，支付各类赔款50.92亿，上缴税金9.25亿。积极响应自治区奶业振兴，与科右中旗政府、杭锦后旗政府以及圣牧高科、现代牧业、赛科星签订合作协议，与银行机构推动“银行+保险+科技”合作模式。同时创新开展人保农e贷业务试点，首期为通辽科区养殖户发放一年期贷款50万元。公司通过“政策性+商业性”奶牛保险模式，2020年承保奶牛79.45万头，为3万户次农牧民提供风险保障77.95亿元，支付赔款1.94亿元。11月开发的政策性草原保险产品成功落地巴彦淖尔乌拉特后旗，为当地76户共计6.67万公顷草原提供保险保障，总保额2000多万元。

【民生保障】 重点发展与公众利益关系密切的安全生产责任、环境污染、民生意外、法律保险等领域的责任保险，创新公共服务，降低社会管理成本。2020年我公司共承办大病保险项目13个，服务全区1167万参保群众，累计报销医药费用共计7.9亿元，超25万人次获得大病保险补偿。根据医保扶贫要求，公司承保的10个城乡居民大病保险均设置“起付线减半、分段比例提高、取消封顶线”的大病保险扶贫倾斜政策，大病保险项目多赔付金额3835.49万元，超53万名建档立卡贫困人员获益。为全区43.7万持证残疾人提供意外保险保障，有效提升了残疾人生活质量。

【优化营商环境】 2020年为小微企业提供资金支持，缓解资金困难，累计为18059家小微企业提供增信贷款11.85亿元，累计为经营困难的6415家小微企业提供贷款代偿2.28亿。协助全区企业客户做好防灾防损风险排查，全年累计开展风险排查总计1884次，对企业客户风险进行事前排查，做优风险管理。为农林企业提供防灾减损设备，帮助企业提高预防灾害、应对灾害能力，为呼伦贝尔农垦集团、通辽种植企业赠送总价值958万元的农业防灾机械设备，为内蒙古森工集团赠送总价值3710万元的林业防灾机械设备。

【助推脱贫攻坚】 公司先后与锡林郭勒盟行政公署、内蒙古绿色生态产业促进会签署战略合作协议，与内蒙古环科院达成战略共识，共同探索符合地区实际的绿色发展道路。2018—2020年，内蒙古分公司环境污染责任险累计提供风险保障8.1亿元，累计支付赔款104万元。公司总计投入922.6万元用于帮扶乌兰察布察右中旗广义隆镇脱贫，帮扶项目涵盖从造血扶贫到防贫保障多方位扶贫项目，截至2020年底，所有贫困户实现脱贫。2020年我公司通过“绿洲”农产品中心购买帮销乌兰察布农产品33.4万元，同时引进人保集团子公司中诚信托出资40.8万元，为察右中旗万众农牧业合作社等6家带贫企业的1191头大型牲畜办理养殖保险，2020年，共赔付35头、23.78万元。公司在察右中旗广益隆镇捐赠110万元资助贫困户购买种公羊、基础母羊679只，带动贫困户556户，部分羊以集体经济形式托养到当地的兴达养殖合作社，并由公司出资3.95万元办理了养殖保险。

【客户服务】 2020年，推出“特药安康”医疗保险、大豆期货收入保险、内蒙古教育培训机构责任保险，落实“温暖工程”“心服务”品牌活动，改善客户服务体验，服务评级达到AA。

面对新冠疫情，推出车险万元以下赔案线上化全流程处理、非车险“微易赔”等十大理赔服务新举措。开通理赔绿色通道，快速赔付疫情防控中牺牲的公安部二级英模20万元；“警保联动”24小时赔付兴安盟支援武汉物资出险车辆案件。在全区6家盟市试点上线了爱保科技赔案一站式处理平台，通过人伤无接触方式成功协助涉人伤交通事故在线理赔，最大限度地减少客户与陌生人接触的风险。

持续深化警保联动，加强“两站两员”和“一盔一带”工作。2020年，自治区公安厅交通管理局与我公司联合启动2020年农牧区“两站两员”和车驾管业务建设工作，当年建设“两站两员”站点91个，累计建成243个。建立和完善了标准化、专业化、人性化的人伤案件理赔服务模式，2020年全区累计处理人伤快支付案件482件，涉案赔款总额9458.66万元，有效化解了道路交通事故涉伤各方当事人的矛盾。

优化“理赔心服务站”建设。国庆黄金周期间，协同公安交管部门，在全区13家盟市高速路出入口、大型高速服务区、旅游景区、交警检查站、交通执法站、交警警务站设立中国人保心服务站29个。为社会大众提供免费爱车智能体检、换胎、拖车等多项增值服务，将服务站点升级为高速事故简易处理点，及时处理高速路口理赔案件。累计服务社会大众3447人次；累计投入理赔人员144人次，处理理赔案件5277件，线上处理1333件，“警保联动快处快赔”处理496件，提供爱车智能体检179台次；消耗防疫物资1185件。

开通理赔绿色通道，将150万元赔款打入欠薪施工单位农民工工资专项账户，解决农民工工资拖欠问题，快处快赔有效避免了农民工群体讨薪事件的发生，维护了社会和谐稳定。

公司95518客服电话呼入人工接通率98.6%，客户一次问题解决率98.47%。理赔案均报案支付周期7.62天，案件结案率95.14%，亿元保费理赔有效投诉量0.82件。

（徐丹妮）

人寿保险内蒙古分公司

【概况】 2020年，中国人寿保险股份有限公司内蒙古分公司现有13个盟市级分公司，115个旗县支公司（含营业部），275个营销服务部，现有在职员工2527人，保险营销员2.3万人。内蒙古分公司本部设有办公室（党委办公室、党委宣传部）、人力资源部（党委组织部）、财务管理中心、运营管理中心、客户服务管理中心、科技部、营销发展部、收展发展部、个险企划部、个险培训部、金融市场部、团体业务部、银行保险部、健康保险事业部、纪委办公室、风险管理部16个部室。深入推进高质量发展战略，省、市、县、营业部4级架构经营战略定位更加清晰，个险主体地位更加稳固，多元创利减负意识明显增强，专业经营水平逐步提升。全年实现保费总收入102.82亿元。

【保费收入】 全年实现保费总收入102.82亿元，其中，长险首年标准保费、首年期交保费、保障型保费、十年期交和短期险保费收入分别为6.77亿元、14.54亿元、4.16亿元、7.78亿元和5.90亿元。

【保险业务质态改善】 十年期产品规模保费达成7.55亿元，占首年期交保费的55.68%；国寿福保费占保障型业务67.91%，同比提升18.25%。

【队伍质态提升】 营销渠道月人均

中国人寿保险股份有限公司内蒙古分公司名录

表 15

公司全称及更名后的名称	公司性质	成立时间	变更时间
中国人民保险公司内蒙古自治区分公司	国有企业	1949 年 10 月	1996 年 4 月
中保人寿保险有限公司内蒙古自治区分公司	国有企业	1996 年 4 月	1999 年 4 月
中国人寿保险公司内蒙古自治区分公司	国有独资	1999 年 4 月	2003 年 9 月
中国人寿保险股份有限公司内蒙古自治区分公司	国有控股	2003 年 9 月	

FYC 增长率达 27.29%，收展渠道人均收入同比增长 85%；团险实动人力达到 308 人，同比增长 12%；银保客户经理队伍季均实动人力达到 181 人，同比增长 19.9%。

【经营效益】 深入人心，全年新增保险保额 26647.12 亿元，同比增加 10.24%，其中寿险新单保额达到 395.67 亿元，短期险保额达到 26251.45 亿元。经营效益显著提升，全年实现经营管理费用节余 5365.07 万元，同比增加 3.97 亿元。

（叶瑞强）

【荣誉】 3 月份，内蒙古自治区人民政府金融工作办公室下发了《关于 2019 年度全区金融工作先进集体和先进个人的通报》，中国人寿内蒙古分公司等 9 家金融机构荣获 2019 年度金融“保项目，入园区，进企业，下乡村”贡献奖。

组织开展领导干部违规插手干预重大事项、员工亲属关系摸排、漠视侵害群众利益问题等专项排查。全年开展党风廉政教育谈话、提醒谈话 89 人次，出具廉洁意见 84 人次，实现监督常态化。积极落实习近平总书记重要批示，开展节约粮食、反对浪费宣传教育，杜绝“舌尖上的浪费”。外部监督，完善创新监督工作举措，重新选聘 61 名行风监督员，开展 2 次廉政征询，主动听取客户单位关于分行作风建设意见建议。4 月 28 日，中国共产主义青年团中国人寿保险股份有限公司委员会对 36 名先进个人、24 个先进集体予以表彰通报。中国人寿内蒙古分公司团委荣获五四红旗团委，赤峰分公司团委书记高宏艳荣获优秀共青团干部称号。

【统筹疫情防控与复工复产】 成立疫情防控应急处置领导小组，健全完善处置预案，强化疫情防控、监测措施，妥善应对满洲里等地区疫情，实现全区系统“零感染”。勇担社会责任，有力助推疫情防控，为全区 4 万余人捐赠意外保险，累计赔付 55 万元。

【助推脱贫攻坚】 全年派驻扶贫干部 14 人，直接投入和引进扶贫资金 67.98 万元，帮助 36 个扶贫联系点、755 户共 1585 名贫困人口全部实现脱贫摘帽，圆满完成扶贫工作任务。积极推进“扶贫保”工程，累计为 130 余万贫困人口提供保险保障，赔付支出 1.79 亿元，赔付率为 122.6%。

【服务国家战略】 推进“六稳”“六保”工作，通过社会招聘、校园招聘、退役军人招聘等工作，为全区解决就业 163 人，通过批量付费的方式支持民营企业复产。积极参与社会保障体系建设，为全区 7 个盟市提供城乡居民大病保险项目 8 个，覆盖 31 个旗县区，覆盖人群 395 万余人。

（李小龙）

商业贸易

商贸服务

【概况】 内蒙古自治区商务厅，内设 14 个处室，行政编制 70 名。其中，厅长 1 名，副厅长 4 名，二级巡视员 1 名，处级领导职数 29 名（14 正、15 副），一至四级调研员职数 31 名（一级、二级调研员职数 15 名，三级、四级调研员职数 16 名）。

2020 年受新冠肺炎疫情影响，全区消费社会消费品零售总额同比下降 5.8%，其中城镇消费品零售额同比下降 5.9%，乡村消费品零售额同比下降 4.7%。从消费形态看，2020 年全区商品零售同比下降 3.6%，餐饮收入同比下降 18.8%。

【市场体系建设（市场秩序）】 开展电商进农村示范工作，截至 2020 年底，建设并投入使用县级电商公共服务中心 50 个，乡村电商服务站 4815 个；投入使用 48 个县级物流配送中心，54 个示范县共计收件 4.5 亿件，发件 1.2 万件；农村电商累计培训 45.3 万人次，电商带动就业 49120 人，孵化网商 33337 个；农村电商累计实现网络零售额 142.8 亿元，新增网销单品 8857 个，网购金额 513.2 亿元。完成 2020 年度 7 个示范县申报工作。建立保供重点农产品批发市场联系机制，推荐内蒙古食全食美美通农产品批发市场进入全国 50 家重点市场名单。疫情期间，组织协调 2500 吨马铃薯驰援武汉。推荐乌兰浩特市申报 2020 年“发展农村电子商务拓宽农产品销售渠道”全国激励县。组织完成 9 个示范县中期绩效评价和商务部绩效评价复核工作。推动包头市、内蒙古蒙牛乳业（集团）股份有限公司、内蒙古食全食美股份有限公司、内蒙古伊利实业集团股份有限公司、华蒙通物流控股（集团）有限公司，开展供应链创新与应用试点工作，全区 1 个试点城市 4 个试点企业全部通过商务部中期试点评估。

【流通业发展】 推动呼和浩特国家级步行街创建，组织开展自治区级试点申报材料论证评审，确定呼和浩特大召步行街、赤峰市红山区新华商业步行街、通辽市科尔沁区向阳步行街等3条步行街为首批自治区级步行街改造提升试点。落实《内蒙古自治区促进品牌连锁便利店发展工作方案》，推动指导盟市出台具体实施政策，呼和浩特市利客、一团火、安达三家品牌连锁便利企业入围2020年中国便利店百强，分别排第39位、40位和87位，城市便利店发展指数排名全国第11位。

【市场运行和消费促进】 统筹推进促消费各项重点工作，积极对冲疫情影响，促进商业消费回补升级。组织企业开展各类线上线下促消费活动，选取46家重点商贸企业参加全国消费促进月活动，积极开展“内蒙古消费季”活动，全年组织促销活动3952场，销售额208亿元，有力拉动全区消费增长。市场监测样本企业数1023家，内容涵盖12个流通行业，10种零售业态，涉及21类600种消费品、11类300种生产资料，生活必需品监测样本县级行政区全覆盖。下达3400吨自治区本级储备肉计划。取消和下放石油成品油经营资格审批，指导盟市商务部门对下放事项建立承接机制，配备专门力量，按照法定程序和时限，优化办事流程，推行并联审批、限时办结、服务承诺等措施，确保放得下、接得住、管得好。

【对外贸易】 2020年，全区实现进出口总值150.7亿美元，同比下降5.5%。其中：出口完成50.4亿美元，同比下降7.8%；进口完成100.2亿美元，同比下降4.3%。进出口、出口、进口在全国分别排25位、25位、23位。

【服务贸易】 2020年全区服务贸易进出口总额10.34亿美元，同比下降22.82%。其中，出口额1.70亿美元，同比下降47.42%；进口额8.64亿美元，同比下降14.97%。

【外资利用】 2020年全区新设外商投资企业43家，实际利用外资18.22亿美元。从投资行业看，主要集中在制造业、采矿业、农、林、牧、渔业等；从资金分布情况看，主要集中在鄂尔多斯市、呼和浩特市、巴彦淖尔市、包头市。

【对外投资】 2020年全区新增对外投资项目数45个（含境外机构1家），同比减少28个，中方协议投资额8.99亿美元（含增资和减资），同比增长8.31%。投资国别涵盖蒙古、俄罗斯、印度尼西亚、泰国、马来西亚、缅甸、新加坡、德国、哥伦比亚、吉尔吉斯斯坦等国家。投资领域集中于矿产开发、木材采伐加工、农牧业、仓储物流业、食品制造业、餐饮业以及国际贸易等。全区对“一带一路”沿线国家投资项目36个（含境外机构1家），约占全区新设对外投资项目总数的77.78%；中方协议投资额1.85亿美元（含增资和减资），约占全区对外投资中方协议投资总额的20.58%。据商务部统计数据显示，2020年全区企业境外实际投资额3.19亿美元，同比下降50.39%，全国排名第23位，较去年同期下降2位。

【内蒙古商务领域政银企对接会】 3月31日在呼和浩特召开，活动旨在帮助企业解决疫情期间融资需求，助力企业渡过疫情难关，自治区党委副书记、自治区主席布小林，自治区副主席艾丽华出席活动。银企双方开展了贷款融资项目对接，现场达成合作协议23项，协议金额57.27亿元。

【第三届中国国际进口博览会】

11月5—10日，第三届中国国际进口博览会在上海举办，内蒙古自治区共有871家企业报名参会，注册报名观众2808人。本届进博会内蒙古自治区交易团展位累计意向成交27309.18万美元，内蒙古企业与境外参展商签订成交意向20项，主要涉及智能及高端装备、食品及农产品、医疗器械及医药保健品。本届进博会期间，内蒙古北方重型汽车股份有限公司与WabtecTransportationSystems,LLC公司签订电驱系统及其备件采购合同，合同金额约5.99亿元；包钢钢铁（集团）有限公司与康明斯公司签订4500万的矿车发动机备件采购合同；包头钢铁（集团）有限责任公司与澳大利亚FMG集团签署谅解备忘录，进口铁矿石240万吨，金额约1.8亿美元。

【进出口商品交易会】 受新冠肺炎疫情影响，第127届广交会在网上举办，广交会内蒙古交易团共有展位283个，参展企业170家。其中品牌展位18个，参展企业3家；一般性展位265个，参展企业167家，贫困地区特色产品展位20个。

为统筹推进新冠肺炎疫情防控和经济社会发展，第128届广交会在网上举办。本届广交会内蒙古交易团共164家企业参展，大会分配展位数267个，其中，一般性展位245个，品牌企业展位18个，贫困地区特色产品展位4个。

【2020国际投资贸易洽谈会】 9月8—11日在厦门国际会展中心举办，自治区商务部门及企业代表200余人参加会议，厦门国际会展中心C馆投资中国展区设立了160平方米的内蒙古馆，线上开设3D内蒙古馆，共推介招商项目200余个。此外，内蒙古企业还在特色商品展区A馆设立标展46个，企业参展40家。

【第十届中国（贵州）国际酒类博览会】 9月9—12日在贵州省贵阳市举办，自治区组织13家酒类生产企业参展，参展酒类涵盖白酒、奶酒和保健酒三大系列、48个品类，展会期间共销售各类产品212.2万元，签订产品代理协议22份，并与26家区外经销商达成合作意向，意向金额601.9万元。

（韩明通）

粮食和物资储备

【概况】 内蒙古自治区粮食和物资储备局是自治区发展和改革委员会的部门管理机构，为副厅级。内设处室9个：办公室、人事处、粮食与物资储备处、调控处、规划财务处、产业与科技发展处、执法督查处，以及机关党委、离退休人员工作处。机关行政编制52名。设局长1名（副厅级），副局长3名（正处级）。局直属事业单位4个：内蒙古自治区粮食和物资储备局综合保障中心，内蒙古自治区军粮供应中心、内蒙古自治区粮油标准质量监测中心、内蒙古自治区应急物资储备中心。

2020年，自治区粮食和物资储备局入统范围内商品粮收购1900.1万吨。其中玉米1731.7万吨，同比增长12%；小麦50.6万吨，同比下降21.7%；大豆21.6万吨，与上年基本持平；稻谷49.3万吨，同比增长48.2%；油料2.9万吨（从生产者购入），同比下降43.8%。区外调入小麦1.5万吨，同比下降3%；稻谷7万吨。

2020年，自治区粮食和物资储备局入统范围内商品粮销售1769.9万吨。其中玉米1479.4万吨，同比增长5.9%；小麦136.1万吨，与上年基本持平；大豆27.9万吨，同比下降26.5%；稻谷63万吨，同比增长24%；油料6.2万吨，同比增长7.6%。调出区外玉米502万吨，同比下降3%。出口0.3万吨，同比下降87%。

2020年底，自治区粮食和物资储备局入统范围内商品粮库存796.1万吨。其中玉米717.3万吨，同比增长115.9%；小麦32万吨，同比下降13.7%；大豆12.3万吨，同比增长25.6%；稻谷18.5万吨，同比增长25.5%；油料2.3万吨，同比下降32.5%。

【粮食收储制度改革】 修订完善《内蒙古自治区粮食收购贷款信用保证基金实施细则》《内蒙古自治区粮食收购贷款保证基金操作规程》，缓解企业贷款难。建立运力协调机制，举办第五届内蒙古粮食产销合作洽谈会。全面实施粮食收储制度改革，落实市场化收购加补贴政策，正确处理宏观调控与市场调节关系，引导多元市场主体全力拓展购销渠道。粮食收储制度改革推动粮食市场机制的形成，调整优化种植结构，促进粮食产业的健康发展，保护种粮农民利益，促进粮食生产，2020年全区粮食总产量732.8亿斤，再创历史新高，品种结构进一步改善，稻谷和小麦等口粮品种产量逐步提升，大豆产量较大幅度增长，粮食安全保障的物质基础更加雄厚。

【抗击疫情保供稳价】 面对疫情，全区粮食和物资储备系统全力做好粮食保供稳市，高效调运应急物资，经受住了现实考验。建立上下联动、统筹协调的快速反应机制。启动粮油价格监测和应急加工企业复工复产、供应网点开门营业日报制度。协调解决企业遇到的困难和问题，推动粮食企业复工复产；落实疫情防控重点保障物资生产企业优惠政策，为粮油市场平稳运行提供动能；强化统计和监测预警，密切关注市场变化；加强新闻宣传，引导合剂，保障供应需求；发挥好粮油储备“压舱石”作用。

【地方储备体制机制改革】 出台《内蒙古自治区储备粮体制机制改革实施意见》。积极调整口粮储备品种比例，增加小麦、稻谷等口粮储备，增加自治区级储备油；修订完善《粮油仓储单位备案管理办法》，强化储备粮轮换、物资储备库和医药储备日常管理；建立地方粮食储备和中央粮食储备协同运作机制。组织开展储备粮管理专题督导调研，与农发行内蒙古分行联合印发《加强地方储备粮油管理有关问题的通知》，化解管理体制机制方面存在的问题。

【优质粮食工程建设】 坚持绿色发展，粮食产业经济发展迈出新步伐。在粮食“产购储加销”全链条上持续发力，粮食产业链、供应链、价值链迈上新的台阶，粮食产业发展取得体量与质量、结构与效益相互促进的良好成效。实施优质粮食工程，推动粮食产业创新发展、转型升级、提质增效。“三链协同”趋势明显，“五优联动”势头良好。优质粮食工程项目运营效率不断提高，粮食产业高质量发展由点及面、全面推开，实现粮食增产与提质并重，促进产业升级，不断满足高品质生活的新需求。优质粮食工程建设进度加快，项目运营效率不断提高。2020年全区优质粮食工程完成总投资9.5亿元，完成年度投资规模的114.5%。遴选15户企业的45个产品为“内蒙古好粮油”产品，并向国家局申报“中国好粮油”产品遴选。粮食产后服务体系设备利用率99%，有效解决“地趴粮”问题。373个粮食产后服务中心收购原粮613万吨，71个“内蒙古好粮油”项目收购原粮139万吨，粮食检验监测体系完成1213个政策性粮食抽检样品。工程为农民增收2.6亿元，节粮减损20.1万吨。

【粮食流通基础设施建设】 粮食仓储现代化水平明显提高，新建一大批现代化粮仓。粮食物流体系建设不断健全，粮食接卸发运设施、中转仓及中转效率、铁路专用线、专业化得到改善和提升，粮食物流集中度不断提高。粮油经营由传统方式向“互联网+”等线上交易与线下交易并重转变。粮食安全保障调控和应急设施工程、军供“危仓老库”维修改造项目深入实施，粮食流通设施现代化水平和军粮供应保障能力提升。

【粮食安全考核和流通监察】 履行粮食安全盟市长责任制考核工作责任，建立健全考核监督机制，层层传导压力，强化责任落实，考核“指挥棒”作用日益凸显。坚持目标和问题导向，聚焦影响粮食安全的短板和弱项，确保各项决策部署落到实处、取得实效。完成政策性粮食库存数量和质量大清查。创新监管方式，加大粮食市场秩序监督检查，努力优化营商环境。开展涉粮问题整改“回头看”专项行动，完成中央纪委国家监委对全区国有粮库调查摸排发现问题整改。制定《内蒙古自治区粮食行业加快推进诚信建设实施方案》《信用承诺和信用审查实施办法》《守信联合激励和失信联合惩戒暂行规定》，信用监管制度体系初步建立。

【地方应急物资和药品储备】 根据“三定方案”自治区粮食和物资储备局“管理自治区粮食、药品储备和救灾物资储备，负责自治区粮食、药品储备和救灾物资储备行政管理”的规定，接管自治区原民政厅管理的内蒙古自治区救灾物资储备库及其储备物资，和自治区原工业和信息化厅管理的药品储备。以粮食、物资储备职能统一整合为标志，粮食和物资储备改革发展开启新征程。在职能整合拓展中，应急救灾物资和医药储备管理职责交接、物资储备库划转、救灾物资招标采购入库和疫情防控应急救灾所需物资调运任务顺利完成。

（辛建倩）

供销合作

【概况】 内蒙古自治区供销合作社（以下简称“自治区供销合作社”）全系统有三级联合社机构 107 个（其中：自治区级联合社 1 个，盟市级联合社 12 个，计划单列市联合社 1 个，旗县级联合社 93 个）；各类法人企业 609 个（其中：全资企业 137 家，控股企业 89 家，参股企业 218 家，开放办社企业 165 家）；基层供销合作经济组织 14644 个（其中：基层供销合作社 995 个，农牧民专业合作社 7807 个，嘎查村级综合服务社 5842 个）；主管、领办的行业（专业）协会 799 个。全系统职工总数 30036 人，其中：自治区、盟市、旗县三级联合社机关和事业单位从业人员 1370 人，机关工作人员实行参照公务员法管理。自治区供销合作社本级设立理事会、监事会，共有 8 个处室（综合办公室、人事教育处、财务审计处、经济发展处、合作指导处、党务工作处、社有资产监督管理处、流通网络建设处）、9 家直属企业（内蒙古农牧业生产资料股份有限公司、内蒙古牧王畜产品股份有限公司、内蒙古绿泰源农产品开发股份有限公司、内蒙古润创冷链物流有限责任公司、内蒙古汇特投资有限公司、内蒙古供销电子商务股份有限公司、内蒙古供销合作设施农业开发有限公司、内蒙古铉力和再生资源开发有限公司、内蒙古合信资产经营管理有限公司）、1 家直属事业单位（内蒙古经贸学校），直属系统职工总数 471 人。

2020 年，完成商品购销总额 810.94 亿元，比上年增长 7.95%；利润总额 6.45 亿元，比上年增长 7.29%；所有者权益 81.27 亿元，比上年增长 8.13%。

【深化供销合作社综合改革】 2020 年是供销合作社综合改革阶段性任务总结验收年。在做好自身改革和为农牧服务体系建设工作的同时，启动全系统改革重点任务完成情况自查工作。针对存在问题，分盟市制定《深化综合改革重点工作整改方案》，逐月跟进落实。制定印发《2020 年深化供销合作社综合改革重点工作任务书》，对基层组织、为农牧服务等 8 项指标进行任务分解，并完成全部指标任务。学习借鉴先进经验，在 12 个盟市供销合作社开展以农牧民为主体的基层社改革、完善社有资产运营监管等 5 项全国供销合作总社专项试点经验复制推广工作。

【备春耕保供应】 在农资供应方面，加强组织调度，引导社有企业和基层社复工复产，协调解决企业春备耕贷款需求，公布 42 家系统内重点保供农资企业名单。全年全系统销售各类肥料 148.43 万吨，比上年增长 11.46%，占全社会需求量的 44.98%，发挥供销合作社系统农资供应主渠道的作用；2020 年 3 月，自治区供销合作社直属企业内蒙古农资公司采购团队赴江苏、贵州等地，组织农资货源，签订 20 万吨化肥采购协议。在农畜产品购销方面，发挥系统流通主体作用，积极推进产销对接，从农业生产者购进农畜产品 223.19 亿元，比上年增长 10.11%，农畜产品类累计销售 209.57 亿元，比上年增长 10.29%，缓解部分农牧民卖难问题；在居民日用消费品供应方面，联合自治区财政厅向自治区人民政府上报全区边销茶货源趋紧、价格上涨问题，批准动销 1000 吨自治区储备边销茶，平抑市场价格。全系统全年供应蔬菜、水果、肉禽蛋等生鲜农畜产品 11599 吨，供应乳制品、米面粮油、干果类等生活必需品 21306 吨，直属系统党员干部为疫情防控工作捐款 5.9 万元。全年统实现日用消费品经营额 235.3 亿元，比上年增长 4.63%。

【基层供销合作组织】 制定印发《关于充分发挥基层供销合作组织作用更好地服务乡村振兴战略的指导意见》，突出基层优先发展的工作导向，指导推进基层社建设。规范推进现有 375 个基层社改造提升和 83 个五星级综合服务社改造提升为村级基层社的建设工作，抓好 2018 年恢复新建的 427 个基层社后续管理。全年发展基层社社员 5.07 万人，社员数量比上年增长 305.19%；实现营业收入 166.81 亿元，比上年增长 15.95%；实现社会贡献（工资与各种税费）总额 5.07 亿元，比上年增长 13.55%。创建基层社标杆社 344 个，累计培育国家级农牧民专业合作社示范社 42 个、自治区级示范社 78 个，建设五星级综合服务社 175 个。全面推进基层社建设的经验做法作为 19 个典型案例之一在全国供销合作社系统宣传推广。领办创办农牧民专业合作社 7676 个（其中：专业合作社联合社 76 个），发展入社成员 19.64 万人，带动农牧户 29.13 万户；拥有行政主管部门认定的品牌 184 个，注册商标 357 个，获得绿色有机等产品认证 688 个。以基层社为主体发展嘎查村级综合服务社 5479 个，占到全区行政村总数的 49.5%。

【为农为牧综合性服务】 拓展农牧业生产性服务。组织实施农牧业社会化服务惠农惠牧工程，以旗县为重点，依托有条件的社有企业、基层社、专业合作社建设为农为牧服务中心，开展土地（草牧场）托管服务。全系统开展土地托管等社会化服务面积 620.21 万亩，比上年增长 36.04%；建设为农为牧服务中心 244 个、庄稼医院 584 个。发展农村牧区电子商务，推进农产品线上销售。全系统 75 家电子商务企业实现销售额 13.11 亿元，比上年增长 46.99%。参与农村牧区人居环境整治行动，安排部署系统参与农膜质量和试点申报工作，实现再生资源回收额 12.38 亿元，比上年增长 79.74%，再生资源销售额 14.04 亿元，比上年增长 77.67%。

内蒙古农资公司磴口为农服务中心疫情期间开展农资运输工作　（刘艳）

【助力脱贫攻坚】 制定印发《2020年全区供销合作社消费扶贫专项活动方案》，发布《开展消费扶贫行动倡议书》，推动开展消费扶贫。依托基层社、专业合作社、社有企业等累计设立消费扶贫专柜专区141个，开设线上消费扶贫专区55个，组织贫困地区参加各类产销对接会58次。组织全区79家供应商1074种商品参加全国供销合作总社在北京举办的"2020年消费扶贫·贫困地区农副产品产销对接会"。建立全国贫困地区农副产品网络销售平台（简称"832"平台）工作联络机制，配合财政、扶贫部门做好货源组织、预算资金预留、宣传培训等工作，内蒙古自治区31个国家贫困县的317个供应商、1905种商品入驻"832"平台进行交易，实现销售额1.63亿元。与北京市供销合作社开展京蒙对接帮扶合作，扎实做好联合社机关定点扶贫工作。全年全系统帮助贫困地区销售农畜产品65亿元。

【行业指导服务】 印发《供销合作社培育壮大工程实施方案》（2020—2022年），明确2020至2022年供销合作社重点工作任务，接续推进综合改革。总结评估全系统"十三五"工作情况，组织编制"十四五"规划。印发《关于充分发挥基层供销合作组织作用更好地服务乡村振兴战略的指导意见》，推动全区基层供销合作组织为乡村振兴贡献力量。印发《关于深入推进社会化服务惠农惠牧工程的实施意见》，推动农牧业社会化服务体系建设。印发《加快推进全区供销合作社"三会"制度建设意见》，借助事业单位机构改革的契机，争取明确供销合作社联合社理事会、监事会组织架构和领导职数，推进全系统"三会"制度建设。制定《关于推进系统内设立供销合作社发展基金的通知》，指导盟市旗县供销合作社做实发展基金。与自治区党委农村牧区工作领导小组办公室、农牧厅等11个部门联合印发《关于加快培育发展家庭农牧场的指导意见的通知》，推动培育一批规模适度、生产集约、管理先进、效益明显的家庭农牧场。建立经济预警监测分析机制，完善季度经济运行会商调度通报机制，加强对全系统经济运行情况的指导调度。推进自治区供销合作社直属系统以案促改、项目清理及遗留问题处理，做好建章立制、盘活资产、化解债务、保企业、稳队伍工作。

【李金英到自治区供销合作社调研】 9月2—4日，中央纪委国家监委驻全国供销合作总社纪检监察组组长、全国供销合作总社党组成员李金英一行到自治区供销合作社就内蒙古供销合作社系统党风廉政和反腐败工作情况进行调研，考察部分直属企业、呼和浩特市供销合作社所属基层供销社和专业合作社，组织召开内蒙古供销系统党风廉政建设和反腐败工作座谈会。自治区党委书记、人大常委会主任石泰峰，自治区党委常委、秘书长、自治区人民政府党组副书记张韶春和自治区副主席黄志强会见调研组一行，自治区党委常委、纪委书记、监委主任刘奇凡会见调研组并进行座谈交流。

【荣誉】

1月16日，中华全国供销合作总社授予自治区供销合作社全国供销合作社系统综合业绩考核省级优胜单位三等奖。

5月15日，中华全国供销合作总社命名内蒙古供销合作社系统包头市土右旗萨拉齐供销合作社等8家基层社为"2019年度基层社标杆社"，内蒙古鄂尔多斯市伊金霍洛旗艺坤种养殖专业合作社等7家专业合作社为"2019年度专业合作社示范社"，并对内蒙古各级供销合作社评定的126家综合服务社星级社予以认可。

（刘艳）

对外经济贸易

【概况】 中国国际贸易促进委员会内蒙古自治区委员会（以下简称"内蒙古自治区贸促会"），正厅级建制，是自治区党委领导的群团组织和自治区政府领导同志联系的贸易投资促进机构，参照公务员管理，有编制30名，实有人数28人。设立机关党委、秘书处、对外联络部、展览部、会务信息部、法律部（准处级）。自治区政府批准设立2个驻外机构：内蒙古贸促会驻俄罗斯布里亚特代表处、内蒙古贸促会驻蒙古乌兰巴托代表处。同时挂中国国际商会内蒙古商会的牌子，是中国国际商会的常务理事单位。

【外贸企业复工复产】 坚决落实稳外贸、稳外资、保产业链工作任务，全面落实对外贸易助企纾困政策，推进《中国贸促会应对疫情稳外贸稳外资十项行动计划》，开展“中国贸促会—交通银行小微贷款直通车”活动，及时发布国际贸易预警信息、防控指南、优惠政策，指导企业统筹抓好疫情防控和复工复产。2020年，先后组织600多家内蒙古自治区企业参加“中国—拉美（墨西哥）国际贸易数字展览会”“中国-阿联酋经济贸易数字展览会”等5场“云展会”和中韩企业一对一线上洽谈活动，组织360多家企业参加18期中国贸促会举办的能力提升线上培训会议，帮助6家生产销售防疫物资企业寻找在俄合作伙伴。组织内蒙古国际商会会员企业为抗击疫情捐款捐物，合计资金达1000余万元；开通24小时跨境贸易投资法律综合支援热线，共为企业提供咨询260余次；出具不可抗力事实性证明书17份，涉及金额2300多万美元。

【对外合作网络】 积极服务全方位对外开放，拓展对外经贸合作网络。加强中国—蒙古国商务理事会、中国—新西兰商务理事会工作，编辑出版“蒙古国经济与外贸白皮书”（2020年版），启动第四届中国—新西兰商务理事会会议筹备工作。成功承办2020（第九届）中国国际生态竞争力峰会，峰会主题“创新绿色发展、共赢美好未来”，期间，举办城镇可持续发展论坛、新技术新业态政企合作论坛、2020最具生态竞争力城市发布、绿色创新企业推介和内蒙古绿色产业洽谈会。32个国际组织和驻华使节出席会议，鄂尔多斯市获得“2020最具生态竞争力城市”称号。与广西贸促会签署《战略合作框架协议》，为融入国内大循环创造更加有利条件。

【对外贸易高质量发展】 全面落实党中央、国务院关于推进贸易高质量发展、对外贸易创新发展等一系列重大决策部署，支持外贸企业利用线上展会、电商平台等渠道，推介产品、拓展市场，推动形成线上线下齐头并进、有机融合的发展格局。首次以线上线下同步形式举办第三届中国（鄂尔多斯）国际羊绒羊毛展览会，线下订单协议金额4.43亿元、云展意向订单2.1亿元、现场成交金额2597万元，创历届之最。组织300多家企业参加“第18届中国（广西）—东盟国际食品糖酒博览会”“2020第十五届东亚国际食品交易博览会（烟台）”等5场国内品牌展会。支持“额济纳·中蒙国际商品展洽会”等各盟市边境特色经贸交流活动，为外贸企业和县域经济发展搭建平台、注入活力。

【商事法律服务】 持续优化对外贸易营商环境，全面开展出证认证网上办公，开通绿色通道和线上认证平台，对外贸易便利水平提升。全年签发一般原产地证52654份，同比增长61.7%；优惠原产地证492份，同比增长26.5%，签证金额16.7亿美元；开具商事证明书1943份，代办领事认证726份，同比增长28.9%。争取设立中国贸促会营商环境监测中心，做好2020年度营商环境调查和中国企业对外投资现状及意向调查问卷等调研工作，发放调研问卷500余份。加大商事法律服务供给力度，发布经贸摩擦预警快报27期，发布经贸热点、商务资讯等信息300余条，举办11期经贸摩擦预警培训及形势分析会，3场企业国际化合规风险排查活动，有效增强外贸企业风险防范意识和能力。

【国际商会建设】 提供商务、政策、法律服务咨询，开展会员活动36次，为会员提供信息咨询服务118次，参加人数1021人次。联合包钢集团、内蒙古民族贸易促进会分别设立内蒙古国际商会驻新加坡代表处、驻俄罗斯新西伯利亚代表处，内蒙古国际商会海外网点4处。2020年新增会员企业196家，会员总数961家。

（郭振清）

物流产业

【概况】 内蒙古物流协会成立于2006年1月，是经登记机关内蒙古自治区民政厅和业务主管单位内蒙古自治区工商业联合会（以下简称“内蒙古工商联”）批准注册具有独立法人资格的社会团体。协会下设秘书处、会员部、经济部、统计部、培训中心、现代物流研究所、A级物流企业地方评估办、《中国现代物流报》内蒙古记者站、人民调解委员会等职能部门。2020年，协会专职工作人员7人，大专及以上学历6人。协会主要开展物流统计、A级物流企业评估、担保存货管理及质押监管企业评估和星级冷链物流评估的推荐、信用等级评定、行业培训、诚信企业评比和全国物流行业劳模评选、物流论坛、物流设备设施展览会、组织企业国内外考察、与国际组织开展交流与合作、参与内蒙古自治区物流业发展规划的编制、起草工作和物流业专项调研、承担政府部门研究课题等工作。

【会员队伍发展】 协会自成立以来，始终秉承“服务立会、服务兴会”的宗旨，充分发挥桥梁纽带作用，为会员办实事，及时向政府部门反映会员诉求。协会严格按照章程规定吸纳会员，建立会员发展计划。会员部有专职人员负责会员的联系和发展工作，为会员编制《会员花名册》。协会利用网站、刊物、微信平台等向会员宣传党的方针、政策，传达政府及相关部门促进物流业发展的文件和措施，畅通会员获取信息渠道。2020年，有知名企业和高等院校加入协会，会员队伍得到壮大。

【A级物流企业评估】 内蒙古物流协会是中物联授权内蒙古地区唯一的地方评估机构，负责内蒙古地区A级物流企业评估工作。按照《物流企业分类与评估指标》（GB/T19680-2013）国家物流标准，从企业经营状况、资产情况、设备设施、管理及服务、人员素质、信息化水平等六大方面十八项指标考核企业达标程度。从2005至2020年，国家A级物流企业评估工作已经连续开展三十一批。2020年，内蒙古地区参加A级物流企业复审企业8家、新评企业1家。截至2020年12月底，全国共有A级物流企业6150家，内蒙古A级物流企业共计47家。其中，5A 级物流企业 8 家、4A 级物流企业 19 家、3A 级物流企业 17 家、2A 级物流企业 3 家。

【中国移动通信集团内蒙古有限公司呼和浩特数据中心 C01 仓库通用仓库等级评定通过】 通用仓库等级评定是由中国仓储与配送协会（以下简称“中仓协”）组织开展的一项评估工作，内蒙古物流协会是中仓协授权的内蒙古地区唯一的地方评估机构，负责内蒙古自治区范围内通用仓库等级评定工作。2020 年 12 月 1 日，中国移动通信集团内蒙古有限公司呼和浩特数据中心 C01 仓库五星级通用仓库等级评定工作在呼和浩特市举行，内蒙古物流协会参加本次评审。根据《通用仓库等级》国标要求，评估组对中国移动通信集团内蒙古有限公司呼和浩特数据中心 C01 仓库的设施条件、员工素质、服务功能、管理水平等 11 项基础指标和 18 项评定指标进行现场评估，该仓库各项指标均达到五星级仓库标准要求，现场评审顺利通过。

【“西部物流百强企业”推选活动】 8 月份，由内蒙古物流协会等西部十一省（区）市物流行业协会联合组织联合开展第五届“西部物流百强企业”评选活动。内蒙古顺丰速运有限公司、内蒙古鄂尔多斯物流有限公司、内蒙古包钢钢联物流有限公司三家企业入选第五届“西部物流百强企业”。

【全国物流行业抗疫先进企业评选】 2020 年，新冠肺炎疫情发生期间，物流企业在疫情期间勇于担当，积极作为，为物流服务保障疫情防控救援物资和民生物资运输、保障供应链的稳定性和安全性等做出重要贡献，中国物流与采购联合会开展“全国物流行业抗疫先进企业”评选表彰活动，内蒙古物流协会推荐会员企业参评。11 月 11 日，内蒙古安快物流发展有限责任公司、内蒙古鄂尔多斯物流有限公司两家企业获“全国物流行业抗疫先进企业”称号。

【2020 中国物流企业和民营企业 50 强评选】 为表彰物流行业发展中的优秀企业，树立行业典范，推动物流业高质量发展，中国物流与采购联合会在全国开展“2020 中国物流企业 50 强”和“2020 民营物流企业 50 强”评选工作。12 月 11 日，由内蒙古物流协会推荐的包头钢铁（集团）铁捷物流有限公司入选“2020 中国物流企业 50 强”。

【评选推荐先进集体劳动劳模和先进工作者】 2019 年 7 月，人力资源社会保障部、中国物流与采购联合会联合开展第四次“全国物流行业先进集体劳动模范和先进工作者评选表彰”工作。由于 2020 年疫情的影响，评选工作 2020 年 10 月重新启动。按照人社部函〔2019〕93 号文件通知的评选要求、评选标准、评选程序，内蒙古物流协会审核推荐人员的申报资料。10 月 19—23 日，内蒙古劳动模范和先进工作者初审名单在内蒙古物流协会官网公示。11 月 1 日，协会将推荐材料（包括推荐工作报告、推荐审批表、征求意见表、推荐对象汇总表、先进事迹材料、公示报样等）上报全国评选表彰领导小组办公室。12 月 29 日，全国物流行业先进集体劳动模范和先进工作者表彰大会在北京举行，内蒙古地区 4 人获“劳动模范”、2 人获“先进工作者”称号。

全国物流行业先进集体劳动模范和先进工作者名单（内蒙古地区）

一、劳动模范

葛耀勇 内蒙古伊泰集团有限公司副总裁

高　波 内蒙古额济纳旗庆华马克那林苏海特商贸有限责任公司运营总监

王立辉 内蒙古久通物流有限公司运营经理

赵　凯 内蒙古安快物流发展有限责任公司行政办主任

二、先进工作者

白明洁（女） 内蒙古自治区发展和改革委员会经贸科科长

徐国栋 乌兰察布市发展和改革委员会经贸科科长

【抗疫捐赠】 2020 年 1 月，新冠肺炎疫情发生后，内蒙古物流协会联合自治区消费者协会等 10 家行业协会共同发出“诚信经营抗击病毒”倡议书；协会发动会员企业开展疫情捐赠活动，会员企业捐款 74 万元，捐赠口罩、药品、医药手套、消毒用品、抗疫物资等价值 41 万元。

【内蒙古物流协会联合党支部批准成立】 8 月 26—28 日，内蒙古物流协会参加自治区工商联举办的党员党性教育培训班；9 月 9—11 日，协会党建联络员参加社会组织党建办举办的党建联络员培训班；12 月 10—12 日，参加自治区总商会组织召开的工商联商协会党组织书记培训班。12 月 27 日，中共内蒙古自治区总商会委员会批准成立内蒙古物流协会联合党支部，联合党支部由内蒙古物流协会、内蒙古企业发展促进会、内蒙古企业投资合作发展促进会、内蒙古品牌促进会四家行业协会组成。

【校企会合作】 为促进学校、企业、协会多方合作，内蒙古物流协会与内蒙古大学交通学院建立“产学研合作基地”；内蒙古工业大学向物流协会会员企业征求物流管理专业培养方案意见及建议；协会为内蒙古财经大学物流管理专业老师提供装备物流企业和医药物流企业的物流运作情况及 A 级物流企业名单；12 月 29 日，协会副会长单位在内蒙古大学交通学院举办企业物流实战讲座。

【2020 年度全国优秀物流园区】 11 月 13—14 日，“2020 全国物流园区工作年会”在青岛市召开。来自全国 29 个省区市物流工作牵头部门领导、物流行业协会、物流园区和企业、中物联物流园区专委会成员单位、“国家物流枢纽”建设运营主体企业（单位）、“示范物流园区”运营管理主体及申报单位以及从事物流教学、研究、投资、咨询机构、设备提供商等共 900 余人参加会议。同期举行“2020 年度优秀物流园区”授牌仪式。内蒙古十家物流园区（内蒙古红山物流园区、集宁现代物流园区、内蒙古鑫港源顺物流园、鄂尔多斯空港物流园区、札

萨克物流园区、牙克石大兴安国际物流园区、满洲里国际物流产业园区、森富国际中俄跨境商贸物流园区、北方陆港国际物流中心、七苏木国际物流枢纽产业园）入选“2020全国优秀物流园区”。

【统计企业调研】 为全面、准确地反映全区物流业的发展水平，监测物流运行态势，为内蒙古自治区党政领导、相关部门提供决策依据，2020年8月、9月，内蒙古物流协会三次对包头市、鄂尔多斯市、巴彦淖尔市物流统计重点企业进行实地调研。

【内蒙古社会物流统计报告】 2020年，随着疫情常态化防控取得成效，有效地推动生产生活秩序恢复，主要指标逐季回升，社会物流总额、社会物流总费用等指标稳步回暖，特别是民生领域物流需求持续向好，物流市场规模稳步提升。

物流运行 2020年，全区社会物流总额完成34180.8亿元，按可比价格计算，同比下降0.2%，与前三季度相比，降幅收窄2个百分点，全年呈逐季恢复态势。从社会物流总额构成看：工业品物流总额占48.7%；农产品物流总额占10.2%；进口货物物流总额占2%；单位与居民物品物流总额占0.2%；其他货物物流总额占38.9%。其中：工业品物流需求稳步回升，工业品货物物流总额同比增长0.1%，较前三季度降幅回升3.2个百分点。全区规模以上工业企业实现利润1315.1亿元，比上年下降10.9%，降幅较前三季度收窄14.8个百分点；进口货物物流需求降幅有所收窄。进口货物物流总额同比下降3.7%，降幅较前三季度收窄2.7个百分点。进口以资源性商品为主，其中铜矿砂、铁矿砂、原油进口额分别达到126.8亿元、95.4亿元、42.6亿元，同比分别增长48.8%、10.2%、54.6%；煤炭进口额达到132.06亿元，同比下降36.1%，上述进口产品合计占全区进口总额的57.2%；单位与居民物品物流总额保持高速增长。受疫情因素的影响，消费观念的改变，单位与居民物品物流总额保持高速增长，实现同比增长26.4%，较前三季度提高3.5个百分点。

物流费用 物流总费用降幅继续收窄。2020年，全区社会物流总费用完成2878.5亿元，同比下降2.6%，降幅较前三季度收窄5.2个百分点。社会物流总费用与GDP的比率为16.6%，社会物流总费用与GDP的比率较上年同期下降0.1个百分点。

分环节来看，运输、保管和管理环节物流成本降幅均呈收窄态势，物流活跃度有较大程度改善。运输、保管和管理环节物流成本降幅分别较前三季度收窄6.5、1.1和1.0个百分点。分结构来看，运输、管理环节结构略有改善，保管环节成本上升。其中，运输费用与GDP的比率为12%，与上年同期持平；保管费用与GDP的比率为3.3%，较上年同期提高0.2个百分点；管理费用与GDP的比率为1.2%，与上年同期持平。

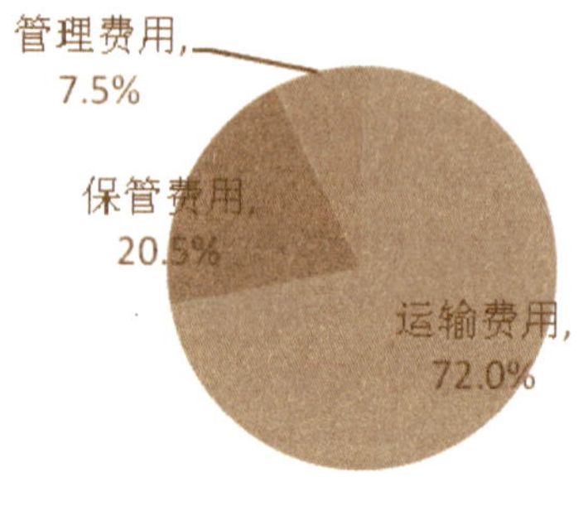

全区社会物流总费用构成比例图

货运市场 货运市场总体向好，降幅持续收窄。2020年，随着疫情防控常态化取得显著成效，全区货运市场总体向好。全区货运量完成17.1亿吨，同比下降6.7%，降幅较前三季度收窄1.7个百分点；货物周转量完成4431.5亿吨公里，同比下降3.4%，降幅较前三季度收窄1.9个百分点。

快递业 快递业持续发力，保持高速增长。2020年，全区快递服务企业业务量累计完成19557.6万件，同比增长37.1%；业务收入完成42.1亿元，同比增长27.9%。其中，同城业务量累计完成2874.1万件，同比增长14.2%；异地业务量累计完成16522.5万件，同比增长41%；国际及港澳台业务量累计完成161万件，同比增长500.1%。同城、异地、国际及港澳台快递业务量分别占全部快递业务量的14.7%、84.5%和0.8%；业务收入分别占全部快递收入的8.3%、48.8%和2.1%。与去年同期相比，同城快递业务量的比重下降2.9个百分点，异地快递业务量的比重上升2.3个百分点，国际及港澳台业务量的比重上升0.6个百分点。

市场规模 2020年，物流相关行业总收入完成2499.6亿元，同比下降1.1%，降幅较前三季度收窄6.1个百分点。与物流业相关的邮政行业增势良好，邮政业务收入完成69.3

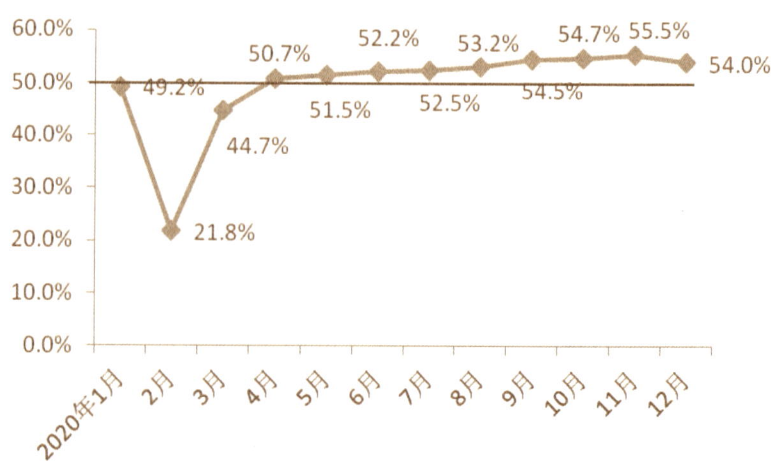

LPI（物流景气指数）走势图

亿元，同比增长19.3%，物流景气指数保持活跃。进入四季度，快递行业在“双十一”“双十二”等电商购物节的带动下，业务量大幅上涨；由于天然气价格上涨以及供应量受限，燃气汽车运输成本上升，部分企业业务量萎缩。总体上看，第四季度物流业景气指数增势放缓，全年呈稳步回升态势。

（周媛 王方春 冯茹清）

科学技术

综 述

【概况】内蒙古自治区科学技术厅（以下简称“自治区科技厅”）内设13个处室，6个所属单位：办公室、人事处、机关党委、政策法规与监督处、战略规划处、资源配置与管理处、基础研究处、高新技术处、农村科技处、社会发展科技处、科技合作处（外国专家局）、成果管理与转化处、离退休人员工作处，核定编制60名。所属单位包括综合保障中心、科学技术战略研究中心、科技创新发展中心、科学技术成果转化中心、科学技术合作与交流中心、转制科研院所离退休人员服务中心，核定编制122名。

【自治区科学技术奖励】 2020年度内蒙古自治区科学技术奖励授奖成果共124项，其中，自然科学奖授奖成果18项，科学技术进步奖授奖成果106项。自然科学奖中，“内蒙古阜原放牧生态系统固碳减排调控机制研究”等4项成果获得一等奖；“氮化碳功能固体的合成化学基础研究”等9项成果获得二等奖；“稀土对微合金钢中NbC溶析规律及再结晶的影响机理研究”等5项成果获得三等奖。科学技术进步奖中，“基于计算科学和多能优化分析的智慧能源云平台关键技术及应用”等17项成果获得一等奖；“西部深埋煤巷大排距锚固快掘技术及应用”等32项成果获得二等奖；“促控壮根容器育苗与造林技术集成及示范”等57项成果获得三等奖。

【科技计划】 自治区2020年科技计划以实施“科技兴蒙”行动为统领，聚焦自治区优势特色产业，推进重大创新平台载体建设，狠抓科技攻关和成果转移转化，开展创新合作，全年组织实施6类自治区科技计划，下达科技专项经费136813万元。其中：科技重大专项计划项目28项，科技专项经费27065万元，自筹资金21451万元。关键技术攻关计划项目309项，科技专项经费24114万元，自筹资金19799万元。科技成果转化计划专项经费19263万元，科技创新平台（人才）计划专项资金57124万元，重点支持重点实验室建设、院士专家工作站建设、高新技术企业科研经费补助、科技企业孵化器后补助等。基础研究计划专项经费6000万元，支持自然科学基金项目833项。科技创新环境建设计划专项经费3247万元，重点支持科技创新板挂牌企业后补助、创新创业大赛奖励、内蒙古科技大市场建设等。

【应急攻关防控疫情】 按照“加大疫情防控技术研发，支持科技型企业复工复产”的要求，采取“定向委托”的方式，组织区内医疗卫生领域优势科研团队实施“蒙医药治疗新型冠状病毒肺炎临床研究”等5个应急攻关项目，紧急下达研发资金800万元。围绕复工复产，组织实施国家重点研发计划“科技助力2020”专项，争取国拨资金3000万元，支持50个科技型企业实施科技成果转化项目。依托创新型城市、国家高新区和国家农业园区，贯彻落实“六稳”“六保”工作部署，推进实施“百城百园”行动，支撑创新集聚地区的疫情防控、复工复产等重大任务，各级财政共同投入科技资金6200万元。开展新冠疫情防控科普宣传活动，获得全国科普工作先进集体和先进个人各1项。举办以“科技战疫创新强国”为主题的2020年科学实验展演汇演大赛。

【推进“科技兴蒙”行动】10月12日，自治区党委、政府印发《关于加快推进“科技兴蒙”行动支持科技创新若干政策措施》（简称“科技兴蒙30条”），提出8方面30条96项措施，为实施“科技兴蒙”行动提供重要的政策保障。12月11日，科技部和自治区政府共同举办“科技兴蒙合作推进会”。自治区党委书记、人大常委会主任石泰峰，科技部党组书记、部长王志刚出席会议并讲话，自治区党委副书记、自治区主席布小林致辞。科技部和自治区党委政府高度重视“科技兴蒙”行动，成立由双方主要领导任组长的协调领导小组，与北京市、广东省、清华大学、中国农业大学、中国农科院、中国钢研科技集团、中国矿业大学（北京）7家合作主体签署战略合作协议。组织区内创新主体与国内高校、科研院所、企业等合作主体开展对接，形成700余项合作项目。启动实施“科技兴蒙”重点专项，安排“科技兴蒙”专项资金4.7亿元，重点支持国家高新区、可持续发展议程创新示范区、国家农高区、乳业国家技术创新中心、国家稀土新材料技术创新中心等“三区两中心”和自治区高新区升级、种业技术创新中心等建设。

【基础研究与关键技术攻关】 305个项目得到国家自然科学基金支持，获拨经费1.1亿元。自治区自然科学基金投入6000万元，立项支持833项，与9家高校和科研机构建立联合基金，有力支持了基础研究。启动实施稀土、石墨烯、氢能、大规模储能、碳捕集封存等五大领域科技重大专项，投入1.61亿元，支持18个合作单位和20个创新团队承担12个技术攻关和成果转化项目。聚焦家畜智慧养殖、水稻提质增效、黄河流域水资源调控、呼包鄂大气污染防治等领域关键技术问题，组织实施科技重大专项12项，安排经费1.7亿元。一批关键技术取得重要突破，超纯稀土金属绿色化制备技术、高容量储氢合金材料性能达到国际先进水平，煤炭地下气化风电消纳、超级计算、“蒙芯”射频芯片、微变雷达、乳酸菌基因测序、无遮挡骨科手术机器人、5G应用等一批科技成果进展明显。2020年每万人发明专利拥有量2.73件。以科研项目为依托，推进人才引进培养，推荐国家科技创新领军人才21人、创新创业人才5人、创新团队2个、创新人才培养示范基地1个。推荐“草原英才”个人60人、创新创业团队25个。在内蒙古自治区工作的外国专家309人。

【创新平台载体建设】 鄂尔多斯国家可持续发展议程创新示范区、巴彦淖尔国家农业高新技术产业示范区创建工作进展顺利。安排1.5亿元资金，支持创建呼包鄂国家自主创新示范区。制定自治区高新区建设工作指引和高新区评价指标体系，完善高新区动态管理机制。推进自治区级高新区“以升促建”，对通辽、赤峰、阿拉善3个高新区分别给予2000万元资金支持支持国家乳业、稀土新材料技术创新中心建设。制定自治区技术创新中心建设实施方案，启动玉米、马铃薯、设施蔬菜、肉牛、草业种业技术创新中心建设。投入2000万元支持国家重点实验室建设。跟进指导乳品生物技术、蒙医药重点实验室建设，新增5家自治区重点实验室，取消8家自治区重点实验室资格，通过“以评促建”进一步激发实验室创新活力。以京蒙高科孵化器为依托，10月26日，内蒙古科创中心在北京挂牌成立。

【科技企业孵化器与众创空间】 制定并印发《内蒙古自治区科技企业孵化器绩效评价办法（试行）》《内蒙古自治区众创空间管理办法（试行）》，启动绩效评价和动态管理三年行动计划，按认定年度分批次开展绩效评价（考核），对评价（考核）优秀的孵化器、众创空间分别给予50万元、40万元后补助支持，对新备案的国家众创空间和国家专业化众创空间给予100万元、50万元一次性奖励。至2020年底，全区共有科技企业孵化器57家，其中国家级科技企业孵化器12家，新认定自治区级科技企业孵化器3家。众创空间221家，其中国家备案58家，年内新备案国家众创空间15家，新认定自治区级众创空间22家，取消众创空间22家。新增29家自治区星创天地，总数193家，其中布局贫困旗县区75家，为自治区双创事业发展提供平台载体保障。

【技术转移与成果转化】 组织实施成果转化引导项目42项，支持经费9225万元。支持技术交易后补助项目588个、补助资金4680.2万元，与上年相比分别增长32.7%和21.0%。启动内蒙古科技大市场建设工作。获批1家国家技术转移人才培养基地。增设14家技术合同认定登记机构，总数41家，实现自治区盟市全覆盖。全年认定登记技术合同1506项；认定登记技术合同成交额48.2亿元，比上年增长85.4%。对41家孵化器和众创空间给予1720万元后补助支持，提升孵化服务水平。支持44家企业开展科技成果质押融资，滚动使用风险补偿准备金9505万元，撬动银行贷款8.4亿元。年内新增国家高新技术企业162家，总数1069家。对2019年认定的高新技术企业给予3360万元科研经费补助，189家高新技术企业享受所得税减免17.24亿元。

【科技助力脱贫攻坚】 引导建设31家科技特派员工作站，总数达74家，实现科技特派员创新创业服务贫困村全覆盖。到2020年底，全区科技特派员4000多人，累计推广新技术1000余项，服务贫困村3000多个。内蒙古“星火科技12396”移动信息服务平台共吸纳服务基层和农牧民专业技术人员3000多人。实施“三区”人才计划科技人员专项计划，全区选派“三区”科技人员873人，累计服务种养殖合作社等机构500多个，引进新品种500多种，推广新技术400多项。依托京蒙科技合作6+1现代农业技术转移体系，开展扶贫技术推广示范工作，推广新品种、新技术、新成果100多项。

【科技开放与合作】 内蒙古自治区在与中国科学院、上海交通大学合作基础上，又与北京市、清华大学、中国农科院等合作主体签订了战略合作协议，建立“4+8+N”长效合作机制。联合区内外创新团队承担“一湖两海”水资源综合保障、稀土固废综合利用、油莎豆防风固沙等国家重点研发计划，获拨经费5499万元。区内外高校、科研院所、企业签署合作协议300余项。上海交通大学内蒙古研究院、内蒙古草业与草原研究院等新型研发机构挂牌运行。自治区科技计划支持合作项目493项。举办科技成果转移转化对接会，签订合作协议23项，重点推介和展示项目232项。与上海交通大学开展3场成果转化线上对接活动。

【科技体制机制改革】 出台赋予科研人员职务科技成果所有权或长期使用权试点工作方案、科技成果评价工作方案、加强创新能力开放合作实施意见、农牧业科技社会化服务体系建设实施意见等一系列政策措施。落实厅市（盟）会商协议，与自治区生态环境厅、卫健委、能源局、农牧业厅建立“1+1”协同工作机制，形成工作合力，精准布局重点攻关任务。深化科研管理改革，优化项目形成机制，探索项目定向委托、稳定支持机制，下放项目管理权限，修订科技计划项目管理办法，赋予项目承担单位和负责人更大的技术路线决策权和调整权。完善项目管理信息系统，全面实现网上申报和管理，减轻科研人员负担。自然科学基金项目实行试点经费“包干制”，赋予科研人员更大自主权。强化依法治区工作，完成《内蒙古自治区科学技术奖励办法》立法后评估工作，废止《内蒙古自治区技术市场管理条例》。

（刘宏波 张晓莉）

科技普及

【科普阵地建设】 2020年内蒙古科协争取科技馆免费开放资金2965万元，资助全区26个科技场馆。全区新建、改扩建盟市旗县科技馆11个，总数84个，科技场馆数量排全国第1位。新增流动科技馆展品14套，总数增加到46套，排全国第5位，年巡展68个旗县，受益人数29.3万人次，巴彦淖尔市流动科技馆率先实现旗县区巡展全覆盖。新增科普大篷车7辆，总数增加到118辆，排全国第3位，总行程79.4万公里，受益213.5万人次。命名全区科普教育基地、科技教育示范学校、科普示范社区、科普示范e站594个。

【科技志愿服务】 积极开展科技志愿服务，助力脱贫攻坚和乡村振兴。5月底至8月中旬，内蒙古科协持续推进"百名专家走进盟市旗县科普传播行"活动，组建起2200多人的科普专家团，深入全区12个盟市及所属103个旗县（市、区）线上线下开展科普讲座、义诊、农牧业实用技术指导等活动746场，发放科普宣传资料和实用技术指导手册。参与新时代文明实践中心建设，拓宽志愿服务内容。以12个国家级、28个自治区级试点旗县（市、区）为重点，在全区全面开展新时代文明实践中心建设科技志愿服务活动，共组建起800多支、4万多人的科技志愿者队伍，开展各类科技志愿服务活动3000多场次，受益人数200多万人次。

（伊丽娜）

稀土研发

【概况】 2020年末，包头稀土研究院（以下简称"稀土院"），在组织机构方面，下设3个管理部门：综合部、科研管理部、计划财务部；4个科研部门：金属材料研究所、湿法冶金研究所、稀土功能材料研究所、资源与环境研究所；3个中心：理化检测中心、信息中心、后勤保障中心；1个基地：中试基地。

截至2020年底，稀土院拥有在岗员工362人，其中各类专业技术人员220人。2020年，引进"双一流"院校毕业硕士研究生9人。推荐6名员工攻读博士研究生。评选青年创新创效创优奖29人。获评内蒙古自治区"草原英才"1人、团队1个，内蒙古自治区青年创新人才2人，中国稀土学会"杰出工程师"1人，包头市"鹿城英才"1人，包头市重点人才项目1项，包头市青年人才项目2项。全院拥有正高级职称人员34人，副高级职称人员74人。拥有享受国务院特殊津贴专家5人，省部级劳动模范3人、包头市劳动模范3人、包钢集团劳动模范各个8人，内蒙古自治区有突出贡献专家4人，内蒙古自治区"新世纪321人才工程"人选一、二层次人选11人，内蒙古自治区"草原英才"6人，内蒙古自治区"草原英才创新团队"3个，内蒙古自治区青年科技奖6人，包头市"鹿城英才"、包头市"5512工程"领军人才、政府特殊津贴等各类人才125人，包头市"5512工程"创新团队4个。拥有包钢首席技术专家2人，包钢技术专家3人。

在科研体系建设方面，稀土院形成以"白云鄂博稀土资源研究与综合利用国家重点实验室""稀土冶金及功能材料国家工程研究中心""北方稀土生产力促进中心""稀土功能材料国际科合作基地""国家稀土新材料测试评价平台—稀土行业中心"、国家企业技术中心6个国家级平台为主的科学技术研究和科技成果转化体系。

2020年，稀土院顺利通过三标体系外审、武器装备科研生产许可现场检查资质复审。

【科技开发】 2020年，获批科技开发项目79项，同比增长32%。新增国家级项目5项，自治区级项目23项。"稀土基固废资源属性、精准开采与生态环境影响评价"项目获科技部重点研发计划支持，"磁制冷材料性能与制冷能力优化研究"项目获国家自然科学基金支持，"宽压范围输出氢储存和供给系统"项目获科技部国际科技合作专项支持，"高端钕铁硼永磁材料产业化技术开发"项目获自治区重大专项支持，"微纳稀土光功能材料制备技术"项目获科技兴蒙计划支持。授权专利51项（包括国际专利4项），同比增长82%。制（修）订国家、行业及团体标准21项，发布标准10项（包括国际标准1项）。获得省部级科技奖励15项，包括稀土科学技术二等奖3项、自治区科学技术进步三等奖1项。"光学望远镜磁致伸缩促动器的研制"摘得中国创新方法大赛金奖；《科技人力资源可持续发展机制的创新》获中国劳动学会冶金分会论文一等奖。

【产研结合】 强化产研结合，科研服务效能逐步显现。针对冶炼分离过程产生的氟硅混酸，开展氟硅资源高值化应用技术研究，氟化稀土增值4000～5000元/吨，在科日公司实现知识产权转让，建成"1000吨氟化稀土中试示范线"。针对现行工艺"三废"问题，设计混合稀土精矿硫酸浆化分解工艺，在甘肃稀土公司完成中试研究，实现氟碳铈矿优先分解，吨氧化物硫酸消耗降低40%。新型氧化物焙烧装备项目，完成300吨碳酸镧连续化分解工业试验，产品物理指标均一，能耗降低15%～20%。根据包钢（集团）公司对稀土镀锌板抗蚀性能的需求，定制化开发稀土锌合金产品及其制备关键技术，提供1.2吨稀土锌合金进行工业生产试验，生产稀土镀锌板近5000吨。开展稀土边界品位岩芯样品检测与岩矿鉴定，完成东矿稀土矿体和铁矿体的建模工作。为开展异构烷烃在稀土萃取过程中的应用研究，损耗可降低10%，具有耐老化、耐低温的特性。

【高值利用】 聚焦高值利用，多措并举实现价值提升。聚焦高附加值稀土材料的研发应用，进行产业链延伸和转化增值的创新探索。稀土永磁材料方面，研发的高性能稀土永磁材料综合磁性能达到81，处于国内领先水平；烧结钕铁硼多极辐射磁环最大磁能积达到45.3MGOe，处于世界领先水平，

度入选《中国学术期刊影响因子年报》统计源期刊。《北方农业学报》被美国艾博思科（EBSCO）学术数据库全文收录，《畜牧与饲料科学》再次被评为RCCSE中国核心学术期刊和中国学术期刊（网络版）(CAJ-N) 首批网络首发期刊，《当代畜禽养殖业》被列入2020年武大版RCCS准核心期刊(B+)目录。

（张喜彦）

林业科研

【概况】 内蒙古自治区林业科学研究院（以下简称“内蒙古林科院”）内设17个部门，管理相当于正处级事业单位1个。17个内设部门分别为，专业研究机构7个：荒漠化防治研究所、林业研究所、森林资源与生态环境研究所、森林经营与保护研究所、生态功能与森林碳汇研究所、实验室、林木与花卉引种繁育中心；科技支撑部门3个：荒漠化技术国际培训和交流中心、景观环境研究所、《内蒙古林业》杂志社；管理处室6个：工会、党委办公室、院办公室、财务处、人事培训处和科研与信息管理处；后勤保障部门1个：物业服务中心（呼和浩特市原林迪物业有限责任公司，于8月12日注销）；管理相当于正处级事业单位名称为“内蒙古自治区林木种苗科研教育示范基地管理中心”。此外，内蒙古林科院还有国家林业和草原局重点实验室——沙地生物资源保护与培育实验室1个，自治区级重点实验室——沙地（沙漠）生态系统与生态工程实验室和经济林无菌脱毒培育工程实验室，内蒙古自治区黑果枸杞工程技术中心一个。挂靠单位3个：内蒙古自治区生态定位观测网络中心、自治区林业标准化技术委员会秘书处、内蒙古自治区林学会秘书处。

内蒙古林科院人员编制114名，在职职工102人。其中：专业技术人员83个人（正高级职称19个人，副高级职称21个人，中级职称25个人，初级职称18个人）。内蒙古自治区林木种苗科研教育示范基地管理中心人员编制25名，在职职工18人。其中：专业技术人员11个人（副高级职称3人，中级职称2人，初级职称4人）。

2020年12月31日，根据自治区委员会机构编制委员会《关于内蒙古自治区林业科学研究院机构职能编制的批复》的通知（内机编委发〔2020〕57号）指示精神，内蒙古自治区林业科学研究院和内蒙古自治区林木种苗科研教育示范基地管理中心整合，组建内蒙古自治区林业科学研究院。内蒙古自治区林业科学研究院为自治区林业和草原局所属公益一类事业单位，机构规格相当于副厅级。

【科研项目】 2020年，内蒙古林科院向上级各级项目主管部门申报科研项目共计54项；获得批准立项22项，其中国家层面获批5项，自治区层面获得15项，其他1项，获得693万元经费支持。

2020年，内蒙古林科院承担的在研项目共计79项；其中，延续项目57项、新立项22项；研发总经费7016.8万元。所有项目都按照实施方案的要求顺利开展。

2020年，内蒙古林科院承担的科研项目结题验收17项，其中国家层面验收项目7项、自治区层面验收项目10项。

科技成果获内蒙古自治区科技进步二等奖1项，获内蒙古自治区农牧业丰收奖一等奖3项，三等奖1项。获得国家实用新型专利24项；发布实施地方标准5项；发表科技论文33篇；申报的国家良种《小胡杨－2号》已通过审定。获得2020年内蒙古自治区青年创新人才奖1个人；入选2020年度内蒙古自治区“草原英才”工程青年创新人才一层次、二层次各1个人；入选“内蒙古农工党专业技术代表人士”1个人。

【筹建食用林产品检验检测中心】 根据国家林业和草原局《关于加强食用林产品质量安全监管工作的通知》（林科发〔2018〕129号指示精神）和自治区林业和草原局的要求，依托内蒙古林科院实验室平台，2020年，完成《内蒙古林科院食用林产品检验检测中心建设项目可研报告》编制及预算申报、林产品检验检测CMA资质认定RB/T214-2017标准培训、确认资质认定工作的组织机构、收集检测项目相关标准、标准物质的采购和建档等工作。

【亚太森林组织干旱地植被恢复国际培训中心挂牌】 3月16日，“亚太森林组织干旱地植被恢复国际培训中心”在内蒙古林科院正式挂牌。2020年工作重点是开展培训教材编写和考察点升级工作。

【国家林草长期科研基地挂牌】 内蒙古林科院“达拉特荒漠类国家长期科研基地”被国家林草原局列为第一批长期科研基地。2020年，制定了《内蒙古达拉特荒漠类国家长期科研基地管理办法》，并进行挂牌。

2020 年度内蒙古林科院科研成果获奖统计表

表 16

序号	名称	获奖人员	奖励级别	备注	时间
1	固定沙地活化风蚀坑土壤风蚀控制与植被恢复技术	闫德仁、胡小龙、袁立敏、黄海广、曲娜、薛博	内蒙古自治区科技进步二等奖	主持	2020 年
2	枸杞高效栽培经营技术推广	郭永盛、郭中、吴秀花、杨宏伟、杨荣、尚海军、王乐军、王玉芝、刘丽英、赵丽、武林、呼木吉勒图	内蒙古自治区农牧业丰收奖一等奖	主持	2020 年
3	沙地人工灌木林林分结构优化调控技术模式推广与应用	王晓江、张雷、洪光宇、李卓凡、海龙、李爱平、高孝威、李梓豪	内蒙古自治区农牧业丰收奖一等奖	主持	2020 年
4	三种优良乡土树种繁育与栽培技术示范	季蒙、曹恭祥、王志波、李银祥、邢钰坤、杨跃文、张楠、福升、刘佳、冯涛	内蒙古自治区农牧业丰收奖一等奖	主持	2020 年
5	干旱半干旱区菌草产业化开发及生态修复	梁海荣、刘雪锋、莎仁图雅、李佳陶、王云霓、吴振廷	内蒙古自治区农牧业丰收奖三等奖	主持	2020 年

2020 年度内蒙古林科院获得授权专利统计表

表 17

序号	名称	专利号	类型	发明人	时间
1	一种乔木林凋落物收集装置	ZL201920575825.4	实用新型	海龙、王晓江、张文军等	2020 年
2	一种灌木生物量自动收集装置	ZL201920965016.4	实用新型	王伟峰、段玉玺、王博、李晓晶、王玉芝、呼木吉勒图	2020 年
3	一种森林采伐剩余物再利用处置装置	ZL201920551767.1	实用新型	王伟峰、段玉玺、鲁敏、王博、李晓晶	2020 年
4	一种植物鲜样真空低温保存袋	ZL201920443365.X	实用新型	王博、段玉玺、王伟峰等	2020 年
5	一种植物用集雨保水治沙装置	ZL201920443363.0	实用新型	王博、段玉玺、王伟峰等	2020 年
6	一种沙地地下水潜水位水质动态监测装置	ZL201921210086.5	实用新型	王晓江、高孝威、李卓凡、李梓豪、李爱平、洪光宇、鲍金山、海龙、张雷	2020 年
7	生物质固体废物好氧发酵简易装置	ZL201921063711.8	实用新型	张雷、王晓江、高孝威、张文军、李梓豪、李卓凡、呼木吉勒图、洪光宇、王云霓	2020 年
8	一种荒漠灌丛种子雨收集装置	ZL201920564943.5	实用新型	杨跃文、季蒙、邢钰坤、曹恭祥、王志波、李银祥、张海东	2020 年
9	一种便携式苗圃幼苗移栽装置	ZL202020231761.9	实用新型	曹恭祥、刘新前、季蒙、王志波、张海东、李银祥、杨跃文、邢钰坤	2020 年
10	一种防止肥料流失的苗圃土壤深层施肥装置	ZL202020231762.3	实用新型	曹恭祥、季蒙、刘新前、杨跃文、邢钰坤、王志波、李银祥、张海东	2020 年
11	一种新型林业用蜂窝育苗装置	ZL202020272282.1	实用新型	曹恭祥、郭中、季蒙、邢钰坤、杨跃文、韩小雄、王志波、张海东、李银祥	2020 年
12	一种灌木雨水收集装置	ZL201921488908.6	实用新型	王志波、季蒙、张海东、曹恭祥、杨跃文、李银祥、邢钰坤	2020 年
13	一种新型林地土壤取样器	ZL201922440260.1	实用新型	张海东、季蒙、卜玉强、王志波、曹恭祥、杨跃文、邢钰坤、李银祥、张南、福升	2020 年

续表

序号	名称	专利号	类型	发明人	时间
14	一种林木种子收集装置	ZL201922338338.9	实用新型	鲁敏、刘平生、王伟峰、赵丽、李佳陶	2020 年
15	一种爬树装置	ZL202020664297.2	实用新型	海龙、刘丽浩、黄卫丽、武永智等	2020 年
16	一种树木根部渗漏式补水装置	ZL202020664752.9	实用新型	海龙、王晓江、杨宏伟、尚海军等	2020 年
17	一种树木根部雨水收集渗漏及水分防蒸散装置	ZL202020665745.0	实用新型	海龙、王晓江、张文军、吴振廷等	2020 年
18	一种实用的苗木移植根部保护装置	ZL202020269571.6	实用新型	王云霓、韩珊珊、曹恭祥、王玉芝、张楠、刘佳、任倩楠	2020 年
19	一种风沙土取样装置	ZL202020902289.7	实用新型	莎仁图雅、王美珍、刘雪锋、李佳陶、吴振廷、武永智、黄卫丽	2020 年
20	一种三维立体植物样方调查框	ZL202021265269.x	实用新型	莎仁图雅、刘雪锋、吴振廷、崔全友、李佳陶	2020 年
21	移苗支架	ZL202022100646.0	实用新型	莎仁图雅、王美珍、刘雪锋、吴振廷、武永智、黄卫丽、王春颖	2020 年
22	一种枯落物持水量便携测定袋	ZL202021334103.9	实用新型	莎仁图雅、武永智、乌日恒、王美珍、隋莹莹	2020 年
23	一种土壤水分渗漏量自动记录采集器	ZL202020245234.3	实用新型	梁海荣、李佳陶、刘雪锋、于思佳、鲁敏	2020 年
24	一种小胡杨良种的温室调控系统	ZL201921053447.X	实用新型	梁海荣、冯伟、李佳陶、张海龙、尹连兴、赵丽、刘雪锋	2020 年
25	一种拼接式土壤水分渗漏模拟装置	ZL202020247072.7	实用新型	梁海荣、赵丽、李佳陶、武永智、于思佳	2020 年

2020 年度内蒙古林科院发布地方标准统计表

表 18

序号	名称	编号	人员	时间
1	玫瑰丰产栽培技术规程	DB15/T1856—2020	季蒙	2020 年
2	蒙古莸造林技术规程	DB15/T1855—2020	季蒙	2020 年
3	直压立式纱网沙障固沙造林技术规程	DB15/T1813—2020	闫德仁	2020 年
4	灌木林防风固沙生态效益监测技术规程	DB15/T1937—2020	王晓江	2020 年
5	互叶醉鱼草育苗技术规程	DB15/T2049—2020	季蒙、邢钰坤	2020 年
6	文冠果组织培养育苗技术规程	DB15/T1939—2020	张文军、王美珍	2020 年

（崔全友）

草原研究

【概况】 2020 年中国农业科学院草原研究所（简称“草原研究所”）内设机构 12 个，其中，职能部门 4 个：综合（党办人事）处、科研管理处、财务管理处、成果转化与条件建设处；研究中心 5 个：草资源与遗传育种研究中心、草原生态保护与恢复利用研究中心、牧草安全生产与加工利用研究中心、草畜产品质量安全与风险评估研究中心、草地生态遥感与大数据应用研究中心；支撑部门 3 个：牧草及草产品质量检测与分析测试中心、草业科技信息中心（期刊室）、后勤服务中心（内蒙古中农草业发展有限公司）。现有在职职工 152 人，其中，科技人员 129 人，具有高级专业技术职务 66 人。

承建有国家牧草改良中心 1 个，国家种质牧草中期库 1 个，国家种质多年生牧草圃 1 个，农业农村部重点实验室 4 个，农业农村部草业产品质量安全监督检验中心 1 个，国家林业和草原局呼和浩特草种质资源与育种国家长期科研基地 1 个，中俄草地生态与可持续利用联合实验室 1 个，农业农村部重点野外科学观测实验站 3 个，农业农村部国家农业微生物鄂尔多斯观测站 1 个和国家土壤质量观测站 2 个，农业农村部草原机械装备试验站 1 个，内蒙古自治区科普示范基地 1 个，院级野外科学观测实验站 5 个、野外试验基地 6 个。

【立项产出】 率先实施创新工程重大任务引领战略，按照“创机制、稳方向、强队伍、抓项目、育成果”的思路，针对草牧业发展“卡脖子”问题，结合草原研究所实际，谋划重要草种质资源、草原生态修复等 5 个重大任务，调整优化创新团队。集中人员、经费、平台、项目、成果等科技创新要素，构建创新团队集中管理单元模式和“三个一”（一个团队配套一个重点实验室和一个基地）的科技创新支撑体系，形成基础研究—技术开发—成果转化—推广应用的一体化格局。全年以第一作者或通讯作者单位发表期刊论文 70 篇，其中 SCI/EI 论文 29 篇，1 区 SCI 论文 6 篇，出版著作 15 部，其中第一作者单位 10 部（6 部专著），获得发明专利 4 项，新农机产品 3 项，软件著作权 7 项，鉴定成果 5 项，授权牧草新品种 4 个，获得内蒙古科技进步一等奖、二等奖各一项。

【创新平台建设】 全面谋划基地平台建设“十四五”规划，有序推进全所重大科技平台提质换挡。2020 年获批国家草原自然公园建议试点单位 1 个、获批内蒙古自治区科普示范基地 2 个。组建“草地遥感观测系统内蒙古数据与应用中心草原所分中心”，在典型生态区分别建立 4 个示范性家庭牧场，加速遥感技术在草原生态系统监测中的应用。收集优质牧草种质资源 580 份，发现 2 种植物新分布区。全年为 14 家企业公司、9 家科研院所、5 所高校以及科研团队提供样品分析服务，检测样品量 5000 份。

【科创载体建设】 发挥“科技兴蒙”行动合作主体的核心引领作用，制订《关于落实内蒙古自治区人民政府与中国农业科学院合作协议共同推进实施“科技兴蒙”行动的措施建议》，成立“内蒙古草业与草原研究院”，签约各类主体项目 32 项，达成合作意向 54 项。健全科技服务体系，加强“科技智库”建设，报送发展规划、咨询报告 20 余项。探索“研究所 + 政府 + 企业”合作推广优质牧草品种转化新模式，成功推动“西乌珠穆沁羊草”等牧草新品种转化。加强科企、科产融合，与伊利、蒙牛等联合开展苜蓿全产业链技术攻关，引领龙头企业标准化牧草种植水平全面提升。承担牧区现代化试点评估工作，构建牧区现代化评价指标体系。开展科技脱贫攻坚，派出 1 名“西藏高层次引进人才”援助西藏农牧科学院，1 名牧草种植专家援助拉萨市农业农村局，开展饲草利用研究，推广优良牧草，帮扶西藏培养人才。

【人才队伍建设】 改革薪酬绩效分配制度。建立长期稳定、突出业绩的薪酬绩效分配制度，实现从“大锅饭”到“按劳分配”的跨越，确保多劳多得、多产多得。实施首席科学家年薪制，业绩贡献与绩效挂钩，动态管理。实施青年薪酬保障制度，设置最低薪酬保障措施，实行科技产出奖励、青年人才培育计划等，为青年科技工作者提供优良的工作环境。重点围绕人才的“引育聚留”，统筹谋划适应发展新阶段的人才队伍结构。精准引进急需紧缺人才，人才队伍结构得到进一步优化。以重大任务为牵引，按照“自愿双选”原则，调整团队岗位设置和人员结构，优化创新团队人员规模和年龄结构，注重选拔青年骨干和后备接班人，首席平均年龄优化为 44 岁，团队骨干平均年龄优化为 37 岁。

（王云锋　乌兰巴特尔）

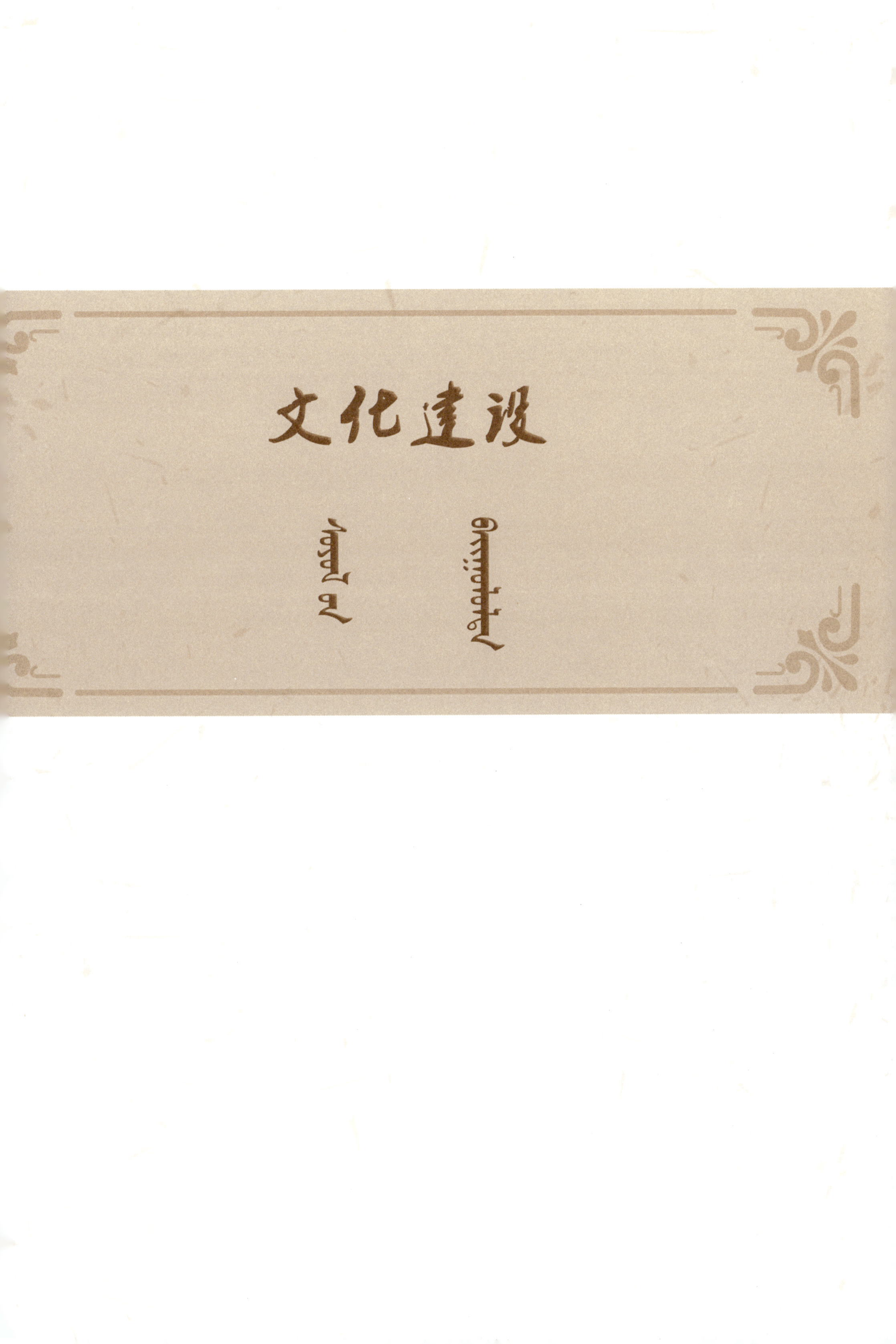

文化建设

ᠰᠣᠶᠣᠯ ᠤᠨ ᠪᠠᠶᠢᠭᠤᠯᠤᠯᠲᠠ

文化旅游事业

文化旅游管理

【概况】 内蒙古自治区文化和旅游厅是主管全区文化事业和旅游产业的自治区人民政府组成部门，正厅级。内设15个职能处室，现有在职人员52人，管理自治区文物局和区直文化事业单位9个，现有在职人员1364人，离退休人员92人（厅机关）。

2020年末，纳入统计范围的全区文化和旅游单位6136个，从业人员52334人。其中，各级文化和旅游部门所属事业单位2028个，比上年增加54个；从业人员21587人，比上年增加555人。

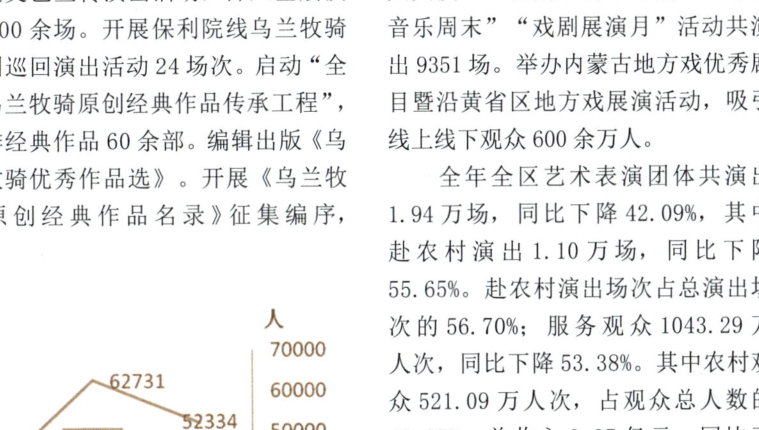

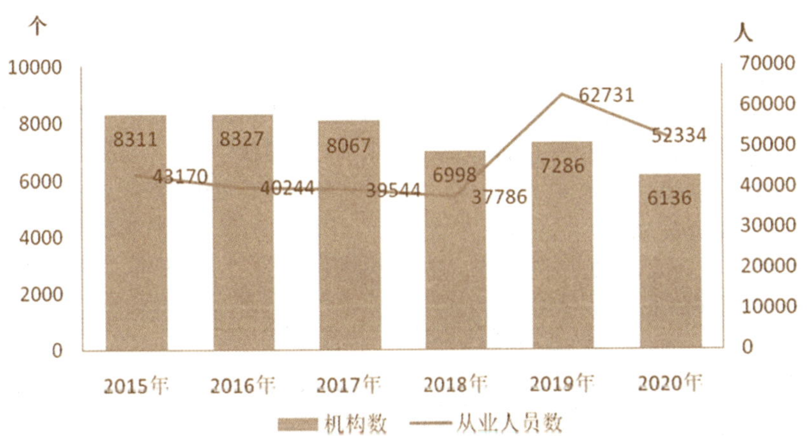

2015—2020年全区文化和旅游单位及人员情况

注：从2019年开始星级饭店和旅行社纳入统计范围。

【艺术创作演出】

乌兰牧骑事业 初步制定《乌兰牧骑事业中长期发展规划（2021—2030年）》，修订完善《乌兰牧骑考核评估管理办法》。组织启动《〈乌兰牧骑条例〉实施细则》起草工作。在抗疫期间，推出“网上乌兰牧骑”PC版网页和手机版微信H5，将线下服务成功转移到线上，开展“乌兰牧骑之家”网上培训辅导交流，各地乌兰牧骑通过网络平台开展文艺直播7000余场次、政策宣讲3000余次、在线培训700余场次，丰富农牧民群众精神文化生活。疫情形势好转后，各地乌兰牧骑率先复工达产，开展“六进”演出1329场，惠及基层群众60余万人。举办“一切为了人民·乌兰牧骑月”主题活动和全区乌兰牧骑交流演出活动，各地乌兰牧骑跨盟市、跨旗县开展交流演出115场。国庆中秋期间，开展“草原儿女爱祖国 中华民族共团圆”主题文艺宣传演出活动，深入基层演出700余场。开展保利院线乌兰牧骑全国巡回演出活动24场次。启动“全区乌兰牧骑原创经典作品传承工程”，复排经典作品60余部。编辑出版《乌兰牧骑优秀作品选》。开展《乌兰牧骑原创经典作品名录》征集编序，强化乌兰牧骑知识产权保护。各地乌兰牧骑组织编创演出各类短小精湛文艺作品400余部。举办第二届全区乌兰牧骑新人新作比赛，网络直播点击量2亿人次。

艺术创作成果 组织实施内蒙古舞台艺术精品工程，各地围绕全面建成小康社会、庆祝建党100周年主题开展艺术创作，集中推出一批重点舞台剧。新创民族歌剧《江格尔》、话剧《钢铁是怎样炼成的》、舞剧《骑兵》，传统精品复排舞剧《草原英雄小姐妹》、舞蹈《曲盅人》、乌力格尔《草原之子》、音乐组歌《原生态民族音乐会》等7部作品入选庆祝建党100周年舞台艺术精品创作工程。舞剧《骑兵》获得第十二届中国舞蹈“荷花奖”舞剧奖。

文艺演出 在内蒙古展览馆及各盟市、旗县设立“人民剧场”，开展内蒙古文艺惠民演出工程，“草原文艺天天演”“百团千场下基层”“草原音乐周末”“戏剧展演月”活动共演出9351场。举办内蒙古地方戏优秀剧目暨沿黄省区地方戏展演活动，吸引线上线下观众600余万人。

全年全区艺术表演团体共演出1.94万场，同比下降42.09%，其中赴农村演出1.10万场，同比下降55.65%。赴农村演出场次占总演出场次的56.70%；服务观众1043.29万人次，同比下降53.38%。其中农村观众521.09万人次，占观众总人数的49.95%。总收入9.87亿元，同比下降10.24%，其中演出收入0.28亿元，同比下降66.11%。

2020年全区文化和旅游部门所属艺术表演团体共组织政府购买的公益演出0.61万场，同比下降16.44%；服务观众270.17万人次，同比下降42.35%。利用流动舞台车演出0.21万场次，同比下降47.37%；服务观众106.89万人次，同比下降54.22%。

艺术研究 开展内蒙古经典传统民族舞蹈视频、文化名人采风、老艺术家采访等活动。《内蒙古歌曲选集》《内蒙古赋》付梓出版。完成艺术档案馆加固维修改造工作。

【群众文化活动】 举办“乡村振兴 文化先行”内蒙古乡村春晚启动和集中展示活动。在疫情期间，及时将公共文化服务转移到线上网上，推出了网上图书馆、网上博物院、网上展览馆、网上文化馆等在线服务。在疫情防控常态化后，相继举办第三届农牧民文艺汇演、“百姓大舞台、景区展风采”为民演出活动、“舞动北疆”

2011—2020 年全区艺术表演团体基本情况表

表 19

年份	机构数（个）	从业人员数（人）	演出场次（万场）	国内演出观众人次（万人次）	总收入（万元）	
						# 演出收入
2011 年	121	5963	2.08	1474.7	41212	3545
2012 年	137	6330	2.19	2040	54995	4886
2013 年	143	7024	2.65	1363.1	63573	3212
2014 年	177	7428	2.56	1779.3	67343	5930
2015 年	175	7515	3.91	1123.5	86128	7234
2016 年	186	7226	2.45	1241.1	90351	5025
2017 年	206	7914	2.88	1601.9	98622	7820
2018 年	226	7993	3.13	1611.41	106009	7984
2019 年	264	9235	3.35	2237.97	109994	8272
2020 年	204	8555	1.94	1043.29	98726	2804

第三届广场舞大赛、第三届“群星奖”评奖活动。选送作品参加黄河流域九省区摄影联展，有 7 幅作品获奖。开展“送戏曲进乡村”演出 2000 余场次，观众 50 多万人次。“春雨工程”“阳光工程”等文化和旅游志愿服务深入开展，建立文化志愿服务数字化管理平台。举办“铸牢中华民族共同体意识”党的民族理论和民族政策档案文献展。对 2019 年建设的旅游厕所进行全面验收和定级评定，超额完成 2020 年旅游厕所建设任务。

【文化场馆】

公共图书馆 2020 年末全区共有公共图书馆 117 个，其中少儿图书馆 1 个，与上年持平。全区公共图书馆从业人员 1784 人，其中具有高级职称的人员 395 人，占 22.14%；具有中级职称的人员 644 人，占 36.10%。

年末全区公共图书馆实际使用房屋建筑面积 43.90 万平方米，同比增长 1.43%；图书总藏量 2049.59 万册，同比增长 2.69%；电子图书 1406.57 万册，同比增长 10.04%；阅览室座席数 3.58 万个，计算机 0.66 万台，供读者使用的电子阅览终端 0.44 万台，基本与上年持平。2020 年全区平均每万人公共图书馆建筑面积 182.54 平方米，比上年增加 12.14 平方米；全区人均图书藏量 0.85 册，比上年增加 0.06 册；全区人均购书费 1.53 元，比上年增加 0.37 元。

表演场馆 年末全区文化和旅游部门所属艺术表演场馆 17 个；从业人员 140 人；观众座席数 1.29 万个。全年共举行演出 0.69 万场，其中艺术演出 0.16 万场，演出场次同比增长 31.14%；观众 7.85 万人次，同比下降 76.35%。

美术馆 2020 年文化和旅游部门所属美术馆 26 个，比去年增加 1 个；从业人员 194 人，比去年减少 67 人；全年共举办展览 177 个，同比下降 18.43%；参观人次 80.14 万人次，同比下降 5.95%。

群众文化机构 年末全区共有群众文化机构 1205 个，比上年末减少 1 个。其中综合文化站 1085 个，比上年末减少 1 个。年末全区平均每万人群众文化设施建筑面积 404.13 平方米，比上年增加 63.17 平方米。全年全区群众文化机构共组织开展各类活动 27037 场次，同比下降 37.11%；服务人次 820.08 万人次，同比下降 38.16%。全区群众文化机构共有馆办文艺团体 330 个，演出 2094 场，观众 91.81 万人次。由文化馆（站）指导的群众业余文艺团体 9287 个，馆办老年大学 35 个。

【市场管理和执法监督】 2020 年，制定《内蒙古自治区安全生产专项整治三年行动实施方案》《旅游饭店星级评定与复核管理办法》《旅游饭店星级评定员管理办法》等规范性文件，进一步提升文旅市场服务质量。持续优化营商环境，全面压减本级行政权力事项，对本级认领的 30 项政务服务事项进行颗粒化拆分、精细化梳理。设立自治区文化和旅游投诉举报受理室，推动“全国文化市场技术监管与服务平台”和“全国旅游监管服务平台”

2020 年全区群众文化机构开展活动情况表

表 20

性质	举办展览（个）	组织文艺活动次数（次）	举办训练班（次）	组织公益性讲座次数（次）	服务人次（万人次）
总计	1969	16284	7852	932	820.08
文化馆	531	4105	3744	932	548.63
文化站	1438	12179	4108	0	271.45
其中：乡镇站	1096	8326	2763	0	205.69

2020 年全区文化市场娱乐场所及互联网上网服务营业场所（网吧）情况对比表

表 21

分类	机构数（个）			从业人员（人）			营业收入（亿元）			营业利润（亿元）		
年度	2020	2019	增减	2020	2019	增减	2020	2019	增减	2020	2019	增减
娱乐场所	1190	1627	-437	4755	7227	-2472	3.41	7.41	-4	-0.16	1.73	-1.89
互联网上网服务场所	1440	1923	-483	3379	5904	-2525	2.34	4.27	-1.93	-0.15	0.99	-1.14

与全区一体化在线政务服务平台对接工作，实现四级行政审批信息互通、资源共享、程序、过程可溯。开展“安全生产月”“安全万里行”和安全生产专项整治三年行动。严格落实领导干部安全生产责任制，编制应对文化旅游自然灾害、公共卫生事件、大型会展活动等10个应急预案，组织开展事故灾难、旅游突发事件应急演练。年末全区文化市场经营机构（含互联网上网服务营业场所、娱乐场所和民营艺术表演团体、场馆等）2837个，比上年减少1076个；从业人员11595人，比上年减少6926人。互联网上网服务营业场所（网吧）1440个，比上年减少483个；全年营业收入2.34亿元，同比下降45.24%；营业利润-0.15亿元，同比下降115.60%。年末全区旅行社1074个，比上年减少106个，星级饭店191家，比上年减少21家。

2020年，推进文化市场综合执法改革，盟市“同城一支队伍”、旗县“局队合一”全部完成。严格落实“双随机、一公开”监管制度，完善文化旅游市场主体信息库、执法人员信息库和执法事项清单。组织开展联合执法、交叉执法、明察暗访等市场检查7批次，累计出动执法人员17.45万人次，检查各类经营场所6.75万家次，警告698起，立案调查215件，责令停业整顿11家，取缔6家，完成两轮第三方“体检式”暗访评估工作，向相关部门移交案件线索1208条。

【资源开发和利用】 2020年，资源开发利用成果丰硕。全域旅游深入发展，编制完成黄河几字湾、乌阿海满、环京津冀、G7国家风景道区域旅游协同发展规划和《内蒙古自治区全域旅游发展规划》，鄂尔多斯市康巴什区、二连浩特市成功创建为国家全域旅游示范区。验收认定赤峰市克什克腾旗、包头市达尔罕茂明安联合旗等15家自治区级全域旅游示范区。持续打造品牌景区，推进呼伦贝尔大草原-莫尔格勒河旅游区国家AAAAA级旅游景区创建工作，库布其七星湖沙漠旅游区顺利通过国家AAAAA级旅游景区景观质量评审。评定公布国家AAAA级旅游景区2家、AAA级旅游景区13家。推动乡村旅游发展，额尔古纳市恩和俄罗斯族民族乡恩和村等15家村（嘎查）入选第二批全国乡村旅游重点村。修订自治区乡村（牧区）旅游接待户星级评定地方标准。组织开展乡村旅游经营单位调查。重点支持了197个旅游扶贫项目，创建91个旅游产业扶贫示范项目。积极发展红色旅游，组织编制《内蒙古红色旅游发展规划（2020—2025）》，推进桃力民红色教育基地等红色旅游资源开发和景区建设，鄂尔多斯市鄂托克前旗入选全国红色旅游发展典型案例。发展自驾游，在全区高速路服务区开展自驾游推广服务，拉动自驾旅游市场增长，通辽青龙山自驾营地成功创建国家4C级自驾车旅居车营地。2020年末，全区共有A级旅游景区400个，比上年末增加14个。其中，AAAAA级旅游景区6个，与上年持平；AAAA级旅游景区133个，与上年持平；AAA级旅游景区115个，增加9个。2020年全区接待国内外游客12503.07万人次，恢复到上年同期水平的64.08%；实现旅游业综合收入2406.44亿元，恢复到上年同期水平的51.73%。其中，全年接待国内游客12494.39万人次，恢复到上年同期水平的64.68%；实现国内旅游收入2404.06亿元，恢复到上年同期水平的52.74%。全年全区接待入境游客8.68万人次，比上年减少187.15万人次，同比下降95.57%；实现入境创汇0.34亿美元，比上年减少13.06亿美元，同比下降97.46%。（入境旅游统计时间：2020年1—3月）。

【产业与科技】 2020年，文化旅游产业深入融合发展。积极应对疫情影响，制定印发《支持文旅产业克服疫情影响加快恢复发展的若干措施》，联合财政厅下发《关于加强企业贷款贴息力度减免旅游景区门票的实施办法》，申请财政落实自治区减免旅游景区门票补贴专项资金1.42亿元，为文旅企业年内新增流动性资金贷款进行贴息，协调保险公司为旅行社暂退旅游服务质量保证金1.36亿元，共有1000多家文化和旅游企业从中受益。推动银企对接合作，联合金融机构深入呼和浩特市、赤峰市等地开展文旅产业项目融资对接活动。丰镇市隆盛庄一期、满洲里市套娃广场等73个项目获得银行融资18.1亿元，梅力更、鄂尔多斯草原、大青沟等景区等9个景区获得智慧景区平台支持。推动传统工艺传承和文化旅游商品创新发展，重点支持文化创意和旅游商品实体店、创意产品开发、精品演艺进景区等五大类50个文旅产业项目。激发文化旅游消费，呼和浩特市、鄂尔多斯市分别入选国家文化和旅游消费试点、示范城市。打造文化旅游消费集聚区，在全区开展精品演艺、文

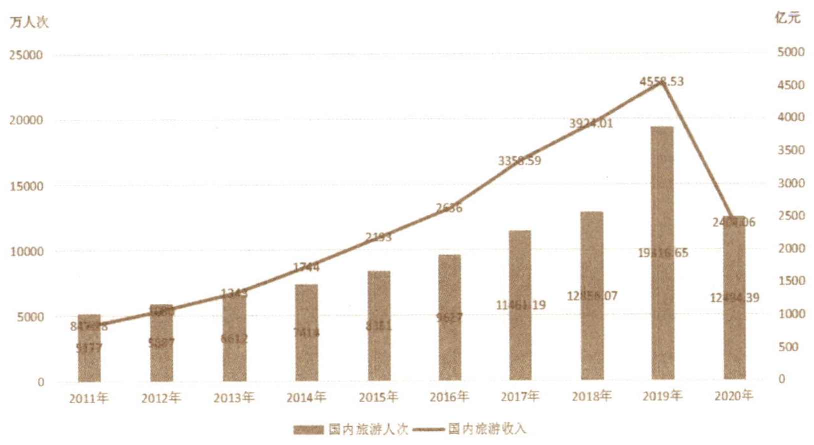

2011—2020年国内旅游发展情况

创、非遗进景区活动，举办各类活动1067场次。推动产业交流合作，组织举办自治区文化产业（线上）博览交易会，开展云展览、云推介、云带货、等多项主题展示，助推内蒙古文化产业“走出去”。

根据自治区统计局统计，2020年全区规模以上文化及相关产业企业实现收入96.85亿元，同比下降4.14%。

2020年推进行业标准化工作，组织编制《内蒙古自治区文化和旅游行业标准化体系规划》《牧区旅游接待户评定标准》等地方行业标准并获批立项，审议通过《内蒙古自治区文化和旅游标准化技术委员会章程》和《内蒙古自治区文化和旅游标准化技术委员会秘书处工作细则》。推动自治区文旅行业智慧化发展，组织编写《内蒙古自治区智慧文旅管理应用系统平台建设方案》。推进AAAA级以上旅游景区视频监控系统与自治区文旅行业检测与应急指挥平台对接工作。根据疫情防控措施指南精神具体指导盟市社会艺术水平考级工作。截至2020年底，全国21家考级机构在内蒙古自治区开设138家社会艺术水平考级点，覆盖12个盟市1个计划单列市的98个旗县区。

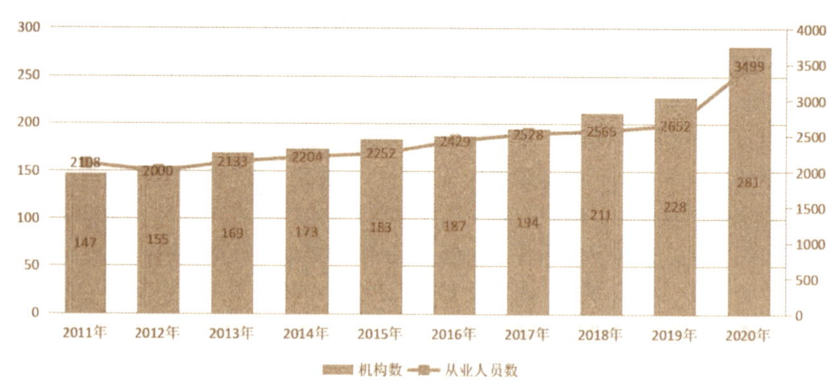

2011—2020年全区文物机构及从业人员情况

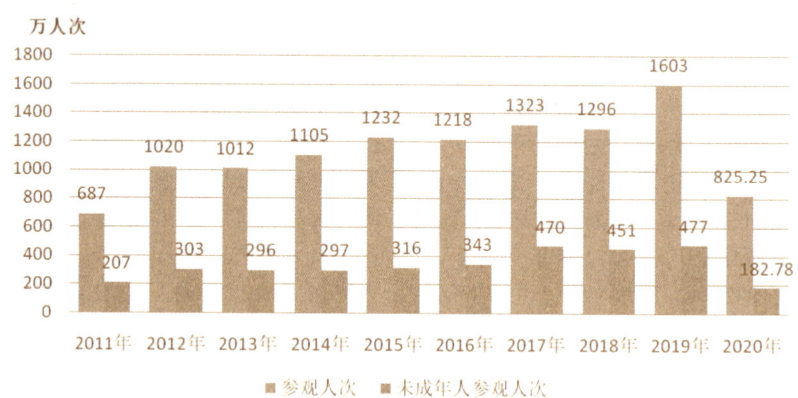

2011—2020年全区文物机构参观人次及未成年人参观人次

【文化遗产保护利用】 2020年，文物保护利用有序开展。制定出台《关于文物保护利用改革的实施意见》《加强全区文物保护工作方案》《文物保护工程安全督察、检查、巡察办法》等文件，健全文物保护管理机制，提升文物保护治理能力。实施文物保护工程，重点实施了武安州辽塔加固维修、阿尔寨石窟壁画保护、定远营古民居保护、小佘太秦长城（张德禄段）抢险加固等工程。推进文物考古工作，后城咀石城遗址、沙梁子古城遗址、北魏皇家祭天遗址的发掘，填补多项考古空白，为中华民族多元一体的发展历史提供了珍贵实证。联合宗教、消防等部门开展全区文物安全隐患大排查专项行动，共发现各类文物安全隐患156个，其中文物本体安全隐患91个，制定文物安全隐患整改方案。协同公安部门联合开展打击文物犯罪专项行动，全年立案24起，破获19起，抓获犯罪嫌疑人56人，追缴文物722件。推进辽博物馆、呼伦贝尔历史博物馆等重大公共文化设施建设。组织开展陈列展览优秀案例评比工作，引进和推出了《“南海Ⅰ号”沉船与南宋海贸》《内蒙古黄河流域古代文明展》《中华体育文物暨冰雪运动特展》等一批文物精品展览。

年末全区共有文物机构281个，比上年增加53个。全区文物机构从业人员3499人，比上年末增加847人。文物机构中，文物保护管理机构97个，占34.52%，博物馆172个，占61.21%。从业人员中，文物保护管理机构699人，占19.98%；博物馆2649人，占75.71%。

全年文物机构共安排基本陈列509个，举办临时展览177个，接待参观825.25万人次，同比下降48.52%。其中博物馆接待观众788.69万人次，占文物机构接待观众总人次的95.56%；文物保护管理机构接待观众36.56万人次，占4.43%。

年末全区文物机构拥有藏品127.89万件/套，比上年增加22.36万件/套，增长21.19%。其中，博物馆藏品118.38万件/套，占藏品总量的92.56%；文物保护管理机构藏品7.77万件/套，占藏品总量的6.07%。文物藏品中，一级文物0.35万件/套，占0.27%；二级文物0.73万件/套，占0.57%；三级文物1.29万件/套，占1.00%。

2020年，非遗保护传承活力增强。制定《自治区级文化生态保护区管理办法》《自治区级非物质文化遗产代表性传承人管理办法》等，增建自治区传统工艺工作站4个、非遗扶贫就业工坊8个，4个非遗扶贫就业工坊被纳入国务院脱贫攻坚项目库。组织对

3名国家级非遗代表性传承人及鄂伦春族非遗濒危项目进行全面记录。对阿尔山市非遗资源进行补充调查。组织开展传统工艺项目及其代表性传承人进景区活动，举办非遗年货展、传统工艺振兴成果展、传统美术作品展、特色刺绣艺术展等。持续开展“传统文化月月传”“传统工艺大课堂”等非遗传承传播活动，继续实施非遗传承人群研修研习培训计划，相继举办各类传承人群培训班32期。2020年末，国家级非遗代表性项目81个89处，自治区级非遗项目487个820处，盟市级项目1736个、旗县级项目3484个；国家级非遗代表性传承人82人（健在71人）、自治区级传承人967人（健在869人）、盟市级传承人3165人、旗县级传承人5399人。

2020年末，全区共有非物质文化遗产保护机构113个，从业人员555人，开展各类非遗展览、演出、举办民俗活动2427场，参加人次178.89万人；举办各类培训班482场，培训人次3.56万人；组织非遗研讨会及讲座312场次。

【对外交流合作与宣传推广】 2020年深化对外交流与合作。疫情发生以来，与文化和旅游部驻悉尼、大阪、东京、首尔、新加坡、匈牙利、墨西哥等海外机构合作，线上推送内蒙古文化和旅游相关内容。建立宣传工作机制，组建文化和旅游宣传媒体矩阵，统筹调度整合国字号、蒙字号、新字号等各类新闻媒体资源，共同塑造“祖国正北方·亮丽内蒙古”文化旅游品牌。实施“走出去”战略，赴长三角、珠三角及周边省区等重要客源地开展旅游宣传推广，与32个地市签订合作协议，与126家文旅企业签订客源互送协议，推动疫后旅游市场恢复发展。加强“请进来”宣传，开展“黄河几字弯·亮丽内蒙古”央媒采风活动，组织中央主流媒体记者、重要客源地旅行商走进内蒙古采风踩线，邀请中央电视台专题拍摄《有滋有味内蒙古》纪录片。顺应“互联网+政务”发展需求，通过微信公众平台、人民网、人民文旅、抖音等各种媒体平台进行信息动态发布和旅游宣传推介，在央视《朝闻天下》、内蒙古卫视等制作投放广告宣传片，在北京晚报等开设宣传专栏，多角度、全方位宣传推介内蒙古自治区特色文化旅游资源，助推文化和旅游持续快速发展。

【全域旅游示范区创建】 指导内蒙古自治区14个国家全域旅游示范区创建单位创建国家全域旅游示范区，鄂尔多斯市康巴什区、二连浩特市成功创建为国家全域旅游示范区。推进21个自治区级全域旅游示范区创建单位开展创建工作，6月份，公布首批5个自治区级全域旅游示范区名单，8—11月，对10家自治区级创建单位开展验收认定、提交党组会研究并进行公示。9月份，在满洲里市举办全区全域旅游培训班，开展《全域旅游示范区的解读与创建》专题讲座，就创建工作进行经验交流，对创建工作进行再部署。12月份，发布《关于公示第二批自治区级全域旅游示范区名单的公告》，和林格尔县、奈曼旗、翁牛特旗、巴林左旗、锡林浩特市、多伦县、东胜区、磴口县、阿拉善左旗、额济纳旗等10家创建单位进入公示名单。

【旅游规划编制】 组织规划评审会，完成《黄河几字弯文化旅游风情带旅游发展规划》《“乌阿海满”一体化旅游发展规划》《环京津冀千里草原风情带旅游发展规划》《G7国家风景道（内蒙古段）旅游总体规划》《内蒙古全域旅游发展规划》等五个规划项目的阶段性评审工作。启动《赤峰市和鄂尔多斯市文化和旅游资源普查项目》《内蒙古自治区黄河文化保护传承弘扬规划》和《内蒙古自治区红色旅游发展规划》规划编制工作，进入评审阶段。

【品牌旅游景区提升】 年内评定15家A级景区，其中AAAA级2家，AAA级13家。持续推进呼伦贝尔大草原-莫尔格勒河旅游区国家AAAAA级旅游景区建设工作，组织鄂尔多斯市亿利库布其七星湖沙漠旅游度假区参加2020年国家AAAAA级旅游景区监管质量评审会。开展厅机关及直属事业单位副处级以上干部包联重点A级旅游景区工作，推动景区提质增效。召开老牛湾黄河大峡谷旅游区和准格尔黄河大峡谷旅游区联合开发协调会。联合其他职能处室与自治区财政厅共同制定下发《2020年度减免旅游景区门票开展企业贷款贴息的实施方案》（内文旅办字〔2020〕78号），严格按照要求落实全区A级旅游景区开展门票减免工作。

【草原生态环境整治】 指导13个盟市（含计划单列市）编制出台草原旅游规划及草原管理办法；经过与自治区林草局密切配合，对全区草原旅游景区（点）进行摸底、整治、销号。全区共有1722家，943家草原旅游景区（点）涉及违规侵占草原破坏环境等问题，其中，拆除取缔397家，办理完善手续546家，按照要求提前全部完成整改并销号验收。起草《内蒙古草原旅游景区餐饮服务规范》。自治区人民政府办公厅第656期专报信息刊登《自治区文旅厅多举措全面推进草原旅游景点整治工作》，此项工作得到自治区人民政府郑宏范副主席和包钢副主席表扬。

【旅游产业扶贫推进】 制定并实施《自治区文旅厅2020年旅游产业扶贫工作计划》，协调自治区财政厅下拨自治区旅游发展资金6000万元，支持贫困旗县旅游扶贫示范项目等旅游项目共计255个，超额完成三年200个的创建任务，2020年全区创建旅游产业扶贫示范项目91个，进一步落实京蒙旅游扶贫协作，创新形式举办两期全区乡村旅游扶贫网络直播培训班，培训总人数近900人次。赤峰市雷营子村和鄂尔多斯市乌审旗入选2020世界旅游联盟旅游减贫案例，巴彦淖尔市富强村、赤峰市雷营子村入选内蒙古自治区消费扶贫典型案例。向自治区扶贫办报送旅游扶贫“我所经历的脱贫攻坚故事”3篇，报送旅游产业扶贫案例7篇。内蒙古电视台对通辽金河湾旅游扶贫做了专题报道。

【乡村旅游发展工作】 与自治区发改

委联合申报25个村参选第二批全国乡村旅游重点村。自治区文旅厅报送的巴彦淖尔市富强村、赤峰市雷营子村入选内蒙古自治区消费扶贫典型案例。持续开展全区乡村旅游经营单位调查工作，完成全区14个盟市（含计划单列市），596个行政村（嘎查），总计调查乡旅经营单位3427家，已完成调查报告和统计分析报告，并初步建立经营单位基础信息的电子数据库。

【红色旅游开发】 组织各盟市红色旅游管理和从业人员近500人，参加文化和旅游部资源开发司组织的红色旅游云课堂学习，加强红色旅游业务知识储备，为疫情过后企业复苏、转型升级提供基础。组织召开红色旅游规划编制研讨会，自治区党委宣传部、自治区党委党史和文献研究室相关处室负责人参加会议，完成《内蒙古自治区红色旅游发展规划》初稿编制工作，正在组织评审工作。推荐兴安盟内蒙古民族解放纪念馆荣雪莲等3名同志参加全国红色旅游五好讲解员。

【旅游形象推广】 打造“祖国正北方亮丽内蒙古”文化旅游品牌，开展央视《朝闻天下》、央视4套《晚间黄金套》、内蒙古卫视广告宣传，制作更换春夏秋季文化旅游广告宣传片。发布56条春夏季旅游线路，引导大众健康安全有序出游，助力自治区文旅产业复苏。在“疫去春来 江山多娇”全国精品主题旅游线路评选中，我厅推荐的阿拉善2日大漠花海之旅、锡林郭勒2日环湖访古探秘之旅、“内蒙古趣识营养——畅游伊利工业旅游”主题线路列入100条全国精品主题旅游线路。自治区文旅厅打造的内蒙古特色马文化旅游品牌“马背上的内蒙古”登上全国性公共关系专业期刊《国际公关》第97期。“72小时自驾内蒙古”旅游宣传推广案例跻身全国国内旅游宣传推广经典案例16强。持续开展呼和浩特铁路局列车《城市概况》播音宣传，以软文播音的形式宣传推广内蒙古文化和旅游，形成对广大旅客的软宣传。

【自驾车营地创建】 开展全区高速公路服务区文化和旅游服务推广工作，在全区118个高速路服务区显著位置悬挂巨幅自驾旅游地图，全天滚动播放文旅宣传片、文明旅游宣传片，设置旅游宣传资料展架和咨询员。调查统计全区自驾车营地的基本信息，开展全区首批自驾车营地等级认定初审工作，组织专家组对全区7家申报营地进行了现场打分，推荐通辽市草甘和青龙山两家自驾车营地参评全国4C级营地。对《自驾车旅居车营地质量等级划分》认定细则和《自驾游精品线路建设与服务规范》提出修改意见。

【“内蒙古味道”品牌打造】 参加了2020年“草原音乐美食季”、2020年内蒙古自治区民族手工艺和文创旅游精品展示活动。配合其他单位分别举办了青城草原音乐美食季——内蒙古味道大召夜市，历时3个半月；《内蒙古味道厨房》在内蒙古卫视首播，每周六晚10：05播出；鄂尔多斯草原音乐美食季，“内蒙古味道”康镇夜市；第8届内蒙古绿色农畜产品博览会暨优良品种推广会在内蒙古会展中心举办，“内蒙古味道走进绿博会美食品鉴活动”；第18届广西东盟食品糖酒博览会，“内蒙古味道品鉴活动”。

（王佐政）

文学艺术

【春暖草原百花开——内蒙古自治区文学艺术界2020年迎春联谊会】 1月20日，春暖草原百花开——内蒙古自治区文学艺术界2020年迎春联谊会在呼和浩特举行，内蒙古自治区党委常委、宣传部部长白玉刚出席活动并致新春贺词。云照光、斯琴塔日哈、王玉泉、胡尔查等著名作家艺术家以及内蒙古文艺家和文艺工作者代表近300人参加联谊会。联谊会文艺演出共分为“草原迎春瑞”“纵马绘春色”“赞歌报春晖”三个章节，来自内蒙古不同文艺门类的文艺家纷纷登台献艺，内蒙古各文艺家协会代表也分别登台向内蒙古广大文艺家和文艺工作者送上新春祝福。

【内蒙古文学馆（内蒙古文学院）建设】 3月9日，内蒙古自治区党委常委、宣传部部长白玉刚赴内蒙古文学馆（内蒙古文学院）调研建设情况。10月22日，内蒙古文学馆（内蒙古文学院）征集工作第一次会议在内蒙古文学馆召开。截至2020年底，内蒙古文学馆征集各类书籍、刊物、剧本、创作手稿、来往信札，以及重要历史文献、获奖证书、影像资料近900件。

【“红色百年内蒙古”系列精品创作工程】 “红色百年内蒙古”系列精品创作工程是内蒙古自治区为庆祝中国共产党成立100周年组织开展的系列精品创作工程，包括主题油画、雕塑工程、内蒙古文学艺术名人主题雕塑创作工程、《内蒙古文学百年大系》编纂工程等。3月29日，内蒙古自治区党委副书记、内蒙古自治区主席布小林赴内蒙古美术馆调研指导“红色百年内蒙古”系列精品创作工程大型主题油画、雕塑工程。5月21日，“红色百年内蒙古”系列精品创作工程内蒙古文学艺术名人主题雕塑创作

1月20日，春暖草原百花开——内蒙古自治区文学艺术界2020年迎春联谊会在呼和浩特举行

审读座谈会召开。11月10日，内蒙古文学艺术名人主题雕塑创作项目首件作品—著名舞蹈表演艺术家、内蒙古舞蹈艺术奠基人贾作光先生铜像在呼和浩特市揭幕。中国舞蹈家协会主席冯双白，中国舞蹈家协会分党组书记、驻会副主席、秘书长罗斌，内蒙古自治区党委常委、宣传部部长白玉刚出席铜像揭幕仪式。8月5日，“红色百年内蒙古”系列精品创作工程《内蒙古文学百年大系》编纂工程在呼和浩特市启动。11月17日，“红色百年内蒙古”系列精品创作工程《万里绿色长城图》《万马奔腾图》百米中国画长卷创作工程草图终稿审读会召开。

【内蒙古文学精品创作工程】 内蒙古文学精品创作工程是内蒙古自治区聚焦现实题材，组织开展的重大主题创作工程，2020年共22部作品入选，涉及脱贫攻坚、抗击新冠肺炎疫情、弘扬蒙古马精神、庆祝中国共产党成立100周年、数字内蒙古等重大主题。4月10日，2020年内蒙古文学精品创作工程动员部署会在呼和浩特召开。5月20日，内蒙古文学重大主题作品创作策划座谈会在呼和浩特召开，会议围绕内蒙古文学精品创作工程中的重大主题创作进行了专题研讨。

【全国网络文学工作会议暨第六届中国网络文学论坛】 8月21日，由中国作家协会、内蒙古自治区党委宣传部主办，中国作家协会网络文学中心、内蒙古文联、赤峰市委宣传部承办的全国网络文学工作会议暨第六届中国网络文学论坛在赤峰市开幕。中国作家协会党组成员胡邦胜，内蒙古自治区党委宣传部副部长乌恩奇出席开幕式并致辞。本届中国网络文学论坛以“新时代、新机遇、新发展”为主题，110余位网络作家、网络文学专家、网络文学组织工作者、文学网站负责人以及相关产业代表参加会议。新时代网络文学发展趋势论坛、网络文学现实题材创作论坛、文学网站负责人培训班等同期举办，专家学者、行业人士围绕“网络文学的精品意识”“网络文学的文、艺、娱、产融合发展趋势”“中国网文的国际化传播”“网络文学如何承担社会责任”等问题进行讨论与交流。

【北方民歌生态保护与传习座谈会】 8月27日，由中国民间文学大系出版工程领导小组办公室、中国民间文艺家协会、内蒙古文联、内蒙古民间文艺家协会等单位举办的中国民间文学大系出版工程社会宣传推广活动—北方民歌生态保护与传习座谈会在呼伦贝尔市召开。各省区市民间文艺家协会代表、民歌手、口述实录人员和相关专家学者百余人参加座谈会。与会人员围绕民歌的生态保护、传承、发展与利用，民歌文化之乡建设与乡村文化空间，传统民歌的人文价值与当代传播，《中国民间文学大系》之《民间歌谣卷》文本记录与二度利用等问题进行交流讨论。民歌手从当地民歌的特点、文化生态和传承发展情况等角度进行了发言。

【2020年中国少数民族文学论坛】 8月31日至9月2日，由中国作家协会、内蒙古自治区党委宣传部主办，中国作家协会创联部、内蒙古文联、内蒙古作家协会、兴安盟委宣传部承办的2020年中国少数民族文学论坛在阿尔山市举行。中国作家协会书记处书记邱华栋、内蒙古自治区党委常委、宣传部部长白玉刚出席论坛并致辞，各省区市40余位作家评论家代表参加论坛。论坛以“文学的中华民族共同体意识”为主题，顾广梅、次仁罗布、刘成、刘大先、杨彬、张莉、包晓玲、铁军、胡沛萍、李濛濛10位作家评论家分享了对于论坛主题的看法。论坛同期举行2020年度“中国少数民族文学之星丛书”项目入选证书颁发仪式和2020年度中国作协少数民族文学理论评论家项目签约仪式，并开展“到人民中去”文学公益活动。

【鲁迅文学院第三十五期少数民族文学创作培训班（内蒙古班）】 9月17日，鲁迅文学院第三十五期少数民族文学创作培训班（内蒙古班）开学典礼在北京举行。中国作协副主席、鲁迅文学院院长吉狄马加，鲁迅文学院副院长李东华，内蒙古文联党组书记冀晓青，鲁迅文学院常务副院长徐可等出席开学典礼。内蒙古自治区十二个盟市的36名学员参加培训。

【《草原》创刊七十周年座谈会】 9月19日，《草原》创刊七十周年座谈会在呼和浩特市举行。中国文联主席、中国作协主席铁凝发来贺电，指出《草原》见证时代巨变，推动文学繁荣，为铸牢中华民族共同体意识作出了重要贡献。中国作家协会副主席、党组成员、书记处书记阎晶明，内蒙古自治区党委宣传部常务副部长吴振清出席座谈会，文学界、艺术界、出版界

8月31日，2020年中国少数民族文学论坛在阿尔山市开幕

人士200余人参加座谈。第二届《草原》文学奖颁奖典礼、“纸上交响”《草原》70年诗文品读会也同期举办。

【2021年度全国春晚及文艺晚会座谈会】 9月24日，由中国电视艺术家协会主办，中国电视艺术家协会电视文艺委员会、内蒙古电视艺术家协会、内蒙古广播电视台承办的2021年度全国春晚及文艺晚会座谈会在呼伦贝尔市召开。来自各省区市电视艺术工作者代表围绕“全面建成小康社会”“中国共产党成立一百周年”“脱贫攻坚”“乡村振兴”“绿色发展”“高质量发展”“春晚”“后疫情时期电视文艺的发展”等主题进行座谈。期间，成立了中国电视文艺乌兰牧骑。中国电视艺术家协会顾问、电视文艺委员会会长赵多佳为内蒙古电视艺术家协会青年工作者委员会主任富鹏授旗。

【“赏中华明月、颂祖国华诞”内蒙古自治区国庆中秋文艺晚会】 9月27日，由内蒙古自治区党委宣传部主办，内蒙古文联、内蒙古广播电视台承办的“赏中华明月、颂祖国华诞”内蒙古自治区国庆中秋文艺晚会在呼和浩特市举行，并在新华网、人民网、央视频、草原云、正北方网、腾格里新闻客户端，以及新浪、腾讯、网易、快手等平台同步网络直播。晚会共分月圆中秋人长久、草原欢歌庆华诞、凝心聚力绘蓝图三个篇章。

【第十三届全国美术作品展览进京作品—第三届中国美术奖作品（内蒙古）巡展】 10月1日，由中华人民共和国文化和旅游部、中国文学艺术界联合会、中国美术家协会主办，内蒙古自治区文学艺术界联合会承办的第十三届全国美术作品展览进京作品—第三届中国美术奖作品（内蒙古）巡展在内蒙古美术馆开幕。展览精选作品221件，其中包含第三届中国美术奖金奖作品9件，银奖作品8件，铜奖作品7件，获奖提名作品23件。

【内蒙古诗歌创作座谈会】 10月11—12日，内蒙古诗歌创作座谈会在阿拉善盟召开。中国作协副主席白庚胜，《民族文学》主编石一宁，内蒙古文联党组书记冀晓青等领导以及内蒙古诗人、作家、评论家、文学翻译家代表80人参加会议。座谈会传达全国诗歌创作座谈会精神，同期举办《民族文学》（蒙古文版）作家翻译家培训班。白庚胜以“文化的中华民族共同体意识”为题为与会人员进行了文学讲座。

【相约草原丝路·共建美好家园——2020年内蒙古“一带一路”版画作品展】 11月6日，由中国美术家协会版画艺术委员会、内蒙古文联、内蒙古师范大学联合举办的相约草原丝路·共建美好家园—2020年内蒙古“一带一路”版画作品展在呼和浩特市开幕。中国美术家协会分党组副书记、一级巡视员陶勤，内蒙古自治区党委宣传部副部长、电影局局长乌恩奇出席开幕式并致辞。展览共展出版画作品263件，其中国外特邀作品101件，国内特邀作品58件，全国征稿入选作品104件。

【鸿雁高飞、精神永存——贾作光舞蹈艺术高峰论坛系列活动】 11月10日，由中国舞蹈家协会、内蒙古自治区党委宣传部、内蒙古文联主办，中国舞蹈家协会理论评论委员会、内蒙古舞蹈家协会、内蒙古民族艺术剧院承办的“鸿雁高飞、精神永存——贾作光舞蹈艺术高峰论坛”系列活动在呼和浩特市举办。中国舞蹈家协会主席冯双白，中国舞蹈家协会分党组书记、驻会副主席、秘书长罗斌，内蒙古自治区党委常委、宣传部部长白玉刚出席部分活动。舞聚云端“鸿雁高飞精神永存——贾作光舞蹈艺术高峰论坛专题直播”于中国文艺网和哔哩哔哩同时展开。

【内蒙古文艺界学习习近平总书记文艺工作重要论述理论研讨会】 11月21日，由内蒙古文联主办的内蒙古文艺界学习习近平总书记文艺工作重要论述理论研讨会在呼和浩特市召开。内蒙古文联党组书记冀晓青等出席会议，内蒙古各文艺家协会主席团成员代表及相关专家学者80余人参加会议。会上，刘成、李树榕等专家学者就弘扬乌兰牧骑优良传统、铸牢中华民族共同体意识，特别是进一步学习贯彻习近平总书记文艺工作重要论述进行了交流发言。

11月21日，内蒙古文艺界学习习近平总书记文艺工作重要论述理论研讨会在呼和浩特市召开

【内蒙古自治区音乐创作座谈会】 11月26日，由内蒙古自治区党委宣传部主办，内蒙古文联承办的内蒙古自治区音乐创作座谈会在呼和浩特市召开。内蒙古自治区党委常委、宣传部部长白玉刚主持会议并讲话。会议总结梳

理内蒙古音乐产业和音乐创作中的存在突出问题，研究探索新时代内蒙古音乐在弘扬内蒙古各族人民团结奋斗、守望相助，铸牢中华民族共同体意识等方面的积极作用。

【内蒙古电影家协会成立 60 周年系列活动】 12 月 6 日，内蒙古电影家协会成立 60 周年系列活动在呼和浩特举行。中国电影家协会分党组书记、副主席张宏出席活动并讲话，中国电影家协会顾问康健民，中国电影家协会评论学会会长饶曙光等领导，以及内蒙古电影家协会主席团成员和斯琴高娃、麦丽丝、康红雷、张秋歌等 100 余位电影艺术工作者共同参加活动。光影逐梦 60 载——内蒙古电影家协会成立 60 周年主题论坛同期举办。

（赵旺）

文史研究

【概况】内蒙古文史馆是自治区党委、政府领导下的具有统战性、荣誉性、咨询性的政府直属事业单位，基本职能是组织和支持馆员履行“崇文鉴史、咨询国是、民主监督、统战联谊”职责，为自治区经济社会发展特别是文化建设做出应有贡献。

截至 2020 年，文史馆先后聘任馆员 181 人，现有馆员 71 人。自 1987 年起，文史馆馆长先后聘任研究员 43 人，现有研究员 6 人。

自治区文史研究馆核定事业编制 25 名，现在编人员 21 人，其中，厅级干部 5 人（党组书记、馆长 1 名，党组成员、副馆长 1 名，自治区政协常委 2 人，自治区政协委员、自治区政府参事 1 人），处级干部 10 人，科级干部 6 人。内部机构设办公室、统战联谊组织处、文史研究组织处、艺术创作组织处、机关党委。

【馆员活动】 2 月份，发挥馆员、研究员主动性，创作了一批饱含对祖国的祝福、对一线医务人员的钦佩、对战胜疫情坚定信念的诗、书、画、印作品，在门户网站及微信公众号上举办“众志成城——内蒙古自治区文史研究馆抗击疫情诗书画印网络作品展”。这项活动引起良好的社会反响，自治区党委统战部微信公众号进行转载，《内蒙古日报》官方微信以“抗击疫情，他们用书画寄情”为题作了转载报道，在全国文史研究馆系统中起到示范作用。

【参政咨询】 强化馆员政治引领，鼓励和支持馆员调查研究，为自治区政府决策提供咨询服务。采取邮寄资料、推送微信、召开学习研讨会等形式，引领馆员学习中共十九届四中、五中全会精神，学习习近平在教育文化卫生体育领域专家代表座谈会上的讲话精神，学习全国和自治区两会精神，学习习近平总书记关于内蒙古工作的重要指示精神以及加强和改进民族工作的重要论述，学习李克强在国务院参事、中央文史研究馆馆员聘任仪式上的讲话，把全体馆员的思想认识统一到党中央的决策部署上来，让馆员领会党和国家对文史研究馆馆员的新要求，了解国家大局形势和自治区经济发展状况。

7 月 30 日，召开部分在呼馆员座谈会，就《馆员联系制度（征求意见稿）》《自治区文史研究馆庆祝中国共产党成立 100 周年活动方案（讨论稿）》及参政咨询、调研采风活动征求馆员的意见和建议。党组书记王贵印关于参政咨询和调研采风活动强调，要发挥馆员优势加强参政咨询工作，充分体现文史研究馆工作的咨询性，调研采风要围绕脱贫攻坚、红色教育等主题开展。

12 月 20—23 日，举办学习贯彻中共十九届五中全会精神和习近平总书记关于民族工作的重要论述研讨班，馆员、研究员们结合学习心得体会，通过分组讨论，对自治区文史研究馆“十四五”期间如何贯彻落实十九届五中全会精神、如何进一步做好民族工作提出意见、建议。馆员、研究员们表示，要紧紧围绕中共十九届五中全会精神，围绕铸牢中华民族共同体意识，积极建言献策，把思想和行动统一到党中央的精神上来，把智慧和力量凝聚到贯彻落实各项目标任务上来，在彰显政治性、体现统战性、增效咨询性方面，进一步发挥独特作用。

【文史研究工作】推进文史研究工作，讲好内蒙古故事，发挥文史研究馆崇文鉴史的职能作用。

推进《内蒙古记忆·历史名镇》编写出版工作。2017 年启动的《内蒙古记忆·历史名镇》系列丛书（分 11 册，约 300 万字）编写出版工作，内容围绕内蒙古历史上产生重要影响的“历史名镇”，以其兴衰变迁，再现内蒙古 20 世纪前 50 年的社会、经济、文化变迁，截至 2020 年年底完成了全部的编写工作，已出版 2 册，7 册交付出版社待出版，2 册书稿在审核完善中。

推进《内蒙古记忆·口述史》编写出版工作。继 2019 年开展以采集口述史的形式，专题研究记录内蒙古历史文化的课题。年底，《成吉思汗陵祭祀文化记忆》《老包头记忆》两册口述史的采集、整理和编写任务全部完成，共计约 50 万字，已送出版社待出版。

收集整理 3 位馆员徐英、王钟、包斯钦多年著述的有学术价值的文稿，约 100 万字，汇集成馆员自选文集，已送出版社待出版。截至 12 月，组织征集馆员有关建党百年的历史文学作品 20 余篇，30 多万字，严格从意识形态、文稿立题内容等方面进行审核，为 2021 年出版《庆祝中国共产党成立 100 周年馆员文集》做了基础性工作。

恢复馆刊《内蒙古文史》，《内蒙古文史》作为内部期刊，主要刊登文史研究动态和馆员、研究员工作动态，宣传转化馆员、研究员研究成果，传承中华优秀传统文化。2020 年印制复刊后的《内蒙古文史》第一期和第二期。

为集中保存文史馆员专业成果，保存档案资料，提升馆员的荣誉感，建立并完善馆员、研究员文史研究成果陈列室，为馆员、研究员成果展示搭建平台。

【艺术创作宣传】开展艺术创作活动，发出馆员好声音。7 月 23 日，举办“大

7月23日，自治区党委常委、统战部部长段志强（左一）参观由内蒙古文史馆主办的“大力弘扬蒙古马精神”助力决胜全面建成小康社会决战脱贫攻坚书画展　（瑙甘塔拉）

力弘扬蒙古马精神——助力决胜全面建成小康社会决战脱贫攻坚”书画展。此次展览以蒙古马精神为主题，展出47幅书画作品。展览聚焦传承弘扬“吃苦耐劳、一往无前”的蒙古马精神，激励广大党员干部群众在“两个一百年”奋斗目标的历史交汇期，弘扬蒙古马奉献、进取、奋斗之精神。按照自治区政府的要求，展览推广到有关盟市，盟市参观人数达到1万多人次。

与中共包头市委统战部共同主办“大力弘扬蒙古马精神——助力决胜全面建成小康社会决战脱贫攻坚”的书画展，8月4日，在包头美术馆进行巡展。与乌兰察布市委统战部共同主办的“大力弘扬蒙古马精神——助力决胜全面建成小康社会决战脱贫攻坚书画展”巡展，8月21日在乌兰察布博物馆开展。巡展为全区奋力夺取“脱贫攻坚战”的最后胜利鼓舞士气、提振信心。

为庆祝中国共产党成立100周年，10月，内蒙古文史馆启动庆祝建党百年书画创作活动，制定庆祝中国共产党成立100周年馆员书画集方案，组织馆员、研究员开展书画专题创作活动。

【交流研讨】　加强统战联谊工作，引领社会风尚，弘扬中华优秀传统文化。

按照自治区政府“大力开展文化交流，弘扬地域优秀文化，助力自治区文化建设”的要求，组织馆员开展馆际交流和基层调研采风活动。

10月21—24日，组织馆员、研究员与甘肃省人民政府文史研究馆，就内蒙古地域文化研究、机关建设、书画创作进行交流。1月16日，组织馆员、研究员参加了中央文史研究馆和河北省文史研究馆联合举办的“雄风万里——全国14省（市）区文史研究馆馆员书画家走长城、画长城、写长城画展暨研讨会”，内蒙古自治区文史馆馆员刘俊的论文《内蒙古——中国长城文化的博览苑》被作为研讨会专题发言材料，李树蓉的《推进内蒙古长城文化与旅游深度融合势在必行》选入“长城文化”论坛集，书画馆员的8幅书画作品入选参加书画展。馆员徐英撰写题为《民族文化的魅力与精神力量的慰藉》的论文，参加中央文史研究馆第七次国学论坛；组织馆员撰写的《馆员随笔》，作为庆祝中央文史研究馆成立70周年征文，报送中央文史研究馆。

【扶贫工作】　紧紧围绕精准扶贫的“五个一批”，认真研究、实地调研、精准施策。在产业扶贫方面，改变种植业灌溉方式，实现红豆产量翻番、玉米产量增收30%，全年投入98459元，更换红豆籽种、配备滴灌地膜、铺设热熔管道600米、支持购置“励志爱心超市”物品等，推动产业扶贫取得实效。结合卓资县扶贫办菜单式产业扶贫项目，鼓励贫困户投入到家禽养殖上来；在健康扶贫方面，与乡村医生签约免费上门服务，为贫困户办理慢病送药事宜，协调村医调整贫困户药品种类，自费组织两村贫困户体检；在生态扶贫方面，纳入信息员1名，励志性公益岗位4名；在教育扶贫方面，协助办理特困补助，将贫困户学生纳入教育扶持计划；在社会兜底方面，进行社会兜底扶贫。年内，驻村工作队完成自治区文史研究馆帮扶工作任务，帮扶的2村所有贫困户均已完成脱贫任务。

（周绍慧　李春环）

新闻出版广电

新闻出版

【概况】　自治区新闻出版局（自治区版权局）加挂在内蒙古自治区党委宣传部，具体工作由出版印刷发行处、版权管理处、传媒监管处和国家蒙古文出版管理中心负责。

【主题出版】　紧扣民族团结，坚持以铸牢中华民族共同体意识为主线，制定《"亮丽内蒙古"重点图书出版工程选题指南（2021—2025年）》，明确未来五年出版重点选题方向，持续滚动策划优秀出版选题。制定《"亮丽内蒙古"重点图书出版工程2020年度图书出版方案》，策划"红色百年内蒙古""蒙古马精神"等13个系列选题，打造一批有影响的精品图书。

【民文出版】 制定《2020年—2022年蒙古文图书出版计划》，出版一批普及性和实用性较强的蒙古文图书，更好地满足不同社会群体精神文化需要。组织内蒙古新华发行集团、内蒙古出版集团等单位提前谋划"十四五"时期工作，提出拟实施新建项目10个，续建项目3个。

【管理服务】 组织全区出版单位参加第29届全国图书交易博览会，8家出版单位携1200多种、4200余册精品图书参展，提升内蒙古自治区出版单位的影响力。协助举办八省区蒙古文图书展，充分展示内蒙古自治区民文出版成果的同时推动全民阅读，满足广大蒙古族读者的阅读需求。组织出版单位申报经典中国国际出版工程、丝路书香工程重点翻译资助项目、中国当代作品翻译工程、国家出版基金项目、国家民文资金项目工作，积极争取国家有关扶持资金。建立自治区首个网上版权工作站和微信服务号，打通线上、线下版权宣传、咨询、登记、扶助、运营、交易、展示全流程服务，完成以作品登记为重点的各项工作任务，实现了作品登记数量成倍增长。开展王府刺绣等6个专题版权服务活动，帮助一家文创企业完成2例著作权转让合同备案（自治区首例）。

【公共文化服务】 推动建立草原书屋与当地图书馆、新华书店的供需对接机制，积极推动呼和浩特市、兴安盟、鄂尔多斯市、乌海市等四个盟市开展试点工作，先行先试，探索形成盟市级层面试点经验。全区40个新时代文明实践中心试点旗县作为旗县级试点，在旗县级层面争取形成可复制可借鉴可推广的工作经验在全区旗县区推广。积极引导各地探索符合当地实际的操作模式，提高草原书屋使用效能，让图书流动起来。研究制定《"书香内蒙古·脱贫奔小康"2020草原阅读季活动方案》。举行"书香内蒙古·脱贫奔小康"2020草原阅读季活动启动仪式，并通过网络平台在全区12个盟市同步启动。开展"书香内蒙古——决胜小康、奋斗有我"主题征文活动、"书香伴我回家路"和"新时代乡村阅读季"等系列活动，扎实推动自治区新时代全民阅读工作。

【行业监管】 审核内蒙古7家图书出版单位出版和经营情况，报国家新闻出版署核验。对全区150种期刊进行年度核验，重点审核期刊正常出版情况、规范经营情况，通过核验145种，缓验5种。完成全区2214家发行单位年度核验，通过核验2205家，不予年度核验9家。开展全区中小学重点教材检查工作和"3.15"质检活动，共抽检一般图书85种，900册；中小学教材教辅30种，800余册。2019年全区共有各类印刷企业1620家，从业人员1.67万人。开展"双随机、一公开"工作，组织全区12个盟市开展印刷发行市场集中检查36次，随机检查347次，出动执法人员8421人次，检查经营单位3510家次。完成2019年度印刷企业年度报告工作。对全区图书、期刊出版单位和新华书店进行社会效益考核，推动出版单位和新华书店坚持社会效益优先、社会效益和经济效益相统一。

（路义）

广播电视

【概况】 2020年，内蒙古广电局有内设机构12个，共12个职能处室。核定公务员编制54名，2020年在职49人，离退休122人。局属事业单位5个，编制1782名，2020年在职1656人。

2020年，内蒙古自治区有广播电视播出机构91座，省级1座，地级13座（包括东风电视台），县级77座。开办广播、电视节目246套。其中，自治区级开办广播节目9套，电视节目8套，盟市级开办广播43套，电视35套，县级开办广播74套，电视77套。呼和浩特市广播电视台开办的足球付费频道已实现高清播出。广播、电视综合覆盖率分别达99.66%和99.68%。

内蒙古自治区共有14家持证、备案互联网视听节目服务机构，1家广播电视视频点播服务机构、1家IPTV集成播控分平台。内蒙古自治区广播电视节目制作经营机构共有242家，制作广播类节目16331.14小时，制作电视类节目151933小时。

累计完成广播电视村村通68万户、直播卫星户户通217万户建设任务。拥有有线数字电视用户数207万户，包括高清用户数111.09万户，有线宽带用户数83.80万户。IPTV激活用户总数320万。

【新闻宣传与舆论引导】 协调指导内蒙古自治区各级广播电视和网络视听服务机构开展贯彻落实习近平新时代中国特色社会主义思想，全国、自治区"两会"精神，中共十九届五中全会精神，铸牢中华民族共同体意识、脱贫攻坚、疫情防控等重大主题专题宣传75项。

开展重点宣传工作。在疫情防控、脱贫攻坚、铸牢中华民族共同体意识工作中，内蒙古自治区12762个应急广播"村村响"终端及时响、精准响、时时响，有效打通农村牧区宣传工作"最后一公里"。组织大型广播电视公益展播活动25部220集3646分钟。

协调指导内蒙古自治区各级广播电视播出机构围绕疫情防控工作开展宣传报道，弘扬传播正能量。组织开展"众志成城共同战疫"公益展播活动26部85集2035分钟，以及"致敬！守护者！"公益展播活动34部339集1577分钟，为坚决打赢疫情防控阻击战营造良好的舆论氛围。

2020年度，围绕脱贫攻坚、全面小康和"六稳""六保"宣传共播发报道692多篇（期），发布新媒体产品200余篇（条），总阅读量12.7万+。广播电视共播发报道266多篇（期），

1月17日，内蒙古广播电视局“智慧广电送服务·助力脱贫奔小康”暨2020元旦春节期间“我们的中国梦”广播电视志愿者服务进万家活动在呼和浩特市新城区开展　（广电局）

发布新媒体产品194余篇（条），总阅读量8.6万+。

【精品创作与创新创优】 广播电视和网络视听文艺有9部作品获国家级奖励扶持。包括由内蒙古广播电视台创作的广播节目《开心点点》和电视节目《说法班会》2部少儿节目精品；由内蒙古广播电视台创作的《众志成城抗击疫情·新冠肺炎患者的战“疫”日记》1部广播电视新闻作品；由内蒙古广播电视台创作的《黄河谣》、参与联合摄制的《思想的田野第二季》和《大河奔流新时代——黄河流域九省（区）迎新春文艺演出》3部创新创优节目；由内蒙古师范大学创作的《带花的包子》、由内蒙古艺术学院创作的《祭敖包》2部社会主义核心价值观动画短片；以及入围2020年第26届全国电视文艺“星光奖”的电视纪录片《草原新丝路》。

组织开展系列网络视听节目精品创作传播推优活动，2020年共征集80余部作品、21部剧本创意，向总局推荐24部完成片和2部剧本参加全国评选。经内蒙古自治区广播电视局推荐的“一针一线绣出好日子”等3部脱贫攻坚主题短视频被总局“我们的小康2020”宣传账号采用并全国推广。内蒙古IPTV播控分平台及其创作的《呼伦贝尔大草原》荣获“歌唱祖国一首歌一座城”活动3项奖励。组织开展建党100周年网络视听节目生产创作推优活动。局本级扶持一部建党100周年主题网络视听作品微视频《老兵》创作，核发扶持资金30万。

2020年，内蒙古自治区各级播出机构共制作广播公益广告46012条，时长3953小时01分钟，累计播出广播公益广告（含自制和下载）时长15462小时；共制作电视公益广告9654条，时长2755小时44分钟，累计播出电视公益广告（含自制和下载）时长30804小时。

【媒体融合发展和新型主流媒体建设】内蒙古广播电视台推出的《我就是这样的内蒙古》，首次实现一场直播涵盖内蒙古自治区12盟市。“2020年中国农民丰收节”主题直播日——绿野金秋融媒体直播，为受众呈现一次“看得见、听得清、感受得到”的融媒体直播。《都市全接触》微信公众号平均周阅读量由约150万增长到200万以上，是内蒙古自治区唯一跻身全国省级媒体微信公众号排名前10的媒体公众号。

落实“县级融媒体中心”建设相关部署，搭建移动端新媒体平台，聚合自治区、盟市、旗县三级新闻资讯及服务信息，开展掌上内蒙古APP的研发，融合新闻资讯、电视直播、政务服务等应用，从单向传播向多元互动传播延伸。腾格里网全新改版上线，腾格里新闻客户端增加集结号、名人号、主播秀，完成12家盟市级广播电视台和90多家县级融媒体中心入驻“腾格里云”建设工作。

加快融合生产体制机制改革，构建全媒体考评体系，出台《内蒙古广播电视台关于建立全媒体考核评价体系指导意见》，对传统端产品与新媒体端产品实施任务目标一体化部署、考核。制定并印发《内蒙古广播电视台关于大力促进融媒体工作室发展的管理办法（暂行）》，促进深度融合，鼓励部门、个人成立融媒体工作室。

【科技创新与智慧广电建设】 实施TVOS2.0技术应用与产业化推广项目，以公共文化服务和政企信息化建设为核心，开展基于自主研发的TVOS2.0智能终端的综合应用推广工作，部署支持TVOS智能终端的媒体融合创新业务系统。在内蒙古自治区12个盟市部署基本公共服务、文化下乡、智慧城市等特色文化应用，构建新的业务开展形态和TVOS产业推广模式。该项目获中国广播电影电视社会组织联合会2018年度广播影视科技创新奖“科技成果应用与技术革新奖”一等奖。

内蒙古自治区广电网络建立的收视大数据分析系统与自治区司法厅、内蒙古日报社、内蒙古科协等单位合作，开发公共法律服务大数据、内蒙古日报大数据、内蒙古科协大数据等一批基本公共服务大数据分析应用，为各单位内容更新、精准投放提供强有力的保障。该系统已与国家广电总局“中国视听大数据”对接并为其提供数据，实现全国视听大数据融合、分析、发布及应用。

2020年，内蒙古“智慧广电”建设和固边工程、台站标准化建设、安全播出监管体系、智慧科普公共服务平台等5个项目被国家广电总局评选为全国“智慧广电”示范案例。内蒙古自治区“智慧广电”网络服务进村入户工程完成签约旗县市区32个，建成光缆54800公里、无线基站207座，建设平台服务项目16个，各盟市建设分平台101个。推进自治区应急广播体系建设，与自治区气象、市场监管、应急管理、防疫等部门开展应急广播应用合作。

实施“智慧广电”网络服务进村入户工程，发展农村广电网络用户46万户，全区广电光纤网络达10万公里，乡镇苏木光纤覆盖率75%。累计建成广播电视村村通68万户、直播卫星户户通217万户，建成全国最长的微波线路8776.3公里，广播电视综合人口覆盖率达99.67%。累计投入8.07亿元实施广播电视固边工程，20个边境旗市共计120万农牧民和边防哨卡官兵可免费收看到68套卫星电视节目和本地区地面电视节目，收听到54套广播节目。投资3600万元建成覆盖所有嘎查村的应急广播村村响体系，打通农村牧区宣传工作“最后一公里”。实施牧区智慧广电宽带网络覆盖与服务工程，推进33个牧区旗县实现嘎查以下牧户全部免费接入使用无线宽带网络，免费收听收看100套广播电视节目。

【安全播出与行业监管】 完成67个局属发射台站标准化建设任务，实施台站标准化建设2.0版，全面提升局属台站的硬件建设水平、软件管理水平、安全播出保障水平，广大职工的获得感明显增强，实现重要保障期零秒停播。

实施高清内蒙古——卫星传输和监测监管平台建设项目。覆盖多媒体多终端的广播电视和视听新媒体监测监管系统基本建成。严格各类广播电视和网络视听节目栏目审核报批，持续整治违规节目栏目、“黑广播”和非法境外卫星地面接收设施，广播电视广告严重违法率从“十二五”期间的广播6.01%、电视5.06%降为零。

【智慧广电送服务·助力脱贫奔小康——广播电视志愿者服务进万家活动】 2020年1月17日，内蒙古自治区广播电视局在呼和浩特市新城区古路板村启动“智慧广电送服务·助力脱贫奔小康”暨“我们的中国梦”广播电视志愿者服务进万家活动。内蒙古广播电视台、呼和浩特市文化旅游广电局、内蒙古广电网络集团呼和浩特分公司、新城区文体旅游广电局相关负责人，自治区广播电视局志愿者参加活动，与当地村民欢度小年。活动现场，书法名家现场挥毫泼墨、乌兰牧骑演员的文艺演出、乡亲们自排自演的节目为节日增添了喜庆的气氛。志愿者们深入到老党员、五保户家中，手把手讲解广播电视接收设备的使用和家庭用电常识，确保群众听到党中央的声音，看到丰富优质的广播电视节目，为乡村振兴、打赢脱贫攻坚战鼓劲加油。

【应急广播村村响疫情防控无死角】 2020年疫情防控期间，内蒙古广播电视局充分运用覆盖全区的应急广播“村村响”系统，不间断地把党和政府声音以及疫情防控信息传送到千家万户，打通农牧区疫情防控宣传“最后一公里”。中央广播电视台、人民网、学习强国、今日头条等媒体相继报道了自治区“村村响”在疫情防控宣传中发挥的作用。

建设指挥调度体系　成立应急广播“村村响”工作小组，按照全区统一组织领导、统一维护调度、统一下发内容的原则，打通技术平台和内容渠道，以安装在村、嘎查的户外大喇叭（音箱、音柱）为宣传载体，构建形成自治区、盟市、旗县、乡镇苏木、嘎查村五级协同的应急广播“村村响”指挥调度体系。

建设内容标准体系　准确把握应急广播“村村响”大喇叭的传播特点、听众需求和地域文化，全区“村村响”10800个终端、40766个大喇叭，及时响、精准响，采取方言提示、快板、顺口溜、歌曲等群众喜闻乐见接地气的宣传形式实时发布疫情防控宣传信息，提供政策解读、科普知识、应急通知等信息服务，形成覆盖家家户户的宣传网、传播网、服务网，惠及群众470万人。

建设运维保障体系　向12个盟市下拨应急广播“村村响”宣传维护专项资金120万元，加强对“村村响”系统的指挥调度、运维抢修。出动维修人员2200余人次，修复播出终端4569个、大喇叭20140个，累计增加覆盖人口200.6万人，同时采取“以维代训”方式为村级管护人员讲解设备日常使用和维护维修方法，确保了“村村响”时时响、长期响。

建设服务拓展体系　推动“大喇叭+新科技”应用，运用融媒体手段增强宣传效果，组织研发推出应急广播APP，会同内蒙古广播电视台交通之声节目团队充实完善疫情防控宣传内容，通过快手抖音平台在大喇叭播音时进行视频直播，单条点击量超过40万，实现线上线下良好互动。

【荣誉】

第29届中国新闻奖获奖作品
中华全国新闻工作者协会评选

项目：电视系列报道

题目：绿色的琴弦

作者（主创人员）：张泽华 赵峰 娜日松 张岑 宝音图 宣晓宏 于波

编辑：赵峰

刊播单位：内蒙古广播电视台

评审等级：二等奖

2019年度广播节目
技术质量奖（金鹿奖）
中国电影电视技术学会评选

高清录制技术质量奖

节目名称：走不出的阿拉善

申报单位：内蒙古广播电视台

主要完成人员：乔建军 左巍 郝平

评审等级：三等奖

播出技术质量奖

申报单位：内蒙古广播电视台

频率数：第一套或FM89MHz频率

主要完成人员：王丽娟 宝力道 代钦 王鑫 吴杰 青格勒 李鹏飞 米智敏 马志广 斯琴

评审等级：三等奖

2019年度广播节目
技术质量奖（金帆奖）
中国电影电视技术学会评选

高清录制技术质量奖

节目名称：内蒙古新闻联播

申报单位：内蒙古广播电视台

主要完成人：沈利俊 郭鹏 陈楠 王雪莹

等级：三等奖

节目名称：大兴安岭

申报单位：内蒙古广播电视台

主要完成人：李旭东 马志强 张向荣 张友君

等级：三等奖

节目名称：2019内蒙古广播电视台蒙古语春晚

申报单位：内蒙古广播电视台

主要完成人：张振达 斯庆特古斯 李畅 孟云 陆彪 董雅轩 邓建飞 韩国俊

等级：三等奖

高清音频制作技术质量奖

节目名称：2019内蒙古广播电视台蒙古语春晚

申报单位：内蒙古广播电视台

主要完成人：云晓丽 孟云 郈峰 白雪松 雷贺 高官旺

等级：二等奖

节目名称：2019内蒙古广播电视台汉语春晚

申报单位：内蒙古广播电视台

主要完成人：云晓丽 吕馨 郈峰 白雪松 雷贺 高官旺

等级：三等奖

高清视频图形制作奖

节目名称：《经典呈现》内蒙古自治区庆祝中华人民共和国成立70周年纪录片展播

申报单位：内蒙古广播电视台

主要完成人：王羽 孟云

等级：三等奖

节目名称：2019内蒙古广播电视台蒙古语春晚《蔚蓝的故乡》片头

申报单位：内蒙古广播电视台

主要完成人：坦基斯 张向荣 钢嘎

等级：三等奖

节目名称：《蔚蓝的故乡》宣传短片《北疆天路》

申报单位：内蒙古广播电视台

主要完成人：王羽 孟云

等级：三等奖

灯光设计制作奖

节目名称：2019内蒙古广播电视台蒙古语春晚

申报单位：内蒙古广播电视台

主要完成人：郝煜 李子力 张琛

等级：三等奖

美术设计制作奖

节目名称：2019内蒙古广播电视台蒙古语春晚

申报单位：内蒙古广播电视台

主要完成人：邓磊 冯焦 朱金萍

等级：三等奖

2019年“王选新闻科学技术奖”项目奖

中国新闻技术工作者联合会评选

项目名称：精密相位制中波同步广播技术及覆盖组网

完成单位：国家广播电视总局广播电视科学研究院、内蒙古自治区广播电视局

获奖人：崔海平 戚武 陈颖 张智慧 温子军 王杰 刘凯征 于新 胡宝林 海霞 李锦文 李薰春

2019年全国广播电视技术能手称号获奖

国家广播电视总局

调幅广播专业 三等奖

获奖人员：梁永生

工作单位：内蒙古自治区通辽广播发射中心台

选送单位：内蒙古自治区广播电视局

调频和电视广播专业 二等奖

获奖人员：吴欣然

工作单位：内蒙古自治区呼伦贝尔广播发射中心台

选送单位：内蒙古自治区广播电视局

卫星传输专业 二等奖

获奖人员：张小平

工作单位：内蒙古自治区广播电视局501台

选送单位：内蒙古自治区广播电视局

（文国庆）

电 影

【概况】 内蒙古电影集团为内蒙古自治区党委宣传部直属国有文化企业。集团总部机构设置由党委工作部、综合管理部、计划财务部、审计部、纪检监察部、人力资源部、战略发展项目部7个部门组成。下辖内蒙古电影制片厂有限责任公司、内蒙古民族电影院线有限责任公司、内蒙古星河农村牧区数字电影院线有限责任公司、内蒙古民族语电影译制中心、内蒙古文化音像出版社、内蒙古凯诺股权投资管理有限责任公司、内蒙古电影集团凯诺国际文化投资有限责任公司7家子公司。主要从事影视剧本创作，影片投资、生产、发行、放映，院线建设，民族音像出版，民族语电影译制、农村牧区公益性电影放映工作。截至2020年底，集团共有职工292人。

【影视剧创作】 完成抗疫题材电影《腊月·正月》，联合出品影片《守望相思树》；联合拍摄电影《踢球吧少年》；电影制片厂重点打造的建党100周年献礼影片《忠诚扈卫》完成终审剧本。电影《漫瀚调》获得第十届北京国际电影节—北京民族电影展最佳传承奖和优秀影片奖，电影《守望相思树》获得2020年国防军事电影盛典优秀扶持影片奖及中国电影基金会颁发的“2020国防万映”特别表彰奖。

【院线建设】 内蒙古民族电影院线有限责任公司总计107家影院共产出票房3729万元，其中17家自营联营影院完成票房1394万元，90家加盟影院完成票房2105万元。全年共新增银幕17块，新增座席2285位。单片发行业务组织呼市范围内厅级及市直属单位观看电影《草原英雄小姐妹》《天下黄河老牛湾》《半条被子》等影片共进行包场活动110余场，收入31.8万元。创新项目“电影党课”共计播放约为110场，观看人次7450人；“五一影厅”播放场次约125场，观影人次7895人。

【公益放映】 内蒙古星河农村牧区数字电影院线有限责任公司完成全区流动电影订购15.6万场，同比增加

10.7%，其中蒙古语影片订购1.2万场。全年边境沿线公益放映室共计订购影片3000场，有效放映场次2275场。呼市社区影院已完成79处放映点巡查，有效放映场次近200场。全年建成内蒙古医科大学、城川民族干部学院、内蒙古建筑职业学院、内蒙古财经学院4处校园影院。已运营的和林师大校园影院放映402场，其中公益放映76场，商业放映326场，票房合计172477元。

【音像制品出版】 内蒙古文化音像出版社2020年全年累计申报选题185种，其中电子选题获批106项，音像选题获批27项。申报国家级项目、自治区级项目、地方招投标项目24项。完成国家民族文字出版专项资金资助项目《蒙古族传统音乐—阿斯尔》等3个项目、中华民族音乐传承出版工程精品出版项目《独树一帜的民族乐器—蒙古族三弦》、内蒙古文化艺术长廊建设计划重点项目包括《蒙古族马头琴琴系》在内的25个子项目等。完成《漂亮的黄褐马》《思源》等20张专辑的出版工作和《银蝴蝶》《幸福集》等80本电子书的出版工作。

【蒙古语电影译制】 内蒙古民族语电影译制中心完成全年100部影片的译制任务，全年听抄制作完成65部电影台词本和25部电影的乐效。全年生产影片一次性通过率98%，同比上年增加14%，一次性通过率位列全国第一。完成2020年“感知中国·连线蒙古”网上电影展映影片的译制工作，同步同期译制影片《我和我的家乡》。2020年，译制中心选送的标准蒙古语版《湄公河行动》获得第十二届“萨日纳”奖；准蒙古语影片《白蛇：缘起》和《飞驰人生》分别获得中国电影电视学会声音专业委员会“声音制作优秀作品奖”电影类少数民族语译制片类一等奖、二等奖，赤峰巴林方言蒙古语影片《远去的牧歌》获电影类少数民族语译制片类二等奖。

【合作业务拓展】 内蒙古电影集团凯诺国际文化投资有限责任公司全年完成专项服务项目6项，政府扶持项目1项，市场业务28项，创新党建项目2项。策划举办《2020呼鲁格草原电竞争霸赛内蒙古自治区首届无差别电竞大赛》；制作呼鲁格主题3D动画微视频24集，在抖音、今日头条、微信公众号等平台推送内容30期；组织协调全区75支乌兰牧骑，开通网上乌兰牧骑抖音政务号95个，个人账号278个，今日头条政务号82个。

【文化产业基金】 内蒙古凯诺股权投资管理有限责任公司从2020年6月起开展对文化产业发展基金前任管理人川瑞公司开展退伙清算工作，对文化产业发展基金及川瑞公司开展审计及资产评估业务。配合财信集团开展文化产业发展基金管理人的更换工作，经过筛选确定北京中财融商投资管理有限责任公司为文化产业发展基金新任管理人。

【影视文体产业园建设】 按照赛罕区疫情防控的要求，4月底复工建设，5月开始对办公楼4～9层进行装修，10月中旬室内装修基本完成。6月初确定标准放映厅的设计方案，9月份在内蒙古招标协会进行装修招投标，10月10日招标完成。11月底，三号办公楼玻璃幕墙已完成，前广场的铺设、电梯验收以及暖气入网连接全部完成，基本具备办公入驻条件。11月6日，举行内蒙古电影集团办公新址揭牌仪式。

（张立坤）

报刊发行

【概况】 《内蒙古日报》（蒙汉文版）是中国共产党在少数民族地区创办最早的省级党报。内蒙古日报社党委班子由9人组成，职工总数1080人，包括总部人员136人，汉文党报系列媒体从业人员267人，蒙古文报系列媒体从业人员194人，企业人员483人。2020年，《内蒙古日报》发展形成拥有11种媒介、60多个媒体、4种语言文字的媒体集团。纸媒的总发行量24万多份，其中蒙汉文党报19万多份。在传媒业态方面，形成了纸质媒体、网络媒体、移动媒体3种业态。在传播语种方面，形成蒙古语、汉语、斯拉夫蒙古语、俄语4种语言文字的媒体和产品。

【宣传报道】

抗疫宣传报道　第一时间学习宣传报道习近平总书记关于防控疫情的一系列重要指示和讲话精神，及时翻译转发、准确解读阐释总书记的重要讲话。融合多语种、内外宣、传统媒体新媒体，统筹前后方、白夜班、全媒体，“草原云”平台首次投入突发重大事件新闻宣传，新媒体总点击量突破3亿，亿+作品1个：《话题众志成城抗击疫情》（阅读量2.3亿）；1000万+作品5个。

全国全区两会报道　将“草原号”开进自治区两会，实现内蒙古日报社的新媒体产品二维码首次登上政府工作报告和人大常委会工作报告的首页，草原号首次进驻自治区两会，首次组织103个旗县级融媒体中心全程参与自治区两会报道，首次使用5G技术采制、直播连线新媒体产品。《小马30秒看两会》点击量突破16万人次。全国两会期间，内蒙古日报社新媒体共推出10万+新媒体产品76件，20万+产品29件，100万+产品6件。其中，内蒙古日报联合九省区党报推出的“爱你母亲河长江黄河上游生态保护”全国党媒联动采访活动和联动多家省市自治区党报推出的代表委员专题专版受到中宣部的书面表扬。

铸牢中华民族共同体意识相关报道的发布　统筹安排相关部门信息发布、专家解读、开设“铸牢中华民族共同体意识”“草原儿女爱祖国中华民族共团圆”“民族团结故事”专栏等宣传报道任务。汉文党报融媒体推出一系列消息、访谈、典型、评论等，宣讲政策、解疑释惑。推出《“五个不变”让我心里有底了》《熟练掌握多种语言文字对我的成长很重要》等稿件。理论评论部推出三个系列共计29篇评论员文章，宣传效果突出。9月1日至9月5日推出的5篇“解疑释惑”系列评论，在内蒙古日报官方微信上的阅读量均为10万+。

“脱贫攻坚”“走向我们的小康生

活”“内蒙古品牌形象宣传”和中共十九届五中全会等主题报道 邀请多名理论界专家、学者对习近平总书记关于扶贫工作的重要论述和党中央关于脱贫攻坚的决策部署进行理论解读。开设“抓党建促脱贫攻坚”“只争朝夕决战决胜脱贫攻坚”等专栏，推出《“这忙碌的感觉我喜欢”》《从“橄榄绿”到“火焰蓝”》等扶贫纪实综述。在社属各媒体平台及第三方平台账号发布、宣介优质农畜产品，累计阅读量超过1000万次。开设“学习贯彻党的十九届五中全会精神”专栏，精心打造各个宣传报道环节，形成较大的宣传声势。

对外宣传 积极发挥索伦嘎新闻中心对外宣传媒体的喉舌作用，有针对性地推出新媒体产品，开展创意活动。全国两会期间，开设“全国两会”专题，以文、图、视频形式编译开幕闭幕消息、两会盛况、代表委员提案议案，采访两名蒙古国汉学家，制作播出“我关注中国两会”2期短视频，第6期杂志刊发两会“特稿”；报纸刊发了5个版面；脸书平台及时刊播相关稿件，提升对外宣传工作水平。

【媒体深度融合】

打造“草原云”融平台 制定《草原云·草原APP百日行动实施方案》，成立“草原云·草原APP百日行动”推进领导小组，加大对“草原APP”“呼陆客APP”的推广力度。依托“草原云”大数据平台，启动“草原云”旗县融媒指数量化评价指标，激发各地的积极性和主动性，营造“大宣传、大推广”的良好氛围，着力将“草原云”融媒体平台打造成全区具有强大影响力的新型主流平台。

建设好旗县级融媒体中心 全区103个旗县级融媒体中心全部挂牌运行，全部入驻“草原云”融媒体平台，全部开通中央厨房功能，完成全部建设验收工作，初步建成全区旗县级融媒体中心信息数据库。以移动端为中心，专注新媒体产品生产，打造一批高质量产品，特别是在疫情防控攻坚期和复工复产关键期，103个旗县级融媒体中心快速响应、全媒联动，发布疫情防控稿件10万余条，各平台累计点击量10亿多次。

自治区旗县级融媒体运营服务中心围绕“草原云”平台技术应用、融媒体思维转变、新媒体运营、内容策划、新媒体手段应用等方面，组织开展全区旗县级融媒体中心线下业务轮训6场、网络线上培训15次。

【经营管理】

调整经营策略 召开内蒙古日报社2020年经营工作推进会，围绕内蒙古日报社全媒体经营（传媒）版块、印刷业版块、服务业版块、103个旗县（市、区）融媒体中心版块和正北方版块，分析经营状况，明确具体工作任务和经营目标。积极调动全媒体经营中心员工的积极性和创造性，努力稳定原有客户，开拓新市场，策划新活动，积聚全媒体力量，增加全社各媒体广告收入。

“双语”教育宣传管控工作 内蒙古日报社党委深入贯彻落实党中央、国务院关于民族语言授课学校推行国家统编教材的部署要求，严格遵守党中央、国务院和自治区党委、政府关于国家通用教材新闻报道的有关规定，按照自治区党委宣传部统一部署积极推进宣传工作。积极组织开展自查自纠工作，社党委书记及分管社领导按照分工与少数民族职工一对一进行谈话，宣讲政策。

（陈彦名）

图书发行

【概况】 内蒙古新华发行集团股份有限公司（以下简称“发行集团”），前身为内蒙古自治区新华书店，成立于1947年9月1日，是自治区最大的出版物发行企业。现有成员企业22个，销售网点260余处，员工2000余人。集团设有党委会、董事会、监事会、总经理班子、工会委员会、职工代表大会。

发行集团承担着内蒙古自治区蒙汉文中小学教材、教辅、大中专教材、幼儿教材、政治读物及一般图书、音像制品、电子出版物的发行任务，还有全国八省区蒙文教材、教辅及一般图书的发行任务。

【发展理念】 “实现企业发展、员工幸福、股东满意、社会认可的目标，把集团建设成和谐、平安、美丽、卓越集团”是发行集团的企业愿景；“新华之爱，和以致远”是企业核心价值观；“敬业、包容、守正、创新”是企业精神；“为企业谋发展、为员工谋幸福。”是企业初心；“服务教育事业、服务文化产业、服务广大消费者”是企业使命。发行集团以五大理念推动企业转型升级，以转型升级提高企业发展的质量和效益。

2020年实现营业收入12.78亿元，同比增长6.1%；实现净利润1.7亿元，同比增长10.5%；净资产收益率10.7%；国有资产保值增值率121.77%。

【产业发展模式】 提升教育服务竞争力，坚守文化企业责任，面对供应商、物流配送延迟复工、学校延期开学等困难，同时间赛跑，与疫情较量，做好教材发行工作，全面完成“课前到书”政治任务。在推广使用三科统编教材工作中，发行集团落实好党中央决策部署，把推进国家统编教材使用工作做实做细做到位。疫情期间，开发“内蒙古自治区新华发行集团教材阅读平台”，为疫情期间不能按时开学的孩子，提供电子版教材，平台点击量80万人次。强化全产业链发展，补齐幼儿园、中职、大中专教材和教育装备业务短板，新业务实现销售2.3亿元，同比增长18%。

推动文化消费“双效”发展持续推进网点建设，新建“七进”工程18家，新增实体书店面积3万平方米，满足人民群众文化需求，营销活动规模化、影响力不断增强，草原阅读季活动全区同步开展，全年开展活动1.2万场，开展流动售书2856场。进一步完善智慧书城建设，通过电子图书、在线阅读、在线听书、知识服务等方式，增强读者粘性，吸纳会员9.7万人，销售2724万元，同比增长29.1%。加快“草原书屋”与“鸿雁图书悦读”一体化建设，呼和浩特市等8地稳步推进“鸿雁悦读”计划，更大程度的满足基层群众阅读需求。

推进现代物流基地建设制定仓储物流基地建设标准，升级改造仓储库房9家，完成与盐业公司合作的物流基地建设。

培育文化旅游产业以敕勒川草原为依托，培育马文化、文化旅游等新产业，完成内蒙古马赛赛事直播9场，制定敕勒川国际会展中心运营方案，与内蒙古大学马克思主义学院合作，开展全区红色旅游、研学、培训及文创产品研发。

【全面深化改革】 制定《创新工作方案》，启动“领跑2020创新年”活动，征集到创新案例257个，“金点子”95个，设立总经理创新基金，建立专家智库，召开北疆新华创新发展座谈会。深化薪酬制度改革，加大绩效工资比例，调动广大干部员工干事积极性。细化主体责任交流考核指标，强调重点工作，突出市场业务，倒逼各级公司抓重点、促发展。全年督办重点工作236项，其中立项督办25次。加快实施“新华基础再提升”，健全完善规章制度24项，统一各系统门户，实现业务财务数据对接，完成大中专系统业务架构、流程搭建，线上报账系统OA办公系统全面运行，管理效能有效提升。

（于岚）

社会科学

综 述

【概况】 内蒙古自治区社会科学院是内蒙古自治区直属的综合性哲学社会科学研究机构。

2020年12月30日，《内蒙古自治区社会科学院职能配置、内设机构和人员编制规定》经自治区党委机构编制委员会审定，中共内蒙古自治区委员会批准执行。内蒙古自治区社会科学院为自治区党委直属公益一类事业单位。

内蒙古自治区社会科学院内设机构包括办公室、马克思主义研究所、哲学与宗教研究所、经济研究所、牧区发展研究所、历史（成吉思汗）研究所、语言研究所、文学研究所、民族研究所、政治学与法学研究所、社会学研究所（农业农村研究中心）、草原文化研究所、公共管理研究所、内蒙古一带一路研究所、杂志社、图书馆、科研管理处、人事处、财务处、机关党委、离退休人员工作处。

全院事业编制238名。设院党委书记1名(正厅级)、院长1名(正厅级)，副院长4名（副厅级）。内设机构处级领导职数52名，其中正处级22名(含秘书长1名，机关党委专职副书记1名，离退休人员工作处处长1名），副处级30名（含机关党委副书记、机关纪委书记1名，离退休人员工作处副处长1名）。

成立马克思主义研究所。主要开展马克思列宁主义、毛泽东思想、邓小平理论、“三个代表”重要思想、科学发展观、习近平新时代中国特色社会主义思想研究，承担内蒙古自治区中国特色社会主义理论体系研究中心办公室工作。撤销城市发展研究所，职能划转到经济研究所。成立语言研究所，撤销蒙古语言文字研究所，职能划转到语言研究所。主要开展蒙古语言学、蒙古文字学、蒙古语言文字规范化等研究和辞书编纂，承担蒙古语言信息处理及语库建设等工作。成立财务处。主要负责预决算编制及各类资金经费的管理使用工作。成立离退休人员工作处。主要负责离退休人员管理服务工作。

2020年12月底，全院在职职工211名，离退休人员151名；其中在职各类专业技术人员153名。设13个研究所、6个职能处室和杂志社、图书馆，盟市14个分院等。出版有《内蒙古社会科学》（汉文版，国家社科基金资助期刊，中文社科核心期刊）、《内蒙古社会科学》（蒙文版）、《中国蒙古学》（蒙文）和《蒙古学研究年鉴》。

【干部队伍建设】 2020年，内蒙古社会科学院严格执行专业技术资格评审制度，认真做好科研人员专业技术资格评审和职务聘任工作，新招录工作人员9人，引进1名博士研究生；完成134名专业技术人员岗位聘用工作和14名处级干部试用期满考核工作；通过高级专业技术资格评审10人（其中，正高级专业技术资格5人，副高级专业技术资格5人）；入选“享受国务院特殊津贴人员”1人，“自治区青年创新人才奖”2人，“自治区草原英才工程青年创新人才”3人，“自治区人才开发基金个人项目”2人，“少数民族特培计划”2人，2020年度中国作协少数民族文学理论评论家签约项目1人，推荐上报《全区思想文化领域高层次人才及团队》1个团队、5名人才，50余位专家入库自治区社科规划办专家库，成为自治区社科同行评议专家。2020年底，内蒙古社会科学院正高级专业技术职务聘用23人，副高级专业技术职务聘用62人，中级专业技术职务聘用59名，初级专业技术职务聘用9人，其中，二级研究员3人。管理岗位79人，其中，正厅级2人，副厅级3人，正处级17人，副处级32人，科级及以下25人。现有技术人才中，享受国务院特殊津贴2人，自治区有突出贡献中青年专家5人，新世纪321人才一层次11人、二层次22人（历年入选合计），自治区四个一批人才1人，中宣部文化名家暨四个一批人才1人，西部之光访问学者5人，自治区草原英才17人，自治区青年创新人才一层次2人，国家民委民族问题研究优秀中青年专家1人，自治区人才开发基金1人，国家百千万人才工程1人。

科研学术活动

【科学研究】

课题研究　2020年，课题申报获批国家社会科学基金项目6项，获批自治区哲学社会科学规划项目10项，获批自治区社会科学基金项目1项；承担上级部门和各厅局、盟市委托课题10余项。“内蒙古民族文化建设研究工程”新设立子课题7项，“草原文化研究工程”新立项课题3项；院课题新立项28项。2020年，共办理各级各类课题结项50余项；完成“内蒙古民族文化建设研究工程”成果出版印刷的政府采购招标工作，向出版社提交书稿60余部；向出版社提供“北部边疆历史与现状”研究项目成果3部，老干部丛书9部、院学者丛书4部。完成并上报《社会主要矛盾变化对宣传思想文化工作的影响研究》《中蒙经济制度比较研究》等研究报告，组织出版《走以生态优先、绿色发展为导向的高质量发展新路子》《蒙古国发展蓝皮书：2020》《内蒙古发展报告（2020）》等著作，其中《蒙古族经世法典》（20册）获“乌兰夫蒙古文古籍整理成果奖”。启动《内蒙古黄河区域文化研究》课题调研。内蒙古自治区社会科学院围绕服务自治区党委、政府大局部署科研工作，根据新的形势和任务要求，以铸牢中华民族共同体意识为主线，及时调整重大科研项目的研究思路方向，进一步明确蒙古学、民族学、草原文化等学科建设重点内容和下一步研究的重点课题及其研究方向，组织专家学者编制草原文化研究五年规划及黄河文化研究项目计划。

《领导参调》　组稿刊印决策咨询报告16期，其中一期得到自治区党委书记石泰峰，自治区党委常委、组织部部长杨伟东，自治区副主席欧阳晓晖的肯定性批示。向自治区党委办公厅报送信息20篇，向自治区政府办公厅报送信息57篇，其中被采用9篇，一篇获得自治区党委副书记、自治区主席布小林的肯定性批示。

《内蒙古社会科学》（汉文版）　再次入选南京大学CSSCI来源期刊目录、北京大学《中文核心期刊要目总览》、中国社科院《中国人文社会科学期刊AMI综合评价报告》A刊核心期刊，综合影响因子大幅提升，首次超过了1.0。《内蒙古社会科学》汉文版首次跻身中国人民大学书报资料中心发布的年度复印报刊资料转载指数排名榜单，进入“公共管理学科期刊”转载指数全国前20名。《内蒙古社会科学》蒙文版被中央民族大学认定为唯一一家B类蒙古文核心期刊，成为该校教职工职称评定、博士硕士学位认定的重要依据；《中国蒙古学》被内蒙古师范大学认定为蒙古文唯一B级核心期刊，被内蒙古艺术学院认定为蒙古文唯一A级核心期刊。《内蒙古社会科学》2020年度共被《新华文摘》长文转载1篇，被《中国社会科学文摘》长文转载1篇，被“人大复印报刊资料”转载16篇。其中三篇论文的核心观点被全国人大社会建设委员会《简报》转发上报全国人大常委会领导同志，1篇文章的核心观点得到中共中央政治局常委、全国人大常委会委员长栗战书，全国人大常委会副委员长王晨、张春贤批示，这在办刊史上具有开创性。

2020年10月22日，《内蒙古黄河区域文化研究》项目组在内蒙古呼和浩特市托克托县河口管理委员会黄河神韵广场举行调研出征仪式

【学术活动】　2020年，内蒙古自治区社会科学院共接待来自中国社会科学院及其他省、市、自治区社会科学院、高校来访专家学者40批100余人次。与中国社科院、东北三省社科院等单位合作开展研究，与蒙古国、俄罗斯等国的学术交流与合作务实推进，彼此间的学术交流合作更加广泛。

组织承办“走以生态优先、绿色发展为导向的高质量发展新路子”研讨会、“华北地区社科院第三十七届科研管理联席会议”、中国蒙古国研究会2020年年会等大型学术活动。组织承办的“走以生态优先、绿色发展为导向的高质量发展新路子”研讨会，直接推动自治区党委、政府与中国社会科学院签署了战略合作协议。内蒙古自治区社会科学院图书馆通过国家第六批“全国古籍重点保护单位”评审，获得“全国古籍重点保护单位”称号。呼和浩特分院、包头分院被全国城市社科院第30次院长联席会议暨全国城市智库联盟第六届年会评为“全国城市社科院先进单位”；成立赤峰分院。盟市分院成为服务地方经济社会发展重要智库力量。

【“走以生态优先、绿色发展为导向的高质量发展新路子”研讨会】　9月2日，由中国社会科学院、中共内蒙古自治区委员会、内蒙古自治区人民政府主办，中国社会科学院习近平新时代中国特色社会主义思想研究中心、内蒙古自治区党委宣传部、内蒙古自治区社会科学院、浙江省社会科学院、贵州省社会科学院、云南省社会科学院、兴安盟委行署共同承办的“走以生态优先、绿色发展为导向的高质量发展新路子”研讨会在内蒙古自治区阿尔山市召开。

中国社会科学院副院长、党组副书记、习近平新时代中国特色社会主义思想研究中心第一副主任王京清，内蒙古自治区党委常委、宣传部部长白玉刚出席研讨会并致辞。中国社会科学院党组成员、当代中国研究所所长、马克思主义研究院院长、习近平新时代中国特色社会主义思想研究中心执行主任姜辉出席研讨会并作主旨发言。与会专家学者围绕习近平生态文明思想和走以生态优先、绿色发展为导向的高质量发展新路子的会议主题，就如何贯彻落实好习近平总书记对内蒙古的重要讲话重要指示批示精神，谋划好“十四五”发展规划，更好融入国内大循环和国内国际双循环，交流发言、建言献策，形成了一批具有指导意义和实践意义的理论成果。

会议期间，中国社会科学院与中共内蒙古自治区委员会、内蒙古自治区人民政府签署了全面战略合作协议。

来自中国社会科学院、中央党校、国家发展改革委、国务院发展研究中心、浙江省委宣传部、浙江省社会科学院、贵州省社会科学院、云南省社会科学院，以及内蒙古党校、内蒙古发展研究中心、内蒙古社会科学界联合会、内蒙古社会科学院、内蒙古农牧业科学院、内蒙古大学、内蒙古农业大学的专家学者和新闻媒体 200 余人参加了会议。

【华北地区社会科学院第三十七届科研管理联席会议】 11 月 10—11 日，以“提升新时代智库建设质量”为主题的华北地区社会科学院第三十七届科研管理联席会议在赤峰市召开，会议由内蒙古自治区社会科学院主办，赤峰市社会科学联合会、赤峰学院承办。来自北京市社会科学院、天津社会科学院、河北省社会科学院、山西省社会科学院、山东社会科学院、甘肃省社会科学院、内蒙古自治区社会科学院及内蒙古自治区社会科学院盟市分院的部门负责同志以及专家学者 50 余人出席会议。会议决定，华北地区社会科学院第三十八届科研管理联席会议由河北省社会科学院承办。

【《汉蒙词典》第四版出版发行】 内蒙古自治区社会科学院组织社会各界专家学者，在继承《汉蒙词典》第三版的基础上，编纂的《汉蒙词典》第四版出版发行。第四版中收录汉字单字 13000 多条、复合词（多字条）252000 多条，增收已被人们广泛接受的新词语，并对第三版中一些词语的译文进行修订和完善，修订增加的新词术语达 102000 多条。《汉蒙词典》第四版，是中国最大的汉蒙对照翻译词典，具有收词范围广泛、收词量大、释义清晰等特点。这部词典将成为从事汉蒙翻译工作的翻译人员、学习汉语的学生以及广大普通读者的必备工具书。

【中国蒙古国研究会 2020 年年会暨疫情下的蒙古国国情研讨会】 2020 年 11 月 14 日，由中国蒙古国研究会主办，内蒙古自治区社会科学院“一带一路”（俄罗斯与蒙古国）研究所承办的“中国蒙古国研究会 2020 年年会暨疫情下的蒙古国国情研讨会”在呼和浩特召开。

会议指出，随着“一带一路”国际合作的走深走实，蒙古国在中国国际合作、周边外交中的地位和作用越来越重要，研究会应当积极发挥自身独特的优势，共同筑牢中蒙全面战略伙伴关系，共同推动“一带一路”与“发展之路”深度对接，全面深化中蒙经贸合作，深入推进中蒙人文交流，加强对蒙合作平台与机制建设，加强在国际和地区事务中的沟通配合，深化双方合作，维护在地区多边机制框架下的共同利益，积极推进中蒙俄三国合作，共同推动东北亚局势稳定和经济一体化进程，为构建中蒙命运共同体提供源源不断的智力支持。

中国蒙古国研究会顾问嘎尔迪以《中俄“西伯利亚力量—2”及“取道蒙古”项目进展情况》为题，蒙古国内蒙古商会名誉会长刘巴特尔以《蒙古专家有关蒙古国对外关系的论述》为题，内蒙古大学蒙古国研究中心教授娜琳以《当前蒙古国与美国关系动向》为题，中国蒙古国研究会名誉理事长希日莫以《蒙古地方选举的基本情况与热点问题》为题，内蒙古大学蒙古国研究中心教授呼格吉勒图以《疫情常态化下的蒙古国经济》为题，分别作了主旨发言。随后，13 位专家学者分别围绕主题展开了研讨。

来自中国社会科学院、自治区党委宣传部、内蒙古自治区社会科学院、内蒙古大学、内蒙古师范大学、内蒙古财经大学、辽宁大学、中国蒙古国研究会、内蒙古贸促会、蒙古国内蒙古总商会、蒙古国鄂尔多斯商会、额济纳旗对外文化交流中心、二连浩特会谈会晤站、内蒙古秀友律师事务所、内蒙古出入境边防检查总站、内蒙古国际友好联络会、内蒙古云和能源有限公司的领导、专家学者和师生近 70 人参会。

【国家社科基金重大项目《蒙古族思想通史》开题论证】 2020 年 11 月 21 日下午，国家社科基金重大项目《蒙古族思想通史》开题论证会在呼和浩特市举行。《蒙古族思想通史》是由内蒙古自治区社会科学院二级研究员额灯套格套作为首席专家 2019 年 12 月申请立项的国家社科基金重大项目。该项目由蒙古族远古时期思想史、大蒙古国时期思想史、元代思想史、明清时期思想史、蒙古族近现代思想史等五个子课题构成。内容涉及远古至 21 世纪初期的各个历史时期的蒙古族哲学、政治、法律、军事、经济、生态、美学、逻辑、伦理、宗教思想等方方面面。会议认为，国家社科基金重大项目《蒙古族思想通史》的立项，立意深远，它是首次全方位地研究蒙古族思想的一个系统工程。它在蒙古族思想研究领域具有开创性的意义。系统研究蒙古族思想发展史不仅能够填补少数民族思想理论研究的某些空白领域，推动少数民族思想研究发展进程，同时也能够促进和充实中华民族思想史研究，推动中国特色社会主义民族文化建设的伟大事业。

中国社会科学院马克思主义研究院研究员、博士生导师赵智奎、中央民族大学哲学与宗教学学院教授宝贵贞、内蒙古自治区社会科学院院长、二级研究员李春林、内蒙古师范大学法政学院二级教授、博士生导师图•乌力吉和内蒙古大学哲学学院教授、博士生导师包庆德等6位特约专家，以及来自内蒙古社会科学院、内蒙古师范大学、内蒙古大学、内蒙古财经大学、内蒙古民族大学、赤峰学院、呼和浩特民族学院等单位的专家、学者共30余人参加论证会。

【自治区重大委托项目《面向历史文化的多文种在线地图》成果发布】 12月11日，内蒙古蒙古语言文字信息化学会年会暨系列产品发布会在呼和浩特举行。由内蒙古自治区社会科学院蒙古语信息技术研发中心主任白双成研究员主持的自治区政府重大委托项目成果《面向历史文化的多文种在线地图》发布。

围绕“面向历史文化的多文种在线地图”举行以地名来源、史志、文献资料、后续工作重点等为主题的研讨会。与会专家从各自角度提出切实可行的建议，并与项目组签订了数据标注合作协议。

《面向历史文化的多文种在线地图》通过众筹式大众参与，抢救性搜索保留地名，保护传承地名文化资源，为各领域研究应用提供基于地图的全新展现和服务方式，为文化资源的保护传承和数据发掘以及衍生产品研发奠定了基础。

（张国庆）

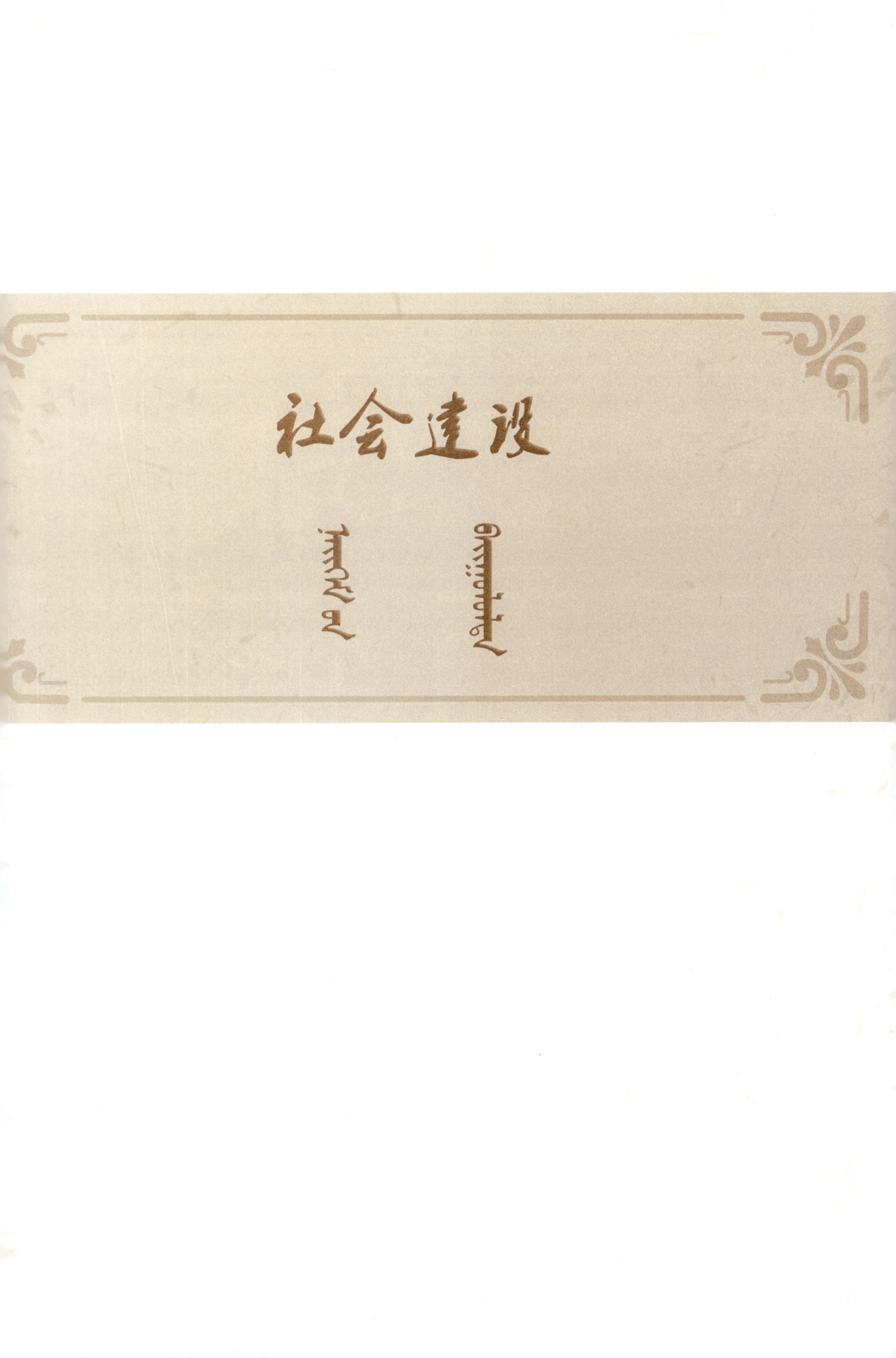

社会建设

ᠨᠡᠶᠢᠭᠡᠮ ᠦᠨ ᠪᠠᠶᠢᠭᠤᠯᠤᠯᠲᠠ

教育

综述

【概况】 自治区党委高校工委、教育厅内设23个职能处室，分别为：驻厅纪检组、高校工委办公室（教育厅办公室）、自治区党委教育工作领导小组秘书组秘书处、高校工委组织部（人事处）、党建办公室、政策法规处（综合改革办公室）、发展规划处、财务处、基础教育处、职业教育与成人教育处、高等教育处、民族教育处、督导室（自治区教育督导委员会办公室）、教师工作处、高校工委思想政治工作部（学生工作处）、学校安全管理处、体育卫生与艺术教育处、科学技术与信息化处、学位管理与研究生教育处（自治区学位委员会办公室）、汉语言文字应用管理处（自治区汉语言文字工作委员会办公室）、对外合作与交流处、机关党委、离退休人员工作处。下属10个事业单位，分别为：内蒙古教育招生考试中心、内蒙古大中专蒙文教材编审办、内蒙古教育督导评估中心、内蒙古高校毕业生就业指导中心、内蒙古教育信息中心（电化教育馆）、内蒙古助学管理中心、内蒙古教学研究室、内蒙古教育科学研究所、内蒙古教育装备技术中心、教育厅机关事务服务中心。

2020年，全区共有各级各类学校7485所（不含民办教育培训机构），在校学生380.92万人。按学段分，有幼儿园4428所，在园幼儿61.10万人；小学1652所，在校生138.15万人；初中711所，在校生66.16万人；普通高中305所，在校生40.59万人；高中阶段职业教育学校231所，在校生17.54万人。各类高校55所（58个办学实体），其中普通本科学校17所（19个办学实体，民办普通本科学校1所，独立学院1所），高职高专学校37所（38个办学实体，民办高职学校8所），成人高校1所（内蒙古开放大学）。普通本专科在校生48.66万人、在学研究生3.20万人（博士研究生2066人）。全区各级各类学校有教职工39.80万人，其中专任教师29.25万人。专任教师中，学前教育阶段4.81万人、义务教育阶段16.61万人、高中阶段教育5.11万人、普通高等学校2.80万人，其他教育0.35万人。

【教育对外合作与交流】 截至2020年底，全区共有国际学生3021人，其中高校2104人，基础教育及学前教育阶段917人，蒙古国籍学生2353人，俄罗斯籍学生163人。全区高校现有本专科中外合作办学项目18个。2020年全区教育系统参与公派出国留学项目申报20余项，获得国家公派出国留学基金资助师生127人。内蒙古师范大学获得1项教育部援外项目支持。内蒙古工业大学“编纂多语种科技术语系列词典助推‘一带一路’教育行动”项目获得教育部“共建‘一带一路’教育行动——部省品牌培育项目”立项。呼和浩特市第一中学、第十四中学成为第五批中美“千校携手”项目学校。

【体育美育和劳动教育】 遴选创建国家级篮球、排球、冰雪运动特色学校229所、校园篮球“满天星”训练营1个，举办第二届全区高校体育教师教学技能大赛，完成2020年内蒙古自治区“主席杯”校园足球高中组甲级联赛等计划赛事，完成内蒙古自治区校园足球初中组“最佳阵容”选拔活动，举办2020年自治区大学生篮球锦标赛暨第23届中国大学生篮球一、二级联赛（内蒙古赛区）。创建国家级青少年校园篮球、排球、冰雪运动特色校共229所，青少年篮球满天星训练营1个。组织开展全区学生田径、篮球、健美操等9项体育竞赛。依托互联网搭建“艺朵云”内蒙古美育在线平台，破解内蒙古自治区学校美育培训、展示、交流、评价、互动难题。研究制定《内蒙古自治区加强大中小学劳动教育的实施意见》。开展第二期全区中小学合唱指挥教师培训班和名师美育在线课堂等活动。启动自治区2020年高雅艺术进校园活动。建立综合防控儿童青少年近视工作联席会议机制，构建形成政府主导、部门联动、专家引领、学校教育、家庭关注的工作新格局。

【师资队伍建设】 全区学前教育、小学、中学专任教师学历合格率均达到或接近100%（普通初中本科以上教师比例91%，高中研究生教师比例超过15.4%），高等院校具有研究生学位的教师占66.5%（博士学位研究生占17.5%），高级职称教师占45%（正高级占12%），形成一支素质优良、结构合理、充满活力的教师队伍。以自治区党委办公厅、政府办公厅名义印发《内蒙古自治区中小学教师减负清单》。教育厅印发《高等学校教师师德失范行为处理指导意见》《中小学、幼儿园教师违反职业道德行为处理办法》《教师师德失范行为负面清单》，规范教师履职履责行为。编办、教育、财政、人社等4部门联合印发《内蒙古自治区普通高校人员总量核定标准（试行）》，创新普通高校机构编制管理，切实解决高校编制不足问题。印发《内蒙古自治区公办幼儿园机构编制标准》，保障全区公办幼儿园规范运行。实施“国培计划”“区培计划”“职业院校教师素质提高计划”“全区中小学教师信息技术应用能力提升工程2.0”项目。招聘国家“特岗教师”和自治区地方“特岗教师”1961人，优化农村牧区教师队伍结构。招录自治区“公费师范生”521人，交流教师校长6424人，选派351名教师参加支教工作，强化乡村优质师资培养储备。完成使用三科统编教材特岗教师专项招聘工作，共招聘教师298人。印发《内蒙古自治区高校职称评审监管暂行办法》。扩大“县管校聘”改革试点范围，5个盟市启动改革工作。

基础教育

【学前教育】 积极推进学前教育普及普惠工作，完成第三期学前教育行动计划，增加普惠性学前教育资源供给，加快公办园建设，持续开展城镇小区配套幼儿园、无证园治理和幼儿园“小学化”专项治理。制定并落实城镇小区配套园治理方案，已治理312所，完成率98.42%，其中69所办成公办园、243所办成普惠性民办园，增加普惠性学位7.2万个。学前三年毛入园率94.4%，高出全国平均水平（85.2%）9.2个百分点。如期完成公办园在园幼儿占比50%、普惠性幼儿园覆盖率80%的交账任务。

【义务教育】 推动城乡义务教育均衡发展。实施义务教育薄弱环节改善与能力提升项目，规划投入资金37.7亿元，着力解决义务教育学校“大班额”，加强乡村小规模学校建设和乡镇寄宿制学校建设。小学适龄人口入学率保持100%，初中阶段毛入学率98.6%，义务教育普及程度持续保持较高水平。全区103个旗县（市区）通过自治区县域义务教育基本均衡发展督导评估（赤峰市敖汉旗因疫情影响待国家验收），义务教育开始向优质均衡阶段迈进。推行“阳光招生、阳光分班”政策。强化中小学招生计划管理，杜绝大班额增量，持续消除大班额存量，全区义务教育大班额占比为0.30%，无超大班额。

【普通高中教育】 高中阶段毛入学率达到95%，进入优质特色多样化发展新阶段。全区所有公办普通高中学校年生均公用经费基准定额由800元增加至1000元。启动普通高中创新实验建设项目，落实普通高中课程方案和课程标准。推荐乌海市为教育部普通高中新课程示范区。有序推进选课走班，深化课堂教学改革，指导各地统筹实施教学管理、教学研究、课程开发、评估监测等工作。

职业教育

【职业教育】 启动高职院校“提质培优行动计划”，组织高职院校承接《职业教育提质培优行动计划（2020—2023年）》任务（项目）43项。组织开展第三轮职业院校适应社会需求能力评估工作。对《高职院校创新发展行动计划》3个项目和16个任务进行验收。推进“高中阶段教育职普比大体相当”工作，年度中职招生6.7万人，比2019年招生人数增加近1万人。已建成国家级中等职业教育改革发展示范学校21所、国家示范和骨干高职院校4所、国家优质高职院校4所、国家“双高”计划建设单位3所。1所中职、8所高职学校被教育部确立为现代学徒制试点建设单位，组织开展自治区级现代学徒制试点工作。累计培育职业教育集团近30个。启动全区53所中职学校和29所公办高职118个职业技能等级证书领域开展“1+X证书制度试点”工作，参与学生23000多人。举办全区高职院校技能大赛，在国赛中获得1银2铜。完善高职院校“文化素质十职业技能”考试招生办法，内蒙古机电职业技术学院等21所高职院校与内蒙古农业大学等13所本科高校合作举办“3+2”本科职业教育。完成内蒙古机电职业技术学院等3所学校“双高计划”项目任务书和建设方案备案工作。组织包头铁道职业技术学院等3所院校完成第三批现代学徒制试点省级验收。

高等教育

【内涵建设】 加快“双一流”建设。投入“双一流”专项经费3亿元。内蒙古大学等7所高校的16个学科得到重点建设。高校博士学位授予单位达到7所（含1所服务国家特殊需求博士人才项目单位）；赤峰学院和内蒙古艺术学院新增为硕士学位授予单位，硕士学位授予单位达到10所（内蒙古科技大学3所高校按1个单位计）。现有一级学科博士点39个（含1个服务国家特需博士人才培养项目），一级学科硕士点144个，二级学科硕士点21个，硕士专业学位授权专业93个。推进自治区6个“卓越人才”教育培养计划，43个专业入选国家级一流专业，经教育部认定109个自治区一流本科专业，22门课程入选国家级一流本科课程。全区高校10个项目获批教育部第二批新工科研究与实践项目，12个项目获批教育部新农科研究与改革实践项目。推动内蒙古师范大学鸿德学院转设为内蒙古鸿德文理学院，成立赤峰应用技术职业学院。组织开展2020年大学生创新创业训练计划项目立项工作，对19所本科院校的451个项目进行备案立项，全区50余万大学生接受创新创业教育，5个项目入选第十三届全国大学生创新创业年会优秀项目。举办第六届内蒙古自治区“互联网+”大学生创新创业大赛，在全国总决赛中，内蒙古高校共获得5个银奖、19个铜奖和1个最具人气单项奖。实施三科统编教材教师学历提升计划，102名教师就读内蒙古开放大学。

【科研创新】 全区高校新增国家自然科学基金各类项目279项、国家社科基金各类项目90项、内蒙古自然基金项目699项。全区高校获自治区科技进步奖、社会科学奖分别占全区获奖总量的1/4和3/4。围绕国家和自治区重点领域重大科技需求，重点支持3个省部共建协同创新中心、6个自治区协同创新中心建设，继续支持自治区高校重点实验室、工程研究中心和人文社科重点研究基地建设。内蒙古农业大学获批国家第二批国家知识产权信息服务中心。组织实施自治区高校青年科技人才支持计划，推荐内蒙古工业大学、内蒙古农业大学和内蒙古科技大学包头医学院3名教授成功入选教育部科技委学部委员。

【招生就业】 全区高等教育毛入学率45.17%。全年共有102.4万人参加各类教育考试，录取研究生、普通和成人高校本专科生23.7万人；完成年度高职扩招1.85万人。“少数民族高层次骨干人才计划”硕士研究生签订定向协议434人、博士研究生106人；落实6所部属师范大学免费双语师范生计划85人。截至2020年8月31日，全区普通高校应届毕业生总数134380人，离校前落实就业人数为91529人，初次就业率68.11%，国家统计局抽样调查就业率75.3%。

其他教育

【特殊教育】 继续实施第2期“特殊教育提升计划”，加快特教学校建设，完善资源中心和资源教室建设。全区特殊教育学校共51所，已建资源中心50个，资源教室206个。按照国家30万以上人口的旗县建一所特殊教育学校的要求，从2018年起规划建设的特殊教育学校10所，年内有8所学校已完成建设并投入使用，2所已完成主体建设。组织完成3096名残疾儿童入学情况摸排工作，有接受教育能力的三类残疾儿童安置率97.19%。

【民办教育】全区有民办学校3021所，在校生45.73万人，教职工5.84万人，专任教师3.24万人。其中，民办高校10所、高中阶段教育学校114所、义务教育学校77所、幼儿园2820所，另外有各类民办教育培训机构4003个（所）。

教育保障

【教育投入】 2020年，全区教育经费总投入达到853.62亿元，比上年增长4.98%。其中，财政性教育经费778.37亿元，比上年增长7.31%。全区一般公共预算教育经费635.39亿元，比上年增长5.30%；幼儿园、普通小学、普通初中、普通高中、中等职业学校、普通高等学校生均一般公共预算教育经费均实现增长。自治区建立了从学前教育到高等教育全覆盖的生均拨款制度。公办幼儿园生均公用经费基准定额和普惠性民办幼儿园补助标准为每生每年600元（其中特殊教育幼儿园和随班就读残疾幼儿公用经费基准定额为6000元）。城乡义务教育学校生均公用经费基准定额为每生每年小学650元、初中850元。在此基础上，对寄宿制学校按照寄宿生年生均200元标准增加公用经费补助。农村牧区不足100人的规模较小学校按100人核定公用经费。对高寒地区和其他地区分别按照年生均235元和215元补助取暖费。公办普通高中生均公用经费基准定额确定为每生每年1000元。中等职业学校按照3个专业大类分别给予每生每年3500元、4000元、4500元的生均公用经费拨款。直属高校生均定额补助基数达到11300元。

【教育资助】 2020年，全区共落实各级各类学生资助资金57.7亿元，惠及学生537.32万人次；落实教师资助资金1670万元，资助家庭经济困难教师1670人；为1.43万名受疫情影响的家庭困难学生发放临时补助491.26万元，为92.8万人次家庭经济困难学生发放价格临时补贴3874.5万元。建立从学前教育到研究生教育较为完善的资助体系，实现所有学段、公办民办学校、家庭经济困难学生“三个全覆盖”。

【教育扶贫】 完成易地扶贫搬迁集中安置点配套学校建设项目。聚焦“两不愁三保障”的义务教育有保障，全区建档立卡贫困家庭无因贫失学辍学学生，实现“动态清零”。资助10.42万名建档立卡贫困家庭在学子女完成学业。开展“农校对接”助力消费扶贫，全区45所公办高校启动“农校对接”工作，累计采购贫困地区农产品价值近千万元。做好京蒙教育扶贫协作，组织全区31个国家贫困旗县300名教师赴京跟岗培训。实施“求学圆梦行动”计划，提升农牧民工学历层次和技术技能水平，完成招生1744人，其中来自贫困县372人。开展职业技能培训77897人，其中培训建档立卡、城乡低保和残疾人12443人。结合牧区现代化试点建设，年度开展农牧民职业技能培训16218人。

【互联网+教育】 坚决打好新冠肺炎疫情防控阻击战，在部署全区延期开学的同时，提供在线教学资源、直播课堂和网络学习空间，全区大中小学实现“停课不停学”。3月30日全区初三、高三年级率先开学复课，4月23日开始全区大中小学各学段陆续开学复课，属于全国较早开学复课省区。全区中小学校（含教学点）全部接入带宽超过100M互联网，普通中小学（含教学点）校园网建网率达到99%，中小学普通教室多媒体教学设备配备率达到98%，教学点多媒体教学设备配备率81%。全区2341所中小学校（教学点）建成“同频互动课堂”系统，其中城镇中小学校1425所，乡村义务教育阶段学校657所，教学点259所。2020年教育部发布的《教育信息化发展报告（2019）》，2019年省域教育教育信息化内蒙古综合排名13，教育资源排名10，教学应用排名18，基础设施排名10，管理信息化排名18，保障机制排名18。

（刘学芬）

卫　生

综　述

【概况】 2018年11月10日，根据《内蒙古自治区机构改革方案》，内蒙古自治区撤销卫生和计划生育委员会，组建内蒙古自治区卫生健康委员会，主要职能12项，重点职责是维护人民健康、人口战略和应对人口老龄化。按照《内蒙古自治区卫生健康委员会职能配置、内设机构和人员编制规定》，自治区卫生健康委设24个处室局（不含驻委纪检组），行政编制105名，现有在编人员89名，核定处级干部领导职数41名。根据内蒙古自治区党委机构编办《关于内蒙古自治区卫生健康委员会所属事业单位机构职能的批复》，内蒙古自治区卫生健康委员会涉及改革事业单位整合并重组为10个，直属单位总数为19个，其中内蒙古自治区人民医院、内蒙古自治区综合疾病预防控制中心为准厅级单位，其他为正处级单位。2020年，内蒙古自治区卫生健康系统战疫情、抓改革、促发展，坚持稳中求进工作总基调，坚持新发展理念，以高质量发展为主题，以加强制度建设为主线，以改革创新为动力，深入开展健康内蒙古行动，改革完善疾病预防控制体系，加快推进医联体建设，严格监管医疗卫生机构，做好“一老一小”照护服务工作，推进中医药（蒙医药）传承创新发展，健全完善基本医疗卫生制度，基本实现了“十三五”各项改革发展目标，孕产妇死亡率、婴儿死亡率分别为14.92/10万和3.56‰，全区人民期望寿命为77岁，全区居民健康素养水平为20.1%，各族人民的基本医疗卫生需求得到更好保障。

【卫生健康】

卫生资源 2020年末，全区卫生机构总数24605个，比2019年增加41个，其中医院777个，减少17个；基层医疗卫生机构23334个，增加96个；专业公共卫生机构433，减少33个。全区医疗卫生机构共有床位162072张，其中医院130166张，基层医疗卫生机构26769张。医院中，公立医院床位占82%，非公立医院床位占18%。每千人口医疗卫生机构床位数由2019年的6.34张增加到2020年的6.74张。全区卫生从业人员总数达254843人，比2019年增加5571人。卫生技术人员202317人。卫生技术人员中，执业（助理）医师80570人，注册护士83443人。每千人口执业（助理）医师3.35人，每千人口注册护士3.47人，每万人口全科医生2.51人，每万人口公共卫生机构人员8.24人。

医疗服务 2020年，全区医疗卫生机构总诊疗人次9612.34万人次，比2019年减少1089.93万人次。2020年居民人均到医疗卫生机构就诊4.00次。与2019年比较，医院诊疗人次减少657.42万人次，基层医疗卫生机构诊疗人次减少393.09万人次。全区医疗卫生机构中，医师日均担负诊疗4.5人次和住院1.1床日。全区医院病床使用率58.80%。基层医疗卫生机构病床使用率24.68%，出院者平均住院日为6.6日。

农村卫生 2020年底，全区80个（县、县级市）共设有旗县（区、县级市）级医院170所、旗（县、县级市）级妇幼保健机构80所、县级疾病预防控制中心78所、县级卫生监督所79所，四类旗（县、县级市）级卫生机构共有卫生人员56205人。共设1257个苏木乡镇卫生院，床位21481张，卫生人员22769人（其中卫生技术人员19797人）。与2019年相比，苏木乡镇卫生院减少14个，床位减少649张，人员增加736人。2020年底，全区11868个行政村共设13087个嘎查村卫生室。嘎查村卫生室人员达19819人，平均每个嘎查村卫生室人员1.51人。

社区卫生 2020年底，全区已设立社区卫生服务中心（站）1200个，其中社区卫生服务中心338个，社区卫生服务站862个。社区卫生服务中心拥有卫生人员9612人，社区卫生服务站拥有卫生人员5178人。全区社区卫生服务中心诊疗人次481.92万人次，出院人数3.91万人，门诊量比2019年减少0.40万人次。全区社区卫生服务站诊疗人次273.82万人次。

医药费用 2020年全区医疗卫生机构次均诊疗费用217.5元，按当年价格比2019年上涨11.48%，按可比价格上涨8.85%；人均住院费用8557.2元，按当年价格比2019年上涨4.99%，按可比价格上涨2.53%。出院者日均住院费用928.3元，按当年价格比2019年上涨2.76%，按可比价格上涨2.76%。

人口普查 据内蒙古自治区第七次全国人口普查公报，2020年全区常住人口24049155人，与2010年第六次全国人口普查的24706321人相比，减少657166人，减少2.66%，年平均增长率-0.27%。其中，男性人口12275274人，占51.04%；女性人口11773881万人，占48.96%。常住人口性别比为104.26，与2010年第六次全国人口普查的108.05相比，下降3.79。

【健康内蒙古行动】 自治区人民政府召开推进健康内蒙古行动电视电话会议，自治区主席布小林作出批示。成立健康内蒙古行动推进委员会，统筹推进组织实施、监测和考核相关工作。组建健康内蒙古行动推进委员会办公室，承担推进委员会的日常工作。制定《健康内蒙古行动（2020—2030年）》，细化健康内蒙古行动具体内容。印发《健康内蒙古行动监测评估与考核办法》《健康内蒙古行动推进委员会工作规则》《关于健康内蒙古行动推进委员会办公室组织机构设置的通知》，完善健康内蒙古行动工作机制。印发《关于做好健康内蒙古行动推进工作的通知》，推进各地健康内蒙古行动的启动。截至2020年底，17个专项行动在自治区、盟市、旗县三级已经全部启动。

医药卫生体制改革

【公立医院综合改革】 持续推进建立健全现代医院管理制度试点工作。各医院以章程为统领的内部管理制度基本建立完善，加强公立医院党建指导，推进落实党委领导下的院长负责制，设党委的公立医院全部落实党委书记和院长分设，二级以上公立医院基本建立起科学高效的决策和运转机制，公立医院公益性得到有效保障和提升。从97家现代医院管理制度建设试点医院中，确定25家公立医院作为全区示范样板。全区54%的公立医院推行总会计师制度，85.4%的公立医院实施全成本核算和控制，89.21%的公立医院开展了绩效考核工作。公立医院薪酬制度改革试点医院从38家增加到63家，占公立医院的21%。按照“两个允许”的要求，全面落实公立医院自主分配权。乌海市作为现代医院管理制度建设示范地区，优医普惠便民成效明显。

【分级诊疗体系建设】 印发《内蒙古自治区城市医疗集团建设试点实施方案》，9个设区的市共25家城市医疗集团开展试点建设工作。组织全区各盟市及城市医疗集团试点单位开展分级诊疗第三方评估工作，全区12个盟市43家医联体参与评估，部分医疗集团探索推进影像诊断、医学检验、消毒供应等共享中心建设，实行业务管理、药品耗材采购及物流等统一管理。按照紧密型县域医共体建设评判标准和监测指标体系，在11个试点地区推动各级各类医疗卫生机构落实功能定位、强化分工协作，在18个县域医共体开展试点工作。全面推进试点县域医共体内部资源整合，成立医学检测、影像、财务、药品管理、后勤服务等相关业务中心，实现县域内医疗资源共享。通过选派专家至基层卫生院管理或坐诊、提供物资设备帮扶、出台鼓励政策、加强基层医疗卫生人员培训等措施，推动医疗资源下沉。实现县域内各级医疗机构信息互联互通，并通过远程设备开展远程诊疗及健康服务，形成“基层检查、上级诊断”的服务模式。呼和浩特市、兴安盟突泉县探索实施医保基金和基本公卫经费打包付费，医共体统筹使用。

【药品供应保障制度】 推动各级公立医疗机构全面配备并优先使用基本药物，2020年内蒙古自治区各级公立医院基本药物配备金额全部达到基本药物政策比例要求。推进国家基本药物制度综合试点工作，基本实现提升基本药物配备使用占比、提升上下级用药衔接、提升短缺药品供应保障能力、降低群众用药负担的“三升一降”试点目标。开展短缺药品保供稳价工作，完善自治区、盟市、旗县三级监测预警体系，实现公立医疗机构信息直报全覆盖，全区登陆医疗机构1996家，上报短缺药品信息条目487条，涉及225种药品。2020年内蒙古自治区没有发生大范围药品短缺。建立内蒙古自治区基本药物监测和临床综合评价中心，全面推进药品使用监测工作，开展了药品临床综合评价工作。

【综合监管制度】 落实《内蒙古自治区改革完善医疗卫生行业综合监管制度实施方案》，制定自治区综合监管行刑衔接、约谈、督察等相关制度，印发《医疗卫生行业综合监管制度相关文件资料汇编》，指导各盟市、旗县出台综合监管推进方案和实施方案。召开综合监管厅际联席会议、联络员会议，完成医疗卫生行业综合监管自查以及国家第九督察组对自治区的督察迎检工作，调查处理多个督察组移交的暗访线索与投诉举报问题。

【全民健康信息化工作】 内蒙古自治区上线应用疫情防控信息系统，为37个新冠肺炎定点医院配备移动查房、移动会诊系统及设备，为新冠肺炎患者提供远程会诊服务千余次。应急调配移动会诊设备支援武汉和满洲里，协助医疗队开展远程会诊。应急开发“线上发热咨询”系统，为群众提供线上咨询服务。依托居民电子健康卡，自主研发“新冠肺炎疫情防控健康码”和“鼠防码”管理系统。推广应用“入院登记系统”，用于医疗机构登记排查和预检分诊工作。实现“通信大数据行程信息”与健康码的融合。基于“健康码”研发上线“到访地登记码”，为疫情防控辖区内人员流动行踪登记、流调排查、个人行踪回忆追溯提供全方位的信息化支撑。截至2020年底，申领健康码1977万个，用码频次6520万次，健康码应用案例2次在《健康报》头版头条报道，被中国卫生信息健康医疗大数据学会评为“2020年第二届中国智慧健康医疗大会智慧健康医疗创新实践奖”。“1+12”的全区全民健康信息平台初步建成。完成电子病历、电子健康档案、全员人口库两级平台部署，电子病历、电子健康档案数据库及相关系统通过验收。基于“三库”研发上线医疗、公卫业务协同、监管信息系统20余个。全面推动医疗健康服务与自治区政务服务平台的数据对接共享，卫生健康数据成为“蒙速办”点击应用量最多的数据。实现公立医院绩效考核等数据基于平台应用。建设自治区“蒙健康APP、小程序”客户端应用。上线应用“全区人口死亡信息管理系统”，实现死亡人口数据的汇集应用，解决多年手工开具“死亡证明”问题。完成赤峰市、包头等两个盟市11家医院的云诊室试点和乌兰察布、赤峰市76个“基层检查、上级诊断”系统部署工作。

公共卫生

【鼠疫防控】 2020年全区共发生3起、3例人间鼠疫疫情，涉及2个盟市。

组织专家重新修订《内蒙古自治区鼠疫控制应急预案》，协调相关业务处室制定《鼠疫疫情防控联合研判会商制度》《鼠疫疫情防控“三项报告”制度》《关于加强全区鼠疫防控能力建设的指导意见》《内蒙古自治区各盟市及监测旗县鼠防应急装备目录》《大型建设项目和鼠疫自然疫源地内企事业单位鼠疫卫生学评价方案》《内蒙古自治区进一步加强鼠疫疫源地高危人群服务管理若干措施》等20项鼠疫防控制度和80余部政策文件，指导各地精准制定防控措施。

调整组建自治区鼠疫防控专家组，组织召开8次鼠疫防控专家组联合研判会商会议，对全区鼠疫疫情及流行态势进行分析研判，对鼠疫防控重点工作提出指导性建议，并根据专家研判意见，将全区57个鼠疫监测旗县分为高、中、低风险地区，实行分区分级精准防控。自治区综合疾控中心制定《内蒙古自治区鼠疫监测工作方案》和《动物鼠疫疫区灭鼠灭蚤的操作规程》，实行全年全季监测，扩大疫源监测旗县检索范围，对动物疫情处置重新进行规范，最大限度保证疫点处理无死角、全覆盖，防止再次发生人感染病例。

【基本公共卫生服务】 内蒙古自治区基本公共卫生服务项目经费补助标准为人均74元，新增5元经费全部落实到乡村和城市社区，统筹用于社区卫生服务中心（站）、苏木乡镇卫生院和嘎查村卫生室开展新冠肺炎疫情防控的人员经费、公用经费等支出，用来加强基层疫情防控经费保障和提高疫情防控能力，强化基层卫生防疫。实施建立居民健康档案、重点人群、重点疾病管理等12类项目，重点推动居民健康档案务实应用，深化基层慢病管理医防融合，积极稳妥推进电子健康档案向个人开放。全区共建立居民健康电子档案2280.34万人，建档率90%。国家适龄儿童国家免疫规划疫苗接种率均达95%以上，0-6岁儿童健康管理率92.58%，孕产妇产后访视率94.84%、65岁以上老年人健康管理率67.83%，高血压患者的规范管理率67.75%，糖尿病患者的规范管理率72.06%，严重精神障碍患者的规范管理率93.32%，肺结核患者的规则服药率97.2%。

【传染病防控】 2020年，全年全区报告甲类传染病（鼠疫）3例，报告乙丙类传染病72488例，较2019年（109095例）下降33.55%。全区法定传染病报告率达到99%以上，法定传染病报告及时率100%。全部法定传染病系统报告综合指数达99.92%，与2019年持平。全区共有艾滋病感染者和病人6960例，其中现存活6206例，累计死亡754例。2020年，新发现艾滋病感染者和病人944例，新报告病例数同比降低7.7%；全区为5603名艾滋病患者提供免费药品，治疗覆盖率为90.3%，治疗成功率为95.0%；建立3个全国第四轮艾滋病综合防治示范区；完成22家艾滋病实验室的验收工作；12家盟市艾滋病确证实验室艾滋病检测能力验证全部通过；全区实现艾滋病抗病毒治疗“一站式”服务全覆盖；12个盟市的53所高校艾滋病尿液传递检测设备实现全覆盖。2020年，全区筛查的肺结核可疑症状者数量66884例，占全区人口的2.8‰；全区共登记结核病患者9453例，其中活动性肺结核患者9028例，登记病原学阳性患者4408例，病原学阳性率48.8%；及时对全区结核病防治工作进展情况通报；及时组织处置学校结核病疫情；落实自治区结耐药结核病补助经费1500万元，为患者提供二线免费抗结核药物治疗。与农牧部门建立信息通报机制，联合指导对鄂尔多斯市达拉特旗一起人间布病暴发疫情规范处置；2020年，全区共报告人间布病病例14606例，较去年增加3.23%，全区布病患者慢性化率5.43%；完成布病重点职业人群的主动监测，共调查重点职业人群218884人。

【免疫规划】 完成自治区免疫规划信息管理系统基于追溯码的升级改造工作，实现与国家药监协同平台、国家全民健保测试平台的全面对接，实现全区冷链监测温度实时跟踪和疫苗全程可追溯。完善与疫苗生产厂家疫苗追溯码和疫苗厂家储运的数据对接工作，实现全区疫苗扫码出入库。全区儿童基础免疫接种率保持在90%以上。2020年，全区共报告预防接种异常反应（AEFI）2035例，无群体心因性反应。全区连续28年维持无脊髓灰质炎，自治区综合疾病预防控制中心连续27年通过世界卫生组织脊灰实验室考核。全区白喉连续27年零报告。

【地方病防治】 2020年，自治区政府多次召开地方病防治和饮水安全专题会议。将地方病防治纳入盟市党政领导班子实绩考核内容。全区103个旗县市区碘缺乏病、18个大骨节病病区旗县、12个克山病病区旗县和28个饮水型砷中毒病区（高砷区）旗县均达到消除标准，消除率100%；全区85个饮水型氟中毒病区旗县全部达到控制标准，控制达标率100%。全区地方病监测全覆盖。全区旗县级尿碘实验室全部建成并具备碘营养监测能力。完成全区2020年度实验室质控考核。印发《全区地方病患者治疗管理实施方案（2020年）》，自治区9部门联合印发《内蒙古自治区癌症防治实施方案（2020—2022年）》。印发《内蒙古自治区伤害监测项目工作方案（2020版）》。组织开展第26个肿瘤防治宣传周和全民健康生活方式宣传月活动。组织完成2019年23个旗县创建自治区级慢病示范区现场评估。完成国家级慢性病综合防控示范区动态管理数据审核填报。全区103个旗县区实现自治区级慢病示范区建设和全民健康生活方式行动全覆盖。全区18个肿瘤登记处的数据被《2019中国肿瘤登记年报》收录。

【精神卫生工作】 2020年，全区严重精神障碍在册患者116110万人，较2019年底增加2155人。完成国家和自治区级社会心理服务体系建设试点年度重点工作任务，完成内蒙古自治区居民心理健康状况调查报告。完成全区严重精神障碍信息管理系统与疾病预防控制信息系统VPN网络数据上传工作。全区12个盟市组建心理援助热线队伍和心理危机干预队，各盟市开通了24小时心理援助热线。为保障疫情期间全区11万名居家精神障碍患者不断药，共为14011人次提供免费邮寄、送药服务。

【公共卫生和学校卫生】 全区生活饮用水监测完成国家任务的128.40%，总体合格率81.7%。全区饮用水监测苏木乡镇覆盖率和行政嘎查村监测覆盖率均达到100%。脱贫攻坚饮水安全检测完成任务量的138.50%，采集水样合格率为98.28%。在全区10个盟市、29个旗县开展农村环境卫生监测，总体项目完成率100%。按月完成PM2.5采样及检测工作，发行内蒙古自治区雾霾监测PM2.5采集标准化操作教程视频一部。6个监测盟市公共场所的监测工作各指标任务完成率均达到100%。完成2020年全区学生常见病和健康影响因素监测及近视等学生常见病干预工作，监测实现全覆盖。全区完成共计146629名学生的近视筛查工作。本次调查近视率58.65%，较2019年升高5.35%。完成全区学校卫生体系建设调查工作，摸清了全区学生卫生管理的情况。举办全区首届中小学生“视觉2020，关注普遍的眼健康”主题征文活动。完成2020年新冠肺炎疫情对学生视力影响评估调查，任务完成率204.5%，近视率为55.17%，同比增长10.26%。

【职业病防治】 2020年，分配2001万元的职业病防治专项资金，开展了重点职业病、工作场所职业病危害因素、医疗卫生机构医用辐射防护、非医疗机构放射性危害因素、职业性放射性疾病五项监测任务，全区职业健康体检333139人，尘肺病主动监测2474人，5家哨点医院筛查12466人。监测2364家企业，完成率114.8%。全区备案职业健康体检机构187家，开展工作123家，职业病危害现状调查辖区内企业6707家。完成尘肺病攻坚行动和尘毒危害专项治理行动。推动职业健康保护行动，开展职业健康宣教全区共备案职业健康检查机构187家，试点建设5家尘肺病康复站。

【尘肺病攻坚行动】全区逐级签订《尘肺病防治攻坚行动目标责任书》各盟市均出台《尘肺病防治攻坚行动方案》。全区纳入治理范围的用人单位共2544家，已进行粉尘危害申报率95.87%、用人单位粉尘浓度定期检测率95.24%、在岗期间职业健康检查率95.49%。用人单位负责人培训率为97%，职业健康管理人员培训率为98%，接尘劳动者培训率为99%。重点行业企业监督检查覆盖率100%。对不满足环保和职业病防治要求的11家企业采取停产整顿措施。治理范围企业监督覆盖率100%，煤矿、非煤矿山、冶金、建材等重点行业领域的企业均按规定制定职业病防治责任制度、设置或者指定职业健康管理机构（或组织）、配备了专职职业健康管理人员。核查全区自中华人民共和国成立以来至2019年底所有职业性尘肺病患者17278人，2020年末全区生存职业性尘肺病患者7759人。

【卫生应急】 2020年，全年卫生应急工作紧紧围绕鼠疫、新冠肺炎等重大传染病疫情，重新调整国家突发急性传染病防控队伍，成立应急先遣队，组织开展队伍装备及车辆更新换代和运维保障工作，随时准备冲锋一线开展应急处置工作。广泛开展卫生应急“六进”等宣传教育活动，通过多种途径和形式，普及《公民卫生应急素养条目》、新冠肺炎、鼠疫等传染病疫情防控知识、突发事件自救互救知识等，提高公众自我保护意识和能力。组织各盟市对《内蒙古自治区突发事件紧急医学救援实施意见》进行总结评估，及时妥善处置交通事故、天然气爆炸事故、皮肤炭疽疫情、群体性不明原因中毒、诺如病毒感染、流行性出血热等各类突发事件。

【爱国卫生运动】 印发《深入开展爱国卫生运动做好新冠肺炎和鼠疫防控工作方案》和《关于加强秋冬季传染病防控爱国卫生工作的通知》，启动鼠疫和新冠疫情自治区、盟市、旗县三级爱国卫生工作日报告、周报送制度。设计制作新冠肺炎防控、鼠疫防治和控烟等宣传海报、折页（蒙、汉文）86种，全区累计发放各类宣传材料694.95万份。卫生城镇创建工作持续开展，2018—2020周期7个新申报的国家卫生城市通过国家技术评估，按照国家复审程序对3个国家卫生城市、2个国家卫生旗县组织开展了自治区复查。2017—2019周期全区建成22个国家卫生旗县，43个国家卫生乡镇，已建成的22个国家卫生县城（乡镇）被重新确认命名。2020年自治区命名了32个卫生苏木乡镇，715个卫生嘎查（村）和140个单位。乌兰察布市四子王旗和锡林郭勒盟太仆寺旗创建成为自治区卫生旗县，自治区卫生城市和自治区卫生旗县均实现全覆盖。

【卫生监督】 派驻465名卫生监督员和感控指导员到医疗机构执行为期两个月“院感+监督”的监管模式。制定七个专业领域的监督检查指引，组织对全区复工复产疫情防控措施落实情况开展专项抽查。开展学校复课疫情防控专项检查指导，执行学校复课检查指导工作台账日报告，期间共检查指导各类学校和托幼机构15181户次。建立疫情防控常态化监督检查机制，持续加强疫情防控监督检查，推动医疗机构、学校、重点场所落实防控要求。制定“双随机”监督抽查工作方案，下达涵盖公共卫生和医疗卫生12个专业的随机抽查任务9121件。按照国家要求按时完成随机抽查任务，完结率100%，抽查结果依法向社会公开。印发《进一步加强职业卫生监督执法工作的通知》。开展尘毒危害专项执法工作，全年上报查处用人单位违法案件462起，罚款417.25万元。组织全区开展执法稽查和案卷评查，推动各地加大执法力度和提升办案质量。年内全区查处各类卫生违法案件3888起，所有监督机构在消除“零办案”的基础上，消除公共卫生、用人单位职业卫生“零办案”。选取呼和浩特市、呼伦贝尔市开展“信用+综合监管”试点工作，构建事前、事中、事后全监管环节的新型监管机制。与自治区网信办、教育厅等9部门联合开展严厉打击非法医疗美容综合监管专项行动，召开严厉打击非法医疗美容专项行动新闻发布会。制定《医疗机构依法执业手册》，开展医疗机构依法执业专项监督检查。选取巴彦淖尔市、兴安盟开展健康证明档案管理系统试点，探索从业人员健康管理新模式。

【食品安全】 内蒙古自治区卫生健康委员会同自治区工业和信息化厅、商务厅、呼和浩特海关、满洲里海关、自治区市场监管局、自治区粮食和物资储备局印发《2020年内蒙古自治区食品安全风险监测方案》，全区13个检测机构在103个监测点共采集食品安全风险监测样品3950份，其中地产食品2636份，占比66.73%。上报监测数据60000条，完成国家监测任务的185.71%。上报食源性疾病15778例，采集样本1919例，阳性结果325例。自治区卫生健康委组建内蒙古自治区首届食品安全风险监测评估专家委员会，完成了亚麻籽粉和策格（酸马奶）2个食品安全地方标准修订工作。会同市场监管局制定《内蒙古自治区肉苁蓉等物质按照传统既是食品又是中药材物质管理试点工作方案》，国家卫生健康委核准内蒙古自治区开展肉苁蓉试点工作。

【卫生健康法治建设】 代自治区人民政府起草规范性文件和重大行政决策5件。核查地方法规规章及行政文件946件次，开展有关民法典、公平竞争政策措施等4项专项清理，提出修改蒙医药中医药条例等法规、规章建议3件，地方病防治条例修改列入自治区人大2021年立法调研项目，婚前医学检查管理办法列入政府规章修改项目。完善并公布本级权责清单70项。开展36项卫生健康政务服务事项精细化梳理并全部进驻自治区政务服务大厅，除保密事项外，实行“一门”“一窗”“一网”受理，落实中医（蒙医）诊所备案制度。规范性文件、重大行政决策合法性审查11件次。编制新制修订卫生健康法律设定的30项行政处罚裁量权基准。开展全区变相审批和行政许可事中事后监管情况自查。编印《新冠肺炎疫情防控法律知识问答30题》和《传染病防治法》《突发公共卫生事件应急条例》解读。

【医疗服务管理】

卫生健康服务体系建设 2020年，中央预算内投资支持内蒙古自治区卫生领域项目58个，总投资21.49亿元，其中重大疫情救治基地项目2个，即内蒙古自治区第四医院、呼和浩特市第二医院，中央投资2亿元；全民健康保障工程项目12个，中央投资5.35亿元；县级医院救治能力提升项目44个，中央投资4.65亿元。截至2020年年底，自治区本级在建5个卫生重点项目，有2个已竣工，1个基建工程已完工，1个主体工程已完工，正在进行装修收尾工程，1个未开工。内蒙古自治区第四医院康复疗养中心项目和内蒙古精神卫生中心迁建项目已竣工。内蒙古自治区综合疾病预防控制中心迁建项目基建工程已完工，待消防验收后投入使用；内蒙古医科大学第二附院迁建项目正在进行装修收尾及配套设施工程。内蒙古自治区国际蒙医院二期扩建项目正在办理开工前手续，已完成施工和监理招标工作。

医疗服务组织开展 2020年内蒙古自治区改善医疗服务标杆创建活动和全国擂台赛。宁城县中心医院荣获2020年改善医疗服务行动全国医院擂台赛（县域类）小组赛金、银奖。内蒙古自治区16所试点医院椎管内分娩镇痛率≥40%。三级医院全部开展预约诊疗工作，97.5%的二级医院开展预约诊疗工作，各盟市医疗机构预约种类涵盖门诊预约诊疗、门诊分时段预约诊疗、住院预约诊疗、检查检验集中预约、择期手术预约多种预约，62%的三级医院、41%的二级医院开展门诊分时段预约诊疗。组织二级以上医疗机构开展进一步改善医疗服务行动计划效果评估工作。启动二级公立医院绩效考核工作。医疗机构和医务人员管理开展“互联网+政务服务”“互联网+医疗健康”工作，全面推行医疗机构、医师、护士电子证照，医疗机构、医师、护士电子证照申领率分别达到98.67%、95.38%、97.77%。建设基于电子病历数据库的医疗服务管理系统，自治区互联网医疗服务监管、医疗技术临床应用管理系统、公立医院绩效考核管理系统上线运行。组织修订《内蒙古自治区医疗机构不良执业行为记分管理办法》和《内蒙古自治区医务人员不良执业行为积分管理办法》，推动落实医疗卫生行业综合监管制度。印发《内蒙古自治区加强老年护理服务工作方案》，全区可提供老年护理服务的医疗机构129家，设置老年医学科的医疗机构64家，提供老年护理服务的床位数7984张。确定内蒙古自治区人民医院和赤峰市医院为自治区老年护理专业护士培训基地，启动培训工作。在呼和浩特市、包头市、赤峰市三个城市开展“互联网+护理服务”试点工作，通过“线上申请，线下服务”的形式为出院患者或罹患疾病且行动不便的特殊人群提供居家护理服务。

医疗质量和安全 开展单病种质量管理与控制工作，持续监测单病种质控指标，发布《2020年自治区医疗服务与质量安全报告》。依托自治区相关专业质控中心利用信息化手段开展重点医疗技术质量控制工作。组织开展为期2年的人体器官捐献与移植专项整治工作。加强产科质控体系及质控指标体系建设，开展产房分娩核查工作，加强产科专业医疗质量安全管理。加强精神专科医疗服务体系、专业人才队伍及医疗服务能力建设，加强精神医疗质量管理。持续加强抗菌药物临床应用管理工作，提高抗菌药物合理使用水平。完成“十三五”全国眼健康规划终期评估工作、儿童抗菌药物临床应用监测和细菌耐药监测工作。加强和完善麻醉医疗服务，持续增强麻醉医疗资源供给，拓展麻醉和镇痛服务领域。组织开展分娩镇痛试点工作，全区41家医院列入第一批国家分娩镇痛试点，向国家推荐4家医院分娩镇痛典型案例。全区1386人获得全国无偿献血奉献奖金奖、2085人获得全国无偿献血奉献奖银奖、6238人获得全国无偿献血奉献奖铜奖，全区12个单位、5名个人获得全国无偿献血促进奖，乌海市、通辽市、呼伦贝尔市、鄂尔多斯市、赤峰市、包头市及锡林郭勒盟、阿拉善盟获得全国无偿献血先进市奖，8名个人获得全国无偿献血志愿服务星级奖，1人获得全国无偿献血志愿服务终身荣誉奖。

行业监管 印发《内蒙古自治区2020年纠正医药购销领域和医疗服务中不正之风工作要点》，召开全区纠正医药购销领域和医疗服务中不正之风联席会议。开展医疗行业作风建设专项行动。启动新一轮大型医院巡查工作，着力推动公立医院党的建设、行风建设和高质量发展。开展“黑救护车”专项整治工作，全区共排查“黑救护车”线索98条，推行院前医疗急救与非医疗急救服务分类管理。部署开展医疗机构废弃物专项整治，重点整治医疗机构不规范分类和存贮等7种行为。组织开展全区卫生健康行业领域突出问题专项整治工作，聚焦打击医闹和涉医违法犯罪行为，整治违法违规执业、欺诈医疗、诱导消费、强制消费、倒卖号源、术中加价、过度诊疗等医疗乱象，严厉打击非法医疗美容，整治医疗机构废弃物问题。

平安医院建设 卫生健康部门与公安部门共同排查全区二级以上医院安全防范系统建设和涉医矛盾纠纷隐患。将“持续推进医疗领域扫黑除恶”列入平安医院建设考评指标。开展平安医院建设重点问题专项整治工作。完善涉医案件警医联动处置机制，强化医疗机构安全防范系统建设。2020年，全区二级以上医院设立警务室391家、开展安检的三级医院7家；公安机关共配合医疗机构出警605人次，现场依法制止“医闹”事件82次；查处非法行医等行业乱象案件226起，罚款136.97万元、吊销执业许可2个、移送司法机关涉嫌犯罪案件1个。与自治区公安厅联合督办鄂尔多斯市“3.19”

伤医事件。兴安盟、阿拉善盟获评全国平安医院工作表现突出地区；满洲里市人民医院、准格尔旗中心医院、包头市第八医院获评全国平安医院工作表现突出集体；内蒙古自治区人民医院副院长高关心等4名同志获评全国平安医院工作表现突出个人。

【基层服务】

“优质服务基层行”活动 指导全区所有苏木乡镇卫生院、社区卫生服务中心对照国家基层服务能力标准和评价指南要求，明确基层医疗卫生机构的功能任务，加强科室设置、设备配备，提升医疗服务，逐步做到常见病多发病在基层解决。截至2020年年底，全区完成自评整改的机构1462所，占92.53%，考评完成达到基本标准的基层医疗卫生机构81所，其中苏木乡镇卫生院60所，社区卫生服务中心21所；经自治区复核达到推荐标准的基层医疗卫生机构9所，其中苏木乡镇卫生院6所，社区卫生服务中心3所。

基层卫生人才队伍建设 利用中央967万元专项资金采取“线上+线下”的方式，对基层医疗卫生机构的60名骨干全科医生、388名乡村医生和423名基层医疗卫生机构骨干人员开展了实用技能培训。完成871名基层医务人员线上培训；线下完成45名骨干全科医生，335名乡村医生和361名骨干人员的培训。

社区医院建设 开展对试点机构的运行、服务提供、群众满意度等方面的运行监测，全区5家基层医疗卫生机构达到社区医院标准。开展2020年社区医院评审验收工作，对全区10家基层医疗卫生机构进行评定，经自治区初评其中5家机构达到社区医院建设标准。

家庭医生签约服务 家庭医生签约服务逐步由“重签约数量”向“重服务质量”转变，稳步扩大签约服务覆盖面，做实做细家庭医生签约服务。围绕“世界家庭医生日”开展宣传活动，居民健康知识知晓率达到91%。利用信息化手段开展网上签约、在线服务，提升管理效果，全区组建家庭医生团队9538个，签约率45.06%，重点人群签约率74.76%，建档立卡贫困人口签约率达到99.14%。

【计划生育工作】 将实施全面两孩政策、改革完善计划生育服务管理作为自治区党委、政府全面深化改革的重要任务，机构改革中保留自治区人口与计划生育领导小组。开展人口监测预警，自治区本级全员人口数据库及服务管理系统采集常住人口信息2436.92万人。全区奖励扶助制度目标人群140370人，特别扶助制度目标人群23232人（伤残家庭9591人，死亡家庭13641人），少生快富目标人群775户。落实国家特别扶助金制度，落实《内蒙古自治区人口与计划生育条例》规定的一次性扶助金，每个特殊家庭领取相当于上年当地人均收入1至3倍的扶助金，投入公益金1395万元，保险2804万元，计划生育家庭参保人数53.5万人。鼓励按政策生育，落实计划生育家庭奖励假政策、婚假、产假以及男方护理假政策，母婴设施累计建成252个。出生人口性别比为106.3。

【婴幼儿照护服务】 建立由自治区16部门组成的婴幼儿照护服务发展部门联席会议制度，成立婴幼儿照护服务专家指导委员会。推动相关部门在9所专科院校设置幼儿发展与健康管理和早期教育专业，加大人才培养力度。争取中央预算内投资1985万元，增加普惠托位1985个。在全国较早开展婴幼儿照护服务示范盟市和示范机构创建活动，已建设自治区级示范盟市2个、示范机构15个。2020年，全区注册的托育机构为188家。

【健康老龄化】 内蒙古自治区人民医院建设成为国家老年医学中心内蒙古分中心。鼓励二级以下相对富余的医疗机构转型为护理机构或康复机构，2020年，全区46%的二级以上综合医院设置老年医学科，公立中医（蒙医）医院全部设置治未病科或康复科。建设老年病医院36个，康复医院19个，能够开展安宁疗护服务的机构达到110个。启动实施老年健康促进行动，印发实施方案，召开启动会议，全方位干预老年人健康。将老年健康管理和医养结合服务纳入基本公共卫生服务范围，老年人健康管理率67.8%。实施家庭医生签约服务，老年人签约服务率70%以上。确定52个老年人心理关爱项目点。开展建档立卡失能贫困老年人信息核查和照护服务，6.5万人次受益。

【医养结合】 对养老院内设卫生室、诊室取消行政审批，实行备案管理。探索实施医养签约、医中办养、养中设医、居家医养等4种相对成熟的医养结合服务模式，2020年，建成医养结合机构117家，医养签约1347对。建设国家和自治区级医养结合试点市6个、医养结合示范单位23个，老龄健康医养结合远程协同服务试点6个，5个地区经验入选全国医养结合典型经验名录。

【妇幼健康服务】 内蒙古自治区卫生健康委印发《2020年度母婴安全和健康儿童行动计划的通知》，对2019年建设的危重孕产妇、危重新生儿及危重儿童救治中心开展交互式评估，自治区、盟市、旗县建立健全危重孕产妇、新生儿急救转诊网络。印发《爱婴医院复核实施方案》，开展爱婴医院复核及星级评定工作。开展2020年自治区出生缺陷防治人才培训项目，开展2020年自治区基层产科医师培训项目，开展辅助生殖技术随机抽查，防范辅助生殖技术应用风险。制定贫困地区儿童营养改善项目实施方案，开展儿童早期发展示范基地创建，举办0-6岁儿童眼保健和视力检查工作培训班。组织专家对全区30家申报等级评审的盟市、旗县级妇幼保健机构进行现场评审，对全区115家妇幼保健机构开展绩效考核工作，印发《2020年妇幼基本公共卫生服务项目实施方案》。医学检查率74.75%，新生儿遗传代谢病筛查率96.86%，新生儿听力筛查率96.24%，产前筛查率88.9%。补服叶酸185883万人，服用率94.62%；宫颈癌细胞学筛查21.39万人，完成率126.95%；宫颈癌HPV筛查2万人，完成率100%；乳腺癌筛查5万人，完成率131.67%；两个集中连片贫困地区新生儿遗传代谢病筛查和听力筛查累计完成1.62万人，筛查率90.3%；贫困地区婴幼儿营养包发放5.76万人，发放率84.40%；孕前优生健康检查7.44万人，完成率103.61%。

中医药(蒙医药)

【政策法规体系】 出台《内蒙古自治区党委、自治区人民政府关于促进中医药（蒙医药）传承创新发展的实施意见》。将振兴中医药（蒙医药）行动纳入健康内蒙古建设17个专项行动，制定印发行动方案，明确到2022年和2030年实现“人人享有中医药（蒙医药）服务”的行动目标。全区12个盟市同步举行中医药（蒙医药）振兴行动云启动仪式。

【医疗服务体系】 内蒙古民族大学附属医院内儿科楼建成使用，内蒙古自治区国际蒙医医院老年病楼完成设计招标，内蒙古自治区中医医院门诊楼改扩建工程立项。支持8所中医（蒙医）医院加强核心能力建设和10所中医（蒙医）医院的制剂能力建设。内蒙古自治区国际蒙医医院承担的蒙医康复服务能力规范化项目通过国家验收。2所中医（蒙医）医院晋升为三级、2所晋升为三级甲等医院。推进基层中医药（蒙医药）服务能力提升工程“十三五”行动计划，新建93个中医馆（蒙医馆），2个盟市、9个旗县通过“基层中医药工作先进单位”复审验收，5个旗县通过国家验收。按照“六争先精准扶贫工程”要求推进三级中医（蒙医）医院对口帮扶国贫旗县中医（蒙医）医院攻坚工作，加强31个国贫旗县中医（蒙医）医院服务能力建设，安排25名贫困旗县中医（蒙医）医院的骨干医师赴京跟岗培训。

【特色优势发挥】 内蒙古自治区中医医院牵头组建全区中医药远程协作网，开展3所旗县中医（蒙医）医院医共体能力建设，建成中医（蒙医）县域医共体81个，专科联盟18个，108个中医（蒙医）医疗机构纳入远程医疗平台。持续推开二级以上公立中医（蒙医）医院绩效考核和三级医院电子病历分级管理。开展二级公立中医（蒙医）医院实验室室间质量评价，确定自治区中医医院为内蒙古自治区中医（蒙医）临床检验中心。完善基层医疗卫生机构中医馆（蒙医馆）健康信息平台。鼓励中医（蒙医）医院加快信息化建设，推进预约诊疗和互联网诊疗服务，开展线上线下一体化服务和远程医疗服务，批准设置4所中医（蒙医）互联网医院。开展“方便用中医（蒙医）放心用中药（蒙药）”活动。

【传承创新】 传承保护中医药（蒙医药）古籍经典，《中华医学百科全书》（蒙医学卷）基础卷和方剂卷通过审定，《中华医藏》（蒙医药版）复制古籍底本40卷，《蒙医药大典》（影印件）编撰初稿10卷。启动中医药（蒙医药）民间特色诊疗技术调查和挖掘整理，开展《古代经典名方》（蒙药）基源调查工作。发布《蒙药饮片炮制规范》（2020版），出版《呼伦贝尔蒙医验方集》。内蒙古自治区中医药（蒙医药）数据中心与内蒙古医科大学数据平台合作，实现蒙医药古籍经典文献资源共享。支持开展蒙医药防治新冠肺炎的基础及临床研究。有7项国家自然科学基金项目和45项自治区自然科学基金项目结题、28项自治区科技计划项目通过验收，登记科研成果61项；新获批国家自然科学基金项目10项、自治区自然科学基金项目75项、自治区科技计划项目6项；获自治区科学技术进步二等奖1项、三等奖5项，中国民族医药学会、协会等国家级科技进步奖特等奖2项，二等奖、三等奖41项。中医药（蒙医药）领先重点学科、重点学科、重点实验室、特色优势重点专科建设及科研项目研究进展顺利。完成37个中药材（蒙药材）资源普查旗县区自治区级验收和14个旗县区资源普查外业调查工作，调查样地1039个，样方套数5074套，普查野生品种1706种，传统知识1000余份，发表相关论文17篇，出版发行《包头常见蒙药植物图鉴》和《药用植物栽培技术》。

【人才培养】 推进“岐黄学者”人才培养项目，完善中医（蒙医）住院医师规范化培训制度，2个国家级蒙医住培基地通过评估，确定内蒙古自治区国际蒙医医院为国家住院医师规范化培训重点专业基地。中医（蒙医）中专学历教育、农村订单定向免费医学生培养和中医（蒙医）类别全科医生培养、西学中（蒙）培训以及自治区第三批老中医药（蒙医药）专家学术经验继承工作进展顺利。首批中医（蒙医）医术确有专长医师资格认定人员255人。举办2020年“中国梦·劳动美”全区中医职工职业技能比赛。

（陈钢）

体　育

综　述

【概况】 2020年底，内蒙古自治区体育局（以下简称“自治区体育局”）机关行政编制40名。设局长1名，副局长3名；正处级领导职数8名，副处长职数9名；机关设8个处室，分别是办公室、人事处、群众体育处、竞技体育处、青少年体育处、体育经济处、机关党委、离退休人员工作处。

统筹疫情防控和复工复产。1月中国爆发新冠肺炎疫情以来，自治区体育局坚决筑牢疫情防线，统筹协调取消或推迟各级各类人员聚集性体育赛事和活动，做好体育健身场馆疫情防控、运动队封闭训练等工作。开展线上赛事活动和居家健身指导320余项次。疫情防控进入常态化以后，积极推进体育行业复工复产。

推进健身健康深度融合。加大场

馆设施建设力度，基层体育设施日趋完善。

【疫情防控和复工复产】 新冠肺炎疫情发生以来，统筹协调取消或推迟各级各类人员聚焦性体育赛事和活动，做好体育场馆疫情防控、运动队封闭训练等工作。内蒙古体育医院积极调派医护人员参加境外来呼人员核酸检测采样工作，配合做好全区抗疫工作。通过官方网站、微信公众号等渠道主动推送权威信息，普及疫情防控知识，提供线上健身指导，满足群众的居家健身需求，有效提振体育精神和抗疫士气。引导群众居家科学健身，推进群众体育活动由线下转为线上，积极开展青春印迹·万人宅运会、“我锻炼我健康”全区全民健身线上运动会等网络赛事活动，举办线上赛事活动和居家健身指导320余项次，线下群众赛事活动400余项次。在疫情防控常态化形势下，带动群众走出家门，走向运动场，燃起健身热情，激发社会活力。适时制发关于有序推进体育行业复工复产的指导意见，稳妥有序向社会开放体育场馆，推动体育行业复工复产，组织发放体育消费券20.97万张、内蒙古全民健身服务中心惠民体验券近12万张。以体育之力助推健身防疫、恢复社会生机。

【全民健身与全民健康深度融合】 使用2020年中央公共文化服务体系建设中央转移支付资金760万元采购行政村健身路径168套。确定呼和浩特市、通辽市、巴彦淖尔市、满洲里市为全民健身与全民健康深度融合试点城市，分别打造设施融合、理念融合、活动融合和组织融合试点地区，四地相继开展多项线上线下活动。重点扶持基层群众健身组织，初步形成“体育总会+单项体育协会+人群体育协会”的体育健身组织网络。组织全区社会体育指导员录制系列健身指导小视频并在内蒙古自治区体育局微信公众号发布，与内蒙古广播电视台文体娱乐频道联合录制科学健身指导节目，发挥各级健身气功协会、健身广场舞协会和社会体育指导员作用，带动更多群众参与体育锻炼。

加强品牌示范引领，评定呼伦贝尔市海拉尔区、鄂尔多斯市伊金霍洛旗为全区全民健身示范旗（区），呼和浩特马拉松赛等14项赛事活动为全区全民健身品牌赛事。丰富赛事活动内容，举办全区首届（线上）亲子体育活动，通过家庭互动模式，推广了射箭、乒乓球、羽毛球等34个项目，网络关注量突破1300万人次。举办“欢乐草原·健康内蒙古”第十二届全区全民健身运动会，连同全民健身“炫动之夜”展示活动、“全民健身日”宣传活动周直接参与人数超3万人次。举办疫情防控常态化后全国首个大型马拉松赛——首届科尔沁马拉松赛和国内首个高水平马拉松精英赛——首届中国多伦马拉松赛。全年开展线下群众赛事活动1500余项次，全区百县健身气功交流比赛、“体育健康助力扶贫”系列全民健身赛事活动等一批全民健身赛事活动正以更加灵活、更加接地气的方式引领全区全民健身的热潮。同时，体育协会“放管服”改革不断深化，列入脱钩名单的61家全区性体育协会全部完成脱钩任务。

【体育扶贫】 自2011年内蒙古自治区体育局与兴安盟科右中旗好腰苏木镇新艾里嘎查结成定点帮扶对象以来，因地制宜提出精准“五扶”思路，即“精准扶思想、精准扶技术、精准扶项目、精准扶资金、精准扶班子”，循序渐进的转变当地群众生产方式、改善生活环境、抓好兜底扶贫、加强体育扶贫。坚持将扶贫同扶志、扶智相结合，将体育发展融入经济转型、旅游产业、乡村文化等方面，充分调动贫困群众的积极性、主动性、创造性，勾勒出老村焕新生、旧貌换新颜的乡村新图景。特别是通过政企合作，以入股分红返利的形式，实施兜底扶贫，红利用于贫困户兜底脱贫、集体经济、街巷亮化美化等，充发当地群众改变命运、苦干实干的奋斗精神。内蒙古自治区体育局定点帮扶兴安盟科右中旗好腰苏木镇新艾里嘎查如期摘帽，移出贫困村行列，完成各项帮扶任务。

【足球改革发展】

足球改革发展试点 作为全国首个足球改革发展试点省区，内蒙古坚持以习近平总书记关于足球改革发展的重要批示指示精神为指导，遵循足球发展规律，深入推进足球改革发展。完善政策保障，研究制定《关于进一步深化体教融合促进内蒙古足球改革发展的实施意见》。

足球场地设施建设 加强场地设施建设，全区足球场地增加到3530块，每万人拥有1.39块以上足球场地。丰富赛事活动，举办内蒙古自治区直属机关“公仆杯”五人制足球赛、内蒙古自治区青少年足球联赛、内蒙古自治区青少年足球俱乐部赛、内蒙古男子足球超级联赛、内蒙古自治区“主席杯”校园足球四级联赛等赛事活动12次，参与人数5609人，营造浓厚的全民足球氛围。

足球协会自身建设 召开“创新驱动，数据赋能”内蒙古足协大数据应用生态战略协同发布会，上线足球教练APP，开启内蒙古足协大数据应用生态时代。健全协会机制，完成第六届内蒙古足球协会换届工作，修订《内蒙古足球协会章程》。

【“十四冬”筹办工作】 根据新冠肺炎疫情防控工作形势，稳妥做好延期筹办相关工作。及时制定延期筹办“十四冬”工作预案、恢复举办工作方案等，并与国家体育总局积极对接协调。在珠海、上海、北京三地举办“十四冬”宣传推介活动。做好疫情防控工作。自治区疫情防控指挥部会议审议并原则通过了“十四冬”疫情防控工作方案和防控应急预案。落实足球改革发展任务。加强足球场地设施建设，丰富足球赛事活动内容。举办青少年足球联赛、区直机关“公仆杯”足球赛、内蒙古男子足球超级联赛、国际青少年足球冬（夏）令营等，共有395支队伍、7187人参赛。加强足球协会自身建设。召开内蒙古足球协会第六届会员代表大会第一次会议，选举产生新一届内蒙古足协执委会。内蒙古足球协会共吸纳会员单位28个，建立旗县（市、区）足球协会42个。

【体育产业健康发展】 与自治区发改委共同制发《关于加快发展体育竞赛表演产业的实施意见》。利用现有设施和体育旅游资源，通过以马为媒、以车为媒，进一步深入推动全区体育与旅游、文化融合发展。扩大体育彩票销售，支出1143万元补贴扶持全区体育彩票网点。全区体育彩票全年累计销售45.39亿元，市场份额达60.9%。

体育竞赛

【竞赛概况】 夯实竞技体育综合实力。2020年，全区共组队参加马术、射击、射箭等33个大项的全国高水平赛事，获得65枚金牌、53枚银牌、51枚铜牌。

【举办马术赛事】 8月1日，中国·内蒙古马赛暨第七届内蒙古马术节在锡林浩特市盛装开幕。比赛一直持续到8月底，设有速度赛马、乘马拾哈达、蒙古马绕桶赛、套野马等5大类13项，共计78场，各地选手竞逐沙场、展示风采。形式多样、精彩激烈的马术赛事活动轮番登场，中国马术大赛、内蒙古马球表演赛、内蒙古速度赛马大奖赛、"京蒙粤"马术场地障碍团体赛、蒙古马常规赛等赛事活动尽现速度与激情的魅力，搅热群众参与马术运动的浓厚兴趣。

【参加冬青奥会】 1月9—22日，第三届冬季青年奥林匹克运动会在瑞士洛桑举行，共设8个大项、16个分项、81个小项。来自世界各地的1872名青年运动员参加比赛。中国体育代表团派出109人参加，其中53名运动员参加57个小项的比赛。内蒙古运动员丁雨欢在本届冬青奥会开幕式上担任中国代表团旗手。内蒙古共有7名运动员获得参赛资格，分别参加越野滑雪、冬季两项、速度滑冰、钢架雪车项目比赛。其中，孙嘉钊获得速度滑冰集体出发第五名、混合集体滑第八名、1500米第九名、500米第十名，赵丹获得钢架雪车女子单人第七名，勾振东与丁雨欢获得冬季两项混合接力第17名。

【内蒙古农信女篮】 由国家篮球运动管理中心、中国篮球协会主办的2019—2020赛季中国女子篮球联赛（WCBA）迎来新军内蒙古女篮，标志着内蒙古职业篮球正式起步。内蒙古农信篮球俱乐部成立于2018年底，是内蒙古自治区首家、也是唯一一家职业篮球俱乐部。WCBA中国女子篮球联赛是全国最高水平的篮球赛事，本赛季联赛有来自全国18家俱乐部的职业篮球队参加。内蒙古农信篮球俱乐部于2019年6月27日正式获准加入2019—2020赛季中国女子篮球联赛（WCBA），主场设在内蒙古体育馆，内蒙古由此告别了没有球队参加全国三大球顶级联赛的历史。

（黄璐超）

社会管理

民政事务

【概况】 内蒙古自治区民政厅共有13个内设机构，分别为：办公室（政策法规处）、规划财务处、社会组织管理局（社会组织执法监督局）、社会救助处、基层政权建设和社区治理处、区划地名处、社会事务处、养老服务处、儿童福利处、慈善事业促进和社会工作处、机关党委、社会组织党建办、离退休人员工作处（人事处）。

共有7个直属事业单位，分别为：内蒙古自治区民政厅机关事务服务中心（社会工作人才培训中心）、内蒙古自治区民政信息中心（内蒙古自治区最低生活保障事务中心）、内蒙古自治区荣誉军人肢残康复中心、内蒙古自治区福利彩票发行管理中心、内蒙古自治区慈善总会办公室、内蒙古自治区盲人按摩培训医疗中心、内蒙古今日社会蒙文杂志社。

内蒙古自治区民政厅机关行政编制63名，事业编制149名。

2020年，面对新冠肺炎疫情，全区各级民政部门快速反应并建立指挥机制，先后出台民政服务机构疫情防控、疫情期间困难群众救助保障、社区工作者关心关爱等政策制度，分类出台养老、儿童、精神卫生等服务机构应对措施。自治区、盟市、旗县三级民政部门累计暗访抽查困难群体23.19万人次；动员8.8万名社区工作者、200余家社工机构和志愿服务组织、7万余名志愿者严守社区防线；引导1280余家社会组织参与疫情防控，全区慈善组织接收慈善捐赠资金8.63亿元，接收捐赠物资约2214万件；出台《关于积极应对新冠肺炎疫情支持养老服务业纾难解困若干措施》，下拨社会办养老机构疫情防控补助资金371.8万元；全区260余家行业协会商会为2100余家会员企业复工复产提供服务，协调解决实际问题800余件次。

【脱贫攻坚兜底保障】 2020年，将3.2万已脱贫存在返贫风险贫困人口、边缘户存在致贫风险人口等重点对象纳入低保和特困保障范围，累计临时救助已脱贫存在返贫风险贫困人口、边缘户存在致贫风险人口9800余人次。开展脱贫攻坚救助兜底保障暗访抽查行动，全面检验政策落地情况，及时查漏补缺。健全重点对象监测预警机制，密切关注无劳动能力、返贫致贫风险高等对象的生活状况，加强动态管理。到2020年年底，全区40.85万建档立卡贫困人口纳入低保保障，1.57万建档立卡贫困人口纳入特困人员救助供养，享受低保渐退政策建档立卡贫困人口达到3.98万人，全年累计保障城乡低保对象165.3万人，特困人员9.57万人，临时救助13.77万人次，为59.48万困难和重度残疾人发放"两项补贴"，2217名孤儿和2570名事实无人抚养儿童基本生活得到有效保障，8731名流浪乞讨人员得到及时救助。

【困难群众救助保障】 2020年，全区城乡最低生活保障标准分别较上年提高5.8%和6.6%。城乡特困人员基本生活保障标准分别较上年提高4.5%和3.2%。针对物价变动情况，7次启动社会救助和保障标准与物价上涨挂钩联动机制，为低保对象、特困人员等发放价格临时补贴资金3.48亿元，月均受益困难群众171.74万人次，确保困难群众基本生活水平不因物价上涨而降低。

【养老院服务质量建设专项行动】 2020年，开展全区养老院服务质量建设专项行动部署电视电话会议，部署2020年养老重点工作，确保如期完成提升养老院服务质量专项行动的各项任务。推动出台《内蒙古自治区养老机构服务质量信用等级划分与评定》的省级地方标准。

【居家和社区养老工作】 2020年，召开全区居家和社区养老服务现场推进会，加强对居家社区养老工作的部署，联合卫健委、住建厅等5部门出台《关于推进居家社区养老服务的指导意见》，下拨中央和自治区试点补助资金5002万元，支持试点工作的开展。全区建有具备综合功能的街道养老服务设施数125个，社区日间照料中心922个。

【内蒙古养老服务·健康旅居推介会】 2020年10月29日，自治区民政厅在上海成功举办“内蒙古养老服务·健康旅居推介会”，自治区民政厅厅长出席会议并做主旨推介。呼和浩特市副市长，包头、呼伦贝尔、赤峰、鄂尔多斯、巴彦淖尔市民政局负责人分别就当地养老服务发展潜力、市场需求进行大会推介。自治区健康旅居养老产业联合会和上海市养老服务行业协会签订了健康旅居养老合作框架协议。

【区划地名】 2020年，对国家地名信息库2015—2018年的地名、界线和区划信息进行更新，其中更新地名信息约1.3万条，为宣传和弘扬内蒙古自治区优秀地名文化、推进标准地名的使用奠定基础。完成蒙辽线、蒙宁线第四轮省界联检工作。

【基层政权】 2020年，投入资金2000余万元，推进社区治理和服务创新。包头市青山区的《创新“332”服务机制，提升网格服务水平》、赤峰市红山区的《小小“金点子”激活社区治理大格局》入选全区民主法制领域改革成果。包头市青山区《党建引领“三网合”联战“疫”》等4个案例获得全国城乡社区疫情防控优秀案例。2020年8月开始，会同自治区党委宣传部、文明办在全区组织开展“城镇居民邻里守望、互助关爱”和“自治区最美社区工作者”评比表彰活动。评选出50户“和睦友爱好邻居”和20名“最美社区工作者”。

【社会组织管理】 推进社会组织领域“放管服”改革，建设覆盖全区的社会组织法人单位信息资源库，全区社会组织登记、年检、评估事项实现一网通办，取消社会组织年度检查提交年度财务审计报告，通过购买服务委托第三方会计师事务所免费为社会组织出具离任清算报告，每年可为社会组织减少支出360万元。

【行业协会商会与行政机关脱钩改革】 截至2020年9月30日，全区3428家行业协会商会全部与业务主管单位完成脱钩，实现全区行业协会商会与行政机关在人员、职能、机构、住所、党建外事等事项的分离。

【慈善社工】 2020年，全区共有7556人通过社会工作师职业水平考试。深入推进“三区计划”、京蒙合作“牵手计划”、自治区易地扶贫搬迁社工服务项目，围绕脱贫攻坚、疫情防控等任务开展专业社工服务，2020年累计开展社区服务480次、小组活动544次、个案活动398次、培训256次，受益9.9万余人次。

【儿童福利】 2020年，联合教育、公安部门持续开展“合力监护相伴成长”专项行动，共帮助无户籍留守儿童登记落户89人；帮助辍学儿童返校复学103人，指导各地为全区1.7万名农村留守儿童全部签订委托监护责任确认书，纳入有效监护范围。

【社会事务管理服务】 2020年，为31.05万困难残疾人发放生活补贴，为28.43万重度残疾人发放护理补贴。持续推进实施殡葬火化设施排放环保达标三年行动计划，全年为4个贫困旗县、1个边境旗县更新改造殡葬火化设施。加强规范殡葬领域服务管理，违建墓地专项整治工作取得阶段性成效。

购买老年人意外伤害保险使用福彩公益金为全区60岁及以上老年人购买意外伤害保险，实行全区老年人意外伤害险普惠制度。2020年，各级财政共安排老年人意外伤害保险项目资金6499.16万元，其中，自治区本级安排资金2673万元。

组织实施“福彩圆梦·孤儿助学工程”争取中央福彩公益金475万元，为全区475名孤儿及时落实每学年1万元的补助资金。

【内蒙古自治区设镇、设街道标准】 2020年12月，经自治区人民政府同意，印发《内蒙古自治区设镇、设街道标准》《设立镇、街道申报审核程序》。

（陈好斯巴音）

人力资源

【概况】 内蒙古自治区人力资源和社会保障厅系统共有机构7个。行政机构1个（厅机关）、所属事业单位6个。厅机关内设处室22个。所属事业单位按机构级别分为：副厅级机构2个，就业服务中心、社会保险事业服务中心；正处级机构4个，综合保障中心、人事人才公共服务中心、劳动人事争议仲裁院（加挂宣传中心、12333人力资源和社会保障咨询服务中心牌子）、人事考试和培训中心（加挂内蒙古自治区公务员考试测评中心牌子）。截至2020年末，厅系统行政编制103名，实有行政人员89人；事业编制296名，实有人员270人。

【内蒙古自治区稳就业工作会暨春季网络招聘推进会】 4月3日，全区稳就业工作会暨春季网络招聘推进会在呼和浩特市举办，全区共组织用人单位156家，提供就业岗位4861个，达成就业意向530人次。会前自治区党委副书记、自治区主席布小林，自治区副主席欧阳晓晖到招聘活动现场调研。

【2020年内蒙古自治区就业推进会暨就业创业服务攻坚季活动启动仪式】 全区开展就业推进会暨就业创业服务攻坚季活动启动仪式于11月7日在乌兰察布市举行，采取“线上+线下”同步模式，邀请呼和浩特市、包头市、鄂尔多斯市、乌兰察布市、乌海市上百家各行各业用人单位参加，提供上万优质岗位促进重点群体就业。全区共组织用人单位4385家，提供就业岗位159812个，参会人数57720人，达成就业意向24930人次。

【内蒙古自治区赴清华大学北京大学开展专项引才活动】 10月25日，由自治区党委组织部、自治区人力资源和社会保障厅主办的“广纳英才·智汇草原”—内蒙古人才发展推介会暨2021届高校毕业生专场招聘会在清华大学、北京大学举办。招聘会共有104家用人单位参加，提供797个岗位、2573个用人需求。两场招聘会吸引大批清华大学、北京大学学生参加，现场达成就业意向404人，其中硕士研究生及以上学历高层次人才267人。

【促进就业】 坚持把促进就业作为重大政治责任和首要任务，面对错综复杂的形势特别是疫情对就业的冲击，坚持减负、稳岗、扩就业并举，落实稳就业政策。全年城镇新增就业23.22万人，完成年度任务的106%；城镇登记失业率3.8%，低于控制目标0.7个百分点。

【完善落实稳就业政策】 制定以疫情防控期间稳就业20条、应对疫情影响强化稳就业28条为统领，以强化就业服务、失业保险稳岗返还、组织农牧民工返岗复工、鼓励高校毕业生到基层一线就业等为抓手的“2+20”系列政策文件、95条政策措施，创新实施放开地摊经济、放宽技能提升补贴申领条件、创业孵化场地补贴等政策。

【高校毕业生就业】 把高校毕业生就业摆在就业工作的首位，实施高校毕业生就业创业促进计划和基层成长计划，全区高校毕业生实现就业或落实就业去向13.96万人，完成计划的107.4%。

【农村牧区劳动力转移就业】 开展京蒙劳务协作、周边省区对接、区内东西对接等活动，建立跨省区、跨盟市、跨旗县内外联通、上下联动工作机制，促进农牧民工转移就业，全区农牧民工转移就业248.2万人。促进农牧民工转移就业，人力资源社会保障、公安、交通、卫健、铁路五部门建立返岗复工“点对点”服务保障工作机制，组织农牧民工返岗复工63.7万人。

【困难群体就业】 完善就业困难人员认定和公益性岗位开发管理，统筹做好退役军人、残疾人和失业人员等就业工作，分类组织开展职业技能培训、创业培训，落实社保补贴、岗位补贴等就业扶持政策，采取“一对一”“个性化”等帮扶措施促进就业。就业困难人员就业7.38万人、失业人员再就业10.45万人。内蒙古“公共就业服务+两举措”，兜牢就业困难人员就业底线，被人民网评为落实“六保”任务优秀案例。

【创业带动就业】 全年为符合条件的劳动者创业发放创业担保贷款27.7亿元，创业培训3万人、培训后成功创业0.83万人、带动就业2.27万人。

【职业技能培训】 扩大线上职业培训规模，公布560家补贴性培训机构和199个线上培训平台，允许预拨20%补贴资金，将政府补贴性培训全部向具备资质的培训机构开放，方便劳动者自主选择培训机构和专业。全年拨付补贴资金9.98亿元，完成补贴性培训81.3万人次，企业新型学徒制培训10188人，技工院校招生7399人。

【就业扶贫】 针对疫情对贫困劳动力就业的影响，对全区85.9万贫困人口、2.9万边缘户和新致贫返贫人口进行全面摸底排查，做到“出现一人，帮扶一人，就业一人”。全区外出务工就业贫困劳动力19.8万人，是2019年总数17.2万人的116%，建档立卡贫困人口赴区外就业27210人，是2019年总数16807人的161.9%，赴京转移就业1803人，完成任务528人的341.5%，实现了国家确定的“一个超过、两个不少于”的目标。在集中安置点新建立就业服务平台或窗口439个，易地搬迁集中安置点贫困劳动力实现就业16385人，其中，外出就业4274人，本地就业12111人。

【公共就业服务】 开通“自治区就业网上服务大厅”，为用人单位和劳动者提供就业创业证申领、社保补贴申请、就业援助认定申请、创业担保贷款申办、就业培训补贴申请、培训需求登记、创业指导等服务。畅通全区“1+12”人力资源网络招聘服务通道，持续开展“百日千万网络招聘专项行动”，重点组织开展规模大、覆盖广、针对性强的“跨省招”“企业招”“园区招”“扶贫招”等10类网络专项招聘活动。内蒙古组织开展10类特色招聘活动，被中国就业促进会评为2020年度地方创新事件。启用集信息采集、就业对接、培训对接、跟踪服务为一体的内蒙古“四位一体”就业服务云平台，进一步为求职者和用人单位提供线上线下精准培训对接、人岗精准对接、劳动者就业权益保障等服务。全区共举办各类招聘会596场，为各类劳动者提供就业岗位130.5万个，达成意向24.1万人次。

【构建和谐劳动关系】 做好劳动用工备案工作，提高企业自主备案率，截至2020年底，已备案企业22.97万户，劳动者229.69万人。制定《内蒙古自治区劳动关系“和谐同行”能力提升三年行动计划实施方案》《内蒙古自治区“和谐同行”企业培育方案》，并在全区选定40家企业开展培育行动。组织开展模范和谐劳动关系单位与工业园区及创建和谐劳动关系先进工作者评选表彰活动，国电电力内蒙古新能源开发有限公司等50家单位、包头装备制造产业园区等2个工业园区及胡斌等51人受到表彰。加强和谐劳动关系单位、工业园区认定、管理，表彰先进，宣传典型，截至2020年底，全区已认定（动态管理）和谐劳动关系单位1907家、工业园区23个。

【薪酬调查和信息发布】 2020年，公开发布2018—2019年度内蒙古自治区不同职业从业人员工资价位、不同岗位等级从业人员工资价位企业薪酬调查信息。这是自治区人力资源和社会保障厅首次对外公开发布。截至2020年底，内蒙古自治区企业薪酬调查范围已由6个盟市扩大到12个盟市，企业调查户数由2571扩大到6614户，涉及企业近60万职工。

【劳动人事争议调解仲裁】 建立仲裁员办案激励机制，全区共处理劳动人事争议案件2.29万件，结案率97.67%，调解成功率65.0%，仲裁终结率72.4%。

【劳动保障监察】 各级劳动保障监察机构主动检查用人单位3.02万户，督促补签劳动合同3.07万人，通过立案或协调方式查处拖欠工资案件794件，为9531名农牧民工追讨工资1.06亿元，全区劳动监察立案查处拖欠工资案件数、人数、金额同比分别下降44%、15%和18%。

【专业技术人才队伍】 实施专业技术人才知识更新培训项目，举办国家级、自治区级专业技术人才培养培训项目21期，培训各类专业技术人员1005人。评估认定符合条件自治区级继续教育基地70家。深化职称制度改革，出台针对扶贫攻坚和乡村振兴一线人才、非公有制领域人才以及“疫情”防控一线医护人员职称评审倾斜政策；设立高层次引进人才职称评审绿色通道，通过网上申报、网上评审14名高层次引进人才取得相应职称；继续向高等院校、科研院所、大型企业、三级医院和各盟市下放高级职称评审权限，高级职称自主评审单位达到76家。在全区范围内推行网络电子证书。53名专业技术人才和高技能人才入选享受政府特殊津贴人选、6人入选百千万人才工程。实施精准扶贫和宁蒙合作专家服务基层项目64期。获批人力资源和社会保障部“2020年海外赤子为国服务行动计划”1项，获得资助17万元；入选人力资源和社会保障部高层次留学人才回国资助1人，获得资助30万元；开展2020年度自治区留学人员创新创业启动支持计划申报评审工作，确定资助项目37项，资助总金额96万元；自治区4家企事业单位设立博士后科研工作站，评选出优秀博士后人员10人，每人资助科研经费5万元。

【高技能人才队伍】 建立自治区技能人才工作联席会议制度，全年新培养高技能人才2.97万人。新增2个国家级高技能人才培训基地和10个自治区级高技能人才培训基地，分别给予500万元、100万元的资金支持，新增5个国家级技能大师工作室和10个自治区级技能大师工作室，分别给予10万元的资金支持。开展用人单位和社会培训评价组织职业技能等级认定备案管理工作，全年新增职业技能等级认定机构136家。组织参加第一届中华人民共和国职业技能大赛62个项目的比赛，取得1枚铜牌、9个优胜奖的突破性成绩，实现全国性职业赛事奖牌“零”突破。其中世赛项目增材制造、信息网络布线、移动应用开发选手入选国家集训队。新增5个自治区级竞赛集训基地。

【2020年高层次人才需求目录发布】 建立高层次人才需求目录动态发布机制，全年发布9次，涵盖高校、科研院所、公立医院、部门所属事业单位、大中型企业1083个岗位2650个用人需求，全区刚性引进高层次人才3469人，其中，自治区本级全年引进高层次人才398人。经推荐评估，择优给予2019年度引进的41名高层次人才600万元科研启动支持经费。

【首届青年创新人才奖评选表彰】 开展首届内蒙古自治区青年创新人才奖评选工作，从313名推荐人选中评选出100名表彰人选。

【2020年度“草原英才”工程青年创新创业人才评审选拔】 开展2020年度“草原英才”工程青年创新创业人才评审选拔工作，共评选出2020年度青年创新创业人才102人，其中：创新人才一层次45人、二层次49人，创业人才8人，给予科研及创业支持550万元。

【事业单位人事管理】 印发《关于做好区直事业单位改革人事管理相关手续办理事宜的通知》，采取“一站式”预约办理，提高办事效率，减轻涉改部门（单位）负担，确保按时完成改革任务。开展事业单位人事管理领域审批、备案事项专项清理，下放公开招聘方案核准权限和组织实施权限，提高公开招聘服务能力。调整岗位设置管理权限，事业单位岗位设置方案按备案要求执行。2020年，全区事业单位计划面向社会公开招聘16575人，其中：教育系统7554人，占总计划45.6%，医疗卫生系统4479人，占总计划27.0%；其他行业4542人，占总计划27.4%。实施疫情防控期间倾斜政策，通过设立招聘绿色通道公开招聘122人，编制外参加疫情防控一线医务人员转事业编制61人，嘉奖参加疫情防控集体28个、疫情防控一线医务人员69人，优先晋升岗位等级183人。

【完善事业单位工资收入分配制度】 出台《关于区直公益二类事业单位绩效工资管理有关事项的通知》，进一步完善区直公益二类事业单位绩效工资制度。印发《内蒙古自治区事业单位高层次人才工资分配激励机制实施意见》，对高层次人才可实行年薪制、项目工资制、协议工资制等灵活多样的分配方式，激发事业单位高层次人才的创新创造活力。出台《关于印发进一步加强对一线医务人员身心健康关心关爱具体措施的通知》，审核发放临时性工作补助4656万元，核增一次性绩效工资27909万元，审核发放卫生防疫津贴122.39万元。

【表彰奖励】 经自治区党委、政府同意，及时批复43个符合规定的表彰项目（其中自治区级表彰项目6个、区直部门10个，盟市16个、旗县11个），完成抗击新冠肺炎疫情、脱贫攻坚国家级表彰推荐评选工作。

社会保障

【实施阶段性减免社会保险费率政策】 3月4日，为减轻企业负担、支持企业复工复产，自治区人力资源和社会保障厅、财政厅、税务局印发《关于阶段性减免企业社会保险费的实施意见》，免征中小微企业、以单位方式参保的个体工商户养老、工伤和失业保险单位缴费部分，免征期不超过5个月（至6月底）；对大型企业、民办非企业单位和社会团体等各类社会组织减半征收养老、工伤和失业保险单位缴费部分，减征期限不超过3个月（至4月底）；对受疫情影响生产经营出现严重困难的企业，可申请缓缴社会保险费，缓缴期原则上不超过6个月。政策到期后，7月11日，又制定《关于延长阶段性减免企业社会保险费政策实施期限有关问题的通知》，对中小微企业工伤保险缴费实行免征，免征期限至2020年12月底；对大型企业等其他参保单位工伤保险缴费减半征收，减征期限至2020年6月；生产经营出现严重困难的企业可申请缓缴，缓缴期限至2020年12月底，缓缴期间免收滞纳金。减免缓政策实施后，全年减免社会保险单位缴费158.1亿元，惠及7.1万户企业。

【企业职工基本养老保险】 截至2020年末，全区参加城镇职工基本养老保险人数累计749.0万人，其中，企业职工363.0万人，机关事业单位职工92.0万人，分别比去年底增加16.27万人、减少0.54万人。

【内蒙古自治区调整退休人员基本养老金】 7月7日，自治区人力资源和社会保障厅、财政厅联合下发《关于2020年调整退休人员基本养老金的通知》，2020年1月1日起，自治区继续调整退休人员基本养老金，调整范围为2019年12月31日前已按规定办理退休手续并按月领取基本养老金的退休人员及2019年12月31日前已按规定办理退职的人员、领取病残津贴的人员。城镇退休人员月人均增加养老金147.25元，惠及298.94万人。

【城乡居民基本养老保险】 截至2020年末，全区参加城乡居民养老保险784.6万人，其中待遇享受人数257.1万人，城乡居民养老保险基础养老金每人每月133元。城乡居民养老保险扶贫实现“两个100%”，即待遇发放率和保费代缴率均达到100%。全年共计为41.78万名建档立卡贫困人员代缴4385万元，34.98万名建档立卡贫困人员发放了待遇。转发人力资源社会保障部办公厅、民政部办公厅、财政部办公厅、国务院扶贫办综合司《关于进一步做好贫困人员基本养老保险应保尽保工作的通知》，规定“十四五”期间，认定农村牧区和城镇低保对象时，自治区确定的城乡居民养老保险基础养老金暂不计入家庭收入。

【失业保险】 2020年，失业保险参保人数276.46万人，比上年度增加9.09万人，增幅3.4%。失业保险基金收入17.73亿元，其中失业保险费收入14.87亿元。全区领取失业保险金人数4.96万人，失业保险基金滚存结余113.89亿元。

【延长大龄失业人员领取失业保险金期限】 为进一步保障大龄失业人员基本生活，对领取失业保险金期满仍未就业且距法定退休年龄不足1年的失业人员，继续发放失业保险至法定退休年龄。

【失业保险援企稳岗】 支持企业稳定就业岗位，推进失业保险援企稳岗“护航行动”和支持参保职工提升职业技能“展翅行动”。全年共为24410家企业发放稳岗返还资金18.78亿元，惠及职工171.82万人。其中，为398家经营困难且恢复有望企业发放稳岗返还资金10.08亿元，惠及职工16万人。为12831人次发放技能提升补贴1968.35万元。

【扩大失业保险保障范围】 对参保失业人员按规定发放失业保险金、一次性生活补助、失业补助金和临时生活补助，全年共为10.15万人次发放相关待遇6.43亿元。

【工伤保险】 推进工程建设项目参加工伤保险“同舟计划”专项扩面行动，全区新开工项目参保率为100%，实现人力资源社会保障部下达新开工项目参保率90%的任务目标。截至2020年末，全区工伤保险参保人数336.06万人，完成人力资源社会保障部给自治区下达的工伤保险扩面任务。

内蒙古自治区人力资源和社会保障厅联合财政厅印发《内蒙古自治区工伤保险自治区级统筹办法》，全区已全面实现工伤保险自治区级统筹。

【社会保险管理服务】 加快经办服务“数字化”转型升级，全区清单内社保公共服务事项78项，可网办70项，网办率达到90%，累计“网办”业务120余万件，占全区人力资源社会保障公共服务事项网办量的60.3%。全积极沟通合作银行，将原来人力资源社会保障部门和银行机构两个部门分别负责的社保卡业务，通过集中统一的社会保障卡系统合并到银行柜台一次办理，全区建立社保卡“一站式”服务网点2035家，缩短群众办理业务的时间，第二代社会保障卡持卡人数2136.1万人。

（高国青）

脱贫攻坚

【概况】 内蒙古自治区扶贫开发办公室是自治区人民政府直属机构，为自治区脱贫攻坚专职部门，领导班子1正5副（包括1名北京挂职干部），2名二级巡视员。机关内设综合处、政策法规处、规划财务处、开发指导处、社会扶贫处、扶贫协作处、考核评估处和机关党委共8个处室，机关编制40人。所属4个事业单位：自治区扶贫办电子政务中心、革命老区建设与扶贫项目管理站、贫困地区信息监测中心、扶贫发展中心，事业单位编制38名。纪检监察工作由自治区纪委监委驻农牧厅纪检监察组监管。

截至2020年底，剩余1.6万未脱贫人口全部脱贫达标，实现农村牧区现行标准下贫困人口全部脱贫。出台针对疫情防控、稳岗就业、消费扶贫等重点工作政策措施，全区983家扶贫龙头企业、268家扶贫车间全部开工复产，吸纳2.3万贫困人口就近就业。持续强化资金投入管理，四级财政累计投入专项扶贫资金112.3亿元、同比增长13.8%。全区整合各类涉农涉牧资金80.8亿元，同比增长7.1%。综合施策巩固拓展脱贫成果，重点监测纳入范围的5.4万人，在80个旗县实施“防贫保”，有效防止返贫致贫；因地制宜发展特色产业，累计投入各级财政专项扶贫资金65.6亿元和其他帮扶资金12亿元，实施产业扶贫项目3739个，带动贫困人口66万人次；规范认定453家供应商1773款扶贫产品，带动贫困人口6.39万人，累计销售扶贫产品72.45亿元；下达补短板资金9.41亿元，支持易地扶贫搬迁集中安置区基础配套和公共服务设施建设；全区40.8万贫困人口纳入低保范围，1.57万贫困人口纳入特困供养范围，为符合条件的贫困人口代缴养老保险，实现应缴尽缴、应保尽保。严格落实“四个不摘”工作要求，组织拉网式大排查，开展百日攻坚行动，逐项查漏补缺，确保所有问题清仓见底。

【动态监测帮扶】 按照《国务院扶贫开发领导小组关于建立防止返贫监测和帮扶机制的指导意见》精神，立足自治区实际，聚焦收入水平在6000元以下的脱贫不稳户和边缘易致贫户，建立完善监测预警和动态帮扶机制，对监测对象动态管理，确保及时发现、及时帮扶、动态清零。截至2020年底，全区共有边缘易致贫户1.5万户、3.1万人，脱贫不稳定户0.98万户、2.3万人。重点从产业、就业、社会保障兜底等方面对监测人口开展有针对性的帮扶，为944户边缘易致贫户和1739户脱贫不稳定户提供扶贫小额信贷9611万元，2004名有劳动能力的边缘易致贫人口和2754名有劳动能力的脱贫不稳定人口通过公益性岗位安置就业，1605名有劳动能力的边缘易致贫人口和2754名有劳动能力的脱贫不稳定人口接受就业技能培训，441户边缘易致贫户和998户脱贫不稳定户通过龙头企业带动发展产业，512户边缘易致贫户和624户脱贫不稳定户通过专业合作社带动发展产业，36名边缘易致贫人口和236名脱贫不稳定人口在扶贫车间就业，130户边缘易致贫户和148户脱贫不稳定户通过龙头企业带动就业。

【社会扶贫】 建立健全引导动员社会力量参与扶贫工作对接机制，畅通社会帮扶项目与贫困旗县需求信息对接渠道。在全区12个盟市、86个旗县（包括57个贫困旗县）推广运行“中国社会扶贫网”，注册用户83.4万个。29家中央定点扶贫单位累计向31个国家级贫困旗县直接投入帮扶资金6.8亿元。自治区157个直属机关、企事业单位定点帮扶兴安盟和乌兰察布市169个贫困嘎查村，累计投入资金7.75亿元，实施项目1320个，助力15.9万人脱贫。22个自治区直属机关区域帮扶呼伦贝尔市3个少数民族自治旗（市），累计投入资金28.1亿元，实施项目494个。组织实施“泛海助学行动”，累计为2万名贫困家庭大学生发放助学金1亿多元。自治区妇联开展“草原巾帼脱贫行动”，通过“十抓工程”助力37.2万贫困妇女脱贫。自治区团委聚焦学业资助、就业援助、创业扶助，累计组织9.7万名青年志愿者参与脱贫攻坚行动。驻内蒙古自治区解放军、武警部队投入帮扶资金8336万元，实施项目1575个，帮助4967户、12520名贫困人口脱贫。开展“万企帮万村”行动，累计有1255家民营企业与3139个嘎查村结对，实施3641个项目，累计投入47.36亿元，带动帮扶建档立卡贫困户7.71万户近25万人。自治区红十字会开展的“光明行”社会公益活动已累计筛查眼疾患者82.86万人次、实施白内障复明手术30577例。社会扶贫促进会开展的“扶贫济困、圆梦学子”行动，扶贫基金会、邮政公司开展的“爱心包裹”活动，残联组织开展的“共享阳光、共赴小康”活动，自治区扶贫办牵头开展“强直性脊柱炎”专项救治行动，自治区民政厅、文明办联合开展的动员引导志愿者服务力量参与脱贫攻坚。全区2465家社会组织积极参与脱贫攻坚，累计投入资金13.14亿元，开展帮扶项目1230个，受益人数达到了20.1万人。

【京蒙扶贫协作】 2020年，京蒙两地党政主要负责同志继续展开互访，共同召开2次高层联席会议。年初签署《2020年东西部协作协议》，北京市全年投入市级财政援助资金14.942亿元，16个区投入财政援助资金4.17亿元，实施项目848个，覆盖15.79万名贫困人口。建立京蒙扶贫协作部门联席会议制度，研究推动重要工作。加强干部人才交流培养，北京市派出107名党政干部、863人次专业技术人才到内蒙古挂职服务，内蒙古选派89名党政干部、2483人次专业技术人才到北京挂职、学习。鼓励企业和扶贫车间复产复工，复工率达到100%；全年引导106家北京市企业在国贫旗县实现新增投资，投资额超过41亿元；两地共建产业园区46个，北京市援建扶贫车间192个。全年共完成扶贫农畜产品进京销售42.81亿元，在京举办2020年京蒙消费扶贫北京集采推介会，现场签约订单76亿元。克服疫情影响，设置临时性公益岗位2074个，“点对点”输送贫困劳动力返京务工；举办京蒙劳务协作培训班217期，培训贫困户1.35万人次，帮助4.5万名贫困人口就业，其中就近就地就业39807名，到北京市就业1803人，到其他省份就业3420人。继续开展“携手奔小康”行动，北京市16个区的254个经济强镇、518个村（社区）、310所学校、245家医院与31个国贫旗县的269个乡镇、503个行政村、404所学校、297家医院结成帮扶关系。两地培训贫困嘎查村致富带头人2433人次，并带动贫困人口12401人增收。

【贫困旗县退出】 2017年12月至2020年3月，按照旗县级申请、盟市级初审、第三方核查评估、公示公告等退出标准和步骤，对自治区31个国贫旗县、26个区贫旗县陆续开展退出评估工作，退出情况报告经自治区扶贫开发领导小组会议、自治区人民政府常务会议审议通过后，陆续公告退出。从2018年到2020年，经国务院扶贫办聘请第三方评估团队对内蒙古自治区7个旗县分批开展退出抽查，抽查结果均显示内蒙古贫困旗县退出程序总体规范、退出标准较为准确，退出结果符合实际。

【脱贫攻坚成效考核】 2020年5月、11月，由自治区扶贫开发领导小组组织，经综合自评、平时监控、实地考核和约束激励等情况，对2019年、2020年12个盟市和18推进组脱贫攻坚工作成效进行评价，其中2019年考核情况为：12个盟市中8个盟市评价为“好”、4个盟市评价为“较好”，18个推进组中13个推进组评价为“好”、5个推进组评价为“较好”。2020年考核情况为：12个盟市、18个推进组自治区脱贫攻坚成效考核情况均评价为“好”。按照国务院扶贫开发领导小组脱贫攻坚成效考核方案要求，2019年、2020年分别由新疆维吾尔自治区、陕西省牵头对内蒙古自治区开展脱贫攻坚成效考核工作。内蒙古自治区在国家脱贫攻坚成效考核中连续两年被评为“好”。

【脱贫攻坚宣传】 制定脱贫攻坚总结和宣传工作方案，组建专班，创新模式，多方联动，聚焦讲好扶贫故事，选树先进典型，全区4名个人、1个集体获得全国脱贫攻坚奖，9个典型案例成功入选“全球减贫案例”。录制《攻坚的力量——2017—2020年内蒙古全国脱贫攻坚奖获奖者先进事迹发布特别节目》。配合央广总台在通辽市科尔沁左翼中旗扎布萨日嘎查拍摄11集《攻坚日记—嘎查纪事》。征集、制作、上报“我所经历的脱贫攻坚故事”融媒体纪实短片3865组（篇/个）。与实践杂志社联合编印《决胜脱贫攻坚专刊》12期。与内蒙古日报社合作开展“决战脱贫奋进有我”主题活动。开展《铭记嘱托感恩奋进》主题教育活动，通过学习宣传习近平总书记关于扶贫工作重要论述，引导各族群众知党恩、感党恩，在脱贫摘帽新起点上接续推进乡村振兴。举办新闻发布会3次。

（祁盈）

退役军人事务

【概况】 内蒙古自治区退役军人事务厅于2018年11月10日正式挂牌成立，为自治区人民政府组成部门，正厅级建制。厅机关设自治区党委退役军人事务工作领导小组办公室秘书处、办公室、思想政治和权益维护处、规划财务处、移交安置管理处、就业创业处、拥军优抚和褒扬纪念处、机关党委（人事处）8个内设机构。下设自治区退役军人服务中心、荣誉军人康复医院、军队离退休干部服务中心、退役军人事务厅综合保障中心4个所属事业单位，现有在职人员172人。

【组织管理】 建立自治区、盟市、旗县、苏木乡镇（街道）、嘎查村（社区）五级退役军人服务保障体系，共组建退役军人服务中心121个（含自治区本级），退役军人服务站6243个，核定事业编制3700余名，配备专兼职人员16000余人，配备办公场所38.82万平方米，落实经费2412.89万元，“五有”目标和“全覆盖”要求基本落实，在从“有”到“优”的跨越上取得新进展。

【健全政策制度体系】 出台贯彻《中共中央 国务院中央军委关于加强新时代退役军人工作的意见》的政策措施，各盟市将贯彻落实《意见》和自治区政策措施列为党委常委会或深改委会议审议专题，听取退役军人工作情况汇报，制定出台具体实施办法。自治区退役军人事务厅联合有关部门制定印发退役军人移交安置、就业创业、规范服务保障机构编制、优抚资金管理、经济补助资金管理等10多个政策性文件，退役军人工作高质量发展得到有力的政策支撑。

【机构改革】 经自治区党委编办批复同意，对自治区退役军人事务厅所属部分事业单位机构职能编制进行调整，成立1个事业单位、撤销2个事业单位。成立内蒙古自治区退役军人事务厅综合保障中心，主要承担厅机关运行支持保障、退役军人宣传引导、全区退役军人有关情况统计分析及厅机关交办的相关工作，协助厅机关开展人事及业务档案管理、厅系统党的建设和群团工作。撤销自治区退伍军人职业技术培训服务中心，取消组织实施对退伍军人职业教育和技能培训、开展信息咨询服务、拓展退伍军人就业市场等职责；撤销自治区自主择业军转干部管理服务中心，取消本级自主择业军队转业干部退役金的统计、预算、年度注册等工作，协调本级自主择业军队转业干部住房、医疗等社会保障工作，办理医疗保险、冬季取暖有关事项，指导和协助本级自主择业军队转业干部的档案存放，协助办理评定专业技术职称、因私申请出国出境等有关手续，办理困难企业军队转业干部的再就业服务和养老保险、医疗保险及各项补贴发放等工作的职能职责。撤销的相关职能职责划转到内蒙古自治区退役军人服务中心。

【服务保障体系】 协调自治区编办对苏木乡镇（街道）服务站的机构设置进行统一规范，在苏木乡镇（街道）党群服务中心悬挂退役军人服务站牌子，苏木乡镇（街道）、嘎查村（社区）退役军人服务站站长全部由基层党组织负责人兼任，苏木乡镇（街道）退役军人服务站副站长由人武部部长和党群服务中心主任兼任，实现以党建带站建、共建共治共享的工作格局。

开展“全国示范型退役军人服务中心（站）”创建活动，2020年全区创建示范型服务中心（站）807家，标杆型服务站34家，3位主任（站长）被评为全国百名优秀退役军人服务中心（站）主任（站长），打造形成大批“退役军人之家”“老兵驿站”“红色兵站”，涌现出不少“兵至如归”的示范典型。

学习推广新时代“枫桥经验”，组织开展全区退役军人服务保障体系建设东西部片区学互鉴交流培训会，以比促训、以学促建大力培养高质量专业化工作人员队伍。

通过双拥共建促、东西互鉴推、视频调度查、样板示范引等形式，引导各级退役军人服务中心（站）聚焦主责主业，狠抓业务培训、岗位练兵和服务创新，并通过明察暗访、全区通报等方式推动各级退役军人服务中心（站）真正把服务落实落细。

【就业创业】 2020 年，全区就业创业工作迈出新步伐。出台《退役士兵职业技能培训承训机构认定和管理办法》《内蒙古自治区退役士兵教育培训工作实施办法（试行）》《退役军人就业创业导师团队实施意见》，退役军人就业创业政策进一步完善。2020 年分类组织 3357 名自主择业军转干部和自主就业退役士兵开展适应性培训，对 2244 名自主就业退役士兵进行技能培训和创业培训，1576 名高校入伍的退役士兵复学，7656 名退役士兵招入高职院校。

搭建内蒙古退役军人就业创业信息平台，举办线上线下专场招聘会 228 场次。全区各级退役军人事务部门累计开发公益性岗位 3528 个，帮助 3164 名就业困难的退役军人实现上岗再就业。广大退役军人在企业单位敬业奉献，树立良好形象，成为各行各业争相招录的对象。

举办自治区首届退役军人创业创新大赛，推动社会力量成立“内蒙古退役军人就业创业促进会”，吸纳正大集团等 53 家品牌效益好、公众认可度高的优秀企业入会，吸纳社会力量为退役军人开展困难帮扶、就业援助、社会优待等服务。推动相关部门落实退役军人就业创业优待政策，1000 多个企业享受自主就业退役士兵税费减免政策，减免税费 1468 万元。

【拥军优抚】 全面落实优待抚恤政策，修订印发《内蒙古自治区伤残抚恤管理实施细则》，及时下拨发放中央和自治区优抚抚恤和生活补助金、医疗补助金、优抚事业单位补助金 6.429 亿元，连续两年按 10% 以上幅度提高优抚保障标准。及时启动社会救助和保障标准与物价上涨挂钩联动机制，为优抚对象发放临时价格补贴 900 余万元。全区各级退役军人事务部门与金融、交通、通讯、医疗等企事业单位深度合作为退役军人提供各种优待，军人军属、退役军人和其他优抚对象享受的优待优惠服务更加拓展。推动双拥创建工作，全区 67 个地区被授予自治区双拥模范城（旗县、市区）荣誉称号。

【褒扬纪念】 2020 年，印发《内蒙古自治区烈士纪念设施规划建设修缮管理维护总体工作实施方案》，投入资金 3900 余万元实施烈士纪念设施规划建设修缮管理保护工程，4 处国家级和 8 处自治区级重点烈士陵园改陈布展、提质改造工程、5 处旗县级烈士纪念广场改扩建工程陆续启动。对全区 242 处烈士纪念设施进行全面普查，摸清底数，提前完成国家部署的烈士纪念设施精准普查任务。开展《英雄烈士保护法》线上线下宣教活动及“致敬·2020 清明祭英烈”网上祭扫活动，依托烈士纪念设施，广泛组织群众、党员干部、中小学生等开展 9·30 烈士纪念日公祭活动，组织编纂《内蒙古自治区烈士纪念设施名录》，在各类媒体常态化宣传英雄烈士事迹。

【移交安置】 推行阳光安置办法。2020 年，全区共接收安置 100 余名计划分配军转干部、700 余名符合安排工作条件退役士兵、30 余名复员干部、111 名军休干部和退休士官。本着公开、公平、公正的原则，采取打分排序选岗阳光安置办法，安置任务全部完成，全区退役军人安置率 100%，其中，安置到行政（含参公）单位的计划分配军队转业干部 93.9%，安置到事业单位的符合由政府安排工作退役士兵和退出消防员 94.8%。为 9000 多名跨军地改革集体转制部队退役军人及随调随迁配偶子女办理落户手续，发放自主就业退役士兵地方经济补助 4.12 亿元，随军家属就业安置、军人子女教育政策得到较好落实。推进解决退役军人社保接续问题，于 2020 年 7 月 15 日提前完成中央部署的部分退役士兵社会保险集中补缴任务，全区办结养老保险 58000 余人，办结率 100%。军休服务管理工作稳步推进，对全区 25 个军休服务管理机构及军休工作人员、军休人员住房信息、无军籍职工住房信息等数据资料进行收集审核和数据录入，对全区所有军休服务管理机构基础设施建设情况进行全面摸底调研。

【思想政治】 组织开展退役军人服务中心（站）“‘四尊崇’‘五关爱’‘六必访’”达标专项行动，着力推动退役军人思想政治工作各项制度措施真正落到实处。营造尊崇退役军人良好氛围，常态化宣传时代楷模张富清、北疆楷模阿迪雅以及全国、全区模范退役军人先进事迹；开展“致敬新时

2020 年 8 月 21 日，内蒙古自治区退役军人就业创业大赛总决赛在内蒙古广播电视台举办

代内蒙古最美退役军人”网络宣传活动，参与人数21.3万人次，传播量872.5万次。组织“退役军人红色文化展”，参观人数近万人。开展“全区最美退役军人”评选，评选出“全区最美退役军人”20名个人和1个集体。制作“永不褪色的军魂”抗击疫情公益宣传片和“最美退役军人事迹”展播。组织“走进新时代退役军人——不忘兵之初、模范兵支书”微视频作品征集，选送的《草莓兵支书》获评全国一等奖、《草原上的军歌》获评全国二等奖。开展抗美援朝70周年宣传活动，认真做好抗美援朝纪念章发放工作，全区两批次发放抗美援朝纪念章4401枚。

【权益维护】 健全完善信访工作机制，规范信访事项受理办理、督查督导程序规定，压紧压实首办责任、属地责任、部门责任，建立领导包案、带案下访制度，推动矛盾问题的有效化解，维护退役军人合法权益。做好联系退役军人信息系统线上运行工作，积极开展沟通联络、走访慰问、谈心谈话活动，全区各级重点联系功勋模范、伤残、参战参试、烈士遗属、特困退役军人以及信访矛盾突出退役军人8000余人；走访慰问退役军人及其他优抚对象13000余人，投入帮扶援助资金3700余万元。自治区设立退役军人关爱帮扶解困专项资金并列入2021年财政预算，全区退役军人群体总体稳定。

【全国双拥模范】 2020年10月20日，全国双拥模范成（县）命名暨双拥模范单位和个人表彰大会在北京举行。呼和浩特市、包头市、呼伦贝尔市、通辽市、赤峰市、乌兰察布市、鄂尔多斯市、巴彦淖尔市、乌海市、满洲里市、二连浩特市、乌兰浩特市、额济纳旗等13个市和旗县被命名为全国双拥模范城（旗县、市区），额济纳旗东风镇被评为全国爱国拥军模范单位，中国人民解放军95861部队政治工作部组织处被评为全国拥政爱民模范单位，张立洁（内蒙古金葫芦大数据产业有限公司总裁）、王淑华（包头市军供站站长）等2人被评为全国爱国拥军模范，李根（中国人民武装警察部队内蒙古自治区总队政治工作部保卫处干事）被评为全国拥政爱民模范。

（李文存）

居民生活

【概况】 国家统计局内蒙古调查总队是国家统计局的派出机构，为正厅级单位。

机构内设办公室、执法监督处、制度方法处、综合处、农业调查处、农村调查处、居民收支调查处、住户监测处、劳动力调查处、生产价格调查处、消费价格调查处、专项调查处、企业调查处、信息技术应用处、人事教育处、财务管理处、纪检监察室（巡察办）、机关党委等18个处室。机关行政编制93名。

【全体居民收入】 2020年，内蒙古全体居民人均可支配收入31497元，同比增长3.1%，四项收入均实现正增长。

工资性收入拉动收入增长1.3个百分点。工资性收入占全体居民人均可支配收入的比重最大，为51.8%，对全体居民收入增长的拉动最明显。随着企业复工复产以及《内蒙古自治区就业创业服务攻坚季实施方案》《内蒙古自治区企业稳岗扩岗专项支持计划工作方案》等政策的出台，工资性收入稳步提升。2020年，全体居民人均工资性收入16325元，同比增长2.5%。

经营净收入拉动收入增长0.5个百分点。经营净收入占全体居民人均可支配收入的25.9%，受新冠肺炎疫情影响最明显。在阶段性减免企业社会保险费、优化营商环境行动方案、促进商贸服务业复工复产等百条政策推动下，前三季度降幅逐步收窄，到四季度时，经营净收入实现正增长。经营净收入结构有细微变化。与上年同期相比，第一产业收入占比增加，第三产业收入占比减少，三次产业收入结构比为46∶6∶48。2020年，全体居民人均经营净收入8147元，增长1.9%。

财产净收入拉动收入增长0.1个百分点。财产净收入占全体居民人均可支配收入的5.1%，对收入增长的拉动有限，同时受疫情影响的波动不大。2020年，全体居民人均财产净收入1624元，增长0.6%。

转移净收入拉动收入增长1.2个百分点。转移净收入占全体居民人均可支配收入的17.2%，是稳定收入的重要支撑之一。2020年，全体居民转移净收入始终保持正增长态势。随着离退休人员养老金、最低社会保障标准、失业保险、农牧业补贴标准的提高，2020年，全体居民人均转移净收入5402元，增长7.5%。

【全体居民生活消费】 2020年，内蒙古全体居民人均消费支出19794元，同比下降4.6%。其中，人均食品烟酒类支出5686元，同比增长3.1%，全体居民恩格尔系数28.7%。全体居民人均衣着类消费支出1568元，同比下降11.2%；人均居住类支出4149元，同比增长5.2%；人均生活用品及服务支出1119元，同比下降5.6%；人均交通通信支出3099元，同比下降3.7%；人均教育文化娱乐支出1836元，同比下降23.7%；人均医疗保健支出1892元，同比下降10.3%；人均其他用品及服务支出446元，同比下降25.3%。

【城镇居民收入】 “六稳”“六保”助力城镇居民收入实现正增长。2020年内蒙古城镇居民人均可支配收入实现41353元，同比增长1.4%，为1983年以来最低增速。从各季度增速看，城镇居民收入经历负增长、由负转正和回归合理区间三个阶段。从收入结构看，四项收入呈现“三增一降”态势，其中工资性收入增速回升，转移净收入持续增长，财产净收入平稳增长，经营净收入出现下降。

“稳就业”带动工资性收入增速回升。2020年后半程，全区企业复工复产加速，经济社会发展活力稳步恢复，为工资性收入增长夯实基础。全区出台多项“保就业”政策，通过发放优惠利率贷款和实施延期还本付息政策帮助企业顺利渡过难关，保证居民稳定就业。2020年，内蒙古城镇居民人均工资性收入24888元，同比增加429元，增长1.8%。

“重保障”政策促转移净收入稳步提高。“十三五”以来，内蒙古加大社会保障力度，转移净收入一直保持稳定增长态势，已成为全区城镇居民收入的第三大来源。2020 年，全区退休人员工资每人每月增加 54 元，城市低保标准较上年提高 5.8%，城市特困标准较上年提高 4.5%。2020 年，内蒙古城镇居民人均转移净收入 6401 元，增长 6.1%，拉动可支配收入增长 0.9 个百分点。

“免税费”等政策助力经营收入降幅收窄。为有效抗击疫情，自治区相关部门通过减免税费、降低企业成本、投入财政补贴和提供贷款资金等措施，努力帮助企业和私营业主渡过难关，力促经济回升。2020 年，内蒙古城镇居民人均经营收入 7697 元，下降 3.1%。其中三产收入增速下降 2.4%，较一季度收窄 22.3 个百分点，政策效果显著。

2020 年，内蒙古城镇居民人均财产性收入 2366 元，增长 0.9%，保持相对稳定。

【城镇居民生活消费】 2020 年，内蒙古城镇居民人均消费支出 23888 元，同比下降 5.9%。其中，人均食品烟酒类支出 6691 元，同比增长 0.1%，城镇居民恩格尔系数为 28.0%。城镇居民人均衣着类消费支出 2124 元，同比下降 13.6%；人均居住类支出 5149 元，同比增长 6.3%；人均生活用品及服务支出 1473 元，同比下降 8.8%；人均交通通信支出 3724 元，同比下降 1.9%；人均教育文化娱乐支出 2100 元，同比下降 25.5%；人均医疗保健支出 2040 元，同比下降 13.1%；人均其他用品及服务支出 588 元，同比下降 27.8%。

【农牧民收入】 农村牧区居民收入保持增长态势，四大项收入“三升一降”。2020 年，内蒙古农村牧区居民人均可支配收入 16567 元，同比增长 8.4%，较上年同期回落 2.3 个百分点。从四大项收入变化看，经营净收入、工资性收入、转移净收入不同程度增长，财产净收入略有下降。

工资性收入稳中有进。随着《关于印发全面推动农牧业企业加快复工复产的指导意见》，以及“稳就业”“保就业”相关政策和资金的落实落地，农牧民工资收入得到保障，为工资性收入持续平稳增长奠定了扎实基础。加之社会经济恢复进程加快、企业经营状况持续向好以及“六保”“六稳”政策深入推进，农牧民工资性收入增长动力充足。2020 年，内蒙古农村牧区居民人均工资性收入为 3353 元，同比增长 5.6%，对农村牧区居民可支配收入的贡献率为 20.2%，拉动农村牧区居民收入增长 1.1 个百分点，呈现稳中有进的态势。

经营净收入撑力十足。2020 年，内蒙古农村牧区居民人均经营性收入 8828 元，同比增长 9.4%，对农村牧区居民人均可支配收入的贡献率为 53.3%，拉动农村牧区居民收入增长 5.0 个百分点。经营收入成为农村牧区居民收入增长的“最大支撑”。数据监测显示，全年牛和羊出栏同比分别增长 3.6% 和 3.3%；猪价综合上涨幅度 49.3%，牛平均价格上涨 8.3%，羊平均价格上涨 8.9%。主要粮食作物价格持续上涨。其中，小麦全年平均价格上涨 2.8%；玉米上涨 11.5%；大豆上涨 14.0%。2020 年，农牧民人均农业经营净收入同比增长 17.3%，牧业经营净收入增长 8.6%，第一产业经营净收入增速较上年提高 0.5 个百分点。

财产净收入略有下降。2020 年，内蒙古农村牧区居民人均财产净收入为 498 元，同比下降 4.8%，拉低农村牧区居民收入 0.1 个百分点。受疫情影响，农村牧区出租房屋收入下降。加之近年来风调雨顺，种地收入高，部分农户选择自己种植，耕地不外包，导致财产性收入下滑。

转移净收入快步增长。2020 年，内蒙古农村牧区居民人均转移净收入为 3888 元，同比增长 10.5%，对农村牧区居民可支配收入的贡献率为 28.7%，拉动农村牧区居民收入增长 2.4 个百分点。一是在贫困旗县全部“摘帽”，贫困村全部脱贫出列基础上“四不摘”得到有效贯彻落实，扶贫成效显著。二是粮食直补、农资综合补贴、玉米生产者补贴、良种补贴、农机具购置补贴等各项惠农措施在保证原有水平的基础上，范围和数量有所增长。三是各项社会保障政策范围进一步扩大，在巩固发展新型农村合作医疗、新型农村养老保险的同时，加大对农牧区最低生活保障补助力度。2020 年，全区农村牧区低保标准较上年提高 6.6%；全区农村牧区特困标准较上年提高 3.2%。四是农牧民养老保险等覆盖面不断扩大，也为农牧民转移净收入增长注入新活力。

【农牧民生活消费】 2020 年内蒙古农牧民人均生活消费支出 13594 元，同比下降 1.6%。其中，人均食品烟酒类支出 4164 元，同比增长 10.5%，农牧民恩格尔系数为 30.6%。农牧民人均衣着类消费支出 727 元，同比下降 0.6%；人均居住类支出 2633 元，同比增长 1.3%；人均生活用品及服务支出 583 元，同比增长 6.9%；人均交通通信支出 2152 元，同比下降 8.6%；人均教育文化娱乐支出 1436 元，同比下降 20.0%；人均医疗保健支出 1667 元，同比下降 4.7%；人均其他用品及服务支出 231 元，同比下降 15.6%。

【荣誉】

1. 2020 年 11 月，国家统计局内蒙古调查总队被中央精神文明建设指导委员会评为第六届全国文明单位。

2. 2020 年，国家统计局内蒙古调查总队田世杰获国家统计局抗击新冠肺炎疫情记三等功奖励，并授予“优秀共产党员”称号；张凯和沈琢奇分别获国家统计局抗击新冠肺炎疫情个人嘉奖。

（齐杰 特日格乐）

民族事务

【概况】 内蒙古自治区民族事务委员会（以下简称“自治区民委”），机关内设办公室、人事处、政策法规处、监督检查处、经济发展处、社会发展处、民族语言文字处、蒙古语言文字科研管理处、蒙古语言文字信息化管理处、八省区蒙古语言文字协作处、机关党委、离退休人员工作处12个处室和自治区地方语言文字研究应用中心（挂自治区民委综合保障中心牌子）、少数民族古籍征集研究室、地方民族语文杂志社3个委属单位，机关公务员编制51名，实有人员44人。

2020年，自治区民委认真贯彻落实自治区党委、政府和国家民委关于民族工作的安排部署，以铸牢中华民族共同体意识为主线，全面深入开展民族团结进步宣传教育，组织开展第37个全区民族团结进步活动月和民族区域自治法宣传周活动，不断深化民族团结进步创建工作，命名第六批全区民族团结进步示范区示范单位示范嘎查（村）。加快民族工作法治化进程，完成《内蒙古自治区促进民族团结进步条例》草案起草、专家论证等前期工作。推进兴边富民行动，按要求调整民贸企业，及时下拨少数民族发展资金，助力脱贫攻坚。加强城市民族工作，赤峰市松山区被命名为全国第四批少数民族流动人口服务管理示范城市。坚持用文化浸润民族团结，修订出版《蒙古文正字法词典》（第三版），建成蒙古语言文字数字资源建设与共享平台，举办八省区第六届蒙古文图书展等活动，促进各民族文化的传承保护和创新交融。加强民族古籍的搜集、整理、保护，挖掘弘扬蕴含其中的民族团结进步思想内涵。召开全区民委主任会议，举办全区民族团结进步创建互观互学活动和城市民族工作互观互学活动，促进全区民族团结进步事业发展。

2020年9月，呼和浩特市第37个民族团结进步宣传活动月大型宣传活动在如意广场举行　（呼和浩特市民委）

【民族团结进步创建】 自治区民委、总工会、团委、妇联联合转发《关于进一步做好新形势下民族团结进步创建工作的指导意见》，要求充分发挥群团组织优势，全面深入持久开展民族团结进步创建工作，铸牢中华民族共同体意识。与自治区党委宣传部联合印发《全区民族团结进步宣传教育活动实施方案》，协调组织主流媒体、乌兰牧骑等在全区范围内开展习近平总书记关于民族工作重要论述精神、民族团结进步示范区示范单位事迹等宣传工作。组织开展以“民族团结助力脱贫攻坚、各族人民携手共进小康”为主题的第37个全区民族团结进步活动月，全区各地结合实际开展形式多样内容丰富的主题活动。

与自治区党委宣传部、统战部联合印发《第六批全区民族团结进步示范区示范单位和全区民族团结进步示范嘎查（村）的命名决定》，命名呼和浩特市新城区、呼伦贝尔市儿童福利院、乌兰察布市四子王旗乌布力吾素嘎查等114个地区单位嘎查（村）为第六批全区民族团结进步示范区示范单位示范嘎查（村）。

在乌兰察布市举办全区民族团结进步创建互观互学活动，观摩乌兰察布市部分单位、社区、苏木乡镇、嘎查（村）等民族团结进步创建工作开展情况，召开会议交流经验，为部分第六批全区民族团结进步示范区示范单位示范嘎查（村）授牌。在呼和浩特民族学院成立“铸牢中华民族共同体意识研究基地”，举行揭牌仪式，召开铸牢中华民族共同体意识理论研讨会。

【民族经济发展】 2020年，中央和自治区财政共安排少数民族发展资金6.6232亿元，分配给全区57个贫困旗县4.941亿元，占全区总额的75%，助力少数民族和少数民族地区脱贫攻坚。从1月开始，自治区人民政府将全区非一线边民补助标准提高到每人每年3000元，与一线边民补助标准一致。自治区民委、自治区财政厅、中国人民银行呼和浩特中心支行将全区民贸企业调整为628家。自治区财政厅、中国人民银行呼和浩特中心支行分解下达中央财政安排的2020年度民族贸易和民族特需商品企业贷款贴息引导补助资金1.6亿元。举办全区第五期少数民族手工艺品制作技能培训班，带动更多农牧民创业就业，助力全区少数民族农牧民脱贫攻坚奔小康。

【城市民族工作】 举办全区城市民族工作互观互学活动。实地观摩东胜区万佳小学、康巴什区少数民族法律援助工作站、伊金霍洛旗乌兰牧骑等8个单位开展城市民族工作情况，召开会议交流工作经验。国家民委办公厅印发《关于公布第四批少数民族流动人口服务管理示范城市名单的通知》，命名赤峰市松山区为全国第四批少数民族流动人口服务管理示范城市。

9月7—27日，全区第五期少数民族手工艺品制作技能培训班在鄂托克前旗职业高中举办 （自治区民委）

【民族工作法治化】 完成《内蒙古自治区促进民族团结进步条例》草案起草提交自治区人大常委会审核。印发《蒙古语言文字科研项目管理办法》，进一步规范蒙古语言文字科研项目管理。开展民族区域自治法宣传周活动，向全区手机用户推送宣传民族区域自治法和党的民族政策的公益短信，与自治区普法办联合开展以“弘扬法治精神促进民族团结”为主题的党的民族理论政策和民族法律法规知识网络有奖竞答活动，全区共有43.66万人次参加网络竞答。

【地方民族语言文字】 开展八省区“我和我的祖国”校园蒙古文文学作品评比活动。完成蒙古语言文字数字资源建设与共享工程建设，平台上线运行，向各族干部群众生产生活提供数字化信息化服务。举办八省区首届《信用社杯》科尔沁叙事民歌网络大赛决赛。《内蒙古正字法词典》（第三版）由内蒙古人民出版社出版发行。线上举办八省区第六届蒙古文图书展举行自治区蒙古语言文字信息化学会年会暨系列产品发布会。发布“面向历史文化的多文种在线地图”等产品，表彰2013—2018年度内蒙古自治区蒙古语言文字信息化专项扶持项目优秀成果，评选金奖1项、银奖2项、铜奖3项、优秀奖15项。出版《蒙古语文》杂志12期，增设铸牢中华民族共同体意识专栏，充分发挥宣传阵地作用。

【民族古籍整理】 蒙古文古籍保护与发展学术研讨暨全区少数民族古籍业务工作会在呼和浩特市召开，举行《蒙古文古籍精选》1-15卷首发式。出版《蒙古文古籍精选》1-15卷、《却吉嘎瓦文集》1-6册、《蒙古托忒汇集》1-4卷，整理编纂《杭锦旗扎萨克衙门档案》10卷，已出版至第54卷，整理编纂《阿拉善和硕特旗蒙文历史档案》8卷，已出版至第50卷。

持续开展《格斯尔》保护传承工作，编辑出版《30集儿童广播剧：英雄格斯尔》，启动《格斯尔》《江格尔》原始录音资料数字化抢救保护工作。

（张玲玲）

慈善事业

【慈善扶贫济困】 向兴安盟扎赉特旗、赤峰市巴林左旗、乌兰察布市商都县三个深度贫困旗县下拨“内蒙古自治区慈善救助资金”600万元，用于对纳入分散供养特困人员和建档立卡贫困人员家庭实施居家适老化改造；同中华慈善总会合作开展的为慢性粒细胞白血病患者免费提供药品的“格列卫项目”“达希纳项目”，为肺癌患者免费提供药品的“易瑞沙项目”“泰瑞沙项目”“特罗凯项目”等慈善药品援助项目，为6000人次重特大疾病患者免费提供价值1.5亿元的慈善援助药品；为全区0—18周岁城乡低保家庭中的白血病、肾病、恶性肿瘤、先心病患儿实施救助的“全区贫困家庭儿童重大疾病慈善救助专项基金”项目，为55名重特大疾病患儿拨付150万元救助资金；为全区0—14周岁贫困家庭先天性心脏病确诊患儿免费进行手术治疗的“中国移动爱‘心’行动”第四期项目及“内蒙古自治区贫困先心病儿童救助计划”项目，安排符合手术条件的136名患儿到项目合作医院天津泰达国际心血管病医院接受免费手术治疗。

【捐赠物资接受与拨付】 2020年，新冠肺炎疫情发生后，及时开展新冠肺炎疫情防控接收捐赠工作。自治区慈善总会累计接收捐赠款物合计408.06万元，其中共接收社会各界爱心人士、企事业单位、社会组织捐赠款326.38万元，接收捐赠物资价值81.68万元。自治区慈善总会办公室严格按照自治区新冠肺炎疫情防控指挥部印发的《内蒙古自治区抗击新型冠状病毒感染肺炎疫情捐赠款物使用管理暂行办法》及时拨付完毕。其中，向乌兰察布市四子王旗、化德县，赤峰市林西县、翁牛特旗，呼伦贝尔市莫力达瓦达斡尔族自治旗等5个发生疫情的国贫旗县拨付捐赠款275.5万元；向湖北省国贫县中疫情最重、确诊病例最多的国贫县黄冈市红安县拨付捐赠款50.18万元，向湖北省武汉市慈善总会拨付捐赠款0.7万元，合计拨付捐赠款326.38万元，发放全部用于社区疫情防控工作的定向捐赠物资。

（陈好斯巴音）

气象事业

【概况】

机构设置 自治区气象局内设机构：办公室、应急与减灾处、观测与网络处、科技与预报处、计划财务处、人事处、政策法规处、党组纪检组（审计室）、机关党委办公室（精神文明建设办公室）、离退休干部办公室。

直属事业单位：内蒙古自治区气象台、内蒙古自治区气候中心（内蒙古自治区气象环境影响评价中心）、内蒙古自治区生态与农业气象中心（内蒙古自治区气象卫星遥感中心）、内蒙古自治区气象服务中心（内蒙古自治区专业气象台、内蒙古自治区气象影视宣传中心）、内蒙古自治区大气探测技术保障中心、内蒙古自治区雷电预警防护中心（内蒙古自治区防雷中心）、内蒙古自治区气象干部培训学院、内蒙古自治区气象科学研究所（内蒙古自治区人工影响天气中心）、内蒙古自治区气象信息中心（内蒙古自治区气象档案馆、内蒙古自治区农牧业经济信息中心）、内蒙古自治区气象局机关服务中心、内蒙古自治区气象局财务核算中心（内蒙古自治区气象国有资产管理中心）。

台站设置　截至2020年底，全区有国家级地面气象观测站708个，包括国家气候观象台2个，国家基准气候站20个、国家基本气象站28个、国家气象观测站658个，其中119个台站承担生态与农业气象业务观测，29个台站承担农业气象观测，52个台站承担雷电监测，8个台站承担太阳辐射观测，8个台站承担酸雨观测，8个台站承担沙尘暴观测，4个台站承担大气成分观测、3个台站承担环境气象观测。国家应用气象观测站32个。国家综合气象观测（科学）试验基地3个。国家综合气象观测专项试验外场6个。国家高空气象观测站12个。国家天气雷达站10个。国家空间天气观测站1个。国家气象卫星地面站4个。全区有自治区级地面气象观测站1675个。自治区天气雷达站10个。

人员情况　截至2020年底，全区气象在职职工2913人。学历结构：博士20人，硕士507人，本科1964人。职称结构：高级职称537人（正研级38人、副研级499人），中级职称1334人。

【气候评价】

气候概述　2020年，全区四季气温均偏高，冬春季明显偏暖。全区平均降水量375.1毫米，较常年偏多57.0毫米，为1961年以来同期第7多；四季降水量均偏多，冬季降水量为历史同期最多。总体来看，本年度气象灾害影响范围较小，未出现重灾，农牧业均属正常偏好年景。

总体评价　2020年，全区平均气温5.7℃，较常年偏高0.6℃，比去年低0.4℃，为1961年以来第12高。各月平均气温，除10月和12月偏低外，其余各月均偏高，其中2月和3月气温为1961年以来同期第4高和第7高；12月平均气温为1961年以来同期第10低，为近10年次低。与常年同期平均值相比，除呼伦贝尔市大部、兴安盟大部、阿拉善盟北部和东南部偏高1℃～1.7℃（鄂温克旗）外，全区大部气温接近常年。

全区年总降水量在22.6毫米（额济纳旗）～849.0毫米（扎兰屯）之间，阿拉善盟大部、乌海市、巴彦淖尔市大部、鄂尔多斯市西北部、锡林郭勒盟西北部等地在300毫米以下，其中阿拉善盟西北部不足50毫米；其余地区在300毫米以上，其中呼伦贝尔市东部和兴安盟西北部超过600毫米。与常年相比，大部地区偏多25%至91%（阿尔山市），偏少地区仅为呼伦贝尔市东北部、阿拉善盟西部等地，偏少25%～41%（雅布赖）。

全区年平均日照时数2880.0小时，较常年偏少78.8小时，比去年少57.4小时，为1961年以来同期第8少。与常年相比，呼伦贝尔市中东部、兴安盟东部和中南部、通辽市西南部、赤峰市西南部、巴彦淖尔市东南部、鄂尔多斯市西南部等地偏多100.0～539.0小时（鄂托克前旗），其余大部地区接近常年或偏少100.0～1610.0小时（正蓝旗）。

【主要气象灾害事件及其影响】　年内出现的主要灾害是：低温、沙尘天气、干旱、暴雨洪涝、高温、雪灾、低温灾害事件、冰雹、龙卷风等。

低温　冬季至秋季全区共出现28次冷空气过程，较常年偏多1次。其中寒潮过程14次，11次强冷空气过程，3次中等强度冷空气过程，其中11月18—21日冷空气过程影响范围最广、强度最强，影响站数为108站。大部地区降温超过10℃，其中赤峰市、锡林郭勒盟、乌兰察布市、呼和浩特市等地区降温超过14℃，最大降温出现在赤峰市岗子，降温幅度达24.7℃。受12月两次大范围强冷空气影响，全区共26站、46站日日最低气温达到监测标准，出现极端低温事件，主要分布在赤峰市、锡林郭勒盟、乌兰察布市、包头市，其中16站连续2天超过12月极端阈值，1站连续2天超过年极端阈值，1站超过年历史极值。

沙尘天气　2020年全区共出现7次大范围沙尘天气过程，比去年少1次，3月18—19日，全区出现今年首次大范围沙尘天气过程，较历年同期偏晚31天，较去年首发时间早17天。沙尘天气影响较小，无致灾记录。在7次大范围天气过程中，5月2—3日过程影响范围最广、强度最强，共有33站39站日出现沙尘暴、扬沙、浮尘天气，影响区域为中西部大部地区及赤峰市中北部、通辽市偏东部等地。其中4站出现沙尘暴、3站出现强沙尘暴，沙尘暴主要影响区域为阿拉善盟东北部、巴彦淖尔市西部，最大风速在9～20米/秒之间，能见度小于1000米。阿拉善盟巴彦诺尔公最大风速为14.1米/秒，极大风速为21.1米/秒，最小能见度为229米。

干旱　2020年气象干旱主要出现在4—9月，重旱以上等级主要集中在5—8月，影响范围包括呼伦贝尔市北部、通辽市南部、赤峰市东部、阿拉善盟北部等地，21个旗（县）由于干旱成灾，造成农牧业损失。锡林郭勒盟西部、鄂尔多斯市西部等地区春季至夏初无有效降水，造成牧区牧草返青难，牲畜饮水困难，这些区域干旱一致持续至6月末。呼伦贝尔市扎兰屯市、鄂温克旗、新巴尔虎左旗和通辽市奈曼旗等地持续夏季干旱，直到7月下旬或8月初才出现有效降水，导致这些地区农牧业受损。

暴雨洪涝　汛期，全区共发生区域性暴雨过程5次。8月12—13日的过程综合强度最强，影响范围为兴安盟南部、通辽市北部、赤峰市东北部，单站最大累计降水量达97.4毫米，出现在兴安盟高力板。受5月中旬、7月、8月中旬降雨过程影响，全区共12站日日降水量达到监测标准，出现极端降雨事件，较上年多5站日，主要分布在呼伦贝尔市、兴安盟、通辽市、锡林郭勒盟、乌兰察布市、包头市和巴彦淖尔市。2020年暴雨洪涝和冰雹灾害大部分发生在7—8月，全区暴雨洪涝灾害共造成直接经济损失105970.4万元，冰雹灾害共造成直接经济损失153771.6万元。

高温　夏季全区出现两次区域性高温过程，分别为6月5—8日和7月22—26日，较常年同期偏多1次。6月份的区域性高温过程影响范围较大，有56站受影响，其中33站日最高气温在35℃～37℃，23站超过37℃，单站日最高气温最大值为39.9℃，出现在赤峰市阿鲁科尔沁旗。

雪灾　年内全区共出现13次区域性降雪过程，主要发生在1—2月、11—12月。其中11月18—19日降雪过程影响范围最大、极端性强，全区88个国家级地面气象站出现0毫米～43.7毫米（通辽市奈曼旗）降水，共有15站日出现极端降雪事件，18日赤峰市阿鲁科尔沁旗日降雪量超过历史极值，多地因强降雪致灾。年内全区共25站日日降雪量达到监测标准，出现极端降雪事件，较上年多11站日，主要分布在赤峰市、通辽市、锡林郭勒盟、鄂尔多斯市、阿拉善盟。4月16—20日，呼伦贝尔南部和兴安盟中部遭受雪灾影响，蔬菜大棚遭积雪覆盖致坍塌，设施农业、养殖圈舍、家禽、牲畜受损，直接经济损失1431万元。11月18—19日，内蒙古东部大范围降雪，全区共有15站日出现极端降雪事件，锡林郭勒盟东北部、兴安盟南部、通辽市西南部、赤峰市大部遭受雪灾，蔬菜大棚等设施农业受损，牲畜被冻死，直接经济损失36883万元。

低温灾害事件　4月20—21日，全区受到一次寒潮过程影响，影响站数113站。全区大部地区过程最大降温超过6℃，其中河套地区降温超过10℃，磴口县、临河区等7个旗（县）遭受低温冻害，农作物受损，直接经济损失1307万元。受12月两次大范围强冷空气影响，全区共26站、46站日日最低气温达到监测标准，出现极端低温事件，主要分布在赤峰市、锡林郭勒盟、乌兰察布市、包头市，其中16站连续2天超过12月极端阈值，1站连续2天超过年极端阈值，1站超过年历史极值。

冰雹　年内全区共有44个旗（县）受到冰雹灾害袭击，大部分发生在大兴安岭以东或阴山以南农区，巴彦淖尔市临河区、赤峰市翁牛特旗、鄂尔多斯市乌审旗、乌兰察布市丰镇市均发生6次。7月17日河套地区一次强对流天气，伴有雷暴，冰雹及短时强降雨，临河区、杭锦旗、杭锦后旗遭受冰雹灾害，葵花、玉米、大豆等农作物受损，共造成直接经济损失26241万元。

龙卷风　7月10日下午，乌兰察布市察哈尔右翼前旗玫瑰营镇古营盘村遭受龙卷袭击。据统计，此次灾害造成91户房屋、圈舍、院墙等不同程度受损，共造成经济损失25万元。8月9日下午，包头市达尔罕茂明安联合旗希拉穆仁镇呼和点素天鹅湖牧场附近出现陆龙卷天气现象。据统计，此次灾害33人受伤，损坏房屋131间，直接经济损失1807.95万元。

【气候影响】

气候与农业　2020年全区主要农作物生长期间气候条件总体较为适宜，大部地区降水多于常年，光热充足，气候条件对主要农作物玉米、马铃薯生长发育较为有利。春、夏季部分地区出现阶段性干旱，夏季局部地区出现暴雨、洪涝、冰雹等灾害，但影响范围较小，未出现重灾，全区农业气候为正常偏好年景。

从全区主要农作物玉米马铃薯生育期气象条件来看，2020年全区玉米全生育期在4月下旬至9月中、下旬之间，玉米全生育期间，光照条件中东部较足、西部充足，热量条件均为充足，水分条件一般或较好。综合评价2020年内蒙古自治区玉米全生育期气候条件对玉米生长影响为有利。马铃薯全生育期在5月上旬至9月下旬之间，马铃薯全生育期间，光照条件东部充足、中西部较足，热量条件均为适宜，水分条件东部较好，中西部一般。综合评价2020年内蒙古马铃薯全生育期气候条件对马铃薯生长的影响，东部为有利，中西部为利弊相当。

气候与畜牧业　2020年内蒙古大部分牧区气候条件总体较为适宜，降水多于常年，光热充足，气候条件对牧草返青、生长和牧事活动较为有利。春、夏季部分地区出现阶段性干旱，秋末中东部部分牧区出现暴雪等灾害，但主要牧业气象灾害较轻，全区牧业气候为正常偏好年景。

【气象服务】

防灾减灾服务　突发事件预警信息发布系统与应急广播“村村响”实现互联互通。基层气象防灾减灾标准化建设实现全覆盖。灾害综合风险普查稳步推进。认真履行自治区联防联控机制成员单位职责，做好疫情防控气象保障服务。针对年内出现的凌汛、局地大暴雨、龙卷风、暴雪、寒潮、森林火等自然灾害及衍生灾害，全区气象部门精密监测、滚动预报、联合会商、跟踪服务，及时发布预警信息，开展党政领导叫应服务，保障人民群众安全福祉，获自治区主席布小林等党政领导批示肯定。

生态安全屏障建设服务　围绕“一湖两海”、黄河流域、察汗淖尔、哈素海、达里湖等生态脆弱区、敏感区和重点生态工程，开展精细化生态监测服务。自治区投入1384万元建设生态文明气象保障服务平台。荒漠生态气象科研、业务和服务一体化发展有序推进。森林生态及病虫害气象风险预警系统投入应用。植被生态质量气象贡献率评价为生态红线管控考核提供决策依据。大气自净能力和大气污染治理气象条件评估服务持续推进。高分数据应用向盟市、企业延伸，5个高分数据分中心挂牌成立。

乡村振兴和脱贫攻坚服务　优化升

级智慧农牧业气象服务平台，精细化监测预报预警服务、气候品质认证和农业气象适用技术助力农牧民增产增收。马铃薯特色农业气象中心通过中国气象局和农业农村部认定，联合自治区农牧厅完成大豆和向日葵内蒙古自治区特色农业气象中心认定工作。做好定点帮扶工作，积极推进部门消费扶贫。老头山自然保护区获“中国天然氧吧”认证，兴安盟突泉县获全国脱贫攻坚组织创新奖。

区域经济产业服务　保障民用大飞机高寒试验试飞，助力首个国家高寒机动车质量监督检验中心落户内蒙古，完成城市规划、机场建设等重大工程气候可行性论证90余项，交通气象风险预警和旅游气象服务平台建成运行，联合卫健部门探索开展花粉浓度预报服务，助推高端制造、交通、旅游、康养等产业转型升级，取得良好经济社会生态效益，全区科技服务收入1.53亿元，较2019年增长10.4%。

人工影响天气工作　人工影响天气基地建设项目获自治区发改委批复，投资总额6091万元，落实2021年一期投资2315万元。争取高性能增雨飞机运行维护经费1300万元，并纳入自治区地方财政预算。印发“耕云”行动计划实施方案。开展生态修复型人工影响天气作业，其中地面增雨防雹作业1271点次，飞机增雨作业198架次，增雨总量19.25亿吨。

重大活动保障　围绕“嫦娥五号”和新一代载人飞船返回舱着陆任务，开发着陆场区精细化模式产品，加强联合会商，滚动提供专项预报服务，护航“嫦娥”和载人飞船返回舱安全着陆。持续推进“十四冬”气象保障工作，赢得组委会好评。

【气象业务现代化建设】

科技创新和人才队伍建设　数值预报模式性能明显提升，人工智能技术助力预报预测质量提高，多源数据融合分析产品在多领域示范应用。争取自治区财政科研项目13项，到账科研经费506万元。取得科技成果156个，其中国家级1个，省部级17个，1项成果获自治区科技进步三等奖，科技贡献率73.2%。获评中国局首席专家2人，气象青年英才1人，西部、东部优秀气象人才2人，入选中科院“西部之光”人才培养计划1人，新增正研级高工6人。

信息化　作为全国首个试点单位，“天擎·内蒙古”建成并投入应用，基础设施资源池集约业务系统93个，数字化气象档案馆投入业务运行，移动办公、电子政务内网建设等政务信息化工作有序推进。获全区“蒙古马”杯网络安全竞赛一等奖。

综合监测　气象观测质量管理体系通过ISO9001认证。新增百年气象站3个、五十年气象站19个。地面气象观测全面实现自动化运行。升级改造新一代天气雷达5部。建成全国首批北斗自动探空系统和全自动制氢系统。

预报预测　晴雨（雪）、最高温度预报准确率居全国前列，暴雨预警准确率86.9%，强对流天气预警提前量达55分钟，月降水和气温预测综合评分全国第一。建立气温、降水、风等要素人工智能客观订正算法。睿图数值预报模式覆盖全区及蒙俄部分地区，产品分辨率达1小时、3公里。实现全区及主要流域11～57天任意时段50公里网格预测。

【荣誉】　内蒙古气象局获“全国内部审计先进集体”和“全国模范职工之家”称号。4个单位获评中国气象局“模范机关”，1个支部工作法被直属机关工委评为党建特色奖。

（魏兴杰）

防震减灾

【概况】　内蒙古自治区地震局是中国地震局和内蒙古自治区人民政府双重领导的具有行政职能的事业单位。2020年自治区地震局内设9个处室、4个直属二级单位、8个地震台站（其中包括5个中心台和3个综合台）。9个处室包括：办公室、规划财务处、人事教育处（离退休人员办公室）、监测预报与科技处、震害防御处（公共服务处）、纪检室、机关党委。4个直属二级单位包括：内蒙古地震台、信息中心、地震防灾救灾中心、财务与国有资产管理中心。总编制282名（含地方事业编6名），其中管理机构参公编制42名，事业单位编制240名。

【地震活动】　2020年，内蒙古自治区

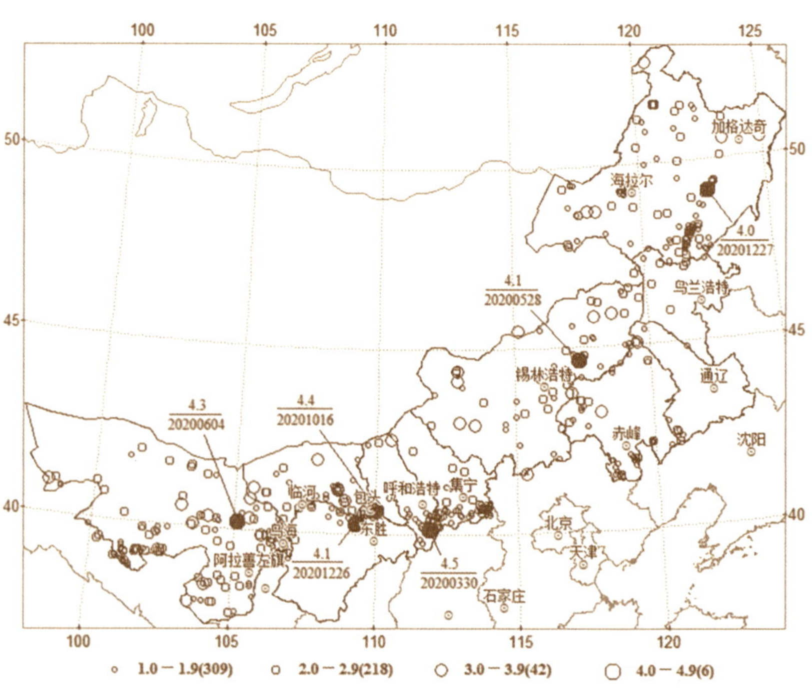

内蒙古自治区2020年度ML ≥ 1.0级地震分布图

发生 ML ≥ 1.0 级地震 575 次，其中 ML1.0～1.9级地震309次，ML2.0～2.9级地震218次，ML3.0～3.9级地震42次，ML4.0～4.9级地震6次。最大地震是2020年3月30日16时20分和林格尔县（北纬40° 09′，东经111° 52′）发生的ML4.0级地震。以上地震次数统计均为可定位地震，全年度未发生震群活动。

2020年度内蒙古自治区地震活动特征主要表现为：

一、M_L ≥ 3.0 级地震活动频度、强度

2020年发生ML ≥ 3.0级地震48次，2019年发生ML≥3.0级地震52次，2020年ML ≥ 3.0级地震活动频度水平略低于去年。2020年最大地震是和林格尔县ML4.5级地震，2019年最大地震是5月12日阿拉善右旗ML4.5级地震。2020年和2019年地震强度相当，均未发生中强以上地震。

二、地震活动强度中部较强，东部地区、西部次之

2020年ML ≥ 4.0级地震的6次，其中，发生在西部地区1次，东部地区2次、中部地区3次。最大地震位于中部地区和林格尔县，震级为ML4.5级，次大地震位于中部地区包头市东部，震级为ML4.5级。中等地震活动特征显示，中部地区地震相对较强，东部、西部地区强度次之。

三、中小地震丛集、有序活动区

2020年度全部地震活动图像表现出3个丛集活动区：乌海至阿拉善地区，地震活动较为活跃、呈现密集分布特征，发生ML4.0级以上地震1次；包头、呼和浩特至蒙晋交界地区，地震活动活跃，呈东西向条带分布状态，发生ML4.0级以上地震3次，含本年度最大和次大地震；锡林郭勒盟至呼伦贝尔市扎兰屯地区，地震活动呈北北东向条带分布状态，条带内发生2次ML4.0级地震，显示地震活动较为活跃。

【地震灾害风险防治】 开展内蒙古自治区建设工程地震安全监管检查工作。联合内蒙古自治区应急厅、教育厅、住建厅、卫健委、交通厅等多家单位组成2个督查组，赴内蒙古自治区4个盟市开展建设工程地震安全监管检查实地督查工作，形成《关于内蒙古自治区建设工程地震安全监管检查自查情况的工作报告》，通过对内蒙古自治区2009年以来的重大工程、学校、医院等开展的普查，及时发现问题，提出工作建议。工程建设项目审批事项报备工作。通过内蒙古自治区发改委投资项目在线审批平台开展建设工程地震安全性评价结果审定及抗震设防要求确定行政审批，向内蒙古自治区工程建设项目审批制度改革工作领导小组办公室备案涉及建设项目审批事项2个：地震安全性评价、影响地震观测环境的新建、扩建、改建建设工程的审批。初步提交审批流程图、审批要件清单和制式申报表格。

【防震减灾公共服务】 制定定公共服务清单。2020年10月，依据防震减灾相关法律、法规、规章和规范性文件，按照中国地震局关于防震减灾公共服务指导意见，制定包括地震安全性评价、地震震情服务、防震减灾宣传等共10项事项的《内蒙古自治区防震减灾公共服务事项清单》。设立公共服务管理部门。2020年12月16日，中国地震局印发《内蒙古自治区地震局职能配置、内设机构、所属事业单位设置和人员编制规定》（中震人发〔2020〕103号），规定内蒙古自治区地震局公共服务处与震害防御处合署办公，计划配置8名编制。指导和规范社会力量参与防震减灾。2020年，完成与地震有关的异常现象调查核实共20起。加大防震减灾科普宣传力度。组织开展防震减灾科普讲解大赛。参加第四届全国防震减灾科普讲解大赛活动，获总决赛三等奖。2020年防灾减灾宣传周期间，印发《关于做好内蒙古自治区2020年全国防灾减灾日防震减灾科普宣传活动的通知》，围绕“提升基层应急能力，筑牢防灾减灾救灾的人民防线”主题，内蒙古自治区地震局党组书记、局长卓力格图接受人民网内蒙古频道专访。内蒙古自治区政府副秘书长、政府办公厅主任高润喜一行到内蒙古自治区地震局参加防灾减灾日系列科普宣传活动。联合开展“云上观球幕、战疫大联盟—防震减灾，科普在线”直播活动，同时在新浪内蒙古、内蒙古自治区地震局官方微博平台、内蒙古科技馆官方微博等平台进行直播，多家新闻媒体单位和政务微博进行了报道转发，累计观看量达126.7万人次，在线观看人数最高达6.1万人次，开展线上科普讲座两次。唐山大地震纪念日期间组织防震减灾科普剧本征集活动，联合新浪内蒙古全程直播，累计观看量37.5万人次。组织内蒙古工业大学2020年新生军训开展防震减灾应急演练。正式出版发行蒙汉文版地震科普图书《地震离我们有多远》。联合教育厅、市场监督管理局共同创作《中小学安全教育读本》，将加入防震减灾知识内容加入其中。拍摄制作10集原创科普小视频，在官方抖音平台进行推广投放，在宣传周重点时段投放防灾减灾主题宣传开屏广告，两个平台在宣传周期间，总曝光量1914733次，总点击量29091次，点击率1.52。在唐山大地震纪念日期间，组织防震减灾科普剧剧本征集大赛，征集优秀地震科普创作产品。设计制作地震预警宣传折页；制作蒙汉双语系列科普动画两部《小马博士将故事》。

【防震减灾法治建设】 发布实施《内蒙古自治区地震预警管理办法》。2020年2月，内蒙古自治区人民政府以第245号自治区人民政府令形式发布《内蒙古自治区地震预警管理办法》，自2020年4月1日起施行。《办法》共7章34条，规定了地震预警系统的规划与建设，地震预警信息的发布与处置，地震预警宣传教育与演练，地震预警设施和观测环境的保护和法律责任。印发地震安全性评价规范性文件。2020年9月，内蒙古自治区地震局制定并印发《关于加强内蒙古自治区地震安全性评价管理工作的通知》《内蒙古自治区地震安全性评价从业单位管理办法（试行）》《内蒙古地震安全性评价技术审查专家库管理办

法（试行）》3件规范性文件，并将内蒙古自治区地震局规范性文件管理和备案纳入自治区法治政府建设智能化一体平台。法制教育。2020年3月，内蒙古自治区人民政府召开《内蒙古自治区地震预警管理办法》（内蒙古自治区人民政府令第245号，以下简称《管理办法》）政策例行吹风会。内蒙古自治区地震局与司法厅介绍有关情况并回答记者提问。制作《政策简明问答：内蒙古自治区地震预警管理办法》在内蒙古自治区政府网站进行宣传；共印制约2.5万册《内蒙古自治区地震预警管理办法》宣传册，在重要时间节点进行发放；在全国科普日宣传活动中，联合新浪内蒙古作了全程直播，专题讲解了地震预警及《内蒙古自治区地震预警管理办法》的相关知识，直播活动约1小时，累计观看量37.5万人次。

【科技创新与成果推广】 印发《内蒙古自治区防震减灾优秀成果奖励办法》《内蒙古自治区防震减灾优秀成果奖评审标准》；成立微震监测创新团队、基于密集台阵观测的地壳精细结构探测创新团队和防震减灾科普宣教与社会服务创新团队。

【合作与交流】

学术交流 聘请中国科学院大学、北京大学、地震系统相关院所等地震系统内外知名专家指导，不断加强学术交流与科研合作。2人入选中国地震局2020年度国内交流访问学者计划，1人参加中国地震局“地震英才国际培养项目”，1人参加2020年国家公派留学人员英语培训班，13人在读学历学位继续教育，3人取得硕士研究生学历/学位。2020年局长基金承担课题37项，资助额度124.73万元，成功申请2020年中国地震局地震科技星火课题、震情跟踪专项、三结合项目12项。继续扩大开放合作，推进矿山微震专项研究成果转化，加强非天然地震监测服务经济社会发展能力，与煤监局联合开展矿山安全监测项目研究工作。加强与蒙古国合作单位蒙古科学院天文与地球物理研究所交流合作。与自治区科技厅、自然资源厅、教育局、气象局、应急厅等单位加强交流，建立长期合作关系。

建立研究生联合培养基地 2020年9月21日，内蒙古自治区地震局与内蒙古工业大学签订研究生联合培养基地协议。内蒙古自治区地震局党组书记、局长卓力格图，副局长弓建平，内蒙古工业大学纪委书记阿力坦嘎日迪出席签约仪式。双方共同签订《研究生联合培养基地共建协议》，并就研究生联合培养基地的培养模式、科研方向和成果转化等方面进行深入交流并达成共识。此次研究生联合培养基地的共建，按照合作共建和资源共享的工作机制，开创自治区“产、学、研”结合的新模式，为自治区的防灾减灾事业提供全方位的人才储备和科技保障。

科学技术合作 2020年10月27日，在中国科学院精密测量科学与技术创新研究院召开内蒙古自治区地震局与中国科学院精密测量科学与技术创新研究院交流研讨会暨科学技术合作框架协议签约会，共同开展微震监测研究、地震科学研究和地震科学仪器观测试验与研究。

【重要会议及活动】

内蒙古自治区召开防震减灾工作联席会议 2020年4月1日上午，内蒙古自治区召开2020年防震减灾工作领导小组联席会议，传达李克强总理对2020年全国地震局长会议批示和王勇国务委员致信内容，并就贯彻落实2020年全国应急管理工作会议、全国地震局长会议精神以及2020年内蒙古自治区防震减灾工作进行部署。会议还对加快推进地震活断层探测工程、开展建设工程地震安全监管检查等内容进行部署，提出具体要求。内蒙古自治区地震局党组书记、局长卓力格图作工作报告，内蒙古自治区防震减灾工作领导小组全体成员参加会议。

内蒙古自治区防震减灾工作会议 2020年5月22日，内蒙古自治区地震局召开防震减灾工作会议，自治区应急管理厅、地震局主要负责人在主会场参加会议。全区各盟市应急局和地震局以及地震台站设分会场参加视频会议。会上传达国务院防震减灾工作联席会议精神和全国地震局长会议讲话精神。

地震工作专题会议 2020年11月10日，内蒙古自治区党委常委、秘书长，自治区政府常务副主席张韶春主持。自治区地震局、党委编办、发展改革委、财政厅、住房城乡建设厅、应急管理厅、林业和草原局、和林格尔新区管委会负责人参加会议。会议分析当前震情形势、针对防震减灾工作中需要解决的主要问题，安排部署下一阶段工作任务。

（王石磊 张茜）

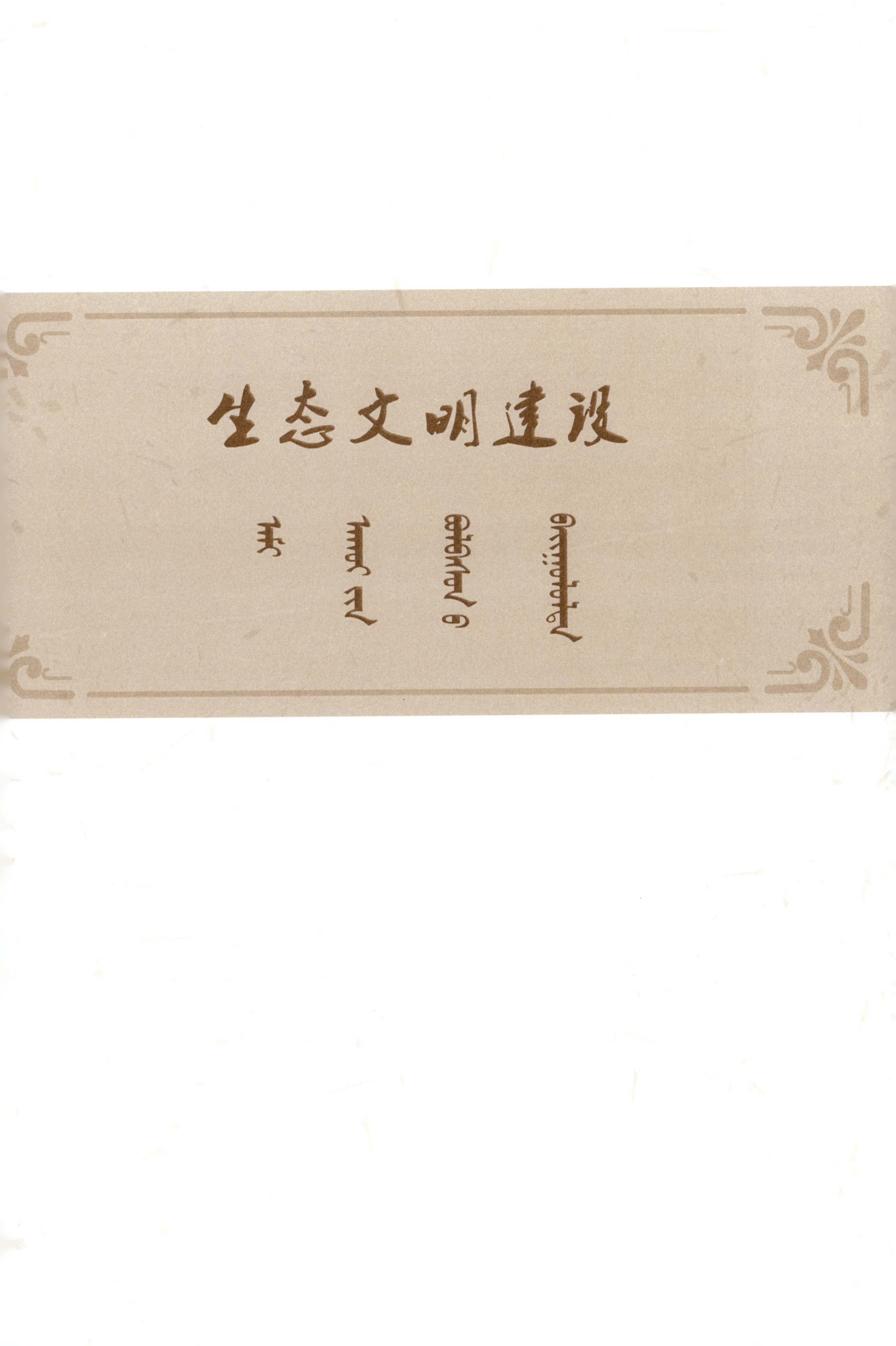

生态文明建设

生态环境保护

综　述

【概况】　截至2020年底，自治区生态环境厅机关内设18个处室、3个派出机构、9个所属事业单位。整合自治区环境监测中心站、12个盟市生态环境监测站，组建内蒙古自治区环境监测总站，下设12个副处级盟市分站；整合自治区环监局、东部、中部、西部环境保护督查中心，组建自治区生态环境综合执法总队，下设东部、中部、西部3个正处级直属队；整合自治区环境科学研究院、环境工程评估中心组建内蒙古自治区生态环境科学研究院；撤销环境保护宣传教育中心、排污权交易中心、固体废物管理中心、环境在线监控中心、环境保护厅机关事务中心，重新组建生态环境宣传教育中心、生态环境低碳发展中心、固体废物与土壤生态环境技术中心、生态环境督察技术支持中心、生态环境厅综合保障中心（环境在线监控中心）5个正处级事业单位，自治区核与辐射监测中心（原包头市辐射环境管理处）升格为正处级事业单位。全系统核定编制数为936名，实有在编337名。其中：机关核定行政编制78名，实有在编66名；派出机构核定行政编制12名，实有在编10名；所属事业单位核定事业编制846名，实有在编698名。

【生态环境领域改革】　推动自治区以及12个盟市、103个旗县（市、区）全部成立生态环境保护委员会，召开自治区生态环境保护委员会第一次会议。印发实施《各级党委和政府及自治区有关部门生态环境保护责任清单》，《关于构建现代生态环境治理体系实施方案》经自治区全面深化改革委员会审议通过，“大环保”工作格局正在加快构建。印发《关于实施“三线一单”生态环境分区管控的意见》，形成五级生态环境准入清单管控体系。深化事业单位改革和综合行政执法改革，自治区生态环境厅所属事业单位由25个整合为9个，其中环境监测总站设置为副厅级，驻盟市监测分站设置为副处级；保留自治区本级生态环境执法机构，盟市执法机构统一升格为副处级，旗县执法机构全部挂牌运行。全面推行固定污染源排污许可制管理，累计完成106个行业28705家排污单位的排污许可证核发、登记等工作。落实生态环境损害赔偿制度，办结生态损害赔偿案件17件，5家机构获得生态环境损害司法鉴定资质。

【生态环境保护基础工作】　推进法治建设，颁布施行《自治区土壤污染防治条例》《乌海市及周边地区大气污染防治条例》，制定发布自治区首部《农村生活污水处理设施水污染物排放标准（试行）》。强化资金保障，争取中央、自治区专项资金9.7亿元和债券资金0.93亿元。开展生态环境监测质量管理专项行动，印发实施《自治区县域生态环境质量监测评价与考核办法》，对43个国家重点生态功能区开展县域生态环境质量监督、评价和考核。完成全国第二次污染源普查，52个集体、220名个人受到国家表彰。推进污染源自动监控，监控数据有效传输率达到99.12%。推进信息化建设，建成大气、水污染防治攻坚战挂图作战、“一湖两海”大数据分析等应用平台。加大科技攻关力度，与自治区科技厅签署战略合作协议，“呼包鄂区域大气环境预测预警与污染防治重大关键技术研究”获批自治区科技重大专项。加大宣传教育力度，召开新闻发布会7次，组建成立新时代生态环境建设四级志愿服务队伍，《内蒙古生态环境志》出版发行。加强低碳节能降耗工作，被评为国家级和自治区级节约型公共机构示范单位。加强12369环保举报办理，开展“信访化解年”活动，办结群众举报案件2120件、信访问题50件、环境舆情66件。

环境监管

【环境质量】　2020年，全区优良天数比例达到90.8%，10个未达标盟市PM2.5年均浓度较2015年下降25%，52个地表水国考断面优良比例为69.2%，劣Ⅴ类断面比例1.9%，42个地级城市饮用水水源地水质达标率85.7%，47个地下水国控监测点位极差比例17.02%，受污染耕地安全利用率和污染地块安全利用率分别达到98%和90%以上，重金属排放量较2013年下降7.5%以上，13项生态环境主要指标均超额完成国家考核任务，生态环境质量实现明显改善。

【自然生态保护】　组织开展自然保护区强化监督，“绿盾2017—2020”聚焦问题整改完成率94%。实地核查国家级自然保护区1571处人类活动遥感监测点位，对黄河流域4个国家级自然保护区管护成效进行评估。编制完成《内蒙古生物多样性保护优先区域规划》，开展中蒙俄达乌尔国际自然保护区生物多样性监测工作，完成3个盟市生物多样性专项调查和黄河流域、乌拉盖湿地生态系统质量评估。加大生态文明示范创建力度，3个地区被命名为“国家生态文明建设示范市县”，2个地区被命名为“绿水青山就是金山银山”实践创新基地。

【污染防治】　自治区人民政府印发《坚决打赢污染防治攻坚战2020年重点工作任务责任分工方案》，明确61项重点任务及完成时限，对未完成2019年约束性目标任务的盟市进行约谈，逐盟市督导并移交问题清单，组织召开全区污染防治攻坚战调度会议及重点地区督导调度会议、冬季大气污染防控调度会，推动污染防治攻坚战任务落地落实。成立蓝天、碧水、净土保卫战3个指挥部和综合协调组，实施厅级领导包联督导盟市污染防治攻坚战工作制度，对重点盟市开展大气污染防治驻地跟踪督办，修订实施重污染天气应急预案，有效应对重污染天气，优良天数比例从年初的历史最低点追升到历史最好水平；“一市一单”“一河一策”督促指导盟市解决断面水质超标问题，13个国考断面水质同比提升；完成重点行业企业用地土壤污染状况调查，推进涉重金属行业污染防控与减排，开展危险废物专项排查整治和工业固废堆存场所环境整治，有效保障土壤环境安全。蓝天、碧水、净土三大保卫战取得成效，各项约束性指标均达到或优于国家年度考核要求。

【主要污染物减排】 严格落实主要污染物总量控制制度，全面推行排污许可制管理，实现固定污染源排污许可全覆盖。加快实施重点减排工程，全年完成“散乱污”企业治理636家、工业窑炉综合整治371家、火电机组超低排放改造410.85万千瓦，实施钢铁企业超低排放改造11家；完成集中供热改造8.33万户、“煤改气”“煤改电”7.01万户，削减散煤41.82万吨。新建投运城镇生活污水处理厂1座，扩建城镇生活污水处理厂1座，提标改造2座，实施深度治理2座；实施再生水利用项目9个，新增规模化畜禽养殖粪污治理与资源化利用工程1个。全区二氧化硫、氮氧化物、化学需氧量、氨氮排放总量分别较2015年下降20.6%、11.5%、7.6%和12.1%，四项主要污染物全部完成国家下达的“十三五”减排任务。

【生态环境执法监管】 依法打击环境违法行为，全区各级生态环境部门共办理行政处罚案件3173件，罚款金额2.55亿元，查处适用环保法及配套办法案件和移送涉嫌环境污染犯罪案件282件。加强核与辐射安全监管，排查核技术利用单位107家、放射源1232枚、射线装置935台，确定伴生放射性矿开发利用企业25家。深入推进扫黑除恶专项斗争，向相关部门移交涉黑涉恶问题线索157件，1134个行业乱象问题全部完成整改。开展煤炭资源领域违规违法问题专项整治，509个涉及环境方面问题完成整治444个，收缴排污费和罚款5056.44万元，整治完成率和追损挽损完成率均列自治区各整治小组第一位。铁、有色金属矿山领域105个涉及环境方面问题完成整改97个。

【“一湖两海”治理】 持续开展“一湖两海”等重点湖泊水质分析研判，编制《“一湖两海”环境质量形势及“水十条”考核湖库达标情况》专题报告13期。指导督促相关盟市深入开展呼伦湖、岱海等高原湖泊背景值分析研究，协调生态环境部不再将受背景值影响较大的COD、氟化物等作为水质评价指标。建立完善重点项目调度督导机制，牵头督导的10个综合治理项目全部按序时要求完成，中央环保督察及“回头看”指出的2个问题完成整改。监测数据显示，2020年“一湖两海”水面面积基本维持在合理区间；除岱海高锰酸盐指数外，“一湖两海”其他主要水质指标均符合修编后治理规划（方案）要求，水质总体保持稳定。

（赵勇）

内蒙古自治区新时代生态环境建设志愿服务队成立大会 （杨爱群）

资源管理

自然资源管理

【概况】 自治区自然资源厅是自治区人民政府组成部门，为正厅级。内设机构：办公室、综合处、法规处、自然资源调查监测处、自然资源确权登记局、自然资源所有者权益处、自然资源开发利用处、国土空间规划局、国土空间用途管制处、国土空间生态修复处、耕地保护监督处、地质勘查管理处、矿业权管理处、矿产资源保护监督处、测绘处、执法局（自治区自然资源总督察办公室）、科技与信息处、财务与资金运用处、人事处、机关党委、离退休人员工作处。自治区自然资源厅机关行政编制100名。设厅长1名（兼任自治区自然资源总督察），副厅长4名，副总督察1名（副厅长级）；处级领导职数45名〔23正（含总规划师、总工程师、机关党委专职副书记、离退休人员工作处处长各1名）22副（含机关纪委书记、离退休人员工作处副处长各1名）〕。根据自治区编办2020年12月25日《关于自治区自然资源厅所属事业单位机构职能编制的批复》，自治区自然资源厅所属事业单位：内蒙古自然博物馆（挂内蒙古古生物化石保护研究所牌子）、内蒙古自治区自然资源厅综合保障中心（挂中国自然资源报内蒙古记者站牌子）、内蒙古自治区自然资源督察保障中心、内蒙古自治区自然资源保护与利用研究中心；组建内蒙古自治区地理信息中心、内蒙古自治区地质调查研究院、内蒙古自治区国土空间规划院。

2020年，强化自然资源重点领域和关键环节整治，煤炭资源领域违规违法问题专项整治取得阶段性成效。从建立重点项目清单、提高审批效率、推进“多审合一、多证合一”“多测合一、多验合一”改革等九个方面措施，全面提升服务保障自治区高质量发展能力。第三次国土调查有序推进，全区103个调查单元全部通过国家数据组数据库质检，圆满完成“三调”统一时点更新调查工作，顺利通过国家级核查，成果数据得到国家确认。自然资源确权登记深入开展，全面推动不动产登记“一窗受理、并行办理”，推进“互联网＋不动产登记”和全区“综合受理”系统建设，全力推进房地一体宅基地和集体建设用地确权登记发证工作。国土空间规划编制加快推进，自治区成立国土空间规划委员会，印发规划编制工作方案，完成“双评价”等重大专题研究，自治区国土空间规划编制形成初步成果。强化自然资源节约集约，全区共消化批而未供用地面积2870.36公顷，闲置土地面积566.06公顷。夯实耕地保护工作基础，自治区各级政府层层签订耕地保护目标责任状，压实耕地保护责任。永久基本农田整改补划及储备区划定工作基本完成。绿色矿山建设扎实推进，全区已建成绿色矿山375家，52家矿山成功纳入全国绿色矿山名录。清洁能源、战略性新兴矿产、紧缺矿产勘查及阿拉善北山等重点地区重要矿产资源勘查取得新成果。全年共安排各类地质勘查项目143个，资金3.15亿元。强化自然资源执法力度，制定下发《内蒙古自治区自然资源厅关于落实严格自然资源执法工作的意见》。全区自然资源收益累计767.72亿元。

【煤炭资源领域违规违法问题专项整治】 专项整治工作开展以来，自治区自然资源厅先后从系统内抽调140余人，组建工作专班，制定印发工作方案，以旬为单位，“五加二”“白加黑”，倒排工期，挂图作战，全力推进集中整治工作。

开展全面排查　自治区自然资源厅牵头组建了审核报批整治专项组，全面排查2000年以来全区煤炭资源矿业权。共发现问题矿业权406个，累计发现问题599个。政策法规清理专班共梳理排查自治区自然资源厅制发的各类文件52379份，其中排查出涉煤规范性文件71份、涉煤执行类文件11134份；对自治区党委印发的6份文件、7件自治区政府规章以及自治区政府或政府办公厅印发的71份规范性文件和330件执行类文件进行了研判；对盟市行署、政府印发的2731件涉煤执行类文件和盟市自然资源主管部门印发的57件涉煤规范性文件、5325件涉煤执行类文件进行审核；对旗县（市、区）自然资源主管部门制发的涉煤文件进行备案审查；制定（修订）出台12份规范性文件。

开展核查汇总　自治区自然资源厅牵头组建综合审核组和第四核查组，全面开展核查和综合审核工作。共审核企业4030家、规划304个、核查项目8328个，累计核查问题企业1970家、问题规划22个、问题项目2955个，具体问题5193个。认真做好公职人员违规投资入股排查工作，共排查公职人员1390467人。启动“一企一档”工作，建设“一企一档”数字化系统，完成全部纸质档案数字化。

开展集中整治　自治区自然资源厅牵头组建集中整治核查发现问题工作组办公室和矿业权审核报批整治小组。截至2020年12月31日，集中整治工作组办公室共召开15次综合审核会，原则通过2010个问题企业、5261个具体问题；召开13次研判处置会，原则通过2010个问题企业、5261个具体问题。矿业权审核报批整治小组共召开集中研判会议90次，通过问题企业529家、具体问题990个，已完成研判任务。

【法制建设】

完善自然资源法律体系　印发《内蒙古自治区测绘管理条例》，启动《内蒙古自治区测绘成果管理实施办法》修订的前期准备工作。

规范性文件审核　审核《内蒙古自治区矿产资源储量评审备案实施办法》《内蒙古自治区国土调查行业失信“黑名单”管理暂行办法》等7件规范性文件。

文件合法性审查　对150余件文件进行合法性审查。

推行行政执法“三项制度”　印发《内蒙古自治区自然资源厅行政执法公示执法全过程记录重大执法决定法制审核实施办法》。

化解行政争议，维护群众合法权益　全年承办行政复议案件103件，办理行政应诉案件20件。

【服务“六稳”、落实“六保”】 印发《关于支持疫情防控和企业开复工用地保障工作六条措施的通知》《关于进一步深化“放管服”改革优化营商环境的通知》，从建立重点项目清单、提高审批效率、推进“多审合一、多证合一”“多测合一、多验合一”改革等九个方面措施，全面提升服务保障自治区高质量发展能力。截至2020年底，全区建设用地供应面积16345.02公顷，其中新增建设用地供应7351.04公顷，占比44.97%，存量建设用地供应8993.98公顷，占比55.03%。

落实自治区党委、政府有关要求，与锡林郭勒盟、鄂尔多斯市对接煤矿手续办理历史遗留问题，制定了六项具体措施。印发《内蒙古自治区煤炭矿业权竞争性出让实施办法（试行）》，实现阳光出让，推动煤炭行业高质量发展。

【自然资源调查监测】

第三次全国国土调查　自治区第三次全国国土调查领导小组办公室先后出台文件20余个，举办视频培训班8次，召集工作调度对接会议3次，开展集中核查2次，督促指导基层工作6个轮次。协同国务院第三次全国国土调查领导小组办公室对自治区11个旗县进行国家级外业抽样核查，配合国家自然资源督察北京局对自治区第三次全国国土调查（以下简称“三调”）统一时点更新工作进行2轮次专项督察，共计派出270余人次，核查11.26万个图斑，受到国家自然资源督察北京局发函表扬。坚持把数据真实性作为检验“三调”工作成效的唯一标准，确保数据成果真实、准确、可靠。截至2020年11月，全区103个旗县全部通过国家质检，圆满完成“三调”统一时点更新调查工作，顺利通过国家级核查，成果数据得到国家确认。

土地变更调查　2019年度土地变更调查与“三调”统一时点更新一并进行，对全区2019年度变化图斑进行了全面更新。

耕地资源质量分类　编制了《内蒙古自治区第三次国土调查耕地资源质量分

类实施方案》。

地理国情调查监测　呼和浩特市、包头市、乌海市4.67万平方千米地理国情调查监测任务全面展开。

地下水资源监测　全区有国家级地下水监测站点500个，全部实现自动监测；有自治区级各类监测井1187眼，其中519眼实现自动监测，监测面积为10444.32平方公里。

【自然资源确权登记】　全区共设立111个登记大厅，设置1434个登记窗口，共颁发不动产登记证书（证明）614万本（份）。其中89个登记大厅入驻各地政务服务大厅。建设65个不动产登记信息平台，不动产登记服务向政务综合服务的融合不断推进。

信息共享集成　印发《内蒙古自治区不动产登记共享信息服务指南（试行）》，建立部门间信息共享集成机制，分类分级推动信息共享工作。全区不动产登记数据实现旗县、盟市、自治区、国家四级平台实时联网。推动与不动产登记相关的12个部门信息共享嵌入登记流程工作。2020年底已获取6个国家层面和2个自治区级部门的相关信息，支撑登记机构用于信息核验和业务联办。支撑登记机构用于信息核验和业务联办。

服务便民化　依托全区一体化在线政务服务平台，建设全区"互联网+不动产登记"电子证照、不动产登记、交易、缴税线上线下"一窗受理、并行办理"系统（简称"一窗办事"系统），并接入国家"一窗受理"平台和自治区政务服务一体化平台。截至2020年12月底，全区12个盟市本级开展了对接工作，其中7个盟市完成接入开始联调联试。呼和浩特市进入试运行阶段，实现了统一身份认证，统一收取全部所需材料，统一录入全部信息，统一在线缴纳税费。将不动产登记登簿、制证、缴费和领证环节合并，推进相关联登记事项一并申请、受理与审核，减轻企业和群众负担。截至目前，全区不动产一般登记和抵押登记办理时间均压缩在5个工作日内。

线上办理业务　全面推进"互联网+不动产登记"，实现跨区域"一网通办"，构建"一窗办事"的网上不动产登记办事大厅，推行线上统一申请、集中受理、自助查询、网上缴费，探索不见面办理模式等。为企业和群众在PC端、移动端提供不动产统一登记办理入口。全区12个盟市的23个旗县（市、区）不同程度实现了网上申请、网上预约、微信预约、网上查询、网上评价、网上缴费等多项"互联网+不动产登记"服务。推进不动产登记向银行、企业等金融机构延伸，33个市、旗县（市、区）在银行开放抵押登记端口或办理点总计205个，实现了抵押贷款申请和登记业务联办，申请人在银行网点即可申请不动产登记，无须在银行和登记大厅间往返办理。

推行"四城通办""异地办理"　完成"呼包鄂乌"四城通办试点，在呼和浩特市、包头市、鄂尔多斯市和乌兰察布市的13个登记大厅正式上线运行，通办业务步入正轨，实现了所有不动产登记业务四城市通办。基于四城通办的模式和经验做法，正在全面推动不动产登记"全区通办""跨省可办"，年底前有望实现申请人线上、线下在不动产登记申请和查询方面全国范围内异地办理。

自然资源确权登记　完成呼伦湖、岱海、乌梁素海自然资源权籍调查国家试点和额尔古纳市、克什克腾旗、磴口县自治区级自然资源确权登记试点工作。配合自然资源部对根河、金河、满归、阿龙山、得耳布尔等5个国务院确定的重点国有林区开展确权登记工作。自治区人民政府印发《内蒙古自治区自然资源统一确权登记总体工作方案》。督促指导各盟市开展自然资源确权登记工作，对12个盟市2个计划单列市工作方案进行审核，由当地政府印发实施，启动本地自然资源统一确权登记工作。建立自治区自然资源统一确权登记工作厅际联席会议制度，成立自治区自然资源统一确权登记专项工作组织机构。自治区层面启动22个国家级自然保护区、4条河湖的自然资源确权登记。

【自然资源所有者权益】　持续推进《关于统筹推进自然资源资产产权制度改革的指导意见》中9项牵头任务及15项配合任务。完成2016、2017、2018年度全区自然资源资产负债表中土地资源存量及变动表、耕地质量等别及变动表、水资源存量及变动表和矿产资源账户报表的编制研究等工作。在兴安盟科尔沁右翼中旗、锡林郭勒盟锡林浩特市和巴彦淖尔市磴口县开展自然资源资产清查统计试点与资产核算试点工作，包头市本级开展土地收储负债表编制试点工作。印发《内蒙古自治区全民所有自然资源资产清查试点工作方案》，成立领导小组、技术协调组与试点工作组。试点工作已完成土地、矿产、森林、草原和湿地的实物量清查统计及价值量核算工作。对全民所有自然资源资产基础数据进行整理入库，建立3个旗县的全民所有自然资源资产数据库。编制完成《2019年度内蒙古自治区国有自然资源报告》。

土地储备。组织召开全区土地储备监测监管系统远程视频培训会议。加强专项债券管理、指导和督促地方做好土地储备专项债券偿还工作，持续防范政府隐形债务风险。完成2020年度土地储备名录更新，全区进入自然资源部土地储备名录100家。

【自然资源节约集约利用】　做好"增存挂钩"工作，全区共消化批而未供用地面积7672.22公顷，闲置土地面积654.35公顷。组织开展2020年度建设用地节约集约利用状况总体评价和开发区建设用地节约集约状况专项评价。规范临时用地管理，建立临时用地管理台账，明确复垦还地时限和权责等要求。组织全区开展城镇基准地价、标定地价、集体建设用地和农用地基准地价评估以及城市地价动态监测等相关工作；作为自然资源部首批确定的草地分等定级试点地区，组建自然资源分等定级试点工作专班，推进草地分等定级试点工作。

【国土空间规划编制】　自治区成立国土空间规划委员会，印发规划编制工作方案，完成"双评价"等重大专题研究，自治区国土空间规划编制形成初步成果。同步开展规划"一张图"系统建设。基本完成永久基本农田保护红线划定，划定9300万亩；生态保护红线评估调整方案通过自治区政府常务会审议，划定面积59.69万平方公里；初步划定城镇建设用地面积3600平方公里。全面启动内蒙古黄河流域国土空间规划编制。印发《关于进一步做好国土空间总体规划编制有关工作的通知》，推进各盟市国土空间规划编制工作。制定《自治区村庄规划编制技术导则》，印发《关于进一步做好村庄规划编制工作并推荐村庄规划编制试点单位名单的通知》，做好“多规合一”村庄规划编制。

【国土空间生态修复】

项目申报　完成《全国重要生态系统保护和修复重大工程总体规划》专项建设规划7个重点项目的申报工作。

山水林田湖草生态保护修复工程建设　开展乌梁素海生态保护修复工程，制定生态修复试点工程联席会议制度。

重点生态保护修复治理　推进黄河流域2020年度重点生态保护修复治理项目。自然资源部下达自治区黄河流域2020年度重点生态保护修复治理项目资金1.7亿元。自治区选择安排鄂尔多斯市龙口镇—万家寨—薛家湾沿黄河西岸区域、巴彦淖尔市三盛公水利枢纽—临河区沿黄河北岸区域两个修复治理区域，修复面积1654公顷。根据工作进度安排，多次对该项目的责任盟市进行督导，推动项目实施进度。组织申报2021年度重点生态保护修复治理（历史遗留废弃工矿土地整治）项目，确定13个项目为国家2021年度重点生态保护修复治理项目。

矿山地质环境治理　印发《内蒙古自治区矿山地质环境治理实施方案》，组织召开矿山环境治理大排查大整治等工作视频调度会，全区涉煤矿山地质环境治理巡视整改工作调度会。开展矿山地质环境治理和绿色矿山建设“双随机一公开”检查。2020年，全区生产矿山投入约43.2亿元，完成治理面积约212.2平方公里；各级财政投入约8.2亿元，完成历史遗留矿山地质环境治理面积约80.11平方公里。基本完成乌梁素海流域山水林田湖草生态保护修复试点工程中4个矿山地质环境整治项目，对区域内404个无责任主体露天采坑和353个废石（渣）堆进行重点治理。加大乌海及周边地区矿山地质环境治理力度，开展专项督查工作。邀请中国科学院傅伯杰院士指导乌海及周边地区矿山生态环境治理工作。矿山地质环境治理保证金应返尽返，返还46.7亿元、暂不予返还3亿元，建立基金账户企业3255家，累计提取基金101.8亿元，其中本年度提取80.47亿元。

国土空间生态修复规划编制　统筹国土空间生态修复职能，开展国土空间生态修复规划编制工作。聘请傅伯杰院士为自治区国土空间生态保护与修复首席专家，成立以傅伯杰院士为总指导，联合区内外相关研究机构和团队，开展《内蒙古自治区国土空间生态修复（2021—2035年）》编制工作。印发《内蒙古自治区国土空间生态修复规划（2021—2035年）编制工作方案》，安排部署盟市编制工作任务。

土地复垦专项调查　编制《内蒙古自治区土地复垦专项调查工作方案》，全年完成20个土地复垦方案评审批复工作。

【耕地保护】　内蒙古自治区各级政府层层签订耕地保护目标责任状，压实耕地保护责任。永久基本农田整改补划及储备区划定工作基本完成。部署开展耕地资源质量分类工作。印发《关于规范和加强设施农业用地管理的通知》，规范和加强设施农业用地管理。全面启动自治区农村乱占耕地建房问题整治工作，及时召开动员部署电视电话会议，印发《内蒙古自治区农村乱占耕地建房问题摸排实施方案》。截至2020年10月，自然资源部下发自治区图斑196186个，摸排80516个，摸排率41.04%，自提图斑1790个（已全部摸排完成），自摸排图斑1179个。自治区政府办公厅印发《坚决制止耕地“非农化”实施方案》，有效解决耕地“非农化”问题。

【绿色矿山建设】　印发《内蒙古自治区绿色矿山建设方案》《内蒙古自治区绿色矿山名录管理办法》；组织召开全区绿色矿山建设推进会、全区绿色矿山建设培训研讨会。全区已建成绿色矿山375家52家矿山成功纳入全国绿色矿山名录，完成2020年底前建设300个自治区级绿色矿山的阶段性目标。全力推进自然保护区内矿业权退出工作，600个勘查开采企业共退出592个，退出率98.7%。

【地质勘查】　清洁能源、战略性新兴矿产、紧缺矿产勘查及阿拉善北山等重点地区重要矿产资源勘查工作取得新成果。全年度共安排项目143个，资金3.1493亿元。续作项目81个，新开项目62个。

阿拉善北山地区勘查　2020年共安排地质勘查基金综合研究、矿产勘查及水文地质调查项目27个，经费1亿元。其中8个项目成果突出。

地热资源勘查　呼包平原地热资源勘查与综合评价、呼和浩特市土默特左旗察素齐镇地热资源预可行性勘查、巴彦淖尔市磴口县乌兰布和地区地热资源预可行性勘查项目施工取得重大成果，呼和浩特市和林格尔新区施工的地热示范井效果良好。开展呼和浩特市、鄂尔多斯市、通辽市、呼伦贝尔市海拉尔区浅层地温能调查评价工作。锡林郭勒盟苏尼特左旗干热岩调查及选区研究项目初步查明赛汉塔拉凹陷沉积特征和基底隆起（潜山构造），初步摸清地温梯度分布规律。

缺水地区找水　在兴安盟突泉县、锡林郭勒盟正镶白旗中部、库伦旗南部人畜饮水缺水区实施3个找水勘查项目，共完成43眼探采结合井，解决当地2.79万人、22.48万头牲畜饮水问题。

内蒙古中部东部地区找矿　锡林郭勒盟东乌珠穆沁旗夏日嘎音高图铅多金属矿普查等9个项目通过钻探验证，取得较好的找矿成果，见到了银铅锌铜多金属工业富矿体。

城市综合地质调查　呼包鄂城市群综合地质调查项目，完成区域稳定性调查报告的区域地质部分；编制《呼包鄂城市群综合调查呼和浩特市水文地质图》等图件；完成建筑用沙石粘土矿调查面积230平方公里；收集包头、鄂尔多斯地区工程地质钻孔600个，完成数据库录入工作；开展了土地质量专题和地质灾害调查专题的野外调查工作。

绿色勘查　对第一批列入国家级（1个）自治区级（11个）绿色勘查示范基金项目进行中期检查工作。开展了第二批绿色勘查示范申报，评审55个申报项目。各项目按照绿色勘查的相关技术要求开展工作。进场道路、探矿施工设备达地质目的后，草原区施工及时覆土复绿，戈壁荒漠区施工及时恢复原貌。创新绿色勘查技术，开展自治区绿色勘查新技术验证及示范研究项目，以钻代槽、一基多孔及低航空磁法测量等创新示范工作，取得良好效果。

制度建设 联合自治区财政厅修订《内蒙古自治区地质勘查基金管理办法》。自治区地质勘查基金管理中心印发《关于自治区地质勘查基金项目外协工程认定有关规定的通知》《关于自治区地质勘查基金联合体中标项目管理的补充规定》《关于进一步加强自治区地质勘查基金项目管理的通知》。

项目排查 自治区地质勘查基金管理中心对2004—2017年度的2357个地勘基金项目承担单位确定方式、质量检查（监理）情况、合同签订情况进行全面排查。立行立改，2004—2011年度地勘基金中心项目的结题工作全面整改到位，自治区地勘基金项目结题进度遗留问题已全面解决。

【地质灾害防治】

调查评价 自治区山地丘陵区地质灾害易发区内，63个旗（县）中，37个旗（县）已完成1∶5万地质灾害调查。

监测预警 推进地质灾害监测预警体系建设，编制内蒙古自治区2020年地质灾害防治方案。汛期发布三级以上地质灾害气象预报预警69期，对全区10处重大地质灾害隐患点进行巡查巡测工作，组织更新了全区2341个地质灾害隐患点的群测群防员信息。对自治区地质灾害预警项目拟布设的8处地质灾害危险点进行专业监测。

应急配合 组织开展4处煤矿、1个村的应急调查。指导地方开展地质灾害防治工作。

综合治理 自治区全年开展泥石流地质灾害治理工程3处，共投入治理资金536万元，保护居民875人。

规划编制 开展《内蒙古自治区地质灾害防治规划（2021—2025年）》的编制工作。初步完成《内蒙古自治区地质调查规划（2020—2025年）》初稿编制。

【矿产资源保护监督】

矿产资源储量评审备案 印发《内蒙古自治区矿产资源储量评审备案实施办法》，进一步规范矿产资源储量评审备案。

矿产资源国情调查 编制了《内蒙古自治区矿产资源国情调查实施方案》，安排700万元，开展铁、铜、镍、金、锂、铬6个矿种调查。

矿业权人勘查开采信息公示 实现全区公示矿业权5687宗，公示率99.02%。按照“双随机一公开”的要求，随机抽取确定盟市级抽查矿业权287宗，抽查率5%。按照不低于部厅发证1%比例确定专项抽查矿业权58宗，强化事中事后监管。

“十四五”矿产资源规划编制 印发《内蒙古自治区盟市、旗县级矿产资源规划审查报批办法》《内蒙古自治区第四轮市县级矿产资源总体规划编制技术规程》。2020年安排350万元，开展5个专题研究。

矿产资源储量管理 印发《内蒙古自治区矿产资源储量评审备案实施办法》。全年完成矿产资源储量报告备案100个，建设项目压覆重要矿产资源审批19件，矿产资源区划调整方案35个；矿业权出让收益评估37份，共计311.95亿元。

地质资料管理 截至2020年底，自治区馆藏地质资料各类成果累计17931种，99.78万件；累计接收原始地质资料电子数据2153种、20.6万件；地质资料服务器总存储数据量19.98TB。

【矿业权管理】 截至2020年底，全区在期有效矿业权共4229个，两权出让收益126.87亿元。国家保供、提前释放优质产能煤矿采矿许可证办理已全部完成。露天矿山综合整治稳步推进，召开全区露天矿山综合整治工作视频调度会，通报全区露天矿山综合整治存在的问题，并对露天矿山综合整治工作进行再部署。对全区“三类矿产资源”（煤、铁、有色金属）中共十八大之后发生（包括中共十八大之前发生但发现仍未整改到位）基本情况进行摸底统计、梳理归类。对探矿权、采矿权全面清查。2020年全面清查阶段收缴出让收益39.73亿元。

【测绘地理信息工作】

完善规章制度 印发内蒙古自治区测绘地理信息信用管理、质量管理、地图审核、项目备案成果汇交、测量标志管理等5个规范性文件。

优化测绘行业营商环境 全区资质单位720家，从业人员1.3万余人。全年完成审批事项338件。对2019年度测绘资质巡查和质量检查中出现问题的72家资质单位进行通报，并提出整改意见；对赤峰市、锡林郭勒盟、乌兰察布市148家资质单位进行测绘资质巡查、质量监督检查、涉密成果检查工作。测绘作业证下放盟市审发，方便企业。印发《全面推进工程建设项目审批制度改革“联合测绘”的实施意见》，开展了多测合一技术规程编写工作。

地图管理 对全区书店、博物馆等地图公开使用场所进行问题地图排查整改。发布全区十二个盟市的标志地图，为每个盟市配发蒙文版地图。下放地图审核权限，由盟市开展本区域地图审核工作；举办全区地图管理和审核培训班，建立专家库。全年进行地图审核100余幅，发放地图审图号65个。

新型基础测绘体系建设 成立自治区“十四五”基础测绘规划编制机构，印发编制大纲，部署了编制工作，自治区本级规划列入自治区人民政府审批的规划。加强基础测绘项目管理，推进新型基础测绘建设，2020年自治区本级安排基础测绘经费6655万元，研究探讨利用测绘新技术解决自治区基础地理信息数据全覆盖问题，提高测绘地理信息成果供给能力。编制2021年度基础测绘计划。完成地理信息公共服务平台（天地图）2020年度更新，乌海市、通辽市接入平台。受理658件使用测绘成果申请，提供坐标点19128个，地形图79569幅。完成国家应急测绘保障能力内蒙古节点建设，通过国家验收。自治区应急测绘保障服务机制基本形成。

【自然资源执法】 印发《内蒙古自治区自然资源厅关于落实严格自然资源执法工作的意见》，加大对基层执法督察人员培训力度。充分运用日常监管、卫片检查、例行督察等手段，及时发现并严肃查处土地矿产违法行为。截至2020年底，全区土地违法用地立案查处629宗，面积25635.32亩（耕地2872.95亩），拆除违法建筑物597493平方米；没收违法建筑物5025848平方米收回土地145.44公顷，收缴罚没款共计42435.32万元。行政处分23人，党纪处分1人。矿产违法行为立案查处51宗，罚没款84282.69万元。

【科技与信息工作】 完成与自然资源部国土卫星遥感应用中心对接。组织评审《内蒙古自治区卫星应用技术中心建设实施方案》《内蒙古自治区卫星应用中心运营管理方案》，展开了相关工作。参与自然资源系统国家、地方标准建设，《城镇土地定级与基准地价数据库规范》等3个规范列入2020年第一批自治区地方标准制修订项目计划。开展自治区本级部门垂建业务系统与自治区一体化平台对接盟市试点工作。推进国土空间基础信息平台项目建设，重点进行了云管理平台开发，召开了项目建设阶段推进会。主中心完成基础环境建设和平台的开发任务，正式接入国土资源“一张图”数据资源。各分中心完成各自的基础环境建设和数据整理以及服务发布等工作。推进全区国土资源“一张图”二期及“厅局长桌面”系统建设项目的实施。

（陈喜良 乔恒暄）

能源管理

【概况】 内蒙古自治区能源局是自治区人民政府直属机构，为正厅级。下设10个内设处室：办公室、政策法规与体制改革处（对外合作处）、综合规划处、科技装备和石油天然气处、电力处、煤炭开发保护处、煤炭运行处、新能源和可再生能源处、安全生产监督管理处、机关党委（人事处）。机关行政编制54名。设局长1名，副局长4名；处级领导职数23名12正（含安全总监、总工程师、机关党委专职副书记各1名）11副（含机关纪委书记1名）。内蒙古自治区能源局下设事业单位2个。内蒙古自治区能源局综合保障中心，是内蒙古自治区能源局所属相当于正处级规格的公益一类事业单位。承担机关和中心日常运转及后勤保障工作，机关政务服务、政策宣传、信访举报等辅助性工作，全区能源领域企业从业人员相关考试等事务性工作，全区能源领域数据统计、分析、监测等工作，开展全区能源领域相关政策研究、重点课题研究等工作，自治区能源局交办的其他工作。内设正科级机构5个：办公室、考务科、政务服务科、统计监测科、政策研究室。核定事业编制24名。核定处级领导职数3名（1正2副），科级领导职数8名（5正3副）。

内蒙古自治区能源技术中心，是自治区能源局所属相当于正处级规格的公益一类事业单位。承担中心日常运转及党建工作，承担能源项目评审、评价、论证等事务性工作，承担能源领域安全监管的技术性、辅助性工作，承担能源领域先进技术、装备、工艺的推广应用、咨询、交流等服务工作，承担能源领域灾害综合治理等事务性工作，承担能源领域重大生产安全事故应急救援、抢险救灾、调查处理等技术性、辅助性工作，承担自治区能源局交办的其他工作。内设正科级机构5个：综合科、评审服务科、技术保障科、科级推广科、应急救援科。核定事业编制29名。核定处级领导职数3名（1正2副），科级领导职数8名（5正3副）。

【能源资源】 内蒙古自治区既有煤炭、石油、天然气等化石能源资源，也有风能、太阳能、地热、生物质等可再生能源资源。

煤炭 全区含煤面积占国土面积12%，12个盟市均有分布，煤种较全，其中烟煤（占61.3%）、褐煤（占38.5%）、无烟煤（占0.2%）。全区煤炭累计查明和预测资源量9539亿吨，其中，累计查明资源储量4731亿吨、占全国25%。

石油 全区石油地质储量6.5亿吨，主要分布在锡林郭勒盟的二连油田、呼伦贝尔市的海拉尔油田，剩余技术可采储量6472万吨、占全国2.4%。

天然气 全区天然气地质资源量2.13亿立方米，集中分布在鄂尔多斯市的苏里格气田、大牛地气田和东胜气田，剩余技术可采储量10580亿立方米、占全国18%。

风能 全区风能技术可开发量14.6亿千瓦（离地高度70米风能资源），占全国陆地风能技术可开发量的56.8%。风能资源自东向西呈增强趋势，大部分具备开发条件，主要分布在乌兰察布市、锡林郭勒盟、巴彦淖尔市、赤峰市等地。

太阳能 全区太阳能年总辐射量4831～7012兆焦/平方米，年日照时数2600～3400小时，阿拉善盟、鄂尔多斯市等地太阳能资源最为丰富。

【能源工业】 能源工业是内蒙古自治区传统优势产业，已成为内蒙古六大支柱产业之首。2020年，能源工业增加值、利润分别占全区规上工业55.7%和63%。

煤炭工业 全区现有煤矿505处、产能13.09亿吨，居全国第二。按地区分，东部区92处、3.98亿吨，占全区18.2%、30.4%，西部区413处、9.12亿吨，占全区81.8%、69.6%。按企业隶属关系分，央企所属煤矿82处、产能6.28亿吨，占全区16.2%、47.9%；地方企业332处、产能4.44亿吨，占65.7%、33.9%；区外国企所属煤矿93处、产能2.53亿吨，占18.4%、19.3%。2020年，全区生产原煤10.01亿吨（蒙东2.79亿吨、蒙西7.22亿吨），同比下降7.8%，产量占全国的26%，全国第二位（山西10.63亿吨、陕西6.79亿吨）。销售煤炭10.1亿吨，其中销往区外5.7亿吨（送东三省1.4亿吨、京津冀及沿海地区4.3亿吨）、区内销售4.4亿吨（火电耗煤2.74亿吨、化工耗煤1.3亿吨）。全区煤矿百万吨死亡率0.021。

电力工业 全区电力工业是伴随煤炭及可再生能源的开发发展起来的，形成央企（装机约占63%）、区外企业（占9%）、区内企业（占28%）共同发展的格局。截至2020年底，全区电力总装机14581万千瓦、占全国总装机6.6%，居全国第二，山东15560万千瓦，江苏14146万千瓦。其中，火电9382万千瓦、占全区总装机64.3%、占全国火电装机7.5%，居全国第四，单机60万千瓦及以上机组占火电装机容量的40%以上；风电3785万千瓦、占全区总装机26%、占全国风电装机13.4%，居全国第一；太阳能发电1176万千瓦、占全区总装机8.1%、占全国太阳能发电装机4.9%，居全国第九；水电238万千瓦。

油气工业 全区油气工业既有常规开采的天然气、石油及炼化，中石油、中石化是开发主体，也有近年发展起来的煤制油、煤制气项目，业主是国能集团、大唐集团、伊泰集团、汇能集团。全区现有50万吨级油田1个、100万吨级油田1个，天然气处理能力320亿立方米，原油加工能力500万吨，煤制油产能124万吨（另有伊泰200万吨在建），煤制气产能17.3亿立方米（另有大唐13.3亿立方米和汇能12亿立方米在建）。2020年，全区常规天然气产量277.4亿立方米、原油产量119.3万吨，煤制气产量17.1亿立方米、煤制油产量79.1万吨。中石油和中石化在我区销售成品油633万吨、下降6.6%，管道天然气消费量91.81亿立方米、增长17%。

基础设施　全区建成准格尔至大同、准格尔至朔州、集宁至唐山港、通辽至霍林河、海拉尔至满洲里等10余条煤炭外运铁路通道、运能超12亿吨。已建成5条特高压、11条500千伏超高压输电通道，外送电能力7000万千瓦，蒙西“三横四纵”500千伏主网架已建成，蒙东统一的500千伏主网架正在形成。建成油气长输管道41条，区内里程6857公里，其中：天然气管道（煤制气管道）34条，区内里程5153公里，输气能力912亿立方米；原油管道5条，区内里程1221公里，输送能力3705万吨（其中供区内原油输送能力约700万吨）；成品油管道2条，区内里程481公里，输送能力391万吨。

【保障疫情防控】　主动对接自治区疫情防控指挥部，第一时间启动应急响应，采取留矿休假工人全员复工、外地工人紧急召回等措施，逐矿逐企推动复工复产，从2月初开始，用1个月将生产煤矿从20处增加至145处、煤炭产能从不足20%恢复至80%以上，2个月内将产能恢复至往年同期水平；积极协调交通、物资保障等部门，全力稳定疫情期间煤电油气供应，保障全国能源供应。

【脱贫攻坚】　发挥行业优势，实施光伏扶贫，累计发电52.4亿千瓦时，收到国家财政补贴8.11亿元，设置公益岗位3.4万个左右，吸纳贫困人员就业3.34万人，超过800个嘎查村集体收入“破零”。

【能源供应保障】　全面落实党中央保能源安全决策，把能源保供作为重大政治任务，开展增产保供、稳产保供、多元保供安全保供煤炭产能13.09亿吨/年，在前三季度减产近1亿吨的艰难形势下，全年煤炭产量10.07亿吨；电力总装机1.46亿千瓦，其中新能源装机5045万千瓦，发电量5690亿千瓦时、增长4.5%，全社会用电量3900亿千瓦时、增长6.8%；电力外送能力7000万千瓦，外送电量2070亿千瓦时；原油产量119.3万吨、增长5.9%，天然气产量277.4亿立方米、增长6.4%，作为国家重要能源和战略资源基地的地位进一步巩固。

【安全生产保障】　开展安全生产专项整治三年行动，全区能源安全生产形势持续平稳向好，煤炭百万吨死亡率远低于全国平均水平。深入开展重大灾害防治，重新对17处煤与瓦斯突出、冲击地压矿井生产能力进行了核定，核减产能1060万吨/年。开展贯穿全年的主体责任落实、安全教育培训、煤矿安全监测监控系统、煤矿生产建设秩序、煤矿环境整治“五个专项”整治，保持对违法违规行为严厉打击的高压态势。持续提升治理能力，购买6家专业机构开展检查，建成内蒙古煤矿安全监管监察综合信息化系统，全区422处生产建设煤矿全部联网，煤矿安全监管和行业管理业务基本实现了网上办理。夯实煤矿安全基础，18处煤矿建成智能工作面，二级以上标准化煤矿占比超过70%，乌海市井工煤矿在全区率先“取消夜班”。

【优化能源结构】　把发展壮大新能源作为做好现代能源经济的重中之重，新能源装机增幅达到23%，年内新增新能源装机首次超过煤电装机，电力供给绿色转型迎来重要里程碑。

【生态治理】　建成生态光伏装机超过300万千瓦，治理沙漠、矿区面积超过20万亩，库布其成为全国最大光伏治沙基地，库布其光伏治沙项目为国际社会治理环境生态贡献中国经验。

【绿色发展】　新增绿色煤矿49处，中央环保督查整改的377处火点全部“清零”。完成煤电机组节能改造497万千瓦，超额完成国家下达的年度目标任务，全区供电标准煤耗由325.8克/千瓦时降至321克/千瓦时。

【项目建设】　加强项目要素和协调服务，实施亿元以上能源项目92个，完成投资619.6亿元。新开工建设煤电项目2274万千瓦、新能源项目2014万千瓦，投产煤电401万千瓦、新能源935万千瓦，是“十三五”期间开工和投产项目最多的一年。

【一体化示范】　在全国率先开展源网荷储、风光火储一体化示范，乌兰察布源网荷储一体化示范项目总投资200亿元，建设280万千瓦风电、30万千瓦光伏、88万千瓦储能，配套建设现代能源经济产业园；通辽风光火储一体化示范项目总投资138亿元，建设170万千瓦风电、30万千瓦光伏、32万千瓦储能，多能互补，灵活高效的能源新生态正在形成。

【深化能源领域改革】　退出煤矿10处、产能525万吨，淘汰落后煤电产能4.2万千瓦，超额完成国家下达的年度目标任务。电力多边交易、大用户直供电持续深化，蒙西电网电力现货市场试运行，全区完成交易电量1784亿千瓦时，市场化交易量超过90%，降低企业用电成本94.7亿元。

【创新驱动发展】　与自治区科技厅签署合作协议，深入推进“科技兴蒙”行动，形成100多项煤炭深加工专利技术，智慧能源大数据平台、煤矿安全监管监察综合信息化系统上线运行，5G智能煤矿、露天煤矿无人驾驶、变电站智能化改造加快实施，为能源数字转型奠定基础。

（刘璐）

有色地质资源管理

【概况】　内蒙古自治区有色地质勘查局为自治区自然资源厅所属准厅级事业单位。2006年4月正式挂牌组建内蒙古有色地质矿业（集团）有限责任公司（以下简称“有色地矿集团”），与事业局并行。有色地矿集团出资人为自治区国资委。

有色地矿集团内设处室12个。所属单位11个。现有在职职工1367人。

2020年，有色地矿集团开展生产自救，增收节支，全年实现经营收入约1.7亿元，基本保障职工工资发放，维持职工队伍稳定。

【地质勘查】 参加内蒙古自治区地质勘查基金项目招投标并中标8个，概算经费3679万元。参与内蒙古自治区煤矿火区治理、采空区综合治理、非法开采煤炭资源损失鉴定调查工作，承担三个批次28个项目，总经费约800万元。地质勘查取得一定成果，阿拉善盟额济纳旗阿拉格乌拉铜多金属矿普查、黄山西铜锑多金属矿预查、赤峰市克什克腾旗兴隆沟铜多金属矿普查、兴安盟科尔沁右翼中旗塔拉营银多金属矿预查等项目找矿效果较好。

【绿色勘查】 所承担的锡林郭勒盟东乌珠穆沁旗夏日嘎音高图铅多金属矿普查项目、赤峰市克什克腾旗兴隆沟铜多金属矿普查项目和包头市达尔罕茂明安联合旗下日陶勒盖铜矿详查项目被列为2020年自治区第一批绿色勘查示范项目，兴安盟科尔沁右翼前旗靠山屯银多金属矿普查项目列为自然资源部第二批绿色勘查示范项目。

【勘察施工业开发】 制定下发《有色地矿集团企业转型发展实施方案》，新取得特种工程专业承包（结构补强）资质，土工试验室及检验检测设备资质通过认证取得CMA证书，各单位共承揽实施"大地质"项目82个，承揽勘察和地基施工项目近500个，实现经营性收入约1.03亿元。

【"点穴式"巡视整改】 有色地矿集团将自治区党委"点穴式"巡视反馈的5个方面16个问题具体细化为22个，有针对性地制定70条整改措施，实行台账管理和销号制度。先后召开动员部署会1次、党委会及党委扩大会8次、整改工作调度会13次、工作推进会2次，召开专题民主生活会1次，专题研究部署巡视整改工作，推进整改措施落地落实。完成16个问题的集中整改，有6个问题整改取得阶段性成果。修订完善制度7个，新制定规章制度21个，完成2条问题线索的核实处置，对列入移交问责清单的3名党员干部进行追责问责，组织调整2个所属单位班子，重点约谈2个领导班子、提醒约谈6个，并责令其作出深刻检查，对3个单位党组织作了通报批评，党内警告处分8人、诫勉谈话1人。

【纪检监察体制改革】 制定《有色地矿集团纪检监察体制改革方案》，各单位完善了机构，配置专职纪检人员。组织、参加各类纪检业务培训7次参训23人，实现纪检干部培训全覆盖，提升纪检干部监督执纪本领和办案能力。

（王锦龙 何健强）

地质矿产勘查开发管理

【概况】 内蒙古自治区地质矿产勘查开发局（以下简称"地矿局"）是隶属于内蒙古自治区自然资源厅的副厅级事业单位。内蒙古地质矿产（集团）有限责任公司（以下简称"地矿集团"）是由内蒙古自治区人民政府国有资产监督管理委员会履行出资人监管职责的正厅级国有独资公司，与地矿局并行，实行"一套人马，两块牌子"的运行方式。是集地质勘查、矿业开发、工程勘察与施工、冶炼和多种经营于一体的综合业务经营单位。拥有地灾、测绘、岩矿、土地规划、工程勘察及建筑工程总承包等各项资质142个，其中甲级23个，乙级97个、丙级22个。

机关内设党政办公室、局计划财务处（集团财务资产部）、党委组织部、党委巡察办、集团纪委监督检查室、集团纪委纪检监察室、局人事劳动处（集团人力资源部）、局经营管理处（集团经营规划部）、地质矿产处、矿业开发处、水工环处、科技与对外合作处、局安全生产与环境监督管理处（集团安全生产与环境监督管理部）局政治工作处（集团党群工作部）、离退休工作处、审计处、集团地质工会、集团法律事务部合计18个职能部（处）室。有30个直属地质勘查单位，分布在全区12个盟市。有职工19870人，其中在职职工9711人，离退休职工10159人。

【经济运行】 2020年，面对新冠肺炎疫情冲击，地矿行业发展形势极其严峻，地矿集团聚焦"五大产业板块"，统筹做好疫情防控和经济发展工作，以"点穴式"巡视整改为契机，全面改进企业经营管理，全年生产经营总体保持平稳，实现总收入87.71亿元，实现经营收入约86.64亿元。

【地质勘查】 2020年，承担自治区地勘基金项目39项，承担自治区煤炭资源损失坚定工作53项，承担各类市场项目（包括地质勘查、储量核实、环境治理、测绘等项目）314项，开展了2个自有矿权项目立项和设计评审工作，对出资勘查和合作勘查的项目施工进行审查指导。

【地勘项目质量管理】 严把立项申报、设计审查、质量监管、成果审查等环节工作，完成2个1∶5万区域调查报告初审工作，初审24个市场地勘项目储量报告；组织乌梁素海流域山水林田湖草生态保护与修复工程矿山地质环境治理工程设计审查会，对"乌尔图""水泉沟""刁人沟"3个项目设计进行研究。按照全区地质资料汇交工作要求，汇交地质资料135档，全年借阅地质资料20139件次，为地勘项目立项论证和成果报告编写提供技术支持。

【矿业开发】 在产矿山企业克服不利影响，及时调整生产计划，通过加强现场管理、提高采矿效率、延长选厂时间等措施，把不利影响降到最低，全年采矿量330.22万吨，选矿量352.1万吨。1家在建矿山取得安全生产许可证。拟筹建的10座矿山，有序推进各项前期筹备工作。6家矿山企业获得"绿色矿山"称号。

【企业管理】

经营管理 修订《子公司考核办法（试行）》《冶炼企业经营目标绩效考核办法（试行）》，健全子公司绩效考核工作体系，完成2019年度子公司经营业绩考核，下达2020年度目标责任书。修订完善《矿业权转让管理办法（试行）》《国有产权转让管理办法（试行）》，严格规范国有产权转让行为，全年审批80项资产处置事项。2019年度经营业绩被自然资源厅评为A级。根据地矿集团主要领导调整，集团层面建立完善企业法人治理机构。

财务监管 初审92个自治区地勘项目竣工财务决算，批复112个自治区地勘项目竣工财务决算。

审计监督 开展2名干部离任审计，1名干部任中审计，2家直属单位专项审计，1家单位清产核资审计，1家单位所属2个子公司房地产投资项目审计，2家直属单位工程项目审计，对往年审计发现问题整改情况进行抽查督导；按照集团公司矿山、冶炼企业监事工作履职要求，开展2家冶炼企业和1家矿山企业的监事会工作，提交监事会工作报告。

安全生产与环境保护工作 2020年，地矿集团无生产安全责任事故，无环境污染事件，制定安全生产与环境保护工作目标，建立全员安全生产责任制，逐级签订安全生产责任状，全年修订制度3项，新建制度3项，建立岗位危险因素辨识等一套完整的管控机制，基本建成安全生产标准化体系，安全管理制度覆盖到全岗位以及生产全过程；开展2020年安全生产月和安全生产万里行活动，成立安全专项检查组，对5家矿山企业、2家冶炼企业以及24家直属单位化验室和野外钻头项目进行专项检查。针对不同岗位工种分批分次开展岗位安全操作规程、安全警示教育、典型案例分析等培训，疫情期间组织职工参加网络培训，全系统累计培训4000人次。

法律风险防控 建立涉法涉诉案件定期报备、通报制度，按季度统计汇总信息，提供法律指导服务，做好干部职工日常法律咨询服务，为职工合同纠纷、债务纠纷、财产买卖等事项提供服务，全年提供100多件法律咨询服务；对160余名处级干部进行法律知识专题讲座，发放700余本法律书籍，开展2020年度网络在线学法和普法考试工作，组织参与宪法宣传及全民普法网上有奖活动，不断增强干部职工学法、懂法、用法意识。

【地质科技创新】 申报2020年自治区科技厅科研项目2项，自治区应对气候变化及低碳发展项目5项，5个项目入围自治区十大地质找矿成果，《内蒙古巴尔陶勒盖—复兴屯发现特大型陆相火山岩型铅锌银矿床》获2019年度中国十大地质找矿成果奖，2名职工获中国地质学会第四届“金罗盘奖”，完成《内蒙古维拉斯托矿集区石英脉型锡多金属矿高效回收关键技术研究》项目出库设计评审，《内蒙古石哈河地区砂金矿成因探讨》等3篇论文荣获第十五届自治区自然科学学术年会优秀论文奖，地勘十院被自治区科技协会评为优秀教育科研类科普教育基地，地勘院申报“内蒙古准格尔莲花山自治区级地质公园科普示范基地”。矿业冶炼企业全年获批发明专利1项，实用性新型专利6项。共获得发明专利10项，实用新型专利106项，软件著作权3项。

【扶贫帮困】 开展帮扶送温暖工作，2020年“两节”期间落实专项资金344.42万元，集团领导牵头组成9个慰问组，慰问劳模、困难职工1570人。开展扶贫解困工作，落实自治区总工会帮扶资金7.82万元帮扶职工57人，为78名建档立卡困难职工发放慰问金7.3万元，为58名家庭困难子女发放金秋助学资金13.4万元；助力帮扶嘎查精准脱贫，实地调研指导脱贫进展，资助1.9万元配合嘎查防疫防控，落实9.32万元资金进行村容村貌整治，协助帮扶嘎查考核验收，推动脱贫攻坚工作收官。

【人才队伍建设】 制定印发《员工收入分配指导意见》《工资总额管理暂行规定》，实行工资总额预算管理，合理确定企业年度工资总额，逐步实现职工工资与国有资产保值增值及企业经济效益同向联动机制；利用地矿“两基地一中心”举办各类教育培训班800人次，开展2020年专业继续教育3363人次，深化与中国地质大学合作办学，完成高起专、专升本学员远程教育和考试以及工程硕士研究生论文答辩。

（庞鑫）

煤田地质管理

【概况】 内蒙古自治区煤田地质局是从事煤田地质勘探与其他矿产资源勘查的事业单位，同时加挂内蒙古煤炭地质勘查（集团）有限责任公司（以下简称“煤勘集团”）。所属单位包括：109公司、231公司、472公司、104公司、117公司、151公司、153公司、测绘院、测试研究院、生态环境研究院、煤勘非常规能源有限责任公司、油气勘查开发公司、煤炭地质调查院、公路工程公司、地质监理公司、金豪物业公司、华辰房地产公司。内设20个部室：行政办公室、党委办公室、财务部、人事部、劳资社保部、审计部、经营管理部、地质技术部、矿业开发部、生产安全装备部、法务部、基地管理中心、离退休人员管理中心煤建总公司综合办、监督检查室、工会、企业文化部、团委、局志办、保卫部。2020年底，全局共有员工5762人，从业人员2194人。

2020年煤勘共实现经营收入7.54亿元，实现利润7000万元，净资产收益率1.22%，净资产保值增值101.22%率，共缴纳各类税费7170.45万元。截至2020年末，煤勘集团（局）资产总额41.39亿元，净资产总额25.62亿元。

【产业发展】

资源勘查 发挥地质找矿主力军作用，围绕服务国家生态文明建设和地方经济社会发展，保障能源资源供给，全力做精做强资源勘查主业，全年共承揽实施各类地勘项目556项，其中煤炭勘查项目104项，油气新能源勘查项目44项，有色金属勘查项目10项，铀矿勘查项目3项，社会服务产业项目395项。抢抓国内油气勘探市场回暖上升和大型石油天然气企业稳产增产有利机遇，巩固发展常规油气勘探产业，完成油气钻井113口、钻探进尺15.1万米。

清洁能源新兴产业 开展煤层气资源调查评价，全年共承揽实施各类煤层气勘查项目14项，其中地勘基金项目6项，商业性地勘项目8项。优选内蒙古自治区重点含煤盆地开展煤层气资源开发市场合作，年中先后同中石油华北油田、内蒙古交通投资集团签署战略合作协议；非常规能源公司以牙克石盆地莫拐区块为突破口，联合104公司等企业组建合资公司并开展煤层气风险勘探，取得良好见气突破，为下一步实现商业化开采奠定基础。抢抓国家放开油气勘探开采市场有利契机，争取煤层气勘查开采产业政策落地。充分发挥自身专业技术优势，协助自治区能源局编制《内蒙古自治区煤炭工业“十四五”发展规划（煤层气开发利用配套方案）》，加快全区煤层气资源选区数据库建设，为下一步申办矿权奠定基础。坚持产学研一体化发展，强化校企合作，依托所承担的生产项目，有效加强同中国地大、中国矿大的协同创新和科研攻关，联合内蒙古工业大学承担自治区科技重大专项“内蒙古中低煤阶煤层气资源综合评价与开发关键技术研究”，打造自治区非常规能源领域权威科研平台。

矿业开发产业 鄂伦春旗八岔沟西银铅锌矿山投产后运营稳定，全年累计处理矿石量105.93万吨，生产铅锌精矿3.1万吨，生产精矿粉全部外销，完成销售收入3.88亿元。伊泰广联红庆河煤矿全年生产原煤652万吨，销售商品煤621万吨，实现销售收入17.66亿元，煤勘集团可望实现750万元收益。与内蒙古交通投资集团建立战略合作伙伴关系，加快海子塔井田合作开发进程。追加资金投入，完成对海子塔井田的补充勘探工作，确保规划区内矿权完整性。加强同中核集团、中广核集团的战略合作，加快推进合资公司股权重组，加速大营铀矿项目合作进程，年初与自然资源厅签署大营铀探矿权有偿协议出让合同，年中与中石化华北油气分公司签订《关于东胜气田采矿权与内蒙古自治区杭锦旗大营地区铀矿详查探矿权范围重叠的安全生产和权益保护协议》，年底正式组件上报自然资源部办理大营铀矿探矿权。做好矿区建设条件调研并开展大营铀矿床地浸采铀试验环境影响评价，为下一步开发建设奠定良好基础。

社会服务 所属地勘单位围绕地勘行业转型发展新趋势和经济社会发展新需求，加大业务培训，增加技术设备投入，广泛开展合作，巩固发展实验测试、测绘地理、环境评价等地勘延伸产业，积极向水文、环境等“大地质”产业领域拓展，相继承揽扎哈淖尔露天矿疏干排水运行服务、大青山自然保护区九峰山地区历史遗留矿区地质环境治理、呼和浩特市昭君墓旅游区地热资源勘查、西乌珠穆沁旗地下水资源勘查等一批社会服务项目，为转型发展积累有益经验，也为保持队伍稳定发挥积极作用。发挥专业技术优势，承担多项自治区煤矿损失鉴定任务，支持自治区煤炭资源领域违规违法问题专项整治国有损失评估工作开展。

【强化管理】

事业单位改革 按照自治区党委、政府《关于深化事业单位改革试点工作的实施意见》精神和自然资源厅党组部署要求，学习贯彻《国企改革三年行动方案（2020—2022年）》，做好改革前各项准备工作，对本单位人员、资产等基础信息以及存在的历史遗留问题作全面总结梳理，分类提出政策意见建议，报请上级主管单位研究。对全局事业资产进行全面清查，开展事业资产划转至企业工作，为转企改制奠定基础。围绕健全公司法人治理结构、深化劳动人事分配三项制度改革、推进集团总部瘦身健体、整合重组分公司、子公司等方面进行深入研究，形成改革总体思路框架。

处理历史遗留问题 协调呼和浩特市和赛罕区两级人民政府，推动1号地块土地整理投入收回工作取得重大进展，7300余万元的土地整理投入已通过政府确认，300万元土地购置税款已收回。协调地方政府，推动解决国有企业职工家属区“三供一业”分离移交工作，勘测队新城南街家属区物业、151勘探队包头家属区供水、117勘探队包头家属区供水已完成移交。

【巡视整改和煤炭领域违规违法问题专项整治】 严肃认真做好“点穴式”巡视整改工作，特别是将落实自治区党委书记石泰峰点人点事问题整改作为重中之重。巡视反馈会议召开后，煤勘集团党委高度重视，第一时间召开专题会议，学习领会中共中央总书记习近平关于巡视工作的重要论述，逐条逐项研究巡视反馈意见，推动整改工作全面展开。在三个月的集中整改期内，通过深化思想认识、加强组织领导、压实整改责任、细化整改方案、强化监督问责，推动问题整改取得扎实成效。

配合自治区纪委监委做好案件查办工作，深刻认识腐败案件对煤勘事业造成的危害影响，反思煤勘集团在落实全面从严治党“两个责任”方面的问题短板，深入研究做好以案促改工作。

落实自治区纪委监委下达的《关于对内蒙古煤炭地质勘查（集团）有限责任公司小金库等问题专项清理整顿的纪检监察建议》，组织各单位对私设“小金库”、内部员工私营钻机承揽煤炭钻探业务和财务管理混乱问题逐一进行排查核实和清理整顿，严肃追缴违规发放资金。

在煤炭资源领域违规违法问题专项整治方面，煤勘集团党委及时成立领导机构，制定工作方案，明确专项整治的工作要求、关键环节、具体措施和时间表、任务书，从矿业权、地质报告和个人有关事项报告三个方面全面自查。要求下属单位举一反三，加大廉政教育培训，有效堵塞管理漏洞，加强建章立制和质量管理，推动形成长效机制。

（张兰在 程润富）

盟市旗县（市、区）

ᠠᠶᠢᠮᠠᠭ ᠬᠣᠲᠠ ᠬᠣᠰᠢᠭᠤ ᠰᠢᠶᠠᠨ （ᠬᠣᠲᠠ᠂ ᠲᠣᠭᠣᠷᠢᠭ）

呼和浩特市

【概况】 呼和浩特市位于内蒙古自治区中部土默川平原，北纬40° 51′～41° 8′，东经110° 46′～112° 10′，总面积17186平方公里，辖4区（回民区、玉泉区、新城区、赛罕区）、4县（托克托县、清水河县、武川县、和林格尔县）、1旗（土默特左旗），居住着汉族、蒙古族、回族、满族、达斡尔族、鄂温克族等41个民族。境内主要分为两大地貌单元，北部大青山和东南部蛮汉山为山地地形，南部及西南部为土默川平原地形，地势由北东向南西逐渐倾斜。海拔最高点在大青山金銮殿顶部，高度为2280米，最低点在托克托县中滩乡，高度为986米。市区海拔高度为1040米。大青山为阴山山脉中段，生成很多纵向的山脉山峰。境内，由西向东主要山峰有九峰山、金銮殿山、蟠龙山、主虎头山等，东南部是蛮汉山。

根据第七次全国人口普查结果，全市常住人口为3446100人。与2010年第六次全国人口普查的2866615人相比，增加579485人，增长20.21%，年平均增长率为1.86%。全市共有家庭户1314910户，集体户106765户，家庭户人口为3018151人，集体户人口为427949人。平均每个家庭户的人口为2.30人，比2010年第六次全国人口普查减少0.41人。全市常住人口中，汉族人口为2943814人，占85.42%；蒙古族人口为398688人，占11.57%；其他少数民族人口为103598人，占3.01%。与2010年第六次全国人口普查相比，汉族人口增加445167人，增长17.82%；蒙古族人口增加112719人，增长39.42%；其他少数民族人口增加21599人，增长26.34%。

2020年，呼和浩特市地区生产总值完成2800.7亿元，按可比价计算，比上年增长0.2%。其中，第一产业增加值126.5亿元，增长1.2%；第二产业增加值815.7亿元，增长1.4%；第三产业增加值1858.5亿元，下降0.5%。三次产业比例为4.5 ∶ 29.1 ∶ 66.4。

全年城镇新增就业人员4.7万人，比上年少增0.6万人。城镇失业人员再就业1.7万人。年末城镇登记失业率3.7%，比上年提高0.1个百分点。全年全市居民消费价格比上年上涨2.0%。从类别看，食品烟酒类上涨4.0%，衣着类下降1.5%，居住类下降0.1%，生活用品及服务类下降0.5%，交通和通信类下降3.8%，教育文化和娱乐类上涨2.8%，医疗保健类上涨13.6%，其他用品和服务类上涨2.2%。

【疫情防控和复工复产】 面对突如其来的新冠肺炎疫情，全市上下快速反应、全力应对，建立起严密的六级防控体系，广大党员、干部、职工、官兵、志愿者深入村、社区参与疫情防控，凝聚起党政军警民齐心抗疫的强大合力；先后派出4批次、80人的医疗队驰援湖北；累计分流国际航班84架次、1.6万人，救治境外输入确诊病例184例，做到了本土病例“全治愈、零死亡”、境外输入病例“零感染、零扩散”。有序推进复工复产、复商复市，出台支持中小企业健康发展15条措施，开展领导干部“走访、纾困、包联民营企业”工作，全年减税降费55亿元。

【三大攻坚战】 整合各级财政扶贫资金5.4亿元，因地制宜实施扶贫产业项目276个，同步推进专项工作“大考核”、样板示范“大引领”、扶贫干部“大培训”等工作，各类督查检查反馈问题全部整改到位，3个集体、3名个人受到全国表彰，“组团式”社会帮扶机制作为典型案例在全国学习推广。实施呼市热电厂、金山热电厂挖潜改造，新增热电联产供热能力1470万平方米，主城区35蒸吨及以下燃煤锅炉全部“清零”；如期完成157个村、6.8万户的燃煤散烧综合治理任务，首府空气质量明显改善。全力推进全国黑臭水体治理示范城市建设，投资12亿元的6大类工程项目全面开工，班定营污水处理厂三期工程进展顺利，如期完成地下水“水位水量双控”治理目标。深入开展农业“四控行动”，90%的农作物实现测土配方施肥，畜禽粪污资源化利用率达到91%，污染防治取得积极进展。全年化解隐性债务192.1亿元，超额完成年度任务，债务风险等级由红色降为橙色；对11个道路、桥梁项目进行瘦身或停缓建，减少财政支出250多亿元，重大风险得到有力防范。

【农业】 全年农作物总播种面积420.6千公顷，比上年下降3.5%。其中，粮食作物播种面积329.8千公顷，增长0.1%。粮食产量174.0万吨，增长1.6%。粮食作物中，玉米播种面积237.9千公顷，增长2.1%，产量147.8万吨，增长5.9%；马铃薯播种面积28.7千公顷，下降14.5%，产量12.7万吨，下降18.3%。

以完善田间设施、推广节水灌溉为目标，实施高标准农田建设49万亩；蔬菜种植面积、产量分别达到15.9万亩、56.1万吨；正大集团和林县百万头生猪全产业链项目进展顺利，建成3个年出栏15万头的养殖园区；“敕勒川味道”区域公用品牌、以及“窑上田”“源味武川”等子品牌知名度逐步提升，现代农业稳步提质增效。

【工业和建筑业】 伊利现代智慧健康谷、蒙牛乳业产业园推进顺利，伊利、蒙牛分别进位至全球乳业第5位和第8位，顺利通过“中国乳业之都”复评；久泰新材料100万吨煤制乙二醇项目进入单体调试阶段，中环协鑫光伏单晶硅五期项目部分投产，金宇生物科技产业园一期及高级别生物安全实验室建成运营，金河佑本动物疫苗生产基地项目即将试生产；获批国家级互联网骨干直联点并开通运行，中国“金融云谷”启动建设，青城之光在全国高性能计算机中位列第4位，进入我国运算能力最强超级计算机行列。全年新增百亿元企业1户、规模以上工业企业16家，优势特色产业发展势头良好。全年实施5000万元以上政府投资和亿元以上企业投资项目255个，争取专项债券资金60.8亿元，投资力度持续加大。将全市10个工业园区优化整合为7个，设立1亿元专项资金支持园区发展，呼和浩特经济技术开发区在国家级开发区综合评价中首次进入中游位次。

全年全部工业增加值比上年增长3.8%。其中，规模以上工业增加值增长4.6%。在规模以上工业中，分门类看，采矿业增加值下降29.7%，制造业增长8.5%，电力、热力、燃气及水的生产和供应业下降2.7%。分经济类型看，国有控股企业增加值增长4.3%；股份制企业增长3.6%，外商及港澳台商投资企业增长15.1%；私营企业下降5.6%。分行业看，食品制造业增加值增长10.5%，烟草制品业增长29.7%，造纸和纸制品业增长2.5%，石油、煤炭及其他燃料加工业下降4.2%，化学原料和化学制品制造业下降1.8%，医药制造业增长34.0%，非金属矿物制品业增长12.1%，电力、热力生产和供应业下降2.3%。

从主要工业产品产量看，发电量595.0亿千瓦时，比上年下降1.1%；饲料115.5万吨，增长21.3%；乳制品154.2万吨，增长15.8%；卷烟177.5亿支，增长39.2%；原油加工量409.5万吨，下降3.3%；化肥（折纯）25.5万吨，增长9.8%；水泥489.1万吨，下降4.0%，单晶硅13.4万吨，增长57.3%；原铝（电解铝）27.8万吨，增长0.4%。

全年规模以上工业企业营业收入2069.9亿元，比上年增长5.0%；利润总额195.6亿元，下降15.0%；营业收入利润率为9.4%。规模以上工业企业产品销售率为98.6%。全年建筑业增加值比上年下降5.6%。全市具有资质等级的总承包或专业承包建筑业企业176家，比上年减少12家；施工企业房屋建筑施工面积816.3万平方米，增长3.9%；竣工房屋面积125.4万平方米，下降36.5%；房屋建筑竣工率15.4%。

【服务业】 全年批发和零售业增加值213.5亿元，比上年下降3.4%；交通运输业增加值156.2亿元，下降4.3%；住宿和餐饮业增加值74.8亿元，下降19.4%；金融业增加值254.4亿元，下降0.5%；房地产业增加值215.5亿元，增长6.0%；信息传输、软件和信息技术服务业增加值102.6亿元，增长16.2%；租赁和商务服务业增加值54.6亿元，下降1.7%。全年规模以上服务业企业营业收入比上年下降7.0%。京东亚洲一号内蒙古智能物流园建成投用；金桥电子商务产业园荣获国家小微企业“双创”示范基地，自治区首家跨境电商线下零售体验店建成投用，电子商务交易额突破1200亿元；华为集团区域总部等总部基地项目达成落地意向，西贝餐饮总部项目开工建设。

全年公路货运量11121.2万吨，比上年下降1.7%，公路货运周转量147.3亿吨公里，下降3.3%；公路客运量147.7万人，下降53.2%，公路客运周转量4.1亿人公里，下降52.5%。

年末全市机动汽车保有量126.6万辆，比上年增加5.7万辆。其中，载客汽车保有量116.9万辆，增加5.1万辆；载货汽车保有量9.1万辆，增加0.5万辆；专项作业车保有量6189辆，增加543辆。

全年完成邮政行业业务总量20.0亿元，比上年增长33.4%。邮政业全年完成邮政函件业务479.1万件，包裹业务3.1万件；快递业务量6934.9万件，快递业务收入14.9亿元。全年完成电信业务总量235.3亿元，比上年增长25.4%。年末全市移动电话用户总数418.0万户。固定互联网宽带接入用户284.9万户，比上年末增加42.7万户。

【国内贸易和对外经济】 全年社会消费品零售总额1032.9亿元，比上年下降4.0%。按经营地统计，城镇消费品零售额921.2亿元，下降4.2%；乡村消费品零售额111.7亿元，下降3.0%。按消费类型统计，商品零售额897.3亿元，下降2.0%；餐饮收入135.6亿元，下降15.7%。

在限额以上单位商品零售额中，粮油、食品类零售额比上年增长40.4%，服装、鞋帽、针纺织品类零售额下降12.8%，石油及制品类零售额下降24.9%，汽车类零售额下降11.2%。

全年海关进出口总额147.0亿元，比上年增长18.3%。其中，进口额74.6亿元，增长22.9%；出口额72.4亿元，增长13.9%。

【固定资产投资】 全年全社会固定资产投资比上年下降8.5%。其中，第一产业投资增长44.8%，第二产业投资增长53.4%，第三产业投资下降19.6%。民间固定资产投资比上年增长46.8%，占固定资产投资的比重为53.6%。基础设施投资比上年下降44.5%，占固定资产投资的比重为30.5%。按项目隶属关系分，地方项目投资增长28.2%，中央项目投资下降65.7%。

全年房地产开发投资额246.9亿元，比上年增长40.9%。其中，住宅投资178.5亿元，增长37.8%；办公楼投资2.1亿元，下降13.3%；商业营业用房投资32.0亿元，增长49.1%。商品房销售面积413.8万平方米，增长26.9%；商品房销售额455.2亿元，增长39.0%。

【财政金融】 全年一般公共预算收入217.1亿元，比上年增长6.9%。其中，税收收入179.6亿元，增长4.2%，占一般公共预算收入的比重达82.7%。分税种收入看，国内增值税55.1亿元，下降13.7%；企业所得税20.7亿元，下降6.3%；土地增值税31.9亿元，增长50.9%；个人所得税8.4亿元，下降0.3%。

全市一般公共预算支出435.7亿元，比上年增长4.3%。各类民生支出241.9亿元，占一般公共预算支出的比重为55.5%。其中，教育支出59.2亿元，增长18.2%；社会保障和就业支出53.7亿元，增长35.5%；城乡社区支出97.1亿元，下降23.5%；卫生健康支出31.2亿元，增长22.0%。

年末全市金融机构人民币存款余额6116.1亿元，比年初增长4.1%。其中，住户存款余额2623.8亿元，比年初增长9.7%；非银行金融企业存款余额2011.9亿元，比年初增长3.0%。年末金融机构人民币贷款余额8899.6亿元，比年初增长4.5%。其中，住户贷款余额1695.3亿元，比年初增长18.3%；企（事）业单位贷款余额7204.1亿元，比年初增长1.8%。住户贷款中，短期贷款余额 341.5 亿元，比年初增长 4.3%；中长期贷款余额 1353.8 亿元，比年初增长 22.5%。

年末全市保险机构共有 43 家，比上年增加 1 家。全年保险业实现保费收入 156.6 亿元，比上年增长 3.8%。其中，财产险保费收入 50.8 亿元，增长 2.6%；人身险保费收入 105.8 亿元，增长 4.4%。全市保险业累计赔付支出 46.7 亿元，比上年增长 11.3%。其中，财产险保险赔付支出 28.1 亿元，增长 12.2%；人身险保险赔付支出 18.6 亿元，增长 9.9%。

【居民收入消费】 全年全体居民人均可支配收入 39230 元，比上年增长 2.4%，全体居民人均消费支出 23904 元，下降 8.7%。按常住地分，城镇常住居民人均可支配收入 49789 元，比上年增长 0.8%。从主要收入构成看，工资性收入 26533 元，增长 3.6%；经营净收入 8823 元，下降 8.3%；财产净收入 5003 元，增长 2.6%；转移净收入 9430 元，增长 1.6%。城镇常住居民人均消费支出 28579 元，下降 8.2%。农村常住居民人均可支配收入 20489 元，增长 8.0%。从主要收入构成看，工资性收入 7368 元，增长 3.4%；经营净收入 9681 元，增长 10.1%；财产净收入 935 元，增长 6.9%；转移净收入 2505 元，增长 14.8%。农村常住居民人均消费支出 15165 元，下降 6.8%。全体居民恩格尔系数为 27.8%，比上年提高 2.7 个百分点。其中，城镇居民恩格尔系数为 26.8%，农村居民恩格尔系数为 31.1%，分别比上年提高 2.4 个和 2.7 个百分点。

【社会保障】 年末城镇职工基本养老保险在职参保人数 64.5 万人，城乡居民基本养老保险参保人数 63.9 万人。参加医疗保险人数 234.0 万人；参加失业保险人数 64.7 万人；参加工伤保险人数 47.1 万人；参加生育保险人数 47.2 万人。

年末全市共保障城乡低保对象 83366 户，受益人数 134752 人，全年累计发放低保资金 61753.8 万元。其中，城市低保对象 8465 户，受益人数 12467 人，发放低保资金 8391.2 万元；农村低保对象 74901 户，受益人数 122285 人，发放低保资金 53362.6 万元。

市人力资源服务产业园、退役军人就业创业园投入使用，创建“全国双拥模范城”实现九连冠。全力推动煤炭资源领域违规违法问题、人防系统腐败、市属国有企业“十乱问题”等专项整治工作。深入开展扫黑除恶专项斗争和打击突出违法犯罪专项行动，“六清”行动取得重大成果，现行 23 起命案全部侦破，刑事“六类”案件、治安案件同比分别下降 23%、9.8%。国防动员、民族宗教、档案史志、地震气象、文化遗产保护、新闻出版、外事侨务等工作得到加强，红十字、妇女儿童、老年人、残疾人及关心下一代等事业取得新进步。

【科学技术和教育】 全年财政科学技术支出 4.5 亿元，比上年下降 37.0%，争取国家及自治区支持资金 2.2 亿元，项目 278 项。年内专利授权量 5493 件，增长 57.3%，占自治区专利授权总量的 30.6%。安排重大科技专项经费 1.6 亿元。科技创新载体加快建设，培育国家备案众创空间 3 个、自治区级星创天地 3 个、自治区级企业研发中心 7 个、自治区院士专家工作站 2 家，呼和浩特科创中心正式运营；与中科院、清华大学等高校院所开展科技合作项目 72 项，科技引领作用进一步增强。

年末全市共有普通高校 24 所，招生人数 7.5 万人，比上年增长 7.0%，在校生人数 24.9 万人，增长 2.2%，毕业生人数 6.7 万人，增长 4.9%；年末共有普通中学 119 所，招生人数 5.0 万人，下降 0.4%，在校生人数 14.7 万人，下降 0.5%，毕业生人数 5.0 万人，增长 12.4%；年末共有小学 190 所，招生人数 3.4 万人，下降 6.1%，在校生人数 19.0 万人，增长 2.2%，毕业生人数 3.0 万人，下降 2.9%；年末共有幼儿园 433 所，在园幼儿 7.2 万人，增长 5.0%。新建、改扩建中小学幼儿园 19 所，公办幼儿园和普惠园在园幼儿占比达到和超过国家要求标准。全面实行义务教育阶段“阳光招生”“阳光分班”，所有小学毕业生都通过直升或电脑派位进入中学。开展民意走访、学生家访、信访接访“三访结合”行动，稳妥推行使用国家统编教材。

【文化旅游卫生和体育】 年末全市拥有艺术表演团体 6 个，文化馆 11 个，公共图书馆 11 个，博物馆 8 个。全市拥有广播电视台 7 座，广播综合人口覆盖率 99.7%，电视综合人口覆盖率 99.8%。

全年累计接待国内外游客 2087.1 万人次，实现旅游业综合收入 419.6 亿元。成功创建 AAAA 级景区 1 家、AAA 级景区 3 家，获评首批国家文化和旅游消费试点城市，现代服务业持续提档升级。

年末全市共有卫生机构 2361 个。其中，医院 102 个，拥有病床 18719 张。全市拥有卫生技术人员 29966 人。其中，执业医师、助理医师 11974 人。开工建设公共卫生应急保障一揽子项目，市鼠疫防控基地建成投用。建成居家和社区养老服务中心 104 个，获得国务院评审验收第二名的好成绩。

年末全市共有体育场 27 个，体育馆 9 个，室内游泳池（馆）33 个。

【资源环境】 实施“绿化青山·守护北疆”、敕勒川草原沿线提升等生态建设工程，完成营造林 60.6 万亩，敕勒川草原入选国家草原自然公园试点，新城区成功创建“国家生态文明建设示范区”。黄河流域生态保护治理全面加强，哈素海、海流水库、大黑河等重点生态工程加快实施，入黄口国控断面水质全部达标。建成国家级绿色工厂 5 家，自治区级绿色工业园区 2 家、工厂 5 家，新建绿色矿山 6 座，绿色转型发展成效初显。

初步统计，全年总用水量 10.1 亿立方米，比上年下降 2.1%。其中，生活用水增长 31.5%，工业用水下降 16.0%，农业用水下降 6.1%，生态补水下降 11.1%。万元工业增加值用水量 19.7 立方米/万元，增长 34.3%。

全年完成造林面积 40.4 千公顷。其中，人工造林面积 19.7 千公顷，占全部造林面积的 48.8%。

全年规模以上工业综合能源消费

量比上年下降 0.4%，其中六大高耗能行业综合能源消费量下降 0.9%。

全年饮用水水源地水质达标率100%，优良空气天数 294 天，比上年增加 2 天。

【优化营商环境】 中国（呼和浩特）跨境电子商务综合试验区开通运营，呼和浩特综合保税区通过海关总署批复验收，全市货物贸易进出口总额完成 147 亿元。组织召开呼包鄂榆城市群及呼包鄂乌协同发展党联席会议，呼包鄂乌 31 个政务服务事项实现“四城通办”，与沿黄 6 个省会城市实现商事登记“跨省通办”。在北京、杭州、青岛、深圳等地举办大型招商引资活动 11 场，签约落地项目 83 个，开放合作进一步扩大。实施优化营商环境三年行动计划，制定出台便民利企 9 条措施，市本级行政权力压缩44%，企业开办时间压缩至 1 个工作日，202 个政务服务事项实现“最多跑一次”，在全区深化“放管服”改革和政务服务绩效考核中名列第一，在自治区营商环境评价中由 2019 年的倒数第一名提升到 2020 年的正数第二名。

【城市建设管理能力提升】 全面开展国土空间总体规划编制工作，市区控制性详规实现全覆盖。建成区 3 条主干道改造提升工程基本完工，国道 209 线呼武段、国道 110 线罗家营至毕克齐段建成通车；完成老旧小区改造 72 个；实施老旧燃气管网改造 59 公里、供热管网互联互通 36.4 公里；建成特色景观街道 9 条，城市功能更加完善。在城区所有小区开展生活垃圾分类；清除户外广告牌4341 处；在社区、税务大厅设立 60 个不动产项目分户受理站，开展不动产登记“夜市”服务，解决“办证难、回迁难、入住难”项目 275 个、20.88 万套；购置纯电动公交车 500 台，新开通公交线路 21 条，调整优化 38 条，荣获“国家公交都市建设示范城市”称号；实施“智慧青城”一期项目，全区首个城市大脑上线运营；组织全社会力量参与爱国卫生运动，健康教育、健康促进、市容环境卫生全面提升，顺利通过国家考核验收，获得“国家卫生城市”荣誉称号。

（谢勇　孙志杰）

新城区

【概况】 新城区位于呼和浩特市的东北部，是呼和浩特市的核心区，是链接西北经济带、京津冀经济圈、环渤海经济圈和亚欧大陆桥的重要枢纽，是国家“呼包鄂榆城市群规划”的核心区域，是国家“一带一路”倡议、草原丝绸之路战略、中蒙俄经济走廊与国家向北开放的重要桥头堡。辖区总面积 700 平方公里，城区规划面积 100 平方公里，辖 1 镇、8 个街道办事处和 1 个自治区级产业园区。总人口 64 万，有汉族、蒙古族、满族、回族等 34 个民族。在自治区 103 个旗县区中拥有双创物理空间最大、自治区级现代服务业集聚区数量最多的地区。2020年，新城区地区生产总值实现 607.37 亿元，同比增长 2.6%。其中：第一产业增加值为 2.23 亿元，同比增长 3.2%；第二产业增加值为 73.09 亿元，同比增长 10.4%；第三产业增加值为 532.05 亿元，同比增长 1.6%。三次产业比例为0.37 ∶ 12.03 ∶ 87.60，以上增速均为可比价增速。全体居民人均可支配收入为48662 元，同比增长 1.9%。

【科技】 新城区科技城区域产值从“十二五”末的 9.68 亿元增加到 17 亿元，营业收入从 14.52 亿元增加到 40.07 亿元。创新要素加速汇聚，78 家高新技术企业相继落户。建成大学科技园、高新技术企业孵化器、创业孵化示范基地 3 个国家级科技创新平台。创建自治区级众创空间 14 个、星创天地 7 个，培育研发载体 54 家，孵化中小微企业 300 余家。与中科院老专家中心等 5 家团队建立长期合作，引进高层次人才 165 人。成功举办三届创新青城院士论坛。

【服务业】 建成自治区首个服务业集聚区公共服务平台，设立专项引导资金，城发恼包物流园等 5 个自治区级服务业集聚区稳步发展。维多利喜悦汇、滨海玖禾奥莱等商业综合体稳步运营。恒信昌泰、新城中控等金融机构不断壮大。印象蒙古、添意文化等文创企业加快集聚。国风网络、木兰电商等电子商务平台发展活跃。服务业对经济增长贡献率保持在 90% 以上。

【区域发展】 参加中国国际进口博览会、民革中央助力内蒙古产业发展项目签约、“智汇青城·筑梦草原”中关村智酷人才与产业科技创新峰会等招商活动。签约落地项目 133 个，协议投资 1257.56 亿元，实现投资 138.15 亿元。钛西光华量子碳素、中国联通西北基地、中科启辰碳化硅等重点产业项目加速推进。浪潮集团内蒙古区域总部、上海交大内蒙古研究院、华为内蒙古区域总部等项目先后落驻实施5000万元以上重点项目406 个，完成投资 557.49 亿元。新增各类市场主体 36887 家，总数达到 59213 家，经济动能和市场活力进一步增强。

【脱贫攻坚】 新城区 842 户 1766 名建档立卡贫困人口全部脱贫。投入扶贫资金 2430 万元，精准扶贫政策落地见效。贫困人口全部纳入基本医保、大病保险、医疗救助范围。对 393 名贫困学生进行教育资助。798 户贫困家庭房屋全部通过安全鉴定。通过职业技能培训，具备劳动能力的贫困户全部就业。通过驻区部队和民营企业结对帮扶，促进贫困户增收致富。

【污染防治】 2020 年，新城区 23 台 35 蒸吨以下燃煤锅炉全部清零，减排二氧化硫 3269 吨、氮氧化物 1599 吨、烟尘1527 吨，污染物排放量明显降低。燃煤清洁完成 11 个村、6 个片区、10 个农业园区 24237 户集中供热、煤改电、煤改气和棚户区改造，超额完成年度计划 6900余户。道路、工地扬尘污染全面整治，餐饮排烟设施实现全净化。空气质量优良天数从“十二五”末的 276 天提高到294 天。取缔散乱污企业 332 家，29 处水源井全部围封。河长制有效落实，2 条河流断面监测稳定达标。自然保护区内 8家矿山企业全部清理。完成哈拉沁小沟和哈拉更沟地质环境生态恢复治理工程、国家北方足球训练基地尾矿库土壤污染治理修复工程。

【风险防范】 清欠民营企业中小企业账款 6.36 亿元。争取一般债券 3.61 亿元、专项债券 7.83 亿元，资金保障更加有力。严控政府投资项目，政府隐性债务有效遏制，新城区被自治区评定为债务低风险地区。防范打击非法金融活动深入开展。排查线索78条，移送查处8件，挽回经济损失6100万元。

【生态建设】 大青山前坡生态保护综合治理工程持续实施，首府生态功能区基本建成。前坡绿化总面积达到14万亩。新城区森林覆盖率提高到44.3%。科尔沁体育公园、阿尔泰健康主题公园建成开放。新改建绿地面积2640亩，将70处城市边死角建成老百姓家门口的绿地游园，中心城区绿地率达到38%。在呼和塔拉大街重要节点打造精品片状草原7处8000余亩，敕勒川草原获敕勒川国家草原自然公园称号。

【城区建设】 完成国开行贷款棚户区改造任务，出让土地21宗1700余亩。原白酒厂区块541个院落1200余户征拆任务基本完成。19个老旧小区改造完工，劳动花园等4个小区10部电梯加装完成。呼准鄂、呼张客专铁路线等项目征收完成。地铁1、2号线建成投用，海东路、哲里木路高架快速路通车，改造主次干道14条，打通断头路4条，改造小街巷51条，新建过街天桥5座，立体化交通体系逐步形成。胜利220千伏等4个变电站投入使用，495个老旧小区实施综合改造，25个国有企业住宅区“三供一业”移交并改造完成。国家北方足球训练基地一期工程获中国建设工程鲁班奖。3500平方米的区档案馆建成使用。

【乡村建设】 新城区被评为自治区级农村人居环境整治示范区。19个村庄规划编制实施。建设、养护村镇公路9条65公里。实施面铺窑等12个村饮水提升工程，建设加压泵站9处。铺设污水管网61.2公里，22个村庄生活污水接入市政管网，城乡生活污水逐步实现一体化处理。“厕所革命”高标准推进，新改建水冲公厕180座，完成户改厕6247户，户厕普及率达到93.6%。乡村绿化积极开展，大窑等8个村庄被评为自治区乡村绿化美化示范村，恼包村被评为国家级森林乡村。保合少镇获全国文明村镇。现代农业快速发展，建成设施农业园区25个、日光温室1800栋、智能温室24栋，培育特色种植基地1.3万亩。

【城乡管理】 实施城市环境综合整治绩效考核，城市精细化管理实现常态化。重点对海东路、110国道等69条道路实施街景整治和精细管理。数字城管、12319热线平台发挥积极作用。城市清洁能力持续增强，城区道路机扫率达到86.5%。开放公共卫生间842座，新建垃圾转运站73座。投放电瓶挂桶车400台、分类收集容器1.2万套，率先建成生活垃圾分拣中心。购置厨余垃圾收运车8台、医疗废物运输车3台，1030名垃圾分类督导员在876个小区全部上岗。340个老旧小区准物业管理向市场化、专业化过渡。

【社会保障】 发放城乡低保资金9504万元，特困供养资金690万元，医疗救助资金875万元，临时救助资金156万元，为孤儿、重度残疾人、困难残疾人发放补贴资金2412万元。城市低保标提高到9060元，农村低保标准提高到9060元。城镇、农村居民养老保险参保实现全覆盖。24个行政村2.8万人参加被征地农民养老保险。

【教育】 新改扩建第一幼儿园分园、苏虎街小学科尔沁校区、实验中学东河校区等5所校园。6所民办幼儿园转为公办园，普惠园覆盖率达到80%，公办园在园幼儿占比达到50%。招聘教师796名，引进免费师范生121名。23个小学营养配餐和课后延时服务全面展开。民办校园、培训机构、“小饭桌”管理更加规范。

【文化体育】 国家公共文化服务体系示范区创建成功。9个综合文化站、72个文化服务中心全部免费开放。创办敕勒川冰雪节等6项品牌活动。《青山生态梦》《青城满韵》等文艺精品剧目荣获“五个一工程奖”。文物保护和非遗传承持续加强。秦长城坡根底段被确定为国家级长城重要点段，华北军第五十九军抗日阵亡将士公墓被列为国家级抗战纪念设施。申报非遗项目49项，创建非遗传承研习基地5个。呼和浩特游泳跳水馆建成，区足球训练学校竣工。新城区获自治区全民健身示范区。

【医疗保障】 公立医院综合改革基本完成，分级诊疗制度初步落实。新建自治区妇幼保健院、自治区精神卫生中心等三甲医院。社区卫生服务机构实现全覆盖，形成步行十五分钟医疗服务圈，基层医疗机构全面开展家庭医生签约服务。依托优质医疗资源，建立名医工作室14个，紧密型医联体10个。建成自治区首家数字化预防接种门诊，建立便民医疗呼叫中心。“全面二孩”生育政策稳步落实，发放奖励扶助资金6698万元。城镇、农村医疗保险实现应保尽保。率先将医疗救助审批权限下放，与13家医院签约，实现基本医疗、大病保险、医疗救助一站式结算。

【养老服务】 居家和社区养老服务体系基本建立。建成智慧养老指挥调度中心，开通960789服务热线，适老化改造试点社区26个，建设为老服务餐厅15处。为10993名80岁以上老年人发放高龄津贴3016万元，为906名农村60岁以上老年人发放特殊生活补贴115万元，为14个试点社区65岁以上老年人发放补贴资金434万元。新城区综合养老服务中心充分发挥特困老人兜底保障职能，成为呼和浩特市首家自治区三星级养老机构。成立怡乐养老服务公司。

【就业保障】 城镇新增就业4.5万人，失业人员实现再就业1.24万人，农村劳动力转移就业1.7万人，城镇登记失业率控制在4.5%以内，零就业家庭保持动态清零。人才保障机制更加完善，非公有制领域专业技术人员职称评审通道更加畅通，事业单位专业技术人员为2.1万人。企业劳动合同签订率达到95%，投诉案件结案率达到93%，根治农民工欠薪取得实质性成效。

【社会治理】 新城区获自治区级民族团结进步示范区。新增9个社区居委会，完成南苑、麻花板等5个“村改居”。成立区大数据中心，智慧城市建设加快推进，12345接诉即办服务平台上线运行。排查整治安全隐患18136件。社区用房标准化建设，平均面积增加到805平方米。区教育实训基地、劳动力市场改造完成。信访总量下降，办结信访事项2135件。解决218个房地产遗留问题，近10万户30万居民房屋大产权手续办结。安置137名退役士兵，实现双拥模范区九连冠。基层网格化工作全面推进，965名网格员全部上岗基层治理能力得到提升。新城区创建成为自治区文明城区。

【疫情防控】 严格落实外防输入、内防反弹总体防控策略，规范实施国际航班分流处置，加强中高风险地区人员管控、冷链物流全链条管理、重点领域重点场所常态化防控。累计隔离重点人员4972人，完成26次国际航班分流接转任务，2例本土确诊病例、42例国际航班确诊病例全部治愈，完成10600余名重点人员新冠疫苗接种。新城区疫情防控工作实现管理全闭环、病例零死亡、社区无传播、医务人员零感染的目标。

【复工复产】 212名领导干部包联496家民营企业和个体工商户。组织11家金融单位、265家小微企业开展银企对接，帮助企业融资2.1亿元。切实减轻企业负担，减免税款1.4亿元，办理退税2.98亿元。落实援企稳岗政策，培训从业人员58962人次，兑现补贴资金3537万元。

【招商引资】 新城区被国务院确定为全国第三批大众创业万众创新示范基地，成为自治区第二家双创示范单位。签约招商项目33个，协议投资451亿元，网络货运数字产业园等16个项目落地。敕勒川生态谷沿线生态绿化提升工程、居家财富广场、浪潮大数据产业园等73个重点项目、重大工程集中开工，完成投资97亿元。

（刘畅）

回民区

【概况】 回民区位于呼和浩特市城区的西北部，东与新城区、赛罕区交界，南与玉泉区相邻，西与金川经济开发园区、土默特左旗相依，北与武川县毗邻。地理坐标为北纬40°80′～41°08′，东经111°36～112°30′，区境内最高海拔2081米。回民区辖区面积194平方公里，其中规划城区面积48平方公里，是自治区面积最小的一个旗县区。全区辖7个街道办事处和1个镇，64个社区，5个行政村，常住人口43万，有汉族、回族、蒙古族、满族等30个民族，其中常住回族人口约2.1万人，约占全市回族总人口的55%。辖区内五大宗教场所俱全，共有宗教活动场所16处，信教群众近5万人，自治区、呼市两级伊斯兰教协会、天主教爱国委员会均驻于回民区。回民区是首府的老城区、老工业区，突出表现为“三多、一差、一繁荣”，“三多”即破产企业多、下岗职工多、贫困人口多；“一差”即城市基础设施条件差；“一繁荣”即传统商贸业比较繁荣，以中山西路为轴的首府商务核心区，素有“自治区商贸第一街”的美誉，是自治区商贸业最集中的地段，全区社会消费品零售总额连续多年居于全市第一、自治区前两位，是名副其实的商贸业大区。同时回民区也是全市重要的教育、文化和医疗卫生中心，辖区内有内蒙古财经大学等12所大中专院校和呼市一中等公立中小学、幼儿园42所，内蒙古医科大学附属医院等2家三级甲等公立医院，内蒙古广播电视台为代表的9家文化机构。

2020年底，回民区地区生产总值285.7亿元，同比增长2.94%；一般公共预算收入完成16.17亿元，同比增长0.27%；社会消费品零售总额完成296亿元，同比增长2.4%，始终稳居自治区103个旗县区前列。全体居民人均可支配收入47043元，年均增长6.14%。

【经济恢复】 为3.06万家企业减免税费3.1亿元，为492家企业约2.9万人发放援企稳岗补贴1735.62万元。引导和鼓励维多利时代城、西万达广场等大型商贸企业减免商户租金、物业等相关费用达1.07亿元以上，减轻入驻商户经营负担。引导、支持企业开展各类消费促进活动，给予专项资金补贴500万元，惠及20家中小企业。推动“夜间经济”健康有序发展，打造早夜市16个。零售、餐饮、酒店等行业逐渐摆脱疫情影响，经营状况普遍好转,经济效益逐步回升。

【市政建设】 巴彦淖尔快速路辅道及附属工程完成70%。紫御澜庭小区东路新建工程、元山子乡道扩建工程和146条街巷维修工程全部完工。新增绿地面积2.13万平方米。西二环以东占地333亩的刀刀板村棚户区征拆工作全面完成。彩印厂、橡机厂宿舍区、倘不浪村、刀刀板旧村4处棚户区预征收工作全面启动。“回迁难、入住难”问题化解率达93%以上，青橙紫苑、浩鑫丽景苑等14个项目交付入住。冠丰家园等3个老旧小区改造和5部电梯加装工程全面完工。全市首家立体停车场投入运营。清理楼体广告及墙体粘贴物217处，整治规范蒙汉文并用牌匾241块。新增各类环卫作业车辆26台，居民小区全部配备垃圾分类督导员和四分类垃圾桶，生活垃圾分类实现全覆盖。东乌素图村入选第二批全国乡村旅游重点村名单。

【环境保护】 蓝天保卫战成效显著，7444户居民清洁取暖改造任务顺利完成，推广清洁燃煤1.1万吨，总投资达2.3亿元。持续防治大气污染，红旗小学国控空气质量监测子站改造提升工程全面完工，4家供热企业锅炉完成超低排放和限值改造。水源保护工作扎实推进，5家“散乱污”企业关停取缔，3家物流企业完成提升改造。河道“清五乱”行动成效明显，封堵河道排污口19个。村庄绿化美化成效明显，绿化覆盖率达到36%，东乌素图村荣获“国家森林乡村”称号。

【社会保障】 累计新增就业8256人，发放一次性创业补贴、创业担保贷款573万元。城乡居民养老保险参保3036人。双拥优抚政策全面落实，发放优抚优待补贴资金1732.6万元、退役士兵社会保险补助927万元。救助政策全面落实，支出各类民生资金6079.77万元。

【科教文卫】创新驱动战略深入实施，争取各类科技专项资金230万元。通道街回族小学操场改扩建和红旗小学教学楼修缮工程完工。普惠性学前教育资源覆盖面不断扩大，公办园在园幼儿占全区入园幼儿总数的52.15%，普惠园在园幼儿占比81.26%。招录招聘教师171名、校医31名。成功打造10个基层公共文化服务示范点。文体活动丰富多彩，组织开展各类惠民活动157场。医疗卫生保障水平进一步提高，两所核酸检测实验室建成使用，慢病、大病人群家庭医生签约率达72%。

【安全生产】 应急管理处置能力进一步提升，安全生产事故和死亡人数同比实现“双下降”，“6·20”沿河小区爆燃事故得到妥善处置。食品安全监管得到加强，2865家商户接入内蒙古食品安全风险控制监管平台。

【营商环境】 政务公开水平进一步提高，公开政府信息2381条。“12345”接诉即办工作扎实有效，受理群众反映事项3389件，解决率位居全市第二。优化营商环境三年行动深入推进。行政审批和政务服务局挂牌成立，26个部门289项行政权力和公共服务事项全部进驻政务服务大厅。简化审批办事流程，企业开办审批时间缩短至1.5天，建筑工程施工许可证审批核发时限缩短至3天以内，涉税事务90%实现网上办理，实现企业办事“一窗进出，集成服务”。重新梳理权力清单、责任清单，赋权镇街行政权力事项76项。开展“三访三促三提升”活动，解决企业和群众反映问题230个。

（袁正伟 张青松）

玉泉区

【概况】 玉泉区位于呼和浩特市城区西南部，东与赛罕区毗邻，西、南与土左旗接壤，北与回民区相邻，面积258平方公里，现辖一镇、八个街道办事处和一个自治区级工业园区。玉泉区由“御马刨泉”的美丽传说而得名，拥有440多年的历史，辖区内文物古迹众多，文化底蕴深厚，下设50个行政村，60个社区居委会。

2020年，玉泉区全年地区生产总值324.50亿元，同比增长3.4%；一般公共预算收入完成20.3亿元，同比增长2.65%；一般公共预算支出17亿元；社会消费品零售总额完成123.21亿元，同比下降3.9%；城镇常住居民人均可支配收入达到48643元，同比增长1.2%；农村常住居民人均可支配收入达到24575元，同比增长8.0%。

【生态环境保护】 深入推进大气、水、土壤污染防治工作，强力推进燃煤散烧综合治理，集中供热、“煤改电”“煤改气”多管齐下，36个村（社区）、1.7万户居民燃煤散烧问题得到有效解决。主城区35蒸吨以下燃煤锅炉实现“清零”，严格落实建筑工地“六个百分百”管控措施，严控露天焚烧秸秆行为，秸秆回收利用率达95%以上。深入落实河长制，实施扎达盖河、大黑河河道综合整治工程，完成饮用水水源井一级保护区标准化建设。继续加强固体废弃物源头管理，对土壤环境重点企业实施动态监督，生态环境质量显著提升。

【重大风险防范化解】 通过压缩财政支出、土地出让收益、资产处置运营等措施，化解政府债务4.28亿元。尽力而为、量力而行，从严审核政府投资项目，严厉打击违法违规金融活动。始终保持忧患意识和风险意识，扎实做好政治、经济、社会等重点领域防范化解重大风险工作，确保政治安全、经济安稳、社会安定。

【乡村振兴】 设施农业快速发展，东甲兰现代农业示范园、乌兰巴图等4个设施农业基地扩容提质。积极调整种植结构，订单式种植青贮、辣椒、金银花5000余亩。亿祥源、禾裕获得“全国名特优新农产品”认证。深入实施农村人居环境整治，完成4294户农村户厕改造。基本农田划定和农村土地承包经营权确权登记颁证圆满完成，农村宅基地及集体建设用地“房地一体”确权登记发证率达到90%以上。

【工业】 规模以上工业增加值增长19.2%，新增新耀电缆、实祺炼化等9家规模以上企业。蒙昆烟草、金宇保灵、阜丰生物、齐鲁制药等骨干企业运行良好，蒙斯特医疗、厚生羊绒等企业提标改造项目投产达效，金源康成为自治区同行业龙头企业。草原红太阳食品公司启动上市，生产技术智能化程度达到国内领先水平，获评自治区优秀民营企业。

【商贸流通】 华润万象城签约落地；俪城商业综合体启动招商；中心嘉威皇冠假日酒店即将投入运营；凯德·诺和木勒全面营业；周边产业集聚效应和中心区域带动力显著提升。美通首府无公害物流中心交易额达到82.3亿元，农副产品供给率占全市80%以上。玉泉大厦成为玉泉区“大众创业、万众创新”的孵化器，策义科技等71家企业运营良好。加强知识产权保护，申请专利企业2家、专利数7个，科技创新能力进一步提升。

【文旅融合】 扎实开展国家级特色步行街创建，塞上老街步行街入选首批自治区级步行街改造提升试点。沿大南大北街精心打造街景小品、老照片等文化景观，重现老城记忆，重塑文化长廊。创新宣传推广模式，抖音、快手、网红打卡等助推老城经济、夜间经济。成功举办首届“草原音乐美食季”“内蒙古味道”等活动，既有“烟火气”又刮“时尚风”，塞上老街区块成为青城夜间经济的新地标。考古工作取得新突破，沙梁子村发现西汉时期大型粮仓建筑基址。

【营商环境】 坚持以深化“放管服”改革为抓手，深入开展营商环境提升行动，建立区级领导包联重点民营企业制度，帮助企业解决融资、手续办理、用工等方面问题81个。以推进政务服务“十个一”、审批服务“最多跑一次”为重点，认领依申请办理的政务服务事项390项，政务事项网上可办率达到96.9%，“最多跑一次”占比89.7%，压缩时限占比63.5%。建立“接诉即办”的群众诉求快速响应机制，为民服务平台建设加快推进。招商引资成果显著，开展招商引资洽谈活动近80场，中梁中朵·拾光里、华润中心等16个项目签约落地，投资总额约390亿元。

【城市建设管理】 市医院南侧、华宇社区等9处 棚户区征拆改造加快实施，累计征收房屋面积50万平方米。华润万象城等高品质商贸地产项目落地，城区面貌和宜居水平将大幅提升。基础设施进一步完善，云中路连接线、巴彦路高架桥、三环路、地铁二号线工程顺利实施。新续建市政道路4条，道路微循环进一步畅通。强力推进房地产项目遗留问题化解，解决117个项目“办证难”问题，“嘉豪广场”“龙城”等群众期盼十余年的“回迁难、入住难”问题得到全面解决。城市精细化管理水平进一步提升，深化“六乱”整治成效，全区7000余家“门前三包”责任单位实施大数据监管，规范共享单车乱停乱放行为。生活垃圾分类管理全面展开。加强户外广告规范化管理，拆除楼顶广告139处，亮出城市美丽天际线。

【民生】 坚持“以人民为中心”的发展思想，加快补齐民生短板。新建26处社区养老服务中心，惠及居民3万余人。发放各类救助补助资金3167.2万元。线上线下提供就业岗位2.9万个，有效缓解了中小企业疫情期间用工荒。教育向均衡化优质化方向发展，十二中与一中实现跨区域合作办学，中央民大附中呼市分校主体完工。新增8所公办幼儿园，公办和普惠性幼儿园学位占比分别达到52.2%和89.9%。医疗保障能力不断加强，重大疾病贫困患者住院报销比例达到90%。弘扬乌兰牧骑精神，开展文艺演出350场。进一步丰富群众文化生活，开展送戏下乡、送电影下基层等活动500余场。

【社会治理】 推进市域社会治理试点工作，选聘专职网格员1024人，织密网格化工作基础，打通服务群众的“最后一公里”。开展扫黑除恶“六清”行动，依法严打不断加强，打掉恶势力团伙13个。推进“智慧玉泉”“雪亮工程”建设，覆盖城乡的视频监控系统全面建成。加强社会治安防控，刑事案件、治安案件同比分别下降18%和21%。坚持党建引领，发展新时代“枫桥经验”，深入推进矛盾纠纷排查化解，通过“上门家访、重点约访、带案下访”和领导干部包案等举措，一大批复杂、疑难信访事项得到有效解决。深入开展安全生产隐患排查整治，未发生较大以上生产安全事故。建成全国首家“5G+VR”党群活动服务中心，三级党群活动服务中心实现全覆盖。

（杨占林）

赛罕区

【概况】 赛罕区位于呼和浩特城区东南部，辖区总面积1025平方公里，其中城区面积85平方公里，农区面积940平方公里，是首府面积最大的城区。地理坐标北纬40°36′～40°57′、东经110°40′～112°10′。赛罕区地处土默川平原，北依大青山，南傍大黑河，呈扇形，东部和东南部与乌兰察布市卓资县、凉城县毗邻，西部南部与玉泉区、和林县接壤，北部与新城区为邻。地貌有平原、山区、丘陵。地势北高南低，东高西低，东北偏高，西南偏低，山地与平原呈自然坡度，平均坡度2%～3%。北部和东部是大青山区的一部分，群山环绕，沟壑纵横，多为灰褐土和砾石土，属于山区。东南部黄合少镇属于丘陵区。中西部为广阔的平原区，土壤肥沃，地下水丰富，是粮菜主产区。截至2020年底，赛罕区辖1个自治区级开发区（金桥经济开发区）、3个镇、8个街道、101个行政村、96个社区居委会，全区总人口89.6万人。2020年，全区地区生产总值773.4亿元；一般公共预算收入完成44亿元，增长11%；规模以上工业增加值增长4.7%；社会消费品零售总额实现194亿元；固定资产投资完成126.4亿元，增长19.9%；城镇常住居民人均可支配收入5.4万元，农村常住居民人均可支配收入2.3万元。

【三大攻坚战】 2020年，赛罕区农村危房改造开工24户，其中新建4户，加固维修20户；建档立卡贫困户10户，低保24户。总投资约150万元，确保脱贫享受政策建档立卡贫困户的住房安全得到保障。实施乡村振兴产业项目21个，投入6亿元完成31个村（社区）燃煤散烧综合治理。通过接入集中供热改造13个行政村和社区，完成5个行政村与社区“煤改电”工程，完成9个行政村和社区“煤改气”工程，完成1个行政村综合改造（“煤改电+煤改气”）工程。整治河道“五乱”35处。实现30万亩秸秆综合回收利用。畜禽粪污综合利用率90%，关停整治“散乱污”企业116家。建档立卡贫困人口1735户3624人，其中脱贫享受政策户为718户1452人，全部脱贫，实施扶贫项目21个，完成20个，投入项目资金944.75万元。发放教育扶贫补贴31.83万元143人次；发放16名中职学生秋季雨露计划补贴2.4万元。代缴脱贫享受政策贫困人口城乡居民基本医疗保险、大病保险和商业补充险82.42万元；培训1002名有劳动能力的贫困人口技能，推荐岗位，实现务工就业521人，从事家庭种养殖业481人。享受低保773人，享受特困供养（五保）22人；享受残疾人补贴93人，实现建档立卡贫困人口应保尽保。

【农业与农村】 2020年全区农作物播种43.92万亩，粮食作物总产量15.45万吨。有各类设施1.4万栋，总占地5.5万亩，蔬菜播种4.45万亩，全年总产量20万吨。新建高标准农田1万亩，总投资1200万元。推动“五个一”建设，全区新增露地蔬菜（花卉、药材）种植面积4000亩，蔬菜播种面积4.45万亩，轩达泰弘芙悦红心火龙果获第21届中国绿色博览会金奖。在黄合少镇、榆林镇等地打造民宿12家。培育新型农牧业经营主体，全区注册农民专业合作社765家，注销245家，停运失联359家，运营161家，农牧水利局备案35家。至年末，评定国家级示范社2家、自治区级7家、市级3家。录入系统的家庭农牧场479家，其中发证176家；评定自治区级示范家庭农牧场3家，市级6家。全区有产业化龙头企业30家，举办高素质农民培训两期100人。全区土地确权涉及3个镇、3个涉农街道94个村，完成调查承包农户2.57万户，完善土地承包合同2.48万份，完善土地承包合同面积42.25万亩，合同签订率96.63%，打印土地承包经营权证2.41万份，打印土地承包经营权证书率96.95%，颁发证书2387份，颁证率96.10%。5月20日，通过市农村土地确权办的验收。年内，全区124个街道及行政村全部完成清产核资工作。集体土地60.86万亩，并将数据录入农业农村部清产核资管理系统；确认集体经济组织成员2.57万户12.6万人；完成股权结构设置和股权量化的行政村124个，股权量化资产3.42亿元；124个行政村成立集体股份经济合作社。

【林业生产】 2020年，赛罕区主要在榆林镇、黄合少镇规划区范围内，重点实施榆林镇东干丈项目区，马鬃山、东山项目区，黄合少镇石人湾项目区，苏计项目区，郊野公园项目区生态建设，采取政府拉动、社会各方参与模式，地方生态绿化完成6000亩，重点区域绿化完成2050亩，造林补贴项目任务4000亩，全部完成。完成育苗4850亩。实地调查申请办理种苗生产、经营许可证的个人、公司，发放生产和经营许可15本。

【畜牧业】 2020年，创建标准化示范牧场28个。1个牧场被评为自治区级畜禽标准化示范牧场、2个牧场被评为呼市级畜禽标准化示范牧场；有1个牧场申报市级畜禽标准化示范牧场、1个申报农业农村部畜禽标准化示范牧场。同年，农业农村部全覆盖检查赛罕区20个牧场、奶站奶样，发证20个。年内，牲畜总养量11.56万头只，其中奶牛存栏1.46万头，生猪存栏1.3万头，羊8.8万只，鸡存栏 46.7 万羽。肉类总产量 6800 吨，蛋产量 5300 吨，奶产 7.1 万吨。种植优质苜蓿 530 亩，种植青贮玉米 4 万亩。21 个规模化奶牛养殖场储备青贮玉米 8.5 万吨、青干草 1745 吨，燕麦草 1840 吨，苜蓿草 5375 吨。

【水利建设与“河长制”工作】 2020 年，中央投资赛罕区水利建设项目续建和新建 10 个，完成投资 7815.5 万元，惠及土地 14 万亩。完成水土保持治理 12 平方公里。维修饮水工程 30 余处，使 3000 以上农村人口饮水得到保障。实行水权确权和“以电折水”补偿工作。完成哈拉更干沟入大黑河应急工程，完成灌区渠道维护 2 公里，疏通河道 1 公里，新建土良村护村坝 400 余米。完成山洪灾害预警系统乡镇一级延伸。更新河长公示牌 16 块，设置大型宣传标语 2 处，警示牌 50 块。巡河 260 余次。完成河湖四乱问题整改 35 处，清理垃圾杂物 8400 余方。完成 14 条河流划界公示和 16 条河流一河一策方案编制工作。

【工业经济】 2020 年 1—12 月，全区规模以上工业增加值同比增长 4.7%。有亿元以上重点项目 9 项，总投资 122.27 亿元，年末完成投资 42.67 亿元。其中，续建项目 3 项，总投资 98.81 亿元，完成投资 42.12 亿元；新建项目 6 项，总投资 23.46 亿元，完成投资 0.55 亿元。全年推荐中环协鑫、中环光伏等 46 余家重点企业申报 13 项资金，获批 936.9 万元。打造产业强区新引擎，赛罕区推动光伏新材料做大做强，晶环电子 700 公斤级超大尺寸蓝宝石晶体再创新纪录，中环协鑫单晶硅五期等项目实现投产；中环光伏大直径切片项目开工建设。金桥电子商务产业园入园企业 201 家，交易额 47.37 亿元，获“国家小型微型企业创业创新示范基地”称号。沙良公铁物流园发送货物 337.91 万吨，收入 6.55 亿元。新增自治区级以上高新技术企业 30 家，实施产学研合作项目 4 个。新增自治区级以上高新技术企业 33 家。

【金桥开发区】 截至 2020 年 10 月底，金桥开发园区完成财政税收 4.57 亿元，完成全年预算任务的 105%；园区工业企业完成工业总产值 430 亿元，上缴税金 134 亿元，实现利润 21 亿元，批发零售业完成销售总额 73 亿元。减税退费 3.39 亿元。重点项目续建项目 6 项，项目总投资 99.298 亿元。中环协鑫单晶硅材料产业化工程五期项目投资 91.3 亿元、中环领先集成电路用大直径半导体硅单晶厂房配套项目投资 5.5 亿元、中晶研究院新型碳纤维复合材料产业化二期项目投资 1.5 亿元、天野化工外排水提标改造项目 4500 万元、金桥热电厂新建贮灰场工程 1680 万元、金桥热电厂原贮灰场综合治理工程 3800 万元。新开工项目 2 项，项目总投资 2.04 亿元。蒙联化工 30 万吨异辛烷扩能改造项目投资 1.04 亿元、中环光伏粗氩回收项目投资 1 亿元。招商引资在谈项目 4 项，项目总投资约 20 亿元。

【招商引资】 2020 年，内蒙古中环光伏材料有限公司高效太阳能电池用单晶硅材料辅助气体循环回收项目、中晶科技研究院有限公司新型碳纤维复合材料产业化项目三期、欧通能源循环利用工业硅技改项目、中国航天科工六院固体动力先进材料产业生产条件建设项目等 14 个项目签约，签约资金 129.58 亿元。

【农村公路建设与管理】 2020 年，赛罕区承担 2019 年“四好农村路”畅返不畅工程、赛罕区西达赖营—沙良公路工程、赛罕区 2020 年油返砂工程、X017 兵州亥—四间房段油返砂工程等 3 个重点农村公路建设项目，承担乡道 Y311 陶卜齐—二道河公路、乡道 Y310 添密梁—六犋牛公路等 7 条道路专项抢修任务，入冬前全部完工。完成全区所有农村公路路长制工作的落实和道路移交工作。

【商务工作】 2020 年 1—12 月，赛罕区社会消费品零售总额完成 194.04 亿元，同比下降 3.7%。全区外贸企业入库 12 家，内贸企业入库 22 家。申报 25 家区属内贸企业、1 家外贸企业供应链等相关项目。打造提升万达特色高品位商业步行街，编制方案等相关材料上报市商务局，市商务局上报自治区商务厅，等待审批。

【固定资产投资】 2020 年，赛罕区 500 万元以上新续建项目 48 个，总投资 575.27 亿元，其中续建 25 项，总投资 464.42 亿元，新建 23 项，总投资 110.85 亿元，开工项目 44 项。1—9 月，完成固定资产投资 97.92 亿元，全年固定资产投资同比增长 19.9%。列入全市亿元以上重点项目 29 项，总投资 335.71 亿元，续建项目 18 项，总投资 255.66 亿元；新建项目 11 项，总投资 80.05 亿元。列入全市 5000 万元以上重点项目 33 项，总投资 342.68 亿元，续建项目 20 项，总投资 257.18 亿元；新建项目 13 项，总投资 85.5 亿元。列入自治区重大项目 14 项，总投资 253.56 亿元，其中续建项目 10 项，总投资 208.26 亿元；新建项目 4 项，总投资 45.3 亿元。

【财政工作】 2020 年，赛罕区一般公共预算收入完成 44.01 亿元，同比增长 11.3%。一般公共预算支出完成 40.76 亿元，同比增长 5.6%。其中八项重点支出完成 34.89 亿元，同比增长 5.1%。预备费安排 5000 万元，主要用于新冠肺炎防控支出 4938 万元，应急支出 62 万元。

【科技工作】 2020 年，赛罕区获批自治区和呼市科技项目资金 2350.5 万元；协同财政部门，协调拨付企业积压项目经费 5000 余万元。推进金桥电子产业园国家级科技企业孵化器提档升级，加强科技示范园区、星创天地管理与建设，加强科技示范带动效能。加快企业与高校、科研院所的沟通和交流，以科技项目合作、共建实训基地等形式深度对接，加快科技成果转化和应用。对接 2 家农业企业产学研，轩达泰生产的火龙果酒、万春鑫生产的紫苏茶深受市场认可。重点培育农业科技企业内蒙古正时生物科技有限公司于 9 月被认定为 2020 年自治区第一批高新技术企业。全年新增高新技术企业 33 家，累计 100 家。重点实验室 22 家、企业研究开发中心 30 家。

【教育工作】 2020 年，加强学校领导班子建设，调整充实 77 位中小学校领导，其中小学 32 人，中学 45 人。公开招聘免费师范生中学教师 5 人，正式在编教师 75 人，从全区 556 名编制外合同制教师中，择优选拔同工同酬教师 431 人。启动第三轮“名师工程”，组织 327 名优秀教师组建 30 个区级名师工作室，开展线上、线下研训活动 95 场次，培训 1169 人次。全区有各级各类学科带头人 618 人，教学能手737人。赛罕区义务教育阶段公办、民办学校起始年级"阳光分班"工作由全市统一组织实施。各学校在规定时间内把新生全部录入分班软件，保证新生全部参加"阳光分班"，做到班级规模、学生性别、教师配备等各方面均衡组合。全区37所公办、8所民办小学182个教学班的8923名学生参加阳光招生、阳光分班。全市12所公办、7所民办中学初一年级111个教学班5598名学生参加电脑派位，实施阳光分班。

【妇幼保健】 2020年1—9月全区18岁～49岁育龄妇女9.83万人，产妇数5240人；活产数5314人，住院分娩数5314人，住院分娩率100%。孕产妇系统管理率91.14%；早孕建卡率99.31%。活产新生儿5314人，新生儿死亡6人，死亡率1.13‰；婴儿死亡10人，死亡率1.88‰；5岁以下儿童死亡11人，死亡率2.07‰。赛罕区新生儿听力筛查人数4014人，筛查率98.7%；耳聋筛查2126人，呼市户籍活产数2652人，筛查率80%。

【公共文化服务体系建设】 2020年，举办全区文化馆业务线上培训，全区252人参加培训。举办图书馆业务培训6次。提升全区基层各类文化站长、文化管理员、文化志愿者组织开展群众性文化工作的业务水平。举办文化惠民演出75场，向特定群众提供订单式读书服务，举办阅读活动30余场。创作出抗击新冠肺炎疫情作品28个，整理编辑成册《赛罕区抗击新冠疫情群文专题作品集》。乌兰牧骑配备副队长1名，招聘补录地方戏剧二人台演员4名，队员新创作20余部优秀作品。年内投入500余万元，提升乌兰牧骑硬件建设，达到自治区一类乌兰牧骑标准。举办惠民演出120余场，举办庆祝中华人民共和国成立71周年大型专场文艺演出1场，参加自治区、呼和浩特市汇演、调演活动10余场。

【社会保障体系建设】 2020年，赛罕区城乡居民养老保险参保6.81万人。机关事业单位养老保险参保145家，参保1.27万人，在职8258人，退休4406人。发放全区项目内养老金4028人2亿元。完成个体灵活就业参保人员缴费核定1.98万人。完成退役士兵复转、安置到机关事业单位人员补核补缴企业职工养老保险1541人。发放"4555"缴费救助资金2418人1221余万元。城镇新增就业1.51万人，城镇失业人员再就业3071人，就业困难人员再就业1035人。城镇失业率控制在4.5%以内。农村劳动力转移就业1.91万人。发放创业担保贷款195万元。城镇就业技能培训1462人，培训后实现就业1096人。创业培训944人，培训后成功创业378人，创业带动就业1132人。农村劳动力转移就业培训605人。就业困难人员认定1103人，审批就业困难人员社保补贴917人，发放社保补贴金额2231.41万元，公益性岗位新安置133人。年内，以工代训审批发放150家企业培训补贴1.13万人次680.04万元。

【市域社会治理现代化试点】 2020年，赛罕区被确定为呼和浩特市创建"五个一试点"区，推进《呼和浩特市赛罕区加快推进市域社会治理现代化试点工作实施方案》。印发《关于进一步加快和改进综治中心一体化矛盾纠纷联合服务中心一体化规范建设的实施方案》，建成区、镇街、村（社区）三级矛盾纠纷化解联合服务中心。实施《进一步加强和完善呼和浩特市赛罕区城乡网格化服务管理工作，提升基层社会治理效能的实施方案》，完善基层社会治理"一张网"，实行"统一网格划分、统一资源整合、统一人员配备、统一信息采集、统一服务标准"五统一要求，12个地区划分网格1300个，"一格一长一员"配备到位，实施工作培训。推进赛罕区智慧大脑驾驶舱中枢大脑功能的建设与应用，打造违章停车治理、智能守护关爱系统、农贸市场车流量人流量管控系统，提升智慧化治理实效。做好特殊人群管理服务，在册社区矫正对象289人，全年均未发生问题，刑释解教人员帮教率95%。

【民生改善】 2020年，赛罕区投入改善民生资金15.6亿元。新增公办幼儿园13所，公办和普惠性幼儿园在园幼儿占比分别达到50%、80%。社区全民健身活动站点190个。开工建设赛罕区人民医院。新增5个区内外医联体，组建家庭医生团队208个，签约率46.1%。新建5个社区服务中心、27个标准化居家和社区养老服务改革试点。办结"办证难"大产权项目145个，办理分户1.80万户。检测58个行政村自来水，结果均符合国家饮用水标准。

（武忠贵）

土默特左旗

【概况】 土默特左旗地处内蒙古高原，地貌类型基本可分为山地和平原两部分。北部为阴山山脉中段的大青山区，总面积1094.33平方公里，海拔1300～2200多米；南部为土默川平原，总面积1685.5平方公里，海拔在1000～1100米之间。其地理位置在北纬40°26′～40°56′，东经110°47′～111°48′，东西长87公里，南北宽56公里，辖区总面积2779.83平方公里。土默特左旗北与武川县相望，南连和林格尔县、托克托县，东接呼和浩特市区，西与土默特右旗毗邻。2020年底，全旗辖7个镇、2个乡（沙尔沁镇划归呼和浩特市经济技术开发区托管），321个行政村、456个自然村，13个居委会，1个国家级高新工业园区。2020年，全旗地区生产总值完成191.19亿元，同比增长1.5%。公共财政预算收入完成13.67亿元，同比增长0.7%；公共预算财政支出完成33.98亿元，同比增长45.4%。固定资产投资完成额同比增长78.8%。规模工业增加值同比增长7.9%。社会消费品零售总额完成31.04亿元，同比下降1.7%。城镇常住居民人均可支配收入达到38190元，同比增长0.1%，农村常住居民人均可支配收入达到20081元，同比增长8.1%。各类储蓄存款余额达到117.27亿元，其中居民储蓄存款余额达到90.91亿元；各类贷款余额达到75.78亿元。经济结构进一步优化。第一产业增加值完成38.71亿元，第二产业增加值完成68.82亿元，第三产业增加值完成83.65亿元，三次产业比重为20∶36∶44。

【农牧业】 完成播种面积154万亩，其中粮食作物139.7万亩。实施高标准农田建设21.1万亩，其中自治区级盐碱地改良示范项目2万亩，承办全市高标准田建设现场会。国家现代农业示范区种植农作物新品种150余个，科研示范效应逐步显现。新增高效节水灌溉面积2.6万亩，建成高效日光温室1700亩。“五彩土默特”区域公用品牌正式发布并入选内蒙古农牧业公用品牌目录。新型农业经营主体方面，培育市级以上龙头企业53家。实施奶业振兴战略，新增奶牛4000头，奶牛存栏达13万头，奶牛模化养殖率达99%。生猪存栏6.7万头，家禽养殖达140万羽。

【工业】 工业经济增添新动能，以乳业、电力、新材料、新能源为主导的工业产业格局初步形成。规模以上工业企业达37家，实现总产值127.42亿元，同比增长8.6%。伊利奶粉、中通物流等13个项目开工建设。新能源汽车产业园产业链吸附作用明显，锂电、隔膜、正负极材料投产达效，开沃整车制造项目开工建设。科技创新成果丰硕，累计申报市级以上科技项目20项，争取科技项目资金2296万元。《袄太绿色生态示范区控制性详细规划》编制完成。蒙肥生物、华富饲料等5家企业获批自治区高新技术企业。

组建伊利现代智慧健康谷项目指挥部和工作专班，全面统筹人力、物力资源，推进伊利现代智慧健康谷建设。高标准编制完成《台阁牧镇总体规划》《台阁牧镇控制性详细规划》。协调土地增减挂钩指标756亩，完成土地征收5236亩、土地报批2822亩市旗两级政府累计投入资金11.5亿元。年产3万吨奶粉项目，主体结构封顶，完成工程量的40%。哈素海至金山开发区供水工程提水泵站建设完成、铺设管道36公里。台阁牧大道、规划十一路等5条道路建设有序推进。10回供电线路迁改、4座变电站建设工程启动实施。呼市二中分校、四中分校、敕勒川第一小学和呼市第一医院敕勒川分院等项目完成方案设计。善岱、铁帽等7座规模化牧场启动建设，“三通一平”（扩注释义）全部完工。可沁牧场建设进展迅速，实现“当年选址、当年开工、当年建成、当年进牛”的目标。举办伊利现代智慧健康谷项目建设集中签约仪式，签约乳产业链上下游、智慧城市等16个项目，协议资金达80亿元。

【现代服务业】 《全域旅游总体规划》《敕勒川旅游区修编规划》编制完成，台吉塔拉田园综合体、阳光半岛温泉康养小镇建设有序推进。土默特红色教育基地组织开展党性教育培训169期，参学人员达7200余人次，有效带动红色文化旅游产业。电商产业提档升级，建成村级电商服务网点30个，实现农村物流“网货下乡”“农产品进城”双向快捷流通，线上线下交易额达4.1亿元。协调政银企合作，全旗8家金融机构发放支持企业复工复产贷款6.78亿元、涉农贷款46.4亿元。

【防范化解重大风险】 做好存量债务化解工作，通过财政预算安排、处置闲置国有资产、审价核减等方式，化解政府隐性债务9.01亿元，清偿拖欠民营企业中小企业账款7.87亿元，分别完成年度任务的203%和100%。打击非法金融活动，强化安全生产、食品药品监管，保障人民生命财产安全。信访维稳工作持续加强，化解中央第八巡视组交办民生类信访事项178件。

【脱贫攻坚】 围绕“五个一批”“六个精准”要求，多措并举巩固脱贫成果。通过产业扶贫、就业扶贫和社会兜底保障等措施，帮助贫困群众实现稳定增收，建档立卡贫困人口人均可支配收入达12408元。投入资金2465万元，实施产业扶贫项目10个，带动有劳动能力贫困人口1996人就业。建立健全防止返贫监测机制，加大贫困人口兜底保障力度，贫困人口实现“应保尽保，应救尽救”。加强和规范扶贫资金资产管理，累计形成扶贫资产3.1亿元。开展扶贫产品认定和消费扶贫“五进”活动，在呼和浩特市率先开展干部职工消费扶贫产品认购工作。

【污染防治】 投入资金2.2亿元，实施燃煤散烧综合治理，台阁牧镇13个村8985户居民实现集中供热。白庙子村、沟门村等14个村实现清洁燃煤替代。常态化整治散乱污企业，狠抓工业企业烟尘达标排放。投资1000万元购置25台大型打捆设备，提升秸秆收储能力，露天焚烧现象得到有效管控。全面落实河湖长制，完成7个河湖“清四乱”整改任务。敕勒川镇污水处理厂投入运行，周边6个村实现污水集中处理。启动实施金山污水处理厂提标改造工程、察素齐镇市政污泥处置工程。全面开展哈素海生态环境综合整治，完成清淤77万立方米、禁渔退池645亩，生态环境得到有效改善。

【城乡环境】 察素齐镇西沟桥建成通车，全胜北路和草原街实现互通，红太阳东巷、预制厂东巷、倘不浪街改造工程完工，镇内公交车开通运营，群众出行更加便捷。启动建设土默川植物园，园内人工湖、道路硬化、绿化美化等工程有序推进。“揽山入城”累计栽种绿植2000亩，全年义务植树71万株。推进城市精细化管理三年行动，环境卫生、市容管理、交通秩序持续改善。新建10千伏线路695公里，改造提升35千伏变电站4座。创建自治区级绿化美化示范村12个，新建户厕600座，改造公厕235座，33个行政村的生活污水实现集中处理，农村生活垃圾管控率达100%，村容村貌与人居环境得到改善。

继续推进厕所革命，在察素齐镇实施4座旱改水公厕项目，前期相关手续及选址工作已完成，并制定项目建议书。更新添置环卫设施设备，先后购置6台垃圾自卸车。投放新型分类式垃圾箱，100个果皮箱和50个手推车。实施生活垃圾分类治理，已确定旗蒙古族学校和2个小区（北国之春、领地康城）作为试点，并在全旗范围内进行垃圾分类宣传工作。2020年以来，市容局严格作业时限、规范作业标准，持续提高道路机扫率，实现镇内无空档清扫保洁作业模式，洗路车、高压冲洗车、大中型机扫车、小型机扫车等环卫作业车，按照“扫、吸、冲、洗、保”五步组合作业法开展全面作业，镇内环境面貌得到进一步的提升。

【民生社会事业】 着力保障和改善民生，年初确定的7件民生实事基本完成。新增城镇就业2329人，农村劳动力转移就业60011人。全年处理欠薪案件185件，共为2312名农民工清欠工资2888.8万元。社会救助实现“应保尽保”，5所敬老院建立“公办民营”管理模式。公共卫生服务体系更加完善，医共体、医联体建设全面完成，实现优质医疗资源有效下沉。旗人民医院、疾控中心核酸检测实验室投入运行，重点人群新冠疫苗接种工作全面启动。教育工作方面，旗第三幼儿园开工建设,民族中学教学综合楼、沙尔营中心幼儿园、三两中心幼儿园建设完工。义务教育阶段全面实行“阳光招生”“阳光分班”，持续推进名校办分校、强校带弱校，优质教育资源实现共享。中高考再创佳绩，全旗高考一本上线率同比增长4.7%，二本上线率同比增长8.5%。文化体育事业健康发展，加强文物保护工作，广化寺造像安防工程完工，完成第七批市级非遗项目和自治区级传承人申报工作。旗乌兰牧骑在第十七届中国·内蒙古草原文化节上荣获5个奖项。开展全民健身和群众性体育活动，成功举办自治区跆拳道和武术套路精英赛、“五彩土默特”杯球类比赛。

【优化营商环境】 出台《土默特左旗优化营商环境三年行动计划实施方案》《土默特左旗落实呼和浩特市优化营商环境九条措施实施方案》。扎实推进相对集中行政许可权改革，旗行政审批和政务服务局挂牌成立，集中划转16个单位152项行政审批和服务事项，实现“一枚印章”管审批。乡镇审批服务改革方面，向基层下放行政权力92项、公共服务事项51项。推进建设项目审批制度改革，受理社会类投资15个，政府类投资13个。34个部门权责事项精细化梳理工作全面完成，7大类66个企业开办事项实现“套餐式”“一站式”服务。企业开办主体登记压缩至1.5个工作日内，不动产一般登记压缩至3个工作日内。政务服务大厅软硬件设施提标改造工程完工，增设“一窗受理”窗口13个，全年办理业务达30.8万件。全面落实减税降费政策，全年减税降费5218万元，兑现企业奖励和扶持资金3.6亿元。招商引资方面，累计签约落地项目18个，其中亿元以上项目16个，实际到位资金28亿元。

（张贵英）

托克托县

【概况】 托克托县隶属内蒙古自治区首府呼和浩特市，位于自治区中部、阴山南麓、黄河上中游分界处北岸的土默川平原上，处在呼和浩特、包头、鄂尔多斯“金三角”腹地。明嘉靖年间阿拉坦汗的义子“妥妥”驻牧东胜卫城，托克托之名由此得来。1950年初，托克托县人民政府成立。全县辖5个镇、1个河口管委会、15个社区、120个行政村，1个自治区级工业园区、1个自治区级农业园区、2个自治区级服务业集聚区。全县总面积1416.8平方公里，总人口20.2万。

【脱贫攻坚】 全年，整改各级考核暗访检查反馈问题261项。完成农村安全饮水改造提升项目、苦咸水改水项目、囫囵兔自然村住房保障工程。投入产业扶贫资金3965.5万元，实施产业扶贫项目31个。帮助困难群众发展到户产业539个，组织47家企业合作社与贫困户建立利益联结机制。教育、健康、金融、社保兜底扶贫和“智志双扶”深入开展，贫困群众内生动力持续增强。

【环境污染防治】 自治区环保督察反馈问题年度整改任务全部完成。秸秆禁烧和综合利用工作深入推进，治理企业工业炉窑、餐饮油烟14家，新增挥发性有机物在线监控设备31套；投资1.1亿元实施了再生水综合利用工程，高盐水减量化工程稳定运行，大入黄口断面水质持续达标，水源地水质达标率100%；规范管理危险废物贮存企业10家，圆满完成第二次全国污染源普查任务。

【防范化解重大风险】 坚持控增量、减存量，采取预算安排、盘活资源、处置资产、核减核销、债务重组、借新还旧等多项举措，化解政府隐性债务4.3亿元，清欠民企账款6.5亿元，超额完成年度化债和民企无分歧账款清欠任务。偿还融资类债务本息4.72亿元，未发生违约事件。

【工业经济】 投资3.1亿元的托克托工业园区500千伏变电站建成投用，投资1.6亿元的佳园220千伏变电站主体完工，投资1026.5万元的久泰物流园重载路、金河佑本污水管网、东区给水管网等稳步推进。投资117.8亿元的久泰100万吨煤制乙二醇项目动力界区点火。投资6.9亿元的金河佑本动物疫苗项目主体工程全部完工，投资6000万元的溢多利生物固体酶制剂项目试车。投资1.7亿元的华唐伟业智能制造铝轮毂项目调试。投资1.2亿元的蒙冀电力金具生产线项目投运。久泰6万吨聚甲醛项目、环创富碳干冰项目前期工作完成。

【乡村振兴】 建设高标准农田15.5万亩、整理土地31万亩、农机深松整地9万亩，粮、经、饲比例74∶5∶21。投资5亿元的刘家窑1.2万头奶牛牧场开工，投资5亿元的常家营1.5万头奶牛牧场启动，建成4个数字化牧场，改扩建5个中小牧场，新建3个生猪养殖场、1个规模化养鸡场，畜禽存栏42.8万头。完成户厕改造6990户，建成9座垃圾转运站、1个垃圾焚烧炉、4处污水处理中心，保洁队伍618人，清理处理农村生活垃圾5.2万吨。新增20家农牧业龙头企业，评选认定12家市级示范社，培育68名新型职业农民。举办了第三届中国农民丰收节和网红直播助力托克托特色产业发展等活动。

【服务业】 实施全域旅游战略，投资3850.7万元的云中郡文化主题公园、投资1392万元的革命历史纪念馆基本建成，投资11.8亿元的黄河康养农旅小镇开展前期。积极整合神泉景区、东胜卫文化旅游区、景丰海洋馆、郝家窑特色村等品牌旅游资源，举办了黄河“几”字弯非遗文化走进托克托、“游中国最美乡村，品黄河人家炖鱼”等线上线下活动，黄河麦野谷获评国家AAAA级旅游景区。电商企业增至23家，年交易额7500万元、增长12%。嘉和煤炭物流园年吞吐2000万吨。

【优化营商环境】 深入实施优化营商环境三年行动计划，着力推进行政审批制度改革，梳理减少权责清单85项，办理时限压缩54%，网办事项达91%，最多跑一次事项达98%。工程建设4个阶段39个审批事项实现“一窗受理”。企业开办时间压缩至1个工作日、材料精简至5件，全年新增市场主体1776户。县“接诉即办”调度指挥分中心运行。帮助多类市场主体降低用电成本5697.3万元，协调贷款17.4亿元。

【城镇宜居建设】 完成第三次国土调

查任务，国土空间规划编制工作稳步推进，宅基地确权登记颁证基本完成。投资500万元的云中集贸市场改造基本完工，投资1776万元的万兴广场东小游园项目投入使用。新增纯电动公交车10辆，开通扶贫客运专线和环城公交线，集中治理铁路沿线安全隐患21处180个点位。尚东名郡等小区供暖问题得到有效解决，新增集中供热面积27万平方米，集中供热普及率94%。投入1.1亿元升级改造用电线路72公里、更新老旧计量电表2.5万块。

【生态文明建设】 实施京津风沙源二期草原生态保护项目完成经济林2万亩、平茬复壮2万亩、人工造林1.3万亩、补植补造1万亩，森林村镇建设850亩，建设义务植树基地、纪念林基地1400亩。严格落实“河湖长制”，累计巡河537人次，清理河湖垃圾731吨，拆除违建2处；总投资9898万元的麻地壕灌区续建配套与节水改造工程完工；总投资1341万元的大黑河生态净化工程开工。

【社会保障】 全年累计发放低保金7193.2万元、特困供养经费669.1万元、敬老金1946.5万元、高龄津贴592万元、困难和重度残疾人补贴647.8万元。发放退役军人定期定量补助737.4万元、自主就业补助252.9万元，社保接续686人，妥善安置260人，退役军人历史遗留问题得到解决。城镇新增就业2424人、农村劳动力转移就业40019人，均超额完成任务。农民工工资治欠保支“两金四制”全面落实，农民工合法权益得到有效保障。

【教育教学】 深入推进统编教材使用；曙光幼儿园、青少年宫、新营子幼儿园投运，双河第三幼儿园开工，职业教育实训基地完工，中小学安全防范建设“三个百分之百”全面完成；招聘引进教师97名，调整交流校园长和教师50名；公办幼儿园占56%、普惠性幼儿园覆盖率90.5%；高考本科上线人数、中考高分段人数稳居全市农业旗县之首。

【文化体育】 举办黄河文化旅游节、葡萄节、乒乓球比赛、乡村赛马等群众性文化体育活动；县乌兰牧骑全年演出128场，惠及群众6万余人次；全面完成《托克托县志（2001—2018）》《托克托年鉴（2020卷）》《托克托工业园区志（2003—2020）》编撰工作。投资3.1亿元的新医院全面投运，居民健康电子档案建档率93%，贫困人口家庭医生签约率100%，乡镇卫生院（社区中心）中医科中药房配备率100%，中蒙医院获评“二级甲等医院”“职业健康检查医院”。

【社会稳定】 社会治安防控和科技化管理水平大幅提升，刑事案件和行政案件数量逐年下降。完善了信访联席会议制度，信访事项办结率达100%。深入开展“安全生产三年专项整治”行动，整改隐患1002处。推进了人防系统腐败问题专项治理，补建人防工程面积1.4万平方米，依法追缴人防易地建设费1075万元。加强和改进了新形势下民族工作，新营子镇人民政府等多家单位荣获“全市民族团结进步创建示范单位”称号。

（马昕宇　徐可）

和林格尔县

【概况】 和林格尔县位于内蒙古自治区呼和浩特市南部，地理坐标北纬39°58′～40°41′，东经111°26′～112°18′之间。和林格尔县地形地貌多样，山、丘、川兼备，属内蒙古高原向黄土高原的过渡地带，素有“五丘三山二分川”之说，总体地形呈东高西低、南高北低的态势。全县总面积3436平方公里，辖4乡4镇1个经济开发区，有148个行政村，10个城镇社区、2个农村社区，居住着汉族、蒙古族、回族、满族等14个民族，总人口20万。2020年，地区生产总值完成182.54亿元，同比增长4.7%；规模以上工业增加值同比增长16%；固定资产投资同比增长32.1%；社会消费品零售总额完成23.2亿元，同比增长6.2%；一般公共预算收入完成14.43亿元，同比增长0.39%；城镇常住居民人均可支配收入39244元，同比增长0.6%；农村常住居民人均可支配收入15711元，同比增长8.7%。

【农业农村】 2020年，建设高标准农田项目4万亩，其中，千亿斤粮食增产项目0.4万亩选址在大红城乡红山口村、羊群沟乡大湾村；1.6万亩高标准农田选址在盛乐镇哈拉沁村、北倒拉板村；2万亩高标准农田选址在盛乐镇哈拉沁村、北倒拉板村和草原研究所、舍必崖乡什八台村。建成优质牧草基地项目3480亩，优质苜蓿草攻关项目2933亩，全县设施蔬菜投产面积1400亩。农村人居环境整治重点打造巧什营示范镇及其他乡镇的17个示范村，全县141个行政村全部完成规划编制，其他7个行政村属城区规划。完成栽植防护林400亩，经济林550亩，公园、公共绿地等绿化美化50亩。全县农作物总播面积105万亩，与往年基本持平，其中玉米62.5万亩，小麦0.15万亩，豆类11.3万亩，马铃薯6.2万亩，其他谷物13.9万亩，油料作物4.52万亩，蔬菜1万亩，其他农作物5.43万亩。全县粮食总产预计达到24.2万吨，粮食产量同比增长6.7%。

【畜牧业】 和林格尔县新开工建设万头规模奶牛牧场3处，新建成5000只规模的标准化奶羊场3处，新建万只奶羊场1处。前三季度，全县家畜存栏达91.2万头（只）。其中，奶牛存栏7.4万头，鲜奶产量达27.2万吨，肉羊51.3万只，生猪29.7万头，家禽存栏60万只；出栏生猪24.3万头、肉羊17.6万只、牛1.6万头，肉类总产量达32140吨。

【林业】 全年完成人工新造林0.7万亩，低质低效林改造及补植历年旧工程9.5万亩，抚育中幼林1.4万亩。全县造林绿化总面积达到220万亩，森林覆盖率达到29.2%。

【水利】 新增节水灌溉面积4万亩、水保治理面积2.5万亩，解决2156人安全饮水问题。完成2019年下达的沙坝四号骨干坝除险加固工程建设；完成国家水土保持重点工程前窑子水库清洁小流域项目的收尾工程；完成县域内111座骨干坝、中型淤地坝的排查工作，对历年存在病险的34座淤地坝进行维修；完成国家水土保持重点工程兰家窑清洁小流域项目、红山口坡耕地水土流失综合治理项目和新建淤地坝项目的前期设计和项目申报工作。完成陈梨夭水库灌区节水改造项目建设，共维修饮水枢纽3处，衬砌渠道36.1公里，配套渠系建筑物190座，安装智能化计量设施32套。项目实施后，恢复改善灌溉面积3.5万亩。完成国家水土保持重点工程前夭子水库清洁小流域项目，完成治理面积20平方公里。

【工业】 和林格尔县前三季度38家规模以上工业企业完成工业总产值115.67亿元，同比增长27.6%；规模以上工业增加值增速增长23.6%，工业固定资产投资完成7.98亿元。全年规模以上工业总产值完成153.8亿元，同比增长27.1%，规模以上工业增加值预计增长18%，工业固定资产投资预计完成10亿元。和林格尔县重点工业项目当年开（复）工项目14项，其中，续建项目6项，总投资24.38亿元；新建项目8项，总投资112.49亿元。前三季度，开（复）工项目10项，开（复）工率71.4%，完成投资7.98亿元。获批地理标志商标5个、全国名优特产品2个。规模以上工业企业达到38家。蒙牛乳业挺进全球乳业八强，蒙牛中国乳业产业园智能制造区、战略创新区全面启动。盛健山羊乳、智天然食品等项目相继达产，正大动保中心、鸿业食品等生猪全产业链项目加快推进。西贝餐饮集团总部签约落地，超级中央厨房开工奠基。杭萧盛基建成投运，必威安泰改扩建、鑫广进燃气设备等项目开始生产。呼和浩特新机场全面开工。

【城镇建设】 启动国土空间规划编制及第三次全国国土调查，完成140个村庄规划和盛乐镇“两规”修编。2020年印发《和林格尔县公租房分配方案》，共出售公租房39套、出租6套；完成43个老旧小区摸底排查和改造申报工作，制定和林格尔县2021年及今后五年老旧小区改造计划。按计划完成总投资4.5亿元的城镇地下管网改造项目设计招标工作，工程已经开工建设。供热支线改造项目已完成投资690万元，剩余工程计划明年上半年全部完工。供水管道改造项目设计施工一体化工程现已开挖1900米，铺设管道1760米，完成回填1500米，阀门井19个；南山污水北送现已基本完成。设置公益广告341处，建设文化墙2781处，维修公园平台、座椅等公共设施160处，维修破损路面、人行平台8900平方米，更换井盖及雨篦子40套，修补破损路面2200平方米。栽植各类乔木1500多株、花灌木2000多平方米、地被1000多平方米；种植宿根花卉3万多株、草花1万株，制作造型立体花架4组、立体花碗26组，摆放种植三角梅38株、花境50平方米、园艺绿雕3处，摆放花箱、盆花18000多个；对主要街道、公园广场、绿地的植被进行修剪除草、精细养护。

【交通】 “和羊好”红色旅游公路41公里建设工程项目现已完成路基41公里，涵洞32道，路面工程完成30公里，预计2021年建成通车。建成耳林岱—新机场12公里的二级公路。国道241线沟门大桥工程建成并通车。石家窝铺大桥改造建成并通车。建设乡道605、608安全防护工程14公里。实施县道020四铺至公喇嘛19.5公里段和乡道602及村道045段提升改造工程。县道020闫城营至大新营3.5公里和县道015三菠罗至蒋家坪15.3公里为“油返砂”改造建成。新建南天门—陶家夭2.5公里水泥路工程。修建崔家营—郭林夭12公里水泥路、五松图路—G512段3公里水泥路及后五道沟漫水工程。开通11条城乡公交线路，覆盖全县148个行政村。

【旅游业】 2020年，成功创建呼和浩特首个“自治区级全域旅游示范区”，A级旅游景区达到7个。受疫情影响，全年全县接待游客总人数28.43万人次，同比下降86.9%，在旅游产业复工复产后，成功举办2020内蒙古和林格尔第十一届芍药文化旅游节、盛乐金秋文化节。2020年完成规划设计项目2项，分别是文化艺术创意产业园和乡村旅游建设项目；正在编制规划项目2项，分别是明长城好来沟段文化遗址公园和北山公园建设项目。以上四个项目，均已进入编制可研报告阶段。南山公园生态旅游区基础设施建设项目正在进行初设和施工设计招标。足球运动文化中心项目前期工作已完成，待资金到位即可开工。南山美食一条街项目正在进行招商相关事宜。全年共建设旅游厕所10座，截至年底，完工4座，6座主体完工。

【服务业】 电子商务交易额达到50亿元，同比增长19%。新建3个项目，续建项目15个，大数据平台项目8个，电力大数据平台、中国乳业大数据平台、云智能奶牛育种养殖大数据平台、爱养牛—畜牧互联网020平台、草原生态大数据平台、华蒙通冷链仓储大数据平台、消防大数据平台以及和林格尔县精准扶贫大数据平台。中国电信、中国移动、中国银行、东方国信等项目进展顺利，驰远洗涤物流园及京东“亚洲一号”建成投运，跨境电商综合试验区业务开通。

【科技】 2020年，13家企业申报国家高新技术企业，截至2020年底和林格尔县共有32家高新技术企业。全县各级各类研发平台共37家，2020年3家企业申报年度市级企业研究开发中心，2家企业申报2020年度市级工程技术研究中心。县域企业申报2020年度、2021年度自治区科技计划项目57项，其中：2020年度自治区科技计划项目38项（重大专项1项，关键技术攻关11项，院区科技合作及引智项目3项，成果转化4项，“科技助力经济2020”重点专项4项，科技创新引导奖励资金5项，技术交易后补助10项），2021年自治区关键技术攻关项目19项。“科技兴蒙”行动征集创新合作需求25项；申报市科技局应对新冠疫情补充征集科技项目5项（重大专项1项，应用研发4项）；申报呼市2021年各类科技项目36项（重大专项16项，应用研发20项）。共申报98项科技计划项目，25项创新合作需求。

2020年9月评审完成的2019年度自治区科技进步奖，和林格尔县共获6项，其中一等奖、二等奖各1项，三等奖4项。

【扶贫】 全年投入扶贫资金7100万元，实施扶贫项目24个。全县35个贫困村全部出列，建档立卡贫困人口全部脱贫，贫困发生率为零。截至2020年底，建档立卡系统中贫困户4082户8145人，其中享受政策1896户3276人。产业扶贫上累计投入财政扶贫资金4480万元，累计带动贫困农户8737人次，对1300多名贫困劳动力开展实用技术培训，惠及建档立卡贫困户1116户2406人。就业扶贫上组织家政服务等技能培训48期1296人，组织就业扶贫专场招聘会3次，发布招聘信息40期，为有就业意愿的贫困户累计提供就业岗位2133个。完成转移就业755人，公益岗位就业617人。易地扶贫搬迁上，31个安置点全部验收合格，265个搬迁户旧房全部拆除并进行复绿，为430名易地搬迁贫困户增收拓收641万元，新建道路19公里，配套管网7.3公里，建设小学3所、医疗卫生院（室）25个。生态扶贫上，全县承担新一轮退耕还林任务3万亩，涉及建档立卡贫困户退耕面积3025亩，惠及贫困户311户、605人。兑现补贴资金288.6万元，人均4770元。小额扶贫信贷上，累计发放扶贫小额贷款113笔441.2万元，贷款存量95笔368.7万元，共贴息16户2.04万元。政策兜底保障上，累计为建档立卡贫困户支出低保、特困救助资金1496.5万元，临时救助6名建档立卡贫困人口，发放救助金2.06万元。为符合条件的757名贫困人员每人代缴100元的城乡居民养老保险费。公共服务基础设施建设及集体经济上，全县148个行政村水、电、路、通信等基础设施建设配套齐全。2019—2020年两年选培8个扶持壮大村集体经济试点村，每村配套125万元专项扶持资金，全县村集体经济收入达到6342.7万元，村集体收入均达到5万元以上。

【电力】 农村电网改造升级输配电线路106公里，共分43小项，安装柱上配电变压器257台、箱式变4台、环网柜3台、柱上开关66台。和林格尔县2020年配电自动化工程共4小项，安装柱上设备15台，安装“两遥”FTU设备6套，安装二遥故障指示器30台。应急老旧计量改造工程涉及31个台区，共改造1940块智能表计，已完成初设，正在招标。

【卫生】 创建自治区卫生乡镇2个（城关镇、经济开发区）、市级卫生示范村64个（其中自治区卫生村61个），创建比例达到43%以上。2020年，全县共有医院2个，卫生院12个。2020年上半年妇幼健康管理各项指标均达到“两纲”要求，孕产妇系统管理率达91.65%；3岁以下儿童系统管理率达87.14%；新生儿疾病筛查率及听筛率均为100%；孕产妇死亡0；婴儿死亡率为2.29‰。

【文化体育】 2020年围绕疫情防控、脱贫攻坚等主题创作文艺作品230余件，举办惠民演出、各类群众文化活动360余场（次）。和林格尔县各类公共文化场馆年接待群众约10万人次。和林格尔县乌兰牧骑以丰富多彩的剧目深入全县乡镇、农村、社区、企业、学校开展惠民演出100余场。和林格尔县文化大院创作戏曲、快板等形式的疫情防控主题文艺作品8个，县乌兰牧骑创作歌曲、二人台、晋剧、快板、小品等多种表演形式的文艺作品20余部，并创排白二爷沙坝大型二人台剧。开展第五次国民体质检测活动，为县党政机关及幼儿园等进行多人次多项目测试；成功举办2020年和林格尔县干部职工“农信杯”篮球比赛、全民健身全民健康——体彩助力第12个全民健身日广场舞大赛。

【社会保障】 2020年基层退役军人服务站组建运行，退役士兵得到妥善安置。发放城乡社会救助资金1.12亿元。全年共征收各项保险费4.5亿元。其中：征收职工养老保险费2.15亿元，征收城乡居民养老保险费1.36亿元，征收机关养老保险费8531万元；征收失业保险费566.49万元；征收工伤保险费825万元。全年已实际为企业减免社会保险费共计7008.3万元（养老保险减免6597.8万元，失业保险减免243万元，工伤保险减免167.5万元）。为769名建档立卡贫困人员按标准代缴城乡居民养老保险费，共代缴8.84万元；为2444名符合领取城乡居民养老保险费待遇的建档立卡贫困人员按时支付城乡居民养老保险待遇。共发放城乡低保、农村五保、“三无”人员保障金、孤儿保障金共11220.83万元。共临时救助各类人员205人，发放救助金46万元。2020年受新冠肺炎疫情影响，加大援企稳岗补贴的发放力度，全年发放3批次，发放723.92万元，惠及企业89家，职工17757人。

（张丽芳）

和林格尔新区

【概况】 内蒙古和林格尔新区（以下简称“新区”）地处呼包鄂榆城市群的核心区域位于内蒙古呼和浩特市东部和南部，涉及呼和浩特市新城区、赛罕区、土默特左旗、托克托县、和林格尔县、清水河县区域，规划控制面积496平方公里，由中部核心区和南北两翼构成，到2020年建设用地规模控制在183平方公里以内。2018年底常住人口50.3万人。云谷小镇入围“内蒙古首批特色小镇高质量发展培育名单”，新区被列为自治区大数据产业核心区，成功获批“国家火炬和林格尔新区大数据特色产业基地”“国家新型工业化产业示范基地（大数据）”和“国家康复辅具产业综合创新试点地区”，全力打造自治区推动高质量发展的引领区。内设7个部门，分别是：党政综合办公室、财政金融局、城市规划建设局、行政审批服务局、产业发展招商服务局、经济综合运行局、综合执法局。3个直属公司，分别是：内蒙古和林格尔新区投资有限公司、内蒙古和林格尔新区基础设施开发建设投资有限公司、内蒙古高端高新产业投资有限公司。

【数字经济发展】 已建成和在建的IDC项目服务器装机能力163.5万台，居全国前列。

中国电信数据中心A8、A10数据机楼及A14动力中心投入使用，中国移动数据中心二期部分机房楼、东方国信工业互联网北方区域中心项目一期主体封顶，自治区农信社数据中心签约落地，中国银行金融科技中心开工建设，中国“金融云谷”启动实施，农业银行、建设银行数据中心项目落地工作加快推进。

7月22日，百信年产10万台“国产芯”生产线在和林格尔新区落地开工，项目具备国产化软硬件迁移适配、培训演示等功能，并通过不断迭代升级数字化开发，持续输出适配认证服务，构建关键行业公关与应用示范基地，形成优势行业产品和解决方案供给能力，将逐步打造成为独具地方特色的信创适配集聚地。

11月15日，第二届中国超级算力大会在北京举行，内蒙古高性能计算公共服务平台“青城之光”位居2020年中国高性能计算机性能TOP100排行榜第四名，国际人工智能性能前500排行榜全球第六名。

制定了东方国信赋能自治区优势特色产业建议示范项目册，完成“蒙芯”技术在市政工程车辆管理系统、平安校园等项目的应用。自治区5G产业创新基地建成投用，呼和浩特国家级互联网骨干直联点开通运行。

【生命科学新材料产业】 3月6日，博奥医学检验所呼吸道多病毒快速检测芯片系统投入使用，该套检测系统在湖北武汉等地区发挥重要作用，它能在一个半小时内检测出包括新冠肺炎病毒在内的6种呼吸道病毒，具备每日单检1万管新冠病毒核酸检测能力。

博晖创新现代化生物科技产业基地、内蒙古大学家畜种质创新与繁育基地、新思路区域细胞制备中心等项目签约落地。贵州百灵民族医药产业基地、北京科拓动植物微生物生态制剂生产及益生菌原料菌粉生产项目加快推进。

12月3日，北工大高导热氮化铝项目全面投产，该项目的投产将填补内蒙古自治区高品质氮化铝产业的空白，对国内自主研发生产高品质氮化铝，替代进口等具有重要意义。

【重点产业平台】 智能制造产业园一期建成30栋标准化厂房，北京东信华捷科技、同方空气源热泵、海芯华夏科技等23家高科技企业签约入驻、总投资约5.7亿元，入驻率达44%。

数聚小镇一期工程主体全部完工，部分楼宇达到企业入场装修条件，爱信诺征信、浪潮健康医疗大数据等项目即将入驻。金融小镇商务A区首开区办公楼完成主体结构，小镇新增入驻各类企业43家、新增注册资本50亿元。

6月10日，呼和浩特国家跨境电子商务综试区线上线下平台建成投运，“1210”和“9610”跨境电商业务全面开通，自治区首家跨境电商综试区线下020新零售体验店建成投用，河南保税集团、陕西丝路城集团等30多家跨境电商企业签约入驻，累计完成跨境业务超3万单，实现贸易额330多万元。

6月10日，中国（呼和浩特）跨境电商综合试验区业务在新区智能制造产业园正式开通

【城市规划体系建设】 新区国土空间规划编制启动实施，抗震、消防、人防等专项规划启动编制，《空港片区控制性详细规划》《金海片区城市设计》编制完成，《新区新能源绿色高质量发展规划》正式发布。开展绿色建筑标准体系建设，绿色建筑管理办法、建设指南、建筑评价标准、建筑设计标准等形成成果，海绵城市设计、审查、管理等技术研究和应用启动实施。“多规合一”空间规划体系信息平台初步建成，规划展馆布展加快推进。

【基础设施建设】 10月27日，金盛快速路提升改造工程北段主线全面贯通，金盛快速路北段北起呼市南二环，南至大黑河南岸，主线采用高架桥梁方式建设，设置城市地道一座、跨大黑河单塔斜拉桥一座。

3月28日，内蒙古和林格尔新区云谷片区500千伏永旗线、110千伏台公线电力迁改工程全面完成。“两河一廊道”生态园林绿化与河道治理一期工程进入收尾阶段，自治区党政军480亩义务植树基地及周边绿化全面完成，云谷片区市政道路绿化和云义公园改造全面完成，产城融合发展格局初步形成。

【公共服务建设】 9月4日上午，内蒙古和林格尔新区枫叶双语学校正式开学，学校开设从幼儿园、小学、初中、高中及外籍人员子女学校各学段课程。学校拟定提供4550个学位，计划整体规划设计，按需分期实施，先期启动预科、小学和初中部分。2020年学校计划招生350人。

呼和浩特市四中分校、剑桥学校新校区签约落地，实验中学、职业教育园、内蒙古警察职业学院新校区建设前期工作加快推进。

【智慧城市建设】 制定《内蒙古和林格尔新区智慧城市建设工作方案》《内蒙古和林格尔新区智慧交通工程设计导则》《内蒙古和林格尔新区市政基础设施建设项目多杆合一设计技术方案》。

新区规划展厅指挥中心、云谷片区地下管网防挖掘振动感知监测工程、智能制造产业园一期智能化项目等加快建设。10千伏电力管廊感知监测系统完成方案设计，智慧政务系统、智慧交通、智慧照明、地下管网感知系统设计不断深化。

【审批制度改革】 呼和浩特市56项行政审批事项授权及和林县授权事项全部完成移交，派驻部门工作进一步理顺，相关审批事项已在新区审批平台进行初步配置，相关审批、审查人员已在新区审批平台开通业务管理账号，承接落地工作基本完成。

探索启动“区域先评估”改革，制定印发《内蒙古和林格尔新区工程建设项目区域评估实施方案（试行）》《内蒙古和林格尔新区工程建设项目节能审查区域评估改革试点实施意见（暂行）》，率先启动节能审查区域评估改革，成为自治区首个节能审查区域评估改革试点区域，为2个首批试点项目颁发了工程建设项目节能承诺备案告知书，推动工程建设项目节能审查工作由过去的“重审批、轻监管”向“不审批、重监管”方向发展。

持续推进审批流程再造，按照工程建设项目改革要求和投资项目类型，制定审批类、核准类、备案类项目全生命周期审批流程，审批时限全部压缩在80个工作日以内。

【政府集成式服务】 持续完善“企业零跑腿”服务机制，中国移动数据中心二期、中国电信数据中心二期、中行IDC、韵达快递等重点项目“零跑腿服务”工作加快推进。

推进智慧政府建设，“互联网＋政务服务”平台、网上政务大厅系统、投资项目审批系统上线运行，新区“互联网＋政务服务”平台与自治区一体化政务服务平台统一身份认证系统、自治区政务局统一门户完成对接，企业群众在新区网上政务大厅可实现“一地注册、各地互认”和“一次认证、全网通办”。

进一步优化企业开办全流程，推行企业名称自主申报、住所托管、工商申报助手、免费刻制印章、提供企业法人远程面签、免费邮寄证照等一系列便民举措，企业开办全程电子化全面启动，中介超市正式启用，推动企业开办时间压缩为1个工作日内，全年累计增加市场主体372户，同比增长37.1%；新增注册资金近41.1亿元。全年集中兑现招商引资各类奖补资金2145万元。

【科技创新】 清华大学—和林格尔新区分布式数据处理系统联合研究中心项目征集指南正式发布，已资助清华大学武永卫教授“无界超算高性能低延迟图像计算技术”项目的研究。晟蒙基金出资1500万元，投资爱养牛、鼎名生态科技、循常游戏等项目，助力企业发展壮大。

（丁鹏程）

清水河县

【概况】 清水河县地处内蒙古自治区中南部，呼和浩特市南部。位于北纬39°35′～40°11′，东经111°21′～112°07′。东、南以明代长城为界，与山西省朔州市右玉县、平鲁区和忻州市偏关县毗邻；西以黄河为界，与鄂尔多斯市准格尔旗隔河相望；西北与托克托县交界，北临古力半几河与和林格尔县相连。总土地面积2818平方公里。地形由东南向西北逐渐走低。全县平均海拔1374米，最高点为东南部北堡乡南柳沟村边马鞍山，海拔1833米；最低点为西南部老牛湾镇的老牛湾村，海拔915米。

2020年，全县辖4镇、4乡、103个村委会、6个社区、798个自然村。全县户籍人口139297人，有22个民族。2020年，全县地区生产总值完成65.89亿元，同比增长4.5%，三次产业增加值分别完成6.87亿元、28.85亿元、30.17亿元，同比分别增长0.7%、11.2%、0.3%；固定资产投资完成7.8亿元，同比增长17%；社会消费品零售总额完成6.5亿元，同比下降8.9%；城镇常住居民人均可支配收入30152元，同比增长2.4%；农村常住居民人均可支配收入11395元，同比增长11.7%；一般公共预算收入完成4.71亿元。

【农牧业】 全县完成农作物播种面积51.51万亩，建设高标准农田5000亩、覆膜蓄水保墒示范田1.7万亩。配种改良基础母羊10万只，牲畜存栏60.92万头（只），同比增长1.2%；牲畜出栏69.3万头（只），同比增长0.7%。加大产品研发力度，161种产品入选全国扶贫产品名单，以蒙清速食面为代表的一批创新产品远销北上广等大中型城市。

【工业】 净增规模以上企业4家。全县规模以上企业完成工业总产值53.4亿元，同比增长20.4%。全市优化调整并保留清水河工业园区，定位重点发展非金属材料产业、现代化工产业，建成百万吨高岭土产业园。开工建设旭阳中燃二期360万吨焦化及制氢综合利用项目，万秋管桩、蒙西高岭土、恒源高岭土一期试生产，绿色循环产业初具规模。超牌科技完成上市前准备工作，明阳50兆瓦风电项目实现全容量并网。

【文化旅游】 推动文旅融合发展，组建国有文旅公司，整合全县文化旅游资源，打造全域精品旅游产业。推进老牛湾景区经营权改革，老牛坡红色旅游产业园内装修全面展开，云滚洞景区、智慧田园综合体、石峡口生态旅游度假区基础设施进一步完善，全年接待游客37万人次，旅游收入1.3亿元。

【扶贫】 巩固提升脱贫攻坚成效，全年投入扶贫资金2.18亿元，实施扶贫项目84个，覆盖贫困户6203户（次）。改造危房137户，县域居住的7336名贫困人口全部享受健康扶贫签约服务，开展教育扶持695人次、补贴资金198.61万元。改造水窖集雨面1439块，维修集中供水工程109处，新一轮水质检测全部合格。贫困人口中低保、五保比例达54.8%，实现应保尽保。健全防返贫监测预警和动态帮扶机制，37户监测户全部消除致贫、返贫风险；发放金融扶贫资金3122.5万元，覆盖贫困户645户；实施村集体经济项目27个，村集体经济收入全部达到5万元以上。“三扶三增三提升”参与率98%，“孝扶共助”参与14141人次。完成各级各类巡视、督查、考核反馈问题整改措施206条。自治区脱贫攻坚工作总队、市督导组对103个村开展4轮全覆盖督查，有力推动脱贫攻坚质量提升。

【环境保护】 统筹推进生态建设与污染防治综合治理，自治区环保督察反馈18项问题全部完成整改。完成全民义务植树30万株、营造林31.5万亩，实施退耕还草8.8万亩。47家重点企业全面推行重污染天气“一厂一策”，15家工业窑炉完成升级改造，全面禁止秸秆露天焚烧，农作物秸秆综合利用率98%，空气质量优良天数331天。城关镇饮用水水质稳定达到III类标准，污水处理厂出水水质保持在一级A标准，清理整治河湖乱象问题16个，浑河入黄断面水质稳定达标。持续推进化肥、农药减量增效，回收废旧地膜11.8万亩，35家规模养殖企业粪污资源化利用配套项目建成投用。

【重大风险防范化解】 采取有效措施防范化解县农村信用联社不良贷款风险隐患。严格审批政府投资项目，强化财政预算约束，规范项目建设管理，严控债务增量。化解隐性债务2.84亿元，完成目标任务的219%，其中，化解政府部门及其所属机构拖欠民营企业中小企业账款1.14亿元，完成计划任务的100%，降低政府债务风险。

【乡村振兴】 清杨路、人行路建成通车，滨河南街贾家湾段道路管网工程基础完工。新增集中供热9.2万平方米，实施燃气管网改造21.8公里。全面推进房地产项目历史遗留问题集中治理，24个小区具备不动产登记条件。完成房屋征收7900平方米，新建住房面积10.4万平方米，实施12个老旧小区改造工程，改造面积3.95万平方米，受益群众423户，城镇宜居水平稳步提升；乡村振兴迈出坚实步伐。编制完成103个行政村村庄规划。推进农村人居环境整治，全县行政村整洁率达100%，自然村整洁率95%。改造户厕4346座，完成计划任务的109.1%。建成农村集中污水处理收集池28座，创建城关镇自治区级森林乡镇和10个森林村庄，县域村庄绿化率达到30%。选派产业指导员106人，培训新型职业农民267人，乌兰牧骑深入农村社区开展惠民演出100余场。完成农村安全饮水巩固提升工程34处，惠及农民4100多人。推进“四好农村路”创建工作，新建维修农村公路22条106.1公里，完成道路“油返砂”改造89.1公里，开通扶贫客运专线9条。农村网络“村村响”服务质量逐步提升，在高茂泉窑村建成全市首座5G乡村基站，完成电力农网改造331.1公里，公共服务水平进一步优化。

【民生改善】 民生事业累计投入2.4亿元，占一般公共预算总支出的20.89%，同比增长4.28%。全面落实援企稳岗政策，多措并举保就业，城镇新增就业1667人，城镇登记失业率控制在2.25%，农村劳动力转移就业3.5万人，发放创业担保贷款620万元，县域就业形势稳定。

（张全载）

武川县

【概况】 武川县位于内蒙古自治区中部，地处阴山山脉中段农牧区的交错地带，属呼和浩特市辖，县城可可以力更镇距呼和浩特市区28公里。县境东邻乌兰察布市四子王旗、卓资县，南连呼和浩特市新城区、回民区和土默特左旗，西与包头市土默特右旗、固阳县相衔，北与包头市达尔罕茂明安联合旗接壤。县境总面积4885平方公里，全境东西长110公里，南北宽66公里，其中山地占41.9%，丘陵占50.4%，滩川占7.7%。海拔最高2327米，最低1240米。年平均气温4.2℃，无霜期110天。全县总人口17.1万人，其中农业人口13.1万人。行政区划3个镇6个乡（可可以力更镇、哈乐镇、西乌兰不浪镇、大青山乡、上秃亥乡、耗赖山乡、德胜沟乡、哈拉合少乡、二份子乡），93个行政村，10个社区。

2020年，全县地区生产总值完成51.2亿元，三次产业结构调整为18.3∶17.2∶64.5，固定资产投资14.2亿元，规模以上工业增加值5.3亿元，社会消费品零售总额8.1亿元，一般公共预算收入2.53亿元，年均增长3.3%；城镇居民人均可支配收入28655元，农村常住居民人均可支配收入11082元。

【脱贫攻坚】 2020年，产业扶贫累计支出6.88亿元，覆盖所有建档立卡贫困户，93个村集体经济收入全部达到5万元以上。筹集500万元设立贫困学生救助基金，对县内学校就读幼儿及中小学生进行补助。筹措1500万元设立健康扶贫救助基金，实行大病保险、医疗救助、商业健康保险等制度衔接，重特大疾病贫困人口医疗费用统筹支付报销比例90%。建档立卡贫困户签约服务24954人（次）。对全县17565户农村常住户进行住房安全鉴定，实施危房改造10112户，建档立卡贫困户危房动态清零。建设531处安全饮水工程，维修改造76个自然村饮水管网，覆盖136358人，自来水普及率100%。光伏扶贫惠及379户无劳力贫困户，户均增收3000元。纳入低保贫困人口2487户4255人，特困供养户110户，实现政策兜底。已脱贫4128户7809名建档立卡贫困人口，每人缴纳商业保险500元，最大保额可达25万元。非建档立卡常住人口，每人缴纳人身意外保险和财产保险120元，保额可达2万元。北京市和门头沟区累计帮扶项目68个，投入资金6190.9万元；中国通用技术集团累计投入1310万元，联合村集体打造药材种植示范项目。“百企联百村”累计投入1122万元，实施项目242个。

【污染防治】 2020年，累计投入资金1.53亿元，进行污染防治。大青山国家级自然保护区内51家矿山企业全部拆除，同步完成地质环境、生态环境恢复治理；保护区外61家矿山企业完成地质环境治理并通过专家验收。清理拆除非法黏土砖窑11处、保护区内放牧扎场166处。中央环保督察及“回头看”整改任务41项、交办信访案件40个全部办结。完成第三、第四热源厂限值排放改造，空气质量达到国家二级标准。“河长制”实现常态化、规范化，明确三级河长211人，开展县、乡级河道巡河530余次，河道环境持续改善。

【农牧业】 马铃薯规模化种植、产业化发展趋势明显，年均产量58万吨。肉羊养殖年均出栏56.5万只。全县订单种植燕麦29.5万亩、荞麦示范区3.5万亩。“蒙禾源”荣获全国首批农产品包装标识百家典范称号，带动食用菌形成6大生产基地、11个品种，年产2200吨，销售收入1210万元。中药材种植3万亩，种类达到10余种。土地承包经营确权登记完成36733户，发放经营权证书36600余册，户数、面积分别为99.1%、97.9%。草原确权完成93个村委会964个自然村指界、确认、标绘工作。“武川土豆”“武川莜面”获得国家地理标志产品保护和中国农业百强标志性品牌。全县“三品一标（无公害农产品、绿色食品、有机农产品和农产品地理标志）”认证数 15 个，国家级示范农民专业合作社 6 家，自治区级示范社 16 家，家庭农牧场 1801 家。

【工业】 2020 年，累计引进企业 67 家，完成固定资产投资 42 亿元，规模以上企业 18 家。西贝、燕谷坊等扶贫龙头企业建成投产。金三角园区入驻企业增加到 46 家，生产总值、固定资产投资分别增加 78.4% 和 50%。新建清洁能源 15 项，新增并网 49 万千瓦，总规模 246 万千瓦。

【旅游业】 连续举办 4 届“冰雪文化旅游节”，8 届燕麦文化旅游节，提升旅游知名度。红旅三期建成投入使用，得胜沟红旅景区获自治区 3A 景区认定，形成“136（1 个基地：大青山抗日游击根据地教育基地；3 个中心：党性教育管理中心、景区运营管理中心及产品研发中心；6 个现场教学点：大青山抗日游击根据地展馆、井尔沟革命烈士陵园、郝区政府遗址、司令部遗址、蜈蚣坝伏击战遗址以及哈彦忽洞惨案遗址）”旅游 + 党建教育培训发展格局。新建旅游公厕 40 座。滨河体育公园全面完工。

【生态建设】 推进“生态立县、绿色强县”战略，开展“绿化青山、守护北疆”生态建设行动，累计造林 24 万亩。完成新一轮退耕还林、天然林保护、京津风沙源治理 28.7 万亩，实施封山育林、森林抚育等 22.3 万亩。完成京津风沙源治理草原围栏及生态修复治理 17.1 万亩。建设义务植树基地 733 亩。县城绿地率、绿化覆盖率 39%、41.7%，人均公园绿地 18.6 平方米，被评为自治区园林县城。

森林生态药材产业示范基地入选首批国家森林生态道地药材产业基地试点建设单位。强化森林草原防火及禁牧工作，聘用公益林护林员 1395 人、防火员 632 人。

【交通建设】国道209呼武段全线贯通，融入首府半小时交通圈和经济发展圈。全长 100 公里、投资 30 亿元省道 311 武川至杨树坝段一级公路，开展用地组件报批。投资 2.45 亿元，硬化自然村通村道路 360 公里，全县通硬化路自然村 462 个。

【水利设施】 累计投入 3.99 亿元，实施河道整治等工程。完成小流域综合治理 73 平方公里，京津风沙源水保治理 250 平方公里、生态修复 4.5 万亩。新增节水灌溉 9.2 万余亩。

【城乡基础建设】 完成可镇东外环、健康街东延等市政道路工程。“便民市场”建成投运。新建水冲公厕及垃圾转运站 7 座。城区铺设燃气主管网 22.7 公里；新建液化石油气储配站 1 处。累计实施 29 个小区既有建筑节能改造。实施棚户区改造 497 户。分配公租房 253 套。完成“森林村庄”创建 39 个，229 个村开展绿化美化和完善提升。

【教育】 2020 年，累计招聘教师 117 名，专业技术职务教师占比 99%，副高以上教师占比 41%，荣获国家、自治区优秀教师 52 人。学前 3 年幼儿入园率、九年义务教育巩固率均 100%。第一中学成为自治区示范高中。

【民生保障】 全年累计新增就业 8532 人，城镇失业人员再就业 2314 人，登记失业率控制在 3.8% 以内。农村劳动力转移培训 4003 人。发放创业贷款 4364 万元、失业金 2366 万元。公益性岗位安置就业困难人员 202 人。城乡居民参保人数 117052 人，参保覆盖率 95% 以上。完成19所卫生院his系统和取暖设备改造，11 所乡镇卫生院实现远程视频协诊。哈乐、西乌兰不浪、东土城等 9 所卫生院开通住院业务。

健全根治拖欠农民工工资问题长效机制，为 1230 余名农民工追讨工资 1350 多万元。农村分散、集中供养标准每人（每年）8460 元和 10020 元，城镇分散、集中供养标准每人（每年）14400 元和 19200 元。城、乡低保标准每人（每年）9060 元和 6504 元。新建、扩建农村幸福院 6 处。新建光荣院搬迁入住。完成 630 名退役军人社保接续工作。

【文化事业】 新建“青山分馆”、经济开发区等 8 个图书服务站和 98 个文化服务中心（村文化室）。建成国家公共文化服务体系示范区。《青山儿女》进京演出，《青山之恋》被评为“第 16 届内蒙古草原文化节”唯一汉语展演剧目，《割莜麦》《走西欧》被国家艺术基金列为巡演作品。完成“金界壕”保护及 170 公里历代长城标识、保护工作。自治区体育训练基地建成全国一流标准化网球馆、室内田径馆等。

（郭建东）

包头市

【概况】 包头市位于内蒙古自治区西部，地处环渤海经济圈腹地与黄河上游资源富集区交汇处，北部与蒙古国接壤，南临黄河，东西接土默川平原和河套平原，阴山山脉横贯中部。地理坐标北纬40°14′～42°44′，东经109°16′～111°26′，面积27768平方公里。辖9个旗县区和1个国家级稀土高新技术产业开发区。包头市统计局公布的第七次全国人口普查结果显示，2020年11月1日零时，全市常住人口270.94万人。全市常住人口中，汉族人口252.55万人，占93.21%；蒙古族人口11.32万人，占4.18%；其他少数民族人口7.07万人，占2.61%。居住在城镇的人口233.44万人，占86.16%；居住在乡村的人口37.50万人，占13.84%。男性人口1373718人，占50.70%；女性人口1335660人，占49.30%。

2020年，全市居民人均可支配收入45879元，较上年增长2.5%。按常住地分，城镇居民人均可支配收入50981元，增长1.1%；农村牧区居民人均可支配收入20710元，增长8.0%。全市居民人均消费支出26632元，比上年下降5.6%。按常住地分，城镇居民人均消费支出28957元，下降6.8%；农村牧区居民人均消费支出13205元，增长1.8%。

2020年，全年地区生产总值2787.4亿元，按可比价格计算，比上年增长3.0%。其中，第一产业增加值105.2亿元，增长2.0%；第二产业增加值1153.0亿元，增长9.8%；第三产业增加值1529.2亿元，下降1.8%。三次产业增加值占地区生产总值的比重分别为3.8%、41.4%和54.8%。

【农牧业】 2020年，全年农作物播种面积30.9万公顷，比上年增长4.7%，其中粮食作物播种面积19.7万公顷，增长1.8%。在粮食作物中，小麦种植面积3.1万公顷，下降3.7%；玉米种植面积12.4万公顷，增长4.4%；马铃薯种植面积1.5万公顷，下降7.5%；其他谷物种植面积2.6万公顷，增长5.0%。

全年粮食总产量112.7万吨，比上年增长3.0%。其中玉米产量96.8万吨，较上年增加4.6万吨；小麦产量7.1万吨，较上年增加0.1万吨；燕麦产量0.5万吨，较上年增加0.2万吨；高粱产量1.6万吨，较上年减少0.3万吨；荞麦产量1.5万吨，减少0.4万吨；马铃薯折粮产量4.8万吨，较上年减少0.6万吨。

年末全市农牧业机械总动力146万千瓦，比上年同口径增长5.8%。全年农田有效灌溉面积12.98万公顷。

年末全市拥有各类农民专业合作社2048家；市级以上农牧业产业化重点龙头企业200家，其中国家级5家、自治区级39家、市级156家。全市农畜产品行业拥有中国驰名商标11个。

【工业】 全年规模以上工业增加值增长11.0%。经济类型中，国有控股企业增加值增长7.2%；股份制企业增长10.2%，外商及港澳台商投资企业增长16.3%；私营企业增长22.9%。分轻、重工业看，轻工业增加值下降1.5%，重工业增长11.4%。门类分，采矿业增长3.0%，制造业增长11.8%，电力、热力、燃气及水生产和供应业增长15.9%。分行分，黑色金属矿采选业增加值增长29.3%，化学原料和化学制品制造业增长29.8%，非金属矿物制品业增长74.8%，黑色金属冶炼和压延加工业增长5.1%，有色金属冶炼和压延加工业下降8.0%，电力、热力生产和供应业增长14.7%。

全年规模以上工业中，高技术制造业增加值增长65.5%，增速高于规模以上工业54.5个百分点；民营工业增加值增长17.8%，增速高于全市规模以上工业6.8个百分点；钢铁、铝业、装备制造、稀土、电力五大产业增加值增长7.7%，其中装备制造业增长20.5%。

主要工业产品产量，全年生铁产量2000.7万吨，比上年下降1.6%；粗钢产量2129.8万吨，增长6.7%；钢材产量2021.8万吨，增长9.8%；铁合金27.8万吨，增长1.4%；铝产量255.7万吨，增长7.1%；铝材产量138.5万吨，下降5.1%；精甲醇产量211.2万吨，增长11.4%；液体乳产量36.5万吨，增长15.3%；水泥产量339.5万吨，下降8.6%。

全年规模以上工业企业营业收入较上年下降4.0%，营业成本下降5.9%，利润总额增长44.2%；规模以上工业企业每百元营业收入中的成本为87.09元，较上年下降1.76元；营业收入利润率为4.8%，较上年提高1.6个百分点；产品销售率为100.1%，较上年提高2.6个百分点。年末规模以上工业企业资产负债率为56.9%，比上年末下降4.5个百分点。

【重点项目】 组织实施亿元以上重点项目629个，竣工280个，固定资产投资增长1.6%、高于自治区3.1个百分点，总量位居自治区第一。国家可再生能源示范区160万千瓦风电等项目全面启动，弘元新材料二期、天和磁材深加工等一批产业转型升级项目正式投产，国道335线百灵庙至黄家滩、满都拉口岸至白云等公路顺利通车。大数据存储等新基建快速布局，5G站址落地数自治区第一。大力推动“双招双引”，累计对接企业2337家，签约落地项目397个，协议总投资2691亿元，完成年度目标的224%，引进国内（区外）资金249.5亿元。

【建筑业】 全年建筑业增加值比上年增长16.1%。在包头市注册的具有资质等级的建筑施工企业118家。施工企业房屋建筑施工面积3135.3万平方米，增长65.1%，其中新开工面积1409.9万平方米，增长64.9%；竣工房屋面积1943.1万平方米，下降39.9%。

【固定资产投资】 全年500万元以上项目固定资产投资比上年增长1.6%。其中，民间投资增长2.0%，占全市投资的比重为61.3%；基础设施投资增长19.0%，高技术产业投资增长43.0%。三次产业，第一产业投资下降4.4%，第二产业投资下降13.0%，第三产业投资增长11.0%。按项目隶属关系分，地方项目投资下降0.3%，中央项目投资增长81.1%。全年房地产开发投资240.9亿元，比上年增长7.2%。其中，住宅投资186.1亿元，增长2.6%；办公楼投资0.9亿元，增长111.4%；商业营业用房投资20.4亿元，下降26.2%。

【国内贸易】 全年社会消费品零售总

额 987.8 亿元，比上年下降 4.7%。按经营单位所在地分，城镇消费品零售额 940.6 亿元，下降 4.4%；乡村消费品零售额 47.2 亿元，下降 10.1%。按消费类型统计，商品零售额 826.9 亿元，下降 4.6%；餐饮收入 160.9 亿元，下降 4.8%。在限额以上单位商品零售额中，粮油、食品类零售额比上年增长 9.0%，饮料类增长 10.3%，烟酒类增长 2.6%，服装、鞋帽、针纺织品类下降 25.8%，家用电器和音像器材类下降 34.2%，中西药品类增长 7.0%，石油及制品类下降 23.2%，汽车类增长 2.0%。

【对外经济】 全年海关进出口总额 157.3 亿元，比上年下降 17.1%。其中，出口总额 65.8 亿元，下降 32.8%；进口总额 91.6 亿元，下降 0.4%。主要贸易方式，一般贸易进出口额 151.6 亿元，下降 15.9%，占进出口总额的 96.3%；加工贸易进出口额 2.2 亿元，下降 15.0%，占进出口总额的 1.4%；边境小额贸易进出口额 1.3 亿元，下降 31.3%。

【交通运输】 全年公路货运量 10262 万吨，比上年下降 1.5%，公路货运周转量 179.8 亿吨公里，下降 3.2%。公路客运量 185.5 万人，下降 66.2%，公路客运周转量 3.0 亿人公里，下降 65.9%。民航客运吞吐量 117.9 万人次，比上年下降 48.0%；民航货邮总量 4113.8 吨，下降 47.5%。年末全市机动车保有量 80.3 万辆，比上年末增长 4.4%；其中汽车保有量 76.6 万辆，增长 5.6%。个人汽车保有量 69.5 万辆，增长 6.1%，其中载客汽车保有量 64.7 万辆，增长 5.9%。

【邮电】 全年邮政行业业务收入累计完成（不包括邮政储蓄银行直接营业收入）7.3 亿元，比上年增长 23.4%；业务总量累计完成 7.2 亿元，增长 33.1%。全市快递服务企业业务收入累计完成 4.8 亿元，比上年增长 37.0%；业务量累计完成 2393.7 万件，增长 52.1%。年末固定电话用户 19.1 万户，下降 10.4%；移动电话用户 351.5 万户，下降 4.1%。年末互联网用户 394 万户，增长 1.6%；移动互联网用户 200 万户，增长 3.9%。

【社会保障】 年末全市养老保险参保人数 153.4 万人，比上年末增长 2.6%。其中，城镇职工养老保险参保人数 108.9 万人，增长 2.6%；城乡居民养老保险参保人数 44.5 万人，增长 2.4%。在城镇职工养老保险参保人数中，企业职工参保 60.7 万人机关事业单位职工参保 7.6 万人，纳入统筹的离退休人员 40.6 万人。年末全市医疗保险参保人数 207.7 万人。其中，参加城镇职工基本医疗保险人数 91.4 万人，参加城乡居民医疗保险人数 116.3 万人。年末参加失业保险人数 43.5 万人，增长 0.2%。参加工伤保险人数 50.9 万人，增长 0.6%。

【科学技术】 全年专利授权量 3040 件，比上年增长 51.5%，其中发明专利 298 件，实用新型专利 2531 件，外观设计专利 211 件。完成技术合同认定登记 431 份，成交额 48.2 亿元。实施 89 项关键技术攻关和成果转化项目。全市 19 项科技成果获得自治区科学技术奖表彰。年末全市拥有高新技术企业 216 家，国家备案入库科技型中小企业 62 家。

【教育】 年末全市有普通高等学校（包括高职院校）5 所，全年招收学生 2.7 万人，在校学生 8.7 万人，毕业生 2.3 万人。中等职业教育学校 19 所，在校学生 1.7 万人。普通高中 38 所，在校学生 3.9 万人。普通初中 59 所，在校学生 6.7 万人。普通小学 136 所，在校学生 15.0 万人。全市有幼儿园 367 所，在园幼儿 5.9 万人。小学专任教师学历合格率为 100%，普通初中专任教师学历合格率为 100%，普通高中专任教师学历合格率为 99.11%。小学适龄儿童入学率为 100%。新增公办幼儿园学位 11470 个，新改扩建中小学校 48 所，包一中整体搬迁，高考一本率、本科率和平均分保持自治区第一。加强国家通用语言文字教育，推行使用国家统编教材。

【文化旅游】 年末全市共有专业艺术表演团体 6 个，群艺馆、文化馆 12 个，公共图书馆 10 个，国有博物馆 3 个，美术馆 1 个。广播综合人口覆盖率 99.8%，电视综合人口覆盖率 99.74%。全市拥有 A 级旅游景区 30 个，其中国家 AAAA 级旅游景区 10 个，AAA 级旅游景区 6 个。全市共有旅行社 87 家，其中拥有出境经营权的旅行社 20 家。全年旅游总收入 234.9 亿元。接待国内旅游人数 1185.6 万人次，旅游综合收入 234.6 亿元。接待入境旅游人数 1.1 万人次，实现旅游外汇收入 425.4 万美元。

【卫生】 年末全市共有医疗卫生机构 1993 个，其中医院 102 个，基层医疗卫生机构 1836 个，专业公共卫生机构 39 个，其他卫生机构 16 个。年末全市医疗卫生机构实有床位 19996 张，拥有卫生技术人员 25492 人，其中执业医师和执业助理医师 9658 人，注册护士 11932 人。95 种抗癌药、恶性肿瘤“日间病房”纳入基本医保报销范围，建成国家级重点医学专科 3 个，自治区首家中医院士工作站成功落地，包头市获评国家医联体建设试点城市。

【体育】 年内参加自治区田径、游泳、篮球等 24 项青少年锦标赛，共获得 73 枚金牌、77 枚银牌、81 枚铜牌。举办第六届全国大众冰雪季“滑向 2022——全国大众速度滑冰马拉松系列赛”包头站比赛、“跑遍中国——2020 包头马拉松线上赛”及自治区青少年游泳、高尔夫球锦标赛等赛事活动。

【城市建设】 全年共实施城建重点项目 132 项，新增道路面积 16.1 万平方米；城市燃气普及率 97%，生活污水处理

包头市青山区万达商圈 （王浩）

率为96.6%，建成区绿化覆盖率44.6%。截至年底，全市公路总里程9568公里，其中高速公路里程140公里，公路网密度为34.5公里／百平方公里。

编制完成中心城区总体城市设计。沼南大道、110国道改造项目建成通车，一批公园绿地完成改造升级。25.4公里雨污、再生水管线铺设完成，水污染控源截污问题得到解决。蝉联国家卫生城市三连冠。持续开展农村牧区人居环境整治，卫生户厕普及率达到71.1%，影响饮水安全的72个建制村全部完成整治。

【资源环境】 全市全年取用水总量10.54亿立方米，其中地表水源供水量6.58亿立方米，地下水源供水量3.32亿立方米，再生水0.65亿立方米。全年各行业用水总量10.54亿立方米，其中农业用水5.84亿立方米，工业用水2.82亿立方米，生活用水1.28亿立方米，生态环境补水0.60亿立方米。

全年国土绿化面积5.22万公顷，其中人工造林3.49万公顷，较上年增长62.3%。林业重点工程完成造林面积4.7万公顷，占全部造林面积的90%；其中天然林工程0.87万公顷，退耕还林工程2.67万公顷，京津风沙源工程1.16万公顷。年末全市拥有自治区级自然保护区3个。

打好蓝天、碧水、净土保卫战，372个环保治理项目全部完工，516家“散乱污”企业整治和扬尘污染整治任务全面完成，实施原煤散烧污染治理7.8万户。封停关闭城区自备井65眼，“千吨万人”水源地专项整治全部完成，9个城市集中式饮用水水源地水质100%达标，包头市获评国家节水型城市。“无废城市”试点取得阶段性成果，全国首家实现工业固废全过程、闭环式、智能化监管。

【脱贫攻坚】 实施脱贫攻坚“百日攻坚”行动，“两不愁三保障”和安全饮水问题全部解决。2020年底，8983户17797名建档立卡贫困人口全部实现脱贫退出，“人脱贫、村出列、县摘帽”任务全部完成。投资2.7亿元实施扶贫项目362个，帮助2632名贫困劳动力务工就业。易地扶贫搬迁贫困人口4191人、危房改造1355户任务全部完成。建立贫困学生控辍保学长效机制，贫困家庭学生无一失学辍学。苏木乡镇嘎查村卫生院（室）基本医疗服务全部达标。改造维修新建各类饮水安全工程307处，为不具备集中安全供水条件贫困户安装净水处理设备1853台。贫困嘎查村全部实现了通电、通路、通电话、通广播电视，文化室、便民超市等服务设施逐步完善。

【疫情防控】 严控满都拉陆路口岸，严防境外输入。对重点人群做到应检尽检，累计检测样本数213762份。提升核酸检测能力建设，在19家医院和10个疾控中心建成核酸检测实验室，确保实现“3天完成采样，5天完成检测”的全员检测目标。实现全市11例确诊病例、4例疑似病例“双清零”，确诊病例“全治愈”，一线医护人员“零感染”。累计争取、拨付2.2亿元抗疫资金，排查重点人员32.2万人次。231名医护人员驰援湖北等抗疫一线，完成援鄂救援任务。着力抓好鼠疫防控，13个鼠间鼠疫疫点、2例人间鼠疫病例得到有效处置。

【第十二届中国包头·稀土产业（国际）

援鄂医疗队胜利返回包头 （宫伟恩）

11月18日，第十二届中国包头•稀土产业（国际）论坛开幕式上招商引资项目签约仪式 （安吉斯）

论坛】11月18日，第十二届中国包头·稀土产业（国际）论坛在包头市开幕。这届论坛以“打造稀土高质量发展新引擎，拓展对外多元化合作新领域”为主题，围绕稀土全产业链，共引进各类稀土产业项目27个，总投资约45.5亿元，项目涉及稀土永磁、抛光、催化等产业链的新材料及高科技应用产品。

【改善营商环境】 制定实施《打造一流营商环境若干措施》《关于打造一流营商环境、加快民营经济高质量发展的实施意见》等系列政策，各类证明材料减少60%，企业开办时间压缩至半天，60%的服务事项实现“一窗受理”，政务服务事项网上可办率达95.1%，新增市场主体33200户，营商环境评价跃居自治区前列，包头市获得2020年度中国企业营商环境（案例）十佳城市称号。

【2020包头马拉松线上赛】 11月26—30日，包头市举办了跑遍中国——2020包头马拉松线上赛。这次比赛以马拉松为载体，以“跑遍鹿城，助力营商”为主题，赛事分设马拉松、半程马拉松、10公里、5公里、3公里五个比赛项目。全国近万名体育爱好者和全市20余家企业，通过线上线下方式参与了活动。“跑遍中国”线上马拉松系列赛是中国田径协会主办，携手全国31个省市自治区共同打造的线上+线下全民健身IP，2020包头马拉松线上赛成为第一个点亮“跑遍中国”内蒙古自治区版图的城市。

【2020中国新产业峰会】 12月8日，2020中国新产业峰会在包头市举行。该届峰会以“创新无界、开放互联——变革中的产业机遇”为主题，由人民日报社、招商局集团指导，包头市政府、中国新产业联盟、人民网、招商局蛇口工业区控股股份有限公司共同主办，人民视听公司协办。开幕式上，举行了包头市招商引资项目集中签约仪式，49个协议总投资676亿元的项目进行了现场签约。峰会吸引60余家中央省市媒体关注包头、宣传包头，峰会直播现场各平台总观看量超过1000万人次。

【包头市第九次获“全国双拥模范城”称号】 10月20日，全国双拥模范城（县）命名暨双拥模范单位和个人表彰大会在北京市举行。包头市第九次获得“全国双拥模范城”称号。自治区党委常委、包头市委书记孟凡利，包头市委常委、包头军分区政委侯占纯参加会议并代表包头市登台领奖。

（赵俊梅）

东河区

【概况】 东河区是包头市辖区城区之一。因季节性河流东河（蒙古语称博托河）流经区境而得名。辖区东界与土默特右旗接壤，西界接九原区，南界临黄河，北界连石拐。地理坐标北纬40°30′02″～40°39′42″，东经109°57′47″～110°12′02″，行政区域面积470平方公里，辖2个镇、12个街道，49个行政村、66个社区。全区总人口48.71万人，其中：男性24.64万人，女性24.07万人；有汉族、蒙古族、回族等39个民族，其中：少数民族人口32782人，占总人口的6.7%，少数民族中蒙古族10092人，回族18090人。有伊斯兰教、基督教、天主教、佛教（汉传、藏传）、道教5个宗教界别。五大教派齐聚0.53平方公里范围内的北梁宗教文化区，有内蒙古西部地区最大的汉传佛教妙法禅寺（亦称吕祖庙），藏传佛教福徵寺（亦称包头召），包头市道教圣地南龙王庙，包头市伊斯兰教清真大寺、包头市基督教西堂与官井梁天主教堂。旅游景区有国家AAA级南海湿地景区、AAA级莲花山（沙尔沁广化寺），革命故址王若飞纪念馆、包头市委旧址和抗日英烈祠。红色文化、西口文化、宗教文化、少数民族文化交汇融通，文化底蕴厚重，老城特色鲜明。

2020年，扎实做好“六稳”工作，全面落实“六保”任务，全区经济平稳恢复，社会大局和谐稳定。

全年地区生产总值完成337.04亿元，增长1.9%；规模以上工业增加值增速同比增长7.6%；固定资产投资完成52.5亿元，下降7.7%；社会消费品零售总额完成176.7亿元，下降4.9%；城乡居民人均可支配收入分别完成46375元、26362元，分别增长1.3%、7.5%；一般公共预算收入完成10.41亿元，增长0.72%；城镇登记失业率3.89%。

【农牧业】 全区农作物播种面积13.02万亩，同比增加2.5%。“菜篮子”提质增效，蔬菜种植面积5.92万亩、增长3.5%，产量40.5万吨、增长3.6%。畜牧业稳中有增，全区畜禽存栏数90.93万头（只）、出栏数43.69万头（只）；肉类总产量5563.6吨、增长77.18%。完成老旧温室提档升级改造1400亩，建成蔬菜标准化示范基地5000亩，华鹿标准化5000万株育苗中心投入使用，稻渔空间生态种养农旅项目初具规模，累计争取到各类惠农资金近8000万元。农牧业品牌知名度和影响力进一步提升，新增市级以上新型农业经营主体23家，海岱蒜列入全国第三批名特优新农产品名录，

12月8日，2020中国新产业峰会在包头市开幕 （安吉斯）

成为继南海黄河鲤鱼之后的又一张“国字号”名片，远大蔬菜瓜果副食市场被评为市级食用农产品示范市场。

【工业】 铝主导产业持续做大做强，产业链条不断向下游延伸，建成88条化成箔生产线，化成箔产能突破1700万平方米，包铝三期2万吨高纯铝项目一期建成投产，铝业园区成为全球最大的高纯铝生产基地；通标年产50万平方米铝模板项目、盛泰年产60万只卡巴轮、汇众年产200万套汽车零部件一期项目建成投产，高附加值铝合金汽车零部件产业发展势头良好。“城市矿产”示范基地建设稳步推进，建成华源天鹿10万吨铝灰渣、鑫生源废旧轮胎再利用等5个资源化利用项目。铝业园区承载和服务能力持续升级，稳步实施内蒙古华云铁路专用线和输煤系统项目，引进6家实力企业盘活低效用地企业24家，累计利用闲置土地589亩、闲置厂房3.75万平方米。

【现代服务业】 商贸服务业发展日趋高端化，吾悦广场主体完工。传统商贸业提档升级，成立商贸流通协会，引导批发零售商贸产业转型升级，与河北沧州东塑集团签订战略合作协议，开通两地采购直通车，与174家生产商达成合作，完成266余万元的采购，中秋国庆“双节”两地联合在东百、环西、欣龙、温州商贸城举办东河区首届服装文化节活动。积极推动文商旅融合发展，包头福巷文旅商业传统风貌街区初具规模，包头福巷、九曲华街、复盛公文化餐饮3个项目进入自治区重点文化产业项目库。线上线下赋能商贸服务业迅速回暖，推进网红直播带货，推广本地区农畜产品和特色产品，开展“网络直播带货”“约惠东河”系列促销活动，带动消费1.1亿元。

【重大项目建设】 组织实施重点项目159个，总投资518.02亿元，2020年计划投资156.08亿元。其中，市级调度项目69个，总投资323.89亿元，当年计划投资99.67亿元，全年开复工项目69个，开复工率100%；完成投资106亿元，完成投资率106.35%。

【资金保障】 争取到抗疫特别国债1.12亿元、地方政府专项债券2.8亿元、预算内资金4288万元、自治区战略性新兴产业发展资金1700万元、自治区彩票公益金200万元、自治区少数民族发展资金125万元、上级支持养老事业专项资金120万元。搭建金融综合服务平台，协调融资29.7亿元，与中国银行、农业银行签署战略合作协议，金融服务能力进一步提升。组织开展线上线下银企对接会，为睿智钢构、升华医药、丰川电子等50余家企业发放贷款近3亿元，达成贷款意向近1亿元。

【脱贫攻坚】 建档立卡贫困户全部脱贫，脱贫攻坚任务如期完成。严格贯彻“四个不摘”要求，健全致贫返贫防控机制，落实教育、就业、兜底保障等77项扶贫政策，发掘落实巩固提升型举措54项，建档立卡贫困户的社保代缴、养老、医疗保险待遇全部足额发放，脱贫成果持续巩固，建档立卡人口年人均纯收入13922元。

【重大风险防范】 清偿民营企业、中小企业账款3.1亿元，实现无分歧账款全部清偿。金融风险平稳可控，对全区银行业金融机构、保险公司、资产管理类公司等开展70余次涉黑涉恶及非法集资排查。

【污染防治】 投资4.5亿元，完成包铝、华云电解烟气脱硫改造等6个重点治理项目，整治“散乱污”企业30家，实施原煤散烧污染治理7073户，扬尘污染得到有效治理，全年空气质量优良天数达287天，同比增加0.6%。实施西河槽、白银湖黑臭水体治理，“万人千吨”水源地专项整治任务全面完成。润通污水处理厂扩建及中水回用工程完工通水，东华废水资源化利用项目进入调试。工业固废处置实现全过程、闭环式、智能化监管，土壤环境保持稳定。完成人工造林3000亩，全区森林覆盖率达到24.7%。积极融入“无废城市”试点建设，华源天鹿10万吨铝灰渣、鑫生源废旧轮胎再利用等5个资源化利用项目全部投产，铝业园区成功获批自治区绿色园区。

【优化营商环境】 印发《东河区优化营商环境行动方案》，召开优化营商环境、推动服务业发展暨市场数据监测培训会。“放管服”改革纵深推进，政务服务事项审批材料、审批环节分别精简25%和49%，依申请事项全部实现网上预审，办理时限压缩70%。深化商事制度改革，提升开办企业便利度，全面推行“帮办代办”“告知承诺”服务机制，实现企业注册、税务登记、社保办理、印章刻制等流程一站办结，新开办企业领取营业执照压减到0.5个工作日，全年新增市场主体5680户，增长26.8%。实施产业链精准招商，深入实施招商引资“旗县区长”工程，广泛开展“网络招商”，签约项目25个，10亿元以上项目4个，协议总金额156.32亿元，完成全年任务的104%，引进国内（区外）资金27.82亿元。

【重点领域改革】 精准落实减税降费、保供稳价等援企稳岗惠企政策，为企业延期申报税款1062万元，减免税费2312万元。园区增量配电业务改革深入推进，助力包铝等10户工业企业进入自治区电力多边交易平台，节约成本5.89亿元。协助盛泰争取到自治区先进制造业产业优惠电价，组织汇众、盛泰等企业申报并认定享受95%优惠电价政策，节约用电成本1050余万元，帮助丰川电子、凯普松电子减免电费滞纳金14万元，助力企业降本增效。扎实推进军民融合，包铝、正北食品、鹿王羊绒等8家企业被包头市军民融合委员会纳入包头市军民融合企业名单。

【创新创业】 加速培育科技创新型企业，新增自治区级科技企业3家、研发中心2个、星创天地1家、众创空间1家，争取各级科技奖补资金325万元。中氢能源“介孔纳米三氧化二铝”新材料中试中心建成投用。深化双创园区建设，继续做强启迪K栈双创园区，引进内蒙古晴朗科技有限公司、内蒙古雅泰资讯有限公司、中朵绿筑（包头）置业有限公司等11家企业，提供孵化培训服务。加大商标注册、专利等知识产权开发保护力度，全区累计有效注册商标3023件，中国驰名商标7件，有效专利783件。

【城镇建设】 实施城市品质提升三年行动，坚持新片区建设和中心城区改造同步推进，北梁腾空区基础配套设施日趋完善，富力院士廷、吾悦和府等高品质住宅项目建成95.4万平方米。西五街街区品质提升和8个老旧小区改造工程启动实施。新建北梁一路等9条道路，改造工业路等3条道路，施划停车泊位1.8万个。新增景观节点绿化6.6万平方米，新改建城市公厕16座，供热、雨污管网19.5公里，城市基础设施更加完善。累计解决房地产历史遗留项目202个、836万平方米，惠及群众近10万人。加强城市精细化管理，推行“街长制”长效举措，有效整治私搭乱建、店外经营、乱停乱放，城市管理全面加强。实施生活垃圾分类试点，主次干道机扫率达到70%。农村人居环境整治成效显著，新建污水处理设施、提升泵站3座，铺设污水管线5.8公里，新改建农村公厕177座、户厕2844户，畜禽粪污、玉米秸秆综合利用率分别达到75%、85%，生活垃圾清运率达100%，获评包头市唯一的全国村庄清洁行动先进县（区）。

【就业创业】 全区城镇新增就业1.24万人，城镇失业人员再就业5223人，就业困难人员再就业3468人，农牧民累计转移就业1.4万人，农牧民工技能培训1158人，高校毕业生就业创业1764人，创业培训1144人。落实稳定和扩大就业21条，开展“战疫情、保复工、稳就业”网络招聘、“春风行动”等系列服务活动76场，实施技能培训稳企稳岗行动，普惠性分类技能培训5775人，发放“以工代训”补贴资金1105.14万元。发放创业担保贷款1.05亿元，14个示范性创业园孵化基地吸纳入驻企业878户，带动就业5797人，以奖代补资金190万元。自治区首家人力资源服务业平台，包头人力资本产业园正式挂牌成立并投入运营，成立包头市人力资源服务业协会，入驻优质企业54家，业务范围涵盖6大模块全业务链条，为入驻企业实行“保姆式”服务，推行房租“两免三减半”优惠政策，年总营收4200万元，从业人数480人，服务企业3280家，帮助5.57万人次就业和流动，荣获2020年度中国人力资源服务产业园最具发展潜力园区。创新开展企业新型学徒制培训项目，为盛泰、北辰等重点企业培训职工237人。

【社会保障】 持续推进全民参保计划，基本养老、医疗保险覆盖面分别达到90%、95%，全区建筑领域工伤保险缴纳率达到100%，阶段性“免、减、缓”养老、失业、工伤三项社会保险费3489万元、返还失业保险金670万元。聚焦“六稳”“六保”任务，受理农民工欠薪案件87起，为687名劳动者追回工资1031.08万元，在全市10个旗县区保障农牧民工工资支付考核中被评定为A级。处理劳动争议案件380起，为劳动者追回经济损失238万元。积极推进机关事业单位养老保险制度改革，完成机关企事业单位及城乡居民退休人员养老金待遇调整工作，扎实推进国有企业退休人员社会化管理。为城乡特困群体3432人次提供医疗救助103.96万元，城市居民最低生活保障标准提高到750元，发放低保、残疾人等各类兜底保障资金1.2亿元。打造2个“老小福园”综合体，东站街道公园路、一中西路社区成为全市居家社区养老样板项目，被确定为自治区居家社区养老服务现场会参观点。由社会组织承接运行，在全市率先引进青岛青鸟集团智慧养老服务平台，开通12349为老服务热线，为老年人和儿童提供家政、就餐、理疗保健、文娱活动、作业辅导等多样化、综合化服务。发放养老机构床位补贴577万元，新建沙尔沁镇邓家营子村互助幸福院，建成草原轻峰、胜利等12个社区日间照料中心。

【教育】 包一中和景开中学新校区、公园路小学富力校区投入使用，新少年宫开馆运营，包二中体育综合场馆、回民小学等项目有序推进。成立复兴教育集团，“名园带分园”新办公立幼儿园4所，完成8所城镇小区配套幼儿园治理任务。加强人才引进，制定《东河区引进高层次和紧缺优秀教育人才实施方案》，面向社会公开招聘65名中小学教师。加强校长干部培养，公开选拔5名中学校级干部，选派6名中小学校级干部进行挂职交流。中、高考成绩再创佳绩，举办东河区教育教学改革论坛，1500多人次参加。疫情防控期间开展线上教育教学，确保了“停课不停学”。采取义务教育阶段就近入学、电脑派位、单校和多校划片招生相结合的录取办法，加强控辍保学工作。

【卫生健康】 积极有效应对新冠肺炎疫情，投入疫情防控资金4185万元，疾控中心建成PCR实验室具备核酸检测能力，为疾控中心增编扩员，购置负压救护车2台，应对突发重大公共卫生事件能力显著提高。扎实开展健康城市建设，医疗卫生服务体系不断完善，医疗卫生机构基础设施条件持续改善，中西医结合医院改扩建工程一期完工。成立以市中心医院、市第八医院、市蒙中医院为核心的城市医疗集团，全面推行分级诊疗，3家医疗集团接收上转患者632人，下转患者2396人。蒙中医药服务能力不断提高，新创建5家中医名医工作室，全区14家社区卫生服务中心、3家镇卫生院实现中医科、中药房全覆盖。

【文体旅游】 线上线下组织文化惠民活动485场，创作抗击疫情文艺作品280幅，举办全民健身赛事150场次，安装健身路径等体育设施132件，北梁全民健身中心竣工，建成并免费对群众开放五人制足球场9块，成立东河区乒乓球等5家协会。编制完成《东河区全域文旅策划和规划项目》，启动沙尔沁什大股稻鱼养殖AAA级景区创建工作，按照AAAAA级景区标准对南海湿地进行提档升级，全区新建、改扩建旅游厕所44座，旅游基础设施不断完善。东河区文体艺术中心、乔家金街特色步行街、复盛公文化餐饮产业综合体等项目稳步推进。新增4名市级非遗代表性传承人，22名区级非遗代表性传承人，13项区级非遗项目。

【社会治理】 全面压实安全生产责任，常态化开展安全生产隐患排查整改，全区各类安全生产事故起数和死亡人数均下降50%。食药安全风险有效防范，完善冷链食品安全追溯体系，群众饮食用药安全得到有效保障。煤炭资源领域违规违法问题专项整治工作深入开展。“扫黑除恶”专项斗争圆满收官。布设“云眼卫士”智能监控系统3282路，开发“智慧社区管理系统”。深入开展“解决信访问题年”专项行动，化解各类信访案件357件（次）；推动解决房地产历史遗留项目202个、836万平方米，惠及群众近10万人。

（王官祥 张文全）

昆都仑区

【概况】 昆都仑区是包头市四市区之一，位于市区西北部，即北纬40°35′57″～40°48′37″，东经109°37′42″～109°51′08″，海拔1067.2米。昆都仑区北依阴山，南临黄河。昆都仑河流经境内，注入黄河，昆都仑区因此而得名昆都仑区东与青山区接壤北、西、南与九原区为邻。面积301平方千米，辖13个街道办事处、2个镇，78个居民委员会，24个村民委员会，有汉族、蒙古族、回族等45个民族聚居，年末常住总人口78.76万人，其中蒙古族33687万人。2020年，昆都仑区全年生产总值833.96亿元，较上年增长3%，分别高于国家、自治区0.7和2.8个百分点，增速与全市持平，总量位居自治区103个旗县区首位。城镇常住居民人均可支配收入54393元、增长1%，总量居全市第一。工业经济稳健发展，52户规模以上工业企业利润总额增长34.3%，规模以上工业增加值增长13.1%，分别高于国家、自治区、包头市10.3、12.4和2.1个百分点。消费市场持续回暖，70户规模以上服务业企业营业收入同比增长3.3%，社会消费品零售总额较上半年收窄9.7个百分点。

【稳控疫情复工复产】 面对来势汹汹的新冠疫情，昆都仑区严格落实“外防输入、内防反弹”“四早四集中”“五有三严”等防控策略和工作要求，坚决打赢疫情防控阻击战，3例新冠本土病例“全治愈”，1例腺鼠疫输入病例得到及时妥善处置，防控工作实现由应急性超常规防控向常态化防控转变。同时，加紧复工复产的步伐和节奏。全面落实减税降费、惠企纾困政策，为企业减负7.6亿元，争取产业扶持、稳岗补贴等资金3.96亿元，协调落实银行贷款4.3亿元，促进企业复工复产、复商复市。

【三大攻坚战】 2020年，昆都仑区完成巩固提升脱贫成效三轮摸底排查，农牧民“两不愁三保障”、饮水安全全部达标，三类重点人群年人均纯收入全部达到7000元以上。污染防治工作也取得关键性进展。完成工业深度治理工程13项，治理“散乱污”企业36户，实现“煤改气”“煤改电”等清洁能源替代2.69万户，全面清理建筑工地41处、拆迁工地82处、渣土堆78处，空气质量优良天数达到292天。建成园区污水排放管线39公里、中水回用管线23公里，地表水、城市集中式饮用水全部达标。妥善处置华业特钢酸洗中和渣8000吨、废乳化液3100吨，使得受污染耕地和污染地块安全利用率达到90%。同时，金融风险得到有效化解。2020年，累计化解政府债务9.9亿元，清欠民营企业中小企业账款10亿元，超额完成年度任务。

【优化升级产业结构】 昆都仑区加紧推动工业产业的新旧动能转换。其中，包钢稀土钢产品研发和规模化生产能力逐步提升，诚钢复合螺旋焊管、Φ100毫米热轧无缝管等项目建成投产，钢铁优质产品贡献力不断增强。同时，战略性新兴产业不断壮大。通威高纯晶硅（一期）、美科单晶拉棒（一期）满产运行，磐迅先进高分子新材料加快推进，新能源新材料产业增加值同比增长200%。服务业提档升级进度逐步加快。吾悦广场、万豪酒店开业运营，包百•王府井商圈、阿尔丁商圈商业业态持续优化，六大钢贸电子交易平台带动钢贸交易量达731万吨，物流园区实现销售收入276亿元。全力推进金属深加工园区扩容提质。主要包括新建道路及地下管网2.8公里，收储土地520亩，建成标准化厂房9.5万平方米，美科供电线路、包钢82#变电站投入使用，同时荣获内蒙古自治区“绿色制造示范园区”称号。全面提升科技创新能力。2020年，昆都仑区新增国家高新技术企业6家，获批内蒙古自治区自然科学奖1项、科技进步奖8项，新增发明专利授权数172件，成为包头市首个国家知识产权强县工程试点县（区）。

【深化改革】 昆都仑区持续深化“放管服”改革，优化服务型政府功能。其中，295项依申请权力事项办事流程、申请材料、办理时限精简幅度达到67%，139项政务服务事项实现“一窗综合受理”，企业开办压缩到半天之内，建设项目全流程审批压缩至6个工作日内，建成标准化便民服务中心15个、社区便民服务点85个，三级政务服务体系基本形成。加强“智慧昆区”的建设和运行。建成区、街镇部门和社区(嘎查村)三级指挥系统，上下贯通、全网联动，对城市管理、市场运行、群众诉求、企业服务等数据实时在线收集、分析、处理、反馈，区域治理现代化水平不断提高。打通市场监管全流程，有序开展食品“6+3”工程、药品“五大行动”，打造餐饮示范单位20家。

【人居环境】 2020年，昆都仑区人居环境持续改善。北沙梁北路、沼园南路等8条道路建成通车，改造雨污水管网10.3公里，实施主次干道、节点景观补植复绿工程，以“法治”为主题的友谊广场建成开放，城区道路绿化普及率达85%。改造棚户区400户，综合整治老旧小区78处，协助包钢房产公司改造“三供一业”小区30处，完成既有住宅加装电梯工程8处，准物业化管理老旧小区50个，群众生活环境不断改善。启动全国文明城市创建整改提升行动，清理整治城市“六乱”9.7万处，新建便民市场3个，规范农贸市场20个，拆除小区私搭乱建、破墙开店和集体土地违法建设3400处、7.6万平方米，铁路周边环境安全隐患基本消除，城区整体面貌明显改观，城市管理精细化长效机制基本形成。农村牧区人居环境整治三年行动完成，环境卫生整治、污水处理等“七大工程”成效显著。同时，推开城乡环卫一体化机制，全年投入2100万元，配备环卫人员550人，对35个城边村、城中村生活垃圾统一收集、清运、处理，农村垃圾收运系统基本建成，村容村貌长效管护机制基本形成。四是北部生态安全屏障日趋稳固。昆都仑河湿地公园通过国家验收，成为包头市第二个国家级湿地公园。

【民生】 2020年，昆都仑区民生支出27.1亿元、占一般公共预算支出的80%，争取债券资金14.5亿元，10项民生实事项目全部完成。2020年昆都仑区积极出台稳就业措施34条，全区城镇新增就业人数11289人，零就业家庭保持动态清零，城镇登记失业率达3.88%。同时，积极解决各类人员社会保障问题。为企业退休人员、失地农民、“五七工”人员和享受遗属补贴人员发放养老金5亿元，发放低保、临时救助、特困供养等各类社会救助资金4563万元。国有企业退休人员社会化管理有序推开，6.37万人档案和管理移交手续全部办结。投入使用钢三小富力校区，昆北和昆河幼儿园分园、钢三小和钢四小新校区改造工程、中小学教育综合实践基地全部竣工。同时，高考三项核心指标稳居全市首位，全区600分以上考生、清华北大录取率分别占全市的53%和54%。启动昆区医院、卜尔汉图卫生院的建设工程，投入使用包钢三医院国际部、PCR实验室、鼠疫检测实验室。2020年，昆都仑区数字文化馆全面运行，全年开展文化惠民活动550余场，丰富居民精神世界的同时提升居民文化素养和水平。2020年，新增健身路径350余件。建成日间照料服务中心4处社区老年餐厅3处养老机构"医养结合"实现全覆盖。同时，加大对文化遗产的保护修护力度，完成赵北长城（昆区段）加固及延续工程227米。

（程超）

青山区

【概况】 青山区位于内蒙古自治区西部、包头市中部、大青山南麓及土默川平原西北部，地理坐标为北纬40°37′0″～40°48′5″，东经109°49′50″～110°5′30″。东南与九原区相邻，南与稀土高新技术产业开发区相接，西与昆都仑区相连，北与固阳县毗邻，东北与石拐区为邻。行政区域面积约280平方千米。2020年，青山区辖8个街道办事处、2个镇，56个社区居委会，49个社区管理服务站和21个行政村。有户籍人口37.52万人、13.48万户。其中，男性18.45万人，女性19.07万人，男女比例为96.8∶100。出生落户人口2951人，死亡注销人口1790人，省外迁入人口1048人，迁出省外人口659人，人口自然增长率为3.09‰。流动暂住寄住人口(市外及市内旗县流入)12.15万人。青山区居住着汉族、蒙古族、回族、满族等37个民族。其中，汉族34.31万人，少数民族3.21万人。蒙古族有1.73万人；其他千人以上有回族5923人，满族7704人；百人以上有朝鲜族247人，达斡尔族358人；不足百人共有623人。

2020年，青山区实现地区生产总值566.41亿元，同比增长3.2%；规模以上工业增加值增速达到16.5%；固定资产投资同比增长5.5%；社会消费品零售总额完成263.91亿元，同比下降4.3%；城镇居民人均可支配收入实现54291元，同比增长1%；一般公共预算收入完成22.43亿元，同比增长0.2%。

【农业】 2020年，青山区有耕地面积3067公顷。其中，水地600公顷，旱地2467公顷。农作物播种总面积360公顷，总产量0.32万吨。其中，玉米播种面积273公顷，产量0.14万吨；马铃薯播种面积7公顷，产量0.02万吨；蔬菜播种面积53公顷，产量0.15万吨；向日葵播种面积27公顷，产量0.01万吨。建成温室1290栋，占地面积167公顷。农业机械总动力3724千瓦。

【畜牧业】 2020年，青山区有鸡养殖小区2个，肉羊集中育肥区2个，奶牛养殖小区1个，屠宰企业4家，动物诊疗机构19家，兽药经营企业2家。2020年年底，羊存栏7.5万只，牛存栏0.15万头，鸡存栏42万羽。产出羊肉1084吨，牛肉73吨，鸡肉627吨，猪肉1810吨，牛奶6060吨，鸡蛋5300吨。全年免疫羊12.7万只，牛0.3万头，鸡80.2万羽，免疫密度率100%。

【林业】 2020年，青山区投资1.8亿元，在大青山南坡绿化生态修复工程带新栽植各类苗木66.6万株，占地面积400公顷；采取在已绿化地块补植补栽、零星地块见缝插绿等措施，对原有林地提档升级560公顷；采取爆破、平整、加固、覆土、覆绿等措施，完成矿山环境治理区域面积333公顷，并对采矿旧址周边的渣堆、边坡、矿坑等分别进行治理。通过持续增绿，青山区森林面积达到4985.26公顷，林地保有量13716.6公顷，森林覆盖率17.85%。

【工业】 2020年，新型冠状病毒肺炎疫情对工业经济造成较大冲击，随着疫情防控和经济社会发展各项政策措施的逐步落实，工业经济各项指标均呈现"V"型反转走势。截至2020年年底，青山区46户规模以上工业企业累计完成工业产值572亿元，同比增长11.5%，规模以上工业增加值增速达16.5%，较一季度提升12.7个百分点，高于包头市5.5个百分点，位居包头市市五区第一。

驻区大企业支撑作用凸显，地区增长贡献率超60%。7户中央内蒙古自治区企业完成产值445.2亿元，同比增长9.2%，占全区规模以上工业产值比重为77.8%，充分体现出压舱石作用，拉动规模以上工业经济增长7.3个百分点，贡献率达63.5%。行业发展亮点突出，超六成实现正增长。全区15个大类行业中，非金属矿物制品业、黑色金属冶炼和压延加工业、汽车制造业、电力、热力生产和供应业、其他制造业、专用设备制造业、金属制品业、橡胶和塑料制品业、有色金属冶炼和压延加工业9个行业产值实现正增长，行业增长面达60%，比前三季度提高14个百分点。其中，非金属矿物制品业在弘元新材料（包头）有限公司、内蒙古杉杉科技有限公司投产上限带动下，产值同比增长245%；龙头北奔重型汽车集团有限公司年销量突破1.3万台，拉动20余户规模以上配套企业同步加速发展，汽车制造业实现产值同比增长32%。以光伏产业为代表的一批新兴产业项目投资大、见效快，相继达产达效后充分体现出对工业经济显著拉动作用。包头晶澳太阳能科技有限公司、包头阿特斯阳光能源科技有限公司、内蒙古杉杉科技有限公司、弘元新材料（包头）有限公司4户企业累计新增产值38亿元，拉动规模以上工业经济增长7.4个百分点。战略新兴产业产值同比增长18%，全区民营工业产值同比增长137%。工业用电量大幅增长，产品产量全面上升。全区规模以上工业用电量21.87亿千瓦时，同比增长35.8%。主要工业产品产量普遍增长。其中，粗钢产量同比增长29.9%，钢材同比增长15.1%，改装汽车同比增长15.1%，汽车同比增长42.9%，液体乳同比增长25.8%，无缝钢管同比增长32.6%。企业提质增效成果显著，亏损面大幅下降。规模以上工业企业产销率达98.3%，同比提高0.38个百分点。46户规模以上工业企业实现利润总额18.8亿元，同比翻番，亏损面较年初下降35.2个百分点，质量效益持续改善。其中，35户盈利企业利润总额达23.4亿元，同比增长77.4%；11户亏损企业亏损额为4.6亿元，同比下降39.4%；资产负债率同比下降14.6个百分点。

【园区建设】 包头装备制造产业园区（以下简称“园区”）是按照自治区、包头市两级党委、政府发展装备制造业的战略部署，于2006年起步建设的新型特色产业园区。园区总规划面积45平方千米。截至2020年年底，已入驻企业522家，总投资633亿元。园区已形成重车装备、新能源装备、应急装备、综采装备、机电装备、工程机械装备六大传统优势特色产业。在巩固和壮大优势特色产业的同时，全面推动传统装备制造业升级换代 、动 能转换和新动能成长，初步形成新材料、新能源、新技术、高端装备制造四大战略性新兴产业基地。园区先后被命名为“国家包头装备制造高新技术产业化基地”“国家新型工业化产业示范基地”“国家绿色园区”“国家应急产业示范基地”。2020年，园区获评“内蒙古自治区和谐劳动关系工业园区”称号，重点工作受到内蒙古自治区工业和信息化厅通报表扬，2020年度考核成绩居包头市第一。2020年，园区工业总产值实现602亿元，同比增长3.6%，税收收入实现16.87亿元，同比增长9.75%。

【城乡建设】 2020年，青山区推进城区东部规划建设，中央公园二期、万科印象城、碧桂园凤凰天域等项目加快实施，新的体育休闲和高端商住消费集聚区已显雏形。扎实开展城市“双修”工作，完成20条道路、雨污水管线改造工程和68个“三供一业”小区、老旧小区综合改造任务，率先在包头市实现既有住宅加装电梯交付使用。结合创城及整改提升，有力推进城区管理制度化、常态化、精细化，加强与驻区大企业在社区环境秩序管理维护等方面共建共治，用原创性办法破解“老大难”问题，坚决消除大街小巷“两重天”、交通秩序“闯抢堵”、集贸市场“脏乱差”、老旧小区“杂乱破”等顽疾，城区环境面貌得到明显改观。累计清理小广告11万处，拆除各类违建4.8万平方米，施划停车位1.5万个。大力实施乡村振兴战略，21个村集体年收入均达到20万元以上，完成农村人居环境“三清一改”任务，“厕所革命”完成率达到96%以上，居包头市第一、内蒙古自治区第三。

【环境保护】 2020年，青山区污染治理成效明显，在包头市率先完成中央环保督察及“回头看”和自治区环保督察反馈问题的全部整改。持续推进高污染燃料禁燃区建设扩面提标，城乡清洁取暖改造取得新成效，“煤改气”“煤改电”完成1183户、37.3万平方米，生活服务业商户集中供热改造654户、4.9万平方米，减排二氧化硫、氮氧化物460多吨。深入开展“散乱污”、黑臭水体等专项整治，28家“散乱污”企业全部清理取缔，全区工业废水实现达标排放。加快推进“无废城市”建设试点任务，按时完成一机845线渣山综合治理工程。持续实施大青山南坡矿山环境治理和生态修复工程，完成矿山环境治理区域333公顷，新增造林400公顷，栽植各类苗木66.6万株。大力倡导绿色低碳生产生活方式，青山区人民政府获评“国家级节约型公共机构示范单位”称号。

【交通】 2020年，青山区道路总长度316.54千米，城市道路面积638.11万平方米，人行便道面积236.97万平方米，人均拥有道路面积18.3平方米，污水管线和雨水管线总长度共计约530千米（含110国道），路灯11651基，消除无亮化设施街巷，城区道路路灯亮化率达98%以上。农村公路长度95.96千米。其中，县道1条，长度15.48千米；乡道22条，长度64.74千米；村道12条，长度8.39千米；国有林场道路1条，长度7.35千米。

【商贸服务业】 2020年，青山区社会消费品零售总额完成263.91亿元，同比下降4.3%；引进国内资金33.62亿元；进出口总额完成12467.8万美元。其中，自营进出口完成6828.1万美元，同比增长38.8%。全区各大商场举办各类消费促进活动200余场，引进7个“首进内蒙古”“首进包头”品牌，各项措施带动商场客流和营业收入显著提升，“六大商务区”各大商场零售额恢复至新型冠状病毒肺炎疫情前的90%以上。包头传化交投公路港物流有限公司、内蒙古北方风驰物流港有限公司开展物流供应链、金融服务等业态服务，物流信息化建设稳步推进。内蒙古瑞洁物业服务有限公司等6户家政企业开展商务部家政信用平台“人证合一”信用认证工作，信用体系不断完善。猪八戒网蒙西（包头）总部园区入驻企业37家，集聚态势明显。引进芊紫万弘直播基地，带动电商直播专业化、规模化发展。同利家电、佳通二手车探索直播销售模式，传统商业转型效果凸显。投资3000万元的原锦林农贸市场改造为望隆购物广场步行街，成为包头市最新型标准化农贸市场。

【旅游业】 截至2020年年底，青山区有国际国内旅行社36家。其中，国际旅行社10家，国内旅行社26家。有限额以上住宿餐饮企业43家。其中，五星级酒店1家，四星级酒店2家，三星级酒店2家，乡村接待点2家。有旅游景区2个，AAAA级旅游景区北方兵器城和AA级旅游景区包头轻工职业技术学院。其中，北方兵器城2020年全年接待游客10.62万人次，收入196.66万元。2020年，北方兵器城的文旅信息服务站建成，吴运铎纪念馆升级改造工程完工。青山区文旅信息服务站启动仪式暨非遗进景区活动、青山区第十二届军工旅游文艺晚会、青山区第十二届社区合唱艺术节、文创非遗文创进景区等活动在北方兵器城举办。包头市首届文旅创意产品设计大赛在包头国际会展管理中心举办，历时155天评选出入围奖50名，优秀奖5名，铜奖3名，银奖2名，金奖1名。

【金融】 2020年，青山区金融机构各项存款余额（不包括外币）1890.94亿元，同比增长14.24%；城乡居民储蓄存款余额1169.68亿元，同比增长14.26%。各项贷款余额（不包括外币）1396.95亿元，同比增长11.12%。保险机构业务收入47.86亿元，同比下降2.1%。其中，财产保险业务收入8.52亿元，同比增长3.7%；人寿保险业务收入39.34亿元，同比下降3.3%。保险机构保险业务支出8.19亿元，同比下降4.5%。

【科技】 2020年，青山区采取多种方式方法，深入挖掘优势科技项目，搭建科技创新平台。年初，利用“钉钉”“腾讯会议”等线上平台，组织企业参加高新技术企业申报线上培训课程5场。完成3批次国家级高新技术企业组织申报工作。其中，认定为国家级高新技术企业12家,全区高新技术企业总数达到42家。包头北方嘉瑞防务科技有限公司等6家企业认定为2020年度国家级科技型中小企业，推荐内蒙古路易精普检测科技有限公司等4家企业申报包头市科技“小巨人”企业，推荐包头市国安科技有限公司等4家企业申报包头市创新引领型民营企业。进一步规范全区众创空间认定管理工作，青山区鹿客电商众创空间获批2020年度国家备案众创空间，青山区优创众创空间拟确定为内蒙古自治区众创空间。包头师范学院众创空间、包头轻工职业技术学院众创空间在内蒙古自治区科技企业孵化器绩效考核和众创空间绩效考核中均被评为“优秀众创空间”。围绕产业优势，坚持高端引领，全年培养和引进“草原英才”专项人才7人。指导企业用足用好科技政策，实施重大产学研项目19项。启动内蒙古自治区高新技术产业开发区创建工作，打造中电光谷科创中心、高新技术协同创新服务中心、装备工业技术创新中心和质量检验检测技术创新中心4个地区性平台。推荐农牧局1名工作人员聘任为包头市科技特派员，全区共有科技特派员4人，注册率100%。2020年，为20户企业33个项目争取科技政策资金1741万元。

【教育】 2020年，青山区有区属中小学37所。其中，小学21所，初级中学8所，普通高中5所，完全中学1所，九年一贯制学校2所。少年宫、青少年发展中心、特教学校各1所，共有教职工4367人（青山区教育系统内职工数），中小学生53839人（含民办学校在校生）。有各级各类幼儿园76所，共有教职工2061人，在园幼儿13106人。

【文化】 2020年，青山区有综合文化服务中心70个、文化馆分馆16个、图书馆分馆18个。2020年全年举办大型文化活动20余场。组织“草原综合服务轻骑兵”小分队开展“文化进万家”“到人民中间去”综合文化服务活动。推出《爱在身旁》《赞美你青山》《筑梦军工》《在一起》《德润春天》等原创歌曲。

【卫生】 2020年，青山区有卫生机构406个。其中，医院23个（含公立医院9个，包括三级医院6个、二级医院3个；私立医院14个，包括三级专科医院1个、二级医院9个、一级医院4个），卫生院1个，市妇幼保健所1个，妇幼保健计划生育服务中心1个，妇幼保健院1个，监督所2个，疾控中心2个，急救中心1个，社区卫生服务机构40个，诊所卫生所医务室222个,门诊部53个,村卫生室59个，实有床位5055张,卫生技术人员6704人。其中，执业（助理）医师2590人（含执业医师2466人），技师264人，注册护士3168人，药剂人员331人，其他卫生技术人员351人。加强家庭医生团队建设，积极开展线上家庭医生签约服务，截至2020年年底，青山区常住居民家庭医生签约率37.5%，续约率70.2%，重点人群签约率79.3%。全区各医疗卫生机构共建立城乡居民电子健康档案约45.28万份，建档率达87.1%。

【体育】 2020年，青山区有各类体育场（馆）472个。其中，篮球房馆13个，乒乓球房馆、武术房馆、网球房馆各1个，健身房馆28个，棋牌房馆21个，羽毛球房馆5个，台球房馆14个，田径场9个，小运动场33个，室内网球场馆2个，室外网球场28片，篮球场171片，排球场34片，室外门球场6片，体育馆2个，游泳馆6个，排球房馆2个，乒乓球场地30片，各类足球场38个，羽毛球场22片，体育场2个。另有户外健身路径235套。体育场地完好率和开放率达100%。

【社会保障】 2020年，青山区持续完善社会保障体系，推动城乡居民基本养老和医疗保险应保尽保，累计为城乡生活困难人员发放各类救助补贴1.1亿元，建成残疾人“温馨家园”8个。积极落实国企退休人员社会化管理工作，接收企业退休人员55216人。提升基层医疗服务水平，青山区医院门诊大楼综合改造项目顺利实施，疾病预防控制和卫生应急能力全面加强，青山区获评“内蒙古自治区慢性病综合防控示范区”称号。坚持科学防治、精准施策，全力打好新型冠状病毒肺炎疫情防控阻击战。完善丰富“一老一小”服务供给，二〇二综合养护院二期项目开工建设，新建老年人口身体评估中心和“老少乐园”12个，农村养老服务站实现全覆盖。

【人民生活】 2020年，青山区财政用于民生方面的支出占比达七成以上。全面推行民生实事项目人大代表票决制，8项民生实事项目顺利实施。坚持把稳就业放在突出位置，2020年全年新增就业11512人。坚持教育优先发展战略，全面促进各学段教育均衡优质发展。全区公办和民办普惠园幼儿占比达92.4%，九年义务教育巩固率达109.9%，中高考再创佳绩,北重一中获得包头市中考“十连冠”，包四中产生包头市高考文科状元。

（印慧娟）

石拐区

【概况】 石拐区位于包头市中南部、内蒙古高原西部阴山山脉大青山腹地，东与土默特右旗隔山而居；南部与东河区相望，西南与九原区相接，西以包固公路为界与青山区毗邻,北部与固阳县相连，石拐区辖5个街道、1个镇、1个苏木，共6个社区（居委会）、17个行政村（嘎查）；面积761平方千米，全区户籍人口46231人。政府驻地喜桂图新区（马场）。

2020年，石拐区地区生产总值同比增长0.2%；固定资产投资同比增长13.7%；一般公共预算收入完成4.2亿元，同比增长4.5%；城乡居民人均可支配收入分别完成44648元和19042元，同比增长0.8%和8.3%；社会消费品零售总额增速下降6%。

三次产业比重1.6∶74.3∶24.1。第一产业拉动增长0.06个百分点，第二产业拉动增长0.48个百分点，第三产业拉低GDP0.34个百分点。

【疫情防控】 率先开启新冠疫情防控“挂图作战”工作模式。明晰权责，挂起“全区疫情防控网格化包联责任图”。全区设立63个卡点，安排农牧、公安、交警、路政等人员实行24小时体温检测、登记备案制度，在各个嘎查村、居民小区实行临时管控，设立24小时监测点，对出入人

2月，五当召景区工作人员在三岔口卡点疫情防控值班　（张桂波）

员全部开展体温检测和登记工作。

全区共计印制发放各类宣传海报、折页、宣传手册、宣传单等4.7万余份。累计指导全区企业开复工、学校复课218户次。

采购、调拨、组织捐赠等筹措各类物资44种、10万余件；其中，医疗医护物资32种，生活物资9种，食品3种。截至11月18日，累计发放各类消杀物品11984升，各类口罩95470个，各类手套、脚套8361双，各类防护服5585件，各类体温计、测温枪171个，各类食品、饮品2649箱；收到30余家爱心企业和爱心人士捐赠物资价值近71万元。

新型冠状肺炎累计排查随访13807次；鼠疫累计排查随访7346次。累计核酸检测2259人。

【农业】 全区农作物播种面积2.03万亩，以玉米、马铃薯为主。投入化肥、农药、农膜605吨，完成3000亩高标准农田建设任务；耕地地力保护补贴面积1.6万亩、181.5万元；农业承保面积约0.79万亩，保费22万元；设置耕地质量监测区5个、培肥改良试验监测区2个。

【畜牧业】 全年牲畜存栏总数约8.03万头（只），家禽存栏7万羽。建设3个家庭牧场，年出栏0.48万头；其中2家已具备关猪条件。争取资金392万元，建设苜蓿示范基地2个、争取2020年生猪规模化养殖场建设补助项目1个；引进内蒙古尚科动物疫病诊断中心项目。完成800批次的农畜产品抽检速测。

【林业】 完成2015—2016年新一轮退耕还林562.102亩、补助资金22.484万元审核工作，涉及贫困户人口27户58人。2020年中央财政森林生态效益补偿18户36人、161.7亩补偿资金2546.78元。完成2018、2019年度森林抚育1.5万亩（投资149.735万元）检查验收。完成2017、2018年度森林植被恢复（总价款96.9899万元）约463.7亩造林整地任务。开展2019年第二批造林补贴低质低效林改造（189.8万元）2万亩造林整地工作。义务植树0.158万株油松。大青山南坡修复工程春季补植各类苗木1.83万株。开具苗木检疫要求书44份，查验各工程外调造林苗木15批次0.1万株。全区7处造林工程、现场、假植地及国营苗圃苗木抽查合格率98%。

【水利】 完成38条河湖岸线划定工作，安装监控设备17处；投入资金80余万元，疏浚河道8千米，清理煤矸石、生活及建筑垃圾3万余吨。维护保养21处雨水情、墒情监测站及37处预警广播站；征收水资源税910.24万元。全年收缴水土保持费390.72万元。争取资金188.4万元，清洗及维修高位水塔3座，铺设输水管道7.4千米，新建水源井4眼，维修水源井2眼，维修检查井4座，铺设供电线缆0.7千米，配套水泵5台套，安装供水水箱2个，安装净水设备65台套，维修净水设备52台套。

【工业】 工业总产值同比增长6.7%，较上半年提高14.2个百分点，增加值增速0.5%，较上半年提高11.1个百分点。2020年工业园区用电量为28.8亿千瓦时，同比增长9.9%，全区26家规模以上工业企业营业收入同比增长2.5%，利润总额同比下降33.8%，产销率105.7%，工业占地区生产总值的比重保持在70%以上。

【城镇建设】 投资1800万元，完成农林处“三供一业”移交改造工程，涉及居民809户。投资1850万元，实施喜桂图新区消防站建设并投入使用。投资1100万元完成崇德大街、吉忽伦图大街等5条街道绿化工程。新区绿化养护管理，清理枯草10万平方米，修补水圈1.5万余个，补植灌木9.9万株，新植草坪、花卉6700平方米。

投资约580万元，完成棚户区改造139户。争取资金358万元，组织实施并完成老旧住宅小区改造项目。筹集社会资金300万元，完成新区住宅小区环境提档升级工程。7个住宅小区完成不动产总产权证办理，分户产权办理进行中。全区房地产开发项目5个，总规划建设面积101.8万平方米，建成约57万平方米。建成6个村镇污水处理站点并投入使用。完成污水处理厂总氮提标改造工程。

【环境保护】 内蒙古亚新隆顺特钢有限公司二期烧结、二期竖炉、一期竖炉完成超低排放改造；包头经纬能化有限公司安装27套VOC回收系统并投入使用。土壤详查地块48个，其中企业47个，尾矿库1个。完成对全区14个地块土壤布点采样。完成中央、自治区环保督察及“回头看”反馈问题整改32个。受理亿元以上重点项目环评审批19个，完成

17个，推进中2个。完成石拐区污染源普查工作验收。录入内蒙古自治区污染源管理共享平台企业21家，7家已完善自行监测方案并备案；督促其余14家编制完善监测方案，并按照方案开展自行监测工作。

全区有效监测天数315天，优良天数276天，优良天比例为87.62%，较上年同期提高2.2%。

【脱贫攻坚】 建档立卡贫困户156户299人，其中脱贫享受政策100户199人，脱贫不享受政策56户100人。全区建档立卡贫困人口于2018年底全部脱贫，2020年贫困户人均纯收入14353元。投入270万建立“防返贫基金”、20万建立“防贫保”，发放防返贫基金4767.4元。完成7轮遍访督查，整改完成529个发现的问题。

【防范化解重大风险】 化解债务1.77亿元，超额完成0.14亿元。通过创新金融模式累计偿还拖欠民营企业账款1.24亿元。

【交通】 完成开州窑子村、后坝村、鸡毛窑子村、榆树沟村共计3.3千米“四好农村路”建设项目。7路车向北延伸至五当召，向南延伸至脑包沟村，实现全区15个具备条件的建制村全部通公交。完成马留沟道路3.7千米环境整治，整修路基路面，增设排水设施。

【电信】 全区通信用户2.47万户；其中，固话用户数0.16万户（联通）。全年总收入1470万元。建成基站160座；其中，5G基站15个（联通），4G基站112个。

【商业】 招商引资签约项目25个；10亿元以上项目3个，协议资金总额152.33亿元，引进国内区外资金19.5亿元。全区外贸出口额816.7万美元，电商交易总值14640万元。固定资产投资同比增长13.3%，社会消费品零售总额同比下降8%。

【旅游】 完成《石拐区文旅产业和大数据产业发展战略咨询服务项目》《石拐区新区城市风貌提升规划》《石拐旧矿区产业转型开发规划》《喜桂图新区旅游发展提升方案编制服务项目》招投标工作。完成《包头市石拐区文体旅游突发事件应急预案》编印工作。补助资金32.88万元，新改建旅游厕所6个，完成A级景区内所有厕所的定点检查及地图标注工作。争取上级全域旅游规划编制补助资金80万元。全年接待游客77.32万人次，门票收入802.32万元，旅游综合收入15464万元。其中三大黄金假期，接待游客16.43万人；旅游门票收入117.42万元，旅游综合收入3285.98万元；接待游客总数占全市的10.29%。

【服务业】 完成批零业销售额约6914万元，上缴税金2281万元。园区16家僵尸企业，未清理10家，清理6家。全区5000万以下重点建设项目4个。为2家企业争取政策性扶持资金110万元，争取水泥建材园区基础设施配套建设专项债券807万元，对接金融机构提供7家企业资金需求3900万元。引进草原立新等7个项目，总投资额2.14亿元。

【金融】 全区两家主要银行各项存款余额176322.897万元。其中，储蓄余额122163.98万元；对公存款51907.92万元。各项贷款余额68560.7万元。

【科技】 完成高新技术企业信息采集工作。拨付自治区科技成果转化专项资金30万元。争取自治区科技创新引导项目资金30万元。绘宇测绘服务有限公司入库国家级中小企业名单。入选包头市科技发展计划储备项目13个。申报自治区2020年科技计划项目1个。申报2020年科技创新引导奖励资金项目2个。申报包头市创新引领型民营企业和包头市科技“小巨人”企业3家。绿缘生态科技创新科技特派员工作站通过自治区科技厅备案。高新技术企业申报专利12项。R&D投入667.1万元。

【教育】 投资5000万元，完成苏蒙实验学校一期续建项目，建筑面积18094平方米；二期工程展开前期手续办理和规划设计。投资1700万元，新建睿德幼儿园，建筑面积5000平方米，完成主体和二次结构。富力小学项目完成选址和设计方案，进入基础工程施工。投资1003万元，实施完成“义务教育薄弱环节改善与能力提升”项目。520万元自治区财政专项彩票公益金学前教育功能提升项目完成申报。发放家庭经济困难学生各项补助182.11万元，享受国家助学金167人，金额16.7万元。

【文化】 创作《奋进•光辉•蝶变——纪念石拐区建区70周年文学作品选》。10月，区文化馆通过国家三级文化馆（县级）评估验收。举办消夏文化节大型演出7场，惠及3万余群众。投资300余万元实施赵北长城遗址保护工程项目。贮备编制大发街近现代建筑群保护修缮工程、祁家大院贺龙办公（指挥部）旧址保护工程、鸡毛窑子石窟遗址保护项目方案。开展脱贫攻坚巡回演出10场，送电影下乡200余场。

【卫生】 开展疫情防控技术指导332户次，培训110次，开展应急演练29场。购买112万元疫情防控救治设备和应急物资。设置集中隔离点2个，应急物资储备满足30天供给，新增救护车2台。贫困人口建档率，家庭医生签约率、大病救治率均达100%。贫困人口大病集中救治5人、慢病鉴定并服务89人，送药11.5万元。全年无甲类传染病报告，无重大传染病暴发流行。

【体育】 举办石拐区第四届“喜桂图杯”五人制足球赛和“赵北古长城杯”羽毛球比赛，组织参加2020年自治区广播体操推广暨包头市第九套广播体操大赛，获二等奖、三等奖。投资200万元建设全民健身体育广场。策划包头市首届冰雪季少儿平衡车雪地赛、雪地拔河比赛内容的趣味运动会。

【社会保障】 全区城镇职工养老保险参保人数16944人（含公务员、退休人员）；城乡居民养老保险参保人数13049人。累计征收企业养老保险费3546万元，机关事业养老保险费3317万元，工伤保险费34.16万元，城乡居民养老保险费725万元，职业年金124.6万元。发放企业/机关事业单位退休金14714/11395万元，城乡居民养老保险待遇987万元。完成建档立卡人员和贫困边缘户养老保险代缴615人，代缴金额92500元。实现城镇新增就业451人，失业人员再就业192人。城镇登记失业率控制在3.9%以内；农牧民转移就业4010人。发放创业担保贷款1001万元。全区城乡居民医疗保险参保2.67万人、缴费810万元。

【人民生活】 发放各类低保资金726.9万元。按750元/月/人标准，为城乡低保对象783户1241人，发放低保金691.85万元；为802户1275人，发放物价补贴金32万元；为2019年3、4季度在享的低保对象812户1294人发放电价补贴3.05万元。入户调查101户201名贫困人员，36户62人贫困户纳入低保保障范围。发放社会救助金138.1万元；其中，为77名城市三无供养、农村牧区五保人员发放生活补贴和物价补贴90.17万元；为21户特困农村供养人员发放电价补贴0.07万元；为特困供养人员发放护理补贴47.85万元。发放临时救助金23.97万元，受救助人次累计达到41人。为2020年26名困难学生发放救助金5.2万元。

（李忠）

白云鄂博矿区

【概况】 白云鄂博矿区位于阴山之北，地理坐标东经109°47′～110°04′，北纬41°39′～41°53′，南距包头市区149公里，北距中蒙边境95公里，东距达茂旗政府所在地百灵庙42公里，全境被达茂旗环绕，区域面积328.64平方公里。白云鄂博矿区下辖2个街道办事处、4个社区，有汉族、蒙古族、回族等11个民族，常住人口2.2681万人。蕴藏着占世界已探明总储量41%以上的稀土矿物及铁、铌、锰、磷、萤石等175种矿产资源，是享誉世界的“稀土之都”。是包头市的工业重镇，在区域经济发展中有着重要地位，是包头市唯一的国家级独立工矿区。

白云鄂博矿区位于蒙古高原南部，属内陆干燥气候区。低温少雨，干旱多风，温差变化大。春旱风沙大，夏短雨集中，秋爽多日照，冬长天寒冷。冬季长达7个月之久，每年平均气温为2.4℃。年平均风速5.5米/秒，秋季年平均日照时间为3240.4小时，年日照率74%，非常适宜发展风力、太阳能发电等清洁能源产业。

白云矿区内有包白铁路、公路和呼白公路与呼包鄂地区相通，白满铁路、公路连接满都拉口岸，对依托“一带一路”经济带发展跨境贸易和资源转化利用具有重要广阔前景。

辖区内的白云鄂博铁矿是一座大型的铁、稀土、铌等多种金属共生矿床，总面积48平方公里，包括东矿、主矿、西矿、东介格勒和东部接触带五个矿体。现已发现71种元素，175种矿产资源，被誉为世界“稀土之乡”，也是包钢（集团）公司的主要原料基地。

地区生产总值同比增长1.2%；固定资产投资同比增长3.6%；城镇常住居民人均可支配收入完成54061元，位列全市第四；社会消费品零售总额完成7.69亿元；一般公共预算收入累计完成2.29亿元，同比增长39.07%，增速位列全市第一。实施重点项目35个，竣工16个，带动固定资产投资完成10.36亿元。

【工业】 积极畅通产业链供应链，白云铁矿输出矿石1020万吨、实现产值21.18亿元。宝山矿业扎实推进五彩宝山建设、实现产值21.16亿元。拨付1050万元全力支持企业技改。沃尔特、汇丰盈、林峰科技等民营企业稳定运行，规上工业产值完成49.3亿元。

【农牧业】 蔬菜种植基地初见成效，总投资400万元的肉羊养殖屠宰深加工项目全面竣工。

【服务业】 “飞地经济”双创园新注册企业71家、入园企业达到218家，带动各类就业3000人，营业收入突破16亿元，实现税收4500余万元，获评自治区示范性创业园。内蒙古浩通能源股份有限公司入围“2020内蒙古民营企业100强”。

【三大攻坚战】 化解隐性债务3.8亿元，完成全年任务的230%；政府部门清理拖欠民营企业中小企业无分歧账款实现应清尽清，政府债务风险预警等级达到由红转橙的标准。争取上级各类补助资金5.02亿元，创历史最好水平，中央环保督察、自治区生态环境保护大检查、自治区党委巡视和白云区自查问题20项已完成整改18项，其余2项全面推进。推进白云鄂博矿资源化利用和无害化处置，无废城市试点建设成效凸显。实施蓝天保卫战，城区10蒸吨以下燃煤小锅炉实现清零，环境空气质量达标天数比例达93.6%，居全市第一。深入实施低收入群体幸福提升工程，按时足额发放各类保障资金285.9万元，用心用情用力做好城市贫困人员兜底保障工作。

【改革创新】 出台《白云鄂博矿区优化营商环境行动方案》，涉及22个方面重点任务、117条具体举措；出台《白云鄂博矿区打造一流营商环境若干措施》，梳理调整各部门权责清单4336项，网办事项占比提高至98.2%，承诺件平均办理时限比法定压缩93%，营商环境不断优化。建成5G基站21座，率先成为自治区首个5G独立组网全覆盖地区。减税降费8298万元，进一步激发了企业活力。实施“科技兴蒙”行动，稀土矿产资源基地固废循环利用集成示范项目获得科技部批复。贯彻支持民营经济发展的政策措施，全年新增市场主体268户，同比增长31%。

【城市建设】 全面摸清林地、草地等11类自然资源家底。全力推进国土空间规划编制，进一步提升城市空间治理能力。首次实施人大代表票决制民生实事，投入1562万元完成8件民生实事，实现水电气暖智慧缴费，试点推行直饮水入户，新建改扩建13座卫生间，安装休闲座椅89组，完成4条小街巷综合治理。实施了15号楼、12号街坊等老旧小区改造二期工程，惠及居民2000余人。投资400万元实施智慧城市提档升级工程，完成平台整合工作，群众反映的各类身边“烦心事”解决率达到90%以上。

【民生】 实施“暖心就业”行动和高校毕业生“就业启航”行动，城镇新增就业235人。投入1050万元实施义务教育薄弱环节改造与能力提升项目，投入1851万元实施的新建铁矿幼儿园交付使用，教育教学质量不断提升。加强国家通用语言文字教育，推行使用国家统编教材。补齐医疗短板，投入1900万元的蒙医中医医院整体能力提升项目进展顺利。全力推动国有企业退休人员社会化管理移交工作，共接收管理7家企业退休人员2175人。

（史文静）

九原区

【概况】 包头市九原区位于内蒙古自治区西部地区，北依阴山南麓，南临黄河北岸，东接包头市老城区东河区，西连巴彦淖尔市乌拉特前旗，由东部城区与西部农牧区构成，地处“呼包银”经济带核心区，是新规划的包头市委、市政府及市属机关所在地，是包头市传统的蔬菜副食品生产基地、新型工业发展基地和新的中心城区。1953年10月设立包头市人民政府郊区临时工作委员会，1957年正式建立包头市郊区，2000年1月更名为九原区，成为市四区之一。后经三次行政区划调整，区域面积由2244平方公里缩减成现状。全区辖1个苏木、3个镇、4个街道办事处、1个工业园区、56个行政村、27个社区。全区总面积734平方公里，总人口30万人，由汉族、蒙古族、回族、满族等20多个民族构成，其中蒙古族主要聚居在西部阿嘎如泰苏木。2020年，九原区地区生产总值同比增长3.9%，固定资产投资同比增长9.1%，规模以上工业增加值同比增长10.1%，一般公共预算收入同比下降3.9%，社会消费品零售总额同比下降4.5%，各项指标增速均高于全市平均水平。城镇常住居民人均可支配收入同比增长1.6%，农村牧区常住居民人均可支配收入同比增长7.9%。

【稳定经济运行】 2020年，九原区落实疫情防控常态化新要求，设立5个复工复产专班、6个重大项目推进组，派驻65名企业联络员，解决105个物流、用工、资金不足等实际问题，帮助企业减免各类税费2.8亿元、落实产业扶持资金1.1亿元、协调金融贷款2.9亿元、降低用电成本1.6亿元，全区各类市场主体适时复工复产复市、稳定生产经营。完成2000亩应急保供叶类蔬菜种植，支持规范地摊经济、夜间经济，设立7个便民市场，举办30场消费促进活动，发放2万张消费券、110万元代金券。经过全区上下不懈努力，主要经济指标企稳回升、逐月向好，全年新增“四上”企业28家。

【经济高质量发展】 全年实施亿元以上重点项目101个，完成投资175.6亿元，竣工项目38个，项目数量、投资体量、整体质量均居全市前列。强化“四轮驱动”，新都市北片区土地一级开发项目落地实施，世纪路一小、蒙中医院等公共服务配套项目加快推进，万科冰雪博物馆建成开放，保利公园壹号、万科翡翠都会等品质地产项目开工建设；工业园区实施总投资73.9亿元的25个重点工业项目，威海光威碳纤维、华建绿智装配式建筑等项目取得积极进展，稀土金属基地和化工板块12个项目加快建设，浦景聚乙醇酸、杉杉负极材料等10个项目建成投产；物流园区第三方物流大厦进入内装修阶段，包头保税物流中心（B型）完成进出口业务3.2亿元，实施全国首个干线“智慧物流+甩箱运输”项目，货运量达到533万吨，增长45.6%；食品园区集中供暖综合通道、公共检测平台等基础设施项目积极推进，引进落地3个绿色食品加工项目。

【重点任务攻坚战】 2020年，九原区抓好金融风险防范，争取抗疫特别国债中央直达基层资金、专项债券5.22亿元，化解政府隐性债务9.12亿元，完成民营企业和中小企业欠款清偿3.53亿元，保障房公司开发的九原河景项目顺利实施。抓牢污染防治攻坚，集中开展大气污染防治专项行动，清理裸露渣土、建筑垃圾3.7万立方米，实施总投资7.4亿元的8项环保治理项目，整治“散乱污”企业129家，因地制宜开展41个村、2.3万户、302万平方米燃煤散烧综合治理；完成三艮才区域环境综合治理，建成农牧区集中污水处理设施8处，安装分散式污水处理设备2233台，改造公厕56座、户厕8208个，人居环境整治工作成功入选第二批全国农村公共服务典型案例。基本完成包茂高速改扩建、包银高铁、包头市公安监管场所整合项目征拆工作，开展铁路沿线环境安全综合整治，110国道九原段、沼南大道顺利通车。投资2143万元对黄河三岔口、打不素险工进行抢险加固，推动小白河防凌应急分洪西库区续建工程。扎实做好第七次全国人口普查工作。全力抓好文明城市创建整改提升工作。

【保障和改善社会民生】 2020年，九原区10件民生实事项目全部完成。开展“战疫情、保复工、稳就业”专项行动，阶段性减免企业社会保险费9269万元，发放创业担保贷款7056万元。实施包33中校园提升、沙河六小改扩建等工程，改造沙河二小南校区等4所学校土操场，完成6个小区配套幼儿园普惠性改制。实施区医院、疾控中心卫生检验能力提升工程，与包头医学院合作设立蒙中医院教学点，顺利通过自治区慢性病防控示范区评估验收。建立社区工作者职业化薪酬体系，完成191人薪酬套转，新招录社区工作者61人。完成建新街、花园路、韩庆坝路道路管网改造，推进工农街、太原路雨污分流改造，实施3个游园绿化和基础设施提升工程。综合改造金沙华府、花园小区等10个43.2万平方米老旧小区，试点实施6栋老旧楼栋加装电梯工程，完成3处垃圾分类试点，惠及居民7684户。深入开展“解决信访问题年”专项行动。区工商联成为西北地区唯一荣获2020年“创新中国”区县级工商联最佳案例的区级工商联。区公安分局被确定为“坚持政治建警全面从严治警”全国5个县级试点单位之一，推动形成示范带动的“包头样本”。

【包头万科冰雪馆项目正式落户九原区】 2020年1月，包头万科冰雪馆项目正式落户九原区。项目地块位于包头市九原区新都市区核心区，北临建设路，东临经十二路，西临经十四路，南临纬十二西路。用地面积37490平方米，冰雪馆建筑面积41200平方米，主要建设3000平方米戏雪区（含8个戏雪项目）、12300平方米室内冰场、25400平方米滑雪区（含两条雪道）及暖区。

【九原区人民政府与江苏辰华能源股份有限公司举行能源物流供应链项目签约仪式】 7月3日，九原区人民政府与江苏辰华能源股份有限公司举行能源物流供应链项目签约仪式。此次签约的项目主要包括油品一体化综合服务业务、中欧班列及欧洲定期航空运输境外运输承运业务、“一带一路”贸易商品落地加工产业园。项目落地后，第一年实现营业收入15亿元，利润6000万元，税收2000万元；第二年实现营业收入30亿元，利润1.2亿元，税收3000万元；第三年实现营业收入60亿元，利润2亿元，税收5000万元；5年累计税收2亿元，提供就业岗位500个。此外，还将在九原（国际）物流园形成物流产业链，衍生出木材、煤炭、粮食和畜牧产品落地加工转换项目，促进上下游产业发展。

【国内首个万吨级聚乙醇酸项目一期工程正式在九原工业园区投入试生产】 7月，内蒙古浦景聚合材料科技有限公司建设的国内首个万吨级聚乙醇酸项目一期工程正式在九原工业园区投入试生产，标志着中国在可降解塑料领域实现了零的突破，同时也标志着九原区全力打造的新材料产业又向前迈了一大步。

【包头市奥运冰雪中心建设项目落户九原区】 11月，包头市奥运冰雪中心建设项目落户九原区。该项目总投资6.35亿元，其中建设投资6.33亿元，流动资金231.95万元。该项目中心总建设用地规模为3.73万平方米，总建筑面积为4.19万平方米，规划建设室内冰球馆、室内滑雪场、戏雪区等。

【九原区绿色数字产业创业园区项目成功签约】 12月，九原区绿色数字产业创业园区项目成功签约。绿色数字产业创业园区项目是依托烟台内蒙古商会，打造包头绿色数字产业创业园区暨蒙商回乡创业硅谷，在烟台内蒙古商会、烟台节能环保产业孵化园（国家级）专业孵化服务的支持下，引进一批优质项目和高端人才，扶持若干行业骨干企业，建立专业化服务平台，打造产业技术研究院+产业基金+行业创新联盟，加快形成孵化器+产业共生共赢生态，最终达成孵化器+产业成果转化+产业化的发展模式，形成以产促城、以城兴产、产城融合的发展机制。

【实施全国首个干线“智慧物流+甩箱运输”项目】 12月18日，九原区人民政府、北京汇通天下物联科技有限公司（简称“G7”）、北奔重型汽车集团有限公司在G7北京总部签订了“甩箱运输模式”项目合作框架协议。此次合作，九原区政府将充分发挥组织与协调作用，推动G7与北奔集团实现强强联合。G7和北奔集团将依托各自在装备、技术等领域的行业优势，通过现代物流智能调配手段，采用“新能源汽车+甩箱+网络货运平台+长期协作”的综合解决方案，解决工业大宗原料在矿区、厂区装卸环节需要排队等候的问题。

（张敏 张睿敏）

土默特右旗

【概况】 土默特右旗（以下简称“土右旗”），位于内蒙古自治区包头市东部，旗政府所在地萨拉齐镇。全旗总面积2368平方公里，辖5个镇、3个乡、3个管委会，201个行政村，户籍总人口364869人。其中，汉族349645人，占全旗总人口的95.83%；蒙古族11368人，占全旗总人口的3.12%；回族2614人，占全旗总人口的0.71%；其他少数民族1242人，占全旗总人口的0.34%。旗境内拥有“一山一川一河”宝贵自然资源，北部大青山绵延旗境60公里，煤炭探明储量22亿吨；南部黄河流经旗境108公里，年取水4.3亿立方米；中部平原面积2000平方公里。

2020年土默特右旗生产总值164.94亿元，按可比价格计算，同比增长1.5%。500万元以上固定资产投资完成额比上年增长2.1%。一般公共财政预算收入7.03亿元，较上年同期同口径增长10.1%。城乡常住居民人均可支配收入分别达到40020元和20795元，分别增长1.6%和7.7%。

【经济运行】 全年争取抗疫国债、特殊转移支付等专项资金20.2亿元，为企业减税降费1.28亿元，协调金融贷款32.2亿元，全旗规模以上企业全部复工复产。组织实施的63个重点项目全部开复工，22个项目竣工投产，全旗固定资产投资增长2.1%。国储能煤制乙二醇项目动力岛点火，正泰、天晖2个光伏电站并网发电，工业增加值增长8.9%。电商交易额同比增长72.3%，社会消费品零售额降幅持续收窄。

【三大攻坚战】 统筹推进安全饮水、危房改造、就业扶贫等工作，实施了103个产业和小型公益项目，建立起防止返贫长效机制。实施3个工业超低排放改造工程，清洁能源替代燃煤设施41台，大城西煤炭产业园区环境综合治理取得明显成效；完成生活污水处理厂升级改造，集中式饮用水源地水质全部达标；实施国家重点林业生态建设6.5万亩，大青山矿区生态修复治理工程扎实推进；农药、化肥实现减量化，农业面源污染有效防控；“无废城市”试点任务全部完成。全年化解隐性债务2.52亿元，清偿民营企业账款1.68亿元，提前实现“双清零”目标。

【优化营商环境】 对标全国一流营商环境的要求，制定优化营商环境行动方案，建立服务民营企业直通车机制，推进企业开办便利化改革，企业开办时间由20个工作日降至0.5个工作日，企业简易注销时间由45天压缩至20天。深化行政审批制度改革，压减旗本级行政权力事项412项，下放乡镇权力事项94项。推进政务服务“三集中、四到位”改革，进驻政务服务大厅事项519项，基本实现“应进必进”。网上政务服务方面，惠企便民事项网办率达到85%，即办率达到25%，平均承诺时限较法定时限压缩75%。创新“一窗受理、并联服务”模式，83项政务服务事项实现“一窗综合受理”。

【乡村振兴】 建设高标准农田25.8万亩，示范改良盐碱地2万亩，托管土地22.3万亩，推广玉米大豆套种示范种植1万亩，全年粮食产量80万吨。敕勒川现代农业产业园正式开放，天牧人万只肉羊养殖基地落地开工，建华禽业40万羽蛋鸡养殖项目建成运营，宝丰、绿蒙、明泉乳业等牧业养殖增效明显。双有食品、长信牧业等龙头企业运行良好，“土默特羊肉”“土默川地梨”等4个农产品荣获“全国名优特新农产品”称号。在农村人居环境三年整治行动中，建成卫生户厕1.2万户、污水集中处理站23处，升级改造农村公路300公里。实施了农村水质提升工程，安装净水器5700套，改造供水管网27.2公里，解决了113个村4.4万户群众的饮水安全问题。

【城市环境建设】 实施31个小区综合整治、8个老旧小区地下管网改造，住宅小区面貌进一步改善。惠民小区至民生大楼供热管网投入使用，完成2850户供热改造。经四路、经十一路建成通车，维修2条，新增路灯800盏，改善了背街小巷居民的出行条件。实施乾元阳光、现代城商住楼等16个房地产项目，完成棚户区改造134户，妥善解决9946套住宅不动产登记遗留问题。建设便民市场2处，建成区绿化覆盖率37.7%。

【社会事业】 引进闻韶集团15年一贯制民办学校，招聘中小学幼儿园教师120名，实施了7所学校校舍改扩建工程。全力贯彻国家通用语言文字教育、使用国家统编教材的政策。医疗保障方面，总投资1.8亿元的中蒙医院投入使用，新增床位200张。文旅事业，敕勒川旅游服务中心被评为"全国公共文化和旅游融合示范点"。农村劳动力转移就业9.3万人次，发放创业担保贴息贷款4960万元。城乡低保等救助政策全面落实，困难群体基本生活得到有效保障。

（高景哲）

固阳县

【概况】 固阳县位于内蒙古自治区中部偏西，包头市区正北。县委、县政府所在地金山镇，东南距自治区首府呼和浩特市区194千米，南距包头市城区58千米。县境东与呼和浩特市武川县接壤，东南、南与包头市土默特右旗、石拐区、九原区、青山区、昆都仑区毗邻，西南、西、西北与巴彦淖尔市乌拉特前旗、乌拉特中旗相接，北、东北与包头市达尔罕茂明安联合旗为邻。

地形总的特点是：东、南高，西、北低。东部、南部为山区；中部被东西走向的色尔腾山分割成南北两部分，南部河滩丘陵交替分布，北部为高原丘陵地貌。县境地处内陆，属大陆性气候。降水少、四季分明、昼夜温差大，光照资源丰富。境内已发现矿藏50多种，已经开采的有17种。金属矿非金属矿均有分布。铁矿石品位较高。总面积5025平方千米。全县辖6个镇，1个工业园区；下设73个村委会、6个社区，953个自然村。户籍人口19.71万人，其中男性人口10.24万人；常住人口11.86万人，其中城镇常住人口5.40万人，农村常住人口6.46万人；人口自然增长率－0.55‰，城镇化率45.5%。

2020年，地区生产总值63.49亿元，同比增长4.6%；限额以上固定资产投资53.94亿元，同比增长1%；社会消费品零售总额19.39亿元，同比下降5.8%；城乡居民人均可支配收入分别为34309元和16602元，同比分别增长1.8%和8.6%；一般公共预算收入完成4亿元，同比增长6.9%。

【脱贫攻坚】 2020年，仅剩未脱贫的6户、13人贫困人口全部脱贫。脱贫攻坚实现户脱贫、村退出、县摘帽的历史性跨越。

【农业】 全年播种面积163.43万亩，其中粮食作物80.93万亩，油料作物57.80万亩，饲草料15.50万亩，药材5.13万亩，其他农作物4.07万亩。先后引进建设现代农业示范基地、正北林园基地等设施农业基地。马铃薯种薯使用率96%。粮食产量3.05亿斤。引进农作物新品种马铃薯10个，旱地小麦5个，玉米15个，葵花6个，荞麦3个。建成高标准农田14.44万亩，高效节水灌溉面积23.14万亩。农畜产品深加工产业聚集区已初具规模，入园企业12家，农畜产品加工转化65%左右。在协和义村委东河槽村、西三湾村托管土地1163亩。

【畜牧业】羊存栏稳定在100万只左右，肉羊改良率85%；猪存栏3.19万头，鸡存栏42.26万羽，牛存栏8750头。畜禽粪污综合利用率75%以上，规模养殖场粪污处理设施配套率95%。大型养殖场粪污处理设施装备配套率100%。"十三五"期间重大动物疫病强制免疫率100%，无区域性重大动物疫情发生。

【林业】 全县林地面积307.86万亩，占土地面积的40.88%。森林覆盖率20.99%。草原确权155万亩。有湿地6.9万亩，主要集中在怀朔镇、兴顺西镇、西斗铺镇和金山镇。有大青山国家级自然保护区1处，保护区林地30.83万亩。有春坤山县级自然保护区1处，优化调整后面积14.38万亩。争取国家林业工程资金2.3亿元，实施新一轮退耕还林、天然林保护、森林植被恢复和森林保险灾后治理等林业工程项目43.3万亩，其中新一轮退耕还林工程40.09万亩，天然林保护工程2.87万亩，森林植被恢复项目0.10万亩，森林保险灾后治理项目0.24万亩；争取整合森林植被恢复、森林保险灾后治理等项目资金0.15亿元，完成重点区域绿化和矿山企业修复项目0.5万亩；争取草原生态建设资金0.1948亿元，完成京津风沙源治理工程优良牧草种植6.1万亩，贮草棚3万平方米，暖棚4万平方米，青贮窖0.1万立方米；争取0.0175亿元，完成春坤山5万亩退化草场修复封育任务。

【水利】 2020年，投资1300万元，4项人饮脱贫攻坚专项工程；投资2703.64万元，包—固输供水支线工程；投资4001.42万元，后河防洪工程；投资207万元，苦咸水改造工程；投资213万元，氟改水工程；投资80万元，小型水利工程维养项目；投资60万元，小石拐水库、三城仁壕水库报废工程；投资110万元，华城豪庭小区、锦绣小区、馨雨小区和凤凰城的供水加压改造工程；投资30万元，金山工业园区管网维修工程；工程年内全部完工。

【工业】 32户规模以上工业企业中，31户组织生产。新增规模以上工业企业6户，总数38户。亿元以上重点工业项目15个，全部开复工；项目建设投资77.63亿元，完成投资55.99亿元。生产铁精粉342.62万吨，同比增长61.83%；粗钢59.9万吨，同比增长10.3%；球团、烧结矿153.8万吨，同比增长86%；棒线材32.64万吨，同比增长105%。生产电解铝45.4万吨，同比增长113.5%。规模以上工业增加值22.91亿元，增速25%。包头金山工业园区重点项目14个，项目总投资17.8955亿元，完成投资额的35.8%。

【城镇建设】 推进污泥无害化处理处置，避免污泥二次污染。将污水处理站产生的污泥经过无害化处置，减少为含水率40%～60%污泥。投资1亿元，完成热电联产供热工程项目。争取中央预算内和债券项目9项，全部办理可研、规划、土地、环评、立项等前期手续，争取到位资金1.7亿元。除对城区内143万平方米绿化面积日常养护外，在城区主次干道、公园广场种植、补植乔木2138株、绿篱7037平方米、灌木球1377丛，种植马莲1.2万株、草花25971平方米。

【环境保护】 完成环评审批53件，其中验收3件，环评审批50件（报告书15件、报告表35件）。核查固定污染源企业211家。累计投入1.24亿元完成19.7平方公里文圪气矿区地质环境综合治理，形成矿区地质环境治理长效机制。推进2020年度农村环境综合整治工作，争取专项资金367万元，用于农村生活污水处理项目建设。主要实施金山镇、兴顺西镇、西斗铺镇12个村的生活污水处理任务，全部完工。等专项执法行动加强空气质量自动监测站周边环境巡检，保障自动站正常运行，环境空气自动站有效监测天数341天；空气质量优级85天、占全年的24.9%，良级223天、占全年的65.4%，优良天数占比90.3%，较去年上升1%。开展自行监测企业抽查，进行4轮次抽查53家次，发现问题117处，全部完成整改。完成集中式生活饮用水源地水质监测、企业用地调查复核确认等环境管理专项行动。

【交通】 投入资金3551万元，推进“四好农村路”建设，建成“四好农村路”38.4千米；实施农村公路安全生命防护工程86千米，实施精品线路养护工程18.8千米。投资6030万元，完成（兴顺西至王如地段）公路灾毁项目改造31.9千米。开通东河区至固阳城际公交C1线路和昆都仑区到固阳城际公交C2线路，投入公交车32台（新能源公交车18台，燃油公交车14台）。

【电信】 中国移动固阳分公司设自办营业厅1个，各类特许店、代办经销商10个，遍布固阳金山镇城区周边；现有4G基站251个，基本实现城镇、乡村移动通信服务全面覆盖；搭建无线宽带网络基本实现较大村镇全覆盖，并实现固阳城区有线宽带小区覆盖率达98%；试点建设5G基站4个，实现固阳建设路营业厅5G信号的初步覆盖。固阳移动分公司通信用户8.4万户，4G网络客户6.6万户，5G网络客户0.5万户，宽带客户1.2万户。中国联通公司辖5个自有营业厅、15个合作厅。有4.92万用户，其中移动业务用户3.94万，固网业务用户0.24万户、宽带用户0.74万户；2020年业务收入1836万元。

【商业服务业】 积极培育批零餐饮限上企业，将广众餐饮、日潮实业纳入限上零售和批发企业，批零餐饮限上企业增加至4户。社会消费品零售总额完成19.39亿元。打造稼禾园惠农商贸创业中心，建成集酒店、餐饮、农贸市场于一体的大型商业综合体，与周边广众星天地商城、广众美食街、广众步行街形成最大商圈。为商贸流通企业争取各类项目补贴资金731.5万元，用于支持商贸流通服务。商贸流通发展资金18.4594万元，用于扶持企业发展和疫情期间做出贡献的17户商贸流通企业。2020年9月，获批为国家电子商务进农村综合示范县。

【旅游】 组织开展全域旅游示范区创建工作，列入自治区全域旅游示范区创建名录。推进春坤山、马鞍山、大仙山等景区建设。旅游接待人数44.7万人次，实现旅游综合收入6705.72万元。

【金融】 金融机构各项存款余额80.67亿元，较年初增加3.47亿元，上升4.09%；各项贷款余额60.88亿元，较年初增加8.31亿元，上升15.81%。存贷比75.46%。金融机构为小微企业贷款1.33亿元。各保险机构保费金额9241.05万元，同比减少501.35万元，下降5.15%。

【科技】 成功申报内蒙古自治区“基层科普行动计划”青少年科技馆科教资源配置项目，获自治区科协批复资金52万元，用于青少年科技馆项目建设。科技馆使用面积约2500平方米左右，可同时容纳1300人开展活动。组织开展各级各类科技培训班44期，受训人数2780人次。出动科普大篷车5辆次、工作人员11人次，摆放科普活动展板57块、发放各类宣传资料12种13000余份，为社区和学校赠送科普书籍、影像资料200本，受益群众6000人次。利用全市防震减灾宣传月、“5•12”汶川地震纪念日、“7•28”唐山地震纪念日等活动，在各中小学开展防震减灾科普知识讲座、宣传、地震应急演练等活动。聘请自治区科普专家演讲团3名科学家为6所中小学做专题科普报告，1400多人聆听报告。组织中小学生参加自治区、包头市科协组织的第三十四届青少年科技创新大赛。

【教育】 有幼儿园13所，其中公办幼儿园4所，民办（有证）幼儿园7所，公办幼儿园核定教职工编制83名，实际在编72名；民办幼儿园有教职工118名。在园幼儿2542人。有5所小学，核定教师编制509名，有专任教师536名；教学班116个，在校学生4787人。有2所初级中学，核定教师编制321名，有专任教师349名；教学班63个，在校学生2331人。1所高级中学，即固阳县第一中学。有36个教学班，学生1381人。教职工169人，其中专任教师166人。固阳县职教中心有在编教师87名，高级教师37名，双师型教师36名，自治区优秀教师6名。

【文化】 举办第十七届秦长城文化旅游节，“墨香韵味迎新春”书画巡回展暨书画笔会等活动，文化馆乌兰牧骑小分队下乡送文化巡回演出12场次，开展公共文化惠民演出进基层活动，为基层送去《文化促发展全民奔小康》为主题的演出25场。成立固阳县文体旅游广电局合唱团。组建30余支民办文艺团队，有四星级团队3支、三星级团队5支、一二星级团队22支，成员2000余人。到乡镇、社区、村，开展“乡村振兴”基层广场舞培训活动15期，为村镇文艺爱好者开办舞蹈、声乐、器乐培训班，培训文艺骨干120余名、文艺爱好者300余人。开展阅读推广活动及图书业务培训。开办非遗烫画班10期，合唱团培训14期，举办摄影爱好者培训班、图书馆线上业务培训、固阳县老年健身气功三级体育指导员培训等。

【卫生】 有卫生健康事业单位16个，其中县级医疗机构5个、卫生院10个、社区卫生服务中心1个。有编制616名（包括2个内设事业机构），实有在编人员477人。建档立卡贫困人口7772人。依据大病救治“四定两加强”原则，确定县人民医院为贫困人口大病集中救治定点医疗机构，救治病种由国家卫健委确定的9种大病，逐步增加到32种。落实48种慢性病鉴定，由家庭医生上门“送医送药”服务，送药50741人次，费用717.85万元。认真实施“清零达标”行动，2所县级医疗机构、10所镇卫生院、62所村卫生室均达到自治区医疗机构建设标准。

【体育】 举办第三届全民健身体育节活动。编创15个居家健身视频，参加包头市“健身无处不在、运动无限精彩”居家短视频比赛。组织人员参加由内蒙古自治区体育局举办的“欢乐草原、健康内蒙古”第十二届全区全民健身运动会气功交流大赛。举办各类体育赛事11场，3万余人次参与；组织各种交流活动6场，

100余人参与。获得第五届全区百县健身气功交流比赛三等奖2项。实施体育惠民工程，为社区活动场所配备4套健身路径、2副羽毛球架、2副乒乓球架、1副篮球架。

【社会保障】 城镇职工参保任务30889人，实际参保31731人，失业保险参保任务7510人，实际参保7700人，工伤保险参保任务9050人，实际参保9064人，城乡居民养老保险参保人数108318人。执行企业制度退休人数8812人，发放待遇2.54亿元；执行机关事业制度退休职工人数3332人，发放待遇2.59亿元；城乡居民养老保险享受待遇人员35490人，发放待遇9909万元。

【医疗保障】 为8033名贫困人口全额代缴基本医疗保险费256.37万元。贫困人口住院兜底救助686人次，支出174.04万元；慢性病救助52311人次，支出380.45万元；共救助52997人次，支出救助金554.49万元。持续推进县域内定点医疗机构“先诊疗，后付费”和一站式结算服务。为建档立卡贫困人口鉴定26种门诊慢性病1124人、“两病”646人；1770名贫困人口享受慢性病待遇。城乡居民参保143709人，筹资4409.76万元。

【人民生活】 2020年，固阳县社会消费品零售总额193887.9万元，同比降低5.8%。城镇居民人均可支配收入34309元，同比增长1.8%；农村居民人均可支配收入16602元，同比增长8.6%；全体居民人均可支配收入23168元，同比增长5.9%。城镇居民人均消费性支出19446元，同比降低7.7%；农村居民人均消费性支出13275元，同比增长18.9%；城镇居民恩格尔系数32%，同比上升10.3%；农村居民人均住房面积32.5平方米，农村居民恩格尔系数33%，与上年持平。

（拓文英）

达尔罕茂明安联合旗

【概况】 达尔罕茂明安联合旗，简称“达茂联合旗”，位于阴山北麓，内蒙古自治区20个边境旗（市）和33个牧业旗之一。东邻乌兰察布市四子王旗，西接巴彦淖尔市乌拉特中旗，南连呼和浩特市武川县、包头市固阳县，北与蒙古国接壤，国境线长88.6公里。全旗辖7个镇、2个乡、3个苏木。总面积18177平方公里，总人口近11万人，男女性别比例为50.8∶49.2，有汉族、蒙古族、回族、满族等23个民族，少数民族人口1.91万人（蒙古族1.79万人），是多民族聚居的边境少数民族地区。旗政府所在地百灵庙镇，处于呼包鄂经济区两小时辐射圈内，中蒙满都拉—杭吉国家级双边性常年开放公路客货运输口岸，是对蒙开放重要通道之一。

地区生产总值同比增长0.3%。其中：第一产业增加值增长2.0%，第二产业增加值增长2.1%，第三产业增加值下降4.1%，三次产业结构比为17.3∶53.0∶29.7。固定资产投资同比增长6%。社会消费品零售总额同比下降5.9%。城镇常住居民人均可支配收入43466元，同比增长1.9%。农村牧区常住居民人均可支配收入18628元，同比增长9.9%。

【农牧业】 农作物播种面积80万亩。其中，小麦16万亩，玉米16万亩，荞麦8万亩，莜麦2万亩，马铃薯5万亩，甜菜4万亩。新建高标准农田2.5万亩，粮食总产量达2.28亿斤，以黄芪为主的经济作物播种面积同比增长2.1倍。新增市级以上龙头企业3家（其中自治区级2家、市级1家），示范（精品）合作社7家，丰域合作社等3家企业被认定为首批自治区级农牧业产业化示范联合体。牧业年度存栏95.67万头（只），其中大牲畜存栏9.44万头，羊存栏77.3万只，猪存栏1.19万。牧业年度出栏总头数117.06万头（只），其中大牲畜3万头（只），小牲畜114.06万头（只）。“达茂羊肉”等5个产品入选“全国名特优新农产品”名录，“达茂草原羊肉”“达茂草原牛肉”通过国家农产品地理标志评审，加强畜种改良，共发放优质种公羊675只，涉及全旗450户农牧户，补贴资金108万元。申请蒙古母马饲养补助80万元，完成蒙古马（雪豹马、枣骝马）保种选育800匹。

【林草】 完成京津风沙源治理12.5万亩、围栏封育6.76万亩，修复退化草原6.58万亩。人工灌木造林1万亩，封山（沙）育林10万亩，围栏封育30万亩，人工饲草基地2万亩，配套建设暖棚3万平方米，贮草棚2万平方米。落实完成2019—2020年退耕还林列入森林抚育项目1万亩，2019—2020年低产低效林改造1万亩。依法依规将全旗124万亩国家级重点核准和7万亩地方公益林的1800多万元补偿资金发放到农牧户；完成全旗315.9亩林地进行森林保险投保工作。柠条春尺蠖发生面积2.75万亩，防治面积0.85万亩，森林草原病虫害成灾率控制在5‰以内，无公害和生物防治率达到90%以上。

【水利】 实施艾不盖河水系连通工程，完成生态堤防工程18.436公里，河道治理11.518公里。完成2019年度沙源二期水利水保项目，完成治理水土流失面积10平方公里。完成小西沟淤地坝除险加固工程，新建钢筋砼溢洪道103.973米，交通桥1座，维修放水工程及整修大坝坝体。完成二里半清洁小流域治理工程，治理水土流失面积20平方公里。实施2020年度黄花滩、二道河生态清洁小流域工程，完成水土流失治理面积40平方公里，格宾石笼护岸3299米，截排洪沟579米。实施农村牧区饮水安全维修养工程36处，安全饮水工程5处，饮水型氟超标地方病防治工程26处，苦咸水防治工程7处，脱贫攻坚小型水利公益性工程23处，安装单户净水设备1100台，建集中净水站3处，解决了11615人的饮水安全问题。

【重点项目】 51个亿元以上重点项目竣工31个、完成投资61.53亿元；蒙普选矿厂建成投产，巴润公司采场胶带运输系统等项目有序推进。实施传统产业改造升级项目10个，完成投资15.6亿元，新达茂稀土5000立方米稀土脱硝催化剂、宝鑫特钢100万吨棒材、联丰稀土1万吨高分子稀土助剂等6个项目竣工。新达茂稀土100万吨废弃矿石综合利用项目完成中试、首批产品成功下线，蒙普选矿厂建成投用。包头市可再生能源综合应用示范区首期160万千瓦风电项目取得积极进展，三峡、天润、上海懿晟3个项目获得核准。新能源发电82.2亿千瓦时、实现产值44亿元，同比分别增长

7.7%和7.1%。

【城镇建设】 5个房地产开发项目完成投资2.12亿元，改造老旧小区10.9万平方米。实施艾不盖河水系连通工程11.5公里，改造供水管网22.6公里，百灵庙镇污水处理厂扩能及中水回用项目竣工投用。在38个小区开展生活垃圾分类，生活垃圾回收利用率达到31%。8个嘎查村被命名为市级以上"文明村镇"，石宝镇红山子村被中央文明委命名为第六届"全国文明村镇"。

【环境保护】 推动国家生态文明建设示范旗创建。推进蓝天、碧水、净土保卫战。全旗空气优良天数比例达94%，同比提高1.6个百分点，空气质量指数排在全市首位。百灵庙污水处理扩能及中水回用项目启动运行，百灵庙镇水源地保护区调整方案通过自治区政府批准，集中式饮用水源地水质100%达标，黄花滩绿色食品加工园区污水厂项目纳入自治区项目库。生态清洁小流域治理35平方公里，完成101条河流、3个湖泊保护范围划定工作。推动企业环保技改，完成重点企业土壤污染检测，"散乱污"企业整治基本完成，关停取缔"散乱污"企业66家、升级改造17家，巴润工业园区PM10下降25%，完成20宗矿山地质环境治理，治理率达87%。

【脱贫攻坚】 完成中央专项巡视"回头看"、国家成效考核等反馈问题整改。全年整合投入扶贫资金5454.5万元，实施扶贫项目164个，帮助贫困户销售农畜产品48万公斤、销售额331.57万元，贫困户人均收入达到11698元、同比增长25%，贫困家庭学生基础教育入学率、巩固率达到100%，贫困户全部纳入基本医疗、大病保险和医疗救助。17个易地扶贫搬迁后续配套设施项目全面实施。全旗1379户、2837名建档立卡贫困人口全部脱贫，建立防止返贫监测和帮扶机制，对13户23名边缘人口和易返贫34户54名脱贫监测户及时跟踪监测、帮扶，确保不发生新致贫和返贫问题。

【防范化解重大风险】 采取综合举措化解政府隐性债务9.32亿元，完成全年任务的155.4%，民营企业中小企业无分歧账款4.15亿元全部清偿，实现政府债务风险预警等级由红转橙。严格控制非必要、非当急支出，财政一般性支出压减30.43%，"三公"经费支出下降9.16%，节省下来的资金全部用于保就业、保民生、保市场主体。妥善处置8月9日龙卷风自然灾害，灾害发生2小时内33名伤者全部送往医院救治，实现重大自然灾害"零死亡"。

【交通】 国道210线满都拉口岸至百灵庙段公路、国道335线黄家滩至百灵庙段公路、国道331线乌兰敖包至乌珠尔边防公路全线通车，包满铁路三期具备运营条件。2020年续建新建农村公路217.4公里。新建抵边公路169.1公里、扶贫公路8公里。投入资金2367.5万元，实施农村公路养护工程111.7公里、安保工程43.2公里。

【商贸服务业】 组织百福新天地商业广场、雅馨养老院等5家商贸企业赴呼和浩特市参加全区商务领域政银企对接会。开展线上线下电子商务培训7次，累计培训624人次。完善物流配送体系建设，全旗物流配送企业9家，分别为邮政、顺丰、圆通、中通、韵达、宅急送、百世汇通、申通、天天快递，其中邮政快递配送已覆盖全旗12个苏木乡镇77个行政村。

【旅游】 编制完成《达茂旗草原旅游整治和提升规划》和《希拉穆仁草原旅游控制性详细规划》，争取90万元资金完成全域旅游标识标牌建设项目。套马沟旅游项目三期工程、库烈古城项目主体工程已完工，A级景区和星级接待点有序开放，接待游客18.44万人次、实现收入1.29亿元，入选首批自治区全域旅游示范区行列。

【口岸】 塔温陶勒盖—杭吉重载矿运公路正式破土动工，进口肉类指定监管场地弱电工程完成主体建设内容。满都拉口岸亚行贷款项目完成审批立项、招标代理公司选聘、协议草签工作。口岸铁路连接线取得国家发改委复函，可行性评审报告报至国家发改委。及时恢复满都拉口岸过货，进出口货物72.59万吨、完成贸易额8.01亿元，出入境人员19382人次，出入境车辆16694辆次。

【金融】 2020年金融机构全年存款余额473831万元，其中住户存款余额386290万元，投放各项贷款余额339897万元。农行发放涉农贷款余额89127万元，信用联社发放涉农贷款余额103047万元，蒙商村镇银行发放涉农贷款余额38333万元。

【社会保险】 全旗城镇职工养老保险累计参保人数18086人，新增371人，完成扩面任务300人的124%；城乡居民养老保险参保人数78489人，参保覆盖率97%，工伤保险参保人数9579人，新增376人，完成全年扩面任务200人的188%；城镇职工养老保险、工伤保险、城乡居民养老保险分别征缴5532万元、99万元、549.3万元；城镇职工养老保险累计为8013人发放2.23亿元；城乡居民养老保险累计为16752人发放养老金4593.1万元；累计为483人支付工伤待遇463.4万元。

【信息化】 巩固提升农村牧区4G网络及光纤基本全覆盖成果，以百灵庙镇为试点，推进5G网络建设，已建成百灵庙5G基站9座，初步实现百灵庙镇内旗委、旗政府、金三角等重点区域5G网络覆盖。落实国家《"5G+工业互联网"512工程推进方案》，加快5G推广应用步伐。推进"达茂地理信息及多规合一项目"建设。

【教育】 全旗共有幼儿园10所（含民办幼儿园4所），2020年，共有在园幼儿1639人，公办幼儿园在园占比达到74.86%，普惠率100%。全旗共有义务教育阶段学校8所，有义务教育阶段学生3509人。开展义务教育阶段课后服务，与九原区中小学结对共建工作。有高中阶段在校学生352人。2020年扩大与包钢五中合作办学规模，创建合作项目班6个。全旗有民族幼儿园4所（牧区1所），牧区民族完全小学1所，九年一贯制寄宿制民族学校1所。深入实施特殊教育提升计划，继续完善特殊教育经费保障机制，开展送教上门服务工作，达茂旗适龄残疾儿童64人，已安置60人，入学率达到93.75%。开展校外培训机构专项治理，教育、公安、住建、人社等部门联合印发《达茂联合旗民办教育机构设置审批程序》。

【文化】 全年开展线上线下送戏下乡活动100场，开展走出去、请进来文艺业务培训5次，辅导31场次；争取40万元资金完成数字文化馆项目。创作推出情景剧《防控在行动》、歌曲《白衣天使》等12个各类题材文艺作品；抖音政务账号共推送各类短视频49条；长调《巴音宝格达之影》荣获第二届全区乌兰牧骑新人新作比赛声乐组铜奖及创作奖。全年组织30多名本土书画、工艺美术家创作200余幅书画、泥塑、剪纸等作品，参加抗击新冠疫情线上展、中国西部书画家作品邀请展、“脱贫攻坚、中华复兴”诗书画联展等10余项市、区、国家级书画展赛。先后开展全民阅读活动6次；全年接待读者约1.2万人。

【卫生】 建成3个国家级和自治区级重点学科，成立3个名医工作室，达尔汗苏木卫生院成为分站；加强中蒙双方医学交流，开通就诊绿色通道，与蒙方实现互访。实施取消药品加成、实行药品零差率销售等公立医院改革任务，让利群众230.31万元，双向转诊82人次。全旗常住人口家庭医生签约率52.54%，贫困人口签约率100%，乡村医生签约并提供服务率达到81.6%。深入开展“优质服务基层行”活动，达到标准的卫生院7所，社区服务中心1所。全旗城乡居民健康档案电子档案建档率82.3%。2座PCR实验室、1座加强型P2实验室建成使用。

【社会保障】 企业退休人员基本养老金、城乡居民基础养老金人均每月分别提高125元和5元，城乡低保标准分别提高5.6%和10%。农牧区特困人员分散供养和集中供养标准全部达到每人每年1万元，为680名农牧区特困人员发放供养金695.66万元；城镇“三无”人员分散供养和集中供养标准全部达到每人每月1600元，为43名城镇“三无”人员发放供养金80.16万元；特困人员中有国贫对象19户19人，发放供养金19万元；为286名60周岁以上的老年人发放了老年爱心卡，为2641名80周岁以上的老年人发放高龄津贴308.92万元。全年为2162名重度残疾人、834名困难残疾人发放残疾人两项补贴358.76万元；困难残疾人员中有国贫户117人，发放救助金13.04万元。孤儿分散供养和集中供养标准分别为每人每月1700元和2000元。按时足额发放供养金，全年为10名孤儿各42名事实无人抚养儿童发放96.6万元供养金。

【人民生活】 民生投入占一般公共预算支出的比例保持在70%以上。农牧民转移就业2.11万人，城镇新增就业1611人，城镇登记失业率控制在3.73%的较低水平。推进创新创业，全年共发放创业担保贷款4835万元。落实社保惠民政策，城市和农村牧区低保标准分别提高至每人每年9000元和6644元。

（王宏伟 樊瑞祥 杨帆 杨永乐）

呼伦贝尔市

【概况】 呼伦贝尔市是内蒙古自治区下辖地级市，因境内呼伦湖和贝尔湖而得名。位于内蒙古东北部，地处北纬47°05′～53°20′，东经115°13′～126°04′。东西630公里，南北700公里，总面积25.3万平方公里，占内蒙古自治区总面积21%，相当于山东省与江苏省两省之和。该市东邻黑龙江省，西、北与蒙古国、俄罗斯相接壤，处于中俄蒙三国的交界地带，与俄罗斯、蒙古国边境线总长1733.32公里，其中：中俄边境线1051.08公里，中蒙边境线682.24公里。沿边设有8个国家级一、二类通商口岸，其中满洲里口岸是中国最大的陆路口岸。

呼伦贝尔市辖14个旗市区，其中，有2个区（海拉尔区、扎赉诺尔区），5个市（满洲里市、牙克石市、扎兰屯市、额尔古纳市、根河市），7个旗（阿荣旗、莫力达瓦达斡尔族自治旗、鄂伦春自治旗、鄂温克族自治旗、陈巴尔虎旗、新巴尔虎左旗、新巴尔虎右旗）。旗市区辖有68个镇、19个乡（其中13个民族乡）、19个苏木（其中1个民族苏木）、36个街道办事处。呼伦贝尔市人民政府驻海拉尔区。全市共有乡镇苏木106个，辖有村、嘎查700余个。2020年末，全市城镇新增就业人数24675人，失业人员再就业11454人，登记失业率为3.87%。

全市地区生产总值（GDP）实现1172.20亿元，按可比价计算下降3.3%。分产业看，第一产业增加值290.57亿元，增长0.3%；第二产业增加值326.67亿元，下降6.1%；第三产业增加值554.96亿元，下降3.7%。三次产业结构比例为24.8∶27.9∶47.3。

全市地方财政总收入155亿元，下降7.3%全市一般公共预算收入79.8亿元，下降5.0%,按可比口径计算实现正增长。其中税收收入57.7亿元，占一般公共预算收入比重为72.3%，下降8.9%。全市一般公共预算支出467.62亿元，同比增长1.7%。其中涉及教育、医疗、就业等民生支出达335.67亿元，增长1.5%，占一般公共预算支出比重为71.8%。

【自然资源】 全市土地面积25.3万平方公里，草原总面积为1.49亿亩，其中可利用面积1.38亿亩。草原综合植被覆盖度达到75.8%，森林蓄积量12.7亿立方米。全市水资源总量316.19亿立方米，其中地表水资源量298.19亿立方米，地下水资源量18亿立方米。

全市全年总供水量8.76亿立方米（扣除呼伦湖补水），其中农业用水量6.32亿立方米，工业用水量1.06亿立方米，生活用水量1.15亿立方米，生态用水量0.23亿立方米。

【农牧林业】 全市粮食作物播种面积164.75万公顷，同比下降1.4%。全年粮食总产量604.46万吨，比上年减产49.25万吨，同比下降7.5%。在粮食作物中，小麦产量80.41万吨，下降2.9%；玉米产量283.3万吨，下降14.7%；大豆产量187.16万吨，增长3.6%；马铃薯产量（折粮）24.62万吨，下降5.1%。粮食平均亩产244.6公斤，下降6.3%。

造林合格面积完成3.77万公顷，其中人工造林合格面积2.72万公顷，当年新封山（沙）育林面积1.05万公顷，森林抚育面积完成12.54万公顷。

截至年末，全市农牧业机械总动力548.09万千瓦，比上年增长3.5%，完成机耕面积136万公顷，机耕水平达93.16%。化肥施用量（折纯）24.63万吨，下降6.6%，农村牧区居民用电量4.02亿千瓦时，下降32.2%。

【工业】 全部工业增加值258.94亿元，比上年下降3.7%，其中规模以上工业增加值下降3.2%。在规模以上工业行业中，煤炭开采和洗选业增加值下降13.0%，电力、热力生产和供应业下降2.9%，有色金属矿采选业增长7.6%，木材加工业增长0.7%，非金属矿物制品业增长16.0%，化学原料及化学制品制造业增长14.7%，医药制造业下降49.1%，农副食品加工业下降14.9%，食品制造业增长1.6%，酒、饮料制造业下降6.2%。主要产品产量有增有降。

全年规模以上工业企业实现营业收入547.93亿元，比上年增长1.4%；实现利润59.93亿元，同比下降12.5%；营业收入利润率10.9%。规模以上工业企业产品销售率100.8%。

【建筑业】 全年建筑业增加值67.73亿元，按可比价同比下降14.1%。全市72户具有资质等级的建筑企业完成产值37.66亿元，同比下降28.4%。房屋建筑施工面积217.49万平方米，下降26.0%。竣工房屋面积104.24万平方米，下降1.7%。房屋建筑竣工率47.9%。全市建筑企业利润总额亏损0.31亿元，下降118%。

【固定资产投资】 全社会固定资产投资318亿元，同比增长1.9%。其中，500万元以上固定资产投资266.35亿元（含森工不含农村农户），同比增长1.5%。其中，房地产开发投资60.29亿元，同比下降16.3%；商品房销售面积139.64万平方米，下降11.5%；商品房销售额58.20亿元，下降7.7%。

在500万元以上固定资产投资中，基础设施投资111.14亿元，同比增长3.0%。按经济类型划分，国有经济单位投资156.43亿元，增长8.0%；民间投资107.85亿元，下降7.6%；外商及港澳台投资1.48亿元，增长12.1%。按产业划分，第一产业投资14.60亿元，增长31.8%；第二产业投资75.03亿元，增长8.9%；第三产业投资171.78亿元，下降5.8%（三次产业投资不包含森工）。

【国内贸易】 全年社会消费品零售总额301.4亿元，比上年下降8.5%。按经营地统计，城镇消费品零售额261.3亿元，下降8.7%；乡村消费品零售额40.1亿元，下降7.6%。按消费类型统计，餐饮收入34.0亿元，下降16.6%；商品零售额267.4亿元，下降7.4%。

在限额以上单位商品零售额中粮油、食品类零售额比上年增长4.0%，饮料类下降1.5%，烟酒类下降24.8%，中西药品类增长9.7%，文化办公用品类增长9.5%，汽车类下降2.1%。

全市进出口总额160.8亿元，同比下降4.3%。其中，出口额35.1亿元，下降0.3%；进口额125.7亿元，下降5.3%。

【交通】 全年铁路、公路完成货运量14957.66万吨，同比下降31.3%。其中，铁路货运量8449.96万吨，下降5.4%；公路货运量6507.7万吨，下降49.3%。民航行货邮吞吐量1.54万吨，下降37.4%。铁路、公路完成货物周转量460.39亿吨公里。其中，铁路货物周转量334.56亿吨公里，下降1.9%；公路货物周转量125.83亿吨公里，下降49.5%。铁路、公路完成客运量635.8万人，同比下降57.4%。其中，铁路客运量301.7万人，下降57.3%；公路客运量334.1万人，下降57.4%。民航旅客吞吐量185.18万人次，同比下降39.8%。铁路、公路完成旅客周转量16.11亿人公里。其中，铁路旅客周转量11.07亿人公里，下降59.4%；公路旅客周转量5.04亿人公里，下降50.2%。全市公路总里程28839公里。按照技术等级划分：高速公路506公里、一级公路777公里、二级公路2140公里、三级公路4364公里、四级公路20359公里、等外公路693公里。年末，全市汽车保有量39.95万辆，同比增长7.9%。其中，私人汽车保有量36.20万辆，增长8.9%。

【邮电】 全市邮政行业业务总量累计完成4.69亿元，同比增长16.2%。全市快递企业业务量累计完成1242.98万件，同比增长31%，快递企业业务收入累计完成3.00亿元，同比增长24.9%。全市电信业主营业务收入17.88亿元，同比增长0.5%。全市固定电话用户19.32万户，下降13.5%；移动电话用户286.02万户，下降7.2%；移动宽带用户270.63万户，增长4.6%；计算互联网用户67.91万户，下降0.7%。

【旅游业】 全年共接待国内外旅游者783.28万人次，其中接待国内过夜旅游者628.19万人次，接待一日游旅游者152.97万人次，接待入境旅游者2.12万人次。旅游业总收入192.79亿元，其中国内过夜旅游收入187.73亿元，一日游收入4.45亿元，旅游创汇收入894.77万美元。

【金融】 年末，全市金融机构人民币各项存款余额1894.16亿元，同比增长10.5%。其中，住户存款余额1321.57亿元，增长16.3%；非金融企业存款203.80亿元，下降12.2%；财政性存款43.66亿元，增长33.6%；机关团体存款324.45亿元，增长4.4%。全市金融机构人民币各项贷款余额1112.28亿元，同比下降3.4%。其中，住户贷款366.71亿元，增长3.0%；非金融企业及机关团体贷款745.56亿元，下降6.2%。全市保险公司共计33家，其中财险公司20家，寿险公司13家。保险业保费收入完成73.51亿元，同比增长2.5%；各项赔款和给付19.36亿元，同比增长10.1%。其中：财产险保费收入22.44亿元，同比增长6.2%，赔款累计支出12.13亿元，同比增长15.3%；寿险保费收入51.07亿元，同比增长0.9%，寿险给付和赔款7.23亿元，同比增长2.5%。农险保费收入8.94亿元。

【科技与教育】 全年鉴定科技成果19项。签订各类技术合同87项，合同成交金额1.83亿元，同比增长39.7%。全市普通高等学校4所，2020年全市招收普通本、专科学生7781人，同比下降10.8%。高等学校普通本、专科在校学生数23696人，同比下降3.4%。成人本科、专科在校学生数2447人，同比下降19.4%。普通高中25所，招收学生11942人，同比增长8.0%，在校学生数33046人，同比增长4.3%。其中，少数民族9572人，同比增长3.9%。初中133所，招收学生17516人，同比增长0.4%，在校学生数55031人，同比下降1.7%。其中，少数民族15805人，同比增长4.4%。小学校136所，招收学生17649人，下降2.2%，在校生学数102922人，同比下降0.4%。学龄儿童入学率100%，小学毕业升学率99.2%。

【文化】 全市拥有艺术表演团体12个，公共图书馆15个，群艺馆、文化馆15个，注册博物馆30座，其中享受国家免费开放专项资金的19个。全市拥有市级广播电视台1座，旗县级广播电视台12座（含满洲里）。调频电视转播发射台113座。全市广播人口综合覆盖率99.6%，全市电视人口综合覆盖率99.65%。

【卫生】 全市2020年卫生机构1962个，比上年增加106个，医疗卫生单位实有病床14956张，增加304张。

【体育】 2020年，参加全国曲棍球、藤球、拳击、柔道、冰球等比赛获3金、3银、3铜；参加全区各项青少年体育比赛获96金、92银、111铜。承办全国男子曲棍球锦标赛以及全区速度滑冰、曲棍球、篮球、藤球等单项比赛，举办全市青少年体育赛事14项；组织举办冰上项目集训营4期，训练运动员500余人。藤球项目国家队暨藤球项目自治区（国家队）训练基地落户呼伦贝尔市，成功组建市级花样滑冰、冰壶项目队。3名运动员获得东京奥运会参赛资格，6名冬季项目运动员入选国家队备战北京冬奥会。

【人民生活】 全体居民人均可支配收入31515元，同比增长3.1%，人均消费性支出18500元，同比下降6.6%。城镇常住居民人均可支配收入36168元，同比增长1.9%，人均消费性支出20140元，同比下降6.2%，人均拥有住房面积31.86平方米。农村牧区常住居民人均可支配收入17796元，同比增长8.4%，人均生活消费性支出14368元，同比下降4.6%，人均拥有住房面积26.60平方米。城镇居民每百户拥有彩色电视机101台，电冰箱99台，洗衣机99台，生活用汽车35辆，固定电话5部，手机221部；农牧民家庭每百户拥有彩色电视机103台，电冰箱99台，洗衣机95台，生活用汽车40辆，固定电话3部，手机235部。

【社会保障】 年末，全市参加城镇职工养老保险83.6万人，参加城乡居民养老保险65.6万人。参加基本医疗保险214.0万人，参加失业保险31.0万人，参加工伤保险33.38万人，参加生育保险34.9万人。

【环境保护】 颁布大气污染防治条例，淘汰燃煤小锅炉1200台，空气质量优良天数100%。完成“万人千吨”水源地规范化建设。土壤污染状况详查和重金属减排任务全面完成。完成禁牧1687万亩、草畜平衡8671万亩、天保工程3573万亩、造林绿化61万亩、退耕还林还草试点20万亩。

【安全生产】 全市共发生道路交通运输事故、工商贸其他、危险化学品企业、煤炭企业等事故22起，死亡25人，未发生重特大事故。

（王邓海）

海拉尔区

【概况】 海拉尔区地处内蒙古自治区东北部，呼伦贝尔市中部偏西南，大兴安岭与蒙古高原结合部，即兴安岭西麓的低山丘陵与呼伦贝尔高平原东部边缘的接合地带，海拉尔河与伊敏河汇合处，呼伦贝尔大草原腹地——“海拉尔内陆断陷盆地”。地理坐标为北纬49°6′～49°28′，东经119°28′～120°34′之间。东部、南部与鄂温克族自治旗接壤，北部和西部同陈巴尔虎旗毗邻。距俄罗斯边界最近距离110公里，距蒙古国边界最近距离160公里。海拉尔区境域界线曲折，东西长约77公里，南北宽约40公里。东起海拉尔河与鄂温克自治旗交汇点，西至小良车站；北起谢尔塔拉种牛场十队，南至原呼伦贝尔盟公署蔬菜点水渠。

海拉尔区是中共呼伦贝尔市委员会、呼伦贝尔市人民政府所在地，是全市政治、经济、文化、交通和信息、旅游中心。总面积1440平方公里，占呼伦贝尔市总面积0.57%，其中城区面积50.98平方公里，占海拉尔区面积3.54%。海拉尔区城市规划面积61.4平方公里，主要向海拉尔以东、南地区扩展。下辖哈克镇、奋斗镇2个镇和靠山、正阳、健康、呼伦、建设、胜利、东山7个街道办事处，有17个行政村、46个社区居民委员会。海拉尔区人口由汉族、蒙古族、达斡尔族、俄罗斯族等32个民族组成。海拉尔区户籍总人口288256人，其中，城镇人口27255人，乡村人口10001人。年末，总户数112994户。全年出生人口2147人，出生率为7.46‰，死亡人口2082人，死亡率为7.23‰，人口自然增长率为0.23‰。在总人口中，男性139827人，女性148129人，男女性别比为94.4∶100.0；海拉尔区少数民族人口66939人，其中，蒙古族38519人；回族8392人；满族8613人；朝鲜族910人；达斡尔族7254人；鄂温克族1685人；鄂伦春族200人；俄罗斯族1011人；其他民族355人。2020年，海拉尔区实现地区生产总值（GDP）1744596万元，按可比价计算下降3.2%。分产业看，第一产业增加值63762万元，下降5.7%；第二产业增加值403236万元，下降1.0%，其中，工业增加值280873万元，增长2.2%，建筑业增加值122362万元，下降7.7%；第三产业增加值1277599万元，下降3.7%。三次产业结构比为3.7∶23.1∶73.2。

2020年，地方财政总收入完成211585万元，下降3.9%，其中，一般公共预算收入完成87926万元，增长0.8%。一般公共预算支出完成328237万元，下降11.7%。

全年居民消费价格总指数为100.6%，与上年同期相比上涨0.6个百分点。其中食品烟酒、其他用品和服务分别上涨4.0、3.0个百分点，居住与上年持平，衣着、生活用品及服务、交通和通讯、教育文化和娱乐、医疗保健分别下降0.3、0.1、4.3、0.5、0.6个百分点。

2020年，城镇新增就业人数5325人，城镇失业人员再就业2352人，海拉尔区城镇登记失业人员5678人，城镇登记失业率为4.05%。

【农业】 2020年，海拉尔区农林牧渔业完成总产值117798万元，按可比价计算下降5.3%。粮食作物播种面积18462公顷，下降8.6%。全年粮食总产量80961吨，比上年减少6495吨，下降7.4%。在粮食作物中，小麦产量18546吨，下降10.4%；玉米产量3005吨，是上年的6.4倍；大豆产量2395吨，下降50.6%；马铃薯产量（折粮）51700吨，下降8.4%。年末，农牧业机械总动力12.2万千瓦，比上年增长2.5%。完成机耕面积23万亩，机耕水平达93%。化肥施用量（折纯）3906吨，下降7.9%。

【畜牧业】 海拉尔区牲畜存栏20.09万头（口、只），规模化养殖场14个，奶牛存栏2.2万头，羊存栏15万只。万只以上养鸡场（户）6个，蛋鸡存栏14.6万羽，规模化养猪场3个，生猪存栏2.27万口。

【林业】 全年造林面积6000亩，义务植树40万株。开展公益林管护31738.28亩，清理小菜园2处，架设修补网围栏14500延长米，规范办理建设项目使用林地审核审批6件，缴纳森林植被恢复费88.86万元。完成草原鼠害防治面积3万亩，虫害防治2.2万亩。完成草畜平衡74万亩，草原生态补助奖励资金发放率90%以上。严格规范建设项目使用草地，完成3个征占用草原项目前期材料审核工作。

实施东山台地生态修复工程，恢复植被面积2400亩，其中山杏240亩，灌草混播2010亩，打造榆叶梅花海150亩。开展清理除治高速周边病枯死木，合计伐除病枯死木12000余株，面积30公顷。

启动古树保护工作，完成樟子松古树调查、登记、拍照、建档等工作，调查古树群总面积950亩，百年以上樟子松1000株，制定《樟子松古树保护实施方案》。

开展重点区域绿化项目补植补造工作，完成补植面积10000亩，加强绿化重点工程养护与管理，养护面积16180亩，养护苗木109万株。完成哈克牧场4万亩草原生态修复项目，采用混播方式播种杂花苜蓿1万公斤，披碱草4.24万公斤。启动沙化草原治理项目，完成沙化治理面积300亩，设置网围栏6000延长米。

【水利】 推动河湖“清四乱”常态化、规范化管理。各级河湖长累计巡河湖2372次，将发现的20处问题全部整改销号；完成海拉尔区级管理的规模以下河湖管理范围划定和2021—2023年“一河（湖）一策”实施方案编制工作。完成水利部2个批次415个疑似违法违规图斑复核工作；完成年度征收水土保持补偿费646万元，与上年同期相比增长58%。

重点工程项目顺利实施，农村基层防汛预报预警体系建设项目，总投资431.08万元，其中中央资金416.6万元，完成重点设备采购及安装；农村供水工程维修养护项目，批复资金55万元，该项目全部完成；哈克镇扎罗木得村水厂迁移工程，该工程批复总投资600万元，完成水厂建设和主管线、部分支管线施工，完成投资400万元；哈克村水源地改造及管网延伸饮水安全巩固提升工程，批复总投资164万元，完成投资130万元。

【工业】 2020年，海拉尔区工业增加值完成280873万元，按可比价计算增长 2.2%，其中规模以上工业增加值增长 2.9%。规模以上工业企业实现总产值（以下含电业局）1003983.9 万元，增长 6.2%。其中，重工业产值为 951458.8 万元，增长 10.8%；轻工业产值 52525.1 万元，下降 39.5%。全年规模以上工业企业实现营业收入（以下不含电业局）784478.9 万元，增长 7.5%；实现税金及附加为 19070.6 万元，增长 6.3%；应交增值税 22966.4 万元；全年实现利润 -37347.3 万元。年末规模以上工业产品销售率达到 90.8%，下降 9.5 个百分点。

2020 年，海拉尔区规模以上工业企业主要能源消费量分别为：原煤消费量 4034110.16 吨，比上年增长 0.6%；汽油消费量 55.98 吨，下降 4.3%；柴油消费量 1064.12 吨，下降 15.7%；电力消费量 139156.16 万千瓦时，增长 3.4%。

【建筑业】 全年 23 户具有资质等级的建筑企业完成产值 108651.9 万元，比上年下降 16.3%。房屋建筑施工面积 72 万平方米，增长 12.5%，竣工房屋面积 35 万平方米，增长 20.0%，房屋建筑竣工率 48.6%。

【脱贫攻坚】 海拉尔区建档立卡贫困人口 199 户 403 人，全面脱贫，户内人均纯收入 6000 元以上，没有脱贫监测户、边缘户。符合条件的建档立卡贫困户学生 20 人全部得到帮扶；基本医疗保险、大病救治、慢病签约 3 个 100%；经排查海拉尔区建档立卡贫困户中已无 C 级和 D 级危房存量，全部达标；建档立卡户贫困户按水利部门标准达到安全。

【固定资产投资】 全社会固定资产投资完成 455814 万元，比上年增长 0.07%，其中：房地产开发投资完成 206140 万元，下降 1.51%；工业固定资产投资完成 55174 万元，下降 9.96%。区本级固定资产投资完成 424373 万元，增长 9.96%，其中：房地产开发投资完成 206140 万元，下降 1.51%；工业固定资产投资完成 43430 万元，增长 43.34%。

在全社会固定资产投资中，第一产业投资 6688 万元，同比下降 74.8%；第二产业投资 55174 万元，同比下降 9.96%，其中工业投资 55174 万元，下降 9.96%，占全部投资的 12.1%；第三产业投资 393952 万元，同比增长 7.1%。

全年房地产开发投资完成 206140 万元，同比下降 1.51%。全年房屋施工面积达到 2705847 平方米，同比下降 32.1%，其中，住宅施工面积达到 1864913 平方米，下降 29.3%，占全部施工面积的 68.9%。商品房销售面积达到 432606 平方米，同比下降 20.8%。

【人民生活】 城镇常住居民人均可支配收入 41652 元，比上年增长 3.8%；城镇常住居民人均消费支出 32798 元，增长 3.4%；农村常住居民人均可支配收入 32355 元，增长 6.5%；农村常住居民人均生活消费支出 20614 元，增长 5.5%。城乡居民生活水平逐年提高，消费结构日趋优化。2020 年，城镇常住居民恩格尔系数为 24.7%，下降 0.1 个百分点；农村常住居民恩格尔系数为 27.2%，下降 0.1 个百分点。

【社会保障】 海拉尔区参加城镇企业职工基本养老保险人数 44054 人，参加机关事业单位养老保险人数 6507 人，参加城乡居民基本养老保险人数 22545 人；失业保险参保人数 23870 人；参加城镇职工基本医疗保险参保人数 67372 人，城镇居民基本医疗保险参保人数 105511 人；参加工伤保险人数 22300 人；参加生育保险人数 24114 人；发放城乡大病医疗救助金 58.92 万元，城乡大病医疗救助人数 256 人次。

全年发放城乡低保金 1220.86 万元，保障户次 14028 户次，保障人数 20321 人次，其中：发放城市低保金 1132.86 万元，保障户次 12399 户次，保障人数 17893 人次；发放农村低保金 88 万元，保障户次 1629 户次，保障人数 2428 人次。发放城市、农村特困人员供养资金 185.4 万元，其中：发放城市特困人员供养资金 154.7 万元，农村特困人员供养资金 30.7 万元。发放特困人员生活费和护理补贴资金 185.4 万元；对 186 户 195 人实施临时救助，临时救助金 48.1 万元；发放残疾人两补 335 万元；发放高龄津贴 881 万元；发放事实无人抚养儿童生活补助资金 24.8 万元；孤儿生活补助资金 11.7 万元。

（张芳）

扎赉诺尔区

【概况】 扎赉诺尔区位于呼伦贝尔大草原的西部，地理坐标为北纬 49°19′12″～49°46′05″，东经 117°12′46″～117°53′30″。东与市东湖区及新左旗接壤，南濒呼伦湖，西、南与新巴尔虎右旗接壤，北与东湖区相连，西北距市区 24 公里。区域呈不规则长条状，东西最长距离 49.77 公里，南北最宽距离 49.83 公里，总面积 279.5 平方公里。下设第一街道办事处、第二街道办事处、第三街道办事处、第四街道办事处、第五街道办事处、灵泉镇。

年末，全区户籍人口 8.39 万人，其中，城镇人口 8.39 万人。全年出生人口 383 人，人口出生率 4.54‰；死亡人口 558 人，人口死亡率 6.61‰；人口自然增长率 -2.07‰。

全区地区生产总值（GDP）实现 47.27 亿元，按可比价计算下降 4.5%。分产业看，第一产业增加值 1.01 亿元，下降 9.9%；第二产业增加值 27.90 亿元，下降 4.9%，其中全部工业增加值 26.17 亿元，下降 5.5%；第三产业增加值 18.36 亿元，下降 4.0%。三次产业结构比例为 2.2∶59.0∶38.8。

【环境保护】 全区全年环境空气质量优良天数比率达到 97.0% 以上。淘汰燃煤小锅炉 87 台。全面落实“河湖长制”，增殖放流鱼苗 250 万尾。完成禁牧 3.13 万亩，草畜平衡 16.8 万亩。

【农牧业】 全区粮食作物播种面积 30 公顷，同比增长 36.4%。全年粮食总产量 133 吨，增长 15.7%。

全区年末农牧业机械总动力 0.34 万千瓦，比上年增长 70.0%。化肥施用量（折纯）9.2 吨，增长 15.0%。

【工业】 全年规模以上工业企业完成总产值 48.5 亿元，比上年增长 2.5%。其中，煤炭开采洗选业总产值增长 4.3%；电力、热力生产和供应业总产值下降 0.8%。全部工业增加值 26.17 亿元，下降 5.5%，其中规模以上工业增加值下降 5.5%。主要产品产量有增有降。

全年规模以上工业企业实现产品销售收入 48.54 亿元，比上年增长

2.5%；实现利润3.50亿元，增长12.8%；营业收入利润率为7.2%。规模以上工业企业产品销售率为99.6%。

【旅游业】 全年共接待旅游者80万人次，下降79.1%，旅游业总收入0.85亿元，下降69.6%。

【人民生活】 全体居民人均可支配收入37217元，增长2.6%。城镇常住居民人均可支配收入37217元，增长2.6%。

【社会保障】 年末全区参加城镇居民基本医疗保险2.88万人。年末城镇新增就业人员741人，失业人员再就业594人，登记失业率控制在4.5%以内。

（孟繁兴）

阿荣旗

【概况】 阿荣旗位于内蒙古自治区东北部，隶属呼伦贝尔市，襟连松嫩平原，背倚大兴安岭。全旗辖12个乡镇，分别为那吉镇、亚东镇、霍尔奇镇、六合镇、向阳峪镇、复兴镇、三岔河镇、兴安镇、新发朝鲜族乡、查巴奇鄂温克民族乡、得力其尔鄂温克民族乡、音河达斡尔鄂温克民族乡。2个农场，分别为那吉屯农牧有限责任公司、格尼河农牧有限责任公司。7个地方林场，分别为三号店林场、阿力格亚林场、库伦沟林场、大时尼奇林场、音河林场、查巴奇林场、得力其尔林场。

2020年全旗总人口319778人，其中：农业人口228147人，占总人口的71.35%；非农业人口91631人，占总人口的28.65%。全年共出生人口2414人，出生率7.55‰；死亡人口2311人，死亡率7.23‰；人口自然增长率0.32‰。

全旗人口共由28个民族构成，其中：汉族280802人，蒙古族10230人，回族230人，满族20514人，朝鲜族1806人，达斡尔族2510人，鄂温克族3007人，鄂伦春族222人。

辖区面积11073平方公里，其中：草原面积234.7万亩，其中可利用201万亩。森林覆盖率51.2%。水资源总量18.28亿立方米；矿产资源以石灰石为主，探明储量5.16亿吨、远景储量50亿吨。

2020年，全旗生产总值完成94.82亿元，按同口径可比价计算，比上年下降1.9%。其中，第一产业增加值46.23亿元，增长1.8%；第二产业增加值11.40亿元，下降14.2%；第三产业增加值37.18亿元，下降2.3%。三次产业比重由上年的45.4∶14.4∶40.2调整到48.8∶12.0∶39.2。全旗新口径财政总收入完成5.95亿元，同比增长10.7%，占地区生产总值的比重为6.28%，同比增长0.7个百分点。其中一般公共预算收入完成2.91亿元，同比增长2.89%；一般公共预算支出38.85亿元，同比下降4.16%。

【农业】 2020年，全旗农作物总播种面积33.33万公顷，同比增长0.60%。其中：玉米132953公顷，同比下降5.66%；水稻6144公顷，同比增长0.16%；小麦41公顷，同比下降86.9%；大豆174742公顷，同比增长3.4%；薯类469公顷，同比下降50.48%。

全年粮食总产量151.47万吨，同比下降7.94%。其中，玉米102.70万吨，同比下降12.88%；水稻4.71万吨，同比下降21.57%；小麦154吨，同比下降90.21%；大豆36.05万吨，同比增长4.92%；薯类3130吨，同比下降56.20%。

农业服务业总产值0.54亿元，同比增长3.85%。全旗农业机械总动力达102.46万千瓦，同比增长2.64%。化肥施用量2.89万吨（折纯量），同比下降6.47%。

【畜牧业】 全旗年末牲畜存栏总头数97.42万头只，同比增长0.14%。其中：大畜10.99万头，同比增长93.64%；小畜81.70万只，同比下降6.18%；生猪4.73万口，同比增长4.54%。全年牲畜出栏78.99万头只，同比下降1.99%，其中：大畜3.49万头，同比下降25.58%；小畜71.01万只，同比增长0.10%；生猪4.49万口，同比下降9.52%；家禽60万只，同比下降13.82%。肉类产量2.91万吨，同比增长2.83%；禽蛋产量0.43万吨，同比持平。

【林业】 林业建设取得新成就，全旗公益林管护、天然林保护面积达到934.86万亩，全年完成义务植树58万株，植树造林面积2.53万亩。其中：新建三北防护林1.5万亩、义务植树0.58万亩、完成重点区域绿化0.45万亩。

【水利】 农田水利建设不断完善，2020年综合治理水土流失面积7万亩。全旗共有中小型水库15座。有效灌溉面积158.17万亩。

【工业】 2020年，全旗规模以上工业产值完成16.26亿元，同比下降0.93%；实现销售产值16.01亿元，同比下降2.89%；产品销售率达98.46%，同比下降1.99%。全旗工业企业实现增加值3.49亿元，同比增长1.1%，其中规模以上工业增加值增长2.6%。按工业行业划分：农副食品加工业占全旗规模以上工业总产值49.97%；实现工业总产值8.13亿元，同比下降8.99%。非金属矿物制品业占全旗规模以上工业总产值的41.15%；实现工业总产值6.69亿元，同比增长22.83%。食品制造业占全旗规模以上工业总产值的6.75%；实现工业总产值1.1亿元，同比下降21.61%。非金属矿采选业占全旗规模以上工业总产值的1.92%；实现工业总产值0.31亿元，同比下降4.9%。橡胶和塑料制品业占全旗规模以上工业总产值的0.21%；实现工业总产值0.03亿元，同比下降88.99%。

【脱贫攻坚】 全旗建档立卡贫困人口13027户、35031人、贫困村64个，年初全旗有未脱贫贫困人口7户25人，截至10月底，旗、乡、村三级按照“九步法”要求，未脱贫人口在达到脱贫标准的基础上，全部完成脱贫程序，实现全旗贫困人口、贫困村全部脱贫。

将符合整户纳入条件的整户纳入低保范围，不符合整户纳入条件的按照单人户纳入低保范围，做到“应保尽保”。全旗享受最低生活保障政策建档立卡贫困人口6722人，有240名建档立卡贫困人口享受农村特困人员待遇，有1583名建档立卡贫困残疾人享受困难残疾人生活补贴与重度残疾人护理补贴政策。

【贸易】 2020年，全旗消费品市场受疫情影响，出现阶段性波动，但供需关系基本合理。全年社会消费品零售总额同比下降9.3%。

全年批发零售业可比价增速下降14.7%，同比下降18.8个百分点。其中：批发业可比价增速下降11.6%，同比下降16.7个百分点；零售业可比价增速下降15.2%，同比下降19.1个百分点。住宿餐饮业可比价增速下降24.6%，同比下降30.1个百分点。其中：住宿业可比价增速下降18.0%，同比下降24.5个百分点；餐饮业可比价增速下降25.1%，同比下降30.5个百分点。

【旅游业】 旅游业因疫情影响较大，全年共接待旅游者56万人次，同比下降22.2%；旅游总收入5100万元，同比下降41.3%。

【人民生活】 城乡居民收入稳步增长，2020年全体居民人均可支配收入25479元，同比增长6.6%。其中：城镇常住居民人均可支配收入完成34208元，同比增长3.4%；农村牧区常住居民人均可支配收入21483元，同比增长8.0%。

【社会保障】 2020年，企业职工基本养老保险参保18599人，机关事业单位养老保险参保10424人，工伤保险参保14220人，失业保险参保9111人，城乡居民社会养老保险参保130905人，达到应保尽保。征缴城镇职工基本养老保险费16251万元、机关事业单位养老保险费12338万元、工伤保险费361万元、失业保险费852.16万元、城乡居民养老保险费2236.7万元。

（孟梅娜）

莫力达瓦达斡尔族自治旗

【概况】 莫力达瓦达斡尔族自治旗（以下简称“莫旗”）是全国仅有的3个少数民族自治旗之一，位于内蒙古自治区呼伦贝尔市东部，大兴安岭东麓，嫩江右岸，大兴安岭山脉与松嫩平原的交汇地带，地理坐标北纬48°05′10″～49°50′50″，东经123°32′55″～125°16′14″。莫旗下辖尼尔基镇、宝山镇、腾克镇、红彦镇、塔温敖宝镇、西瓦尔图镇、阿尔拉镇、哈达阳镇、汉古尔河镇、奎勒河镇、登特科镇11个镇，巴彦鄂温克民族乡、杜拉尔鄂温克民族乡、库如奇乡、额尔和乡4个乡，莫旗人民政府驻尼尔基镇。莫旗土地总面积10356平方公里，耕地面积5807平方公里；草地总面积653平方公里，其中：天然牧草地面积430平方公里；林地面积2211平方公里；水域及水利设施用地289平方公里。

全旗户籍总人口314218人，其中：城镇人口84850人。出生人口1972人，出生率6.3‰，死亡人口2225人，死亡率7.1‰，人口自然增长率下降0.8‰，达斡尔族人口33369人，比上年同期增加104人，鄂温克族人口6816人，比上年同期减少3人，鄂伦春族人口337人，比上年同期增加3人。

2020年，全旗地区生产总值完成现价866900万元，可比价计算，同比下降0.9%，其中：第一产业增加值完成551804万元，增长1.2%；第二产业增加值完成42469万元，下降16.6%，其中：全部工业完成现价增加值17511万元，增长0.7%；建筑业完成现价增加值24958万元，下降26.0%；第三产业增加值完成272628万元，下降2.8%。三次产业结构由2019年的61.2∶5.9∶32.9调整为2020年的63.7∶4.9∶31.4。

农林牧渔业完成现价总产值896411万元，可比价计算，同比增长1.2%。其中：农业完成现价产值691039万元，林业完成现价产值4095万元，牧业完成现价产值180800万元，渔业完成现价产值15230万元，农林牧渔服务业完成现价产值5246万元。农林牧渔业完成现价增加值554920万元，可比价计算，同比增长1.2%。

全旗一般公共预算收入完成26969万元，同比下降12.8%，一般公共预算支出完成344093万元，同比下降0.5%。

【农业】 全旗粮食作物播种面积747万亩，比同期增加1.9万亩，其中：水稻播种面积11.3万亩，比同期减少7.6万亩；玉米播种面积137.5万亩，比同期减少27.7万亩；大豆播种面积595万亩，比同期增加34.4万亩。粮食总产量达1592765吨，同比下降8.3%，其中：水稻产量60734吨，下降42.0%，玉米产量681267吨，下降22.9%，大豆产量844900吨，增长13.0%。年末，全旗农牧业机械总动力147万千瓦，同比增长9.7%，全年农村用电量7753万千瓦时，增长10.0%，化肥施用量（按折纯）8.0万吨，下降5.9%。

【畜牧业】 牧业年度牲畜存栏150万头只。全年家畜改良配种17万头只，完成任务的100%。狠抓非洲猪瘟等动物疫病疫情防控措施落实，全旗共完成牛口蹄疫免疫31.92万头次（其中奶牛0.95万头次），羊口蹄疫免疫167.2万只次，布病灌服105.5万头（只、次），小反刍兽疫免疫80万（只、次），猪口蹄疫免疫20.5万头次，猪瘟免疫20.5万头次，禽流感免疫98.3万羽次，新城疫免疫70.1万羽次。做到了应免尽免防疫密度均达到了100%。

【林业】 完善森林管护网络体系，全面加强246万亩公益林、天然林管护措施。完成已垦林地清退、还林、还湿、自然恢复47万亩，通过自治区销号验收。完成草畜平衡205万亩、天保工程39万亩、营造林6.5万亩。

【水利】 尼尔基水库下游30万亩灌区、节水增粮行动、水库除险加固、防洪治理等工程相继实施。新建堤防29.8公里，有效灌溉面积111.6万亩，解决安全饮水3.3万人。

【工业】 莫旗全部工业完成现价增加值17511万元，可比价计算，同比增长0.7%。莫旗规模以上工业企业共2家，均是重工业企业。2020年规模以上工业企业完成总产值17570万元，同比增长1.2%，其中：股份制企业完成现价产值17570万元，同比增长1.2%。规模以上工业销售产值完成17440万元，同比增长1.4%。规模以上工业产销率完成99.3%，增长0.2个百分点。

【社会保障】 各种社会福利收养性单位10家，收养类单位床位1154张，收养人数646人。年末，全旗参加城镇职工养老保险28345人，其中：在岗职工15742人，离退休职工12603人；参加城乡居民养老保险158805人。全旗参加职工基本医疗保险25807人，其中：在岗职工参保17279人，退休职工参保8528人；参加城乡基本医疗保险223782人。全旗失业保险参保9611人，共发放失业保险金568万元。全年共发放城镇低保资金4606万元，发放农村低保资金5065万元。2020年莫旗扶贫资金40616万元，主要用于产业扶贫项目、健康扶贫工程、教育扶贫工程、易地扶贫搬迁后续产业建设。农业支持保护补贴 36363.7 万元，农业支持保护面积 512.9 万亩，享受补贴农户 57552 户。

【人民生活】 全旗全体居民人均可支配收入达到 15964 元，同比增长 0.9%，城镇常住居民人均可支配收入达到 25490 元，增长 1.9%，农村常住居民人均可支配收入达到 12418 元，增长 8.5%。

（吴洁琼 杜卫东 郭翠玲）

鄂伦春自治旗

【概况】 鄂伦春自治旗是全国 3 个少数民族自治旗之一，位于内蒙古自治区呼伦贝尔市东北部，北纬 48°50′～51°25′，东经 121°55′～126°10′之间。东与黑龙江省嫩江县隔江相望，西与根河市、牙克石市为邻，南与莫力达瓦达斡尔族自治旗、阿荣旗接壤，北与黑龙江省呼玛县伊勒呼里山为界。南北最长距离 261 公里，东西最宽距离 280 公里，边界线总长 1294 公里。全旗总面积 59880 平方公里，占呼伦贝尔市总面积的 23.6%，是呼伦贝尔市面积最大的旗市。

旗境内森林茂密，是中国木材生产的重要基地之一。广袤的森林里栖息着野生动物 150 余种，其中受国家保护的一、二级野生动物 35 种。有经济鱼类 10 余种。林间生长着中草药材 300 余种，可食用植物 40 余种。土壤肥沃，是内蒙古自治区重点粮食生产基地。矿产资源丰富，已掌握 20 余种矿产资源及分布情况，探明具有开采价值有 10 余种。主要河流有甘河、诺敏河、毕拉河、那都里河、欧肯河、多布库尔河等。

鄂伦春自治旗下辖阿里河镇、大杨树镇、乌鲁布铁镇、诺敏镇、宜里镇、甘河镇、克一河镇、吉文镇、托扎敏乡、古里乡 10 个乡镇，行政村 82 个（猎区乡镇 5 个、猎民村 7 个）。2020 年末，全旗共有 111251 户，户籍人口 240728 人，其中城镇人口 181322 人、乡村人口 59406 人；男性 121884 人、女性 118844 人。汉族人口 210016 人，蒙古族人口 10776 人，鄂伦春族人口 3017 人，鄂温克族人口 3391 人，达斡尔族人口 6187 人。出生人口 1145 人。

2020 年，全旗实现现价地区生产总值 683090 万元，其中：第一产业增加值 287717 万元，第二产业增加值 59732 万元（工业增加值 42260 万元、建筑业增加值 17471 万元），第三产业增加值 335641 万元。三次产业结构由上年的 41.6∶5∶53.4 调整为 42.1∶8.8∶49.1，人均地区生产总值为 28128 元。全旗财政总收入累计完成 45407 万元，其中地方财政总收入累计完成 35011 万元。在地方财政总收入中，公共财政预算收入完成 17361 万元。财政总支出为 402920 万元，一般公共预算支出为 36195 万元，一般公共服务支出为 26988 万元。

【农牧业】 全旗农林牧渔业总产值为 470895.31 万元，其中农业产值 330011.16 万元、林业产值 31212.48 万元、牧业产值 102748.72 万元、渔业产值 2216.32 万元；服务业产值 4706.63 万元。全旗粮食作物播种面积为 430 万亩，其中：谷物的播种面积为 10.1 万亩，豆类播种面积为 418.3 万亩，薯类（折粮）播种面积为 1.6 万亩。全旗粮食总产量达到 578387 吨。

各级农牧业龙头企业 33 家、产业化联合体 16 家、农民专业合作社 941 家，家庭农场和规模化经营户突破 6000 家，"鄂伦春色"区域公用品牌正式发布。"三品一标"产品及全国名特优新农产品达到 32 个。通过秸秆粉碎翻耙还田、增施有机肥和生物菌肥、水土保持等技术手段，保护利用黑土地 20 万亩；实施制种大县奖励项目，投资 737 万元，为 3 家种子企业购置种子加工设备，引进全自动大豆种子加工生产线 1 套，更新大豆种子生产线 2 套；使用中央补贴资金 1281.541 万元，补贴农机具 545 台，惠及农民 497 户，农牧业综合机械化率达到 91%；黑土地保护性耕作项目完成免耕播种作业任务 24 万亩，建设旗级示范基地 2 个、乡镇级 7 个。落实 2020 年度高标准农田建设任务 1 万亩。

全旗牧业年度牲畜头数为 329493 头只，其中大牲畜 45671 头，羊 231058 只，猪存栏 52764 口。规模化养殖场 280 家，畜产品供应充足，规模养殖水平持续增长。落实养殖水域面积 4500 亩，水产品产量 580 吨。

【林业】 开展森林防火宣传活动 115 次。各林场设置卡站 4 个，检查人员 84 人，巡护人员 286 人，生态护林员 510 人。全旗地方施业区内森林草原资源未发生重特大火灾。加强野生动植物保护管理。对 3 家禁养野生动物企业进行合理补偿和退出，对列入畜牧类养殖企业 47 家进行移交农牧部门管理。全旗完成义务植树 38 万株。2020 年森林参保面积 749803 亩，其中乔木林参保面积 644867 亩，灌木林参保面积 104936 亩。有序推进退耕还林还草，依法严厉打击毁林毁草开荒行为。

【水利】 继续建设嫩江流域甘河治理工程（鄂伦春自治旗段），2020 年完成投资 3077 万元，累计完成投资 11078 万元。加强河湖长制制度建设。全旗共设置河湖长 180 名，设立公示牌 144 块，各级河长共巡河 1134 次，清除河道垃圾 5155 吨。完成 132 条规模以下河流管理范围划定工作，划定成果通过鄂伦春政务网进行公示。开展水生生物增殖放流活动 2 次，在甘河流域小奎勒河源头和古里水库投放鱼种 306.8 万尾，加大水生生物资源养护力度。编制完成河流管理范围划定和河湖岸线保护与利用规划。

【工业】 实现全部工业增加值 42260 万元。2020 年末，全旗有规模以上工业企业 6 家，实现现价工业总产值 73226.5 万元，规模以上工业增加值累计增速为增长 16.2%。主要工业产品有：水泥 116745 吨，硅酸盐水泥熟料 257071 吨，发电量为 3868 万千瓦时，铅金属含量 6918 吨，锌金属含量 28149 吨。发展绿色工业，完成工业园区总体规划修编，推进重点项目建设，依托工业园区建成扶贫产业园，粮食转化、肉类加工等一批绿色发展项目落地扶贫产业园区，入驻企业 4 家，实施扶贫产业项目 4 个，完成投资 8650 万元。

【旅游业】 落实《鄂伦春自治旗旅游条例》，旗境内政府投资建设的 A 级景区面向全旗居民免费开放，重点节日面向社会免费开放。全旗主要旅游景区有：

布苏里北疆军事文化旅游区、拓跋鲜卑民族文化园、阿里河国家森林公园、兴安国家森林公园、达尔滨湖国家森林公园等。阿里河国家森林公园、克一河兴安国家森林公园被评为国家AA级旅游景区；拓跋鲜卑历史文化园、克一河林业局、甘河林业局入选全国森林康养基地试点建设单位。由于疫情影响，接待游客数与旅游收入出现大幅度下降，全年接待游客58万人次，旅游收入3.45亿元。制定《旅游产业精准扶贫实施方案》《鄂伦春自治旗乡村旅游发展实施方案》《鄂伦春自治旗乡村旅游规划》。

【社会保障】 2020年，城镇职工基本养老保险建账人数74894人。年末参保职工34946人，缴费人员31707人。离休、退休人员45271人，全年发放离退休养老金146417万元。参加基本医疗保险人数为19.8万人，其中：职工5.9万人，城乡居民13.9万人。年末城镇新增就业人数为1503人，城镇失业人员再就业521人，登记失业率为4.2%。民生支出28.2亿元，占一般公共预算支出的77.9%。发放各类保障金、救助金1.26亿元。发放就业安置、拥军优抚补助金730万元。

【人民生活】 城乡居民收入稳步增长，全体居民人均可支配收入为23793元，城镇常住居民人均可支配收入达到27819元，农村常住居民人均可支配收入达到11502元。城镇常住居民人均消费性支出13378元，农村常住居民人均消费性支出5476元。全体居民人均住房建筑面积25.6平方米，城镇常住居民人均住房建筑面积26.1平方米，农村常住居民人均住房建筑面积24平方米。

【区域帮扶】 在自治区机关工委的协调指导下，各帮扶厅局帮助、扶持鄂伦春经济社会发展，截至12月末，累计到位帮扶项目88个，到位资金49406.56万元。

【脱贫攻坚】 严格落实“五级书记抓扶贫”，借助京蒙对口扶贫协作、中央单位定点扶贫等各级帮扶力量，精准落实脱贫攻坚各项措施，落实各类扶贫资金2.83亿元，实施扶贫项目114个，村集体经济总收入3038万元，“两不愁三保障”及饮水安全全部达标，剩余4户9人全部脱贫鄂伦春自治旗退出贫困旗县序列。荣获全国脱贫攻坚先进集体1个、先进个人1人。

【全面改革】 完成改革任务75项，其中经济生态重大民生领域完成改革任务28项，形成改革成果69项。深入推进“放管服”改革，行政审批事项有效精简，“互联网+政务服务”加快推进。完成乡镇党政机构和所属事业单位改革任务，推进事业单位改革试点工作。大杨树镇国家新型城镇化综合试点完成评估，自治区经济发达镇行政管理体制改革顺利完成。营商环境不断优化，企业开办时间压缩至3个工作日内，不动产登记压缩至4个工作日内。减税降费1.12亿元。

（杜灵丽）

鄂温克族自治旗

【概况】 鄂温克族自治旗是全国3个少数民族自治旗之一，地处内蒙古自治区东北部，呼伦贝尔草原东南端，大兴安岭西侧。东与牙克石市接壤，西与新巴尔虎左旗毗邻，北与呼伦贝尔市首府城市海拉尔区和陈巴尔虎旗相连，南与扎兰屯市和兴安盟阿尔山市交界。旗域呈下垂的枫叶状。地理坐标为北纬47°32′50″～49°15′37″，东经118°48′02″～121°09′25″之间。土地总面积19111平方公里，全旗辖4个镇，5个苏木，1个民族乡。即：巴彦托海镇、大雁镇、伊敏河镇、红花尔基镇、辉苏木、伊敏苏木、锡尼河东苏木、锡尼河西苏木、巴彦嵯岗苏木、巴彦塔拉达斡尔民族乡。此外，旗内还驻有国家煤电联营企业华能伊敏煤电有限责任公司、呼伦贝尔市属煤炭企业神华大雁集团公司和呼伦贝尔市属林业企业红花尔基林业局；2个国家级自然保护区：辉河国家级自然保护区、红花尔基樟子松林国家级自然保护区；2个国家湿地公园：莫和尔图国家湿地公园、红花尔基伊敏河国家湿地公园；1个自治区级经济开发区：呼伦贝尔市巴彦托海经济技术开发区。旗委、旗人民政府所在地巴彦托海镇。

鄂温克族自治旗是个多民族聚居地区，由25个民族构成，少数民族人口为59931人，比上年增加290人，少数民族人口占总人口的比例为43.9%，比上年上升0.4个百分点。总人口中：城镇人口113836人，乡村人口22456人。

2020年，全旗户籍人口总户数56682户，总人口为136292人，比上年减少640人。

全旗地区生产总值完成1106256万元，按可比价格计算同比下降1.9%。分产业来看，第一产业增加值完成96134万元，同比增长2.5%；第二产业增加值完成626538万元，同比下降3.1%；第三产业增加值完成383584万元，同比下降1.3%。人均GDP80978元，同比下降1.4%。鄂温克旗三次产业比调整为8.7∶56.6∶34.7。

一般公共预算收入完成69562万元，同比下降5.6%。其中：税收收入完成56826万元，同比下降10.2%；非税收收入完成12736万元，同比增长22.3%。财政总支出完成313244万元，同比增长13.5%。一般公共预算支出完成248062万元，同比增长7.8%。财政八项支出完成174924万元。

【农业】 全旗粮食作物面积9267公顷，同比下降41.3%。鄂温克旗粮食总产量27230吨，同比下降44.6%。其中：小麦产量12814吨，薯类产量13421吨，豆类产量618吨。鄂温克旗人均粮食产量199公斤，下降44.4%。

年末，拥有农牧业机械总动力20.46万千瓦。拥有拖拉机8022台，其中：大中型拖拉机1666台，小型拖拉机6356台。牧草收割机9208台。农用化肥施用量（折纯）3395吨，牧区用电量150万千瓦时。

【畜牧业】 全旗牲畜头数1005935头只，大牲畜193602头只，其中：牛128160头、马40600匹，骆驼662峰；小牲畜826140只。据年末统计，全旗牲畜总头数677919只，大牲畜668119只，其中：牛90000头、马37000匹、骆驼710峰；小牲畜54000只。

【林业】 启动公益林补偿面积255.95万亩，国家级公益林补偿基金2531.91万元，地方公益林森林生态效益补偿基金38.88万元。实施退耕还林还草。建立退耕数据库和编制完成《鄂温克族自治旗退耕还林还草规划(2019—2022)》。完成还林、还草5.8万亩的试点项目工程任务。实施防护林建设工程,投资500万元完成1万亩人工造林项目。完成级下达的重点区域绿化任务为4500亩,全民义务植树21万株。

年内,全旗森林督查疑似图斑14处,确定违法图斑3处,并移交森林公安处理。严格控制建设项目使用林地,审核审批使用林地项目4处,涉及植被恢复费30.36万元。

完成维纳河自然保护区和莫和尔图国家湿地公园组织机构、人员编制、基础设施建设等工作。对保护区内违建农业点进行清查整治,开展自然保护区勘界立标工作。

年内,开展打击非法采挖野生植物执法巡查11次,联合旗森林公安局共计查获违法采挖案件29起,涉及违法人员49人,扣押违法车辆7台,没收非法采挖药材9659.2公斤,均依法处理。启动"昆仑2020"专项行动,重点打击生态环境和野生动物领域违法犯罪。

年内,发生林业有害生物成灾面积3479.3亩,成灾率1.25‰,低于上级下达的指标。落叶松毛虫防治面积222.3亩,无公害防治率100%。完成产地检疫苗木经营生产企业7家,产地检疫苗木82.2公顷,种苗产地检疫率100%,发放产地检疫合格证19份。春、秋两季共完成防治鼠害78.9万亩,防治蝗虫20.6万亩。

【水利】 完成伊敏河镇水源地改造工程。对全旗42个嘎查、750户贫困户开展入户摸排,新安装净水器167台,维修维护净水器196台。为8户新增饮水不安全的贫困户新建供水井8眼。

投资1250万元完成伊敏河一级支流锡尼河河道治理工程。年内,共审批开发建设项目水土保持方案6个,对于已审批通过的水土保持方案,加强审批后的跟踪、监督检查。核查水利部下发的疑似违规未编制水土保持方案图斑134处,并下发补办水土保持告知书29个。开展水土保持补偿费征收工作,共缴纳水土保持补偿费3153.9万元。新增水土流失治理面积15万亩。

明确全旗河湖长名录,组织更新设立公示牌57块。年内,旗级河湖长巡河39人次,苏木乡镇级河湖长巡河434人次。根据自治区、呼伦贝尔市的有关要求,共排查问题12个,清理垃圾8554吨、清理乱建问题4处。共接到群众举报"四乱"问题6处。

【工业】 全部工业增加值完成56.11亿元,同比下降1.4%。规模以上工业增加值增速同比下降1.2%。鄂温克旗14户规模以上工业企业累计实现工业总产值95.57亿元,同比增长2.9%。分经济类型看,国有控股企业完成产值92.35亿元,非公有制完成3.22亿元。分门类看,煤电企业同比增长5%,装备制造业同比增长13.9%,肉制品企业同比下降64%。

【旅游业】 创新形式开展"四季"活动。通过直播和录播互动的形式,举办"我的伊慕讷"2020年鄂温克伊慕讷民俗文化活动,直播和录制"我的伊慕讷"2020年鄂温克旗伊慕讷民俗文化展示活动纪录片,创新鄂温克旗文化旅游活动的形式。

参与"家乡美,畅游呼伦贝尔"2020年"中国旅游日"网络直播活动。举办"拥抱自然•享受生活"第二届鄂温克旗秋季露营活动、2020年鄂温克冬季马赛暨游牧文化体验季、"鄂温克旗2020年精品演艺、文创和非遗进景区旅游推介活动暨2020年品质服务消费"系列活动。

【社会保障】 城镇新增就业15600人,城镇登记失业率4.37%,失业人员再就业882人,就业困难人员实现就业418人。全年城乡基本养老保险参保21594人,城镇基本医疗保险参保114643人,失业保险参保30900人。全旗城镇居民低保对象3678户、5843人,发放低保资金4090.15万元。牧区低保对象1386户、2132人,发放低保金1382.14万元。

【人民生活】 全体居民人均可支配收入33350元,同比增长0.5%。城镇常住居民人均可支配收入33812元,同比增长1.8%;人均生活消费性支出19510元,同比下降2.4%;城镇居民恩格尔系数35.2%。牧区常住居民人均可支配收入26795元,同比增长7.5%;人均生活消费性支出17555元,同比增长8.9%;牧民恩格尔系数23.6%。

(乌日尼乐)

陈巴尔虎旗

【概况】 陈巴尔虎旗位于内蒙古自治区呼伦贝尔市西北部。属呼伦贝尔大草原腹地,地处北纬48°48′~50°12′,东经118°22′~121°02′之间,东部和东北部分别与牙克石市、额尔古纳市接壤,东南与海区毗邻,南接鄂温克旗,西与新左旗交接,西北与俄罗斯隔额尔古纳河相望,中俄边境线总长193.9公里(全系水界)。全旗东西宽约180.7公里,南北长约135.2公里,总面积1.86万平方公里,其中草原面积1.58万平方公里,占总面积的85%,河流面积53.33平方公里,湖泊面积40平方公里,现有耕地面积817.25平方公里,森林面积1070.8平方公里。国道301线、滨洲铁路横贯旗境,旗政府驻地巴彦库仁镇距呼伦贝尔市政府驻地海拉尔区27公里。

全旗户籍人口53759人,同比下降1.5%,其中:城镇人口35277人。总人口中少数民族人口30036人,占总人口的55.9%。出生298人,人口出生率5.5‰;死亡460人,人口死亡率8.5‰;人口自然增长率-3.0‰。

2020年,全旗地区生产总值完成845531万元,同比下降12.5%(按可比价计算)。其中:第一产业增加值完成150751万元,同比下降5.7%;第二产业增加值完成551755万元,同比下降16.0%,其中:工业增加值完成488600万元,同比下降18.6%,建筑业增加值完成63155万元,同比增长10.5%;第三产业增加值完成143025万元,同比下降3.8%。三次产业结构比重为17.8∶65.3∶16.9。年内限额以上上固定资产投资完成190673万元,同比下降21.3%。其中:第一产业完成投资4964万元,同比增长62.2%,第二产业完成投资43532万元,同比增长7.6%,全部为工业投资,第三产业完成投资142177

万元，同比下降28.4%。一般公共预算收入完成68611万元，同比下降3.8%。一般公共预算支出完成205888万元，同比增长16.4%。全旗社会消费品零售总额同比下降10.4%，其中：城镇零售额增速下降10.2%；乡村零售额下降10.7%。

【农牧业】 全年粮食总播种面积39821公顷，同比下降16.9%。粮食总产量10.68万吨，下降43.0%。在粮食作物中，其中小麦产量6.94万吨，下降52.9%；大麦产量0.52万吨，下降54.6%；燕麦产量0.05万吨，马铃薯产量3.16万吨，增长10.9%。粮食单产面积产量178.88公斤，下降31.4%。

牧业年度牲畜147万头（只、匹）。全年奶产量8.1万吨、肉产量1.68万吨。推动奶业振兴，发放扶持资金350万元，推进传统奶制品创业园项目，扶持6家奶牛养殖场、合作社升级改造；推行“规模养殖场或家庭牧场+合作社+加工厂”一体化经营试点，给予4家企业全产业链补贴40万元，促进民族奶制品和巴氏奶等特色产品生产。

【绿色生态保护】 2020年，全旗持续推进造林绿化工程。完成草原围栏架设5万亩。完成草原生态修复国家试点项目总规模8.3万亩。其中：沙化草原治沙项目0.3万亩，牧场修复2.5万亩，实施优良草种抚育0.5万亩，严重沙化草原修复5万亩。实施建设三北防护林工程，完成义务植树造林8万，完成重点绿化工程640亩。

【工业】 2020年，全旗规模以上工业企业10家，累计实现工业总产值90.3亿元，同比下降8.0%，完成销售产值91.0亿元，同比下降7.9%。全年规模以上工业企业实现营业收入91.52万元，比上年下降8.9%；实现利润18.56万元，下降19.6%；营业收入利润率为20.3%。规模以上工业企业产品销售率为100.8%。全年原煤产量2842.5万吨，发电量60.1亿千瓦时。

【旅游业】 全面加快和强力推进旅游业提档升级步伐。呼伦贝尔大草原—莫尔格勒河景区创建国家AAAAA级旅游景观项目已由国家文化和旅游部相关部门通过评审。年内该景区建设已完成工程量的61%，已申报3.6亿元专项债券，已录入自治区专项债券储备库。旅游业全年收入8.6亿元，接待游客216.4万人次，分别增长4.8%、5.5%。

【脱贫攻坚】 全旗建档立卡贫困户286户695人全部脱贫。资助贫困家庭学生71人，享受住院报销政策44人，投资28.6万元安装水处理设备110台，108户享受扶贫小额贷款524万元，面向建档立卡户设置公益性岗位27个，已脱贫（享受政策）153人纳入牧区低保范围，投资2722.95万元以四种产业扶贫模式带动建档立卡贫困人口实现产业增收。

【社会保障】 全年全旗最低生活保障对象1818户、2232人。其中：城镇居民1453户、1810人；牧区居民365户、422人。全年支出最低生活保障金累计1587.5万人。其中：累计发放城镇居民最低生活保障金1294.4万元；牧区居民最低生活保障金293.1万元。全年26810人参加城镇职工基本养老保险，共缴纳基本养老保险费15408万元，共发放基本养老保险金40388万元。共有9663名居民参加城乡居民基本养老保险，共缴纳养老保险费903万元，发放城乡居民基本养老保险金733万元。全旗社会福利机构2个，其中公办1个、民办1个。全年失业人员实现再就业134人，同比增长0.5%；全年新增就业岗位613个，同比增长22.1%，年末城镇登记失业率3.88%。

【人民生活】 2020年，全旗居民人均可支配收入完成33246万元，同比增长0.3%，城镇常住居民人均可支配收入34972元，同比增长2.6%。农村牧区常住居民人均可支配收入达到25810元，同比增长7.1%。

（阚长军 国玺）

新巴尔虎左旗

【概况】 新巴尔虎左旗（以下简称“新左旗”）位于呼伦贝尔市西南部，北纬47°10′～49°47′，东经117°33′～120°12′。东与陈巴尔虎旗、鄂温克自治旗为邻，南与兴安盟阿尔山市接壤，西与新巴尔虎右旗相依，西北连接满洲里市，北与俄罗斯以额尔古纳河为界，西南和蒙古国交界，边境线总长311.24公里。下辖阿木古郎镇、嵯岗镇、乌布尔宝力格苏木、新宝力格苏木、吉布胡郎图苏木、甘珠尔苏木、罕达盖苏木2个镇5个苏木。全旗总面积2.16万平方公里。

2020年，全旗总人口41431人，同比下降0.9%。出生人口236人，人口出生率为6.34‰；死亡人口287人，人口死亡率为7.82‰。年末全旗总人口中，城镇人口18241人，比重达44.03%；乡村人口23190人、比重达55.97%。少数民族人口33281人，占全部人口的80.33%，其中：蒙古族人口32203人。

2020年，全旗地区生产总值（GDP）实现250132万元，按可比价计算，同比增长0.3%。分产业看，第一产业增加值106516万元，同比增长3.7%；第二产业增加值38798万元，同比增长3.1%，其中：工业增加值18167万元，同比下降2.4%；建筑业增加值20632万元，同比增长8.9%；第三产业增加值104818万元，同比下降4.2%。三次产业结构为42.58∶15.51∶41.91。

2020年，全旗社会消费品零售总额完成61670万元，同比下降7.3%。

【农牧业】 2020年，全旗粮食播种面积25.07万亩，同比增长1.78%，全年粮食总产量为1.0亿斤，同比增长9.96%。粮食单产200.97公斤/亩，同比增长8.04%。实施禁牧868万亩、草畜平衡1352万亩、完成退耕还林还草和生态修复35.8万亩，草原综合植被覆盖率达到69.4%，罕达盖苏木罕达盖嘎查被国家民委评为“国家级乡村振兴示范村”。

【工业】 全旗规模以上工业增加值增速-3.1%。规模以上工业总产值完成22244.3万元，同比下降10.8%，其中：轻工业现价产值完成8060.9万元，同比下降22.6%；重工业现价产值完成14183.4万元，同比下降2.3%。按登记注册类型划分，股份制企业产值完成17077.8万元，同比下降14.2%；外商及港澳台商投资企业产值完成5166.5万元，同比增长3%。2020年，全旗鲜冷藏冻肉产量1064.1吨，同比下降13.3%；乳制品产量为 242 吨，同比下降 70.2%；发电量 25504 万千瓦时，同比增长 2.4%。

【对外经济】 全年累计出入境人员 18729 人次，同比下降 70.3%。入境人员 9422 人次，同比下降 69.6%，出境人员 9307 人次，同比下降 70%。全年累计进出口货物 317446 吨，同比下降 44%。进口货物 316981.5 吨，同比下降 40.9%，出口货物 465 吨，同比下降 98%。其中，累计原油进口 316389 吨，同比增长 37.6%。

【旅游业】 旅游稳步发展，编制完成《草原旅游发展规划（2020—2030）》，成功举办全市第三届蒙古博克排位赛等大型赛事活动，民族特色产业基地启动运营。

【文化】 举办呼伦贝尔市第三届蒙古搏克排位赛、第七届内蒙古国际马术节暨第三届呼伦贝尔马帮联盟大赛；承办欢乐草原·健康内蒙古第十二届全区全民健身运动会·哈日靶比赛。“呼伦贝尔号”草原森林旅游列车发车后在新巴尔虎左旗巴日图站首次通车成功。开设了新巴尔虎左旗乌兰牧骑官方认证抖音号（xzqwlmq），共拍摄编辑疫情防控短视频 21 个。新左旗文化馆被自治区文化旅游厅授予“自治区传统工艺工作站”称号。挂牌成立“自治区传统工艺工作站新巴尔虎左旗分站”。

【社会保障】 2020 年，全体居民人均可支配收入 27276 元，同比增长 5.1%。城镇常住居民人均可支配收入 28999 元，同比增长 3.0%；农村牧区常住居民人均可支配收入 25393 元，同比增长 7%。

【人民生活】 全体居民人均可支配收入为 25949 元，同比增长 7.7%。城镇常住居民人均可支配收入 28154 元，同比增长 6.7%；农村牧区常住居民人均可支配收入 23732 元，同比增长 10.1%。

（海日罕）

新巴尔虎右旗

【概况】 新巴尔虎右旗位于内蒙古自治区呼伦贝尔市西部，地处北纬 47° 36′ ～ 49° 50′，东经 115° 31′ ～ 117° 43′。东以乌尔逊河为界与新巴尔虎左旗隔河相望；东北部与对俄开放口岸城市满洲里毗邻。北、西、南三面分别与蒙古国和俄罗斯接壤，国境线长 514.36 千米。其中，中蒙边界 467.18 千米，中俄边界 47.18 千米。全旗总面积 24839.47 平方千米。其中，水域面积 2217.4 平方千米。

新巴尔虎右旗下辖 3 个镇（阿拉坦额莫勒镇、呼伦镇、阿日哈沙特镇）、4 个苏木（贝尔苏木、克尔伦苏木、达赉苏木、宝格德乌拉苏木）和 51 个嘎查、12 个社区。2020 年末，全旗总户数 15631 户，总人口 35012 人。其中，城镇人口 15267 人，户籍人口城镇化率 43.6%，比上年同期下降 0.42 个百分点。在总人口中：蒙古族 29441 人，汉族 4771 人，分别占总人口的 84.1% 和 13.6%；人口男女比例为 49.5 ∶ 50.5。按计生口径统计，全旗出生人口 371 人，人口出生率 7.75‰；死亡人口 400 人，死亡率 3.73‰；人口自然增长率 4.02‰。

2020 年，新巴尔虎右旗实现地区生产总值 595131 万元，按可比价计算增长 4.3%。其中，第一产业完成增加值 162302 万元，增长 3.0%；第二产业完成增加值 328617 万元，增长 7.5%。其中，工业增加值 301384 万元，增长 7.2%，建筑业增加值 27233 万元，增长 11.2%；第三产业完成增加值 104212 万元，下降 3.9%。三次产业结构比例为 27.3 ∶ 55.2 ∶ 17.5。人均生产总值达到 169572 元，增长 4.6%。

2020 年，全旗完成全社会固定资产投资总额 92171 万元，比上年同期增长 0.22%。其中，建设项目投资 81322 万元；房地产开发投资完成 10849 万元。从产业分布看：第二产业投资完成 48481 万元，下降 17.5%，第三产业投资完成 43690 万元，增长 36.7%。全旗施工项目 43 个，比去年同期增加 2 个。其中，新开工项目 17 个，比上年减少 3 个；本年投产项目 20 个，比去年增加 2 个；房地产项目 8 个，比去年同期增加 2 个。

2020 年，新巴尔虎右旗实现财政总收入（新口径）96713 万元，同比下降 14.95%。其中，一般公共财政预算收入完成 32880 万元，同比下降 8.74%。一般公共财政预算支出完成 151924 万元，同比增加 14.72%。

【农牧业】 2020 年，实现农林牧渔业总产值 316331.6 万元，按可比价格计算增长 2.9%。全旗粮食播种面积 495 公顷，同比下降 55.0%，粮食产量 587 吨，同比下降 81.5%。其中，玉米产量 46 吨，马铃薯（折粮）541 吨。牧业年度牲畜 186.96 万头只，越冬牲畜 105 万头只。春季接羔 85 万头只，成活率 99.5%；出栏牲畜 66.84 万头 / 只。开展口蹄疫、禽流感等相关检测工作，全年累计（含春秋两季）免疫羊 220.74 万只、牛 22.62 万头、猪 794 头、禽 1.82 万羽、包虫病 44 万只。加强动物新产品检疫，实施动物检疫 38 万头 / 只，动物产品检疫 5622 吨。全旗 51 个嘎查集体股份经济合作社成立。年内评定自治区级示范社任务 2 家，自治区级示范家庭牧场 2 个精品合作社 1 个，国家级合作社 1 个；认定旗级家庭牧场 50 个。

【林业】 2020 年，新巴尔虎右旗林地总面积约 25.76 万亩。其中，乔木林约 0.1 万亩，国家特别规定灌木林约 9.69 万亩，未成林地约 0.74 万亩，无立木林地约 0.15 万亩，宜林地约 13.20 万亩，林业辅助生产用地约 1.88 万亩。实施新巴尔虎右旗呼伦贝尔市大兴安岭及周边地区已垦林地草原退耕还林还草试点已垦林地退耕还林人工造林项目，已垦林地清收 0.5 万亩、退耕还林 0.5 万亩，造林树种为沙棘；完成重点区域绿化 5000 亩、义务植树 5 万株。

【草原】 2020 年，据草原普查数据显示：全旗草原面积 3418.2 万亩。其中，天然草原面积 3414.42 万亩，人工草地面积 3.78 万亩。年内，实施 2019 年天然草原退牧还草工程，建设划区轮牧 5 万亩，退化草原改良 20 万亩，人工种草 0.5 万亩，毒害草治理 1.5 万亩；实施呼伦湖流域生态与环境综合治理工程环湖沙化土地治理项目二期工程，建设总面积约 11080.89 亩。其中，封育 5481.42 亩、播种造林 4242.99 亩、植苗造林 1356.48 亩。水泥桩围栏 38784.44 延长米，设置警示牌 2 个。实施新巴尔虎右旗 2019 年退化打草场生态修复工程（自治区生态修复项目），建设总面积 9.81 万亩。实施新巴尔虎右旗 2020 年退化打草场生态修复工程，补播 20 万亩。落实草原生态补奖等惠民惠牧政策，草原植被覆盖度达到60.5%。

【水利】 2020年，用水量控制目标控制在0.95亿立方米。征收水土保持补偿费54.8万元；组织追缴按开采量计征水土保持补偿费11335万元；组织抗旱服务队新打抗旱应急水源井19眼，组织转场放牧牲畜9万头只。

【工业】 全旗13家规模以上工业企业完成工业总产值483595.1万元，同比增加5.0%。全部工业完成增加值301384万元，增长7.2%。其中，规模以上工业增加值增长9.2%；规模以上工业产品销售率为104.0%。主要产品产量呈现不同程度的增减。持续推进“七型”矿山建设，投资1.62亿元，实施中金矿业低铜废石环境污染预防及综合回收利用、大庆油田接续性开发等重点项目，规模以上工业企业完成产值48.3亿元。打造中金矿业乌山铜钼矿国内露天矿山无人驾驶采剥运输示范样板，推动采矿工艺数字化、自动化、智能化、无人化进程。实施市、旗两级重点项目12个，结合旗情实际谋划“十四五”重点项目252个。

【经济贸易】 全旗社会消费品零售总额完成67133万元，同比下降9.7%。全旗进出口货物量2541吨，同比下降90.1%。其中，进口货物2276吨，同比下降79.6%；出口货物265吨，同比下降98.2%。进出口贸易成交额202.5万美元，同比下降83.2%。其中，进口贸易成交额145.9万美元，同比下降69.8%；出口贸易成交额56.6万美元，同比下降92.2%。进出境客运量9332人次，同比下降92.5%。其中，入境客运量4308人次，同比下降93.1%；出境客运量5024人次，同比下降92.0%。全旗招商引资项目16个，实际利用旗外总资金28025万元。其中，引进国内市外资金28025万元，引进国内区外资金28025万元。

【旅游业】 全年接待游客36.8万人，完成旅游收入2.94亿元。全年接待国际旅游者4308人，同比下降93.1%，国际旅游创汇57.4万美元，同比下降93.1%。接待国内旅游者人数下降29.5%；旅游总收入下降36.0%。开辟招商引资新路径，完成招商引资1.76亿元，与呼伦贝尔市国家级经开区签订《“飞地经济”合作协议》。编制完成《新巴尔虎右旗草原旅游发展规划（2020—2030）》，融合牧区现代化试点建设，因地制宜、因村施策发展特色化、差异化旅游，阿拉坦莫勒镇东庙旅游村和芒来嘎查“克鲁伦”营地建设项目纳入呼伦贝尔市“十四五”规划。融入中俄蒙合作先导区，建成口岸互市贸易区，建设边民交易大厅智能卡口等附属设施。

【人民生活】 2020年全旗居民人均可支配收入29181元，同比增长3.0%。全旗城镇常住居民人均可支配收入33090元，同比增长1.8%。城镇常住居民人均消费支出为22577元，同比下降5.0%。全旗农村牧区常住居民人均可支配收入25583元，同比增长7.5%。人均生活消费支出27577元，下降4.0%。

【社会保障】 年末，全旗参加城镇职工基本养老保险5510人，同比增长7.1%；参加城乡居民养老保险14293人，同比下降0.03%。参加职工基本医疗保险8112人；参加城乡居民医疗保险24972人。全年城镇失业人员就业人数323人。其中，帮扶“4050”等就业困难人员再就业101人。社会福利院共收养30人，增长7.1%。其中，老人30人；拥有床位68张。发放低保、临时、特困救助金1127万元。开工建设阿拉坦额莫勒老年养护院，举办“爱眼之光洒草原”“尊敬老人、关爱老人”活动。

【脱贫攻坚】 按照“两不愁三保障”标准，全面开展摸底排查，完善管理监测机制，着力解决因突发性大病、意外事故、自然灾害等原因发生的致贫返贫问题，全面提升全旗建档立卡贫困户391户1040人的脱贫实效。投资1224万元，实施保鲜库建设、“一户一策”等壮大嘎查集体积累和到户项目15个，发放扶贫小额贷款1150万元。完成中央巡视组专项巡视“回头看”等整改任务85项，通过国家脱贫攻坚普查。

【事业单位改革试点】 2020年，调整优化职能职责，整合保留事业机构85家，精简机构26家，精简比例达到23.4%。完成市场主体住所登记制度、生态保护红线评估优化、自然资源资产产权制度、完善重大疫情防控救治体系、健全应急物资保障体系等20项改革任务。

【深化“放管服”改革】 2020年，动态调整25个部门权责清单6179项，推进苏木镇“三级政务服务体系”和全区政务服务“一张网”建设，完善政务服务“好差评”制度，电子政务外网实现全覆盖。激发市场主体活力，落实减税降费政策，新增减税降费4984万元，减免社会保险费3506万元，降低企业用电成本424万元。

【牧区现代化】 年内创新生产经营制度，打造“芒来模式”“七村模式”，芒赉畜牧专业合作社净收入完成376万元，社员最高分红达到49万元。发挥示范带动作用，推动生态保护、产业转型、民生改善、社会文明、基层党组织建设等重点领域提档升级，投入资金3.54亿元，实施牧区现代化试点项目17个，打造芒来嘎查党群服务中心、巴尔虎生态馆、民俗文化产业园等示范点，承办全区推进牧区现代化试点工作现场会和呼伦贝尔市推进牧区现代化建设暨民族传统奶制品发展现场会。

【知青博物馆提升改造】 思歌腾博物馆于3月20日实施装修装饰及布展工作，改造后的思歌腾博物馆占地总面积3500平方米，层高5.4米。于10月1日正式开馆，年内共接待团体86个，参观人数约3000人次。“思歌腾”即蒙古语“知识青年”的音译，所以“思歌腾”博物馆也称知青博物馆，是全国唯一以纪念知青生活为主题的博物馆。

（苏优乐　尹慧辉）

满洲里市

【概况】 满洲里市位于内蒙古自治区呼伦贝尔市西部，地处北纬49°19′～49°41′，东经117°12′～117°53′。东临新巴尔虎左旗，南、西与新巴尔虎右旗相邻，北与俄罗斯联邦后贝加尔边疆区接壤。

满洲里市是呼伦贝尔市的一个准地级市，为内蒙古自治区计划单列市，行政级别为副厅级。是中国著名的边境口岸城市，国家重点开发开放试验区。2020

年，满洲里市代呼伦贝尔市管辖1个县级行政区——扎赉诺尔区；2个国家级开发区——中俄互市贸易区、边境经济合作区；1个省级开发区——东湖区创汇农业区。1个国家级综合保税区。1个自治区级国际物流产业园区——满洲里市国际物流产业园区。2个自治区级工业园区——满洲里进口资源加工园区、扎赉诺尔工业园区。满洲里市下设北区街道办事处、南区街道办事处、兴华街道办事处、东山街道办事处、敖尔金街道办事处；扎赉诺尔区下设第一街道办事处、第二街道办事处、第三街道办事处、第四街道办事处、第五街道办事处、灵泉镇。东湖区下设新开河镇。总面积为734.61平方公里。年末，满洲里市户籍人口总户数77855户，其中扎赉诺尔区39850户。户籍人口172132人，其中扎赉诺尔区83893人。从城乡结构看，全部为城镇户籍人口。从性别看，男性为84866人，女性为87266人，性别比（以女性为100）为97∶100。从人口自然变动情况看，全年出生1081人，死亡1056人。出生人口中，男性541人，女性540人。人口出生率和死亡率分别为6.3‰和6.1‰。全市少数民族总人口19658人，有蒙古族、满族、回族、朝鲜族等22个少数民族。

2020年，满洲里市地区生产总值（GDP）141.5亿元，按可比价计算，比上年下降6.6%，人均地区生产总值（人均GDP）82048元，按可比价计算，比上年下降6.3%。按产业分，第一产业增加值3.6亿元，比上年下降9.9%；第二产业增加值37.1亿元，比上年下降7.0%；第三产业增加值100.8亿元，比上年下降6.3%。三次产业结构比例为2.5∶26.3∶71.2。

2020年，全市一般公共预算收入9.8亿元，下降12.8%，其中：税收收入完成7.3亿元，下降11.9%；一般公共预算支出44.5亿元，增长0.1%。其中，教育支出4.4亿元，下降8.0%；医疗健康支出5.5亿元，增长108.9%；社会保障和就业支出6.9亿元，增长0.2%。民生类支出为21.3亿元，占一般公共预算支出比重的47.8%。

2020年，居民消费价格总体平稳，总指数102.3%。八大消费品价格指数呈现五增一平两减少的发展态势，食品烟酒、衣着、生活用品、医疗保健、其他分类涨幅分别为7.6、0.2、0.4、3.7和0.4个百分点，居住类与上年同期持平，交通和通讯类、教育文化娱乐分别下降2个百分点和1.5个百分点。

【农业】 2020年，全市农牧业总产值6.3亿元，下降9.2%。农作物播种面积约1.9万亩，其中棚室种植面积1871多亩。经济作物播种面积737公顷；马铃薯播种面积613公顷；蔬菜及食用菌产量2.2万吨、瓜果类0.08万吨、马铃薯产量3228吨（折粮）。渔业产值405万元，本地鲜鱼产量410吨，其中名优特产量380吨，全市养殖水域面积约1.5万亩，其中天然健康养殖面积6750亩。推进农业生产方式绿色化。增施有机肥面积7000余亩，比上年增加20%；农药使用量3.75吨，比上年减少0.3%。农作物病虫害专业化统防统治面积7200亩。实现控水降耗，发展膜下滴灌面积1.4万亩。农作物病虫鼠害发生面积6500亩。通过“农户联保+企业担保”模式，满足农牧民春耕贷款需求。由东湖区二卡科技示范户孙春龙以其禧龙公司为新开河镇11户农户提供担保，由农商银行提供贷款85万元。

【畜牧业】 全市家畜总头数3万头只，其中：大牲畜和羊为1.6万头只、生猪存栏1.6万口，家禽存栏12.4万羽。天然草场29万亩，全部实施草畜平衡制度。发放2020年度农牧民草原生态补助奖励资金106.1万元，受益养殖户92户。开展非洲猪瘟防控工作。累计循环排查生猪养殖户1.1万户次、排查猪145万头次，对养猪场（户）、屠宰场开展彻底消毒灭源。集中组织开展生猪养殖、经营环节非洲猪瘟疫情排查和违法违规调运行为专项整治行动。

【林业】 加大林木资源保护力度。完成2019年森林火灾火烧迹地植被恢复项目造林129.8亩，东二道街与铁路之间公益林地植被恢复项目造林60亩；为全市55022.4亩生态公益林投保，森林保险保费96801.3元。完善自然保护地管理，编制《满洲里市自然保护地整合优化预案》。完成二卡国家湿地公园鸟类观察站、木栈道、生态学校、湿地宣教馆及海拉尔河堤岸护坡项目建设。完成霍勒金布拉格湿地公园市政基础设施建设。

【水利】 推进河湖长制，开展河湖管理保护“春季”行动，排查清理河湖管理范围内的“四乱（乱占、乱采、乱堆、乱建）”违法违规问题。开展生态修复工程，完成新开河防洪工程，清理小河口至乌日根河区间河道5.2公里，完成河道清淤3.5万立方米。做好“一河一策”“一湖一策”方案工作。细化实化河湖长职责。推进河湖岸线保护与利用规划编制工作，制定《满洲里市河湖管理范围岸线功能区划分初步方案》。开展水资源管理工作，对工业企业、农业取用水户违规情况排查并整改。县域节水型社会补助资金项目完成85%。完成满洲里市霍尔津河干流入境至小北湖疏浚工程（续建）建设项目立项和林草征占手续办理。完成新开河防洪项目尾留工程。完成对满、扎两地19个堤防工程、8座水闸工程的确权划界。开展水土流失监督防治工作。全年收取水土保持补偿费10105.45万元，其中追缴8771.30万元。遥感监管第一批图斑核查109个，发现违法违规并查处项目93个，下达《生产建设项目水土保持现场核查意见书》69份，移交市政府处理24个。

【工业】 全市煤炭产量1763万吨，同比增长2.0%。木材进口量697万立方米，同比下降32.3%，落地交付量570万立方米，同比下降6.6%。全市发电总量33.8亿千瓦时，同比下降0.4%，其中，火力发电25.8亿千瓦时，增长2.8%；风电7.3亿千瓦时，下降9.7%；光伏发电0.7亿千瓦时，下降8.1%。全年全部工业增加值30.4亿元，同比下降6.8%，其中：规模以上工业增加值下降6.5%。

【脱贫攻坚】 2020年，完成中央脱贫攻坚专项巡视“回头看”和国家脱贫攻坚成效考核反馈意见整改工作，成立扶贫开发协会，完善防止致贫返贫监测和帮扶机制，持续巩固脱贫攻坚成果。建立决战决胜脱贫攻坚工作任务清单制度，实行月调度机制，选派7人开展驻村帮扶工作。对全市建档立卡17户、45人实行生产生活跟进，消除返贫隐患、降低返贫风险。制定《农牧业产业化扶贫实施方案》，建立企业与建档立卡户兜底销售模式，分担贫困户生产销售风险。在医疗扶贫方面，建档立卡户实现应保尽保，8名建档立卡贫困慢性病患者纳入慢性病待遇，落实免费体检、慢病免费送药、住院免交押金后结算等措施，新纳入城乡居民养老保险9人。建档立卡17户住房均在B级及以上，饮水符合安全标准。为建档立卡户6人提供专业技能培训、3户子女安排就业岗位。举办内蒙古何文公益基金会富豪集团2020年“百户扶贫”活动。

【交通运输】 2020年，公路建设项目2个，年度投资3691万元，完成年度投资计划94.86%。国道331线满西补充工程满洲里东连接线续建项目施工，全长1.209公里（含公铁立交桥797.5米），总投资1.11亿元。完成投资1.09亿元，其中年度投资2400万元，10月底交工通车。县道340满洲里至国门路网改造工程，全长14.38公里，总投资2991万元。完成投资2991万元，其中年度投资1291万元，于6月5日交工通车。提升工程管养水平，累计投入公路养护资金164万元。当年进出港航班2740架次，比上年增长-39.33%。进出港旅客20.55万人次，比上年增长-45.38%。进出港货邮行重量1301.65吨，比上年增长-61.85%。满洲里机场累计完成旅客测温18.5万人次；累计保障解除集中隔离的入境人员148人次；累计保障治愈的确诊病例出港23人次；完成中国邮政航空2架次波音737-800F全货机防疫物资运输保障任务；保障经外交部和民航局批准的俄罗斯伊尔航空临时国际客运包机航班4架次，保障165名俄罗斯籍旅客从满洲里返回俄罗斯；完成中国航材和青岛直升机公司从俄罗斯乌兰乌德进口的4架直升机的保障任务。全年铁路运输发送旅客7.94万人；进口运量1548.3万吨，完成年计划的99.3%；出口运量384.7万吨，完成年计划的240.4%；货物发送1905.17万吨，完成年计划的97.45%；运输总收入29.28亿元，完成年计划的97.34%。进出境中欧班列3548列，与上年同期相比增长35.3%；出境班列1790列，与上年同期相比增长18.1%，入境班列1758列，与上年同期相比增长59%。

全年，满洲里辖区水路运输客运总量19404人，辖区船舶进出港2054次。

【口岸疏运】 2020年口岸货运量1973.7万吨（按新统计口径），开行中欧班列3548列，增长40.9%，占全国开行总量的1/4。持续深化国际贸易“单一窗口”应用，简化进出口环节单证。综合保税区国际会展中心、标准化流转库房主体完工，恒光二期、华芯二期等重点项目顺利推进。互市贸易区“中国城”和十五国进口免税商城项目启动实施，伊泰铁路互贸监管场所完成设备调试，森富物流公路互市贸易点建设加快推进。持续深化“放管服”改革，实行“马上办、网上办、一次办”，“最多跑一次”清单拓展至116项，企业开办、不动产登记、工程项目审批时间分别压减至3个、5个、70个工作日以内，营商环境不断优化。

【外贸】 1—11月，满洲里市外贸进出口完成122.7亿元，比上年下降5.5%。其中：进口104.6亿元，比上年下降8.2%；出口18.1亿元，比上年增长14.2%。受国内和国际疫情的双重影响，外贸产业经受严重的冲击和重大考验，外贸总额4月份降幅达到12%，全自治区外贸盟市排名跌落至第五位，外贸发展面临下行压力。落实“六稳六保”，外贸整体发展态势逐步回暖，外贸降幅由12%逐月收窄至5.6%。出口由比上年下降11%转为比上年增长15.8%。外贸增幅由低于全自治区近5个百分点回调至低于全区0.2个百分点。全自治区盟市外贸排名回升至第四位。

【旅游业】 2020年，受新冠疫情影响，全市接待旅游总人数200.95万人次，比上年下降77.97%，出入境旅游人数9.48万人次，比上年下降94.38%，其中俄籍入境旅游者（过夜）3.28万人次，比上年下降94.47%，中方出境旅游人数3949人次，比上年下降96.15%。国内旅游人数191.91人次，比上年下降74.23%，其中国内旅游者（过夜）77.34万人次，比上年下降72.33%。

培育开发特色文创旅游产品，开发9种商品获得2020全国特色旅游商品大赛入围奖。金融部门向文旅企业贷款230万元，为旅游企业解决实际困难。制定《满洲里市文体旅游广电局关于用足用好新冠肺炎疫情防控期间国家和自治区出台相关扶持政策的指导方案》《满洲里市A级景区防疫防控期间恢复开放指导意见》《满洲里市旅游振兴计划》等文件，指导文化和旅游企业享受阶段性减税降费政策，减免旅游企业税费1400万元（其中质保金558万，接车保证金180万元，税费社保662万元），帮助企业渡难关，推动全行业复产复工。

【服务业】 全年社会消费品零售总额47.9亿元，比上年下降11%。按消费类型统计，商品零售额44.7亿元，下降10%；餐饮收入3.2亿元，下降23%。限额以上单位商品零售额中，粮油、食品类零售额比上年下降0.9%，饮料类下降1.8%，烟酒类下降55.9%，服装、鞋帽、针纺织品类下降24.7%中，西药品类增长2.3%。

【社会保障】 全市城镇职工养老保险参保6.4万人、城乡居民养老保险参保0.21万人、机关事业单位养老保险参保1.2万人。工伤保险参保3.6万人。失业保险参保4万人。对全市1666家社会保险参保单位完成企业划型并相应减免社会保险费，减免养老保险费8205万元、工伤保险费1057.1万元、失业保险费302.28万元。

【人民生活】 城镇居民人均可支配收入40338元，增长2.6%。年末，全市居民储蓄存款余额190.7亿元（不含外币），增长13.9%；居民人均储蓄存款11万元，增长13.1%。居民年人均消费性支出20069元，下降5.2%。其中，食品支出6974元，占消费支出比重为34.8%，比上年提高1个百分点（恩格尔系数）。城镇新增就业1477人，城镇登记失业率为3.47%。全市最低生活保障标准744元。推进城市棚户区改造，1730余户居民喜迁新居。新增绿化面积885.3公顷，人均公园绿地面积16.6平方米，空气质量优良率在96%以上。

【疫情防控】 1月，根据武汉疫情发展变化，满洲里市第一时间建立疫情防控指挥体系，迅速启动重大公共卫生事件Ⅰ级响应，全面筑牢阻击疫情防线，成功治愈全区首例确诊病例和首例危重症病例；4月，面对在俄中国公民大规模回国的巨大压力，服从全国抗疫大局，及时关闭公路口岸旅检通道，严格实施重点区域闭环管理，改造启用口岸医疗救治医院和集中隔离场所，仅用46天就集中救治境外输入病例77例和呼伦贝尔转移病例4例；11月，境外输入引发的本土疫情发生后，快速精准开展集中隔离医学观察和流调溯源工作，完成三轮全员核酸检测，加强重点区域终末消毒和环境消杀，第一个周期基本控制疫情，第二个周期实现病例清零，确保患者“早治愈”、医院“零感染”和疫情“不流出”。

（李颖）

牙克石市

【概况】 牙克石市位于内蒙古自治区东北部、呼伦贝尔市中部，地理坐标为北纬47°39′～50°52′，东经120°28′～122°29′，南北长352公里，东西宽147公里。牙克石市又有“林城”之美誉，市域沿大兴安岭主脉东北分布，东连嫩江流域，与鄂伦春自治旗、阿荣旗接壤，南与扎兰屯市相接，西邻额尔古纳市、陈巴尔虎旗和鄂温克族自治旗，北与根河市毗邻，行政辖区总面积27590平方公里，占呼伦贝尔市总面积10.89%，林地面积201.7万公顷，森林面积为184.94万公顷，森林覆盖率67.03%，有耕地209.46万亩，水域面积720平方公里。2019年，全市辖10个镇、6个街道办事处。

全市户籍总人口315130人，较上年减少6044人，同比下降1.9%。总户数138005户，较上年减少871户，同比下降0.6%。在总人口中，有城镇人口286981人、乡村人口28149人，人口城镇化率91.07%；市区总人口131550人（不含牧原镇），乡镇总人口183580人。在总人口中，男性157339人，女性157791人，性别比为99.91∶100（以女性为100）。

在总人口中包含29个民族，其中汉族人口277823人、少数民族人口37307人。少数民族人口中：蒙古族17087人、满族8952人、回族5343人、达斡尔族3522人、朝鲜族966人、俄罗斯族508人、鄂温克族423人、鄂伦春族68人、其他少数民族438人。

全市实现地区生产总值（GDP）101.7亿元，按可比价计算，同比下降4.6%。分产业看，第一产业增加值24.5亿元，同比下降2.1%；第二产业增加值11.8亿元，同比下降23.6%；第三产业增加值65.3亿元，同比下降1.3%。三次产业结构比例为24.1∶11.6∶64.3。全市地方财政总收入实现70173万元，较上年减少1926万元，同比下降2.7%。其中一般公共预算收入实现31697万元，较上年增加522万元，同比增长1.7%。全市一般公共预算支出完成387307万元，较上年增加44233万元，同比增长12.9%。

【农牧业】 全市实现农林牧渔业现价总产值38.5亿元（不含服务业），同比下降2.0%。其中农业产值23.1亿元、林业产值8.1亿元、牧业产值7.0亿元、渔业产值0.3亿元。实现增加值24.5亿元。其中农业增加值14.2亿元、林业增加值5.5亿元、牧业增加值4.6亿元、渔业增加值0.2亿元。

全年农作物总播种面积238.9万亩。其中粮食作物播种面积159.0万亩。粮食总产量10.82亿斤，同比增长6.7%。在粮食作物中，小麦产量7.96亿斤、大豆产量0.26亿斤、马铃薯产量（折粮）2.53亿斤。经济作物总播种面积79.9万亩。其中油菜籽播种面积67.3万亩，总产量1.39亿斤；蔬菜种植面积合计1.7万亩，蔬菜总产量1.34亿斤；中草药种植面积6.3万亩；其他作物种植面积1.8万亩。

全市日历年度牲畜存栏19.2万头只，同比增长3%。其中：大牲畜和羊存栏16.2万头只，同比增长3.8%；生猪存栏3万口，与上年持平。全年肉类产量0.9万吨，同比增长7.1%。其中猪肉0.27万吨、牛肉0.23万吨、羊肉0.33万吨。牛奶产量2.0万吨，较上年略增。禽蛋产量0.16万吨，较上年略降。

年末，农牧业机械总动力37.2万千瓦，同比增长0.3%。有大中型农用拖拉机4141台。农村用电量2395万千瓦时（含农垦系统）。化肥施用量（折纯）8460吨。农药使用量576.7吨。

【工业】 全市共有规模以上工业企业10家、规模以下工业企业220家。全年实现工业增加值6.2亿元，同比下降8.9%。其中规模以上工业增加值同比下降10.2%；规模以下工业增加值同比下降1.3%。规模以上工业中，实现现价总产值11.9亿元，同比下降19.4%。其中重工业实现产值10.4亿元，同比下降1.5%；轻工业实现产值1.5亿元，同比下降64.3%。在全部规模以上工业中非公有制工业实现产值9.4亿元，同比下降23.6%。规模以上工业销售产值实现12.1亿元，同比下降15.9%；产品销售率101%，同比增长3.9%。

【内外贸易和招商引资】 社会消费品零售总额实现21.9亿元，同比下降9.0%。其中限额以上社会消费品零售额13.7亿元；限额以下社会消费品零售额8.2亿元。分行业看：批发业营业额14.3亿元，同比下降14.1%；零售业营业额7.0亿元，同比增长2.5%；住宿业营业额0.4亿元，同比增长12.0%；餐饮业营业额0.2亿元，同比下降18.5%。电商销售额1.42亿元，同比增长5.2%。对外贸易进出口总额261.2万元，其中出口76.4万元，进口184.8万元。全年共实施招商引资项目17个，与上年持平。实际引进国内（区外）资金4.74亿元，同比下降28.8%。

【旅游业】 牙克石市域内有AAA级旅游景区1个、AA级旅游景区4个、国家级森林公园4个、国家级湿地公园5个、国家级水利风景区1个。三星级宾馆1个、二星级宾馆3个，星级宾馆共有床位523个。全年共接待旅游者69.3万人次，同比下降60.1%；旅游业总收入5.5亿元，同比下降77.5%。

【交通】 全市铁路运营里程（不含复线和专用线）648公里。铁路货运量3125万吨，同比下降8.0%；铁路客运量218万人，同比下降53.3%。全市等级公路总里程1963公里。公路货运量964万吨，同比下降17.3%；公路客运量52.4万人，同比下降61.7%。市内公交完成客运量156余万人次，同比下降44.3%。全市有机动车38896辆。其中汽车33310辆，摩托车5314辆，农用运输车和挂车268辆，其他车辆4辆。全市共有长途客运班线56条、营运车辆56辆，市内公交线路9条、营运车辆40辆，客运出租车1723辆，货运出租车1100余辆。

【经济转型升级】 国家高寒机动车质量监督检验中心获国家认监会和合格评定认委会认证，高新技术产业占比提升1.4%；工业品耐冷检验检测服务平台"寒测通"上线，完成数据信息交换1282条。北方药业可利霉素获国家药品生产许可，利福霉素产值1.1亿元。"牙克石马铃薯"入选全国名特优新农产品名录，牙克石种薯获自治区区域公用品牌，野老大3.5万亩蓝莓基地及3个产品获中国有机产品认证，万山利口、北纬48°等6个品牌获内蒙古优秀品牌。

【生态修复与治理】 蓝天、碧水、净土保卫战纵深推进，淘汰13台10蒸吨及以下燃煤锅炉；各级河长巡河2075次，清理垃圾7941吨；8处历史遗留矿山地质环境治理和绿化工程及五九等3处绿色矿山建设通过验收，完成免渡河矿区周边环境治理。国土绿化工作有序推进，清退已垦林地2万亩，营造林16.2万亩，义务植树51万株。免渡河国家湿地公园巡护监测栈道竣工。

【脱贫攻坚】 中央专项巡视回头看反馈问题整改完成。45户96人建档立卡贫困户稳定增收，"两不愁三保障"等政策落实到位。打通产业扶贫渠道，投资709.5万元的9个产业精准扶贫项目达效，贫困户累计受益9万元，人均纯收入超7000元。

【人民生活】 城镇常住居民人均可支配收入实现35452元，同比名义增长2.7%；城镇常住居民人均消费支出23068元，同比持平。恩格尔系数33.5%。全市人均住房建筑面积32平方米。

【社会保障】 全年城镇新增就业5690人，其中下岗失业人员实现再就业2010人。城镇就业与再就业职业技能培训和创业培训人数合计744人。城镇登记失业人数5759人，城镇登记失业率3.84%。

全市参加养老保险人数共计168581人，共计征收养老保险费61754.2万元。其中：参加企业职工养老保险的有133483人；参加机关事业单位养老保险的有15752人；参加城乡居民养老保险的有19346人。全市企业职工享受待遇人员74100人，共计发放养老金191788万元；机关事业养老保险享受待遇人员6527人，共计发放养老金32860.82万元；城乡居民养老保险享受待遇人员5372人，共计发放养老金680.61万元。

全市医疗保险参保人数共计267175人。其中参加城镇职工基本医疗保险总人数123336人，参加城乡居民基本医疗保险人数143839人。全年征缴基本医疗保险基金39106万元，支出37586万元。失业保险参保人数共计48003人。累计征缴失业保险费1182万元。工伤保险缴费人数共计49650人，享受工伤保险待遇2495人次，共发放2265.54万元。

全市现有城乡低保对象8191户12221人。其中城镇低保对象7877户11804人，农村低保对象314户417人。

全市有已备案养老机构13家（其中公办养老机构1家），791张床位；社会福利机构3家。全市享受残疾人困难补贴的有3114人，累计发放资金373.82万元；享受残疾人重度护理补贴的有3094人，累计发放资金276.09万元。全年为12228名高龄老人发放生活补贴共计1467万元。

（石长亮）

扎兰屯市

【概况】 扎兰屯市位于呼伦贝尔市南端，北倚大兴安岭，面眺松嫩平原，地理坐标为北纬47°5′40″～48°36′34″，东经120°28′51″～123°17′30″。东以音河为界与阿荣旗相依，东南及南以金长城为界与黑龙江省甘南、龙江两县及兴安盟扎赉特旗为邻，西及西北以哈玛尔山和漠克河为界与阿尔山市、鄂温克族自治旗为邻，北以阿木牛河为界与牙克石市相邻。市境东西顶端直线距离210公里，南北顶端直线距离160公里，全市总面积16926.3平方公里。是呼伦贝尔市副中心城市。2020年，全市总户数167367户，总人口401271人，城镇人口172451人，乡村228820人。有28个民族，汉族339654人，蒙古族22666人，其他少数民族38951人。

扎兰屯市土地面积1678463.22公顷；耕地面积238574.31公顷，占总土地面积的0.14%；园地面积1679.14公顷，占总面积的0.01%；林地水域及水利设施用地，占总面积的0.66%；牧草地面积257129.49公顷，占总面积的0.15%，城镇村及工矿用地面积21287.83公顷，占总面积的0.1%；交通运输用地面积10603.16公顷，占总面积的0.006%；水域及水利设施用面积16920.8公顷，占总面积的0.01%；其他土地面积16326.46公顷，占总面积的0.09%。

全年扎兰屯市城镇新增就业4410人，其中失业人员再就业1948人，困难人员就业1504人，城镇登记失业率为3.68%。农村劳动力转移就业24200人。

2020年，扎兰屯市地区生产总值完成1533429万元，按可比价格计算，同比下降2.7%。其中第一产业增加值完成520360万元，增长1.7%；第二产业增加值完成498441万元，下降5.2%；第三产业增加值完成514627万元，下降4.6%。三次产业结构调整为33.9∶32.5∶33.6。2020年，扎兰屯市一般公共预算收入完成4.83亿元，完成预算的92.92%，同比减少1.41亿元，下降22.63%。

【农业】 2020年，扎兰屯市粮食作物播种面积257032公顷，同比下降4449公顷，下降1.7%。全年粮食产量25.04亿斤，下降14.4%。在粮食作物中，玉米产量21.69亿斤，下降13.9%；大豆产量2.66亿斤，下降17.5%；马铃薯（折粮）产量0.03亿斤，下降49.2%。

全市"三品一标"认证总数90个，其中有机食品认证9个，绿色食品认证35个，无公害农产品认证39个，地理标志农产品7个，有机绿色食品企业全部纳入国家追溯平台22家。黑木耳、沙果、榛子3个产品获得区域品牌和产品品牌，获得企业品牌企业7家，扎兰屯小米、扎兰屯大豆油2个产品获批全国名特优新农产品，扎兰屯黑木耳被列入2020年中欧地理标志协定首批保护名录。重点围绕黑木耳、中草药、甜玉米等优势特色产业，发展"一村一品"，加快建设优质高效、高产出率和高商品率的农牧业生产基地。甜玉米种植8000亩，红辣椒种植1300亩，食用菌栽培1200万袋（其中黑木耳800万袋，华菇、平菇、猴头等400万袋）。发展中草药种植3万亩，培育中草药种植合作社30个，种植户57个。

【畜牧业】 全年扎兰屯市标准化养殖技术入户率80%，设立奶牛标准化示范场3个，肉牛标准化示范场10个，肉羊标准化示范场15个，生猪标准化示范场8个，禽类标准化示范场6个。拥有大小规模养殖场（户）1436家，其中肉牛571家，奶牛5家，生猪195家，羊629家，禽类36家，牲畜存栏130万头只。乳用牛存栏2.07万头。

【林业】 全年扎兰屯市造林合格面积完成2023公顷，其中人工造林合格面积1453公顷。森林抚育面积完成6173公顷。森林保险36.17万公顷。在成吉思汗镇领航村等4个村实施乡村绿化美化示范村建设，村庄绿化覆盖率平均30%以上。对全市湿地进行全面保护，推进秀水湿地公园保护与修复项目。市政府印发《扎兰屯市秀水国家湿地公园管理办法》，设置界碑5处，界桩120处、网围栏18公里、植被恢复33.33公顷设立公益林管护站76个，管护人员1220人，国家级公益林20.78万公顷、地方级公益林4.05万公顷、天然林商业性停伐补贴14万公顷。完成征占用林地和林业生产服务审核审批项目16宗，面积43.398公顷；禁牧面积1.27万公顷，落实人工种草任务5333公顷，完成草原监测，审核审批草原征占用项目1个，草原生态奖补6476户，发放率90%以上。

【水利】 2020年，扎兰屯市完成新增水土流失综合治理面积8万亩，国家水土保持工程项目资金和任务完成90%。河流治理项目完成下达资金的80%，用水总量考核目标用水总量小于3.85亿立方米，完成1.8亿立方米。完成万元工业增加值用水量考核目标值为较2015年不变价计算下降30%，完成万元GDP用水量较2015年不变价计算下降30%，2019年重要江河湖泊水功能区水质达标率和监测覆盖率均完成100%，农田灌溉水有效利用系数完成考核目标0.57。计划实施项目9个，其中续建项目5个，新建项目4个工程总投资14200.31万元，计划完成投资5498.91万元，完成投资5676.91万元。

【工业】 全年实现工业增加值411398万元，同比增长0.4%，占地区生产总值的比重为26.8%。规模以上工业企业12家，实现现价产值1075974万元，下降0.9%，其中轻工业实现现价产值802585万元，下降1.6%；重工业实现现价产值273389万元，增长1.1%。规模以上工业企业产品销售率97.6%，增长2.3个百分点。规模以上工业企业实现利润总额140957万元，下降50.3%。农畜林产品生产加工企业占全部规模企业的50%，实现现价产值807488万元，农畜林产品生产加工产值占全部规模以上工业产值75%。

【临空产业】 扎兰屯市把临空产业作为落实新发展理念的绿色产业、战略性新兴产业，按照“立足呼伦贝尔、服务内蒙古、面向全国”的思路，推进建设集专业飞行、专业训练、通航维修、无人驾驶、航空物流、航空旅游、航空运动等于一体的临空产业集聚区。全国唯一的国航公司飞行培训专属基地落户扎兰屯市，与中国民航局、中国民航大学、内蒙古机场集团、呼伦贝尔市委市政府围绕在扎兰屯建设专业飞行训练、维修定检养护、民航培训教育、区域通航枢纽、民用无人驾驶航空试验“五大基地”，达成新一轮战略合作共识。推进投资1.1亿元的临空产业园区飞行板块提升项目，2台模拟训练器投入使用，26架训练机交付8架。年内，内蒙古飞行学院组织飞行训练258天1.7万小时，起落3.8万架次。杰普逊国际飞行学院完成民用航空器维修单位（CCAR-145部）一证多址审定，取得维修许可资质，拥有开展钻石系列飞机航线维修和定检维修能力。

【脱贫攻坚】 坚持“四不摘”原则，与乡村振兴衔接，整合资金3.18亿元，全年实施扶贫产业、基础设施等项目188个，区贫县摘帽成效持续巩固，剩余未脱贫人口3户7人如期脱贫，全市建档立卡贫困人口全部清零，累计净减贫14655户40894人。建档立卡人口人均收入11983元，较建档立卡之初增长60.4%；农民人均可支配收入20148元，增速8%，高于全国平均增速。第三次代表呼伦贝尔市接受内蒙古自治区脱贫攻坚成效考核，作为全区4个代表旗县之一接受国家建档立卡数据质量评估实地核查。市扶贫办被评为全国脱贫攻坚先进集体。

【防范化解重大风险】 扎兰屯市落实既定化债方案，采取压缩“三公”经费、培植壮大财源等多种措施，化解政府债务6.96亿元，统筹抓好政治、社会、意识形态等各领域防范化解重大风险工作，守住不发生系统性风险的底线。

【固定资产投资】 2020年，扎兰屯市固定资产投资完成321555万元，同比增长2.6%。其中房地产开发完成投资61831万元，下降51.0%。按三次产业分：第一产业完成投资12010万元，增长87.3%；第二产业完成投资72969万元，增长6.5%，全部来源于工业投资；第三产业完成投资236576万元，下降0.8%。

【交通】 扎兰屯市铁路、公路完成货运量516.14万吨，其中铁路货运量12.54万吨；公路货运量503.6万吨；民航行货邮吞吐量16吨。铁路、公路完成客运量318.74万人，其中铁路客运量32.34万人；公路客运量286.4万人；民航旅客吞吐量11.96万人。2020年，新建、续建重点项目7个，总投资3.77亿元，本年完成投资1.68亿元。谋划前期3项，估算投资56.8亿元。

【旅游业】 全年扎兰屯市接待游客187.7万人次，实现旅游收入16.5亿元。构建阿尔山—柴河国家AAAAA级景区和扎兰屯国家级生态旅游度假区两极带动全域旅游发展新格局，申请自治区旅游发展专项资金800万元，用于柴河景区控制性详细规划和月亮小镇设计项目，完成项目规划初稿。围绕乡村振兴战略，做大做强休闲农业与乡村旅游示范县品牌，打造五星村乡村旅游接待户12户。编制完成扎兰屯国家级生态旅游度假区总体规划，金龙山晋升国家AAA级旅游景区，完善景区配套设施。谋划“十四五”文旅体行业项目，规划启动体育公园、文化馆、图书馆、游客接待中心项目建设，推动金龙山滑雪场雪道工程、金龙山室外温泉、扎兰屯市室内滑雪训练馆、扎兰屯市冰雪乐园项目落地。

【社会保障】 2020年，扎兰屯市参加

城镇职工基本养老保险278965人，其中离退休人员85385人。扎兰屯市参加城乡居民养老保险165958人，其中离退休人员41423人。扎兰屯市参加基本医疗保险351617人，其中城镇职工基本医疗保险50391人，城乡居民基本医疗保险301226人。

【民生保障】 扎兰屯市民生支出34.25亿元，占总支出的81%；城乡常住居民人均可支配收入分别达到37574元和20148元，同比增长3.1%和8%，增幅均在呼伦贝尔市排位第三。新增城镇就业、农民转移就业形势稳定。全年发放养老、低保、特困生活供养等资金18.54亿元。

【人民生活】 2020年，扎兰屯市全体居民人均可支配收入28589元，同比增长7.5%。其中城镇常住居民人均可支配收入37574元，增长3.1%；农村常住居民人均可支配收入20148元，增长8.0%。城镇居民人均消费性支出26485元，下降4.7%；农村居民人均消费性支出13081元，下降23.5%。

（宋剑）

额尔古纳市

【概况】 额尔古纳市位于内蒙古自治区大兴安岭西北麓，呼伦贝尔草原东北端，额尔古纳河右岸。北纬50°01′～53°26′，东经119°07′～121°49′之间，是内蒙古自治区纬度最高的地区。南北长约600公里，东西宽（最窄处）约50公里，西部和北部与俄罗斯以额尔古纳河为界，边境线长671.4公里。东北部与黑龙江省漠河县毗连，东部与根河市为邻，东南及南部与牙克石市、陈巴尔虎旗接壤。全市总面积28444.64平方公里。市政府所在地拉布大林镇。

2020年，额尔古纳市地区生产总值完成39.4亿元，比上年下降2.7%，限额以上固定资产投资完成10.2亿元。其中，第一产业增加值完成17.28亿元，同比下降1.6%；第二产业增加值完成4.27亿元，同比增长0.5%；第三产业增加值完成17.85亿元，同比下降4.7%，三次产业结构比为43.9∶10.8∶45.3。城镇常住居民、农村牧区常住居民人均可支配收入达到31820元和30378元，分别增长2.8%和6.7%。地方财政总收入完成2.65亿元，同比下降10.7%，其中，一般公共预算收入完成1.69亿元，同比增长12.1%。一般公共预算支出21.12亿元，同比增长14.9%。

【农牧业】 额尔古纳市农林牧渔服务业总产值完成28.8亿元，按可比价计算，同比下降1.5%，全年粮食作物总播面积87517公顷，其中小麦播种面积63165公顷，大麦播种面积17252公顷。全年粮食产量293226吨，同比增长11.3%。其中，小麦产量236932吨，同比增长6.2%；大麦产量40108吨，同比增长29.5%。

牧业年度，额尔古纳市牲畜存栏头数737517头（匹、只），同比增长3.9%。其中，牛存栏61709头，同比增长4.9%；羊648422只，同比增长3.2%；猪10205头，同比增长25%。开展科技兴农行动，建立4个农牧业科技实验示范基地，推广小麦节水节肥高效栽培技术36.4万亩、油菜免耕节本增效栽培技术25.7万亩、甜菜纸筒种植技术1.4万亩，农业机械化水平达95%以上。建设恩和、上库力奶源基地，引进进口优质奶牛1400头。牧区防疫污染基础设施和拉布大林农牧场120队畜禽粪污处理项目完工。强化农牧业品牌建设，县域共用品牌“额尔古纳蜂蜜”列入全国名特优新农产品名录。龙头企业与农牧户建立紧密型利益联结机制比例达到60%。

【工业】 规模以上工业总产值完成8.64亿元，同比增长5.6%。其中，轻工业完成6.71亿元，同比下降5.6%；重工业完成1.93亿元，同比增长79.3%。股份制企业完成7.39亿元，同比增长1%；外商及港澳台投资企业完成1.25亿元，同比增长44.2%。规模以上工业增加值增速38.5%。规模以上工业销售产值增长52.7%，实现产品销售率107.6%。生产乳制品7470吨，同比增长89.4%；发电量5896万千瓦时，同比下降1.5%；成品糖81042吨，同比下降2%。

【旅游业】 旅游业受疫情影响较大。2020年，额尔古纳市旅游总收入完成10.95亿元，同比下降82.9%；旅游人数142.77万人次，同比下降75.1%。

《额尔古纳市草原旅游发展总体规划》正式实施，恩和村入选第二批全国乡村旅游重点村名录，乌兰山景区获评国家AAA级景区。受新冠肺炎疫情冲击，全年接待游客142.8万人次，旅游收入10.9亿元。

【乡村振兴】 改善乡村人居环境，三河、恩和、室韦生活垃圾填埋场，上库力、黑山头、室韦生活污水处理站完成年度建设任务。完成农村牧区房屋安全重点隐患排查。1306户农村牧区“厕所革命”改造任务全部完成。改善城乡基础设施，恩和—七卡、三河一队—自兴林场、上护林—上护林林场公路基本建成。满归—荒火地、满归—奇乾、太平—根白、室韦—太平公路完成路基施工。“油返砂”整改、Z003中桥、三河乡—苏沁牧场公路养护工程完工。积极推进“四好农村路”示范县创建工作，符合条件的乡镇、建制村全部实现通硬化路，在呼伦贝尔市率先实现城乡公交一体化。

【脱贫攻坚】 精准施策脱贫攻坚。投入扶贫资金2314万元，实施扶贫项目23个。建档立卡贫困户慢病签约服务实现应签尽签。农村牧区贫困人口大病救治病种增加到30种，救治率100%。全市建档立卡贫困人口43户101人全部实现脱贫。

【污染防治】 中央环保督察“回头看”、草原专项督察反馈的28项整改任务及呼伦贝尔市污染防治攻坚战重点任务全部完成。淘汰24台10蒸吨以下燃煤小锅炉。市政生活污水处理厂提标改造及再生水回用工程竣工验收，水源地一级保护区隔离防护设施建设完成。土壤环境质量监测点位布设完毕。

【防范化解重大风险】 全年化解政府隐性债务5260万元，完成化债目标的100%，坚决遏制隐性债务增量，政府债务风险等级继续保持“绿色”。开展清理政府、国有企业拖欠民营企业账款核实工作，按期完成化解清偿。积极帮助信用联社解决实际困难，降低金融风险。

【国内贸易】 社会消费品零售总额完成12.46亿元，同比下降5.8%。从销售地域看，城镇社会消费品零售总额同比下降 6%；乡村社会消费品零售总额同比下降 4.9%。从消费类型看，商品零售完成 10.46 亿元，同比下降 1.1%；餐饮收入完成 2 亿元，同比下降 24.7%。全年限额以上单位商品零售额中，粮油食品类、饮料类、烟酒类、服装鞋帽增幅较大。

【对外经济】 2020 年，额尔古纳市外贸进出口总额完成 126208 万元，同比增长 81.7%。其中，进口额完成 117099 万元，同比增长 108.9%；出口额完成 9109 万元，同比下降 32%。

【人民生活】 全体居民人均可支配收入 31537 元，同比增长 3.8%。城镇常住居民人均可支配收入完成 31820 元，同比增长 2.8%；农村牧区常住居民人均可支配收入完成 30378 元，同比增长 6.7%。

【社会保障】 民生领域支出 16.9 亿元，占一般公共预算支出的 80.4%，同比增长 16.8%。城乡低保最高标准由 620 元上调至 660 元，特困分散供养人员标准由 806 元上调至 858 元，“残疾人两项补贴”分别发放 81.6 万元和 63.3 万元。社会保险覆盖范围持续扩大，328 名退役军人完成保险接续。做好国有企业退休人员社会化管理接收工作。为符合条件的 48 家企业发放稳岗补贴 424.2 万元，惠及职工 7147 人。累计实现城镇新增就业 1154 人，城镇登记失业率 3.88%。《额尔古纳市机关事业单位编外聘用人员管理办法（试行）》开始实施。

额尔古纳市参加基本养老保险职工 49209 人。其中，企业单位参保 23345 人；机关、事业单位参保 4224 人；离退休人员 21640 人。城乡居民基本养老保险 5545 人。在医疗保险中，城镇职工保险 35230 人，城乡居民基本医疗保险 33566 人。城镇居民享受最低生活保障的人数 3.3 万人次。失业保险人数 13340 人，城镇新增就业人员 1154 人，城镇登记失业率 3.9%。年末社会福利院床位数 100 张，收养人数 38 人。

【优化营商环境】 深化“放管服”改革。24 个单位 200 项事项入驻政务服务大厅和民生大厦，实行“一窗受理”，推行“四办”服务。市场主体开办时间缩短为 1 个工作日，企业投资项目备案时间缩减到 3 个工作日，政府投资项目审批时限压缩 50%。编制完成乡镇、部门 26 个重点领域基层政务公开标准目录。煤炭领域集中整治核查发现的 9 个问题全部整改完毕。恩和农牧场改制基本完成，按现代化公司管理模式运营。持续深化农村产权改革，全市行政村均已成立集体股份（经济）合作社。

（王国柱 宋金香）

根河市

【概况】 根河市地处呼伦贝尔市东北部，北纬 50° 20′～52° 30′，东经 120° 12′～122° 55′，与鄂伦春自治旗、额尔古纳市、牙克石市以及黑龙江省漠河县、塔河县毗邻，是中国最北部的城市之一。总面积 20012 平方公里，南北长 244.4 公里，东西宽 202.2 公里。辖 4 镇 1 乡 4 个街道办事处：满归镇、阿龙山镇、金河镇、得耳布尔镇，敖鲁古雅鄂温克族乡，好里堡街道办事处、河东街道办事处、河西街道办事处、森工街道办事处。

2020 年，全市户籍总人口 127217 人，比 2019 年减少 3505 人，下降 2.7%；出生人口 297 人，比 2019 年减少 30 人，人口出生率为 2.30‰；死亡人口 1366 人，比 2019 年增加 210 人，人口死亡率为 10.59‰；人口自然增长率为 -8.29‰。全市总户数 57495 户，比 2019 年减少 95 户。在总人口中，男性 63889 人，女性 63328 人，男女性别比为 100.9∶100。全市汉族人口 111224 人，比 2019 年减少 3072 人，少数民族人口 15993 人，比 2019 年减少 433 人。

全市生产总值（GDP）完成 325623 万元，按可比价计算同比下降 0.6%。分产业看，第一产业增加值完成 50271 万元，同比下降 2.5%，第二产业增加值完成 71124 万元，同比增长 6.1%，第三产业增加值完成 204229 万元，同比下降 2.3%，三次产业比例为 15.4∶21.8∶62.8。全市人均生产总值完成 25248 元，同比增长 1.9%。2020 年地方财政总收入完成 25462 万元，比 2019 年增长 6.7%，其中一般公共预算收入完成 8107 万元，比 2019 年增长 14.1%。2020 年一般公共预算支出 192748 万元，比 2019 年增长 20.0%，其中教育支出 21346 万元，比 2019 年下降 13.7%，社会保障和就业支出 68212 万元，比 2019 年增长 10.0%，卫生健康支出 19507 万元，比 2019 年增长 15.0%，城乡社区事务支出 17607 万元，比 2019 年增长 54.4%。

【农牧业】 全市农林牧渔业总产值完成 8.12 亿元，按可比价计算同比下降 2.3%。全年粮食产量 3077 吨，同比增长 35.3%。在粮食作物中，小麦产量 704 吨，同比下降 26.9%，马铃薯产量（折粮）2373 吨，同比增长 81.0%。总投资 150 万元的高寒林区灵芝栽培新技术示范与推广项目已经完成；敖鲁古雅乡 2000 亩中草药——芍药种植基地建设项目已经种植 1000 余亩芍药，累计投资 870 余万元；总投资 200 万元的根河驯鹿检测试验室（驯鹿繁育中心）建设项目场所已经改造、粉刷完成，挂牌和人员培训工作已经完成。在抓好新冠肺炎疫情防控常态化工作的同时，继续加强“非洲猪瘟、布病、禽流感、马传贫、口蹄疫”等疫情的防控工作。对根河市区居民饲养的家畜、家禽进行强制性免疫，做到不漏户、不漏只（头），全覆盖。

【林业】 全市林地面积 55.63 万公顷，森林总蓄积量 5338.56 万立方米，森林覆盖率为 88.05%。新播面积 70.1 亩，生产容器苗面积 261.3 亩，生产容器苗 827.4 万株，培育花卉 1 万株。完成苗木销售 635 万元。森林抚育计划 42 万亩，补植补造计划 3 万亩，义务植树计划 1 万株，退耕还林计划 5205.6 亩，国土绿化计划 739 亩，容器苗生产计划 341 亩，均已全部完成；新播苗木计划 42 亩，实际完成 70.1 亩；病虫害防治面积计划 12 万亩，实际完成防治作业面积 14.3 万亩。

【水利】 根河市继续推进河长制工作，采取“河长制 + 司法 + 社会 + 部门 + 企业”的河湖管理保护模式。加强汛前、汛中大检查及预报、预警等工作。对得耳布尔镇区河道内的“危桥、河道内的临时便道”下达整改通知书，限期整改。重点水利项目：总投资 918.84 万元的激流河满归镇段防洪续建工程项目，已到位资金640万元，完成招标工作；总投资635.03万元的根河市潮查河左岸截洪沟工程，已到位资金490万元，完成工程量的70%；总投资7002.07万元的根河重要干流治理工程完工；总投资3857.51万元的激流河重要干流治理工程完工。总投资561.39万元的根河市乡镇安全饮水建设项目，已到位资金269万元完成招标工作。

【工业】 全部工业增加值同比增长9.3%，其中：规模以上工业增加值同比增长11.9%。全年建筑业增加值同比下降0.8%。全年限额以上固定资产投资完成41822万元，同比增长18.2%，其中：第二产业投资3690万元，同比下降12.5%；第三产业投资38132万元，同比增长22.4%。2020年售电量累计完成41078.16万千瓦时，同比增加5388.42万千瓦时；销售收入累计完成19337.80万元，同比增加1492.54万元；综合线损率完成4.70%，同比降低0.79个百分点，10千伏有损线路综合损失率完成7.56%，0.4千伏线损率完成4.24%；电费回收率完成100%；实现安全生产3732天。

【旅游业】 旅游收入8.44亿元，同比增长-49%；旅游人数70.9万人次，同比增长-47%。对满归52大岭驿站进行验收，并交接给满归林业局管理和维护；完成7个项目申报中央预算内资金工作；完成项目申报自治区专项旅游发展资金工作；签订根河源国家湿地公园和敖鲁古雅使鹿部落景区完成门票减免承诺书，获得门票减免补贴共计191万；完成“十三五”文化和旅游专项资金使用情况评估工作；将根河敖鲁古雅月亮山基础设施建设项目、根河市敖鲁古雅泛北极圈文化研究中心建设项目、根河市乌兰牧骑标准化用房建设项目等9个项目纳入“十四五”重大项目库。

【社会保障】 参加基本养老保险总人数63221人，其中：城镇职工（含退休）基本养老保险参保人数58271人，城镇居民基本养老保险参保人数4950人。全年共征收缴养老保险金21795万元，发放企业离退休人员基本养老金97265万元。全市工伤保险费参保人数31403人，征收保险基金306万元，保险基金支出1696万元。全市基本医疗参保单位238个。职工基本医疗保险参保人数48756人，城乡居民参加医疗保险人数58012人，生育保险参保人数26352人。全年职工医疗保险基金收入20467万元，职工基本医疗保险支出11720万元；全年城乡居民医保基金收入4319万元，居民医疗费支出2638万元；全年生育保险基金支出139万元。全年大病基金收入615万元，大病支出700万元。全市最低生活保障对象6178户，低保总人数10835人，全年共发放低保金7797万元。全市社会福利收养性单位1个，拥有床位数90个。

【人民生活】 全市城镇常住居民人均可支配收入2998元，比上年增长2.9%；人均消费支出18517元/人，同比下降6.8%。城镇新增就业人员735人；下岗失业人员实现再就业319人；困难人员再就业557人；公益性岗位安置就业困难人员93人，发放岗位补贴141万元；认定9家就业见习单位，开发就业见习岗位25个；城镇登记失业率为3.85%。全年发放创业担保贷款822万元，扶持带动人数75人，29家企业列入失业动态监测范围；为200名失业人员发放失业金80.9万元；为229人次发放价格临时补贴0.98万元；为1人发放职业技能提升补贴0.2万元；共有27家困难企业1939人申请享受援企稳岗补贴132万元；为11家经营困难且恢复有望企业1610人申请稳岗返还资金610.99万元。

（庞金伟）

兴安盟

【概况】 兴安盟位于内蒙古自治区东部，因位于大兴安岭中段而得名。地理坐标为北纬44°14′～47°39′、东经119°28′～123°38′。西北、北与呼伦贝尔市新巴尔虎左旗、鄂温克族自治旗、扎兰屯市接镶，东北、东与黑龙江省龙江县、泰来县毗邻，东南与吉林省白城市的洮北区、镇赉县、洮南市、通榆县相连，南、西南和西与通辽市的科尔沁左翼中旗、霍林郭勒市、扎鲁特旗，锡林郭勒盟的东乌珠穆沁旗和蒙古国交界。国境线全长125.851公里，其中陆界长71.611公里，水界长54.24公里，总面积59806平方公里。辖乌兰浩特市、阿尔山市、扎赉特旗、突泉县、科尔沁右翼中旗、科尔沁右翼前旗，行政公署驻地乌兰浩特市。境内居住着汉族、蒙古族、满族、朝鲜族、回族、达斡尔族等22个民族。年末全盟户籍人口162.35万人，其中：非农业人口75.42万人，农业人口66.27万人。年末全盟常住人口141.32万人。2020年，兴安盟辖15个街道办事处，12个苏木，8个乡，36个镇。

全年实现地区生产总值547.92亿元，按可比价计算，比上年增长3.5%，其中：第一产业增加值189.02亿元，增长4.1%；第二产业增加值132.75亿元，增长9.2%；第三产业增加值226.15亿元，下降0.1%。三次产业比例为34.5∶24.2∶41.3。全年城镇新增就业9430人，比上年少增3514人，其中：城镇失业人员再就业5407人。年末城镇登记失业率4.3%。供给侧结构性改革继续深化。年末规模以上工业每百元营业收入成本72.84元，比上年下降3.5%；营业收入利润率5.05%，比上年提高2.59个百分点。重点领域投资力度不断加大。全年农、林、牧、渔业投资比上年增长172.0%，教育业投资增长87.2%，电力、热力、燃气及水生产和供应业投资增长72.6%，文化、体育和娱乐业投资增长27.3%，租赁和商务服务业投资增长10.8%。新动能新业态稳步壮大。全年规模以上制造业增加值比上年增长13.4%，总量占规模以上工业增加值的比重为74.9%。规模以上工业战略性新兴产业增加值比上年增长18.5%。新能源总装机规模232.06万千瓦，比上年增长15.0%，其中：风电装机容量153.5万千瓦，增长34.9%；太阳能发电装机容量76.09万千瓦，增长15.1%。规模以上新能源发电量36.86亿千瓦时，增长15.1%，总量占规模以上工业发电量的比重为39.4%，风力和太阳能发电量分别增长16.5%和10.0%。民营经济加快发展。全年民营GDP359.33亿元，比上年增长3.8%，总量占地区生产总值的比重为65.6%；规模以上民营工业企业增加值增长21.0%，总量占规模以上工业增加值的比重为33.0%；民间固定资产投资增长10.6%，总量占全部固定资产投资的比重为41.5%。

【农业】 全年粮食作物种植面积1012.49千公顷，比上年增加2.42千公顷。粮食总产量再创新高，达到634.86万吨，比上年增产10.40万吨，增长1.7%，其中：稻谷产量71.86万吨，减产7.67万吨，下降9.6%；玉米产量492.18万吨，增产23.44万吨，增长5.0%；大豆产量26.57万吨，增产2.45万吨，增长10.2%；薯类产量1.53万吨，减产0.45万吨，下降22.9%。

【畜牧业】 年末牲畜存栏923.13万头（只、口），比上年末增长5.6%，其中：牛存栏60.92万头，增长10.4%；羊存栏798.86万只，增长3.4%；生猪存栏53.04万口，增长47.2%。全年牲畜出栏975.73万头（只、口），比上年增长5.3%。牲畜出栏率111.7%。全年肉类总产量29.24万吨，比上年增长12.7%，其中：牛肉产量4.43万吨，增长35.6%；羊肉产量14.26万吨，增长24.9%；猪肉产量8.35万吨，下降10.3%；禽肉产量1.75万吨，增长15.2%。牛奶产量43.43万吨，增长7.1%；禽蛋产量3.21万吨，增长3.9%。全年水产品产量7640吨，比上年下降6.0%。年末全盟农牧业机械总动力493.15万千瓦，比上年末增长4.4%。全盟有大中型拖拉机4.27万台，小型拖拉机11.17万台，农用水泵8.56万台，节水灌溉类机械0.82万套。农用化肥施用量（折纯）26.82万吨，比上年下降9.8%；农用塑料薄膜使用量1435吨，下降40.7%；农村用电量40212万千瓦时，增长8.6%。

【林业】 完成营造林面积40.42千公顷，其中：人工造林23.42千公顷；年末四旁（零星）植树195.00万株，新育苗面积0.11千公顷。年末全盟森林面积200.56万公顷，森林覆盖率33.3%。

【水利】 全年总用水量12.59亿立方米，比上年增长7.4%。其中，生活用水增长15.2%，工业用水下降28.8%，农业用水增长8.0%，生态补水增长12.1%。万元工业增加值用水量26.52立方米，下降36.1%。

【工业】 全年全部工业增加值87.54亿元，比上年增长11.4%，其中：规模以上工业增加值增长14.8%。在规模以上工业企业中，分经济类型看：国有企业增加值比上年增长9.9%，集体企业增加值下降44.0%，股份制企业增加值增长14.5%，外商及港澳台商投资企业增加值增长23.7%。分门类看：采矿业增加值比上年增长50.0%，制造业增加值增长13.4%，电力、热力、燃气及水生产和供应业增加值增长6.2%。分行业看：农副食品加工业增加值比上年增长20.1%，食品制造业增加值增长38.5%，烟草制品业增加值增长11.4%，化学原料和化学制品制造业增加值增长21.8%，黑色金属冶炼和压延加工业增加值增长8.2%，电力、热力生产和供应业增加值增长6.0%。在规模以上工业中，轻工业增加值比上年增长13.2%，重工业增加值增长17.6%。从主要工业产品产量看，全盟原煤产量1585.51万吨，比上年增长52.4%；卷烟产量25.52万大箱，与上年持平；液体乳产量12.07万吨，增长26.7%；钢材产量154.76万吨，增长0.7%；发电量93.54亿千瓦时，增长2.5%。全年规模以上工业企业实现营业收入217.40亿元，比上年增长5.6%；实现利润总额10.97亿元，增长116.9%；营业收入利润率为5.0%。全年规模以上工业企业产品销售率为93.0%。

【生态环保】 全盟共确定自然保护区9个，其中：国家级3个，自治区级6个。自然保护区面积471.78千公顷，其中：国家级自然保护区面积222.79千公顷。全盟现有国家生态文明建设示范市县3个，“绿水青山就是金山银山”实践创新基地2个，国家级优美乡镇6个、生态村1个。全年规模以上工业综合能源消费量与上年基本持平，其中：六大高耗能行业综合能源消费量下降0.3%。主要耗能工业企业吨水泥综合能耗比上年增长1.4%，吨钢综合能耗下降4.6%。

【人民生活】 全年全盟居民人均可支配收入21342元，比上年增长4.8%；全盟居民人均消费支出13908元，增长1.5%。按常住地分，城镇常住居民人均可支配收入31662元,比上年增长4.1%，主要收入构成：工资性收入19302元，增长3.6%；经营净收入4969元，下降0.4%；财产净收入1197元，增长4.7%；转移净收入6194元，增长9.8%。城镇常住居民人均消费支出18735元，比上年增长1.8%；城镇居民家庭恩格尔系数（即居民家庭食品消费支出占家庭消费支出的比重）为29.23%，比上年降低0.39个百分点；城镇居民人均现住房建筑面积33.64平方米。农村牧区常住居民人均可支配收入12681元，比上年增长9.0%，主要收入构成：工资性收入1938元，增长11.6%；经营净收入8051元，增长12.4%；财产净收入434元，下降26.7%；转移净收入2258元，增长5.5%。农村牧区常住居民人均消费支出9892元，比上年增长3.2%；农村牧区居民家庭恩格尔系数为29.63%，比上年降低0.58个百分点；农村居民人均现住房建筑面积31.06平方米。

【社会保障】 全盟参加城乡居民养老保险人数67.6万人，参加城镇职工基本养老保险人数34.9万人。参加职工基本医疗保险人数23.5万人，比上年增长5.0%。参加失业保险人数9.4万人。参加生育保险人数13.1万人。参加工伤保险人数15.4万人。年末全盟有城镇社区日间照料中心48个。全盟公办社会福利养老机构拥有床位2617张，社会办养老机构拥有床位4080张，年末在院人数2846人。全年共有14.94万人得到国家最低生活保障救济，其中：享受城镇最低生活保障的居民25062人，比上年下降4.8%；享受农村最低生活保障的农牧民124358人，增长3.5%。全年筹集社会福利资金2209万元，销售社会福利彩票1.16亿元。

（窦向华　顾婉彤）

乌兰浩特市

【概况】 乌兰浩特市位于内蒙古自治区东北部，兴安盟东南部，东与扎赉特旗、吉林省镇赉县毗邻，南与吉林省白城市洮北区、洮南市相接，西南与吉林省洮南市相连，西、北与科尔沁右翼前旗相邻。地处大兴安岭山脉的中段与松辽平原过渡地带，属低山丘陵地貌。地理坐标为东经北纬45°41′53″～46°17′48″，121°50′30″～122°47′39″。南北长67公里，东西宽73公里，总面积2353.5平方公里。

按自然资源分布，地域经济技术条件及土地利用方向，全市大体分3个自然类型区，即：东北部丘陵牧林、农区；中部丘陵农、牧、副区；西南部丘陵农、林、牧区。境内矿产资源主要有萤石、石灰石、建筑用沙石、砂质黏土；建筑用岩石分布广泛，储量可观。2020年，乌兰浩特市下辖4个建制镇，分别为乌兰哈达镇、葛根庙镇、义勒力特镇和太本站镇；1个现代农业园区，即斯力很现代农业园区；11个街道办事处，分别为兴安办事处、和平办事处、胜利办事处、都林办事处、爱国办事处、铁西办事处、五一办事处、城郊办事处、天骄办事处、新城办事处、山水办事处。有58个嘎查村，49个社区居民委员会（不包括呼和马场公主陵牧场）。

2020年，全市地区生产总值1771385万元，按可比口径计算，比上年增长0.8%。其中：第一产业增加值148844万元，比上年增长1.8%；第二产业增加值702168万元，比上年增长2.2%；第三产业增加值920373万元，比上年下降0.4%。第一产业增加值占地区生产总值的比重为8.4%，比上年增长0.6个百分点；第二产业增加值占地区生产总值的比重为39.6%，比上年下降0.6个百分点；第三产业增加值占地区生产总值的比重为52%，与上年持平。年末城镇登记失业率控制在4%以下。

【农业】 种植业方面，全市粮食作物播种面积达746041亩，粮食作物总产量307912.82吨，比上年增长2.3%。2020年，全市粮食产量34.6万吨，其中，水稻产量9万吨，玉米产量24.8万吨。在玉米、水稻等主要粮食作物中示范推广测土配方施肥50万亩，增施有机肥全年完成规模42198.2立方米，从源头上确保优质绿色农产品供给。抓好肥药双控示范。2020年，乌兰浩特市示范推广生物杀菌剂枯草芽孢杆菌0.3吨，防控水稻、蔬菜病害2万亩，平均防效90%。示范推广生物杀虫剂烟碱•苦参碱0.1吨，平均防效88%。抓好地膜回收。地膜覆盖面积控制在5000亩，主要采取加厚膜、降解膜等便于回收、降解的地膜为主，以减少地膜对环境的污染。提倡和推广喷灌或微喷技术，有条件的地方推广膜下滴灌和浅埋滴灌技术。

【畜牧业】 家畜存栏总头数362135头（只），比上年减少271头（只），其中：大牲畜和羊存栏339572（只），其中大牲畜存栏33964头，羊存栏305608只。全年肉类产量达23549.98吨，牛奶产量108954吨。农牧业生产条件进一步改善。2020年末，农牧业机械总动力292080千瓦，各种拖拉机9585台。有效灌溉面积达到31.67千公顷，其中：耕地有效灌溉面积31.39千公顷，林地有效灌溉面积0.28千公顷。农用化肥施用量（折纯）15278吨，比上年增长0.2%；农村用电量4456万千瓦小时，比上年下降8%。

【林业】 林业用地面积68113公顷，森林覆盖率26.6%，活立木蓄积824534立方米，用材林面积13639公顷。全市林木蓄积量586736立方米，占活立木总蓄积量的71.2%。完成义务植树3000亩，“四旁”植树40万株，三北防护林造林4000亩，完成经济林5000亩，重点区域绿化完成3000亩。

【水利】 乌兰浩特市阿木古郎河治理工程（二期），工程治理河道长度19.591

千米，总投资2811.58万元，于6月24日开工建设，截至2020年底，共完成投资1511.25万元。乌兰浩特市阿木古郎河流域水环境综合治理工程，工程建设内容包括生态护岸、生态隔离带、垃圾收运、生态沟渠工程等，总投资6674.41万元，于9月15日开工建设,完成投资532万元。乌兰浩特市洮儿河堤防改线工程，工程新建堤防3.776千米，总投资2546.21万元，于4月15日开工建设，完成全部投资。协调察尔森水库管理局,引水总量2.7亿立方米，实现灌溉面积9.6万亩，保证乌兰浩特市灌区内9.6万亩水田的种植用水。

【工业】 全年完成工业增加值609319万元，比上年增长10.1%。其中：规模以上工业完成工业增加值同比增长12.2%；工业总体产销衔接趋好，产品销售率达96.3%,比上年减少2.9个百分点。

【国内贸易】 全年消费品零售总额918467.4万元。分行业看：批发业销售额为1300041.2万元；零售业销售额为732431万元；住宿业销售额为10212.3万元；餐饮业销售额为65357万元。在社会消费品零售总额中，限额以上消费品零售额为295638.2万元，比上年下降16%。

【财政】全年实现财政收入435710万元，比上年增长11.5%。其中：地方财政收入105770万元，比上年增长27.6%。财政支出434572万元，比上年增长4.3%。

【人口人民生活】 按计生年度计算，全年出生人口2408人，人口出生率7.14‰，人口死亡率4.02‰，人口自然增长率3.12‰。年末全市户籍总人口321204人。城镇常住居民人均可支配收入34476元，比上年增长3.5%；农村常住居民人均可支配收入18379元，比上年增长8.1%。

【社会保障】 年末全市基本养老保险参保人数为78865人，其中：参保职工44081人；离退休人员34784人。基本医疗保险参保人数227726人，其中：参保职工45957人，其中，离退休人员参保人数12497人；居民医疗保险参保人数181769人。失业保险参保人数20966人。年末全市享受城镇最低生活保障的居民9787人；享受农村最低生活保障的农民9552人。年末全市民办养老机构17家，拥有床位2042张，年末入住老人总数4868人。

（刘颖 张天凡）

阿尔山市

【概况】阿尔山市位于兴安盟北部，地理位置北纬46°39′36″～47°39′15″，东经119°28′23″～121°24′02″，总面积7408.7平方公里。辖区内设有天池、白狼、五岔沟、明水河4个镇和温泉、新城、林海、伊尔施4个街道办事处，公安户籍统计，年末全市户籍总人口43332人，比上年减少1017人。由汉族、蒙古族、满族、回族、朝鲜族、达斡尔族、锡伯族、苗族、壮族、鄂温克族等民族构成。其中，蒙古族人口7898人，同比下降1.4%，占总人口的18.2%；其他少数民族1892人，同比下降2%，占总人口的4.4%。初步核算，2020年全年地区生产总值按可比价格计算同比增长0.1%。其中，第一产业增加值同比增长9.6%；第二产业增加值同比增长0.8%；第三产业增加值同比下降2.7%。全市三次产业比例为21.9∶13.4∶64.7。全年人均地区生产总值28826元，同比增长1.8%。全年城镇新增就业人数629人，比上年减少124人，城镇失业人员再就业462人。年末城镇登记失业率控制在2.96%以内。全年发放小额贷款978万元。

全年完成一般公共预算收入18584万元，比上年增长47.4%。一般公共预算支出141214万元，比上年下降17.9%。其中：教育支出5901万元，城乡社区支出14129万元，社会保障和就业支出9171万元，医疗卫生支出5135万元，节能环保支出9910万元，一般公共服务支出15032万元，公共安全支出5451万元，科学技术支出237万元。

【农业】 全年粮食作物播种面积17975公顷，比上年同期增长8.33%。粮食作物中，小麦播种面积7307公顷，比上年同期下降24.06%；大麦播种面积7公顷，比上年同期下降65%；马铃薯播种面积333公顷，比上年同期增长30.08%。全年粮食作物总产量47533.83吨，比上年同期增长29.78%。其中：小麦总产量29782.98吨，比上年同期增长19.33%；大麦总产量20吨，比上年同期下降55.56%；马铃薯总产量（折粮）2026吨，比上年同期增长40.21%。

全年全市农牧业机械总动力4.7万千瓦，大中小型拖拉机1243台。各种农机具1765（套），化肥施用量（折纯）2133吨，农用柴油1100吨，农药使用量36吨。

【畜牧业】 年末全市牲畜总头数158925头（只），比上年同期下降3.6%。其中：大牲畜存栏8241头（只），比上年同期增长19.7%；羊存栏147419只，比上年同期下降3.9%。全年肉类总产量3141吨，牛奶产量18.6吨，禽蛋产量151吨。

【林业】 全年完成营造林1066.7公顷，其中，人工造林66.7公顷，完成“三北”防护林封山育林1000公顷，完成森林抚育1100公顷，完成大兴安岭及周边地区已垦林地退耕还林3333.3公顷。水土保持治理面积6433公顷。森林面积601586.4公顷，森林覆盖率达81.2%。

【工业】 规模以上工业企业增加值同比下降4.0%，销售率103.1%，比上年提高16.6个百分点，主营业务收入2056万元，同比增长1.9%。

【旅游业】 全年游客接待量为260.14万人次，同比下降47.8%；全年实现旅游收入26.62亿元，同比下降56.2%。市旅游星级宾馆两家，全市旅游接待能力达16012张标准床位；直接间接从事旅游业人数近43000人，其中，直接从业人员达到14000余人；有旅行社30家，旅游纪念品商店120家。

【环境保护】 累计出动382人次，对重点污染企业运行情况、排污许可证、饮用水源地、自然保护区、医疗废物等进行现场执法检查115家次，发出责令改正违法行为决定书7份，下达处罚决定书7份，处罚金额203.3547万元。新冠疫情发生后，对全市所有医疗机构进行全面检查，对医疗废物、医疗机构废水处理设施进行规范化监管外排废水规范消毒，防止医疗废物造成的二次疫病传播，共出动312人次，出动车次93车次，开展现场检查112家次；其中，重点污染企业运行情况检查60次，排污许可证现场检查18次，饮用水源地现场检查8次，开展保护区检查8次，开展医疗废物检查32次。全市确定自然保护区1个，为自治区级自然保护区，保护区面积38567公顷。

【人民生活】 居民人均可支配收入28794元，比上年增长3.7%；全体居民人均消费性支出18891元，比上年增长2.8%。全年城镇常住居民人均可支配收入30987元，比上年增长3.4%。全年农村牧区常住居民人均可支配收入12612元，比上年增长8.4%。

【社会保障】 年末参加基本养老保险的职工8098人，参加基本养老保险的离退休人员8836人。全市城镇基本医疗保险参保人数13598人。城镇居民最低生活保障人数1264户、1685人，共发放最低生活保障金1294.94万元。

（刘贺）

科尔沁右翼前旗

【概况】 科尔沁右翼前旗(以下简称"科右前旗")位于内蒙古自治区东北部，大兴安岭南麓，兴安盟中西部。地理坐标为北纬45°41′51″～47°01′36″，东经119°49′39″～122°49′16″。南北长133.3公里，东西宽227公里，总面积16985.3平方公里。旗境东与兴安盟扎赉特旗相连；南与吉林省洮南市、兴安盟乌兰浩特市、突泉县、科尔沁右翼中旗相接；西与锡林郭勒盟东乌珠穆沁旗、蒙古国接壤；北与兴安盟阿尔山市、扎赉特旗毗邻。中蒙边界线长32.496公里。全旗辖乌兰毛都、阿力得尔、桃合木3个苏木，满族屯满族乡和巴日嘎斯台2个乡，科尔沁、额尔格图、察尔森、归流河、大石寨、德伯斯、索伦、居力很、俄体9个镇，绿水种畜场。2020年全旗境内户籍总人口331803人，其中：汉族156770人，蒙古族157386人，其他少数民族17647人。全年出生1805人，出生率6.19‰。

科右前旗政府驻地科尔沁镇。2020年，财政总收入71670万元，同比增长4.36%，财政支出626801万元，同比增长20.65%。

2020年，全旗地区生产总值完成104亿元，增长5.9%；固定资产投资增长20.4%，规模以上工业总产值增长1.68%；限额以上消费品零售总额增长21.6%；公共财政预算收入增长9.7%；城乡常住居民人均可支配收入分别达到29909元和12827元，同比分别增长5%和10%。

【农业】 全年播种粮食作物371万亩、经济作物18万亩、饲草作物27万亩，粮食总产量29.7亿斤。以"两米两牛"为导向，优质玉米种植280万亩、水稻种植15万亩。俄体、大石寨林果基地初具规模，全年培育果树3万亩，实现生态效益与经济效益双丰收。生产条件不断改善。在察尔森、归流河建设一体化水稻观光园，打造水稻核心示范区2万亩。建设高标准农田14万亩、永久性青贮窖29万立方米、储草棚40万平方米。流转土地110万亩，农业综合机械化率达84.6%，全年培育规范化合作社2381家，创建国家级示范社2家、区级12家，新增自治区示范农牧场6家，认证"两品一标"企业13家。23家农牧业产业化龙头企业销售收入19.96亿元，带动2.7万户农牧民持续增收。

【畜牧业】 2020年度，牲畜存栏423万头（只、口），全旗新增肉牛1.8万头、奶牛2.3万头。4座万头奶牛示范牧场全面启动，规模为2万头的标准化肉牛养殖基地主体完工。梳理推广应用技术规程111项，肉羊、肉牛良种率分别达89%和90%。

【林业】 2020年，完成荒山治理15万亩、草原生态建设40万亩、退耕还林1.5万亩。

【水利】 整治河道32.7公里、修筑护岸30.8公里，治理侵蚀沟31条。

【工业】 2020年，205个千万元以上重点项目稳步实施，清洁能源、绿色农畜产品加工、现代服务、教育康养、高新技术和现代装备制造等"五大产业集群"不断壮大。41个盟级重大项目全部开复工建设，完成投资51.68亿元。财富大厦、家禾米业融合发展产业园等9个项目主体完工；新天风能二期、德康年产30万吨饲料等6个项目竣工投产。全年招商项目落地52个，到位资金54.88亿元，增长33.85%。全旗新增规模以上工业企业2家，18个千万元以上工业重点项目开复工率达100%，完成投资21.8亿元，增长21%。

【交通】 如期推进G302至乌兰河、乌兰敖都至绿哈线竣工通车，沙力根大桥等5个项目，全面完成S309等4条国省干线征拆工作。

【旅游业】 玛拉沁乐园、草原旅游观光驿站项目建成投用，兴安第一党支部完成改造提升，马文化基地正式运营。增设旅游交通标识牌9块，新（改）建标准化旅游厕所8座。全年接待游客178万人（次），实现旅游收入7.4亿元。

【脱贫攻坚】 围绕"四个不摘"要求，整合各类资金2.7亿元，实施生猪、肉牛、中草药等特色扶贫产业项目19个；争取京蒙扶贫协作资金1.03亿元，完成归流河肉牛改良等项目35个，把贫困群众紧紧地吸附在产业链上，带动户均增收1000元以上。推行"防贫保"机制，筑起贫困"防火墙"。全年消除177户505人致贫风险、121户325人返贫风险，完成剩余420户998名贫困人口"清零"任务。

【综合治理】 推进扫黑除恶专项斗争，刑事和治安案件持续下降。全面完成基层司法所一级化创建任务，所有嘎查村实现法律顾问"全覆盖"。巩固"一金七制"落实成果，为1043名农民工追讨工资1294.94万元。智慧食药监管平台投入运行扎实推进食品药品安全专项整治。不断健全信访分级负责、属地稳控和突发事件应急处置能力。安全生产形势持续稳定，全年未发生重大以上安全生产事故。

【社会保障】 全旗城镇职工基本养老保险、城乡居民基本养老保险、失业保险、工伤保险参保人数22.6万人次（其中：城镇职工参保38612人，完成目标任务38420人的100%；城镇企业职工参保10480人，完成目标任务10000人的105%，机关事业单位职工参保9619人，完成目标任务9370人的103%，失业保险参保12400人，完成目标任务12400人的100%），实现基金征缴收入1.68亿元，发放基金5.37亿元。2020年全年，城乡居民参保人数254839人，征收城乡居民保费7626.6万元，财政拨付健康扶贫资金1490.33万元。全旗城镇职工参保30802人，其中在职20955人，退休9847人，征缴城镇职工保费7186万元。2020年，支出各类救助、补助资金1.88亿元，低保和特困对象补助标准均提高9%。加快推进养老保险参保扩面工作，新增参保44891人。建成退役军人服务站49个。全盟首个"公建民营"养老院正式启用，津滨医养一期工程主体完工。纾困惠企政策落地见效，为176家企业减负2017.79万元。发放创业担保贷款675万元，创新创业孵化基地入驻企业达57家。举办各类招聘会55场，安装"打工直通车"设备72台，开展职业技能培训3735人。引进急需紧缺人才147人，招聘事业单位工作人员546人、护林护草员102人，解决215名退役士兵就业问题。农牧民转移就业21862人。城镇新增就业1604人，城镇登记失业率低于控制目标2.68个百分点。

【人民生活】 全体居民人均可支配收入同比增长7.4%，城乡常住居民人均可支配收入分别达到29909元和12827元，同比分别增长5%和10%。

（谢斯琴）

科尔沁右翼中旗

【概况】 科尔沁右翼中旗(以下简称"科右中旗")位于大兴安岭南麓、科尔沁沙地北端，是兴安盟最南端的一个旗。科右中旗位于北纬44°14′～46°41′，东经119°34′～122°18′。北与科尔沁右翼前旗(以下简称"科右前旗")、突泉县接壤，东与吉林省通榆县、洮南市相连，南与通辽市科尔沁左翼中旗相接，西、西北与通辽市扎鲁特旗、霍林郭勒市及锡林郭勒盟东乌珠穆沁旗毗邻。全旗辖巴彦呼舒、高力板、吐列毛杜、巴仁哲里木、杜尔基、好腰苏木等6个镇，代钦塔拉、新佳木、哈日诺尔、额木庭高勒、巴彦淖尔、巴彦茫哈等6个苏木，孟恩套力盖矿区和布敦化矿区等2个工作部(旗内掌握的工作部)，26个居委会，173个嘎查，464个艾里。全旗户籍总人口249678人，同比下降0.83%，其中非农人口182068人。在总人口中，少数民族人口220575人，其中蒙古族人口217015人、占比86.9%。

2020年，全旗地区生产总值完成68.69亿元，按可比价格计算，比上年增长3.3%。其中，第一产业增加值28.54亿元，比上年增长3.5%；第二产业增加值13.61亿元，比上年增长4.6%；第三产业增加值26.54亿元，比上年增长2.3%。三次产业比例41.6∶19.8∶38.6。全旗人均地区生产总值(按户籍人口计算)27511元，比上年增长5.8%。

科右中旗土地总面积15613平方公里(2341.95万亩)，其中适于农耕和畜牧14000平方公里(2100万亩)。草牧场面积1700万亩，占全旗土地总面积的72.58%，其中可利用草牧场面积1300万亩，占全旗土地面积的55.51%，占草牧场总面积的76.47%，是内蒙古重要的畜牧业生产基地。耕地面积452万亩，占全旗土地总面积的19.3%；林地面积426万亩，占全旗土地总面积的18.19%。

水资源总量10.54亿立方米，其中，地表水4.13亿立方米、地下水6.99亿立方米。境内有78处大小湖泊、67眼山泉、21条大小河流。最大河流为霍林河，属嫩江水系，全长590公里、境内流程285公里，流域面积11473平方公里，年均流量3.4亿立方米。境内有6座水库，总蓄水能力达18732万立方米，其中翰嘎利水库最大，库容量1.18亿立方米，年可提供工业用水6000万立方米。矿藏资源较为丰富，是矿藏分布比较密集地区，已知的地下矿种有金、银、铜、铁、铅、锌、钨、煤、硅石等30余种，其中，含量较大的有银、铜、石英岩、珍珠岩、硅石、煤等。

野生种子植物和蕨类植物有67科、279属、566种。植物种数多于40多种的大科有禾本科85种、菊科83种、豆科46种、蔷薇科40种，20种以上、40种以下的有百合科24种、蓼科21种、毛茛科20种，10种以上、20种以下的有7种，有54科植物均少于10种。只含1种的有16个科，比重较大的有禾本科、菊科、豆科、蔷薇野科等4个大科，有植物107属、254种，分别占全植物属、种的38.25%和44.88%，科只占总数的5.97%。只含1～3种植物的科有39科，占总科数的56.74%，植物种64种，仅占全部植物物种的11.3%。

野生动物有6个纲、25目、58科、234种。其中，哺乳纲有6个目、11科、20种，鸟纲有16目、38科、160种，鱼纲有8个科、22种，两栖纲有1个目、2种，爬行纲有2个目、3种，昆虫纲有1个科、27种。

全旗旅游资源丰富，人文旅游资源拥有的单体数量有197种、自然旅游资源单体数量有53处，分布在全旗各地，具有较大的开发价值。其中极具代表性的有科尔沁草原原始景观、五角枫景观、蒙古黄榆景观、沙地湖泊景观、湿地珍禽景观等。全旗有翰嘎利—五角枫休闲旅游度假区一个AAAA级景区，蒙格罕山、博物馆两个AA级景区，形成贯穿全境的"十点一线"精品旅游线路，包括科尔沁国家级自然保护区、翰嘎利—五角枫休闲旅游度假区、蒙格罕山生态旅游景区、博物馆、图什业图王府、遐福寺、图什业图赛马场、哲里木十旗会盟地、金界壕、吐列毛杜古城遗址等。民歌、乌力格尔、好来宝等说唱艺术，王府刺绣、拉弦乐器制作、民族食品制作等技艺，蒙医蒙药等民族医药，祭敖包、科尔沁草原赛马节等节日民俗。

【农业】 粮食作物播种面积277.41万亩，比上年增加1050亩。粮食总产量创新高，达1137455.92吨(22.75亿斤)，比上年增加29921.92吨(0.6亿斤)，同比增长2.7%，其中玉米产量928894.43吨，比上年增加45439.43吨，增长5.1%，占粮食总产量的81.7%水稻产量70344.42吨，比上年增长9.3%小麦产量19004.57吨，比上年下降30.4%；高粱产量35204.47吨，比上年下降48.9%；大豆产量54002.73吨，比上年增长32%；绿豆产量7397.66吨，比上年下降6.7%。农牧业机械总动力76.96万千瓦，比上年增长3.56%。机械饲草总量48万吨，机电灌溉75万亩；农机跨区作业30万亩。农机技术培训723人次。

【畜牧业】 牲畜存栏197.64万头(只、口)，比上年增长3.8%，其中，生猪存栏9.03万口、增长7.3%，牛存栏30.2万头、增长51.5%，羊存栏156.5万只、下降2.1%。牲畜出栏179.8万头（只、口），比上年下降15.02%，其中，牛出栏6.9万头、增长10.2%，羊出栏160.2万只、下降16.5%。肉类总产量50489.72吨，同比增长3.5%；牛奶产量1381.6吨，禽蛋产量7177.6吨，水产品产量2371吨，同比下降57吨，下降2.3%。

【林业】 完成造林20.1万亩，其中，人工造林11.5万亩、封山育林7万亩、森林抚育1.6万亩。森林覆盖率18.54%。

【水利】 完成引绰济辽工程征占地8953亩（596.9公顷），拨付土地补偿金5360万元。投资1909万元，完成朝尔图河治理工程，新建堤防4.17公里、护岸3.48公里，河道治理10.29公里。投资190万元，完成农业水价改革发展项目。投资2100万元，实施国家重点水土保持项目——呼和楚鲁、巴仁巴彦乌兰、哈比日嘎、斯力哲等4条小流域综合治理工程。投资1384万元，新建取水点162眼、单户单井62眼、维修集中式供水工程14处、巴彦淖尔嘎查农村"苦咸水"改水工程。完成全旗6636户建档立卡贫困户井台井口封闭。农村牧区饮水安全巩固提升3.49万人口，新增水土保持治理6.75万亩（4500公顷），征收水土保持补偿费120.16万元。全旗用水总量控制在1.75亿立方米，万元工业增加值用水量35.6立方米，农田灌溉水量有效利用系数0.55，完成控制指标。全旗44个山洪灾害预警站点全部正常运行。依托"河长通"APP，完成58条河流、12处湖泊管理范围划定工作。

【工业】 规模以上工业增加值增速为1.6%。规模以上工业产品销售率比上年增长0.6个百分点，实现营业收入155010万元、比上年增长0.8%，实现利税280639万元、比上年增长0.16%。主要工业产品产量方面，原煤产量347458吨、比上年增长-22.8%，水泥产量333649.19吨、比上年增长26.28%，发电量326357.34万千瓦时、增长2.71%，其中，火力发电188071万千瓦时，增长1.29%。精制食用植物油产量1980.16吨，增长8.07%。

【财政】 公共财政预算收入38719万元，同比增长88.42%。公共财政预算支出347255万元，同比增长9.95%，其中，一般公共服务支出21882万元、同比下降3.21%，社会保障和就业支出40338万元、同比增长31.08%，医疗卫生支出20965万元、同比增长21.09%，教育支出1670万元、同比增长17.36%。

【社会保障】 参加基本养老保险182857人，比上年增加19985人，全年养老保险基金收入45856万元，发放养老保险金45856万元。参加城乡基本医疗保险199655人，其中，城镇职工基本医疗保险21617人、城乡居民基本医疗保险178038人。

全旗有敬老院4所，其中，公办2所、民办2所。福利院1所，床位507张，在院311人。享受最低生活保障救济的城乡居民16998人，其中，城镇最低生活保障2880人、农村牧区最低生活保障14118人，领取"三无"人员最低生活保障737人，领取孤儿最低生活保障33人。

【人民生活】 全体居民人均可支配收入18113元，比上年增长4.3%，全体居民人均消费性支出12130元，比上年增长1.8%。城镇常住居民人均可支配收入28465元，比上年增加1340元，增长4.8%，城镇常住居民年人均消费支出16894元，比上年增加200元，同比增长1.2%；农村牧区常住居民人均可支配收入11832元，比上年增加997元，增长9.2%，农村牧区常住居民年人均消费支出9123元，比上年增加257元，同比增长2.9%。城镇居民人均住房建筑面积35平方米，农村牧区居民人均住房建筑面积30平方米。

【脱贫攻坚】 开展2020年度动态管理工作，经11月动态调整，全旗剩余未脱贫的87户、223人全部脱贫。标注边缘户211户、601人，标注消除致贫风险176户、511人，脱贫不稳定户82户、288人，标注消除返贫风险77户、220人，完成年度减贫和巩固提升工作任务。全国扶贫开发信息系统内的建档立卡户8366户、21780人，全部达到"两不愁、三保障"脱贫标准，贫困人口人均纯收入15101元。重点贫困嘎查全部出列。

（王晓晶）

扎赉特旗

【概况】 扎赉特旗地处兴安盟东北部，东与黑龙江省龙江县接壤，南与黑龙江省泰来县、吉林省镇赉县交界，西连科尔沁右翼前旗、乌兰浩特市，西北连阿尔山市，北与呼伦贝尔市扎兰屯市相邻。地理坐标北纬46° 04′～47° 21′，东经121° 17′～123° 38′。全旗总面积11837平方千米，户籍人口39.19万人，由汉族、蒙古族、回族、满族、朝鲜族、达斡尔族、鄂伦春族、藏族、鄂温克族、壮族、苗族、彝族、锡伯族等多民族组成，辖音德尔镇、巴彦高勒镇、新林镇、巴达尔胡镇、阿尔本格勒镇、胡尔勒镇、图牧吉镇、好力保镇、巴彦扎拉嘎乡、努文木仁乡、巴彦乌兰苏木、阿拉达尔吐苏木、宝力根花苏木，共8个镇、2个乡、3个苏木。下设11个城镇社区居民委员会，19个农村牧区社区居民委员会，196个嘎查村民委员会；684个村民小组。境内驻自治区监狱管理局东部分局及所属乌塔其、保安沼、乌兰监狱和图牧吉戒毒所；兴安盟农牧场管理局所属八一牧场、巴达尔胡农场。

【农业】 2020年，全旗农作物播种面积575万亩，粮食产量43.6亿斤。其中玉米370万亩、水稻90.7万亩、大豆50.6万亩、杂粮杂豆30.5万亩，甜菜甜叶菊10.4万亩。强化玉米、水稻、甜叶菊、甜菜等农作物良种推广，推广率95%以上。玉米、水稻、大豆、杂粮杂豆、甜菜标准化生产面积398.9万亩，其中落实袁隆平院士工作站旱种水稻和水稻试验基地200亩，大豆大垄密植浅埋滴灌技术示范田亩产310.51公斤，创东北地区大豆实测亩产新高。推广稻鱼、稻鸭、稻虾、稻蟹"四稻共生"生态农业基地3.5万亩。推广水肥一体化技术35万亩。实施轮作面积40万亩，保护性耕作项目90万亩，深松整地25万亩，实施秸秆综合利用项目。发展家庭农场404家，规范化合作社339家。完成土地流转280万亩，种植业保险525万亩。水稻绿色有机认证面积45万亩，创新"我在扎赉特有一亩田"私人订制认领农业。农业生产全面步入以机械作业为主的新时代，2020年，拖拉机保有量47696台，谷物联合收割机保有量2626台；农业机械总动力177.6万千瓦；主要农作物耕种收综合机械化率达90.64%。落实补贴资金4013.394万元；补贴各类机具2580台套，受益户数2241户。

【畜牧业】 实施西北部乡镇养殖业以繁殖为主，东南部乡镇以育肥为主的牧区、农区并重发展战略，立足资源优势和产业基础，依托养殖大户、家庭牧场、农牧业专业合作社等新型经营主体。牧业年度家畜存栏总数290万头只口，其中肉羊230万只、肉牛24万头（其中安格斯牛4万头）、马驴骡6万匹、生猪30万口；禽类年度存栏110万羽。牛羊人工改良站点90个，人工改良优质肉牛1.8万头，肉羊5.2097万只，驴骡0.28万匹。重点培育“兴安多羔羊”优良品种，以巴彦高勒为中心打造多羔羊产业园，多羔羊发展40万只。

【林草业】 全旗完成营造林建设任务15.47万亩。其中，已垦林地退耕还林试点工程3万亩，重点区域绿化1.47万亩，退化林修复3万亩，果树经济林1.8万亩，“三北”防护林5.5万亩，义务植树0.7万亩。在图牧吉镇靠山嘎查建设130亩的林果示范村1个，主要品种有寒富、鸡心果、龙丰、123、山楂等。完成生态振兴2个乡镇和20个村屯的绿化美化任务。完成森林病虫害防疫工作任务。其中，种苗产地检疫率100%，无公害防治率100%，测报准确率94%，成灾率1.21‰。退牧还草2万亩（其中退化草原改良1万亩，毒害草治理1万亩）。草原鼠害防治25.1万亩，虫害年度防治12万亩。

【水利】 有序推进引绰济辽工程一期移民安置，库底清理进展顺利。文德根水库下游灌区规划，规划投资11亿元。耿家屯水库项目，工程总投资9.2亿，建中型水库1座，库容9595万立方米，正在编写方案。

【工业】 实施工业重点项目8项，完成投资2.46亿元，华贸水稻加工、荷丰甜菜制糖、天牧臻牛羊屠宰、地沃炭基肥等项目投产运营，牧原饲料加工、永林生物质热电联产等项目启动建设，谷语农业、恒大粮油、高壹米业完成技术改造。工业园区集中供水工程投入使用，配套设施建设日趋完善。全旗规模以上工业企业18家，完成产值13.13亿元，同比增长10.1%，规模以上工业增加值同比增长8.1%。

【环境保护】 中央环保督察及“回头看”、草原生态环境问题专项督察反馈19项问题全部销号，自治区环保督察交办信访案件全部办结，大气、水、土壤污染防治三年行动52项任务基本完成。投入整改资金1.4亿元，图牧吉国家级自然保护区16项问题基本整改到位。科学划定音德尔镇声环境功能区和禁止使用高排放非道路移动机械区域，空气质量优良天数达到93%以上。严格执行企业排污申报登记和许可制度，调整和划定集中式饮用水水源保护区7个。深入实施“四进四控”行动，农药使用量同比减少5%，农膜回收率达到85%以上。持续推进“引绰济图”生态补水工程，图牧吉水库湿地面积保持在10万亩以上。投资135万元新建3处管护外站，全旗管护外站建设数量达到67个，实现对全旗森林资源的全部辐射。

【服务业】 深度融合农旅产业，佳稻里民宿度假村主体封顶，稻田木屋“稻梦星空”投入运营，启动特色旅游驿站建设，“兴安人游兴安”等系列文旅活动深入开展。持续巩固电商扶贫服务平台建设，快递单量达到875.8万件，同比增长124%，特色农产品线上销售额1093万元。

【社会保障】 全旗参加城镇职工养老保险人数42673人，全年企业职工基本养老保险征缴10376万元，发放离退休人员基本养老金32730万元，发放丧葬费补助金181.46万元；参加失业保险人数13000人，失业保险征缴975.83万元，发放失业保险金120.91万元。参加工伤保险人数20657人，2020年，新开工工程建设项目工伤保险参保企业29家，参保率100%。工伤保险征缴242万元，支付448万元。参加城乡居民养老保险人数149839人，较2019年同期增加2.9个百分点。发放城乡居民养老保险金6247.63万元。城镇新增就业1420人，农村牧区劳动力转移就业2.2万人次。发放创业贷款1551万元。社会保障政策全面落实，医保报销2.93亿元，发放养老保险金3.9亿元。为困难群众发放价格临时补贴、生活救助等各类资金1000万元。

【园区企业】 绰尔工业园区共入驻企业30家，项目总投资37亿元。其中，农畜产品加工及流通企业15家，天牧臻肉业、永胜食品、巨宝粮库、牧原饲料、恒大粮油、华贸食品、荷丰农业、保安沼甜菊糖等企业，补齐完善牛产业、羊产业、猪产业、玉米产业、水稻产业、甜菜糖产业、甜菊糖产业的加工、收储产业链条环节；新能源及其他企业15家，地沃生物质科技、嘉立铭节水、利佰川节水、永林生物质热电联产、中能绿农、环宇生物科技等企业，完善涉农配套服务、废弃农作物秸秆再利用产业链环节。同时益海嘉里、牧原牧业、恒大粮油、三聚环保、华贸食品等上市公司和央企的先进理念、资本、技术入驻园区。实现产值8.4亿元，税金5000万元，安置就业人员800人。

（金瑞）

突泉县

【概况】 突泉县位于内蒙古自治区东北部，兴安盟中南部；大兴安岭南麓，科尔沁草原深处。地处北纬45°11′25″～46°5′12″，东经120°43′45″～122°10′20″。北部、东北部同科尔沁右翼前旗相接，南部、西南部与科尔沁右翼中旗毗邻，东部和吉林省洮南市相连。东西相距113.9公里，南北相距99.6公里。全县总面积4889.5平方公里，耕地面积266万亩、林地面积201675公顷、草牧场面积142000公顷。

全县辖6个镇（突泉镇六户镇东杜尔基镇水泉镇宝石镇永安镇）、3个乡（太平乡九龙乡学田乡），全县有188个村民委员会、19个居民委员会、464个自然屯。盟属国有杜尔基农场驻突泉县。

总人口294966人，其中：男性150777人，女性144189人。汉族201060人、蒙古族63685人、满族29321人、回族155人、朝鲜族251人、达斡尔族100人、鄂温克族11人、鄂伦春族4人、壮族19人、藏族12人、锡伯族154人、苗族63人、维吾尔族8人、土家族11人、彝族11人，其他少数民族101人，少数民族人口占全县总人口的31.8%。

2020年，地区生产总值实现75.55亿元，增长8.5%；固定资产投资增长26.8%；公共财政预算收入实现3.44亿元，增长15%；城乡常住居民人均可支配收入分别实现29309元和12200元，增长5.3%和9.3%。

突泉县地势西北高东南低。北部为浅山区、中部为丘陵起伏地带、南部为平原，大兴安岭从西北穿过，最高峰老头山海拔1392.1米，中部海拔在597～667米，南部海拔在185.5～420米。

北部山区次生林茂盛，野生植物有柞树、杨树、桦树、榛柴、山杏、胡枝子、柴胡、赤药、地榆、车前子等，药材种类繁多，堪称“药材之乡”。这里有众多的珍贵野生动物，广袤的山野成为獐、狐狸、山兔、野鸡、鹌鹑、蝮蛇、雀鹰、沙半鸡、铁鸟、狍子、狼等的乐园。

地下蕴藏着丰富的矿产资源，是大兴安岭南麓地下矿产资源富集地区。全县探明的主要矿种有：铜、铅、银、锌、铁、煤、高岭土、蛇纹岩、沸石、滑石、电气石等20余种。

境内主要河流6条：蛟流河、他克吐河、大额木特河、小额木特河、巨力河、旱河。蛟流河是全县最大的河流，发源于老头山，境内流程147.12公里，河两岸土质肥沃，是主要产粮区。中小型水库8座，大小泡泽1处，有泉水出漏地点15处，经常有水的10处。

全境气候为温带大陆性季风气候。2020年，突泉县南部的年平均气温为7.0℃；突泉县中部年平均气温为6.5℃，突泉县西北部年平均气温4.9℃。年累计降水量447.0毫米，年平均日照时数3294.0小时。

【农业】 全县总播种面积266万亩，其中粮食面积249.55万亩，主要粮食作物包括玉米面积172.5万亩，水稻面积2万亩，马铃薯面积6.98万亩，大豆面积7.5万亩，杂粮杂豆60.57万亩；经济作物面积6.27万亩，其中葵花1.5万亩，甜菜1万亩，药材和其他经济作物3.95万亩；饲草作物种植面积10万亩。

【畜牧业】 2020年，牲畜存栏129.98万头只口，其中：羊113万只、牛8.38万头、生猪6.4万口、马0.7万匹、驴骡1.5万头。家禽存栏320万只，出栏生猪2.8万口、肉牛0.73万头、肉羊24.65万只。肉类总产量约3.1万吨、禽蛋总产量约0.79万吨、奶产量约1.9万吨。持续推进牧业再造突泉贷款发放。2020年，累计投放牧业再造突泉贷款7.3亿元，存栏10.6万头；投放贷款新发放贷款1963笔，共21161万元。

【林草业】 全县林地总面积201675公顷，森林覆盖率28.85%。草牧场总面积142000公顷。2020年，完成林业生产建设任务11.3万亩，其中：三北工程人工造林0.5万亩，已垦林地退耕还林1万亩，重点区域完成1万亩，义务植树完成0.4万亩，三北封山育林完成3万亩，森林抚育完成3.1万亩，果树经济林完成2.3万亩。

【水利】 突泉县水土保持治理，争取专项资金3328万元，建设4个项目区。山洪沟治理，投资500万元，完成榆树沟河治理一期工程，治理河道3.26千米，修建护岸5段。农村饮水安全巩固提升。投入1104万元，共实施15处村屯的农村饮水安全巩固提升工程，解决饮水困难人口0.87万人。利用县级整合扶贫资金749万元，建设完成8处自来水工程，解决0.447万人的饮水安全问题。

【工业】 2020年，规模以上工业总产值27.93亿元，同比增长69.85%，规模以上工业增加值增速75.8%，全盟排名第一。中广核生物天然气项目进展顺利；极铸实业5万套工业机器人项目一期工程基本竣工；亿民生物科技20万吨有机肥项目投产运行；绿丰泉10万头肉牛、50万只肉羊屠宰项目准备进行试生产；韩建钢筒混凝土管项目正式投产；蛇纹岩综合利用项目取得重大突破，蛇纹岩综合利用技术研发成功，年产1万吨金属镁中试项目调试运行。

【电力】 2020年，国网突泉县供电公司完成购电量41420.56万千瓦时，同比增长26.22%，售电量完成38339.66万千瓦时，同比增长23.34%。2020年，国网突泉县供电公司完成农网改造工程（共79个单体）完成投资4117.71万元，改造10千伏线路89.48公里，改造0.4千伏线路100.49公里。

【环境保护】 调整突泉镇饮用水水源地，彻底解决水源地供水不足、生活废水无序排放、保护不到位等问题，推动10个乡镇村级饮用水源地调整和15个千人以上饮用水源地规划选址工作任务。至2020年，全县19座燃煤锅炉完成改造任务，突泉县空气质量优良天数首次达到96.5%以上。加强对4家土壤防治重点企业的监管，涉危废企业按照环评

2020年8月17日，兴安盟水土保持重点工程建设现场会在突泉县召开，图为视察现场

要求建设固废暂存设施，按照危险废物转移联单制度对产生危废进行转移。疫情期间将全县医院、诊所和定点隔离酒店纳入危险废物管理范围，委托第三方进行统一收集处理，防止末端污染。累计出动执法人员1800余人次，检查企业6500余家次，共下达行政处罚7件，移送公安机关处理2件，共罚款81万元。

【商贸业】 2020年，社会消费品零售总额12.84亿元，社会消费品零售总额同比下降3.5%，高于全盟1.7个百分点，居全盟第二。进口贸易额为0元，出口贸易额5234584.76元。2020年，组织大型商场、超市开展消费促进活动110余次，销售额累计4039万元。突泉公共区域品牌“北纬46度曙光农场”部分商品上线运营，建立直播基地3个和直播站点7个，组织开展直播活动27场次。进出口贸易总额完成78万美元，同比增长10倍。新增进出口资质企业6家。引进年产值1.2亿美元高速数据线加工出口项目，签订出口订单合同4000万美元。

【旅游业】 全年实现旅游经济收入4亿元，接待游客53万人次。开展“厕所革命”，全年争取旅游厕所专项资金86万元，在景区景点、文化广场、特色民俗村等地新建旅游厕所6座、改建旅游厕所3座。完善旅游标识体系，投入43万元制作完成旅游交通指示牌12块、景区内部标识牌15块。相继举办第七届冰雪文化旅游节、第二届葡萄采摘节等系列节庆活动，累计参与人数逾3000人。积极响应“兴安人游兴安”号召，接待团队人数超2000人，带动旅游企业增收10万元。

【社会治安】 推进“雪亮工程”建设，完成210处614路视频监控建设任务。实现15个派出所视频监控资源共享。落实三级消防管理责任制，推行网格管理化，全年开展集中安全大检查12次，共出动警力1800余人次，检查重点单位和九小场所2130余家次，当场整改消防安全隐患81处，下达责令整改通知书90份。在全县大力开展“春运整治”“春夏季整治”“减量控大”“一盔一带”“秋季交通秩序整治”等21项整治行动。开展监所安全隐患大排查，坚持做好协外羁押涉黑人员工作，实现连续21年无安全事故。

【脱贫攻坚】 突泉县建档立卡系统中共有贫困户11505户22451人，边缘易致贫户累计标注215户459人，未取消标注边缘户65户143人，监测户累计标注124户253人，未取消返贫风险监测户13户24人。剩余271名贫困人口全部脱贫。

【社会保障】 城镇职工养老保险企业参保人数为14988人，收缴养老保险费9930万元，发放养老保险金41359万元。城乡居民养老保险参统162897人，享受待遇总数41171人。机关事业单位参保10721人，在职6893人，退休3828人，收缴养老保险费6391万元，发放养老保险费23587万元。

（于红霞）

通辽市

【概况】 通辽市位于内蒙古自治区东部，科尔沁草原腹地，地处北纬42°15′～45°41′，东经119°15′～123°43′，东邻吉林省，起于科尔沁左翼中旗东部和科尔沁左翼后旗东部；南接辽宁省，起于科尔沁左翼后旗南部、库伦旗南部和奈曼旗南部；西接赤峰市，起于奈曼旗西部、开鲁县西部和扎鲁特旗西部；北与兴安盟和锡林郭勒盟毗邻，起于霍林郭勒市北部。总面积58862平方公里，南、北部地势高，而中部地势低平，整体呈马鞍形。北部为大兴安岭南麓余脉的石质山地丘陵，海拔400米～1444米，约占全市总面积的23%；中部为西辽河流域沙质冲积平原，海拔120米～320米，约占全市总面积的70%；南部为辽西山地边缘的浅山、黄土丘陵区，海拔550米～730米，约占全市总面积的7%。在西辽河流域冲积平原与山地、丘陵之间的过渡地带分布有沙丘与沙地，海拔大多在200米～400米。罕山吞特尔峰为通辽市最高峰，海拔1444.2米。最低点在科尔沁左翼后旗境内，海拔88.5米。科尔沁沙地在通辽区域内的面积272.4万公顷，占全市总面积的46%。

水系主要由西辽河、柳河、大凌河、嫩江及东辽河水系组成，其中西辽河流域占全市总面积的77.1%。流域面积在100平方公里以上的河流47条，其中辽河流域38条，松花江流域3条、大凌河流域5条，内陆河1条。主要河流有牤牛河、养畜牧河、教来河、老哈河、西拉木伦河、西辽河、东辽河、乌力吉木仁河和霍林河。

通辽市地处干旱和半干旱气候区，境内受蒙古高原气流影响，属温带大陆性季风气候，春季干旱大风多，夏季炎热降雨集中，秋季凉爽短促，冬季漫长少雪寒冷。年平均降雨量320毫米～450毫米，年平均气温1.3℃～7.5℃，年平均日照时数2900小时。

全市下辖8个旗县市区和1个经济技术开发区。根据2020年第七次全国人口普查结果，2020年11月1日零时，通辽市常住人口2873168人。全市常住人口中，汉族人口1438401人，占50.06%；蒙古族人口1325826人，占46.15%，占全区蒙古族人口424.78万人的31.2%；其他少数民族人口108941人，占3.79%。

2020年，全市完成地区生产总值（GDP）1276.64亿元，按可比价格计算，同比下降0.9%。其中，第一产业增加值304.62亿元，增长1.4%；第二产业增加值370.12亿元，下降4.9%；第三产业增加值601.91亿元，增长0.6%。三次产业比重为23.9∶29.0∶47.1。

2020年，全市公共财政预算收入完成76.5亿元，比上年同期增加0.28亿元，增长0.4%，其中，税收收入完成54.74亿元，下降2.6%；非税收入完成21.76亿元，增长8.7%。全市公共财政预算支出完成385.96亿元，比上年同期增加4.48亿元，增长1.2%，其中，民生支出288.06亿元，增长6.1%，占公共财政预算支出的74.6%。

2020年，全市全体居民人均可支配收入24508元，同比增长3.6%。城乡方面：城镇常住居民人均可支配收入34782元，同比增长1.9%；农村牧区常住居民人均可支配收入16671元，同比增长8.8%。全体居民人均消费支出15482元，同比下降3.0%。分城乡看：城镇常住居民人均消费支出18798元，同比下降7.2%；农村牧区常住居民人均消费支出12679元，同比增长2.3%。

【农牧业】 全市粮食作物播种面积123.49万公顷，比上年增加4.07万亩，增长0.2%。其中，玉米播种面积106.59万公顷，比上年减少0.35万公顷，下降0.3%；小麦播种面积0.50万公顷，比上年减少0.19万公顷，下降27.3%；稻谷播种面积2.34万公顷，比上年增加0.09万公顷，增长4.0%；高粱播种面积2.5万公顷，比上年减少0.41万公顷，下降14.2%；荞麦播种面积0.51万公顷，比上年减少0.19万公顷，下降27.5%；大豆播种面积2.35万公顷，比上年减少0.54万公顷，下降18.7%。

2020年，粮食产量172.96亿斤，比上年增加3.24亿斤，增长1.9%。粮食作物平均单产933.78斤/亩，较上年增加15.49斤/亩，增长1.7%。

牧业年度牲畜存栏961.02万头只（口），同比增长5.9%。其中：牛存栏295.53万头，同比增长22.3%；羊存栏493.34万只，同比下降7.4%；猪存栏159.05万口，同比增长33.5%。

【林业】 通辽市森林面积2104万亩，活立木蓄积量4112万立方米，森林覆盖率23.78%。

【草原】 通辽市基本草原面积3218万亩，草原类型有草甸草原、干草原、低地草甸、山地草甸和沼泽等5大类。天然草原植物有110科、446属、1169种，其中有饲用价值的植物有578种。天然草地亩产干草20公斤～40公斤，打草场亩产干草140公斤～200公斤，年可利用牧草贮量约为20亿公斤。

【水利】 2020年，水利建设投资项目下达总投资17596.3万元，包含中央水利发展资金计划投资、中央脱贫攻坚补短板综合财力补助资金、中央预算内投资计划、自治区安全饮水扶贫资金、自治区水利发展资金、中央投资安全饮水市级配套资金，其中贫困县资金整合2141万元。水利统计直报系统项目总投资7811.3万元，完成7356.3万元，投资完成94%；中央及自治区未纳入水利统计直报系统项目总投资7644万元，完成投资6415万元，投资完成率84%。

完成5项中小河流治理项目和2项病险水库加固工程初步设计报告的编制，概算总投资为2.43亿元。完成18座小型水库维修养护工作，完成开鲁县、科尔沁区农村基层防汛预报预警体系建设，完成56座水库的安全鉴定报告，完成30座国管水库、43段堤防和13座具有防洪任务水闸的工程管理范围划界工作。完成水土流失治理面积376.98平方公里、完成率103%，超额完成任务。

【工业】 全部工业增加值同比下降2.1%，其中，规模以上工业增加值同比下降1.2%。在规模以上工业中，分经济类型看，国有控股企业增加值同比下降3.4%；股份制企业增加值同比下降0.8%；外商及港澳台商投资企业增加值同比下降4.4%；私营企业增加值同比增长0.4%。分门类看，采矿业增加值同比下降12.6%；制造业增加值同比增长5.5%；电力、热力、燃气及水生产和供应业增加值同比下降1.8%。在规模以上工业中，轻工业增加值同比增长7.6%；重工业增加值同比下降3.5%。

【基础设施建设】 2020年，通辽至北京高铁正式开行，融入首都“4小时交通圈”。开工建设高铁站与大广高速连接线，建成金宝屯至甘旗卡、大林至康平等4条二级公路，完成农村公路改扩建1169.7公里。奈曼通用机场主体完工，通辽机场扩建跑道投入使用，开通航线20条。新建及改造10千伏线路1104公里、低压线路1681公里，开发区增量配电网纳入国家级示范项目。中俄天然气管线中段通辽境内工程建成投运，全市长输管线达到500公里。建成农村牧区4G基站3939个，开通5G基站785个，市县中心城区5G网络全覆盖。

【城乡建设】 2020年，全市房地产开发投资同比下降17.0%。工程用途方面，住宅投资下降6.6%，占全部房地产投资的81.6%；商业营业用房投资下降48.4%，占全部房地产投资的7.8%。全年全市房屋施工面积1091.57万平方米，下降3.5%。其中，住宅施工面积826.43万平方米，下降0.6%；商业营业用房施工面积140.51万平方米，下降6.5%；房屋竣工面积77.86万平方米，增长20.4%，其中，住宅竣工面积61.25万平方米，增长39.5%；商业营业用房竣工面积8.25万平方米，增长22.0%。全年建筑业增加值104.51亿元，同比下降11.7%。全市建筑业企业116家（均为总承包和专业承包资质建筑业企业），比上年同期减少7家。

【生态环境】 2020年，坚持“北保护、中节水、南治理”，完成科尔沁沙地综合治理302万亩、天然草原修复300万亩，实施草原禁牧221.73万公顷、草畜平衡72万公顷。奈曼孟家段国家湿地公园通过试点验收。科尔沁沙地生态造林项目欧投行3亿欧元贷款获得批复。霍林河露天煤矿被生态环境部列为矿山生态修复典型，全区绿色矿山建设现场会在通辽召开。启动实施西辽河流域生态综合治理，西辽河干流河道时隔20年首次得到1000万立方米生态补水。

全市共有66个自然保护区和14个自然公园，总面积77万公顷（含重叠面积13.99万公顷）。主要为森林、湿地、荒漠、草原生态系统以及野生植物类型。自然保护区中，国家级自然保护区2个：内蒙古大青沟国家级自然保护区和内蒙古罕山国家级自然保护区；自治区级自然保护区4个：内蒙古乌斯吐自然保护区、内蒙古乌旦塔拉自然保护区、内蒙古双合尔湿地自然保护区、内蒙古荷叶花湿地水禽自然保护区；市级自然保护区10个，旗县级自然保护区50个。

2020年，通辽市城市空气质量优良天数比例达到90.1%，PM2.5浓度下降至34微克/立方米，6项污染物综合指数为3.37，大气环境质量持续改善；辖区内地表水断面优良水质比例达到75%，其中西辽河流域为66.7%，松花江流域为100%，全面消除了辖区内劣Ⅴ类水体；城市集中式饮用水水源地和地下水质量水质级别保持稳定；辖区内无土壤污染问题突出区域，土壤、核与辐射环境状况总体安全；主要污染物排放量持续减少，化学需氧量、氨氮、二氧化硫、氮氧化物均提前超额完成“十三五”减排任务。全面落实排污许可管理制度，实现排污许可全覆盖。积极开展生态环境保护领域项目库建设，全年共争取上级专项资金6326万元，其中中央专项资金4571万元、自治区专项资金1755万元，共支持污染防治项目10个和能力建设项目3个。

【三大攻坚战】 各级财政全年累计投入扶贫资金65.49亿元，实施精准扶贫项目2.84万个，“两不愁三保障”短板全面补齐，25.65万建档立卡贫困人口全部脱贫，6个贫困旗县和626个贫困嘎查村全部摘帽出列，区域性绝对贫困问题得到解决。中央定点帮扶单位和北京市分别投入资金3.6亿元和5.8亿元。203家企业帮扶339个贫困嘎查村，社会组织、社会力量累计募集扶贫物资、资金4.4亿元。污染防治成效显著，全市空气质量优良天数333天、同比增加6天，优良天数比例达到91%，地表水体优良比例达到75%，化肥农药用量实现“双降”。超额完成政府隐性债务年度化解任务。积极应对化解国有平台公司融资风险，全市金融机构不良贷款率下降到6.12%。

【交通运输】 2020年，通辽市交通运输、仓储和邮政业增加值134.91亿元，同比下降1.4%。全市公路里程22497.3公里，其中，高速公路647.3公里。全年公路货运量7497.6万吨，同比下降1.7%；公路货运周转量92.17亿吨公里，同比下降3.4%；全年公路客运量579.1万人次，同比下降46.3%；公路旅客周转量7.6亿人公里，同比下降44.3%。全市铁路货物发送量3154.8万吨，同比下降32.1%；铁路旅客发送量399.5万人次，同比下降47.7%。全市民航运输线路长度104694公里，同比下降14.0%；民航旅客吞吐量85.15万人次，同比下降24.5%；客运周转量11.97亿人公里，同比下降38.5%；民航货邮吞吐量0.19万吨，同比下降6.8%；货物运输周转量269.69万吨公里，同比下降6.7%。全年全市邮政行业业务收入（不包括邮政储蓄银行直接营业收入）累计完成5.20亿元，同比增长21.36%；业务总量完成4.79亿元，同比增长24.47%。邮政服务业务总量完成2.17亿元，同比增长7.61%；邮政寄递服务业务量完成3713.22万件，同比下降1.34%；邮政寄递服务业务收入完成3276.95万元，同比增长18.51%。全市快递服务企业业务量完成1494.26万件，同比增长39.08%；业务收入完成31470.50万元，同比增长35.17%。其中，同城业务量完成216.45万件，同比增长9.55%；异地业务量完成1277.48万件，同比增长45.73%；国际及港澳台业务量完成0.34万件，同比增长50.85%。

【通信】 通辽市建成农村牧区4G基站3939个，开通5G基站785个，市县中心城区5G网络全覆盖。2020年，中国移动通信有限公司通辽分公司客户规模达到208.13万户，全年新增客户19.08万户。推出多款5G套餐和优惠权益服务，5G套餐客户达到30.98万户，5G终端客户规模达到23.04万户。家庭宽带客户规模达到27.08万户，客户份额达到47.96%；推出家庭安防、智能音箱、智能组网等智能家居服务，用户规模达到13.91万户。推进5G网络建设，全年建设开通5G基站441个，同步新建5G传输网络，实现主城区连续覆盖和旗县关键区域覆盖，全区率先通过SA（独立组网）商用标准。持续优化4G网络，4G基站达到5220个，蜂窝物联网（NB-Lot）基站累计达到590个。城区汇聚机房密度2.1平方公里/站，管道长度达到1266管程公里，光缆长度达到37630皮长公里。新增家庭宽带资源覆盖住户8.97万户，综合业务接入区新建光缆115公里、光交86座。持续提升整网承载效率和客户感知，开展家宽末端网络整治，对8.46万家庭宽带客户进行优化提速；开展"家宽义诊"240余次，累计服务客户1969户。组织应急演练18次，完成2020年春季新冠疫情、科尔沁美食节大赛等通信保障任务32次。

【商业】 2020年，全市社会消费品零售总额307.57亿元，同比下降5.6%。按经营单位所在地分，城镇消费品零售额同比下降4.3%；乡村消费品零售额同比下降14.7%。据海关统计，全年全市外贸进出口总额33.4亿元，同比增长42.6%。其中：出口27.5亿元，同比增长24.6%；进口5.9亿元，同比增长327.9%。

【服务业】 2020年年末，通辽市电子商务交易额达到259.66亿元。全市电子商务企业609家，商贸流通企业1.85万家，商业网点1.7万个，5000平方米以上大型商超27个。完善商贸流通体系建设，推进会展业，启动通辽国际博览中心建设项目，协助举办蒙医药产业博览会、肉牛博览会等品牌展会。完善基础设施服务功能。推进主城区"6大商圈"进一步完善服务功能，推动农产品流通冷链设施建设，提升农产品冷链流通现代化水平。加强品牌建设。加强开鲁百年酒业"中华老字号"和蒙古王实业、库伦蒙药厂等"自治区老字号"的品牌建设。全力保供应促消费，完成市级猪肉储备380吨的任务，加强自治区级猪肉储备（750吨）企业监管。2020年，全市商贸企业共开展200余场消费促进活动，实现销售额近16亿元。

【旅游】 通辽市旅游总收入223.12亿元，同比下降11.2%。国内旅游收入223.11亿元，同比下降10.7%。国际旅游外汇收入18.31万美元，同比下降99.2%。全市有A级景区21家，AAAA级景区6家，AAA级景区10家。

【金融】 2020年末，全市金融机构人民币各项存款余额1400.45亿元，同比增长17.2%，其中，全市金融机构住户存款余额1040.72亿元，同比增长18.4%；非金融企业存款余额127.45亿元，同比增长8.1%；机关团体存款余额208.59亿元，同比增长12.9%；财政性存款23.48亿元，同比增长77.5%。全市金融机构人民币各项贷款余额1058.82亿元，同比增长2.3%。全市金融机构本外币各项存款余额1402.33亿元，同比增长17.2%，比年初增加205.47亿元；本外币各项贷款余额1059.08亿元，同比增长2.3%，比年初增加24.3亿元。

【保险】 全市共有保险机构32家，其中，财险公司18家，寿险公司14家。全市保险保费收入61.31亿元，同比增长2.5%；赔款与给付23.43亿元，同比增长27.3%。其中，财险保费收入26.28亿元，同比增长6.0%，赔款与给付16.35亿元，同比增长61.9%；寿险保费收入35.04亿元，同比下降0.01%，赔款与给付7.08亿元，同比下降14.7%。

【科技】 通辽市推荐申报各级各类科技项目9批次95项，征集"科技兴蒙"行动创新科技合作项目需求与企业需求共44项。全市57个项目获得自治区科技奖补资金282.1万元；立项自治区级以上科技项目48个，争取资金9993.3万元。全年争资立项工作较2019年增加122%。首次设立科技成果转化专项资金500万元、应用技术研发与科技攻关项目资金由150万元增加至300万元、预算西辽河文明研究专项资金100万元。2020年，市本级科技计划项目首次开展网上申报、委托第三方评审等工作。全市征集应用技术研发与关键技术攻关项目82个、科技成果转化项目26个，共立项支持应用技术研发与关键技术攻关项目25个、科技成果转化项目14个、定向委托（西辽河文明研究专项）项目1个。2020年，获批建设自治区玉米种业技术创新和自治区肉牛种业技术创新中心2家自治区级技术创新中心。通辽市创业谷众创空间获得国家备案，填补了通辽市国家级众创空间的空白。海邻生物饲料研究开发中心、科尔沁药业蒙药外用药研究开发中心、忠義砂油田压裂砂研究开发中心等3家企业研发中心获批为2020年自治区备案企业研发中心，全市自治区级企业研发中心达到21家。科左后旗、奈曼旗、库伦旗三家科技特派员工作站被认定为自治区级科技特派员工作站，全市自治区级科技特派员工作站达到5家。截至2020年底，全市各级各类科技创新平台载体总数达到201个。

【教育】 全市有普通高等院校3所，全年招生13293人；有在校生37060人，其中，全日制研究生1553人；有教职工3037人，其中，专任教师1937人。全市现有各级各类学校（幼儿园、中小学、职业中学、特殊教育学校，不含高校）1266所，全年招生11.14万人，有在校学生41.56万人，专任教师3.43万人。其中，幼儿园873所，全年招生2.46万人，有在校生7.40万人，专任教师0.52万人；小学222所，全年招生2.93万人，有在校生17.07万人，专任教师1.44万人；普通中学141所，全年招生5.12万人，有在校生15.57万人，专任教师1.33万人；职业中学22所，全年招生0.62万人，有在校生1.41万人，专任教师0.11万人；特殊教育学校8所，全年招生109人，有在校生1064人，专任教师239人。

【文化】 截至2020年，全市有艺术类研究所2个，文化馆9个，博物馆10个，图书馆9个，图书馆藏书133.64万册。艺术表演团体9个，艺术团体演出1142场（次），观众47.52万人次。全市有县广播电视台7个，乡广播电视站74个，调频台73座，无线广播电台8座，广播节目9套。全市广播节目综合人口覆盖率为99.81%，电视节目综合人口覆盖率为99.81%。

【卫生】 全市有医疗卫生机构4384个。其中医院79个，基层医疗卫生机构4261个，专业公共卫生机构39个。医疗卫生机构编制床位18331张，其中医院13609

张，基层医疗卫生机构4481张，专业公共卫生机构241张。全市医疗卫生机构在岗职工28218人，卫生技术人员20665人。其中执业（助理）医师8581人，注册护士7750人，药师（士）1065人，技师（士）1256人。

【体育】 全市有国家一级体育运动员18人，国家二级体育运动员80人。全年获自治区级比赛金牌59枚，银牌51枚，铜牌53枚。全市有全民健身站点2830个，全市143万体育人口开展全民健身活动200余次。全市有社会体育指导员9400人，其中国家级78人。

【社会保障】 2020年，参加养老保险的人数为56.05万人，同比增长2.0%；参加失业保险的人数为23.90万人，同比增长4.1%；参加工伤保险的人数为25.0万人，同比增长0.5%。全年全市城镇最低生活保障救济户2.40万户，城镇居民最低生活保障人数为4.15万人，同比下降7.2%；农村定期救济户8.38万户，农村牧区居民定期救济人数15.28万人，同比增长6.9%。全市城镇居民最低生活保障支出2.98亿元，同比下降1.2%；农村居民最低生活保障支出5.69亿元，同比增长15.8%；农村特困支出1.09亿元，同比增长6.9%。全市收养性福利事业单位29个，共有床位3397张，职工341人，医护人员153人。共有农村收养性老年福利机构26个，年末在院老人917人；社会福利院2个，年末在院老人73人；社会福利医院1个，年末在院老人21人。

【人民生活】 2020年居民人均可支配收入24508元，同比增长3.6%。城乡方面：城镇常住居民人均可支配收入34782元，同比增长1.9%；农村牧区常住居民人均可支配收入16671元，同比增长8.8%。全体居民人均消费支出15482元，同比下降3.0%。城乡两方：城镇常住居民人均消费支出18798元，同比下降7.2%；农村牧区常住居民人均消费支出12679元，同比增长2.3%。城镇常住居民人均拥有现住房建筑面积32.56平方米，比上年增长2.5%；农村牧区常住居民人均拥有现住房使用面积31.88平方米，比上年增长4.4%。

【荣誉】 2020年10月20日，全国双拥模范城（县）命名暨双拥模范单位和个人表彰大会以视频会议形式在北京召开，通辽市再次获得全国双拥模范城称号。

（赵广雷　苏丽丽）

科尔沁区

【概况】 2020年，科尔沁区总面积3160平方公里，辖9个镇、1个苏木、5个国有农牧场、11个街道，共有334个嘎查村、44个国有农牧林场分场水库、91个社区，城镇化率达50.4%。总人口749101人，其中蒙古族286819人，占总人口的38.29%。地区生产总值321.47亿元，比上年下降0.8%。城镇人均可支配收入比上年增长1.8%，农牧民人均可支配收入比上年增长8.7%。三次产业结构调整为12.9∶24.9∶62.2。

2020年，科尔沁区聚力开创“智慧大农业”发展新模式，现代农业向智慧化加速转型。玉米高产创建亩产干粮达到1245公斤，粮食总产突破31.2亿斤。以木里图镇、育新镇为核心，打造总面积1.64万公顷的现代农业产业园。成立黄玉米行业协会、农业生产托管服务行业协会，打造高标准、规范化合作社40家、辐射带动提升120家，推动规模化流转土地7.33万公顷，全程托管种植1.53万公顷，农事订单服务9.33万公顷。免耕播种、水肥一体、智能防控等农技农艺纯熟运用，实施免耕播种面积1460.39公顷，其中补助面积848.16公顷，涉及补助资金44.53万元。荣获“第一批全国绿色防控示范县”。承办内蒙古自治区推进高标准农田建设现场会。

年内，牲畜存栏总数110万头只（口），出栏182万头只（口）。金锣牧业50万口生猪养殖项目满产达效，新希望200万口生猪养殖项目投入使用，新好农牧生猪存栏达40万口。开展动物免疫工作，完成374个嘎查村5191头牛羊规模养殖户的布病消毒灭源工作，消毒面积253.18万平方米，全年没有重大动物疫情发生。

2020年，科尔沁区完成造林18853.33公顷，绿化村屯378个，15333.33公顷无立木林地验收合格率100%，9073.33公顷经济林实现“金绿双赢”扮靓“绿水青山”。完成天然草原生态保护修复工作666.67公顷。林业有害生物发生面积3935.2公顷，比上年同期下降9.3%，实施有效防治面积3288.53公顷，其中无公害防治面积2947.6公顷，无公害防治率90%。实施种苗产地检疫920公顷、2750万株，产地检疫率100%。开展自然保护地整合优化工作，整合优化后科尔沁区有保护地5个。在敖力布皋镇、丰田镇、大林镇、莫力庙林场等地落实欧投行贷款生态林造林733.33公顷。在木里图镇、育新镇新建高标准农田防护林5.7公里，重点地段绿化3处。精准提升项目村屯绿化15个，学校绿化12所。完成大林镇兴隆村新建千亩“塞外红”示范基地建设，累计完成“塞外红”栽植面积2000公顷，畅销东南亚和俄罗斯、蒙古国等。

年内，完成总投资434万元的科尔沁区农村基层防汛预报预警体系建设项目。成立西辽河流域国家级农田灌溉重点试验站。完成3个大中型水库安全鉴定工作，编制安全鉴定报告，完成水库预案、水库调度规程的编制工作。修复堤防雨淋坑173个，涉及左右岸长度190公里，堤顶损毁段整治350米。对洪河仓粮段河道进行紧急破冰清淤疏通8公里。对西起国道304线清河桥东至吐尔基山水库入水口间的主河道桥涵进行维护。完成引绰济辽二期供水工程受水点选址工作。完成饮水安全工程中的漏点、设备、井房等维护及损坏水源置换项目，为分散户安装净水器32台，确保贫困地区饮水安全“清零达标”。征收水土保持补偿费277.09万元。开展“清四乱”专项行动，清理河道内各种垃圾500余吨。做好大中型水库移民后期扶持工作，采用“一卡通”方式为3678名水库移民发放扶持资金220.92万元。

年内，新增规模以上工业企业4户，规模以上工业增加值增长3.3%。梅花生物集团积极开拓欧洲、东南亚市场，出口量、出口额保持双增长，稳居“内蒙古民营企业100强”第一方阵。蒙古王实业集团获评“国家级绿色工厂”，京通农业“新粮谷裕”黑麦粉获评“国家级绿色食品A级产品”。梅花生物集团36万吨合成氨项目开展前期工作，海邻生物项目投产运行。新好农牧30万吨全价饲料建成投运，产业配套能力全面增强。晶鑫科技3000吨高纯氧化铝具备投产条件，推动蓝宝石生产原料隔墙供应。国能生物集团35兆瓦生物发电项目、日产3万立方米天然气项目和捷风繁113.5兆瓦分散式风力发电项目有序建设。牧四方小包装速冻食品建成投产，净食安城市级净菜中心项目全面铺开，绿色健康餐饮供应系统进一步完善。海天蒙中药材饮片项目有序建设,孟和制药集团进入试生产阶段，构建蒙中药种植、生产加工、研发推广全链条模式。龙马高端装备制造基地建设进展迅速，集群带动装备制造和清洁能源产业并联发展。

【生态环境】打好打赢污染防治攻坚战，完成中央环保督察、“回头看”及内蒙古自治区生态环保督察整改任务，中心城区空气质量优良天数比例达91%。完成地下水超采区治理60%的目标任务，木里图污水处理厂达标排放，启动3座农村生活污水处理站项目。实施畜禽粪污染资源化利用试点项目。农用地和建设用地土壤环境实现全面安全管控。大气、水、土壤环境质量持续提升。实施主体功能区制度，启动“三区三线”调整划定工作，初步完成国土空间总体规划。查处破坏自然资源生态环境等违法违规问题，推进绿色矿山建设。在通辽市率先完成无立木林地和森林违法图斑整改，天然草原生态保护修复666.67公顷。

【脱贫攻坚】决战决胜脱贫攻坚战，持续推动扶贫巡视各项整改落在实处、见到实效，解决“两不愁、三保障”突出问题。累计实现7169户、18808人稳定脱贫，贫困户人均收入11635元。开展产业就业扶贫工作，投入8682万元，实施20个扶贫产业项目，累计带动3156户、8106人增产增收。帮助建档立卡贫困户外出务工2022人次，安排扶贫公益性岗位232人，防止因疫因灾致贫返贫。2020年，剩余13户、44名贫困人口全部脱贫，无新识别返贫户,脱贫攻坚战取得全面胜利。

【防范化解重大风险】聚焦聚力防范化解重大风险攻坚战，通过预算安排、现金打折方式、“现金+资产+应收账款凭证”等措施化解政府债务12.08亿元。支付拖欠民营企业账款2.72亿元，拖欠民营企业、中小企业账款“限时清零”。发放一般债券和专项债券9.01亿元、特别国债2.06亿元，争取一次性财力补助0.78亿元。债务风险等级由“红”转“橙”。

【乡村振兴】坚持规划引领、试点先行。科尔沁区首批打造乡村振兴试点村27个。通科实业创新构建“雲通农场”，木里图镇公司村稳步壮大村办企业，庆和镇“和柿缘”等绿色产品丰富城市“菜篮子”，育新镇获评“国家产业兴村强县示范镇”。开展农村人居环境专项整治三年行动，累计新建续建卫生厕所39054户，户厕改造完成率提升42.1%，行政村生活垃圾无害化处理率达100%，行政村物流网点、通村道路硬化实现全覆盖。丰田镇辽阳村获评“全国文明村镇”。

【疫情防控】构建联防联控、群防群控体系，健全多点触发监测预警机制，高标准落实“应检尽检”任务和“四早四集中”防控举措,负压救护车实现从无到有,提升院感防控、流调筛查、物资保障能力,实现科尔沁区疫情零发生，坚持做好常态化疫情防控工作。组织动员苏木镇(街道)和机关干部、公安干警、基干民兵、社会志愿者1.2万余人深入疫情防控一线开展工作，投入资金6156万元，发动社会捐赠款物折合1558万元。梯次完成重点人群新冠病毒疫苗接种1.6万人。

(周红杰　袁颖)

科尔沁左翼中旗

【概况】科尔沁左翼中旗(简称“科左中旗”)，位于内蒙古自治区通辽市东北部，其南部、东部和北部分别与吉林省的双辽市、长岭县和通榆县交界，西北部与兴安盟的科右中旗和通辽市扎鲁特旗相邻，西部和南部与开鲁县、科尔沁区和科左后旗相连。东西长191公里，南北宽116公里，全旗总土地面积9573平方公里，辖21个苏木乡镇场、街道，555个嘎查村(分场、自然村)。2020年，第七次人口普查，全旗常住399631人，其中蒙古族人口290712人，占72.75%。2011年，被列入为国家扶贫开发工作重点旗、自治区革命老区。

2020年，全旗新建浅埋滴灌高标准农田1.33万公顷、总面积达到13.6万公顷。稳定粮食种植面积在26.67万公顷以上，粮食产量58亿斤，连续18年位居全区各旗县之首。其中：高粱、花生、中蒙药材等特色种植6.8万公顷；甜菜种植面积稳定在0.67万公顷以上，建成全国县级规模最大的甜菜产区。

推动蒙牛10万头奶源基地、伊利高端乳肉双产业、哈林肉业20万头肉牛屠宰加工项目成功落地，带动牧业年度肉牛存栏突破52万头、能繁母牛存栏达到27万头、肉牛出栏达到20万头，规模化养殖比重达到40%以上。6万头奶牛养殖示范基地落户科左中旗，年内开工建设4个，其中胜源一号牧场已经竣工投产。全旗农牧业龙头企业达到11家，龙头企业与农牧民紧密型联结比例达到75%，创建农民专业合作社示范社68家，其中种植业34家、养殖业34家。

农畜产品质量安全监管多点发力，完成蔬菜水果农残检测1455批次、畜残检测479批次，新认证绿色产品4个，分别为绿色小米、绿色小麦粉、绿色玉米糁、绿色塞外红苹果，申报登记国家名特优新农产品4个，分别为门达大米、胜利血麦、哈民黄米、哈民小米；7家绿色食品企业全部纳入国家农产品质量安全追溯管理信息平台，试行食用农畜产品合格证制度，健全从农田牧场到餐桌的质量追溯体系。

2020年，科左中旗规模以上企业累计完成产值22.6亿元、增加值9.76亿元，增加值同比下降10%。实施0.05亿元以上工业重点项目27个，完成目标任务19个的142%，完成工业固定资产投资9.2亿元，完成目标任务18亿元的50%，储备工业项目10个，完成目标任务10个的100%，晋级规模以上企业1户。

【环境保护】继续落实西辽河流域水体达标方案，对流域沿线水环境实施综合治理，重点实施水污染防治项目建设，配合相关部门重点推进保康、宝龙山两座污水处理厂提标改造工程、如意湖人工湿地工程、乌力吉木仁河沿线农村环境整治等项目及玻璃山断面水质自动监测站建设，完成了63个加油站地下油罐防渗改造工作，使西辽河大桥断面2020年年均水质达到地表水IV类水质标准；重点推进燃煤锅炉排污许可发放工作和农业秸秆禁烧工作，完成2家供热企业申办排污许可证工作。按照打赢大气污染防治攻坚战的要求，对全旗重点排污单位及秸秆露天焚烧行为进行检查，出动车辆2辆，出动人次30余次。截至12月初，全旗PM2.5均值为27微克/立方米，优于污染防治攻坚战要求的35微克/立方米的标准，优良天数293天，全年空气质量优良比例为87.72%，优于污染防治攻坚战要求的83%以上要求。

【土地资源管理】 完成国家自治区重点公路、铁路、水利项目的征地组卷和报批前期手续等工作，主要是保障长深高速通辽至鲁北段高速公路建设工程（科左中旗段）项目，面积317.81公顷；舍伯吐至哈根庙公路建设项目，面积85.24公顷；通辽至四平铁路电气化改造工程（科尔沁左翼中旗段）单独选址征地工作，面积7.87公顷；省道310宝龙山至太平川公路建设项目及小北马家至太平川公路项目征地工作。

2020年，自治区人民政府已审批单独选址用地2个、批次用地3个，共计审批面积147.41公顷，有效保证国家、自治区及旗级重点项目顺利落地。在土地供应稳步推进方面，经统计全年共审批土地15宗，其中国有土地使用权挂牌出让8宗，划拨用地3宗，临时审批4宗，审批面积20.15公顷，共收缴土地出让金1676万元人民币。

对全旗“矿产资源开发利用粗放”的问题进行梳理。2020年，对旗内9家闭坑企业进行矿山地环境闭坑治理验收，并监督企业按照年内治理计划，开展了土地平整、植树、植被恢复、清除危岩和林地管护，全旗共投入金额49.17万元，治理面积20.07公顷。

“房地一体”宅基地和集体建设用地使用权确权登记发证工作进入发证阶段，保康、宝龙山、舍伯吐、巴彦塔拉4个大厅同步开展工作，提供便民服务，宅基地应登记103751宗，已登记发证93408宗，完成登记发证率90%。集体建设用地应登记发证数620，已登记宗地数558，完成登记发证率90%。

【文化】 2020年，全旗承办内蒙古自治区文物局以“文物赋彩·全面小康”为主题的第15个“文化和自然遗产日”大型文物宣传活动。原创作品获得市级以上奖项28个，其中一等奖4个，二等奖10个，三等奖5个，其他奖项9个。

文物及非遗保护方面，组织配合对希伯花镇小呼和格勒嘎查遗址进行抢救性考古发掘。发掘面积1400平方米，清理出鲜卑房址2座，灰坑10余座，出土了一些陶片、铁钉、石器和马骨。组织申报非物质文化遗产代表性项目代表性传承人2批，具体为：申报自治区代表性项目2个，代表人传承人4个；申报市级代表性传承人9个。设立非物质文化遗产代表性项目传习所4个，设立贯彻落实《通辽市蒙古族音乐类非物质文化遗产保护条例》传承基地7个。组织举办非遗展演1场次。文化馆内部装修工程已完成招标，中标价格849.8万元，正在推进施工图纸审图工作，项目装修面积6000平方米。博物馆内部装修设计方案、施工图纸及预算已编制完成，正在推进施工图纸审图及财政评审工作。项目装修面积7286平方米。珠日河汽车露营地建设项目占地总面积206.8亩，总投资3600万元，科左中旗巴彦塔拉东蒙军政干部学校修缮复建项目规划总占地面积2500平方米，总修缮、复建面积774.81平方米，投资445万元。

2020年度争取到上级项目资金220万元，已完成立项、环评、用地等前期手续，推进地勘、施工图纸审图、施工许可证办理等工作。浩日彦艾勒嘎查民族文化产业基地项目建设内容为：建设民族文化产业基地用房土建工程1000平方米（不含装修），硬化1500平方米，投资200万元，资金来源为项目专项资金200万元。

【中国乳业产业园东部中心10万头奶源基地开工奠基仪式在科左中旗珠日河牧场三分场举行】 5月16日，中国乳业产业园东部中心10万头奶源基地开工奠基仪式在科左中旗珠日河牧场三分场举行。自治区副主席李秉荣，蒙牛集团党委书记孟凡杰，市委书记冯玉臻，农行内蒙古分行党委书记、行长张春林，通辽市委常委、副市长张锐等出席仪式。市委常委、副市长陈广利主持，副市长张海峰致辞。中国乳业产业园东部中心10万头奶源基地项目涵盖“珠日河10万头奶产业园”“爱养牛”肉牛交易平台、中粮饲料等产业链配套企业以及全国最大的学生奶专属教育基地等建设内容。该项目将在3年内，实现新增奶牛存栏10万头以上，日均增加产奶量2500余吨，带动30多万亩优质饲草种植、上千亿元的全产业链经济贡献值、20万人就业增收。期间“爱养牛”肉牛交易平台正式启动。

（苏全成）

科尔沁左翼后旗

【概况】 科尔沁左翼后旗（简称“科左后旗”），位于内蒙古自治区通辽市东南部，东部与吉林省双辽市毗邻，南部与辽宁省昌图县、康平县、彰武县接壤，西与库伦旗相连，北与奈曼旗、开鲁县、科尔沁区、科左中旗为邻。科左后旗属东北经济规划区和环渤海经济区，地处科尔沁沙地东南边缘与松辽平原交界地带，是科尔沁沙地的主要组成部分。除东部系辽河冲积平原外，其余皆是沙丘、沙地为主要特征的地貌类型。坨甸相间交错，沙丘连绵起伏，洼地纵横分布。全旗辖区东西最长距离239千米，南北最大距离107千米，总土地面积11499.64平方千米，沙地面积占全旗总面积的68.4%。旗境内海拔最高为308.4米，最低为88.5米，地理坐标北纬42°40′～43°42′，东经121°30′～123°43′。科左后旗人民政府驻甘旗卡镇，距通辽市人民政府所在地科尔沁区84千米。是清代爱国将领僧格林沁的故乡。科左后旗是国家级商品粮基地和粮食生产先进县，是自治区认定的革命老区。素有“黄牛之乡”“马王之乡”“民歌之乡”“绿色水稻之乡”“旅游之乡”“蒙古文书法艺术之乡”的美誉。

截至2020年末，科左后旗辖10个镇（甘旗卡镇、金宝屯镇、吉尔嘎朗镇、常胜镇、查日苏镇、阿古拉镇、努古斯台镇、朝鲁吐镇、海鲁吐镇、双胜镇），

5个苏木（阿都沁苏木、茂道吐苏木、巴嘎塔拉苏木、散都苏木、巴彦毛都苏木），4个国有农牧场（分别为：胜利农场、原种场、查金台牧场、孟根达坝牧场），1个社区服务中心（即：甘旗卡社区服务中心）。全旗共设16个社区（民族社区、双合尔社区、大青沟社区、拥军路社区、铁西路社区、甘旗卡社区、铁东社区、阳光社区、牧日坦社区、玛拉沁社区、阿拉坦社区、乌兰社区、金宝屯社区、舍伯吐社区、满达社区、萨如拉社区），262个嘎查村，842个自然村。

2020年，全旗完成地区生产总值（GDP）122.83亿元，按可比价格计算，同比下降0.9%。其中，第一产业增加值48.24亿元，增长1.7%；第二产业增加值22.47亿元，下降6.2%；第三产业增加值52.12亿元，下降0.7%。三次产业比重为39.3∶18.3∶42.4。全旗限额以上固定资产投资完成19.10亿元，同比下降22.4%。其中：第一产业完成1.60亿元，同比增长1039.7%；第二产业完成8.06亿元，同比增长4.1%；第三产业完成9.44亿元，同比下降43.5%。

2020年，组织开展科左后旗“十四五”规划编制工作，《科尔沁左翼后旗国民经济和社会发展第十四个五年规划和2035年远景目标纲要（草案）》在旗十六届人大五次会议上审议通过。

年内争取到位中央、自治区投资项目65项，总投资8.31亿元，争取上三级资金共计6.76亿元，其中，中央投资3.77亿元，自治区2.22亿元，北京市帮扶资金0.37亿元，市级投资0.4亿元。争取到专项债项目12个专项债资金1.81亿元。其中特别国债项目8个，1.14亿元；专项债项目3个，0.6亿元；特殊转移支付项目1项，700万元。

开展了全区政策性粮食库存数量和质量大清查，对2019和2020年优质粮食工程项目购置设备验收完成，对2019年2家企业发放补贴资金共38.76万元。

2020年市、旗两级公共财政预算收入完成43332万元，同比下降3.9%，其中：税收收入完成26226万元；非税收入完成17106万元。旗本级公共财政预算收入完成情况：2020年旗本级公共财政预算收入完成30081万元。其中：税收收入完成18404万元；非税收入完成11677万元。全面落实减税降费政策，为企业减负让利4496万元，完成预期目标的103%。

2020年一般公共财政预算收入总计347679万元，其中：旗本级公共财政预算收入30081万元；上级补助收入306730万元；地债转贷收入6065万元；上年结转4803万元。2020年政府性基金收入累计完成33295万元。

全旗公共财政预算支出累计完成33.74亿元，同比下降8.0%。社会保险基金收入完成21089万元。

2020年末，全旗户籍总人口39.57万人，其中男性人口20.12万人，女性人口19.44万人，男女比例为103.4∶100。全旗人口由汉族、蒙古族、回族、满族、朝鲜族等19个民族构成，其中：蒙古族人口29.88万人，汉族人口8.98万人，满族人口0.61万人，回族0.06万人，朝鲜族0.03万人，分别占总人口的75.5%、22.7%、1.6%、0.14%和0.06%。

科左后旗地处中温带亚湿润边缘地区，属温带大陆性气候。2020年，全旗气候特点：冬季气温波动明显，大部时段气温偏高。冬季大部地区降雪偏多，各月均有明显降水过程。

【气象灾害】 科左后旗历史上首次半个月内受3个台风外围影响，2020年8月26日08时至9月8日08时全旗出现分布不均的降水天气，最大累计降水量出现在双胜站，降水量为178.1毫米。农作物受灾面积374.06公顷，成灾面积174.06公顷。造成直接经济损失42.12万元。11月18日至19日全旗范围出现强降雪过程，伊胡塔30.6毫米、双胜28.9毫米、吉尔嘎朗24.5毫米、朝鲁吐22.1毫米，均突破历史同期极值。造成直接经济损失170.84万元。

2020年6月下旬至7月，全旗累计降水量较常年少6成以上，局部地区达到8成以上。干旱面积占6成，以轻到中旱为主，局部出现了3～20厘米干土层，旱情形势严峻。农作物受灾面积193433.42公顷，成灾面积92622.5公顷，绝收面积28464.94公顷。造成直接经济损失34923.27万元。

【自然资源】 科左后旗水资源丰富，属丰水区。水资源总量58551.79万立方米/年。全旗地表水多年平均径流量8832万立方米，可利用水量2500万立方米。境内有科左后旗境内有东辽河、西辽河、洪河、哈达江河、塘泥河、小五家子河、马莲河、地河、永安河、清河（教来河）、青沟河等11条河流，均属辽河水系，河流累计长度为1266.6千米，流域面积7495平方公里，东辽河水可利用量3000万立方米/年。大小湖泊28个（湖长），可利用水面约6.514万平方米。地下水资源量49770.95万立方米/年，可开采量38541.93万立方米/年。重复计算水量51.16万立方米/年（重复计算水量为流入地下水和被植物吸收的水量）。

东西辽河防洪堤总长度107.2千米，甘铁、新民、甘吉、伊辽、巴辽5大排干总长度515.5千米，分干渠25条，总长度358.5千米。控制易涝面积134.2万亩，其中农田34万亩，草牧场100.2万亩。有水库10座，塘坝2座，总库容2742.39万立方米，设计灌溉面积4.02万亩，实际灌溉面积仅为7800亩。各水库、塘坝、湖泊每年产鲜鱼约200万斤。小（Ⅰ）型水库5座，分别为东五家子水库、散都水库、洪河水库、哈达江水库和公河来水库；小（Ⅱ）型水库5座，分别为小五家子水库、西车利水库、哈布其拉水库、章古台水库和家格子水库。塘坝为三家窑塘坝和莲花吐塘坝。

全旗灌区工程10处。其中，万亩以上灌区3处，为东辽河灌区设计灌溉面积28万亩，散都水库灌区设计灌溉面积1.2万亩，东五家子水库灌区设计灌溉面积1.5万亩。万亩以下灌区7处。有水源井14247眼，饮水安全工程共建858处。在井灌区发展低压管灌、喷灌、微滴管工程。已发展节水灌溉面积110万亩。灌溉与排水泵站工程主要分布在东辽河灌区上，兼顾灌溉与排水。总计建泵站5处，总装机容量为1160千瓦。

科左后旗境内探明的矿藏资源有石油、煤、矽砂、采石、草炭、黏土和天然碱。石油主要分布在吉尔嘎朗镇、常胜镇、朝鲁吐镇和散都苏木，面积4.8平方千米，累计查明储量870万吨，有采油厂1家。煤炭主要分布在金宝屯、查日苏一带，累计查明储量9838万吨，属优质长焰煤，发热量为4000～5500大卡/千克，有煤矿1家。矽砂资源较丰富，累计查明储量350亿吨，居全国首位，在甘旗卡镇、巴嘎塔拉苏木、努古斯台镇、朝鲁吐镇、阿古拉镇等地均有分布，有砂矿25家，探矿权1家。建筑用砂石累计查明储量1014.6万吨，有采石矿3家。砖瓦用泥土累计查明储量436.08万吨，共12家砖厂都已经闭坑。草炭远景储量7100万立方米以上。地热资源方面已开发有2眼地热井。科左后旗位于高低气压的过渡带，风力资源丰富，风场70米高平均风速6.8～7.5米/秒，相应年平均风功率密度332瓦/平方米。科左后旗光能资源丰富，年平均日照时数3071小时，年太阳总辐射量为120千卡/平方米。

生物资源多样，野生动物、野生植物种类繁多。兽类动物有狐狸、狼、獾等33种；禽类动物有云雀、凤头百灵等64种；野生植物资源123类、511属、1114种。境内拥有大青沟阔叶林、阿古拉湿地草原、乌旦塔拉五角枫、吉尔嘎朗镇东苏红刺榆、海鲁吐日月湖、散都草甘沙漠等众多生物资源保护区。

【人民生活】 2020年，全旗全体居民可支配收入19681元，同比增长3.9%，全体居民消费性支出13307元，同比下降0.8%；城镇常住居民可支配收入29632元，同比增长2.1%，城镇常住居民人均消费支出15468元，同比下降3.2%；农村牧区常住居民可支配收入14956元，同比增长9.4%，农村牧区常住居民人均消费支出12227元，同比增长2.0%。

【造林绿化】 开展科尔沁沙地综合治理工程，完成治理任务100.4万亩，其中人工营造林20.4万亩，封山育林25万亩，退化沙化草牧场治理55万亩；完成天然草原退牧还草工程2万亩；完成草原生态修复治理项目11.56万亩完成市、旗两级下达的各项指标，生态建设成果显著，在沙地综合治理、工程质量管理与精准扶贫结合发展林草产业等方面取得新突破。

加强对自然保护区的管护、森林草原防火、防止非法狩猎、森林病虫害防治、草原鼠害预防，防止破坏森林资源等工作取得明显成效，自然保护区森林蓄积大幅增加，森林覆盖率达到18.57%，林草植被盖度大幅提高，草原综合植被盖度达到55%。

2020年12月，内蒙古自治区农牧业丰收奖评审奖励委员会授予科左后旗林业工作站“樟子松容器苗造林技术推广”项目2018年度内蒙古自治区农牧业丰收奖三等奖。

【环境保护】 大气污染防治方面：按照市政府《污染防治攻坚战实施方案》环境保护目标要求，甘旗卡镇城区空气优良天数稳定在85%以上。2020全年，甘旗卡镇城区空气质量优良天数363天，优良天数比例为87.05%，PM2.5平均浓度值分别为17微克/立方米，各项指标已达到上级考核标准，城区内燃煤锅炉得到有效整治，企业和个体工商户排污状况有所好转，整体环境质量有所改善。

水污染防治方面：持续开展地表水环境管理，加强对二道河子断面水质监测，综合全年监测结果，断面水质达到《地表水环境质量标准》III类，符合上级考核标准。开展“万人千吨”饮用水水源地环境保护，完成了金宝屯、大仓子、平安3处饮用水水源保护区划定工作，《甘旗卡镇饮用水水源保护区划定技术方案》正待自治区人民政府批复；委托第三方对6处“万人千吨”饮用水水源地水质进行了监测，各水源地除铁、锰本底值超标外，甘旗卡镇水源地氨氮超标1.02倍；金宝屯镇水源地锰超标2倍；平安水源地氨氮超标1.08倍、耗氧量超标1.8倍；胜利农场水源地氨氮超标1.56倍、耗氧量超标1.19倍；大仓子水源地氨氮超标1.5倍、耗氧量超标1.09倍。并正在制定整改方案。

土壤污染防治方面：继续开展重点行业企业建设用地污染状况调查，完成了6家重点行业建设用地调查，由自治区统一编制《调查报告》，上报生态环境部。积极开展危险废物专项整治三年行动工作，制定印发了《科左后旗危险废物专项整治三年行动实施方案》和《2020年度危险废物规范化考核工作方案》，确定了《危险废物环境重点监管单位清单》。通过内蒙古固体废物管理信息系统，实施固体废物、医疗废物、工业危险废物产生、收集、贮存、转移、利用、处置各环节电子信息管理。2020年，各产废及经营单位考核全部达标。

对第二次全国污染源普查过程中形成的各类资料进行归档整理，形成档案材料共计332件，其中管理类48件，工业污染源112件，农业污染源61件，生活源50件，集中式2件，移动源55件，财务类4件，涉及2017年至2020年四个年度，截至2020年底完成全部档案的纸质及电子版整理留存。

【脱贫攻坚】 2020年，全旗未脱贫的36户、118人全部实现脱贫。

科左后旗严格按照脱贫标准，对未脱贫的36户118人精准施策，落实扶贫资金35.5万元，为有劳动能力的18户贫困户购买了基础母牛、基础母羊，帮助发展产业；安排公益岗就业3人，同时，结合各户实际情况，落实庭院经济、小畜养殖等“短平快”项目。对无劳动能力户不是低保户的，按照“应保尽保”原则，新增低保5户、达到25户，实现兜得住、可持续。解决了5户住房安全问题。

为37户贫困户落实扶贫资金855.06万元，落实基础母牛348头、基础母羊1010只；通过村级和集中式光伏电站收益、就业部门公益岗项目，设置贫困户公益岗位1936个。培训建档立卡贫困劳动力755人，协调帮助外出就业4200人。为无劳动力、弱劳力户落实兜底政策。持续推动“两项制度”衔接，新纳入低保政策建档立卡贫困人口948人，临时救助361人。

按照“两不愁三保障”的目标要求，有针对性地落实落细各项政策措施，切实提高脱贫攻坚质量。义务教育保障方面，强化“控辍保学”，随时跟踪义务教育阶段贫困学生动态，防止出现辍学失学。基本医疗保障方面，继续优化健康扶贫政策，医保政策调整后建档立卡贫困人口25种大病治疗实际报销总额未达到总费用90%的，进行再次兜底结算。解决了5名贫困人口因无户籍不能参保问题，贫困人口2020年医疗保险参保率达到

100%。住房安全保障方面，开展新一轮房屋鉴定，完成16661户“四类重点对象”住房安全评定工作，共排查鉴定出贫困户危房111户，其中，新建18户，维修93户。安全饮水方面，对294处分散饮水设施损坏的，重新打井或更换水泵，对9处集中供水工程进行改造提升。

对人均收入低于6000元的876户2821人脱贫人口开展排查，没有发现返贫风险。加强对245户708人脱贫不稳定户和66户180人边缘户易致贫户日常监测和生产生活跟踪服务，经过帮扶，脱贫监测户中157户439人已消除返贫风险、边缘户49户125人已消除致贫风险。创设“精准防贫保险”，投资50万元，与中国太平洋保险公司科左后旗分公司合作，对因病、因学、因灾等原因导致可能或即将返贫致贫的家庭，实施防贫保险理赔，筑牢防贫“保护墙”，2020年，为4户一般农牧户、2户脱贫户实施理赔20.32万元。

科左后旗脱贫攻坚经验、做法被收入国务院扶贫办编纂的《脱贫攻坚先锋——2019年全国脱贫攻坚奖获奖先进单位事迹》《图说中国脱贫攻坚——科尔沁左翼后旗的故事》《整合式治理：科左后旗脱贫摘帽经验研究》等书籍。

【改革创新】 持续优化营商环境，加快“一体化”平台建设，编制发布的977个事项中968个实现“最多跑一次”。扎实开展优化营商环境五个专项行动，推行“网上申报”“现场办结”“项目代办”“绿色通道”等服务，有效缩短项目开工前审批时间。全旗市场主体数量同比增长13.3%。完成农村牧区土地承包经营权确权登记颁证工作；加快推进产权制度改革，262个嘎查村均成立了集体股份合作经济组织；加快培育新型农牧业经营主体，建设完善示范合作社60个，认定家庭农牧场100家。

（包彦民 杨艳梅）

开鲁县

【概况】 开鲁县地处内蒙古东部，通辽市西部，在东经120° 25′～121° 52′，北纬43° 9′～44° 10′。东与通辽市科尔沁区毗邻，西与翁牛特旗、阿鲁科尔沁旗相接，南与奈曼旗、科左后旗为邻，北与扎鲁特旗、科左中旗交界。区位上属于西部大开发、振兴东北老工业基地地区，经济上属于东北经济区、环渤海经济圈内。全县总区域面积4353平方公里，全境东西最长122.5公里，南北最宽105.0公里。辖13个镇（场、街道），245个行政村（分场）。2020年，开鲁县户籍人口38.8万，有汉族、蒙古族、满族、回族等15个民族。现有耕地12.13万公顷、林地17.53万公顷、可利用草场14.8万公顷。

开鲁县地处松辽平原，属西辽河冲积平原的一部分。境内地形西高东低，平均海拔242米。水资源丰富，新开河、西辽河流贯全境，沿河两岸是主要农业区，西拉木伦河流经开鲁西部，乌力吉木仁河流经开鲁北部，教来河流经开鲁东南部。

开鲁县是国家级乡村振兴试点县、国家高效特色农业示范县、国家玉米绿色高产高效示范县、全国农田水利建设先进县、全国粮食生产先进县、国家农产品质量安全县、全国“四好农村路”示范县，中国北方县域最大的红辣椒生产集散地，国家级红辣椒出口产品质量安全示范区，享有“中国红干椒之都”的美誉，是著名音乐家、革命烈士、《大刀进行曲》作者麦新战斗过的地方。开鲁镇和东风镇已入选为自治区级历史文化名镇。

开鲁县立足丰富的农畜和风光资源优势，深入实施“工业强县”战略，依托开鲁工业园区（自治区级），打造了玉米生物科技、绿色农畜产品加工、新型清洁能源、现代服务业“四大产业集群”，朝着千亿元园区目标加快迈进。其中，玉米生物科技产业重点企业有玉王、华曙、圣达、圣雪大成、华北制药等20余户、深加工产品达160个，年可转化玉米260万吨；绿色农畜产品加工产业重点企业有伊赛、洪泰、牧原、晶山等50余户，年屠宰加工肉牛能力达20万头；新型清洁能源产业重点企业11户，风电并网175万千瓦、光电并网20万千瓦；以商贸物流为主的现代服务业加快发展，形成综合物流园区、冷链仓储物流、铁路物流、粮食物流、电子商务物流“五大物流板块”，为工业经济高质量发展提供有力支撑。“四大产业集群”带动三次产业融合互动发展，实现由传统农业大县向新兴工业城市的转变，工业发展步入全市前列。

开鲁县在实现全产业链发展上做实功、求实效，结合开鲁产业实际，提出打造“三三二”全产业联动发展战略，不断造链、补链、延链、强链，努力在链条上实现创新与增值，实现传统产业链条式转化升级、新兴产业链条式快速发展。2020年开鲁县地区生产总值（GDP）完成130.9亿元，增长0.2%，其中：第一产业增加值同比增长1.6%，第二产业增加值同比增长0.7%；第三产业增加值同比下降1.3%。全年公共财政预算收入完成28111万元，全年公共财政预算支出315514万元。城乡人均可支配收入分别达到32078元和18858元，增长2.5%和9.2%。全年失业人员实现再就业408人；就业困难人员实现就业524人；全年城镇新增就业人员1361人，年末城镇登记失业率为4.2%。500万元以上固定资产投资完成45.9亿元，增长24.5%，公共预算收入完成2.81亿元。全年新签约亿元以上项目13个，实现招商引资到位资金25亿元。

【三大攻坚战】 脱贫成效持续巩固。严格落实“四个不摘”要求，持续加强工作调度、攻坚力量和投入保障，如期完成中央专项巡视“回头看”、国家成效考核、中纪委实地踏查反馈问题整改。健全防止返贫监测和帮扶机制，全县现行标准下贫困人口全部脱贫。开鲁县代表自治区迎接国家脱贫攻坚成效考核，承办全区产业扶贫庭院经济现场培训会，全产业链实现贫困群众脱贫增收和构建“隔离墙”防止脱贫户“返贫”的典型做法入选人民网第三届中国优秀扶贫案例。污染防治有序开展。坚持把生态环境保护作为历史责任和底线任务，坚决完成中央和自治区环保督察反馈问题整改。持续打好蓝天、碧水、净土保卫战。全县空气质量优良天数326天，空气优良天数比例达到90.6%。工业园区污水处理厂试运行，中水回用工程扎实推进；压实各级河长责任，全面整治河流“四乱”问题。

全县农膜当季回收率85%，秸秆综合利用率、粪污资源化利用率均超过90%，化肥和农药使用量持续负增长，开鲁县被评为国家农膜区域补偿制度试点县并在全国农膜回收行动推进会上作典型经验交流。加强生态修复。实施科尔沁沙地综合治理22.5万亩,天然草原修复工程5万亩,新建防护林7.9万延长米，全年造林11.4万亩,55万亩无立木林地全部恢复造林,顺利通过国家和自治区验收销号。债务风险防范有力。坚持底线思维，突出抓好债务风险防范化解,坚持遏增量、化存量,综合采取盘活资产资源、争取专项债券、打折收购债权、压减部门一般性支出等多种措施，完成了年度政府隐性债务和民营企业中小企业账款化解任务。

【城乡建设】 城市综合承载能力进一步增强，新城区滨水公园、配套管网和道路工程交付使用，全面完成老城区旱厕改造、老旧小区改造、既有居住建筑节能改造、灌区平房区非成套住房改造等工程的年度任务。小城镇建设不断加强，基础设施建设加快推进，“一镇一品、各具特色”的发展格局逐步形成。乡村振兴战略有序实施，人居环境整治三年行动圆满收官，打造国家级、自治区级森林乡村27个，新建维修通村道路120余公里，新建生活垃圾无害化处理站10处、公共厕所10座，户用卫生厕所普及率达到44%以上；着力构建“基层党组织+农村能人+专业合作组织+龙头企业+农牧民”群体型利益联结机制，打造“美家美院”“新时代文明实践”等精神文明建设平台，全面41推进产业、人才、文化、生态和组织“五个振兴”，开鲁乡村新的生产方式、新的生活方式正在形成。

【文化旅游】 文旅产业加快发展。完善旅游公共服务体系，创新旅游发展思路，规划全域旅游景区景点49处，打造东风至麦新旅游精品路线，围绕50万亩现代农业示范区，新建民主、永合自驾游驿站、东风亲子乐园、生态林果采摘区、七家子民俗家风馆，麦新镇红色研学基地被命名为全市民族团结进步教育基地。举办全县安代广场舞大赛和麦新文化艺术节，原创话剧《大刀进行曲》入选自治区草原文化节精品展演剧目，荣获全市首届乌兰牧骑文艺汇演创作类金奖；完成七家子村辽代古墓保护性回填和大榆树古榆的保护性救治。

【卫生健康】 为提升核酸检测能力，县域内县疾控中心和县医院的PCR实验室改造建设已完成并投入使用。累计核酸检测8.25万人次，累计冷链食品与环境检测2574份，检测结果均为阴性。中医院通过自治区二级甲等中医综合医院评审，东来卫生院业务综合楼、周转宿舍投入使用。

【荣誉】 4月，开鲁县被国家标准化管理委员会认定为国家专用玉米种植综合标准化示范区，第二批全国农村综合改革标准化试点——农业社会化服务标准化试点。10月，开鲁县被中央农办、农业农村部认定为全国新一轮农村宅基地制度改革试点地区。开鲁县被中央农村工作领导小组办公室农业农村部通报表扬为全国农村承包地确权登记颁证工作典型地区。12月，开鲁县被农业农村部等七部委认定为第四批中国特色农产品优势区。

【开鲁红干椒中国特色农产品优势区】 2020年12月《农业农村部、国家林业和草原局、国家发展改革委、财政部、科技部、自然资源部、水利部关于认定中国特色农产品优势区(第四批)的通知》发布，经县市(垦区、林区)申请、省级推荐、专家评审、网上公示等程序,开鲁县作为“开鲁红干椒中国特色农产品优势区”名列其中，是内蒙古自治区唯一一个入选本批次地区。

（范俊楠 王浩然）

库伦旗

【概况】 库伦旗位于内蒙古自治区通辽市西南部、南与辽宁省阜新蒙古族自治县、彰武二县毗邻，西、北、东与奈曼旗、科左后旗相连。2020年底，全旗辖8个苏木乡镇、1个社区服务中心，187个嘎查村、8个社区。总面积4709平方公里。2020年底，库伦旗总人口176525人，其中蒙古族107897人、占总人口的61.1%，汉族62855人、占35.6%，满族4348人、占2.46%，回族1171人、占0.6%，另有达斡尔、鄂温克、锡伯等少数民族201人。全旗地区生产总值完成54亿元，限额以上固定资产投资完成7.77亿元，一般公共预算收入完成1.3亿元，社会消费品零售总额完成10.52亿元，城乡常住居民人均可支配收入分别达到28412元和13468元，主要经济指标增速均位于全市中上水平。

【抗疫与复产】 第一时间成立领导小组、组建指挥部，严格落实外防输入、内防反弹要求，常委班子成员带头深入一线督促指导、层层压实“四方责任”，集中力量落实“四早”措施，迅速构建起联防联控、群防群控的坚固防线。投入资金1032.4万元保障疫情防控资金需求。坚持“人物同防”不放松，对所有市场主体疫情防控措施落实情况进行常态化检查,坚决阻断疫情传播渠道。扎实做好“六稳”“六保”工作，深化助企纾困和激发市场活力政策举措，全年减税降费3204万元。千方百计稳住就业基本盘，全旗1万余家经营主体全部恢复营业，用工与上年基本持平。出台了金融支持实体经济高质量发展若干措施，金融机构存贷款余额分别增长8.26%和29.2%。

【三大攻坚战】 全面落实“四不摘”政策，狠抓产业升级、群众稳定增收、巡视督查整改等各项工作，狠抓京蒙对口帮扶和中央机关定点帮扶，全旗干部群众合力攻坚，区市旗三级工作队协同发力，全旗建档立卡贫困人口人均纯收入14768元，所有建档立卡贫困人口全部脱贫，所有贫困嘎查村全部出列，库伦旗退出贫困旗县序列，创新创业服务联盟扶贫模式入选国际减贫案例，实现了脱贫攻坚决战决胜。打好防范化解重大风险攻坚战。强化政府债务管理，通过一般公共预算、企业自有资金等举措，全年化解债务7.3亿元，民营企业、中小企业账款全部化解完成。深入查找和整治政治、意识形态、经济、社会、党的建设等各领域重大风险点,社会大局持续稳定。打好污染防治攻坚战。全面贯彻落实习近平生态文明思想，狠抓大气、水、土壤污染防治。持续深入开展环境执法检查，严格执行矿产资源开发准入制度。中央环保督察及“回头看”、草原专项督察整改工作全面完成。持续加强生态建设，完成科尔沁沙地综合治理44万亩，草原生态修复治理30万亩，城区空气质量优良天数比例达到90%以上，绿色发展环境持续向优。

【生态建设】实施全域全时全畜种禁牧。统筹“山水林田湖草沙”系统治理，完成科尔沁沙地综合治理2.93万公顷、草原生态修复治理2万公顷，草原植被盖度达到65%。以大扁杏、锦绣海棠为主的经济林面积达到0.67万公顷。

【社会民生】 全力推进国家统编教材使用工作，全旗所有蒙授中小学全部使用国家统编《语文》教材。启动实施库伦第一中学迁建、学前三期等工程，充实专业教师79人。多渠道开展就业培训，城镇新增就业1307人。启动2处医共体试点建设。城乡养老、低保、医疗救助等各项社会保障实现应保尽保。全面抓好“12345”市民服务热线交办事项办理工作，群众幸福感不断提升。“五位一体”矛盾化解中心投入使用，形成矛盾纠纷多元化解格局。全面完成扫黑除恶专项斗争，累计办结案件线索549条，破获涉恶类刑事案件69件、查处涉恶类治安案件282件、筛查“保护伞”问题线索8件。深入推进煤炭领域专项整治，狠抓国家安全、安全生产、消防安全、道路交通、食品药品等各领域工作，经济社会发展大局持续稳定。

【“库伦旗‘双创双带’社会扶贫模式”入选首批最佳案例】 11月24日第二届“全球减贫案例征集活动”首批34个最佳案例获奖名单在2020全球减贫伙伴研讨会上揭晓。库伦旗报送的“少数民族地区县域小微民营企业打造农村牧区减贫新动能——内蒙古库伦旗‘双创双带’社会扶贫模式”入选首批最佳案例。

（额德日木图）

奈曼旗

【概况】 奈曼旗位于内蒙古自治区通辽市西南部，科尔沁沙地南缘，地处北纬42°14′40″～43°32′20″，东经120°19′40″～121°35′40″。南与辽宁省阜新市、北票市毗邻，东与库伦旗接壤，西与赤峰市敖汉旗、翁牛特旗相邻，北与开鲁县隔河相望。全境东西宽约68公里，南北长约140公里，总面积8135平方公里。全旗辖14个苏木乡镇、1个国有农场、1个街道办事处。共有355个嘎查村、9个社区居委会。建制镇8个，分别为：大沁他拉、八仙筒、青龙山、新镇、治安、东明、沙日浩来、义隆永；苏木4个，分别为：黄花塔拉、白音他拉、明仁、固日班花；乡2个，分别为：土城子、苇莲苏；国有农场、街道办事处：即六号国有农场、大沁他拉街道办事处。2020年总人口444727人，其中汉族259504人，蒙古族177062人，其他少数民族8161人。

奈曼旗属北温带大陆性季风气候，四季分明。年平均气温7.82摄氏度，年降水量254毫米，总日照时数2626.5小时，无霜期153天左右。

奈曼旗资源十分丰富。盛产玉米、水稻、葵花、荞麦等20多种无公害粮油作物。大理石、石灰石、麦饭石、金、银、铜、铁、铅、锌等已探明储藏30多种。大理石、石灰石、麦饭石储量分别达到0.17亿吨、4.25亿吨和405万立方米。原油初步探明储量1亿吨以上，油页岩储量27761万吨。压裂砂、硅砂、型砂品位高、总储量约300亿吨。水源充足，河网密布。全旗共有7条河流。北部有老哈河、西辽河，中部有叫来河、孟可河，南部有牤牛河、杜贵河及柳河的支流。

全旗地区生产总值（GDP）完成124.53亿元。三次产业，第一产业增加值完成39.19亿元，同比增长1.7%；第二产业增加值完成26.48亿元，同比下降9.9；第三产业增加值完成58.86亿元，同比增长1.6%，三次产业比为31.4∶21.3∶47.3，人均地区生产总值为30605元。

全年粮食产量达到23.3亿斤，增长2.79%。全旗规模以上工业企业31户，完成工业总产值31.26亿元，同比下降19.5%。

全旗公共财政预算收入完成3.87亿元，比上年同期减少2.08亿元，下降34.98%，其中，税收收入完成2.5亿元，下降6.22%；非税收入完成1.37亿元，下降58.33%。全旗公共财政预算支出完成42.17亿元，比上年同期减少2.78亿元，下降6.18%，其中，民生支出33.36亿元，下降5.78%，占公共财政预算支出比重为79.1%。

年末全旗金融机构人民币各项存款余额122.31亿元，同比增长23.06%，其中，全旗金融机构住户存款余额为101.15亿元，同比增长17.98%；非金融企业存款余额12.49亿元，同比增长50.84%；广义政府存款余额12.77亿元，同比增长19.97%，财政性存款余额5.08亿元，同比增长34.25%，机关团体存款余额7.70亿元，同比增长10.65%。全旗金融机构人民币各项贷款余额62.19亿元，同比增长25.33%，其中，住户贷款余额49.70亿元，同比增长40.87%；非金融企业及机关团体贷款余额12.49亿元，同比下降12.90%。

【绿色发展】 全旗有10个旗县级自然保护区和3个自然公园，总面积7.87万公顷。自然公园中，国家级沙漠公园1个：内蒙古奈曼宝古图国家沙漠公园；自治区级森林公园1个：内蒙古兴隆沼自治区森林公园；国家级湿地公园1个：内蒙古奈曼孟家段国家湿地公园。

【人民生活】 2020年，全旗全体居民人均可支配收入18726元，同比增长3.8%。其中，城镇常住居民人均可支配收入完成29566元，同比增长2.2%；农村牧区常住居民人均可支配收入完成13726元，同比增长9.0%。全体居民人均消费支出12470元，同比下降3.9%。分城乡来看：城镇常住居民人均消费支出15951元，同比下降5.1%；农村牧区常住居民人均消费支出10909元，同比下降0.8%。

【社会保障】 全年参加城镇职工基本养老保险的人数为16801人，同比增长0.9%，参加城乡居民基本养老保险的人数178303人，同比增长3.1%；参加基本医疗保险的人数386943人，同比下降0.3%；参加失业保险的人数20000人，同比增长29.8%；参加工伤保险的人数为22467人，同比增长1.2%。

【国家蒙中药材种植标准化示范区正式在奈曼旗挂牌成立】 5月，国家蒙中药材种植标准化示范区正式在奈曼旗挂牌成立。国家蒙中药材种植标准化示范区建设，能使蒙中药材产业链全面升级，进一步提升道地蒙中药材品种选育能力、集成创新能力、优质供给能力，实现蒙中药材产品结构优化、提质增效、转型升级，夯实蒙中医药发展物质基础。

（孙福昌）

扎鲁特旗

【概况】 扎鲁特旗地处通辽市西北部，地理坐标北纬43°50′13″～45°35′32″，东经119°13′48″～121°56′05″。土地总面积17471平方公里。地处大兴安岭南段、科尔沁草原腹地，辖15个苏木镇、3个国有农牧场、1个街道社区服务中心，206个行政嘎查村、29个分场、16个城乡社区居委会。总人口30.57万人，其中蒙古族15.59万人。通霍铁路南北纵穿境内71公里，锡林浩特—乌兰浩特铁路通过境内北端。全旗“三横五纵”主骨架公路已经形成，其中304国道、306省道在旗境内呈“十字”交叉，是内蒙古东部地区和东北工业基地对接的纽带。旗政府所在地鲁北镇距通辽市政府所在地160公里，距沈阳市410公里距锦州港490公里，均有高速公路与之连接。辖区内有9条河流、25条支流，水资源总量近8亿立方米。境内矿产资源丰富，存储量占全市矿产资源总量的80%左右，发现各类矿床（点）120多处，煤炭储量近97亿吨、类石墨储量1.2亿吨、稀有金属矿2亿吨，“801”稀有金属矿为世界特大型矿床。草牧场1828万亩，牧业年度牲畜存栏247.1万头只，其中牛存栏37.9万头。有林面积833万亩，林草覆盖率达到90%，先后荣获国家级生态示范区、全国生态与保护建设示范旗、自治区级卫生旗县、自治区级园林县城等荣誉称号，被誉为中国乌力格尔之乡、中国民族曲艺之乡、中国民族版画之乡。

2020年，全旗地区生产总值完成131.94亿元，同比增长-1.5%，其中，第一、二、三产业分别完成36.46亿元、44.62亿元和50.86亿元，同比分别增长1.6%、-5.8%、-0.1%，三次产业比为27.6∶33.8∶38.6。规模以上工业增加值增速同比增长-5.1%；固定资产投资完成28亿元，同比增长-31.8%；社会消费品零售总额完成19.9亿元，同比增长-5.6%。城镇人均可支配收入完成31584元，同比增长1.9%；农村牧区人均可支配收入完成18402元，同比增长9.4%。

扎鲁特旗属中温带大陆性季风气候，年均气温6.6℃，年日照时数2882.7小时，无霜期平均139天，年均降雨量382.5毫米。全旗耕地面积223万亩，可利用草牧场1700万亩。有林面积842.87万亩，森林覆盖率34.02%。其中天然次生林724.39万亩，立木蓄积量259.9万立方米。林地中成片的山杏灌木林376.2万亩，居全国旗县之首，年产山杏核280多万公斤。境内有9条较大河流，25条支流，年均水资源总量7.14亿立方米。野生动物150余种。中草药材200多种。全旗共有大小矿点120余处。其中煤炭探明储量120亿吨。

【农牧业】 2020年全旗农作物播种面积12.9万公顷，其中玉米播种面积9.53万公顷（粮饲兼用型5.67万公顷），粮食产量预计可达15.4亿斤，与2019年相比减少1.6亿斤。牧业年度各类家畜存栏271.5万头只，牛存栏44.3万头、羊存栏207.2万只、驴马骡4万匹。按照“减羊增牛、强牛兴牧、提质增效”的发展战略，2020年牛存栏44.3万头，较上年度增长6.4万头，增长16.9%。能繁母牛存栏27万头、母牛比重60.9%。有养牛户数2.2万户，存栏基础母牛超万头的苏木镇9个、超千头的嘎查村83个、超百头的养殖场134个。全旗生猪存栏16万口，能繁母猪1.39万口。生猪养殖场11个，存栏生猪11.9万口，其中扎旗牧原农牧有限公司生猪存栏已达到9.86万口、基础母猪0.9万口。以肉牛养殖为重点的规模养殖场和家庭牧场不断发展壮大，现发展到332个和775个。全旗农牧业机械拥有量33240台，其中农业以播种收获、牧业以青贮打草为重点的大中型机械25240台，农牧业机械总动力达到77万千瓦，农牧业综合机械化水平达到86%以上。动物疫病防控已完成畜禽免疫670万头（只）次，做到应免尽免，不留死角，未发生区域性重大动物疫情。全旗布设冷配站点820个，完成肉牛改良17万头，年底预计达到25万头。奶业生产保持稳定。奶牛存栏1.2万头，其中黑白花奶牛0.5万头，乳用西门塔尔奶牛0.7万头。有高标准奶站（蒙牛）2个，日产奶量16.25吨，乳制品小作坊136个，日乳品产量20.2吨。高标准农田项目建设总规模24.3万亩，总投资2.75亿元。完成0.89万公顷，有4020公顷已开工建设，其余3313.33公顷将于11月中旬招标后，开工建设。2020年先后安排两批“厕所革命”建设任务共12561户，已全部完工。并已启动新下达的第三批6100户旱厕改造提升任务，力争年内完成。

【文化旅游】 邀请辽宁省工商联旅游业商会、辽宁交旅交通旅游产业发展有限公司到扎鲁特旗考察旅游线路并开展业务对接进。邀请吉林前郭县民族歌舞传习中心开展交流演出。邀请长春市文物局博物馆联盟来扎鲁特旗调研并开展文化交流。组织参加在乌拉盖举办的“百家媒体、百家旅行社”旅游宣传活动，并进行旅游推介。成功举办阿日昆都楞镇首届农牧民那达慕大会、2020亚洲巴哈“一战到底”汽车越野拉力赛、乌兰牧骑汇演、首届广场舞大赛、科尔沁民间艺术团体民歌曲艺大赛扎鲁特旗分站赛等重大活动。举办迎新春文墨书香送祝福、文化下乡志愿服务活动进万家、“4.23”世界读书日、“春耕备耕”文化惠民送科技服务活动、全国“公共图书馆服务宣传周”活动等活动37项，参与人数2145人次。利用“五一”假期组织乌力格尔艺术团进入誉州社区、玉龙社区开展文艺辅导活动。乌兰牧骑深入基层开展“百团千场”走基层文化惠民演出、“弘扬乌兰牧骑精神到人民中间去暨脱贫攻坚百日攻坚基层综合志愿服务”、乌兰牧骑小分队“六进”演出服务活动、“乌兰牧骑月•一切为了人民”为主题的文化扶贫活动共30余场次。围绕庆祝建党99周年组织开展创作歌颂党，歌颂祖国，赞美家乡的原创诗歌，好来宝《感谢党》《美丽富饶的扎鲁特》《家乡》等20余篇作品。全年文化旅游接待人数17.1万人次，文化旅游综合收入5206万元。科尔沁•乌尼尔草原旅游开发项目申请到自治区补助资金2000万元，用于基础配套设施建设。完成项目选址、勘测和前期规划工作。乌兰牧骑业务用房建设项目完成投资360万元，主体工程已完工。旅游厕所（扎鲁特驿站）项目已申请到自治区旅游厕所建设补助资金100万元，完成招投标工作。申请自治区旅游扶贫专项资金90万元。

【社会保障】 全旗城镇企业职工参保2.1万人，养老保险费征缴1.6亿元，城镇企业职工享受待遇1.9万人，养老金支出4.9亿元。全旗机关事业单位参保298家、0.97万人，征缴基本养老保险费1.2亿元、职业年金0.48亿元，养老金支出1.2亿元，全面完成机关事业单位养老保险准备期结算工作。全旗城乡居民养老保险参保10.8万人，其中享受养老保险待遇2.9万人，养老保险费征缴2388万元，待遇支出5370万元。完成机关事业单位养老保险准备期结算工作。全旗机关事业单位应参保298家，在职9671人、退休4724人，退休人员养老金依托信用联社实现社银发放。实施阶段性减免社会保险费工作。全旗148家中小微企业阶段性减免社会保险费达到2368万元。

（陈明）

霍林郭勒市

【概况】 霍林郭勒市地处科尔沁草原腹地，地理坐标为北纬45°16′～45°46′，东经118°17′46″～119°46′12″。西部、西北部和北部与锡林郭勒盟东乌珠穆沁旗毗邻，西南部、南部和东南部毗邻通辽市扎鲁特旗，东部、东北部与兴安盟科尔沁右翼中旗连接。境域东西长38公里，南北宽28公里，周长113公里，总面积1390平方公里（含军马场生态保护区），其中霍林郭勒市内面积585平方公里，军马场生态保护区面积805平方公里。

霍林郭勒市隶属于通辽市，全市管辖1个苏木，下设2个嘎查、3个村，4个街道办事处，下设18个社区，1个军马场生态保护区。

户籍人口总数83513人，其中城镇人口74474人，占比89.2%，农村人口9039人，占比10.8%；男性42579人，占比51%，女性40934人，占比49%；其中汉族人口45005人，占比54%；蒙古族33713人，占比40.3%；满族4112人，占比4.9%；其余为回族、达斡尔族、朝鲜族人口。人口出生率8.4‰，人口死亡率2.34‰，人口自然增长率6.06‰。

霍林郭勒地处大兴安岭南段西翼脊部，处在东北亚晚中生代的断陷带，是巴音胡硕至二连盆地群东部的一个代表性含煤盆地，地势四周高中间低，地形分为丘陵山地、堆积台地和冲积平原。丘陵山地是霍林郭勒地形的主要特征，在西北部多为火山岩组成的中低山，海拔在1100米～1300米；堆积台地海拔在870米～1100米，分布在丘陵山地基部；冲积平原主要分布在霍林河及其各支流宽阔流域，河床平浅多弯曲，海拔在779米～870米。境内海拔最高点1317米，最低点779米。境内山脉多为中低山，西北—东南走向，平均海拔1000米。

2020年，地区生产总值完成143.96亿元，同比下降1.6%。其中：第一产业增加值2.46亿元，同比增长1.6%；第二产业增加值103.5亿元，同比下降2.4%；全部工业增加值96.25亿元，同比下降2.4%；第三产业增加值37.82亿元，同比增长5%。三次产业比为1.8∶71.9∶26.3。一般公共预算收入12.86亿元，同比增长27%，其中，税收收入10.8亿元，同比增长24.18%；财政支出18.55亿元，同比增长14.23%，其中，一般公共服务支出1.61亿元，同比增长2.3%；社会保障和就业支出3.54亿元，同比增长9.3%；教育支出3.08亿元，同比增长4.3%。

2019年，平均气温为3.2℃，最冷月平均气温为-16.5℃，最热月平均气温为20.8℃，极端最高气温为34.8℃，极端最低气温为-28.2℃，年平均气压为914.8hPa，年总降水量为327.8毫米，年平均相对湿度为53%，年总日照时数为2937.9小时，年主导风向为西西北，年积雪天数为49天。

【自然资源】 矿产资源——霍林郭勒境内勘探出的矿产资源主要有煤、食盐、硅石、石灰石等。探明煤矿储量达119亿吨；另有食盐储量2328万吨；硅石储量5000万吨以上，叶蜡石矿储量5000万吨，石灰石储量1149万吨；矿泉水储量在7000万立方米。有霍林河煤矿。

野生植物——霍林郭勒境内有野生植物60科、200属、600余种。主要有羊草、线叶菊、洽草、糙隐子草、野古草、星星草、野葱、野豌豆、针茅、蕨菜、黄花、野韭菜、蘑菇、木耳、地耳、芍药、车前子、柴胡、龙胆草、防风、知母、狼毒、麻黄草、黄芪、山杏核、党参等。

野生动物——霍林郭勒市境内主要有黄羊、鹿、野兔、狼、狐狸、狍子、旱獭、獾、百灵鸟、野鸡、沙半鸡、水鸭、猫头鹰、草原鹰、雕等。

风能资源——霍林郭勒市属二级风能区，实测10米高度处年平均风速5.8米/秒，年平均风能密度291瓦/平方米，4～24米/秒有效风速时数为6318小时。风电装机18万千瓦。

水资源——霍林郭勒市河流主要分为三个流域：霍林河流域、敦德诺尔流域、乌拉盖流域。霍林河是霍林河流域的主要水系。它发源于扎鲁特旗西北部福特勒罕山北麓，流向东北，经霍林郭勒地区后折向正东，在兴安盟科右中旗吐列毛都与南来的坤都冷河汇合，再折向东南，流经白音胡硕、高力板、通榆、入查干泡子，在大安市以下汇入嫩江。干流全长590千米，流域面积27840平方千米，其中在内蒙古自治区境内面积12019平方千米，长度352千米，河道平均比降2.8‰。

霍林河流域骆驼脖子出口断面以上流域面积1395平方千米，该断面以上的霍林河主要有5条支流，分别为查格达河、茫给尔特河、和热木特河、浑迪音河和巴润河。其中，和热木特河有2条支流，浑迪音河有2条支流。

【生态保护】 统筹"山水林田湖草（矿）"系统治理，投入1.57亿元，修复矿山8879亩，矿山生态修复治理实现动态清零。高质量承办全区绿色矿山建设现场会，建成绿色矿山2个，被生态环境部列为矿山生态修复典型。严格落实河长制，全市河流水质稳定达标。突出抓好军马场生态保护，制定《额仑草原（军马场区域）生态保护修复工作实施方案》，启动14万亩退耕还草工程，大力推进国家草原自然公园建设。完成森林抚育1万亩、异地造林2800亩，回租耕地种草7700亩，修复草原便路220条、1688亩，壮美亮丽的草原风光成为新名片。

（张奇）

赤峰市

【概况】赤峰市位于内蒙古自治区东部，东北地区西端，西辽河上游，东部与通辽市毗邻，东南部与辽宁省接壤，西南部与河北省交界，西部、北部与锡林郭勒盟相连。地处内蒙古高平原向松辽平原过渡地带，三面环山，北部为大兴安岭南段山地，西南部为七老图山，东南部为努鲁尔虎山。地势西高东低，西部地势最高海拔2067米，东部地势最低海拔不足300米。总面积90021平方公里，东西最宽375公里，南北最长457.5公里。

赤峰市辖12个旗县区，21个街道办事处，132个苏木乡镇。12个旗县区：阿鲁科尔沁旗、巴林左旗、巴林右旗、林西县、克什克腾旗、翁牛特旗、喀喇沁旗、宁城县、敖汉旗、红山区、松山区、元宝山区。全市户籍人口455.89万人，其中城镇人口141.61万人，乡村人口314.28万人；17岁以下人口78.11万人，60岁以上人口94.02万人。全年出生人口3.81万人，死亡人口6.05万人。全市居住汉族、蒙古族、回族、满族、朝鲜族、达斡尔族、壮族、黎族、苗族等44个民族。其中汉族人口339.29万人，占总人口74.4%；蒙古族人口97.9万人，占总人口21.5%；满族人口15万人，占总人口3.2%；回族人口3.15万人，占总人口0.6%。

全市土地总面积869.16万公顷，耕地保有量119.69万公顷，基本农田保护面积96.48万公顷。全市发现矿产资源83种、矿产地1600多处，主要有铜、铅、锌、锡、钨、钼等有色金属，金、银等贵金属，锰、铁等黑金属，石灰石、萤石、硅石、电气石、叶蜡石等非金属矿产资源。

初步核算，全年地区生产总值1763.6亿元，按可比价计算，比上年增长1.4%。其中，第一产业增加值346.4亿元，增长0.8%；第二产业增加值550亿元，增长6.4%；第三产业增加值867.2亿元，下降1.4%。三次产业比例为19.6∶31.2∶49.2。全年一般公共预算收入118.2亿元，比上年增长7%。其中，税收收入84.8亿元，增长2.9%；非税收入33.4亿元，增长19.4%。全年一般公共预算支出614.5亿元，比上年增长12.7%。其中，民生支出448.6亿元，占一般公共预算支出的73%。

【农业】 全年农作物总播种面积142.2万公顷，比上年增长0.3%。其中，粮食作物播种面积111.2万公顷，增长0.7%；经济作物播种面积31万公顷，下降1%。粮食总产量611.7万吨，比上年增长1.1%。经济作物中，油料产量17.3万吨，下降15.6%；甜菜产量197.9万吨，增长10.5%；蔬菜及食用菌产量324万吨，下降2.1%；水果产量34.5万吨，下降0.5%。年末全市农牧业机械总动力630.5万千瓦，比上年增长8.1%。全年新增农田节水灌溉面积3.5万公顷。

【畜牧业】 截至2020年6月末，全市牲畜存栏1906万头只，牛存栏244.8万头，同比增长12.11%；羊存栏1289万只，同比下降2.85%，昭乌达肉羊存栏350万只；猪存栏290.2万头，同比增长1.22%，其中能繁母猪存栏30.43万头，同比增长2.28%；禽存栏3333.6万只，同比增长2.45%。全年累计出栏肉牛141.8万头，出栏肉羊860.3万只，出栏生猪468.3万头，出栏肉禽5034.4万只。全年肉、蛋、奶生产能力预计分别达到70万吨、38万吨和40万吨，全年生产水产品预计1.3万吨。全市畜禽良改率达到97%以上、畜禽规模化养殖比重达到60%以上。

【林业】 全年完成营造林面积8.9万公顷。其中，人工造林3.7万公顷，封山育林0.4万公顷，森林抚育1.5万公顷，退化林修复3.3万公顷。完成退耕还林造林面积0.5万公顷，完成京津风沙源治理工程造林面积1.8万公顷。全市有各级各类自然保护区28个。其中，国家级8个、自治区级9个、市级3个、旗县区级8个。自然保护区面积113.2万公顷。其中，国家级67万公顷，自治区级25.2万公顷，市级6.8万公顷，旗县区级14.2万公顷。

【水利】 全年总用水量22.1亿立方米，比上年增长1.2%。其中，生活用水下降7.3%，工业用水下降24.9%，农业用水增长4%，生态补水增长2.1%。万元工业增加值用水量27.2立方米，下降28.7%。中心城区河道防洪治理项目合同内工程全部完工，2020年9月1日转入运营。累计完成投资5.6亿元的三座店引供水工程完成全部建设内容，7月1日转入商业运营，已实现正常供水，当年向下游生态补水600万方，城区供水400余万方。林西县东台子水库工程总投资21.48亿元，2019年开工建设，2020年完成投资3.34亿元，累计完成投资13.986亿元，大坝基础防渗墙提前半年建设完工，继续纳入十四五规划中。巴林左旗琥珀沟水库枢纽工程总投资7.96亿元，2019年开工建设，2020年完成投资8500万元，共完成投资3.7亿元，继续纳入十四五规划中。

【工业】 全年全部工业增加值比上年增长3.7%。其中，规模以上工业增加值增长6.2%。在规模以上工业中，分经济类型看，国有及国有控股企业增长8.1%，集体企业下降55.6%，股份制企业增长6.3%，外商及港澳台投资企业增长11.8%。分门类看，采矿业下降12.9%，制造业增长17.4%，电力、热力、燃气及水生产和供应业增长2.6%。分轻重工业看，轻工业下降6%，重工业增长7.9%。冶金、能源、食品、医药制造、建材、纺织、化工和机械制造等八个重点行业增加值增长7%，对规模以上工业的贡献率为109.1%，拉动规模以上工业增长6.8个百分点。

【城乡建设】 全市计划实施市政公用项目273个，总投资235.45亿元，计划完成投资65.07亿元，全年开工205项，完成投资54.8亿元。完成建筑业产值232.1亿元，同比增长3%，其中外埠产值58.8亿元，同比增长31.7%。全市房地产开发投资完成214.17亿元，同比下降5.33%；累计新开工面积635.4万平方米，同比上涨28%。

【环境保护】 2020年，中心城市环境空气优良天数为348天，优良天数比例达到95.1%，空气质量连续6年改善；地表水国考断面优良水体比例为83.3%，劣V类水体比例为0；城市集中式饮用水水源水质达标率保持100%；地下水考核点位水质极差比例为0；土壤环境供量保持总体稳定。

【贸易】 全年社会消费品零售总额583.4亿元，比上年下降5.8%。按经营地统计，城镇消费品零售额435.2亿元，下降6.3%；乡村消费品零售额148.2亿元，下降4.3%。按消费类型统计，商品零售额517.6亿元，下降6.1%；餐饮收入65.9亿元，下降3.7%。在限额以上单位商品零售额中，粮油、食品类零售额比上年增长37.5%，烟酒类增长141.5%，中西药品类增长2.5%，家用电器及音响器材类下降29.8%，汽车类下降1.2%。

全年对外贸易进出口总额99.9亿元，比上年增长60%。其中，出口27.2亿元，下降7.8%；进口72.7亿元，增长120.9%。全年实际利用外商投资1.5亿元，比上年增长118%。

【服务业】 全年服务业增加值867.2亿元，比上年下降1.4%。其中，批发和零售业增加值158.5亿元，下降5.3%；交通运输、仓储及邮政业增加值70.5亿元，下降3%；住宿和餐饮业增加值24.5亿元，下降20.8%；金融业增加值91亿元，增长1.4%；房地产业增加值117.5亿元，增长0.5%。全年规模以上服务业企业营业收入比上年增长4.8%。

全年公路货物运输量16861.7万吨，比上年下降2.9%。货物运输周转量219.9亿吨公里，下降37.5%。旅客运输量1018.8万人，比上年下降43.2%；旅客运输周转量10.9亿人公里，下降50.3%。全年铁路发货量1715.9万吨，比上年增长8.8%；到货量1305.5万吨，增长50.5%。全年民航旅客运输量129.1万人，比上年下降31.8%；货运量0.3万吨，下降21.8%。

全年完成邮政行业业务总量9.1亿元，比上年增长20.3%。快递服务企业业务量2660.4万件，比上年增长48.5%。年末移动电话用户460.8万户，比上年末增长1.6%。移动互联网用户402.4万户，增长18%；固定宽带用户101.6万户，增长12.1%。

【金融和保险】 年末金融机构人民币各项存款余额2605.8亿元，比上年末增长7.6%。其中，住户存款余额1968.3亿元，增长14.1%。年末金融机构人民币各项贷款余额2155亿元，比上年末增长7.3%。其中，中长期贷款余额1412.9亿元，增长8.1%；短期贷款余额736.2亿元，增长6.5%；个人消费贷款余额731.3亿元，增长19.2%；商业性个人住房贷款564.2亿元，增长24.8%。

全年保险公司保险保费收入99.3亿元，比上年增长0.2%。其中，财产险收入33.7亿元，增长4.5%；人身险收入65.6亿元，下降1.9%。支付各类赔款及给付31.1亿元，比上年增长7%。其中，财产险支出16.4亿元，增长8.9%；人身险支出14.8亿元，增长3.9%。

【科学技术和教育】 全年科技成果登记41项，比上年下降24.1%。专利申请2160件，增长36%。授权专利1455件，增长55.5%。全年签订技术合同201项，下降23%。技术合同成交金额1.7亿元，增长2.4%。

全市有普通高等学校5所，招生0.8万人，比上年增长1.2%；在校生2.4万人，增长1.6%；毕业生0.7万人，增长5.6%。中等职业学校33所，招生1.5万人，增长15.3%；在校生3.5万人，增长13.6%；毕业生0.9万人，下降9.7%。普通高中41所，招生2.8万人，增长6.3%；在校生7.9万人，增长0.7%；毕业生2.7万人，下降1.5%。初中104所，招生4.2万人，增长3.7%；在校生12.6万人，下降1.7%；毕业生4.4万人，增长7.7%。小学392所，招生4.5万人，增长9.1%；在校生25.6万人，增长1.4%；毕业生4.1万人，增长3.4%。初中升高中入学率为94.7%，初中阶段毛入学率为96.1%，小学适龄儿童入学率为100%。

【文化旅游卫生健康和体育】 全市有艺术表演团体10个，其中，乌兰牧骑10个。公共图书馆14个，文化馆13个，博物馆22个。广播综合人口覆盖率99.5%，电视综合人口覆盖率99.5%。全年接待游客1550.2万人次，比上年下降28.4%；实现旅游收入201.1亿元，下降42.9%。

全市有医疗卫生机构1614个（不含村卫生室），其中，医院101个、卫生院238个、社区卫生服务中心105个、疾病预防控制中心13个、妇幼保健计划生育服务机构13个、卫生监督机构13个、专科疾病防治院（所）3个。年末医疗卫生机构实有床位3.2万张，卫生技术人员3.4万人。

全年发展二级运动员84人。全市国家一级社会体育指导员630人，国家二级社会体育指导员2285人。全市有社区和嘎查村健身点2233个。

【社会保障】 年末参加城镇职工基本养老保险人数103.5万人，比上年末增长4.4%。参加城乡居民社会养老保险人数166.5万人，增长0.4%。参加基本医疗保险人数399.5万人，下降1.2%。2.6万人享受城镇居民最低生活保障，最低生活保障月人均补助水平由上年的561元增加到570元。33.6万人享受农村牧区居民最低生活保障，最低生活保障月人均补助水平由上年的257元增加到274元。全市有民办公办养老机构161个，床位1.6万张。

【人民生活】 全年全体居民人均可支配收入23663元，比上年增长3.7%。按常住地分，城镇居民人均可支配收入34770元，增长2%；农村牧区居民人均可支配收入13740元，增长8.9%。全年全体居民人均消费性支出14671元，比上年下降1.6%。按常住地分，城镇居民人均消费性支出19048元，增长0.9%；农村牧区居民人均消费性支出11481元，下降1.8%。年末城镇居民人均住房建筑面积32.2平方米，与上年持平。农牧民人均居住面积31.5平方米，比上年增加1.1平方米。

【喀赤高铁建成通车】 喀赤高铁是中国铁路“八横八纵”高铁网中京哈高铁的重要组成部分，总里程157.4公里，设计速度250千米/小时，项目总投资170.2亿元，线路自京沈高铁喀左站至赤峰站，设有喀左、建平、宁城、平庄、赤峰5个客运站，赤峰市境内站点为赤峰、宁城、平庄站。2016年7月29日开工建设，2020年6月30日开通运营，2020年7月1日，赤峰市委、市政府在赤峰站举办“赤峰至京沈高铁喀左站铁路开通及列车首发仪式”。

2020年7月1日，赤峰市委、市政府，在赤峰站召开喀赤客专开通及列车首发仪式 （张永太）

【荣誉】 赤峰市是国家优秀旅游城市、中国天鹅之乡、全国双拥模范城市、全国社会治安治理先进市、全国卫生城市、国家森林城市、国家园林城市、中国50家投资环境诚信安全区、中国有色金属之乡。2020年，赤峰市获得“全国双拥模范城”荣誉称号，实现“九连冠”。

（李向阳）

红山区

【概况】 红山区位于内蒙古自治区东部、赤峰市南部，地处华北和东北地区结合部，总面积506平方公里，是赤峰市经济、文化和教育中心。城区东部与赤峰市元宝山区相连，南部、西南部与赤峰市喀喇沁旗毗邻，北部、西北部与赤峰市松山区交界，东西最大距离27.9公里，南北最大距离35.2公里。地形属内蒙古高原边缘、大兴安岭余脉围绕而形成的赤峰盆地南部，以浑圆丘梁和长梁为主，属半川半丘陵区，地势由四周向中间倾斜，起伏不大，平均海拔809.5米。

2020年，红山区辖2个镇、11个街道办事处、27个行政村、57个社区，常住人口46.91万人。全年全体居民人均可支配收入38736元，比上年增长3%。按常住地分，城镇居民人均可支配收入38959元，增长2%；农村牧区居民人均可支配收入23148元，增长8.6%。全年全体居民人均消费支出24613元，按常住地分，城镇居民人均消费支出24808元，农村牧区居民人均消费支出10839元。

全区人居环境建设明显提升，建成区面积48.56平方公里，绿化覆盖面积2321.42公顷，绿地面积2189.39公顷，人均公园绿地面积23.24平方米，建成区绿化覆盖率为47.81%，建成区绿地率为45.09%，生活垃圾无害化处理率为100%。全年环境空气质量优良天数348天，同比上年增加6天，优良比率为95.1%。英金河下游小南荒断面水环境质量明显改善，中心城区集中式饮用水水源地水质各项指标均符合国家《地下水质量标准》III类标准要求，达标率100%。土壤环境质量全面向好。有各级各类自然保护区1个，面积740.49公顷。森林覆盖率27.8%，林木绿化率30.01%。

全年地区生产总值298.2亿元，按可比价计算，比上年增长1.9%。其中，第一产业增加值8.4亿元，下降1.1%；第二产业增加值108.1亿元，增长3.4%；第三产业增加值181.7亿元，增长1.2%。三次产业比例为2.8∶36.3∶60.9。全年新增城镇就业9246人，转移农村劳动力15026人次，年末城镇登记失业率为4.31%。全年一般公共预算收入完成28.6亿元，比上年增长5.7%。收入结构，税收收入24.1亿元，增长2.7%；非税收入4.5亿元，增长25.7%。全区一般公共预算支出37.5亿元，比上年增长17.9%。其中，民生支出20.7亿元，占一般公共预算支出的55.2%。全区工矿商贸类生产经营单位未发生致人死亡的生产安全事故，生产安全事故起数和死亡人数比上年下降100%，亿元GDP生产安全事故死亡率为零。

【农业】 2020年，红山区农业生产增速放缓。全年农作物总播种面积14661.69公顷，比上年下降7.3%。其中，粮食作物播种面积12805.94公顷，下降6.2%；经济作物播种面积1855.75公顷，下降14.1%。粮食总产量5万吨，比上年下降8.2%。经济作物中，油料产量282.5吨，下降75.5%；蔬菜及食用菌产量11.89万吨，增长0.2%；水果产量1486吨，下降0.3%。特色农业持续发展，全区设施花卉特色水果种植面积87.53公顷，露地油用牡丹、芍药37.93公顷，中药材300公顷，优质杂粮面积800公顷，设施农业1486.67公顷，其中日光温室1246.67公顷，塑料大棚240公顷。全年新增农田节水灌溉面积2000公顷，完成机耕13333.33公顷、机播12666.67公顷，机械精少量播种6666.67公顷，免耕播种66.67公顷，机械深耕2000公顷，机收9333.33公顷，耕、播、收综合机械化水平达到75.57%，比上年提高12.12个百分点。年末全区农牧业机械总动力6.8万千瓦，比上年增长7.6%。全区有规模以上农牧业产业化龙头企业105家。其中加工型企业79家、流通型企业19家、种养殖企业4家、专业市场3家。国家级龙头企业1家、自治区级龙头企业16家、市级龙头企业10家。

【工业和建筑业】 2020年，红山区工业生产总体平稳。全年全部工业增加值比上年增长4.3%。其中，规模以上工业增加值增长5.1%。在规模以上工业中，经济类型，国有企业增长3.3%，股份制企业增长4.2%，外商及港澳台投资企业增长38.6%。分门类看，制造业增长4.6%，电力、热力、燃气及水的生产和供应业增长7.9%。分轻重工业看，轻工业下降14.6%，重工业增长7.8%。冶金、能源、食品、医药制造、建材、纺织、化工和机械制造等8个重点行业增加值增长4.7%，对规模以上工业的贡献率为108.9%，拉动规模以上工业增长4.6个百分点。从主要工业产品产量看，全区饮料酒产量1.25亿升，比上年增长0.8%；硫酸77.11万吨，下降12.9%；水泥18.38万吨，增长1%；钢材405.27万吨，增长17%；十种有色金属19.18万吨，下降26.2%；锌合金10.51万吨，增长3.5%。全年规模以上工业企业实现营业收入261.4亿元，比上年下降8.8%；实现利润总额9亿元，增长26.8%；营业收入利润率为3.44%。规模以上工业企业产品销售率为97.8%。

建筑业稳健发展，全年建筑业增加值比上年增长0.8%。全区具有资质等级的总承包和专业承包建筑业企业27家，实现总产值46.1亿元，比上年增长13.1%。施工企业房屋建筑施工面积184.1万平方米，增长1.8%；竣工房屋面积72.9万平方米，增长98.7%。

【服务业】 全年服务业增加值181.7亿元，比上年增长1.2%。其中，批发和零售业增加值42.9亿元，下降5%；交通运输、仓储及邮政业增加值10.8亿元，下降3.2%；住宿和餐饮业增加值5.8亿元，下降22.8%；金融业增加值22.1亿元，下降2.1%；房地产业增加值31.4亿元，增长11%。全年规模以上服务业企业营业收入比上年增长21.8%。

交通运输业平稳发展，年末公路里程达到609.73公里，其中国道16.38公里、省道25.36公里、县道148.69公里、乡道148.35公里、村道270.94公里。全年公路货运量510万吨，比上年下降19%；货运周转量73950万吨公里，下降11.6%。公路客运量4.7万人次，比上年下降47%；客运周转量3040万人公里，下降23.9%。

【固定资产投资】 2020年，红山区固定资产投资稳步增长，全年固定资产投资（不含农户）比上年增长17.2%。其中，第一产业投资下降62.3%，第二产业投资增长21%，第三产业投资增长17.3%。民间固定资产投资增长22.7%，工业投资增长21%，基础设施投资下降7.6%。按项目隶属关系分，地方项目投资增长17.1%，中央项目投资增长48.3%。

房地产业稳定发展，全年房地产业投资52.7亿元，比上年增长43.5%。其中，住宅投资41.7亿元，增长145.5%；办公楼投资0.2亿元，下降92%；商业营业用房投资2.8亿元，下降51.8%。商品房销售面积83.6万平方米，增长36.4%，商品房销售额59.3亿元，增长15.2%。

【国内贸易】 消费市场持续回暖，全年社会消费品零售总额158亿元，比上年下降5%。按经营地统计，城镇消费品零售额158亿元，下降5%。按消费类型统计，商品零售额153.2亿元，增长0.5%；餐饮收入4.8亿元，下降65.7%。在限额以上单位商品零售额中，粮油、食品类零售额比上年增长13.1%，服装、鞋帽、针纺织品类下降15.4%，家用电器和音像器材类下降45.6%，中西药品类下降1.7%，石油及制品类下降54%，汽车类下降0.6%。

全年商品销售（营业）额比上年下降7.6%。行业划分，批发业销售额下降8.8%；零售业销售额下降4.2%；住宿业营业额下降32.8%；餐饮业营业额下降27%。年末全区亿元以上商品交易市场2家，实现成交额13.36亿元，比上年下降17.1%。

【社会保障】 红山区有各类社会福利机构10家，实有床位1470张。其中公办福利机构1家，床位180张；民办9家，床位1290张。全年共有5930名城乡居民得到最低生活保障救济，其中城镇居民3298人、农村居民2632人，城镇居民最低生活保障标准达到728元/月，农村居民最低生活保障标准达到5160元/年。全年发放城乡最低生活保障资金3503.25万元。年末参加城镇职工基本养老保险7.5万人，比上年增长11.9%；参加城乡居民社会养老保险3.6万人，增长2.8%；参加工伤保险4.9万人，增长63.3%；参加失业保险2.05万人，与上年持平；参加医疗保险24.17万人，增长9.3%；参加生育保险3.19万人，增长35.2%。

【科学技术】 红山区共有国家级高新技术企业18家，国家科技型中小企业年入库数达到18家，位列赤峰市首位；建设各类科技创新平台载体49个，其中国家级平台载体6个，自治区级创新平台载体43个。在自治区级创新平台载体中，有众创空间和科技企业孵化器10家，在孵企业数量达212家；高新技术特色产业化基地2家；科普示范基地1家，院士专家工作站1家，产业技术创新战略联盟2家，共计开展科技创新活动50余项；申请并受理专利67项，发表论文5篇；企业研究开发中心、工程技术研究中心和重点实验室合计达到27家。全年专利申请504件，比上年增长3.1倍；授权专利424件，增长4.6倍。

【教育事业】 年末共有各级各类学校145所，其中小学38所、普通初中11所、普通高中8所、职业教育学校7所、学前教育学校80所、特殊教育学校1所。各级各类在校学生72523人，其中小学31471人、普通初中11863人、普通高中8765人、职业教育3554人、学前教育16730人、特殊教育学校176人，其中随班就读36人。有各级各类专任教师5700人。全区小学适龄人口入学率为100%，初中阶段毛入学率为101.6%，初中毕业升学率为99%。

【文体旅游】 红山区文化事业繁荣发展，共有非物质文化遗产保护项目25个、公共文化馆1个、公共图书馆2个、公共美术馆1个、公共博物馆2个。按照总分馆制建设要求建立文化馆、图书馆分馆13个，乡镇综合文化站2个，“草原书屋”27个，村级文体活动室27个。年末共有艺术表演团体137个，组织开展各类展演展览展示活动120余场，推出10个免费开放公益培训项目，总计开展线上线下公益培训班90余场次，免费培训约3.5万余人次。

体育事业不断进步，城区共有健身广场37处，健身路径2383件，镇（街）小型健身活动中心2处，17个行政村实施农民健身工程，社区和村共有健身点89个，体育健身队伍89支，体育协会22个。社会体育指导员共1742名，其中国家一级社会体育指导员376人，国家二级社会体育指导员378人。全年共计发行体育彩票1.72亿元。

旅游活力恢复，旅游市场主体质量提升，全区共有星级宾馆6家，大中型餐饮企业79家，注册旅行社和网点35家，共有A级旅游景区6家，自治区四星级接待户1家、三星级接待户2家，自治区休闲农业与乡村牧区旅游示范点1家，市级休闲农业和乡村牧区旅游示范点7家。全年接待游客208.5万人次，比上年下降24%；实现旅游收入28.2亿元，下降57%。

【卫生健康】 共有医疗卫生机构542个，其中医院28个，社区卫生服务中心（站）68个，卫生院2个，村卫生室31个，疾病预防控制中心2个，职业病疾病防治院1个，健康教育所（站、中心）2个，妇幼保健院（所、站）2个，急救中心（站）1个，采供血机构1个，卫生监督所（中心）1个。年末医疗卫生单位实有床位8052张，卫生技术人员10148人，其中执业（助理）医师3901人。

（刘海婷）

元宝山区

【概况】 赤峰市元宝山区是赤峰市辖三区之一，位于内蒙古自治区东部，赤峰中心城区东南，地理坐标北纬41°55′28″～42°25′22″，东经119°01′15″～119°30′09″。河北省、辽宁省与内蒙古自治区三省区交界处。东隔老哈河与辽宁省建平县及赤峰市敖汉旗相望，南部与赤峰市喀喇沁旗毗邻，西部、北部与赤峰市红山区、松山区相依。南北长56公里，东西宽39公里，元宝山区政府所在地平庄镇距市中心城区45公里，距北京、天津、秦皇岛、大连、沈阳等环渤海中心城市在500公里经济圈以内，距锦州港210公里，是内蒙古最近的出海通道。国铁叶赤线、京通线，中电投铁路锦赤线，赤通、赤朝高速公路穿境而过，境内有与国铁相连的地方铁路118公里。城乡交融、地企交错、工农杂居，是工矿型、城乡型煤电名城，是联结东北和华北两大经济区的重要交通枢纽。全区总面积952.14平方公里，辖5个镇、1个乡、6个街道办事处，66个村民委员会、50个社区。2020年末，全区常住人口28.46万人，比上年减少0.59万人。其中城镇人口21.72万人，占总人口比重（常住人口城镇化率）为76.32%。全区户籍人口31.12万人，城镇化率50.4%，比上年末降低个0.3百分点。男女性别比102：100（户籍人口）。人口密度299人／平方公里（用常住人口计算）。有汉族、蒙古族、回族、满族、朝鲜族等民族15个（户籍信息）。年末总人口中60岁以上人口6.4万，占比重为20.7%，比上年同期提高0.9个百分点。

元宝山区地处中纬度温带半干旱大陆性季风气候区。主要气候特点是四季分明，春季干旱多风，蒸发量大，气温回升快；夏季雨热同期，降水集中，洪、雹灾害多发；秋季短促，气温下降快，初霜降临早；冬季漫长而寒冷，日照充足。全年平均气温8.1℃，同比低0.2℃。全年降水量374.3毫米，同比多53.8毫米。作物生长季（4-9月）日照时数1061小时，同比少485小时。

2020年，全年地区生产总值实现165.7亿元，同比下降2.6%。其中，第一产业增加值21.8亿元，增长0.0%；第二产业增加值78.5亿元，下降3.6%；第三产业增加值65.4亿元，下降2.3%。三产产业结构为13.1%：47.4%：39.5%。全年一般公共预算收入13.7亿元，同比增长6.0%，其中：税收收入10.3亿元，增长4.0%；非税收入3.3亿元，增长12.9%。一般公共预算支出32.5亿元，同比增长32.2%，其中：一般公共服务支出增长12.1%，公共安全支出增长4.8%，教育支出增长1.4%，科学技术支出下降77.3%，社会保障和就业支出增长16.9%，卫生健康支出下降21.5%，节能环保支出增长5.3%，城乡社区支出增长236.9%。

【农业】 全年粮食作物播种面积23834公顷，同比增长1.9%。其中，玉米播种面积14315公顷，同比下降5.5%。经济作物播种面积3327.6公顷，下降5.7%。粮食产量18.2万吨，比上年减产0.3%。其中，玉米产量15.1万吨，比上年减产5.6%。经济作物中，油料产量1786.6吨，下降28.8%；甜菜产量19905吨，下降55.4%；蔬菜及食用菌产量50761.82吨，下降17.5%；水果总产量11467.9吨，下降0.2%。

【工业】 全年全部工业增加值61.5亿元，同比下降6.4%。其中，规模以上工业增加值同比下降7.1%。全年规模以上工业中，原煤产量1773.3万吨，同比增长2.1%；发电量89.8亿千瓦时，下降2.8%；焦炭产量56.9万吨，下降22.7%；水泥产量51.7万吨，下降6.2%；液体乳产量12.6万吨，下降4.4%；商品混凝土产量33.2万立方米，增长1.2%；农用氮、磷、钾化学肥料（折纯）产量39.5万吨，增长36.8%。

全年规模以上工业企业实现营业收入181.4亿元，同比下降5.1%；实现利润总额亏损1.6亿元，比上年减少7.1亿元。全年规模以上工业产品销售率为100.8%，比上年低2.9个百分点。

【贸易旅游】 全年对外贸易企业进出口总额65.8亿元（人民币，下同），同比增长139.2%。其中，出口17.3亿元，下降16.2%；进口48.5亿元，增长6.02倍。社会消费品零售总额39.7亿元，同比下降4.7%。按经营地统计，城镇消费品零售额31.6亿元，下降5.5%；乡村消费品零售额8.1亿元，下降1.5%。从消费形态看，商品零售额35.5亿元，同比下降4.1%；餐费收入4.2亿元，下降9.2%。全年旅游接待50万人次，实现旅游收入5.95亿元。

【城乡建设】 2020年，500万元以上固定资产投资59.6亿元，同比增长5.2%。其中，第一产业投资5.6亿元，增长80.4%；第二产业投资28.0亿元，增长36.2%；第三产业投资25.9亿元，下降21.3%。全年房地产开发投资6.1亿元，同比下降40.1%。商品房销售面积10.4万平方米，增长0.6%；商品房销售额5.9亿元，增长9.3%。全年建筑业增加值16.9亿元，同比增长8.5%。全区具有总承包和专业承包资质等级的建筑业企业9家，施工企业房屋施工面积64.4万平方米，增长37.6%；竣工房屋面积36.6万平方米，增长201.6%；房屋建筑竣工率56.8%。

【环境保护】 中心城区建成区面积30平方公里，城镇人口21.72万人，城镇化率50.4%。全年完成营造林任务140公顷，其中：人工造林66.67公顷，退化林修复66.67公顷。全区森林面积32666.67公顷，森林覆盖率34.18%。

【交通邮电】 全区公路里程达到908.6

公里。其中，一级路66.4公里，二级路86.6公里，三、四级路755.6公里，砂石路251.2公里。全年邮电业务总量2.26亿元，同比下降1.3%。其中，电信业务总量2.13亿元，同比下降1.4%；邮政业务总量0.13亿元，增长2.6%。年末移动电话用户37.9万户，同比下降3.1%；移动互联网用户30.7万户，同比下降5.5%；固定宽带用户11.1万户，同比增长12.1%。

【金融】 2020年末，金融机构存款余额244.1亿元，比年初增长6.3%，其中：住户存款余额203.6亿元，增长14.0%。金融机构贷款余额177.0亿元，比年初下降2.1%，其中：住户贷款96.6亿元，增长5.9%。全年保险业保费收入7.6亿元，同比增长10.1%，其中：财产险收入1.8亿元，增长2.7%；人身险收入5.8亿元，增长13.2%。支付各类赔款及给付2.0亿元，同比增长8.4%，其中：财产险赔款支出1.0亿元，增长2.1%；人身险支出1.0亿元，增长15.1%。

【教科文卫体】 2020年末，全区普通教育中小学校27所。其中，高中3所，初中7所，小学17所。职业教育学校3所。特殊教育学校1所。学前教育机构61所。普通教育在校学生29278人，其中：小学15179人，普通中学14099人。职业高中在校学生1842人。特殊教育学校在校学生252人。学前教育在校学生7207人。小学适龄儿童入学率100%，初中阶段毛入学率108.06%，初中升高中升学率96.81%。

全区拥有基层科协组织45个，科普信息员3500多人，科普志愿队伍4支300人；行政事业单位拥有专业技术人员6804人。全年科技成转化52项，全年共签订技术合同20项，技术合同成交金额102万元。全年向上级部门推荐申报科技成果转化项目3项，获批3项，科技攻关1项。

全区公共图书馆1个，总藏量5.7万册（件）。镇乡街综合文化站12个，文化室96个，群众业余演出团（队）20个。广播人口覆盖率100%，电视人口覆盖率99%。

全区医疗卫生机构242家。其中，医院10家，社区卫生服务中心（站）5家，卫生院9家，村卫生室87家，门诊部3家，诊所、卫生所、医务室、护理站124家，疾病预防控制中心1家，健康教育所1家，妇幼保健所1家，卫生监督所1家。医疗卫生机构实有床位2146张，卫生技术人员2668人。

全区单项体育协会（俱乐部）50个。体育人口数13.5万人。

【社会保障】 根据《赤峰市区第七次全国人口普查公报（第二号）》初步汇总数据，2020年，全区城镇新增就业3148人，就业困难群体实现就业952人，失业人员再就业1901人。全年全体居民人均可支配收入34544元，同比增长3.2%。按常住地分，城镇居民人均可支配收入38352元，增长2.0%；农村居民人均可支配收入23112元，增长8.9%。全年全体居民人均消费支出21174元，同比增长2.3%。按常住地分，城镇居民人均消费支出22625元，增长0.9%；农村居民人均消费支出16820元，增长4.1%。年末城镇居民人均住房面积36.6平方米，农村居民人均住房面积35.0平方米。年末全区参加城镇职工基本养老保险各类人员95433人。其中，参加企业职工养老保险人数52675人，参加机关事业单位职工养老保险人数8045人。参加城乡居民养老保险66547人。全年全区城镇职工参加医疗保险84002人；城乡居民基本医疗保险参保196141人；全区参加生育保险40446人。全区共有城市低保对象2148户3503人，人均补助水平588元/月；农村低保对象4029户5844人，人均补助水平3407元/年。全区现有公办养老机构2所，农村互助养老幸福院5家，民办养老机构2家，社区老年人日间照料中心17所。床位1313张。

（赵晓杰）

松山区

【概况】 赤峰市松山区位于赤峰市南部，居七老图、努鲁儿虎山地，赤峰黄土丘陵台地的复合截接部位，西辽河水系上游。东端为哈拉道口镇郎郡哈拉山东4.5公里老哈河左岸，西端为大光顶子山，南端为老府镇杨树湾子村南，北端为哈拉道口镇桃池营子北石门沟。东与敖汉旗相望，西与河北省围场县毗邻，西北与克什克腾旗搭界，南与喀喇沁旗、红山区、元宝山区接壤，北与翁牛特旗相连。

松山区总土地面积562876.41公顷，其中耕地面积197467.02公顷，种植园地面积1171.57公顷，林地面积191028.17公顷，草地面积128616.04公顷，湿地面积75.55公顷，水域及水利设施用地面积4702.72公顷。

全区已发现矿产资源15种，其中金属矿产主要有黄金、银、铜、钼、铁等，另有少量的煤炭、硅石、珍珠岩、玄武岩、萤石等非金属矿产。至2020年末，全区共有在期矿权140个，其中采矿权96个，探矿权44个。

松山区地处松辽平原、内蒙古高原的中间地带，属华北植物区系与东北植物区系的交界处，为东北、华北的优势植物所共有。区境西部海拔700米以上、积温1900℃～2300℃的中山区分布有森林草原植被，阴坡为叶阔混交森林草原植被，其优势植物是兴安落叶松、油松，伴生东北白桦、蒙古栎等乔木；阳坡为阔叶森林草原植被，优势植物为山杨、小青杨，伴有山杏。一般杂草高度25厘米～45厘米，灌木高度70厘米～100厘米。中东部海拔650米以上、积温2500℃～3000℃的低山丘陵区分布有干旱草原植被，这是全区主要植被类型。低山常见杂草有羊草、贝加尔针茅、冷蒿、闭穗、马兰、寸草、早熟禾、羊胡子草、隐子草等，丘陵常见杂草有百里香、赖草、冷蒿、甘草、蒺藜、冰草、胡枝子、铁杆蒿等，杂草高度15厘米～40厘米，盖度20%～35%。在河流两岸、山间沟谷的低洼地带及地下水位较浅地区发育有草甸草原植被。在中东部风口沙线处，分布有沙生植物植被。全区人工栽培植物分布广泛，主要有杨、柳、榆、松等树种，玉米、谷子、高粱、小麦、豆类、水稻等粮食作物，甜菜、葵花、烟叶等经济作物，瓜果、蔬菜等。

全区境内有英金河、羊肠子河、昭苏河、阴河、锡伯河、西路嘎河、半支箭河、老哈河等8条河流。境内总流长391.9公里，年径流量26797万立方米。河网密度为 0.82 公里 / 平方公里。

松山区地处中纬度温带半干旱大陆性季风气候区。主要气候特点是四季分明，春季干旱多风，蒸发量大，气温回升快；夏季雨热同期，降水集中，洪、雹灾害多发；秋季短促，气温下降快，初霜降临早；冬季漫长而寒冷，日照充足。全区热量、水分条件的时空分布很不均衡，总的热量状况分布是东南部好于西北部，降水量的分布则以西北部偏多，东南部偏少。

全区总面积 5618 平方公里，辖 9 个镇 5 个乡、7 个街道办事处，244 个行政村、77 个社区居委会。2020 年末，全区户籍人口 246758 户，611014 人，其中男 314678 人，女 296336 人；乡村人口 394461，城镇 216553；出生 6637 人，人口出生率 10.9‰，死亡 7496 人，死亡率 12.3‰，自然增长率 -1.4‰（2020 年松山区公安分局户口整顿，死亡人口数比往年偏高，导致人口数出现负增长）；迁入 12794，迁出 8772。总人口（户籍）中有汉族 422699 人，蒙古族 138801 人，回族 4068 人，满族 44569 人，朝鲜族 212 人，达斡尔族 109 人，鄂温克族 20 人，鄂伦春族 22 人，壮族 73 人，藏族 13 人，锡伯族 53 人，彝族 21 人，土家族 69 人，苗族 72 人，其他少数民族 213 人。

全年地区生产总值 280.6 亿元，按可比价格计算，比上年增长 2.4%。其中，第一产业增加值 51.8 亿元，增长 0.2%；第二产业增加值 69.5 亿元，增长 12.5%；第三产业增加值 159.3 亿元，下降 0.9%。三次产业比例为 18.4∶24.8∶56.8。全年公共财政预算收入 23.2 亿元，比上年增长 6.4%，公共财政预算支出 53.9 亿元，比上年增长 18.6%。

全年社会消费品零售总额实现 140.6 亿元，比上年下降 6.5%。

【农业】 全年农作物总播种面积 236.8 万亩，比上年下降 1.3%。其中，粮食作物播种面积 194.5 万亩，增长 0.5%；经济作物播种面积 42.3 万亩，下降 9%。粮食总产量 807251.2 吨，比上年下降 1.1%。其中，谷物产量达到 764863.8 吨；豆类产量达到 23967.6 吨；薯类（折粮）产量达到 18419.8 吨。经济作物中，油料产量 22413 吨，甜菜产量 266622 吨，蔬菜及食用菌产量 786680 吨。年末全区农牧业机械总动力 80.8 万千瓦，比上年增长 5.6%。

2020 年，全区累计投入林业与草原生态建设与保护资金 0.93 亿元，完成林业综合治理面积 7.88 万亩，草原综合治理面积 10 万亩。

【水利】 开展阴河上游生态环境综合治理、老哈河治理、三座店水利枢纽中心城区引供水、穆家营子灌区干渠节水改造、昭苏河赤大白铁路至红山区界河段防洪工程重点项目建设，工程进展顺利。投资 163 万元在初头朗镇和大庙镇完成农业水价改革 4 万亩。松山区境内赤峰市中心城区防洪及环城水系工程、提档升级工程完成。其中，治理阴河 8.63 公里，半支箭河 5.12 公里。

全年共实施饮水安全巩固提升工程 240 处，总投资 4615 万元。覆盖总户数 30459 户，总人口 105069 人，其中，贫困户 3135 户、贫困人口 7914 人。

【工业和建筑业】 全年全部工业增加值 30.4 亿元，比上年增长 13.2%。其中规模以上工业增加值增长 12%。全区规模以上工业企业利润总额达到 7.5 亿元，增长 45.7%；税金总额达到 2.5 亿元，下降 16.8%；应交增值税达到 1.7 亿元，下降 23.1%。主要工业产品产量有增有减。其中，成品糖产量 5 万吨，下降 0.6%；商品混凝土产量 126.9 万立方米，增长 35.5%；发电量达到 70.4 亿千瓦小时，下降 4.7%；黄金产量 1600 千克，增长 13.7%；鲜、冷藏肉 490 吨，下降 58.4%；钼精矿折合量 711 吨，下降 74.6%。全年建筑业增加值 39.1 亿元，比上年增长 11.9%。

【固定资产投资】 500 万元以上固定资产投资比上年增长 3.8%，分项目看：500-5000 万元项目投资下降 9.3%；5000 万元以上项目投资增长 27%；房地产开发投资下降 1.4%。分产业看：第一产业投资增长 22.7%，占全部固定资产投资比重 1.3%；第二产业投资增长 14.1%，占全部固定资产投资比重 7.2%；第三产业投资增长 2.9%，占全部固定资产投资比重 91.5%。500 万元以上工业固定资产投资增长 14.1%。

【旅游业】 2020 共接待游客 76.9 万人，实现旅游收入 13.5 亿元，比上年增长 19.7%。赤峰博物馆晋升国家 AAAA 级景区。投资 12.28 亿元，建设大兴隆田园时光、乌良苏森林公园、公主岭番茄小镇等旅游项目；投资 10.2 亿元，建成省道 219 线旅游公路、大西牛至盔甲山、公主岭园区环路、新景路至花海景区等 6 条旅游公路，总长 175.4 公里。

【环境保护】 完成辖区 7 条河流全面排查工作，拆除、封堵入河排污口 8 个，停用 3 个，纳入城镇管网 6 个；完成 9 处河道平交道口远程视频监控系统安装工作；完成 5 条河流 13 个断面、1 个地表水水源地、5 个入河排污口、123 个区域环境噪声点位、57 个污染源的监测工作，共获得监测数据 1127 个。完成加油站地下双层油罐改造 56 座，完成率 100%。开展工业固体废物排查整治专项行动，检查重点企业 30 余家，督促 22 家一般固体废物企业完成年报及管理计划系统申报；完成排污许可证核发工作，核查企业近 500 家，完成网上填报审核 311 家。开展八大执法检查整治专项行动，检查企业近 500 家次，出动执法人员 1000 多人次，关停“散乱污”企业 14 家，责成 6 家企业重新办理排污许可证，督促 4 家企业安装了污染源在线监控设备。

【交通邮电】 全区公路里程 2315 公里。全年公路货运量 382 万吨，公路客运量 162 万人全年完成邮电业务总量 3.8 亿元，比上年增长 11.8%。全区固定电话数年末达到 19800 户，减少 4800 户。国际互联网用户 88235 户，减少 2365 户。手机用户 501100 户，增加 30800 户。

【金融】 全区年末全部金融机构各项存款余额 358.5 亿元，比上年下降 2.6%，其中城乡居民储蓄存款余额 280.9 亿元，比上年增长 2.4%；全部金融机构各项贷款余额 296.4 亿元，比上年下降 8.3%。全年保险公司保费收入 2.8 亿元，比上年下降 12.5%。其中寿险保费收入 1.4 亿元。财产险保费收入 1.4 亿元。全年保险业务支出 1.2 亿元，比上年增长 20%。

【文化体育】 2020 年末，全区拥有文化艺术馆站共 22 个，博物馆 1 个，图书馆

1个。以“文化惠民”为宗旨，开展文化进万家、拥军优属、扫黑除恶、民族团结、文化扶贫演出132场。图书馆年接待读者约13500人次，借阅图书10800多册。投资1046万元，建设、改造、维修体育场馆，配备体育健身器材。开展职工、青少年、老年人等系列群众体育赛事13项。开展为期一个半月的体育场地普查，全区共有体育场地1188个，人均场地面积1.06平方米，居全市旗县区首位。

【教育】 年末全区普通高中4所，招生3875人，在校学生11153人，毕业生3948人。初中学校15所，招生4965人，在校学生15340人，毕业生5576人；普通小学52所，招生7957人，在校学生42170人，毕业生6370人；小学学龄儿童入学率100%。幼儿园29所，在园（班）幼儿数6252人。

【卫生】 年末全区共有卫生机构57个，其中医院15个，卫生院29个，妇幼保健机构1个，社区卫生服务中心7个，疾控中心2个，卫生技术监督局2个，采供血机构1个。全区共有床位数5025张，职工人数6015人，其中卫生技术人员5099人。

【人民生活和社会保障】 全年城镇常住居民人均可支配收入36819元，比上年增长1.8%；农村牧区常住居民人均可支配收入17879元，比上年增长8%。年末全区参加基本养老保险人数为63344人，比上年增加995人；工伤保险人数为38298人，生育保险人数33168人。参保的离退休人员41539人，比上年增加418人。全区参加医疗保险的人数为525063人，比上年减少706人。

（宫泽昱）

阿鲁科尔沁旗

【概况】 阿鲁科尔沁旗位于内蒙古自治区中部，赤峰市东北部。东部与通辽市扎鲁特旗、开鲁县相依，西与巴林左旗、巴林右旗为邻，南与开鲁县、翁牛特旗隔河相望，北和锡林郭勒盟西乌旗、东乌旗毗连。阿鲁科尔沁旗南北狭长最长达232公里，东西最宽约114公里，总面积14277平方公里。

阿鲁科尔沁旗地处大兴安岭南麓向西辽河平原过渡的截接地带，地形地貌多样，拥有林地、草原、沙地、湿地、湖泊、山峰等全部特征，具备全景覆盖的资源优势。北部以高原草地为主、中部以山地丘陵为主、南部以沙地平原为主。

辖16个乡（镇、苏木、办事处），245个行政村。截至2020年末，全旗户籍总人口28.88万人，其中非农业人口5.99万人。男女性别比1.02∶1。人口出生率3.82‰，死亡率3.93‰，人口自然增长率-0.24‰，人口密度20.23人/平方公里。有少数民族14个，人口12.94万人。

2020年，年平均气温7.3℃。最冷月12月，平均气温-13.1℃；最热月6月，平均气温22.0℃。年降水量439.8毫米。年日照时数2782.1小时，无霜期265天。大风日数33天，扬沙天气2天。

2020年，全旗地区生产总值92.08亿元，按可比价格计算，比上年下降2.5%。第一产业实现增加值22.84亿元，比上年增长0.7%；第二产业实现增加值22亿元，比上年下降2.5%；第三产业实现增加值47.24亿元，比上年增长-4%。三次产业比重为24.8∶23.9∶51.3。全社会完成500万元以上项目固定资产投资24.75亿元，比上年下降39.2%。全旗一般公共预算收入完成3.47亿元，完成年度调整预算的100%。全旗一般公共预算支出完成34.76亿元，完成年度调整预算的100%，同比增加1.5441亿元，增长4%。

【农业】 2020年，农林牧渔业总产值39.19亿元，比上年增长8.36%。农业增加22.94亿元，比上年增长8.36%。全年粮食作物总播种面积13.23万公顷，比上年下降6.66%。粮食总产量67.24万吨，比上年增长2.08%。全旗农机总动力75.18万千瓦，比上年增长5.94%。

【工业】 全年实现工业增加值12亿元，比上年增长1.8%。规模以上工业企业9家，实现营业务收入20.31万元，比上年下降10.6%。规模以上工业实现产品销售产值20.34亿元，比上年下降7.8%；实现利润总额3.06万元，增长13.6%；实现利税4.63万元，比上年增长5.4%。

【贸易旅游】 2020年，社会消费品零售总额达到28.39亿元，下降7.7%。亿元以上城乡商品交易市场1处，成交额13.6亿元，比上年增长10.57%。主要旅游景点有8处，全年接待国内外游客58.6万人次，比上年下降56.6%；实现旅游总收入6.844亿元，比上年下降71.68%。

【城乡建设】 完成城镇建设投资4.44亿元，比上年下降80.3%；房地产开发投资4.15亿元，比上年下降67.4%。全年商品房屋销售面积17.64万平方米，比上年下降1.03%；实现商品房屋销售额5.99亿元，比上年下降9.79%。中心城区建成区面积15.5平方公里，城区人口达11.25万人。新改扩建农村牧区公路49.4公里。

【环境保护】 燃煤炉具清洁化改造807台，排查治理2家重点排污企业尾矿库风险隐患。实施京津风沙源治理0.8万亩、重点区域绿化199亩。全年环境空气质量优良天数344天，地表水优良比例75%。

【交通邮电】 公路通车里程3681.431公里，其中一级公路118.545公里、二级公路247.270公里、三四级公路3315.616公里。沥青混凝土公路1140.842公里、水泥混凝土公路1683.027公里、砂石公路857.562公里。公路客运量52.46万人、客运周转量9576.15万人公里，分别比上年下降77%和8.2%；公路货运量234.45万吨、货运周转量50381万吨公里，分别比上年下降5%和9%。完成邮电业务总量19017万元，比上年下降2.21%，其中通信业务总量16844万元，比上年下降3.7%；邮政业务总量2173万元，比上年增长11.15%。年末固定电话用户达到0.83万户，移动电话用户28.37万户，互联网用户4.89万户。

【金融】 2020年末，金融机构各项存款余额93.7986亿元，比年初增加12.8398亿元。其中居民储蓄存款余额80.3608亿元，比年初增加14.2059亿元。年末金融机构各项贷款余额90.3788亿元，比年初增加7.3307亿元。全旗各保险业实现保费收入3.8亿元，比上年下降46.94%。其中，财险保费收入1.58亿元，比上年增长9.5%；寿险保费收入2.21亿元，比上年下降61.23%。各类赔款给付金额1.29亿元，比上年增长15.36%。

【教科文卫体】 有各类学校55所，在校学生32628人。其中，普通高中2所，在校学生4728人；职业高中1所，在校学生1446人；初中5所，在校学生7331人；小学32所，在校学生13661人。幼儿园6所，在园幼儿5401人；特殊教育学校1所，在校生61人。小学适龄儿童入学率达100%，初中入学率102.7%，高中阶段毛入学率92.7%。各类学校有专职教师3983人。2020年高考本科录取人数659人。拥有各类专业技术人员7771人。拥有各种艺术表演团体63个，公共图书馆1个，文化馆1个。拥有卫生机构476个，其中，医院、卫生院31个，社区卫生服务中心2个，妇幼保健机构1个，疾控中心1个。各类卫生机构拥有床位1812张，卫生技术人员1944人，其中执业医师877人。城乡居民基本医疗保险参保人数21.88万人，参保率100.2%。拥有体育协会3个。

【社会生活】 2020年，全体居民人均可支配收入18311元，比上年增长3.2%，全体居民人均消费支出11701.1元，比上年下降3.6%，全体居民人均住房建筑面积31平方米。其中，城镇居民人均可支配收入28825元，比上年增长1.9%，城镇居民人均消费性支出为15738.1元，比上年下降4.0%，城镇居民人均住房使用面积33.7平方米；农村牧区居民人均可支配收入11674元，比上年增长9.8%，农村牧区居民人均消费性支出为7673.5元，比上年下降2.7%，农村牧区居民人均住房使用面积29.4平方米。城乡居民恩格尔系数分别为26.9%和34.2%。年末城镇新增就业1015人，城镇登记失业率4.04%。参加城乡居民养老保险的人数134829人，比上年增长0.8%。全旗（县、区）最低生活保障救助人数为29044人，比上年增长8.3%。其中城镇1452人，比上年下降14.24%；农村27592人，比上年增长9.85%。社会福利性收养单位（含敬老院）6个，床位546张，收养413人。

（额日德木图 丛龙涛 张向斌 魏天龙）

巴林左旗

【概况】 巴林左旗位于内蒙古自治区赤峰市北部、大兴安岭中南段东南麓。地理坐标：北纬43°36′～44°47′，东经118°43′～119°49′。北与锡林郭勒盟西乌珠穆沁旗交界，西、南与巴林右旗毗邻，东与阿鲁科尔沁旗相依。

2020年，全旗年平均气温7.1℃。最低气温出现在12月29日，气温-25.1℃；全年最高气温出现在6月7日，气温39℃。年降水量376.6毫米，年蒸发量2091.5毫米。年日照时数2926.7小时，无霜期151天。

巴林左旗总面积6644平方公里，辖11个苏木乡镇、2个街道，186个嘎查村（社区），人口出生率4.62‰，死亡率4.21‰，人口自然增长率0.40‰，人口密度49.17人/平方公里。有少数民族15个，少数民族人口17.23万人。

全旗有色金属资源富集。境内发现各类矿产地40处，矿点和矿化点130多个，查明的矿种有40多种，已探明有色金属矿石储量4.2亿吨。

2020年，全旗地区生产总值124.2亿元，增长1.8%，固定资产投资完成35.5亿元，增长6.6%，城乡常住居民人均可支配收入分别达到31181元和12373元，分别增长2.9%和9.1%。社会消费品零售总额实现44.8亿元，增速全市第一。一般公共预算收入完成4.13亿元，落实减税降费2.15亿元。社会民生支出29.6亿元，占一般预算支出的79%。

【农业】 2020年，全旗农林牧渔业实现总产值27.1亿元。全年农作物总播种面积180万亩，其中粮食作物播种面积135.8万亩，建设高标准农田5.95万亩。粮食总产量创历史新高达12.7亿斤。全旗6月末牲畜存栏数178.6万头（只），其中：肉牛饲养总量突破30万头，肉驴饲养总量达到20万头，肉羊饲养总量达到120万只，生猪饲养总量8.6万口。全旗森林总面积344.2万亩，森林覆盖率达到39.03%，草业建设总规模达到27.31万亩。全年共完成新造林任务2.88万亩，完成退耕还草任务0.56万亩。全年共完成林业生态修复任务21.72万亩，其中包括扁杏嫁接改造13.5万亩。草业建设总规模达到37.7万亩。2020年，全旗完成重点水利项目6个。全旗饮水安全和工程使用率从31%提升到82%。全旗列入全面推行河长制河流名录的河流共74条，水库1座（沙那水库），其中：旗级河流15条，将水库纳入旗级管理，乡级河流59条，河道总长度1424公里，总流域面积15797平方公里。

【工业】 全旗规模以上工业企业预计实现总产值48亿元，同比下降3.6%；工业增加值累计增速12%，保持全市中上游水平；上缴税金3.3亿元，占全旗财政总收入的47%。全旗投资5000万元以上重点工业项目共计12个，总投资31.18亿元。2020年，全旗共完成签约洽谈项目57个，总投资144.34亿元。其中：签约项目34个，总投资106.51亿元。洽谈项目23个，计划总投资37.83亿元。签约项目中落地开工项目21个，总投资53.31亿元。落地项目完成率达350%，超额完成2020年赤峰市“冬季攻坚行动”工作目标，招商引资工作继续保持全市前列，位列北部旗县首位。

【商贸旅游业】 受新冠肺炎疫情影响，全旗社会消费品零售总额44.8亿元，同比下降6.8%。全年电子商务线上销售额达到1.08亿元。全旗29家汽车销售企业、20家二手车销售企业、23家物流配送业、24家快递业、4家废品回收企业全面复工，29家加油站、1家邮政公司、1家城区菜市场、4家城区综合超市在疫情期间未停工一直处于营运状态，420家城区餐饮行业全部复工。全年接待游客140.04万人次，全年旅游收入19.8亿元。

【城乡基础设施建设】 全旗共有在建项目39个，总建筑面积88万平方米，全年累计审核发放建筑工程施工许可证41项，房屋预售许可证19个，签署网签合同2753套。林东城区绿化覆盖率35.1%，城区生态环境和群众运动空间大幅度提升。全年新建给水管网2920米、供热管网2300米、中水回用管网2387米、铺设天然气主管网铺设14.5千米。全年处理污水975万吨，处理污泥约为1170吨，再生水回用219万吨。全年收缴人防易地建设费258.4万元。2020年，全旗公路总里程2183公里。其中：国道线2条共185.1公里，省道线1条共63公里，县线4条共375.6公里，乡镇线18条共381.6公里，村线221条共1177.7公里。全年实施重点公路项目13项，完成投资3.3亿元，覆盖里程215.655公里。国省干线公路，完成优良路率100%。县级公路，完成优良路率61.5%。全旗城乡公交车总数95辆，其中城镇有6路（1、2、3、5、6、7）、52辆；乡村有43路、43辆。2020年，全旗移动电话用户共有304272户，其中：中国移动184272户、中国联通75000户、中国电信45000户。全旗互联网宽带用户共有70994户，其中：中国移动18994户、中国联通29000户、中国电信23000户。全旗固定电话用户16055户，其中：中国联通16000户、中国电信55户。

【环境保护】 2020年，全旗空气质量等级统计有效天数359天，优良天数343天，环境空气质量优良天数达到95.5%以上。安装完成1100台平房区燃煤炉具清洁化改造并验收，关停12家砖厂工业窑炉。完成了12家矿山企业13个尾矿库现场核查。对全旗42个集中式饮用水水源地保护区现状及环境问题开展了全面摸底排查和梳理。

【金融】 全旗年末金融机构各项存款余额113.97亿元，增长3%，其中，城乡居民储蓄存款余额97.29亿元，增长18%。全旗有人身险业务的保险公司9个，全年收取保费3.96亿元，同比下降70%，当年赔付6608.87万元，从业人员2307人；全旗有财产险业务的保险公司11家，全年收取保费16396.02万元，当年赔付8725.95万元，从业人员332人。

【教科文卫体】全旗有各类学校140所，在校学生41360人。其中：普通高中3所，在校学生5716人；职业高中2所，在校学生2833人；初中6所，在校学生10397人；小学29所，在校学生16490人；幼儿园100所，在校学生5924。全旗各类学校有专职教师4508人。全旗小学适龄儿童入学率100%，初中入学率99.44%，高中入学率91.57%。2020年高考本科上线率为67.6%。

科然生物申报科技助力经济“2020”国家重点研发计划项目，获批专项资金50万元；争取科技助力脱贫攻坚项目资金40万元。组织6家企业申报2020年度技术交易后补助资金，共补助资金26.4万元；为12家企业31名专家申报了“三区”人才项目，获批专项资金62万元。认定科技型中小企业8家，成功认定高新技术企业3家，成功备案自治区企业研究开发中心2家。

全旗有各种艺术表演团体1个、公共图书馆1个、文化馆1个、博物馆2个。《巴林左旗志（1991—2016）》公开出版。

成功举办了三届辽上京冰雪文化旅游节和第四届契丹辽文化节，第四届中国契丹辽文化节。开展各类惠民演出61场次，围绕全旗重点工作新创作了等30余部作品。全旗有国家级非遗名录项目1个，自治区级名录项目3个，市级名录项目3个，旗级名录项目43个，国家级非遗传承人1人，自治区级非遗传承人5人，市级7人，旗级46人，非遗企业16家。共定级一级文物19件，二级文物12件，三级文物56件。2020年，全旗开展了雪地拔河、千人长跑、冰上龙舟、广场舞比赛等多项体育活动；举办了五人制足球邀请赛、赤峰市“体彩杯”羽毛球赛等活动；建筑面积4023.34平方米的全民健身中心已完成主体建设，查干哈达苏木全民健身中心建设基本完成。体育彩票总销量3558.90万，同比增长3.76%。即开型540.72万，同比增长31.38%。

全旗拥有各类医疗卫生机构356个。其中旗级医院2个、苏木乡镇卫生院21个、嘎查村卫生室166个、社区卫生服务中心2个、社区卫生服务站6个妇幼保健所1个、疾病预防控制中心1个、结核病防治所1个、血浆站1所、民营医院7家、个体诊所74家。各类卫生机构拥有床位1928张。卫生技术人员1955人，其中执业医师1062人。全旗贫困地区健康素养率为20.2%。全旗设立预检分诊点33个、发热门诊2个，先后设置集中隔离医学观察场所4处，累计集中隔离医学观察1034人。共检测核酸34586人份。

【民生保障】 2020年，全旗1757名剩余未脱贫人口全部脱贫。累计投入各类扶贫资金6.48亿元，统筹实施产业发展和基础设施项目156个，发放小额贷款3383户1.65亿元。2020年，全旗企业职工养老保险在职参保21183人，工伤保险参保单位498户、参保职工18731人，机关事业养老保险现有172个机关事业单位、9437名参保人员，城乡居民养老保险目前参保167766人，参保率达90%以上。企业退休人员人均养老金达2199.7元/月，较2019年增加了108.3元/月；城乡居民养老保险基础养老金由最低每人每月128元增长为每人每月133元。2020年，全旗参保扩面30.35万人，医保覆盖率达到95%以上。城乡居民基本医疗保险参保人数256132人，城镇职工参保人数28523人。全旗城乡居民基本医疗保险基金区域总额指标10688万元，基金实际支出8923万元，结余1700万元。全旗城镇职工基本医疗保险基金区域总额指标1819万元，基金实际支出1695万元。2020年，全旗城镇新增就业1250人；城镇登记失业率为4.06%。就业困难人员实现就业732人，失业人员实现就业751人，开发城区公益性岗位477人（新增153人），贫困劳动力公益性岗位997人。劳动力转移就业52106人，劳务收入6亿元。2020年，全旗共发放农村牧区低保资金1.2亿元，发放城镇低保金1012.9万元。全年累计为1487名特困人员发放基本生活补贴1210.7万元，护理补贴638.3万元。全年发放临时救助备用金暨特别救助金379.8万元，发放临时救助资金593万元、粮食11.2吨。

（田忠岩）

巴林右旗

【概况】 巴林右旗位于内蒙古赤峰市北部，地处西拉沐沦河北岸，大兴安岭南段山地，北纬43°12′～44°27′，东经118°15′～120°05′。总面积9837平方公里，旗境东西长154公里，南北宽139公里。地势西北高，东南低，海拔由西北700米向东南400米逐渐倾斜，北部为山地，中部为丘陵，南部为平原区。旗北界与锡林郭勒盟西乌珠穆沁旗相依，南以西拉沐沦河为界与翁牛特旗相望，东与巴林左旗、阿鲁科尔沁毗邻，西与林西县相连。

全旗辖4个苏木、5个镇、2个街道办事处，共162个嘎查（村）、14个社区居委会。553个独贵龙（村民小组）。年末全旗户籍总人口180643人，人口出生率7.5‰，人口死亡率10.37‰，人口自然增长率为-2.84‰。巴林右旗先后被文化和旅游部评为“中国民间艺术之乡”“中国格斯尔文化之乡”“中国好来宝之乡”。2020年平均气温6.3℃，比上年下降0.6℃。最低气温在12月份为-25.7℃、最高气温在6月份为37.5℃。全年降水量456.4毫米，比上年增加111.9毫米。作物生长季（4—9月）平均日照时数1408.4小时，比上年减少198小时。大风日数为101天。无霜期为125天。巴林右旗大板镇距赤峰市180公里，距北京650公里。现已形成了集宁—通辽、赤峰—大板—白音华、巴彦—新丘三条铁路交会的区位优势，大板区域性铁路枢纽站已经进入建设阶段，省际大通道、赤大高速公路，国道303线、305线，省道205线在境内纵横交错，县级以上公路好路率达85%以上，实现了乡乡通油路，村村通公路的目标，形成了四通八达的公路网。已初步构建了连接东北、华北、内蒙古北部和环渤海发达地区的交通枢纽。

全年地区生产总值59亿元，比上年增长0.1%。其中：第一产业增加值14.2亿元，增长2.3%；第二产业增加值13.9亿元，增长2%；第三产业增加值30.9亿元，下降1.7%。三次产业比重为24∶24∶52。三次产业对经济增长的贡献率分别为418.1%、353.8%和-671.8%，分别拉动经济增长0.5、0.5和-0.9个百分点。全年500万元以上固定资产投资同比增长13.2%。其中，第一产业投资同比增长13.2%，第二产业投资同比增长3%，第三产业投资同比增长16.3%。工业投资同比增长3.0%。全年房地产开发投资同比增长65.9%。商品房销售面积12.7万平方米，同比下降8.7%；商品房销售额5亿元，同比下降3.4%，商品房待售面积8.8万平方米，同比下降30.3%。2020年，全旗财政总收入完成7.77亿元，同比增长68.6%。其中：一般公共预算收入5.54亿元，同比增长117.4%，全年一般公共预算支出30.55亿元，同比增长19.1%。全年化解政府债务3.88亿元，获得国家化债奖励资金1984万元，年内未发生新增隐性债务。全年安排实施重点项目107项，总投资146.1亿元。有34个项目竣工，有14个项目签订投资协议，通用机场开工建设，完成投资4300万元。实施5000万元以上重点工业项目8个，累计完成投资2680万元。

【农业】 全旗农作物播种面积11.2万公顷，比上年同期增长1.2%。其中，粮食作物播种面积8.5万公顷，比上年同期增长6.1%；经济作物播种面积2.7万公顷，比上年同期下降16.4%。年内完成设施农业面积2149亩，其中：塑料大棚50亩、日光温室1819亩、旧棚改造280亩。粮经饲比例调整为58∶21∶21。粮食总产量达33.5万吨，比上年同期增长7%。经济作物中，油料产量4万吨，下降6.6%；甜菜产量15.7万吨，下降20.8%；蔬菜及食用菌产量0.2万吨，下降24.9%；水果产量3.8万吨，增长40.5%。本年废旧地膜捡拾回收面积10.2万亩，回收率达到80%以上；完成回收废旧地膜约320吨，加工利用量约167吨。

【畜牧业】 年内新建高标准饲草基地1万亩、高标准棚舍10万平方米、青贮窖8万立方米、全封闭式储草库5万平方米。完成2处年产5万吨有机肥厂，51家规模化养殖场，合作社畜禽粪污资源化利用项目建设。完成青贮玉米种植42万亩，青贮收贮量达到170万吨。种植紫花苜蓿3.5万亩，产苜蓿干草1.5万吨。种植燕麦3.8万亩，产燕麦干草2万吨。

【林业】 全旗林业产值3.3亿元。木材加工企业32家，年产量2.551万立方米，实现产值3569万元培育育苗企业17家，出圃各类合格林木种苗3000多万株，实现产值2.3585亿元；采集各种山野菜、菌类64吨，加工50吨。全年完成营造林面积9940公顷。其中：人工造林4667公顷，封山育林2万亩。防治各类林业有害生物5.2万亩，其中黄褐天幕毛虫防治2.7万亩；危害较严重地区的落叶松毛虫烟雾防治0.2万亩。5月末开始开展蝗虫监测工作，7月份使用飞机和拖拉机进行灭蝗作业，累计完成蝗虫防治面积14万亩。草原完成鼠害防治57万亩。各国有林场均已按要求完成各项改革工作，财务管理制度由自收自支运转方式正式纳入公益Ⅰ类事业单位管理序列。

【水利】 年内，落实重点水利工程建设项目6个，总投资1.56亿元。完成了西拉沐沦河、查干沐沦河、嘎斯汰河治理工程。2020年脱贫攻坚饮水安全工程总投资1026万元，项目共计47处工程，建设涉及全旗11个苏木镇，38个嘎查村，共解决9735人饮水安全问题，其中贫困人口2353人，实现全旗饮水困难人口全部达标。完成了全旗农村牧区饮水安全工程水质检测工作，本次共计检测了307处工程水样。42项水质指标检测结果全部符合农村牧区饮用水标准。全年共封闭“十二五”期间新增不合规机电井247眼。封闭关停大板中心城区城市公共供水管网覆盖范围内的自备水源井42眼、关停医院、学校等单位公共用水机电井12眼。年内京津风沙源治理二期工程，总投资1064万元，小流域综合治理面积13平方公里。汛期水库主坝、副坝、防洪堤、泄洪闸等关键部位共发现安全隐患5处，其中堆石坝坍塌严重、工程内观、水情和雨情设备全部损毁，由于投资较大，不能完成，已上报相关部门，其他3处隐患已全部消除。

【农机】 农牧业机械总动力480240千瓦，其中：柴油机动力434220千瓦、电动机动力45989千瓦。全旗拖拉机总动力共12096台、327971千瓦。其中：大中型拖拉机5363台、167517千瓦、小型拖拉机6313台、112266千瓦（新标准：30马力以下都算小型拖拉机）。收获机械共285台，16955千瓦。其中：自走式稻麦联合收割机49台，3389千瓦；自走式玉米联合收割机272台，21089千瓦。其他收获机械：马铃薯机械10台，甜菜收获机29台，青贮饲料收获机203台、4200千瓦，牧草收获机3949台，打捆机410台。全年共落实农机购置补贴资金2526万元，其中国家补贴资金2410万元、自治区畜牧业机械专项资金116万元。共补贴机具950台，受益农牧民827户。全旗农机合作社发展到86户。其中内蒙古自治区级示范合作社1家、赤峰市级农机示范合作社6家。

【工业和建筑业】 全部工业增加值按可比价格计算下降0.7%。其中，规模以上工业增加值增长0.1%。规模以上工业产品产量：发电量600110万千瓦时，同比下降5.7%；水泥46.6万吨，同比增长55.3%；冷冻鲜肉7291吨，同比增长1.6%；罐头2984吨，同比下降15.4%。全年规模以上工业企业实现营业收入22.2亿元，同比增长12.9%；实现营业利润1亿元，同比增长5.8%；实现产销率100.4%，比上年提高4.7个百分点。全年建筑业增加值按可比价计算增长4.9%。全旗具有资质等级的总承包和专业承包建筑企业11家，较上年增加1家。

【城乡建设环境保护】 完成市旗两级重点城镇项目共25项，项目总投资21.7亿元。投资9864万元，完成铁路站区“三供一业”建设项目，敷设供水管线13.65公里，供暖管道7.43公里，完成居民户内管线改造2515户。投资1.43亿元，建设大板镇供水设施建设项目，完成新水源地保护区划定工作，新建标准化水源地一处，新建水源井8眼，铺设输水管线（双线）8.2公里，改造城区供水管线22公里，完成旗内危房改造53户。投资3亿元，启动棚改回迁安置房项目，总建筑面积11.82万平方米，建设回迁安置房屋794户，完成441户选房工作，共计选取安置房723套；投资1033.6万元，新建共租赁住房6300平方米，建设保障性住房90户，解决镇区低保家庭住房难问题；投资5.1亿元，新开发房地产开发项目18万平方米。商品房销售面积12.7万平方米，商品房待售面积8.8万平方米。新建2处生活垃圾压缩站，达到生活垃圾日产日清。塑料颗粒厂投入使用，实现生活垃圾减量化、资源化、无害化处理。启动数字化城管指挥中心，开通12319城管热线。投资1000万元，对大板城区部分道路进行绿化，绿化总面积1.78万平方米。在统筹山水林田湖草系统治理的基础上，打造草原城市建设的先行示范区。全旗有自然保护区2个。其中，国家级1个，总面积10.04万公顷；旗县区级1个，总面积13.3万公顷。全年大板镇区空气质量达到二级及二级以上标准天数350天。可吸入颗粒物下降25%。上三级环保督察反馈问题整改完成率达91%。建成区10吨及以下燃煤锅炉全部清零，污水处理率达94.7%。城乡集中式饮用水水质达标率100%。

【交通邮电】 截至年底，巴林右旗公路290条，总里程2769.013公里，其中高速公路21.492公里，国道151.126公里，省道218.494公里，农村公路2377.901公里。在农村公路中，县级公路533.685公里，乡级公路521.161公里，村级公路1323.055公里。除等级公路外，全旗建设街巷硬化总里程1478.93公里。全旗共有493个自然村落（居民点），通硬化路面的251个，通硬化路达51%。全年客运量完成11.6万人，比上年下降46.2%，客运周转量完成1881.1万人公里，比上年下降53%。全年完成邮电业务总量12284万元，比上年减少4.8%。其中：电信业务总量11887万元，邮政业务总量397万元。年末固定电话用户0.5万户，移动电话用户22.2万户，计算机互联网用户5.6万户。

【贸易】 全年社会消费品零售总额16.8亿元，比上年下降4%。按经营地统计，城镇消费品零售额10.3亿元，下降4.1%；乡村消费品零售额6.5亿元，下降3.9%。按消费类型统计，商品零售额15.3亿元，下降2.9%；餐饮收入1.5亿元，下降13.6%。全旗有主要旅游景点19处，由于受疫情影响，旅游业受到重创。

【金融】 年末全旗金融机构各项存款余额75亿元，同比增长10.1%。其中：城乡居民储蓄存款余额57亿元，同比增长17.7%。各项贷款余额81.6亿元，与上年基本持平。全旗各项保险业务实现保费收入2.6亿元，比上年下降13%。其中：财险保费收入1.2亿元，比上年增长6.6%；人寿保费收入1.4亿元，比上年下降24.1%。各类赔款给付金额0.97亿元，比上年增长19%。

【教育】 全旗现有公办中小学31所。其中普通高中2所（蒙授1所、汉授1所）、职业高中1所、初中3所、小学25所；全旗共有幼儿园45所。现有在校学生共21476名。其中，中小学生17532名（普通高中在校生3208名、职业高中在校生66名、初中在校生4604名、小学在校生9654名），在园（班）幼儿3944名。其中旗直公办园在园幼儿1096名、苏木镇公办园在园幼儿742名、民办幼儿园在园幼儿1798名、小学附设幼儿班在班幼儿308名。全旗幼儿园有教职工522人（民办园教职工247人）。普通中小学专任教师1743人。2020年全旗1186名在校考生参加高考，高考本科上线率为86.6%，比2019年提高了0.30个百分点。考取清华大学2人。

【卫生】 年末全旗拥有医疗卫生机构（包括村卫生室）233个，其中：旗级公立医院2个，民营医院3个，卫生院15个，妇幼保健机构1个，社区卫生服务机构1个，疾控中心1个，卫生健康监督机构1个，诊所、卫生所、医务室59个，一体化嘎查村卫生室150个。年末全旗医疗卫生单位实有病床位917张，专业卫生技术人员1259人〔不含苏木镇卫生院在嘎查村卫生室工作的执业（助理）医师、注册护士〕。年内城乡居民基本医疗保险参保缴费人数达到148587人，其中：城镇职工参保20266人，城乡居民参保131052人。本年度共收入医保基金9719万元，患者总数37925人次，支出6832万元。生育保险结算162人，支付基金184万元。

【体育】 举办“第四届巴林右旗全民健身运动会暨第二届智力运动会”等赛事20余次，参与群众3万人次；全年参加市级以上赛事6次，获得市级比赛金牌5枚、银牌2枚、铜牌1枚；获自治区级比赛金牌1枚、银牌2枚铜牌2枚。全国比赛中获得金牌1枚、银牌1枚。全年销售体育彩票共计2753万元。

【社会保障】 全旗企业养老保险参保人数达到15783人，机关事业单位养老保险参保人数6626人，城乡居民养老保险参保人数达到75445人，工伤保险参保人数达到10010人。落实失业保险费“减免返缓补”政策。免征中小微企业141户2778人的失业保险费791588.19元，减免大型企业12户

6107人的失业保险费591164.29元。为41家企业落实援企稳岗补贴381.75万元，直接降低企业缴费负担，促进了参保企业职工的就业稳定性。在全旗162个嘎查村开发公益性岗位225个，安置建档立卡家庭贫困人员225人，落实公益性岗位补贴138.21万元。在城镇开发社会保障协理员、治安巡逻员、交通协管员、城市保洁员等公益性岗位，新增开发城镇公益性岗位456名。扶持各类创业百余人，带动贫困人口超过千人就业。为1690名符合条件的城镇“4050”人员落实社保补贴850万元。2020年为建档立卡贫困人口发放低保、特困、临时、两残、孤儿、老龄等各类救助补贴资金3091万元。为1151户1801人发放城市低保金1320万元；为10116户15817人发放农村牧区低保金6495.3万元。全年直接救助3862人，支出临时救助金559万元。2020年底共有特困供养对象496人，全年累计发放供养照料等资金302.6万元。全年为残疾人两项补贴对象5803人，发放残疾人两项补贴资金684.4万元。全旗共有5所公办养老机构，入住老人189人。全年为2143名享受高龄津贴老年人发放高龄津贴259.8万元；为60周岁以上27333名老年人购买意外伤害险，投入保金40.9万元。

【人民生活】 全体居民人均可支配收入为22110元，比上年增长3.8%。按常住地分，城镇常住居民人均可支配收入为29409元，比上年增长3.2%。农村牧区常住居民人均可支配收入为12768元，比上年增长9.7%。

【脱贫攻坚】 年内全旗共到位财政专项扶贫资金15456.8011万元，其中旗本级安排扶贫资金3203.1387万元。巩固提高5941户13359人，实现34户85人脱贫，贫困发生率降为零。完成国家脱贫攻坚普查，通过国家、自治区脱贫攻坚及东西部协作成效考核。现行标准下贫困人口全部脱贫。边缘易致贫户、脱贫不稳定人口致贫风险全部消除。

（王春）

林西县

【概况】 林西县位于内蒙古自治区赤峰市北部，地处北纬43°14′～44°15′，东经117°38′～118°37′之间，北依大兴安岭，与锡林郭勒盟相连，南隔西拉沐沦河与翁牛特旗相望，西与克什克腾旗毗邻，东与巴林右旗接壤。县政府驻林西镇，距赤峰市210千米。全县总面积3933平方公里。辖11个乡镇（7镇、2乡、2街道办事处），103个行政村，10个社区。年末全县总户数108769户，户籍总人口为225986人。其中：城镇人口81802人，乡村人口144184人。全县常住人口为18.56万人。出生人口817人，出生率4‰；死亡人口701人，死亡率3.44‰。性别比105.7。人口自然增长率0.56‰。流动总人口37462人。其中：流出总人口30658人；流入总人口6804人。有少数民族14个，人口17223人。年平均气温4.7℃。最冷月12月，平均气温-16.2℃，最热月7月，平均气温20.9℃，年降水量476.6毫米，年日照时数2780.9小时，无霜期132天。

全县地区生产总值82.8亿元，按可比价格计算，比上年同期增长2.5%。其中，第一产业增加值15.3亿元，同比增长0.2%，占地区生产总值的比重为18.5%；第二产业增加值27.9亿元，同比增长10.1%，占地区生产总值的比重为33.7%；第三产业增加值39.5亿元，同比增长-1.5%，占地区生产总值的比重为47.8%。人均地区生产总值44324元，同比增长3.4%。500万元以上固定资产投资34.6亿元，同比增长15.8%。全年公共财政预算收入4.055亿元，同比增长6%。全年公共财政预算支出31.57亿元，同比增长6%。

【农业】 全年农作物播种面积76020.9公顷。其中粮食作物播种面积48668公顷。油料种植面积4734.2公顷；甜菜种植面积6400公顷。在粮食种植中：小麦种植面积2667公顷；玉米种植面积20667公顷；豆类种植面积3667公顷。粮食产量274820吨。其中：玉米167200吨；小麦11300吨；豆类7120吨；薯类23200吨；油料12713.7吨；甜菜339000吨；蔬菜和食用菌192983.67吨。全县农机总动力24.47万千瓦。

【林业】 全年造林1867公顷，全年木材产5900立方米。森林覆盖率41.35%。

【工业】 限上工业实现产值53.37亿元，增加值增速8.3%。年末规模以上工业企业实现主营业务收入55.86亿元，同比上涨4.0%。实现利润5698.7万元，下降83.9%；营业收入利润率为1.0%。全年规模以上工业产品销售率为101.6%。

【城乡建设】 全年建筑业增加值完成11.02亿元，同比增加19.4%。全县具有资质等级的总承包和专业承包建筑业企业3家，施工企业房屋建筑施工面积74397平方米，增长161.2%；竣工房屋面积59473平方米，上涨285.3%。

【能源】 全年能源消费总量为82.4万吨标准煤，比去年同期下降1.44%。其中：规模以上工业企业能源消费量为17.8万吨标准煤，与去年同期相比减少4.77%。单位GDP能耗变化率为-3.84%。

全年全社会用电量57139.96万千瓦时，其中：第一产业用电1566.88万千瓦时，占全社会用电量2.74%；第二产业用电量34065.12万千瓦时，占全社会用电量59.62%。其中：工业用电量33608.02万千瓦时。第三产业用电量10002.42万千瓦时，占全社会用电量17.51%；城乡居民生活用电11505.54万千瓦时，占全社会用电量20.14%。

【环境保护】 2020年全年共获得监测数据7627个，其中环境空气1月1日至12月31日获得监测数据2172个，地表水监测数据546个，集中式饮用水源地监测数据280个，城市区域环境噪声监测数据105个，交通噪声监测数据37个，功能区噪声监测数据243个，入河排污口水质监测数据144个，重点监测企业监控井及水源井监测数据1820个，废水监测数据889个，工业企业厂界噪声监测数据176个，生产废气监测数据447个，比对监测数据234个执法监测数据42个，其他监测数据492个。

【交通电信】 公路通车里程1523.85公里。全年旅客运输总量175万人次、客运周转量13913万人公里，分别同比下降3.4%和3.4%。全年全社会货运总量369万吨、货物周转量24242万吨公里，分别同比下降 3.4% 和 3.4%。全年邮电业务总量 18333 万元。年末固定电话用户 1.7 万户，移动电话用户 22.5 万户，互联网用户 4.45 万户。

【商业】 全县实现社会消费品零售总额 17.18 亿元，同比下降 5.7%。按销售地统计：城镇社会消费品零售总额 10.99 万元，下降 8.5%；乡村社会消费品零售总额 61841 万元，下降 0.15%。

【旅游】 全年接待旅游人数 53.1 万人次。同比下降 4.5%；实现旅游营业收入 5.9 亿元，同比下降 17.6%。

【金融】 金融机构各项存款余额 988940 万元，同比增长 5.97%。其中储蓄存款余额 788052 万元，增长 15.7%。单位存款余额 186376 万元，同比增长 30.18%。金融机构各项贷款余额 609792 万元，同比增长 11.76%。

【教育】 全县有高中 2 所（含职业高中 1 所），招生 1633 人，在校生 4831 人，毕业生 1520 人（含职业高中）。初级中学 3 所，招生 1792 人，在校生 5463 人，毕业生 2034 人；小学 16 所，招生 1600 人，在校生 9843 人，毕业生 1788 人；幼儿园 35 所，入园人数 2098 人，在园人数 4500 人，离园人数 1695 人。

【卫生】 年末全县共有医疗机构 25 个（不含诊所和村卫生室）。其中：医院 3 个，卫生院 18 个，妇幼保健计划生育服务中心 1 个，疾病预防控制中心 1 个，卫生计生综合监督执法大队 1 个，社区卫生服务中心 1 个。医疗机构编制床位 1183 张。其中：医院 910 张，卫生院 225 张，妇幼保健计划生育服务中心 30 张，社区卫生服务中心 18 张。全县卫生机构共有卫生技术人员 1250 人。其中：医院 809 人，卫生院 307 人，其他卫生机构卫生技术人员 134 人。

【社会保障】 2020 年末，参加城镇职工基本养老保险人数 24533 人，同比增长 1.66%。基金征收 1.32 亿元，同比下降 28.65%。参加城乡居民基本养老保险人数 88981 人，与去年同比增长 1%。参加工伤保险人数 20158 人，同比增长 1.46%。参加机关事业单位养老保险人数 6747 人，与去年同比增长 1.1%。各项社保待遇累计支付 8.93 亿元。其中：城镇企业职工离退休人员 20132 人，发放养老金 5.53 亿元；享受遗属补助人 403 人，支付待遇 320.64 万元；机关事业单位退休人员 3921 人，发放养老金 2.44 亿元，城乡居民养老保险享受待遇人员 31865 人，发放养老金 5941.2 万元；享受林西县试点农村养老保险待遇 2745 人，发放养老金 2205.68 万元；工伤保险享受待遇人员 2445 人次，支付各项待遇 1144 万元。

2020 年末，基本医疗保险参保人数 195088 人，其中，参加职工基本医疗保险人数 26430 人，参加城乡居民医疗保险人数 168658 人。各项医疗保险基金收入 16535 万元，支出 12431 万元。其中：城镇职工医疗保险收入基金 11518 万元，支出 6978 万元；城乡居民医疗保险收入基金 5017 万元，支出 5453 万元。

2020 年，全县共有城镇低保 2162 户，2738 人，保障标准每人每月 728 元，全年发放城镇低保金 2208.59 万元；农村低保 21184 户，22729 人，保障标准为每人每年 5160 元，全年发放农村低保金 7706.43 万元。

【人民生活】 2020 年全年城镇常住居民人均可支配收入 30870 元，同比增长 2.5%。城镇常住居民人均生活消费性支出 26694.63 元，增长 36.58%。全年农村常住居民人均可支配收入 11688 元，同比增长 9.5%。农村常住居民人均生活消费 12662.14 元，同比增长 44.97%。城镇常住居民家庭恩格尔系数（即居民家庭食品消费支出占家庭消费支出的比重）27.23%，农村常住居民家庭恩格尔系数 27.44%。

（张海昕）

克什克腾旗

【概况】 克什克腾旗位于内蒙古自治区赤峰市西北部。地处内蒙古高原与大兴安岭南端山地与燕山山脉七老图山交汇带，地理坐标为：北纬 42° 23′～44° 22′，东经 116° 21′～118° 26′。东依林西县、翁牛特旗，西接锡林郭勒盟多伦县、正蓝旗，南连赤峰市松山区、河北省围场县，北邻锡林浩特市、西乌珠穆沁旗。克什克腾旗地貌类型复杂多样，全境地势西高东低。东部多山区坡地，南部多漫甸台地，西部多草原沙地，北部多丘陵山峦。浑善达克、科尔沁两大沙地在克什克腾旗交汇，大兴安岭、阴山两大山脉在克什克腾旗连接。境内南、东、北山峦叠嶂，丘陵起伏，沟壑纵横，河流交织；境西草原平坦如砥，土肥水沃。全旗地理，平原约占 8.7%，山地约占 38.8%，丘陵约占 52.5%。境内最高峰位于南部边陲的大光顶子山海拔 2067 米，最低点位于土城子镇哈巴其拉的清水口海拔 680.9 米，全旗平均海拔 1100 米。

克什克腾旗属中纬度温带半干旱大陆性季风气候。2020 年，全年平均气温 3.3℃。最冷月 12 月，平均气温 -17.7℃；最热月 7 月，平均气温 19.5℃。年降水量 536.3 毫米。年日照时数 2849.8 小时，无霜期 109 天。极端天气情况：7 月 1 日、7 月 11 日、7 月 21 日，克什克腾旗部分苏木乡镇受到暴雨、冰雹袭击并引发洪涝灾害。11 月 18 日，克什克腾旗大部地区出现暴雪天气，造成部分冷棚、棚圈、库房倒塌。

全旗总面积 20673 平方千米。辖 13 个苏木乡镇，3 个街道管理办公室；管理 124 个嘎查村（40 个嘎查），21 个居委会。全旗户籍总人 111844 户、243872 人。

全年实现地区生产总值 124.4 亿元，按可比价格计算，比上年增长 1.7%。其中，第一产业增加值 22.7 亿元，增长 3.2%；第二产业增加值 61.8 亿元，增长 5.7%；第三产业增加值 39.9 亿元，下降 4.7%。三次产业比例为 18.2 ∶ 49.7 ∶ 32.1。全年一般公共预算收入 63180 万元，比上年同口径增长 5.2%；一般公共预算支出 316088 万元，增长 4.5%。其中，一般公共服务支出 32154 万元，增长 12.2%；公共安全支出 8370 万元，增长 11.6%；教育支出 46959 万元，增长 2.8%；社会保障和就业支出 52266 万元，下降 51.1%；医疗卫生支出 25009 万元，下降 0.2%。全年规模以上固定资产投资比上年增长 15.3%。其中，第一产业投资下降 49.6%，第二产业投资增长 137.5%，第三产业投资下降 0.3%。

【三大攻坚战】 投入扶贫资金 2.12 亿元，发放扶贫贷款 1.08 亿元，"两不愁三保障"问题得到全面解决，剩余 140 户、

285名贫困人口如期脱贫。

中央环保督察及“回头看”反馈问题全部整改完成。大气、水、土壤污染防治工作收效良好，优良天数较2019年提高1.99个百分点。严格落实河湖长制，河湖治理保护专项行动深入开展；经棚镇污水处理厂技改、污泥深度脱水、中水回用工程基本建成。土壤污染状况详查和矿山企业尾矿库污染防治方案全部备案。

全年化解隐性债务本金2.08亿元，争取再融资债券5.28亿元。持续规范整治民间借贷行为，调解金额2205.07万元，减免息671.08万元。

【农业】 全旗农作物总播种面积82935.23公顷，比上年增长0.5%。其中，粮食作物播种面积61081.39公顷，增长0.01%；经济作物播种面积21853.84公顷，增长19.9%。粮经饲比例由2019年的63∶20∶17调整到61∶21∶18。食用菌、中草药种植规模分别达到2000万棒和8万亩。林下经济突破1万亩。粮食总产量21.04万吨，增长17.9%。经济作物中，油料产量0.2万吨，增长4.1%；甜菜产量3.52万吨，下降20.8%；蔬菜及食用菌产量14.78万吨，下降0.4%；水果产量0.53万吨，下降16.7%。全旗农牧业机械总动力46.4万千瓦，比上年增长6.42%。

【畜牧业】 6月末全旗牲畜存栏205万头只，同比增长2.5%。优质农畜产品精深加工转化率达到68%，百万元以上龙头企业销售收入实现13.5亿元。全旗草牧场面积170.4787万公顷，其中可利用草牧场面积169.0067万公顷。人工种草保有面积2386公顷，改良草场保有面积112490公顷，草场围栏保有面积283640公顷，灭鼠面积40000公顷。年末实有畜棚161547个、304.5万平方米，其中当年新建2700间、9万平方米。

【林业】 天然林面积486033公顷，人工林面积112609公顷，林业用地面积907035公顷，森林蓄积量1668立方米。当年完成造林面积10106.7公顷。森林覆盖率34.57%，天然草原面积2557.18万亩，草原植被盖度58.33%。

【水利】 全旗水资源总量为8.63亿立方米，其中：地表水资源量为7.14亿立方米，地下水资源量5.02亿立方米，两者重复量3.53亿立方米。全旗水资源可利用总量6.73亿立方米，其中地表水可利用量为4.78亿立方米，地下水可开采量1.98亿立方米，重复可利用量0.03亿立方米。

【工业】 全年全部工业增加值比上年增长2.6%。其中，规模以上工业（年主营业务收入2000万元及以上的工业法人单位）增加值增速4.4%。

全年规模以上工业企业产品产量：发电量52.7亿千瓦时，同比增长8.6%；铁矿石成品矿量103.08万吨，同比下降2.21%；铅选矿含铅量1.86万吨，同比下降13.1%；锌选矿含锌量5.4万吨，同比下降0.05%。

全年规模以上工业企业实现工业总产值113.6亿元，同比增长1.32%；实现利润9.96亿元，同比下降18.58%。全年规模以上工业企业产品销售率100.11%。

【城乡建设】 全年建筑业增加值同比增长20.1%。全旗具有资质等级的建筑企业8家，与上年度保持不变；施工企业房屋建筑施工面积15万平方米，下降11.8%；竣工房屋面积10万平方米，下降33.3%。全年房地产开发投资39834万元，增长18.5倍。商品房销售面积下降7.6%，商品房销售额下降13%。人居环境整治示范嘎查村建设进展有序，“厕所革命”1364户建设任务如期完成。畜禽粪污资源化利用项目粪污处理配套设施全部通过验收。非正规生活垃圾堆放点整治整改工作顺利完成，基本达到三类旗县标准要求。

【资源环境】 克什克腾旗境内有AAAAA级旅游景区1处，AAAA级旅游景区1处，AAA级旅游景区2处，有国家级自然保护区2处，自治区级自然保护区5处，旗级自然保护区1处。2020年全社会能源消费总量836171吨标煤，单位GDP能耗变化率下降3.87%。经棚镇城区空气监测优良天数356天。

【生态建设】 重点区域山水林田湖草沙综合治理项目统筹推进，完成生态治理面积1.1067万公顷（16.6万亩），森林覆盖率和草原植被盖度分别达到36.2%和58.33%。达里湖流域年内投入综合治理和修复资金2200万元。深入落实新一轮草原生态保护补助奖励政策，乌兰布统全年全境禁牧收效良好。偷牧、滥牧、超载放牧管护和外场清理整治力度持续加大。土地利用总体规划调整修编完成。生态红线优化调整进入审核阶段。自然保护地整合优化成效明显，保护区之间边界重叠、与建制镇、矿业权并存等历史遗留问题得到有效解决。

【交通电信】 全旗公路里程3861公里，全旗124个行政嘎查村全部通沥青或水泥路面，通畅率100%；行政嘎查村通客车率100%。全旗移动电话用户数21.88万户，固定电话用户数0.43万部，计算机互联网用户数5.56万户。

【商业】 全年社会消费品零售总额20.11亿元，同比下降7.3%。分行业统计，批发、零售业零售额15.49亿元，同比下降7.2%；住宿、餐饮业零售额4.62亿元，同比下降7.5%。

【旅游业】 国家全域旅游示范区创建工作通过自治区初验。全旗主要旅游景点有10处。受新冠肺炎疫情影响，全年共接待国内外旅游人数达390万人次，同比下降43.48%；实现旅游综合收入达46.8亿元，同比下降43.6%。

【服务业】 全年服务业增加值39.9亿元，同比下降4.7%。其中，批发和零售业增加值9.14亿元，同比下降8.2%；交通运输、仓储及邮政业增加值2.48亿元，同比下降4.4%；住宿和餐饮业增加值2.05亿元，同比下降22.4%；金融业增加值3.25亿元，同比增长1.3%；房地产业增加值6.06亿元，同比下降2.5%，其他服务业增加值下降1.3%。电子商务交易额、网络零售额分别达到7.03亿元和4.67亿元，同比分别增长23.3%和14.97%。全旗电商服务站通过第三方验收。物流配送资费下调5%。

【金融】 全旗金融机构人民币存款余额92.3亿元，比年初增加6.2亿元，比上年末增长7.2%。其中，住户存款72.9亿元，比年初增加8.1亿元，增长12.4%。年末全旗金融机构人民币贷款余额78.0亿元，比年初增加5.1亿元，增长7.0%。

2020年从事保险业单位16家，各保险业实现保费收入约3.31亿元，比上年增长约5.75%。其中，财险保费收入1.15亿元，比上年增长约33.74%；人身保险保费收入约2.13亿元，比上年增长约9.76%；农业保险收入约0.54亿元。各类赔款给付金额0.9亿元，比上年增长约2.71%。

【科技】 2020年新增认定高新技术企业2家，企业技术研发中心3家；内蒙古自治区克什克腾旗昭乌达肉羊肉牛科技园区获批，内蒙古肉羊产业技术创新战略联盟、星创天地平台运转良好；共争取国家和自治区专项资金298.4万元。首轮科技需求征集工作共征集一、二、三产需求19项，重大科技需求3项；为全旗67个贫困村选派47名“科技特派员”。

【教育】 全旗现有公办中小学、幼儿园共33所，其中普通高中1所、完全中学1所、职业高中1所、独立初中3所、九年一贯制学校7所（附设村校2个、教学点4个、特殊教育学校1个、附属幼儿园6个）、完全小学16所（附设村校2个，教学点2个、附属幼儿园12个）、幼儿园4所；教职工2823人（其中专任教师2132人），在校学生21072人；民办幼儿园19所，教职工166人（其中专任教师99人），在园幼儿1153人。实施了经棚三小和第三、第四幼儿园等建设项目。

【文化】 全旗拥有文化部门所属事业单位的乌兰牧骑1个，演职人员42人，文艺下乡演出150余场；博物馆1个；公共图书馆1个、藏书3.5万册，文化馆1个；文化产业经营单位275个，从业人员1600人。应昌路保护设施建设和博物馆展陈升级改造项目基本完工。金界壕乌拉苏太段纳入第一批国家级长城重要点段。

【卫生】 全旗拥有卫生机构286个。其中，医院4个，社区卫生服务中心11个，乡镇卫生院21个，村卫生室170个，诊所、医务室72个，妇幼保健机构1个，疾控中心1个，健教所1个，卫生计生综合执法局1个；各类卫生机构拥有床1542张，每千人口拥有床位7.71张；卫生技术人员2167人，其中执业（助理）医师665人，注册护士620人，每千人口拥有执业（助理医师）3.32人、注册护士3.1人。建立旗域级医联体2个，区域医联体7个。新冠肺炎和鼠疫防控取得阶段性成果。

【体育】 全旗体育场地面积37.5098万平方米，人均体育场地面积1.87平方米。其中，游泳馆3个，篮球馆4个，门球馆1个，乒乓球馆2个，网球馆1个，足球场34个，篮球场114个，排球场29个，网球场8个，羽毛球场11个，乒乓球室92个，门球场2个，台球室26个，摔柔室1个，健身房26个，棋牌室23个，标准田径场6个，小型运动场26个，健身路径142条，登山步道1条，建设步2条，漂流2处。全旗参加经常性体育锻炼的人数5.8万人。组织参加内蒙古自治区第五届百县健身气功交流比赛，五禽戏和十二法比赛获两项团体第三名。承办“2020年克什克腾旗全市自行车邀请赛”。

【社会保障】 城镇新增就业人数1009人，城镇登记失业率控制在4.3%以内。企业职工养老保险、工伤保险、城乡居民养老保险、机关事业养老保险参保总数为176121人次，退休人员为55849人，其中：企业职工养老保险参保24997人。工伤保险参保19400人，城乡居民养老保险参保124004人，机关事业单位在职参保7720人。参加城镇居民基本医疗保险人数180203人，参加基本医疗保险的职工人数27300人。2020年年末城镇居民最低生活保障人数2461人，农村居民最低生活保障人数23932人。

全旗共有敬老院7所，床位数316张，收养244人；公办养老公寓1所，床位92张，收养92人；民办老年公寓3所，床位337张，收养224人。

【人民生活】 城镇常住居民人均可支配收入31021元，同比增长1.5%。主要收入，工资性收入23824.1元，同比增长2.2%；经营净收入2419.6元，同比下降4.8%；财产净收入1116.8元，同比增长5.4%；转移净收入3660.5元，同比增长0.2%。

农村牧区常住居民人均可支配收入13624元，同比增长9.2%。主要收入，工资性收入2670.3元，同比增长1.9%；经营净收入8092.7元，同比增长13.8%；财产净收入217.9元，同比增长2.8%；转移净收入2643.1元，同比增长4.4%。

（李春煜）

翁牛特旗

【概况】 翁牛特旗位于内蒙古自治区赤峰市中部，地处北纬42°26′42″～43°25′31″，东经117°49′47″～120°43′58″。东与通辽市奈曼旗相依，南与敖汉旗和松山区相连，西接克什克腾旗，北与林西县、巴林右旗、阿鲁科尔沁旗及通辽市开鲁县为邻。旗人民政府驻乌丹镇。

全旗土地总面积11882平方千米，东西最大距离256千米，南北最大距离86公里。辖4个苏木、2个乡、8个镇、2个街道办事处、229个行政村嘎查。全旗常住人口33、4万人。其中，城镇人口11万人，占总人口比重的23%，比上年末提高0.56个百分点。全年出生人口4044人，出生率为8.6‰；死亡人口6885人，死亡率14.6‰；人口自然增长率1.91‰。

2020年，全旗地区生产总值实现143.9亿元，按可比价格计算，比上年增长0.9%。其中，第一产业增加值51.1亿元，增长0.9%；第二产业增加值29.5亿元，增长3.6%；第三产业增加值63.3亿元，下降0.5%。从产业结构看，第一、二、三产业增加值占地区生产总值的比重分别为35.5%、20.5%和44.0%，对经济增长的贡献率分别为38.7%、85.3%、-24.0%，分别拉动经济增长0.35、0.77、-0.22个百分点。

全年城镇新增就业人数1353人，比上年增加22人。失业人员再就业562人。农村牧区劳动力转移就业人口6.5万人次。年末城镇登记失业率为3.5%。比上年下降0.3个百分点。

全年居民消费价格比上年上涨2%。其中消费品价格上涨3.1%，服务价格下降0.3%；商品零售价格上涨1.3%；工业生产者出厂价格下降0.3%。

【农牧业】 全旗农作物播种面积初步数为355.8万亩。其中粮食作物播种面积初步数为288.42万亩，比上年增长2.9%。经济作物播种面积初步数为67.4万亩。粮食总产量初步数为86.57万吨，比上年增长 1.8%。经济作物中，油料产量 4.67 万吨，甜菜产量 63.8 万吨，蔬菜产量 32.8 万吨，分别比上年增长 -29.1%、61.6% 和 -13.5%。

全年肉类总产量 8.8 万吨。其中，猪肉产量 3.9 万吨；牛肉产量 1.2 万吨；羊肉产量 0.8 万吨。年末主要牲畜存栏 177.2 万头只。其中，生猪存栏 44.7 万头；牛存栏 23.2 万头；羊存栏 109.3 万只。

年末全旗农牧业机械总动力 92.3 万千瓦。全年全旗共发放农机购置补贴资金 3424 万元，受益农户达到 1451 户。

【工业】 全部工业增加值 15.2 亿元，比上年下降 8.2%。其中，规模以上工业增加值下降 7.9%。在规模以上工业中，分门类看，采矿业增加值增长 33.6%，制造业增加值下降 15.3%，电力、热力、燃气及水的生产和供应业增长 8.6%。

从部分工业产品产量看，风力发电量 93134 万千瓦小时；萤石 12.8 万吨；鲜冷藏肉 0.44 万吨；成品糖 8.3 万吨；水泥混凝土电杆 1.7 万根；配合混合饲料 3.0 万吨。

全年规模以上工业企业实现营业收入 26.5 亿元，比上年下降 33.4%；实现营业利润 406 万元，下降 98.4%；营业收入利润率为 0.15%。规模以上工业产品销售率为 95.0%。

【服务业】 全年服务业增加值 63.3 亿元，比上年下降 0.5%。其中，批发和零售业增加值 8.1 亿元，下降 1.1%；交通运输、仓储和邮政业增加值 5.0 亿元，下降 1.0%；住宿和餐饮业增加值 1.5 亿元，下降 19.2%；金融业增加值 6.7 亿元，增长 1.0%；房地产业增加值 7.0 亿元，增长 5.4%。全年规模以上服务业企业营业收入比上年下降 0.2%。

全年公路货物运输总量 265.1 万吨，比上年增长 14.9%。货物运输周转量 33287.8 万吨公里，增长 7.5%。旅客运输总量 22.9 万人，比上年下降 66.0%。旅客运输周转量 2294.7 万人公里，比上年下降 45.2%。

全年完成邮政行业业务总量 0.3 亿元，比上年增长 10.0%。完成电信业务总量 1.6 亿元。电信业务总量中，移动业务总量 1.1 亿元。年末固定电话用户总数为 0.7 万户，移动电话用户总数为 27.6 万户，宽带业务用户数达到 7.6 万户。

【国内贸易】 全年社会消费品零售总额 31.9 亿元，比上年下降 7.0%。按经营地统计，城镇消费品零售总额 17.7 亿元，同比下降 6.6%。乡村消费品零售总额 14.2 亿元，同比下降 7.5%。全年商品销售额同比增长 0.9%。按消费类型统计，批发业销售额增长 3.0%。零售业销售额下降 1.7%。住宿业营业额下降 32.1%。餐饮业营业额下降 22.0%。

在限额以上单位商品零售额中粮油、食品类比上年增长 14.7%，日用品类下降 12.3%。

【财政】 全年一般公共预算收入 4.6 亿元，比上年增长 8.2%。收入结构，税收收入 2.5 亿元，下降 14.1%；非税收入 2.1 亿元，增长 56.5%。全年一般公共预算支出 47.0 亿元，比上年增长 11.4%。其中，民生支出 38.9 亿元，占一般公共预算支出的 83.0%。

【金融】 截至 2020 年末，旗内 15 家保险业金融机构，实现保费收入 5.6 亿元，比上年增长 15.8%。其中，财产险保费收入 2.3 亿元，比上年增长 12.5%；人身险保费收入 3.3 亿元，比上年增长 18.3%。各类赔款给付金额 1.9 亿元，比上年增长 6.1%。其中，财产险赔款给付金额 0.5 亿元，比上年增长 5%。人身险赔款给付金额 1.5 亿元，比上年增长 6.5%。继续开展农牧业保险服务，全年共计实现保费收入 2.5 亿元。其中，农牧户支付保费 1.3 亿元，覆盖所有苏木乡镇街道。

2020 年末，全旗金融机构人民币各项存款余额 139.3 亿元，比上年末增长 9.2%。其中，住户存款余额 116.3 亿元，增长 21.7%。年末全旗金融机构人民币各项贷款余额为 101.9 亿元，比上年末增长 1.1%。其中，中长期贷款余额 49.6 亿元，下降 6.1%。短期贷款余额 52.3 亿元，增长 8.9%。

【人民生活】 全年全体居民人均可支配收入 18689 元，比上年增长 3.8%。按常住地分，城镇常住居民人均可支配收入 30338 元，增长 1.6%。农村牧区常住居民人均可支配收入 12545 元，增长 8.5%。全年全体居民人均消费性支出 14886 元，比上年下降 5.3%。按常住地分，城镇常住居民人均消费性支出 19697 元，下降 6.9%。农村牧区常住居民人均消费性支出 12390 元，下降 4.3%。年末城镇居民人均住房建筑面积 35 平方米，比上年增加 1 平方米。农牧民人均居住面积 34 平方米，比上年增加 2 平方米。

【社会保障】 年末参加城镇职工基本养老保险人数为 7.0 万人，与上年基本持平。参加城乡居民社会养老保险人数为 16.4 万人，比上年末增长 6%。2020 年全旗基本医疗保险参保人数为 38.05 万人，其中：城乡居民基本医疗保险人数 34.70 万人，职工基本医疗保险人数为 3.35 万人。年末城镇居民最低生活保障人数为 968 人。农村牧区居民最低生活保障家庭户数为 26112 户，农村最低生活保障人数 44308 人。全旗各类养老机构 10 个。其中，敬老院 5 个，光荣院 1 个，私立养老院 4 个。床位数共计 652 张，在院人数 340 人。

【科学技术和教育】 全年专利申请 78 件，授权专利 67 件。共签订技术合同 25 项。技术合同成交金额 336 万元。

2020 年，全旗教职工人数为 5503 人。年末全旗共有初中 9 所，小学 36 所。初中和小学在校学生分别为 1.0 万人和 1.9 万人，入学率均达到 100%。普通高中全年招生 1941 人，在校生 5842 人，毕业生 1999 人。全旗高考本科录取人数达到 1222 人。3 所中等职业技术学校全年招生 1039 人，在校学生 2301 人，毕业生 635 人。

【文化旅游】 全旗拥有文化馆（站）28 个，公共图书馆 1 个，博物馆 1 个，草原书屋 247 个。现有电视发射机 16 部，广播综合人口覆盖率 99.26%。电视综合人口覆盖率为 99.09%。2020 年，共接待游客 130 万人次，比上年下降 41%。实现旅游收入 18 亿元，下降 40%。

【卫生】 2020 年末，全旗共有医疗卫生机构 417 个，其中医院 2 个，卫生院 28 个，疾病预防控制中心 1 个，妇幼保健机构 1 个，卫生监督机构 1 个，诊所（个体诊所、医务室、卫生室）384 个。卫生技术人员 1476 人。其中，执业医师和执业助理医师 669 人，注册护士 487 人。医疗卫生机构床位数 1317 张，其中旗级医疗卫生机构789张，基层医疗卫生机构503张。

【体育】全年全旗发展二级运动员10人。全旗国家一级社会体育指导员11人，国家二级社会体育指导员110人。全旗社区和嘎查村共有健身点229个。

【资源和环境】 全年总用水量3.84亿立方米，比上年增长3.9%。其中，生活用水下降13.7%，工业用水下降64.4%，农业用水增长11.6%，生态补水下降21.7%。万元工业增加值用水量29.0立方米，下降62.2%。

全年完成造林面积11.4万亩。其中，人工造林3.7万亩，封山育林1.0万亩，森林抚育1.0万亩，退化林修复3.7万亩。完成京津风沙源治理工程造林面积2.0万亩。

2020年，全年旗中心城区空气质量达到二级及二级以上标准天数336天，达标率95.45%，较上年提高0.56%。可吸入细颗粒物平均值较上一年度下降24.4ug/m。全年城区集中式生活饮用水水源地水源井水质各项指标均达到《地下水质量标准》要求，集中式饮用水源水质达标率100%。

全年平均气温7.1℃，全年总降水量478毫米，作物生长季（4—9月）总日照数1462.3小时。

全年规模以上工业综合能源消费量比上年增长7.4%，其中，两家重点耗能企业综合能源消费量增长11.4%。

（刘永春）

喀喇沁旗

【概况】 喀喇沁旗地处内蒙古东部，蒙、辽、冀三省区交汇处，居东北经济区与华北经济区结合部，东与辽宁省建平县相邻，南与赤峰市宁城县毗邻，西与河北省围场县、隆化县交界，北与赤峰市松山区、红山区相依，距赤峰38公里，北京380公里。喀喇沁旗地形复杂多样，地势由西南向东北倾斜，形成中低山地、丘陵漫岗和河谷平原3种地貌类型。海拔高度在500米～1890.9米之间。喀喇沁旗主要河流属英金河水系。主要河流有锡伯河。河网密度1.5公里／平方公里。

喀喇沁旗西南部多林区，野生植物丰富，野生动物繁多。全旗境内已发现维管植物95科371属803种；裸子植物3科5属5种；被子植物83科353属777种。山珍野味有蕨菜、黄花、榛蘑、山杏仁、松子、榛子、沙棘果。药用植物有麻黄、甘草、黄芪、柴胡、黄芩、赤芍、百合、苍术、远志等517种。有各种啮齿野生动物26种，其中以松鼠、花鼠最为典型。旗内有食肉动物很多，以狐和黄鼬等颁布较广。食草类动物有鹿、狍、兔等，以狍、兔分布较广。鸟类以雉鸦为常见，雉科有雉鸡、石鸡、斑翅山鹑等，鸣禽中以百灵科的蒙古百灵较为典型。

喀喇沁旗境内已发现的金属和非金属矿产有金、铁、铅、锌、钼、煤炭、萤石、石灰石、膨润土、硅石、花岗岩、珍珠岩、大理石等43种。部分矿产保有储量为：煤炭6000万吨，黄金12吨，萤石400万吨，珍珠岩3000万吨，特别是石灰岩储量达2.5亿吨，居华北和东北地区首位，而且品质极高，被称为“华北汉白玉”。

全旗总面积3050平方公里，辖7个镇、2个乡、2个街道管理办公室，1个园区，161个村民委员会、2个国营农林场和10个社区。年末户籍人口34.27万人，比年初减少2873人。其中少数民族人口18.55万人。男性人口17.77万人，女性人口16.50万人。

属中温带大陆性季风气候，春季风大干燥，夏季多雨高温，秋季霜冻较早，冬季寒冷少雪，四季分明，雨水较少。年平均气温8.4℃。最冷月1月，平均气温-7.9℃；最热月7月，平均气温23.3℃。年降水量395.8毫米，年日照时数2815.1小时，无霜期202天。全年累计无降水日数296天。

全年实现地区生产总值（GDP）87.2亿元，按可比价格计算，同比增长3.0%。其中，第一产业实现增加值16.0亿元，同比下降0.1%；第二产业实现增加值30.3亿元，同比增长14.8%；第三产业实现增加值40.9亿元，总比下降3.3%。三次产业比重为18.4：34.7：46.9。第一、二、三产业对经济增长的贡献率分别为21.8%、101.5%和-23.3%，分别拉动经济增长0.7、3.0和-0.7个百分点。全年完成公共财政预算收入4.7亿元，比去年同期增加0.6亿元，同比增长14.8%；公共财政预算支出30.4亿元，比去年同期增加2.0亿元，增长7.1%。

【农牧业】 耕地面积5.27万公顷，农作物种植面积5.65万公顷，粮食作物耕种面积4.37万公顷。其中，玉米播种面积2.70万公顷，较上年减少86公顷，下降0.32%；谷子9529公顷，较上年减少309公顷，下降3.14%；高粱1753公顷，较上年减少570公顷，下降24.54%；大豆551公顷，与上年持平；马铃薯4380公顷，较上年增加816公顷，增长，增长22.90%。全旗12月份牲畜存栏38.61万头只，较上年同月增加3.63万头只，同比增长10.38%。其中，肉牛存栏8.32万头，较上年同月增加4200头，同比增加5.32%；肉羊20.98万只，较上年同月减少6500只，同比减少3.22%；生猪8.16万头，较上年同月增加2.69万头，同比增加49.18%。肉牛出栏4.96万头，较上年同月增加1.03万头，同比增加26.21%；肉羊出栏25.02万只，较上年同月增加6.25万只，同比增加33.29%；生猪出栏6.76万头，较上年同月增加5200头，同比增加8.33%。禽存栏233.17万只，较上年同月增加1400只，同比增加0.06%。出栏肉禽931.95万只，其中出栏肉鸡86.36万只、肉鸭845.59万只。新建养殖小区25处，规模化养殖率58%。牧业年度全旗牲畜存栏34.98万头只。良种及改良种牲畜总头数29.7万头只，占比99.4%。全年肉类总产量4.39万吨，增加11.7%；牛奶产量5143吨，增加19.60%；羊毛产量427吨，下降11.04%；禽蛋产量10645吨，下降2.7%。年末耕地面积52651公顷，全年农作物种植面积53986公顷，减少445公顷，下降0.8%。其中，粮食作物种植面积43741公顷，减少310公顷，下降0.7%。全年粮食总产量313087吨，减少55884吨，下降15.1%；油料产量2238吨，下降19.4%；蔬菜产量332291吨，下降8.5%。

年末，全旗农牧业机械总动力34.6万千瓦，增长10.3%；机耕面积3.27万公顷，增长9.7%；机播面积3.97万公顷，增长2.1%；全社会用电量76136万千瓦时，其中农村用电量 10845 万千瓦时，增长 36.0%；化肥施用量（已折纯）16999.9 吨，下降 6.3%。

【工业】 全年全部工业实现增加值 22.73 亿元，按可比价格计算，同比增长 30.7%，其中规模以上工业增加值增长 131.6%。工业产品销售率 98.9%。全旗规模以上工业企业 16 家。从工业主要产品产量看，全旗电解铜产量 394968 吨，增长 101.2%；硅酸盐水泥熟料产量 2477345 吨，下降 3.0%；水泥产量 2298340 吨，增长 36.3%；发电量 8003 万千瓦时，增长 3.3%；黄金 6208 千克，增长 337.8%；棉纱 2250 吨，下降 10.3%。

【城乡建设】 全旗具有建筑业资质等级的建筑施工企业 16 个，施工企业房屋建筑施工面积 68.4 万平方米，下降 8.8%，竣工房屋面积 27.5 万平方米，下降 40%，房屋建筑竣工率 40.2%，实现建筑业产值 84189.1 万元，实现利润 -869.9 万元。喀喇沁旗锦南大街西段、河滨北街中段、樱桃沟水泥路、迎宾路辅路、马鞍山河道东侧 5 条街路改造竣工。无害化处理生活垃圾 47629 吨，建筑垃圾 7562 吨。锦山东货车停车场投入使用。公园路公园建成开放，完成南山公园“心连心”广场和景观平台建设，锦山大桥南北两侧街头绿地完成整体改造，安装护栏 90 余延长米。完成河滨北街东段坝体绿化及龙泉寺道路两侧山体绿化工程，栽植各类乔木 6651 株。公园路两侧栽植水蜡篱 650 延长米，栽植乔木 409 株，灌木 252 墩，绿篱 2371 平方米，花卉 609 平方米。灵悦寺公园在拆除原水利局、广播局等办公楼及部分附属用房的基础上建设完成，正式对外开放。在湖滨体育公园试种荷花池 2300 余平方米。实施锦山城区路灯增补及小巷路灯安装项目，完成三中胡同、锦绣花园小区后胡同等背街小巷路灯升级改造及河滨南街路灯节能改造工程。

【环境保护】 全旗有市级自然保护区 1 个，为旺业甸自然保护区，自然保护区面积 6603 公顷。拥有环境监测站 1 个，环境监测人员 9 人。监测锦山建成区大气环境质量符合二级标准，全年空气质量“优”181 天，“良”147 天；区域噪声平均值符合《声环境质量标准》（GB3096-2008）2 类标准，交通噪声监测平均值符合《声环境质量标准》（GB3096-2008）4a 类标准，城市生活垃圾无害化处理率达到 100%，地下水达标率为 100%，地表水达标率 75%。完成京津风沙源治理工程 333.3 公顷。

【交通邮电】全旗公路里程 1382.6 公里。锦山汽车站完成客运量 19.13 万人。全年邮电业务总量 20102 万元，下降 1.9%。其中，电信业务总量 15002 万元，下降 5.7%；邮政业务总量 5101 万元，增长 10.9%。年末本地网固定电话用户 1.3 万户，下降 17.2%。年末移动电话用户 29.3 万户，下降 5.1%。年末全旗互联网络用户 8.2 万户，增长 14.3%。

【旅游】 全年实现旅游收入 10.2 亿元，接待旗内外旅游人数 117.9 万人次。

【金融业】 年末全旗金融机构各项人民币存款余额 139.3 亿元，比年初增加 7.4 亿元，增长 5.6%。其中，个人储蓄存款余额 115.2 亿元，增加 15.6 亿元，增长 15.7%。年末全旗金融机构各项人民币贷款余额 88.4 亿元，比年初增加 11.7 亿元，增长 15.2%。全年保险业实现保费收入 10723.7 万元，下降 4.4%；赔付支出累计 7311.7 万元，下降 16.4%。其中，中国人保财产保险保费收入 4937.9 万元，下降 0.2%；赔付支出 2869.5 万元，下降 20.2%。中国人寿保险保费收入 927.4 万元，下降 5.9%；赔付支出 2067.1 万元，下降 1.8%。中华联合财产保险保费收入 1370.2 万元，增长 21.0%；赔付支出 1080.7 万元，增长 46.8%；中国人民人寿保险保费收入 1256.8 万元，下降 29.0%，赔付支出 25.4 万元，下降 95.8%；中国平安人寿保险保费收入 2231.4 万元，下降 6.4%，赔付支出 1269.0 万元，下降 25.5%。

【教育】 有职业高中 1 所，专任教师 249 人，招收学生 1372 人，在校学生 3214 人。普通高中 2 所，专任教师 451 人，全年招收高中学生 1869 人，在校学生 5592 人。普通初中 7 所，专任教师 852 人，招收学生 3115 人，在校学生 9256 人。小学 32 所，专任教师 1757 人，招收学生 2666 人，在校学生 16933 人。全年小学适龄儿童入学率 100%。全旗幼儿园在园幼儿 6629 人。

【科技】 申报自治区科技储备项目 5 个，（其中关键技术攻关计划项目 4 个，中央引导地方科技发展资金项目 1 个）。赤峰市淇艺机械有限责任公司承担的 2019 年自治区科技创新引导奖励资金项目，通过市科技局、市财政局联合组织的专家验收。推荐申报内蒙古东岳金峰氟化工有限公司获批为自治区级高新技术企业，获得自治区科技厅批准，获得资金 30 万元。推荐赤峰市淇艺机械有限责任公司、内蒙古蒙缘堂药业科技有限公司申报 2020 年度自治区下达赤峰市科技成果转化专项资金项目，得到自治区科技厅批准，获得资金 118 万元。推荐赤峰振兴鸭业科技育种有限公司、内蒙古蒙东电子商务科技有限公司、赤峰云铜有色金属有限公司 3 家企业申报技术交易后补助项目，审批通过获得资金补助 43 万元。全年“三区”人才项目获批 28 人，发放到位资金 56 万元。

【卫生】 全旗共有医疗卫生机构 30 个（不包括村卫生室、乡村医生诊所、医务室）。其中，医院 4 个，乡镇卫生院 16 个，疾病预防控制机构 1 个，妇幼卫生机构 1 个，健康教育所 1 个，卫生监督所 1 个，专科疾病防治院（所）1 个，社区卫生服务中心（站）3 个，门诊部 2 个。全旗医疗卫生机构实有病床 1204 张。其中，医院实有病床 684 张，乡镇卫生院实有病床 355 张，妇幼卫生机构实有病床 65 张，社区服务中心（站）实有病床 100 张。全旗卫生技术人员 1388 人。其中，医院 572 人，乡镇卫生院 346 人，疾病预防控制机构 25 人，妇幼卫生机构 52 人，健康教育所 2 人，专科疾病防治院（所）6 人，卫生监督所 12 人，社区卫生服务中心（站）69 人。执业医师 454 人，执业助理医师 196 人，注册护士 442 人，药师（士）101 人，技师（士）78 人（含检验师 55 人），其他 117 人。其他技术人员 31 人，管理人员 73 人，工勤人员 71 人。全旗有村卫生室 244 个，乡村医生诊所、医务室 38 个。

【人民生活】 全年全体居民人均可支配收入 20556 元，增加 657 元，增长 3.3%；按常住地分，城镇常住居民人均可支配收入 30891 元，增加 753 元，增长 2.5%；

农村常住居民人均可支配收入13494元，增加1057元，增长8.5%。城镇人均工资性收入18276元，占可支配收入的59.2%；人均家庭经营净收入5837元，占可支配收入的18.9%；人均财产性净收入1378元，占可支配收入的4.5%；人均转移性净收入5400元，占可支配收入的17.5%。农村人均工资性收入3829元，占可支配收入的28.4%；人均家庭经营净收入5873元，占可支配收入的43.5%；人均财产性净收入-31元；人均转移性净收入3823元，占可支配收入的28.3%。全年全体居民人均消费性支出10645元，比上年下降23.5%。按常住地分，城镇居民人均消费性支出14323元，比上年下降15.7%。农村居民人均消费性支出9125元，比上年下降10.8%。城乡居民恩格尔系数（食品烟酒类支出占消费总支出的比重）分别为32.8%和34.2%；年末城镇居民现住房屋人均建筑面积34.45平方米，比上年增加0.21平方米。农村居民人均居住面积31.74平方米，比上年增加0.32平方米。

【社会保障】 年末全旗基本养老保险参保232883人，其中：城镇职工养老保险参保人数61694人，城乡居民养老保险参保人数171189人。失业保险参保13000人。基本医疗保险参保290409人，其中：城镇职工参保29071人，城乡居民参保261338人。养老金社会发放率达100%。全年共有30222人得到国家最低生活保障救济。其中：城镇1004人；农村29218人。农村五保供养人数1800人。年末全旗有福利院1所，敬老院12所，床位1348张，收养406人。

【脱贫攻坚】 全旗建档立卡贫困人口11387户、26115人，全部实现脱贫；全年投入各类扶贫资金24636.77万元，实施扶贫项目167个；完成脱贫攻坚普查试点及正式普查工作；各级反馈问题全部整改销号。针对建档立卡贫困户和边缘户，继续开展脱贫攻坚全面摸底排查工作，全年开展动态调整2次，年末动态调整后，脱贫全旗剩余未脱贫户145户293人，消除致贫返贫风险边缘户355户796人、监测户91户239人。

（张愈佳）

宁城县

【概况】 宁城县位于河北、辽宁、内蒙古三省（区）交界处，内蒙古自治区赤峰市南部。东与辽宁省建平县、凌源市交界，南与河北省平泉市毗邻，西与河北省承德县、隆化县相依，北与赤峰市喀喇沁旗相连。东西长约94公里，南北宽约64公里，总面积4305.47平方公里。2020年，辖15个镇乡、3个街道，305个行政村、21个社区。至年末，全县总人口60.21万人。人口出生率8.47‰，死亡率6.02‰，人口自然增长率2.45‰。人口密度140人/平方公里。有少数民族14个，89037人。是自治区人口最多、人口密度最大的县。

县境属内蒙古高原与松辽平原的过渡地带，地势西高东低。最高处为三座店乡龙潭梁翠云峰，海拔1890.9米；最低处为五化镇南三十家子村南侧，海拔459米。七老图山屏峙西侧，努鲁尔虎山由西南向东北绵亘蜿蜒，老哈河、坤都伦河由西南向东北流经县域东部及北部。西部山峦起伏、中部丘陵广阔、沿河平川狭长，构成“五山四丘一分川”的地貌特征。气候属温带半干旱大陆性季风气候，四季分明。年平均气温7.7℃。最冷月1月，平均气温-9.3℃；最热月7月，平均气温23.3℃。年日照时数2972.1小时，无霜期145天，年降水量431.4毫米。热量分布自东向西递减，降水量总趋势自东向西递增。气象灾害出现5次，其中冰雹3次、干旱1次、雪灾1次。

2020年，全县实现地区生产总值156.2亿元，按可比价格计算，比上年增长0.7%。在地区生产总值中，第一产业增加值43.9亿元，增长1.0%；第二产业增加值34.9亿元，增长2.7%；第三产业增加值77.4亿元，下降0.4%。三次产业比重为28∶22∶50。全社会完成500万元以上项目固定资产投资比上年增长68.0%，其中工业项目固定资产投资比上年增加3.3倍。公共财政预算收入5.6亿元，比上年增长10.1%；财政支出50.1亿元，比上年增长20.9%。

【农业】 2020年，农林牧渔业实现总产值77.2亿元，比上年增长9.97%。种植业取得丰收，粮食总产量82.93万吨，比上年增长1.7%。牲畜存栏较大幅度增加，6月末牲畜存栏数91.33万头只，比上年增长29.8%。水产品总产量600吨，比上年下降28.8%。全县农业机械总动力58.6万千瓦，全年农村用电量6.5亿千瓦小时，农田施用化肥（折纯）4.1万吨。

【工业建筑业】 至年末，工业经济恢复到新冠疫情前的95.1%，保持较好发展。食品、冶金、化工三大产业的支柱地位进一步巩固，园区建设步伐加快。全年完成工业总产值92.2亿元，其中轻工业产值25.8亿元、重工业产值66.4亿元。在工业总产值中，规模（年主营业务收入2000万元）以上工业企业完成68.7亿元，规模以下工业企业完成23.5亿元。全年完成工业增加值23.3亿元，按可比价格计算，比上年下降4.9%，其中规模以上工业下降4.6%，规模以下工业下降4.3%。

受新冠疫情影响，全年完成建筑业增加值6.0亿元，按可比价格计算比上年下降9.1%。

【贸易旅游】 全年社会消费品零售总额比上年下降7.5%，恢复到新冠疫情前的92.5%。商品销售额比上年下降8.5%。全年工业品出口交货值295万元。

居民消费价格和商品零售价格温和上涨，与上年相比指数分别为102.8%、101.1%。上涨幅度较大的类别是食品类和医疗保健类，分别为105.8%、108.7%。农业生产资料价格回落，与上午相比指数为98.3%。

2020年，全县有国家A级景区10处，各级重点文物保护单位10处。受新冠肺炎疫情影响，全年接待国内外游客195.2万人次、实现旅游总收入27.8亿元，分别比上年下降7.22%和9.15%。

【城乡建设】 2020年，房地产投资13.3亿元，比上年增长7.4%。房屋建筑施工面积1281182平方米，其中住宅826139平方米。全年商品房销售面积191652平方米，比上年下降33.44%；实现商品房销售额108656万元，比上年下降26.7%。中心城区建成区面积达到25平方公里，城区人口达到14.3万人，城镇化率达到48.2%。投资374万元，改建国省干线桥梁5座；投资77万元，加固桥梁8座；投资1020万元，新建农村公路桥梁6座。全年审批环境保护建设项目41个，环评登记表全部实行备案制，共备案项目245个。

【交通邮电】 全县公路通车总里程2092公里，公路旅客运输量824.8万人、客运周转量15870万人公里，分别比上年增长3.0%、3.2%；公路货物运输量800.7万吨、货运周转量38948.7万吨公里，分别均比上年增长2.9%、3.0%。完成邮政和通讯业务收入3.9亿元，比上年增长8.3%。年末固定电话普及率为每千人93部。移动通信用户45.7万户，互联网用户也有较大幅度增加。

【金融】 2020年年末，金融机构人民币各项存款余额236.5亿元、比上年末增长9.0%，其中住户存款余额205.8亿元、比上年末增长15.4%。各项贷款余额144.0亿元，比上年末增长21.3%。

保险事业全年保费收入1.8亿元，其中财产险收入6366万元，赔款支出4703万元。

【教科文卫体】 全县各级各类学校122所，其中普通高中3所、职业高中1所、普通初中8所、九年一贯制学校4所、小学56所、教学点48个、特殊教育学校1所、成人中等专业学校1所。2020至2021学年度，全县初中升高中（含职业高中）入学率82.5%，小学升初中入学率100%。应往届毕业生报考高等院校4135人，达到本科录取分数线的2839人，其中达到本科一批录取线953人。职业中学全年招生1615人，在校学生4231人，毕业生1041人。民族教育、特殊教育和成人教育也有不同程度的发展，学前教育和关心下一代工作等均得到了较好的发展。

拥有艺术表演团体1个，在建艺术表演场所1处，公共图书馆1个，文化馆1个，博物馆3处。群众文化艺术专业团体全年举办展览21次，组织较大规模的群众性文艺活动73次，演出257场。公共图书馆藏书7.2万册。博物馆馆藏文物2631件，参观者达13.6万人次。广播电视人口覆盖率达99.3%，城乡有线广播电视用户8.3万户。

拥有卫生机构663处，病床床位4105张，卫生技术人员3589人，平均每万人拥有病床床位75张。

经常参加健身活动人口占总人口数的44.8%，全年举办体育活动78次，参加活动人数3.9万人。中小学体育锻炼标准达标率达到93.1%。

【社会保障】 2020年，全体常住居民人均可支配收入18629元，比上年增长3.7%。城镇常住居民人均可支配收入33811元，比上年增长2.4%；农村常住居民人均可支配收入13319元，比上年增长8.5%。年末城镇居民人均住房建筑面积41.7平方米，农村居民人均住房建筑面积32.4平方米。年末全社会就业人数30.3万人，其中第一产业17.8万人、第二产业3.3万人、第三产业9.2万人。城镇登记失业率为3.7%。

全县有社会福利性收养单位（含敬老院）29个，其中，敬老院13家，院民422人，床位664张；公办民营养老院1家，院民156人，床位175张；民办民营养老院14家，院民1209人，床位1664张；社会福利性收养单位1个，即宁城县社会福利院，收养25人。

（魏利达）

敖汉旗

【概况】 敖汉旗位于内蒙古自治区赤峰市东南部，地处燕山山脉东段努鲁尔虎山北麓、科尔沁沙地南缘。东与通辽市奈曼旗毗邻，南与辽宁省朝阳市相依，西与内蒙古自治区赤峰市松山区、元宝山区相连，北与内蒙古自治区赤峰市翁牛特旗隔老哈河相望。旗政府驻新惠镇，距离市政府所在地110千米。

敖汉旗属于燕山山地向西辽河平原过渡地带，地貌特征为南部石质低山丘陵区，中部黄土丘陵区，北部沙质坨甸区。属于中温带半干旱大陆性季风气候，冬季漫长而寒冷，空气干燥；春季干旱多风，气温回升快；夏季炎热，雨热同季；秋季气温下降快，昼夜温差大。2020年，年平均气温6.9℃。最冷月12月，平均气温-13.6℃；最热月7月，平均气温23.6℃。年降水量351.8毫米。年日照时数2971.6小时，无霜期138天。宝国吐气象站观测蒸发量：5月147.2毫米，6月165.4毫米，7月144.6毫米，8月97.9毫米，9月85.8毫米，其余时间不观测。

自然资源比较丰富。敖汉旗水资源总量4.78亿立方米，其中地表水资源总量2.89亿立方米，地下水资源总量3.15亿立方米。野生动物有鸟类16目41科142种，其中国际受胁鸟类1种，国家1级保护鸟类2种，主要为金雕、大鸨，国家2级保护鸟类有21种；有哺乳动物6目13科29种，其中黄羊为国家2级保护动物，国家“三有”野生动物（国家保护的有益的和有重要经济、科学研究价值的陆生野生动物）有刺猬、狼、貉、黄鼬、獾子、麻雀、艾鼬、狍子、野兔、松鼠、鸬鹚、大麻鳽、赤麻鸭、鸿雁、鹌鹑、环颈雉（野鸡）、斑翅山鹑、狐狸等；有昆虫7目30科158种。野生植物有维管束植物82科，301属，592种，列入自治区3级保护植物有3种，即钻天柳、野大豆、甘草；列入自治区珍稀林木保护名录有6种，即蒙桑、五味子、堇叶山梅花、山葡萄、锦带花、糠椴。敖汉旗有古树64棵，树种为油松、侧柏、榆、蒙古栎、小叶杨、旱柳、槐树、元宝枫、暴马丁香等9种。旗境内主要旅游景区有14处。旗内已发现地下蕴藏矿产有金、银、铜、铁、铅、锌、钨、钼、煤、萤石等30余种，各类矿床、矿点300余处。

全旗总面积8294.14平方千米。辖16个乡镇苏木、246个行政村（嘎查、居委会）、1834个自然村。全旗总人口59.76万人，其中，汉族550576人、蒙古族36854人、回族1992人、满族7760人、朝鲜族53人、达斡尔族30人、鄂温克族9人、鄂伦春族6人、壮族80人、侗族11人、锡伯族24人、苗族47人、土家族31人、彝族16人、其他人口111人。男女性别比99.91∶100。

2020年，全旗地区生产总值146.6亿元，比上年增长2.2%。其中，第一产业增加值完成51.3亿元，第二产业增加值27.4亿元，第三产业增加值67.9亿元，三次产业占GDP的比重依次为35.0∶18.7∶46.3。公共财政预算收入4.23亿元，比上年下降3.8%。全社会500万元以上项目固定资产投资43.6亿元，比上年增长4.3%。城镇居民人均消费性支出22878元，农村牧区居民人均消费性支出15306元。

【农业】 全旗农林牧渔业总产值86.5亿元，比上年增长8.2%。种植农作物26.67万公顷。粮食总产量101.3万吨，比上年增长2.9%。全旗农机总动力95万千瓦，比上年增长8.1%。牧业年度牲畜存栏325.2万头（只），全年出栏牲畜389万头（只）。肉类总产量7.66万吨，禽蛋总产量11.35万吨，奶类总产量0.88万吨。完成营造林8533.33公顷，人工种草6000公顷。实施重点区域绿化466.67公顷。完成水土保持综合治理面积8600公顷。

【工业】 全年规模以上工业实现总产值34.91亿元，比上年增长20.3%。规模以上工业18户，上市公司2户。工业增加值完成14.37亿元，比上年增长16.1%，规模以上工业增加值同比增长20.1%，位列全市第二。工业税收实现0.45亿元，占全部税收的15.04%。新惠工业园区新入驻企业17家，新建标准化厂房5万平方米。全年黄金生产2659.52千克，比上年增长6.5%；售电量8.6万千瓦时，比上年增长18.22%；水泥完成35.76万吨，比上年增长12.8%；商品混凝土完成62.82万立方米，比上年增长77.5%；饮料完成1.2万吨，比上年增长19.3%；白酒（商品量）完成2200千升，比上年增长9.6%；鲜冷藏肉完成3.22万吨，比上年增长21.1%。

【贸易旅游】 实现社会消费品零售总额36.2亿元，比上年下降7.6%。商品销售额48亿元，分行业看，批发、零售贸易业销售额44.5亿元，比上年下降5.7%；住宿业销售额0.5亿元，比上年下降45.1%；餐饮业销售额3亿元，比上年下降17.5%。主要旅游景点有14处。全年接待国内外游客21万人次，实现旅游总收入1.045亿元。

【城乡建设环境保护】 城乡建设投资34.12亿元，比上年增长258%。建筑业完成产值18.67亿元，房地产业完成产值15.8亿元，房地产开发110.77万平方米。新惠城区人均住宅面积36.69平方米，集中供热普及率91%，供气普及率97.3%，供水普及率97.1%，污水处理率92%。小城镇建设投资600万元，新建农贸市场2处，地面硬化及新建广场6000平方米，安装路灯105盏，绿化2800平方米。城区铺设污水管网3.6千米。完成农村牧区房屋鉴定786户，危房改造299户。申请上级专项资金支持，开展环境保护和污染治理项目5个，共争取投资额1784万元，比上年增长27.5%。其中，实施大气治理项目2个，获得市本级资金597万元；争取水污染防治项目2个，获得自治区资金593万元、市本级资金214万；实施农村环境整治项目1个，争取市本级资金380万元。

【交通邮电】 公路通车里程3127千米。公路客运量37.5万人、客运周转量2812.5万人千米，比上年分别下降57%和46.2%；公路货运量200万吨、货运周转量1.02亿吨千米，比上年分别增长3.1%和5.2%。完成邮电业务总量40298.1万元，比上年增长8.6%，其中电信业务总量34462.6万元，比上年增长5.4%；邮政业务总量5835.5万元，比上年增长32.5%。年末固定电话用户20万户，移动电话用户35.4万户，计算机互联网用户11.2万户。

【金融】 金融机构各项存款余额175.3亿元，比年初增加19.5亿元。其中居民储蓄存款余额154.8亿元，比年初增加23.2亿元。年末金融机构各项贷款余额97.2亿元，比年初增加9.7亿元。全旗保险业实现保费收入2.2亿元，比上年增长-5%。其中，财险保费收入0.8亿元，比上年增长10.1%；人险保费收入1.4亿元，比上年下降12.4%。各类赔款给付金额0.7亿元，比上年增长13.5%。

【教科文卫】 全旗有各类学校61所，在校学生57889人。其中，普通高中4所，在校学生8840人；职业高中2所，在校学生2441人；初中14所，在校学生15678人；小学41所，在校学生30930人。小学适龄儿童入学率100%，初中入学率100%，高中入学率70%，普通本科上线率57.2%。各类学校有专职教师4264人。全旗有各类科技人员9218人，拥有艺术表演团体2个，公共图书馆1个，文化馆1个，博物馆4个，档案馆1个。有广播电视差转台16座，广播和电视综合人口覆盖率为100%，有线电视用户10万户。拥有卫生机构47个，其中，医院、卫生院41个，社区卫生服务中心2个，妇幼保健机构1个，专科疾病防治机构1个，疾病控制中心1个，卫生监督中心1个。各类卫生机构拥有床位3316张，拥有卫生技术人员2609人。

【社会保障】 全旗医疗保险参保人数51.07万人，比上年下降1.0%；其中，城乡居民参保47.43万人，城镇职工参保3.65万人。基本养老保险参保人数31.8万人，比上年增长0.2%。工伤保险参保人数23978人，基金收入16.22亿元，支出17.99亿元。年末城镇新增就业1486人，城镇登记失业率4.5%。农村劳动力转移就业11.55万人，实现劳务收入22亿元。全旗最低生活保障救助人数48030人，比上年增长4.5%；其中城镇1910人，农村46120人。发放最低生活资金1.65亿元，比上年增长12.0%。

【人民生活】 全体居民人均可支配收入17899元，比上年增长4.5%。全体居民人均消费性支出17151元，比上年下降4.4%。城镇常住居民人均可支配收入31123元，比上年增长2.6%；城镇居民人均消费性支出22878元，比上年增长2.5%。农村牧区常住居民人均可支配收入13639元，比上年增长9.0%。农村牧区居民人均消费性支出15306元，比上年增长-5.3%。在岗职工年平均工资79454元，比上年增长10.8%。

【摘掉"国家级贫困县"帽子】 1988年，敖汉旗被国务院扶贫开发领导小组确定为"国家级贫困县"。经过持续多年的脱贫攻坚战，全旗剩余3122名未脱贫人口全部脱贫，3.28万已脱贫人口、2514名易致贫边缘人口未出现返贫。3月5日，经旗申请、市初审、自治区专项核查评估等程序，自治区人民政府同意，敖汉旗退出国家级贫困旗县序列。

【世界小米大会召开】 9月7—8日，中国农业（博鳌）论坛暨第七届世界小米起源与发展会议在敖汉旗召开。本次大会的主题是"塑造小米公共区域品牌，推动小米产业提质升级"，通过文化与小米产业深度融合，传承农业文化遗产，开发敖汉旱作农业系统的当代价值。农业专家，考古专家，经济专家，自治区、赤峰市有关领导，江苏、山西、辽宁等地的知名企业代表，敖汉旗相关加工销售企业负责人近300人参加大会。敖汉旗旗长于宝君作了《塑造小米公共区域品牌，推进小米产业提质升级》的主题报告。会上进行了敖汉小米区域品牌标志、品牌价值授牌和敖汉小米标识发布。颁发小米产业发展功勋奖、小米产业先进集体奖。旗政府与中国农业科学院签订敖汉旗谷子高粱产业示范县建设合作协议，与阿里巴巴软件有限公司签订数字乡村示范县项目建设合作协议。其间举行“品牌塑造与产业升级”专业论坛。新华社、中国新闻社、经济日报、内蒙古电视台、内蒙古日报等多家媒体记者对大会进行报道。

【敖汉旗小米博物馆建成】 9月7日，敖汉旗小米博物馆建成并向社会开放。该馆位于敖汉干部学院西北侧、旱作农业主题公园内，总建筑面积7700平方米。外观建筑形式以兴隆洼文化玉玦及陶罐为设计源泉，中间设计为3个高低错落的陶罐式建筑，外围的玉玦形建筑地层架空，寓意敖汉旗八千年旱作农业横空出世，占据世界农耕文明源头的地位。馆内主要展示以小米为代表的敖汉旗旱作农业系统。2018年9月施工，2020年8月竣工并完成布展。

【出现全市最大降雪量】 11月18—19日，受冷暖空气共同作用的影响，全市出现大范围暴雪天气，最大降雪量出现在敖汉旗新惠站，降水量42.4毫米，积雪深度达24厘米。此次降雪突破赤峰市1961年有气象记录以来的日降雪量极值。此次降雪造成牛古吐镇、黄羊洼镇、丰收乡、惠州街道办等17个乡镇苏木街道156个村1352户4700人受灾，造成经济损失1.26亿元。灾情发生后，旗乡（镇）两级政府引导受灾群众进行生产自救，努力把受灾损失降到最低。

（穆海东）

锡林郭勒盟

【概况】 锡林郭勒盟位于内蒙古自治区中部，北纬42° 32′～46° 41′，东经111° 59′～120° 00′。北与蒙古国接壤，边境线长1103公里；西与乌兰察布市交界；南与河北省毗邻；东与赤峰市、通辽市、兴安盟相连。距北京直线距离460公里。锡林郭勒盟行政区划面积20.26万平方公里，辖2个市、9个旗、1个县、1个管理区、1个开发区，共32个苏木、3个乡、36个镇、8个街道办事处，162个社区居委会、577个嘎查委员会、278个村民委员会。13个旗县市（区）分别是：锡林浩特市、二连浩特市、苏尼特左旗、苏尼特右旗、阿巴嘎旗、东乌珠穆沁旗、西乌珠穆沁旗、镶黄旗、正镶白旗、太仆寺旗、正蓝旗、多伦县、乌拉盖管理区。1个经济技术开发区，锡林郭勒经济技术开发区。锡林浩特市是中共锡林郭勒盟委、锡林郭勒盟行政公署所在地，是锡林郭勒盟政治、经济、文化中心。二连浩特市是中国通往蒙古国、俄罗斯和东欧各国的大陆桥，是内蒙古自治区计划单列市。珠恩嘎达布其口岸是中国面向蒙古国常年开放的重要陆路口岸。

2020年（第七次人口普查公布数据），全盟常住人口110.71万人，其中，城镇人口81.79万人，农牧区人口28.92万人，常住人口城镇化率73.88%。2020年末，锡林郭勒盟户籍人口总户数449038户，户籍总人口1040802人。其中，男520462人，女520383人。非农业人口476419人，农牧区人口（乡村人口）564383人。2020年户籍人口出生10180人，出生率9.78‰；死亡人口8742人，死亡率8.14‰；人口自然增长率1.64‰。户籍人口城镇化率45.77%。全盟有45个民族，其中：汉族660287人，蒙古族332678人，回族11984人，满族33896人，朝鲜族158人，达斡尔族975人，鄂温克族69人。

全盟年平均气温3.8℃，较常年同期偏高0.8℃，同比2019年同期偏低0.4℃。全盟年平均降水量326.0毫米，同比常年偏多18%，同比2019年偏多17%。

【自然资源】 锡林郭勒盟东西长约700公里，南北宽500公里，总面积20.3万平方公里。其中，草原面积17.96万平方公里，占总面积的89.85%；2020年全盟森林覆盖率7.58%，林木总蓄积量1346万立方米。地形以高平原为主体，兼有多种地貌单元，地势南高北低，自西南向东北倾斜。西部和北部地形平坦，东南部多低山丘陵，盆地错落其间，形成广阔的高原草场。平均海拔1000米以上，最高峰是位于西乌珠穆沁旗境内的古如格苏乌拉峰，海拔1957米。

主要河流有20条，分为三大水系，分别是南部正蓝旗、多伦县境内的滦河水系，中部的呼尔查干淖尔湖水系，东北部的乌拉盖水系。锡林郭勒盟有大小湖泊470余个，总面积500平方公里。

锡林郭勒草原是内蒙古草原的主要天然草场之一，是华北地区重要的生态屏障，是距首都北京最近的草原牧区，境内有全国唯一被联合国教科文组织纳入国际生物圈监测体系的锡林郭勒国家级草原自然保护区。

全盟主要畜种中地方优良品种有乌珠穆沁羊、苏尼特羊、乌珠穆沁白山羊和苏尼特双峰驼、乌珠穆沁马；培育新品种有内蒙古细毛羊、内蒙古绒山羊、草原红牛、锡林郭勒马；引进品种有黑白花奶牛、西门塔尔肉牛等。

2020年，锡林郭勒盟地区生产总值完成839.84亿元，按可比价计算，比上年增长3.4%。其中，第一产业增加值134.90亿元，增长1.3%；第二产业增加值357.99亿元，增长9.2%；第三产业增加值346.95亿元，下降1.5%。三次产业比例16.1∶42.6∶41.3。一般公共预算收入91.68亿元，比上年增长15.5%。其中，税收收入59.96亿元，增长8.7%，占一般公共预算收入的比重65.4%。一般公共预算支出304.42亿元，比上年增长9.0%。

城镇新增就业14754人，比上年减少1273人。全年农牧民转移就业74745人，城镇失业人员再就业9612人，就业困难人员就业4918人，高校毕业生就业4069人。年末城镇登记失业率3.26%，比上年提高0.18个百分点。居民人均可支配收入33495元，比上年增长3.2%。城镇常住居民人均可支配收入41391元，增长1.5%。农村牧区常住居民人均可支配收入18864元，增长8.5%。居民人均消费支出24133元，比上年下降1.4%。城镇常住居民人均消费支出28315元，下降1.3%；农牧区常住居民人均消费支出15824元，增长0.8%。

【农牧业】 2020年，粮食作物播种面积14.41万公顷，比上年增长0.3%。其中，莜麦播种面积5.08万公顷，增长5.2%；马铃薯播种面积4.12万公顷，下降4.8%；小麦播种面积2.51万公顷，下降16.8%；玉米播种面积2.44万公顷，增长21.3%。

全年粮食产量46.48万吨，比上年增长3.3%。其中，马铃薯产量19.58万吨，下降3.9%；莜麦产量10.11万吨，增长10.4%；玉米产量8.94万吨，增长8.9%；小麦产量7.54万吨，增长9.3%。

2020年末，大牲畜和羊存栏740.56万头（只），较上年增加26.38万头（只），增长3.7%。其中，牛存栏134.23万头，增长13.2%；羊存栏588.31万只，增长1.7%；马存栏16.56万匹，增长4.5%；骆驼存栏1.14万峰，下降4.9%。

全盟农牧业机械总动力161.5万千瓦，比上年同口径增长4.1%。全年农田有效灌溉面积10.53万公顷。化肥施用量（折纯）1.71万吨，下降5.7%，农村牧区居民用电量1.87亿千瓦小时，增长78.0%。

【工业】 2020年，全部工业增加值比上年增长9.4%。其中，规模以上工业增加值增长14.2%。在规模以上工业中，分经济类型看，国有控股企业增加值增长5.1%，股份制企业增长11.9%，外商及港澳台商投资企业增长30.7%。分门类看，采矿业下降0.9%，制造业增长71.6%，电力、热力、燃气及水生产和供应业增长18.1%。分重点行业看，能源工业增长3.5%，冶金工业增长14.4%，化工行业增长4.1%，装备制造业增长3.2倍；农畜产品加工业下降3.8%，建材工业下降11.6%。

年末全盟发电装机容量2261.4万千瓦，比上年末增长55.6%。

全年规模以上工业企业实现营业收入660.2亿元，比上年增长18.2%；剔除非生产因素影响，实现利润49.7亿元，增长27.6%；营业收入利润率为7.5%。规模以上工业企业产品销售率为101.4%。

【建筑业】 全年全社会建筑业增加值比上年增长8.3%。年末全盟具有建筑业资质等级的建筑施工企业56个，比上年末增加4个。全年利润总额亏损584万元；实现税金总额11225万元，比上年增长25.9%。施工企业房屋施工面积90.7万平方米，比上年下降6.9%；房屋竣工面积48.0万平方米，比上年增长12.3%。房屋建筑竣工率为52.9%。

【服务业】 2020年，批发零售业增加值52.69亿元，比上年下降0.5%；交通运输、仓储和邮政业增加值63.02亿元，下降4.0%；住宿和餐饮业增加值14.70亿元，下降14.9%；金融业增加值32.04亿元，增长4.1%；房地产业增加值27.52亿元，增长4.3%；其他服务业增加值154.89亿元，下降1.3%。全年规模以上服务业企业实现营业收入70.15亿元，比上年下降8.4%。

全年公路货运量3.21亿吨，比上年下降17.6%；公路货物周转量799.64亿吨公里，下降10.9%；公路客运量747万人，下降49.8%；公路旅客周转量15.54亿人公里，下降57.8%。铁路货运量1.10亿吨，比上年增长5.6%；铁路客运量72万人次，下降37.5%。民航货邮吞吐量1483.8吨，比上年下降34.3%；民航旅客吞吐量69.21万人，下降30.0%。

年末全盟机动车保有量34.89万辆，比上年末增长6.3%。

全年邮政电信业务总量累计完成63.37亿元，比上年增长30.9%，其中电信业务总量60.99亿元，比上年增长31.2%；邮政业务总量2.38亿元，比上年增长22.8%。全盟快递服务企业业务量累计完成696.40万件，比上年增长44.4%；业务收入累计完成18642.26万元，比上年增长44.8%。

【国内贸易】 全年社会消费品零售总额198.87亿元，比上年下降6.8%。按经营地分，城镇消费品零售额174.61亿元，下降7.6%；农村牧区消费品零售额24.26亿元，下降1.0%。按消费类型分，商品零售额172.68亿元，下降4.7%；餐饮收入26.19亿元，下降19.0%。在限额以上单位商品零售额中，粮油、食品类零售额比上年下降15.5%，饮料类下降32.6%，烟酒类下降29.3%，中西药品类增长67.6%，文化办公用品类下降35.0%，汽车类增长48.7%。全年电子商务零售额为13.70亿元，比上年增长33%。

【固定资产投资】 全社会固定资产投资比上年增长15.3%。在固定资产投资（不含农户）中，第一产业投资下降10.6%，第二产业投资增长32.1%，第三产业投资下降13.6%。民间固定资产投资比上年下降18.1%，占固定资产投资（不含农户）的比重为23%。基础设施投资比上年增长28.2%。全年房地产开发投资23.0亿元，比上年下降30.3%。商品房销售面积102.4万平方米，增长13.1%；商品房销售额43.0亿元，增长40.8%。

【对外经济】 货物进出口总额116.7亿元，比上年增长13.5%。其中，进口总额98.8亿元，增长16.2%；出口总额17.9亿元，增长0.6%。口岸进出口货运量1925.73万吨，比上年下降2.9%。

全年实际利用外资金额3744万美元，比上年下降1.7%。年末全盟在市场监管部门注册的外商投资企业63家，年内新注册外商投资企业2家。

【金融】 2020年末锡林郭勒盟金融机构人民币存款余额968.27亿元，比上年末增长12.3%，比年初增加105.83亿元。年末全盟金融机构人民币贷款余额871.36亿元，比上年末增长12.3%，比年初增加95.33亿元。年末全盟保险机构有24家，比上年增加2家。全年保险业实现保险保费收入29.37亿元，比上年下降4.2%。全年保险业累计赔付支出7.94亿元，增长17.6%。

【社会保障】 参加基本医疗保险参保人数87.93万人，比上年增长1.6%，参保覆盖面稳定在95%以上。其中：参加城镇职工基本医疗保险22.35万人，比上年增长12.0%；在参加城镇职工基本医疗保险人数中，在职职工15.69万人，退休职工6.65万人。参加城乡居民基本医疗保险65.58万人，比上年减少1.5%。参加城镇职工基本养老保险人数12.24万人，比上年增长1.5%，其中，企业人员参保人数6.66万人，增长17.0%；灵活就业人员参保人数5.58万人，下降12.3%。参加失业保险人数100026人，比上年增长4.3%；领取失业保险金人数2050人，增长16.6%。

【科学技术】 组织实施科技项目53项，完成技术交易登记合同43项，合同金额3498.28万元，其中技术交易额3207.48万元。全盟发明专利授权量27件，比上年增长2倍。截至2020年末，全盟有效发明专利105件。

【教育】 全盟有普通高校1所，招生3471人，在校生10332人，毕业生3243人。中等职业教育学校12所，招生3218人，在校生9051人，毕业生2612人。普通高中16所，招生6003人，在校生17029人，毕业生6916人。初中22所，招生9671人，在校生28685人，毕业生9212人。小学70所，招生11147人，在校生61168人，毕业生9944人。幼儿园在园幼儿28448人。

【文化】 全盟有乌兰牧骑13支。拥有文化馆14座，公共图书馆14座，博物馆16座。年末全盟广播节目综合人口覆盖率为99.72%，电视节目综合人口覆盖率99.7%。年末全盟有线电视用户16.82万户。

【卫生健康】 全盟有医疗卫生机构1359个，其中医院44个，社区卫生服务中心23个，社区卫生服务站14个、乡镇卫生院117个、村卫生室687个、门诊部（所、护理站）412个，疾控中心14个，专科疾病防治院2所，妇幼保健院14个，采供血机构1个，卫生监督所14个等。年末卫生技术人员9037人，其中执业医师3400人，执业助理医师477人，注册护士3327人。医疗卫生机构床位5945张，其中医院5002张，乡镇卫生院544张。

【体育】 2020年，在“体彩杯”等各类锦标赛中获得奖牌120枚，其中，金牌33枚，银牌34枚，铜牌53枚。

【水务】 全年总用水量3.8593亿立方米，比上年下降6.8%。其中，生活用水增长2.1%，工业用水下降19.1%，农业用水增长2.1%，生态补水下降45.8%。

【林业】 2020年，完成营造林面积6.33万公顷。其中，人工造林0.63万公顷，封山（沙）造林2.13万公顷，飞播造林0.33万公顷，退化林修复2.23万公顷，森林抚育1万公顷。全盟确定的自然保护区14个。其中，国家级自然保护区2个，自治区级自然保护区7个，盟级自然保护区2个。自然保护区面积182.64万公顷。其中，国家级自然保护区面积67.89万公顷。

【改革开放】 统筹推进各领域改革，形成改革成果57项。深入推进“放管服”改革，启动政务服务大厅智能化改造和智慧党群服务中心建设，盟市两级纳入无差别全科受理部门和事项分别达到85%和74%。在全区率先建成盟级互联网+政务服务平台，“云端锡林郭勒”“蒙速办”接入应用数量居全区首位，全盟网上可办率、全程网上可办率分别为95%和59%。推进二连浩特中国蒙古国跨境经济合作区建设，中国3平方公里核心区基础设施建设基本完工，全区首家互市贸易落地加工点获批，边境经济合作区B型保税物流中心和西里物流园区启动申建，95%以上进口货物实现24小时通关放行。珠恩嘎达布其口岸联检区改造项目完成70%，通关时间处于全区前列。46家外贸企业参加出口信用保险，新增对外贸易企业48家，口岸全部过货量达到2000万吨。接运中欧班列1970列、运送集装箱20万标准箱，分别增长52.2%和64.2%。

【脱贫攻坚】 投入扶贫资金8亿元，完成剩余72户136人脱贫任务，贫困旗县、嘎查和建档立卡贫困人口全部清零。落实京蒙扶贫协作对口支援资金1.1亿元，引进11家企业实施项目63个。中央脱贫攻坚专项巡视“回头看”和中纪委实地踏查反馈问题全部整改完成，全面完成脱贫攻坚任务。

【化解风险】 落实“1+8”方案，全领域排查化解风险隐患，率先在全区完成年度化债和民营企业无分歧账款清零任务，全年化解政府隐性债务98.9亿元，偿还民营企业中小企业“无分歧”欠款23.17亿元，获自治区化债奖励资金1.61亿元。金融机构不良贷款率较年初下降6.23个百分点，民间借贷规模和参与户数分别较上年下降0.53亿元和594户。

【污染防治】 完成133家“散乱污”和工业炉窑企业整治，启动实施机动车尾气遥感监测及平台建设，完成“四区”划定、燃煤锅炉淘汰、柴油货车抽检等重点任务，空气优良天数全区第一。完成集中式饮用水水源保护区评估划分和12座城镇污水处理厂脱氮除磷工程技术改造，滦河口、锡林河断面水质达到或优于考核目标。全面完成重点行业企业用地调查和地下油罐防渗改造，开展工业固废利用物、医疗废物专项整治和危废规范化管理检查考核，建立涉重金属排放企业全口径清单，土壤监测点位安全利用率100%。中央环保督察及“回头看”和草原生态专项督察反馈问题全部整改销号。

【生态建设】 坚持山水林田湖草综合治理，将64.18%盟域面积划入生态保护红线范围，自然保护地面积占总面积的10%。坚持以环境承载能力定布局、定产业、定规模，形成不在草原上新上矿山开发项目、不在草原核心区规划建设工业项目的思想共识，作为发展原则坚定执行。落实草原生态补奖政策和农区禁牧、沙地禁羊措施，0.15亿公顷草畜平衡区实行春季休牧，草群平均高度和盖度实现双提高。实施京津风沙源治理、退化草原生态修复治理等重点生态工程，完成造林6.33万公顷、人工种草9.45万公顷。深化河湖“清四乱”专项行动及“回头看”工作。新建成绿色矿山32家、其中国家级5家，分别居全区第2位和第1位，获中国矿业联盟“全国绿色矿山建设突出贡献奖”。

【民生工程】 投入16亿元推进城镇市政建设，实施老旧小区改造项目90个。不动产遗留办证率86%，房地产领域乱象、市容秩序和环境卫生等专项整治取得明显成效。3条高等级公路建成通车，太子城至锡林浩特快速铁路获批，虎什哈至丰宁铁路完成施工招标，集通铁路电气化改造启动拆迁工作。镶黄旗通用机场建成投运。深入实施乡村牧区振兴战略，建成农村牧区公路447公里，为192户牧户接通网电，解决6.79万人饮水安全问题，402个5G网络基站建成运行。启动建设阿巴嘎旗全区牧区现代化试点并取得成效。完成全部850个嘎查村集体资产核资工作和82个建制村人居环境治理，实施户厕改造2.7万户，卫生厕所普及率41.5%，高于全区平均水平9.5个百分点。全盟畜禽粪污综合利用率、规模养殖场粪污处理设施装备配套率分别为81%和100%。农牧民转移就业7.46万人，新增城镇就业1.33万人，城镇登记失业率控制在3.09%。企事业职工和城乡居民养老等保险覆盖面稳步扩大，城乡低保标准分别提高3.7%和5.2%，在全区率先实现低保标准城乡统筹。投入9.4亿元实施养老服务项目10个。

【社会事业】 开展77所学校义务教育改薄提升工程，义务教育巩固提升率97.2%。建成公办幼儿园和特殊教育资源中心各3所、民办幼儿园19所，公办幼儿园在园幼儿占比位居全区第一。盟蒙古族中学新校区主体工程通过验收，全盟推行使用国家统编教材的29所民族中小学校教学秩序良好。全面深化医药卫生体制改革，盟中心医院整体升级项目完成70%主体工程，自治区级以上卫生旗县市（区）创建全覆盖。

【“扫黑除恶”专项斗争】 刑事、治安案件立案数实现双下降。深化“不忘初心、凝魂聚气、固本强基”工程，矛盾排查调处成功率98.3%。全年未发生重特大生产安全和公共安全事故。开展“抗美援朝出国作战70周年”纪念章颁发、烈士纪念日公祭等活动，退役军人四级服务中心、服务站实现全覆盖，退役士兵安置率和养老保险接续办结率均为100%，6个旗县市进入自治区双拥模范城行列，其中二连浩特市被命名为国家双拥模范城。

【重大疫情防控】 面对突如其来的新冠肺炎疫情，第一时间启动重大突发公共卫生事件应急响应，1.6万名党员、干部投入到疫情防控中，用45天时间实现新冠肺炎确诊和疑似病例“双清零”，做到病患零死亡、医护零感染。疫情得到有效控制后，常态化抓好外防输入、内防反弹各项工作，二级以上综合医疗机构发热门诊改造全部完成，所有旗县市（区）具备核酸检测能力。

全力抓好鼠疫防控，完成草原鼠害防治面积2500多万亩，鼠疫疫源旗县市PCR实验室全部建成投用，乌宁巴图国家级鼠疫和布病防控基地现场培训中心改造完成。

（刘致海）

二连浩特市

【概况】 二连浩特市地处北纬42°55′～43°53′，东经111°17′～112°25′，位于内蒙古自治区正北部，锡林郭勒盟西部，东邻苏尼特左旗，西、南与苏尼特右旗相邻，北与蒙古国口岸城市扎门乌德隔界相望，边境线长72.3公里。

二连浩特市是内蒙古自治区计划单列市，是中国对蒙开放的最大陆路口岸，是国务院批准设立的国家重点开发开放试验区。是中国最早载入国际古生物史册的恐龙化石埋藏地，世界闻名的“恐龙之乡”。二连浩特市行政区域面积4015.1平方公里，城市建成区面积27平方公里。下辖1个苏木（5个嘎查和1个生态移民区）、8个社区。2020年，全市常住人口75794人，汉族人口56399人，占74.41%；蒙古族人口18516人，占24.43%；其他少数民族人口879人，占1.16%。

2020年，二连浩特市地区生产总值完成65.94亿元，按可比价格计算，同比下降0.3%。其中，第一产业增加值0.87亿元，同比增长0.5%；第二产业增加值10.3亿元，同比增长9.0%；第三产业增加值54.77亿元，同比下降1.8%。三次产业比例为1.3∶15.6∶83.1。按常住人口计算，全年人均地区生产总值实现92039元，同比下降11.2%。全年城镇新增就业1165人，同比增加379人。失业人员再就业546人，失业保险参保人数6547人，发放创业担保贷1527万元，带动就业人数383人。年末城镇登记失业率2.49%。

2020年，一般公共预算收入3.51亿元，同比下降3.36%。其中：税收收入2.09亿元，同比下降14.1%；非税收收入1.42亿元，同比增长18.5%。一般公共预算支出21.19亿元，同比下降8.33%。

2020年，全体居民人均可支配收入46069元，同比增长1.3%。城镇常住居民人均可支配收入46358元，同比增长1.3%；农村牧区常住居民人均可支配收入29556元，同比增长7.5%。

【自然资源】 二连浩特市有草场384668.59公顷，耕地264.67公顷，森林16666.75公顷，森林覆盖率4.1%。主要矿产有铀矿、油气、芒硝、萤石等。铀矿产于侏罗纪、白垩纪和古近纪的粗碎屑岩中，油气田主要产于侏罗纪、白垩纪细碎屑岩中。油气资源主要集中在市区西南的额仁淖尔地区；萤石资源主要有白音敖包、哈达呼苏2处萤石矿。野生植物主要有灌木、半灌木植物和草本植物40余种，分属18科、35属。主要植物有戈壁针茅、小针茅、无芒隐子草等。雨水冲击沟谷地有少量榆树、柽柳、柄扁桃。野生动物种类较少，主要有狼、狐狸、獾、黄羊等。

【农牧业】 农作物播种面积95公顷，其中，蔬菜播种面积87公顷，全年蔬菜产量11710吨，同比增长0.1%。肉类总产量1327.43吨，同比增长3.3%。其中：牛肉产量415.1吨，同比增长27.3%；羊肉产量580.14吨，同比下降4.7%；猪肉产量78.57吨，同比增长63.5%；其他肉类产量253.62吨，同比下降15.9%。禽蛋产量19.3吨，同比下降19.5%。

2020年牧业年度牲畜存栏56233头（只），同比增长11.5%。其中：大牲畜存栏11713头，同比增长15.2%，羊存栏43119只，同比增长9.4%；生猪存栏1401头，同比增长66.2%。

【工业】 全部工业增加值同比增长18.9%。其中，规模以上工业增加值同比增长30.0%。全年规模以上工业企业完成工业总产值11.09亿元，同比增长10.81%，实现利润1.12亿元，同比增长11.96%。其中：国有企业实现利润1.05亿元，同比增长5.95%；民营企业实现利润0.07亿元，同比增长5.9倍。

【人民生活】 全体居民人均可支配收入46069元，同比增长1.3%。城镇常住居民人均可支配收入46358元，同比增长1.3%；农村牧区常住居民人均可支配收入29556元，同比增长7.5%。全体居民人均消费支出33496元，同比下降5.7%。城镇常住居民人均消费支出33771元，同比下降5.7%；农牧区常住居民人均消费支出17815元，同比增长1.3%。

（王秀芳）

锡林浩特市

【概况】锡林浩特市位于内蒙古自治区中部，位于北纬43°02′～44°52′，东经 115° 18′ ～ 117° 06′，首都北京正北方，是锡林郭勒盟盟府所在地，是全盟政治、经济、文化、教育和交通中心。处于内蒙古高原中部，地势南高北低，南部为低山丘陵，北部为平缓的波状平原，平均海拔高度 988.5 米。地处中纬度西风气流带内，属中温带半干旱大陆性气候，降水量 309 毫米，无霜期 144 天。总面积 14785 平方公里，全市有可利用草场面积 1378667 公顷，动植物资源多样，草原类型齐全，地跨草甸草原、典型草原和沙丘沙地草原，具备得天独厚的畜牧业生产和发展条件。城市规划区面积 49 平方公里，建成区面积 43 平方公里，辖 3 个苏木、1 个镇、7 个街道办事处、6 个国有农牧场。2020 年，锡林浩特市户籍人口总户数 8.27 万户，户籍总人口 19.98 万人，户籍人口城镇化率 44.66%。常住人口 35 万人，城镇人口 32.71 万人，常住人口城镇化率 93.47%。有汉族、蒙古族、回族、藏族、布依族、朝鲜族、维吾尔族、鄂温克族等 30 个民族，素有“草原明珠”的美誉。

2020 年，锡林浩特市地区生产总值完成 245.5 亿元，按可比价计算，比上年增长 12.4%，高于全盟平均水平 9 个百分点。其中，第一产业增加值 19.8 亿元，增长 1.4%；第二产业增加值 108.6 亿元，增长 33.9%；第三产业增加值 117.1 亿元，增长 0.1%。三次产业比例为 8.1 ∶ 44.2 ∶ 47.7。

全市一般公共预算收入完成 23.5 亿元，同比增长 20.4%；完成年初计划的 117.6%。一般公共预算支出完成 40.6 亿元，同比增长 46.7%。

2020 年末，全社会从业人员 154320 人。其中，第一产业从业人员 6907 人，第二产业从业人员 25893 人，第三产业从业人员 121520 人。

全年居民人均可支配收入 44990 元，比上年增长 2%。按常住地分，城镇常住居民人均可支配收入 46234 元，增长 1.4%。农村牧区常住居民人均可支配收入 30232 元，增长 7.2%。

【自然资源】 锡林浩特市畜牧业资源得天独厚，动植物资源多样，草原类型齐全，地跨草甸草原、典型草原和沙丘沙地草原，具备得天独厚的畜牧业生产和发展条件。可利用优质天然草场面积 136.93 万公顷，是国家重要的绿色畜产品生产加工输出基地。

矿产资源富集，主要矿产有石油、煤炭、锗、钼、铬等 30 余种。煤炭探明储量 300 亿吨，其中胜利煤田 227 亿吨，是全国煤层最厚、储量最大的褐煤煤田，也是内蒙古自治区 3 个 200 亿吨以上煤田之一，已列入国家大型煤电基地。石油探明储量 2 亿吨。锗探明储量 3458 吨，占全国储量的 68%，占世界储量的 38%。铬探明储量 137 万吨。钼探明金属量 17.5 万吨。锡探明金属量 1.08 万吨。铜探明金属量 0.65 万吨。萤石储量 91.78 万吨。

清洁能源丰沛，是太阳能资源一类地区，年发电有效时数 3000 小时左右，年太阳辐射总量平均 150 千卡 / 平方厘米以上，适宜建设大型光伏产业基地。风能资源富集，总蕴藏量 2.5 亿千瓦，年平均风速 3.5 米 / 秒，70 米高度年平均风速 8.9 米 / 秒，年有效风能利用小时数 3000 小时左右，局部 3300 小时，规划装机容量 300 万千瓦，是内蒙古自治区规划的装机百万千瓦风电基地。

【农牧业】 全年粮食作物播种面积 9174 公顷，比上年增长 19%。其中，小麦播种面积 4779 公顷，下降 3%；燕麦播种面积 1197 公顷，增长 630%；大豆播种面积 1084 公顷，增长 3185%；马铃薯播种面积 2114 公顷，下降 9%。

全年粮食产量 30527 吨，比上年增长 23%。其中，小麦产量 16930 吨，增长 51%；燕麦产量 2808 吨，增长 471%；大豆产量 641 吨，增长 1048%；马铃薯产量 10148 吨，下降 16%。

2020 年牧业年度期末牲畜头数 124.14 万头（只），其中牛 10.03 万头、羊 111.40 万只，良改比重 97.63%。“减羊增牛”战略有序推进，引进优质良种肉牛 3800 头，蒙古马保护、进口马纯种繁育等工作稳步实施，中蕴马产业园项目基本建成。实施品牌提升战略，5 家企业入选内蒙古农牧业品牌目录，3 家企业被评定为自治区级产业化联合体，2 家企业荣获内蒙古名优特农畜产品和特色农畜产品称号。年末大牲畜和羊存栏 74.15 万头（只），较上年增加 4.32 万头（只），增长 6.19%。其中，牛存栏 8.41 万头，增长 21.83%；羊存栏 63.89 万只，增长 4.29%；马存栏 1.72 万匹，增长 9.14%；骆驼存栏 0.05 万峰，增长 39.94%。

【人民生活】 2020 年，居民人均可支配收入 44990 元，比上年增长 2%。城镇常住居民人均可支配收入 46234 元，增长 1.4%。农村牧区常住居民人均可支配收入 30232 元，增长 7.2%。全年居民人均消费支出 27716 元，比上年下降 8.2%。城镇常住居民人均消费支出 28431 元，下降 8.9%；农牧区常住居民人均消费支出 19245 元，增长 0.3%。年末城镇常住居民家庭恩格尔系数 29.4%，比上年下降 1.3 个百分点；农村牧区常住居民家庭恩格尔系数 30%，比上年下降 1.9 个百分点。

【疫情防控】 坚持人民至上、生命至上，第一时间启动重大突发公共卫生事件应急响应，全力打响疫情防控阻击战。疫情防控进入常态化后，及时完善重大疫情防控应急保障体系，市疾控中心具备新冠、鼠疫核酸检测能力，防护服、医用口罩等防疫物资生产能力从无到有，日核酸检测能力 1.4 万份，完成疫苗接种 9000 多人。

坚持做好“六稳”工作、落实“六保”任务，新增减税降费 4.01 亿元，减免企业养老与工伤保险费 6805 万元、医保费 451 万元，降低企业用电成本 1 亿余元，发放助保金贷款近 2 亿元，投放消费券 1000 万元，带动消费 4600 多万元。

【脱贫攻坚】 全年投入扶贫资金 759 万元，巩固“清零达标”专项行动成果，脱贫攻坚工作取得全面胜利。

【防治污染】 坚决打赢蓝天、碧水、净土保卫战，全市空气质量优良天数比例达到 98.9%；锡林河断面水质达到Ⅳ类，高于考核目标；土壤环境质量整体良好。2020 年以前的各级各类环保督察整改问题全部完成，2020年自治区生态环境保护督察转办问题整改完成率76%，中央第六生态环境保护督察组下沉西三露天矿现场督察反馈问题整改工作初见成效。露天煤矿缴存治理基金3.36亿元，投入治理资金2.5亿元，治理面积9.8平方公里。落实草畜平衡和禁休牧制度，实施退化草原人工种草生态修复国家试点项目，修复面积7.6万亩，草原生态环境逐步好转。

【化解债务】 完成化债48.33亿元，消化存量暂付款6.46亿元，政府债务率较2019年底降低293个百分点。

【民生服务】 全年民生支出28.69亿元，占一般公共预算支出70%以上。投资6472万元，完成为民承诺的六项民生实事项目，建成1条长9.4公里的牧区水泥公路，打造总面积1.35万平方米的4个便民市场，实施涉及4848户居民的22个老旧小区综合改造工程，投入使用总面积7300多平方米的市疾控中心检验检测综合楼，维修1.6万平方米的市区破损路面，安装18处小街巷的199基路灯。企业退休人员养老金人均月增123元，全年发放各类救助补贴资金3464万元。筹集资金5.3亿元，解决机关事业单位历史遗留的养老保险和职业年金问题。投资4.4亿元，实施教育工程11项，治理完成城镇小区配套幼儿园10所，补充中小学和幼儿园教师353名，学前教育普惠率和高考本科上线率分别提高到91.7%和84.9%，第六中学被授予“清华大学生源学校”。为退役士兵和优抚对象发放补助资金1734万元，为符合条件退役士兵补缴养老保险322万元。完成棚户区改造992户，回迁安置居民980套。乌兰牧骑创作完成原创艺术作品30余部，基层惠民演出100余场次。

【市域社会治理现代化试点】 “平安锡林浩特”建设深入推进，涉黑涉恶线索实现“清零”。中央第八巡视组交办行政类信访案件和中联办交办重复信访、信访积案加快化解，一批历史遗留信访问题妥善解决。建成首放食品加工园区，启动实施传统奶制品产业发展行动，打造中小型餐饮“五化”示范街一条，食品药品年度考核位列全盟第一。聘请专业机构开展安全隐患排查整治，有效防范重特大安全生产事故发生。

（张勇　叶茹）

阿巴嘎旗

【概况】 阿巴嘎旗位于锡林郭勒盟中北部，东邻东乌珠穆沁旗、锡林浩特市，西邻苏尼特左旗，南与正蓝旗相连，北与蒙古国接壤，边境线长175公里。北纬43°05′～45°26′，东经113°28′～116°11′，全旗4个苏木三个镇、一个矿工委，71个嘎查；总面积27495平方公里，可利用草场面积2700496公顷。

阿巴嘎旗属中温带干旱、半干旱大陆性气候，多大风和寒潮，冷暖多变。年平均气温1.3℃。年降水量在249.5毫米，分布不均，东南部年降水量在270毫米以上，而西北部不足200毫米。

南部水资源较丰富，高格斯台河、灰腾河、巴彦河汇成巴彦河水系由南向北注入呼尔查干淖尔，流域面积3425平方公里，年径流量4320立方米。北部的大椤图如高勒、伊和高勒系两条季节性河流，遇旱断流，其上游有多处泉水注入河槽补给，流域面积1145平方公里。境内湿地分布广，约316平方公里，占总面积的1.15%。湖泊138个，泉水83处。

2020年，全旗常住人口3.86万人，城镇人口2.28万，常住人口城镇化率59.03%。年末，户籍人口总户数1.81万户，户籍总人口4.31万人，户籍人口城镇化率44.66%。其中，非牧业人口1.92万人。全年出生人口383人，出生率8.9‰；死亡人口313人，死亡率7.3‰，自然增长70人，自然增长率1.6‰。户籍民族人口中，蒙古族25053人、汉族17319人、满族464人。

全年实现地区生产总值36.02亿元，按可比价格计算，增长0.4%。其中，第一产业增加值10.46亿元，增长1.7%；第二产业增加值11.31亿元，增长1.9%；第三产业增加值14.25亿元，下降2.0%。一、二、三次产业比重为29∶31∶40。全年人均地区生产总值8.98万元，增长8.6%。年末城镇登记失业率3.7%。

2020年，全旗一般公共预算本级收入3.55亿元，比上年增长88.3%。全年一般公共预算支出16.61亿元，比上年增长5.3%。2020年，农林水事务成为支出的重点。

2020年，阿巴嘎旗全体居民人均可支配收入36105元，增长5.2%。城镇居民人均可支配收入40826元，增长2%。农牧区居民人均可支配收入30857元，增长8.9%。

【自然资源】 阿巴嘎旗境内种子植物有426种。其中：药用植物有麻黄、柴胡、大黄、黄芩、沙参、知母、白芍等200多种；有国内外享盛名的白蘑、黄花和韭菜花。矿产资源20多种30处多。主要有：金、银、铜、铁、铬、煤、石油、石灰岩、萤石、水晶等。煤主要分布在中北部，总储量约7.78亿吨，年开采约40万吨。洪格尔煤田位于查干淖尔苏木，已探明储量6.9亿吨，煤质为褐煤，发热量在3985～4700大卡/千克之间。铁矿石D级储量510万吨，含铁量平均45%，最高63.9%，属高磷富矿，锰含量变化大。汗乌拉石灰岩矿E级储量5.6亿吨，年开采500多吨。野生动物有猞猁、天鹅、黄羊、旱獭、狐狸、沙狐、獾子、狼、野兔等。风能较佳，终年在西风带控制之下，年平均风速3.5米/秒～5.3米/秒，已在提水和发电中得到广泛利用。

【环境保护】 拥有自治区级自然保护区1个。年末全旗拥有环境监测站1个，环境监察大队1个，环境空气自动站1个。

【人民生活】 2020年，全旗城镇常住居民人均可支配收入40826元，同比增长2%。

牧区常住居民人均可支配收入30857元，同比增长8.9%。牧民人均生活消费支出23840元，增长0.9%。

【社会保障】 2020年，全旗参加基本养老保险职工人数 6305 人，比上年增长 9%；全年参加基本养老保险的离退休人员 7276 人，比上年增长 3.1%；养老金社会化发放率 100%；全年城乡合作医疗保险参保 30015 人。全年有 900 户、1347 人得到国家最低生活保障救济。

【化解债务】 全年化解隐性债务 1.78 亿元，完成上级下达目标任务的 112%，其中化解民营企业账款 1.59 亿元。争取政府新增一般债券 1.67 亿元、专项债券 2000 万元、特别国债 9750 万元。全年完成审计项目 60 个，核减工程造价 2790 万元。

【污染防治】 玛尼图矿区源头治理，煤炭企业税源管控成效明显，累计征缴税款 2.1 亿元。回填治理露天矿山和废弃采坑 2.45 平方公里，全国第三次国土调查数据库建成，实地核查图斑 1.6 万个。林业生态治理 16 万亩 10667 公顷、营林造林 2067 公顷、治理鼠虫害 333333 公顷。

【扶贫】 投入扶贫资金 3279 万元，实施项目 45 个。

（金花）

苏尼特左旗

【概况】 苏尼特左旗位于锡林郭勒盟西北部，北纬 42°58′～45°06′，东经 113°30′～115°12′。北与蒙古国接壤，国境线长 316 公里；西与二连浩特市、苏尼特右旗相邻，南接正镶黄旗、正镶白旗、正蓝旗，东与阿巴嘎旗交界。海拔 1000 米～1300 米，最低南部凹地海拔 900 米，最高北部海拔 1450 米。总面积 34251.7 平方公里。辖 3 个镇、4 个苏木、49 个嘎查，4 个居委会。

2020 年，全旗户籍人口 34142 人，户籍人口城镇化率 39.83%。常住人口 33643 人，城镇人口 18205 人，常住人口城镇化率 54.11%。全年出生人口 347 人，出生率 10.2‰；死亡人口 312 人，死亡率 9.1‰；人口自然增长率 1.0‰。

2020 年，全旗地区生产总值（GDP）完成 28.65 亿元，较上年下降 0.4%。其中，第一产业增加值 8.13 亿元，增长 1.6%；第二产业增加值 9.81 亿元，下降 0.7%；第三产业增加值 10.71 亿元，下降 1.6%。三次产业的结构比例为 28 ∶ 34 ∶ 38。第一产业对全旗经济增长的贡献率 37.4%，第二产业的贡献率 46.7%，第三产业的贡献率 15.9%。

全年一般公共预算收入完成 2.48 亿元，同比增长 19.9%。其中，税收收入 1.49 亿元，增长 5.9%，占一般公共预算收入比重为 60.0%；一般公共预算支出 12.40 亿元，同比增长 11.1%。

2020 年末，全体居民人均可支配收入 30676 元，同比增长 5.0%。城镇常住居民人均可支配收入 41636 元，同比增长 1.8%。牧区常住居民人均可支配收入 18409 元，同比增长 9.1%。

城镇当年累计征集就业岗位 5001 个，新安置就业人员 1506 人。其中，安置失业人员实现再就业 498 人。城乡职业技能培训 586 人，城镇登记失业率控制在 2.29% 以内。

【自然资源】 苏尼特左旗地处内蒙古高原北部，草原面积占总面积 96.7%，其余为丘陵沙地和湖泊盆地，湖泊、大小泉眼数 10 个，属半干旱大陆性气候，雨水偏少，日照充足。全旗水资源总量 36000.08 万立方米。土地总面积 3424018 公顷，其中耕地面积 601 公顷，占土地总面积的 0.01%；林地面积 780 公顷（不含居民绿化用地和护路、护岸），占总面积的 0.02%；草地面积 3141345 公顷，占全旗总面积的 91.74%。畜禽主要有羊、牛、骆驼、马、猪等品种。探明矿藏资源煤炭、石油、金、铁、铬、锰、铜、钨、镍、锂、芒硝、天然石碱、萤石等 20 余种和矿产地 150 余处。野生植物有麻黄、发菜、黄花、蘑菇、万年蒿等。野生动物有天鹅、灰鹤、黄羊、野兔、沙狐、狼、刺猬、狍子、沙鸡等。苏尼特左旗是纯牧业地区，以牧业为主、多种经营、围绕牧业发展各项事业。牲畜种类中以苏尼特羊、苏尼特双峰驼最为著名。

全旗自然保护区 2 个，其中旗级自然保护区 2 个。自然保护区面积 5.1 万公顷。环境监测站 1 个。全年林业完成营造林面积 0.47 万公顷，其中封山（沙）造林 0.33 万公顷，飞播造林 0.13 万公顷。全年平均气温 4.2℃，年降水量 205.2 毫米。全年水资源可利用总量 10729.94 万立方米。年末总用水量 1434.43 万立方米，同比下降 7.6%。

【人民生活】 2020 年，全体居民人均可支配收入 30676 元，同比增长 5.0%。城镇常住居民人均可支配收入 41636 元，同比增长 1.8%。牧区常住居民人均可支配收入 18409 元，同比增长 9.1%。全体居民人均生活消费支出 18376 元，同比增长 1.6%。按常住地分，城镇常住居民人均消费支出 23648 元，增长 0.6%；牧区常住居民人均消费支出 12538 元，增长 1.6%。

【社会保障】 2020 年，全旗参加养老保险人数 22742 人，其中：行政事业单位职工 3556 人，企业职工 5870 人，城乡居民养老保险人数 13316 人。参加工伤保险人数 4525 人。参加医疗保险人数 30090 人，其中，参加城镇职工基本医疗保险人数 6477 人，参加城乡居民基本医疗保险人数 23613 人。参加生育保险人数 3428 人。全年医疗救助 377 人。

（余福）

苏尼特右旗

【概况】 苏尼特右旗地处北纬 41°55′～43°39′，东经 111°08′～114°16′，国境线长 18.15 公里。全旗总面积 22340 平方公里，南北长度 220 公里，东西宽度 160 公里。苏尼特右旗属中温带半干旱大陆性气候，海拔在 900 米～1400 米之间，最高点红花敖包山 1670 米。地势南高北低，可分三个层次，南部阴山山脉北麓，多丘陵，山丘起伏较大，中部地势较平坦，北部海拔 900 米～1000 米之间，素有二连盆地之称。辖 4 个苏木、3 个镇，63 个嘎查村、

14个社区居委会，总面积2.23万平方公里。

2020年，全旗户籍总人口65975人，比上年末下降1%。户籍总人口中，城镇人口34799人，乡村人口31176人，户籍人口城镇化率52.75%。户籍总人口中全年出生人口486人，出生率7.33‰；死亡人口524人，死亡率7.90‰；人口自然增长率为-0.57‰；总人口中：60岁及以上人口14309人，占总人口的21.7%；总人口中：汉族41211人，占总人口的62.5%，蒙古族24006人，占总人口的36.4%，其他少数民族758人，占总人口的1.1%。总人口中：男性人口32921人，占总人口的49.9%，女性人口33054人，占总人口的50.1%，人口性别比99.6∶100。

2020年，全旗生产总值375537万元，比上年下降（按可比口径计算）3.9%，其中：第一产业增加值71492万元，同比增长1.5%；第二产业增加值129885万元，同比下降9.7%；第三产业增加值174160万元，同比增长0.2%；三次产业结构为19.0∶34.6∶46.4。

全旗公共财政预算收入完成18326万元，同比下降15.2%；其中，税收收入14754万元，同比下降1.3%；非税收收入3572万元，同比下降46.5%。公共财政预算支出163807万元，同比下降2.6%。

全旗全体居民人均可支配收入31536元，同比增长1.6%，全体居民消费性支出19023元，同比下降6.1%。城镇常住居民人均可支配收入39933元，同比增长1.6%。城镇常住居民人均消费性支出23632元，同比下降6.6%。农牧区常住居民人均可支配收入14231元，同比增长9.9%。农牧区常住居民人均生活消费支出9525元，同比增长3%。

2020年，城镇新增就业人员837人，全旗城镇登记失业率为2.06%，同比提高0.05个百分点。

【自然资源】 境内矿产资源丰富，发现各类矿产9大类，34种，75处矿产地，矿点57处。其中，已查明一定储量并上储量平衡表的矿产有煤炭、石油、铁、铜、铅、锌、金、银、天然碱、芒硝、蛇纹岩、石灰岩等20种。已开发利用的矿产有石油、铁、铬、铜、金等14种。

【风险防范】 2020年，抓好政府债务风险防范化解工作，年内，化解地方政府债务4.68亿元，其中，偿还拖欠民营企业中小企业无分歧账款3313万元，完成年度化解任务。金融机构不良贷款率较年初下降11.7个百分点，持续开展民间借贷整顿和规范处置，农牧户民间借贷户数和规模降至70户、536万元。

【脱贫攻坚】 全年投入各类扶贫资金1.02亿元，实施产业项目33个，基础设施项目17个，社会服务项目24个，提升旗、苏木镇、嘎查村三级扶贫产业基地和项目规模、效益，农牧区基础设施建设和公共服务水平提高。开展防返贫致贫监测预警和动态帮扶，推进扶贫资产管理，逐级完善5.3亿元资产台账、确权和管理等工作。金融扶贫、就业扶贫、消费扶贫、电商扶贫等作用突显，新增小额扶贫贷款268万元，实现300余人转移就业，扶贫产品销售额突破2亿元，网络销售额0.8亿元，巩固脱贫攻坚成果。

【人民生活】 2020年，全旗全体居民人均可支配收入31536元，同比增长1.6%，全体居民消费性支出19023元，同比下降6.1%。城镇常住居民人均可支配收入39933元，同比增长1.6%。其中人均工资性收入18925元，增长1.1%；人均经营净收入10349元，下降10.7%；人均财产净收入1109元，增长8%；人均转移净收入9551元，增长19.9%。城镇常住居民人均消费性支出23632元，同比下降6.6%。城镇常住居民家庭恩格尔系数为31.15%，同比下降3.29个百分点。农牧区常住居民人均可支配收入14231元，同比增长9.9%。农牧区常住居民人均生活消费支出9525元，同比增长3%。

【社会保障】 2020年，全旗参加城镇职工基本养老保险人数（包括退休）23572人，同比增长2.9%；城乡居民社会养老保险参保人数19408人，同比增长2.9%。年末全旗城镇职工基本医疗保险参保人数18793人，同比增长19%；城乡居民基本医疗保险参保人数40604人，同比下降1.4%。

促进产业链对接，畅通资金流支持，规模以上工业企业复工率100%，协调金融机构为各类企业贷款7亿元。全面贯彻执行国家减税降费政策，进压减企业、市场主体成本，年内，新增减税降费3538万元，减免社会保险费1738万元，降低企业用电成本310万元。加强对重点行业、重点群体就业帮扶，年内，征集就业岗位7912个，举办城乡各类人员技能培训班和创业培训班33期，培训1274人，城镇累计新增就业837人，城镇登记失业率2.06%。完成低保认定工作，全面兑现城镇职工基本养老保险待遇，城乡居民养老保险稳步扩面，参保人数1.9万人。发放各类社会救助资金3855万元，有效保障城乡困难群体基本生活水平。

【资源环境污染防治】 全年平均气温为5.7℃，全年降水量210毫米。全年飞播造林面积1万亩，当年新育苗面积0.1万亩，封沙育林面积5万亩，重点区域绿化0.3万亩。全旗确定的区级自然保护区1个，面积22331公顷。全旗森林覆盖率8.5%。

矿山地质环境治理面积2.34平方公里。规模以上工业企业综合能源消费量为331608吨标准煤，同比下降16.1%。推进“蓝天、碧水、净土”三大行动，关停取缔13家“散乱污”企业，淘汰建成区内20蒸吨以下燃煤锅炉34台，全面完成“四区”划定工作，完成3处水源地及出厂水水质监测，全旗空气质量达标天数比例99%，全旗县域生态环境质量考核位列全区第六。合理划定“三条控制线”，将68.05%的旗域面积划入生态保护红线范围。矿山地质环境治理“代履行法”在全盟推广应用，全年投入资金5057万元，露天矿山治理2家矿山企业纳入国家级绿色矿山名录库，4家企业达到自治区级绿色矿山建设标准，在全盟矿山环境综合治理和绿色矿山建设评价考核工作中位居全盟第二，获得奖补资金 800 万元。

（查娜）

东乌珠穆沁旗

【概况】 东乌珠穆沁旗地处锡林郭勒盟东北部，北纬 44° 57′～46° 40′之间，东经 115° 10′～120° 07′。大兴安岭山脉西麓，俗称“大兴安岭西嘴，二连盆地东岸”。地形东高西低南斜，海拔 830 米～1500 米之间。东邻兴安盟、通辽市和赤峰市，南接锡林浩特市，北与蒙古国接壤，国境线长 527.6 公里。境内的珠恩嘎达布其口岸是国家沿边重点口岸和自治区重点开发开放试验区。全旗东西长 350 公里，南北宽 150 公里，总面积 47328 平方公里。辖 5 个镇、4 个苏木和 1 个国有林场，61 个牧业嘎查。可利用草场面积 433 万公顷，占全区可利用草场面积的 6.2%，占锡林郭勒盟可利用草场面积的 23.6%。总土地面积 4.73 万平方公里，人口密度为每平方公里 1.5 人。

2020 年，全旗户数 21082 户，户籍人口 62115 人。在全旗人口中，蒙古族人口 46586 人，占总人口的 74.99%，汉族人口 15017 人，占总人口的 24.18%，其他少数民族人口 512 人，占总人口的 0.83%。男性人口 30598 人，占总人口的 49.3%；女性人口 31517 人，占总人口的 50.7%，人口性别比为 97.1 ∶ 100。全旗出生人口 688 人，人口出生率 11.08‰；死亡人口 371 人，人口死亡率 5.97‰；人口自然增长率 5.11‰。

全旗地区生产总值完成 574432 万元，同比增长 2.3%，其中，第一产业增加值完成 186788 万元，增长 1.9%，总量居全盟第 2 位，增速居全盟第 1 位。第二产业增加值完成 193806 万元，增长 7.7%，总量和增速均居全盟第 5 位。其中，工业增加值完成 121304 万元，增长 0.3%，总量和增速均居全盟第 6 位。建筑业增加值完成 72502 万元，增长 26.1%，总量和增速均居全盟第 3 位。第三产业增加值完成 193838 万元，下降 2.6%，总量居全盟第 6 位，增速居全盟第 11 位。三次产业比例为 32.6 ∶ 33.7 ∶ 33.7。年末城镇登记失业率为 3.68%。

全旗一般公共预算收入完成 66171 万元，同比增长 29%。一般公共预算支出完成 221193 万元，同比增长 37.3%。

【口岸贸易】 全年口岸进出口货物 287429 吨，同比下降 80.22%。其中，进口货物 287257 吨，同比下降 72.01%；出口货物 172 吨，同比下降 99.7%。完成进出口货值 1.13 亿美元，同比下降 84.47%。其中，进口货值 1.12 亿美元，同比下降 75.96%；出口货值 0.01 亿美元，同比下降 98%。进出境人员 19232 人次，同比下降 82.61%。其中，进境人员 9755 人次，同比下降 82.28%；出境人员 9477 人次，同比下降 82.30%。进出境车辆 15466 辆次，同比下降 75.54%。其中，进境车辆 7888 辆次，同比下降 73.78%；出境车辆 7578 辆次，同比下降 75.33%。

【人民生活】 2020 年，全旗全体居民可支配收入完成 38948 元，同比增长 4.5%，总量居全盟第 4 位，增速居全盟第 6 位。城镇常住居民人均可支配收入 42308 元，增长 1.5%。总量居全盟第 5 位，增速居全盟第 7 位。牧区常住居民人均可支配收入 34899 元，增长 7.0%。总量居全盟第 1 位，增速居全盟第 12 位。

【社会保障】 2020 年，全旗基本养老保险参保人数 8770 人，其中，企业职工 2505 人、机关事业单位职工 3368 人、其他人员 2897 人；基本养老保险离退休人员参保 6109 人，其中，企业 590 人、机关事业 1529 人、其他 3990 人。全年实发养老金 25164 万元，其中，企业 2150 万元、机关事业 11084 万元、其他 11930 万元。全年参加医疗保险人口 52015 人，其中，城镇职工参加医疗保险人口 12275 人，参加新型农村合作医疗参保 39740 人。2020 年，全旗 23947 人次得到最低生活保障救济，发放低保金 1171 万元。

（苏和巴特尔）

西乌珠穆沁旗

【概况】 西乌珠穆沁旗地处北纬 43° 59′～45° 21′，东经 116° 27′～119° 20′，位于内蒙古草原腹地——锡林郭勒盟东部，距北京直线距离 480 公里，距盟府锡林浩特市 134 公里，东临草原煤都霍林郭勒，南接红山文化发祥地赤峰市，公路里程为 360 公里，西连草原明珠锡林浩特市，北与东乌珠穆沁旗相邻。辖 2 个苏木、5 个镇，93 个嘎查、6 个社区。2 个苏木 5 个镇分别是巴彦胡舒苏木、乌兰哈拉嘎苏木、巴拉嘎尔高勒镇、巴彦花镇、吉仁高勒镇、高日罕镇、浩勒图高勒镇。2020 年，全旗户籍总人口 80563 人，其中：少数民族人口 57285 人，在少数民族人口中蒙古族人口 56155 人。城镇户籍人口 34222 人，牧区户籍人口 46341 人。全年出生人口 926 人，死亡人口 488 人。

西乌珠穆沁旗地处中纬度内陆地区，属中温带干旱半干旱大陆性气候，大气运动在西风带环流中，春季风多易干旱，夏季温热雨不匀，秋季凉爽霜雪早，冬长寒冷冰雪茫。2020 年旗所在地巴拉嘎尔高勒镇年平均气温 2.5℃，较常年值高 0.5℃。年总降水量 408.8 毫米，比历年偏少 83.9 毫米。年日照时数 2680.5 小时；平均风速 3.1 米 / 秒，年最多风向为西风，年大风日数为 35 天；扬沙日数为 5 天；11 月 18 日形成座冬雪，最大积雪深度 22 厘米；最大冻土深度 183 厘米。本年度主要气候特点为气温高，降水属常年，光照充足。

2020 年，全旗地区生产总值完成 132.37 亿元，按可比价计算，比上年增长 0.2%。其中，第一产业增加值 17.69 亿元，增长 1.8%；第二产业增加值 91.15 亿元，增长 1.0%；第三产业增加值 23.53 亿元，下降 3.8%。第一产业增加值占地区生产总值的比重为13.3%，第二产业增加值比重为68.9%，第三产业增加值比重为17.8%。

全年公共财政预算收入20.62亿元，比上年增长1.1%。全年公共财政预算支出23.14亿元，比上年下降1.0%。

全年全体居民人均可支配收入37584元，比上年增长6.8%。其中，城镇常住居民人均可支配收入42331元，增长1.9%；牧区常住居民人均可支配收入30389元，增长8.0%。

【自然资源】 西乌珠穆沁旗土地总面积2245938公顷，草原总面积2213200公顷，可利用草场面积2029000公顷，占总面积的88.2%。耕地面积187.09公顷，沙地面积27990.91公顷。西乌珠穆沁旗草地分为5大类，11个亚类，88个型。

地表水西乌珠穆沁旗境内有7条主要河流，包括宝日格斯台河、彦吉嘎河、高日罕河、新高勒河、巴拉嘎尔河、小吉林河、大吉林河。水系属乌拉盖水系，流向由南向北。河流总长度1789公里，流域面积2296000公顷。另有可利用淡水湖泊47个，水泉37眼，淡水面积1333公顷。地下水主要来源于大气降水，也有部分河流补给地下水。主要的天然树种有白桦、山杨、榆树、黑桦等。主要人工树种有兴安落叶松、华北落叶松、云杉、樟子松等。主要灌木树种有山杏、山地柳、细枝柳、蔷薇等。野生动物主要分布在东部、南部两个林场，主要有狍子、黄鼬、艾虎、鹌鹑等；北部有黄羊、旱獭、獾子、狼等；还有分布在泡淖河流一带的大雁、天鹅、大鸨、鹰和分布在草原上的各种鸟类。境内矿产资源非常丰富，主要有煤、铅、金、银、铜、铁、硒、锌、镍、锑、水晶、萤石、硅石、大理石、石灰石、多金属矿。

【人民生活】 全年全体居民人均可支配收入37584元，比上年增长6.8%。其中，城镇常住居民人均可支配收入42331元，增长1.9%；牧区常住居民人均可支配收入30389元，增长8.0%。城乡居民收入差距进一步缩小，城乡居民收入比由上年的1.48下降为1.39。

全年居民人均消费支出20453元，比上年增长1.5%。按常住地分，城镇常住居民人均消费支出24982元，增长1.5%；牧区常住居民人均消费支出15293元，增长0.6%。

【社会保障】 年末全旗参加城镇基本养老保险人数12209人，比上年末增加333人；参加城乡居民基本养老保险人数22315人，减少490人。参加城镇职工医疗保险人数18630人，比上年末增加3158人；参加城乡居民医疗保险人数53210人，减少604人。

【脱贫攻坚】 脱贫攻坚与乡村牧区振兴战略有机衔接，扶持发展壮大嘎查集体经济，嘎查集体经济年收入全部达到5万元以上，56个嘎查年收入达到10万元以上。完成脱贫户户厕改造217户。紧盯不稳定脱贫户、边缘户等重点人群，健全防止返贫机制。全年地方投入扶贫资金320万元，脱贫户人均纯收入22122元。

（锡林）

太仆寺旗

【概况】 太仆寺旗位于自治区中部、锡林郭勒盟最南端，与河北省交界，距张家口150公里、北京350公里。总面积3415平方公里，占全盟国土面积的1.7%，辖7个苏木乡镇（宝昌镇、永丰镇、千斤沟镇、红旗镇、骆驼山镇、幸福乡、贡宝拉格苏木），176个行政村和8个社区。2020年，全旗户籍人口202641人，比上年减少3036人。其中少数民族人口15161人，在少数民族人口中蒙古族人口有7095人。城镇人口37738人，占全旗总人口的比重18.6%。乡村人口164903人，占全旗总人口的比重81.4%。全年出生人口1642人，人口出生率8.1‰；死亡人口率16.3‰；人口自然增长率-8.2‰。

2020年，全旗实现地区生产总值45.8亿元，按可比价格计算，同比增长3.0%。分三次产业看：第一产业完成增加值14.5亿元，同比增长0.6%；第二产业完成增加值10.5亿元，同比增长11.4%；第三产业增加值20.8亿元，同比增长0.3%。第一产业对全旗经济增长的贡献率42.7%；第二产业对全旗经济增长的贡献率24.9%；第三产业对全旗经济增长的贡献率32.4%。按常住人口计算，2020年全旗人均地区生产总值41071元，同比增长5.5%。全旗三次产业增加值占地区生产总值的比重31.6∶23.1∶45.3。在第三产业中交通运输仓储和邮政业、批发和零售业、住宿和餐饮、金融业、房地产业、营利性服务及非营利性服务增加值分别增长10.2%、-2.1%、-13.7%、6.5%、4.8%、-11.1%和1.7%。

全年地方财政收入4.43万元，同比增长13.6%。其中，公共财政预算收入2.4亿元，同比增长28.6%。在地方公共财政预算收入中，税收收入1.5亿元，同比增长5.2%。全年财政支出23.8亿元，同比下降3.3%。

2020年，全体居民人均可支配收入23334元，增长5.1%。城镇居民人均可支配收入37672元，增长0.3%。农村牧区常住居民人均可支配收入14058元，同比增长8.5%。全旗征集开发就业岗位11480个；城镇新增就业1007人；累计实现农牧民转移就业35058人；全年实现农牧民转移就业5510人。

【自然资源】 地处阴山北麓、浑善达克沙地南缘，海拔1300～1800米，年平均气温2.4℃，年平均降水量近400毫米，无霜期100天左右。太仆寺旗土地总面积3415平方公里，现有耕地94666.67公顷，林地102666.67公顷，草场133333.33公顷。水资源总量1.35亿吨。其中，地下水1.03亿吨，年可开采6451万吨，地上没有可开发利用的河流。现已探明的矿种主要有钼、钨、铅锌、萤石等，矿产资源总体匮乏。

【环境保护】 2020年，全旗环境保护系统有职工30人，环境监测人员14人。年内完成环境污染治理项目2个，投资676万元。

全年能源消费总量45.57万吨标准煤，年下降0.96万吨标准煤，同比下降2.06%。

【人民生活】 全体居民人均可支配收入23334元，增长5.1%。城镇居民人均可支配收入37672元，增长0.3%。工资性收入24617元，增长0.2%；经营净收入3949元，增长0.2%；财产性收入1089元，增长0.1%；转移性收入为8015元，增长0.4%。城镇居民人均消费性支出22211元，同比增长0.5%。农村牧区常住居民人均可支配收入14058元，同比增长8.5%。农民人均生活消费支出9490元，同比增长2.2%。

【社会保障】 年末全旗个体工商户、企业职工、灵活就业人员参保（含个体续保）8102人，累计征缴养老保险7054万元，领取待遇的企业离退休人员10343人，累计待遇支出30154万元，接续转移养老关系446人（其中转出166人，转入280人），办理丧葬抚恤154人，支出650万元。城乡居民养老保险参保95521人，累计征缴养老保险费2477万元，领取待遇的60岁以上人员36766人，累计待遇支出7460万元。工伤保险参保7660人，累计征缴工伤保险费130万元；享受待遇人员21人，累计待遇支出356万元。

城镇居民享受最低生活保障2499户，3518人，发放低保资金1463万元；农村牧区居民享受最低生活保障17076户，23005人，发放低保资金8068.6万元。

（杨敏）

镶黄旗

【概况】 镶黄旗位于锡林郭勒盟西南端，南与乌兰察布市化德县交界，东、东南部与正镶白旗和苏尼特左旗毗邻，北部、西部与苏尼特右旗和乌兰察布市商都县接壤。全旗总面积5137平方公里，草牧场占总面积的97.68%。辖新宝拉格、巴音塔拉2个镇和翁贡乌拉、宝格达音高勒2个苏木，60个嘎查、6个社区居委会。距北京380公里、天津港550公里，呼和浩特300公里、二连浩特230公里。集通铁路、呼海大通道、省道208线、省道308线途经镶黄旗，交通便利。

镶黄旗平均海拔1300米左右，地形南高北低，属中温带干旱大陆性气候，年平均降水量267.9毫米，年平均气温2～3℃，无霜期121天。日照时间长，光能充足，水热同季，气温变化剧烈，温差大。冬季漫长寒冷，夏季较炎热，无霜期短，降水量偏少，且分布不均。多干旱，风多风大，蒸发量大，气候干燥。全年盛行西风和西北风，10米高年均风速6.5米/秒，40米高年均风速7.6米/秒，年日照时间长，光能充足，年均日照3039.4小时。

2020年，常住人口2.74万人，城镇人口1.89万人，常住人口城镇化率68.83%。户籍总户数1.34万户，户籍人口3.12万人，户籍人口城镇化率39.83%。自然增长率1‰。

2020年，全旗地区生产总值完成21.35亿元，增速-3.5%。第一产业增加值4.47亿元，增速0.8%。第二产业增加值8.25亿元，增速-7.2%。第三产业增加值8.63亿元，增速-0.9%。三次产业比20.9∶38.7∶40.4。

全年一般公共财政预算收入完成1.93亿元，增速0.4%。一般公共财政预算支出，10.50亿元，增速23.2%。全体居民人均可支配收入33367元，城镇常住居民人均可支配收入完成41661元，牧区常住居民人均可支配收入完成17441元。2020年初确定的38项重点项目全部开复工，完成固定资产投资17.1亿元。

【畜牧业】 2020年，牧业年度牲畜总头数38.28万头（只）。完成牲畜出栏30.04万头（只）。打储草1950万公斤。接产仔畜19.58万头（只），成活率99.9%。完成黄牛改良2.4万头，核心群16个，基础母牛908头，引进优质良种牛668头。完成绵羊改良20.28万只，2020年末，存栏牲畜总头数19.5万只，核心群203个，扩繁群320群。依托“锡林郭勒察哈尔羊肉”和“锡林郭勒黄旗奶食品”品牌，发展“双察”扶贫战略产业，统筹发展优质良种肉牛、草原黑蘑菇种植、农机服务、草原旅游、民族工艺品制作等扶贫产业，实现449户1177人产业脱贫。

【林业】 完成京津风沙源治理二期工程建设任务1067公顷、重点区域绿化工程40公顷。完成2020年造林补贴项目工程200公顷、森林植被恢复费补植补造项目建设任务4620公顷。沙源治理草原项目建设围栏封育6667公顷、暖棚3万平方米、贮草棚3万平方米、青贮窖0.1万立方米。收取省道313线、苏张高速、特高压风电及其集电线路、白安高速等重点工程，草场补偿费651.6万元、植被恢复费595.1807万元，补偿予牧民。

通过监测，牧草返青率平均70%～80%左右，天然草原可利用产草总量1.9亿公斤（干草）。生态环境修复项目涉及3个苏木镇，14个嘎查45个浩特60余牧户，恢复区面积21公顷，总投资500万元。

【水利】 2020年，饮水型氟超标地方病防治工程完成投资256.71万元，购置790套水处理设备，解决饮水型氟超标790户、2578人。水利扶贫饮水项目完成投资117万元，新打机电井4眼，辐射井6眼，自来水工程2处，新建井房4间，配套安装潜水泵10台套以及相应的附属设施，解决36户、106人的饮水问题。苦咸水地区饮水安全巩固提升工程完成投资134万元，解决480人的饮水问题。

【工业】 全年工业增加值6.5亿元，下降16.7%。大唐、京能、深能3家企业发电3.5亿度，同比下降11.37%；实现产值1.88亿元，同比下降2.08%。东林公司生产无烟煤60万吨，减产5.5万吨，同比下降8.4%；实现产值3.75亿元，同比下降37.91%。14家石材企业开采荒料9万立方米，加工板材270万平方米，同比增长29.8%；实现产值2.17亿元，同比增长29.6%。

9家复工生产石油企业累计生产销售原油3万吨，同比增长219%；实现产值6640万元，同比增长125.57%。推进工业重点项目项目11项。2020年，引进国内盟外资金为15亿元，其中，国内区外资金为13.6亿元，区内盟外资金为1.4亿元。招商项目及资金主要涉及新能源、基础设施建设、铌钽矿采选等项目的新建、续建工程。

（殷岑 乌力吉巴图）

正镶白旗

【概况】 正镶白旗位于内蒙古高原的东南边缘，阴山山脉的东延部分，锡林郭勒草原西南部，浑善达克沙地与阴山山脉的交汇处，属浑善达克沙地南缘的典型草原区，地形南高北低。地理坐标北纬42° 05′～43° 02′，东经114° 18′～115° 37′。东与正蓝旗毗邻，南与太仆寺旗和河北省康保县为界，西与镶黄旗和乌兰察布市化德县相交，北靠苏尼特左旗。全旗南北长112公里，东西宽88公里，总土地面积6253平方公里。正镶白旗辖3个苏木、2个镇，78个嘎查村（场），7个社区。明安图镇是旗政府所在地。正镶白旗属中温带干旱大陆性气候，主要的气候特征为：冬长春短，夏热秋凉，无霜期短，降水量少而集中，昼夜温差大，光照充足，雨热同季。年平均温度1.9℃；年均降水量：南部丘陵草原360毫米，北部沙区268毫米；年均蒸发量：中南部丘陵草原1932毫米，北部沙区2300毫米；无霜期：中南部丘陵草原112天，北部沙区135天；日照时数：中南部丘陵草原2889小时，北部沙区3200小时；≥10℃的有效积温：中南部丘陵草原2000℃，北部沙区2350℃。

全旗户籍人口总户数3.33万户，户籍总人口7.00万人，户籍人口城镇化率21.73%。常住人口4.30万人，城镇人口2.34万人，常住人口城镇化率54.54%。人口密度11.3人/平方公里，有汉族、蒙古族、回族、满族、达斡尔族、鄂伦春族、鄂温克族、藏族等十几个民族。

2020年，全旗地区生产总值完成306888万元，按可比价计算，同比增长13.5%。其中，第一产业增加值67230万元，增长1.3%；第二产业增加值110095万元，增长49.0%；第三产业增加值129563万元，下降2.4%。三次产业比例为21.9∶35.9∶42.2。

全年全旗一般公共财政预算收入13844万元，同比增长6.9%。税收收入16755万元，同比增长18.8%。一般公共财政预算支出150070万元，同比下降5.2%。

【人民生活】 2020年，居民人均可支配收入24806元，同比增长6.9%。城镇常住居民人均可支配收入38361元，同比增长2.1%。其中，工资性收入23698元，增长2.0%。农村牧区常住居民人均可支配收入13706元，同比增长10.2%。其中，经营净收入8539元，增长10.4%。

全年居民人均消费支出15550元，同比增长2.7%。按常住地分，城镇常住居民人均消费支出22963元，增长1.2%；农村牧区常住居民人均消费支出9721元，增长2.7%。

【社会保障】 全旗参加城乡居民基本养老保险人数31246人，同比增长1.0%。参加城镇职工基本养老保险人数11210人，同比增长3.8%。参加基本医疗保险人数61420人，同比增长0.6%。其中，参加城乡居民医疗保险人数54785人，同比增长0.5%；参加基本医疗保险的在职职工人数6635人，同比增长0.8%。

【环境保护】 完成热力企业污染物在线监测设备安装3家，集中式饮用水水源标准化建设2处，涉重金属排放企业2家建立全口径清单。投入1350万元，完成矿山治理45公顷。在期露天矿山13家，缴存治理基金654万元，缴存率100%。投入860万元，治理历史遗留废弃采坑63公顷，建成自治区级绿色矿山3家。完成年度城乡建设用地增减挂钩土地复垦17.33公顷，获得跨省域调剂资金7200万元。发放草原生态保护补助奖励资金6303万元、退耕还林补贴179万元，完成林业建设4733.36公顷、草原修复3667公顷。

【脱贫成果巩固】 2020年，整合投入资金1.87亿元，实施扶贫项目97个，5679名贫困人口脱贫成果得到巩固拓展，剩余5户12名贫困人口如期脱贫。全面落实住房、饮水、教育、医疗等政策，统筹推进产业、金融、就业等精准扶贫措施。“1+4”带贫机制带动3621名贫困人口稳定增收；贫困户小额信贷助力1522名贫困人口实现就业；消费扶贫全年实现销售额5440万元，同比增长400%，近3000名贫困人口获益；京蒙扶贫协作11家北京市扶贫企业带动2371名贫困人口增收，“大兴西瓜”扶贫模式列入全区典型；国家统计局定点帮扶230千瓦村级光伏扶贫电站顺利建成，特色养殖、水浇地开发等6个项目持续发挥带贫效益。通过国家脱贫攻坚普查验收，经自治区各项程序正镶白旗退出国家贫困旗县序列。

（郝永谦）

正蓝旗

【概况】 正蓝旗位于内蒙古自治区中部，锡林郭勒盟东南边缘。地理坐标北纬41° 56′～43° 11′，东经115° 00′～116° 42′。东邻赤峰市克什克腾旗，西接正镶白旗、太仆寺旗，南连多伦县、河北省沽源县，北靠锡林浩特市、阿巴嘎旗和苏尼特左旗。南北直线长约138公里，东西直线宽约122公里，全旗总面积10182平方公里。距首都北京直线距离260公里。正蓝旗地处阴山山脉北麓东端，由低山丘陵和浑善达克沙地两大地貌构成，北部为浑善达克沙地，占全旗总面积的66%，系沙地草原，呈现出沙地草原的自然风光；南部为低山丘陵，是燕山北缘的低山丘陵与大兴安岭南缘的低山丘陵交汇地带，系草甸草原，占全旗总面积的34%，展现出草甸草原的美丽景象。地势东高西低，海拔高度1200米～1600米。最高峰为乌和尔沁敖包，海拔1673.9米。

正蓝旗属中温带大陆性季风气候。全旗平均日照数为2947小时～3127小时之间，年总降水量493.3毫米，蒸发量1925.5毫米。最高温度32.1℃，最低温度零下-28.8℃，年平均气温4.1℃，较常年偏高1.6℃。冬季寒冷漫长，春季多风少雨，夏季温热短促，秋季凉爽湿润，气候变化剧烈，温差大，日照时间长，光能充沛，降雨季节分布不均，年平均风速4.5米/秒，无霜期100天左右。

全旗总人口84170人，比上年末减少274人，全年出生人口834人，出生率9.9‰；死亡人口624人，死亡率7.4‰；自然增长率2.5‰。在总人口中：城镇人口25156人，占总人口29.9%。男性人口41845人，女性人口42325人。

2020年，完成地区生产总值（GDP）54.41亿元，同比下降3.3%。其中：第一产业完成8.97亿元，同比增长0.7%，低于全盟0.6个百分点；第二产业完成26.26亿元，同比下降3.1%，低于全盟12.3个百分点；其中：工业完成23.44亿元，同比下降1.3%；建筑业完成2.82亿元，同比下降17.6%；三产完成19.19亿元，同比下降5.5%，低于全盟4个百分点。三次产业结构由去年同期的14.4∶51.6∶34调整为16.5∶48.2∶35.3。

完成地方财政收入55662万元，同比下降17.68%，完成一般公共预算收入27117万元，同比下降12.95%。全年一般公共预算支出175727万元，同比增长38.6%，一般公共服务支出16288万元，同比增长30.11%。

2020年，全体居民人均可支配收入31393元，同比增长4.3%，全体居民人均消费性支出21015元，同比增长1.1%。城镇居民人均可支配收入39544元，同比下降0.8%，城镇居民人均消费性支出28010元，同比增长0.2%。农村牧区常住居民人均可支配收入21194元，同比增长8.8%，农村牧区常住居民人均消费支出13096元，同比增长1.1%。

【自然资源】 正蓝旗地下水资源总量32669.5万立方米。境内有大小河流21条，大小湖泊147个。草原植被类型有三大类。分为温性草甸草原类、温性草原类、低地草甸类。草原植物主要以耐旱多年生草本植物为主。据内蒙古自治区第三次草原资源调查，植物资源有89科、304属、708种。森林资源较为丰富，种类多样。天然林主要分布于北部沙区和中部低山区；南部低山丘陵有相当数量的天然榆树林、疏林和灌木林相间分布。树林种类25科、40属、95种，森林覆盖率为20.50%。境内野生动物具有蒙古高原动物特色。有2000余种，其中脊椎动物有200余种，节肢动物近1800种。

【生态保护】 2020年，正蓝旗继续做好大气环境质量监测、地下水环境质量监测及其他监测工作。完成饮用水水源地例行监测2批次、站内测试4次。有效采样天数362天，空气质量达标天数344天，达标率95.03%。为提高监测站环境监测能力，通过大气能力建设项目，购置13台大气环境空气及污染物监测设备，委托内蒙古计量检测院完成对正蓝旗站22台实验仪器，10个玻璃器皿的检定。

【林业草原】 正蓝旗林业用地面积448236.07公顷，其中，有林地89858公顷，疏林地55033公顷，灌木林地118435公顷，未成林造林地90693公顷，无立木林地18588公顷，宜林地面积75363公顷，苗圃地面积110公顷，林业辅助生产用地157公顷。森林覆盖率20.5%。完成林业有害生物防治1207公顷，检疫苗木1501万株，草原鼠害防治11133公顷（其中冬季防治6667公顷），虫害防治29600公顷。查处草原违规放牧案件150起，办理涉林刑事案件2起，林业行政案件13起，救助野生动物120只，办理中央扫黑除恶第15督导组移交涉林涉草信访件20件。

【社会保障】 2020年全旗参加职工医疗保险10190人，其中在职8106人，退休2084人。城镇职工基本医疗保险享受待遇2848人次。2020年全旗参加生育保险7389人。生育保险享受待遇170人次，其中：享受医疗待遇105人次，享受津贴待遇65人次。待遇总费用161.56万元，其中：医疗费用61.6万元，津贴费用99.96万元。

【就业】 2020年，岗位征集力度加大，岗位征集8511个。城镇新增就业人数稳定增长，城镇新增就业943人。城镇登记失业率控制稳定，年末城镇登记失业率控制在2.82%以内。职业技能培训不断加强。城镇技能培训245人；农牧民技能培训274人；全旗创业培训90人。农牧民转移就业进展加快，全旗农牧民累计转移就业7293人。

【扶贫惠民】 全年投入产业扶持资金565.66万元。分别用于到村到户产业扶持项目。到户产业项目投入资金268.83万元，新建棚圈建设108处，拆旧建新3处，维修17处，为产业发展提供基础保障。有3615户农牧民与企业建立利益联结，稳定就业贫困户395人，带动贫困户428户，贫困户户均增收1.8万元以上。全旗7个苏木镇的103个嘎查村中，识别出贫困嘎查村21个，建档立卡贫困户1858户4386人，占全旗农村牧区总人口的8.3%。实施精准扶贫、精准脱贫以来，全旗累计投入各类扶贫资金12.99亿元，2020年实现建档立卡贫困人口1858户4386人全部脱贫，脱贫攻坚任务整体完成。

【人民生活】 2020年，全体居民人均可支配收入31393元，同比增长4.3%，全体居民人均消费性支出21015元，同比增长1.1%。城镇居民人均可支配收入39544元，同比下降0.8%，城镇居民人均消费性支出28010元，同比增长0.2%。农村牧区常住居民人均可支配收入为21194元，同比增长8.8%，农村牧区常住居民人均消费支出为13096元，同比增长1.1%。

（其勒木格）

多伦县

【概况】 多伦县位于锡林郭勒盟东南端，地处内蒙古高原南缘，阴山山地东端北麓，浑善达克沙地南沿，冀北山区西北端的三山末端交汇处。县境地理坐标：北纬41°46′～42°36′，东经115°51′～116°54′。全县总面积3863平方公里，辖3个镇2个乡，65个行政村。耕地面积56667公顷，林地面积195333公顷，草场面积215333公顷。

2020年末，全县总户数52061户，总人口111759人，男性56646人，女性55113人，人口性别比102.8∶100（以女性为100）。在总人口中，汉族人口87387人，占总人口的78.2%；蒙古族人口6202人，占5.5%；其他少数民族人口18170人，占16.3%。全年出生人口1123人，人口出生率10.05‰；死亡人口729人，死亡率6.52‰；人口自然增长率3.53‰。

2020年，地区生产总值47.93亿元，按可比价格计算比上年下降1.6%。其中，第一产业增加值10.75亿元，增长0.6%；第二产业增加值17.77亿元，下降2.8%；第三产业增加值19.41亿元，下降1.7%。

全年完成地方财政总收入5.3亿元，比上年上升13.2%，其中，税收收入2.15亿元，比上年下降46.5%；非税收入0.72亿元，比上年增长9.1%。一般公共预算收入2.87亿元，比上年增长4.7%。全年财政支出23.28亿元，比上年增长24.8%。一般公共预算支出20.98亿元，比上年增长27.2%。

2020年，全县全体居民人均可支配收入27770元，比上年减少593元，下降2.1%。其中，城镇居民人均可支配收入38103元，比上年减少2215元，下降5.5%；农村常住居民人均可支配收入16057元，比上年增加346元，增长2.2%。全体居民消费支出17357元，增长1.1%。其中城镇常住居民人均消费支出25588元，增长1.1%；农村居民人均消费支出8620元，增长1.0%。

【自然资源】 境内水资源丰富，是海河流域滦河水系的源头，滦河上游自北至东南贯穿境内，供水量占引滦入津总供水量的六分之一，滦河上游最主要的水源涵养地。境内有常年性河流47条，大小湖泊62个，水域总面积10800公顷，地表水多年平均径流量1.35亿立方米，地下水储量3.73亿立方米，水能蕴藏量1.4万千瓦。有库容1亿立方米的西山湾水库、库容2645万立方米的大河口水库和小型水库14座。境内矿产资源较为丰富，1996年被列为国家13个重点找矿区之一。已探明储量的非金属矿藏主要有褐煤、石灰岩、珍珠岩、沸石、玛瑙石、水云母、萤石、火山岩等18种。已探明储量的金属矿藏主要有铁、铅、锡、银等。境内有天然草原次生林、河流、沙漠、湖泊等旅游资源，有植物58科，282属，571种，有各种鸟兽34科，99种。

【社会保障】 年末全县城乡居民社会养老保险参保人数42891人，基本医疗参保人数95315人（其中城镇职工基本医疗保险参保人数14133人，城乡居民医疗保险参保81182人）。工伤保险参保人数为13894人，生育保险参保人数为10504人，失业保险参保人数7408人。城乡居民低保标准每人每月738元，全县城镇低保人数1386人，农村低保人数8259人。城乡居民就业形势稳定，城镇登记失业率3.58%，全年共征集就业岗位8004个，城镇新增就业1100人，农民转移就业3003人。

【人民生活】 2020年，多伦县全体居民人均可支配收入27770元，比上年减少593元，下降2.1%。其中，城镇居民人均可支配收入38103元，比上年减少2215元，下降5.5%；农村常住居民人均可支配收入16057元，比上年增加346元，增长2.2%。全体居民消费支出17357元，增长1.1%。其中城镇常住居民人均消费支出25588元，增长1.1%；农村居民人均消费支出8620元，增长1.0%。

【环境保护】 环境空气质量优良率94.5%，达到国家环境空气质量标准二级要求。淘汰改造3家企业的3台燃煤小锅炉。水源地各项水质指标除西城区的氟化物轻微超标外，其余均符合《地下水质量标准》（GB/T14848-2017）Ⅲ类标准。完成《国家第三阶段机动车污染物排放标准以下柴油货车禁限行区划方案》《禁止使用高排放非道路移动机械区域划定方案》《多伦县高污染燃料禁燃区划定方案》《多伦县域声环境功能区划定方案》四个区域的划定方案编制。建立多伦县工业炉窑管理台账、多伦县大气污染综合治理分类整改清单完成治理。

【脱贫攻坚】 投入各级各类扶贫资金5887万元，实施带贫减贫项目88个，惠及建档立卡脱贫户2508户、5381人。巩固“两不愁三保障”与“清零达标”成果，开展多轮踏查暗访，各级各类反馈问题整改“清仓见底”，通过自治区脱贫攻坚督导调研检查和脱贫成效考核，获得全区扶贫资金绩效考核优秀奖。

（孔令一）

乌拉盖管理区

【概况】 乌拉盖管理区位于内蒙古自治区锡林郭勒盟东北部，北纬45°29′～46°38′，东经118°29′～119°50′，是锡林郭勒盟通往东北的重要出口。东部与兴安盟科右前旗相连，东南部与通辽霍林郭勒市交界，西部同东乌珠穆沁旗乌拉盖苏木毗邻，北部与东乌珠穆沁旗满都宝力格镇接壤。总面积5013.67平方公里，东西直线距离90公里，南北直线距离93.7公里。其中耕地面积2.75万公顷，林地面积8633.33公顷，草地面积44.47万公顷。

2020年，实现地区生产总值36.2亿元，按可比价格计算比上年增长0.1%。其中：第一产业增加值67545万元，同比增长1.5%，第二产业增加值206045万元，同比增长0.7%；第三产业增加值88336万元，同比下降 2.5%。三次产业结构为 18.7 ∶ 56.9 ∶ 24.4。

2020 年城镇新增就业 915 人，同比增长 28.2%。年末城镇登记失业率 2.36%，较上年末下降 0.63 个百分点。全年征集城镇就业岗位 3600 个，同比增长 73.9%。组织城乡职业技能培训人数 24 人，同比增长 1313.3%。

全年一般公共预算收入 75941 万元，比上年增长 28.6%。其中：税收收入 39074 万元，比上年下降 13.2%。全年规模以上工业企业实现营业收入 265415 万元，同比增长 3.2%。全年规模以上服务业企业实现营业收入 7103 万元，比上年下降 53.4%。

年末总人口 23466 人，其中城镇常住人口 20871 人，占总人口比重（常住人口城镇化率）88.9%，比上年末提高 16.2 个百分点。

2020 年全体居民人均可支配收入 40623 元，比上年增长 4.5%。城镇居民人均可支配收入 44259 元，比上年增长 1.7%；农村牧区居民人均可支配收入 31074 元，比上年增长 7.6%。

【自然资源】 乌拉盖管理区有土地总面积 5013.67 平方公里，境内有水库 1 座，主要河流 11 条，一级河乌拉盖河和色也勒吉河 2 条，总长 506 公里。二级河浑迪河，总长 40 公里。乌拉盖管理区西北部的贺斯格乌拉牧场境内的贺斯格淖尔湿地是本辖区范围内的主要湿地自然保护区，总面积 31470 公顷。境内有维管束植物 850 种以上，分别隶属于 85 科 328 属。种植农作物品种有小麦、油菜、燕麦及马铃薯，其中以小麦种植面积最大。境内的植食性野生兽类动物分为食茎叶根为主和食种子为主两大类，有兔、狍子、旱獭、黄羊等。肉食性动物有狼、沙狐、赤狐、草原野猫。杂食类兽类有达斡尔黄鼠、五趾跳鼠、獾、黑线仓鼠等。境内禽类有苍鹰、草原雕、野鸡等。鱼类有鲤鱼、鲫鱼、雅罗鱼（俗称华子鱼）等。矿产资源发现金、银、萤石、锌、钯等，煤炭、矿泉水、萤石、膨润土、石灰石等具有较大的开发潜力。煤炭资源预测储量在 100 亿吨以上，与白音华和霍林河煤田属一个成煤带。

【农牧业】 全年农作物总播面积 34615 公顷，其中：粮食作物播种面积 23398 公顷，比上年增加 1943 公顷；油料作物播种面积 7864 公顷，比上年增加 3969 公顷；蔬菜播种面积 23 公顷，与上年持平。

全年粮食产量 80460 吨，比上年增加 9990 吨。其中：小麦产量 12532 吨，减少 964 吨；玉米产量 20093 吨，增加 9426 吨；马铃薯产量 3015 吨，减少 3996 吨。油料作物产量 13517 吨，增加 7099 吨。

2020 年肉类总产量 4931 吨，比上年减少 1296 吨。其中：猪肉产量 129 吨，增长 26 吨；牛肉产量 1501 吨，减少 436 吨；羊肉产量 3157 吨，减少 911 吨；禽肉产量 27 吨，增加 1 吨。禽蛋产量 122 吨，增加 1 吨。牛奶产量 13109 吨，增加 1371 吨。2020 年日历年度存栏大牲畜和羊 20.5 万头（只），同比增加 1.2 万头（只），其中：大牲畜存栏 4.6 万头，增加 1.3 万头，羊存栏 15.9 万只，减少 0.1 万只。“减羊增牛”取得显著成效，引进调剂良种肉牛 8462 头，培育巩固种牛场 6 家、肉牛核心群 26 个，肉牛养殖专业户超过 200 户，牛存栏同比增加 37.5%。

【工业】 全年实现工业增加值 197110 万元，比上年增长 0.2%。其中：规模以上工业增加值增长 0.1%。在规模以上工业企业中，国有控股企业产值增长 4.3%，非公有制企业产值下降 12.1%；重工业产值增长 3.3%。

全年实现建筑业增加值 8935 万元，同比下降 14.5%。

【三大攻坚战】 建立健全防止返贫监测机制，实施 3 个产业扶贫项目，2 个贫困农牧场、167 户贫困边缘户全部稳定脱贫。防治大气、水、土壤污染，镇区 PM2.5 达到国家一级标准，完成哈拉盖图农牧场水源地整治工程，规范危险废弃物转移处置，生态环保督察发现的 54 项问题基本整改到位。严控新增债务，全年化解隐性债务 6.95 亿元，完成年度任务的 10.7 倍，进度居全盟第一，风险等级由黄色降至绿色。

【人民生活】 2020 年全体居民人均可支配收入 40623 元，比上年增长 4.5%。城镇居民人均可支配收入 44259 元，比上年增长 1.7%；农村牧区居民人均可支配收入 31074 元，比上年增长 7.6%。

全体居民人均消费支出 24000 元，比上年增长 3.0%。按常住地分：城镇居民人均消费支出 27102 元，增长 0.3%；农村居民人均消费支出 15853 元，增长 3.3%。城镇居民家庭恩格尔系数为 29.1%，农村牧区居民家庭恩格尔系数为 28.9%。

【社会保障】 年末参加城乡居民基本养老保险人数 1173 人，同比增长 10.2%；参加城镇职工养老保险参保人数 5020 人，同比增长 2.7%。参加基本医疗保险人数 17988 人，同比增长 1.6%。城镇居民最低生活保障人数 230 人，同比增长 1.3%；农村居民最低生活保障人数 182 人，同比增长 2.2%。养老机构 2 家，总床位数 86 张，有 359 人次，其中：集中供养人数 9 人。

（于静）

乌兰察布市

【概况】 乌兰察布市位于内蒙古自治区中部，北纬40° 10′ ～43° 28′，东经110° 26′ ～114° 49′。“乌兰察布”系蒙古语，意为“红山口”。面积54492平方公里，北与蒙古国接壤，边境线长约110公里，东北部与锡林郭勒盟苏尼特右旗、镶黄旗、正镶白旗毗连；东临河北省康保、尚义、怀安县；南与山西省大同、阳高、天镇、左云、右玉等市县为邻；西与呼和浩特市和林格尔县、清水河县、武川县和包头市达尔罕茂明安联合旗相接。

乌兰察布市为地级建制，市人民政府所在地为集宁新区，辖11个旗县市区，总人口170万。下辖93个乡镇苏木街道办事处，其中，苏木8个，乡23个，镇49个，街道办事处13个。

2020年，全市地区生产总值完成826.9亿元，按不变价计算，比上年增长2.4%。其中：第一产业增加值138.2亿元，增长0.6%；第二产业增加值333.5亿元，增长8.4%；第三产业增加值355.1亿元，下降2.7%。三次产业结构为16.7 ∶ 40.3 ∶ 43.0。

全年一般公共预算收入完成56.3亿元，增长13.0%。其中：税收收入完成34.4亿元，下降6.3%；非税收入完成21.9亿元，增长67.0%。全年一般公共预算支出完成387.4亿元，增长4.4%。

全年城镇新增就业人数15024人，其中：失业人员再就业人数6017人，就业困难人员实现就业4171人。年末城镇登记失业率为4.02%。全年中心城区居民消费价格比上年上涨1.6%。

【农牧业】 2020年，全市农作物总播种面积达到66.3万公顷，下降2.1%。粮食作物播种面积45.8万公顷，增长0.8%。其中，小麦播种面积9.3万公顷，增长1.9%；玉米播种面积10.7万公顷，增长4.3%；燕麦播种面积6.4万公顷，增长9.8%；大豆播种面积2.9万公顷，下降21.4%；马铃薯播种面积12.1万公顷，下降7.3%。全年粮食总产量达到125.8万吨，同比增长1.3%。经济作物播种面积20.5万公顷，下降7.9%。其中，油料播种面积11.7万公顷，下降15.4%；甜菜播种面积3.6万公顷，增长11.6%；蔬菜及食用菌播种面积2.1万公顷，下降6.6%。

全年农牧业机械总动力达到241.1万千瓦，增长7.2%；机耕地面积63.6万公顷，增长2.7%。

【工业】 全市全部工业增加值比上年增长8.9%，其中，进入统计名录库的规模以上工业企业达到260家，其增加值增长10.5%。在规模以上工业企业中，分轻重工业看，轻工业企业增加值下降0.9%，重工业企业增加值增长10.5%。

年末，全市发电装机容量1475万千瓦，其中，火电装机容量789万千瓦，风电装机容量535万千瓦，太阳能发电装机容量150万千瓦。

全年规模以上工业企业实现营业收入931.9亿元，增长7.8%；实现利润19.2亿元，增长54.5%。规模以上工业亏损企业亏损额为21.5亿元，增长6.1%。规模以上工业企业产品销售率98.3%，下降0.7个百分点。

【建筑业】 全年建筑业增加值比上年增长5.8%。年末具有资质等级以上的建筑企业在库单位数66家，比上年末增加25家。

【固定资产投资】 全市500万元以上固定资产投资额比上年增长7.6%。按控股类型划分，国有经济投资增长8.8%，外商投资增长15.5%；按三次产业划分，第一产业投资下降8.9%，第二产业投资下降10.2%，第三产业投资增长25.0%；按项目隶属关系分，中央项目投资增长81.7%，地方项目投资增长1.3%。全年在库项目计划总投资2091.3亿元，增长40.1%。全年开复工项目685个，开复工率83.2%。

全年房地产开发企业投资完成额76.3亿元，增长34.9%，其中住宅投资完成额61.2亿元，增长26.8%。商品房销售面积95.8万平方米，增长15.1%，商品房销售额45.9亿元，增长16.4%。

【国内贸易】 全年社会消费品零售额228.8亿元，下降6.2%。按经营地统计，城镇消费品零售额192.5亿元，下降7.0%；乡村消费品零售额36.3亿元，下降1.8%。按消费形态分，餐饮收入额25亿元，下降14.7%；商品零售额203.8亿元，下降5.0%。

在限额以上企业商品零售额中，粮油、食品零售额下降15.9%，服装、鞋帽、针纺织品类增长18.3%，书报杂志类增长160.3%，中西药品类增长42.1%，文化办公用品类增长17.6%，汽车类增长13.0%。

【对外经济】 全年海关进出口总额30.3亿元，同比下降14.7%。其中：进口总额5亿元，下降36.1%；出口总额25.3亿元，下降8.6%。全年实际利用外资2350万美元，新批准外商投资企业3家。年末，全市在市场监督管理部门注册的外商投资企业累计达161家。

【服务业】 全年批发零售业增加值比上年下降3.4%，住宿餐饮业增加值下降18.1%，交通运输、仓储和邮政业增加值下降3.5%，金融业增加值增长1.5%，房地产业增加值增长7.8%。全年规模以上服务业企业营业收入比上年增长9.3%。

全年公路交通运输业完成公路客运量75.1万人次，下降69.8%；公路旅客周转量9479.4万人公里，下降69.7%；公路货运量完成9343.1万吨，同比增长14.2%；公路货运周转量2455854.2万吨公里，增长43.1%。

全年完成邮政行业业务总量34165万元，增长26.7%。全年完成电信业务总量12.3亿元，增长13.1%；年末本地固定电话用户达到9.6万户，移动电话用户达到220.7万户。年末互联网用户达到214.5万户，增长14.0%。

【金融】 全市年末金融机构人民币各项存款余额1355.1亿元，增长8.0%，比年初增加99.8亿元。年末全市金融机构人民币各项贷款809.3亿元，同比增长3.2%，比年初增加25.3亿元。

全年保险机构年保费收入为31.9亿元，增长4.6%。全市保险机构业务赔付支出为11亿元，增长19.7%。

【教育科技】全市共有普通高校3所，全年招生数1.01万人，在校学生2.61万人，毕业学生0.72万人。拥有中等职业教育学校12所，全年招生数0.30万人，在校学生0.82万人，毕业学生0.26万人。拥有普通高中25所，全年招生数1.05万人，在校学生2.95万人，毕业学生1.08万人。拥有普通初中49所，全年招生数1.36万人，在校学生4.13万人，毕业学生1.45万人。拥有小学116所，全年招生数1.35万人，在校学生7.91万人，毕业学生1.34万人。全市幼儿园在园幼儿人数2.91万人。小学适龄儿童入学率、初中阶段毛入学率、高中阶段毛入学率均达到100%。

2020年科技项目中，国家及自治区科技项目安排76项，经费5709.74万元；市本级科技项目安排56项，经费2000万元。年内登记各类技术合同数20个，合同登记交易金额8056.6万元。全市拥有科学研究开发机构7个。

【文化旅游】 年末，全市拥有艺术表演团体14个，其中，乌兰牧骑11个。拥有文化馆13座，公共图书馆12座，博物馆9座。年末全市有档案馆13座，已开放各类档案24.2万卷。年末全市广播节目人口覆盖率为99.5%，电视节目人口覆盖率为99.5%。

全年共接待国内外旅游人数1258.7万人次，旅游总收入195.4亿元。

【卫生健康】 年末，全市拥有医疗卫生机构2038个，其中医院57个；基层医疗卫生机构1937个，其中卫生院143个，社区卫生服务中心（站）119个，村卫生室1297个；专业公共卫生机构40个，其中疾病预防控制中心12个，妇幼保健院（所、站）12个，专科疾病防治院（所、站）2个。拥有医疗卫生机构床位10449张，其中医院8453张，卫生院1349张，社区卫生服务中心（站）281张，专业公共卫生机构363张。全市医疗卫生技术人员11794人。

【体育】全市运动员参加国家比赛获得金牌4枚，银牌1枚，铜牌2枚；参加自治区比赛中获得金牌63枚，银牌50枚，铜牌81枚。

【资源】 全年全市用水量4.65亿立方米。其中，生活用水0.77亿立方米，工业用水0.44亿立方米，农业用水3.06亿立方米，牲畜用水0.26亿立方米，生态补水0.12亿立方米。

全年规模以上工业企业能源消费量比上年增长8.7%，其中传统的六大高耗能行业综合能源消费量增长8.5%。规模以上工业清洁能源发电量为127.2亿千瓦时，增长1.7%，占规模以上工业发电总量的25%。

全年全市共完成营造林面积49333公顷，其中新造林完成20000公顷，包括京津风沙源治理工程完成9620公顷（其中人工造林3620公顷，封山育林6000公顷），天然林保护工程公益林建设项目完成1133公顷（其中人工造林467公顷，封山育林667公顷），退耕还林工程完成1920公顷，造林补贴人工造林完成667公顷，地方重点区域绿化及义务植树基地建设3460公顷（其中通道绿化完成140公顷，城镇绿化完成1026公顷，村屯绿化完成1560公顷，厂矿园区绿化完成38公顷，义务植树基地建设完成700公顷），蚂蚁森林公益造林完成3200公顷；营林完成29333公顷，包括退化林分修复6667公顷，森林抚育22667公顷。当年新育苗100公顷。

全市自然保护区共19个。其中，国家级自然保护区1个，自治区级自然保护区5个，市级自然保护区6个，县级自然保护区7个。自然保护区面积22.81万公顷。其中，国家级自然保护区面积5.55万公顷。

【空气质量】 全年全市空气质量有效监测天数为364天，其中优良天数345天，污染天数19天，优良天数比例达到94.8%。

【人民生活】 全年全市全体居民人均可支配收入23085元，比上年增加747元，增长3.3%。按常住地分，城镇常住居民人均可支配收入33534元，比上年增加492元，增长1.5%。农村牧区常住居民人均可支配收入13009元，比上年增加1038元，增长8.7%。全年全市全体居民人均生活消费支出13136元，下降4.0%。按常住地分，城镇常住居民人均生活消费支出16943元，下降8.0%。农村牧区常住居民 人均生活消费支出9762元，增长1.1%。城镇居民恩格尔系数为30.7%，提高0.9个百分点；农村牧区居民恩格尔系数为33.8%，提高1.3个百分点。

【社会保障】 年末，参加城镇职工基本养老保险人数52.72万人，增长3.6%，其中，离退休领取待遇26.78万人，增长3.5%。参加城乡居民基本养老保险人数108.42万人，其中，领取待遇42.43万人。年末参加基本医疗保险人数217.67万人，其中，参加城镇职工基本医疗保险人数29.85万人，参加城乡居民基本医疗保险人数187.81万人。参加工伤保险人数15.09万人，参加生育保险人数16.65万人。参加失业保险人数12.9万人，领取失业保险金人数2953人。

全市运营的各类福利院、民办养老机构、养护院、敬老院、光荣院共44个，拥有床位5990张，各类机构入住人数2856人；拥有幸福院509处，可入住42582户，入住人数46708人。2020年，全市城乡低保共支出15.9亿元，惠及45.8万人。其中，城市居民最低生活保障人数7.4万人，农村牧区居民最低生活保障人数38.4万人。年末，全市城镇拥有各种社区服务设施738个。

（苏红）

集宁区

【概况】 集宁区位于内蒙古自治区中部，1956年建市，1992年被国务院批准为对外开放城市，2003年撤市设区，2012年9月国家批准恢复设立集宁海关。

集宁区行政区域面积526.5平方公里，建成区面积75平方公里。现辖察哈尔经济技术开发区、1个乡1个镇和8个街道办事处，是乌兰察布市府所在地，全市政治、经济、文化与信息中心，2020年常住人口42.29万，居住着汉族、蒙古族、满族、回族、藏族等17个民族。

2020年，集宁区地区生产总值完成215.1亿元，增长2.7%规上工业增加值增速15.7%；固定资产投资完成74.2亿元，增长17.2%；一般公共预算收入完成13.1亿元，增长3.4%；社会消费品零售总额完成91.3亿元；城乡居民人均可支配收入达到35702元、19408元，分别增长1.0%和8.3%。

【农业】 2020年，全面完成农村集体产权及土地制度改革。新建高标准农田6000亩、温室采摘大棚50座。“一廊双环”农业观光带种植面积达3万亩，马铃薯、冷凉蔬菜等农作物种植面积稳定在11万亩以上。农作物总播面积11.8万亩，产量为8.57万吨。其中粮食作物播种5.4万亩，产量为9843吨；经济作物播种6.4万亩。全面实施城乡“三个一体化”，农村饮水安全实现全覆盖，改造农村户厕2956户，实施“四好农村路”9条、70.3公里，12个行政村绿化工程全部完工，畜禽粪污实现资源化利用，美丽乡村建设和农村人居环境整治成效显著。

【畜牧业】 畜禽总存栏数28.2万头只，培育农牧业龙头企业14家，各类专业合作社182家，家庭农牧场22家。牲畜存栏8.77万头只，出栏牲畜8.64万头只；肉类总产量754.1万公斤、奶产量936万公斤。

【水利】 南沙河综合治理加快推进，友谊水库观景广场基本建成。红海子等3个安全供水工程顺利推进。认真落实“节水优先”方针，被水利部评为全国县域节水型社会。新扩建水源地3处、水厂4座，日产水能力提高至8.2万吨。

【工业】 华为二三期、阿里、苹果投入运营，优刻得、中联立信主体完工，快手智能云乌兰察布首个超百亿数据中心成功落地。京宁二期全面开工，瀚蓝生活垃圾发电正式并网。东阳光、海立生产线增至76条。秋实生物新增生产线32条，蒙根山油脂厂房全部建成。东来顺投产达效，兰格格酸奶品牌打响全国，被评为“中国草原酸奶之都”。年产20万台服务器的清华同方全面投产，年产蓝光光盘800万张的中弘紫晶具备生产条件，着力打造自治区政务云灾备中心，在建服务器规模突破190万台，“南贵北乌·草原云谷”地位全面夯实。

【城镇建设】 城市功能品质持续提升，不断优化城市空间布局。深入推进“多规合一”，修编完成中心城区4个片区控制性详细规划，启动2个中心集镇控制性详细规划编制，规划体系进一步完善。新续建康宁北路等道路23条，铺设各类管网90公里。东阳光等15个输变电工程正在实施，新增优化公交线路11条，477台公交车一次性实现新能源替换。与山东世基合作，全力推进环卫市场化改革，新增各类垃圾处理设备1051台，机械化保洁率由80%提高至95%。与北京爱分类合作，全面开启生活垃圾分类。

成功创建国家园林城市、国家卫生城市。城镇化率由93.7%提高至96.3%，建成区面积由68平方公里增加到78平方公里。新续改建道路152条，道路总长度444公里；铺设各类管网308.5公里，管网里程突破1414公里；城市天然气中压管线与陕京四线成功对接，天然气入户率提高至39%；城市集中供热实现智慧化运行，供热能力达3900万平方米；新扩建水源地3处、水厂4座，日产水能力提高至8.2万吨。

【环境保护】 城市新增清洁能源供热面积100万平方米，免费发放清洁型煤6000吨，整治散乱污企业61家，空气质量优良天数达345天。黄旗海自然保护区规划得到优化调整，水源地实现封闭管理。严格落实河长制，开展土壤污染“四控”行动，农业面源污染得到治理。开展蓝天、碧水、净土保卫战，生态环境日益优美。

【交通】 乌兰察布机场建成通航，京呼高铁全线通车，集大高铁加快推进。深度融入“一带一路”和“中蒙俄经济走廊”建设，中欧班列开通国际线路9条，累计开行376列，占自治区总开行量的43.3%。

【旅游业】 大河湾国际滑雪场全面升级，举办首届金色花海文化旅游节、网红机车音乐节，吸引游客近20万人。与北京日光域合作，全力打造以日光草原·民宿聚落为主的特色旅游目的地。全年接待游客203万人次，实现消费收入10.9亿元，创历史新高。

【服务业】 全年进出口额完成8.7亿美元，年均增长59.3%。积极承接京津冀产业转移，主动融入呼包鄂、乌大张区域合作，累计招商引资签约项目80个，到位资金达222.7亿元。

七苏木物流基地二期全面投运，B保物流中心封关运营，北方陆港海关监管区、跨境快递平台即将投运。察哈尔银座、日盛晋蒙、中汽联全面复工，万达广场、吾悦广场开业。乌兰察布会展中心全面落成，举办承办中俄蒙三国旅游部长会议、中国创新创业博览会等一批国际国内重要会议，城市影响力和吸引力大幅提升。与内蒙古艺术剧院合作，引进蒙古马颂大型演艺项目，全力打造以“蒙古马精神”为主题的文化旅游产业园。加快发展大健康产业，百旺、红海子、白海子三大康养片区规划完成。

【金融】 2020年，全区城镇职工参保缴费人数达到32496人，累计总收入10.5亿元；养老待遇领取人数40709人，养老待遇发放金额10.8亿元。

城乡居民养老保险参保人数42811人，累计总收入4612万元，已发放养老待遇2251万元。

2020年，机关事业养老保险已参保单位152家，完成结算147家单位，在职7434人正常按月缴费，缴费金额25931万元，退休4038人由基金发放养老金支出30943万元。

工伤保险参保483家，核定人数48089人，工伤保险待遇支出898.82万元。

【科技】 截至2020年，集宁区有自治区级企业研发中心5家：内蒙古民丰薯业马铃薯脱毒种薯产业研究中心、内蒙古三信实业新能源材料工程化研究开发中心、兰格格“草原酸奶”研究开发中心、智诚物联网嵌入式设备及大数据应用研究开发中心、仁泽药业中成药物研究开发中心。有众创空间5家，其中，国家级众创空间2家：乌兰察布市创客空间、乌兰察布市爱创空间；自治区级众创空间3家：蒙皮众创空间、百度创客空间、集宁师范学院大学生创业园。有高新技术企业16家，科技中小型企业11家。深入实施“科技兴蒙”行动，加大与高校、科研院所合作力度，着力提升企业创新能力。

【教育】 全面实施教育振兴战略，引进四川天立、北师外国语等知名学校，加大与呼和浩特市二中合作办学力度，依托名校办名校、名师带名师，实现了教育资源的进一步优化、教育教学质量的全面提升；不断加大教育基础设施建设力度，江东郡等5所幼儿园建成投用，章盖营、恒大实验小学主体完工，第六、第九、第十、第十一幼儿园建设加快推进。

【文化】 2020年，集宁区乌兰牧骑助力全市各类大型文化活动，申报为自治区优秀乌兰牧骑。深入四子王旗牧区开展乌兰牧骑+新时代文明实践宣讲入村入户活动。文化下乡惠民演出115场，观看群众超过3万人次；举办各类全民阅读服务活动20多场，受益读者达3300多人次。完成10个综合文化站，103个村（社区）文化活动室与22个草原书屋的文化基层服务点和图书馆借阅点建设，基本实现公共图书馆和文化馆总分馆全覆盖。同时，采购55000余册图书和6套全民健身器材全部免费配送到各乡镇、村（社区）。

【卫生】 全力推动市第三医院与北京常青藤医学高端人才联盟、大同第一医院“医联体”开展实质性合作，实行国内知名专家定期坐诊制度，医院月门诊量达1.3万人次、年住院患者达8600人次。

【社会保障】城镇新增就业5892人，转移农村劳动力就业1.8万人，安置就业困难人员1233人次，88名下岗失业退役士兵实现再就业，城镇登记失业率稳控在4.0%以内。面向疫情防控志愿者公开招聘社区工作者和农村网格员160名。养老金、失业金持续提高。城乡低保一体化运行，最高标准提高至每人662元/月，同比增长5.3%。

【人民生活】 推进心尚家园等8个、8570套安置小区建设。全面完成80个、110.62万平方米老旧小区改造。全年分配公租房1100套，发放租赁补贴98万元，住房困难家庭实现应保尽保。

社会保障体系不断健全，城镇新增就业2.6万人，城乡低保标准持续提高，1.1万户城镇住房困难家庭居住问题有效解决。实施棚户区改造，近4.8万户棚户区居民“出棚进楼”，被评为“全国棚改激励支持城市”。实施100个、152.5万平方米老旧小区改造，惠及居民1.8万户、4.5万人。解决2900户“回迁难”、7716户“入住难”、5万户“办证难”等房地产历史遗留问题，困扰群众多年的安居梦稳步实现。引进绿地、富力、万达、恒大等品牌地产，进一步满足市民高品质住房需求。义务教育基本均衡发展，实现全覆盖，高考成绩稳步攀升，2名学子以优异成绩被北大录取，实现了11年来乌兰察布地区裸分考取清华、北大的“零突破”；普惠性幼儿园覆盖率达到80%；新改扩建中小学、幼儿园24所。

【脱贫攻坚】 脱贫攻坚任务完成，800户、1488名建档立卡贫困人口稳定脱贫。制定出台《集宁区脱贫攻坚成果巩固提升实施方案》《集宁区巩固脱贫成果防止返贫致贫实施方案》，持续深化健康、教育、产业扶贫等帮扶措施。中央巡视“回头看”、国家成效考核等反馈问题全部整改。严格落实“四不摘”，实施村集体项目58个，救治救助患病人口4376人次，资助学生58人，安置就业80人，发放小额信贷201万元。建立防贫保机制，从源头阻止返贫及新生贫困现象发生。

（邢海鑫）

卓资县

【概况】 卓资县位于内蒙古自治区中部，北纬40° 38′～41° 16′，东经110° 51′～112° 56′，总辖地面积3119平方公里，东西长92.6公里，南北宽67.7公里。西距自治区首府呼和浩特73千米，东距市府乌兰察布市集宁区52千米，东南距首都北京430千米。地处内蒙古高原阴山山脉东南麓，山地占35%，平原占11.6%，丘陵占53.4%。县境最高海拔2206米，最低海拔1235米，平均海拔1750米。

2020年，全县地区生产总值完成54.96亿元，同比增长9.3%。三次产业增加值分别完成9.59亿元、29.03亿元和16.34亿元，产业结构比例发展优化为17.4∶52.8∶29.8。固定资产投资完成13.28亿元，同比增长8.4%。一般公共预算收入完成1.92亿元，同比增长33.8%。规模以上工业增加值完成16.54亿元，同比增长30.2%。社会消费品零售总额完成9.46亿元，同比下降6.2%。城乡居民人均可支配收入分别完成32328元和13075元，同比增长0.1%和8%。主要经济指标处于合理区间，地区生产总值和规模以上工业增加值增速均位居全市第一。

全县2020年末常住人口为85648人。常住人口中农村人口47590人，城镇人口38058人；男性人口45616人，女性人口40032人，男女性别比为113.95%；汉族人口82981人，少数民族人口2667人。

【农业】 全面实施稳粮兴农战略，建设高效节水农田2.6万亩，粮食总产量完成1.23亿斤。充分利用卓资县特殊的气候资源，大力发展以西兰花、甘蓝为主的冷凉蔬菜，种植面积4万亩；建成75亩的联栋育苗温室和西兰花加工批发基地，形成了集育苗、种植、加工、仓储、批发交易为一体的完整产业链条；引进合作六必居老字号，建设西兰花根茎酱菜生产线，有力提升了西兰花产品附加值。完成高标准农田建设2.6万亩，马铃薯、油料、燕麦、杂粮杂豆等特色农产品种植面积达到59万亩。

【畜牧业】 2020年，蛋鸡养殖取得突破性进展，生猪产能呈恢复性态势，蛋鸡、肉牛、肉羊和生猪存栏分别达到200万只、9.4万头、25万只和4.5万口。依托“卓资熏鸡”品牌，大力发展金鸡产业，德青源金鸡项目建成投产，蛋鸡饲养规模扩大到200万只；规划建设熏卤食品产业园区，着力整合熏鸡产业资源，提高产业发展水平；制定完成《卓资熏鸡》产业标准，走出了传统地方风味特色无行业生产标准的困境，有力推动了“卓资熏鸡”向标准化、品牌化、现代化生产迈进。建成金城洼正大生猪养殖场，改扩建标准化生猪养殖场3处、肉羊养殖场2处，家畜存栏量55万多头。启动实施畜禽粪污资源化利用整县推进项目43家。重大动物疫病免疫密度达到95%以上。

【林业】 继续实施国家重点生态工程，完成京津风沙源治理工程1.8万平方米。新一轮退耕工程1.64万亩、特色经济林建设2120亩，共完成林业生态建设任务1.85万亩并及时跟进后续抚育管护。严格落实禁牧舍饲、森林草原防火制度，不断巩固扩大生态文明建设成果，为“筑牢我国北方重要生态安全屏障”作出了卓资应有贡献。

【水利】 全面完成自治区下达的河流划界任务；实施小流域治理面积6千米，发展农田灌溉面积825亩；严守水资源保护“红线”，各级河长巡河610人次。严控地下水开发利用及机电井数量，中水回用率达到80%，积极配合推进集宁区供水保障工程项目建设，大黑河旗下营水文站国控断面生态蓄水调节工程进入中央水污染防治项目储备库，做到了节水、蓄水、补水一体推进。

【工业】 2020年工业经济稳定提质。坚持以落实“六稳”“六保”各项政策为抓手，全力助企纾困，推动复工稳产，工业支柱产业加快恢复提升。13家规模以上企业完成增加值16.54亿元，同比增长30.2%。实施3000万元以上重点项目9项，储备招商引资项目24项，规上工业产值增长达到40%。不断培育壮大化工、火电、有色金属、锂电池等工业主导产业，伊东东兴化工各生产线全部恢复运行，实现达产达效；和益发电2×35兆瓦发电项目搁置多年后，重新开工建设；中西钼矿有色金属产业完成技改重组全面投产，建设完成年采选矿石量500万吨技改工程，生产规模大幅提升。坚定不移推进产业转型升级，兴丰新能源年产5万吨锂离子电池负极材料二期项目有序推进，紫宸科技年产2万吨锂离子电池负极材料一期项目开始试生产，卓越高新年产10万吨石墨增碳剂项目全部投产，锂电池负极材料产业链条正在形成。

【旅游服务】 2020年，各旅游景点累计接待游客69.1万人次，实现旅游收入9576万元。启动实施自治区全域旅游示范县创建工作，以“大旅游”思路谋划推进工作，投资2.5亿元实施旅游项目11个，规划开发隆胜湖水利风景区，即将建成明星沟文化旅游休闲度假区，新建、续建乡村旅游项目5个，依托贺龙指挥部旧址打造红色旅游基地，土城子、六苏木、刘广窑民宿实现“破题”。持续完善林胡古塞、九龙湾、红石崖等景区景点配套服务设施，完成相关旅游公路建设和升级改造，新增旅游厕所20座，升级网络信号，规范标识标牌，提升景区建设管理水平和旅游综合服务水平，林胡古塞获评全国首批森林康养基地。三道营古城遗址入选第一批国家级长城重要保护点段。举办马赛文化艺术节，借助文化活动多形式多层次开展宣传推介，“卓资熏鸡香、四季好风光”地域品牌影响日盛。

【城乡建设】 城市功能日益完善。重点围绕老旧城区改造和中心城区建设。卓镇5个老旧小区改造完成10栋388户；更换维修改造各类路灯730盏、更换电缆1200米；新建水冲厕所6座，持续抓好棚户区改造收尾和安置入住工作；清理污水管网3公里；维修路面和人行道共计2724平方米。持续推进富卓家园、龙山家苑棚户区建设，回迁安置往年遗留征收房屋1260户。成立卓之美环卫保洁公司，通过市场化运作进一步提高市容环卫质量。

农村环境不断优化。清理各类建筑、生活垃圾1254吨，建设环保生态户厕5324个，普及率32%；完成危房改造408户；改造建设扶贫公路96.78公里；实施小流域治理面积6千米，发展农田灌溉面积825亩；农药、化肥使用量减少30%～50%，畜禽粪污等养殖资源化利用率达到90%以上。

【环境保护】 全面完成中央环保督察“回头看”、草原环保督察“回头看”反馈意见整改落实，深入推进“三大执法年”综合整治行动，全年空气优良天数比例达93.46%，PM2.5平均浓度控制在23微克/立方米以内，大黑河国控断面水质达到Ⅱ类标准，卓资天蓝、水绿、空气清新的良好环境得到了进一步巩固和提升。大力推动污染防治和生态保护，全年环保节能支出5494万元。完成大黑河“四乱”问题及东壕赖采砂遗留问题集中清理整治，查处河道违规违法采砂9起，全面完成加油站地下油罐防渗改造任务，八一滩水源地水质达到Ⅲ类标准，城镇污水处理厂水质稳定达到一级A排放标准；不断加大大气、土壤污染防治力度，综合整治“散乱污”工业企业15家，淘汰小锅炉5台，华伊卓资热电有限公司4台机组全部完成超低排放改造任务；完成卓旗两镇固废渣场建设。积极推动绿色矿山建设，完成四号地煤矿和无主矿山生态环境恢复治理。优化调整生态保护红线，拟定总面积915.76平方公里，初步完成国土空间总体规划。

【交通电信】 境内拥有京包铁路双复线、呼张高铁，87公里；高速公路142.355公里、国道223.415公里、省道145.410公里、县道195.906公里。

2020年，完成S104线水磨至红石崖寺旅游公路建设，完成旗下营那只亥至红召庙沟子33公里旅游公路升级改造及招标工作，全力推进S101呼和浩特—西壕堑单向变双向、红召游客服务中心工程前期工作，改造乡村旅游公路21公里。全年共新建、改造乡村公路96.78公里

【电子商务】 城乡三级电商服务体系不断完善，积极组织参加各类公益扶贫及快手、抖音等直播电商活动，实现电商销售额5.88亿元，同比增长68%。

【金融】 各类行社存、贷款分别完成70.45亿元和33.38亿元，较年初增长6.1%和3.5%。全面落实助企纾困政策，累计减税降费2150万元。着力保障企业原料、产品进出畅通，与金融机构一道为企业解决资金周转困难。正确处理举债与发展、防风险与促发展的关系，通过资产抵顶、土地出让等手段，化解隐性债务2.36亿元，超额完成年度化解任务，激发民间投资信心，守住了没有发生“系统性金融风险的底线”。利用地方政府性债务系统和全口径监测平台做好债务监控工作，确保全县债务率不超警戒线。

【教育体育】 国家通用语言文字教育和统编教材使用工作顺利推进。教育基础设施不断完善，以“再振卓资教育雄风”为目标，克服时间紧、任务重、冬季作业难度大的困难，全力推进教育园区建设，主体工程全部封顶，内部装修加快进行；提前谋划、超前部署，借助朝阳区优质教育资源，合作创办“卓资县北京朝阳学校”，大力引进优秀师资和先进教学理念，着力办好人民满意的教育。成功举办了卓资县“潮涌黑河·福绕九曲”全民健身体验赛、“县长杯”校园足球联赛等文体活动。

【文化】 深入实施文化惠民工程。文化馆、图书馆分别建立分馆制，成立图书馆分馆、文化馆分馆12个；数字图书馆线上服务平台“博看有声”“读联体阅读”正式开通；为94个草原书屋补充更新图书7800余册；新装“户户通”200多套；放映公益电影1700余场，开展惠民演出80余次。广泛组织群众参加各类活动，获全市农牧民文艺汇演一等奖、广场舞比赛二等奖；不断加大文艺创作力度，涌现出一大批优秀作品，戏曲《鸡缘巧合》获自治区银奖。乌兰牧骑创作的扶贫题材东路二人台《路畔夫妻》获全市第八届精神文明“五个一”工程奖。组织了全县第十三届广场群众文化艺术节，成功举办2020年复工复产物资文化交流会，丰富了群众精神文化生活。

【卫生】 新增卓镇第二社区卫生服务中心，不断加强基层公共卫生体系和人才队伍建设，切实提高应对突发公共卫生事件的能力。统筹推进深化医改各项工作，全面启动城镇职工、城乡居民跨省异地就医转诊备案工作，开展振兴蒙医中医行动，开通医保定点报销网络，大病集中救治病种扩大到30种。

【疫情防控】 面对年初肆虐的新冠肺炎疫情，全县闻令而动、向疫而行，第一时间启动重大突发公共卫生事件应急预案，实施县级领导牵头、各单位包联、辖区网格长、片警、医务人员“五合一”包联制度，进一步压实“属地、部门、单位、个人”四方责任，筑牢交通、网格、医疗疾控“三道防线”，动员全县广大干部群众坚守在防控一线。县疫情防控指挥部及时建立调度会商机制，密切关注疫情发展态势，压紧压实“四方责任”，严格落实“四早措施”，取得了“零病例”“零输入”的良好成效。

加强县医院、中蒙医院“三区两通道”和“供氧、通风、供暖、污水处理”等设施改造，配置全自动生化分析仪、核酸工作站等医疗设施设备，持续加强重点场所、重点机构的风险排查和管控能力建设。着力提升应急处置能力，开展应急处置演练和专题培训，12个乡镇卫生院、2个社区卫生服务中心分别设置发热诊室和留观室。全年统筹安排专项资金3718万元，用于医疗设备、物资储备、应急保障等方面，全力做好人员、设备、设施、物资能力等方面应对准备。疫情防控中，全县各级党组织展现出超强的组织力、凝聚力和战斗力，党旗始终在抗击疫情第一线高高飘扬，广大党员主动缴纳防疫党费73.87万元，带动各界人士和企业捐赠资金186.13万元、物资44.74万元。20万党员干部群众勠力同心、众志成城，防控工作取得了重大成果。

【社会保障】 坚持就业优先，加强面向市场的就业培训，抓好农村富余劳动力转移，为符合条件的人员自主创业提供信贷支持，促进高校毕业生、残疾人、零就业家庭等群体多渠道就业创业。全年，城镇新增就业883人，失业人员再就业231人，农民转移就业35012人，发放创业贷款900万元。登记失业率控制在4.0%以内。

严格落实退役军人保障制度，安置大学生退役士兵7名、转业士官4名、大学生士兵10名，再次获评“自治区双拥模范县”。

【脱贫攻坚】 始终保持脱贫攻坚定力，靶向发力，精准施策，229户416名剩余未脱贫人口全部脱贫，与全国832个国贫县一道顺利摘帽。持续加大扶贫产业发展力度，投资1.98亿元，实施扶贫项目28个，德青源金鸡项目实现租金收益795万元，村级光伏电站实现收益3000多万元，冷凉蔬菜加工基地带动300余名群众增收。继续实施“菜单式”到户产业扶贫项目，探索开展庭院经济扶持项目，发放扶贫小额信贷4369万元，带动辐射群众增收效应不断增强。突出就业带动，依托三大扶贫项目，建立“资产收益+励志岗位”“扶贫车间+就业岗位”“产业项目+就业岗位”扶持模式，安置就业1600多人。积极推进消费扶贫，举办电商扶贫直播购物节2届，帮助贫困户孵化开设网店1024个，积极组织种养殖专业合作社、农户举办和参加电商直播活动，实现在线交易额5.88亿元。全力做好易地扶贫搬迁后续收尾和配套基础设施完善工作，规划实施五福道路拓宽工程，统一修缮幸福院52个，进一步完善易地扶贫搬迁服务中心、社区、扶贫车间功能，提升

物业服务水平，获“全国易地扶贫搬迁工作成效明显县”荣誉称号。

不断深化社会扶贫协作，北京市投入资金4777万元，共建产业园区1个，援建扶贫车间2处，带动贫困人口3386人；中海油投入资金1000万元，购买和帮助销售卓资农特产品1073万元，签约卓资籍高校毕业生44名、劳动人员41名，救助贫困家庭36户，捐赠急救车2辆；区直、市直单位倾力帮扶，民营企业、社会组织积极助力，全社会力量参与脱贫攻坚，高质量实现了脱贫摘帽。

【改革】 全年实施改革任务240项，完成124项，持续推进88项。深入实施“放管服”改革，下放行政权力事项65项，涉及审批的39个部门全部进驻大厅开展服务。5253项县本级和65项乡镇级行政权力事项全部梳理公布，实现动态化管理。推行政务服务全程电子化，全年办理电子营业执照437个。高效办结便民服务事项9.39万件。全面开展农村宅基地确权工作，登记30266宗，完成率97.18%。开展民生实事项目人大代表票决制试点工作，票决民生实事项目10个，涉及投资3.2亿元。

不断深化综合行政执法改革，组建完成8支综合行政执法队伍，全面完成乡镇机构改革，有序推进事业单位改革试点。持续开展健康卓资行动，不断深化医药卫生体制改革，中蒙医院启动运营。城乡医保统筹能力持续提升，跨省异地就医直接结算实现互联互通。

（刘新明）

化德县

【概况】 化德县地处内蒙古自治区中部、乌兰察布市东北部，位于北纬41°36′47″～42°17′41″，东经113°33′04″～114°48′13″。1934年3月建县，1969年11月由原隶属锡林郭勒盟划归乌兰察布盟。全县总面积2534平方公里，辖3镇3乡，9个社区、86个村民委员会、346个村民小组。2020年全县在册人口总数16.19万人，常住人口总数12.35万人。其中城镇常住人口6.35万人，乡村常住人口6万人。有蒙古族、回族、满族、彝族等21个少数民族，其中蒙古族1991人，其他少数民族2622人，占全县人口数的2.09%。全县耕地总面积108万亩，草场面积199万亩，林地面积40.9万亩。已经探明的金属、非金属矿藏有钨、金、银、铁、铜、硅藻土、石英、萤石等20余种，野生植物有64科159种，其中优良牧草有84种，药材资源140余种。境内平均海拔1500米，年平均气温3.6℃左右，无霜期130天～140天，年降水量320毫米左右。

2020年，全县完成地区生产总值24.05亿元，增长3.4%；一般公共财政预开收入完成1.54亿元，增长3.19%，社会消费品总额完成17.8亿元，增速-6.3%；城乡居民人均可支配收入分别达到34248元和11850元，增长6.2%和10.1%。

【农牧业】 2020年，全县发展有机旱作农业和良种、舍饲，精养畜牧业、种植业结构上主推“一薯两麦十草药”。全县实际种植面积81.27万亩，其中粮食作物64.4万亩（燕麦27.57万亩、小麦24.68万亩、玉米4.9万亩，杂粮1.53万亩，马铃薯4.42万亩、豆类1.3万亩）。经济作物15.57亩，蔬菜1.93万亩，糖菜2.43万亩、油料小物2.63万亩、葵花8.58万亩，中药材1.3万亩、粮食总产量1.4亿斤、蔬菜总产量1.9亿斤、糖菜总产量1.7亿斤、油料总产量0.4亿斤。

全县畜牧总头数稳定在39万头（只）左右，牛存栏2.65万头，羊存栏31.68万只，生猪5.13万头。全年肉类产量3万余吨。年内建成肉羊、肉牛规模养殖场82处。截至2020年末，农民专业合作社达253家，其中国家级3家、自治区级2家、市级8家、农牧业加工企业达24家，农畜产品加工转换率提高到6.5%。

【林草业】 2020年，全县实施京津风沙源治理工程和新一轮退耕还林等，国家重点生态工程19.28万亩，重点区域绿化3.35万亩，经济林建设2.16万亩，城镇建成区内园林绿化率达到33.4%。加快村庄绿化，绿化达标乡村34个，选聘生态护林员1339名，公益林护林员3951名。

【水利】 2020年，全县累计投入资金690万元，实施农村饮水安全巩固提升工程56处、新打机电井26眼，铺设管道51.46千米，实施苦咸水补短板工程11处。在5个乡镇安装计量设施459套。新实施京津风沙源治理工程项目8000平方米，建成节水灌溉工程25处。实施白土卜子水库生态清洁型小流域水保综合治理面积1万平方米。实施朝阳镇十大股村防洪工程1处，砌筑双侧浆砌石护墙1257米。实施德包图乡郭家村防护工程，修建防洪堤350米，溢洪道1处，谷坊17座。

【工业】 2020年，18户规模以上工业企业累计完成工业产值92.96亿元，同比增长5.12%。截至12月底，铁合金产量162万吨，产值86.17亿元。全年实施重点工业固定资产投资项目14项，其中新建8项，总投资57.82亿元，2020年计划投资16.89亿元，完成投资4.54亿元。续建项目6项，总投资40.4亿元，2020年计划投资12.17亿元，完成投资3.57亿元。全县有自营进出口权企业19家，其中服装企业9家、冶金企业5家、食品企业2家、其他类型企业3家。

【商贸流通】 2020年，化德县蒙亿隆和厚德2家公司被评为自治区民贸企业，华宸科技研发的“乌兰茶晶石”新材料重大发现及功能化应用达到国际领先水平。蒙达钛业年内出口钛渣4080吨、创汇386.4万美元，玉蒙人服饰和金驼服饰年内出口羊驼绒服装4790件、创汇35.9万美元。

【现代服务业】 2020年，投资2.8亿元的嘉卜寺陆港综合物流园区项目开工建设，通用机场项目前期工作完成，建设有色金属矿石分拨基地。投资2000万元，建成电子商务产业园，乡镇电商服务站6个，村级电商服务点35个和3个电商直播基地，物流企业17家。电子商务交易额达2.29亿元，网络零售额突破6500万元。

【城乡建设】 截至2020年末，全县城乡建设项目29项，共计完成投资2.91亿元，（其中市政基础设施完成投入1.23亿元，农村危房改造完成投资0.1624亿元，污水处理提标改造完成投资0.087亿元，老旧小区改造完成投资0.3亿元，棚户区改造建设完成投资1万亿元，其他房屋建设工程完成投资1.03亿元）。实施城镇雨污分流蓄水池1处，水质提升1处，补打水源井11眼，改造供水管网34千米。实施供热系统改造提升工程，新建供热管网52.1千米，新建换热站17座，新建供气管网25.3千米，实施棚户区改造268户，改造老旧小区27个，惠民，高炉、太平3个社区办公用房完成主体工程。

【交通】 高速公路——2020年完成苏尼特右旗—化德高速公路建设，主线全长36.926公里，连接线7.731公里，投资19亿元，2018年8月18日开工建设。在建设的白安高速年底完成项目投资7亿元，全线主线长92.033公里，辅道长101.77公里，预计2021年底全线竣工通车。乡村公路建设——2020年完成中央投资741万元，完成县乡村道路安全生命防护工程40条，处置隐患里程74.4公里，完成村道新建桥涵3座。利用扶贫资金实施村组道路基础设施建设项目51.444公里，累计投资1921.51万元，主要建设内容为贫困村村组道路、砂石公路、路面改造和桥涵改造工程。

【环境保护】 全力打好气水土三大领域污染防治攻坚战，开展了以工业园区为重点的环境质量改善综合治理工作。园区各企业加大投入力度，共计投入近1.5亿元用于污染防治设施进行升级再改造，企业主体设施稳定达标排放；县域内5家集中供热公司配备除尘、脱硫设施并安装在线监控；实现数据实时上传；12家矿山企业全部建成防风抑尘网等设施，11家废气排放重点企业安装在线监测设备，企业无组织排放得到有效治理。全年环境空气优良天数比达到94.89%。开展土壤污染治理，出台《化德县农田废旧地膜回收管理工作实施办法（试行）》，设立村级联合回收站10处，废旧地膜回收工作在全市率先启动；对全县固体废物、危险废物全部由化德县洁源渣厂处置填埋。3家医院产生损伤性医疗废物、感染性医疗废物委托乌兰察布市环态医疗废物集中处置开发有限公司进行处置。加强水源地的保护，县城3个集中式地下水饮用水源，均划定保护区，保护区无工业污染企业；编制《化德县农村生活污水治理专项规划》，治理农村部分生活污水，7月开始总磷、总氮达标排放，“三低”问题整改销号。扎实推进加油站双层罐或防渗改造工作，全年完成改造13家，其余12家由于省际通道升级改造暂缓进行。推进污水处理厂升级改造工程中水回用覆盖率达90%以上。

【生态环境】 加强察汗淖尔流域生态保护和修复工作，封停违规机电井85眼，流域内喷灌圈全部拆除，安装81眼农灌机电井计量设施，流域内低耗水耐旱作物种植面积达58%。加强草原生态保护，执行最严格的禁牧和以村为单位的草畜平衡政策，加快转变畜牧业生产方式；加强河道砂石资源管理，实施各类生态建设和修复工程11.9万亩；加强生态修复型人工增雨能力建设，年内增加降水量2.37亿立方。

【农村人居环境整治】 开展人居环境整治专项行动，完成户改厕5020户，32家规模养殖场配套建设畜禽粪污处理设施设备，建成闪蒸矿化生活垃圾处理站1处，拆除危旧土房3065间，清运各类垃圾21.9万余吨。

【民政】 2020年，全县纳入农村最低生活保障18484户，30503人，发放最低生活保障资金10424.1万元，纳入城镇最低生活保障1355户1751人，发放最低生活保障资金1184.3万元；为城乡特困供养人员1310人（其中城镇34人）发放基本生活补贴840.9万元；为分散供养孤儿及困境儿童120人，发放供养资金142万元；为80周岁以上老人4041人，发放高龄津贴520.7万元；为127名“三民”人员发放生活补助169万元；为3695名残疾人员和2354名护理补贴人员、发放资金702.6万元。加快推进“互联网+智慧养老”等新业态发展，将“养老”和医疗相结合，与化德县莲德养老院合作并签署养老合作协议，为老人提供“医疗—康复—护理—养老”一体化的养老服务，莲德养老公司投资9000万元，3.6万平方米的莲德医养二期主体工程完工，增设600张养老床位，全面提升化德县养老机构供养能力。

【扶贫】 2020年，聚焦解决剩余贫困人口“两不愁三保障一收入”县委、县政府制定《化德县脱贫攻坚挂牌督战工作方案》《化德县巩固脱贫成果防止返贫致贫实施方案》《化德县2020年脱贫攻坚实施方案》《化德县2020年产业扶贫实施方案》等政策性文件。2020年，未脱贫的137户310人全部脱贫。2020年，全县整合财政涉农涉牧资金14694.43万元，其中部门资金3292.43万元，共计实施294个项目，涉及产业项目190个，67个基础设施项目，健康扶贫项目1个，就业扶贫项目5个，生活条件改善项目29个，危房改造项目1个，易地扶贫搬迁后续扶持举项目1个。2020年为3287户，发放扶贫小额信贷15810.1万元。

【社会养老保险】 2020年，全县各类企业以及灵活就业人员参加城镇养老保险人数累计达到21827人，收缴养老保险费7990万元，发放养老金及遗属补助35807.87万元。全年全县城乡居民养老保险参保人数达到59822人，收缴养老保险费2906.98万元，发放城乡居民基本养老金5333.63万元。为全县106家企业3447人减免养老保险费1877.83万元，为119家企业4274人减免工伤保险费116.8万元。

【劳动就业】 创业就业持续改善，全县发放创业担保贷款2975万元，新增城镇就业645人，农民工转移就业

80717 人次，城镇登记失业率控制在 3.9% 以内，投资 3000 万元的化德县创业就业实训基地主体工程完工。

【文化旅游】 2020 年，坚持面向基层、服务群众、丰富农牧民文化生活，送戏下乡 68 场，二人台小戏《请客》荣获自治区第二届乌兰牧骑新人新作表演银奖和创作奖。为了加强乌兰牧骑队伍建设，以政府购买服务方式聘用乌兰牧骑演职人员 30 名。为全县阅读爱好者开设图书阅览室和电子阅览室，共接待读者 6207 人；开展“书香内蒙古·脱贫奔小康”阅读活动及系列线上读书活动 223 场次。加强文物保护、设置大西沟石刻、金界壕保护标志桩。加大旅游景区景点建设力度，完成秋灵沟国防教育与红色旅游文化基地、民乐淖国家田园综合体旅游区、西山地景亲子文化旅游区的可研编制，并列入项目库。

【教育体育】 2020 年末，全县有中小学校、幼儿园 19 所，其中普通高中 1 所，职业高中 1 所，县直初中 2 所；县直小学 3 所；乡镇中心校 3 所，教学点 4 个；幼儿园 5 所，其中公办幼儿园 4 所，民办幼儿园 1 所。有学生 8631 人，其中在校生 1171 人，职业中学在校生 390 人。有教职工 1263 人，其中幼儿园 123 人，小学 547 人，初中 335 人，高中 258 人。有正高级职称教师 2 人，副高级职称教师 356 人，中级职称教师 449 人，中级以下职称教师 456 人。根据《关于深化教育机制体制改革的实施意见》和《化德县中小学校长、幼儿园园长选聘方案》文件精神，教育体育局公开选聘全县中小学校长、幼儿园园长工作，共选聘 18 人，聘用幼儿园教师 40 名。全年共计为 2858 名学生发放各类救助资金 1110 余万元。全年基础建设项目投入资金 785 万元。全县共有群众体育活动场馆 3 个，群众活动体育场 2 个，安装健身路径一套。成立篮球、信鸽、自行车、羽毛球、气功等 12 个协会。2020 年 8 月举办全民健身运动启动仪式，举办了“市场监管杯”职工乒乓球比赛、第六届“农信杯”篮球赛、“包商银行杯”健身操比赛、全民健身日活动毽球比赛、“金牛杯”羽毛球比赛、“快乐周末一起踢”系列足球比赛。举办了化德县 2020 年“校长杯”“县长杯”校园足球联赛和化德县中小学运动会，承办了全市第六届中学生运动会。

【医疗卫生】 2020 年末，全县共有各类医疗卫生机构 125 所（个），其中：县级公立医院 2 所（化德县医院、化德县中蒙医院），民营医院 1 所，（化德县莲德医院），妇幼保健计划生育服务中心 1 所，卫生健康综合行政执法大队 1 个，疾病预防控制中心 1 个，计划生育协会 1 个，爱国卫生服务中心 1 个，乡镇卫生院 11 所，社区卫生服务机构 9 个，村级卫生室 93 所，个体诊所 4 个，全县卫生健康系统在职职工 994 人，其中卫生专业技术人员 703 人。2020 年在新冠肺炎防控期间，卫生系统全体干部、职工、广大医护人员始终奋战在隔离救治第一线，2 例输入型新冠肺炎病例成功治愈出院，取得了“零死亡、零感染、零传播”的全面胜利，社会各界爱心人士踊跃捐款捐物达 506 万元。疫情防控工作获得上级充分肯定，获得自治区疫情防控先进工作者 1 人，内蒙古好医生·内蒙古好护士抗“疫”特别人物 1 人。完善疾病预防控制体系、核酸实验室项目、县医院供养中心、七号镇和公腊乡鼠疫监测点项目完工。疾控中心 PCR 实验室投入使用，完成县医院传染病房改扩建工程；配足配齐各类医疗设备。县中蒙医院整体搬迁。县医院、中蒙医院以政府购买服务方式聘用医技人员 54 名，疾控中心统招专业技术人员 4 名，招聘乡镇卫生院医技人员 35 名。5 起鼠间鼠疫妥善处置，应对重大突发公共卫生事件的能力和水平进一步提高。

（安永珍 徐福锁）

商都县

【概况】 商都县位于内蒙古自治区中部、乌兰察布市东北部，地理坐标为北纬 41° 18′ ～ 42° 09′，东经 113° 08′ ～ 114° 15′。东与化德县和河北省康保县、张北县、尚义县连接，南与兴和县接壤，西与察右后旗交错，北与锡林郭勒盟的苏尼特右旗、镶黄旗毗邻。县境东西宽约 50 公里，南北长约 90 公里，总面积为 4283.49 平方公里。商都县人民政府所在地七台镇是清代阿尔泰军台驿路（张家口—科布多）上的第七个军台驿站，距张家口市 180 公里，距北京市 380 公里，距呼和浩特市 220 公里，距二连浩特市 280 公里，是北接蒙古、东连京津冀地区的重要交通枢纽，也是塞外高原通往东北三省的一个节点重镇。

商都县辖 6 个镇、4 个乡，211 个村民委员会、22 个社区居委会、695 个村民小组。2020 年，总户数 154111 户，总人口 325349 人。其中男 165753 人，女 159596 人。城镇人口 70078 人，乡村人口 255271 人。汉族人口 319257 人，蒙古族人口 5056 人，其他少数民族人口 1036 人。

商都县地势自西北向东南逐渐倾斜，呈不规则图形；地貌以低山丘陵为主，间布山间盆地、丘间宽谷、波状高原和冲积平原，海拔在 1300 ～ 1600 米。商都县属中温带半干旱大陆性季风气候，2020 年，全年平均温度 3.8℃，年降水量 335.3 毫米，年无霜期 120 天，年日照时数 2885.4 小时。

全县实有耕地面积 150 万亩，全县有林面积 137.9 万亩，其中灌木林 100 多万亩，各类活立木总蓄积量为 76.98 万立方米，森林覆盖率为 24%。全县已探明的矿产资源有 20 多种。2020 年，一般公共预算收入完成 2.32 亿元，增长 17.9%，全县地区生产总值完成 59.8 亿元，增长 1.5%。争取上级投资项目 17 个，完成固定资产投资 20.03 亿元，总量位居全市第四。新能源产业、新材料产业、新兴服务业“三大产业”和国家区域性马铃薯良种繁育基地、首都农产品供应保障基地、乌兰察布市风电装备制造基地“三大基地”建设深入推进。

【重大风险防范化解】 2020 年，完成年度化债任务的119.9%。清欠不良贷款2.94亿元。侦办涉黑涉恶案件18起。信访工作连续两年名列全市第一，全年化解信访积案21件、中央巡视交办案件50件。安全生产检查重点行业领域255家（次），排查各类安全隐患1023条（处）。

【生态环境保护】 经批复设立商都察汗淖尔自治区级湿地公园，成立商都县湿地保护中心，编制《商都察汗淖尔自治区湿地公园总体规划》，完成围栏封育53公里。完成地下水超采区综合治理工作，经自治区人民政府同意，正式退出超采区行列，中央环保督察“回头看”及自治区草原专项督察反馈问题全部完成整改。全年空气优良天数比例达到95%。完成京津风沙源治理造林工程3000亩，完成退耕还林4600亩。完成2019年京津风沙源治理二期工程草原保护建设项目验收工作，9个乡镇接受验收，其中暖棚2万平方米，储草棚1.3万平方米。

【绿色农业】 推动国家区域性马铃薯良种繁育（展示交易）基地建设，巨弘马铃薯小镇正式启动，希森马铃薯组培中心首次自育自繁，达到年培育脱毒苗2000万株、繁育原原种6000万粒能力。全力推进首都农产品供应保障基地建设，进京农产品销售金额达1283万元。“商都西芹”被中国品牌建设促进会认定品牌价值4.67亿元。坚持量水而行、以水定产、为养而种、为牧而农，大力发展雨养农业、旱作有机农业，推广种植豆类、藜麦、燕麦、黍子等杂粮以及燕麦草、大麦草、饲草玉米、紫花苜蓿等饲草作物，走可持续、有特色、精细化的农牧业发展之路。2020年，推进种植业结构调整力度，“一薯两菜”、杂粮杂豆、饲草料等优势作物种植比例稳步提升，达到总播面积的47%。其中种植马铃薯15万亩，甜菜26.5万亩，蔬菜4万亩，杂粮杂豆26万亩，饲草料33.7万亩(其中燕麦17.2万亩、玉米16.5万亩)。

【畜牧业】 全县大小牲畜存栏总头数72.5万头（只），其中肉牛存栏2.86万头，奶牛存栏7300头，马存栏260匹，驴存栏1900匹，绵羊存栏64.09万只，山羊存栏8600只，生猪存栏3.71万口，禽类存栏47.68万只。牲畜出栏总头数75.2万头（只），其中出栏牛5100头、出栏羊71.56万只、出栏马驴1100匹、出栏生猪3.02万口、禽类出栏25.56万只。动物疫病得到有效控制。2020年，秋防完成牛口蹄疫免疫3.8万头，羊口蹄疫及羊布病免疫65.5万只，猪口蹄疫、猪瘟及高致病性猪蓝耳免疫3.7万口，禽流感免疫47.7万羽，结合平时补防，全县畜禽免疫达到应免尽免。流行病学调查检测羊血清3.9万份，检出布病羊148只，确定疫点31处，布病羊全部扑杀并无害化处理，疫点进行规范处置。

【林草业】 完成特色经济林2150亩。其中果园建设970亩，庭院经济1180亩，栽植果树、李子树5.3万株。工程重点倾向贫困乡镇，引导贫困户参与发展特色经济林建设和发展庭院经济，带动贫困户增收脱贫。在中心林场开展义务植树活动，义务植树完成500亩，栽植果树、李子树150亩；在机关、乡村、中小学校园义务植树350亩。围绕美丽乡村建设，完成村庄绿化15个村，完成绿化面积1300亩。完成草原建设总规模27万亩，其中多年生牧草保留面积1.5万亩；饲用灌木保留面积45万亩；一年生牧草种植27万亩。

【水利工程】 全年累计投入资金4308.14万元，为全县10个乡镇136个村铺设供水管网109.68公里，自来水入户1012户，维修水池3处，更新水源54处，配套水泵36台，安装井房32间，安装变频控制设备39套，安装单户净水处理设备2581台，更换单户净水机滤芯3677户，新建集中水处理厂10处。实施田士沟河河道治理续建工程，到位资金2930万元，共完成浆砌石4455米，拦石坝30米，溢流堰14道423.17米，修建过水桥3座，治理田土沟湖面积0.2平方公里，修建湖区围提1675米。开工建设南菜园生态清洁小流域治理工程，总投资800万元，治理清洁型小流域面积16平方公里。实施小庙子水利枢纽除险加固工程，总投资800万元，已完成投资260万元。实施京津风沙源小流域综合治理项目，总投资630万元，主要治理小流域面积12平方公里，建设节水工程55处，水源工程35处，完成投资450多万元。

【工业重点项目投资】 商都县实施3000万元以上重点工业项目17个。计划总投资41.44亿元，固定资产投资38.14亿元，全年计划完成投资18.55亿元，实际完成投资8.09亿元。其中续建项目9个，总投资28.24亿元，固定资产投资25.09亿元，全年计划完成投资7.95亿元，已完成投资3.95亿元。新建项目8个，总投资13.20亿元，固定资产投资13.05亿元，全年计划完成投资10.60亿元，已完成投资4.15亿元。全县规模以上工业增加值同比增长2.4%。

【商贸流通业重点项目】 全县重点商贸流通服务业项目共6个，计划总投资22.61亿元，累计完成投资3.60亿元。其中续建3个，总投资3.39亿元，累计完成3.22亿元。分别是：商都巨弘宾馆建设项目、商都南湖生态园综合项目及商都县驿商农旅有限公司食材鲜切加工中心一期项目。新建项目3个，总投资19.22亿元，已完成投资0.38亿元。分别是：巨弘马铃薯小镇项目、家家悦超市建设项目和小海子农牧产业园油气服务区综合新能源项目。

【新能源新材料产业】 规模以上企业达到28家，完成产值39.72亿元，规模以上工业增加值增长2.4%。洛阳双瑞、苏州天顺、青岛天能、新疆金风等项目相继落地，全市风电装备制造基地初具规模。凯金、恒胜等锂电负极材料企业年产能达到6.8万吨，同比增长36%。衡科特陶、恒德康医疗卫生耗材等项目投产。

【服务业】 社会消费品零售总额完成18.77亿元，总量位居全市第三。重点推进的6个商贸流通服务业项目完成投资3.6亿元。家家悦超市建成6处20台无人自助式“微菜铺”，福祥、邮政等6家快递企业开通乡村配送业务，上下行交易额370多万元。北斗新能源服务站、巨弘酒店、巨弘商业广场等项目运营。

【民生】 民生支出28.29亿元，占一般公共预算支出的77.7%，增长18.11%，其中社会保障、节能环保、粮油物资储备等重点领域支出增长均达到40%以上。投入各类扶贫资金6.05亿元，增长5%。城乡居民人均可支配收入分别达到30985元和12290元，增长4.5%和8.9%，均高于全市平均水平。

【交通工程】 建设通村公路27条，建设里程79.085公里；村内道路27.555公里，涉及23个自然村，总投资7593万元。省道314线商都至五台河二级公路路面改造工程已完成；县道570线商都（七台镇）至大黑沙土段旧路改造工程，完成部分路基、大桥桥墩建设，完成任务的30%左右。

【城乡基础建设】 农村产权制度改革试点工作完成，土地确权工作被自治区评定为优秀等次，农村宅基地确权登记发证3.9万本，集体建设用地登记发证396本。畜禽粪污资源化利用项目8处小型利用站及18个处理设施运行。完成户厕改造1.1万户，普及率36.6%。90%以上行政村建立生活垃圾收运体系。建成通村公路337公里。拆除乱占耕地建房20余处。完成6个老旧小区维修改造工程。19个居民小区纳入物业管理，保障性住房小区实现物业服务全覆盖。

【金融】 截至2020年底，全县各项存款余额98.79亿元，同比增长9.9%；全县各项贷款余额34.18亿元，同比减少0.84%。全县存贷比为34.6%，同比下降6.23%。2020年，人寿保险总额5745.69万元。意外险104.1万元，寿险998.6万元，合计保费1102.7万元。年内，意外险赔付146.6万元，寿险赔付685.3万元，退保191.3万元。2020年，财产保险收入2053.36万元。2020年，理赔1842.69万元，赔付率89.74%。

【社会事业】 2020年，新续建第八幼儿园等17项教育基础工程。完成81名入编教师、105名特岗教师招聘工作。商都县体校挂牌成立，巨弘丰华学校开始招生。全市首家县级儿童福利院建成使用。隆盛和京蒙都山2家社区卫生服务中心智慧化预防接种门诊投入使用。商都县被评为2018—2020年全国计划生育优质服务先进单位。开展文化惠民演出102场次。国家级文物保护单位金界壕有效保护，完成4处革命文物遗址立碑标识和察汗淖尔湿地公园等5个景点基础设施建设。建设非遗展示展演展销工作室9家。

【农村重大改革】 2020年，土地确权工作进入扫尾阶段，工作主要围绕自查自验、数据合库、验收准备等几方面开展。商都县应开展确权登记颁证工作的行政村211个、发包方720个，应确权面积197.14万亩。已完成发包方715个，其余5个发包方由于涉及面积较小，农户较多，土地承包情况复杂，暂时未开展。最终商都县确权工作被评定为“优秀”，商都县土地确权工作全面完成。商都县是国家、自治区两级农村牧区产权制度改革试点县，工作于2018年7月正式开展。截至2020年6月底，成员身份认定、股权设置、村集体经济合作社开户等工作已全部完成。

【人民生活】 2020年，商都县全体居民人均可支配收入为19000元，较上年增幅为6.2%。其中：城镇居民人均可支配收入为30985元，较上年增幅为4.5%；农村居民人均可支配收入为12290元，较上年增幅为8.9%。农村人均住房面积27.51平方米，为砖瓦砖木结构；农村每百户拥有家用汽车8辆、摩托车41辆、助力车75辆、洗衣机93台、电冰箱102台、微波炉3台、彩色电视机100台、热水器4台、排油烟机11台、移动电话192台（其中150台接入互联网）。

（魏兆）

兴和县

【概况】 兴和县位于内蒙古自治区中南部，地处晋、冀、蒙三省区交界处，110国道、京藏高速、京新高速、准兴重载高速、呼和浩特市榆林至乌兰察布市综合物流园区运煤专线，集张铁路，京呼高铁穿境而过。全县辖5镇4乡，161个村民委员会，10个居委会，966个村民小组，总人口33.2万人，其中乡村人口25万人。有汉族、蒙古族、回族等10多个民族。

全县已探明矿藏有石墨、膨润土、墨玉石、玄武岩、铁矿石、高岭土、褐煤等30多种。其中石墨矿藏为全国三大石墨基地之一，以鳞片大、品位高而著称，探明储量约6700万吨（保有储量4461万吨），矿石平均品位3.59%。膨润土矿是华北地区首次发现的大型矿，也是国家一级膨润土矿，总储量1.8亿吨，优质纳基土1.3亿吨。

兴和县水资源丰富。地表水总资源1亿立方米，径流量0.9亿立方米。全县风能资源也十分丰富，已测明风速大于5.6米/秒的优质风场面积500平方公里以上，风电规划装机容量300万千瓦以上。有25万千瓦风电并网发电，年发电量6.7亿千瓦时。

2020年，全县地区生产总值完成57.9亿元，同比增长1.5%；规模以上工业增加值完成9.98亿元，同比增长10.5%；固定资产投资完成13.6亿元，同比增长5.8%；一般公共预算收入完成1.66亿元，同比增长2.9%；城乡居民人均可支配收入分别完成30310元和11731元，同比分别增长3.5%和8.5%。节能降耗和主要污染物排放量均控制在市下达的目标范围之内。

疫情防控取得重大成果。始终坚持人民至上、生命至上的理念，第一时间启动了应急响应机制，优先安排资金6823万元用于疫情防控。压实“四方”责任，建立联防联控机制，强化医疗救治、社会管控、物资保障，做到了“零输入、零感染”。5名医护人员驰援武汉。

全年投入扶贫资金4.4亿元，“两不愁三保障”基础进一步夯实，防止返贫动态监测和帮扶机制基本形成。脱贫攻坚成果持续巩固，剩余未脱贫户全部脱贫。邓怿帅、贺龙两位同志被评为全国脱贫攻坚先进个人。切实推进污染防治“三年行动”计划，中央环保督察及“回头看”反馈问题整改全面完成。察汗淖尔流域生态综合治理有序推进。全年化解隐性债务4.6亿元，完成政府年度债务化解任务。

【农牧业】 全县2020年农作物种植面积142.62万亩，其中马铃薯39.45万亩、玉米25.73万亩、蔬菜8万亩、小麦3.9万亩、杂粮19万亩，豆类8.2万亩，油料20.3万亩（其中葵花7.57万亩），甜菜15.25万亩，蔬菜9.56万亩，药材0.19万亩，其他作物1.04万亩，基本形成了“北薯（赛乌素、五股泉、大库联）中菜（团结、城关、鄂尔栋）南杂粮（大同夭、张皋、店子）”的稳定格局。全年粮食丰收，马铃薯、粮食、蔬菜、燕麦杂粮杂豆产量分别达到7亿多斤、2.27亿斤、5.2亿斤和4000万斤左右。

2020年，兴和县承担高标准农田建设5.58万亩，涉及9个乡镇125片地块，项目总投资7527万元，其中中央投资5580万元，自治区配套781万元，市县两级财政配套335万元，中央追加投资831万元。高标准农田建设项目已完成初步设计，涉及9个乡镇42个村，其中贫困村有26个，93块地块。

重点扶持引导农户特别是贫困户发展减贫带贫明显的马铃薯、蔬菜、杂粮杂豆、肉牛、肉羊、肉驴、生猪、肉鸡等主导特色产业。马铃薯种植面积稳定在40万亩左右，其中设施马铃薯种植面积20万亩，通过劳务打工、订单收回、籽种补贴等方式带动农户12000人，其中贫困户5000人以上，人均年增收2000元以上；蔬菜种植面积9万亩，种植菠菜、甘蓝、洋葱、西芹、萝卜、白菜等十多个品种，带动农户6000人，其中贫困户2500人，人均年增收2500多元；杂粮种植面积16万亩，种植有莜麦、谷子、黍子、荞麦等，带动农户6000人，其中贫困户2000人，人均年增收2000元以上。此外，全县土地流转40万亩，农民年收入8000万元，土地流转户均达到1500元以上，其中涉及贫困户4120户。

2020年，全县牲畜累计存栏37.00万头只，其中：大牲畜存栏3.9万头（肉牛存栏3.8万头，奶牛存栏896头），羊存栏31万只，生猪存栏2.58万头；牲畜出栏43.79万头（只），其中肉牛出栏1.02万头，羊出栏39.97万只，生猪出栏2.8万头。

全县有市级龙头企业3家，大型涉农企业9家，注册合作社600多家，运行的合作社200多家，其中国家级合作社1家，自治区级合作社5家，市级合作社15家，家庭农牧场5家，土地流转45万亩。优质绿色农畜产品品牌创建成效明显，累计完成“三品一标”认证企业10家，同比去年增加了一倍。

【水利】加强用水企业取水许可规范，2020年办理取水许可证15个。按照“水利行业强监管”的新时期治水思路，切实加强对工业取用水企业的监督管理，进一步加强对取用水审批和事中事后监督管理工作，强化水资源监控能力建设，全县安装在线监测工业企业共13家。2020年农村饮水安全巩固提升工程，改造提升了长胜坝、张皋两村饮水工程，项目投资共371万元，涉及贫困人口364人，项目已完工投入运行。全县农村饮水安全普及率达100%，集中供水率为87.3%，自来水普及率82.4%。

【林业】国家重点工程建设2020年，完成京津风沙源治理工程建设任务0.53万亩，涉及鄂尔栋镇、张皋镇、大同夭乡、城关镇，设计树种为山杏，完成0.53万亩，占任务的100%。

特色经济林建设 2020年，完成特色经济林建设任务6万亩，涉及城关镇、团结乡、赛乌素镇，主要有123苹果、大接杏、李子、海棠、雪梨、食用山桃等品种。

全民义务植树活动 2020年，义务植树31.6万株，建立县级义务植树基地1处，规划面积5万亩，其中今年完成3018亩，树种全部栽的是经济林。

重点区域绿化 2020年，全县完成重点区域绿化任务5.62万亩，其中厂矿园区绿化0.02万亩，村屯绿化5.3万亩，城镇及周边绿化0.3万亩。

2020年完成造林1600亩。加强生态扶贫工作，2020年，自脱贫攻坚工作开展以来，全县9个乡镇共聘用550名建档立卡贫困人口为生态护林员，每名护林员的管护费1万元，涉及550户建档立卡贫困户1916人脱贫，管护费按季度拨付到护林员一卡通上。完成育苗1245亩，其中当年新育苗468亩，容器育苗550万袋。

【工业】 2020年，全县18家规模以上工业企业完成总产值47.07亿元，同比增长4.22%，规模以上工业增加值完成7.419亿元。一般社会消费品零售完成总额8.9亿元，同比下降0.58%，全县固定资产投资完成9.99亿元。

全年12项（续建6项，新建6项）重点工业项目累计完成投资12.3亿元，项目开复工率100%。12项项目有8项已建成。碳素、新材料、风电、膨润土精深加工、固废综合利用项目占工业重点投资项目数量的50%。工业重点项目结构持续优化。家具制造业正在形成优势产业集群，膨润土产业向精深加工发展。

解决项目手续办理以及影响项目开复工存在的困难和问题，全面推进项目开复工建设。2020年，县内贺氏粮油、雄丰农牧业等9家扶贫消费品企业1—10月份完成销售金额2001.3万元，带动贫困户1351人，人均增收840元；全县部分财政供养单位集中采购贫困地区产品下达任务143万元，超额完成采购金额143.6万元。

推进电商进农村综合示范项目建设，已建成并投入运营村级电商服务站90个，乡镇级电商服务站9个，共99个。

加大外贸进出口全县有进出口企业9家（其中进口企业2家，出口企业为7家），同比增长28.5%。主要进出口国家有美国、加拿大、韩国、德国、日本、俄罗斯等。因疫情影响，企业进出口受到限制，上半年累计完成进出口金额618.8万美元，同比下降

6.7%，进出口补贴企业金额27.6万元。

【兴旺角工业园区】 全年经济总量增加，效益水平逐月回升。截至2020年10月，园区运行企业完成：工业总产值、工业增加值、销售收入、利润、税金分别为43.7亿元、14.42亿元、44.34亿元、0.5070亿元、0.3109亿元，同比分别增长38.7%、38.5%、46.8%、-25.4%、-65.8%。全年主要经济指标预计完成：工业总产值53亿元、工业增加值17.5亿元、销售收入54.0亿元、利润0.80亿元、税金0.55亿元，同比分别增长39.5%、40.0%、48.0%、12.8%、-50.0%。2020年园区共实施项目11项，其中续建8项，新建2项，技改1项。完成固定资产投资8亿元，累计完成146.2亿元。

【交通】 2020年，兴和县交通运输局新开工建设项目13个，建设规模79公里，总投资3301万元。

【教育】 2020年，继续推进重点项目建设，不断改善全县办学条件，抓紧时间积极推进重点工程建设进度。总投资1563余万元，育英幼儿园和曙光小学的附属及运动场工程竣工并投入使用；投资1000万元，将原来的兴隆小学改扩建为特殊教育学校，建成并投入使用。该校现有教职工11人，成立1个培智班，在校生10人，校舍建筑面积4300平方米；投资384万元，福瑞小学塑胶操场续建工程竣工并投入使用；投资66余万元，对部分中小学、乡村教学点的厕所进行了改造；投资681.6万元，新区小学教学楼续建工程竣工并投入使用；总投资1535余万元，新建育才小学和曙光小学教学楼，主体已封顶；投资294万元，建设了一中和育才小学高考标准化考场；投资523万元，为全县部分中小学购置了多媒体设备218套。

2020年春季，共发放各类教育资助资金254.6万元，惠及学生1480人次；秋季，共发放各类教育资助资金2272.8万元，惠及学生2676人次，其中建档立卡大学生资助287万元，共287人；低保家庭及孤儿大学生资助1004万元，共1004人；受理生源地信用助学贷款1385人次，共计981.8万元。此外，全县各中小学还接受各部门、社会各界捐赠资金等，有效防止学生因贫辍学。推进东西部扶贫协作。充分利用京蒙对口帮扶的有利契机，全年共选派26名中小学、幼儿园教师赴延庆开展挂职锻炼。延庆区教委选派了14名优秀骨干教师来兴和县城乡各中小学、幼儿园开展支教活动。

【体育】 2020年，深入开展学生阳光体育活动。9月底举行了全县中小学生第六届“县长杯”校园足球联赛，10月底，举办了全县中小学趣味运动会。10月份，全县小学和初中3支校园足球代表队在“市长杯”校园足球赛中取得了1个冠军和2个季军的优异成绩，兴和县小学足球水平在全市名列前茅，尤其是小学女子足球队。12月，全县组织城内各中小学开展了全县第三十六届中小学生冬季公路越野赛。

【科技】 由于新冠疫情影响，无法开展线下培训，利用农业技术推广APP，产业指导工作群，手机在线直播等多种形式开展培训。

农业科技方面，建成“中化现代农业技术服务中心”，并开始为种植大户测土配方营运40000多亩马铃薯、甜菜种植；工业科技方面，“内蒙古瑞盛天然石墨应用技术研究院”发挥功能，建成引领创新石墨烯院士专家工作站团队。选派县级特派员，并建立科技特派员工作站，与市级下派特派员协同合作，培育壮大全县急需的科技人才。

科技项目兴和县青山特种石墨碳素有限公司申报的“半导体芯片硅原料提纯用高纯石墨电极项目”，获得国家重点研发计划“科技助力经济2020”重点专项立项。内蒙古香萜牛牛食品有限公司、兴和县雄风农牧业农民专业合作社获得自治区星创天地。内蒙古中科四维热管理材料有限公司、内蒙古瑞盛天然石墨应用技术研究院提高科技成果转化项目。

【民政】 完善社会救助体系，履行基本民生保障。截至2020年11月，共有30358户48572人纳入农村低保，有3011户6323人享受城镇低保，共计发放低保金1.63亿元。特困人员供养工作。截至2020年11月，农村特困人员共有2872人（其中：集中供养130人，分散供养2742人）纳入特困人员供养范围；城镇特困人员共51人全部分散供养；严格按照“六项”指标进行认定，农村特困人员中，共有146人享受城乡失能和半失能护理补贴。临时救助工作。规范了临时救助工作，提高临时救助的精准性，截至2020年11月，对低保户及边缘家庭人员因病、因灾、因上学造成临时生活困难的7186人次给予了临时救助，共发放救助金约431万元。高龄津贴工作。贯彻全区80岁以上老年人高龄津贴普惠政策，对全县各乡镇80岁以上老年人进行全面普查，及时受理，开展入户抽查，及时汇总数据，建立台账。截至2020年11月，全县共有7974名80岁以上老年人，共发放高龄津贴978.9万元。留守儿童和未成年关爱工作。开展了农村留守儿童“合力监护、相伴成长”关爱保护专项行动，无人监护及父母任意一方无监护能力的儿童现已全部落实了监护责任。同时在各乡镇建立了农村留守儿童阵地并建立了留守儿童工作台账，推进了留守儿童关爱救助工作，有效地保护了留守儿童合法权益。全县共有22名孤儿、51名无人抚养儿童和337名困境儿童。残疾人“两项”补贴工作。共为6726名残疾人发放生活补贴（其中，建档立卡的165人），共为3615名残疾人发放护理补贴（其中，建档立卡的759人）；残疾人“两项”补贴资金每季度首月全部发放到位；残疾人“两项”补贴信息全部录入信息系统，且发放信息与信息系统保持一致。养老服务工作。全县基本建成“以居家养老为主、社区养老为辅、机构养老为补充”的养老服务体系。中心敬老院可容纳300人入住，基本上满足全县特困人员养老服务需求；在全县9个乡镇交通便利、人口集中的地区建成互助幸福院37处，可容纳近

5000人入住，基本满足农村老人养老需求。全县10个社区内建有日间照料中心，逐步完善日间照料中心功能，满足城镇居家养老服务的需求；支持鼓励民办养老机构建设，飞雨老年顾养中心运行良好，可容纳120人入住，为城镇居民提供优质的养老服务。

【环保】

蓝天保卫战 环境空气质量，空气优良天数比例达到考核目标（90%）要求，2020年空气优良天数比例957%。大气环境主要污染物减排，全年宏达电厂已完成超标改造，能够完成二氧化硫、氮氧化物排放总量减排任务。工业企业综合整治，工业炉窑综合整治、高架源安装在线自动监控、燃煤电厂超低排放改造均完成考核目标。燃煤小锅炉淘汰，仍存在较大差距。无组织排放管理方面，主要通过国加强对铁合金、庙梁园区煤炭、矿山等企业监管，争取完成原料入棚、转运环节密封等措施，减少无组织排放。

碧水保卫战 饮用水水源地方面，集中式饮用水水源地水质达标率100%，达到考核指标（100%）要求；八十三号、南脑包、十七号设置水源地保护区标志、建设井房、安装监控。加油站地下油罐防渗改造方面，全县31个地下油罐改造已全部完成。城镇生活污水处理厂方面，污泥无害化处理处置率达100%；城镇污水厂提标改造工程基本完成，污水处理厂正常运行。

净土保卫战 工业固废污染防治方面，兴和2处渣场正常运行，能够接收3～5年工业废渣储存；尾矿库污染防治方面，已完成目标任务。危废处置管理方面，城镇医疗废物安全处置率达到100%；已完成企业危险废物规范化管理任务。

【招商引资】 截至12月份共争取到中央、自治区预算内投资项目9项，争取到上级投资4322万元。9个项目中包括：农口项目6项，交通项目1项，政法项目2项。此外，争取到了老城区棚户区改造项目，争取专项债券资金2.4亿元，农副产品冷链物流加工项目也已获批，争取到专项债券资金4000万元。

11月实施的亿元以上项目共计22项，总投资57.78亿元，2020年计划完成投资21.53亿元。其中，新建项目6个，总投资15.09亿元，计划完成投资8.78亿元，已完成投资7.9亿元；续建项目16个，总投资42.29亿元，全年计划完成投资12.75亿元，已完成投资5.36亿元。开复工项目22项，包括6项新建项目和16项续建项目，完成投资13.27亿元。截至12月，全县签约已开工项目5个。分别是北京光华纺织集团佳泰新材料有限公司农牧设施、应急救援、新兴材料产业投资项目，北京中研万通科技有限责任公司项目中药材类保健食品生产项目，内蒙古玉城高岭土投资有限公司二期年产600万平方米高端薄板抛釉砖生产线项目，北京日盛美家具有限公司酒店定制家具建设项目，内蒙古中泰众合食品公司“内蒙古味道”农旅大集市建设项目，以上五个项目预计总投资17亿元。对接中项目5个，分别是河北唐山浩驰食品有限公司玉米深加工项目，助华农业发展有限公司农副产品深加工项目，中矿物流控股有限公司1000万吨洗煤、600万吨干熄煤、4000万吨钒钛铁项目，安徽华通电缆集团有限公司年产额定电压1千伏及以下矿物绝缘电缆项目，唐山海泰新能科技有限公司二期8吉瓦单晶硅片组件与拉丝项目，以上五个项目预计总投资112.28亿元。

【社会保障】

城镇职工养老保险 截至2020年11月底，参保人数达到15051人，其中企业2379人，续保个体工商户和灵活就业人员12672人，基金收入28692.6万元（包含财政补贴、上级补助和利息收入）；参保离退休职工及遗属18735人共发放养老金41381万元；按照阶段性减免相关政策规定，2—10月减免95家企业职工养老保险费939万元，退费企业1家，共退费5.77万元。

城乡居民基本养老保险 截至2020年11月底，系统参保人数为160119人，应缴费人数111948人，共计缴纳养老保险费4105.59万元（其中为20961名符合条件的建档立卡贫困户、低保户、特困户、重度残疾户代缴2289200元）。共计发放待遇人数48171人。

【卫生】 2020年特殊时期，筑牢疫情防控防线，持续强化重大疾病预防。

人员摸排、预检分诊情况 从1月23日疫情暴发以后，全县共设置疫情防控县际卡口6个，省际卡口2个，9个乡镇所有自然村及城关镇所有社区均设置体温监测点，对来往、进出人员进行排查。截至7月18日，累计摸排回乡人员28426人，其中湖北（含武汉）返乡人员314人，北京回乡人员584人。2所医疗机构累计预检分诊100067人次。县医院作为新冠病毒肺炎定点救治医院，强化了传染病房设置，传染病房建筑面积为647平方米，内设隔离病房4间、病床8张，传染病房配置氧气瓶2个，生化分析仪1台，血球仪1台，移动X光机1台（市中心医院暂借），心电彩超各1台，监护仪，除颤仪，无创呼吸机等医疗设备，可满足当前疫情防控医疗保障需求。卫生行政部门和各级医疗机构严格执行24小时值班值守制度。

发热人员排查、留观、救治情况 县传染病定点救治医院（县医院）共出动专用转运车辆28车次，共出动应急发热医护人员48人次，对留观患者进行治疗、检查、取样、护理、消毒传染病房共出动各类人员87人次。截至7月18日，医疗机构预检分诊累计100067人次，累计接诊发热患者133人，已全部解除。

（郝伟）

凉城县

【概况】 凉城县位于内蒙古自治区中南部，隶属乌兰察布市。2020年底，全县辖鸿茅镇、岱海镇、麦胡图镇、六苏木镇、永兴镇、蛮汉镇6个镇，天成乡、曹碾满族乡2个乡；

12个居委会，132个村委会，下设56个居民小组，865个自然村。全县户籍总人口数为23.09万人。土地总面积3458.3平方公里，农作物标准化推广面积完成播种面积92.8万亩，森林覆盖率达到35.6%。全县地区生产总值完成45.5亿元，同比下降0.7%；一般公共预算收入完成1.79亿元，同比增长48%；固定资产投资完成13.8亿元，同比下降8.6%；规模以上工业总产值完成31.4亿元，同比下降4.3%；城乡居民人均可支配收入分别达到33493元和14561元，同比分别增长5.2%和8%。

【农业】 2020年，突出绿色发展，杂粮杂豆种植42万亩，增加5%，玉米种植27万亩，下降11%，种植业结构调整步伐进一步加快。新增土地流转4万亩，建设高标准农田2万亩，综合机械化作业水平达到77%。打造有机旱作农业示范区5万亩。现代农业呈现出良好开局。

【畜牧业】 天成养殖园区投入使用，海高牧业四期、圣田牧业、伊利10万头奶牛生态养殖示范园区相继开工，奶业振兴迈出坚实步伐。吉亚太肉牛养殖场建设进展顺利。全县奶牛存栏2.3万头，肉牛存栏5.8万头，奶山羊存栏1.7万只，肉羊存栏40.5万只，蛋鸡存栏25.2万羽，畜牧业产值占农业总产值的60%以上。

【林业】 全年完成退耕还草0.6万亩、天然林保护0.5万亩，封山育林1万亩，修复草原生态1万亩。完成特色经济林建设任务1.03万亩，完成义务植树1000亩。对19个村实施了乡村绿化美化工程，完成绿化面积129.8亩，全县乡镇建成区绿化覆盖率达32%，村庄集中居住区绿化覆盖率32%。

【水利】 岱海治理向纵深拓展，共实施项目30项，完成投资7亿元。应急补水工程双古城隧洞开挖1292米，疏浚河道400公里，水土保持治理26.6平方公里。

【工业】 突出节能降耗，工业经济转型升级。岱海电厂技改顺利完工，全年发电量达到116亿度，上缴税收2.4亿元。鸿茅药酒消费市场逐步回暖，年销售280万瓶。忘形农业、蒙帝乳业、田也杂粮等龙头企业逐步发展壮大，农畜产品加工业初具规模。天成产业基地基础设施建设进展顺利。新能源产业加快布局，与京能集团签订风光互补框架协议，华北电网同意将500兆瓦风火打捆项目接入系统。

【城镇建设】全县城市功能更加完善，热电联产一期项目投入运行，集中供热能力、节能环保效益显著提升。南大街棚改配套基础设施建设稳步推进，幸达之家非成套住宅改造项目开工，7个老旧小区3.5万平方米改造项目完工，分配公共租赁住房110套，新建住宅7万平方米，鸿茅镇175个住宅小区物业管理水平明显提升。新铺污水管网6公里，污水收集率提高到86%。

【环境保护】 全年共实施节水改造3.5万亩，建成废旧地膜回收加工厂1座，年回收地膜550吨。鸿茅镇污水处理厂二沉池、生物池建设项目和污泥处置工程投入运行，出水水质稳定达到一级A。岱海流域年产粪污50方以上的养殖场全部配套堆肥发酵池，粪污综合利用率达到95%以上；清理河床内鱼塘23家、养殖场22家，建成有机肥厂1座、水质自动监测站3座，实施天成河、圪臭沟等水质改善工程，入湖污染物进一步削减。

【交通电信】 2020年，共投资233.9万元完成3.558公里民生实事项目工程公路建设；投资1170万元完成41.81公里“油返砂”及通村公路项目工程；投资336.71万元完成5.683公里扶贫项目工程；已开通4条新能源电动公交运行线路，投入18台新能源公交车辆运用。

县域143个行政村和社区，移动网络4G信号覆盖率为95%；宽带网络行政村和社区覆盖率100%，同时有110个自然村接入宽带网络，接入用户为7700户。

【商业】 商贸物流活力增强，配套设施进一步完善，建成电子商务公共服务中心暨创业孵化基地1处，吸引19家电商企业入住，全年电商交易额1.26亿元，农特产品线上销售2700万元。

【旅游】 突出特色提升，旅游商贸有序推进。重点项目建设进度加快，文化交流综合体开工建设，御驾房车营地一期、赵家村精品民宿投入运营。岱海国际滑雪场越野赛道完成升级改造，岱海镇三苏木村入选第二批全国乡村旅游重点村。全年实现旅游总收入6900万元，接待游客23万人次。

【保险】 全县医保参保率96%以上，职工参保14474人，基金收入5197万元，支出5458万元，共有5018人次享受职工基本医疗待遇。城乡居民参保168299人，筹集13693万元，支出7366万元，共有15.8万人次享受补偿报销。

【教育】 全县教育质量不断提升，引进秋实、怀仁2所民办学校，建立教育多元化发展模式；普惠性幼儿园覆盖率达94.5%，适龄儿童入学率100%；民族幼儿园、第四幼儿园、全民健身中心主体完工。校长职级津贴纳入绩效工资改革专项资金，强化校长的绩效考核。对教师进修表彰奖励，完成中级教师职称、副高级职称审核。公开招聘中小学、幼儿园教师33名。

【体育】 全民健身活动中心完成主体工程建设。广泛开展全民健身活动，获得全区健身气功比赛二等奖。依托岱海国际滑雪场，承办了“体彩杯”全区青少年铁人三项锦标赛和全区青少年冬季两项雪上项目，举办了凉城县首届中小学冬季运动会，组织开展万名学生冰雪活动。

【文化】 2020年，成功打造了一部以凉城县“六大文化”为主题的室内实景剧《岱海六千年》；岱海马刨温泉城项目完成投资1.05亿元，即将运营；投资9000万元的云汤·名苑文化交流Live综合体项目开工建设；投资2500万元的乌兰牧骑排练厅和旅游扶贫艺术中心建设项目完成可研。

【医疗卫生】 医疗水平不断提高，县医院调整优化传染病区，门诊综合楼开工建设；中蒙医院完成发热门诊改造；2所核酸实验室交付使用，累计对重点人群、重点场所、冷链食品等核酸检测1万份，新冠疫苗接种3200人；医疗、医保、医药“三医联动”深入推进，分级诊疗制度进一步完善。殡葬改革顺利推进，殡仪馆和13处县乡村公益性公墓全部开工建设。

【社会保障】 2020年，农村低保保障标准提高到每人4800元/年，全县农村低保共保障27584户46921人，全年共发放农村低保保障金15036.66万元；城镇低保保障标准提高到每人662元/月，全县城镇低保共保障3452户5789人；全年共发放城镇低保保障金2757.46万元。集中有限的财力保障和改善民生，新增抗疫特别国债、特殊转移支付资金2.7亿元，全部用于民生支出。城镇新增就业725人，农村剩余劳动力转移就业3.7万人，城镇登记失业率控制在4.2%以内。社会救助、最低生活保障制度进一步完善，发放城乡低保1.8亿元，残疾人两项补贴1200万元。

【人民生活】 城乡居民人均可支配收入分别达到33493元和14561元，同比分别增长5.2%和8%。

（卢利清）

察哈尔右翼前旗

【概况】 察哈尔右翼前旗（简称“察右前旗”）隶属乌兰察布市。位于内蒙古自治区中部、乌兰察布市中南部，地理坐标北纬40°41′～41°13′，东经112°48′～113°40′。东邻兴和县，西依卓资县，南接丰镇市，北靠察右后旗。全旗东西长71.5公里，南北宽59.9公里，平均海拔1600米。四周环山，山川相连，中间形成黄旗海山间盆地，平坦开阔，土质肥沃。旗人民政府驻地土贵乌拉镇。全旗总土地面积2440平方公里。现有耕地面积72.8万亩，其中水浇地面积22.1万亩，有林草地面积272万亩。辖5镇4乡、2个园区管理委员会、17个社区居民委员会、115个村民委员会、687个村民小组。全旗总户籍数108757户，总户籍人口20.85万人。其中，农业人口12.47万人、非农业人口8.38万人；少数民族人口7869人，其中蒙古族人口6908人；男性人口106217人，女性人口102260人，总人口男女性别比1.04∶1。

2020年，全旗地区生产总值完成78.1亿元，同比增长0.7%；500万元以上固定资产投资62.5亿元，同比增长12.9%；一般公共预算收入5.2亿元，同比增长4.6%；社会消费品零售总额18.15亿元，同比下降6.1%；城镇居民人均可支配收入31815元，同比增长1.5%；农牧民人均可支配收入13548元，同比增长9.0%。

【农业】 全年粮食生产再获丰收，实现粮食产量2.06亿斤。国家马铃薯良繁制种大县项目建设过半，宏福四季番茄小镇落地开工，沃圃生、物泽、华颂等企业重点农业项目稳步实施，建成高标准日光温室2975座。规模化种植面积突破26万亩，占全旗耕地面积的36%。全年新建马铃薯组培室15000平方米、网室700亩、气雾栽培66亩、5万吨马铃薯智能仓储库2座、水肥一体化系统13000亩，建设符合种薯质量认证要求的示范田1200亩、马铃薯高标准原种繁育示范田1300亩。全年推广测土配方施肥面积69万亩，技术覆盖率95%以上，实现化肥提质增效负增长。积极开展“三品一标”认证。全旗认证“三品一标”产品39个，认证企业（合作社）31家，产量21.3万吨。开展追溯、监管、检测和执法工作，37家企业（合作社）注册国家追溯平台，确保辖区内新型农牧业生产经营主体及其产品追溯管理率达到80%以上。产权制度改革不断深化，全旗5镇4乡118个村民委员会中，承包经营权证书发放111个村民委员会、656个村民小组、32112户，完成率97.32%。

【畜牧业】 充分利用已建成肉牛、奶牛、奶绵羊养殖园区，大力发展安格斯肉牛和东弗里斯奶绵羊养殖产业，全旗生猪、牛、羊、鸡四大类养殖存栏与去年同期相比均有较大幅度增加。其中，生猪存栏5万口，出栏20万口；牛存栏5.3万头，出栏2万头；羊存栏35万只，出栏56万只；鸡存栏70万羽。肉牛、奶牛、肉羊、生猪实现标准化生产。安格斯肉牛存栏7000头，典型经验做法被央视新闻联播报道。围绕玉米主要种植区调整产业结构，扩大全株青贮玉米种植面积。坚持以种促养、种服务于养，15个标准化牛养殖园区投入使用。全年投资建设区域处理中心1处、大型养殖场设施配套提升3家、中小型规模养殖场填平补齐78家。到年底，区域处理中心工程完成60%、3家大型养殖场设施配套建设完成80%；78家养殖场全部开工，建设进度90%。品牌化战略取得新进展，“前旗优鲜”区域公共品牌影响力显著提升，察哈尔牛、察哈尔羊区域公共品牌申请注册。

【林业】 完成国家下达的京津风沙源治理工程人工造林面积0.5万亩，其中乔木林0.1万亩、灌木林0.4万亩；完成2019—2020年京津风沙源治理工程人工饲草料基地建设2.5万亩，建设暖棚2万平方米、青储窖1万立方米、储草棚0.5万平方米；完成2020年京津风沙源治理工程人工造林项目0.5万亩的小班地块落实工作。实施义务植树0.1万亩，建设经济林0.22万亩，新一轮退耕还林0.3万亩，园区绿化30亩，通道绿化25.1公里，完成2019年造林补贴项目0.5万亩，启动实施2020年造林补贴项目3.1万亩。

【水利】 通过维修改造等工程建设，解决了全旗9个乡镇的36个村3294户5600人饮水安全问题。全旗范围内进行水质取样化验580余份，水质全部达标。实施8处增加井管及管护工程，解决部分乡镇村因干旱少雨水源井水位下降造成供水不足的问题。推进农业水价综合配套改革，全年1955眼灌溉机电井安装水电双控计量设备。稳步实施重点水利工程建设，完成2017年、2018年京津风沙源治理二期水利水保工程建设，累计治理水保小流域面积1.2万亩，新增节水灌溉面积0.43万亩；完成乌拉哈乌拉乡清水河生态清洁小流域水土保持综合治理工程，治理面积20平方公里。全面推进河湖长制工作，建立旗、乡镇、村三级河湖长管理体系，实现河湖管理全覆盖。完成“一河一策”“一湖一策”编制工作，对全旗规模以下的21条河流管理范围进行划定。

【工业】 全旗34家规模以上工业企业总产值168.6亿元，同比增长3.5%。多蒙德公司、旭峰公司连续四年入围自治区民营企业百强榜。旭峰公司年产15万吨甲醇和亚洲单体最大的6.6万千伏安矿热炉正式投产，获评自治区绿色制造示范工厂。天皮山冶金化工园区煤气管网建设全面开工，4台矿热炉完成全密闭改造，民烨陶瓷、宜和氢能源等一批上下游产业项目建成投产，冶金新材料循环发展迈上新台阶。天陆、五顺等8家革塑企业和际洲、嘉泽等6家木材家居企业投产达效，三兴重工、普析通用仪器一期、薯都凯达三期建成投产，君明宜居装配项目落地开工，新型建材产业快速发展。马铃薯实现产业链发展，引进2家种薯繁育企业、3家马铃薯精深加工企业，薯条加工、马铃薯仓储能力分别达到27万吨和16万吨，绿色农畜产品基地初具规模。

【城镇建设】 把新区建设全方位融入乌兰察布中心城区，新建、改造道路6条6.3公里，乌兰察布高铁站及博诚创业园电力管道工程全部完成。新区路灯启用智能控制系统，实现智慧亮灯。完成新区水源地置换和新区至土贵乌拉镇供水管网工程，新打水源井2眼，铺设管网18.8公里。实施新区绿化提升工程，新增绿化面积19.3万平方米。加强污水处理工作，赛汉塔拉污水处理厂日处理能力提高到3万吨。新区建成望京国际、金宜·百福四季等精品住宅近200万平方米。土贵乌拉镇工业街、土贵山路等11条道路及配套管网工程全部完工，全年完成改造非成套住房850户、老旧小区20个，常住人口城镇化率由47.3%提高到55.3%。30个老旧小区物业管理实现全覆盖，新增绿地面积3万平方米。

【环境保护】 坚持从中央环保督察反馈意见整改抓起，扎实推进蓝天、碧水、净土保卫战，中央环保督察及“回头看”整改问题全部完成。建成区内燃煤小锅炉全部淘汰，关停取缔“散乱污”企业23家，推动53家企业建成封闭料棚或收尘装置，全年空气质量优良天数比例达到91%。开展地下水资源管理专项整治，封闭非法售水井30眼。全市农业水价综合改革试点工作顺利推进，完成1955眼灌溉机电井计量设备安装。大力实施“四控”行动，农业面源污染得到有效防控，土壤环境质量整体良好。畜禽粪污资源化利用项目快速推进，2家区域处理中心、37家规模以上养殖场粪污处理设施投入使用，实现资源化再利用。完成无主矿山整治7.3平方公里、国家重点生态工程5600亩，马莲滩煤矿地质环境恢复治理工作有序推进，生态环境持续改善。

【交通】 加大“油返砂”项目、养殖园区和物流园区道路等重点项目建设。其中，养殖园区重点实施3条2公里肉牛养殖园区道路建设，万益物流园区至达尔登大道6.9公里和X553县道三岔口乡阿拉善村至卓资县地界5.5公里道路建设。实施国道208线至夏江危废处理厂1.77公里道路建设，X581县道至华为公司1.6公里砂石路和黄旗海镇羊场卜村1公里便道建设。按照“县道县管、乡村道乡村管”的原则，建立旗、乡镇、村三级路长制，形成旗有路政员、乡镇有监管员、村有护路员的农村公路管护长效机制。继续推行“公益性岗位+贫困户+公路养护”的乡村公路养护管理模式，安置公益性岗位护路员277人。全旗9个乡镇建立道路普查台账，实施10条旗、乡镇、村道路路面翻修、补强和补坑槽等养护作业，修缮水毁道路39处。

【邮政】 中国邮政察右前旗分公司累计完成业务收入1622.49万元，同比增长29.93%。全年函件业务完成55.39万元，同比增长1.24%；报刊业务完成71.60万元，同比负增长6.85%；集邮业务完成32.84万元，同比负增长31.50%。

【电信】 中国移动察右前旗分公司累计完成出账收入4082万元。月均通信客户88923户，通信份额达到70.96%，5G客户9176户。全年净增宽带用户750户，累计达到9642户。

中国联通察右前旗分公司累计完成主营业务收入2272万元，同比增长1.05%。传统业务收入预算完成率100.9%，同比增幅4.52%；移动业务预算完成率108.52%。移动网发展用户5323户，净增3596户。出账用户达到2.76万户。

中国电信察右前旗分公司两网合计完成营业收入377.30万元。其中，移网业务收入267.11万元、固网业务收入110.19万元。全年农宽通新增覆盖用户5500户，发放贫困户扶贫卡200余张。

内蒙古广电网络察右前分公司累计完成业务收入 890.55万元。分公司有基础用户15415户，其中城镇网用户5382户、农村网用户10033户。有宽带用户12598户，宽带用户占比81.7%。截至2020年底，总用户增长13.2%，城镇网用户增长1.5%，农村网用户增长20.2%，宽带用户增长23.4%，共增长用户1766户。

【商业】 全旗社会消费品零售总额18.15亿元，同比下降6.1%。疫情期间，积极扶持各大超市和农贸市场加大蔬菜、肉、蛋等生活必需品货源供应，开通进货绿色通道，保障生活必需品市场供应稳定、货源畅通、储备充足、价格稳定。深入推进电商进农村工作，有效利用建成的1900平方米旗级电子商务公共服务中心、200平方米农特产品线下展示体验中心、500平方米仓储物流分拨转运中心和81个村级电商服务站，不断完善电商公共服务、农村电商服务、物流配送、电商人才培养以及特色电商品牌培育等体系建设。全年累计入驻电商服务企业8家、入驻孵化企业18家，累计完成农资、化肥等工业品下行547万元，农村电商上下行快递总数超百万件。加大名优品牌培育力度，公共区域品牌“前旗优鲜”累计完成授权农特产品企业21家，特色农特产品销售实体店增至4家。为全旗20余家农特产品生产加工企业和100余家旗域范围优质企业搭建对接平台，有力助推带贫企业扶贫产品的销售增长。

【旅游】 启动实施乌兰察布高铁站区游客集散服务中心及配套酒店装饰装修项目，完成黄茂营乡栖雁湖生态旅游区项目规划初稿论证，签订三岔口乡太喇嘛山旅游度假区建设框架协议，全旗旅游项目建设取得新突破。启动平地泉镇南村乡村旅游民宿示范项目，继续支持巴音塔拉镇碱滩民俗村生态康养休闲度假区、乌拉哈乌拉乡额尔登塔拉旅游度假村、三岔口乡农耕文化园及十二洲巴音坤邸度假村等乡村旅游项目产业发展。

【服务业】 现代服务业快速发展，全旗第三产业增加值完成29.17亿元。天源国际物流园主体封顶，大土（大井村—土贵乌拉）铁路专用线前期工作加快推进，以枢纽聚产业、以物流带产业实现破题。北方国际石材城、察哈尔汽贸城等专业市场发展势头良好，维多利商场即将投入使用。乌兰察布高铁站区旅游集散中心及配套项目进展顺利，举办首届农特产品产销对接会，全年交易金额达到2.11亿元。新培育电商主体130个，察右前旗电商协会荣获全国“四好”商会称号。

【金融】 截至2020年底，全旗金融机构各项存款余额88.61亿元，比年初增加8.89亿元，增长11.15%；各项贷款余额60.13亿元，比年初增加34亿元，增长6%。涉农金融机构向全旗6779户建档立卡贫困户累计发放精准扶贫贷款24030.50万元，比去年末减少2163户，减少贷款10196.69万元。全旗各涉农金融机构支持农业龙头企业4家，发放贷款2871万元；支持种植、养殖业大户162户，累计发放贷款7691万元；支持家庭农（牧）场1家，发放贷款15万元。涉农金融机构实行精准扶贫贷款利率优惠最大化，对建档立卡贫困户贷款一律实行基准利率。打通金融服务“最后一公里”，金融机构实现贫困地区金融服务“村村通”。全旗共布放自动柜员机144台，建成助农服务点198个，金融服务覆盖全旗118个行政村，覆盖率100%。

中国人保财险察右前旗支公司累计实现保费收入955.79万元，同比增长5.25%。累计理赔支出671.54万元，同比增长28.52%。全年累计实现利润-213.82万元。

中国人寿保险察右前旗支公司累计实现保费收入3285.61万元。全年累计理赔给付150.25万元。

【科技】 全旗选聘科技特派员62名、推荐市级科技特派员8名，推荐3名高级工程师入库乌兰察布市科技专家数据库。举办“2020年察右前旗种养大户暨科技特派员培训班”，全年累计培训农牧民2180人次，其中贫困户及养殖业大户168户1312人。组织全旗6家企业申报国家“科技助力经济2020”重点专项项目、6家企业申报“2020年内蒙古自治区科技计划”项目、16家企业申报“2020年乌兰察布市科技计划”项目。内蒙古同佳技术发展有限公司等4家企业入库自治区科技型中小企业，乌兰察布市旭峰炭素科技有限公司等4家企业研发中心申报自治区级企业研发中心，内蒙古浩泽环保工程设备有限公司等9家企业入库乌兰察布市科技创新项目库项目18项。全年完成高标准农田建设2.7万亩、智能水肥一体化系统1.3万亩。

【教育】 实行教师队伍常态化补充，统一招聘教师27名。强化教育基础设施建设，旗第一中学、平地泉中学消防设施改造工程全面完工，新世纪小学风雨足球场建成投入使用，中小学厕所改造工程全部完工，圆梦幼儿园改（扩）建工程完成招投标。加大小区配套幼儿园建设力度，全旗普惠性幼儿园覆盖率89%，公办幼儿园占比50%以上。学前教育三年入园率97%以上，达到自治区平均水平。职业中学校企联合办学成效显著，实现升学率、就业率双百佳绩。扎实推进高中新课程实验，旗第一中学挂牌重点业余体育运动学校。推行使用国家统编教材，加强国家通用语言文字教育教学。严格落实覆盖幼儿园到大学的贫困学生资助政策，全年拨付寄宿生生活资助金、建档立卡贫困学生资助金、“营养改善计划”资金、“蛋奶工程”资金等共计451万元，为965名大学生办理助学贷款701万元。借助全国人大帮扶项目、北京共美民族发展基金会、中华慈善总会及红十字会等为全旗贫困学生发放爱心资助金392.4万元，惠及学生3804人次。

【体育】 全旗中小学全部实施体质健康标准。举办全旗第八届师生田径运动会、中小学生乒乓球比赛、中小学生冬季公路越野赛、职工羽毛球比赛等体育赛事，举办察右前旗第十届中小学、幼儿师生艺术节活动。组织参加乌兰察布市第六届“常青杯”老年人乒乓球交流活动比赛，获得团体三等奖；参加乌兰察布市民族健身操比赛，荣获二等奖；参加乌兰察布市庆元旦“体彩杯”第四届男子篮球比赛，获得团体第八名。

【文化】 启动察右前旗图书馆、文化馆、博物馆和乌兰牧骑排练厅建设项目。录制2020年察右前旗“春满察哈尔·幸福中国年”春节文艺晚会，举办全旗第三届农牧民文艺汇演，“决胜小康·同心抗疫”广场舞比赛，开展乡村幸福院演出30余场次、戏曲进乡村演出54场次、送春联进乡村（社区）5次。乌兰牧骑发挥“文艺轻骑兵”作用，全年下基层惠民演出117场次。旗图书馆开展“我们的中国梦·文化进万家”等进农村、进社区、进企业、进学校活动24次，开展经典诵读“喜迎国庆·盛世中华”等有奖竞赛（猜）活动16次。旗美术馆充分发挥线上平台作用，在线上展出书画摄影作品120余幅。把平地泉豆腐制作工艺、刻纸、蒙文书法等13个项目确立为旗级非物质文化遗产保护名录，其中2项“非遗”保护项目申报市级评定并获得成功。

【卫生】 按照“三个一批”原则实施健康扶贫，建档立卡贫困人口实现基本医疗、大病保险和医疗救助全覆盖。全年为贫困慢病患者统一办理慢性病卡2412张，776名大病患者进行集中救治，129支家庭医生团队与贫困户集中签约、规范履约。继续在旗医院和政务服务大厅医保窗口开展贫困人口“先诊疗、后付费”及“一站式”报销服务，全年服务贫困患者3900余人次。严格乡镇卫生院管理，招聘25名医护人员补充到乡镇卫生院。逐步提高乡镇医疗卫生服务水平，投资10万元在巴音塔拉镇建设中医馆1处。投资1500万元为蒙中医院购进医疗设备；投资300万元建成核酸实验室2处，日检测能力达到7680份；投资130万元建成PCR实验室1处，增配应急救护车1辆。

【社会保障】 全旗新增城镇就业510人，城镇登记失业率控制在4.0%以内。对接企业开展就业扶贫“万企帮万村”行动，帮助建档立卡贫困户就业132人，有劳动能力的贫困人口产业就业全覆盖。全年累计发放创业担保贷款、稳岗补贴等补贴资金930余万元，完成职业技能培训21个班1062人、贫困户培训49个班2218人，开发公益性岗位80个。全旗城镇企业职工养老保险参保9868人、城乡居民养老保险参保38878人、机关事业单位人员养老保险参保5410人，为符合代缴政策的建档立卡贫困人口代缴城乡居民养老保险费每人100元/年；医疗保险参保175172人，工伤保险参保284家企业9757人；失业保险参保10751人，及时足额为69名失业人员发放失业金51.68万元，确保失业人员的基本生活。全旗有农村最低生活保障户17462户26987人、城镇最低生活保障户1460户2243人。农村低保保障标准提高到每人4700元/年，城镇低保保障标准提高到每人662元/月；城镇特困人员集中和分散供养生活补贴标准分别达到10000元/年和10332元/年，农村特困人员集中和分散供养生活补贴标准分别达到8000元/年和6240元/年；完全丧失生活自理能力和部分丧失生活自理能力人员的护理补贴标准分别达到1047元/月和403元/月，困难残疾人生活补贴和重度残疾人护理补贴全部达到每人1200元/年，孤儿供养标准每人1200元/月，困境及困境家庭儿童供养标准每人600元/月，救助流浪乞讨人员182人；高龄补贴补助标准为享受低保、社保、离退休金、遗属补贴的每人1200元/年，不享受以上待遇的每人1500/年，百岁老人每人7200元/年。健全完善退役军人服务保障体系建设，完成“一中心、两站”（旗级退役服务中心，乡镇级退役军人和村〈社区〉级退役军人服务站）机构建设，全旗建立乡镇服务站9处、村（社区）服务站6处，全年发放各类保障金1056万元。

【人民生活】 全旗财政用于保障和改善民生支出18.26亿元，占一般公共预算支出的64%。年内，城乡居民人均可支配收入分别达到31815元和13548元，同比增长1.5%和9%。城镇居民和农牧民人均居住面积分别达到38.0平方米和32.0平方米，比上年度略有提高。全旗新增城镇就业510人，城镇登记失业率控制在4.0%以内。

（魏杰）

察哈尔右翼中旗

【概况】 察右中旗位于阴山北麓，是一个半农半牧旗。全旗总面积4200平方公里，辖2个苏木、4个乡、5个镇、1个园区管委会。总人口195705人，性别比例为1.11，其中汉族188829人、蒙古族4957人、回族846人、满族811人、其他民族262人。察右中旗位于乌兰察布市中部，是“一带一路”的重要节点。为环渤海经济圈、呼包鄂结合部重要辐射区，也是乌大张经济协作的重要功能区。交通十分便利。察右中旗是内蒙古乃至全国的光能富集区，太阳能总辐射量为1614千瓦时/平方米，光照时间长，太阳辐射强度大，光能资源丰富，年日照时数为3014小时，是发展光伏发电的理想之地。2020年，实现地区生产总值53.7亿元，一般公共财政预算收入1.26亿元，社会消费品零售总额14.5亿元，城乡居民人均可支配收入分别达到31341元、10930元。

【农业】 农作物总播面积104万亩，其中粮食作物74.1万亩（马铃薯18.1万亩、小麦22.7万亩、燕麦为主的杂粮杂豆22万亩、玉米11.3万亩）；经济作物29.9万亩（油料21.4万亩、甜菜0.9万亩、大豆1.5万亩、以红萝卜为主的蔬菜6.1万亩），马铃薯标准化种植实现全覆盖。粮食总产量达到1.25亿公斤，实现连产连丰。

【畜牧业】 年度牲畜存栏93万头（只），其中牛3.5万头，肉羊63万只，生猪3.7万口，鸡鸭22.8万羽，年内出栏各类牲畜110万头（只）以上。推广“杜蒙”肉羊和寒羊的舍饲圈养，采取杂交改良技术，辐射带动发展肉羊标准化、规模化养殖，“杜蒙”肉羊年出栏达10万只。全年发放肉牛冻精4100支，奶牛冻精425支，液氮1200升。开工建设荣达40万只种鸭养殖项目，建成规模肉牛养殖场8家、肉羊养殖场10家、养鸡场5家，畜牧企业逐步发展壮大。

【林业】 2020年，完成京津风沙源治理工程乔木造林1000亩，灌木造林3000，天然林资源保护工程灌木造林2000亩。京津风沙源治理二期工程草原任务暖棚1万平方米，青贮窖1万立方米，贮草棚3.7万平方米。特色经济林建设，完成片状经济林和庭院经济4650亩（胸径3厘米以上），育苗基地两处300亩（胸径1.5厘米以上）。森林抚育6万亩，义务植树面积达500亩。重点区域绿化面积125亩，栽植各类乔灌木5000余株。

【水利】 全面完成脱贫攻坚饮水安全保障任务，利用扶贫资金960万元，共改造自来水工程49处，铺设PE管39500米，解决了6246人（其中贫困人口2308人）的饮水困难问题。2020年，旗级河长完成巡河25次，苏木乡镇各河长完成巡河272次，巡河长度共计636公里，对涉河湖违法违规问题进行全面整治。

【工业】 规模以上工业产值完成32.2亿元。沁远硅锰合金及余气余热综合利用技改项目当年投产，引领冶金产业增值提效。格耐斯保温材料、珑澄废油综合利用、华大蒙墙体材料等项目试生产，牧星人新材料、沪陶卫浴系列产品等项目进展顺利，新材料产业进一步壮大。

【城镇建设】 辉腾锡勒大街改造、棚户区改造配套基础设施等项目顺利实施，新建道路6.9公里，改扩建道路4公里。改造自来水管网7公里，新建维修公厕25座，城镇功能更加完善。新建垃圾转运站5处，为部分小区安放生活垃圾收集设施。城镇管理执法深入开展，城镇秩序、环境卫生明显改善。

【环境保护】 辉腾锡勒自然保护区矿业权退出、无主矿山地质环境治理全部完成。实施京津风沙源治理、天然林保护工程、森林抚育造林7.1万亩，蚂蚁森林公益造林1.5万亩。

【交通 电信】 2020年，完成了上年农村公路续建项目31个178.61公里；处置安全隐患里程60.6公里，新建2米～8米小桥1座；完成了农村牧区公路养护工程47.3公里。对全旗12个苏木乡镇、178个嘎查村891个自然村的道路通畅、产业结构、人口布局进行提前摸底，为下一步脱贫攻坚与乡村振兴打下了基础。

【旅游业】 全旗充分利用旅游产业资源，调整旅游产业扶贫结构，积极争取和利用旅游扶贫资金，创建了察右中旗燕麦文化旅游产业开发有限公司旅游产业扶贫示范项目；察右中旗黄花沟金帐汗度假村旅游产业扶贫示范项目；察右中旗牧马人旅游点旅游产业扶贫示范项目；察右中旗草原蒙古情饭店旅游产业扶贫示范项目；绥中地委纪念馆红色教育基地红色旅游项目；辉腾锡勒黄花沟旅游区AAAAA提升基础设施建设六项旅游扶贫示范项目。全年接待游客140万人次，旅游消费达2.84亿元。阴山优麦成功创建AAA级景区。

【服务业】 面对疫情不利影响，多措并举提振旅游、商贸餐饮、电商消费，服务业复苏发展。建成旗级电子商务服务中心1个、乡村服务站86个、物流仓储配送中心1处。燕麦、藜麦、红萝卜、马铃薯、蒲公英茶、手撕牛肉等多种特色农产品进驻京东、天猫、淘宝等电商平台销售，全年线上交易额1.46亿元。

【金融保险】 全旗共有银行业金融机构6家，从业人员数量为285人；全旗金融机构人民币各项存款余额为60.85亿元，比年初增长22.81%，银行业存款类金融机构存款较年初增长10.70%；全金融机构人民币各项贷款余额为42.04亿元，比年初增长5.63%。存贷比为69.08%，同比下降11.24个百分点。

2020年，除原有的人寿保险、人寿财险、中华联保险、大地保险、阳光保险、人保财险、平安人寿险、平安财险、安华农险等9家保险分支机构外，新增太平洋防贫保监测系统保险和永安财险2家分支机构。保险品种也得到拓展，农业保险在保障农业生产和农户权益方面的作用在逐年发挥。2020年，11家保险公司保费收入总额6968万元，其中政府投入2347万元；理赔支出总额3507万元，其中政府投入部分的理赔支出2079万元。

【教育】 全旗薄弱学校改善与能力提升工程包括东街小学风雨操场建设、乡镇学校校舍改造维修等项目共投资达1354万元。全旗办学条件进一步改善。2020年，全旗小学质量监测科目及格率、优秀率、平均成绩较2019年大幅度提升。中考及格率、优秀率、平均成绩均超过了全市平均水平，位列全市同类校第一名。普通高考二本以上上线120人，较上年提升近10%。职业教育持续稳步发展，升本率位居全市先进行列。学科成绩均进入全市前3名。

【文化】 全旗县级文化服务场所有文化馆、图书馆、博物馆，通过组织开展专题活动，公共文化场馆免费开放，全年累计接待观众达3万人次；乌兰牧骑惠民演出84场、送戏下乡66场，基层群众文化生活日益丰富。全旗12个乡镇苏木园区，全部建立了文化站，截至年底，全旗综合文化站共有14个，行政村（嘎查村）文化室178个。乌兰牧骑全年为全旗苏木乡镇、社区、农村、牧区开展各类主题活动、惠民演出共计102场。

【卫生】 卫生健康事业稳步发展，门诊综合楼投入使用，苏木乡镇卫生院、卫生室全部达标，旗医院、蒙中医院、妇幼保健院顺利通过“二甲”医院评审验收。面对疫情冲击，及时成立疫情防控领导小组和指挥部，建立多部门联防联控机制。确定收治医院，设置隔离治疗病床84张；建设标准化核酸实验室2处，核酸检测1.35万人次；全面推进重点人群疫苗接种工作，取得“零疑似、零确诊”的防控战果。

【社会保障】 全年发放财政惠民补贴4.3亿元，民生支出占全旗公共预算支出的85%以上。全旗常住人口基本医疗保险参保率达到100%，城乡居民低保金、养老金及特困人员生活补贴按时足额发放。加大稳企稳岗稳就业力度，城镇登记失业率控制在4.3%以内，就业形势总体稳定。发放租赁住房补贴118万元，开展老旧小区改造20处，实施棚户区居民住房改扩翻，有效改善城镇居民居住环境。房地产领域“入住难”“回迁难”问题得到根本解决，“办证难”问题基本解决。

（戈雪瑛）

察哈尔右翼后旗

【概况】 察哈尔右翼后旗（以下简称“察右后旗”），位于内蒙古自治区中部阴山北麓，属乌兰察布市后山地区。距集宁区60公里，距二连浩特市280公里，距内蒙古自治区首府呼和浩特市190公里，距首都北京400公里。地理坐标为北纬41°04′09″～41°59′25″，东经112°42′32″～113°31′08″。东临商都县；西接察哈尔右翼中旗、四子王旗；南与察哈尔右翼前旗、兴和县、集宁区、卓资县为邻；北同苏尼特右旗接壤。总面积3910平方公里。旗人民政府所在地白音察干镇。是一个有着汉族、蒙古族、回族、满族等11个民族聚居的半农半牧旗。旗域版图略呈长方形，南北长约80公里，东西宽约50公里。丘陵面积占总面积的45%，高原占20%，山地占35%，海拔在1345米～2053米之间，平均海拔1500米，最高为西南的锡勒乡玻璃脑包山峰2053米。

2020年，辖2个苏木、1个乡、5个镇；15个嘎查，72个村民委员会、14个社区居民委员会；671个自然村（包括红旗庙陈路沟、张宽房、长胜沟3个牧点）；其中82个浩特，585个自然村（其中白镇土城子、东方村、北房子、后海子4个自然村现归益民社区）。总户数87776户，总人口201871人，男102954人，女98917人，蒙古族13144人。

察右后旗已探明的石灰石、浮石、大理石、石棉等20多种。石灰石储量大约在5亿吨。大理石总储量12亿立方米，有汉白玉、孔雀绿、彩云、秋景、墨玉等17个品种。浮石集中分布在乌兰哈达苏木，总储量1亿立方米。全旗地区生产总值完成67.1亿元，同比增长2.6%；社会消费品零售总额完成10.25亿元，同比下降67.6%。固定资产投资完成12.6亿元，同比下降7.7%；全旗公共财政预算收入完成25993万元，同比增加3890万元，增长17.59%；全旗公共财政预算支出完成260920万元，同比增加38190万元，增长17.1%。

【农牧业】 全旗农作物总播面积79.6万亩（水地27.18万亩，旱地52.42）。其中，种植粮食作物56.4万亩、经济作物23.2万亩。粮食总产量达2.43亿斤。全旗在8个苏木乡镇共落实马铃薯脱毒种薯面积7.8万亩。全旗牲畜存栏59.57万头（只），出栏108.6万头（只），与上年同期相比均略有上降，畜产品价格全面上扬，养殖业产值总体实现增长。新建高标准农田6.1万亩。压减葵花种植面积1万亩。建成食用菌种植基地3处，年产量达到2000吨。马铃薯种薯繁育科技示范园一期项目建成，“后旗红”马铃薯再获中国绿博会金奖。建成“万头”安格斯种牛养殖基地，珊嘉、博亮首批2100头安格斯肉牛进场养殖，新引进鼎盛兄弟、火山原野2家肉牛养殖项目签约落地，基地内总养殖公司达到6家、安格斯种牛存栏达到3300头，年出栏仔猪10万头。

【林业】 建成全民义务植树基地4000亩；城区各类绿地面积达到448.94万平方米，绿化覆盖率达到38.78%，绿地率达到37.41%；进行人工种草12万亩，其中完成多年生牧草当年种植0.15万亩，当年补播牧草0.2万亩，饲用灌木3万亩，种植一年生牧草8.65万亩。自治区园林县城、卫生县城创建成果得到有效巩固。完成草原生态修复任务2.365万亩；实施京津风沙源治理工程4万亩。聘用专职护林员1275人，护林员发放基本工资337.68万元。森林面积83100公顷。

【水利】 全面落实“河湖长制”，持续开展河湖“清四乱”和中小河流治理工作，执行节水保护政策，完成首期5个苏木乡镇机电井计量安装工作。跻身国家首批节水型社会达标旗县。投资规模600万元，建设水源工程40处，节水灌溉工程80处，发展生态林灌溉面积1483.5亩。完成霞江河堤防建设10.58千米。

【金融】 人民币各项贷款余额为40.85亿元，同比增长22.95%，比去年同期提升15.84个百分点；金融精准扶贫贷款余额3.73亿元，发放春耕备耕贷款1683户，共计25574万元；发放复工复产贷款8家，共计1900万元；落实企业贷款183家1.58亿元。减免企业、个人税费5613万元，3家企业获得“助保贷”1500万元。

【工业】 全旗规模以上工业企业22家，实现增加值30.69亿元，同比增长5.6%；新增入规企业8家。实施3000万元以上重点工业项目23项。支持白雁湖、中联等企业提升产业水平，引进珂玛、辛德玛改性PVA等延链强链项目，推进蒙维三期筹建进程，港原公司重组后实现稳定运行。建材化工产业链条更趋完善。察右后旗成为全国单体最大、技术最先进的PVA生产基地。石墨碳材企业综合产能扩大到12万吨，产业化、链条化发展优势逐步显现。

【精准扶贫】 “两不愁、三保障”问题全部解决，住房、饮水、道路、电力、通信等硬件短板全面补齐。健全公益岗位、防贫保险等工作机制，新开发公益性岗位3821个，剩余143名贫困人口达标退出，贫困人口实现清零。实施肉牛养殖综合服务科技园项目，全面覆盖21个产业基础薄弱的非贫困村，首批348头西门塔尔基础母牛租赁到户。中直机关和北京市共投入帮扶资金6314万元。

【电力】 玉山110千伏输变电工程建成投用，高茂220千伏、土牧尔台110千伏输变电工程有序推进，农网改造升级任务顺利完成。得盛、国合、沃鼎等分散式风电项目全面落地。

【旅游】 乌兰哈达火山获批国家级地质公园建设资格。文化旅游融合成效逐步显现，生态农庄、特色民宿等一批旅游新业态应运而生，星级乡村旅游接待点发展到12家，火山草原旅游的知名度和影响力不断提升。

【服务业】 “察右后旗火选”区域公共品牌正式发布，28家网店入驻“京东”“淘宝”电商平台。新建旗级电商公共服务中心，建成乡村电商服务站56处，电子商务进农村综合示范县项目通过国家绩效中期考评。贲红综合物流园区项目启动实施。

【邮政通讯】 2020年，全旗邮政业务总收入达1278.73万元，完成年预算的98.21%，同比增长6.74%。全旗8个苏木乡镇均有4G信号覆盖，共覆盖乡镇所辖87个村委会。建成5G基站13处，5G新用户发展434户，5G升级包发展3591户。

【人民生活】 城乡居民人均可支配收入分别完成31901元和13665元，同比分别增长0.83%和9.0%。剩余143名贫困人口达标退出，贫困人口实现清零。通过国务院脱贫摘帽评估抽查。

完成农村牧区人居环境整治三年行动任务，安装农村卫生厕所5016座，普及率达到36%。改造老旧小区32个，惠及居民1171户。完成污水管网改造等市政建设投资1068万元。积极化解棚改遗留问题，安置居民410户。

【社会保障】 全旗职工养老保险参保40237人、城乡居民参保103300人。城乡基本养老保险参保率达到90%；农村牧区转移就业3.8万人次，城镇新增就业713人，安置退役军人45人。分配公租房3批次303套；医疗保险报销比例进一步提高，城乡低保实现网上智能精准办理和生存认证。

【教育】 全旗现有普通中学4所，职业中学一所，小学8所，新增公办幼儿园3所，普惠性幼儿园达到10所，覆盖率达到93.7%。显著高于自治区平均水平。中学专任教师306人，小学专任教师373人。中学在校学生3056名，小学在校学生4304名。发放贫困大学生资助金701万元。建成首个青少年课外实践研学旅行基地。推进国家通用语言文字和统编教材使用工作。

【文化卫生】 医疗卫生机构床位430张，技术人员622名，其中执业（助理）医师250名。旗医院、蒙中医院分别通过二级甲等、二级乙等验收，健康服务大楼建成启用。新建1处11人制足球场。乌兰牧骑队员分流招聘工作顺利完成，多个优秀节目荣获市级以上奖项。七顷地村成功入选2021年全国乡村“村晚”示范展示点，新建大六号民俗文化展厅，重新布展红格尔图战役纪念馆、庙沟民俗文化馆。

【交通运输】 呼满通道改高速项目后旗段进展顺利，科乌商公路路面改造完成103公里，“油返砂”“通村路”完成88公里。

【环境保护】 淘汰中心城区10蒸吨以下燃煤小锅炉11台。63处无主矿山有效治理。白镇污水处理厂完成提标改造，实现达标排放。建材化工园区污水处理厂、供水厂、新渣场基本建成，商都至后旗中水回用工程启动实施，土牧尔台园区集中供热供气项目建成投用，污水处理厂应急事故池暂存污水实现无害化处理，工业园区环保配套设施逐步完善。

（何林）

四子王旗

【概况】 四子王旗位于内蒙古自治区中部，乌兰察布市西北部，北与蒙古国接壤，边境线长104公里。全旗总面积2.55万平方公里，占乌兰察布市总面积的46%，辖5个苏木、5个镇、3个乡，121个嘎查村。总人口20.9万人，农牧区常住人口33179户77639人，居住着汉族、蒙古族、回族、满族等11个民族。

四子王旗是乌兰察布市最大的农牧结合旗，以马铃薯和肉羊为主导产业。全旗天然草场面积3214万亩，年牲畜存栏量140万头只，其中肉羊130万只。全旗耕地总面积200.1万亩，其中节水灌溉设施农业面积69.5万亩，年马铃薯种植面积56.5万亩。农牧民种养殖业收入占可支配收入的70%以上。

全旗已发现和探明矿种40余种，其中苏莫查干敖包萤石矿是亚洲最大的单体萤石矿，永和氟化工公司是国内氟化工行业领军企业。全旗位于全国风能资源Ⅰ级的核心区，太阳能资源富集，是国家百万千瓦级清洁能源输出基地，共有国电、中电投等13家风光电企业入驻，规划风光电装机容量1700万千瓦，现已建成109万千瓦，国电投600万千瓦风电项目已开工建设。

2020年，实现地区生产总值60.52亿元，同比增长2.3%；一般公共预算收入1.49亿元，同比增长24.2%；固定资产投资同比增长4%；规上工业增加值同比增长5.5%；社会消费品零售总额16.82亿元，同比下降6.2%；城乡居民人均可支配收入分别为31525元、13155元，同比分别增长2.3%、8.8%。外贸进出口总额615万美元。三次产业结构比由26.4∶32.2∶41.4调整为29.8∶31.7∶38.5，产业结构进一步优化。

【农牧业】 全旗计划农作物播种面积180万亩，实际完成183.39万亩，其中粮食作物125.2万亩，经济作物及其他作物58.19万亩。粮食产量42.69亿斤，同比总产增加3%，平均单产389斤；油料作物预计总产2.61亿斤，同比减少了2.9%，平均单产299斤；马铃薯总产量（折粮）25.34亿斤，比去年减少了21%，平均单产480斤（折粮）。2020年，全旗在5个乡镇的15个村委会23个自然村实施2.5万亩高标准农田建设项目，全部改造为膜下滴灌。其中：改造喷灌7处12个大圈8个小圈9696亩、漫灌5处10个自然村9433亩、老旧滴灌6处5871亩。项目投资总额3721.7万元，其中：中央财政资金2872万元，自治区财政配套资金350万元，旗财政配套资金150万元，农户（大户）自筹349.7万元。结合耕地质量保护与提升、耕地质量监测、减肥增效等项目，以乌兰花镇高油房村为核心区，共开展各种肥料试验示范26个；同时在乌兰花镇耗赖村推广全程追施液体肥示范，亩节约肥料成本86元，亩产量较常规种植提高1600多斤，最高亩产8200斤。各示范点在减少化肥用量、提高单产、提升地力等方面取得了显著效果，也为高效节水技术水平提升提供了技术储备。

【产业扶贫】 全力以赴打赢打好脱贫攻坚收官决战。抓好产业扶贫摸底排查问题整改。按照《四子王旗脱贫攻坚全面摸底排查工作方案》要求，制定了《四子王旗产业扶贫摸底排查工作方案》和《2020年产业扶持精准到户工作实施方案》，共排查出292户享受产业扶贫不精准的贫困户。经协调各苏木乡镇，认真研判后已及时调整帮扶措施；制定产业扶贫规划。结合全旗2020年脱贫攻坚实际，以“因地制宜、因人制宜”为原则，为建档立卡贫困人口逐户制定产业扶持规划。坚持目标导向，瞄准不同贫困群体，分类推进产业扶贫。聚焦124名未脱贫人口，对其中44名有劳动能力贫困人口，做到特色产业全覆盖、产业项目全覆盖、利益联结全覆盖、服务指导全覆盖，确保年内实现脱贫。聚焦通过发展产业已脱贫的有劳动能力的贫困人口，坚持脱贫不脱政策，继续给予产业扶持，强化技术指导服务，巩固脱贫成果，防止返贫。已于4月份完成了旗，乡，村三级产业发展规划；完善贫困户产业发展指导员体系建设。优化队伍结构。按照自治区贫困户产业指导员方案要求，驻村第一书记仍为产业指导员责任人。全旗产业指导员共157人，其中驻村第一书记102人；继续发展易地扶贫搬迁整村推进后续产业。

2019年，旗委、旗政府联合内蒙古赛诺种羊科技有限公司，对四子王旗新村实施肉羊良种全覆盖工程，全面开展杜蒙二元、杜蒙萨三元高效肉羊发展模式。依托赛诺公司的种业优势、技术优势和市场优势，对肉羊整村推进工程实施“八统一管理”，形成“一乡一业、一村一品”的产业格局。

截至2020年，投放种公羊1943只，建立哈卜斯太、下坤兑、四股高效肉羊养殖示范村3个，投放半血母羊（杜蒙高繁母羊）1438只，累计回收杂交羔羊4260只。以科技服务站为单位，在5个乡（镇）各个大队内科技下乡，开展大型培训会45场，小型、田间地头式培训会235场，累计培训6264人次。

全旗累计产仔成活99.26万头只，其中大畜3.2万头，小畜96.06万只，仔畜成活率均在98.0%以上。牧业年度存栏牲畜149.35万头只口，其中存栏大小畜147.21万头只，存栏生猪2.14万口。年末存栏牲畜110.36万头只口，其中大小畜存栏98万头只，生猪存栏1.16万口。出栏羊130万只，出栏生猪6.3万口，出栏牛2.2万头，肉产量3.4万吨，禽蛋产量440吨，绒毛产量1755.76吨。

全旗登记备案的家庭农场258家，年销售农产品0.45亿元。工商登记农牧民合作社达到875万家，注册成员2.92万户。农业社会化服务组织11个，生产托管服务面积达到50万亩。农畜产品加工企业发展到9家，年加工农畜产品能力超过22万吨，产值22亿元以上。

【品牌提升行动】 充分发挥地方品牌效应，加强“三品一标”认证，做到人无我有，人有我优，人优我名，占领市场制高点，提高农产品的竞争力。已认证的“三品一标”的企业或合作社10家，18个品种，认证的积极性在很大程度上提高，不论是种植还是养殖的规模和质量都在提高，创建农畜产品品牌已具雏形。

【土地确权】 按照上级部门安排，在土地确权方面，对各标段实行有效监管，督促完善档案管理，并对存在问题及错误进行整改，将数据做实。共调查承包户52886户，完善承包合同51989份，完善土地承包合同面积191.36万亩，颁发土地承包经营权证书50820份，颁证率96%，并建立了土地承包经营权信息应用平台。为积极稳妥推进全旗农牧区集体产权制度改革工作，根据上级有关部门文件精神，组成农村牧区集体产权制度改革领导小组，按照《关于印发内蒙古自治区农村牧区集体经济组织登记赋码工作实施方案的通知》文件精神，共对全旗89个村（社区）进行了集体经济登记并赋统一社会代码。共认定89个村（社区）经济合作社，确认经济合作社户数63013户，人数146142人。农牧区120个嘎查村都已全部完成各自清查内容，完成比例100%。

【科技】 组织全旗高素质农牧民培训活动，累计完成职业农牧民培训939人。结合脱贫攻坚，举办产业发展指导员能力提升培训班。对全旗157名产业指导员、13个苏木乡镇长和17名旗级产业扶贫技术专家进行能力提升培训。为突出产业发展，筑牢利益联结，强化服务指导，确保产业扶贫工作效果奠定了人才基础。与此同时，在上级农牧业主管部门的指导支持下，深入推进基层农技服务体系建设，进一步更新和完善基层农技服务体系运行机制，充实培训农技人员队伍，加大农技服务体系建设投入力度，扩大和提升农牧业科技示范基地建设的水平。

通过建立“专家＋技术人员＋科技示范户＋辐射带动农牧户”的技术服务模式，采取专家对技术员、技术员对农牧民或专家直接对农牧民的方式，走到农牧户家中，把需要的新技术、新方法送到村、送到户，体现了农技推广工作服务基层服务农牧民的宗旨。通过不断的努力和建设，四子王旗的基层农技服务体系能更好地适应现代农牧业发展的需要，惠及广大农牧民，为四子王旗乡村振兴作出贡献。

【饮水安全】 全面推进农村饮水安全工程建设，巩固脱贫攻坚饮水安全工作成果。2020年，全面落实各项检查、督查、暗访反馈的问题，全面完成反馈问题的整改工作。协同卫健委疾控中心对全旗各苏木、乡镇进行取水样化验工作，共检测水样420余份，水质化验报告全部下发到户。2020年，农村牧区饮水安全改造提升工程，完成投资174万，实施农区人饮工程改造提升；2020年，农村牧区饮水安全巩固提升工程，完成投资300万元，为牧区新打井23眼；旗水利局人饮工程维修队伍共维修故障484处。全旗农村饮水安全普及率达100%，自来水普及率86%。

【林业】 2020年，继续深入开展国土绿化防沙治沙行动，着力实施草原生态修复力度推进林业和草原生态建设。全面完成了2020年（林业）沙源二期工程5.15万亩（人工造林1.65万亩、封山育林3.5万亩），完成国家投资759万元；根据《2020年四子王京津风沙源治理工程草原保护建设项目作业设计》，落实暖棚建设任务5万平方米，贮草棚3万平方米，青贮窖0.6万立方米，项目建设任务已完成100%；完成了特色经济林栽植4170亩，完成自治区植被恢复资金667万元；全面完成了2019年森林质量精准提升灌木林平茬任务1万亩，完成国家投资100万元；完成了乡村美化绿化任务9个行政村，2300亩的补植及新造任务，完成自治区财政奖补资金90万元；全面完成了2018—2019年度森林保险植被恢复任务50920亩，完成中国人民保险股份有限公司乌兰察布分公司理赔资金138.6271万元；完成义务植树任务1000亩，5.6万株苗木栽植任务，完成旗县投资200万元；完成2020年中国绿化基金会"蚂蚁森林"项目15000亩，完成投资855万元；认真实施人工种草任务，按照上级下达的人工种草任务，依托国家生态建设项目，全旗共完成人工种草一年生牧草22万亩；落实2019年退化草原生态修复试点项目，在查干补力格苏木巴音嘎查种植驼绒藜0.8万亩，项目其他建设任务正在落实中，其中包括退化打草场、退化放牧场、严重沙化草场等项目建设面积14.8万亩；草原固定监测项目，草原固定监测点基础设施建设设备安装已完成，完成了全旗5月份牧草返青的测报工作和6、7、8月份牧草长势监测和牧草生产力监测，及9月份牧草的枯草期监测，全年共完成了10次的监测工作，及时为自治区提供监测数据，为编制全区牧草返青分析报告和长势情况提供了第一手资料，为畜牧业生产提供了依据。全旗森林抚育（灌木林平茬）工程建设补贴项目7万亩，已全部完成。

【工业】 2020年，全旗21户规模以上工业企业完成工业产值24.6亿元，同比增长5.19%，完成工业增加值7.38亿元，完成工业固定资产投资4.83亿元。社会消费品零售总额同比下降6.2%。完成外贸进出口额615.14万美元，同比增长231.64万美元。

2020年，工业重点项目5项（新建3项，续建2项），项目计划总投资404.4亿元，其中固定资产投资393.3亿元。2020年计划完成投资156亿元，累计完成投资4.83亿元，完成2020年度计划3%。

【商贸流通】 多措并举做好市场保供工作。建立市场监测预警，启动生活必需品市场监测日报制度，选择大型商超企业、粮油批发网点、蔬菜批发网点、方便食品配送供应企业作为样本监测企业，实时了解市场供应和价格情况，及时研判、调度市场货源供应，保障主要生活必需品市场供应不脱销、不断档。

2020年，确立商贸重点项目2项，分别是国通仓储物流园区项目和港原维多利购物中心项目（新建1项，续建1项），项目总投资8.3亿元，其中国通仓储物流园区总投资5.5亿元，截至年底项目主体框架全部完工，仍需完善消防工程及配套的基础设施。

全年完成外贸进出口额615.14万美元，主要包含内蒙古永和氟化工有限公司出口额493.6万美元，出口产品以二氟乙烷为主。四子王旗景欣农业股份有限公司出口额121.54万美元，出口产品为鹦鹉世家品牌葵花籽，主要出口土耳其、迪拜、中东、黎巴嫩等国家。

旗电子商务公共服务中心、仓储物流分拨中心、36个电商服务站、5个旅游电商服务站已全部投入运营。

【交通】 国道331线（艾勒格庙—乌华敖包段）二级公路，全长112.5公里，建设总投资7.83亿元，10月底全线建成通车。格根塔拉—红格尔苏木三级公路改造工程32.165公里，建设投资3448.89万元。

按照行业扶贫标准，完成了全旗121个嘎查村100%通沥青水泥路、通班车的"两通"目标。

【民政】 完善了特困供养、临时救助、城乡低保等社会救助制度，共救助城镇低保3153户4509人，发放城镇低保资金2842.4万元；救助农牧区低保23229户34721人，发放救助资金11897.3万元；为1537名分散供养特困人员、70名集中供养特困人员、65名三无人员，发放生活补贴841.7万元，护理补贴205万元；为16名孤儿发放生活补贴23万元；为178名困境儿童发放生活补贴金117.4万元；为5757名困难残疾人发放生活补贴669.3万元，为3645名重度残疾人发放护理补贴421.9万元；为4747名高龄老人发放高龄津贴561.9万元；为315名享受"三民"待遇人员发放资金434.8万元。

提高各类民政服务对象保障标准，进一步加大社会救助力度，切实做到了保民生、兜底线。城镇低保保障标准达到每人每月662元；农牧区低保保障标准达到每人每年4700元。城镇特困对象分散供养标准达到每人每月861元，农村牧区特困对象分散供养标准对象达到每人每年6240元，集中供养标准达到每人每年8000元，实行了特困人员分级照料护理补贴制度，特困人员中半护理、全护理对象照料护理补贴标准分别为每人每月403元和1047元。

【社会保障】 截至2020年12月底，参保人数达到11447人，其中企业2320人，续保个体工商户和灵活就业人员9127人，基金收入8669万元；参保离退休职工及遗属11310人（其中：退休10944人，遗属366人），共发放养老金34903万元；按照阶段性减免相关政策规定，2—12月减免95家企业职工养老保险费1356万元。

【防疫抗疫】 2020年，在新型冠状病毒感染的肺炎疫情抗击和防控中，四子王旗将城镇防控和牧区防控一并抓紧抓强，以社会面管控为着力点，在做好城镇社区疫情防控工作的同时，组织各苏木乡镇党委、政府及时采取牧区疫情防控措施，并号召倡议嘎查网格员等基层综治力量开展辖区防控宣传、人员排查登记、情况收集报告等具体行动，全方位落实疫情防控措施，确保防控工作不留死角。依法严厉打击各类涉疫违法行为，确保防控措施及时有效落实。

（尹光伟）

丰镇市

【概况】 丰镇市位于内蒙古自治区中南部，面积2722平方公里，辖3个乡、5个镇、5个街道办事处，总人口34万，其中城区人口13.7万。有汉族、蒙古族、回族、满族等15个民族，少数民族约5700人。是京津冀经济圈、呼包鄂乌经济圈和蒙晋冀（乌大张）经济合作区的重要节点城市。京包、大准两条铁路和二广高速、208国道、512国道及已开工建设的集大原高铁贯穿市境。丰镇地处温带大陆季风气候区，属半干旱和半湿润交错地带，年平均气温5.09℃，最热月为7月份，平均气温为20.4℃。境内地下水充足、水位较高，饮马河、黑河作为永定河上游流域，贯穿丰镇市全境。年日照时数为2800小时～3100小时，年平均湿度为40%～60%，年平均风速3米/秒。已探明地下矿藏27种，主要有玄武岩、辉绿岩（丰镇黑）、石墨、铁、银等。全市森林覆盖率和林草覆盖度分别达到23%和35%。2020年，丰镇市地区生产总值完成88亿元，增长3.5%；公共预算收入完成4.56亿元；规模以上工业增加值增长6%左右，固定资产投资完成26亿元，增长13%左右；社会消费品零售总额达到22亿元；城乡居民人均可支配收入分别达到32135元和15289元，增长2%和8.1%。

【农业】 2020年，全市农作物播种面积完成81.8万亩，其中粮食作物68.1万亩，经济作物13.7万亩。粮食产量达到2.6亿斤。全市覆膜种植40万亩，全市化肥使用量1.1万吨，同比减少7.91%；农药使用量43.7吨，同比减少5%。投资2160万元，完成高标准农田建设任务1.8万亩。全市绿色农产品生产基地达到1953亩，有机农产品生产基地达到8480亩，认证绿色产品15个，有机产品36个，农产品地理标志1个。

土地确权签订合同面积86.1万亩、51592户，颁证51592本，完成了848个村民小组档案资料整理。完成全市91个行政村农村集体资产清产核资和村集体经济组织成员身份确认工作。共确认集体经济组织成员79747户196832人，成立91个村集体股份经济合作社，完成赋码登记和颁证工作，颁发赋码登记证91本。

2020年，政策性种植业参保面积71.47万亩，总保费1553.66万元，参保率87.4%。2020年赔付农作物受灾面积6.14万亩，总赔款714.24万元，赔付率45.97%。

【畜牧业】 截至2020年底，全市牲畜存栏51.46万头（只），其中牛5.22万头、肉羊38.36万只、生猪7.88万头，家禽29.18万羽；出栏肉牛1.22万头、肉羊69.11万只、肉猪11.48万口、肉禽10.00万羽；肉类总产量达到2.88万吨，禽蛋总产量达到0.18万吨，奶类总产量达到1.08万吨。2020年共完成大小畜品种改良13.32万头（只）。其中肉牛改良配种11320头；肉羊改良配种11万只；生猪改良配种1.2万头。实施畜禽粪污资源化利用整县推进项目，总投资4152.64万元，已完成投资2950万元，全市畜禽粪污综合利用率达到85%，规模养殖场粪污处理设施装备配套率达到97%。开展了春、秋两季重大动物疫病防控专项行动，畜禽口蹄疫免疫90万头、高致病性禽流感免疫105万羽，畜禽免疫密度达到100%。继续开展非洲猪瘟防控工作，全年排查生猪养殖场（户）6轮7120场（户）。设立G55高速入蒙生猪及生猪产品指定通道动物卫生监督丰镇检查站，检查运输车辆30台，检查生猪产品210吨。加强动物卫生监督，共检疫生猪10.8万头、家禽30万羽，对羊布病开展监测净化工作，共监测羊6.05万只，监测出布病阳性羊302只，全部进行无害化处理。

【林业】 完成国家重点林业项目京津风沙源治理二期工程1.123万亩，其中人工乔木造林0.373万亩，人工灌木造林0.15万亩，封山育林0.3万亩。完成2020年京津风沙源治理二期工程草原项目，贮草棚5000平方米。实施地方重点区域绿化工程0.787万亩。完成第二批造林补贴项目2.4万亩（森林质量精准提升工程）。完成特色经济林建设2.2万亩。完成森林抚育项目2万亩（地方投资抚育任务2万亩）。完成蚂蚁森林中国绿化基金会合作造林内蒙古丰镇市沙棘造林项目200万穴。

【水利】 2020年，丰镇市成为水利部公布的国家第三批县域节水型社会达标旗县。截至2020年底，全市完成取水许可审批62家，审批许可水量971.28万立方米，其中再生水631万立方米、地下水340.28万立方米。全年核定地下水取水量482万立方米，征收水资源税1003万元。确定元山子乡孟县营村为农业水价综合改革试点。加快推进重点水利工程建设，积极争取头道沟水库工程新建项目。完成京津风沙源治理二期工程和国家水土保持重点建设工程小流域综合治理面积35平方公里。完成官屯堡乡元山子村和红砂坝镇温家村苦咸水改水工程，共解决了176户380人的饮水水质问题。全市河长增至112人，河长公示牌更新至62块，河长制体系更加完善。

【工业】 实施投资3000万元以上工业重点项目17项，其中投资10亿元以上6项，亿元以上10亿元以下10项，亿元以下1项。总投资165.9亿元，固定资产投资141.7亿元，全年完成固定资产投资20.5亿元。新太元高碳铬铁正式投产，合金产业转型升级迈出实质性步伐；上泰热轧卷切钢板和无缝钢管深加工、航丰特钢和轧辊铸件项目投产，延长了合金产业链，增加了产品附加值；普泽矿棉和隔音板项目建成投产，瑞志电炉尾气制甲醇、普泽余热发电项目稳步推进，有力推动合金产业循环发展、绿色发展。实施了园区污水处理厂提标改造、中水管网等工程，实现了园区企业全部使用中水、外排污水全部回用，园区基础设施和支撑发展能力得到极大提升，工业经济综合实力显著增强。2020年，全市47户规模以上企业共完成现价产值252亿元，实现销售收入272亿元。

【城镇建设】 投资3303万元，实施污水处理厂提标改造项目；投资1851.54万元，实施了6个老旧小区改造工程；投资616.6291万元，对6条街道进行人行道维修；投资227.3216万元，维修北山上坡道路和体育场路；投资384.9062万元，维修城区14栋楼房女儿墙；投资260.8万元，实施雨污水、照明设施维修工程；投资147.1347万元，实施食品园区供水管网工程；投资266.6571万元，实施雨污水管网分流项目。投资685万元，实施污泥处置工程；投资3400万元，实施北桥洞泵站及管网建设、南泵站改造和南桥洞泵站及管网建设项目。2020年，房地产开发项目15个，总投资13.21亿元，累计完成投资额7.74亿元，2020年完成投资5.2亿元。

【环境保护】 实施10项有针对性的水质改善措施改善黑河水质，实现国控堡子湾断面水质稳定达标，由2019年劣Ⅴ类扭转为Ⅳ类，完成了“十三五”期末达到国家地表水Ⅴ类限值，排名全国水环境质量变化第11名。打好“蓝天、碧水、净土”三大保卫战，完成乌兰察布市环境质量改善提升综合整治工作组对丰镇生态环境问题巡回督导检查整改，完成率85.18%。开展石材开采加工企业、散煤经销和“散乱污”企业综合整治工作，关停巨宝庄镇石材加工企业，取缔五台洼和云丰路两处散煤经销点，腾退土地500多亩。建成区10蒸吨以下燃煤锅炉完成淘汰整改，加油站双层罐完成改造。

【交通】 总投资518万元，完成X581集宁至镇川堡、C014南瓦窑至新五号“油返砂”路段17.7公里。完成55公里县乡道路安全生命防护工程，新建X581五福屯小桥一座，总投资达462万元。截至2020年底，全市8个乡镇1个涉农办事处全部建有客运站，道路通畅率100%；境内农村公路通车里程达965公里；91个行政村全部开通客运班车，实现了“村村通公路、村村通客车”目标。

【电信】 2020年，中国移动丰镇分公司实现移动4G网络全覆盖，5G网络局部覆盖，5G用户规模达到1万余户。全年累计开通宽带小区100余个，新装宽带4000余户。实现乡政府所在地全覆盖。丰镇电信丰镇分公司网基站总数达到73个，农村宽带覆盖用户5000户，城区覆盖小区151个，覆盖户数达4.8万户，可提供ADSL、LAN、XPON等多种接入方式，具备多线接入能力，软、硬件平台可满足宽带接入用户的需求。

【贸易】 2020年，社会消费品零售总额22亿元，受疫情影响同比下降6.1%，总量居乌兰察布市第二位。外贸进出口贸易运行平稳，有进出口业务的企业共5家，全年外贸进出口总额1600万美元，同比增长8.25%。全年开工商贸物流重点项目3项，总投资2.43亿元，完成投资2.37亿元。全年电商交易额达到6.3亿元。

【旅游】 2020年，隆盛庄特色小镇项目基础设施建设有序推进。隆盛庄月饼小镇被列入内蒙古自治区第二批特色小镇高质量发展培育名单。巨宝庄镇绿康源乡村乐园2020年总投资800万元，新建了5000平方米农耕农活体验区和2000平方米乡村民宿。

【服务业】 全市新增市场主体1946户，其中企业新增406户，个体工商户新增1511户，农民专业合作社新增29户，同比分别增长7.45%、7.12%、7.16%、31.8%。全市有各类市场主体13469户，其中内资企业2437户，个体工商户10432户，农民专业合作社600户。全市有食品生产企业23家，食品加工小作坊224家，食品流通单位1042家，餐饮服务单位979家，药品批发企业1家，药品经营连锁总部2家，药品零售企业（含连锁门店）111家，医疗器械批发企业1家，医疗器械专营店3家。

2020年，全市注册登记各类企业443户，注册资本187605万元，从业人数1523人；农民专业合作社35户，注册资本6840万元，从业人数149人；个体工商户1730户，注册资本23826万元，从业人数3459人。

【金融】 丰镇市共有金融机构11家，包括中国人民银行、银监分局办事处和9家银行业金融机构，共有金融机构网点44个。至2020年末，丰镇市存款余额1288973万元，贷款余额682513万元，存贷比53%。内蒙古股权交易中心丰镇工作站成立。内蒙古爱立特纺织股份有限公司在内蒙古股权交易中心科创板挂牌。丰镇市海鹏食品股份有限公司、内蒙古格琳诺尔生物有限公司在内蒙古股交中心孵化板挂牌。内蒙古中泰农旅投资有限公司、丰镇市珍佰农业有限公司在内蒙古股交中心融资板挂牌。内蒙古康美食品有限责任公司、丰镇市麦拉琪食品有限责任公司等12家企业在内蒙古股交中心展示板挂牌。

【科技】 成功申报立项国家“三区人才”计划，自治区、乌兰察布市两级科技成果转化、应用技术研究与开发项目等各类科技项目18项，争取项目资金633.4万元；获批2家自治区企业研发中心，3家自治区科技型中小企业；为7家公司认定了“国家高新技术企业”，全市国家高新技术企业达到15家。申报了“丰镇市巨宝庄镇番茄小镇”科技项目，在50个贫困村和重点农牧业企业、合作社开展技术服务，引进奶绵羊、马铃薯、蔬菜、杂粮等51个新品种，应用推广耕地保护与质量提升等18项新技术。15家企业与区内外20多家大专院校、科研院所建立了企校合作关系。

【教育】 2020年，全市共有小学20所，初级中学4所，普通高中2所，职业高中1所，九年一贯制学校1所，业余体育学校1所，特殊教育学校1所，教师进修学校1所，幼儿园29所。全市共有在校学生21271人，其中幼儿教育阶段3328人，义务教育阶段15510人，高中阶段2433人。全市中小学、幼儿园教职工总数3080人，其中专任教师1931人。全市高考上线187人，上线率达21.54%。

全年累计引进60名青年教师，实现中小幼各学段、各科目全覆盖。审批幼儿园2所，清理整顿未审批民办幼儿园10所，学前教育入园率达96.88%。通过随班就读、送教上门、念特教班等形式，使153名残疾儿童全部接受义务教育。全年累计救助大中小学贫困生1621人次，落实教育精准扶贫资金278.731万元。

【文化】 认定了丰镇市业余“耍孩儿”传统戏剧和丰镇市“皮雕技艺”传统技艺两项新的旗县级非物质文化遗产项目和两名项目传承人。繁荣发展乌兰牧骑事业，开工建设占地面积约为1465平方米的丰镇市乌兰牧骑基础设施标准化项目。图书馆新增图书2.6

万册。文体活动中心新增群众文化活动场地1000平方米。

【卫生】 城乡基本公共卫生服务常住人口数242155人，建立城乡居民健康电子档案19.5万份，建档率80.72%；65岁以上老年人32771人，接受健康管理老年人24578人，健康管理率达75%。两所公立医院与各乡镇卫生院分别成立医共体医院，组建家庭医生团队，贫困人群和计生特殊家庭签约率100%。药品采购实行“两票制”，有效降低药品价格。

为乡镇卫生院招聘专业技术人才87人，对市医院、中蒙医院符合要求的61名专业技术人员转为人事备案、财政供养人员。市医院完成危重孕产妇和新生儿抢救中心标准化建设。丰镇市中蒙医院成立自治区名老中医工作室。建成3所PCR实验室。

【体育】 推动社会体育各类组织规范化，各种活动场所安全化。排查全市社会体育场6所，公园健身场地3处，社区健身活动场地21处，体育健身器械266处。举行了丰镇市2020年全民健身日活动和丰镇市自行车协会启动仪式，组织参加了乌兰察布市健身操、太极拳交流比赛。参加了2020年内蒙古自治区百县健身气功比赛。高中男女足球队分获乌兰察布市“市长杯”足球赛高中组冠亚军，初中女子足球队获亚军。

【社会保障】 全市农村低保共26759户、42871人；城镇低保11998户，共21197人。全市150名困境儿童，86名孤儿，农村五保，城市三无人员各类救助基本得到了保障。重度残疾人和困难残疾人补贴分别发放476万元、636.6万元。全市享受高龄津贴老年人8219人。

全面落实“稳就业”政策措施，城镇新增就业2392人，城镇登记失业率控制在3.9%以内。全年共为失业人员发放失业保险金149.72万元，实现就业困难人员就业455人，确保城镇零就业家庭动态为零。

城镇职工养老保险参保人数达到15005人，其中企业7743人，续保个体工商户和灵活就业人员7262人，基金收入1.35亿元；参保离退休职工及遗属24307人，全年共发放养老金6.6亿元。城乡居民基本养老保险参保人数120088人，应缴费51622人，征缴养老保险费2935万元，符合享受待遇人数48291人，全年累计发放养老金9613.4万元。全市机关事业单位已参保150户，参保人数13469人，其中在职8415人，退休5054人。基金收入累计1.5亿元。工伤保险参保企业150家，参保人数1.03万人。

（韩雪滨）

鄂尔多斯市

【概况】 鄂尔多斯市，位于内蒙古自治区西南部，是一个多民族地区，域内居住生活着汉族、蒙古族、满族、回族等42个民族，常住人口215.56万人。总面积8.7万平方公里，西北东三面为黄河环绕，南临古长城，毗邻晋陕宁三省区，辖2区7旗。"鄂尔多斯"为蒙古语，意为"众多的宫殿"。地势呈西北高东南低，北部黄河冲积平原区、东部丘陵沟壑区、中南部库布其沙漠、毛乌素沙区，西部坡状高原区。环境气候良好，夏季平均气温21℃，冬季平均气温-6.6℃，年均降雨量341毫米，蓝天比例高达61.6%，设国家级自然保护区2个。鄂尔多斯资源富集，已探明矿藏50多种，是国家重要的能源基地。煤炭探明储量2102亿吨，约占全国的1/6，内蒙古的1/2，预测总储量在1万亿吨以上。天然气探明储量4.9万亿立方米，约占全国的1/3。盛产被称为"纤维宝石"和"软黄金"的阿尔巴斯白山羊绒，全市羊绒制品产量约占全国的1/3、世界的1/4。高岭土，天然碱，食盐，芒硝，石膏，石灰石，紫砂陶土等资源储量巨大。全市耕地总面积413334公顷，其中有效灌溉面积245334公顷，草原总面积6523467公顷，其中可利用草原5825467公顷。

2020年，全市完成地区生产总值3533.66亿元，按可比价计算，比2019年下降2.9%。产业类分，第一产业增加值135.66亿元，同比增长3.1%；第二产业增加值2005.51亿元，同比下降6.0%；第三产业增加值1392.48亿元，同比增长1.3%。三次产业结构由2019年的3.5∶58.0∶38.5转变为3.8∶56.8∶39.4。全市一般公共预算收入464.9亿元，同比下降7.2%。其中，税收收入350.3亿元，占公共财政预算收入75.3%；非税收入114.6亿元，占公共财政预算收入的24.7%。全市一般公共预算支出663.7亿元，同比增长5.7%。年内，全市城镇新增就业22614人，失业人员再就业2759人，就业困难人员再就业3115人。年末全市城镇实有登记失业人员27164人。城镇登记失业率为3.02%，比2019年增长0.17个百分点。全市主城区居民消费价格总水平比2019年同期上涨2.0%。

【农业】 全年现价农林牧渔及服务业总产值230.3亿元，按可比价格计算比2019年增长3.3%。其中，农业产值132.4亿元；林业产值6.7亿元；牧业产值84.8亿元；渔业产值2.2亿元；农林牧渔服务业产值4.2亿元。全市农作物总播种面积466.8千公顷。其中粮食作物播种面积316.5千公顷，经济作物播种面积150.3千公顷。油料播种面积41.2千公顷，蔬菜及食用菌播种面积11.8千公顷。全年粮食总产量196.5万吨，同比增长3.5%；油料产量10.0万吨，同比下降18.1%；甜菜产量3.6万吨，同比增长222.9%；蔬菜及食用菌产量43.9万吨，同比下降14.0%。全市拥有农业机械总动力270.9万千瓦，同比增长6.7%。拥有大中型拖拉机2.5万台，同比增长11.6%；排灌机械6.7万台（套），同比增长5.5%。

【工业】 截至2020年底，规模以上工业企业459家，较2019年增加31家。规模以上工业总产值同比下降5.8%；销售产值同比下降0.7%；工业产品产销率100.0%。全年规模以上工业增加值按可比价比2019年下降6.0%。全年规模以上工业企业实现营业收入3834.8亿元，同比下降8.4%；利润总额600.8亿元，同比下降21%。亏损企业115家，比2019年增加1家。企业亏损面25.1%，比2019年末下降3.2个百分点；亏损企业亏损额83.2亿元，同比增长40.6%。全市六成以上的工业产品保持增长态势。主要工业产品精甲醇、聚乙烯，铁合金等40种产品保持增长，汽车、钢材等30种产品为下降态势。全市全社会原煤产量65834.3万吨，同比下降8.7%；全社会发电量1242.2亿千瓦时，同比增长8.8%；精甲醇832.3万吨，增长10.6%；聚乙烯129万吨，增长9.1%；聚丙烯137.2万吨，增长10%；乙二醇61.9万吨，增长53.5%；PVC225.1万吨，增长32%；石墨及碳素制品5.6万吨，同比下降3.1%；液晶显示屏6559万片，同比下降17%；汽车28959辆，同比下降0.1%。

【服务业】 全年服务业增加值为1392.48亿元，同比增长1.3%。批发和零售业增加值226.5亿元，同比下降2.8%；住宿和餐饮业增加值58.1亿元，同比下降11.9%；交通运输、仓储和邮政业增加值254.1亿元，同比下降2.1%；金融业增加值125.2亿元，同比下降2.6%；房地产业增加值146.6亿元，同比增长9.5%。全年规模以上服务业企业实现营业收入347.8亿元，同比下降5.3%。

【建筑业】 年末全市具有资质等级的建筑施工企业188个，全年总承包和专业承包建筑业总产值119.2亿元，同比下降12.6%，竣工产值75.3亿元，同比增长54.6%。建筑业企业房屋建筑施工面积246.1万平方米，同比增长58.6%；竣工面积138.8万平方米，同比增长67.2%。全市房地产投资同比增长89.3%。其中，商品住宅同比增长121.1%；商业营用房同比增长9.4%。房屋施工面积2179万平方米，同比增长63.9%，房屋竣工面积45.3万平方米，同比增长91.2%。商品房销售面积89.8万平方米，同比增长73.9%，商品房销售额527545万元，同比增长98.9%。

【固定资产投资】 全市500万元以上固定资产投资同比增长6.0%。其中民间投资同比增长3.8%，民间投资占总投资比重44.9%。全市亿元以上项目258个，亿元以上项目投资额比2019年增长3.3%。三次产业投资，第一产业投资同比增长300.9%，第二产业投资同比下降8.8%，第三产业投资同比增长36.8%。

【国内贸易】 全市实现社会消费品零

售总额565.5亿元，比2019年下降5.7%。其中，城镇消费品零售额499.3亿元，同比下降5.8%，乡村消费品零售额66.2亿元，同比下降5.1%。

【对外经济】 全年利用外资新签项目数3个。实际使用外商直接投资9亿美元，同比下降25%。全市完成进出口总额46亿元（人民币，下同），同比下降19.5%。其中进口总额22亿元，同比下降15.4%；出口总额24亿元，同比下降22.9%。

【交通】 鄂尔多斯机场全年共营运航线49条，通航城市50个。铁路通车里程2640公里；全市公路总里程24460公里，其中高速公路里程1311公里，公路网密度为28.2公里/百平方公里。全市铁路客运量252.1万人次，同比下降33.3%；货运量38167万吨，同比下降4.2%。全市公路客运量327万人次，同比下降39%；货运量23936.9万吨，同比下降2.0%。全市民航旅客吞吐量136.5万人次，同比下降49.4%；货邮吞吐量5012.1吨，同比下降50.1%。全市机动车拥有量75.1万辆，同比增长7.6%，其中新注册5.2万户。

【邮电】 全年实现邮电业务收入26.2亿元，同比增长4.4%。其中，邮政行业业务收入4.6亿元，同比增长21.1%；电信业务收入21.6亿元，增长1.4%。年末固定电话用13.7万户，移动电话用户265.6万户，宽带用户60.6万户。全市快递服务企业业务量累计完成1018.37万件，同比增长26.12%。

【金融】 全市共有银行法人机构27家，全辖银行营业网点676个，共有从业人员9861人。年末金融机构各项存款余额（人民币）4019.9亿元，同比增长0.1%。年末金融机构各项贷款余额3398.7亿元，同比增长4.5%。

全市保险公司中心支公司40家，中支以下各级保险机构252家。保险业实现保费收入78.7亿元，同比增长1.7%。各项赔付支出21.6亿元，同比增长18.7%。

【教育】 全市有普通高校4所，在校生14580人；普通中等专业学校1所，在校学生4345人；普通高中24所，在校学生29734人；普通初中54所，在校学生63557人；职业高中7所，在校学生8647人；普通小学141所，在校学生170742人；幼儿园346所，在园幼儿84883人；特殊教育学校3所，在校学生352人。各级各类学校（含幼儿园）共有在校生37.7万人。初中阶段毛入学率118.8%，高中阶段毛入学率99.1%。

【科技】 全市年内共取得各类科技成果78项，同比增长36.8%。全市全年授权专利总量2748件，有效发明专利654件。其中，发明专利授权117件；实用新型专利授权2385件。技术合同认定登记69项，成交金额12.9亿元。年内新认定国家高新技术企业57家，自治区级企业研究开发中心22家。

【文化】 全市拥有文化馆、群众艺术馆10个，组织文艺活动682场次，乡镇文化站52个，公共图书馆9个，博物馆22个，艺术表演团体9个，组织开展演出活动773场次。广播、电视综合覆盖率分别达到99.81%和99.66%。有线电视用户数达19.4万户，同比减少8.0%。全市直播卫星户户通用户达到9.5万户，地面数字电视用户达15.7万户。全市放映公益电影12226场次，观众人数达244万人次。

【旅游】 全市A级旅游景区46个，其中，国家AAAAA级旅游景区2个，AAAA级旅游景区27个，AAA级旅游景区10个。全市共有旅行社102家，其中具有出境经营权的旅行社6家。全市共接待旅游者1150.5万人次，同比下降33.7%，其中，接待入境旅游者0.16万人次。实现旅游收入327.3亿元，同比下降35.6%。

【卫生健康】 全市共有公立医院24家，社区卫生服务中心37个，社区卫生服务站65个，乡镇卫生院89个，村卫生室599个，疾病预防控制中心10个，妇幼保健机构9个，卫生监督所9个。公立医院床位数7495张，乡镇卫生院床位数1413张。卫生技术人员16950人，其中注册医师6671人，注册护士6647人。

【体育】 全市国家一级社会体育指导员453人，国家二级社会体育指导员1973人。年内成功承办4项省级重要体育赛事。全市9个旗区共有209个社区全民健身点，全民健身体系日趋完善。

【城市建设】 全市建成区面积277.01平方公里，道路面积6168.97万平方米。全市燃气普及率达94.56%，污水处理率达98.38%，生活垃圾无害化处理率为99.91%。全市建成区绿地率达41.23%，建成区绿化覆盖率达44.55%，人均公园绿地面积达32.66平方米。

【环境保护】 城市环境空气质量全年好于国家二级标准优良天数332天，污染34天，其中重度污染0天。全市城镇集中式饮用水源地的水质达标率100%。城镇区域环境噪声等效声级均值为48.8分贝，道路交通噪声等效声级均值为64.0分贝。全年共完成造林面积120.9千公顷，森林覆盖率27.3%，植被盖度稳定在70%以上。全市有各级自然保护区13个，其中国家级自然保护区3个，自治区级保护区有8个，旗县级保护区2个，总面积达942.5千公顷。

【人民生活】 抽样调查资料显示，全体居民人均可支配收入42374元，同比增长2.4%。全体居民人均消费性支出25438元，同比下降4.1%。按常住地分，城镇常住居民人均可支配收入达到50306元，同比增长1.1%。城镇居民人均消费性支出29002元，同比下降3.6%。农村牧区常住居民人均可支配收入为21576元，同比增长7.5%。农牧民人均生活消费支出16206元，同比下降2.1%。城镇居民家庭食品支出占家庭消费总支出的比重为15.2%，农村为19.1%。城镇居民人均住房建筑面积41.4平方米，农牧民人均住房面积43.5平方米。每百户城镇居民拥有家用汽车90.8辆，较2019年增长0.8%；每百户农牧民拥有家用汽车61.9辆，较2019年增长6.6%。

【社会保障】 全市参加城镇职工基本

养老保险53.5万人；参加城乡居民养老保险54.1人；参加城乡居民医疗保险117.4万人，职工医疗保险50.8万人；参加生育保险37.3万人；参加工伤保险38.8万人；参加失业保险29.9万人。年内企业离退休人员月人均养老金水平为3188元，城乡居民养老保险月人均养老金水平528元。全市享受城市最低生活保障5828人，享受农村最低生活保障21081人。城镇最低生活保障标准提高到每人每年9480元，农村最低生活保障标准提高到每人每年6720元。全市养老机构26家，床位2841张；民办养老机构42家，床位8854张。

（苏伦高娃）

东胜区

【概况】 东胜区位于内蒙古自治区鄂尔多斯市中部偏东，是鄂尔多斯市经济、科技、文化、金融、交通和信息中心，也是“呼包鄂”经济金三角重要一极。总面积2160平方公里，建成区面积78平方公里，辖3个镇、12个街道办事处、3个开发区，常住人口57.42万人，户籍人口27.39万人，有汉族、蒙古族、回族等21个民族，城镇化率94%。2020年，全区三产比例为0.2∶34.4∶65.4，完成地区生产总值702.2亿元；完成财政收入148.46亿元，其中完成一般公共财政预算收入54.02亿元；全区城镇常住居民人均可支配收入52111元。地区综合实力位居全国市辖区百强第45位，先后荣膺全国文明城市、国家卫生城市、中国人居环境建设示范区等十多项荣誉称号。

东胜区物产丰富，境内煤炭储量约639.18亿吨，煤层厚，埋藏浅，宜于斜井或平洞开采。依据东胜区第二轮矿产资源总体规划（2008—2015年）数据内容，砖瓦用黏土查明资源量约1007万立方米，石英砂储量达20万吨。东胜区森林总面积达7.34万公顷，其中乔木林地1.75万公顷，灌木林地5.6万公顷，森林覆盖率达33.77%。

【农业】 2020年，东胜区推荐申报区域公用品牌1个、企业品牌9个、产品品牌12个。推进新型经营主体发展，农村集体产权制度改革已基本完成，27个村全部成立了村集体股份经济合作社，15个村完成登记赋码工作，33家种养殖大户录入了全国家庭农牧场名录系统，培育了1家国家级农民合作社示范社、1家自治区级农民合作社示范社。粮食产量保持稳定，完成农作物播种面积4767公顷，其中玉米3234公顷、马铃薯714公顷、杂粮杂豆539公顷、蔬菜210公顷、其他农作物70公顷，总播面积较2019年增加77公顷，总产量较2019年基本持平。

【工业】 2020年，受新冠肺炎疫情影响，东胜区规模以上工业总产值同比下降12.9%，其中，重工业产值同比下降11.7%，轻工业产值同比下降29.2%。规模以上工业中，非煤工业产值占规模以上工业产值的比重达49.2%。全区55家规模以上工业企业实现主营业务收入520.4亿元，实现利润总额32.7亿元，产品销售率达101.4%。启动蒙泰2×66万千瓦热电联产项目，实施5座煤矿技改工程。全力以赴稳定煤炭生产销售，圆满完成秋冬季煤炭保供任务，煤炭总产能8680万吨，电力装机142万千瓦。以鄂尔多斯羊绒集团为龙头的绒纺企业组团联合发展，形成集原料、设计、生产、流通、销售于一体的完整产业链，年内收储原绒5000吨、产销羊绒制品600万件，获评“中国羊绒产业名城”。建成鄂尔多斯装备制造工业园区，构建汽车整车及零部件制造、能源装备制造、电子产品制造、节能环保和新材料五大产业链，累计完成固定资产投资888.4亿元，工业总产值1246.8亿元。

2020年，东胜区城镇常住居民人均可支配收入52111元，同比增长1.2%。其中，工资性收入32462元，同比增长0.7%；经营净收入8804元，同比增长3.4%；财产净收入5769元，同比增长1.1%；转移净收入5076元，同比增长1.3%。城镇常住居民人均消费支出31639元，同比下降0.5%。

（王莉）

康巴什区

【概况】 康巴什区位于鄂尔多斯中南部，属北温带半干旱大陆性气候区，与伊金霍洛旗隔河相望，距东胜主城区25公里，距成吉思汗陵旅游区15公里。与东胜区、伊金霍洛旗阿拉腾席热镇共同组成鄂尔多斯市城市核心区。康巴什区下辖4个街道办事处、19个社区，总面积372.55平方公里，建成区面积39.87平方公里。2020年，康巴什区完成地区生产总值（GDP）89.95亿元，按第四次全国经济普查修订数据后的同口径可比价格计算，同比增长5%。产业类分，第一产业增加值下降4.7%，第二产业增加值下降0.8%，第三产业增加值增长5.7%。三次产业的结构比为0∶10.2∶89.8。全年完成地方财政总收入18.6亿元，其中：一般公共预算收入完成7.6亿元，同比增长6.1%。一般公共预算支出19.4亿元，同比增长21.2%。截至2020年底，康巴什区常住人口118796人，其中户籍人口44529人，较2019年增长4556人，增长率为11.4%，其中，男性22401人，占户籍人口50.3%，女性22128人，占户籍人口49.7%。全年全社会固定资产投资同比增长95.3%。按三次产业投资看，第一产业投资占总投资比例为0%；第二产业投资占总投资比例为2.5%；第三产业投资占总投资比例为97.5%。全年规模以上工业企业增加值下降0.2%，规模以上工业企业总产值同比下降2.5%。发电量40亿千瓦时，同比上升5.3%。2020年8月，康巴什区入围“2020中国最具幸福感城市”候选城市名单。

【城市建设】 截至2020年底，全区建成区面积39.87平方公里，道路面积839.7万平方米，供热面积983.78万平方米。全区燃气普及率达100%。城镇污水集中处理率达到99.57%，生活垃圾无害化处理率达99.9%；全区具有资质等级的建筑施工企业10家，建筑业企业房屋建筑施工面积7万平方米。2020年，康巴区重点项目第八小学、实验小学新增教学楼、国防动员和民兵训练基地等项目完工投用；东纬三路、东经四路等项目稳步建设；北师大高中等25个项目办理前期手续，全年累计完成投资2亿元。2020年，对辖区湖滨路隔离带及两侧绿带，市府南、北街等主要道路和二号桥、四号桥、鄂尔多斯大街、天骄路等重要道路节点进行了景观提升，对伊克敖包、康镇、榆兰园及市财政局南绿地等多个公园及机关庭院进行品质化提升，全年改造提升景观面积86万平方米。全年栽植各类草花60余种，共计2033万株，盆花81万盆，打造立体花球、花柱、花树等172个；种植花田花海约105余公顷。2020年，水管网建设主要以主干道、公园、绿地、小区的延伸覆盖及支管网建设为主，铺设中水管网171.65公里（其中主管网56.6303公里、支管网115.02公里），完成泵房3座（分别为经二路泵站，经三路泵站，东康线泵站），中水覆盖绿化面积达到1053.66公顷。

【环境保护】 康巴什区2020年优良天数327天，污染33天，重度污染0天，优良率90.8%，较2019年提升4个百分点。城镇区域环境噪声等效声级昼间均值为47.1分贝，道路交通噪声等效声级昼间均值为62.4分贝。乌兰木伦景观湖、乌兰木伦景观湖出库断面、乌兰木伦河高家塔断面月均达到地表水III类。

【城市经济】 截至2020年底，康巴什区共有运营住宿网点59家，房间总数4151间，床位达到8074张，较2019年度增加38%，形成以星级酒店、商务快捷酒店为主导，小型宾馆为支撑的酒店住宿市场供应体系。餐饮网点达到662家，年内新增77家。各类批发零售商业网点达910家，年内新增11家。全年共组织80余场次促销活动，参与企业74家商户200余家，销售额约7000万元，截至年底，共销售轻油2.9万吨，销售总额2.19亿元，较2019年同期增加0.23万吨，增幅7.81%。共有电子商务企业11家，快递、物流网点45个，从业人员近400人。全年完成31个快递驿站网点布置，基本满足居民就近收发快递的需求。截至年底，快递进港量1509.8万件，出港量103.5万件，快递业营业额约2651万元。朋伙物流配送中心全面启动，入驻综合代理商15家，货品批发及四通一达快递、邮政、报业物流总部均已设点投递，配送货品4.5万余种，年寄递量达108万单。组织申报高新技术企业6家，自治区级科技项目6项，市级科技项目12项，完成4家市级科技计划项目验收工作，获批各级奖补资金147万元。举办科技系列活动4次，约200家企业和高校，近万人次参与活动。

【人民生活】 全年全体居民人均可支配收入48863元，同比增长1.3%。全体居民人均消费性支出28775元，同比下降2.8%。城镇常住居民人均可支配收入达到51909元，同比增长0.6%。城镇常住居民人均消费性支出30844元，同比下降2.1%。

（靳力）

达拉特旗

【概况】 达拉特旗位于内蒙古自治区西南部，黄河中游南岸，鄂尔多斯高原北端。北与包头市隔河相望，东南西分别与准格尔旗、东胜区、杭锦旗接壤。东西长133公里，南北宽66公里，总面积8188平方公里。全旗分布有9个镇、1个苏木，132个村；6个街道办事处。境内居住着汉族、蒙古族、回族、满族等民族。全旗户籍总人口372034人，比2019年减少27人，其中，少数民族19362人，占全旗总人口的比重为5.2%。城镇人口68503人，总人口的比重为18.41%。乡村人口303531人，总人口的比重为81.59%。2020年，实现地区生产总值319.7亿元，同比下降1.9%。产业类分：第一产业增加值44.87亿元，同比增长3.8%；第二产业增加值138.43亿元，同比下降4.7%，其中工业增加值112.68亿元，同比下降3.9%，建筑业增加值25.75亿元，同比下降8.4%；第三产业增加值136.4亿元，同比下降0.4%。地区生产总值中第一、二、三产业比例为14.0∶43.3∶42.7。有煤、芒硝、石英砂、耐火黏土、泥炭等。其中煤炭年产量3947.9万吨。全年总日照时长2935.4小时，总降水量359.1毫米，相对湿度53%。全年平均气温8.1度，年极端最高气温36.4度，年极端最低气温-25.3度。

全年现价农林牧渔及服务业总产值753603.97万元。牧业年度牲畜存栏237.7万头（只）。全年农作物机耕面积154490公顷，机播面积172354公顷，机电灌溉面积52500公顷，机械植保面积40600公顷，机收面积148631公顷。完成生态建设任务17850公顷。全年全部工业增加值112.68亿元，比2019年下降3.9%。

【人民生活】 居民人均可支配收入34164元，名义增长3.0%，全体居民人均消费性支出18665元，名义增长-6.0%；城镇常住居民人均可支配收入45098元，名义增长1.0%，城镇常住居民人均消费性支出23754元，名义增长-7.1%；农村牧区常住居民人均可支配收入20968元，名义增长6.5%，农村牧区常住居民人均消费性支出12561元，名义增长-0.4%。

（王昆）

准格尔旗

【概况】 准格尔旗地处蒙、晋、陕三省区交界地带，位于内蒙古自治区西南部、鄂尔多斯市东端，北、东、南分别与内蒙古自治区包头市土默特右旗，呼和浩特市托克托县、清水河县，山西省忻州市偏关县、河曲县隔黄河相望；南与陕西省榆林市府谷县为邻，西与内蒙古自治区鄂尔多斯市伊金霍洛旗、东胜区、达拉特旗相连。民族由汉族、蒙古族、回族、满族、藏族等15个民族构成。全旗常住人口359184人，常住人口中汉族人口为328360人，占91.42%；蒙古族人口为27267人，占7.59%；其他少数民族人口为3557人，占0.99%。总面积7550.7876平方公里，其中陆地7358.1522平方公里、水域192.6354平方公里。旗政府驻地薛家湾镇。2020年，完成地区生产总值751.9亿元，同比下降9.8%；一般公共预算收入82.7亿元，同比增长0.1%；全年一般公共预算支出86.78亿元，下降3.8%。固定资产投资增长4.2%，城乡居民人均可支配收入分别增长0.5%和5.7%。

2020年，全旗500万元以上固定资产投资同比增长4.2%。全旗亿元以上开工项目45个，比2019年增加6个，亿元以上项目投资比2019年增长6%。其中：第一产业投资同比下降76.1%，第二产业投资同比下降2%，第三产业投资同比增长28.7%。

2020年，农牧业生产稳中有进，一产增加值实现12.6亿元，同比增长2.8%。全年实现农林牧渔及服务业总产值21.31亿元。全旗完成农作物播种面积44325.45公顷。全年粮食总产量21.92万吨，同比下降0.1%。牧业年度全旗牲畜总数达到68.43万头（只），较2019年增加2.89万头（只）。

2020年，准格尔旗林业和生态建设实现森林面积、蓄积量双增长。截至年底，全旗森林总面积285936公顷，同比增长1.32%，全旗有疏林地795.9公顷，未成林造林地23388.75公顷，宜林地3949.05公顷，苗圃地1764公顷，无立木林地4440.45公顷，林业辅助生产用地537.6公顷，可以造林的宜林地块很少，尤其是集中连片地块。全年完成林业生态建设5341公顷，其中完成造林3941公顷、森林质量提升1400公顷。

2020年，准格尔旗有规模以上工业企业105家，全年规模以上工业总产值同比下降11.9%；销售产值同比下降11.3%；工业产品产销率100%。

【三大攻坚战】 准格尔旗三大攻坚战取得决定性成效。建立扶贫资产"三本台账"，累计形成扶贫资产3.59亿元。防范化解重大风险，争取地方政府新增债券5.5亿元，抗疫特别国债2亿元，连续三年超额完成政府隐性债务化解任务，拖欠民营企业、中小企业无分歧账款全部清偿。污染防治阶段性目标任务完成。

【人民生活】 全旗全体居民人均可支配收入41424元，同比增长1.9%。城镇常住居民人均可支配收入51380元，同比增长0.5%；农村牧区常住居民人均可支配收入20944元，同比增长5.7%。全旗全体居民人均消费性支出25444元，同比下降2.6%。城镇常住居民人均消费性支出30332元，同比下降2.2%；农村牧区常住居民人均消费性支出15239元，同比下降0.6%。

【疫情防控】 旗委、政府第一时间组织动员422个基层党组织、1.4万名党员干部群众构建联防联控、群防群控体系，举全旗之力打好疫情防控阻击战。严格落实"外防输入、精准预警"策略，3批次17名医务人员先后驰援湖北，复工复产、复市复学和重点人群疫苗接种有序开展，疑似、确诊病例始终保持"双零"状态。

（李海峰）

鄂托克前旗

【概况】 鄂托克前旗于1980年建旗，位于鄂尔多斯市西南部，地处蒙陕宁三省区交界，地理坐标北纬37°38′～38°45′，东经105°31′～108°30′。2020年，全旗土地总面积1.222万平方千米，其中耕地面积222.63平方千米、林地面积2540.57平方千米、草场面积7506.36平方千米，主要由毛乌素沙地和鄂尔多斯梁地两大地貌构成，属中温带干旱、半干旱大陆性气候，平均海拔在1300～1400米之间，全年降水量204.0毫米（年平均254.3毫米），无霜期163天（年平均161天）。全旗辖1个自治区重点工业园区、4个镇、68个嘎查村、17个社区。年末户籍总人口81687人，其中，城镇人口24244人，乡村人口57443人。其中，男性人口41031人，占总人口的50.2%；女性人口40656人，占总人口的49.8%。汉族人口57329人，占总人口的70.2%；蒙古族人口24209人，占总人口的29.6%；其他少数民族149人，占总人口的0.2%。

境内探明煤炭储量143亿吨，天然气探明储量8620亿立方米，石油分布面积2800平方千米。盐、芒硝、石膏、方沸石、优质紫砂陶土等储量丰富。全年接待游客68.9万人次、同比增长46.5%，实现旅游综合收入21.4亿元、同比增长45.2%。公共文化服务设施设置率、覆盖率和公共文化服务受益率均达到100%。全旗拥有国家三级文化馆（群众艺术馆）、国家一级图书馆各1个，镇综合文化站4个，嘎查村文化室68个；规模性民间文艺组织36个，示范文化户184户，草原书屋86个；国家级文物保护单位2个，文物遗址113处。2020年，完成地区生产总值140.5亿元，增长2.1%；三次产业比例为11.0∶59.8∶29.2；规模以上工业增加值增长5.2%；固定资产投资增长5.0%；社会消费品零售总额下降6.4%；公共财政预算收入11.9亿元，同比增长0.2%；全体居民人均可支配收入为37123元、同比增长3.3%，人均生活消费性支出22292元、同比下降8.2%；城乡常住居民人均可支配收入分别达到48403元和22223元，分别增长1.1%和8.3%。

【农业】 2020年，一产产值达26.18亿元，同比增长10.5%。农牧民年人均可支配收入达22223元，同比增长8.3%。全旗农作物播种面积53626.7公顷，粮食作物总播面积25236公顷，经济作物播种面积28390.7公顷，油料播种面积96.8公顷。蔬菜及食用菌播种面积1908公顷。粮经比例优化为47∶53。粮食产量117154.5吨，同比增长4.64%；油料产量325.3吨，蔬菜产量65244.4吨，水果（含果用瓜）产量122227.5吨。牲畜存栏头数126.5万头（只），同比增长14%。其中，生猪存栏1.1万头，牛存栏5.5万头，羊存栏 119.7 万只。

【生态建设】 全旗森林总面积 293937 公顷，森林覆盖率 24.05%。森林管护面积 513647 公顷，其中国有林面积 7627 公顷、集体（个体）所有林面积 506020 公顷。全旗林业用地面积 598497 公顷。至 2020 年，鄂托克前旗累计造林 222806.67 公顷，其中人工造林 80833.33 公顷、飞播造林 96000 公顷、封沙育林 24000 公顷、退化林分改造 10007 公顷、森林抚育 3934 公顷和森林保险 699 公顷。

2020 年，全旗天然草原平均覆盖度 33.67%，草群平均高度 21.24 厘米，总产草量 39.59827 吨。2020 年，全旗应确权草原面积 114.55 万公顷，颁发农牧民草原承包权证、草原经营权证书 5929 个，68 嘎查，13412 户，涉及草原面积 112.26 万公顷，颁证率为 98%。全旗落实新一轮草原生态保护补助奖励机制总面积 99.12 万公顷，其中禁牧面积 27.96 万公顷，草畜平衡面积 71.16 万公顷，发放草原生态补奖资金 4934.27 万元。

【脱贫攻坚】 2020 年入库项目 68 个，按照择优实施的原则，投入市级产业扶贫资金 1511 万元、旗本级配套 600 万元，重点支持敖镇易地搬迁产业扶贫农产品深加工、上海庙镇果蔬冷藏保鲜一体化、城川镇大池村特色养殖、城川嘎查农副产品包装和昂素镇饲料加工及育肥羊养殖示范 5 个项目建设，与全旗 663 个建档立卡贫困户建立紧密的利益联结，以一镇一业、一村一品，推动脱贫攻坚与乡村振兴有机结合，促进贫困户产业结构调整，提升减贫带贫效益。

为每名建档立卡贫困人口补助或代缴医保参保费用 255 元，贫困人口基本医疗参保全覆盖；实施健康扶贫“三个一批”行动计划，贫困人口门诊慢性病实际报销比例 80% 左右，大病和重特大病住院实际报销比例 90% 以上。全面核查全旗建档立卡贫困家庭子女教育情况，贫困学生建档立卡率 100%，累计向各教育阶段建档立卡、农村低保、特困供养和残疾等四类学生发放教育补贴 326 人次 235 万元，未发生因贫失学、辍学问题。对全旗 663 户 1744 名建档立卡贫困户、5 户 15 名建档立卡边缘户和 1 户 1 人重点监测户逐户逐人逐项核查其家庭情况，将符合救助条件的 172 户 331 人建档立卡贫困户纳入低保范围，实现应保尽保、应救尽救。

【生态环境】 全年鄂托克前旗入选第四批国家生态文明建设示范县；完成整改 2016 年中央环保督察、2017 年自治区生态环境大检查和 2018 年中央环保督察“回头看”反馈问题共计 38 项；落实 2020 年自治区第二生态环境保护督察组转办信访问题 12 项，完成整改 10 项，持续推进 2 项。

鄂托克前旗空气质量共监测 366 天，有效天数为 355 天，空气质量优良以上天数比例为 94.1%，较 2019 年同期提高 0.5 个百分点；PM2.5 平均浓度为 24 微克 / 立方米，较 2019 年同期下降 4 微克 / 立方米。完成燃煤锅炉改造企业 1 家和粉状物料堆场全封闭建设企业 1 家；检查油品质量 2 批次，完成总量初审项目 9 个。完成城川镇和昂素镇污水处理厂建设，建成 5 个建制村的生活污水治理项目，完成 3 个集中式饮用水水源地水质年度监测任务。

【人民生活】 2020 年，公共财政预算支出的 52% 以上用于民生事业，贫困户人均纯收入同比提高 21.81%，贫困发生率下降为零。城乡常住居民人均可支配收入分别达到 48403 元和 22223 元，分别增长 1.1% 和 8.3%。

【红色培训教育基地建设】 2020 年，鄂托克前旗修复建设以延安民族学院城川纪念馆为核心，以三段地革命历史纪念馆、阳早寒春三边牧场陈列馆、城川红色国际秘密交通站陈列馆、王震井纪念园、滴哨沟战场纪念园、马良诚顾寿山烈士陵园、中国百年民族理论民族政策场景式教学馆、鄂尔多斯国防教育展馆等 8 个现场教学点为补充的“一核引领、多点联动”的红色教育基地布局。在提升原有教育培训功能的基础上，按照研学、实训、拓展、体验的标准化要求，打造集党性教育、国防教育、爱国主义教育、青少年素质拓展、应急救援培训等为一体的综合性拓展训练基地，作为红色教育基地的补充，进一步丰富红色教育培训的多样性。突出红色教育培训的创新性、实训性、实践性，围绕基层党建、脱贫攻坚、乡村振兴、生态保护、民族团结等主题，在各镇打造实践教学点、红色研学户 58 家，引导学员贴近群众，了解基层，学用结合。全年累计接待游客突破 130 万人次，实现教育培训和红色旅游收入近 40 亿元。2020 年，鄂托克前旗红色培训教育基地承接内蒙古自治区、北京、广西、海南、深圳、新疆、陕西等地的干部教育培训主体班次 444 期 19274 人次，其中城川民族干部学院承接主体培训班 133 期 6088 人次，旗内承接干部主体培训班 211 期 8675 人、青少年研学班次 100 期 4511 人，共接待游客 12.5 万人次。

（田军）

鄂托克旗

【概况】 鄂托克旗位于内蒙古自治区鄂尔多斯市西部，地处北纬 38° 18′ ～ 40° 11′ 之间，东经 106° 41′ ～ 108° 54′，东邻杭锦旗，西连宁夏平罗县陶乐镇并与石嘴山市和阿拉善盟隔河相望，南接乌审旗，西北界乌海市，是鄂尔多斯高原的重要组成部分。全旗南北长 209 公里，东西宽 188 公里，总面积 2.1 万平方公里。下辖 6 个苏木镇、75 个嘎查村、363 个自然村；两个自治区重点工业园区、两个国家级自然保护区。总人口 16 万。由汉族、蒙古族、满族、回族、朝鲜族、达斡尔族、维吾尔族、鄂温克族、壮族、苗族、藏族、土家族、彝族等多个民族组成构成。以畜牧业为基础、工业占主导的多元产业集中区。2020 年，全旗完成地区生产总值 373.04 亿元，同比增长 3.6%。产业类分，第一产业增加值 10.23 亿元，同比增长 2.7%；第二产业增加值

276.83亿元，同比增长4.8%；第三产业增加值85.98亿元，同比增长0.1%。三次产业占比为2.7∶74.2∶23.1；人均地区生产总值22.8万元，同比增长3.6%。全旗一般公共预算收入28.5亿元，同比增长1.3%。税收收入24.3亿元，同比增长0.6%，占比85.3%；非税收入4.2亿元，同比增长5.4%，占比14.7%。全旗累计完成一般公共预算支出44.4亿元，同比下降2.5%。其中：用于民生事业支出26.3亿元，同比下降1.8%，占一般公共预算支出的59.2%。

2020年，全旗农林牧渔及服务业总产值18.1亿元，按可比价格计算比2019年增长10%。全年粮食总产量126690吨，同比增长7.2%。油料产量4735.3吨，同比下降39.2%；蔬菜及食用菌产量2978.3吨，同比下降37.3%。2020年，全旗拥有农业机械总动力173808.91千瓦，同比增长5.94%。

2020年末，规模以上工业企业91户，较2019年增加7户，规模以上工业总产值同比增长2.1%，销售产值同比基本持平，工业产品产销率98.6%。

【环境保护】 2020年，城区环境空气质量全年优良天数336天，轻度污染天数12天，中度污染天数2天，无重度污染天。全旗森林覆盖率达到25.14%（2019年），草原平均植被覆盖度达到44.19%。2020年完成林业工程7770公顷，其中：完成天保工程人工造林350公顷，沙源工程人工造林350公顷，造林补贴项目3150公顷，地方工程造林420公顷，森林质量精准提升示范项目3500公顷。完成草原工程74774公顷，其中：完成沙源工程围栏建设49000公顷、飞播牧草7000公顷、棚圈建设50处，草原生态修复项目4634公顷（包括围栏封育3724公顷、柠条种植910公顷），多年生牧草种植140公顷，一年生牧草种植14000公顷。

【人民生活】 2020年抽样调查资料显示，全旗全体居民人均可支配收入38984元，同比增长2.7%。按常住地分，城镇常住居民人均可支配收入49594元，增长1.2%；农村牧区常住居民人均可支配收入21933元，增长8.3%，快于城镇7.1个百分点；城乡居民收入倍差2.26，较2019年缩小0.16。2020年，农村牧区居民人均经营净收入占可支配收入的59.3%，增速为22.5%。

（巴图巴根）

杭锦旗

【概况】 杭锦旗地处内蒙古自治区鄂尔多斯市西北部，东与达拉特旗、东胜区接壤，南与伊金霍洛旗、乌审旗为邻，西与鄂托克旗毗连，北与巴彦淖尔市隔黄河相望。地跨鄂尔多斯高原与河套平原，地理坐标位于北纬39°22′22″～40°52′47″、东经106°55′16″～109°16′08″。杭锦旗位于黄河“几”字湾南岸，黄河流经杭锦旗249公里，库布其沙漠横亘东西。杭锦旗总面积1.89万平方公里，辖2个工业园区、5个镇1个苏木、76个嘎查村、13个社区，总人口14.6万。由汉族、蒙古族、回族、满族、朝鲜族、达斡尔族、鄂温克族、鄂伦春族、壮族、藏族、锡伯族、苗族、土家族、彝族、维吾尔族等构成。北距鄂尔多斯机场100公里、包头机场200公里、中蒙边境甘其毛都口岸370公里。包兰铁路、乌锡铁路、塔韩铁路纵横交错，荣乌高速、京藏高速、S316、109国道、242国道、S24兴巴高速、S215一级公路等主干道贯穿全境。地势南高北低，东高西低。境内地形地貌由黄河冲积平原、沙地沙漠、波状高平原和砒砂岩丘陵镶嵌排列，具有明显的带状分布规律；北部是黄河南岸的冲积平原，平均宽度约10公里，地势平坦，海拔在1012米～1080米，西高东低，杭锦淖尔隆茂营村毛布拉格孔兑沟入黄河处，为杭锦旗最低点，海拔为1012米。中北部是横跨全旗的库布其沙漠，境内东西长180公里，南北宽40公里～70公里，面积为7668.50平方公里，占全旗土地总面积的40.54%，海拔1040米～1360米，西高东低，东南部为毛乌素沙地边缘，海拔为1193米～1550米，以固定和半固定沙丘为主，流动沙丘很少。截至2020年底，杭锦旗户籍人口142817人，总户数65261户。其中，城镇人口26531人，占总人口18.58%，农村人口116282人，占总人口81.42%。按性别分，男性72600人，占总人口50.83%；女性70217人，占总人口49.17%。杭锦旗是一个多民族地区，有19个民族，其中，汉族人口114750人，占总人口的80.35%；蒙古族人口27682人，占总人口19.38%；其他少数民族人口385人，占总人口的0.27%。2020年，杭锦旗地区生产总值完成128.83亿元，扣除价格因素，同比增长2.3%。一般公共预算收入6.2亿元，增长17.8%；固定资产投资增长5.1%；城乡常住居民人均可支配收入分别达到45525元、21520元，增长1.4%、7.5%。产业类分，第一产业完成24.25亿元，同比增长3.2%；第二产业完成57.41亿元，同比增长2.9%，其中：全部工业完成47.07亿元，同比下降3.8%，建筑业完成10.34亿元，同比增长54.2%；第三产业完成47.18亿元，同比增长1.3%。三次产业结构比例为18.8∶44.6∶36.6。

【农业】 全年农林牧渔及服务业总产值40.2亿元，其中，农业产值25.5亿元；林业产值1.4亿元；牧业产值12.5亿元；渔业产值0.3亿元；农林牧渔服务业产值0.5亿元。

农作物总播面积79786公顷，同比增长4.7%。粮食作物播种面积47523公顷，同比增长6.1%；粮食产量369300吨，同比增长0.1%。

2020年，规模以上工业企业34家，工业增加值按可比价同比下降2.7%，实现工业总产值162.43亿元，同比下降9.8%。完成销售产值162.92亿元，同比下降12.0%；工业产品产销率100.3%，产销衔接良好。规模以上工业企业实现主营业务收入180.42亿元，同比下降5.4%；利税总额4.15亿元，同比下降25.6%。亏损企业8户，比2019年增加3户，企业亏损面

21.6%。

【人民生活】 全年居民人均可支配收入实现34255元，同比增长3.5%。全年居民人均消费支出18608元，同比下降6.1%；其中食品消费支出占家庭消费总支出的比重为30.75%，每百户居民拥有家用汽车76辆，较2019年上涨10%。全年城镇常住居民人均可支配收入实现45525元，同比增长1.4%。全年城镇常住居民人均消费支出21496元，同比下降5.5%；其中食品消费支出占家庭消费总支出的比重为28%，每百户城镇居民拥有家用汽车95辆，较2019年上涨6.7%。全年农村牧区常住居民人均可支配收入实现21520元，同比增长7.5%。全年农村牧区常住居民人均生活消费支出15339元，同比下降5.2%；其中食品消费支出占家庭消费总支出的比重为36%，每百户农牧民拥有家用汽车56辆，较2019年增长16.7%。

【环境保护】 城市环境空气质量全年好于国家二级标准优良天数339天，其中：轻度污染21天，中度污染1天，重度污染0天，严重污染天数2天。优良天气达到93.9%以上。杭锦旗二氧化硫浓度为20微克／立方米，二氧化氮浓度为15微克／立方米，PM2.5浓度为21微克／立方米，城镇集中式饮用水源地的水质达标率100%。

（薛福茹）

乌审旗

【概况】 乌审旗位于内蒙古自治区最南端，鄂尔多斯市西南部，地处毛乌素沙漠腹地。全旗总面积11645平方公里，下辖6个苏木镇61个嘎查村。2020年，全旗总人口为117547人，比2019年同期增加585人，其中少数民族34035人。由汉族、蒙古族、回族、藏族、朝鲜族、达斡尔族、维吾尔族、满族等民族构成。2020年，全旗完成地区生产总值316.89亿元，按第四次全国经济普查修订数据后同口径可比价计算，比2019年增长1.2%。产业类分，第一产业增加值17.36亿元，增长3.4%；第二产业增加值219.8亿元，增长0.7%；第三产业增加值79.73亿元，增长2.0%。三次产业增加值比例调整为5.4∶69.4∶25.2。2020年，全旗地方财政总收入累计完成744495万元，同比下降4.6%。其中，公共财政预算收入301234万元，同比增加15.4%。全年地方财政支出504001万元，同比增长16.4%。

【基础设施建设】 2020年，G242线嘎鲁图至补浪河二级公路主体完工，通史至第二净化厂三级公路大修和10条村社公路通车。乌审500千伏输变电工程开工，新改造农网376公里。新建通信基站42座，嘎鲁图镇区开通5G网络。无定河、乌审召镇区管网工程基本完工。

【防范化解重大风险】 化解政府隐性债务14.7亿元，民营企业无分歧账款应清尽清，为农牧民置换高利率贷款1.5亿元，争取上级债券资金8.9亿元。评估收回嘎鲁图至大草湾蒙陕界一级公路等国有资产。协调金融机构展期降息27.04亿元，不良贷款率持续下降。

【环境保护】 全旗城市环境空气质量全年好于国家二级标准优良天数315天，污染天数26天，其中重度污染0天。全旗二氧化硫均值为15微克／立方米，同比下降16.6%，二氧化氮均值为17微克／立方米，同比上升13.3%，可吸入颗粒物年平均浓度49微克／立方米，同比下降7.5%，全旗城镇集中式饮用水源地的水质达标率100%。

【脱贫攻坚】 全旗落实扶贫资金1900万元，实施33项产业项目，19家驻地企业参与消费扶贫。全旗建档立卡贫困户349户845人，全部稳定脱贫。

【人民生活】 全体居民人均可支配收入36540元，同比增长3.4%；城镇常住居民人均可支配收入达到48290元，同比增长1.3%；农村牧区常住居民人均可支配收入达到21836元，同比增长8.4%。全体居民人均消费性支出20522元，同比增长0.1%；城镇常住居民人均消费性支出23332元，同比增长2.1%；农村牧区常住居民人均消费性支出16701元，同比下降1.7%。城镇居民家庭食品消费支出占家庭消费总支出的比重为19.3%，农村为25.7%。城镇居民人均住房建筑面积41平方米，农牧民人均住房面积45平方米。每百户城镇居民拥有家用汽车76辆，较2019年增加1辆；每百户农牧民拥有家用汽车71辆，较2019年增加2辆。

【乌审旗开通铁路客运列车】 1月10日，包西线鄂尔多斯境内新增包头东—乌审旗6859/6860普速列车一对，乌审旗境内一共停靠4个站，分别是：图克、大牛地、乌兰陶勒盖、乌审旗站。此趟线路的开通，结束了乌审旗不通铁路客运列车的历史。

【第十三届鄂尔多斯蒙古族民风民俗旅游风情节暨第十四届察罕苏力德那达慕】 8月21日，第十三届鄂尔多斯蒙古族民风民俗旅游风情节暨第十四届察罕苏力德那达慕在察罕苏力德生态旅游区开幕。本次系列活动紧扣“统筹抓好常态化疫情防控与旅游业可持续发展、提振旅游消费、促进消费回补和潜力释放”这一主题，开展系列参与体验活动。活动包括国家非物质文化遗产“察罕苏力德圣火祭祀活动”、烤全牛展演免费品尝活动、那达慕大会等。

【“绿色乌审”治沙群体被授予“北疆楷模”荣誉称号】 9月29日，自治区党委宣传部在呼和浩特举办“绿色乌审”治沙群体先进事迹发布会，授予他们“北疆楷模”荣誉称号。自治区党委常委、宣传部部长白玉刚，自治区副主席李秉荣出席发布会并颁发北疆楷模奖牌、证书和奖章。地处毛乌素沙地腹部的乌审旗，是毛乌素沙地内面积最大、分布最广、受危害最严重的地区。新中国成立之初，乌审旗只有32.48公顷人工林和1938棵零星树，荒漠化和沙化土地占国土总面积90%以上，森林覆盖率仅为2.6%。在植树造林、改造自然的征程中，乌审人民敢想敢干，守望相助，创造性地把生态建设与经济建设、社会建设、文化建设、党的建设有机结合，形成“绿色乌审”发展理念，实现从“沙进人退”到“人沙和谐”的历史转变，涌现出以谷起样、宝日勒岱、殷玉珍、盛万忠、乌云斯庆等为代表的一大批治沙英雄，为推动“绿色乌审”在新时代实现“绿色崛起”奠定了坚实的生态基础。

【巴图湾水库除险加固工程开工】 10月30日，巴图湾水库除险加固工程开工现场会在乌审旗巴图湾水库召开。自治区水利厅和市水利局相关负责人参加了现场会。巴图湾水库位于乌审旗境内黄河支流无定河的上游，工程始建于1972年。是一座以工业供水为主、兼顾防洪、灌溉、发电、水产养殖、生态等综合利用的大（2）型水利枢纽工程。此次的除险加固工程总投资1.54亿元。坝址以上控制流域面积为4753平方公里，水库正常蓄水位1179.60米，设计洪水位1180.80米，总库容13232万立方米。

（布日古德）

伊金霍洛旗

【概况】 地处鄂尔多斯市中南部，东与准格尔旗相邻，西与乌审旗接壤，南与陕西省神木市交界，北与鄂尔多斯市府所在地康巴什区隔河相望。全旗总面积5600平方公里，辖7个镇138个行政村，2020年末，全旗户籍总人口18.02万人，由汉族、蒙古族、满族、回族、藏族、苗族、彝族、壮族、布依族、朝鲜族、侗族、土家族、东乡族、达斡尔族、锡伯族、鄂温克族等民族构成，其中少数民族1.5万人。境内自然资源种类多、储量大、品位高，煤炭资源量多、质好、易采，具有“三低一高”（低硫、低灰、低磷和高发热值）的优质特点，已查明煤炭资源储量约560亿吨，保有储量325亿吨，年产煤炭2亿吨，是全国第三大产煤县和国家重要的能源战略基地之一，也是内蒙古重要的清洁能源输出基地。区位优越、交通便捷。有林地面积212170公顷，草原面积455000公顷，森林覆盖率达36.4%，植被覆盖率达88%。

全年一般公共预算收入75.7亿元，比2019年增长0.7%。其中，税收收入63.6亿元，下降3.4%，占一般公共预算收入的比重为84.0%；非税收入12.1亿元，增长29.1%，占一般公共预算收入的比重为16.0%。一般公共预算支出86.1亿元，比2019年增长5.8%。

全年总日照时长2978.7小时，总降水量322.8毫米，最长连续降水量25.7毫米（8月28—31日），日最大降雨量20.2毫米（8月12日）。全年平均气温7.7℃，年极端最高气温34.1℃（6月5日），年极端最低气温-23.6℃（12月30日、12月31日）。

【产业转型升级】 新能源产业破题起步，牵头申报燃料电池汽车示范城市，总投资100亿元的远景现代能源装备产业园开工建设，天骄绿能50万千瓦光伏发电项目完成总工程量的75%。汇能14.2亿立方米煤制气二期、信诺正能30万吨产业链延伸等项目建设进展顺利。现代能源经济研究院课题研究成果在石拉乌素、红庆河等煤矿开展转化应用，49家在产煤矿全部在智慧能源服务平台上线交易，实现交易额57亿元，增加税收6734万元。现代服务业加快发展，双满福源、景宏天清等酒店启动运营，肯德基、必胜客、居然之家等知名连锁品牌入驻，商业业态更加完善。空港物流园区、札萨克物流园区获评“2020年度全国优秀物流园区”。

【脱贫攻坚】 创新开展“四联一增”产业扶贫和企地合力助推消费扶贫行动，投入资金4974万元，实施云东肉羊、敏盖村肉牛养殖等产业扶贫项目15个，打造扶贫专馆专区9个、扶贫车间2个，龙头企业与贫困户实现利益联结全覆盖，带动贫困户年均增收5000元以上，村集体经济收入全面“破五清零”。

【金融风险化解】 化解政府隐性债务21.1亿元，超额完成年度任务，获得上级化债奖励资金9040万元。民营企业中小企业8.9亿元无分歧账款全部清偿，获评“全区清理拖欠民营企业中小企业账款工作先进集体”。帮助地方金融机构化解不良贷款18.9亿元，不良率低于全市平均水平3个百分点。

【污染防治】 中央、自治区环保督察反馈问题全部整改，市级下达污染防治任务基本完成。实施各类生态建设工程12600公顷，乌兰木伦村等3个村被认定为“国家森林乡村”。建成国家和自治区级绿色矿山17座。伊金霍洛旗生态建设经验入选“建设美丽中国实践案例”。

【乡村振兴】 旗镇两级投入3.3亿元，实施农村牧区饮水安全、道路交通事故预防等48个民生实事项目。围绕“三区五业”发展布局，打造美丽乡村示范村5个、特色村4个、达标村3个，创建全市乡村振兴“五星”示范嘎查村2个。乐享农牧业一期15万头生猪养殖项目基本建成，敏盖羊绒加工厂、红庆河地产食品加工园等一批带动性强、利益联结紧密的产业项目投入运营，伊金霍洛肉牛和红庆河布拉鸽入选“全国名特优新农产品名录”，哈达图淖尔村获评全国“一村一品”示范村。哈沙图村获评“中国美丽休闲乡村”。伊金霍洛旗村级民主管理模式成为全区唯一入选“全国乡村治理典型案例”的县级案例，农村牧区公共服务建设经验入选“自治区首批农村牧区公共服务体系十大典型案例”。

【改革创新】 深化“标准地+承诺制”改革，打造189.77公顷“标准地”，保障优质项目实现“拿地即开工”。制定出台国有企业负责人绩效考核、薪酬制度和工资总额管理办法，推进城投、文旅等国有企业低效无效资产剥离处置，国有企业整体运营效益大幅提升，较2019年减亏50%以上。蒙古源流文化产业园区荣获“2020年度中国版权最佳版权实践奖”。引进中国科学院深圳先进技术研究院，天骄众创园新孵化企业和社会组织46家，成功申报高新技术企业2家，申请专利、知识产权35项，内蒙古大学化工学院高性能稀土纳米粉体材料和水煤浆添加剂项目完成中试，神东8.8米超大采高智能综采工作面成套装备研发与示范项目获全国工业领域最高奖。

【民生保障】 全年全体居民人均可支配收入42675元，比2019年增长2.8%；全体居民人均消费性支出24030元，下降3.0%。年末参加城乡居民社会养老保险人数57190人，比2019年末增长0.3%。参加城镇职工养老保险人数43634人，下降9.4%。参加基本医疗保险人数164668人，下降6.6%。参加失业保险人数33639人，增长6.6%。参加工伤保险人数43691人，增长13.3%。年末纳入居民最低生活保障人数3197人，比2019年末增长4.2%。其中，纳入城镇居民最低生活保障人数341人，下降7.3%，纳入农村居民最低生活保障人数2856人，增长5.7%。全年发放居民最低生活保障金1913.7万元，比2019年增长12.5%。年末城镇居民最低生活保障标准达到790元，比2019年提高115元；农村居民最低生活保障标准达到560元，比2019年提高43元。青青客舍高端人才公寓和劳动力资源市场建成投用，新增城镇就业2500人。自治区首家残疾人托养和综合服务中心投入使用。

（王海鷂 张瑞芳）

巴彦淖尔市

【概况】 巴彦淖尔系蒙古语，意为“富饶的湖泊”。巴彦淖尔市位于祖国北部边疆、内蒙古自治区西部、黄河几字形顶端。北部为乌拉特草原，约占全市面积的47%，畜牧业悠久兴盛；中部为阴山山地，占全市面积的29%，富藏硫铁、铜、锌等矿产；南部为河套平原，占全市总面积24%，一首制自流灌溉，物产丰富。北与蒙古国接壤，有国界线369.057千米。西、南、东分别与阿拉善盟、鄂尔多斯市、包头市为邻。总面积64413平方千米。市人民政府驻地临河区，距内蒙古自治区首府呼和浩特383千米，距首都北京1050千米（铁路里程）。辖临河区、乌拉特前旗、乌拉特中旗、乌拉特后旗、杭锦后旗、五原县、磴口县7个旗县（区），70个乡（3个）、镇（46个）、苏木（10个）、办事处（11个），779个村（515个）、嘎查（135个）、居委会（129个）。

2020年末，全市总人口169.0万人，其中，城镇人口92.7万人，乡村人口76.3万人，城镇化率为54.9%；男性88.6万人，女性80.3万人；汉族142.64万人，占常住人口总数的92.7%；蒙古族8.47万人，占常住人口总数的5.5%；其他民族2.77万人，占常住人口总数的1.8%。全年出生率8.06‰；死亡率5.45‰；人口自然增长率2.61‰。

2020年，全市实现地区生产总值874.0亿元，按可比价格计算，同比下降1.5%。其中，第一产业增加值221.5亿元，增长3.8%；第二产业增加值256.6亿元，下降5.7%；第三产业增加值395.9亿元，下降1.3%。三次产业结构调整为25.3∶29.4∶45.3。生产总值完成51716.0元。

【农业】 全市农作物播种面积1140.6万亩，同比增长1.3%，粮食播种面积540.3万亩，增长0.3%。其中，小麦面积74.2万亩，下降37.9%；玉米面积455.8万亩，增长11.1%。经济作物播种面积600.3万亩，增长2.2%。其中，花葵面积423.3万亩，增长6.8%；油葵面积1.1万亩，下降75.8%；番茄面积17.9万亩，增长20.6%。耕地内种草11.0万亩，增长33.2%。

全市粮食总产量55.2亿斤，同比增长4.5%。其中，小麦产量6.1亿斤，下降28.1%；玉米产量48.6亿斤，增长10.8%。油料产量19.1亿斤，增长2.7%。其中，花葵产量19.0亿斤，增长3.2%；油葵产量0.04亿斤，下降33.3%。番茄产量20.9亿斤，增长20.1%。年末全市农牧业机械总动力582万千瓦，同比增长3.9%。全年农田有效灌溉面积781.4万亩。

【工业】 全市全部工业增加值同比下降6.5%，其中，规模以上工业增加值下降6.6%。从经济类型看，国有控股企业增加值下降1.0%；股份制企业增加值下降7.9%，外商及港澳台投资企业增加值增长1.8%。

全年规模以上工业企业实现营业收入693.1亿元，同比下降9.9%；实现利润总额12.2亿元。规模以上工业企业产品销售率101.2%。

【建筑业】 全市辖区内具有资质的独立核算建筑业企业76家，从事建筑业活动的平均人数1.6万人。施工企业房屋建筑施工面积418.2万平方米，同比增长14.4%；竣工面积153.7万平方米，同比增长107.9%。

【服务业】 全年服务业增加值占GDP比重较上年提升0.8个百分点。行业划分，交通运输、仓储和邮政业增加值68.4亿元，同比增长3.1%；金融业增加值44.6亿元，增长1.0%；其他服务业增加值168.3亿元，增长3.7%。批发零售和住宿餐饮业增加值78.2亿元，同比下降13.6%；房地产业增加值33.3亿元，下降0.3%。规模以上服务业企业实现营业收入56.8亿元，增长13.8%。

【交通】 截至2020年底，全市公路总里程23130公里。按技术等级分，高速公路372公里，一级公路470公里，二级公路1315公里，三级公路3650公里，四级公路14655公里，等外公路2668公里。

全年累计完成客运量230.4万人次，客运周转量3.0亿人公里，分别同比下降62.3%和57.4%；货运量9690.8万吨，货运周转量25073.3百万吨公里，分别同比下降14.6%和2.0%。

年末全市共有各类机动车41.1万辆，同比增长1.2%。其中，汽车类38.5万辆；摩托车1.7万辆；农用车0.6万辆；其他车0.2万辆。全市共办理新增各类机动车落户2.2万辆，同比下降16.1%，新增各类机动车驾驶人2.8万人，同比下降4.0%。

【通讯】 全年电信业营业收入12.3亿元，同比增长2.6%。年末本地固定电话用户15.9万户，同比增长9.8%；移动电话用户194.2万户，同比增长12.6%；互联网注册用户37.2万户，同比增长3.2%。全年完成邮政行业业务总量5.1亿元，比上年增长51.7%。全年完成邮政函件业务9.4万件，包裹业务1.5万件；快递业务量1497.4万件，快递业务收入2.2亿元。

【内外贸易】 全年社会消费品零售总额218.4亿元，同比下降8.7%。从销售单位所在地看，城镇实现社会消费品零售额175.9亿元，占总额的80.6%，同比下降7.9%；乡村实现社会消费品零售额42.5亿元，占总额的19.4%，同比下降12.0%。从规模看，限额以上企业及大个体实现零售额31.5亿元，同比下降24.4%；限额以下企业及个体户实现零售额186.9亿元，同比下降5.4%。

全年全市海关进出口总额208.2亿元，连续3年位居全区第一，同比下降24.5%。其中，进口总额166亿元，下降29.7%。甘其毛都口岸全年累计进口蒙古国煤炭和铜精矿1545万吨，贸易值91.8亿元；出口总额42.2亿元，增长6.9%。全市实际利用外资2.6亿美元，同比增长1.5%。

【财政】 全年一般公共预算收入56.9亿元，同比增长2.2%。其中，税收收入40.7亿元，下降4.3%；非税收入16.2亿元，增长23.2%。公共财政预算支出306.1亿元，同比增长0.2%。其中，教育、文化体育传媒、社会保障、医疗卫生等民生支出213.5亿元，占公共财政预算支出的69.7%。

【金融】 年末全市金融机构各项存款余额1186.8亿元，同比增长9.3%。其中，城乡居民储蓄存款余额866.2亿元，增长11.7%。金融机构各项贷款余额884.8亿元，同比下降4.2%。

全市保险业保费收入61.6亿元，同比增长2.2%。其中，财产险收入13.6亿元，下降4.9%；人寿险收入48.0亿元，增长4.2%。保险公司各类赔付支出12.9亿元，同比增长2.4%。其中，财产险赔付支出7.0亿元，增长9.2%；人寿险赔付支出5.9亿元，下降2.7%。全市农业保险实现保费收入3.3亿元，同比增长17.9%。

【教育】 全市现有各级各类学校368所，在校生19.6万人，教职工2.2万人，其中高等学校2所，在校生11069人，教职工1257人；普通高中14所，在校生18843人，教职工2372人；职业学校11所，在校生13972人，教职工1549人；初中35所，在校生36379人，教职工4398人；小学87所，在校生74269人，教职工7451人；幼儿园215所，另有中小学附设幼儿园34所，不计校数，在园幼儿40546人，教职工4591人；特殊教育学校4所，在校生382人，教职工112人。九年义务教育巩固率95.1%。年末全市共有各类学校306所。其中，普通高等教育学校2所，全年招收学生4015人，在校学生11346人；中等职业学校12所，全年招收学生4662人，在校学生14832人；普通中学48所。其中，初级中学33所，高级中学15所。初中招收学生11953人，在校学生35416人；高中招收学生6460人，在校学生21429人；小学88所，与上年持平，全年招收学生12759人，在校学生73772人。九年义务教育巩固率93.4%。

【科技】 全市新增授权专利869件。其中，发明专利47件，实用新型专利604件，外观设计专利218件。全年有效发明专利193件。

【文化】 年末全市有艺术表演团体7个。拥有文化馆8座，公共图书馆8座，博物馆13座。年末拥有市级广播电视台1座，旗县级广播电视台6座；全市调频转播发射台12座，中波转播发射台4座，广播综合人口覆盖率99.8%。电视转播发射台32座，电视综合人口覆盖率99.8%。全年接待游客542.4万人次，实现旅游收入40.3亿元。

【卫生】 全市共有医疗卫生机构1702所。其中，医院54所，基层医疗卫生机构1619所，专业公共卫生机构29所。全市共有卫生技术人员13374人。其中，执业（助理）医师5325人，注册护士（师）5494人，床位数11278张。平均每千人拥有执业（助理）医师3.2人、注册护士（师）3.3人、床位数6.7张。

【体育】 全市现有注册等级社会体育指导员4159人。其中，国家级27人，一级352人，二级159人，三级3621人。全市运动员参加国家、自治区各类比赛获金牌35枚，银牌28枚，铜牌40枚。

【人民生活】 全年全体常住居民人均可支配收入27826元，同比增长3.7%。全体常住居民人均消费支出17255元，同比下降1.3%。其中，城镇常住居民人均可支配收入33657元，增长3.1%；人均消费支出19549元，增长0.7%，恩格尔系数（居民家庭食品消费支出占消费总支出的比重）29.0%。农村牧区常住居民人均可支配收入20684元，增长8.5%；人均消费支出15544元，下降1.3%，恩格尔系数29.8%。

【社会保障】 年末全市参加养老保险总人数108.7万人。其中，企业职工养老保险中，在职人员23.4万人，离退休人员15.2万人；机关事业单位养老保险中，在职人员6.4万人，离退休人员4.6万人；城乡居民养老保险59.1万人（含待遇领取人数21.3万人）。全市参加医疗保险人数151.2万人。其中，参加企业职工基本医疗保险24.0万人，参加城乡居民医疗保险127.2万人。工伤保险16.3万人。

2020年，城市低保标准在2019年的基础上月均提高43元，达到每人每月690元，较2019年增长6.6%。农牧区低保标准在2019年的基础上年均提高386元，达到每人每年5678元，较2019年增长7.3%。特困供养标准在2019年的基础上保持不变，城镇特困供养标准达到每人每月1232元；农牧区特困供养标准达到每人每年8403元。照料护理标准在2019年的基础上保持不变，完全丧失生活自理能力对象的护理标准达到每人每月1047元，部分丧失生活自理能力对象的护理标准达到每人每月403元。共为17646名城市低保对象发放低保金11433.3万元，为60855名牧区低保对象发放低保金21715.3万元。共为4551名农牧区特困人员供养对象，发放农牧区特困供养资金4935.8万元，为842名城市特困人员供养对象，发放城市特困供养资金1708.2万元。

全市共支出城乡医疗救助金6837.2万元，累计救助9.6万人次。其中，支出直接救助资金6124.7万元，救助3.8万人次；支出参合参保资金712.5万元，资助5.8万人。

【就业】 全年人均地区全年城镇新增就业1.0万人。城镇登记失业率4.33%，低于控制目标0.17个百分点。农牧民转移就业12.8万人。其中，转移就业6个月以上9.8万人。

【资源与环境】 全年总用水量49.8亿立方米，同比下降0.2%。其中，农业用水47.9亿立方米，与上年基本持平；工业用水0.6亿立方米，下降28.3%；城镇公共用水量0.1亿立方米，下降48.5%；生态环境用水量0.6亿立方米，增长85.5%；居民生活用水0.5亿立方米，下降5.9%。万元工业增加值用水量30.0立方米/万元，下降23.6%。

全年完成林业生态建设面积79.6万亩。其中，人工造林18.5万亩、飞播造林11万亩、封山育林18万亩，退化林分修复9.1万亩，森林抚育23万亩。

（王嘉良）

临河区

【概况】 临河区位于黄河“几”字湾顶部，河套平原腹地，是巴彦淖尔市府所在地。南临黄河，北靠阴山，地处以京津为龙头的呼—包—银—兰经济带中段，是国家西部大开发的重点区域。地理坐标北纬40°34′～41°17′，东经107°6′～107°44′。年平均气温8.2摄氏度，年降水量194.5毫米，年日照时数3080.6小时，无霜期159天，年平均风速2.0米/秒，空气优良率84.1%。建成区共有绿地1663.23万平方米，绿地率32.61%，城市绿化覆盖率36.52%，人均公园绿地面积11.64平方米。辖9个乡镇、2个农场、11个办事处。

境内有亚洲最大的首制自流灌区——河套灌区，黄河年平均过境流量367.2亿立方米，年引水量11.02亿立方米，总灌溉面积217万亩。

全年实现地区生产总值（GDP）290.99亿元，与上年同比下降2.2%。其中，第一产业增加值60.32亿元，与上年同比增长4.2%；第二产业增加值76.12亿元，与上年同比下降6.9%；第三产业增加值154.55亿元，与上年同比下降1.8%。三次产业结构为20.7∶26.2∶53.1。

全年居民消费价格总水平（CPI）比上年上涨0.9%。全年城镇新增就业2930人，失业人员再就业1942人，就业困难人员就业1162人。发放创业担保贷款1686万元。

全年财政公共预算收入完成18.13亿元，同比增长6.1%。其中，税收收入完成14.3亿元，下降0.1%；非税收入完成3.8亿元，增长38.9%。全年一般公共财政预算支出51.02亿元，同比增长10.7%。其中，一般公共服务支出4.2亿元，增长12.0%；八项民生合计支出36.04亿元，占公共财政预算支出的70.6%。

全年共引进招商引资到位资金30.14亿元，完成年计划任务的120.5%。其中，国内区外到位资金14.30亿元，区内市外到位资金15.84亿元。

【第七次人口普查】 11月1日零时为标准时点进行了第七次全国人口普查，全区常住人口为582206人，家庭户236835户，集体户9995户，家庭户人口为550440人，集体户人口为31766人。全区常住人口中，汉族人口546594人，占93.9%；蒙古族人口22922人，占3.9%；其他少数民族人口12690人，占2.2%。

男性人口293640人，占50.44%；女性人口288566人，占49.56%。常住人口性别比（以女性为100，男性对女性的比例）为101.76，比2010年第六次全国人口普查106.26相比下降4.50。城镇人口413117人，占70.96%；乡村人口169089人，占29.04%。

【农业】 全年完成农林牧渔业总产值104.2亿元，与上年同比增长11.3%；实现增加值60.32亿元，与上年同比增长4.2%。主要农作物播种面积204.8万亩，比上年增加0.1万亩。粮食种植面积101.4万亩，与上年同比下降6.9%；经济作物种植面积103.5万亩，与上年同比增长8.0%。全年粮食总产量为63.19万吨，与上年同比增长4.3%；油料产量18.39万吨，与上年同比增长0.3%；蔬菜产量94.4万吨，与上年同比增长21.9%。

年末全区农牧业机械总动力为94.8万千瓦。各类拖拉机保有量40408台，其中大中型拖拉机6157台，小型拖拉机34251台，联合收割机620台（其中玉米联合收割机286台），各类配套农机具68285台，全区主要农作物综合机械化水平87.5%。机耕面积196万亩，机械播种面积189万亩，机械收获面积135万亩。新建规模化养殖场32个。农民专业合作社954家，家庭农牧场706个，种养大户6283户。新增设施农业面积2455亩，设施农业总面积累计5.3万亩。完成土地流转2.3万亩，全区累计流转土地面积68.5万亩。

【畜牧业】 全年家畜存栏190.99万头（只），较上年同期增加7.6万头（只），增长4.1%。其中，生猪存栏7.81万口，增长29.8%；牛存栏1.75万头，增长15.7%；羊存栏181.21万只，增长3.2%；家禽存栏66.78万只，下降26.3%。全年猪牛羊出栏402.5万头（只），较上年增加4.05万头（只），增长1.0%。其中，生猪出栏10.26万口，增长0.1%；牛出栏1.04万头，下降1.9%；羊出栏391.2万只，增长1.1%；活家禽出栏148.23万只，增长22.9%。全年肉类总产量9.3万吨，较上年增加1.3万吨，增长15.8%。其中：猪肉产量0.97万吨，增长13.0%；牛肉产量0.16万吨，增长3.6%；羊肉产量7.82万吨，增长15.5%；禽肉产量0.33万吨，增长46.7%；禽蛋产量0.64万吨，增长38.8%；牛奶产量3.91万吨，下降16.9%。

【林业】 全年投资0.74亿元，栽植各类苗木225.2万株，完成人工造林1.01万亩，全区有林地面积18173公顷，灌木林地面积2787公顷，林网四旁树面积2683公顷，森林覆盖率9%，活立木总蓄积量284.92万立方米。

【水利】 2019年度脱贫攻坚改水、2020年度脱贫攻坚改水和新华镇份子地安全饮水巩固提升工程项目，总投资6845.29万元，解决干召、丹达、白脑包等10个水厂水质不达标和新华镇境内10个村、1个农场、2个连共3197户12946人和84584只牲畜的饮水困难问题。

临河区黄河马场地六八社险工上延段治理工程项目，完成投资970万元，治理险工长度1150米，加固防洪围堰1100米。

巴彦淖尔市临河区农村基层防汛预警体系建设项目，总投资431.7万元，建设雨量站、视频监控系统等非工程设施。

【工业】 全年60家规模以上工业企业完成产值197.8亿元，与上年同比下降13.0%；实现增加值41.9亿元，可比价增速下降5.7%。其中：轻工业完成产值102.8亿元，下降18.9%；重工业完成产值95.0亿元，下降5.7%。

规模以上工业（不包括电业局）实现主营业务收入163.6亿元，与上年同比下降7.7%，利润总额5.7亿元，与上年同比增长79.9%。

【脱贫攻坚】 全区有建档立卡贫困人口1940户4217人，其中脱贫享受政策的有819户1743人，脱贫不再享受政策的有1121户2474人。

【防范化解重大风险】 2020年，全区共发生各类生产安全事故10起，死亡10人，伤6人。其中，生产性道路交通事故8起，死亡7人，伤6人；工矿商贸其他类生产安全事故2起，死亡3人；未发生较大以上事故及森林火灾事故。

【旅游业】 全年接待游客143.5万人次，实现旅游收入12.8亿元。年末，临河区拥有旅行总社11家，分社6家；星级饭店5家；国家AAAA级景区1家，AAA级景区2家，AA级景区4家；五星级乡村旅游接待户1家，四星级乡村旅游接待户3家。举办冰雪文化旅游节、第四届梨花节、“5·19中国旅游日”活动、第三届中国农民丰收节等文化旅游节庆活动46项。

【服务业】 2020年，临河区社会消费品零售总额实现116.8亿元，与上年同比增长1.4%，总量占巴彦淖尔市的49%，总量和增速均列全市第一。临河区出口企业44家，出口总额22583万美元（15.5亿元），与上年同比下降5%，占全市出口总额的40%，位居全市第一。临河区电子商务交易额实现116.43亿元，与上年同比增长1.6%，占全市总量的55.28%，居全市第一。

【社会保障】 年末全区参加基本养老保险的各类人员268709人，其中企业职工养老保险参保人数98553人，城乡居民养老保险参保人数151123人。参加城镇职工医疗保险48975人。城乡居民医疗保险参保389447人。参加工伤保险44369人。参加生育保险49120人（新口径）。失业保险缴费人数19770人。

城镇低保标准由2019年的每人每月665元提高为708元，农村低保标准由2019年的每人每年4754元提高为5111元。全年为城镇低保对象发放低保金3413.8万元；为农村低保对象发放低保金6054.3万元。为135名特殊困难群众发放“救急难”资金247.8万元。在临时求助方面，通过乡镇、办事处、农场救助困难群众9210人，发放资金526.8万元；民政局直接救助1715人，发放资金108.8万元，人均救助634.4元。发放高龄津贴1076.7万元。为94742名60周岁以上老年人购买意外伤害保险，每份保险费15元，共计投入142万元。为547名特困人员发放补贴431.4万元。为9909名残疾人发放护理补贴1140.2万元。发放各类重点优抚对象定期定量补助资金共1085.7万元。

【人民生活】 全年居民人均可支配收入31289元，与上年同比增长3.6%。其中，城镇常住居民人均可支配收入34837元，增长3.2%；农村常住居民人均可支配收入22031元，增长8.8%。

（宋超宇）

五原县

【概况】 五原县位于内蒙古自治区西部，居河套平原腹部，隶属巴彦淖尔市。地理坐标为北纬40°46′～41°16′，东经107°35′～108°37′。县境东邻巴彦淖尔市乌拉特前旗，西与巴彦淖尔市临河区相接，南濒黄河，北和巴彦淖尔市乌拉特中旗毗连。东西直线距离长82公里，南北直线距离宽55.5公里。总面积2492.9平方公里。五原县辖8个镇、1个乡、2个办事处。全县常住人口为224809人，较2010年第六次全国人口普查时减少35671人。其中男性114405人，女性110404人，男女性别比为103.62。

全县生产总值103.79亿元，按可比价格计算，同比下降2.7%。其中：第一产业实现增加值34.1亿元，同比增长4.0%；第二产业实现增加值13.72亿元，同比下降9.3%；第三产业实现增加值55.97亿元，同比下降4.5%。三次产业结构比例为32.9∶13.2∶53.9。

全县公共财政预算收入3.1亿元，同比下降7.7%。公共财政预算支出34.2亿元，同比增长4.3%。其中用于教育、医疗卫生、社会保障和就业等民生支出24.6亿元，占财政总支出72%。

【农牧业】 全县农牧业总产值58.7亿元，同比增长11.1%。全县农作物播种面积229.13万亩，同比下降0.93%。其中：粮食播种面积65.83万亩，同比下降5.61%；经济作物播种面积163.3万亩，同比增长1.1%；耕地内牧草面积0.21万亩，同比下降39.9%。全县粮食总产量9.0亿斤，同比增长2.87%。年末，全县农牧业机械总动力116.9934万千瓦，比上年同口径增长0.72%。全年农田灌溉面积216.9万亩。全县牲畜饲养总量预计达到557.3万头（只），牲畜存栏233.2万头（只），其中：羊220万只（基础母羊120万只），生猪存栏11.8万头、奶牛存栏0.7万头、肉牛存栏0.7万头，牲畜出栏324.1万头（只），其中：羊310万只、生猪13.6万头，肉牛出栏0.5万头。

【林业】 全年完成人工造林0.9万亩。按照林草生态建设重点工程分：京津风沙源0.2万亩，天保人工造林0.3万亩。栽植各类苗木374万株。完成新育苗面积437.7亩，留床苗面积6977.5亩，满足全县新造林的用苗。

【工业】 全县工业增加值同比下降14.9%。其中：规模以上工业增加值同比下降36.5%。19家规模以上工业企业完成总产值15.53亿元，同比下降35.5%；其中：非公有工业企业实现产值15.27亿元，同比下降35.8%。全县规模以上工业企业实现销售产值15.1亿元，同比下降36.5%，产销率达97.3%，同比下降1.5%。五原县工业园区引进华味亨炒货、锦佰慧果汁、金富河调味品、鸿图燃气等项目15个，招商引资到位资金15.7亿元。园区共有投产运行企业93家，其中规模以上10户。

【建筑业】 全县共有资质以上建筑企业5户，实现建筑业总产值3.44亿元，同比下降50.5%；建筑企业实现营业收入5.37亿元，同比下降25.8%；利润总额0.15亿元。

【商业】 全县社会消费品零售总额25.86亿元，同比下降9.4%。按行业分：批零贸易业实现零售额22.87亿元，下降9.0%；餐饮业实现零售额2.99亿元，下降12.0%。分城乡看：城镇消费品零售额实现18.99亿元，下降9.3%；乡村消费品零售额实现6.86亿元，下降9.7%。五原县河套电商产业园有230家电商企业入驻，常驻电商企业52家。全年园区销售额6.4亿元，快递出港量为211万单，进港量为740万单。

【交通】 全县共有各等级公路3082.40公里，其中：高速公路50.43公里、110国道81.34公里、省道231公里、县道395.45公里、乡道306.62公里、村道2017.56公里。各等级农村公路2720公里，占公路总里程的88%，路网密度达到121公里/百平方公里。全县共有5条城市公交线路74台纯电动公交车，城市公交站点500米覆盖率达到90%以上，万人拥有公交车达到6标台。

【旅游】 五原县有国家AAAA级景区2个，AAA级景区1个，5星级接待户2家，旅行社14家。全年接待游客66.83万人，比去年同比下降44%；旅游收入49926.4万元，比去年同比下降53%。

【人民生活】 全县全体居民人均可支配收入30295元，同比增长4.1%。其中：城镇常住居民人均可支配收入33290元，同比增长3.0%，人均消费支出19758元，同比增长2.1%；农村牧区常住居民人均可支配收入21658元，同比增长8.2%，人均消费支出15368元，同比下降6.4%。

【社会保障】 2020年，全县企业职工养老保险参保人员共16997人，收缴养老保险费1.4亿元；企业离退休人员17283人，共发放离退休待遇4.8亿元，社会化发放率100%。

城市低保保障标准提高到每人671元/月，农村低保保障标准提高到每人5197元/年。共为1814名城市低保对象发放低保金1142.5万元，为10464名农村低保对象发放低保金3561.5万元；供养特困人员974人，其中农村特困人员891人（集中供养173人），城镇特困人员83人（集中供养12人）。农村特困供养标准达到每人8000元/年；城镇特困供养标准达到每人1232元/月；特困人员照料护理补贴全护理每人1047元/月，半护理每人403元/月。共救助城乡困难群众3287人次，发放救助资金330万元，发放残疾人生活补贴3213人，403.44万元，发放残疾人护理补贴3361人，389.17万元。

【环保城市绿化】 2020年，围绕农村“三大革命”专项整治，构建垃圾、污水收集转运处理体系，户改厕率达到86.5%。创建美丽庭院1469户，获评国务院农村人居环境整治激励县。巩固国家园林县城创建成果，新增园林绿化面积340.76亩，改造454.93亩，现建城区绿化面积551.68公顷，绿地率37.28%，绿化覆盖率41%。

（吕建荣）

磴口县

【概况】 磴口县位于内蒙古自治区西部，隶属于巴彦淖尔市；地处河套平原与乌兰布和沙漠衔接带，在北纬40°9′～40°57′，东经106°9′～107°10′；东南隔黄河与鄂尔多斯市杭锦旗、鄂托克旗相望，北及东北与巴彦淖尔市乌拉特后旗、杭锦后旗搭界，西南与阿拉善盟阿拉善左旗为邻。辖1个苏木、4个镇，5个国有农场。总面积4166.67平方千米，占巴彦淖尔市总面积的5.57%。

年末全县总人口11.14万人（户籍人口），比上年末减少1731人。总人口中：城镇人口5.49万人，乡村人口5.65万人，城乡人口比例为49.3∶50.7。全年出生人口449人，出生率4.61‰；死亡人口364人，死亡率3.74‰；自然增长率0.87‰。男性56706，女性54652，男女比例为50.90∶49.10。

磴口县是一个多民族群众聚居和散杂居并存的地区，全县有蒙古族、回族、满族、朝鲜族、达斡尔族、鄂温克族、鄂伦春族等少数民族，少数民族11051人（其中：蒙古族5100人，回族5258人）

全县生产总值57.85亿元，按可比价格计算，同比增长2.0%。其中：第一产业增加值13.29亿元，增长3.5%；第二产业增加值22.10亿元，增长1.2%；第三产业增加值22.46亿元，增长2.0%。一、二、三产结构由上年的22.0∶40.0∶38.0调整为23.0∶38.2∶38.8。

全年一般公共财政预算收入累计完成22012万元，同比增收1460万元，增长7.1%。全年一般公共财政预算支出187820万元，同比增支34715万元，增长22.7%。城镇常住居民人均可支配收入32698元，比上年增加983元，增长3.1%。城镇常住居民人均消费支出18303元，同比增长3.1%。农村牧区常住居民人均可支配收入21095元，比上年增加1581元，增长8.1%。农村牧区常住居民人均消费支出10750元，同比增长1.8%。

【自然资源】 县境地形地貌复杂，大体可分为山地、沙漠、平原、河流四种类型。境内海拔最高2046米，最低1030米。磴口县属温带大陆性季风气候，其特征是冬季寒冷漫长，春秋短暂，夏季炎热，降雨量少，日照充足，热量丰富，昼夜温差大，积温高，无霜期短。全县年平均气温9.8摄氏度，比上年平均气温低0.3摄氏度。全年降水总量188.2毫米。全年总用水量5.4348亿立方米，其中：居民生活用水0.0418亿立方米；工业用水0.0468亿立方米；农业用水5.2819亿立方米；人工生态环境用水0.0643亿立方米。年末实有人工造林面积6万亩，封山育林2万亩。乌兰布和沙漠在磴口县境内面积为426.9万亩。拥有国家级自然保护区（哈腾套海自然保护区）1

个，面积1236平方公里。

【农牧业】 全年农业总产值完成232644.3万元，同比增长3.6%，农、林、牧、渔业及其服务业结构比例为51.57∶3.66∶38.33∶3.61∶2.83。农作物总播面积120.23万亩，同比下降1.2%。粮食作物面积51.98万亩，同比下降8.0%，其中：小麦面积1.87万亩，同比下降72.9%；玉米面积46.95万亩，同比下降1.1%。经济作物面积59.59万亩，同比增长2.3%。全年畜牧业产值89163.8万元，同比下降7.8%，占农业总产值的比重达38.3%。年末农牧业机械总动力59.25万千瓦，同比增长7.2%。

【林业】 全年完成人工造林面积6万亩，封山育林2万亩。投资超15亿元，完成林业生态建设84万亩，林草覆盖率37%。磴口县获国家重点生态功能区和"绿水青山就是金山银山"实践创新基地称号。

【水利】 全年争取到饮水安全、节水灌溉、水保治理、农业综合水价改革等5批次项目，争取项目资金1.58亿元，其中上级资金0.47亿元，县级和地债资金1.11亿元。完成磴口县"十四五"水安全规划的编制上报工作，共上报水利规划项目15项，规划投资15.5亿元。实施水权转让、黄河二期防洪等重大工程，完成23万亩高标准农田改造、15.2万亩高效节水灌溉等重大项目，新增水土保持面积115平方公里。

【工业】 全年全部工业总产值672679.3万元，同比下降1.0%，其中规模以上工业总产值617706.7万元，与上年持平；全部工业增加值201500万元，增长2.3%，其中规模以上工业增加值116303.6万元，增长3.2%；产品销售率98.3%，同比增长14.1个百分点。全年规模以上工业营业收入657410.1万元，同比增长8.8%；利润总额38756.8万元，同比增长3155.2%；税金总额11458.9万元，同比增长388.5%；亏损企业亏损额4882.7万元，同比减亏30751.3万元。

【环境保护】 拥有国家级自然保护区（哈腾套海自然保护区）1个，面积1236平方公里。年末城市污水处理厂平均日处理能力达到20000立方米，城市污水处理率100%。城市集中供热面积274万平方米，增长1.5%。城市建成区绿地率31.66%；绿化覆盖率36%。

【国内外贸易】 全年社会消费品零售总额121576.3万元，同比下降9.5%。按经营地统计，城镇零售额108422.8万元，同比下降9.1%；农村零售额13153.5万元，同比下降12.8%。按行业统计，批发零售贸易业106149.3万元，同比下降8.3%；住宿餐饮业15427.0万元，同比下降17.1%。对外开放水平进一步提升，进出口总额达到1431万美元，比上年增长2.9%。出口的主要产品有番茄制品、生物农药、脱水菜等。全年引进国内区外资金3.28亿元，引进区内市外资金8.6471亿元。

【人民生活】 城镇常住居民人均可支配收入32698元，同比增长3.1%；农村牧区常住居民人均可支配收入21095元，同比增长8.1%。

【社会保障】 年末全县城镇职工参加基本养老保险人数30906人，其中离退休人员13618人。城乡居民基本养老保险参保人数33002人，其中退休人员13313人。参加城镇职工基本医疗保险人数17228人；参加城乡居民医疗保险人数79166人。参加工伤保险人数10827人，参加生育保险人数10654人，参加失业保险人数8456人。城市居民低保对象2512户3398人，月人均补助水平508元；农村低保对象5551户8146人，月人均补助水平294元。提供住宿的社会服务机构4个，床位数595个。社会散居孤儿4名。全县共有特困人员369人，其中农村特困人员300人，城市特困人员69人。国家抚恤、补助各类优抚对象319人，社区服务机构6个，社区日间照料床位数11张。

（陈龙）

乌拉特前旗

【概况】 乌拉特前旗位于内蒙古自治区西部，河套平原东南端，地理坐标为北纬40°28′～41°16′，东经108°11′～109°54′。东与重工业城市包头市毗邻，南与鄂尔多斯市杭锦旗隔黄河相望，西与五原县相连，北与乌拉特中旗接壤，总面积7476平方千米。地处"呼包银兰"经济区域带和产业富集区，包兰、乌锡、包白、西甘、甘泉5条铁路和京藏高速、110国道贯穿旗境。乌拉特前旗地域既有引黄灌溉区，又有山旱牧区，是粮油糖生产基地和工业原料基地，也是一个以工业为主、农牧业结合的经济类型较全的旗县。其行政隶属巴彦淖尔市管辖。全旗下辖11个苏木镇，5个国有农牧场，其中农区镇8个，牧区镇1个，苏木2个，有嘎查（村）93个。总人口33.15万人，全旗有汉族、蒙古族、回族、满族、达斡尔族等29个民族。是内蒙古自治区27个国家备案的革命老区之一。旗政府所在地乌拉山镇，总人口约9万人，是全旗的政治经济文化中心。

2020年，全旗完成地区生产总值139.3亿元，同比增长0.4%；公共财政预算收入完成7.7亿元，与上年下降1.2%；固定资产投资完成27亿元；城乡居民收入分别达到32490元和20640元，增长2.7%和8.5%；社会消费品零售总额达到28.5亿元，比上年下降8.6%。

【自然资源】 乌拉特前旗地形地貌可概括为"三山两川一面海，千里平原两道滩。"属阴山山脉的三山即乌拉山、查石太山和白音查干山横亘在旗境东部；三大山脉之间形成明安川、小佘太川；乌拉山山前有宿亥滩和中滩；西部为广阔富饶的河套平原；中部有全国八大淡水湖之一的塞外明珠乌梁素海。按地理地貌，全旗可划分为前山、后山、套内、牧区四个自然经济类型区。全旗有耕地面积244.6万亩，牧场草原面积634.1万亩。农区盛产番茄、小麦、玉米、油葵以及黄芪、亚麻等农作物和药材。牧区以饲养肉羊、绒山羊和奶牛为主，其中二狼山的白绒山羊羊绒以光泽度好、纤维长而负有“纤维钻石”之美誉。旗境内有大面积的乌拉山原始森林，林木有松、柏、杨等，森林覆盖率为6%，有野生动物资源280属，503种。旗域内蕴藏着丰富的水资源，有自然湖泊、海壕74个，总面积56万亩；其中养殖水面56万亩：黄河过境160千米，年引黄河水6.2亿立方米，地下水资源也十分丰富。境内已探明的各类矿床、矿点、矿化点138处，已有21余种得到不同程度的开发利用。

【农牧业】 推进高标准农田、黄灌区水肥一体化、“井电双控”节水等基础建设工程，高产稳产田比重不断提升，获评全国率先基本实现主要农作物生产全程机械化示范县。乌拉山山羊肉、瓦窑滩西瓜等7个产品入选全国名特优新农产品名录，明安黄芪获得国家地理标志登记，大佘太镇三份子村获全国“一村一品”示范村。乌拉特田园综合体、知青众兴养殖园区初具规模，乐高牧业5000头奶牛养殖项目进展顺利。

【林业】 完成生态建设任务14.1万亩；草原鼠害防治面积20.4万亩；重点区域绿化1.2万亩。完成重点区域林业生态建设近17万亩，森林覆盖率达到13.5%，获评“全国绿化模范县”。

【水利】 2020年，共争取水利建设资金22760.17万元，完成投资14209.42万元。

【工业】 乌拉山和沙德格两个工业集聚区纳入包西工业园区统一规划，实现“一园三区”管理。华拓矿业3000万吨铁矿石节能技改、美华废旧轮胎综合利用等重点项目顺利推进。引建的美锦、亚鑫、庆烨3个600万吨焦化及下游化产、三强80万吨焦油精制等一批百亿元级项目前期工作推进顺利。

【旅游】 全年接待游客100.2万人次以上，实现旅游总收入5.8亿元。乌梁素海景区获评国家AAA级景区。

【服务业】 网络直播带货等新业态获得快速发展，电商物流服务体系不断完善，线上销售达到3亿元，增长71.4%，获评全国首批百强“互联网+”农产品出村进城工程试点县。举办莫尼山国际马术节、环乌梁素海自行车赛等文旅活动，“魅力乌拉特·西部民歌会”获评中国旅游影响力节庆活动入围奖，

【社会保障】 参加基本医疗保险人员262220人，参加城镇职工基本养老保险人数56714人。城乡居民养老保险参保人数113190人。工作保险参保职工共20994人。各种社会福利收养性单位10个。城镇居民最低生活保障人数1922人，农村居民最低生活保障人数17068人，共发放城镇低保金1242.42万元、农村低保金6268.02万元。

（王雁史　卫刘芳）

乌拉特中旗

【概况】 乌拉特中旗位于内蒙古自治区西部，地处北纬41°07′～41°28′，东经107°16′～109°42′。是内蒙古自治区33个牧业旗，19个边境旗县区之一。北与蒙古国南戈壁省接壤，有国界线184.4公里，东与包头市达尔罕茂明安联合旗、固阳县为邻，南与乌拉特前旗、五原县、临河区、杭锦后旗相依，西连乌拉特后旗。总面积22868.11平方公里，阴山山脉横亘东西，山前是黄河灌溉农业区，山北是草原牧区，东为半农半牧山旱区。旗政府驻地海流图镇。距巴彦淖尔市政府驻地临河区161公里，距自治区首府呼和浩特市391公里。全旗辖10个苏木镇，一个种畜场，一个牧场，95个嘎查村(分场)。总人口143034人，其中：城镇人口（海流图镇29255人），乡村人口（苏木镇场113779人）；少数民族29348人，其中：蒙古族人口28086人。入选国家县域义务教育优质均衡试点旗，自治区牧业现代化试点旗，全区兴边富民行动中心城镇唯一试点旗，获“全国文明城市提名城市”“全国卫生县城”“全国双拥模范旗”“全国科普示范旗”、国家“十五”普法先进旗、“国家健康促进旗”等荣誉。

2020年，地区生产总值95.16亿元；比上年下降3.8%。其中，第一产业增加值21.73亿元，增长3.3%；第二产业增加值36.53亿元，下降6.1%；第三产业增加值36.9亿元，下降5.3%。人均地区生产总值69971元。三次产业结构比为22.8∶38.4∶38.8。全年实现公共财政预算收入7.35亿元，比上年下降5.2%。公共财政预算支出30.16亿元，比上年增长14.7%。其中，一般公共服务支出、公共安全支出、教育支出、科学技术支出、社会保障和就业支出、医务卫生与计划生育支出、节能环保支出及城乡社区支出八项支出共计16.03亿元，占公共财政预算支出的53.15%。

【农牧业】 农作物播种面积153.74万亩，比上年增长0.58%。粮食播种面积90.22万亩，比上年增长3.83%。经济作物播种面积63.52万亩，比上年下降3.68%。粮食总产量6.03亿斤，比上年增长8.8%。油量总产量2.29亿斤，比上年增长4.8%。

全旗大小牲畜饲养量307万头（只），日历年度猪牛羊存栏114.71万头（只），比上年下降18.2%。猪牛羊出栏头数122.10万头（只），比上年增长7.9%。猪牛羊肉总产量23618吨，比上年增长7.7%；牛奶产量4224吨，比上年增长0.5%；山羊绒产量179吨，比上年下降37.2%；禽蛋产量1663吨，比上年增长5.9%。

打造“百园区、百企业、千特色”高质量标准化示范园区建设。规划创建84个农牧业综合产业示范园区，土地流转33.64万亩，建成种畜场13处，生态家庭牧场20处，土地确权共完善合同21301户，合同面积101.81万亩，颁发证书20102本。2020年成功申报国家绿色企业3家3个产品，新特优产品5个。全旗销售收入500万元以上农牧业企业达3家，产业联合体3家，绿色食品，有机农产品认证产品产量年增幅达10%以上。完成推广农牧业优质绿色高效技术30多项，新品种

40多种，新建农牧业科技示范园区17个，科技成果转化示范小院、基地9个，核心示范转化科技成果应用35项。共获国家、自治区、市、旗级成果奖10余项。

【工业】 新增规模以上工业企业7家，规上工业企业34家，实施工业重点项目18项，完成投资14亿元。2020年规模以上工业增加值下降5.7%。在规模以上工业中，全年规模以上工业企业主营收入131.85亿元，比上年下降23.2%；实现利润15.37亿元；增长40.5%。全年规模以上工业企业产品销售率102.8%，增长2.3个百分点。中核龙腾10万千瓦热项目在全国率先实现满负荷发电，潇龙30万吨高碳铬铁、石材加工园、铸合银矿选矿车间、寰创橡胶等项目有序推进。国能煤焦化120万吨捣固焦及综合利用项目正式启动。帮助潇龙冶金公司、园区四个基础设施项目申报2020年内蒙古自治区重点产业(园区)发展专项资金项目，争取到园区集中供热687万元，污水处理厂技改资金280万元。有13户企业申报电量8.41亿千瓦时，共为企业节约电费2525万元。全旗万吨以上大宗工业固体废物产生企业共9家，共产生固废15329.39万吨，其中综合利用71.37万吨，委托处理50.76万吨。

【林业】 投资1546万元完成京津风沙源治理、天然林保护等林业重点工程建设18万亩，其中人工造林4万亩，封山育林9万亩，退化林分原修复2万亩，森林抚育3万亩；建成万亩连片种植园区14个，农业面源污染治理实现全覆盖。投资7657万元实施退化草原人工种草生态修复国家试点项目39.64万亩，草原生态逐步好转。实施京津风沙源草原生态保护工程草原项目围栏封育10万亩，暖棚项目1.8万平方米，青储窖0.5万立方米，涉及10个苏木镇，惠及300多户农牧民。实施新一轮退耕还林工程涉及贫困户111户226人，补助资金73.78万元。森林生态效益补偿贫困户467户695人，兑现资金33.44万元。落实国家级公益林补偿面积312.14万亩，补偿资金4916万元，惠及全旗10个苏木镇场，补偿户数17808户，补偿人口39036人。加强林草资源保护力度，共完成草原鼠害防治面积160万亩，草原虫害23.9万亩，林业有害生物防治16.65万亩。共受理和查处各类破坏森林资源案件84起，其中行政案件72起，刑事案件12起。

【水利】 2020年总投资1.1亿元，共实施17项工程项目。其中已完工工程13项，在建工程有4项。完成《乌拉特中旗水土保持规划(2016—2030年)》编制及上报工作，完成8.3万亩高标准农田建设项目的建设。启动韩乌拉防洪减灾及水源涵养工程，小型水库维修养护等水利重点项目。推进河(湖)长制工作，落实旗总河湖长一号令，发现问题32起，处理32起，清理河湖垃圾697吨，清理整治河湖岸线近136公里。

【交通】 全年交通建设固定资产投资达7.4亿元，开工建设1393.6公里，分别达到年度目标任务137.5%和110.8%。继续推进国道335乌不浪口至乌根高勒二级公路、国道311乌珠尔至巴音查干三级公路续建项目，完成投资3.67亿元，实施通自然村公路，“油返砂”道路改造等农村公路工程411.7公里，完成投资2.12亿元；实施窄路面拓宽181.7公里，生命安全防护97.9公里，路网改善21.5公里，危桥改造和新建梁桥6座，完成投资0.44亿元；实施G335（棍呼都格至海流图）二级公路81.7公里、S215（乌不浪口至新安）二级公路28.5公里，投入养护资金350万元。全旗客运车辆为22辆，拥有客运线路13条，乡镇通班车率达100%。全年客运量为7.808万人，客运周转量为445.06万人公里。

【社会保障】 全旗城镇低保人口1128人，农村牧区低保人口5465人。城镇职工基本医疗参保人数19470人（旗内参保）；城乡居民基本医疗参保数101766人（旗内参保）。医疗保险收入1.78亿元，支出1.46亿元，医疗救助基金收入298.73万元，支出579.62万元，精准落实医疗统筹扶贫政策，2020年建档立卡人员住院230人454人次；基本医疗保险支付133.16万元；大病保险34人48人次，医保支付16.53万元。全旗参加养老保险总人数95988人，其中企业机关养老保险的人数39540人（含离退休人员）；城乡居民养老保险的人数43567人（不含待遇领取人数），全年新增就业人员850人，城镇登记失业率4.48%，农牧民转移就业8408人，完成扶贫攻坚兜底保障。

【人民生活】 全年全体居民人均可支配收入25485元，比上年增长4%。按常住地分，城镇常住居民人均可支配收入达34370元，比上年增长2.9%。农村牧区常住居民可支配收入达19953元，比上年增长8.6%。全年全体居民人均消费支出15898元，比上年下降0.7%。按常住地分，城镇常住居民人均消费支出19174元，比上年下降1%；农村牧区常住居民人均消费支出13509元，比上年增长1.7%。

（王俊红）

乌拉特后旗

【概况】 旗镜地处内蒙古自治区西北部，位于北纬40°41′30″～42°21′40″，东经105°8′20″～107°38′20″。东与乌拉特中旗交界，西与阿拉善左旗毗邻，南与杭锦乌拉特后旗、磴口县相连，北与蒙古国接壤，土地总面积2.5万平方公里，边境线长195.25公里，是内蒙古自治区19个边境旗县之一。旗人民政府驻巴音宝力格镇。

2020年，受疫情影响，全旗生产总值完成67.61亿元，按可比价格计算下降4.4%。其中，第一产业实现增加值5.17亿元，增长3.4%；第二产业实现增加值47.04亿元，下降5.8%；第三产业实现增加值15.4亿元，下降2.2%；三次产业结构比例调整为7.65∶69.58∶22.77。2020年，全旗公共财政预算收入完成8.18亿元，同比下降6.3%；公共财政预算支出22.25亿元，同比增长15.8%。

2020年，全旗公共财政预算收入完成8.18亿元，同比下降6.3%；公共财政预算支出22.25亿元，同比增长15.8%。

【农业】 全旗播种面积19.2万亩，其中粮食作物14万亩（同比增加0.16万亩）、经济作物3.4万亩（同比减少0.16万亩）、优质饲草1.8万亩。全旗牲畜存栏75.05万头（只），其中羊63.8万只、牛2万头、骆驼5万峰、其他4.25万头（只）。瓜果蔬菜种植面积4600亩，实现年销售收入3300万元。水产品产量335吨。累计发展涉农涉牧企业71家、农牧民专业合作社198家，完成销售收入1.3亿元。

完成农资投入品经营店22家、农畜产品生产经营企业15家信息档案采集工作。

累计建成22个大中型饲草料储备库，投入384万元储备抗旱饲草料。

全旗农机总动力达到18万千瓦，农业机械总值2.86亿元。拖拉机保有量3257台，联合收获机保有量346台。农作物机耕、机播、机收率水平分别达到96%、96%和81%，基本实现农作物生产全程机械化。

【畜牧业】 2020年，共投入涉农涉牧资金28项，涉及资金5.4亿元，其中涉农涉牧项目25个2.91亿元，各类债券3个2.49亿元。

搭建“1+6+200”戈壁红驼牧养体系，完成6个高标准牧养基地（托驼所）建设并投入使用，戈壁红驼产业园区全面开工。新建2个金草原现代化湖羊养殖园区，基础母畜开始按批次入住，在全旗推广“放母收羔”利益联结模式。花麒奶业年产100吨驴奶粉项目完成一期建设并筹备投产。众望5000只奶牛养殖场完成全部建设任务。

培育“三品一标”企业15个，完成“三品一标”农畜产品认证41个，建成无公害农产品生产基地6.7万亩、绿色食品生产基地2.2万亩、有机农产品生产基地1292万亩。成功注册“乌拉特戈壁羊”商标，“蒙康宝”有机山药成功获评全国名优特产品。获得“第八批全国一村一品（戈壁红驼）示范村镇”和“自治区休闲农牧业和乡村旅游示范旗”称号。西日淖尔嘎查成功入选第二批国家乡村旅游重点村推荐名单。“乌拉特后旗戈壁红驼牧养系统”获评中国重要农业文化遗产项目。

培育自治区龙头企业1家、市级龙头企业8家，国家级示范社2个、自治区示范社2个、市级示范社6个。1688个家庭农牧场录入农业农村部名录，累计认定家庭示范农牧场82个，其中自治区家庭示范农牧场4个，市级家庭示范农牧场7个。创建1个自治区级产业化联合体和1个市级产业化经济联合体。

实施二狼山白绒山羊保种工程和良种补贴项目，确定40个核心保护群，建成46个人工授精站点和2个种畜场，推广优质肉羊、肉牛二、三元经济杂交技术。成立乌拉特戈壁红驼研究院，建立戈壁红驼、二狼山白绒山羊原种基地。累计推广12个作物新品种和18项高产高效新技术、10项畜牧业重点技术和4项农牧业机械化重点技术。

【林业】 完成林草修复面积34.58万亩，其中：人工造林2.58万亩，飞播造林6万亩，封沙育林7万亩，森林抚育3万亩，草原生态修复16万亩；开展集镇绿化、村庄、道路和企业等重点区域绿化面积0.35万亩；打造乡村绿化美化行动及人居环境整治、精品示范村绿化10个；全民义务植树折合15万株；完成森林草原鼠害防控22万亩。

实施“两沙一山”综合治理，重点实施京津风沙源治理工程6万亩、蚂蚁森林2.2万亩、封沙育林7万亩、退化草原人工种草生态修复试点16万亩等生态治理和修复工程，实施草原生态修复16万亩，沿242国道线路辐射5公里范围实施严重沙化草原生态修复、野生优良乡土草种抚育和破损草原生态修复。

开展“放管服”改革工作，整合林业、草监、草原等服务事项清单和进驻人员，承接自治区下放行政处罚事项2项，取消行政权力3项，下放苏木镇行政许可3项，行政处罚15项。

【水利】 全旗用水总量指标11150万立方米；园区供水，新增供水项目设计投资2.7799亿元（工程2.5637亿元，前期0.2162亿元）。新建枢纽泵站、取水泵站、配水泵站各1处、供水管网37.56公里。城镇、园区中水及巴市紫金工业废水全部处理回用，年回用量约300万方。

大坝口水库及输水管网工程。投资1.26亿元建成水库至园区日供水2.5万方规模。城镇中水回用工程。投资0.15亿元建成巴音镇污水处理厂至园区日供水1万方规模。黑猫专线供水工程。投资0.4685亿元建成园区至黑猫煤化工项目厂区4.5万方供水专线。园区拟建新增供水工程。巴创设计投资2.7799亿元。西部铜业输调水（南水北调）工程：企业投资1.82亿元，建设总排干经大坝口水库至西部铜业厂区专线调水工程，新建提水泵站3座，铺设输调水管网58.9公里，年供水规模365万方。湿地恢复中水循环利用PPP项目主要恢复、连通5个湿地渠沟，完成投资2.3亿元，其中：工程1.6亿元，前期0.7亿元。东南环完成1.7公里渠系开挖、护坡砌石、绿化回填、水电管网布置等建设任务；景观河完成修复区域两侧毁堤弃土（废石）清理、沿河步道烧结砖铺装及护栏拆除等建设；善岱沟完成1.4公里沟底防渗、沟内两侧护堤砌石等建设；东沙坑完成湖面整理、水电管网铺设等建设；蒙中前后完成湖面开挖、湖堤砌石、管理用房、水电管网及部分通道和步道基础、绿化微地形整理等建设。

沙源治理（2019年水保）项目投资825万元，完成小流域综合治理面积9平方公里，实施水源工程38处、节水灌溉工程55处。

【工业】 工业经济全年全旗工业经济运行恢复态势持续显现。40户规上企业累计完成工业总产值133.7亿元，同比下降11.9%；工业累计用电量完成24.2亿千瓦时（占全市工业用电量的22%），同比下降28.2%；2020年实施工业重点项目22项，其中：续建项目8项、新建项目14项，开复工22项，完工9项，完成工业固定资产投资32.1亿元。

项目建设续建项目，黑猫煤化工一期年产260万吨焦炭、8万吨合成氨和30万吨甲醇项目，化产系统土建工程已完工，设备安装完成95%；洗备煤系统土建工程已完工，设备安装完成92%；国城硫铁钛项目场区基础强夯已完成，钛白粉车间土建已开工；三英宏业一期年处理10万吨含锌物料项目已试生产，二期项目开工建设，瑞鸿雕白块项目办公楼、氧化锌车间已封顶，6个辅助车间已完工，甲醛车间钢结构已完成；利锦化工项目实验室、化验室、车间土建工程已完工；陶勒盖金矿采选、天风能源10兆瓦分散发电、花麒驴奶粉项目进展顺利。新建项目，黑猫煤化工二期年产880万吨焦炭、100万吨甲醇、20万吨苯加氢、40万吨焦油加氢装置项目，3号焦炉混凝土浇筑、焦炉底板已完成，4号焦炉基础垫层已完成，化产区基础强夯已完成；大漠三期风电项目12台风机吊装已完成；西部铜业输调水项目，已完成20公里管道铺设；金浩特铁路专用线、黑猫110千伏输变电线路已建成；英格苏驼产业园、紫金矿业注浆堵水工程、尾矿充填、黑猫铁路专用线、飞尚铜冶炼烟气综合回收等项目进展顺利。

【交通】 国道331乌珠尔至北银根（乌拉特后旗段）公路工程、国道335乌不浪口至乌根高勒（乌拉特后旗段）公路工程、国道335呼和温都尔至巴彦努如公路工程全线完工。新建国道331至巴音满都呼嘎查、国道331至西尼乌素嘎查、莫图线至巴拉乌拉嘎查农村公路85公里全部完工。

【商业】 全旗完成进口约39.31万吨，实现进口金额约26.05万元。其中，巴彦淖尔紫金矿业有限公司主要从秘鲁、西班牙、俄罗斯等国完成锌精矿原材料进口约20.56万吨，实现进口金额共约75544.63万元；巴彦淖尔飞尚铜业有限公司主要从蒙古、智利进口铜精矿原材料约18.75万吨，实现进口金额约18.5亿元。

【科技】 全旗科技创新平台载体共14个，其中国家级实验室1个（巴彦淖尔紫金有色金属有限公司CNAS实验室认证）；自治区企业技术中心2个（巴彦淖尔紫金有色金属有限公司、内蒙古盛安化工有限责任公司）；自治区工程研究中心1个（内蒙古盾安光伏科技有限公司）；自治区工程技术研究中心1个（巴彦淖尔紫金有色金属有限公司）；自治区企业研发中心4个（内蒙古盾安光伏科技有限公司、巴彦淖尔西部铜业有限公司、乌拉特后旗紫金矿业有限公司、巴彦淖尔盛安化工有限责任公司）；院士工作站1个（巴彦淖尔紫金有色金属有限公司）；博士工作站1个（乌拉特后旗林业工作）；巴彦淖尔市企业技术中心2个（内蒙古聚力工程爆破有限公司、巴彦淖尔市飞尚铜业有限公司）；自治区众创空间1个（布德民族手工艺产业园区）。

【社会保障】 城乡居民养老保险：参保人数15782人，征缴养老保险费1762.24万元城镇职工养老保险：全旗城镇职工养老保险参保总人数34987人，其中未退休23722人（实际缴费15127人），退休11265人，全年实缴养老保险费1.21亿元，发放养老金2.82亿元。

全旗参加工伤保险375户，核定参保18284人，建筑企业按工程项目核定的有3户，参保人数342人。征收工伤保险费951.5万元，支付工伤保险待遇1467.9万元，享受待遇272人，领取待遇503人次，工伤保险基金累计结余15.5万元。

全年职工医保完成核定参保19395人，征缴基金9461万元；居民医保参保缴费40570人，征缴基金3870万元；筹集医疗救助资金364.8万元。

城镇登记失业率控制在4.5%以内；城镇新增就业854人；农牧民转移就业3454人。

【人民生活】 2020年，全旗全体常住居民人均可支收入25425元，同比增长3.2%；其中，城镇常住居民人均可支配收入完成34108元，同比增长2.5%。农村牧区常住居民人均可支配收入完成18169元，同比增长8.7%。

（赛很其木格）

杭锦后旗

【概况】 杭锦后旗地处内蒙古河套平原西北角，巴彦淖尔市西部。东与临河区相连，西傍乌兰布和沙漠与磴口县毗邻，南临黄河与鄂尔多斯市杭锦旗相望，北靠阴山与乌拉特后旗交界。地理坐标为北纬40°26′～41°13′，东经106°34′～107°34′，南北长约87公里，东西宽约52公里，总面积1751.53平方公里。

杭锦后旗地貌主要由冲积平原、洪积平原和河漫滩三种地形构成，地势西南高，东北低，海拔1032～1050米。属温带大陆性气候，四季分明，2020年，年平均气温7.9℃，极端最高气温38.4℃，极端最低气温-33.1℃，年均降雨量136.5毫米，年均蒸发量1953.9毫米，无霜期152天左右，年均日照时数3202.8小时，昼夜平均温差13.4℃。昼夜温差大，无霜期长，光热资源充足。

杭锦后旗辖9个镇、1个国有农场（下设8个分场），107个行政村、1057个村民小组、15个社区(居委会)。城乡居民总户数117303户，户籍总人口289521人，其中城镇69094人，农村220427人，有蒙古族、回族、满族等15个少数民族，总人口7191人，占全旗人口的2.48%。

年末全旗常住人口为21.76万人，其中城镇人口11.41万人，占总人口的比重为52.4%；乡村人口10.35万人，占总人口的比重为47.6%。男性人口10.99万人，占总人口的50.5%；女性人口10.88万人，占总人口的49.5%。（第七次全国人口普查数据）全旗实现地区生产总值116.09亿元，按不变价格计算，同比增长 2.3%。其中：第一产业增加值 45.08 亿元，同比增长 3.8%；第二产业增加值 19.72 亿元，同比增长 -2.6%；第三产业增加值 51.29 亿元，同比增长 3.3%。三次产业结构由上年的 37.0 ∶ 18.5 ∶ 44.5 演进为 38.8 ∶ 17.0 ∶ 44.2。

全年财政收入 5.18 亿元，同比增长 -17.8%。其中，一般公共预算收入 2.71 亿元，同比增长 -17.2%。全年公共财政预算支出 29.61 亿元，同比增长 5.3%。其中，教育、文化体育与传媒、社会保障、医疗卫生等民生支出完成 22.76 亿元，占公共财政预算支出的 76.8%。

【农业】 农作物总播种面积 136.85 万亩，比上年减少 0.51 万亩，同比增长 -0.4%。粮食播种面积 77.49 万亩，比上年减少 5.76 万亩，同比增长 -6.9%。经济作物面积 59.36 万亩，比上年增加 5.26 万亩，同比增长 9.7%。蔬菜面积 8.64 万亩，比上年减少 0.08 万亩，同比增长 -0.9%。全旗粮食总产量 48.48 万吨，比上年增加 0.96 万吨，同比增长 2.0%。油料总产量 9.72 万吨，比上年增加 1.22 万吨，同比增长 14.4%。蔬菜产量 37.77 万吨，比上年减少 0.52 万吨，同比增长 -1.4%。全旗林业生态建设任务 5.7 万亩，其中新造林 1.6 万亩、森林抚育 3.5 万亩。2020 年完成新造林 1.6 万亩，其中：通道绿化 10 公里 0.045 万亩，村屯绿化 22 个 0.11 万亩，城镇及厂矿园区各 2 个 0.2 万亩，荒沙荒地造林 1.25 万亩。完成经济林建设 0.85 万亩。完成森林抚育 3.5 万亩。

全旗农业机械总动力达到 99.7 万千瓦，拥有各类拖拉机 3.21 万台，其中大中型拖拉机 5118 万台（由于统计口径改变，中型拖拉机中不包括 30 马力的拖拉机），拥有配套机具 8.98 万台（套），综合农机化水平为 83.3%。完成机耕面积 132.6 万亩。完成机播面积 92.3 万亩，完成精少量播种 65.6 万亩，机播率 77.5%。

【工业】 全旗规模以上工业实现增加值 6.33 亿元，同比增长 -5.0%（月报可比价增长率），规模以上工业实现总产值 30.01 亿元，同比增长 5.2%（月报现价增长率）。

全旗规模以上工业实现营业收入 32.18 亿元，同比增长 1.7%，营业成本 27.99 亿元，同比增长 6.4%，实现利税 1.89 亿元，同比增长 -39.4%。产品销售率 102.4%，比上年回落 1.1 个百分点。

【固定资产投资】 500 万元及以上固定资产投资完成额 16.69 亿元，同比增长 21.9%。全年施工项目 53 个，新开工项 26 个；项目建成投产个数 3 个。房屋建筑施工面积 81.4 万平方米，其中，住宅面积 67.81 万平方米，竣工面积 0.04 万平方米。新增固定资产投资 0.08 亿元。全年房地产开发投资 3.43 亿元。全年商品房销售面积 12.63 万平方米，销售额 4.2 亿元。

【科技】 全旗认定有机绿色标准化生产基地 95.5 万亩，认证绿色食品 43 个、有机食品 12 个、地理标志农产品 2 个，37 家企业完成“国家农产品质量安全追溯管理信息平台”的注册、填录、入驻工作，3 家企业的 12 款产品授权使用“天赋河套”区域公用品牌，杭锦后旗小麦、肉牛、早酥梨等 8 个产品进入“全国名特优新农产品”名录，河套酒业、中粮屯河、伟业商贸的 4 款产品入选内蒙古农牧业产品品牌目录。

为农民提供“零距离、零时差、零费用、零门槛”的科技服务，完成四控生产、品种筛选、机理研究、秸秆利用、生物改良等试验 82 项，面积 3125 亩；示范 60 多项，面积 2.2 万；集成技术模式 7 项，构建完善“四控两化一改一提”绿色生产综合技术体系，辐射带动面积 129 万亩。开展科技培训 46 场次，共培训农民 5890 人；直接解决田间生产问题 270 多项。

重点推广小麦“两改三防”绿色高效栽培集成技术、春小麦麦后复种多元栽培技术、玉米“一穴双珠”栽培技术、玉米全程机械化集成栽培技术等 20 项农业适用技术。开展了“科技小院”“奶业振兴”“厕所革命”“插盘晾晒”“移动式黄河水直滤水肥一体化农业灌溉技术”等现代农牧业五大创新。

【人民生活】 全体居民人均可支配收入 30046 元，比上年增加 1072 元，同比增长 3.7%；全体居民人均消费支出 16640 元，比上年减少 292 元，同比增长 -1.7%。其中，城镇常住居民人均可支配收入 33587 元，比上年增加 851 元，同比增长 2.6%；城镇常住居民人均消费支出 18687 元，比上年减少 479 元，同比增长 -2.5%。农村常住居民人均可支配收入 21673 元，比上年增加 1661 元，同比增长 8.3%；农村常住居民人均消费支出 14994 元，比上年增加 148 元，同比增长 1.0%。

【社会保障】 年末全旗参加企业职工养老保险、城乡居民养老保险、机关事业单位养老保险、城镇职工医疗保险、城乡居民医疗保险、工伤保险和失业保险的人数分别为 4.46 万人、10.55 万人、1.33 万人、2.95 万人、20.12 万人、1.47 万人和 0.93 万人。城乡居民医疗保险覆盖率达到 95.0%。

【资源】 全年水资源总量 96203 万立方米。全年总用水量 102298 万立方米，其中，生活用水量 901 万立方米；生产（农业）用水量 100876 万立方米（其中工业用水量 338 万立方米，农业用水量 100538 万立方米）；生态环境用水量 521 万立方米。

（党雄敏）

乌海市

【概况】 乌海市总面积1754平方公里，辖海勃湾、乌达、海南3个县级行政区。2020年（第七次人口普查公布数据），乌海市常住人口556621人，常住人口中，男性人口291044人，占52.29%；女性人口265577人，占47.71%。性别比为109.59∶100（以女性人口为100）。汉族人口517607人，占92.99%；蒙古族人口22091人，占3.97%；其他少数民族人口16923人，占3.04%。乌海境内有丰富的矿产资源、土地资源、水资源、植物资源和景观资源。境内矿产资源富集，拥有煤、铁、铅、电石灰岩、水泥灰岩、耐火黏土等37种，矿产地82处，有探明储量的矿产25种。矿产规模达到大型的矿床有8处，中型21处，小型25处。乌海土地资源丰富，境内多山，黄河两岸地势平坦，土壤肥沃，适宜扬水灌溉，是发展灌溉式、绿洲式、观赏型农业的良好地带。乌海市水资源丰富，黄河流经市区105公里，多年平均径流量269亿立方米。乌海市地下水资源稳定开采量为11200万立方米，可利用水量为9500万立方米，并同黄河形成自然互补系统，为发展工农业生产提供较充足的水资源。乌海市植物资源丰富，野生植物已查明的有69种、181属、279种。森林面积22.05万亩。

2020年，乌海市实现地区生产总值563.14亿元，按可比价格计算，比上年增长2.9%。其中，第一产业增加值5.97亿元，增长6.1%；第二产业增加值363.14亿元，增长7.0%；第三产业增加值194.03亿元，下降4.2%。三次产业结构由上年的0.9∶62.2∶36.9调整为1.1∶64.5∶34.4。居民消费价格上涨2.1%。其中：食品烟酒类价格上涨7.3%、衣着类价格上涨1.2%、生活用品及服务类价格上涨0.1%、教育文化和娱乐类价格上涨1.3%、其他用品和服务类价格上涨3.9%，居住类价格下降0.7%、交通和通信类价格下降3.6%、医疗保健类价格下降1.1%。全市一般公共预算收入54.02亿元，比上年增长16.2%；一般公共预算支出113.22亿元，比上年增长10.5%。其中，一般公共服务支出8.60亿元，增长23.2%；教育支出12.14亿元，下降1.5%；农林水支出5.54亿元，增长15.3%；社会保障和就业支出18.67亿元，增长17.4%。用于民生和社会事业方面的支出84.12亿元，占一般公共预算支出比重为74.3%。全年固定资产投资总额比上年增长2.6%。其中，第一产业投资增长12.1%，第二产业投资增长20.7%，第三产业投资下降9.9%。三次产业投资比重为0.5∶47.9∶51.6。

【农业】 2020年，农作物总播种面积5699.85公顷，比上年增长0.2%。其中：粮食作物播种面积4326公顷，增长2.8%；经济作物播种面积1373.85公顷，下降7.2%。粮食总产量3.34万吨，增长0.4%；油料产量432.58吨，下降17.8%；蔬菜及食用菌产量4.63万吨，下降18.6%；瓜果类产量0.25万吨，下降10.3%。园林水果产量1.39万吨，下降16.6%。

【畜牧业】 2020年，乌海市牲畜存栏头数14.48万头只，其中大小畜存栏12.34头只、生猪存栏2.13万头；蛋鸡存栏89.87万羽；肉类产量4717吨、禽蛋产量8759吨。畜禽粪污资源化利用率85.45%、规模养殖场粪污处理设施装备配套率100%。

【林业】 全年造林3234亩，完成种草549亩。全市完成重点区域绿化面积2234亩，完成2020年任务的112%。组织开展"推动绿色发展，共享美丽乌海"为主题的全民义务植树活动，25.9万人次共植树93.7万株。开展乡村绿化美化行动，全市乡村绿化覆盖率达到26.3%。

【水利】 全市总用水量（不含中水、分洪水量）2.15亿立方米，万元工业增加值用水量较2015年下降39.80%，万元地区生产总值用水量较2015年下降26.94%，农田灌溉水有效利用系数0.6。完成黄河海勃湾段沿黄公路岸线防护工程建设任务。工程总投资5095万元，治理河道6.6公里，2020年9月通过自治区水利厅组织的竣工验收，正式投入使用。争取资金2784万元指导乌达区实施黄河岸线治理工程、乌尔特沟治理工程，规划治理河道约5.2公里，2个项目已完成招投标并开工建设。争取上级资金2130万元组织实施海南区农村饮水安全巩固提升工程，1.525万农村人口饮水条件达到城市供水标准；争取上级资金2228万元实施三区苦咸水改造治理工程，提质改造集中供水工程10处，解决8647人的苦咸水问题。

【工业】 2020年，全部工业增加值比上年增长7.9%。其中，规模以上工业增加值增长7.7%。在规模以上工业中，国有控股企业增加值增长8.6%，非公有制企业增长7.5%，大中型企业增长11.0%。产品销售率100%，比上年提高0.2个百分点。从主要工业产品产量看，全市原煤产量5249.11万吨，增长8.0%；洗精煤产量2552.81万吨，增长10.1%；焦炭产量1579.12万吨，增长8.6%；电石产量235.30万吨，增长2.4%；钢材产量205.43万吨，增长176.4%。全年规模以上工业企业营业收入1143.68亿元，比上年增长8.4%；利润总额94.67亿元，增长58.1%；亏损企业亏损额12.65亿元，下降11.7%。

【环境保护】 2020年，城市生活污水处理率达到98.4%，市中心城区空气质量优良天数304天，达标率83.1%，比上年提高2个百分点。建成区绿化覆盖率达到43.0%，与上年持平。人均公园绿地19.5平方米。组织实施大气环境综合整治项目完成326个。乌海市完成造林绿化面积3234亩。全民义务植树完成93万株。全市有国家级自然保护区1个，面积为13907公顷。

【城镇建设】 全市累计完成棚户区改造开工4990套、开工率113.7%，基本建成4990套、建成率117.7%，累计发放城镇住房保障家庭租赁补贴517户、132.71万元，完成率105.5%，均超额完成年度目标任务。累计向上争取各类政策性补助资金8000万元，申请并成功发行棚户区改造专项债券13.15亿元。甘德尔立交桥工程竣工通车。新建80座公共卫生间。市客运枢纽周边道路工程开工建设。2020年新改建城区道路5.99公里。新建、改造各类管网167.2公里。生活垃圾分类稳步推进。全市城镇用水普及率、燃气普及率、污水处理率、生活垃圾无害化处理率分别达到100%、97.1%、98.4%、100%。完成房地产开发投资15.94亿元，同比增长32.72%；商品房销售56.73平方米（5428套），同比下降36.05%（34.46%）；商品住房销售均价为4659元/平方米，同比增长8.88%；二手房成交102.11平方米，同比增长127.51%。实施的38个老旧小区的改造任务全部开工。

【扶贫攻坚】 全市贫困人口家庭年人均纯收入22477元，同比增长26.4%。对全市1281户贫困户及2823户一般农户收入和“两不愁三保障”情况进行全面核实，农区饮水质量达到自治区农村饮水安全评价标准；全市贫困家庭学生义务教育保障率达100%；贫困人口家庭医生慢病签约率、服务率均达100%；“四类重点对象”危房全部完成改造，做到了住有所居、居有所安。投入各级扶贫资金3112万元，其中争取中央级506万元、自治区级676万元，市级匹配1030万元、各区配套900万元，均按时拨付使用。组织全市188个单位435名帮扶干部走访贫困户807次，帮助解决农产品滞销等突出问题。开展“万企帮万村”行动，组织全市16家农业龙头企业与19个村（涉农社区）开展结对帮扶，实施项目25个，带动2927人次贫困人口增收致富。

【防范化解重大风险】 2020年，化解政府隐性债务53.3亿元，完成年度化债任务的166.9%。积极推动重点企业债转股，稳妥推进乌海银行资本金补充。

【交通】 全年各种运输方式完成货物运输总量7058.59万吨，比上年下降23.9%。其中，铁路货物运输1703.93万吨，下降0.05%；公路货运量5354.6万吨，下降29.3%；民航货邮吞吐量完成0.057万吨，下降21.3%。旅客运输总量195.67万人次，比上年下降31.8%。其中，铁路客运97.46万人次，下降39.5%；公路客运56.40万人次，下降23.1%；民航旅客吞吐量41.81万人次，下降20.2%。铁路、公路、民航三种运输方式客运量比重分别为49.8%、28.8%、21.4%。全市公交汽车线路达到47条，全市共有公交汽车营运车辆326辆。全年城市公共交通共运送乘客1364万人次（不含出租车），比上年下降69.8%。营运出租客运汽车1126辆。全市机动车保有量达到20.9万辆。汽车保有量20.66万辆，其中，营运汽车4.55万辆。私人汽车保有量达到18.64万辆，其中，私人小型载客汽车保有量16.14万辆。

【电信】 固网用户16.99万户，比上年下降15.8%；年末移动电话在网用户达到80.92万户，比上年增长2.6%，其中4G移动电话用户62.84万户，下降6.2%；宽带用户达到23.1万户，增长4.5%。

【商业】 社会消费品零售总额比上年下降8.0%。在限额以上单位商品零售额中，粮油食品类与上年持平，烟酒类下降19.3%，服装、鞋帽、针纺织品类下降9.7%，家用电器和音像器材类下降3.5%，中西药品类增长24.9%，通信器材类增长2.6%，汽车类增长9.3%，石油及制品类下降43.2%。全年进出口总额达5.9亿元，比上年增长1.8%。其中出口额5.1亿元，下降2.0%；进口额0.8亿元，增长35.2%。

【旅游】 向上争取自治区旅游发展资金785万元。黄河西行客栈获评AAA级景区，海南区运动公园和润森教育基地获评AA级景区。建立重点项目包联责任制，确定重点文旅项目38项。推进乌海湖旅游项目开发，完成环乌海湖自行车赛道附属驿站工程——东沙滩驿站项目规划方案和工程设计，落实“环乌海湖”旅游一体化建设工作座谈会精神，与阿拉善盟达成文化交流、旅游开发等合作意向。

【金融】 金融业增加值占第三产业比重13.1%。年末全市金融机构人民币各项存款余额851.90亿元，比上年增长0.7%，其中，住户存款余额557.96亿元，增长16.5%。金融机构人民币各项贷款余额527.65亿元，比上年下降20.8%，其中，住户贷款余额94.66亿元，下降17.7%；非金融企业及机关团体贷款余额432.99亿元，下降21.5%。证券市场各类证券成交额538.32亿元，比上年增长59.2%。全年股民开户73508户，比上年增加5677户。

全市共有各类保险行业机构77家，比上年增加2家。全年财寿险保费收入24.87亿元，比上年下降0.4%。其中，财险保费收入5.81亿元，增长4.4%；寿险保费收入19.06亿元，下降2.4%。全年财寿险赔款给付支出5.78亿元，赔付率为23.2%。其中，财险赔付2.93亿元，赔付率为50.5%；寿险赔付2.84亿元，赔付率为14.9%。

【科技】 申请专利648件，取得授权专利582件，拥有有效发明专利141件。一批科研团队入驻科创中心，累计建成异地孵化中心8家、自治区级研发中心26家、高新技术企业30家。

【教育】 全市共有高等职业技术学院1所，高职在校生6362人，比上年增加169人；中职在校生900人。专任教师276人。共有中等职业技术培训学校1所，在校生1883人，比上年增加135人，专任教师174人。普通高级中学6所，在校生8860人，比上年增加168人，专任教师976人。共有普通初级中学16所，在校生14180人，比上年减少267人，专任教师1307人。小学24所，在校生29335人，比上年增加374人，专任教师1718人。特殊教育学校1所，在校生153人，比上年增加30人，专任教师55人。幼儿园74所，在园幼儿16956人，比上年增加1903人，专任教师1400人。新建、改扩建幼儿园6所，公办园在园幼儿占比达到50%以上。普通高考本科上线率达85%，同比提高6.1个百分点，入选普通高中新课程新教材国家级示范区。

【文化】 全市共有公共图书馆4个，总藏书72.92万册。市属专业艺术表演团体1个，举办演出118场。拥有文物站、博物馆5个，文物藏品8489件。广播、电视综合覆盖率分别达到99.717%和99.735%。《乌海日报》年发行量2.35万份。

【卫生】 共有各类卫生机构328个。其中，医院25所，社区卫生服务中心（站）19个，乡镇卫生院3个，诊所、卫生所、医务室241个，采供血机构1个，妇幼保健院（所、站）4个，专科疾病防治院（所、站）1个，疾病预防控制中心4个，卫生监督所（中心）4个，健康教育所1个。医疗卫生机构实有床位3656张。其中，医院3193张，社区卫生服务中心（站）63张，乡镇卫生院88张，妇幼保健院（所、站）312张。全市卫生技术人员5332人，其中执业医师1647人，注册护士2316人。共有养老机构10家，床位1859张，其中，公办养老机构3家，床位330张；民办养老机构7家，床位1529张。平均年入住率42%。乌海市街道养老综合服务中心等养老服务设施共46个，床位687张；农区养老服务中心9个，床位72张。农区互助养老幸福院2个，床位36张。城市、农区养老服务设施覆盖率分别达到66%、85%。

【体育】 体育健身场地共1281个，室内体育设施309个，室外体育设施972个。体育用地面积136万平方米，体育场地面积108.48万平方米。全市共有城市社区全民健身活动点75个。三个行政辖区共建综合性全民健身活动中心7个，其中海勃湾区4个、海南区1个、乌达区2个；全市13个行政村都建有文体活动室和健身广场，其中9个建有农民健身工程。公共体育场馆全年开放时间达到330天以上。全年体彩销售额为1.4亿元，比上年下降10.3%。

【社会保障】 全市企业职工基本养老保险参保19.27万人，比上年增长2.5%；居民基本医疗保险参保18.35万人，比上年下降1.8%；城镇职工基本医疗保险参保20.60万人，比上年增长2.3%；失业保险参保9.0万人，比上年增长3.9%；工伤保险参保10.22万人，比上年下降22.4%。全市城镇新增就业人数5107人，城镇登记失业率为3.89%。社会保障最低生活标准由上年的720元提高到760元，享受城市最低生活保障5063户，惠及居民8046人。

【人民生活】 全市全体居民人均可支配收入45133元，比上年增长1.7%。按常住地分，城镇常住居民人均可支配收入45497元，比3上年增长1.1%；农村牧区常住居民人均可支配收入21812元，比上年增长7.5%。城镇常住居民人均消费支出28569元，比上年下降4.5%；农村牧区常住居民人均消费支出17025元，比上年增长1.4%。城镇常住居民恩格尔系数为29.8%，农村牧区常住居民恩格尔系数为31.0%。

【重点领域专项整治】 推进煤炭资源领域违规违法问题专项整治，全面清查涉煤项目504个，核查企业295家，完成自治区反馈问题整改223个，清理政策法规类文件114件、处置执行类文件116件，累计追损挽损19.3亿元。开展人防系统腐败问题专项治理，完成问题整改63个，追缴人防工程易地建设费1.4亿元。开展房地产领域未缴少缴土地出让金专项治理，追缴土地出让金7449万元。全面清理企业欠缴税费，推进企业欠缴城镇职工养老保险问题整改。

【营商环境优化】 2020年，坚决抓好自治区党委优化营商环境专项巡视反馈意见整改，出台《关于进一步优化营商环境的若干措施》，清理"空头政策""画饼政策"110件。清理拖欠民营企业中小企业账款9.8亿元，成为全区首批无分歧账款率先"清零"盟市。深化"放管服"改革，87.5%的事项实现"网上办"，1203个政务服务事项实现"最多跑一次"，工程建设项目全流程审批时限压缩至75个工作日以内。"主辅流程并联跑、掌上监管全公开"典型做法在全区推广。促进非公有制经济发展，14家企业入围内蒙古民营企业100强。

（高雁飞）

海勃湾区

【概况】 海勃湾区位于乌海市东北部，是全市政治经济文化中心区。辖区总面积487平方千米，下辖1个镇6个街道办事处，2020年（第七次人口普查数据），海勃湾区常住人口339155人，常住人口中，男性人口173881人，占51.27%；女性人口165274，占48.73%。性别比为105.21∶100（以女性人口为100）。汉族人口315852人，占93.13%；蒙古族人口15526人，占4.58%；其他少数民族人口7777人，占2.29%。2020年，地区生产总值增长6.9%，固定资产投资增长0.6%社会消费品零售总额下降7.9%，公共财政预算收入增长16.2%，城镇和农区常住居民人均可支配收入分别增长1.2%和7.6%。

【农业】 2020年，葡萄新植面积213亩，全区葡萄种植总面积1.08万亩，葡萄酒年生产能力约1万吨；蔬菜种植面积5625亩。新增温室面积150亩，全区设施农业面积3696.4亩。市级以上农牧业产业化重点龙头企业15家，农牧业产业化联合体3个，合作社24家，家庭农场111家。2020年，粮食作物播种面积9929亩，同比增加10.5%；团结新村列入国家级集体经济重点扶持村市级以上农牧业产业化重点龙头企业15家，农牧业产业化联合体3个，合作社24家，家庭农场111家。

【工业】 传统资源型产业改造升级，完成园区2万吨污水处理厂改造，实施工业园固废渣场及钢渣处理项目，完善园区环保基础设施。2020年规模以上工业企业预计累计完成总产值约353.1亿元，同比增长约21.21%；工业增加值约144.77亿元，同比增长约21.21%；营业收入约364.48亿元，同比增长约23.06%；利润总额约12.47亿元，同比增长约2.04%；税收约24.55亿元，同比增长约30.16%。

【第三产业】 提升城区南部万达商业圈活力；确保九龙国际商业体开业，力争永辉超市、苏宁易购大卖场等项目落地。依托现有餐饮集中区域和购物商圈，培育打造夜间消费集聚区，引导消费、文娱活动向夜间延伸。推动物流业发展，加快一号物流公路港项目建设，围绕建龙包钢万腾发展大宗钢铁焦炭物流，集聚小散煤场建设矿区煤炭物流园，加速塞星粮食仓储、二手车交易市场等项目建设，构建贴近产业实际的物流体系。坚持旅游惠民，以创建自治区全域旅游示范区和"双城联创"为抓手，积极争取旅游政策和资金，结合东山河槽整治推动凤凰小镇项目，进一步改善城区北部生态涵养区、农区的基础设施和人居环境。

【招商引资】 主动与中购联、全国研学旅行联盟等国内知名行业组织建立了工作联系；带领商贸企业赴北京、成都、包头、长沙、西安、呼和浩特等地进行了品牌招商洽谈；积极引导企业引进发展行业的新模式、新业态。星巴克、胡桃里、贤合庄、货郎先生、美年大健康等乌海地区首店已开业运营，海底捞、额尔敦、富侨足疗、迪乐尼、贰麻酒馆等品牌的乌海首店已签约落户海勃湾区，年内已进入海勃湾区的各类空白商贸服务类品牌69个。

【环境保护】 大气治理成效显著，实施7项矿区环境治理重点工程，新增矿区绿化近400亩，配套建成绿化管网8.8公里，总长17.6公里的矿区南、北供水管网顺利推进；华信焦化等7家企业完成特别排放限值提标改造，空气质量优良天数比率达81%，创30年来最好水平。完成省道217海勃湾绕城高速段公路建设苗木移植工程。此项工程移出苗木共计38643株，移出绿篱14391平方米；种植苗木37130株，种植绿篱14015平方米。换填土工程完成总量为33879立方米。园区1万吨污水处理厂运行稳定；全年压减水量365万立方米，地下水水位回升1.32米。33家重点企业用地土壤污染状况调查完成，土壤环境质量总体稳定。对林带内部分老旧破损管网进行了更换，共计更换各类滴灌管网13万米。

【文体】 海勃湾区首个“非物质文化遗产传习基地”挂牌成立，成功申报自治区、市、区级6项非遗项目；举办“草原儿女爱祖国中华民族共团圆”乌兰牧骑专场、“传承历史保护非遗”专场、第三届农区居民文艺汇演，助力精准脱贫、民族团结进步等重点工作取得胜利。辖区内9座室内体育场馆，错时向市民免费开放，保证每周开放时间35小时以上，实现“十分钟健身圈”目标，累计接待群众近10万人次；向乌海市文体旅游广电局申请为新建小区配置健身路径37套；围绕8月8日全民健身日启动仪式，市、区两级共同组织承办篮球、乒乓球、羽毛球、跆拳道等多项赛事，推动全民健身赛事发展。新成立体育协会俱乐部3个，注册户外类和体育类社会团体31个，民办非企业5家。

【科技】 运用互联网技术，在“内蒙古自治区投资项目在线审批平台”“乌海市智慧政务服务云平台”“乌海市工程建设项目审批管理系统”“内蒙古政务服务平台”进行网上审批，实现了更多事项“网上办理”和“最多跑一次”，政务服务水平不断提高，且服务云平台设有项目流转流程图的实时监控，可以对权力使用过程随时监控，做到服务事项公开化。组织30余家企业开展高新技术企业、企业研发中心、乌海市“异地孵化、乌海转化”中心、企业技术中心、国家绿色数据中心等认定工作，2020年有3家企业通过国家高新技术企业认定，国家高新技术企业17家。

（张雅妮）

海南区

【概况】 海南区是乌海市三个市辖区之一，位于市区南部。地理坐标为北纬39°02′30″～39°33′，东经106°44′～107°08′05″，东连鄂尔多斯市鄂托克旗，西隔黄河与乌达区相望，南与宁夏回族自治区石嘴山市毗邻，北与海勃湾区相接。区域南北长约50公里，东西宽约20公里，行政区域面积1005平方公里，占乌海市总面积的57.29%。全区辖巴音陶亥、拉僧庙、公乌素3个镇和拉僧仲、西卓子山2个街道办事处。2020年，全区户籍人口76583人，其中男性38914人，女性37669人。少数民族人口4848人，其中蒙古族人口2843人，回族人口1422人，满族人口476人。有汉族、蒙古族、回族、满族、朝鲜族、达斡尔族、鄂温克族、维吾尔族、俄罗斯族、壮族、藏族、苗族、彝族、土族、白族、黎族、畲族、佤族、东乡族、土家族20个民族。全区生产总值完成160.71亿元。一般公共预算收入完成13.02亿元，同比增长7.7%。城镇居民人均可支配收入和农牧区居民人均可支配收入分别为43829元和20801元，分别比上年增长1.0%和7.3%。

【农牧业】 海南区发展鲜食葡萄产业，稳定畜牧养殖业，发展生猪、蛋鸡规模化标准化养殖，适度发展育肥牛羊，形成农牧结合、循环发展的新型种养结构。2020年，第一产业生产总值完成2.45亿元，同比增长6.4%。春播总面积51743亩，其中粮食作物玉米种植面积4.5974万亩、小麦种植面积0.1342万亩、水稻种植面积0.3355万亩，蔬菜及设施农业种植面积0.1072万亩。葡萄种植面积1.1万亩。牲畜总存栏量为8.03万头（只），其中：生猪存栏0.72万头，羊6.69万只，牛0.62万头。鸡存栏38.42万只。统筹推进农村牧区经济体制改革，完善农企利益联结机制，通过金融政策扶持、产业政策引导、政府搭建平台等多种形式，促使农企与农牧民建立利益联结机制，形成收益分红、订单收购、土地流转、就业创业等多种联结模式。推进赛汗乌素村林下经济、拉僧庙镇农作物收储加工、巴镇万亩滩大米白面销售、四新村颗粒饲料加工、亚威现代高效农业产业园区温室5个项目。以“生态优先、绿色发展”，提高农畜产品质量安全。8个行政村运营的村集体经济项目17个，经营性收入141万元。

实施海南区巴音陶亥苦咸水改造工程，改造3处饮水工程，涉及3632户。开展地下水超采综合治理工作，封井12眼。

【工业】 2020年，海南区工业完成生产总值117.04亿元，同比增长4.7%。全年实施重点项目50个，完成投资32.17亿元。招商引资项目签约项目8个，引进到位资金27.5亿元，增强地区发展后劲。转型升级煤焦化工、氯碱化工两大主导产业，主攻龙头企业，推进产业集聚，广纳集团500万吨焦化联产项目、中联化工年产50万吨PVC项目、华恒能源1，4丁二醇项目进展顺利，青石化学、科硕、森洋、汇昌等一批重点产业转型项目建成投产，重组整合焦化行业资源产能，提升氯碱化工产能，延伸主导行业产业链，优化供应链。

【城镇建设】 2020年，投资3300余万元，对西水小区、海电小区、世纪小区及7个单体楼进行老旧小区改造，总建筑面积为22余万平方米，涉及户数2800余户。

实施棚户区搬迁安置区配套建设

改造工程，硬化人行道 18.6 万平方米，净水管网改造 2167 米。投资 2200 万元，建设自来水净化提标改造和供水管网改造工程；全年绿化投资 1139.8 万元，完成海南区城区零星路段新建、补建城区绿地面积 25000 平方米，完成海南生态园广场改造工程，绿化健康步道 35000 平方。投资 510 万元对巴彦乌素街和黄河路实施路灯改造；投资 1162 万元，完成海南区棚户区公共体育服务场所建设工程，建设总面积 40000 平方米。总投资 1280 万元对东新村铺设污水管网 18800 米（包括主管网和支管网），安装一体化污水处理设备 6 套。投资 1280 万元对农村道路实施改造，道路拓宽改造 12.944 千米，修补路面 8831 平方米。

【环境保护】 海南区完成大气环境综合治理项目 165 个，截至年底，完工 107 个，在建 41 个，停产 17 个。开展挥发性有机物现场检查，指导涉挥发性有机物重点企业制定“一厂一策”的《污染物管控方案》。开展禁止烟煤散烧工作，对海南区煤炭经营户开展执法检查，在城区 4 个出入口，开展烟煤、煤泥运输车辆堵卡检查工作，禁止拉运烟煤、煤泥车辆进入城区。排查居民区不按规定散烧烟煤问题；规范商户堆煤场地；协调保洁公司对居民区巷道内燃烧烟煤进行协查。开展联合执法监管，推进跨地区污染联防联控，改善区域大气环境质量。完善城镇集中式饮用水源地保护区隔离防护工程、风险防范措施，建立健全应急管理机制，建立完善应急专家库。解决海南西水源地保护区内二道坎村、黄河村、天佑莲花村、前进村居民生活污水散排问题。海南区完成境内 33 个加油站地下油罐防渗改造。2020 年，区政府与企业签订责任书 18 份；完成 3 家重点监管企业土壤环境监测，完成土壤污染风险排查工作。开展放射源和危险废物执法监督管理工作，与 2 家单位签订《放射源安全责任状》，与 45 家重点源企业签订责任状。完成 16 家企业危险废物管理计划与申报登记备案工作。

2020 年，海南区环境行政处罚案件立案 43 件，处罚金额 250 万元。全年处理接到群众举报环境问题来电及上级转办举报 207 件。

（李建平）

乌达区

【概况】 乌达区位于乌海市境内的西南部，东临黄河，与海勃湾区、海南区隔河相望。西靠贺兰山脉北段，西、北与阿拉善盟接壤，南与宁夏石嘴山市毗邻。区辖地南北长约 21.5 公里，东西宽约 16.4 公里，全区总面积 219.716 平方公里（1999 年划界后）。全区辖一镇七个办事处 22 个社区。2020 年，全区总人口为 130781 人，其中流动人口 24237 人（流入 23613 人、流出 624 人），居住着汉族、蒙古族、回族、满族等 30 个民族。

2020 年，乌达区地区生产总值（GDP）实现增加值 141.2 亿元，同比下降 1.8%。其中，一产业增加值同比增长 6.1%，二产业增加值同比下降 0.9%（工业增加值同比下降 0.1%），三产业增加值同比下降 4.5%。全社会固定资产投资完成 32.46 亿元，同比增长 17.4%。一般公共预算收入完成 12.25 亿元，同比增长 5%；社会消费品零售总额同比下降 7.8%。城镇常住居民人均可支配收入达到 43984 元，同比上涨 1.2%。

【自然资源】 乌达区资源富集，矿产资源量大质优，煤炭探明储量 6.6 亿吨，主要煤种有肥焦煤、肥煤、焦煤、肥气煤，全部为冶金焦、化工焦用煤；石灰岩保有储量 200 亿吨以上，硬质高岭黏土储量达 1.1 亿吨，硬质软质耐火陶瓷黏土储量在 10 亿吨以上。水资源丰富，黄河穿区而过，为乌达地区提供了充足的生态、饮用用水。乌达区属温带大陆性气候，适宜种植名优瓜果、蔬菜。乌达区的瓜果以其果实丰满、含糖量高而驰名，享有“晶莹剔透”和“清香滴翠”的美誉。

【工业】 全区规模以上工业增加值完成 85 亿元，与上年持平；实现工业总产值 280 亿元。以恒业成有机硅项目为代表的非煤产业占工业总产值的比重达到 62.8%。以源宏辛烷盐酸盐等医药中间体项目为代表的精细化工产值占化工产业总产值的比重达到 42.6%。

全年实施重点项目 108 个，已开复工 99 个，综合复开工率达 91.7% 以上。其中内蒙古兴发科技有限公司背压式机组等 10 个社会类投资项目已基本建成，工业企业生产能力得到进一步提升；乌达区城市棚户区基础设施项目（PPP 项目）及乌达区平房区改造等 22 个政府投资类项目已基本建设完成，市民生活水平与质量得到明显改善。以服务为导向，转变政府职能，通过开展区级领导干部、部门负责人、项目审批专班三级包联，加速项目建设，年内建设完成重点项目 34 个。

【农业】 以“农业 +”模式为抓手，积极建设现代化农业体系，森泰农业田园综合体智慧农业项目建设完成，绿农永胜联栋智能温室投入使用，润泰零碳产业园等项目加快实施。同步建设产品质量安全追溯体系和物联网平台，打造从地头到舌尖的“生产 + 加工+ 科技”的全生产链，甜瓜、番茄、樱桃等 9 种农产品被列为无公害蔬菜产品，吉奥尼葡萄和葡萄酒被列为有机农产品，形成绿农永胜甜瓜、吉奥尼葡萄、雨润三禾草莓等 13 个农产品品牌。

【畜牧业】 乌达区畜禽存栏数为：11.1 万头 / 只（其中生猪 4681 头，羊 13611 只，牛 496 头，鸡 92318 羽），按照《内蒙古自治区畜禽规模养殖场（小区）规模标准（试行）》文件规定，生猪规模养殖场（小区）规模标准：存栏 500 头及以上；奶牛规模养殖场（小区）规模标准：存栏 100 头及以上；肉牛规模养殖场（小区）规模标准：存栏或出栏 100 头及以上；蛋鸡规模养殖场（小区）规模标准：存栏 1 万只及以上；肉鸡规模养殖场（小区）规模标准：存栏 1 万只或出栏 5 万只及以上，乌达区无规模养殖场（小区）。

对辖区内畜禽全面开展以防控牲畜口蹄疫、高致病性禽流感、小反刍兽疫、猪瘟为主的秋季防疫工作。辖区内畜禽的免疫密度均达到 100% 以上，应免数量达 98%，无重大动物疫情发生。屠宰的牲畜检疫率、持证率、无害化处理率均达到 100%，无畜禽产品质量安全事件发生。

【环境保护】 乌达城区优良天数 276

天，同比增加 3 天，达标率 76.2%；乌达园区优良天数 267 天，达标率 74.6%，环境空气质量达标率均达到乌海市及周边地区环境空气质量改善考核约束性目标。研究制定《乌达区工业炉窑大气污染综合治理实施方案》《乌达区落实自治区生态环境保护督察反馈意见整改方案》等一系列方案措施，与 50 家企业签订 2020 年度环境保护目标责任状。实施大气污染防治攻坚项目 117 个；实施水污染防治项目 15 项、土壤污染防治项目 4 项，已全部完成。全年实施巴音赛立交桥、乌尔特河等区域重点绿化工程 6 项，新增绿化面积约 5 万平方米，建成区绿化覆盖率达到 39.3%。

全年饮用水取水量共 393.5 万吨，累计开展监测 6 次，监测项目 36 项，结果均符合《生活饮用水卫生标准》（GB5749-2006）限值要求，水质达标率为 100%。同时，重新划定城区集中式饮用水水源地 2 个，集中式饮用水水源地规范化建设工程已全部完成。

严厉打击各类环境违法行为，全年累计检查企业 2391 家（次），出动执法人员 7010 人（次），立案查处环境违法行为 36 起，共处罚金 395.7 万元。严把项目审批关，严格按照审批程序，规范审批行为。2020 年累计审批环境影响报告表类新建项目 14 个；网上登记表备案项目 34 个。累计对 25 个拟建项目作出环境管理意见。

【脱贫攻坚】 制定《关于做好新型冠状病毒感染肺炎疫情防控和当前脱贫攻坚重点工作的通知》，向贫困户发放防疫物资，帮助贫困户销售农畜产品，提供免费体检，并开发临时公益性岗位等，有效解决贫困户临时就业问题。

开展扶贫对象动态管理工作，未发现新识别、返贫贫困户，无脱贫不稳定户、边缘易致贫户，稳定脱贫户中自然减少 2 人。针对脱贫不享受政策贫困户进行再次核实，无识别不准需要做清退处理的情况，稳定脱贫户中自然增加 3 人，自然减少 2 人，全区建档立卡数据调整为 122 户 284 人（其中正常脱贫户 13 户 22 人，稳定脱贫户 109 户 262 人）。

2020 年，各级扶贫资金投入共计 753 万元，其中中央财政下拨扶贫资金（第一批少数民族发展资金 150 万元、第三批少数民族发展资金 56 万元）206 万元，自治区财政下拨专项扶贫资金 33 万元，乌海市下拨扶贫配套资金 214 万元，乌达区财政配套扶贫资金 300 万元。严格履行“村申报、乡审核、县审定”程序，明确扶贫项目库项目绩效目标，实施年度扶贫项目 15 个。

持续巩固控辍保学工作，认真落实扶贫资金发放工作，为 2 名高职学生补发 2018 年、2019 年雨露计划补助资金 6000 元，为 2 名贫困学生发放教育扶贫资金 5000 元。为 13 户贫困户全额代缴基本医疗保险，加强家庭医生签约服务管理，落实贫困人口先诊疗后付费和“一站式”结算，贫困户享受基本医疗报销待遇 124 人次。鼓励扶持贫困户发展农业生产，发放产业扶贫政策补贴资金 1.87 万元，对 3 户有贷款意愿且符合贷款条件贫困户发放贷款 12 万元，有效激发贫困户内生动力，通过发展种养殖业获得增收。落实兜底保障政策，享受政策贫困人口 13 户 22 人中，特困供养对象 1 户 1 人，低保对象 12 户 20 人，享受残疾人“两项补贴”8 户 10 人，为 1 户贫困户发放临时救助金 1000 元。

【防范化解重大风险】 安全生产有序推进，按照“全覆盖、零容忍、严执法、重实效”的工作要求，在全区范围内开展了拉网式安全生产大检查。重点围绕煤矿企业、建筑施工、道路交通等重点行业领域全力开展“三违”隐患执法检查，共检查出隐患 195 项，全部整改完成。

【科技】 乌达区现有高新技术产业 7 户，自治区级企业研发机构 11 家，研究院 3 家，工业互联网服务平台 2 家，自动化车间 35 个。规模以上工业企业技术（研究）开发投入 3.06 亿元，同比降低 15%。科技成果高价值转化不断涌现，佳瑞米高效农业杀菌剂氟啶胺项目已投产；恒业成有机硅低沸物综合利用项目备案已完成，混炼胶自动线项目正在等待验收。新申报高新技术企业 1 户，完成科技成果鉴定 22 项、技术革新 35 项、专利授权 56 项。加快企业采用先进技术对传统工业装备进行数字化改造升级，君正、卡博特机器换人和自动化生产线搭建工作已全部完成，东源已安装 4 台电石炉 6 个机器人，其余 24 个机器人陆续安装中；宜化已安装完成 4 台炉 12 个机器人，剩余 7 台炉 21 个机器人陆续安装中。加大科技创新资金支持力度，争取各类科技研发奖补资金，君正、东源获得高新技术企业补助资金 20 万元，东源科技获科技创新板挂牌补助资金 20 万元、得君正、东源、佳瑞米、恒业成技术交易后补助资金共计 15.1 万元，东源获得自治区科技重大专项资金 2281 万元，神华乌海能源信息技术有限公司获评高新技术企业。

【招商引资】 2020 年，引进到位资金 28.03 亿元，同比增长 32.49%。进出口贸易成效显著，对外贸易总额实现 4.13 亿元，占全市 70% 以上。充分发挥以企引企、以商招商优势，精准靶向招商。全年接待来访客商 35 批次 240 人次，共派出招商引资队伍 9 批次 35 人次，分别前往浙江、江苏、天津、上海等地考察对接，对接项目 32 个。

（塔娜）

阿拉善盟

【概况】 阿拉善盟位于内蒙古自治区最西部，东北与乌海、巴彦淖尔、鄂尔多斯三市相连，西南与甘肃省接壤，东南与宁夏回族自治区毗邻，北与蒙古国交界，边境线长735公里。地理坐标位于北纬37°24′～42°47′，东经97°10′～106°53′之间，境域东西长831公里，南北宽598公里，总面积约27万平方公里，占内蒙古自治区总面积的22.8%。

全盟辖阿拉善左旗、阿拉善右旗、额济纳旗3个旗和阿拉善高新技术产业开发区、腾格里经济技术开发区、乌兰布和生态沙产业示范区、策克口岸经济开发区4个自治区级开发区，共有31个苏木镇、200个嘎查村，6个街道办事处和62个社区。2020年，全盟常住人口为262361人。与2010年第六次全国人口普查的231334人相比，增加31027人，增长13.41%，年平均增长率为1.27%。

汉族人口为197204人，占75.17%；蒙古族人口为50104人，占19.10%；其他少数民族人口为15053人，占5.74%。

“苍天般的阿拉善”辽阔而神奇，有全球唯一以沙漠为主题的世界地质公园——阿拉善沙漠世界地质公园、世界三大胡杨林之一的额济纳胡杨林、中国第三大沙漠之一的巴丹吉林沙漠；有敖伦布拉格、额日布盖、海森楚鲁三大怪石峡谷。20世纪中国四大考古发现之一的居延汉简，被称为“美术世界的活化石”的曼德拉山岩画和贺兰山岩画。漠西卫拉特蒙古、漠北喀尔喀蒙古、漠南蒙古三大部文化在此融合发展，是六世达赖喇嘛——仓央嘉措圆寂之地，是蒙藏文及古梵文著名学者和佛学大师——阿旺丹德尔的故乡，享有中国观赏石之城、中国骆驼之乡的美誉。还是全球最大的汽车越野盛会——“越野e族”阿拉善英雄会的永久举办地。

坐落在盟境内的东风航天城（酒泉卫星发射中心），是世界三大航天中心之一，也是中国建设最早、规模最大的导航卫星发射试验中心和第一个宇宙飞船发射基地，中国第一颗原子弹、第一枚洲际导弹、第一颗人造卫星、“神舟”号系列飞船、“天宫一号、二号”均在这里成功发射，是中国重要的国防和科学教育基地。

气候特征地处亚洲大陆腹地，为内陆高原，远离海洋，属于典型的大陆性气候。四季气候特征明显，昼夜温差大，降水量由东南部向西北部递减，蒸发量由东南部向西北部递增。年平均气温7.7℃～9.8℃，极端最低气温-34.4℃（巴彦诺日公，2008年1月24日），极端最高气温44.8℃（拐子湖，1988年7月24日）。年日照时数2977小时～3369小时。年平均风速2.8米／秒～4.7米／秒。阿拉善盟北部盛行偏西风，南部多东南风。

矿产资源全盟已发现矿产86种，查明资源储量的矿产有47种，已开发利用的矿产37种，矿产地130处，包括大型矿床14处、中型矿床32处、小型矿床84处。其中，无烟煤、钛、铋、锑、冶金用白云岩、冶镁用白云岩、冰洲石、晶质石墨、玛瑙、高岭土、陶瓷土储量位列内蒙古自治区首位，钒、芒硝、制碱用灰岩储量位列内蒙古自治区第二位，钴、铌、普通萤石、砷磷石膏储量位列内蒙古自治区第三位。全盟优势矿产是无烟煤、盐矿、金矿、萤石、晶质石墨、冶镁用白云岩、饰面用花岗岩、高岭土、陶瓷土、石油、天然气等。

动植物资源境内野生动物资源丰富，有各种野生脊椎动物200余种，其中国家一级保护野生动物有蒙古野驴、野骆驼、北山羊等；国家二级保护野生动物有鹅喉羚、马鹿、盘羊等。

野生植物以旱生、超旱生、盐生和沙生的荒漠植物为主，有野生植物900余种。其中，被列入《内蒙古珍稀濒危保护植物名录》的有45种。一级保护植物有梭梭、胡杨、肉苁蓉、四合木、绵刺、沙冬青6种；二级保护植物有斑子麻黄、裸果木、蒙古扁桃、大叶细裂槭、甘草、文冠果、贺兰山丁香、脓疮草、百花蒿9种；三级保护植物有沙木蓼、阿拉善沙拐枣、荒漠黄耆等30种。阿拉善盟天然乔木林分布110万亩，其中贺兰山西坡以青海云杉为主天然次生林58万亩；额济纳居延绿洲胡杨林44万亩。天然灌木主要有白刺、梭梭、绵刺、柽柳、沙冬青、霸王等，面积2980万亩。野生药材的种类和蕴藏量都比较丰富，生长有肉苁蓉、甘草、锁阳等多种名贵药材。

水资源总量22.28亿立方米，其中：地表水资源量为7.925亿立方米，地下水资源量为14.355亿立方米。可利用水资源总量为12.775亿立方米，其中地下水可开采量为4.85亿立方米。截至2020年末，全盟共有中小型水库39座，总库容2732万立方米；地下水取水量2.52亿立方米。

【综合经济】 2020年，根据盟市生产总值统一核算结果，全年地区生产总值完成304.8亿元，按可比价计算，比上年增长3.8%。分产业看，第一产业增加值17.7亿元，增长9.5%；第二产业增加值173.6亿元，增长8.0%；第三产业增加值113.5亿元，下降3.0%。三次产业比例为5.8∶57.0∶37.2。

全年城镇新增就业6922人，比上年多1898人；城镇失业人员再就业人数为2718人。年末城镇登记失业率3.3%，比上年提高0.5个百分点。全年全盟居民消费价格比上年上涨1.9%。

供给侧结构性改革深入推进。全年退出煤炭产能60万吨。年末规模以上工业企业资产负债率69.7%，比上年末下降3.4个百分点。全年规模以上工业企业每百元营业收入成本为82.1元，比上年增加1.35元。全年制造业投资占固定资产投资总额的比重为37.6%，比上年提高11.4个百分点。

新动能较快增长。全盟规模以上工业中，非煤产业增加值比上年增长16.3%，制造业增加值增长17.2%，占规模以上工业的比重为72.1%。规模以上工业战略性新兴产业增加值比上年增长39.0%。全年石墨及碳素制品产量下降46.6%，

脱贫攻坚成效显著。2020年，全盟累计投入各级扶贫资金11046.6万元，较上年同期增加1311.5万元，同比增长13.5%。对全盟所有建档立卡户中的1094

户2175名已脱贫（享受政策）户实施了有效扶持。

【农牧业】 全年农作物总播种面积8.2万公顷，比上年下降0.1%。其中，粮食作物播种面积1.6万公顷，增长2.8%；经济作物播种面积6.5万公顷，下降0.8%。粮食总产量13.3万吨，与上年基本持平；油料产量1.1万吨，下降3.5%；蔬菜产量8.7万吨，增长0.1%；棉花产量83.9吨，下降20.6%；水果（含果用瓜）产量1313吨，下降69.7%。

年末全盟农牧业机械总动力28.2万千瓦，比上年同口径增长1.1%；综合机械化水平达到87.6%。

【工业】 全年全部工业增加值比上年增长10.4%，其中，规模以上工业增加值增长12.5%。在规模以上工业中，分经济类型看，国有控股企业增加值增长0.9%；股份制企业增加值增长12.5%；外商及港澳台投资企业增加值增长22.6%。分门类看，采矿业增长0.4%，制造业增长17.2%，电力、热力、燃气及水的生产和供应业增长7.1%。分轻重工业看，轻工业下降5.9%；重工业增长12.9%。

截至12月末，电力生产企业累计发电量129.6亿千瓦时，比上年增长5.01%，其中：火电累计发电量95.1亿千瓦时，下降1.7%；风力发电累计23.3亿千瓦时，增长44.2%；光伏发电累计11.3亿千瓦时，增长6.3%。

全年规模以上工业企业实现营业收入比上年增长7.5%；利润总额下降25.1%。亏损企业亏损额下降7.2%。营业收入利润率为5.4%。规模以上工业企业产品销售率99.4%。

【建筑业】 全年建筑业增加值比上年下降4.3%。全盟资质内建筑企业38家，比上年增加2家。完成建筑业总产值15.6亿元，下降1.9%。签订的合同额26.6亿元，增长4.9%。

【服务业】 全年批发零售和住宿餐饮业增加值22.4亿元，比上年下降13.0%。交通运输、仓储和邮政业增加值11.4亿元，下降1.5%；金融业增加值13.7亿元，下降2.3%；房地产业增加值4.1亿元，下降9.8%。全年规模以上服务业企业营业收入比上年增长7.7%。

全年完成货物运输总量4332.5万吨，比上年下降38.9%。完成货物运输周转量73.7亿吨公里，比上年下降38.2%。全年完成旅客运输总量45.8万人，比上年下降31.1%。完成旅客运输周转量0.9亿人公里，比上年下降33.5%。

全年邮政业务总量累计完成5756.5万元，比上年增长13.0%。邮政业全年完成邮政函件业务2.2万件，增长5.9%；包裹业务0.2万件，下降14.3%；快递业务137.9万件，增长35.4%。全年完成电信业务总量（按2015年不变价）39481.7万元。年末全盟GSM基站数653个，下降27.8%；本地固定电话用户21860户，增长10.6%；移动电话用户317996户，下降2.3%。固定及移动电话用户总数达339856户。互联网用户95846户。

【国内贸易】 全年社会消费品零售总额51.2亿元，比上年下降18.8%。按经营地统计：城镇消费品零售额45.3亿元，下降19.0%，乡村消费品零售额5.9亿元，下降17.2%。按消费类型统计，商品零售额41.8亿元，下降6.4%；餐饮收入9.4亿元，下降49.0%。

批发业商品销售额184.2亿元，下降16.4%；零售业商品销售额37.5亿元，下降9.8%；住宿业营业额3.2亿元，下降6.8%；餐饮业营业额5.3亿元，下降19.6%。

【固定资产投资】 全年城乡500万元以上固定资产投资额比上年下降1.2%。其中：第一产业投资增长6.7%；第二产业投资增长1.8%；第三产业投资下降6.5%。民间投资增长8.9%；基础设施投资下降31.4%。全年施工项目个数348个，下降2.8%，新开工项目160个，下降19.2%；投产项目数为72个。新建项目投资下降6.3%；扩建项目增长755.0%；改建和技术改造投资增长4.4%。

全年房地产开发投资额14.4亿元，增长9.8%。商品房销售面积27.1万平方米，下降34.5%；商品房销售额10.4亿元，下降23.9%。

【对外经济】 全盟进出口总额36.3亿元（人民币，下同），比上年下降24.4%，其中：进口额30.2亿元，下降27.7%，出口额6.1亿元，下降2.5%。全年实际利用外商直接投资额165.2万美元，比上年增长21.1%。年内全盟在市场监管部门注册的外商投资企业1家。

【财政】 全年一般公共预算收入31.1亿元，比上年增长8.1%；其中，税收收入21.3亿元，下降3.5%，占一般公共预算收入的比重达68.6%。一般公共预算支出109.8亿元，下降2.1%。全盟财政用于民生方面支出达86.8亿元，占一般公共预算支出的79.1%。

【金融】 年末全盟金融机构人民币存款余额408.9亿元，比年初增加22.2亿元，增长5.8%。年末全盟金融机构人民币贷款余额368.6亿元，比年初增加1.1亿元，增长0.3%。

年末全盟保险机构共有16家，实际开业经营15家。全年保险业实现保费收入12.8亿元，比上年增长3.3%。保险业累计赔付支出3.4亿元，增长7.7%。

【居民收入消费】 全年全体居民人均可支配收入39518元，比上年增长2.7%。全体居民人均消费支出26494元，比上年下降4.5%。

【社会保障】 年末全盟城镇拥有社区老年人日间照料中心30个，养老机构12个。2020年末全盟共有1453人享受城市居民最低生活保障，726人享受农村居民最低生活保障。

年末参加基本医疗保险人数204755人，比上年增长1.7%。参加职工基本医疗保险人数92407人；参加城乡居民医疗保险人数112348人。参加城镇职工基本养老保险参保人数95852人，比上年增长5.5%。参加城乡居民养老保险人数51668人，当年累计征收养老保险费2311万元，发放养老保险金6432万元，人均养老金410元。参加失业保险人数46422人，同比增长1.8%。参加工伤保险人数59482人，共征收工伤保险费2018万元，为工伤人员支付各项待遇2647万元。

【科技和教育】 全年专利申请408件，授权272件；其中发明专利申请41件，发明专利授权11件，有效发明专利91件，每万人发明专利拥有量3.6件。共争取国家、自治区科技项目62项，获资金支持2862.2万元。年内新认定国家高新技术企业11家，新增国家级众创空间1家，自治区“星创天地”备案1家、技术转移公共服务机构1家；盟级企业研发中心4家、盟级农牧业特色科技产业化基地4家。

年末全盟共有各级各类学校70所；全年招收学生10914人；在校学生36582人。年末有高中教育学校7所，全年招收学生1791人；在校学生5112人。年末有初中12所，全年招收学生1811人；在校学生5598人。年末有小学17所，招收学生2515人；在校学生12410人。全盟有学前教育学校32所，招收学生3239人，在校学生8314人。

【文化旅游】 年末全盟有艺术表演团体（事业）4个，其中：乌兰牧骑4个；现拥有文化馆4座（包括盟群众艺术馆1个，旗文化馆3个），公共图书馆4座，已注册博物馆5座。

全年接待国内外游客661.5万人次，恢复同期89.2%。其中，国内游游客661.5万人次，恢复同期89.8%；入境游游客39人次，恢复同期0.1%。实现旅游收入107.2亿元，恢复同期78.6%。

【卫生健康】 年末全盟共有卫生和计划生育技术服务机构330个，其中：医院18个，基层卫生医疗机构300个；专业公共卫生机构11个；其他卫生机构1个。全盟卫生机构核定编制床位数1773个，实有床位数14343个。在岗职工3076人，其中：卫生技术人员2411人。

【体育】 全年阿盟运动员在5个运动大项中获得5块金牌，11块银牌，16块铜牌。

【生态建设】 全年水资源总量22.3亿立方米。可利用水资源总量为12.7亿立方米，地下水开采量为4.9亿立方米。总用水量39208.3万立方米，比上年增长12.4%。其中，生活用水下降9.77%，工业用水增长9.9%，农业用水下降3.8%，生态用水增长98%；万元地区生产总值用水量87.1立方米，万元工业增加值用水量17.2立方米。

全年完成营造林面积123833公顷。其中：人工造林面积52380公顷，飞播造林面积14667公顷，封沙育林7333公顷，退化林修复面积49453公顷。全年完成天然林资源保护工程造林面积16666公顷，完成重点防护林工程造林面积30000公顷。年末全盟森林面积238.7万公顷，有林地面积6.8万公顷，灌木林地231.9万公顷。全盟森林覆盖率8.85%。完成草原保护和建设任务102.6万公顷。草原植被盖度23.2%。

全盟确定的自然保护区9个。其中，国家级自然保护区2个，自治区级自然保护区6个，旗级自然保护区1个。自然保护区面积290.9万公顷。其中，国家级自然保护区面积9.4万公顷；自治区级自然保护区面积274.9万公顷；旗级自然保护区面积6.7万公顷。

（王延吉）

阿拉善左旗

【概况】 阿拉善左旗是内蒙古自治区19个少数民族边境旗之一，总面积80412平方公里，占全盟总面积的30%；辖11个苏木镇、4个街道、114个嘎查村。此外，有4个被托管苏木镇25个嘎查，其中乌斯太镇2个嘎查、巴音木仁苏木6个嘎查、嘉尔嘎勒赛罕镇13个嘎查、腾格里额里斯镇4个嘎查。2020年第七次全国人口普查，阿拉善左旗常住人口20.4万人，占全盟77.74%；户籍人口14.71万人，占全盟76.85%；巴彦浩特镇常住人口13.9万人，户籍人口8.2万人。有汉族、蒙古族、回族、满族等28个民族，少数民族人口占全旗总人口的33%。

东与宁夏交界，西、南与甘肃毗邻，北与蒙古国接壤，国境线长188.7公里。

年均降雨量80毫米～220毫米，蒸发量2900毫米～3300毫米。腾格里、乌兰布和两大沙漠横贯全境，沙漠沙地面积占全旗总面积的三分之二。共有天然草原面积8300余万亩（包括天然梭梭林350万亩、白刺720余万亩）、耕地57余万亩（总播面积28余万亩）。有以定远营古城、阿拉善和硕特亲王府为主的历史遗迹，以广宗寺、福因寺为主的八大寺庙古迹，以贺兰山原始森林、腾格里沙漠、乌兰布和沙漠为主的自然景观，以雅丹地貌和丹霞地貌为主的敖伦布拉格梦幻峡谷。

盛产肉苁蓉、锁阳等特色沙生植物，肉苁蓉年产量1500吨，锁阳年产量600吨。阿拉善双峰驼存栏4.6万峰，白绒山羊存栏30.4万只，是地方优良畜种。风光、太阳能发电总装机容量达75.5万千瓦，太阳能资源储量约2.1亿千瓦。已发现矿产57种，其中煤矿探明储量9.3亿吨，保有储量4.6亿吨。

2020年，阿拉善左旗地区生产总值115.9亿元，同比增长2.7%，占全盟的38%。财政总收入24.2亿元，同比增长1.4%，占全盟的41.4%；一般公共预算收入12.1亿元，增长1%，占全盟的38.9%。三次产业结构为8.5∶44.5∶47。500万元以上固定资产投资65.9亿元，同比增长4.9%，占全盟的39.3%；社会消费品零售额33亿元，同比下降19.2%，占全盟的64.5%；城镇居民人均可支配收入43694元，同比增长2.4%；农村牧区居民人均可支配收入22191元，同比增长6.4%。

【新冠肺炎疫情防控】 面对严峻的疫情形势，阿左旗坚持人民至上、生命至上，坚决贯彻落实中央、自治区和盟委行署各项决策部署，团结带领全旗各族干部群众，同舟共济、攻坚克难，构建起联防联控、群防群控的常态化防控体系。出动医务人员5263人次，累计报告预检分诊73.1万人次，监测122.1万人次。始终保持了“零输入、零发生”。

【经济发展】 2020年，全旗重点建设项目93个，总投资621亿元，年度投资108亿元。已开（复）工73个，开工率78.25%，完成年度投资63.02亿元，占年度计划投资的58.2%。推进60个重大前期项目，总投资1001亿元。2020年全旗计划争取上级补助资金6.94亿元，已争取6.14亿元，完成年度计划的88.5%。根据专项债券支持领域范围，已争取债券项目9个，安排资金5.65亿元。争取新增抗疫国债项目12个，资金1.23亿元。共办理审批备案固定资产投资项目45个，估算总投资26.26亿元。

【农牧业】 全旗总播面积28.2万亩，粮食播种面积20万亩。全旗牲畜总头数67.9万余头（只），有白绒山羊核心育种群80群、双峰驼核心群40群。抽样检测农畜产品600批次，总体检测合格率为98%。白绒山羊羊绒、羊肉、驼肉、沙葱、西瓜、小麦、枸杞7个产品确认为全国"名特优新"农畜产品。吴文龙、阿荣德吉等6家品牌入选自治区农牧业品牌目录区域公用品牌。全旗年销售额500万元以上农畜产品龙头企业38家，实现销售收入4.9亿元，增加值1.9亿元。注册农牧民专业合作社421家，开设家庭农牧场1163户，流转土地3.6万亩。11个苏木镇的110个嘎查村完成集体经济产权制度改革工作。

【工业】 31家规模以上工业企业全部开复工，工业总产值同比增长12.3%，工业增加值同比增长21.6%，完成税收8.17亿元，同比增加7231万元。煤炭行业转型升级步伐进一步加快；乾顺矿业资源综合利用项目已进入试生产阶段；吉兰泰油田勘探开发生产建设一体化项目钻井252口，建成32万吨原油生产能力和30万吨处理能力联合站，完成40公里的原油输送管道、1万立方米储油库、装油站及其配套设施建设；金宝利格石墨选矿厂预计年底试生产。敖伦布拉格35千伏、海尔根呼热35千伏、矿山110千伏等重点输变电工程顺利送电，完成投资6367万元；160万千瓦风电项目前期工作取得阶段性成效。敖伦布拉格产业园区已列入自治区工业园区审核公告目录。

【文化旅游】 投资5.236亿元，实施仿古地毯生产传习所、阿拉善梦想沙漠汽车航空主题乐园建设等4个重点项目。争取专项资金1499.89万元，推进文化遗产保护、梦幻峡谷保护开发等15个项目。培育红色文化品牌，开发巴彦浩特一当铺遗址红色教育线路，组织12期红色教育培训班。丰富定远营古城业态布局，定远营夜市正式开放运营。成功举办阿拉善英雄会、阿拉善玉•观赏石博览会、农牧民那达慕暨农牧业丰收节等大型文化旅游活动全年共接待游客41.03万人次，实现旅游收入4.01亿元，阿拉善左旗被评为自治区全域旅游示范区。

【城乡建设】 G1817巴音呼都格至巴彦浩特段高速公路开工建设，续建S315线巴彦浩特至特莫图段一级公路，G331线北银根至路井段公路完成用地手续办理，长流水至中卫（蒙宁界）一级公路投入使用。投资3715万元，实施农村公路建设项目12个。巴银铁路启动征地拆迁工作，已征地2061.12亩。投资850万元，对全旗14个老旧小区进行改造。投资173.46万元，对巴彦浩特3个平房区6万平方米进行非成套住宅棚户区改造。完成自治区下达11个小区既有居住建筑节能改造任务。投资1046万元，建设拥军路、和硕特南路延伸段。城镇给排水供应自来水1571万吨，处理污水433万吨，再生水利用348万吨，共建成农村牧区集中供水工程43处。投资1406万元，完成110千伏巴彦浩特变电站新建二回路和宗别立220千伏输变电工程。累计铺设燃气管道269公里，民用天然气通气率达到84.41%。城镇集中供热普及率达到90%以上，基本形成覆盖巴彦浩特城区的供热系统。公用设施及其配套设施精细化巡查维修机制不断完善。全旗114个嘎查村实现通信覆盖，101个嘎查村接通宽带，巴彦浩特地区实现5G覆盖。

完成乡村振兴示范点建设6个。依托2020年项目资金，购置投用各类垃圾收运设备224辆，清理生活垃圾700余吨。完成农牧区改厕1103户。31家养殖场进行粪污资源化利用设施改造升级，资源化利用率达85%以上。各苏木镇驻地及下辖农业嘎查和新村全部实现自来水覆盖。遴选6个区域开展旅游产业示范点建设。

【科技】 以"科技兴蒙"行动为抓手，推动实施在研科技项目30个，落实专项经费6195万元。推荐29个企事业单位获得专项经费435.4万元。累计培育各类创新平台载体33家，获批国家级众创空间1家，科技型中小企业平台4家。推进实施3个国家重点研发计划和16个自治区级科技成果转化项目，研发新产品24款、新技术9个，制定标准15个，申请专利14个，形成论文专著27篇。深入开展人才引进培养和科技服务，成功备案自治区科特工作站3家、星创天地1家，实现了科技特派员科技服务和创业带动贫困村全覆盖。

【优化营商环境】 深入推进"放管服"改革，"马上办、一次办、网上办、就近办"事项较上年分别增长47.7%、36.9%、436%、131%。工程建设项目集中审批初步实现一窗受理、并联审批。申请材料、办事环节和办理时限较去年分别精简8.02%、13.27%、32.7%。加快推进"互联网+政务服务+监管"模式和一体化在线政务服务平台应用，严格落实"证照分离"改革举措，全面推行"双随机一公开"，不断深化事中事后监管改革。严格落实民营企业减税降费相关政策，全年共减免税费2亿元。实施疫情期间"减免缓"惠企政策，为全旗650家企业减免社会保险费3601万元。切实开展"助保金"贷款工作，累计为52家企业贷款2.56亿元。积极帮助企业申报专项扶持资金，争取小微企业融资担保业务降费奖补资金726.33万元。拖欠民营企业无分歧账款任务全部完成。加强民商事审判工作，建立"警企联动"机制，严厉打击侵犯知识产权和不正当竞争行为。

【对外开放】 积极推进乌力吉口岸临时开放工作，投资3.5亿元，实施4个大项15个子项目。口岸市政道路项目接近尾声，联检楼进入内部装修阶段，联检通关服务项目完成总工程量的85%，监管区物流仓储及配套设施建设全面铺开，智慧口岸（一期）建设项目完成可研报告编制和立项，市政设施建设项目有序推进，防洪工程已顺利完工。加强外事协调工作力度，持续推进对蒙援建项目。海关监管场所已通过初步验收，乌力吉口岸具备临时开放条件。

【生态文明建设】 投入资金9864.95万元，完成人工造林26.3万亩、飞播造林20万亩、义务植树50万株、重点区域绿化1.22万亩、森林质量精准提升2万亩、乡村绿化美化建设任务0.3万亩，完成上级下达指标任务。投资4528万元，完成2019年退牧还草工程网围栏建设10万亩，实施人工种草21万亩。投资941万元，完成2019年退化草原生态修复治理试点工程，实施严重沙化、中度退化草原生态修复及优良乡土草种抚育7.44万亩。贺兰草原入选首批国家草原自然公园试点建设名单。

开展河湖“清四乱”和河湖管理保护行动，推进河湖生态环境持续改善。

【民生保障】 全年新增就业3757人，城镇登记失业率控制在3.2%以内。相继在7个苏木镇建立就业创业培训基地，发放创业担保贷款1015万元。全面落实“稳就业”“保就业”工作，为66家企业发放援企稳岗补贴130万元。落实异地就医直接结算制度，继续推进国家统一异地就医备案小程序和城乡居民“两病”政策，基本医疗保险实现全覆盖。全面推进《阿拉善盟推进居家养老服务实施办法》，严格落实残疾人“两项补贴”发放政策。城镇和农牧区低保保障标准不断提高，共发放城乡最低生活保障金1723.3万元、特困供养金249.1万元、临时救助金53.1万元。

持续实施人才强旗战略，共为65家事业招聘工作人员147名。争取专项资金1.6亿元，全面改善办学条件。新引进和招聘教师69名，教师队伍不断强化。

建成31家图书馆、文化馆分馆。举办各类文化活动215场次，惠及群众5万余人次。定远营古城环境整治和利用展示方案通过自治区文物局评审。与青铜峡市共建第二个长城保护工作站。承办“2020抗疫情•迎冬奥健康休闲马拉松夜跑活动”“金百合杯”首届残障人轮椅挑战者大会等体育赛事活动。

（聂锐）

阿拉善右旗

【概况】 阿拉善右旗位于内蒙古自治区西部，阿拉善盟西南部，龙首山与合黎山北麓。地理位置：北纬38°38′～42°02′，东经99°44′～104°38′。东接内蒙古自治区阿拉善左旗、甘肃省民勤县，南邻甘肃省金昌、山丹、张掖、高台、临泽、金塔诸市县，西连内蒙古自治区额济纳旗，北与蒙古国接壤，国境线长45.25千米。全旗东西长415千米，南北宽375千米，总面积73443平方千米。2020年底，辖巴丹吉林、雅布赖、阿拉腾敖包3个镇，曼德拉、阿拉腾朝格、塔木素布拉格、巴彦高勒4个苏木。全旗总人口25033人。其中，女性12789人，少数民族8260人。

全旗土地面积715.15万公顷。地势南高北低。在山地与沙漠之间有戈壁、丘陵、滩地纵横交错，其中沙漠占46.6%、山地占6.5%、丘陵占33.4%、戈壁滩地占13.5%。属暖温带荒漠干旱区。年平均气温9.5℃。年平均降水量113.6毫米，年平均蒸发量3100毫米。境内无长年性河流，地表水奇缺。全旗水资源总量3.9亿立方米。野生植物分属63科、226属、436种。盛产肉苁蓉、锁阳、甘草、麻黄等名贵药材。有国家一类野生保护动物3种，二类保护动物4种。热能、光能、风能等资源丰富。森林覆盖率7.6%。

2020年，全旗地区生产总值同比增长2.2%。第一产业增加值、第二产业增加值同比分别增长9.8%、3.9%，第三产业增加值同比下降1.2%。全旗财政收入32575万元，同比增长6.74%。其中，公共预算收入18764万元，同比增长10.3%；上划中央税收7978万元，上划自治区税收完成5833万元。财政总支出171119万元，同比增长20.81%。其中，一般公共预算支出146263万元，同比增长9.88%。

【农牧业】 2020年，全旗粮食播种面积491公顷。6月末，全旗牲畜总头数18.14万头（只）。其中，能繁殖母畜9.37万头（只），种公畜3306头（只），良种牲畜15.54万头（只）；骆驼5.12万峰、山羊8.02万只、绵羊4.41万只。全旗建成种羊繁育场2个，人工授精站6个，细度核心群32个，选育群80个。打造全国骆驼产业研发生产基地，制定出台驼圈建设补贴、驼奶收购补助、骆驼保险补贴和农牧民创业贷款等扶持政策，建成骆驼产业科技园1家，骆驼科研机构1家，骆驼基地21个，骆驼养殖专业合作社39家，骆驼养殖户819户，培育奶驼户328户。全旗40个嘎查完成产权制度改革工作，成立股份经济合作社40家。

【林业】 全年完成梭梭造林37万亩。在巴丹吉林镇和曼德拉苏木通过补植补造以及灌水抚育完成低产低效林改造10万亩。完成草原建设217.5万亩，完成鼠害治理95万亩。完成重点区域绿化18425亩。为全旗提供绿化苗木40.3万株。在雅布赖镇努日盖嘎查实施500亩植被恢复及防沙治沙工程，设置草方格500亩、栽植梭梭500亩、撒播灌草种子1.25吨。在阿拉腾朝格苏木和雅布赖镇启动封禁保护项目15万亩。发放公益林资金5408.67万元。在雅布赖和巴彦高勒实施2019和2020年林木良种补贴项目，完成梭梭大田育苗150亩。完成各类林业有害生物防治17万亩，调运检疫复检各类苗木和花灌木5373.17万株。建成覆盖全旗重点林业有害生物监测网络体系。

【水利】 2020年，全旗用水总量2989万立方米。其中，工业用水量91万立方米，生活用水量120万立方米，生态环境用水量662万立方米，农业灌溉用水量1892万立方米，林业、牲畜用水量212万立方米，城镇公共用水量12万立方米。全旗建成集中式供水工程38处。有水库6座192.45万立方米，塘坝6处21.42万立方米，引水管道34处414.24千米，排污管道30.33千米，建防洪工程7处38.12千米，机电井572眼（农业灌溉井495眼，供水井77眼），筒井及人力井2053眼，家庭草库伦274处。改革试点巴彦高勒苏木陈家井灌区安装计量设施144套，配套安装IC卡智能水价处理器、一体式安防箱体、安防系统等，实行协商定价，由农民用水者协会收取水费并进行维护、管理。

【工业】 全旗有规模以上工业企业16家，实现工业总产值11.79亿元，同比增长4.3%。完成工业增加值2.98亿元，同比增长21.6%（可比价）。规模以上工业企业上缴税收1.55亿元，同比增长21.56%。启动实施博源年产860万吨天然碱项目。全旗有风、光能发电企业3家，全年发电量2.9亿千瓦时，全年售电量1.16亿千瓦时。

【城镇建设】 实施巴丹吉林镇城市棚户区改造拆迁区环境综合整治项目、2020年老旧小区改造项目、城市棚户区改造平房区改扩翻项目、和馨园小区8号楼建设项目等5项，总投资1.21亿元。阿拉善右旗列入全盟统计范围内历史遗留问题房屋1098套，问题全部解决。排查出378套住宅和商服等存在办证难问题（未列入全盟统计范围），解决204套房屋的办证问题。商品住宅销售 172 套面积 1.98 万平方米，非住宅商品房销售 162 套面积 1.72 万平方米。全年归集住房公积金 7217 万元，发放住房公积金贷款 137 户，放贷金额 4454.7 万元，办理提取住房公积金 2298 笔，提取金额 5256 万元。

【环境保护】 启动生态保护红线划定工作，落实生态红线边界及面积 45320 平方千米，占全旗国土面积的 63.39%。打好污染防治攻坚战，推动能源节约利用，实施能耗总量和强度“双控”。开展“散乱污”工业企业综合整治工作，实施治污设施升级提标改造工程。完成 7 家化工企业的挥发性有机物综合治理“一厂一策”编制工作。

【交通】 全旗公路总里程 1878.79 千米。其中，二级公路 97.59 千米，三级公路 499.55 千米，四级公路 1281.65 千米；县道 711.75 千米，乡道 547.36 千米，村道 619.78 千米。

【旅游】 围绕“世界沙漠地质公园核心区”“中国最美沙漠”“大漠驼乡巴丹吉林”等旅游品牌，坚持“线上”“线下”同步推进旅游品牌建设战略。全年接待游客 170.1 万人次，旅游收入 18.5 亿元。

【科技教育】 2020 年，实施“科技兴蒙”行动。联合骆驼研究院、内蒙古农业大学等，开展基因组学、生物制药、沙漠生态治理等科研攻关，取得科研和产品成果 10 项，其中 2 项科研成果填补国际空白。申报争取到盟级应用技术研究与开发资金项目 4 项 80 万。在阿拉腾敖包镇骆驼良种繁育基地，经过胚胎移植实验的母驼产下 2 峰公驼羔，标志着中国首例高产奶骆驼胚胎移植实验获得成功。全旗有教育事业单位 13 个。推行国家统编教材使用工作。把校内课后服务列入 2020 年全旗为民办实事项目。

【文化】 举办（书画展）“情注笔端墨润巴丹”书画交流活动。公布第三批旗级非物质文化遗产项目代表性传承人。新发现阿拉善典型早期人面像岩画的代表性岩画遗址 2 处。完成 1000 幅曼德拉山岩画三维数据采集并建成数据库。

【卫生】 阿拉善右旗卫生健康单位机构 53 个。旗直机构 5 个，苏木镇卫生院 8 所，社区卫生服务机构 3 个，嘎查卫生室 40 个，社会办医 6 个。各级医疗机构开放床位数 174 张，每千人拥有病床 5 张。出生 225 人，出生率 8.22‰，自增增长率 2.99‰。

【体育】 全旗有体育场地 212 个。其中，综合文体中心 1 座、体育馆 6 个、小运动场 3 个、田径场 3 个、足球场地 14 个、篮球场 45 个、排球场 30 个、室外网球场 2 个、室外羽毛球场 3 个、乒乓球场 2 个、赛驼场 1 个、赛马场 1 个、健身步道 7 个、汽车营地 4 个、全民健身路径 60 套，全旗体育场面积 61.09 万平方米。

【社会保障】 全旗城镇职工基本养老保险参保 9598 人，城乡居民养老保险参保 7500 人，退牧还草和公益林项目区参保农牧民 7038 人，失业保险参保 3609 人。企业退休人员养老金人均月增资 130 元，涉及全旗 2910 人；机关事业单位退休人员养老金人均月增资 186.97 元，涉及全旗 1757 人；城乡居民养老保险人均养老金调整至 403 元，涉及 1900 人。全旗城镇新增就业 553 人，城镇登记失业率控制在 2.48% 以内，发放创业担保贷款 1124 万元。

【人民生活】 全社会消费品零售总额 5.23 亿元，同比下降 17.5%。全体常住居民人均可支配收入 40540 元，同比增长 2.8%；城镇常住居民人均可支配收入 44900 元，同比增长 2.5%；农村牧区常住居民人均可支配收入 25801 元，同比增长 6.3%。居民消费价格总指数 101.3，商品零售价格总指数 101.2。

【脱贫攻坚】 阿拉善右旗设立 500 万元“防贫保障金”，常态化抓好建档立卡贫困户和低收入边缘户的帮扶救助。2020 年底，贫困发生率保持为零。全旗建档立卡贫困户人均纯收入 34539 元。《依托特色优势资源打造富民强旗产业》入选第二届“全球减贫案例征集活动”最佳案例；脱贫攻坚主要经验做法被收录到中央电视总台大型扶贫题材纪录片《承诺》，为内蒙古自治区唯一入选旗县。阿拉善右旗被确定为全区农牧区人居环境综合整治“十县百乡千村”创建示范旗。“三个结合”推进乡村振兴经验做法受到国务院通报表扬。

（图娅　李首蓉）

额济纳旗

【概况】 额济纳旗下辖达来呼布镇、东风镇、哈日布日格德音乌拉镇、赛汉陶来苏木、苏泊淖尔苏木、马鬃山苏木、温图高勒苏木、巴彦陶来苏木、巴音陶海苏木等 9 个苏木镇和航空街道办事处、东风街道办事处 2 个街道办，旗政府驻地达来呼布镇。

额济纳旗位于内蒙古自治区的最西端，总面积 11.46 万平方公里，边境线长 507 公里，是自治区重点扶持的 19 个边境少数民族旗县之一。“额济纳”为西夏党项语的音转，意为“黑水”或“黑河”。黑河水由南向北纵贯全境，流长 314 公里，哺育出以胡杨、红柳、梭梭为代表的额济纳绿洲 738 万亩。额济纳胡杨林位列世界三大胡杨林之一，国际金秋胡杨生态旅游节声名远扬，旗境内出土的居延汉简被誉为 20 世纪中国考古四大发现之一。主要旗情特点：(1) 地广人稀。全旗居住着汉族、蒙古族、回族、土族等 12 个民族，常住人口 3.5 万余人，是内蒙古自治区面积最大的旗。(2) 资源富集。境内发现和探明煤、铁、钨、金、银等矿藏 50 余种、矿床矿点 270 余处。风能和太阳能资源优势明显，石油天然气勘探储量大、开发前景乐观。(3) 历史悠久。汉代在此设置居延都尉府，唐代设安北都护府，清政府于 1753 年设置额济纳旧土尔扈特特别旗。1949 年 9 月额济纳旗和平解放，1980 年隶属阿拉善盟至今。(4) 国防地位重要。境内有全国重要的国防科研试验基地——东风航天城和空军试验基地。(5) 区位优势突出。境内策克口岸是全国第四大、自治区第三大陆路口岸，对内联通陕、甘、宁、青、新五省，对外辐射蒙古国南戈壁等五个畜产品、矿产资源较为富集的省区，是京疆大通道和丝绸之路经济带重要节点，内蒙古向北开放的桥头堡。

【综合实力】 2020 年，全旗地区生产总值完成38.1亿元，同比增长0.7%；一般公共财政预算收入完成3亿元，完成调整后的目标任务；固定资产投资同比下降1.5%；社会消费品零售总额同比下降18.1%；城镇常住居民人均可支配收入完成44910元，年均增长6.4%；农村牧区常住居民人均可支配收入完成26906元，年均增长8.3%。

【农牧业】 农牧业稳步发展，全旗农作物总播面积稳控在6万亩、牲畜存栏头数稳定在10万头（只），完成草地补播2万亩。投入资金802万元，实施嘎查饮水安全工程、基础设施改造等扶贫项目10个。完成农牧区改厕555户和加油站双层罐改造工作。

【工业】 工业稳步回升，中原油田分公司务桃亥油气勘探开发项目、吐哈油田分公司油气综合勘察勘探项目、萤石综合开发项目、多金属综合开发项目、中和新公司年产4万吨氯化亚砜化工项目、哈伦合众物流公司综合物流园工程有序推进。

【旅游服务业】 投资0.79亿元，完善景区基础设施和服务功能，获批自治区全域旅游示范区；加快推动旅游业复苏，创新旅游推介，精心组织开通“草原之星”额济纳号等旅游专列54列，组织各景区开展联合营销，提升城市知名度；积极协调各旅游景区实行淡季免票政策，举办各类文旅体品牌赛事14项；完成老人湖景区回购事宜，引入社会资本，打造精品研学游项目。接待国内游客603万人次，恢复至去年同期74%，实现旅游综合收入52.5亿元，恢复至去年同期67%。全年完成公路货运量539.5万吨、客运量42.1万人次，铁路货运量445.6万吨、客运量10.35万人次，航空旅客吞吐量1.19万人次。

【生态环境】 2020年，《内蒙古自治区额济纳胡杨林保护条例》颁布实施，进一步巩固深化胡杨林保护区退耕成效，规范饲草料种植1.85万亩，全力消减胡杨林农业面源污染风险。制定《额济纳旗森林草原防火工作管理及责任追究暂行办法》，全面增强森林防火意识。完成公益造林12.21万亩、营造林52万亩、重点区域绿化4.4万亩，完成污染防治攻坚战项目27个，空气优良天数比例达到87%。建成环保棚仓24座68万平方米，小型污水处理设施投入使用。“蚂蚁森林”造林项目6.32万亩，森林火灾高风险区综合治理项目建设完成。严格落实河（湖）长制，各级河湖长累计巡河巡湖512次；黑河来水8.99亿立方米，灌溉天然林草地94万亩；研究制定《黑河额济纳流域水量调度方案》，成立额济纳黑河水资源与生态保护研究中心，居延海生态建设展览馆建成开放。

【城镇建设】 进一步完善镇区路网、管网等基础设施，街景绿化、亮化、美化、硬化等市政工程全面推进，城市精细化管理全面加强，污水处理率达到95%，机械化清扫率74%，生活垃圾无害化处理率98%，绿化覆盖率46.3%。推行“街长制”工作，全旗各单位分片分段对街道、小区环境、秩序进行责任制管理，切实提升城镇精细化管理水平。筹划实施两大基地市政住房改造、道路改造、安全饮水、污水处理等基础设施建设项目22项，已完工3项，已开复工10项，待开复工9项，有效补齐两大基地基础设施建设短板。

【对外开放】 全力支持口岸发展，按照责权利对等原则向口岸补贴资金和下放行政审批、执法权限，着力完善提升口岸综合治理能力；在扎实做好疫情防控的基础上，成功举办第四届中蒙国际商品展洽会；严格落实闭环管控措施，加快恢复口岸通关业务，口岸预计进出货物1070万吨，贸易额34.7亿元。

【社会事业】 学前教育到高等教育全覆盖的学生资助政策体系逐步健全，高考本科上线率37.14%，高职高专上线率61.90%，蒙授中考成绩荣升全盟第二。全力做好国家通用教材工作。依托远程医疗平台与四川大学华西医院等全国知名医院开展诊疗服务，医疗卫生单位全面实行药品采购“两票制”。建成旗疾控中心PCR实验室和策克口岸鼠疫野外实验室。组织开展网格化、地毯式排查，筑牢疫情防控“关口”，全旗未发生一例疑似或确诊病例。城乡社保体系不断完善，基本养老、医疗保险基本实现全覆盖，城乡低保、五保供养等补助标准稳步提高。福康老年公寓、敬老院智慧养老项目投入使用。严格落实国家社会保险降费率政策，为全旗小微企业养老减免187户816.81万元。城镇新增就业335人，创业担保贷款108人，发放失业保险金45人37.51万元。

【依法行政】 2020年办理人大建议和政协提案102件。加大政务公开和审计监督力度，规范国有资产、国有资源处置程序，公共资源交易实现全程电子化。积极完善“平安城市”智能化系统建设，持续推进政法综治数据资源的深度融合。实施“社会治理+智慧”模式，助推物业小区管理服务智能化水平提升。加强政府债务管控，着力防范化解重大风险。

（张洁）

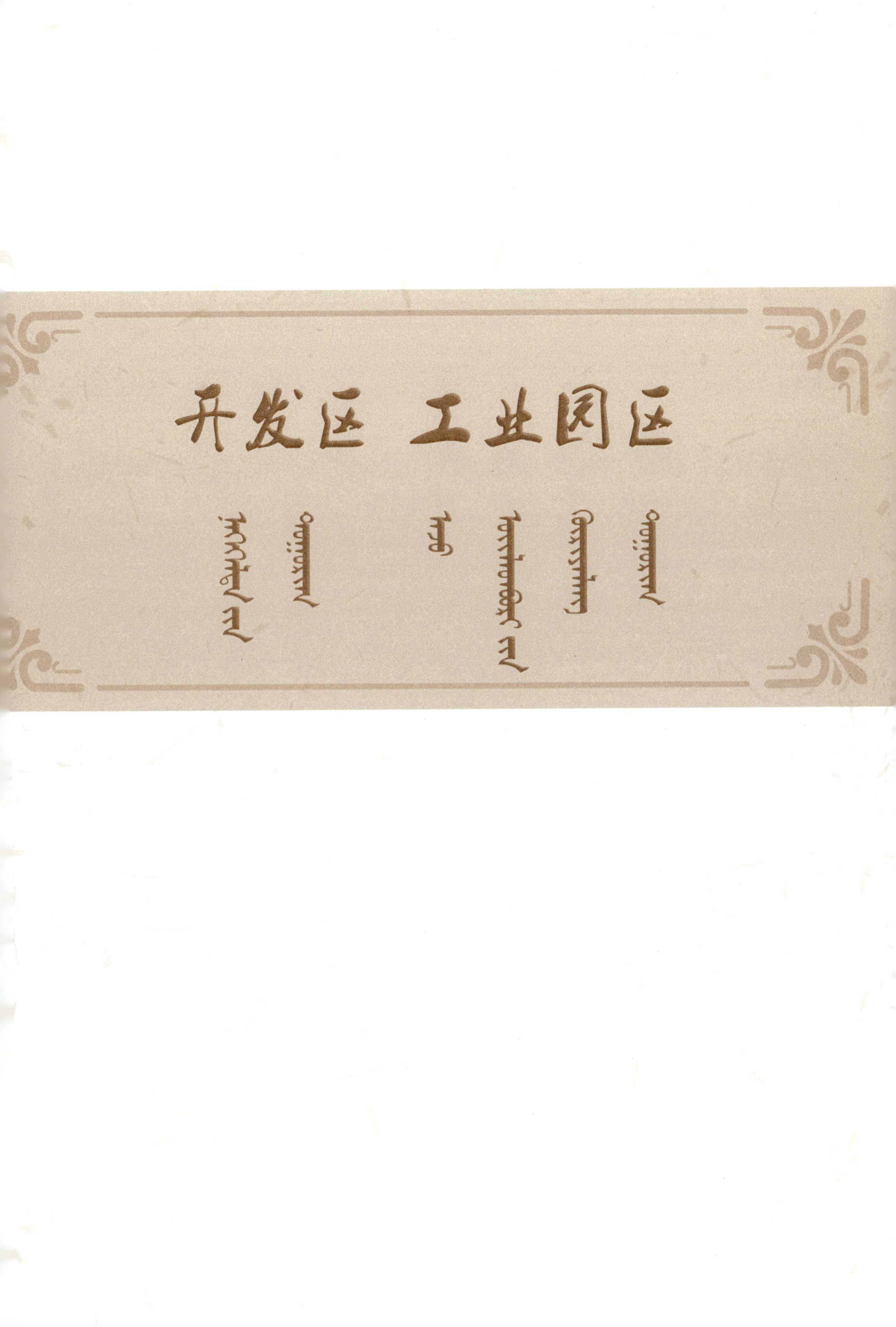

开发区 工业园区

呼和浩特市

呼和浩特经济技术开发区

呼和浩特经济技术开发区始建于1992年，2000年7月经国务院批准晋升为国家级开发区。开发区由6个经济功能区、1个镇组成，分别是：沙尔沁工业区、如意工业园区、金川工业园区、国家级呼和浩特出口加工区、白塔空港物流园、国家级留学人员创业园和沙尔沁镇。

开发区基本形成6大支柱产业：以伊利集团为代表的绿色食品加工业；以创维电子为代表的电子信息制造业；以阜丰、齐鲁制药、双奇药业为代表的生物发酵和生物制药业；以众环数控、富特橡塑为代表的装备制造业；以爱迩电子材料、日月太阳能为代表的新能源新材料产业；以利乐为代表的包装材料产业。

呼和浩特金山高新技术产业开发区

呼和浩特金山高新技术产业开发区位于呼和浩特市土默特左旗，始建于2002年3月，2011年申请成为高新技术产业开发区，2013年12月经国务院批准晋升为国家级开发区。园区规划面积5平方公里，开发区“八通一平”。开发区以乳业、化工、电力、新材料四大产业为主导，兼有建材、包装、光伏信息、生物医药、农牧业产业化等产业，并建有金融、商住、学校及科技城的现代化综合园区。

呼和浩特出口加工区

呼和浩特出口加工区始建于2002年6月，是国务院批准设立的、自治区唯一的国家级出口加工区，规划面积2.21平方公里。2007年7月通过国务院九部委联合验收组验收并于2008年1月封关运行。呼和浩特出口加工区封关正式运行以来，围绕培育“光伏产业双百亿工程”的思路，做大做强光伏材料、光通信、保税物流、羊绒加工贸易等四大支柱产业，打造国际贸易总部基地；已有28家企业入驻出口加工区生产经营，企业类型有加工贸易企业、保税物流企业、贸易企业、货代公司、报关行等。

呼和浩特金桥经济开发区

呼和浩特金桥经济开发区成立于1999年，2001年是由自治区人民政府批复设立为自治区级光伏材料示范基地、高新技术产业开发区。园区规划面积8.99平方公里，开发区以中石油呼和浩特石化公司、中海石油天野化工股份公司为主的石油化工产业、以内蒙古神舟硅业有限责任公司、内蒙古中环光伏材料有限责任公司、华夏聚光（内蒙古）光伏电力有限公司、内蒙古晶环电子材料有限公司、内蒙古欧晶科技股份有限公司为主的光伏产业已初具规模。装备制造、新能源产业正在培育建设当中。

呼和浩特鸿盛工业园区

呼和浩特鸿盛工业园区位于呼和浩特市新城区，2006年4月由自治区人民政府批复设立为自治区级开发区，2009年3月由国家工信部确定为“呼包鄂”地区信息化和工业化融合创新实验基地，总体规划面积1.21平方公里。鸿盛工业园区作为自治区的全国“两化融合”创新实验基地，围绕高新技术的自主研发和成果转化，努力打造生态、绿色、环保型的以总部经济等为主的新产业园区，重点发展云计算、大数据、新材料、生物科技、电子信息产业。

呼和浩特金海工业园区

呼和浩特金海工业园区始建于2003年，2006年8月由自治区人民政府正式批准为自治区级开发区。园区规划面积0.96平方公里。园区位于呼和浩特市区回民区，地处新华大街和西二环交汇之处，是呼和浩特市“拉动城市向西发展”战略的主要方向。供电系统直接与电厂连接，拥有供电能力3.7万千瓦的南、北两个配电站，自备长11.056公里、年运输能力150万吨的铁路专用线，还有日供水能力1500吨的自来水供水网络，交通便捷，地理位置优越，是呼和浩特市回民区工业经济发展的重要支撑和平台。园区以矿热炉、铝木窗为主导产业，入园购地企业38家，企业生产涉及机械、建材、纺织、服装、化工、食品、仓储十几个行业。

呼和浩特裕隆工业园区

呼和浩特裕隆工业园区始建于2000年，2006年被内蒙古自治区人民政府批准为自治区级开发区，位于呼和浩特市西南方向。园区规划面积2平方公里。园区以水泥、纺织、火锅调料为主导产业，初步形成械制造产业、生物发酵产业，新型建材产业、纺织服装产业和生物制造药业五大产业集群。园区现实现给水、排水、供电、供暖、天然气等“十通一平”。

内蒙古托克托工业园区

内蒙古托克托工业园区是2003年开发建设的自治区级开发区、高新技术产业园区和循环经济示范区，2006年由自治区人民政府正式批准为自治区级开发区，是国家呼包银榆经济圈和自治区沿黄沿线经济带的重要产业区。托克托工业园区作为县域经济社会发展的主战场，充分发挥水煤组合优势、电价比较优势和区位交通优势，加大园区基础设施建设投入力度，加强工业重点项目建设，大力发展循环经济，加快培育主导产业集群，形成电力、冶金、生物制药、化工四大支柱产业 和“煤—电—高铝粉煤灰—氧化铝（水泥、陶粒）—铝硅钛合金材料深加工”“煤—甲醇（天然气）—芳烃（聚乙烯、聚丙烯）”“玉米—淀粉—原料药—成品药”三大循环经济产业链。

内蒙古和林格尔经济开发区

内蒙古和林格尔经济开发区始建于1999年5月，2000年由自治区人民政府批复成为自治区级开发区。开发区地处自治区经济发达地区呼、包、鄂“金三角地带”；209国道纵穿区境，县境公路四通八达；南距丰准铁路38公里，北距航空港—白塔机场41公里，国道、省道及高速公路相通。开发区基本形成以下产业经济结构：以蒙牛乳业为龙头的乳制品加工业；以纷美无菌包、中士达包装等为依托的乳制品配套产业；以雨润食品、大牧场蒙餐、蒙羊肉业为龙头的肉制品加工业；以中粮可口可乐、燕京啤酒等为龙头的饮品加工业；以兆旺、铁骑、昭君、万世宝等公司为依托的绒毛加工业；以宇航人公司为龙头的高技术沙棘产业；以必威安泰公司、蒙牛赛科星生物繁殖技术公司、西部良种奶牛繁育中心、和林格尔现代牧业等为依托的畜牧高技术产业。

内蒙古武川经济开发区

内蒙古武川经济开发区始建于2003年6月，2006年5月经自治区人民政府批准为自治区级开发区。园区位于104省道“呼—武”公路段28公里处，交通便利，区位优势明显。开发区依托县域境内丰富的矿产资源优势（特别是铁矿、石灰石、风化煤等资源），形成了“水泥建材、金属冶炼、新型化工”三大支柱产业结构。

包头市

包头稀土高新技术产业开发区

包头稀土高新技术产业开发区成立于1990年，1992年被国务院批准为国家级高新区，是全国唯一冠有稀土专业名称的高新区。先后被国家有关部委认定为“国家新型工业化产业示范稀土新材料基地、国家稀土新材料高新技术产业化基地、全国稀土新材料产业知名品牌创建示范区”等18个国家级基地中心。

稀土高新区以稀土新材料及其应用、铝镁铜深加工、高端装备制造为主导产业。至2020年，稀土高新区将打造成为国家稀土新材料及应用研发示范基地、自治区高端装备制造引领区和自治区新一代信息技术产业高地。

内蒙古包头铝业产业园区

内蒙古包头铝业产业园区创建于2003年，2006年由自治区人民政府正式批准为自治区级开发区。园区先后被认定为国家级“城市矿产”示范基地园区，自治区级新型工业产业化示范基地、循环经济示范基地、中小企业创业基地、新型工业化产业基地、中小企业公共服务平台等。

园区以铝深加工产业为主导产业，初步形成“电解铝—合金铝—铝合金板带、轮毂、型材”“电解铝—高纯铝—电子铝箔—腐蚀箔—化成箔—电容器”“煤—电—粉煤灰—新型建材”以及“废钢回收加工和废旧轮胎再制造”等产业链。至2020年，园区将打造成为国家重要的煤电铝一体及铝后深加工基地和自治区重要的铝制品生产集散地。

内蒙古包头九原工业园区

内蒙古包头九原工业园区是落实自治区党委、政府决策部署，围绕改变“四多四少”而设立的新型产业园区。园区2006年由自治区人民政府正式批准为自治区级开发区。

工业园区以稀土纳米新材料、高分子新材料、氟硅新材料、新型纤维材料、新型石墨材料、煤基新材料等6大新材料为主导产业。内蒙古包头九原工业园区将成为包头市新旧动能转化区、高水平营商环境示范区、大众创业万众创新集聚区和开放型经济和体制创新先行区。

内蒙古包头石拐工业园区

内蒙古包头石拐工业园区属副处级建制的自治区级工业园区，位于包头市石拐区境内。2001年5月，经包头市人民政府批复同意建立；2003年，被确定为自治区20个重点培育发展的工业开发区之一；2006年5月，经自治区人民政府批准设立为自治区级工业开发区；2009年，经自治区人民政府批准成为自治区循环经济试点示范园区。

工业园区以“硅镁合金产业链、特钢产业链、煤炭综合利用”三条产业链为主导，即“硅铁—镁合金—镁合金应用产品”“钢铁—特种钢—板材、棒材”“煤炭—煤炭深加工—煤焦油综合利用”产业链条。

包头装备制造产业园区

包头装备制造产业园区成立于2006年，2010年由自治区人民政府正式批准为自治区级开发区。先后被认定为“高新技术特色工业产业化基地、包头国家装备制造高新技术产业基地、国家新型工业化产业示范基地”等。

园区以重型汽车装备、新能源装备、铁路装备、综采装备产业、机电装备、工程机械装备六个装备制造细分产业为主导产业。到2020年，园区将打造成为国家级自主创新型装备制造基地、国家重要的工程机械制造产业集群基地、国家重要的核燃料元件加工示范基地和自治区信息化和工业化融合示范基地。

包头金山工业园区

包头金山工业园区位于包头市固阳县金山镇境内，2009年5月，固阳县委、县政府开始着手规划建设包头金山工业园区，同年12月30日获包头市人民政府批准正式成立，2012年由自治区人民政府正式批准为自治区级开发区，是自治区级承接产业转移示范园区，自治区工业循环经济试点示范园区、自治区沿黄沿线重点工业园区，园区共分为金属镁生产及镁合金深加工区、钢铁初级产品生产加工区、中小企业生产区和物流园区等功能区。

园区主导产业包括镁和镁的深加工，钢铁初级产品生产加工及水泥建材等配套产品。

内蒙古包头金属深加工园区

内蒙古包头金属深加工园区成立于2005年，2012年由自治区人民政府正式批准为自治区级开发区。先后被认定为“国家级稀土钢生加工新型工业化产业示范基地、国家钢铁及稀土深加工高新技术产业化基地、自治区第七批工业循环经济试点示范园区”等。

园区以钢铁深加工产业、稀土原材料及深加工产业、不锈钢产业和钢铁化工物流为主导产业。至2020年，园区将打造成为国家重要的稀土钢及钢铁深加工基地、自治区节能环保装备制造基地、自治区钢铁在线交易中心、自治区工业旅游先行示范区和自治区尾矿库生态修复示范区。

内蒙古包头达茂巴润工业园区

内蒙古包头达茂巴润工业园区始建于2004年，为包头市十大工业园区之一。2007年12月经包头市编办审批，2008年2月26日达茂巴润工业园区党工委和管委会正式挂牌成立，2012年由自治区人民政府正式批准为自治区级开发区。园区管委会职能设置为“一区三园”，即：巴润钢铁原料加工贸易园、巴音敖包新型化工建材循环经济园、白彦花煤电化循环经济园，分别位于巴润西矿、巴音敖包、和白彦花煤田附近，由包满铁路和S211公路相连接，园区矿产资源、交通运输、区位优势凸出，重点打造铁精粉加工、新型化工建材、煤电化三个产业集群。

呼伦贝尔市

呼伦贝尔经济技术开发区

呼伦贝尔经济技术开发区经自治区人民政府批复始建于2012年，2013年经国务院批准设立为国家级经济技术开发区，位于呼伦贝尔市境内。2012年由原呼伦贝尔工业园区、呼伦贝尔经济开发区、陈旗工业园区、海拉尔产业基地整合成立。开发区沿海拉尔河横跨海拉尔区和陈巴尔虎旗，下辖海东项目区、谢尔塔拉项目区、陈旗项目区。园区已基本形成“七通一平”基础设施建设。

以建设八大产业（煤电化产业、冶金加工产业、生物制药产业、装备制造产业、农畜产品深加工产业、高新技术产业、新型建材产业、现代生产性服务产业）；构筑三大基地（循环经济产业示范基地、中小企业创业基地、对俄蒙经贸加工基地）。

内蒙古阿荣旗工业园区

内蒙古阿荣旗工业园区位于呼伦贝尔市东南部，是哈大齐工业走廊向北延伸的重要节点，是呼伦贝尔市向南开放的重要窗口。阿荣旗工业园区始建于1999年，2002年9月被呼伦贝尔市人民政府批准为旗市级工业园区，2006年4月被自治区人民政府批准为自治区级工业园区。阿荣旗工业园区设有管委会，2008年12月，被自治区编委会批准为阿荣旗人民政府派出机构，副处级行政单位。

构建以建材、化工、机械装备制造、农畜产品加工等主导产业，基本形成农畜产品精深加工、支农支牧和矿产资源开发等工业体系。

呼伦贝尔岭东工业园区

呼伦贝尔岭东工业园区位于扎兰屯市区东南端，筹建于2002年5月，2003年7月经内蒙古自治区人民政府批准晋升为自治区级开发区。同年11月，自治区机构编制委员会批准设立开发区管理委员会及相应机构，规格为副处级。2003年和2009年先后被认定为内蒙古自治区高新技术特色工业产业化基地和第二批全国农产品加工创业基地。2011年，岭东工业开发区于9月份成功跻身第一批国家农业产业化示范基地。

以农畜林产品生产和加工等资源型产业为主导，以医药化工、钢铁建材等非资源型产业为补充，以能源电力、生物化工、生物制造和现代物流业等新型产业为发展方向，相互支撑、互动发展的产业新格局将在岭东工业开发区格局。

莫力达瓦工业园区

莫力达瓦工业园区成立于2002年，位于莫力达瓦达斡尔族自治旗尼尔基镇南郊，2006年被国家发改委和自治区人民政府审核批准为自治区级工业园区。莫力达瓦工业园区位于呼伦贝尔市东南部的莫力达瓦达斡尔族自治旗政府所在地尼尔基镇南郊。是哈大齐工业走廊向北延伸的重要节点，是连接呼伦贝尔市与东北地区的重要通道，是呼伦贝尔市向北开放的重要窗口，是建设中俄蒙合作先导区重要的农畜产品、民族文化产品输出基地。

园区以高新技术产业为支撑，以绿色农畜产品精深加工为主导产业，以酒、肉、豆、米、乳、药等农畜产品加工为主导的工业基地，形成产业集群。以轻工食品、能源、化工建材、机械、电子、服装、和环保产业为突破，现代物流服务业协调发展的集科研、生产、商贸为一体的科技型生态园区。

呼伦贝尔市巴彦托海经济技术开发区

呼伦贝尔市巴彦托海经济技术开发区位于内蒙古呼伦贝尔市鄂温克族巴彦托海镇域内，2012年经自治区人民政府批准建立的省级经济技术开发区，获得自治区级小企业创业示范基地称号。园区以绿色农畜产品加工业、新型建材制造业、商贸零售服务业为主导产业。园区已建设成为集绿色食品加工、新型建筑材料制造、汽车销售、房地产开发等产业为一体的多功能复合型产业园区。

兴安盟

乌兰浩特经济技术开发区

乌兰浩特经济开发区始建于2002年2月，2003年经自治区人民政府批复成为自治区级工业园区，2010年被内蒙古自治区人民政府确定为全区循环经济试点园区。乌兰浩特工业经济开发区位于乌兰浩特市城区东南部，距市区2公里，交通便捷，乌白高速公路、省际大通道、111国道、302国道穿越开发区；与北京、呼和浩特通航的飞机场距开发区30分钟路程；基础设施建设已实现“七通一平”。主导产业以农副产品加工业和制药业为基本产业定位，同时发展部分建材类企业、饲料加工和商贸流通类企业。

兴安盟经济技术开发区

兴安盟经济技术开发区属正处级建制的自治区级开发区，位于兴安盟乌兰浩特市葛根庙镇境内。2008年开始筹建，2011年被内蒙古自治区人民政府批准为自治区级开发区。开发区重点发展化工（煤化工、玉米化工、精细化工）、电力能源、有色金属冶炼、机械加工制造、建筑材料五大产业，并打造循环经济产业园。以国内和国际500强企业为主要招商引资目标，以煤炭深加工为主导，实现工业经济循环健康发展。

科右前旗工业园区

科右前旗工业园区始建于2007年5月，东临乌兰浩特市，南至居力很镇幸福路村，西达兴隆林场，北依前旗新址。与乌兰浩特市、科右前旗旗政府新址毗邻，距离长春400公里、哈尔滨500公里、沈阳600公里；距离铁路2.5公里、省际通道2公里，111国道贯穿园区；距离水源地7.5公里。

2011年9月，经自治区人民政府批复同意成为自治区级工业园区。按总体规划，园区重点发展农畜林产品、皮革服饰加工和中蒙药、机械制造、新型建材、电子信息六大类产业。

科右中旗百吉纳工业循环经济园区

科右中旗百吉纳工业循环经济园区是自治区级工业园区。2007年4月开始筹建，2011年9月9日被内蒙古自治区人民政府批准为自治区级开发区，园区下辖“一区二园”的空间布局规划建设。“一区”即百吉纳工业循环经济园区，二园即园区下设的两个工业分区—百吉纳化工及加工园区和哈日诺尔化工园区。

以“五大工业支撑”产业为主导，即煤化工产业，煤炭洗、选、配产业，有色金属冶炼、非金属冶炼产业，新型能源及绿色食品深加工产业，区域性物流产业。以“三大产品链群”为支撑，即以煤为原料发电及延伸加工的精细化工及其下游产品链群，以农副产品为原料的绿色食品综合加工产品链群；以有色金属冶炼、非金属冶炼为原料进行深加工的产品链群。

突泉县循环经济工业园区

突泉县循环经济工业园区位于县城东南部，距县城3公里，西邻省际通道，交通便利。2004年突泉县人民政府批准设立为县级工业园区，2011年经兴安盟行署批准升级为盟市级工业园区，2012年经自治区人民政府批复成为自治区级工业园区。基础设施建设基本实现“七通一平”。

园区形成生物质能、新型化工、农畜产品加工、建材、机械制造五大产业方向。主要入区项目有：君雅蛇纹岩综合开发项目、中晃蛇纹岩综合开发项目、声达电池项目、晨宇电池项目、生物质发电项目、安达屠宰及饲料加工项目、雨润屠宰项目，松森饲料加工项目、天远新能源项目等。

通辽市

通辽高新技术产业开发区

通辽高新技术产业开发区是2001年经内蒙古自治区人民政府批准启动的自治区级开发区，通辽开发区坚持新型工业与现代物流并重发展，同时兼顾社会项目的开发建设，着力打造“通辽市改革开放的前沿、新型工业化基地和经济发展的重要增长极、现代化新城区的产业支撑、城乡一体化的示范区”。园区已初步形成现代蒙中医药、新能源新装备新材料、绿色有机生物等主导特色产业。

内蒙古霍林郭勒工业园区

内蒙古霍林郭勒工业园区于2002年12月批准设立。园区形成以能源产业为核心的煤电铝和产业配套及资源综合利用等几大产业集群和较完整的煤电铝循环经济产业链条，“煤电铝”一体化发展方式已得到国内有色金属产业界的一致认可，并被确定为中国煤电铝产业独有的“霍林河模式”。“煤电网铝加”产业雏形和竞争优势基本确立。

2006年，经国家发改委核准并经自治区人民政府批准，晋升为省级工业园区，列入自治区24个重点工业开发区之一。2008年，园区被评为“自治区循环经济示范园区”。2011年被自治区科技厅认定为“煤电冶化高新技术特色工业产业化基地”。2013年，工业园区被评为“自治区承接产业转移示范园区”“自治区新型工业化产业示范基地”。2015年2月，被工信部认定为“国家级新型工业化产业示范基地”。2015年10月被内蒙古自治区人才工作协调小组重新认定为霍林郭勒工业园区高层次人才创新创业基地。

通辽市科尔沁工业园区

通辽市科尔沁工业园区始建于2005年，2011年经自治区人民政府批复成为自治区级工业园区。园区现已形成“六大产业集群”，玉米生物科技产业、原铝及铝后深加工产业、绿色农畜产品加工产业、机械装备制造业、硅砂及新能源产业和医药产业，已成为支撑科尔沁区工业乃至科尔沁区经济发展的六大优势特色产业，在基础设施配套、重点产业培育、循环经济发展等方面均走在自治区前列。2007年，被评为自治区第一批循环经济示范园区；2008年，在“内蒙古工业十强开发区”中位列第三；2010年，被国家工信部评定为国家级新型工业化农产品深加工产业示范基地。

开鲁工业园区

开鲁工业园区成立于2008年，2011

年经自治区人民政府批复成为自治区级工业园区，拥有自治区承接产业转移示范园区、工业循环经济示范园区、自治区农牧业产业化示范园区等称号。园区规划“一轴五园一区”，规划合理，建设标准高，建设污水处理厂1座，排污泵站2座，66千伏变电站2座，“四横六纵”油路30公里，铺设雨水管线30公里、污水管线25公里，绿化面积90万平方米。

开鲁工业园区深入实施“工业强县”战略，以工业园区为载体，以科技创新为引领，大力招商引资，形成了玉米生物科技、绿色农畜产品生产加工输出、新型能源及装备制造为主体的三大产业集群，主导产业特色鲜明，集聚效果突出，产业链条完整，科技创新能力强，发展潜力巨大。

赤峰市

内蒙古赤峰高新技术产业开发区

内蒙古赤峰高新技术产业开发区原名赤峰经济技术开发区，于2002年12月经自治区人民政府批复成为自治区级工业园区。2016年经国家科技部专家组验收申报成为高新技术产业开发区。赤峰高新区内含4个园区，红山园区、马林园区、元宝山园区、松山安庆园。

高新区紧邻保税中心，园区已实现“七通一平”。园区拥有占地5000亩的国际物流港、47万平方米的仓储物流中心，园区铁路专用线正在加快建设中，市内47所中高等院校可充分满足企业人才、用工需求。

内蒙古赤峰松山经济开发区

内蒙古赤峰松山经济开发区是自治区级开发区，位于赤峰市松山区境内。1992年被内蒙古自治区人民政府批准为自治区级开发区，2011年松山区人民政府将境内的4个园区进行扩区整合，纳入开发区实行一体化管理。形成“一区四园”模式，四园包括：内蒙古赤峰信息科技产业园、当铺地食品轻工园、夏家店中小企业创业园、原松山经济开发区，开发区重点发展内蒙古赤峰信息科技产业园区。开发区基础设施建设已实现“七通一平”。以农畜产品加工、非金属材料加工等为主导产业。

内蒙古林西工业园区

内蒙古林西工业园区属自治区级工业园区，位于赤峰市林西县境内。2001年开始筹建，2006年被自治区人民政府确定为自治区级工业园区。园区按“一园三区”发展模式进行扩区规划和建设，由冶金化工区、轻工制造区和食品加工区组成。园区基础设施建设已实现“八通一平”。

园区依托林西县资源优势、区位优势、产业发展基础较好优势，以打造赤峰北部地区重要的有色金属冶炼加工基地、农畜产品深加工基地和内蒙古东部地区最大的氟化工产业基地为目标，重点发展冶金化工、食品加工和轻工制造三大主导产业。

内蒙古宁城经济开发区

内蒙古宁城经济开发区于2002年3月设立，2006年被自治区人民政府确定为自治区级开发区。2018年开发区进行扩区整合升级工程，包含已批复的中京工业园区和新整合纳入的汐子工业园区（含固废园中园）。整合后宁城经济开发区将主要发展轻工轻纺、管件铸造、机械装备制造、建材、化工、固体废物循环利用等产业。宁城经济开发区是自治区重点开发区，是宁城县域经济重要增长极。

喀喇沁经济开发区

喀喇沁经济开发区位于赤峰市喀喇沁旗境内。2002年开始筹建，2011年11月被内蒙古自治区人民政府批准为自治区级工业园区。喀喇沁经济开发区由和美工贸园、锦山工业园、乃林中小企业创业园、十家新型建材园、小牛群农畜产品加工园“五园”组成。开发区基础设施建设已实现“七通一平”。

以“三大工业支撑”和商贸物流，即铜冶金、氟化工、建材产业和商贸物流。已初步形成“热电联产—粗铜冶炼—铜电解—铜材深加工—氟化工—副产品开发利用”的铜循环经济产业体系，及以和美为主的商贸物流体系。

赤峰玉龙工业园区

赤峰玉龙工业园区属自治区级开发区，位于赤峰市翁牛特旗旗境内。2006年开始筹建，2012年被内蒙古自治区人民政府批准为自治区级工业园区，玉龙工业园区南、北两区，在发展方向上各有侧重。按照功能定位，南区以发展食品加工、轻工纺织业为主，发展方向为食品轻工业园区，北区以发展机械制造为主，发展方向为机械制造工业园区。

园区产业以北区机械加工业，南区食品加工业及纺织服装业为主。机械加工类项目以打造为大型企业配套和整机制作为目标。机械加工配套企业主要以现有企业为主，提高配套能力、提高自主研发能力。

锡林郭勒盟

锡林郭勒经济技术开发区

锡林郭勒经济技术开发区属自治区级重点开发区，位于锡林郭勒盟锡林浩特市境内。开发区成立于2001年5月，同年12月由自治区人民政府批准为自治区级开发区。2003年，经盟委、行署研究，决定开发区由锡林浩特市管理，党工委和管委会级别不降、权限不变，受锡林浩特市委、市政府直接领导。开发区遵循循环经济发展理念，立足资源优势，围绕锗硅高新技术、农畜产品加工、装备制造、煤炭开发等领域，形成煤炭产业、畜产品深加工产业、锗深加工高科技产业、机械装备制造产业四个主导产业。园区基础设施建设实现“七通一平一厂一站”。

锡林郭勒盟白音华工业园区

锡林郭勒盟白音华工业园区2006

年1月国家发展和改革委员会和国土资源部联合发布的公告中将白音华矿区列为第二批国家规划矿区。2009年1月，锡林郭勒盟白音华园区被先后认定为自治区第三批循环经济示范园区、自治区有色金属深加工产业集群区。2012年4月，自治区人民政府同意设立为自治区级工业园区。园区主导产业以煤炭、电力、金属冶炼及采选产业为主。

内蒙古多伦工业园区

内蒙古多伦工业园区属自治区级重点开发区，2008年经盟行政公署批复成立，2009年被自治区人民政府列为自治区第三批工业循环经济试点示范园区，2012年经自治区人民政府批复成为自治区级工业园区。园区八条主干道路全线贯通，基本实现“七通一平”。园区分东、西、南三个园及中间绿化带，其中东面为煤化工项目园，主要发展煤化工和电力产业；西面为塑料产业孵化园，开发建设精细化工产业、聚丙烯下游及塑料产业；南面为物流、氟化工项目园，主要建设氟化工、硅化工、粉煤灰综合利用以及物流贸易产业。园区主要发展现代煤化工、化工新材料及制品、农畜产品深加工、建材、战略性新兴产业等五大主导产业。

乌兰察布市

内蒙古察哈尔工业园区

内蒙古察哈尔工业园区成立于2006年，2006年由自治区人民政府正式批准为自治区级开发区，位于乌兰察布市中心城区，产业发展方向以农畜产品加工、装备制造、战略性新兴产业（新能源、新材料）为主导产业，以信息产业为支柱产业，以现代服务业为辅助产业。

园区紧紧抓住国家实施大数据战略和建设内蒙古国家大数据综合试验区的契机，主动参与“京津冀大数据走廊”建设，重点发展大数据产业，继续引入产业核心的华为、苹果、阿里巴巴、优刻得、中联利信、新华通舟等大数据中心项目；产业关联的华唐、鸿联九五、博岳等服务外包项目；产业衍生的百度创新中心、软通动力乐业空间、博纳荣耀智能机器人以及珠海鼎芯人工智能制造等大数据应用项目，形成核心、关联、衍生三类业态协同发展的全产业链。至2020年，信息产业园承载的云计算服务器将达到100万台，初步形成“南贵北乌”的格局，将乌兰察布信息产业园打造成“草原云谷”。

鄂尔多斯市

鄂尔多斯高新技术产业开发区

鄂尔多斯高新技术产业开发区东、北至包神铁路，西临罕台镇，南至吉劳庆川，是自治区人民政府2003年1月批准设立的自治区级开发区。2011年内蒙古自治区人民政府同意更名为鄂尔多斯高新技术产业园区。被评为国家清洁能源国际创新园、国家级众创空间试点基地、国家小型微型企业创业创新示范基地、自治区人才改革试验区、自治区级承接产业转移示范区等。

“以产促城、以城带产、产城一体、产城联动”的发展思路，发展新能源、云计算大数据、新材料、节能环保、生物医药与健康等产业。

内蒙古准格尔经济开发区

内蒙古准格尔经济开发区属自治区级开发区，位于鄂尔多斯市准格尔旗境内，是1999年10月自治区人民政府批准成立的鄂尔多斯市第一个自治区级开发区，是自治区重点工业开发区、自治区工业十强开发区。开发区立足于准格尔旗人民政府原驻地沙圪堵，规划面积3.19平方公里。按照“改造、提升、拓展、繁荣”和“建设现代蒙元文化名镇、打造宜业宜居休闲之地”的思路，坚持区镇共进、建区和建城一体化发展，加快旧城改造步伐，加大工业园区及城镇基础设施改造和建设力度。基本实现鄂尔多斯市人民政府提出的一类园区“九通一平两厂两站”。

围绕“煤、土、石、砂”四大特色优势资源，转化煤、开发土、加工石、利用砂，多元并举兴产业，延伸循环促发展。建设以煤焦化、乙炔化工、陶瓷、高岭土深加工、非金属矿制品和农副产品加工为主的特色产业体系。

内蒙古达拉特经济开发区

内蒙古达拉特经济开发区于2001年3月经自治区人民政府批准成立成为自治区级工业园区，先后被确定为内蒙古工业十强开发区、承接产业转移示范园区和国家增量配电业务改革试点，辖达电—亿利和三垧梁两个园区，水电路气讯等基础配套齐全。开发区落实创新驱动战略，推进经济转型升级和高质量发展，累计引进项目119个，形成煤电铝、化工、建材、新材料四大产业集群。开发区重点培育煤电铝一体化、煤基多联产、现代煤化工、现代物流、新材料等新兴产业，建成自治区重要的煤电输出、铝及深加工、煤化工及深加工、陶瓷和新材料产业基地。

内蒙古鄂托克经济开发区

内蒙古鄂托克经济开发区于2001年4月经自治区人民政府批准建设成为自治区级工业园区，辖棋盘井和蒙西两大工业园区，是自治区“小三角”地区的重要一极。开发区以新旧动能转换为突破口，全力推进供给侧结构性改革。先后获国家循环化改造示范试点园区、低碳工业园区试点园区、循环经济示范园区、新材料成果转化及产业化示范基地、生态园区、绿色园区、能源互联网示范基地等十一项“国字号”品牌。现已构筑起冶金、化工、电力、现代物流四大主导产业，形成煤化工、氯碱化工、天然气化工、煤—电—冶金、三废循环再利用和物流供应链六条循环产业链。建成全国最大的冶金和氯碱化工产业集群，全区最大的电力产业集群，内蒙古自治区西部最大的大宗商品物流集散地。

内蒙古鄂尔多斯苏里格经济开发区

内蒙古鄂尔多斯苏里格经济开发区属正处级建制的自治区级开发区，位于鄂尔多斯市乌审旗境内。1999年开始筹建，2001年被内蒙古自治区人民政府批准为自治区级开发区，2011年乌审旗人民政府将境内的4个园区进行扩区整合，纳入开发区实行一体化管理。开发区下辖“一个基地、三个工业园区”，分别为毛乌素沙漠治理产业化示范基地（原苏里格经济开发区）、乌审召工业园区、图克工业园区和纳林河工业园区。基础设施建设已实现“八通一平三厂一站”。

园区以“五大工业支撑”，即天然气采、输及化工产业，煤化工产业，煤炭洗、选、配产业，风积沙综合开发利用产业，区域性物流产业。“三大产品链群”，即以煤、天然气为原料延伸加工的精细化工及其下游产品链群，以风积沙选矿为原料的下游产品综合加工产品链群；以精细化工及下游产品为原料进行深加工的新材料产品链群。

内蒙古鄂尔多斯市上海庙经济开发区

内蒙古鄂尔多斯市上海庙经济开发区是2001年经内蒙古自治区人民政府批准成立的自治区级开发区。上海庙能源化工基地位于蒙、宁两自治区交界处的鄂托克前旗上海庙镇境内，距银川市区35公里，河东国际机场25公里，与宁东能源化工基地相邻。基础设施建设已实现“八通一平”。

重点发展煤炭、煤电、煤化工三大产业，构筑“煤炭为基础、煤电为支撑、煤化工为主导”的循环产业格局。

巴彦淖尔市

巴彦淖尔经济技术开发区

巴彦淖尔经济技术开发区始建于1992年，园区规划面积4.33平方公里，2010年被自治区确定为沿黄沿线重点工业集中区（园区）之一，2012年被自治区列为全区承接产业转移示范园区，2012年经国家发改委批复晋升为国家级开发区。开发区已初步形成农畜产品加工、生物制药、化工、冶金和装备制造、电力、建材等六大产业集群。

内蒙古杭后工业园区

内蒙古杭后工业园区位于巴彦淖尔市杭锦后旗境内，始建于2002年，2006年由国家发改委审核通过，自治区人民政府批准为自治区级工业园区。其运行模式为“一区两园”即包括陕坝工业园和蒙海物流加工园。“四大支柱产业”，即酒类酿造产业、农畜产品加工产业，化工冶炼，煤化工产业。“三大产品链群”，即以河套酒业集团为龙头，延伸产业链条及发展相关产业形成的酒类酿造产业链群，以屯河河套公司为龙头，以番茄为原料的一系列产品综合加工形成的番茄加工产业链群；以河套木业公司和天赐木业公司为龙头，以木材为原料，形成各类木板、模板及成品家具为链条的木材加工链群。

内蒙古磴口工业园区

内蒙古磴口工业园区位于巴彦淖尔市磴口县境内，始建于2003年，2006年被内蒙古自治区人民政府批准为自治区级开发区。园区总体规划面积1.14平方公里，以“五大产业支撑”，即：以发展农畜产品深加工，莎草产业为重点农畜产品加工产业；以热电联产、水电、太阳能光伏发电、风电的电力产业；以铬盐、烧碱、芒硝等为主进行技术创新，提高产品品质，延长产业链和煤制气的化工产业；以洗煤、粉煤灰制砖的建材产业；以液化天然气、加液站建设，重点引进LNG重型卡车装配厂及与之配套的关联企业的装备制造产业；以建设物流中心、危化物流的物流综合服务产业。

巴彦淖尔市甘其毛都口岸加工园区

巴彦淖尔市甘其毛都口岸加工园区是巴彦淖尔市2003年规划的口岸工业基地一体化发展战略的重化工基地，位于距离甘其毛都口岸160公里的德岭山镇，2011年经自治区人民政府批准为自治区级工业园区。园区以煤化工、金属冶炼、非金属综合利用、装备制造业为主导产业。

乌拉特后旗（清科乐）循环工业园区

乌拉特后旗（清科乐）循环工业园区位于巴彦淖尔市乌拉特后旗境内，始建于2002年，2012年被内蒙古自治区人民政府批准为自治区级工业园区。“三大主导产业”，即有色金属冶炼加工产业、化工产业、新能源产业。“三大配套产业”即装备制造产业、新型建材产业、现代物流产业。“四大产业集群”，即有色金属冶炼加工产业集群，新能源产业集群群、建材物流产业集群、化工产业集群。

乌拉特前旗工业园区

乌拉特前旗工业园区位于乌拉特前旗先锋镇境内，始建于2006年，2012年经自治区人民政府批复为自治区级工业园区。设立乌拉特前旗工业园区是巴彦淖尔市东靠南融，主动接受呼包鄂“金三角”辐射的重大战略部署，也是推进巴彦淖尔市和包钢集团公司战略合作，承接包钢钢联项目和产业转移，打造包钢西区的重大举措。开发区重点发展冶金及下游产业、氯碱化工循环经济产业、清洁能源光伏、新型煤化工产业。

五原工业园区

五原工业园区地处河套平原腹部，园区始建于2006年，园区规划面积6.89平方公里，先后获批自治区直供电试点园区、工业循环经济试点示范园区、高新技术产业开发区，被科技部认定为国家级科技企业孵化器，获批全国首个出口葵花籽产品质量示范基地。2018年1月经自治区人民政府批复升级为自治区级工业园区，总体规划为“一区二园”，即五原工业园区管委会及工业园区、鸿鼎工贸园。

园区以争当"自治区绿色农畜产品生产加工输出基地排头兵"为目标，规划建设了五原县小微企业和大学生创业就业园、河套电子商务产业园、农机装备制造产业园、绿色有机农畜产品加工园4个"园中园"项目，形成了绿色农畜产品加工、机械制造、电子商务和现代物流为主的三大主导产业。

乌海市

乌海市经济开发区

乌海市经济开发区1998年经自治区人民政府批准建设成为自治区级工业开发区，园区按照"一区三园"发展格局规划建设乌海经济开发区，海勃湾工业园、乌达工业园、海南工业园。开发区以PVC及深加工、焦化及煤化工、精细化工等为主导产业，是首批国家低碳工业园区试点、中国产学研合作创新示范基地、自治区十强开发区、自治区高层次人才创新创业基地，多次获评自治区先进工业开发区（园区），有自治区级研发中心14个，企业技术中心5个，循环经济试点示范企业11户，有中国驰名商标1个（汉森葡萄酒）、内蒙古著名商标12个，另外还有内蒙古君正氯碱化工技术研究院和内蒙古煤焦化工新材料研究院（黑猫炭黑）两个特色行业研究院。海勃湾工业园为国家循环经济示范园区。乌达工业园为国家新型工业化产业示范基地、自治区工业循环经济试点示范园区、自治区高新技术特色工业产业化基地。海南工业园为自治区级循环经济示范园区、内蒙古自治区新型工业化产业示范基地（精细化工）、内蒙古自治区高新技术特色工业产业化基地。

阿拉善盟

内蒙古阿拉善高新技术产业开发区

内蒙古阿拉善高新技术产业开发区始建于1997年，2002年由自治区人民政府正式批准为自治区级开发区，园区消化吸收世界领先技术123项，具有自主创新技术30项。基本构建起以盐化工、煤化工、精细化工、战略性新兴产业和绿色生态产业为主导的循环经济格局，先后被自治区列为首批生态工业园示范点和循环经济工业示范园区，是自治区十强工业开发区、高新技术产业开发区和全区第一批新型工业化示范基地。

经过多年发展，培育出产能居全球第一的金属钠、核级钠、单套产能亚洲最大的氯酸钠，填补国内空白的高端树脂等一批盐化工项目，形成较为完整的盐化工产业链；培育出内蒙古庆华集团和聚实能源两家国内焦化最先进技术为代表的焦炭、甲醇、甲醇制芳烃、焦油加工、粗苯加氢、焦炉煤气制费托合成蜡、LNG为主的煤焦化工产业链；培育出产能居全球第一占市场份额70%的还原靛蓝、填补国内空白的氨基甘油、国内产能最大的肌酸项目等，形成精细化工产业链。

策克口岸经济开发区

策克口岸经济开发区始建于2001年，2012年经自治区人民政府批准成为自治区级口岸经济开发区。策克口岸对外辐射蒙古国南戈壁、巴音洪格尔、戈壁阿尔泰、前杭盖、后杭盖等五个矿产资源富集的省区，已探明煤炭储量约100亿吨。其他铜、钼、金、银、铀、铅、锌、萤石、铁、磷等矿产蕴藏量也较丰富。对内辐射内蒙古、陕西、甘肃、宁夏、青海，是上述5个省区共有口岸。园区主要是依托过境丰富的煤炭资源，发展煤化工产业，逐步形成煤炭深加工与循环经济产业发展园区，将策克口岸建设成为国家战略资源加工基地。

腾格里经济技术开发区

腾格里经济技术开发区位于阿拉善左旗腾格里额里斯镇所在地碱滩门、长（流水）中（卫）公路以东沙漠地带，2009年2月，在原旗级腾格里精细化工园区的基础上成立盟级腾格里工业园区，2013年经自治区人民政府批复成为自治区级开发区。园区企业以现代化工、新材料、新能源、煤化工、冶金原料为主导产业。

满洲里市

满洲里边境经济合作区

满洲里边境经济合作区是1992年经国务院批准设立的国家级开发区。2010年，园区被内蒙古自治区批准为循环经济试点示范园区。园区以木材加工业、仓储业、批发和零售业为主导产业，产品有集成材、实木门窗、防腐木、景观木、木屋等20多个品种，主要销往欧美、日本、韩国、东南亚、俄罗斯和国内各省市自治区，形成的产业集群的效应已经显现。

满洲里中俄互市贸易区

满洲里中俄互市贸易区是1992年经国务院批准设立的首家跨国界的国家级开发区。其主要功能是：边民贸易、金融服务、旅游观光购物、餐饮娱乐。园区以"商贸兴区、旅游活区、工业强区"战略，推进出口加工产业集群、国际仓储物流产业集群、商贸旅游产业集群等三大产业发展。并将逐步发展成为集旅游商贸、仓储物流、出口加工于一体的新的城市功能区，出口商品辐射到俄罗斯赤塔、乌兰乌德、伊尔库茨克等远东西伯利亚地区，部分商品远销到俄欧洲地区。2001年1月，商贸旅游区被国家旅游局评定为国家AAAA级旅游景区。

满洲里国际物流产业园区

满洲里国际物流产业园区位于呼伦贝尔满洲里市境内，始建于2008年。2014年经自治区人民政府批复为自治区级国际物流园区。园区主导产业以粮油加工、仓储物流产业为主，园区内基本上形成新国际货场、进出口加工区和查干湖文化景区功能专业的三个产业布局区。

扎赉诺尔工业园区

扎赉诺尔工业园区始建于2003年，2004年，满洲里市委、市政府为使重化工产业引领并带动地方经济的新一轮发展，将该园区定位于重化工业基地。2006年基地被内蒙古自治区确定为呼伦贝尔能源重化工基地的核心区之一；2011年成为内蒙古唯一一家全国模范劳动关系和谐工业园区，2012年经自治区人民政府批复成为自治区级工业园区。园区依托本地区煤、水组合优势及周边旗市丰富的矿产资源优势和毗邻俄、蒙口岸的进口资源加工优势，确定发展重点是煤炭、电力、化工、冶金、建材及其相配套的上下游产业，并形成能源开发转化、进出口加工制造为主导产业的产业结构。

二连浩特市

二连浩特边境经济合作区

二连浩特边境经济合作区是1993年6月经国务院特区办批准设立的国家级边境经济合作区，位于二连浩特市境内。2004年二连浩特市委及政府为解决合作区发展空间和进口木材落地加工等问题，决定调整合作区规划面积，并将合作区扩大为两个功能区：出口加工区和口岸加工区，出口加工区以出口加工、商贸服务、仓储物流和旅游服务为主。口岸加工区位于市铁路以东，以木材加工、矿产品加工、建筑建材、煤炭资源和铁路物流为主。开发区规划面积1平方公里。园区以木材加工、矿产资源加工、建筑材料加工、畜产品加工为主导产业。木材加工主要产品为板材、集成材、刨光材、木地板家具等；矿产资源加工主要以加工铁精粉为主；建工建材主要生产水泥、环保砖、混凝土搅拌等。畜产品加工主要以无毛绒、毛毡、绒毛制品等。

企业选介

ᠠᠵᠤ ᠠᠬᠤᠢ ᠶ᠋ᠢᠨ ᠰᠣᠩᠭᠣᠮᠠᠯ ᠲᠠᠨᠢᠯᠴᠠᠭᠤᠯᠭ᠎ᠠ

央企内蒙古区域公司

国网内蒙古东部电力有限公司

【概况】 国网内蒙古东部电力有限公司（简称“国网蒙东电力”）。设置20个职能部门，有8家业务支撑和实施单位、4家盟市供电公司、3家全资子公司、2家股份制公司、41家县级供电公司。全口径用工2.4万人、其中长期职工1.4万人。2020年，国网蒙东电力售电量352亿千瓦时，同比增长5.1%；外送电量957亿千瓦时，同比增长11.1%。综合线损率7.9%。截至2020年末，资产总额526.4亿元，资产负债率76.6%。业绩考核保持国家电网公司B级。

【电网】 国网蒙东电网以扎鲁特—青州特高压直流为依托，初步形成了以500千伏电网为骨干网架、220千伏基本实现县域全覆盖、110（66）千伏电网链式环网与辐射式相配合的供电网络。截至2020年末，蒙东电网拥有66千伏及以上变电（换流）站707座、变电（换流）容量10162万千伏安、线路40948千米。其中，1000千伏变电站3座，变电容量1500万千伏安，线路468千米；±800千伏换流站3座，换流容量3000万千伏安，线路1100千米；500千伏变电站11座，变电容量1590万千伏安，线路5981千米；±500千伏换流站1座，换流容量300万千伏安，线路715千米；220千伏变电站84座，变电容量1915万千伏安，线路13523千米；110（66）千伏变电站605座，变电容量1857万千伏安，线路19161千米。内蒙古境内已经投运“四交三直”特高压工程（锡盟—山东、蒙西—天津南、锡盟—胜利、蒙西—晋中交流，锡盟—泰州、上海庙—临沂、扎鲁特—青州直流），特高压外送能力4600万千瓦。

【安全生产】 坚决落实“一个提高、六个强化”（提高政治站位，强化组织领导、强化供电保障、强化全员防控、强化大局意识、强化党建引领、强化舆论引导和信息沟通）的防疫总要求，组建运转高效的指挥体系，织紧织密常态化疫情防线，“四早”“四清”（早发现、早报告、早隔离、早治疗，疫情形势清、人员底数清、前方疫情清、防范措施清）落实到位，“四不”“四勤”（不侥幸、不厌战、不松懈、不恐慌，勤排查、勤消毒、勤测试、勤戴口罩）有效执行，职工队伍保持“双零”（零死亡、零感染）局面。在抗击疫情期间保障了定点医院、发热门诊、重点用户和人民群众的可靠供电。

推进安全生产专项整治行动，统筹开展“查风险、治违章、抓落实”安全大检查、“四不两直”安全督察，查处问题隐患1945项。完成扎鲁特、伊克昭换流站等年度检修任务。

处理特高压设备重大异常21起，完成GOE套管、特高压分接开关隐患治理。成功开展世界首次特高压高抗现场整体移位，特高压高抗检修更换停电时间由20天压缩至8天。“零失分”通过“护网2020”网络攻防演习，获得网络安全竞赛自治区总冠军、全国三等奖。全力应对“6•20”龙卷风、“11•18”暴风雪灾害，战风沙、融冰雪、除隐患，快速恢复电力供应。圆满完成全国两会、中共十九届五中全会等重要保电任务。

【电网建设与发展】 国网蒙东电力完成电网投资76.4亿元。投产66千伏及以上线路1087千米、变电容量133万千伏安。累计投产500千伏及以下变电站64座，变电1447.43万千伏安，线路10338.4千米。“十四五”电网规划通过国家电网公司评审，中广核一期风电送出、珠日河输变电工程接网方案得到明确，铝都—平川等17项重点工程纳入国家电网公司电网规划。汇能长滩电厂送出工程取得核准，中广核一期风电送出工程完成核准上报，巴林—奈曼—阜新工程通过可研评审。克服疫情影响，电网工程第一时间全面开复工，带动上下游企业复工复产。

高质量投运赤峰紫城、毕氏集团供电、齐鲁制药供电、阿尔山“抵边村寨”等44项工程，加快建设满洲里、赤峰有色等54项工程。蒙西—晋中特高压工程建成投运。开启“会战”模式，锡盟“五站五线”工程超常规投运。建成受阻近10年的通哈线，通辽城区实现“日字型”双环网。上海庙特高压工程获中国电力优质工程奖。

【经营管理】 研究确立构建绿色电力双循环，加快建设具有中国特色国际领先的能源互联网企业，更好地服务自治区经济社会发展。落实提质增效100项举措，挖潜增利4.3亿元，有效对冲了疫情带来的效益下滑。推动锡盟特高压配套资产无偿划转，促成2560个小区供电资产无偿移交，降低了资产负债率。协调落实国家社保减免费及失业保险稳岗补贴返还政策，节约成本1.5亿元。建成“1233”新型资金管理体系即建成一套

2020年10月11日，国网蒙东检修公司±800千伏伊克昭换流站完成2020年年度检修

2020年3月13日，阿尔山市10千伏伊北线科技楼台区改造工程顺利投运

公司级集团账户、建立两个结算池（收款结算池、付款结算池）、融通三个市场（内部资金市场、境内资本市场、境外资本市场）、构筑三维立体安全防线（三个主体、三种工具、三类风险），创造资金效益2.4亿元。发挥供应链运营中心作用，推进实物资源规范管理，盘活库存7600万元，库存周转率提高1.5%。坚持效益优先、结果导向，加强和改善经营业绩考核，构建量价费损专项考核、内部模拟市场核算，激励二级单位增收节支、增供降损。编制合规管理风险清单，建成兴安法治文化阵地、赤峰法治文化阵地2个企业法制文化阵地。扎实推进产业升级专项行动，综合能源服务、产业单位实现利润4700万元。组织开展管理提升“攻坚突破年”活动，制度标准、管理流程、长效机制进一步完善，荣获中国企业管理创新奖1项、电力行业管理创新奖2项、国际质量管理小组大赛铂金奖2项。

【优质服务】 认真落实阶段性降电价等政策，推行欠费不停电、中小企业缓交电费等贴心服务，惠及企业62.8万户、减免电费4.4亿元。“网上国网”注册用户达到72.6万户，高压、低压线上报装比例分别达到80.7%、79.8%，“网上办、零证办、一次办”成为常态。在国家电网公司系统首家实现电费业务省级统一运营，实现了电费抄采、电费核算发行、电费账务的集约高效管理。与地方政府签订《用能电气化战略合作协议》，研究提出电量配额众筹、边际成本计价的政策建议，推广清洁取暖174万平方米，完成电能替代23亿千瓦时。落实服务清洁能源发展和消纳的32项举措，新增风电、太阳能装机723万千瓦，新能源发电量同比增长12%，新能源利用率达到97.9%。制定实施清洁供电方案，协助政府打造阿尔山清洁能源小镇。支持通辽现代能源“火风光储制研”一体化示范项目建设。开展“电力+产业”“志智双扶”专项行动，49个帮扶点全部脱贫摘帽。

【改革创新】 坚持“市场化、透明度、高效率”，推动促进电力市场改革。输配电价核定结果符合预期。电力交易股份制改革有序推进，交易机构持股比例降至70%。市场化交易电量190亿千瓦时，占国网蒙东电力售电量的55%。出台促进员工有序流动优化人力资源配置的意见，完成“三部一司”职能整合优化和岗位双向选聘、公开竞聘。深化管理职级和技术能级应用，授予七级技术师4人，形成高端引领。落实“战略+运营”管控模式，优化管理流程134项，制定负面清单51项。启动实施“新跨越行动计划”，科技研发投入增长28%，获省部级科技进步奖10项、取得专利授权118项。云平台、数据中台、物联管理平台建设加快推进，网上电网、数字化审计平台等应用成效明显，64座北斗地基增强站按期投运。“校企双元”人才培养机制深入实施，国网蒙东电力成为自治区首批产教融合型试点企业。

【科技与信息化】 获批承担国家自然科学基金项目1项、内蒙古自治区科技重大专业1项，获得省部级科技进步奖10项，其中“基于全光纤传感的变压器状态监测技术的研究和应用”获得内蒙古自治区科技进步一等奖、“高可靠风冷发电机电磁与热交换结构设计的关键技术与应用”获得中国机械工业科技进步特等奖，取得历史性突破。获得授权专利118项，累计拥有专利380项。科技投入3850万元，同比提升28.33%。获批“国家风电技术与检测研究中心蒙东分中心和规范分中心”。信息内网建成第二汇聚

2020年11月10日，国网满洲里供电公司营业厅客服人员用俄语为俄罗斯客户答疑解惑

12月3日，第45届国际质量管理小组大赛闭幕，国网蒙东电力荣获大赛最高奖——铂金奖，实现国际赛事的历史性突破

点，带宽达1000MBit/s，信息外网形成统一出口，带宽扩容至600MBit/s，网络承载能力不断加强。计算存储能力持续提升，各类信息设备共计4000余台（套）建成覆盖人资、财务、物资等10类应用，百余套信息系统。共享数据中心基本建成，完成12套系统上云部署，55套系统完成数据接入。组建网络安全红蓝队，连续3年入围国家电网年度攻防总决赛，获得全国网络与信息安全管理职业技能大赛三等奖和自治区“蒙古马”杯网络安全竞赛总冠军。

举办“新能源汇集”先锋立功竞赛，开展“奋进正当时、建功新时代”系列活动，获得全国“安康杯”竞赛优秀组织奖。建成职工诉求服务中心80个，慰问职工6700人次。国网蒙东电力调度控制中心以及4名人员获得国家电网公司抗击新冠肺炎疫情表彰，国网兴安供电公司和3个集体获得国家电网公司先进集体和工人先锋号，3名职工获得国家电网公司劳动模范，2名职工获得自治区五一劳动奖章，5名职工获得自治区劳动模范。

（柴占军　李阳　宗佳慧）

北方联合电力有限责任公司

【概况】 北方联合电力有限责任公司是由中国华能集团公司控股管理的股权多元化的国有企业（股东持股比例：中国华能集团公司70%，广东省粤电集团有限公司20%，中国神华能源股份有限公司10%）。截至2020年底，公司运行装机容量2066.36万千瓦（其中运行火电装机1863.6万千瓦，占比90.2%；新能源202.76万千瓦，占比9.8%），煤炭产能1700万吨，资产总额774.03亿元，员工总数1.8万人，所属单位27个。拥有7个装机超百万千瓦的火力发电厂；上都电厂直送京津唐电网，魏家峁电厂是自治区首个特高压外送电厂；承担着内蒙古自治区8个盟市1.58亿平方米居民供热和部分重点工业企业的用气任务；是一个煤、电、热协同发展，积极发展新能源等产业的能源企业。

【主要指标】 2020年，完成发电量942.9亿千瓦时，同比增长6.4%；完成煤炭产量1371万吨，同比下降5.6%；完成供热量8095万吉焦，同比增长7.5%；机组平均利用小时4920小时，同比减少33小时；供电煤耗完成322.45克/千瓦时，同比下降3.8克/千瓦时；发电厂用电率完成6.29%，同比下降0.04个百分点；投产火电132万千瓦，投产新能源95万千瓦。

【安全生产】 深化全员责任制落实，全覆盖开展巡查评估“回头看”。强化风险管控、隐患排查治理和违章整治，试点开展安全性评价，强化外包工程管理，春秋安全大检查、雨季“三防”、“安全生产月”、冬季“四防”等季节性安全管理工作有序有效开展，电力生产、煤炭生产、民生供热等安全形势良好，圆满完成全国“两会”等重大活动和节日保电、保安全稳定任务；保证了8个盟市1.58亿平方米居民的稳定供热。11台次机组在全国火电机组能效对标竞赛中获奖，自主完成17台机组检修和年度风场预试，储煤场全封闭、灰场治理等一批环保治理项目加速推进，主要污染物排放绩效达标率均优于华能集团考核值。

【经营管理】 抓住电力、煤炭市场对发电企业有利时机，全力狠抓提质增效，推进配套措施落实落地，突出电量、燃料两个关键要素，较好完成了年度经营绩效任务。坚持过“紧日子”，全面压缩可控费用，单位生产费用在集团系统企业对标领先。

【企业发展】 大力推进华能集团公司“北线”发展战略，落实集团公司与自治区战略合作协议，主动作为、大力协调、强力推进，上都160万千瓦风电基地、达电五期（达拉特旗）100万千瓦煤电机组取得核准，施工准备有序开展。锡盟千万千瓦级风电基地项目完成自治区“十四五”重大项目申报。清水河百万千瓦级新能源基地项目正有序开展前期工作。锡热胜利电厂扩建项目实现双投。锡林郭勒盟85万千瓦风电项目全容量并网，润达10万千瓦光伏项目实现并网，圆满完成年度投产任务。

【企业管理】 “处僵治困”持续用力，9户重点企业中4户保持盈利，3户实现扭亏，1户实现减亏；蒙华乌海热电完成注销。完成天外天酒店转至主业资产。收购中利腾辉6万千瓦光伏100%股权。自治区第一座增量配电变电站润达一号110千伏输变电工程获得核准。逐步推行大集控模式，魏家峁、和林、胜利实现主辅控集中管理；全口径压减劳动用工1553人。强化审计监督，审计发现问题整改完成率达到100%。

【科技创新】 贯彻落实科技创新驱动发展战略，逐步完善科技创新体系建设，坚持以服务生产经营、提升竞争力为目标，围绕安全生产、工程建设、节能降耗、环境保护等重点、难点问题，落实科技研发及职工创新项目，科技研发投入4840万元，获得各类科技奖励11项，取得授权专利55项、受理313项，超额完成年度任务。

（刘国柱）

中国石化销售股份有限公司内蒙古石油分公司

【概况】 中国石化销售股份有限公司内蒙古石油分公司（简称“内蒙古石油分公司”）2001年2月成立，2002年10月更名为中国石化销售有限公司西北内蒙古分公司。2009年12月，经过集团公司体制调整，内蒙古石油分公司调整为股份公司直属企业，更名为中国石油化工股份有限公司内蒙古石油分公司。2014年6月，应中国石化销售公司混合所有制改革的要求，更名为中国石化销售有限公司内蒙古石油分公司。2019年6月，应销售公司股改要求，更名为中国石化销售股份有限公司内蒙古石油分公司。

截至2020年底，内蒙古石油分公司本部设9个职能部室，下设9个盟市分公司，拥有在营油库9座，加油站388座，其中加油加气站16座，资产总额55亿元，职工总数2044人（不包括委托站的572人），控股中石化集团内蒙古石油销售有限责任公司（简称“内蒙古石油销售公司”）。内蒙古石油销售公司本部设综合管理部、财务资产部、成品油物流（商客）部、安全数质量基建部4个部门，下设有赤峰分公司，参股包头有限公司，在营油库2座（自有1座，租赁1座），在营加油站5座（已出租），待重建加油站2座，在册员工50人，资产总额7617.84万元。

【加油站改造高速完成】 采用新技术新工艺进行综合改造。赤峰分公司采用装配式建筑工艺，改造松山经营部和赤甲加油站，分别在20天和18天内完成改造，再现了“雷神山速度”。

【新闻宣传】 内蒙古石油分公司在《人民日报》“学习强国”“奋进石化”“朝阳驿站”等新闻媒体发表刊登宣传报道1800余篇次，增长246%。在“学习强国”刊登《守护祖国北疆、助力复工复产》，在《人民日报》（中国城市网）刊登《蒙古族青年在平凡岗位上绽放的“出彩青春”》，在中央媒体宣传上实现了“零”的突破。

【疫情防控】 内蒙古石油分公司广大干部员工听从指挥、闻令而动，筑起疫情防控阻击战坚强防线。各级党组织发挥战斗堡垒作用，组建10支以党员和骨干为主的应急处置突击队，在关键时刻投入库站一线工作，坚决扛起油气保供政治责任。区公司召开视频会议30余次，跟踪指导各盟市分公司疫情防控，严格落实各项管控措施，确保油库、加油站安全运营，实现了确诊为零、感染为零、疑似为零。呼和浩特分公司晓红等4名党员主动请缨，在组织最需要的时候，确保绕城8#加油站正常运营。很多站长、员工疫情期间一个多月不回家，用爱岗敬业的奉献精神践行了“油品不断供、商品不涨价、服务不打烊”的郑重承诺。开展“感恩医护，为爱加油”活动，面向自治区医护人员推出“一键加油”特惠政策，惠及医护人员1万余人，得到各级政府和客户的广泛赞誉。通辽分公司首创“抗疫加油八步法”，在销售公司“百日攻坚创效”评选中获优秀成果案例奖。

【采销联动】 主动衔接东北、宁夏等地炼油企业，加大一手资源采购比例，扩大外采资源价差创效，自采购进中一手资源占比90%，提升33个百分点。根据各地区资源特性，综合资源及物流成本，做好资源平衡与调运，推行直采入站，综合节费70余万元，二次物流吨油节费4.5元。两级班子上下联动，包干划片，精心设计制订“一对一”服务方案，攻坚开发自治区重点项目和终端大客户，成功与北方联合电力、神华能源公司等央企达成合作协议，全年新增客户270家。实施“病毒无情人有情，石化为您送温情”客户关爱行动，为用油客户配发医用口罩等防疫物资，跟踪访问700余家重点客户，直分销量增加14.4万吨，增幅40%。获销售公司“百日攻坚创效”行动直分销优秀组织奖。

【零售营销创新】 在销售系统率先启动“电子钱包”推广工作，实现所有站点全覆盖，大力发展“一键加油”用户，电子钱包累计开户76.52万个，交易订单466.37万笔，汽油消费占比27.9%。创新“互联网+加油站+便利店+第三方”新零售商业模式，与餐饮、娱乐、电影等12类商家开展跨界合作，打造融合式、一站式线上会员服务平台，极大地增强了客户黏性。呼和浩特分公司试点运行以来，已发展会员10万余人，汽油零售增长5.5%。推行“六进”工作法，开发集团客户268个。构建“人•车•生活”生态服务圈，在70座加油站配备洗车设备，培养客户加油、购物、洗车一条龙消费习惯。抢占农用油市场，根据消费习惯、喜好以及竞争对手的营销动态，采取多种优惠政策，累计销售农用油1.79万吨。利用网络新媒体平台，在销售系统首家开通“内蒙古易捷”抖音官方账号、“抖音小店”，开展17场直播带货活动，实现营业额近百万元。全面助力消费扶贫，推广内蒙古名特优产品，实现销售额2807万元，创效200余万元。

【网络发展】 积极推进“柴油转天然气”。细化可研论证、手续完善、设备采购安装、改造建设进度、验收投营等六大模块，落实时间节点和责任人，逐站倒排投营时间，新增天然气销售站点6座，累计销售LNG7137万立方米，增长48%。成立工作专班，公司领导牵头推进，与鄂尔多斯市政府、赤峰市政府洽谈企地合资合作项目。鄂尔多斯分公司紧盯任务、全程跟踪，合资项目已取得销售公司批复。全力维护网络稳定。全年租赁到期项目22座，续租20座，租赁转收购1座，有效保持了网络稳定。

【安全环保】 严格落实“一把手”重大风险承包，构建风险分级管控和隐患排查治理双重预防机制。年度安全风险总值由190下降至125，9个环境风险源实现降值或降级，按时完成7项隐患治理项目，其中运营监控（应急指挥）中心的建立，有效整合经营调度、信息共享、客服管理、应急指挥等功能，实现了线上实时监督、监测、预警、应急以及经营分析保障。从严过程管控，强化体系运行。制定《HSSE管理体系量化审核标准》，将体系中的KPI指标纳入日常HSSE管理考核，严格过程管控。全年现场督查库站393座次，视频督查库站264座次，累计发现并解决各类问题3000余项，通报处理相关责任人37人次，对272人累计安全记分664分。

（赵佳）

中国石油天然气股份有限公司呼和浩特石化分公司

【概况】 中国石油天然气股份有限公司呼和浩特石化分公司（以下简称“呼和浩特石化”）位于内蒙古自治区首府呼和浩特市，始建于1992年，占地200万平方米。

呼和浩特石化炼油加工规模500万吨/年，固定资产原值81.19亿元，14套炼油装置、1套化工装置及配套系统；配套建设有长庆—呼和浩特原油管道和呼和浩特—包头—鄂尔多斯成品油管道。主要生产汽油、柴油、航空煤油、燃料油、液化石油气、聚丙烯树脂、石油苯、工业硫黄等6大类13种产品，主要满足内蒙古中西部、山西及河北周边地区市场需求，并出口蒙古国。至2020年底，在册员工1720人，大专以上学历1090人；设有11个机关处室、5个直属单位、10个二级单位。

2020年加工原油409.51万吨，实现轻质油收率77.45%，综合商品率91.13%，炼油综合能耗66.95千克标准油/吨原油，新鲜水单耗0.48吨/吨，综合损失率0.47%。销售收入177.67亿元，实现税费72.9亿元，实现考核口径利润6.58亿元，吨油利润130元/吨，炼油完全加工费考核口径222.77元/吨，现金加工费98.73元/吨。

【生产运行】 严格落实炼化板块“一平稳四优化”要求，强化“12334441”（1：巡检；2：两个班，即值班和交接班；3：三个方案，即变更方案、处理方案、应急方案；3：反三违，即违章指挥、违章操作、违反劳动纪律；4：四超，即温度、压力、流量、液位；4：四无，即无泄漏、无误报警、无不备用设备、无非计划停工；4：四降，即降作业量，降不相关作业人数，降现场作业时间，降作业费用；1：抓应急演练）安全平稳生产过程管控，严格“四有一卡”（“四有”即有指令、有规程、有确认、有监控，“一卡”指卡片化）生产操作制度，控“四超”（温度、压力、流量、液位）、注重现场管理控“四无”（无泄漏、无误报警、无不备用设备、无非计划停工），持续推进平稳率收窄工作，促进装置长周期平稳运行。加强生产变更管理，认真开展风险辨识并编制变更方案，强化对操作人员交底、培训，确保生产变更平稳受控。严密组织、上下协同、科学应对，成功化解年初装置低负荷运行风险、高氯原油冲击风险和9月份以来柴油高库存运行风险。高质量完成航煤装置停工小修、重整E214检修等工作，消除生产运行的瓶颈和隐患。加强工艺防腐管理，严格原料和公用工程介质品质管控，强化设备及管线测厚、过热点监测，进一步夯实装置长周期运行基础。

【安全环保】 严格落实“四全”（全员、全过程、全方位、全天候）要求，常态化开展“四级”（公司级、处室级、车间级、班组级）安全生产运行风险排查工作，强化隐患整改销项，将风险隐患消灭在萌芽状态。深入开展全员“双查”（安全能力大检查及岗位风险大排查）行动，提高培训的针对性，员工风险辨识能力、应急处置能力得到提升。严格落实炼化板块四项工作要求，将作业前“四问”（每一项作业预约前，要问“为什么要干？”，在作业预约过程中，要问“为什么必须今天干？”，对决定要进行的作业，要问“为什么必须现场干？”，在确定工期上要问“为什么要干这么长时间？”）、作业过程“四严”（严格履行逐级审批，确保作业风险管控责任落实到位。严格落实各项安全措施，保证作业风险受控。严格现场监护到位，把住现场作业风险管控最后一道关口。严格监督检查考核，夯实作业安全风险管控责任，杜绝作业“三违”）落实到位，促进作业的“四降”（降作业量，降不相关作业人数，降现场作业时间，降作业费用），2020年施工作业数量同比下降28.57%。推行值班现场“小审核”和专家生产异常专项审核，注重将体系建设融入日常管理，促进QHSE体系有效运行。增强绿色环保生产意识，积极推进污泥干化项目，污泥减量三分之二，实现“三废”达标排放。

【提质增效】 认真贯彻落实“四精”（经营上精打细算，生产上精耕细作，管理上精雕细刻，技术上精益求精）原则要求，筛选出82个项目，涉及127个分项，并制定行动方案，聚焦“保压缓停降节合变”八字管控措施，加强“周通报、月分析、季考核”过程督导，2020年实现提质增效1.21亿元。坚持市场导向，强化经营策略分析优化，精准指导生产，增加聚丙烯生产负荷达到99.5%，扩大对蒙古国成品油出口达到6.54万吨。深入开展节能降耗工作，通过提高烟机效率、污水单系列运行等项目的实施，大幅压降生产成本。

【转型升级】 全面启动丙烷脱氢装置建设前期工作，完成项目可研报告批复和基础设计内审，环境评价报告完成审查，项目按计划有序推进。航煤扩能改造项目完成可研报告审查，呼和浩特石化3号喷气燃料生产顺利通过国家民航局航油航化适航审定，获得技术标准规定项目批准书，为航煤扩能改造提供强力支撑。积极推进智能化炼厂建设，通过“优化催化装置主分馏塔取热，提高蒸汽产量”等9个生产优化方案，为生产精益运行注入科技力量。全力推进信息化工作，自主研发推送包括“平稳率异常”“物料平稳异常”等8个模块的信息数据，提高工作效率，保障生产平稳运行。

【管理体系融合】 推进管理体系融合，从QHSE管理、制度建设等方面入手，组织对制度进行梳理、分析确认，形成《整体业务能力架构》《综合管理体系要素对照表》。开展内控流程符合性评审，及时修订完善内控手册，提升流程符合性、规范性。创新审计工作方法，纵向查深查透、横向查细查实，2020年累计工程审减额225.12万元。持续深化“三项制度”（劳动、人事、分配）改革，推进“去行政化”（淡化行业、职业或某项工作的行政色彩，尽可能地突破行政的束缚，突出行业、职业的主导地位）改革，盘活人力资源，优化安置员工到生产一线车间。加大干部员工培训力度，完成中层领导干部、基层班组长“全员”培训，干部员工业务素质明显提升。扎实开展岗位练兵、技术比武活动，在500吨/年炼化企业常减压装置操作工技能竞赛中，呼和浩特石化取得个人3枚铜牌、团体应急三等奖的好成绩。

【矿区改革】 积极稳妥推进矿区业务社会化改革，完成医疗、幼教社会化改革和退休人员社会化管理移交工作。协调督促“三供一业”（企业的供水、供电、供热和物业管理）接收方实施维修改造和业务全面运营承接，完成维修改造全部工程量。按照“合法合规、分类实施”原则，竞价出售12套矿区空置公有住房，实现员工受益呼和浩特石化资产轻量化、历史遗留问题合规解决。解决乌兰牧骑剧场欠费清缴工作，实现欠费清缴68.5万元。推动高层住宅905户房屋不动产权证办理工作，已领取不动产权证499户。强化矿区留存业务管理，严格委托服务业务监管，确保服务质量不降低、矿区和谐稳定。

（何淑华）

中国储备粮管理集团有限公司

【概况】 中国储备粮管理集团有限公司（简称“中储粮集团公司”）成立于2000年，是经国务院批准组建的涉及国家安全和国民经济命脉的国有大型重要骨干企业。中储粮集团公司受国务院委托，具体负责中央储备粮油的经营管理，同时接受国家委托执行中央事权粮油购销调存等调控任务。公司注册资本470亿元。中国储备粮管理集团有限公司内蒙古分公司（简称“中储粮集团内蒙古分公司”）组建于2003年10月，是中储粮集团公司在内蒙古自治区的区域性管理机构。内设7个处室，在全区管理14个直属库、36个直属库分库和1个粮油质监中心，分布在自治区11个盟市（乌海市除外）和39个旗县区，总仓容610万吨，实现了全区粮食主产区和主销区的全覆盖。

【落实调控政策】 2010年国家实施政策性粮食收储政策以来，中储粮集团内蒙古分公司累计收购各类政策性粮油5000多万吨，占同期内蒙古自治区粮食产量的15%左右，做到“始终在市、均衡收购”，按市场收购价测算，累计为全区农民增收近200亿元，有效保障了粮食安全，促进了全区粮食增产和农民增收。2020年分公司在统筹考虑粮食库存布局、储存年限和质量情况后，合理安排销售计划，稳妥推进政策性粮食库存消化。面对复杂多变的粮食市场以及临储玉米密集投放、成交率高带来的出库压力，主动加强与地方政府、粮食主管部门、粮食批发市场等部门沟通协调，建立政策性粮食销售出库协调机制，强化出库现场管理和监管，有效减少了出库商务纠纷。至2020年末，分公司落实国家“去库存”调控政策，拍卖及出库临储玉米、一次性储备玉米共1100多万吨，销售出库工作顺畅有序，去库存任务顺利完成。

【夯实“两个确保”基础】 中储粮集团内蒙古分公司在辖区14个直属库“标准仓、规范库”创建全部达标的基础上，2020年有4个直属库被评选为中储粮集团公司系统“标杆库”，仓储管理水平得到新提升。积极推广应用新型绿色环保储粮技术，中央储备粮科技储粮基本实现全覆盖，储存损耗控制在1%之内，中央事权粮油账实相符率和中央储备粮质量达标率、宜存率均为100%。基础设施进一步完善，2020年辖区自有资金及维修改造项目共220个，总投资1.77亿元，到2020年末开工率100%、完工率93.2%。“优质粮食工程”项目206个，总投资1.7亿元，财政补助5155万元，项目开工率100%、完工率97.1%，做到了当年完工、当年放粮入仓，进一步夯实了“两个确保”（确保中央储备粮数量真实、质量良好，确保国家急需时调得动、用得上）。

【发挥保供稳市作用】 面对新冠肺炎疫情突发的形势，中储粮集团内蒙古分公司及直属企业响应自治区各级党委政府号召，落实保供稳市政策，1—4月份累计向市场投放原粮220多万吨，切实保障地方粮食加工企业复工复产需要，充分发挥了调控主力军作用。各直属企业克服疫情影响，多种方式开展粮食收购，推行“一站式”售粮服务。在部分地区推广“惠三农”售粮APP，2019年10月秋粮收购以来辖区累计注册用户2万余人、预约车数达2万辆、预约售粮80多万吨。

【助力地方脱贫攻坚】 中储粮集团内蒙古分公司及直属企业持续落实自治区直属机关工委定点帮扶兴安盟工作，自2015年至2020年，累计投入科右前旗保安村200多万元专项帮扶资金，兴建肉牛养殖场和稻米加工厂，乡村集体经济得到持续增强。分公司系统2020年累计对外捐赠资金54.5万元，购买央企定点扶贫县农产品26万元，为助力地方打赢脱贫攻坚战和推动乡村振兴发挥了积极作用。疫情期间，各级党组织组建20多个党员志愿服务队、148名志愿队员主动参与地方疫情联防联控，同时累计向地方捐款16万元及价值18万元的防护物资。

【强化内部风险管控】 中储粮集团内蒙古分公司切实强化资金风险、法律风险、舆情风险的防范，不断完善“一卡通”“智能化粮库”“粮情远程监控”各类管理系统，辖区资金安全、经营合规、舆情稳定，各类风险防控有效，几年来辖区未发生任何风险事件，保持了持续稳定和健康发展的良好局面。2020年，分公司积极配合中纪委调查组对直属企业的调查工作，调查组反馈意见中无一起问题涉及中储粮企业，中央储备粮工作得到调查组高度肯定。分公司坚持稳中求进的策略，经济运行始终保持良好势头。截至2020年底，企业实现营业收入229亿元，同比增加146亿元，增幅176%。实现净利润2.03亿元，完成预算目标117%，资本保值增值率107%。

【举办“科技赋能、爱粮节粮”公众开放日活动】 2020年10月，中储粮集团内蒙古分公司精心组织、整体运作、协同推进，线上与线下联动，先后在乌兰浩特、赤峰、呼和浩特、巴彦淖尔直属库有限公司举办了以“科技赋能、爱粮节粮”为主题的公众开放日活动。活动围绕储粮技术创新、粮库智能化管理、绿色环保储粮、服务“三农”、爱粮节粮等方面，全方位、立体化、多维度向社会公众展示现代“大国粮仓”的独特魅力，全流程清晰展示粮食购、销、存、调的来龙去脉，从“惠三农”APP网上预约售粮到通过“一卡通”系统对粮食进行检验、入库，直至网银结算，详细介绍粮食从田间地头到收购入库、常态化保管、再到出库上市的规范过程，让公众感受到粮食的来之不易。社会各界人士尤其是新闻媒体朋友众多互动，各媒体积极宣传中储粮“智慧粮库”科技储粮新常态。新华网、人民网及自治区和盟市共18家主流媒体对内蒙古分公司公众开放日活动进行了宣传报道，《学习强国》也刊发了内蒙古分公司开放日活动通讯和短视频。各媒体累计编发新闻报道30余篇，数十家媒体对活动宣传报道进行了转载转发，向社会传播了中储粮好声音。

（薄弘）

内蒙古蒙牛乳业（集团）股份有限公司

【概况】 内蒙古蒙牛乳业（集团）股份有限公司（以下简称“蒙牛集团”）成立于1999年8月18日，截至2020年底，设有集团办公室、集团战略管理部、集团投资管理部、人力资源管理部、安全质量管理部、研发创新部、集团市场部、工程技术部、法律事务部、财务部、集团数字科创部、集团事务部、纪委办公室、党群工作部、风险管控与审计部、采购管理部、常温事业部、低温事业部、冰品事业部、奶源事业部、鲜奶事业部、国际事业部、奶酪事业部、奶粉事业部、饮料事业部25个职能部门，共40626名员工。在中国建立43座生产基地，在新西兰和印度尼西亚共建有2座海外生产基地，全球工厂总数68座，年产能合计逾1000万吨。

产品包括液态奶、冰淇淋、奶粉、奶酪等六大品类400多个品项，拥有特仑苏、纯甄、真果粒、未来星、冠益乳、优益C、每日鲜语、蒂兰圣雪、瑞哺恩、贝拉米等明星品牌。蒙牛产品还进入了东南亚、大洋洲、北美等区域的十余个国家和地区市场。2020年，公司营业收入760亿元，净利润35.25亿元，可比业务营收增速10.6%。

2020年，在做好疫情防控的同时，从二季度起蒙牛集团实现了业绩的V型反弹，全年可比业务收入达到双位数增长。2020年8月，荷兰Rabobank发布了最新一期“全球乳业20强”榜单，蒙牛成功跻身8强。第三方的权威报告显示，蒙牛的城市家庭渗透率已经突破90%，增速位列全行业第一名。

【智能制造】 蒙牛智能制造数字化工厂通过制造技术与信息智能技术深度融合来实现传统乳品制造业的智能化转型。以生产过程数字化、智能化为核心，结合“互联网+”的理念，采用网络技术、信息技术、现代化的传感控制技术，通过自动化控制系统OT与信息化管理系统IT的融合，将乳品研发、制造、销售从传统模式向智能化、网络化升级，实现内部高效精细管理、优化外部供应链的协同，以企业带动行业、产业的方式推动整个产业链向自动化和数字化的方向发展。

蒙牛的智能制造有效地降低了运营成本、提升了生产效率，降低了产品不良品率、提升了能源利用率，缩短产品研发周期。获得了国家、行业的高度评价和认可，先后被授予蒙牛“智能制造试点示范企业”，国家第一批“智能制造标杆企业”荣誉称号。

【质量管理】 2020年，蒙牛集团围绕“打造世界品质”及“构建EHS长效机制”的核心战略，助力企业高质量发展。全面落地升级4Q质量管理体系，达到世界一流水平。对10个国家、12类产品、75+项法规标准、57000+项指标进行对标，对产品标准进行升级，通过采用国内外最严标准保障食品安全。

2020年发布集团营养健康推行方案与营养健康政策等文件，积极参与国家营养健康标准体系建设工作。通过大数据算法模型挖掘数据价值，实现产业链9个业务场景的质量数据关联分析及趋势和预警分析。在第三届进博会中的第三届全球乳业合作论坛上，蒙牛乳业面向全球正式发布《质量安全白皮书》。蒙牛承担筹建的乳品行业唯一“国字号平台”以93分的高分顺利通过国家市场监管总局的专家组验收。完成了食品安全风险因子数据库建立及新技术开发、技术难题解决60余项，为推动行业质量安全技术发展开创新局面。5家单位获中国安全生产协会“全国安全文化建设示范企业”称号、6家单位通过国家级安全文化示范企业复审、4家单位荣获省级安全文化示范企业评审。

【研发创新】 蒙牛集团在多领域如菌种、营养健康、消费者洞察、工艺创新、感官研究、包装创新、产品创新等参与国家重大科技项目，2020年有2大项，具体如下：调节糖脂代谢功能性乳制品创制及应用示范（项目来源：自治区科技厅）；新型乳基功能原料研究及在婴幼儿食品中应用（项目来源：自治区科技厅）。

通过研发团队的努力，具备专利或其他知识产权的主要核心技术有：膜过滤技术、超高压技术、基于肠道菌群作用的益生乳酸菌精确筛选及产业化关键技术、乳与乳制品中耐药微生物的全程控制技术与应用、基于GIS的食品冷链物流智能配送关键技术研究与应用、UHT再制干酪技术，再制马苏里拉奶酪技术，黄油产品技术、膜过滤、膜分离技术，A2奶牛筛选技术、巧克力双层涂挂技术，100%全发酵冷冻酸奶技术。

蒙牛研发包括研发工程师310名，其中博士25名，研究生学历占比71%，蒙牛研发人员中有“草原英才”“内蒙古新世纪321人才”“通州高层次人才”“内蒙古青年创新人才”等。截至2020年12月31日，蒙牛集团累计发表学术论文1100余篇，其中SCI论文20余篇。拥有有效专利1159件，拥有有效发明专利307件，累计获得国家发明专利优秀奖2项，外观设计专利优秀奖1项。

蒙牛累计主持制定国际、国家或行业技术标准数量40项，其中国家26项、行业14项；累计参与制定国际、国家或行业技术标准134项，其中国际1项、国家92项、行业41项。

【品牌建设】 蒙牛的产品品质与品牌价值在国内外得到广泛认可，是FIFA世界杯全球官方赞助商、中国航天事业战略合作伙伴、金砖国家领导人厦门会晤指定产品、中华人民共和国第十四届冬季运动会官方合作伙伴、中国足球超级联赛官方合作伙伴、上海迪士尼度假区官方乳品合作伙伴、北京环球度假区官方乳品及冰淇淋独家供应商。

蒙牛品牌价值超过460亿元，常年位列世界各知名榜单，2010年福布斯最佳品牌价值榜中国乳业第一价值品牌，2018—2019连续两年位列《品牌足迹报告》中国市场消费者选择前十品牌，2019年BRANDZ中国品牌价值排行榜100强。

【国际化进程】 2020年正式组建国际事业部，对妙可蓝多进行战略投资，打造中国奶酪第一天团；贝拉米加入蒙牛集团，依托新西兰雅士利工厂推出中文版产品，有机奶粉在国内快速上市，截至2020年末，产品已覆盖13个省份

基地六期智能化液态奶生产车间灌装区 （刘征元）

基地六期智能化液态奶生产车间码垛机射手臂 （刘征元）

蒙牛集团和林基地六期智能化液态奶生产车间及研发楼 （刘征元）

的近三千家门店；东南亚市场持续深耕，营收快速提升；蒙牛集团收购荷兰SieveCorp，与可口可乐共建“可牛了”，生产、营销和销售低温奶产品。

【奶源管理】 蒙牛集团发挥资源优势，通过扩大种植、壮大养殖等多种形式，推动全国30多个优质奶源基地建设，近1000座牧场，覆盖20多个省（区、市），实现直接和间接带动全国农牧民人数增加超30多万人，截至2020年，实现直接和间接带动全国农牧民130多万人发展增收。

在内蒙古自治区巴彦淖尔市，蒙牛与圣牧草业依托乌兰布和沙漠有机环境，建成有机饲草基地22万亩，持续打造集有机牧草种植、奶牛养殖、粪肥无害化处理、荒漠化治理、沙生特种经济作物种植、草产品深加工为一体的沙草产业体系，每年实现吸纳当地贫困群众400名作为长期用工，季节性临时用工100余名。在呼和浩特市，蒙牛富源国际承接内蒙古自治区呼和浩特市优质牧草技术攻关项目，3000亩苜蓿质量及产量达到了国际先进水平，年带动农牧民工资收入增加40余万元，农牧民土地入股资本收益150余万元。蒙牛集团奶牛研究院5000余亩黑麦草研发试验基地，对德国、荷兰、加拿大等欧洲20多个优质黑麦草品种进行国内试验种植与研究，已自主研发出适合当地种植的3个黑麦草品种，经测试能实现稳定生产，对畜牧业“降成本，补短板”起到积极作用，对促进项目周边农牧民增收致富起到积极带动作用。

随着蒙牛集团“136”工程落地推进，蒙牛集团现代化奶源示范基地建设进一步加速。推动“数字奶源·智慧牧场”“奶牛研究院”“爱养牛”互联网集采平台三大服务平台建设，借助大数据、5G、区块链、物联网、云计算、人工智能等技术，实现产业互联、资源整合、联合创新、能力共享等互促发展机制，加快推动现代化奶源示范基地建设。爱养牛平台在营造公平、公开、公正的阳光采购环境以及降低上游采购成本起到积极作用，2020年累计交易流量超100亿元，订单近2.5万笔，为近千家合作伙伴节约采购成本超1亿多元。

【中国乳业产业园】 中国乳业产业园以和林格尔县为核心区，向呼和浩特延展，辐射整个内蒙古自治区，通过产业共生、融合发展、创新示范、全球共建及营养健康的发展原则，打造创新引领、数智驱动、产业融合发展的世界级乳制品与营养健康产业集群。未来五年，蒙牛集团将以自身产业集聚能力、全球合作力量、品牌国际影响、科技研发优势及地域区位条件，整合全球资源、融合产业链条、集合高端人才，建成全球领先的集团总部功能群，全球一流的研发中心、质量中心，世界领先的智能制造产业群，配套最完善的乳业供应链集群，国际领先的消费者体验中心、乳业交易中心、乳业人才培训中心，打造全球乳业的“标准与科研、智能制造、交易平台、组织与人才”四大高地。

(徐进平)

内蒙古第一机械集团有限公司

【概况】 内蒙古第一机械集团有限公司（以下简称“一机集团”）隶属于中国兵器工业集团公司，是国家唯一的集履带式、轮式和轨道式重型车辆于一体的车辆科研制造集团，也是内蒙古自治区最大的装备制造业企业。公司是国家“一五”期间156个重点建设项目之一，始建于1954年，1958年建成投产，1988年改制为国有独资有限公司，2000年完成工厂制向公司制改制，2007年改制成为有限责任公司，2011年按照中国兵器工业集团要求将山西北方机械公司和山西北方风雷公司整体并入，2017年公司军工资产及部分民品资产实现整体上市。

公司拥有国家级重点实验室、国家级企业技术中心、博士后工作站，设有科研所、工艺研究所、计量检测中心等科研机构，在北京设立了智能技术工程中心。公司拥有较为完备的科研制造产业链体系，具有从铸造、锻造、大型复杂加工、热处理到整机总装、检测试验一整套综合制造能力；具有车辆总体、装甲防护、武器系统集成、传动、行动、电气控制等15个产品设计核心专业；具有材料性能测试、精密铸锻造成型、先进焊接、高效精密加工、优质低耗洁净热处理、总装总调、仿真分析应用等核心工艺制造技术。

主要产品包括军品以及铁路车辆、石油机械、车辆零部件等民品和典型军民融合产品。军品主要包括履带、轮式和火炮三大系列产品，服务领域涵盖海军、陆军、空军、火箭军、武警边防等各军兵种。研制生产的装备参加了中华人民共和国历次国庆大阅兵，2015年抗日战争胜利70周年阅兵，2017年建军90周年阅兵，装备列装数量规模均居前列，多次受到党中央、国务院和中央军委等上级单位表彰。民品主要包括铁路车辆可生产敞车、罐车、平车、棚车、漏斗车、专用车六大系列50多个型号，覆盖60吨级到100吨级的整车产品，先后通过EN15085、TSI、EC、AAR认证，在满足国内需要的同时出口大洋洲、非洲和东南亚、中亚等国家和地区。石油机械主要包括石油钻铤、钻杆和抽油杆等产品，是中石油、中石化和中海油等企业的主要供应商。车辆零部件围绕军品、铁路车辆、重型汽车产业形成了以车辆传动、行动、悬挂、动辅、机电、大型精密结构件等为核心的零部件产业集群。军民融合产品重点围绕应急救援、后勤保障、节能环保等产业，研制生产森林、草原、城市消防救援系列化装备，医疗、检测、抢修等后勤保障特种装备，除烟除尘、灌木收割等节能环保装备。

【主要指标】 2020年主营业务收入160.40亿元，利润总额79879.62万元，净利润69987.29万元。全员劳动生产率29.5万元/人·年。成本费用总额占营业收入比重为96.79%；经营性现金净流入29.01亿元。

【安全环保】 公司顺利通过全国安全文化“示范企业”复审，获国家“安全生产月”和“安全生产万里行”先进单位称号。以95.68的高分（是中国兵器工业集团近年来标准化考评的最高分）顺利通过安全生产标准化一级企业复评验收。成功协办中国兵器工业集团首届机械光电行业安全管理人员职业技能竞赛并获第一、四、五和第七名的好成绩。2020年未发生重伤以上生产安全事故，无新增职业病病例，万元可比价化学需氧量、二氧化硫和氮氧化物排放量分别下降12.3%、1.0%、1.0%。

研究制定安全生产专项整治三年行动计划实施方案、环境保护综合提升三年行动方案和安全环保“十四五”发展规划思路。推行安全环保“片长负责制”，总部领导分别担任主要生产单位的安全管理“片长”，各分子公司从上到下逐个工序、逐台设备清晰划定“片长”安全责任区，分片包干压实安全生产责任。环境管理体系和职业健康安全管理体系顺利通过了外部监督审核，设备设施及作业条件以及安全管理水平得到稳步提升。修订《安全生产责任制》等68项安全生产、职业卫生和环境保护管理制度。全面排查梳理出45项使用易燃溶剂或高毒物质的工艺工序、13项行业通用危险工艺工序和2项涉及人员直接加工危险品的岗位，制定落实了相应的安全环保措施和工艺替代计划方案。在加强日常巡查的基础上，组织开展“三大歼灭战”、安全生产标准化、高空坠物、消防火灾、起重机械及吊索具等综合、专项检查督查60余次，累计排查各类违章和隐患6700余条项，整改率达到100%。对所有生产作业场所和岗位重新辨识出1789类安全风险，编制完成了《安全风险评价报告》，通过新建手撬装式加油站等安措项目实施，完成了对车库违规储存柴油等问题隐患的源头治理。

组织开展大气污染防治、环境污染隐患、环保巡查自查和工艺过程排污信息排查等环保专项工作，共查排治理环境隐患46条项，有效控制了各类环境风险。大力推进环保治理项目的实施，保质保量地完成了845线一期治理、危废库扩建改造、喷漆线VOC治理、煤焦油协调处置和北创公司新线焊接烟尘治理等项目的实施和方案论证，北实公司废旧电镀线无害化拆除方案顺利通过了生态环境部门评审。

组织131名中层以上领导参加安全生产应知应会闭卷考试，组织187名专兼职安全管理人员进行了注册安全工程师考试集训。组织各类安全环保培训班369期，参加培训34457人次，1800余名“三岗人员”通过取证或复审。董事长、总经理等5位总部领导以及33个分子公司的47名党、政主要负责人上讲台进行了安全环保授课，干部职工的安全环保意识有了较大提升。

编制一机集团《重污染天气专项预案》，完成25个分子公司突发环境事件应急预案地方政府备案工作；开展了柴油库大型综合实战应急演练和消防技能竞赛，组织了火灾爆炸、电镀危险化学品、急性工业中毒等7个专项应急预案的演练，针对喷涂作业等易燃易爆危险点、人员密集场所等重点部位组织了应急培训和演练445次。

【生产运行】 面对2020年严峻的生产形势，公司通过科学合理编制军品生产作业计划，强化内部总装需求拉动和外部供应链异常问题协调，结合生产指挥调度系统信息化平台推广及应用，高质量完成各项装备承制任务和配套任务。强化军品预期型管理，统筹协调推进。继续发挥生产“总指挥”的引领作用，以问题为导向，跨部门统筹协调推动重要事项的解决。稳步推进生产系统信息化建设工作。完成生产指挥调度系统上线试运行，下发《生产指挥调度系统管理办法》正式推广使用。强化生产系统质量意识，巩固前期质量整顿成果，抓实抓细综合整治及提升工程。组织开展“履行强军首责、质量第一、质量立企”主题教育，完成参加俄罗斯国际坦克大赛的坦克整治工作，为参赛部队取得第二名好成绩提供了基础保障。

【科研开发】 重点面向装备体系化、实战化的发展需求，统筹开展装备体系策划论证、重大项目争取、装备研发设计与试制，形成支撑国防和军队现代化建设“三步走”的装备研发体系。强化科技顶层策划与引领，力推公司产品创新与技术创新步伐。全年组织科技立项申请项目共计119项。制订《武器装备研制通用质量特性工作细则（试行）》《关键技术成熟度管理办法》《军品科研项目竞标管理办法》，修订《军品科研试验安全评审实施细则》。对公司“十四五”科技发展进行了顶层策划。强化地方政府科技政策利用与项目争取。根据国家支持新冠肺炎疫情防控优惠政策，针对医疗负压救护车、医用防护服压条机、医用口罩机等科技项目，组织申报“百城百园”区域创新体系建设项目，获自治区科技厅批复科研经费350万元。积极与地方政府科技主管部门沟通，密切跟踪申报项目进展情况，全年共计争取地方政府科研经费1300余万元。加强知识产权及科技成果管理，强化创新平台建设。组织申请专利201项。获得国防科学技术奖7项、兵器工业集团科学技术奖13项、内蒙古自治区科学技术奖1项。通过全国知识产权示范企业年度评价工作，完成国家企业技术中心年度评价工作，通过技术创新示范企业3年一次复评。新增1个自治区研发中心。发挥院士专家工作站的学术交流与沟通作用。邀请航天五院总检验师王志尧讲授创新驱动与系统工程专题，组织科技人员积极参加兵工学会在线举办的国际防务大会、装甲新材料和技术国际研讨会、欧洲科学院在线系列讲学，与国内外多名院士专家在先进设计、制造技术，智能制造升级、新材料、防务等方面进行交流。民品科研能力取得重大突破。研制的罐式集装箱完成供货合同签订，实现粉类物料罐式集装箱零的突破，填补了内蒙古地区该类产品空白。通过开展高强度锻件研制，陆续签订10余项产品订货合同，开拓了全新领域产品市场。通过疫情防控装备研制，在形成技术储备及市场销售的同时，获得政府无息贷款及社保费用减免等多项优惠补贴。新型高防护城市特种消防车研制已成功中标内蒙古消防总队招标采购合同。新型履带式森林系列消防车研制项目通过结题验收，丰富了一机集团应急救援装备产品谱系。公司申报的《多用途特种铁路轻量化运载平车研制》《重卡车桥产品升级拓展研制开发》两个项目获批兵器工业集团2020年度科技开发费项目，取得1000万元资金支持。

【企业管理】 公司本着“体系推进、个性管控、重点突出”的总体原则，坚持以《精益管理实施与评价规范》为牵引，坚持目标导向和问题导向，聚焦“两金”占用、成本费用率、全员劳动生产率等关键指标改善，全面梳理生产运营管理短板和薄弱环节立项改善，推动精益管理从“产品链”向“管理链”延伸。持续系统性体系化推进精益管理达级升级，提升公司整体精益管理水平；持续扩大精益生产线建设规模，提高产品质量和制造水平；持续开展精益项目改善，提升公司各环节指标改善及价值创造能力；持续开展现场管理、班组建设、合理化建议、管理创新、精益人才队伍建设、成果推广、对标交流等工作，不断培育“全员参与、持续改善”的精益文化，推动精益管理再深化、再提升、再上新台阶。助力公司各项任务目标的完成，为“新一机”建设贡献力量。（1）精益生产线取得了预期成效。轮毂自动精益生产线生产效率由10件/天提升至20件/天、合格率由94.8%提升至99.7%、生产周期由360分钟缩短至105分钟、人员由10人减少至2人、物流路径由121米缩短至15米。（2）持续开展2020年公司级精益改善项目立项改善工作，年度创效1648.4万元。（3）坚持开展去死角活动和现场油污油液专项整治活动，问题整改率100%。完成年度现场管理金牌升级达标考核单位达标率100%升级目标。（4）全年实现公司五星级班组达标率达到15.2%、五型特色班组达到43个。（5）实现合理化建议参与率100%，采纳率97.28%，实施率96.58%，施完成率95.87%，人均节创3026.9元。（6）共获得省部级以上管理创新成果19项，全国企业管理现代化创新成果二等奖1项，国防科技工业企业协会管理创新成果奖4项，国企管理创新成果二等奖2项，中国机械企业协会管理创新成果三等奖1项，兵器集团管理创新成果奖5项，内蒙古自治区企业管理创新成果奖6项。

【企业民生】 全年在职员工人均收入同比增长12%。11户建档困难员工全部脱贫。投入210余万元慰问困难员工，696人次受益医疗互助金370余万元，90万“金秋助学金”助力134名学子圆求学梦，投入94万元为全员购买重疾险，广泛开展职工健身、汽车消费等项目普惠活动，举办了“2020年公司庆祝老年节离退休职工游园大联欢活动”和退休职工迎新春联谊会，体现了公司对退休职工的关心关爱。全面完成退休党员和退休职工社会化管理工作，获“全国敬老文明号”先进单位。首批5个家属小区600余户家庭成功办理产权证。大力倡导劳模精神、劳动精神、工匠精神，获全国智能焊接竞赛2项银奖、1项铜奖，获自治区数控铣、焊工两项冠军，包揽兵器工业集团3个工种第1名、包头市1个工种前3名，取得历史最好成绩。8人获评全国、自治区和兵器工业集团劳动模范，演绎新时代最美奋斗者实干力量。公司获评“全国安康杯竞赛优胜企业”“全国模范劳动关系和谐企业”称号。共青团组织开展“助力生产经营”青年突击队等活动，获评兵器工业集团“五四红旗团组织”荣誉称号。持续完善技防、物防、人防体系，重点要害部位和反恐重要目标安全率100%。获中央企业信访工作先进集体。全年对口帮扶和爱心公益消费200余万元，助力两家扶贫点提前脱贫摘帽。

【人力资源】 完成推进高层次人才选拔推荐工作，新增1名兵器首席科学家，5名兵器集团科技带头人，4名兵器集团青年科技带头人，新增全国技术能手1人。新建成于庆峰国家级技能大师工作室，总数达到5个。3人被评为自治区“草原英才”、8人被评为包头市“鹿城英才”专家。3人入选“兵器科学家培养计划”二、三层次，3人入选兵器集团“青年英才”培养计划，1人首次入选兵器集团“种子计划”。积极开展毕业生招聘工作，签约144人，其中博士1人、硕士研究生97人，硕士研究生以上学历占比70%，“双一流”及兵器院校所占比例为40%。制定《进一步加强公司员工考取各类资格证书激励工作的实施办法》，鼓励员工考取资格证书，累计取得资格证书总数共405人次，145人获得公司资格证书奖励，管理人才专业化能力显著提升。落实“职业技能提升行动”，开展职业技能等级“清零”工作，2020年共完成47个职业（工种）认定1680人，新增技术能手、技师、高级技师216人，新增一专多能人才182人。全面落实上级部门要求做好退休人员社会化移交工作，完成离退休管理中心负责的1186名退休人员移交，完成786名退休党员组织关系转出。

【荣誉】 2020年，获中国设备管理协会颁发的“设备智能维护标杆企业”称号，中华全国总工会、国家应急管理部、国家卫生健康委颁发的“全国‘安康杯’竞赛优胜企业”称号，全国老龄委颁发的“全国敬老文明号”先进单位称号，国务院国资委颁发的“中央企业信访工作先进集体”称号。魏晋忠获中共中央、国务院颁发的“全国劳动模范”荣誉称号，孟雪芬获中共中央、国务院、中央军委颁发的“全国防疫先进个人”荣誉称号，高学敏获国务院国资委颁发的“中央企业法律事务先进工作者”荣誉称号，王志勇、孙新宇、许旭、李飞四人获团中央、人力资源社会保障部颁发的“全国青年岗位能手”荣誉称号。

（杨春光　翁儒波）

大国工匠卢仁峰（右三）现场传艺

内蒙古北方重工业集团有限公司

【概况】 内蒙古北方重工业集团有限公司（以下简称“北重集团”），始建于1954年，是国家“一五”期间156个重点建设项目之一，隶属于中国兵器工业集团公司，是国家重要的火炮研发生产基地、国家高强韧炮钢研发生产基地、中国矿用汽车研发生产基地。公司遵循军民融合发展，形成了防务装备产品、特种钢及延伸产品、矿用车等工程机械产品三大核心业务。公司研发、制造的大量武器装备列装陆、海、空部队，在多次国庆阅兵仪式上接受党和国家领导人及全国人民的检阅。以大口径厚壁无缝钢管为代表的特种钢及延伸产品，达到世界先进水平，应用于国内近百台亚临界、超临界和超超临界火电机组的四大管道，是“中国制造2025”强基工程的中标产品，是国家能源局确定的国产化示范产品。矿用车销往全球65个国家和地区，遍布国内外500多个大型矿山和重点水利水电等工程。

公司拥有国家高新技术企业、国家级企业技术中心、博士后科研工作站、内蒙古自治区和包头市两级院士工作站、内蒙古自治区特种管材工程技术研究中心、内蒙古自治区特种钢及制品检测与测试技术企业重点实验室和企业设立的研究所。多项产品填补了国产武器装备的空白，获得国家科学技术进步奖、国防科学技术进步奖等32项，创造了诸多中国兵器“第一”：第一门防空高炮、第一门坦克炮、第一台导弹发射架、第一门舰炮、第一门自行反坦克炮等均在此诞生。公司自主研发的3.6万吨黑色金属垂直挤压机，打破了国外产品长期垄断的局面，使中国第一次进入世界耐高温高压厚壁成型材料的“极端制造”领域。

2020年，公司实现营业收入74.5亿元，同比增长8%；补贴前利润总额历史上首次突破亿元；实现增加值15亿元，同比增加6.34%；全员劳动生产率18.6万元/人·年，同比提高23%；经营活动现金流、资产负债率、成本费用率等指标大幅改善，质量、安全、保密、环保等各项工作实现预期目标。特钢产品，全年订单达到8亿元，P92等产品比例占80%以上，同比增长169%。国内定标11个超超临界火电机组项目全部实现中标，超过历年承揽总和，打破国外生产商长期垄断的市场局面。突破TP316H不锈钢26项技术难题，各项指标达到用户需求。矿用车产品，实现逆势增长，累计实现收入16亿元。

【进出口贸易】 公司着力开拓国际市场。矿用车产品，大力拓展国际市场，全年国外订单超过75%。在全球矿用车市场持续低迷形势下，成功中标澳洲、欧洲国际市场打造了矿用车产品的“国家名片”。特钢产品持续探索创新营销模式，借助网络媒介与客户沟通，积极开拓海外国际市场，成功签订巴林阿杜二期项目合金钢管材3000万元订单。

【科研生产】 北重集团坚持以“两个体系”建设为着力点，紧盯重点项目，加大技术攻关力度，全年累计投入科技资金3.25亿元，争取国拨资金1.4亿元，15个民品项目和45个工艺技术项目稳步推进。

特种钢瞄准市场需要，加快重点产品研发，先进超超临界G115钢管、高品质热作模具钢、四代核电管等重点科研项目成果显著。

矿用车开发NTE360A、NTE240A等新车型，无人驾驶矿车实现包钢、海螺集团等矿山小批量试运行。

【战略合作】 北重集团与南京理工大学、上海复旦大学材料学院、西安工业大学、中国航发北京航空材料研究院、中科院光电研究院、中国航天电子技术研究院、哈电集团和东方电气等大学、研究机构和企业间签订战略合作协议，实现双方优势互补，为公司科技创新提供支持，促进公司产品研发和市场开拓。

【社会职能移交】 北重集团全面完成退休人员社会化管理移交协议签订，与青山区、昆区等7个区县全面完成20917名退休人员移交协议的签订工作，完成率100%；加快推进“三供一业”分离移交收尾工作，完成供水、供热主体维修改造，供电、物业维修改造施工正按包头市国资委统一安排推进；“三供一业”分离移交费用全部支付到位，共计27339.68万元。

【精益管理】 北重集团全面深入均衡推进全价值链体系化精益管理战略，加快了精益生产线和精益示范车间能力建设，实现低成本、准时化和高效率，《稳定器精益生产线建设优化方案》通过了集团公司评审，北方股份通过了集团公司对精益管理四级标准现场审核。

【安全生产】 北重集团健全完善安全生产制度体系，修订安全生产责任制等制度61项、操作规程342个。加强安全生产监督检查，聚焦事故易发领域，加强对“三大歼灭战”、冶金铸造、危险化学品、科研试制等重点领域的监管，整改各类隐患303项。积极推进科技安全，开发安全管理信息化平台、劳动保护用品管理系统，建成386个视频监控、61套出入口控制装置等整网运行的厂区安全保密技防体系。加强本质安全条件建设，全年投入4438万元，推进实施冶金起重设备、供电线路、弹药库防雷接地等安全改造项目25项。组织100余人参加国家注册安全工程师资格考试强化风险管控，重新对科研生产全过程安全风险进行辨识评估，编制《企业安全生产风险分析报告》，对10项橙色风险，89项黄色风险，均制定了有效的管控措施。以《安全生产专项整治三年行动计划》为契机，有效推进危险化学品、消防安全、危废物管理等专项工作，对弹药库重大危险源进行重新评估、建档、备案。

【荣誉】 2020年，北重集团先后获“中国企业文化建设优秀单位”“中国汽车工业科学技术发明一等奖”。

雷丙旺被评为全国劳动模范，李松、刘邦华、罗战宁、杨哲、张伟杰、李琦六位同志被评为自治区劳动模范，闫炯被评为集团公司级劳动模范，王士良获得自治区授予的“北疆工匠”称号。

（刘鹏飞）

包头铝业有限公司

【概况】 包头铝业有限公司的前身包头铝厂，始建于1958年，是国家“一五”规划建设的国内第二家电解铝企业、中华人民共和国成立后第一家投产出铝的电解铝企业。2003年，中铝集团与内蒙古自治区人民政府签订资产划转协议，2007年包铝正式进入中铝集团。包铝由包头铝业有限公司、内蒙古华云新材料有限公司、包头铝业（集团）有限责任公司三个独立法人单位组成，具体如下：

包头铝业有限公司是中国铝业股份有限公司的全资子公司，简称“包头铝业”，现有三条电解铝生产线（一条400kA、30万吨/年，一条240kA、15万吨/年，一条200kA、10万吨/年，合计产能55万吨）、三条高纯铝生产线（产能5万吨）、一条碳素生产线（产能12万吨）、2台33万千瓦自备机组。

内蒙古华云新材料有限公司，由包头铝业与包头市交通投资集团有限公司以5：5合资设立，有两条电解铝生产线（一条500kA、46.4万吨/年，一条400kA、28万吨/年，合计产能75万吨）、3台35万千瓦自备机组。

包头铝业（集团）有限责任公司，隶属于中铝集团下属的中铝资产经营管理有限公司，简称“包铝集团”，现有包头中铝科技开发有限公司和包铝建安公司两家实体。包头铝业下辖10个职能部门、2个运营中心、14个二级单位，总资产192.94亿元，主要产品有高纯铝、各种铝合金、铝液、普铝锭、炭阳极及蒸汽等。

【生产经营】 2020年，包铝集团生产铝产品124.95万吨，发电量109.95亿千瓦时，实现主营业务收入161.63亿元，利润总额11.24亿元，实现现价工业总产值157亿元，累计上缴税费5.43亿元。

【安全环保】 坚持“目标导向、源头治理、压实责任、协调管控”的工作思路，在强化安全环保工作的基础上，补短板、强弱项，持续将安全环保管理要求融入生产经营全过程。通过开展中基层干部履职考评、包保班组、以及标准化班会考评等安全活动，建立班组安全奖等正向激励措施，加大环保设施投入，进一步夯实安全成果，改善公司内外环保。2020年，包铝集团重伤及以上事故为0；20万以上经济损失的火灾事故为0；20万工时损工率为3.83；加大环保投入，投入9.82亿元实施烟气净化系统脱硫改造、铁路专用线与输煤系统等项目，推进绿色工厂建设；强化网格化管理力度，首次取得环保行政罚款为零的好成绩；完善环保管理制度，细化操作流程，汇总环保问题，形成8类575项问题清单，制定900条整改措施，从严从实推动整改，“水气声渣”历史欠账逐渐补齐。建立企地合作、环保宣传、沟通协商和问题解决四项工作机制，促进周边社区绿色生态共同体创建。

【科技创新】 2020年，包铝集团启动项目研发课题16项，其中承担中铝重点项目4项，“61.5%IACS高导耐热铝合金导杆”项目已获得两项发明专利授权，形成铝合金电缆、架空输电用性能铝合金导线及汽车轻量化等领域新产品储备；自主开发的“高效环保精炼剂”形成国内首家利用氟化盐与碳酸盐生产铝合金用精炼剂专有技术；完成电磁能替代晶粒细化剂的实验研究，实现铝钛硼丝变质剂部分或全部替代；重熔用精铝锭获中国有色金属协会颁发“有色金属产品实物质量金杯奖”，认定重熔用精铝锭L99.996达到国际同类产品实物质量水平，成为2020年度中铝股份唯一获此殊荣的铝产品；成功浇铸出第一块自主研发的稀土扁锭，开创国内精铝合金锭采用稀土元素融合技术的先河；成功试生产出319Z.3铸造铝合金产品，填补了包铝在高Cu铝合金产品上的空白。

【社会责任】 2020年，根据中铝集团社会责任年度工作要点，结合企业当年生产经营、改革创新等重点工作，梳理细化社会责任管理指标体系公司治理、员工权益、环境保护、公平运营、社区支持五大模块21项责任指标、70项负面清单；开展社会责任工作立项工作，围绕五大模块，共立项35项，推进社会责任在基层的落地落实；累计为61名困难职工进行专项救助，发放资金36万元；针对包头市精准扶贫建档立卡贫困户，持续开展“包头铝业助学帮扶行动”，帮扶资金2.33万元；有序完成“三供一业”移交改造工作，居民区得到提档升级，获评包头市改造示范小区。

【重点项目建设】 扩建1万吨高纯铝项目提前投产，形成产业优势。克服疫情不利影响，该项目于2020年3月2日建成投产，较计划提前3个月完成，年增效1000万元。该项目建成投产，标志着包铝正式成为全球单体产能最大(5万吨)的偏析法高纯铝生产企业。高纯铝产品进入中航、中船工业采购供应链，成功跻身高端材料制备领域，进一步强化下游高端市场占有率和影响力，实现产业链提档升级。

华云铁路专用线铁路顺利接轨。积极响应国家“公转铁”号召，于2020年4月1日实施华云铁路专用线建设，12月3日与唐包铁路顺利接轨，实际工期较里程碑计划提前一个月完成，畅通了电煤运输通道，提升了物流运输效率，实现物流环节的成本压降和环境清洁。

（韩永健）

自治区国有企业

内蒙古电力（集团）有限责任公司

【概况】 内蒙古电力（集团）有限责任公司（以下简称“电力公司”）是自治区直属国有独资特大型电力企业，负责建设运营自治区中西部电网，供电区域72万平方公里，承担着自治区8个盟市工农牧业生产及城乡1388万居民生活供电任务。

【安全生产】安全生产保持稳定局面。以“本质安全深化年”活动为主线，以“三案一法”为抓手，深入开展安全生产“全覆盖”检查整顿，严格执行安全法规，发现问题757项，整改率98%，安全进一步夯实。强化生产精益化管理，“三措一案”、设备“主人制”“一强四化”班组建设等工作扎实推进，安全生产月、安全巡查、迎峰度夏(冬)、防洪防汛、防震抗灾、保供保暖等任务全面完成，电网保持长周期稳定运行。完善应急保障体系，巩固电网“三道防线”。加快推进电网智能调度自动化系统建设，全网1144座变电站实现无人值班。110千伏及以上输电线路实现航检全覆盖，6个二级风险点成功消除。圆满完成全国“两会”、嫦娥五号探月返航等重大保电任务。全年消纳新能源发电量584.3亿千瓦时，同比增长9.65%，约减排二氧化碳4330万吨。风电利用率93%，创历史最好水平，光伏利用小时数位于全国前列。加快通信网建设，建成A、B两个10G通信网通道，带宽提升64倍，通信保障能力显著增强。信息化工作稳步推进，全面完成软件正版化整改。

【企业战略】 公司贯彻落实自治区党委十届十三次全会和自治区“两会”战略部署，锚定2035年内蒙古将与全国一道基本实现社会主义现代化远景目标，紧紧围绕自治区建设国家重要能源和战略资源基地、打造国家级现代能源经济示范区中心任务，加快建设以生态优先、绿色发展为导向的全国一流现代化能源服务企业。

【电网建设与发展】 统筹各级电网发展，科学编制输电网、配电网和通信网“十四五”规划，推动大型风电基地汇集送出工程纳入国家电力调整规划，完成3211户新能源转网电前期工作。助力源网荷储一体化发展，加快推进乌海抽水蓄能、乌兰察布电网侧储能等重点项目建设前期工作。全力克服疫情影响，高效推进电网建设，500千伏金湖、巨宝庄、托克托等一批重点工程按期投产，新建220千伏变电站10座、35千伏及以上线路1416公里，新增变电容量1368万千伏安。大力推广应用新技术，国内首台500千伏磁控式可调高抗顺利投运，新建220千伏、110千伏变电站全部建成智能化变电站。加大配网建设力度，全面建成配电自动化主站，为配电网智能化发展奠定了基础。年内配网投资58.36亿元，60个抵边村寨、26个边防部队提前接通网电，军民融合新能源示范工程如期送电，16.3万户“三供一业”配电设施改造任务圆满完成，公司工程建设交出优异答卷，11项工程获评国家级、省部级优质工程奖。

【经营管理】 2020年，公司售电量

2323.91亿千瓦时，同比增长6.78%。完成发展总投资157.2亿元，其中固定资产投资135.9亿元。全年营业收入855.46亿元，同比增加28.9亿元，实现利润总额22.36亿元。公司资产总额达到1019.94亿元，资产负债率52.27%。综合线损率完成3.04%。综合电压合格率99.49%，同比提高0.06个百分点。城市用户平均停电时间7.26小时/户，同比降低1.06小时/户。百万客户投诉量65次，同比降低21.69%。公司经营管理绩效优良，电网服务保障能力显著增强，全面完成自治区国资委年度经营业绩考核指标。2020年，公司自觉贯彻新发展理念，主动服从服务于自治区工作大局，全力以赴支持保障自治区经济社会发展，改革发展再上新台阶，呈现出企业队伍安全稳定、攻坚克难多点突破、经营管理创新提升的良好局面。

【市场建设】 2020年，公司认真落实电价政策，强化营业精准发行，确保政策红利传导到客户。充分发挥市场管理委员会作用，创新管理，逐步完善电力交易市场机制，市场主体有序扩大。组织开展重点行业大用户年度交易，调整战略性新兴产业交易模式，稳定发、用电企业生产经营，助力企业复工复产。配合公司相关部门成功开展四次现货连续结算试运行工作，积极推进现货交易各项工作有序进行。按照交易政策规则，规范市场行为，稳步推进电力市场规范运营，市场化率居全国前列。

【科技开发】 2020年，公司完成的各项目标任务有：(1)推进科技项目实施。2020年共安排公司科技项目212项，完成科技项目验收139项，科技项目开工、验收率100%，2019年及以前遗留科技项目全部完成验收，首次实现科技项目“胡子工程”清零。(2)科技成果。获电力行业认可的高水平奖项10项，拟申报国资委考核加分，其中自治区科技进步奖3项、中国电机工程学会科技进步奖1项、中电联科技、技术创新奖6项。2020年公司专利授权共331项，较2019年123项增幅达169%。(3)成果转化应用。科技成果转化在新能源电力系统仿真计算方面至今已产生经济效益5000多万元；AVC(自动电压控制)控制投运仅三年间就节约网损电量4.58亿度，增加接纳新能源电量8.78亿千瓦时，减少二氧化碳排放120.24万吨；变压器精确评价成果应用已检测出20台变压器绕组变形，有效消除安全生产隐患。(2)加强科技战略合作，与浙江大学、华北电力大学等战略合作单位开展24项项目研究，投资6300万元。联合战略合作单位申报自治区重点研发课题5项，促进公司科技创新持续高水平发展。(5)开展后评估工作。(6)建设科创平台。积极推动科技创新管理平台建设，将科技管理工作延伸至基层班组，提升科技管理工作数字化水平。

【对外合作】 内蒙古国合电力有限责任公司(以下简称“国合公司”)按照原有计划，就OT新能源项目与蒙古国Newcom公司及日本软银能源签署《联合体协议》，共同组成联合体与OT公司签订《过程协议》。4月，蒙古国政府决定利用国家资金修建塔班陶勒盖电厂为OT项目供电，国合公司积极应对，审慎推进相关工作。另外，国合公司启动与蒙古国家电网公司《购售电协议》续签项目谈判工作，同时积极跟踪蒙古国政府自建火电项目进度及变化，力求在坚持“多边共赢”的原则下，保持在蒙古国OT项目上的长期合作关系。积极推进东戈壁煤电输一体化项目。该项目于2016年1月29日获得蒙古国能源监管委员会建设特殊许可，有效期5年。项目露天开采额尔登特瑟哥特煤田，同期建设4×660兆瓦燃煤机组及500千伏直流送出线路。按照集团公司要求，国合公司对项目的可行性和必要性进行了初步分析，完成了项目测算报告，后续将按照集团公司要求加快推进。

【人力资源】 2020年，公司人力资源管理能力和水平得到进一步提升，为实现高质量发展注入新的活力与动力，其主要完成的工作有：(1)将“优化组织机构、提高员工绩效、完善薪酬分配、激发企业活力”作为改革主线，分三批制定印发11个改革主体文件和32个配套标准，完成改革的制度建设工作。选取四家改革试点单位，以点带面推进改革实施。(2)围绕集团公司发展战略，持续调整优化总部及挂靠单位(机构)职能与业务界面；整合小型基建管理优势，推动蒙电建设管理公司实质化运作；优化全业务口径劳动定员管理，全面夯实人力资源管理基础。(3)针对基层不同层次的用工和人才需求，立足岗位培养与使用，通过校园巡回招聘、网络公开招聘、边远地区定向招聘等方式，实施全方位人才引进工作；形成基层单位与总部间纵向发展、单位间横向交流、单位内部专业间员工良性流动的配置机制；指导所属子公司规范直签用工管理，加强劳动纪律管理，规范人事档案管理，顺利完成退休人员档案移交。(4)持续优化薪酬分配体系。主动适应国有企业工资总额决定机制政策调整，保障员工收入可持续增长；强化全口径人工成本理念，建立健全与企业发展战略及经营效益相匹配的工资总额分配机制；建立更加科学合理的岗位绩效工资制度，提升工资项目的功能性，强化导向激励作用。转变绩效管理理念，强化员工绩效与组织绩效联动，丰富结果应用；(5)继续深化“人才强企”战略。以“百优人才”培养工程为抓手，搭建员工职业发展新舞台，与战略合作单位联合培养技术、技能和管理人才；强化持证上岗，优化技能等级认证管理，畅通各工种间技能等级晋升通道，开展技能评价属地化考评，缓解基层工学矛盾；疫情期间，及时调整培训工作思路和年度计划，创建“蒙电培训云课堂”。继续优化普考大赛模式，引导各单位注重全员技能提升；推进所属单位二级实训基地建设，完善内训师培训机制，提升企业内部培训软硬件综合实力。

【荣誉】

6月，内蒙古超高压供电局承建的红庆河(布日都南)500千伏变电站工程，乌海电业局承建的乌海东风220千伏变电站工程获“2020年度中国电力优质工程奖”。

8月12日，集团公司首获中国企联AAA级企业信用评价。

9月28日，内蒙古电力(集团)有限责任公司以827.3亿元的年营业收入，位列2020中国企业500强第253位。位列中国服务业企业500强第101位。迄今，集团公司已连续15年入选中国企业500强榜单。

10月28日，由集团公司两名选手李勇、陈尚恺代表自治区参加了此次比赛，取得全国第15名的优异成绩，获全国网络安全组三等奖，是自治区参加此类竞赛以来取得的历史最好成绩。

11月6日，集团公司电子交易平台获评2020年全国“十佳电子化采购平台”。

11月20日，全集团公司系统锡林郭勒电业局正镶白旗供电分局、乌兰察布电业局四子王供电分局、鄂尔多斯电业局鄂托克前旗供电分局、巴彦淖尔电业局乌拉特中旗供电分局共4家单位获评全国文明单位。

11月26日，内蒙古电力公司审计部获“2017—2019年全国内部审计先进集体”荣誉称号。

12月，集团公司所属内蒙古超高压供电局、呼和浩特供电局获全国优胜集体称号，锡林郭勒电业局苏尼特左旗供电分局急修快速响应班、阿拉善电业局输电管理处分别荣获全国优胜班组称号。

12月29日，集团公司“新能源电力系统电能质量全过程运行控制一体化关键技术”项目荣获全国电力科技创新奖二等奖，实现集团公司在该等级奖项零的突破。

(包丹阳)

内蒙古能源发电投资集团有限公司

【概况】 内蒙古能源发电投资集团有限公司(以下简称“蒙能集团”)，是内蒙古自治区人民政府全额出资的直属能源企业。主要经营范围涵盖电力、热力、煤炭、油气、矿产品、电力工程技术服务、职业技能培训等相关业务。

蒙能集团下设分、子公司35个，其中分公司10个，分别为：内蒙古能源发电投资集团有限公司锡林热电厂、锡林浩特热电公司、乌斯太热电厂、包头发电分公司、电力工程技术研究院、产业开发分公司、燃料分公司、蒙兴发电分公司、金山第二热电分公司、公主岭风电场；全资子公司14个，分别为：内蒙古能源发电兴安热电有限公司、内蒙古能源发电投资集团新能源有限公司、内蒙古能源发电投资集团锡林郭勒胜利矿业有限公司、内蒙古能源发电锡林浩特聚能矿产品销售有限公司、内蒙古同盛能源开发有限公司、内蒙古蒙能国际工程有限公司、蒙能资本控股有限公司、内蒙古煤基油气投资有限公司、内蒙古汇蒙能源开发有限公司、内蒙古蒙能配售电有限公司、内蒙古能源发电物资有限公司、内蒙古能源发电聚能招标有限公司、内蒙古恒能电力商贸有限公司、内蒙古蒙能锡林清洁能源有限公司；控股子公司7个，分别为：内蒙古长城发电有限公司、内蒙古能源发电准大发电有限公司、内蒙古能源发电新丰热电有限公司、内蒙古能源发电金山热电有限公司、内蒙古能源发电杭锦发电有限公司、内蒙古能源发电科右中发电有限公司、内蒙古国电电力建设工程有限责任公司；费用单位4个，分别为内蒙古能源发电投资集团有限公司新闻中心、内蒙古能源发电投资集团有限公司资金结算中心、内蒙古能源发电投资集团有限公司事务管理中心、内蒙古能源发电投资集团有限公司财务共享中心。

截至2020年底，蒙能集团共有员工4946人(长期员工3895人，临时员工1051人)

【重点项目】 2020年，蒙能集团“515重点项目”均实现阶段性目标，包头10万千瓦光伏、苏尼特左旗30万千瓦风电、武川10万千瓦风电供热项目年内实现并网发电；科右中2×66万千瓦火电项目完成汽机主厂房封闭；自治区重点项目金山二期2×66万千瓦火电项目5月31日开工，完成主厂房基础出零米、锅炉钢结构吊装两层的既定目标；鄂尔多斯上海庙—山东重点外送项目长城2×100万千瓦火电项目7月18日开工，主厂房基础出零米。上述项目全部投产后，蒙能集团总装机将达到1136万千瓦。

【安全生产】 2020年，蒙能集团开展安全生产专项整治三年行动，各生产单位安全管理水平稳步提升，截至年底，累计实现安全生产5253天。所属兴安热电公司连续两年无非停，金山热电公司全年无非停；全年完成16台火电机组检修和所有风光设备全年检修工作，新丰热电公司1号机组大修后连续稳定运行431天，乌斯太热电厂1号机组连续运行478天；技术创新和技术改造效果显现，获得自治区创新成果24项，创造经济效益6600余万元；所属115个直供二级换热站全部实现集中监控、无人值守；兴安热电公司电蓄热调峰项目投产，取得收益2177万元；金山热电公司乏汽余热利用完成改造，每年可降

2020年12月21日，内蒙古能源发电苏尼特左旗风力发电有限公司300兆瓦风电项目首批风机并网成功　(张浩)

低成本1000余万元。

【经营成果】 2020年，蒙能集团“双百行动”经验做法入选国务院国企改革“双百行动”案例集，国企改革持续深入，经营业绩不断提升。全年完成发电量284.87亿千瓦时，其中：火电268.31亿千瓦时，新能源16.56亿千瓦时，完成煤炭销量600万吨；实现营业收入87.71亿元，同比增加4.91亿元；利税8.44亿元，同比增加2.75亿元；实现利润1.26亿元，同比增加4520万元，创历史新高，超额完成蒙能集团年度经营目标和国资委考核目标，其中：煤炭业务完成利润2.81亿元；新能源业务完成利润1.46亿元；所属物资公司完成利润1.09亿元，同比增利8980万元；供热业务实现收入8.49亿元，同比增加869万元；实现营业外收入和投资收益2.78亿元，通过国家政策减免费用及申领补贴9805万元；全年节约燃料成本1.24亿元，其中内蒙古锡乌铁路线计费调整节约7140万元，掺烧经济煤种64万吨节约2502万元。

【前期工作】 蒙能集团金山二期2×66万千瓦火电项目4月20日取得核准批复，5月31日正式开工，创造了从项目启动到核准41天的火电前期工作新纪录；长城2×100万千瓦火电项目9月11日完成股权变更，内蒙古自治区区属首个单机容量百万千瓦火电项目落户蒙能集团。与包头市固阳县政府签订合作框架协议，完成固阳新能源基地规划工作，内蒙古能源发电投资集团有限公司包头发电分公司5万千瓦光伏项目11月6日取得备案告知书，12月14日开工建设。内蒙古开源纳林希里煤炭开发有限公司、内蒙古同盛色连煤炭开发有限公司分别完成野外钻探5.86万米、2.64万米；内蒙古蒙能正创煤炭储运有限公司浩吉铁路通道上的阿如柴达木煤炭储装站，可研报告通过浩吉铁路公司的审查。苏尼特左旗风电配套储能项目、金山工业固废综合利用示范项目完成可研编制。

【荣誉】 2020年，内蒙古能源发电金山热电有限公司荣获“全国文明单位”荣誉称号。

（安玉洺 李奇）

内蒙古环保投资集团有限公司

【概况】 内蒙古环保投资集团有限公司（简称“内蒙古环投集团”）正式成立于2017年11月，注册资本50亿元，比照国有企业大型一档（正厅级）规格管理。

【商业模式】 通过搭建环保投融资、环境技术服务、环保产业、技术创新“四大平台”，发挥“资本+技术服务+创新+人才”四轮驱动优势，采取“投建管运一体化”运营模式，为各级政府、工业园区、企业和社会公众提供“环保管家”“环保物业”“环保保姆”服务。

内蒙古环投集团本部设8个职能部门，下辖子公司56家，其中，二级子公司15家、三级子公司40家、四级子公司1家。二级子公司中，全资子公司8家、控股子公司6家、合伙企业1家。集团公司现有员工675人，平均年龄34岁，30～50岁占比63%；本科以上学历占比83%，硕士及以上占比20%；拥有技术职称占比90%以上，中高级以上职称占比32%。

【资质能力】 截至2020年底，内蒙古环投集团各公司共取得各类成果认证186项。其中：业务资质和能力类认证22项，管理体系类认证34项，科技成果证书1项，国家专利26项，软件产品登记9项，计算机软件著作权登记证书35项，信用等级、评价类认证43项，鄂尔多斯环投公司及其所属环境监测公司、生态环科院公司、生态环境大数据公司、在线监控公司和通辽环投公司等6家公司分别通过“国家高新技术企业”认定，在线监控公司获得呼和浩特市工业“小巨人”企业认证，生态环科院公司取得市政工程和环保工程承包资质（三级），鄂尔多斯环投公司、环保技术公司分别取得环保工程专业承包资质（三级）等资质。获批1家自治区企业重点实验室（内蒙古自治区受损环境鉴定评估与修复企业重点实验室），备案2家自治区企业研发中心（鄂尔多斯环投公司生态环境研究开发中心和生态环境智慧环保大数据研究开发中心）。

【发展业绩】 内蒙古环投集团组建运营以来，作为市场化运营的自治区环境

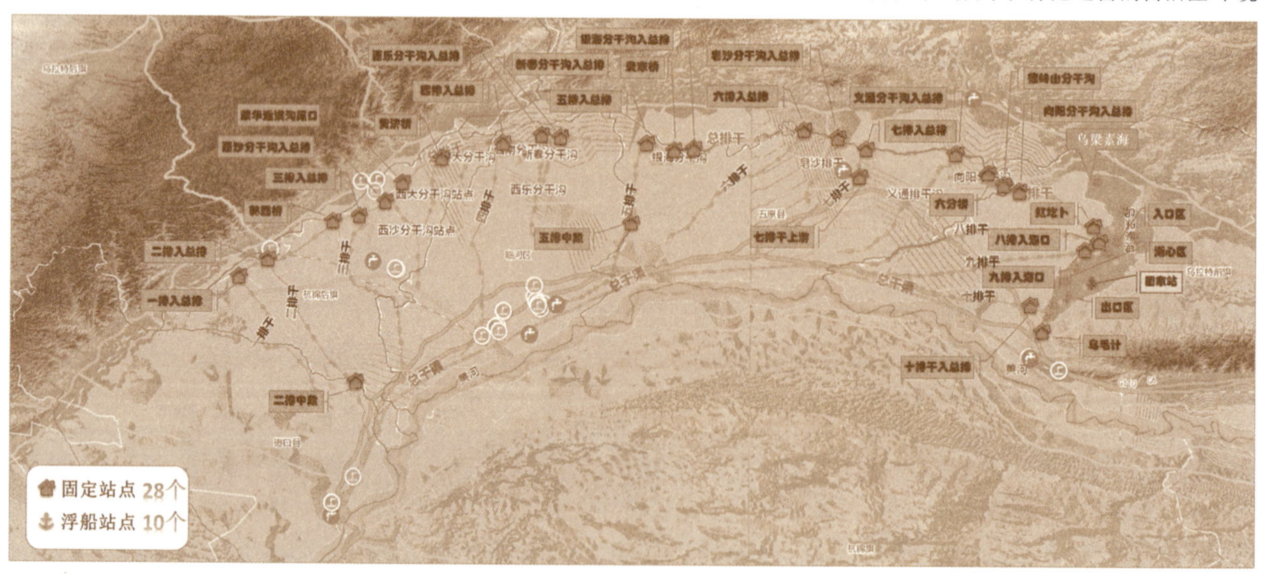

由内蒙古环投集团投资实施的乌梁素海流域生态环境物联网建设与管理支撑项目

治理龙头企业，重点围绕中央环保督查整改要求和着力解决影响生产生活突出环境问题，以及提升资源环境对经济社会发展的承载能力等目标，充分发挥“平台”优势，针对自治区污染防治中资金不足、技术团队缺乏等问题，通过市场化手段积极想办法、找出路，已签订合作协议和积极跟进意向投资项目63个，总投资约150亿元。先后重点筹划和实施了黄河流域、“一湖两海”及赤峰老哈河流域综合治理工程，以呼和浩特、包头、乌海周边地区为重点的大气污染治理工程，国家重金属重点防控单元巴彦淖尔、赤峰废渣处理工程，鄂尔多斯、乌海等重点地区重点行业工业废物处置工程，以及城镇生活垃圾和污水处理等一批环境治理示范工程。

2020年，内蒙古环投集团实现营业收入4.22亿元，同比增长44.7%；利润总额8089.26万元，同比增长131.5%；净利润6888.8万元，同比增长159.1%；上交税费2657万元，同比增长129.1%；资产总额达到19.33亿元，同比增长29.1%。

（张包林）

内蒙古交通投资（集团）有限责任公司

【概况】 内蒙古交通投资（集团）有限责任公司成立于2013年4月，是比照国有一档（正厅级）规格管理的国有独资企业，注册资本109亿元。主要代表自治区政府负责铁路、民航等重大交通基础设施项目的投资、融资和经营管理，是自治区重要的基础设施投资融资平台。目前集团有子公司21家，其中全资子公司6家、控股子公司7家、参股公司8家。

集团本部现有党群工作部、监察专员办公室、董事会办公室、人力资源部、企业发展部、审计法务部、综合管理部、财务管理部、投融资管理部、铁路事业部、工会等11个部门。集团在职职工295人（含二级全资、控股公司）。

集团先后打造了“呼张客专草原高铁名片”“天骄航空亮丽空运名片”“易地扶贫社会公益名片”“中欧班列对外开放名片”“融资租赁民生保障名片”，企业综合竞争力和社会影响力不断提升，发展成效逐步显现。

2020年，集团实现归母净利润1.66亿元，较上年增长157.13%。截至2020年末，集团合并资产总额达到349.25亿元、所有者权益总额达到264.73亿元，较“十二五”末年均分别增长24.01%、20.86%。资产负债率24.2%，始终保持在较低水平。

【重点铁路项目】 “十三五”期间，集团重点铁路项目累计完成投资675.82亿元。出资建设的呼准鄂快速铁路、乌兰浩特至白城快速铁路、通辽至新民北高铁、呼张高铁、赤喀高铁相继开通运营，实现了内蒙古“草原高铁”从无到有的突破。2020年，集通铁路电气化改造项目、集大原高铁控制性工程察右前旗隧道开工建设，包银高铁及巴银支线、锡林浩特至太子城快速铁路启动征拆工作，累计完成投资26.1亿元，各项前期工作稳步推进。

【航空旅游】 2019年7月，集团旗下天骄航空公司首航成功，开启了自治区本土航空产业发展的新纪元，截至2020年底，机队规模达到5架，开通运营航点7个。集团积极推动通用航空业务发展，开创“总部+基地”运行模式，固定翼飞机达到17架，开通运营航线19条，常态化运行6条。通用机场建设步伐不断加快，巴林右旗通用机场开工建设，克什克腾旗乌兰布统、阿斯哈图和巴林左旗、奈曼旗通用机场前期工作进展顺利，已与内蒙古森工集团签订战略协议合作建设通

呼张高铁乌兰察布段行驶的动车

和林格尔新区中欧班列（中亚方向）

用机场，共同开发旅游资源。

【类金融、资产管理】 积极参与政府化债项目，累计投放资金30.79亿元，帮助呼和浩特市、通辽市等5个地方政府化解债务风险。开展融资租赁业务，两家融资租赁公司累计为区内外企业投放资金42.3亿元，支持自治区基层卫生健康、绿色环保、城市给水供热等民生项目的发展。内蒙古融资租赁公司被自治区金融办评为“2019年度全区金融工作先进集体”，蒙通融资租赁公司获得2020年全国“融资租赁行业最佳新锐奖”。

【服务政府】 集团积极做好政府引导基金专业化管理，现代服务业基金累计投放4.4亿元，绿色农牧业发展基金累计投放3.6亿元，内蒙古石墨（烯）新材料产业基金成功组建，投放1亿元实现首个项目落地。常态化开行中欧班列，开行数量和质量逐年递增，五年累计开行924列，运输集装箱8.2万标准箱，货物量142万吨，完成进出口贸易额19亿美元以上。积极助力全区脱贫攻坚，累计承接易地扶贫搬迁项目资金62.24亿元，完成11个盟市74个旗县12.49万人搬迁安置工作。启动全区易地扶贫搬迁拆旧复垦试点工作，2020年完成470亩土地增减挂钩节余指标流转交易，实现交易额2400余万元。积极推进国家数据中心北方节点云平台建设，完成前期数据收集、可研报告、项目建议书等编制工作。

【建章立制】 2020年，集团对不健全和缺失的制度进行全面修订和增补，形成包括公司治理、审计风控、财务管理和党风廉政建设等8个方面75项制度；对集团所属各级企业开展摸底调查，全面清理退出不具备发展优势的非主业项目，完成清理各层级企业48户，下设企业减少50%以上，管理层级控制在三级以内；健全风险防范机制，建立各环节风险管理流程，基本形成了现代企业的治理体系和管理机制。

（李波）

内蒙古高等级公路建设开发有限责任公司

【助力复工复产】 2020年，内蒙古高等级公路建设开发有限责任公司（以下简称“高路公司”）积极参与交通保障工作，构建上下联动、左右协同、整体推进的公司联防联控工作格局，坚持常态化疫情防控。配合设置防疫检查站51个，检测车辆105万台次，开通应急物资通行站8个，重要物资绿色通道161条，保障重要物资运输和返工包车3万台次，1人获全国交通运输系统抗疫先进个人。疫情期间减免通行费14.84亿元，减免小微企业租金551万元，全年收取通行费41.5亿元，同比下降20%。

【防范化解债务风险】 高路公司严控信贷风险，积极申请国家补助，努力争取地方投入，协调确保银行信贷，拓宽直融渠道，保障了资金链的安全续接。全年完成到位融资123亿元，偿还各项债务本息559亿元，申请到位国家补贴2亿元。“融资再安排”置换存量债务444亿元，债务风险防控取得新的成效。积极落实国资监管要求，提升资金集中管理水平，持续开展降本增效，清理债权债务往来2.48亿元，保障了中小微企业的权益。

【污染防治】 高路公司以标准化施工和绿色环保养护为抓手，认真践行生态优先、绿色发展。在公路建设中路基边坡采用生态植物防护，完成植物生态防护近300万平方米。包茂高速包东改扩建工程以钢渣替代碎石，每公里节省造价10万元，成为首批“内蒙古自治区建筑业绿色施工示范工程”。严格执行国家和自治区环保政策和污染物排放标准，落实国家和自治区节能减排要求，未发生环境污染事故。

【公路建设】 高路公司主动适应公路建设投融资机制变革，全力加大地企、政企协调力度，创新公路项目委托代管模式，实现“研究一批、储备一批、实施一批、交验一批”。全年建设里程684公里，完成投资42.25亿元。G110线呼毕段等8个项目完成交工验收，经乌高速建设完成投资15亿元，累计完成投资总额的66%。打造“品质工程”，开展质量检查27次，抽检合格率均符合工程质量标准要求。对自建、委托、合作项目分类施策，强化过程监管，加强内控管理，推进信息公开，实现了管理上水平，质量上台阶，安全有保障。G65包茂高速公路包头至东胜改扩建项目获得全国公路工程建设劳动和技能竞赛活动优胜项目和先进个人荣誉称号，G1611丹东至锡林浩特公路克什克腾至承德联络线工程获2020年中国公路“微创新”大赛铜奖。

【运营服务】 高路公司以提高服务质量为重点，以科学优化交通组织为手段，持续深化“美丽高速”创建，改造了10个收费站，解决入口称重拥堵问题；调整了62条人工混合车道，ETC通过率达到95%；新建改建服务区16对、司机之家4座，11个服务区爱心母婴室获自治区授牌，4对服务区入围“全国百佳示范”，五星级服务区达到8对，全区占比8/11；查处各类逃费车辆3620台次，追缴通行费74万元；应急处置突发事件1112次，清障救援指挥调度4726起。涌现出“最美中国路姐”5名、“最美中国路姐团队”2个，公司连续6年入围“中国服务业企业500强”。

【养护管理】 高路公司加强公路管养。全年完成投入5.85亿元，占“十三五”的73%。日常养护效果明显提升的基础上，完成13项1939公里路面维修工程；完成55座桥梁、22道涵洞病害处置，稳步推进隧道提质升级，养护平台投入应用。

【多元经营】 高路公司坚持“突出主业、多元经营、集团发展”的战略，深化多种经营体制改革创新，积极拓展多种经营业态，优化产业结构布局，减少5户法人单位。各子公司积极应对疫情不利影响，经营实现预期目标，全年完成多种经营收入3.58亿元，同比增加3.46%，竞争力、活力、抗风险能力得到加强。全面修订子公司章程，系统梳理修订完善监管办法，多元经营改革从监管理念、监管重点、监管方式、监管导向上得到进一步优化。

【深化改革】 高路公司以对标一流企业管理提升行动为助推器，以内控合规体系建设和投资责任追究制度落实为防火墙，改革取得积极进展。27项管理提升任务压实到人，授权放权3项，立改废制度69项。公司“三供一业”完成分离移交，离退休人员社会化管理工作初步完成。公司总部、交科院、路桥检测通过国家高新技术企业认定，3个科技项目通过立项答辩，3 项自治区地方标准通过评审。与自治区气象局、中国移动内蒙古公司等达成战略合作，开启气象高速、智慧高速新征程。

【安全生产】 全年开展检查 1100 余次，下达隐患整改通知书 32 份，整改 112 处，整改率 100%。分公司和基层所站培训率 100%，安全生产监管基本实现“三全”，安全生产形势持续平稳。

（张璐）

包头钢铁（集团）有限责任公司

【概况】 2020 年，包头钢铁（集团）有限责任公司（简称“包钢集团”）面对复杂多变的外部形势、低位运行的市场环境、艰巨繁重的改革任务和突如其来的新冠疫情，生产经营效益好于预期，实现了稳中有进、进中有优的良好局面，为包钢持续推进高质量发展奠定了坚实基础。至 2020 年末，在岗职工总人数 42729 人。

全年产铁 1498.6 万吨，同比增长 1.17%；粗钢 1561 万吨，同比增长 0.95%；商品坯材 1468.5 万吨，同比增长 0.75%。生产稀土分离产品折氧化物 10.2 万吨，首次突破 10 万吨大关，同比增长 17.53%；稀土金属 1.28 万吨，同比增长 15.8%；稀土功能材料 5.94 万吨，同比增长 37.76%，钢铁、稀土主要产品产量均创历史新高。“四降两提”工程累计降低各类成本 33 亿元。全年实现营业收入 866.8 亿元，利润总额 15.9 亿元，上缴税金 45 亿元。

【疫情防控与生产经营】 疫情防控与生产经营统筹推进，制定全方位疫情防控方案，认真落实职工返包排查、在岗职工监测，加强值班值守和宣传引导，抓好对办公区域、通勤车辆、餐厅浴池等重点区域消杀，保障防疫物资，打造联防联控、群防群控“防护网”，全年保持疫情“零感染”记录。生产组织稳定有序 。主动应对疫情带来困难，努力克服环保限排、原料不足、库存高企、资金紧张等影响，积极协调开展保料、保产、保运输等工作，及时启动 2 座高炉停炉应急预案，保证了生产经营总体稳定。抓住钢铁、稀土市场向好有利时机，全力组织稳产高产，包钢股份全年各产线累计破日产及月产纪录 270 次，北方稀土多项产品产量创生产纪录，为争创效益打牢坚实基础。市场开发再创新局。化解疫情给产业链供应链带来的冲击细分营销网络，千方百计跑市场、抓合同、降库存、保回款。创新“现货 + 电商平台”模式，为周边区域内重点企业、重点工程提供全流程供应链服务，包头及周边 500 公里销量持续攀升。加强高端高效产品市场推广，完成长城汽车 105 个规格 20 个牌号认证；与北奔、华新机械、大明集团开展合作，开发华北、湖北、上海等地区汽车用钢市场，京雄高铁全线实现“包钢造”。把提升创效能力贯穿始终，坚持全产线降本，深入推进成本网格化管理，大力提升经济技术指标，盘活处置产线资产，优化人力资源配置，整合资源抓好物流组织，提升效率狠抓工作落实，不断精细内部管理，持续提高经营质量，激发企业“造血”能力。全年财务费用降低 0.36 亿元；吨钢、吨稀土制造成本同比分别降低 131 元 / 吨、1892 元 / 吨，降幅分别为 4.35%、10.27%；厂内吨钢物流成本降低 11.13%；人事费用率降低 5.29%。对接阶段性减免企业社保费政策，人工成本的社保费用部分降低 2.23 亿元。全年清回欠款超 2 亿元。完成 28 家企业压减工作，公开处置资产 50 项，盘活固阳矿山球团等 23 条闲置产线，保证了国有资产保值增值。

【产业转型与结构调整】 产业布局逐步完善，产业发展得到优化。包钢股份发挥稀土钢品牌优势，探索 NPR 新材料研发及市场化应用，产业链特色化、专业化、国际化、现代化水平不断提升。北方稀土大力发展稀土功能材料，抛光材料、贮氢材料、催化材料产业布局和产能规模优势持续显现。包钢矿业推动两个 10 亿吨煤田获取取得阶段性进展，持续加大权益资源占有量。铁捷物流公司整合企业内部运输业务，拓展外部市场及供应链服务，达到千万吨级运量水平，跻身“2020 年度中国物流企业 50 强”。包钢西创、铁花文化公司大力开拓市场，积极融入城市生活，最大限度对冲了疫情影响。结构调整取得实效。坚持以市场为导向大力调整产品结构，争取产品效益最大化。以新产品开发和工艺优化为中心，持续加强技术与生产互动，加快科研成果转化力度。钢铁产业成功开发高级别稀土工业线材、稀土耐磨钢、稀土高强镀锌板等 5 个大类、27 个品种。稀土功能材料实现永磁伺服电机用钕铁硼辐射磁环的批量生产；开发出满足华为 5G 通信基站散热使用要求的稀土镁合金材料。数字化步伐持续加快。成为国家首批“两业融合”试点企业，编制完成《数字化转型方案》，以信息技术为企业赋能。以 ERP 数据为中心，建立资金管控平台、协同 APP 消费功能等智能模块应用。钢铁产业稳步推进白云铁矿智能矿山建设，全面启动金属制造公司原料库无人吊车、运输部无人机车等 7 个智能制造项目。稀土产业大力实施“三废”综合治理技术改造工程，在多领域开创行业自动化生产先河。物流产业推进“互联网 + 物流”战略，建设开放式一体化物流运输信息平台，实现全流程管控。

【改革创新与管理提升】 持续深化国投公司改革。聚焦企业集团总部机关化问题，调整管控模式，下放授权职能 32 项，职能边界更加明晰。充分发挥公司章程在企业治理中的基础作用，严格规范各决策主体权责边界，形成权责明确、协调运转、有效制衡的公司法人治理结构。加强投资和产线管理，建立健全投资项目全周期责任管理制度，明确投资负面清单，规范各控股公司投资活动。推进物流产业、节能环保产业进行内部整合，完成收购一电厂，实现集中运营和专业化管理。深入推进混合所有制改革。拓展与中央企业、区属企业、民营企业和外资企业合作，积极引进外部资本。通过内蒙古产权交易中心，公开发布 15 项产权转让、增资扩股、项目合作、合资新设等混改项目。参股蒙商银行，组建包钢钢业西部有限公司、北京包钢朗润高新材料科技有限公司、泰纳瑞斯包钢（包头）有限公司等 3 家混合所有制企业。积极推进市场化改革。推行金属制造公司、钢管公司、特钢分公司放权搞活，在干部人事、劳动用工、薪酬分配等方面充分授权，不断激发活力、提高效率。稳步推进稀土院科改示范企业试点工作，持续规范4家单位经营管理团队契约化管理，包钢西创完成所属 11 家单位市场化选聘。推动解决剥离企业办社会遗留问题。推进市区、白云铁矿、固阳县的“三供一业”、教育医疗、市政设施移交收尾工作，与地方政府签署退休人员社会化管理移交协议，移交工作进入实质性操作阶段，进一步提升企业公平参与市场竞争能力。依托自治区稀土产品研发企业重点实验室，成立六个专业方向科研团队，重点开展“稀土钢”基础应用研究及关键共性技术研究。积极开展新品种技术研发，全年累计完成新产品230万吨，稀土钢产品占比14%，产值71.8亿元。开展白云鄂博资源综合利用技术攻关，萤石生产线全线运转，品位稳步提升至 90%以上。全力堵塞管理漏洞，推进内控体系建设，持续完善运行管理。完善采购管理制度体系，推动物资采购流程优化，加速推进电子采购交易平台建设，强化招投标管理，实现采购行为“三个百分百”目标。以包钢股份为试点，加强采购策略研究，由“零采”向“集采”转变。继续加大直供合作力度，直采直供比例达80%以上。首次编制标准，填补露天智能矿山无人驾驶运行安全标准规范体系空白。举办首届包钢“稀土钢杯”创新方法大赛，稀土院获得全国创新方法大赛金奖。管理现代化创新项目刷新公司在冶金行业管理现代化创新成果评审获奖纪录，获得年度“内蒙古百强品牌”称号两项。

【安全环保与风险防控】 依法治企水平提升，环境管理取得新成效。整合包钢西创冶金渣、绿化公司并入节能环保产业，做强产业基础。全面启动环保超低排放改造和特别排放限值项目，煤焦化工分公司1—10号焦炉脱硫脱硝改造项目提前投运，满足国家大气污染物超低排放限值要求；包钢股份炼铁厂、还原铁等料场封闭项目作用开始显现；在包稀土冶炼分离企业全部完成焙烧尾气脱硫系统改造，达到稀土工业污染物特别排放限值要求，公司整体环境治理能力持续提高。安全管理得到新提升。推进安全生产标准化工作，包钢股份二级安全生产标准化企业占比达到80%以上。加强职工安全培训，持续加大网格化安全管理及安全确认制落实情况的督查考核力度，千人负伤率同比下降50%以上。风险防控迈上新台阶。强化上市公司市值管理，维护包钢股份股票市值稳定，降低了退市风险。积极与上级部门及金融机构沟通协调，努力争取资金及政策支持，力保资金链安全。高度关注资金、安全、物流、原燃料和产成品储运等风险点，推进公司法务集中统管，全面强化法律论证、合同管理、合规审核等工作，依法治企能力显著增强。

（郝虹）

中国内蒙古森林工业集团有限责任公司

【概况】 2020年，中国内蒙古森林工业集团有限责任公司全年完成森林抚育36.74万公顷，为计划的100.03%，作业质量合格率100%；完成退耕还林还湿1.33万公顷；完成灾后植被恢复168公顷；完成生态脆弱区修复35公顷；完成重点地段绿化130公顷；完成补植补造2.2万公顷：均为计划的100%；完成育苗总面积174.35公顷，较2019年增加22.81公顷；总产苗量15164.4万株，较2019年增加2418.4万株。全年发生森林火灾63起，受害面积228公顷，受害率0.067‰，当日灭火率100%。开展林业有害生物防治面积16.33万公顷，完成林业有害生物防治“四率”指标，其中主要林业有害生物成灾率0.55‰；无公害防治率92.44%；测报准确率92.66%；种苗产地检疫合格率100%。全面完成年度生态建设任务。

2020年，森工集团实现林业产业总产值68.5亿元，较2019年增加8.4亿元，增长13.98%，其中：第一产业产值完成28.2亿元，增长13.98%；第二产业产值完成14.2亿元，增长84.66%；第三产业产值完成26.1亿元，减少5.53%。三大产业产值比由2019年的41∶13∶46调整到41∶21∶38。下达各类投资计划52.24亿元，完成57.81亿元，完成计划的110.67%，同比增长13.15%。

【组织机构】 中国内蒙古森林工业集团有限责任公司（以下简称“森工集团”）于2020年8月1日挂牌恢复运营。挂牌后推进“三项制度”改革，开展“企业总部机关化”问题专项治理行动，集团总部部门由29个调整为22个，减少24%，其中合署办公调减机构2个，分别为：团委、人事处；撤销机构和职能划转调减机构6个，分别为：市场营销处、安全设备处、统计处、科技处、外经处、产业处；转为归口管理部门调减机构1个，政研室；增设机构1个，森林资源监督办；单设机构1个，机关党委；总部机关工作人员编制由原来的503名调减到339名，减少33.2%。森工集团实有所属企事业单位44家，年末在岗职工43158人。

根据内蒙古自治区推动重点领域改革工作领导小组国有林区林场改革专项工作协调办公室《关于印发恢复内蒙古森林工业集团运营工作方案的通知》，森工集团确定为特定功能类企业，是内蒙古自治区人民政府直属正厅级单位，由内蒙古自治区国资委监管，按照现代企业制度设立公司党委、董事会、经理层、监事会等法人治理结构。企业主营业务和重点培育产业包括：森林资源经营保护、森林生态保护建设服务、森林旅游康养、林下产品开发销售和矿泉水等绿色生态矿业。

2020年8月1日，内蒙古自治区人民政府主席布小林，中国内蒙古森林工业集团有限责任公司党委书记、董事长陈佰山为森工集团揭牌。

【生态建设】

森林资源管理 2020年，完成森林督查暨森林资源管理“一张图”年度更新工作，二类调查数据、国家级公益林和林地一张图数据库实现“三库合一”。16个单位完成18份森林经营方案编制工作，全部通过国家林业和草原局（以下简称“国家林草局”）专家评审。停止木材运输许可证发放。立案查处各类森林案件1453起，其中核实有奖举报破坏野生动物资源案件18起，查处率94.91%。

保护地建设 毕拉河国家级自然保护区列入国际重要湿地名录。阿尔山哈拉哈河、库都尔河、卡鲁奔3处国家湿地公园试点通过国家林草局验收。争取国家湿地和自然保护区补助资金合计3210

万元，完成植被恢复和生态修复267公顷。截至2020年底，内蒙古大兴安岭重点国有林区湿地保护总面积63.32万公顷，湿地保护率52.61%。开展各类自然保护地整合优化工作，自然保护地由33处增加到34处，其中自治区级（省部级）及以上级别自然保护区8处、湿地公园17处，国家森林公园9处，总面积184.52万公顷，较调整前增加2.85万公顷。

森林管护 巩固木材检查站、防火检查站和森林管护站"多站合一"改革成果，截至2020年底，内蒙古大兴安岭重点国有林区共建成"一站多能"综合管护站点114个。争取政策支持，321座管护用房纳入国家林业和草原局印发的《国有林区（林场）管护站房建设试点方案（2020—2022年）》，其中：新建104座、重建改造60座、加固改造46座、功能完善111座，建设总资金9605万元；2020年中央预算内投资71座，其中新建70座，加固改造1座。

森林保护 2020年，内蒙古大兴安岭重点国有林区发生森林火灾63起，全部为雷电火灾并在当日扑灭，平均灭火时间7.6小时，平均过火面积不足6公顷，森林受害率0.067‰；与2019年相比，火灾次数下降29起，过火面积下降15%；自2018年起连续三年未发生人为火灾。全年开展林业有害生物防治16.33万公顷，防治效果平均为92.14%；完成林业有害生物防治"四率"指标。内蒙古大兴安岭航空护林局的"战队一体化，地空无缝衔接"作战模式被北方航空护林总站推广，其扑火事迹被列为2020年践行习近平生态文明思想12个先进事迹之一。

【新闻发布会】 8月1日，内蒙古大兴安岭生态系统服务价值评估新闻发布会在牙克石市举行。中国森环森保所森林生态系统长期观测与管理学科组首席专家王兵研究员就内蒙古大兴安岭生态系统服务价值评估结果进行了发布新华社、中央广播电视台、经济日报、人民网、新华网等20余家媒体记者参加了发布会。

据发布会公布的结果，以2018年为评估核算基准年，内蒙古大兴安岭重点国有林区森林与湿地生态系统服务功能总价值6159.74亿元/年，其中，森林生态系统服务功能总价值达到5298.82亿元/年；湿地生态系统服务功能总价值达到860.92亿元/年。森林和湿地通过生态系统涵养水源、固定封存二氧化碳、保育生物多样性和净化大气环境等生态过程形成的"绿色水库""绿色碳库""生物多样性基因库""净化环境氧吧库"，每年创造的生态系统服务功能总价值均超过千亿元：其中森林生态系统涵养水源的物质量为170.96亿立方米/年，每年涵养的水源量相当于三峡水库设计库容的43.61%，森林和湿地生态系统"绿色水库"总价值为1646.94亿元/年；森林生态系统每年通过光合作用固定的碳汇当量为2329.58万吨/年，折合成二氧化碳为8541.79万吨/年，相当于吸收了内蒙古自治区工业二氧化碳排放量的67.26%，占内蒙古全区工业二氧化碳排放量的2/3，森林和湿地生态系统"绿色碳库"总价值为1071.75亿元/年；生物多样性基因库总价值1246.95亿元/年，其中森林和湿地生态系统价值分别为1090.34亿元/年和156.61亿元/年；"净化环境氧吧库"总价值为1024.98亿元/年，其中，森林和湿地产生的价值分别为795.87亿元/年和229.11亿元/年。

【经营管理】 统筹推进森工集团综合检查和各项审计，对5个直属单位进行离任审计；全面开展2019年度财务收支及绩效考核目标审计；首次开展对森工集团所属19个林业局2019年营林生产项目和资金管理审计，确保被审计单位营造林任务真实、合法有效；开展森工集团所属单位产业项目审计调查、3个改制留守处财务收支专项审计等工作，推进审计监督全覆盖。规范完善选聘中介机构和工程造价审核管理工作。加强债权债务管理，全年累计清收欠款4900万元，年度应收款项下降3亿元；清理拖欠民营企业中小企业账款1946万元，所有无分歧欠款全部清偿到位；压缩金融机构贷款8.7亿元，企业资产负债率实现"四连降"，财务状况更加健康。结合特定功能类企业经营业绩考核目标设置要求和林区改革发展实际,科学设置考核指标，充分发挥绩效考核"指挥棒"作用，增强考核工作的科学性、导向性、针对性和有效性。优化人力资源结构，完成三期共计560名人员招聘工作。

【国有林区改革】 完成国有林区改革任务。国家验收组进行实地评估后，对内蒙古大兴安岭重点国有林区改革总体评价为"优"，以98.8分好成绩位列各重点国有林区之首。企业办社会职能实现应交尽交、应剥尽剥，平稳移交林业城镇消防监管机构20个，消防中队15个；9.4万户林业职工家属区移交属地实施物业管理市场化。开展国有企业退休人员社会化管理工作，共移交企业退休人员档案95476份。深化"社会融入地方、经济融入市场"，与呼伦贝尔市人民政府、兴安盟行政公署签订战略协议，在生态保护、经济产业、民生保障、基础建设等领域建立常态化协同发展机制。

【产业发展】 整合资源力量，成立产业事业部，组建旅游、碳汇、林下产品公司，由产业事业部集中管理，搭建了产业发展的组织架构。拓宽旅游发展格局，持续培育壮大森林旅游康养产业，32个重点旅游项目纳入自治区"乌阿海满"一体化旅游发展规划；94个旅游项目纳入呼伦贝尔市全域旅游发展规划。搭建旅游营销平台，开通了"根河之恋""阿里河相思谷之约"等9条精品森林草原旅游线路。完成绿色产品网络平台、微信微店、APP项目技术框架搭建，启动大兴安岭绿色产品展厅建设。根河驯鹿繁育中心建设项目获批，完成第四批66头种用驯鹿引进工作。中国阿尔山避暑之都和森林之都品牌成功注册，阿尔山荆花温泉康养特色小镇、绰尔森林康养小镇纳入自治区第二批特色小镇高质量发展培育名单。森工集团与农业银行、内蒙古银行等金融机构签订战略合作协议，强化金融服务支持。与呼伦贝尔市、内蒙古航旅集团达成三方合作意向，筹备联合成立通用机场建设管理公司，合力推进莫尔道嘎、毕拉河通用机场项目建设。盘活存量房产，森工之家商品房销售28户，车库94户。2020年初木材库存量24602立方米，全年生产完成34882立方米（其中可持续经营采伐3745立方米，火烧木采伐 5886 立方米，其余 25251 立方米），全年销售 36126 立方米，自用及其他 231 立方米，年末库存量 23127 立方米。

【科研开发】加强科技项目立项和申报，立项中央财政林业科技推广示范补助资金项目 7 项，项目资金 757 万元；批复林区各单位 2019 年度申报科技立项 20 项，立项资金 635 万元；2020 年在研项目 5 项，初审 2020 年度科技计划项目 13 项，申报各级各类项目 9 项。推进林业科研成果转化，召开科技成果鉴定会，鉴定 13 项科技成果，完成自治区科技成果登记和国家林业科技成果推广库信息管理系统成果入库工作；组织专家完成 2 项中央财政林业科技推广项目现场查定、10 项中央财政林业科技推广示范补助资金项目验收工作。加强科技交流与技术合作。成立寒温带森林动物生态管理研究院士专家工作站工作领导小组，与中国林科院张守攻院士合作成立工作站，建立院士科研基地：汗马国家级自然保护区管理局科研基地、北部原始林区管护局科研基地。加强自主创新，提高科技支撑作用。研发成功“森林抚育检查内业管理系统”软件，较原来的检查数据处理方法节省内业时间 90% 以上，精度提高到 95% 以上。

【安全生产】 全力抓好疫情防控。强化组织领导，成立疫情防控领导小组，制定复工复产疫情防控工作预案，先后投入资金 645 万元用于购置防疫物资，抽调 8660 人次协助属地政府开展重点区域检查管控并帮助落实隔离场所，实现疫情“零发生”。深入开展安全生产专项整治三年行动，对非煤矿山、森林旅游、危险化学品、森林经营、特种设备、用电安全、人员密集场所、道路交通等重点领域、重要环节开展拉网式隐患排查工作，发现隐患共 174 处；对林区 9 座自备油库和铅锌矿进行专项检查，下发整改通知书 9 份。全年未发生安全生产死亡责任事故。

【荣誉】

1 月 3 日 阿龙山西伯利亚红松科研团队在“新中国 70 年最具影响力班组”发布暨第一届新时代班组高峰论坛中获“新时代最具影响力班组”。

1 月 6 日 绰源林业局被国家林业和草原局、中国农林水利气象工会全国委员会联合授予中国林业产业“突出贡献奖”。

5 月 28 日 内蒙古大兴安岭林区老科学技术工作者协会被中国老科学技术工作者协会授予“先进集体奖”。

9 月 23 日 林海日报社在“美丽蝶变—全国党媒社长总编看红河”暨中国报业协会党报分会 2020 年会上，获“全国党报党媒抗疫宣传先进单位”，记者赵佳佳荣获“先进个人”称号。

11 月 20 日 克一河林业局有限公司被中央精神文明建设指导委员会授予第六届“全国文明单位”称号。

11 月 24 日 阿龙山林业局阿乌尼天然林资源管护林场主任顾广山在全国劳动模范和先进工作者表彰大会上被评为“全国劳动模范”。

12 月 3 日 根河林业局副局长于海俊同志，被中共中央追授为“全国优秀共产党员”称号。

（杨建飞 任德双）

中国民营企业 500 强内蒙古企业

伊利实业集团股份有限公司

【概况】 2020 年，伊利实业集团股份有限公司（以下简称“伊利”）营业总收入 968.86 亿元，归母净利润 70.78 亿元，逆势实现高位双增长。公司一季度营业总收入达 273.63 亿元，同比增 32.49%，归母净利润 28.31 亿元，同比增 147.69%，收获“史上最强一季报”，以稳健有力的增长曲线，展现出伊利作为“全球乳业五强”、亚洲乳业龙头的全产业链竞争优势和可持续增长动能。作为民族企业，国际化是伊利集团的重要战略。伊利在亚洲、欧洲、美洲、大洋洲等乳业发达地区构建了一张覆盖全球资源体系、全球创新体系、全球市场体系的骨干大网。伊利通过整合全球优质资源，更好地服务消费者。2020 年 10 月 15 日，BrandZ ™发布的“2020 年最具价值中国品牌 100 强”榜单，公司连续 8 年蝉联食品和乳制品行业第一，并被 Brand Finance 评为“全球最具价值乳制品品牌”。

【全链创新】 伊利集团坚持和推动“创新”战略，紧紧围绕国际乳业研发的重点领域，整合海内外研发资源，从全球视角布设一张涵盖全球领先研发机构的全球创新网络，以消费者需求为导向，深化管理创新，建立起覆盖上、中、下游全产业链的创新体系，最终实现与消费者和产业链合作伙伴共享创新价值。截至 2020 年底，伊利集团在国内已经建立三级研发平台，共同构建了伊利集团的技术主体：一级研发平台为多个产学研合作平台，包括国家乳制品加工技术研发专业分中心、国家乳肉检测中心的乳品检测研究室、内蒙古乳业研究院、自治区企业重点实验室、伊利集团博士后科研工作站、伊利集团乳业专利信息平台、伊利母婴营养研究中心、全国冷冻饮品标准化技术委员秘书处等；二级平台为集团创新机构，包括集团研发、质量管理部门、信息工程部门等 3 部门；第三级机构是 5 个事业部的技术研发部门，针对不同区域、不同消费群体的特殊消费需求进行现有品类产品研发。

在国外，伊利紧紧围绕国际乳业研发的重点领域，整合海内外研发资源，从全球视角布设一张涵盖全球领先研发机构的全球创新网络。

【营销业绩】 伊利率先完成产品结构战略升级。2020 年 6 月，凯度消费者指数发布了《2020 亚洲品牌足迹报告》，伊利凭借 91.6% 的品牌渗透率、近 13 亿的消费者触及数和近 8 次的购买频次，连续五年位列中国市场消费者选择最多的品牌榜首。综合报告数据显示，伊利各项指标在榜单中遥遥领先于其他品牌，持续领跑中国快消品市场。2020 年，伊利电商业务收入较上年增长 55.0%，同期，星图公司调研数据，伊利常温液体乳在电商平台的零售额市占份额为 28.1%，位居电商平台常温液体乳细分市场首位。伊利实施渠道精耕计划，不断提升渠道渗透水平。截至 2020 年 12 月底，公司服务的乡镇村网点近 109.6 万家，较上年提升了 5.5%同时伊利不断提升渠道渗透水平，凯度零研数据显示，常温液态类乳品的市场渗透率为84.7%，较上年同期提升了0.4个百分点。2020年，伊利婴幼儿奶粉金领冠品牌力强势跻身第一阵营，市场表现逆势上扬，增速明显高于行业，其中有机奶粉塞纳牧增速达130%。成人粉业务及中老年奶粉市场份额持续保持市场第一，品牌知名度稳步提升。截至2020年，伊利低温酸奶销售额份额连续多年稳居头部阵营，其中畅轻围绕健康功能持续产品创新，不断开拓饮用场景，实现品牌力连续5年低温酸奶第一；每益添小白乳创新引领白色活乳品类，满足用户健康功能需求，占位清爽型活性乳酸菌饮料细分市场第一。在全国范围内，伊利共有500万个销售网点。伊利液态奶、酸奶、冷饮、奶粉产品销量超过370亿份。

【业务国际化】 国际化是伊利集团的重要战略。目前，伊利在亚洲、欧洲、美洲、大洋洲等乳业发达地区构建了一张覆盖全球资源体系、全球创新体系、全球市场体系的骨干大网。伊利的合作伙伴遍及5大洲，分布在33个国家。通过整合全球优质资源，伊利更好地服务消费者。伊利在国际化发展过程中，始终秉持互利共赢的理念，以“全球化思维、本土化经营”的运作方式，积极与全球合作伙伴开展友好合作，积极融入当地社会，发掘和培养本地人才，主动践行社会责任，推动当地经济发展与繁荣，与各方共享发展成果。

2020年6月，泰国公共卫生部食品药品监督管理局正式公布“2020FDA Quality Award”名单。作为泰国本土最大的冰淇淋企业，伊利Chomthana公司凭借领先的质量管控水平，被授予“2020FDA质量奖”。Chomthana获颁FDA质量奖，标志着伊利收购Chomthana公司以来，企业生产经营实现全面健康发展，赢得泰国各界高度认可，进一步彰显了伊利领先的全球化运营能力。

伊利持续投入人力物力对合作牧场进行技术帮扶。2010年，伊利成立奶牛学校，通过邀请百余位世界顶尖行业专家，面向奶源基地技术人员和牧场管理人员，至今已组织了300多场牧场管理专项培训和专题讲座，1万余次牧场现场技术指导，为奶农传授奶牛养殖技术，推广储备全株青贮、TMR全混合日粮饲喂技术、建造标准化卧床、配备饮水槽等举措。近年来，伊利依托奶牛学校平台，积极整合国际优质资源，全面升级了现代牧场人才的培养模式，开发了覆盖青贮制作、健康管理、牛奶质量、防暑降温、防寒保暖等牧场各生产环节的网络课程，培训供应商上万人次。

【公益事业】 伊利始终将承担社会责任作为立身之本，秉承“厚度优于速度、行业繁荣胜于个体辉煌、社会价值大于商业财富”的发展观，以自身的良好经营、与环境的和谐共处、与社会的多方共赢带动企业公民理念在中国商界的普及。2020年度纳税额40.4亿元。同时，伊利先后发起了“伊利方舟”“伊利星空”“爱加餐”等多项大型公益活动，累计为公益事业投入8亿元。其中，伊利方舟以倡导“先有安全，再有梦想”的公益理念，深受社会关注。“伊利方舟”是伊利集团联合中国西部人才开发基金会推出的关注“儿童成长安全”的教育类公益项目。2020年，“伊利方舟”的重要项目成果《中小学校园安全评估指标体系——伊利方舟全息图》正式发布，这是一部专门针对中小学校园安全的评估指标体系，涉及校园周边环境、师生身心健康、校园公共卫生与食品、突发事件应急处置等10个模块，分别涵盖安全隐患、应对措施和防范教育3个维度，评测结果以“雷达图”形式呈现，帮助学校直观了解和评估总体安全状况。

【产业链共赢】 2009年起，伊利发展产业链金融，帮助合作伙伴降低经营风险，解决融资困局；2016年9月23日，伊利又成立了“牧场合作伙伴发展学院”“供应商发展学院”和“经销商发展学院”，旨在全方位地帮助产业链合作伙伴成长，最大化发挥全产业链协同价值。

在技术联结方面 伊利推出以运营全过程标准化、规范化操作的“降本增效项目”，以配方优化、饲养关键点评估为主的“精准饲喂项目”，以提升牧场各运营模块价值流的“精益运营项目”三大项目，通过技术联结机制的实施、依托“嵌入式”全新服务模式，与伊利合作的牧场奶牛平均日单产从2016年的平均25.89公斤提升到2020年的29.96公斤，每公斤牛奶养殖成本从3.58元降到3.09元，“一升一降”帮助合作农牧民增收超50多亿元。伊利持续帮助和带动产业链合作伙伴共同成长，引领行业向提升产业国际竞争力的远大目标迈进。

金融联结方面 伊利创新产业链金融模式，探索出一种“核心企业承担实质性风险”为特色的融资模式，陆续推出“青贮保”“牧场保”“购牛保”等金融产品，为农牧民融资提供担保。2014年至今已累计为牧场提供融资扶持达203.8亿元，其中2020年全年发放融资款约69.58亿元。

产业联结方面 遵循“以养带种、以种促养”的原则，伊利出台种植奖励政策，鼓励农牧民大力发展优质饲草种植，向种养一体化循环经济发展。2020年伊利发放优质青贮及优质苜蓿奖励款超过7726万元，并带动270多万亩优质青贮玉米的种植。同时，为进一步促进种植业与奶牛养殖业的科学协同发展，有效帮助合作伙伴降低饲养成本，伊利集团整合内部技术资源，长期研究各地本地化粗饲料在奶牛养殖业中的应用，实施开展“粗饲料本地化项目”，累计开发本地化粗饲料40多种。

风险联结方面 受国原奶生产与乳制品消费淡旺季的不平衡影响，每年上半年国内奶业市场均会出现阶段性过剩现象。面对市场供应大于需求的局面，伊利集团始终坚持与农牧民签长期合同，全额收购农牧民合格原奶，替农牧民“遮风挡雨”。通过伊利集团与合作农牧民的风险联结，使农牧民风险抵御能力增强，发展得到了高效有力的保障。

（王佳）

内蒙古鄂尔多斯投资控股集团有限公司

【概况】 2020年，内蒙古鄂尔多斯投资控股集团有限公司（以下简称“鄂尔多斯集团”）面对疫情下经济下行与销售不利的严峻形势，以“战疫情、保生产、稳经营”为年度工作主题，全集团实现年销售收入617亿。

【品牌建设】 1月8日，由天猫小黑盒主办的第二届中国新品消费盛典在上海举行，ERDOS荣获“年度经典焕新品牌”大奖，LIEWEN×ERDOS联名系列再度入选“天猫年度新品TOP100”。6月10日，在由中国国家品牌网、新华网、新华99共同举办的“点赞‘2020我喜爱的中国品牌’暨‘全球抗疫品牌力量’经典案例发布会”上，“鄂尔多斯”荣膺“2020我喜爱的中国品牌”。8月5日，由世界品牌实验室主办的第十七届世界品牌大会发布了2020年《中国500最具价值品牌》分析报告，“鄂尔多斯”品牌以1036.75亿元人民币的品牌价值连续14年蝉联纺织服装行业榜首，位列品牌价值总榜第49名。9月25—27日，鄂尔多斯集团赞助的第三届中国（鄂尔多斯）国际羊绒羊毛展览会在鄂尔多斯市东胜区隆重举办。10月10日，内蒙古鄂尔多斯资源股份有限公司荣获时尚界最具意义年度盛典之一The Green Carpet Fashion Awards（绿毯时尚颁奖盛典）颁发的绿毯时尚大奖—THE GCFA ECO STEWARDSHIP AWARD（绿毯生态保护奖）。10月15日，ERDOS（善）主题发布会“善待世界”于上海上生新所举办。10月25日，《第一财经》杂志发布2020年度新国货榜样，“鄂尔多斯”获“国货之光”大奖。11月12日0点，“鄂尔多斯双11”销售大捷线上销售额再创新高为1.97亿元。12月22日，世界品牌实验室揭晓2020年中国品牌年度大奖，“鄂尔多斯”品牌以行业领先品牌再度荣获“中国品牌年度大奖羊绒时装NO.1”荣誉称号。

【产品技术研发】 内蒙古鄂尔多斯资源股份有限公司“羊绒产业创新与绿色发展关键技术研究与示范工程项目”通过验收。由鄂尔多斯羊绒集团提出制定的第四项ISO国际标准化组织新工作项目提案《纺织品—分梳山羊绒品质标识规范》获得立项。鄂尔多斯集团选取“羊绒可持续发展”相关创新成果及创新理念参加由自治区总工会、科学技术厅、工商业联合会等单位共同主办的第一届内蒙古自治区职工技术创新成果展。鄂尔多斯资源股份有限公司《基于纺纱动态制成率的羊绒企业数字化管理变革》荣获中国纺织工业联合会“第九届全国纺织企业管理创新成果一等奖”。

【投资合作】 1月10日，鄂尔多斯资源股份有限公司羊绒集团阿尔巴斯标准化示范牧场签约仪式在鄂尔多斯罕台现代羊绒产业园举行。

6月15日，鄂尔多斯集团绒纺事业部原料经营中心与阿拉善左旗银根苏木、阿拉善左旗莱芙尔绒毛有限公司正式签订了牧场建设合作协议，西部地区优质羊绒产区之一的超细羊绒牧场阿拉善推广中心正式落地。8月22日，鄂尔多斯集团1436超细羊绒牧场西藏推广中心揭牌暨2020年优质优价补贴发放仪式在西藏阿里地区措勤县举行，这是鄂尔多斯集团首次将牧场建立在号称“天上阿里”的高海拔地。9月21日，鄂尔多斯羊绒集团超细羊绒牧场阿拉善推广中心揭牌仪式、2020年优质优价补贴发放和动物福利认证培训活动在阿拉善银根苏木举行。

【管理创新】 7月13—14日，为期2天的鄂尔多斯集团半年经济分析会在棋盘井园区顺利召开。

【荣誉奖励】 2020年1月，国务院印发《关于表彰全国民族团结进步模范集体和模范个人的决定》，内蒙古鄂尔多斯资源股份有限公司获评“全国民族团结进步模范集体”称号。

2月，农业农村部公布2019年全国农产品加工100强企业名单，内蒙古鄂尔多斯资源股份有限公司荣获“2019年全国农产品加工100强企业”第12位。

7月27日，《财富》杂志发布了2020年度中国500强榜单，内蒙古鄂尔多斯资源股份有限公司以营业收入22789.92（百万元）、利润1340.87（百万元）排名第408位。

9月10日，2020中国民营企业500强峰会发布2020中国民营企业500强及中国民营企业制造业500强榜单，内蒙古鄂尔多斯投资控股集团有限公司位列中国民营企业500强第123位、中国民营企业制造业500强第65位。

9月18—21日，在由国际维修联合会（IMA）、中国设备管理协会共同主办的2020第十八届国际TnPM产业联盟大会上，电冶集团分别获TnPM设备管理优秀企业奖、TnPM设备管理卓越推进者奖、设备维护工具创意奖、设备管理标准化推动奖、TnPM优秀后勤支援奖、TnPM推进成果奖、企业可视化管理创意奖7个奖项。

9月，内蒙古鄂尔多斯资源股份有限公司荣获由内蒙古农牧业产业化龙头企业协会等单位颁发的内蒙古“名优特”农畜产品品牌建设标杆企业荣誉奖杯、证书，羊绒衫产品被认定为2020年（第八届）内蒙古“名优特”农畜产品。

9月，中国畜产品流通协会授予鄂尔多斯集团中国绒毛行业抗疫功勋企业荣誉奖牌。

11月20日，第六届全国文明城市评选结果在全国精神文明建设工作表彰大会上揭晓，内蒙古鄂尔多斯投资控股集团有限公司荣获“第六届全国文明单位”称号。

12月4日，主题为“脱贫：媒体、企业的温度和力量”的第十三届（2020）人民保险中国经济媒体高层峰会发布首届华夏企业公益财经百强榜，鄂尔多斯资源股份有限公司荣获“2020年度精准扶贫贡献奖”。

（奇建平）

内蒙古伊泰集团有限公司

【概况】 2020年，内蒙古伊泰集团有限公司（以下简称“伊泰集团”）注册资本金12.5亿元。其中内蒙古伊泰投资股份有限公司占99.64%，杭锦旗峰泰物流有限责任公司占0.16%，鄂尔多斯市通九物资有限责任公司占0.12%，内蒙古满世煤炭集团股份有限公司占0.08%。2020年，集团公司总资产1041.27亿元，其中固定资产384.80亿元；全年实现营业收入351.78亿元，实现净利润-3.5亿元，上缴税费50.05亿元。

至2020年底，集团公司内设11个职能部门和3个共享服务中心。职能部室有：董事会办公室、行政管理部、人力资源与战略企划部、财务管理部、投资管理部、安全监察质量管理部、环境管理部、审计监察部、煤炭生产管理部、煤化工管理部、资本运营与合规管理部；共享服务中心有招采中心、供电中心、财务共享中心。内蒙古伊泰集团在册合同制员工6317人。

内蒙古伊泰集团有限公司有全资子公司4家。分别为：伊泰（集团）香港有限公司、内蒙古伊泰航空服务有限公司、内蒙古伊泰煤基新材料研究院有限公司、伊泰航空服务（深圳）有限公司。有控股子公司8个：内蒙古伊泰煤炭股份有限公司、内蒙古伊泰广联煤化有限责任公司、中科合成油技术有限公司、内蒙古伊泰西部煤业有限责任公司、新疆伊泰资源开发有限责任公司、内蒙古伊泰财务有限公司、科领环保股份有限公司、内蒙古伊泰生态农业有限公司。有参股公司10家：北京博士之星投资顾问有限公司、伊泰伊犁矿业有限公司、伊泰新疆能源有限公司、伊泰伊犁能源有限公司、内蒙古伊泰煤制油有限责任公司、内蒙古伊泰石油化工有限公司、内蒙古伊泰化工有限责任公司、内蒙古伊泰大漠马业有限责任公司、北京伊泰博杰云创文化产业有限公司、内蒙古伊泰信息技术有限公司。

内蒙古伊泰集团积极履行社会责任，为抗击疫情累计捐款超过3300万元，向内蒙古自治区"光明行"组委会捐赠1500万元，专项用于"一带一路光明行"蒙古国行动等人道救助项目。

红庆河煤矿全景 （许朋飞）

4月10日，内蒙古自治区主席布小林（右一）出席伊泰集团"光明行动"捐赠仪式 （宋海靖）

【生产经营】 2020年，集团公司生产矿井8座，包括酸刺沟煤矿、红庆河煤矿、塔拉壕煤矿、宏景塔一矿、大地精煤矿、宝山煤矿、凯达煤矿、宏景塔二矿。全年，公司生产产品煤5497万吨，销售煤炭7461万吨（其中外运销售4496万吨、地销2965万吨），铁路发运煤炭7681万吨，销售化工品134万吨，实现销售收入351亿元、净利润-3.5亿元，上缴税费50亿元，总资产1041亿元。

【煤炭生产管理改革】 根据国家相关政策及公司管理改革方向，在公司采矿权、所有权、利税关系和隶属关系不变的前提下，按照所有权与生产管理分离的原则，公司将所有井工矿进行了整体托管。组织完成托管范围和业务界面的划分岗编设置、人员调整、劳动合同变更等工作，并全程参与托管合同的起草工作，重点明确了定价机制及结算模式，保障煤炭生产管理改革的顺利推进。

【标准化制度流程体系建设与职能职责优化】 持续优化完善公司级制度流程体系，审核财务、投资、安全质量、招采、生产等专业类的86个公司级制度，对各部门的职能职责的完善性、合理性进行评估；组织完成对招采中心、财务管理部、行政管理部等部门职能的优化调整，确保制度流程适用、有效。

【业务管理】

推动煤矿现场管理系统提升项目 推动红庆河煤矿现场管理系统提升项目，通过信息化手段防控现场管理漏洞。排队、过磅等关键控制环节实现无人化，实现阳光装运及业务链的闭环管理，提升了现场管理水平。

完成OA协同办公升级项目 针对新OA系统，梳理流程模板600余项，迁移数据32万多条，实现公文管理、合同管理、督办管理与档案系统的无缝集成以及OA模块全面移动化，解决原办公系统兼容能力弱、流程贯通性差等问题，进一步提高了办公效率。

【合同管理体系】 加强公司合同管理，规范经营行为，防控经营风险，实现合同从签订、履约、验收到归档的全生命周期信息化管理。针对不同单位及业务类型，配置了30个单位类型、41类业务合同模板、104个业务流程，实现了不同单位、不同业务的个性化需求。与投资管理系统和财务共享系统进行集成，实现合同与投资和财务的内控联动，为公司每年1万多份合同提供信息化、专业化服务与支持。

【大路煤制油二期200万吨项目】 按照集团公司的总体部署，贯彻落实“技术成熟、装备可靠、成本最优”的指导思想，2020年项目以设计工作为主，推进组织机构搭建、项目管理文件编制及业务流程建立，总体设计修编、重大技术方案论证，两台费托合成反应器制造，林草地报批，甘泉堡装备调拨，场平、强夯、大件运输道路、反应器桩基、基础及吊装等施工。2020年项目完成投资6323万元，截至2020年底项目累计完成投资9.55亿元，其中设备材料购置累计投资完成2.16亿元，土建工程累计投资完成0.73亿元，其他基本建设累计投资完成6.66亿元。

【荣誉】

表22

荣誉称号	获奖单位及个人	颁奖机构
中国红十字人道勋章	伊泰集团	中国红十字会
全国劳动模范	苏刚刚	中共中央国务院

（杨海军　柴芳）

亿利资源集团有限公司

【企业概况】 亿利资源集团有限公司（以下简称“亿利集团”）创立于1988年，是中国沙漠新能源领跑者、城市生态康养服务商，联合国认定的全球治沙领导者。集团所属控股企业亿利洁能（600277）于2000年在沪上市。资产逾1000亿元，员工8000人。在国家绿色低碳和“双循环”发展的大背景下，亿利集团确立了新亿利发展战略和目标，企业秉承“为人类治沙”的伟大使命，致力于培育“世界沙漠新能源和新生态头部企业”。沙漠新能源复制推广库布其“生态光能科技服务”光伏治沙成功模式，以光治沙，以氢储能，以农促产，打造千万千瓦级“光农氢”一体化综合体，继续为国家能源清洁低碳转型和碳中和事业做出积极努力；城市生态康养以医养为内核，以园艺环境康养和人居康养为外核，实现生态科技服务与生态康养服务融合发展，为亿万城市居民提供生态康养服务。

【品牌价值】 在第七届内蒙古品牌大会揭晓的区域百强品牌榜单上，亿利集团品牌价值2020年增加至273亿元，连续第三届位列十强，排名第四，旗下包头中药公司以8.19亿的品牌价值入选内蒙古百强品牌，双双入选2020内蒙古民族品牌建设标杆企业，为内蒙古生态优先、绿色发展贡献了亮眼成绩单。

【治沙概况】 亿利集团在长期的发展历程中，探索出“治沙、光伏、生态、产业”平衡驱动可持续发展的库布其模式。经联合国环境署评估，亿利集团治理绿化库布其沙漠6000多平方公里，带动10余万人脱贫致富。从1988年治沙至今30余年，库布其沙漠植被覆盖率从3%～5%提高到53%，生物多样性从123种提高到530种，沙尘暴从年均50场减少到年均1～3场，涵养水源从几乎为0增长到250多亿立方米，固碳从几乎为0提高到1540万吨。库布其已经形成了沙漠绿洲和生态小气候环境。联合国授予亿利集团“地球卫士终身成就奖”。中国政府命名库布其沙漠亿利生态示范区为“绿水青山就是金山银山”实践创新基地。

【1亿片甘草片支援武汉】 亿利制药党员干部职工放弃春节合家团聚，纷纷带领家属赶回仓储区，接力将2700多箱约1亿片止咳祛痰的复方甘草片装车完毕，即刻出发。亿利人的爱心在48小时内送抵武汉疫区。

【60万斤土豆紧急驰援湖北】 随着湖北疫情的发展，生活物资供应也出现了压力。亿利库布其生态事业集团反应迅速，集中收储60万斤优质土豆，通过湖北省商务厅捐赠给疫情严重的黄冈市、黄石市和鄂州市。

【260多吨消杀制剂捐赠内蒙古西部七个盟市】 2月3日开始，亿利化学公司和亿利制药企业应急生产的医用酒精和次氯酸钠消毒液，陆续保障内蒙古自治区西部的乌兰察布市、呼和浩特市、包头市、鄂尔多斯市、巴彦淖尔市、乌海市和阿拉善盟等7个盟市和周边旗县的需求，累计捐赠消杀制剂260多吨，全力支援内蒙古自治区抗疫前沿，同时加班加点生产保障抗疫之需。

（苏宁）

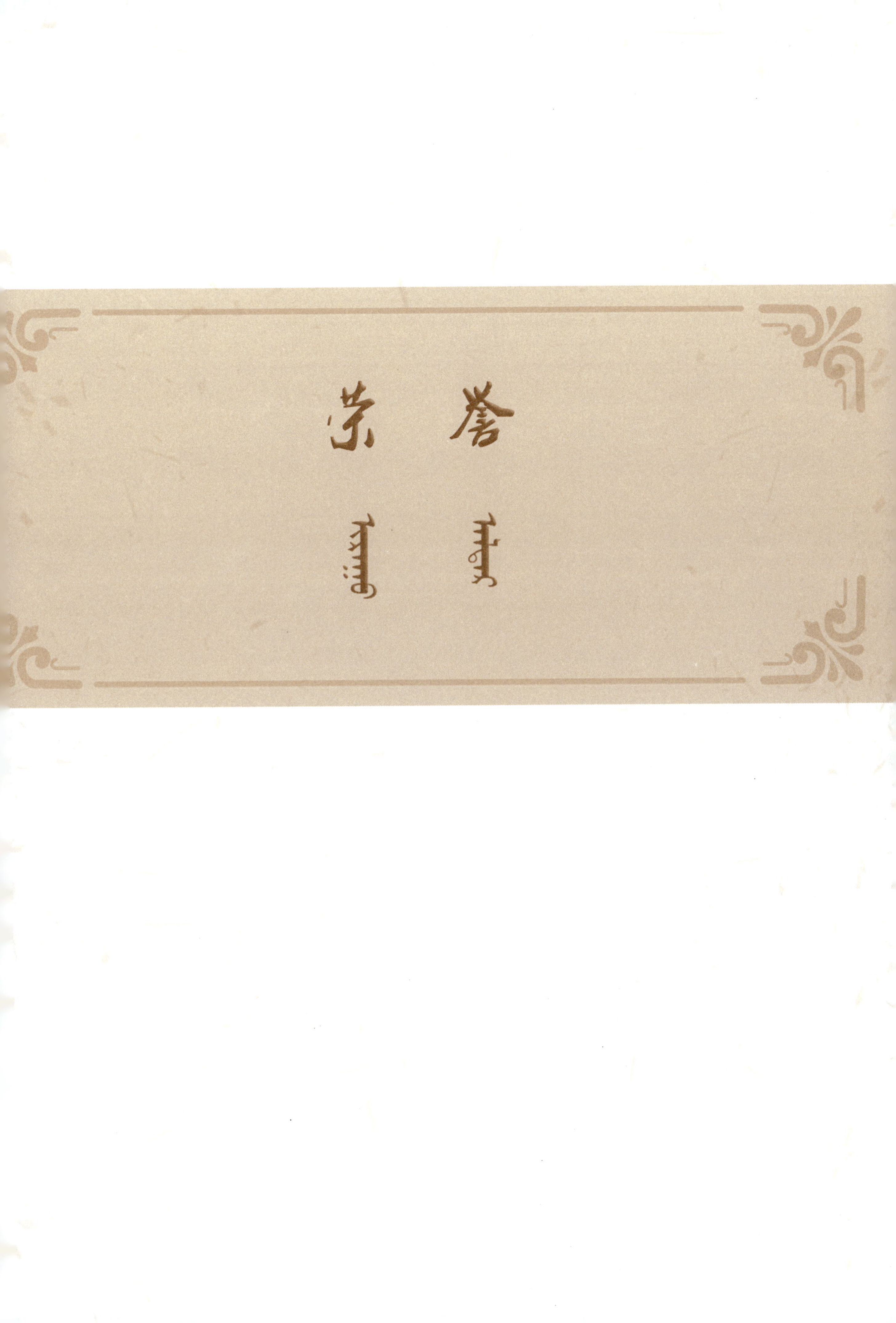

荣誉

ᠬᠦᠨᠳᠦᠯᠡᠯ

全国劳动模范和先进工作者
（61 名）

孟根花，女，蒙古族，1977 年 3 月 13 日出生，中共党员，大学本科学历，内蒙古伊利实业集团股份有限公司奶粉事业部质量管理部质量副总监、助理工程师、高级工。

韩佳彤，蒙古族，1970 年 3 月 8 日出生，中共党员，博士研究生学历，呼和浩特市同心德市政工程设计研究有限公司总工程师、正高级工程师。

李一芝，女，汉族，1969 年 11 月 20 日出生，中共党员，大学专科学历，呼和浩特市回民区通道街办事处三顺店社区居民委员会党支部书记。

张永刚，1977 年 7 月 17 日出生，群众，专科以下学历，内蒙古第三建筑工程有限公司电工组组长、中级工。

白　静，女，蒙古族，1983 年 6 月 17 日出生，中共党员，硕士研究生学历，内蒙古自治区呼和浩特市人民检察院第八检察部主任。

李少莉，女，1968 年 8 月 2 日出生，民盟会员，大学本科学历，呼和浩特市行政审批和政务服务局文教卫体科科长。

邢　岗，1976 年 1 月 16 日出生，中共党员，大学本科学历，内蒙古包钢钢联股份有限公司煤焦化工分公司维护部工控网络段段长、高级技师。

魏晋忠，1963 年 5 月 4 日出生，中共党员，硕士研究生学历，内蒙古第一机械集团股份有限公司总经理、党委副书记、研究员级高级工程师。

雷丙旺，1966 年 6 月 21 日出生，中共党员，硕士研究生学历，内蒙古北方重工业集团有限公司科学技术委员会委员、研究员级高级工程师。

王林小，1961 年 9 月 5 日出生，中共党员，大学专科学历，包头市固阳县下湿壕镇党建办副主任。

贾春梅，女，1962 年 2 月 13 日出生，中共党员，大学本科学历，包头市第四医院党委书记、主任医师。

淡永平，1970 年 10 月 29 日出生，中共党员，大学本科学历，包头市第一中学语文教师、高级教师。

王剑红，1973 年 8 月 28 日出生，中共党员，大学专科学历，华能伊敏煤电有限责任公司露天矿连续检修车间主任、党支部书记、高级技师。

梁　颖，1979 年 12 月 8 日出生，中共党员，大学本科学历，满洲里市东山街道办事处新世纪社区党委书记、居委会主任。

米吉格道尔吉，蒙古族，1982 年 3 月 18 日出生，中共党员，大学专科学历，呼伦贝尔市新巴尔虎右旗克尔伦苏木芒来嘎查党支部书记。

孟根图亚，女，鄂温克族，1970 年 9 月 21 日出生，中共党员，专科以下学历，呼伦贝尔市鄂温克族自治旗伊敏苏木巴音塔拉嘎查牧民。

许昂德，1972 年 3 月 5 日出生，中共党员，大学本科学历，国家税务总局呼伦贝尔市海拉尔区税务局党委书记、局长。

王力家，1969 年 12 月 5 日出生，中共党员，大学本科学历，红云红河烟草（集团）有限责任公司乌兰浩特卷烟厂厂长、党委副书记、经济师。

杨立军，1984 年 8 月 15 日出生，中共党员，大学本科学历，扎赉特旗宏厦建筑安装工程有限责任公司项目经理、工程师。

王建华，1970 年 7 月 24 日出生，中共党员，大学本科学历，乌兰浩特市第十二中学校长、党支部书记、中学高级教师。

伏　莹，女，蒙古族，1979 年 6 月 8 日出生，中共党员，硕士研究生学历，内蒙古科尔沁药业有限公司质量技术部部长、主管蒙药师。

邢宇艳，女，蒙古族，1970 年 7 月 31 日出生，中共党员，大学本科学历，通辽市科尔沁区团结街道百花新城社区党支部书记、社区主任。

黄金峰，1975 年 4 月 4 日出生，中共党员，大学专科学历，燕京啤酒（通辽）有限责任公司设备科科长、高级技师。

张再智，1963 年 11 月 3 日出生，中共党员，大学本科学历，通辽市排水管理处排水管道维护队队长、高级技师。

巴一峰，1968 年 10 月 22 日出生，中共党员，大学本科学历，赤峰制药股份有限公司副总经理、高级工程师。

李文玲，女，1975 年 11 月 20 日出生，中共党员，专科以下学历，赤峰京环环境服务有限公司红山作业中心人工作业队七中队中队长。

海　江，1972 年 12 月 21 日出生，中共党员，大学专科学历，翁牛特旗桑梓种植养殖专业合作社理事长。

于长海，满族，1977 年 9 月 11 日出生，群众，专科以下学历，赤峰正翔建筑工程有限公司工程部砌筑工、高级技师。

张丽敏，女，1962 年 2 月 26 日出生，中共党员，硕士研究生学历，赤峰学院附属医院院长、主任医师。

成文力，女，1968 年 10 月 5 日出生，中共党员，大学本科学历，赤峰第四中学化学教师、正高级教师。

张华明，1980 年 3 月 5 日出生，中共党员，大学本科学历，神华北电胜利能源有限公司设备维修中心一级专业师、高级工程师。

郝永举，1965 年 9 月 3 日出生，群众，专科以下学历，锡林郭勒盟红井源油脂有限责任公司生产车间经理。

乌　兰，女，蒙古族，1975 年 1 月 28 日出生，群众，大学本科学历，锡林郭勒盟生态环境局锡林浩特市分局污染物总量控制股股长、经济师。

王圣华，女，1969 年 12 月 20 日出生，群众，专科以下学历，北京格雷维尔电子有限公司集宁电器厂灌封班配料员。

孟三虎，蒙古族，1969 年 5 月 17 日出生，中共党员，大学专科学历，乌兰察布市四子王旗白音朝克图镇山丹嘎查党支部书记。

关慧明，达斡尔族，1962年2月20日出生，九三学社社员，大学本科学历，乌兰察布市新技术开发服务中心科技特派员、高级推广研究员。

魏建雄，蒙古族，1970年12月20日出生，中共党员，大学本科学历，神华准格尔能源有限责任公司设备维修中心首席技能大师、高级工。

苏刚刚，1984年2月14日出生，中共党员，大学本科学历，内蒙古伊泰煤制油有限责任公司维保中心电气装置油气组岗长、电气工程师、高级工。

苏雅拉达来，蒙古族，1973年1月10日出生，中共党员，专科以下学历，乌审旗文梅农牧业开发有限公司总经理。

张　钧，1965年1月13日出生，无党派人士，硕士研究生学历，内蒙古真金种业科技有限公司总经理、高级推广研究员、高级农艺师。

苏玉平，1978年7月13日出生，中共党员，大学本科学历，鄂尔多斯市达拉特旗公安局主任科员。

巴　音，蒙古族，1984年11月9日出生，群众，专科以下学历，乌拉特后旗欧布拉格铜矿有限责任公司球磨班班长。

齐　轩，1966年5月10日出生，群众，大学专科学历，内蒙古轩达食品有限公司董事长、总经理。

吉日嘎拉，蒙古族，1970年8月14日出生，中共党员，专科以下学历，巴彦淖尔市乌拉特中旗巴音乌兰苏木东达乌素嘎查农民。

徐宏伟，1976年3月11日出生，中共党员，大学本科学历，内蒙古河套灌区管理总局科技文化处副处长、信息化建设管理办公室主任、正高级工程师。

阿拉腾图亚，女，蒙古族，1974年11月16日出生，中共党员，大学专科学历，乌海市海勃湾城市供水有限公司营业部抄表所南组组长。

安世水，1966年8月21日出生，中共党员，大学专科学历，国家能源集团煤焦化有限责任公司西来峰分公司甲醇厂维修车间技术工人、技师。

刘建平，1975年12月20日出生，中共党员，大学本科学历，乌海市公安局交通警察支队副支队长。

宝　花，女，蒙古族，1968年7月14日出生，中共党员，大学本科学历，阿拉善盟阿拉善右旗曼德拉苏木浩雅日呼都格嘎查牧民。

孙卫东，1967年9月23日出生，中共党员，专科以下学历，阿拉善盟公路运输维护中心达来呼布机械化边防养护队赛汉陶来养护站站长、高级技师。

侯明星，蒙古族，1964年12月27日出生，中共党员，硕士研究生学历，内蒙古医科大学附属医院副院长、教授、主任医师。

黄平平，1978年10月15日出生，中共党员，博士研究生学历，内蒙古工业大学信息工程学院副院长、教授。

顾广山，1968年9月8日出生，中共党员，大学本科学历，内蒙古阿龙山林业局阿乌尼天然林资源管护林场主任、经济师。

许雪峰，1974年12月5日出生，中共党员，大学本科学历，内蒙古高等级公路建设开发有限责任公司呼和浩特分公司一间房养护所办公室主任、工程师、高级技师。

柴瑞峰，1988年6月16日出生，中共党员，大学专科学历，中国电信股份有限公司呼伦贝尔分公司莫尔道嘎营销中心支局长。

郑　璐，1982年3月3日出生，中共党员，大学本科学历，内蒙古电力(集团)有限责任公司生产技术部副部长、工程师、高级技师。

郑桂杰，女，1970年9月6日出生，群众，大学本科学历，北方联合电力有限责任公司达拉特发电厂电气二次专工、正高级工程师、高级技师。

杜海宽，1963年2月4日出生，中共党员，专科以下学历，中国铁路呼和浩特局集团有限公司包头西机务段电力机车司机、技师。

云春梅，女，蒙古族，1961年4月6日出生，中共党员，大学本科学历，内蒙古自治区人民医院呼吸与危重症医学科主任、主任医师。

杨作军，1967年10月29日出生，群众，大学专科学历，中华人民共和国二连海关一级主办。

斯　琴，蒙古族，1978年8月24日出生，中共党员，硕士研究生学历，内蒙古自治区市场监督管理局消费指导处一级主任科员。

（任丽嫒）

第七届全国道德模范

郭凤海，中共党员，蒙古族，内蒙古兴安盟科右中旗巴彦呼舒镇呼格吉勒社区居民，获助人为乐道德模范荣誉称号。

刘存喜，内蒙古鄂尔多斯市伊金霍洛旗苏布尔嘎镇光胜村四社村民，获见义勇为道德模范荣誉称号。

阿木古楞，中共党员，蒙古族，内蒙古乌兰察布市四子王旗脑木更苏木宝日花嘎查牧民，获见义勇为道德模范荣誉称号。

阿迪雅，中共党员，蒙古族，内蒙古包头市达茂旗满都拉镇巴音哈拉嘎查牧民、镇党代表，获诚实守信道德模范荣誉称号。

蔺发儒，中共党员，内蒙古阿拉善盟额济纳旗农丰农业生产资料有限责任公司经理，获诚实守信道德模范荣誉称号。

武荷香，女，中共党员，内蒙古呼和浩特市玉泉区清泉街社区兴隆巷街道清泉街社区党委书记兼居委会主任，获敬业奉献道德模范荣誉称号。

郑桂杰，女，内蒙古北方联合电力有限责任公司达拉特发电厂电气二次专工，获敬业奉献道德模范荣誉称号。

张二玲，女，内蒙古包头市石拐区白狐沟街道脑包沟村村民，获敬老爱亲道德模范荣誉称号。

梁格日乐其木格，女，蒙古族，中共党员，内蒙古通辽市奈曼旗固日班花苏木赛汉塔拉嘎查农民，获敬老爱亲道德模范荣誉称号。

（路义）

全国模范退役军人

1. 2020年度全国爱国拥军模范

张立洁，内蒙古金葫芦大数据产业有限公司总裁

王淑华，包头市军供站站长

2. 2020年度全国拥政爱民模范

李　根，中国人民武装警察部队内蒙古自治区总队政治工作部保卫处干事

（李文存）

全国三八红旗集体和三八红旗手

1. 2020年全国三八红旗手标兵

赵　晶，中国兵器内蒙古第一机械集团有限公司第四分公司数控车工

2. 2020年全国三八红旗手

齐晓景，内蒙古自治区兴安盟科右前旗展翼合作社创始人、科尔沁镇乡土人才孵化中心主任

王爱林，内蒙古自治区通辽市科尔沁区人民法院刑事庭副庭长

娜日苏，内蒙古自治区锡林郭勒盟西乌旗浩勒图高勒镇巴彦宝拉格嘎查妇联主席

孙春梅，内蒙古自治区巴彦淖尔市乌拉特中旗政府副旗长

尼　玛，内蒙古自治区阿拉善盟阿右旗塔木素布拉格苏木恩格日乌苏嘎查牧民

王伊琴，内蒙古自治区二连海关技术中心动物检验实验室主任

春　华，内蒙古自治区兴安盟科右前旗人民检察院第三检察部主任

3. 2020年全国三八红旗集体名单

呼和浩特120医疗急救指挥中心

内蒙古自治区包头市公安局交通管理支队122指挥中心

内蒙古自治区赤峰市松山区妇联

内蒙古自治区乌兰察布市儿童福利院

内蒙古自治区女企业家协会

4. 抗击新冠肺炎疫情全国三八红旗手名单

滕逸鹤，内蒙古自治区包头市东河区东站街道一中西路社区原党委书记

云玉美，内蒙古自治区呼和浩特市妇联党组书记、主席

李晋华，内蒙古多蒙德实业集团有限公司副董事长

钱桂文，通辽绿色农副产品批发市场有限责任公司总经理

5. 抗击新冠肺炎疫情全国三八红旗集体名单

内蒙古鄂尔多斯投资控股集团有限公司

内蒙古自治区赤峰市宁城县公安局情报指挥中心

（许世晨）

第24届“中国青年五四奖章”获得者

李晓欢，生前为内蒙古自治区根河市公安局阿龙山镇派出所辅警

王颖丽，女，蒙古族，内蒙古自治区第四医院护士长，副主任护师

（肖晛）

全国脱贫攻坚先进集体和个人

1. 全国脱贫攻坚楷模

白晶莹，女，蒙古族，内蒙古自治区兴安盟科尔沁右翼中旗人大常委会主任，科尔沁右翼中旗蒙古族刺绣产业专项推进组组长、蒙古族刺绣协会会长

2. 全国脱贫攻坚先进个人内蒙古自治区（44名）

武汉鼎，清水河县畜牧局干部（退休）。

云　鹏，蒙古族，和林格尔县盛乐经济园区台格斗村

党支部书记、驻村第一书记，和林格尔县盛乐经济园区管委会事务服务中心副主任。

巴雅尔，蒙古族，土默特左旗善岱镇北淖村驻村工作队队长兼第一书记，土默特左旗政务服务中心主任。

程利翔，固阳县金山镇党委书记。

郭彭飞，土默特右旗将军尧镇武大城尧村驻村工作队队长兼第一书记，包头市林业和草原局办公室主任。

马艾飞，鄂伦春自治旗扶贫开发办公室党组书记、主任。

玲　丽，女，达斡尔族，鄂温克族自治旗巴彦托海镇团结嘎查驻村工作队队长兼第一书记，鄂温克族自治旗巴彦托海镇党委委员、组织委员。

姚家义，回族，阿荣旗三岔河镇党委书记。

陈延成，兴安盟扶贫开发办公室原党组书记、主任，二级巡视员。

王树庆，阿尔山市明水河镇西口村驻村工作队队长，阿尔山市明水河镇党委副书记、统战委员。

齐晓景，女，蒙古族，科尔沁右翼前旗科尔沁镇乡土人才孵化中心负责人。

付永久，奈曼旗青龙山镇互利村党支部书记。

朱晓明，蒙古族，库伦旗扶贫开发办公室党组成员、副主任。

于艳春，女，蒙古族，通辽市科尔沁区庆和镇党委书记。

何胜君，满族，扎鲁特旗大军粮食种植专业合作社理事长。

冯树鑫，赤峰市扶贫开发办公室党组书记、主任。

张启航，敖汉旗萨力巴乡党委书记。

宋占国，赤峰市派驻喀喇沁旗脱贫攻坚推进组联络员，赤峰市中级人民法院法警支队副支队长。

萨仁图亚，女，蒙古族，巴林右旗巴彦塔拉苏木老道板嘎查驻村第一书记，巴林右旗宝日勿苏镇党委委员、组织委员。

刘占林，林西县十二吐乡西山根村党总支书记。

松布尔，蒙古族，苏尼特左旗扶贫开发办公室党组成员、副主任。

高凯杰，多伦县多伦诺尔镇北菜园村党支部书记。

乌云其其格，女，蒙古族，苏尼特右旗阿其图乌拉苏木额尔敦宝拉格嘎查驻村工作队副队长，锡林郭勒盟妇女联合会组宣部部长。

史　芳，女，乌兰察布市委组织部副部长，乌兰察布市扶贫开发办公室党组书记、主任。

董　裴，蒙古族，商都县小海子镇麻尼卜村党支部书记、驻村第一书记，商都县委办公室科长。

贺　龙，兴和县店子镇朱家营村党支部书记、驻村工作队队长兼第一书记，兴和县委办公室干部。

丁瑞锋，女，卓资县易地扶贫搬迁服务中心副主任。

纪全富，蒙古族，察哈尔右翼后旗旗委书记。

王光荣，杭锦旗扶贫开发办公室主任。

张栋梁，达拉特旗树林召镇党委书记。

徐创军，巴彦淖尔市临河区扶贫开发办公室主任。

邢洪圣，杭锦后旗蛮会镇党委书记。

党占富，乌拉特中旗扶贫开发办公室党组成员、副主任。

杨明轩，乌海市海勃湾区千里山镇团结新村驻村第一书记，乌海市海勃湾区城市管理综合执法局一级科员。

齐特格斯，蒙古族，阿拉善左旗银根苏木达兰图如嘎查村委会主任。

布仁其其格，女，蒙古族，腾格里经济技术开发区嘉尔嘎勒赛汉镇科森嘎查驻村工作队队长兼第一书记，开发区公安分局党委委员、副局长。

么永波，内蒙古自治区扶贫开发办公室党组书记、主任。

张忠兵，内蒙古自治区派驻巴林左旗脱贫攻坚工作总队副总队长，内蒙古自治区综合疾病预防控制中心传染病预防控制研究一所所长。

王汉文，扎赉特旗巴彦乌兰苏木吉日嘎岱嘎查驻村工作队队员，中国银行股份有限公司内蒙古自治区分行工作人员。

于智宝，乌兰浩特市斯力很现代农业园区朝阳村驻村工作队队员，国网内蒙古东部电力有限公司兴安供电公司综合服务中心离退休管理。

赵志强，扎赉特旗阿尔本格勒镇哈日楚鲁嘎查驻村工作队队员，中国移动通信集团内蒙古有限公司综合技术室经理。

拓　康，内蒙古自治区财政厅一级主任科员。

杨宝峰，内蒙古自治区住房和城乡建设厅村镇建设处处长。

郭　俊，内蒙古自治区审计厅农业农村审计处处长。

3．全国脱贫攻坚先进集体

内蒙古自治区（33个）

中共武川县委员会

内蒙古伊利实业集团股份有限公司

清水河县北堡乡老牛坡村党总支

中共固阳县银号镇委员会

扎兰屯市扶贫开发办公室

中共鄂伦春自治旗大杨树镇委员会

中共突泉县委员会

扎赉特旗音德尔镇阿拉坦花嘎查党支部

中共乌兰浩特市义勒力特镇委员会

中共科尔沁左翼后旗委员会

科尔沁左翼中旗女子驻村工作队

中共开鲁县麦新镇委员会

阿鲁科尔沁旗扶贫开发领导小组

中共翁牛特旗乌丹镇委员会

宁城县扶贫开发办公室

内蒙古富承祥牧业科技发展有限公司

中共太仆寺旗千斤沟镇委员会

正镶白旗宝力根陶海苏木森金宝拉格嘎查党支部

中共四子王旗委员会

中共察哈尔右翼前旗三岔口乡委员会

凉城县住房和城乡建设局

商都县七台镇喇嘛板村村委会

内蒙古电力（集团）有限责任公司鄂尔多斯电业局扶贫办

五原县扶贫开发办公室

中共乌拉特中旗石哈河镇委员会

中共海南区巴音陶亥镇委员会

阿拉善右旗扶贫开发办公室

内蒙古自治区卫生健康委员会

内蒙古自治区派驻四子王旗脱贫攻坚工作总队

中共内蒙古自治区委员会组织部机关委员会

内蒙古电力（集团）有限责任公司锡林郭勒电业局扶贫办公室

内蒙古自治区农村信用社联合社脱贫攻坚金融服务工作小组

中国太平洋财产保险股份有限公司内蒙古分公司脱贫攻坚工作小组

（祁盈）

全国抗击新冠肺炎疫情先进集体和个人

1. 全国抗击新冠肺炎疫情先进个人和全国优秀共产党员

孙德俊，内蒙古自治区人民医院党委书记、院长。被党中央、国务院、中央军委授予“全国抗击新冠肺炎疫情先进个人”荣誉称号。

王文瑞，内蒙古自治区综合疾病预防控制中心主任。被党中央、国务院、中央军委授予“全国抗击新冠肺炎疫情先进个人”荣誉称号。

高　飞，内蒙古自治区第四医院院长。被党中央、国务院、中央军委授予“全国抗击新冠肺炎疫情先进个人”荣誉称号。

刘德江，呼和浩特市玉泉区红十字医院副院长。被党中央、国务院、中央军委授予“全国抗击新冠肺炎疫情先进个人”荣誉称号。

云妙珍，呼和浩特市赛罕区医院内科护士长。被党中央、国务院、中央军委授予“全国抗击新冠肺炎疫情先进个人”荣誉称号。

史占华，包头市中心医院神经外科主任。被党中央、国务院、中央军委授予“全国抗击新冠肺炎疫情先进个人”荣誉称号。

何淑花，通辽市医院感染控制科主任护师。被党中央、国务院、中央军委授予“全国抗击新冠肺炎疫情先进个人”荣誉称号。

董彩凤，赤峰学院附属医院护士长。被党中央、国务院、中央军委授予“全国抗击新冠肺炎疫情先进个人”荣誉称号。

刘淑君，锡林郭勒盟医院主任护师。被党中央、国务院、中央军委授予“全国抗击新冠肺炎疫情先进个人”荣誉称号，被中共中央授予“全国优秀共产党员”荣誉称号。

苏　云，鄂尔多斯市中心医院重症医学科副主任。被党中央、国务院、中央军委授予“全国抗击新冠肺炎疫情先进个人”荣誉称号。

彭　伟，阿拉善盟阿拉善左旗卫生健康委员会副主任。被党中央、国务院、中央军委授予“全国抗击新冠肺炎疫情先进个人”荣誉称号。

陈　静，二连浩特市疾病预防控制中心微生物检验师。被党中央、国务院、中央军委授予“全国抗击新冠肺炎疫情先进个人”荣誉称号。

2. 全国抗击新冠肺炎疫情先进集体和先进基层党组织

呼和浩特市第二医院党总支被党中央、国务院、中央军委授予“全国抗击新冠肺炎疫情先进集体”称号。

内蒙古自治区对口援助湖北省荆门市医疗队临时党总支被党中央、国务院、中央军委授予“全国抗击新冠肺炎疫情先进集体”称号，被党中央授予“全国先进基层党组织”称号。

3. 全国卫生健康系统新冠肺炎疫情防控先进集体和先进个人

云利虹，呼和浩特市蒙医中医医院主管护师。被国家卫生健康委员会、人力资源和社会保障部、国家中医药管理局授予“全国卫生健康系统新冠肺炎疫情防控先进个人”称号。

包长命，兴安盟科尔沁右翼前旗察尔森镇沙力根嘎查卫生室乡村医生（殉职）被国家卫生健康委员会、人力资源和社会保障部、国家中医药管理局授予“全国卫生健康系统新冠肺炎疫情防控先进个人”称号。

刘翠芬，内蒙古医科大学第二附属医院副主任护师。被国家卫生健康委员会、人力资源和社会保障部、国家中医药管理局授予“全国卫生健康系统新冠肺炎疫情防控先进个人”称号。

张　卿，内蒙古医科大学附属医院主任医师。被国家卫生健康委员会、人力资源和社会保障部、国家中医药管理局授予“全国卫生健康系统新冠肺炎疫情防控先进个人”称号。

杨慧冬，包头市第八医院副主任护师。被国家卫生健康委员会、人力资源和社会保障部、国家中医药管理局授予“全国卫生健康系统新冠肺炎疫情防控先进个人”称号。

项雪莲，内蒙古自治区人民医院主管护师。被国家卫生健康委员会、人力资源和社会保障部、国家中医药管理局授予“全国卫生健康系统新冠肺炎疫情防控先进个人”称号。

道　龙，内蒙古自治区肿瘤医院医师。被国家卫生健康委员会、人力资源和社会保障部、国家中医药管理局授予“全国卫生健康系统新冠肺炎疫情防控先进个人”称号。

内蒙古护理队（方舱）被国家卫生健康委员会、人力资源和社会保障部、国家中医药管理局授予“全国卫生健康系统新冠肺炎疫情防控先进集体”称号。

（陈钢）

附录

2020年内蒙古主要经济指标一览表

指标名称	绝对量	同比增长（%）
地区生产总值（亿元）	17359.8	0.2
第一产业	2025.1	1.7
第二产业	6868.0	1.0
第三产业	8466.7	-0.9
三次产业结构	11.7 ∶ 39.6 ∶ 48.8	
规模以上工业增加值		0.7
六大优势产业		
能源工业		-3.4
冶金建材工业		10.6
化学工业		3.8
农畜产品加工业		8.6
装备制造业		38.1
高新技术业		7.5
固定资产投资（不含农户）		-1.5
工业投资		-0.9
工业技改投资		-14.1
民间投资		3.4
社会消费品零售总额（亿元）	4760.5	-5.8
城镇	4205.8	-5.9
乡村	554.6	-4.7
一般公共预算收入（亿元）	2051.3	-0.4
般公共预算支出（亿元）	5268.2	3.3
进出口总额（亿元）	1043.3	-4.9
出口额（亿元）	349.1	-7.4
进口额（亿元）	694.2	-3.7
居民消费价格		1.9
工业生产者出厂价格		-0.3
全体居民人均可支配收入（元）	31497	3.1
城镇常住居民人均可支配收入（元）	41353	1.4
农村牧区常住居民人均可支配收入（元）	16567	8.4
全体居民恩格尔系数（%）	28.7	2.1（百分点）

注：1. 地区生产总值、规模以上工业增加值及其分类项目增长速度均按可比价计算；
全区及分城乡居民人均可支配收入增速为名义增速；
其他指标增长速度均按现价计算。
2. 进出口数据来源于呼和浩特海关。
3. 此表中部分数据因四舍五入的原因，存在总计与分项合计不等的情况。

（内蒙古自治区统计局提供）

2020 年内蒙古水资源公报

一、概述

2020 年内蒙古自治区平均降水量 311.2 毫米，折合降水总量 3599.39 亿立方米，较多年平均值增加 10.3%，属平水年份。全区地表水资源量 354.19 亿立方米，折合年径流深 30.6 毫米，较多年平均值减少 12.9%。全区地下水资源量 243.94 亿立方米，较多年平均值增加 3.3%。全区水资源总量 503.93 亿立方米，较多年平均值减少 7.7%。

2020 年黄河干流入境水量 450.10 亿立方米，出境水量 360.94 亿立方米。黄河内蒙古段干流耗用水量 49.23 亿立方米。

2020 年末全区 105 座大中型水库蓄水总量 27.03 亿立方米，较年初增加 4.32 亿立方米。2020 年末平原区浅层地下水储存量较年初减少 1.75 亿立方米。

2020 年全区各水源工程总供水量 194.41 亿立方米，其中，地表水源供水量 105.71 亿立方米，占总供水量 54.4%；地下水源供水量 81.56 亿立方米，占总供水量 41.9%；其他水源供水量 7.12 亿立方米，占总供水量 3.7%。全区总用水量 194.41 亿立方米，较上年增加 3.53 亿立方米，其中，农田灌溉用水量 124.29 亿立方米，占总用水量 63.9%；林牧渔畜用水量 15.69 亿立方米，占总用水量 8.1%；工业用水量 13.41 亿立方米，占总用水量 6.9%；城镇公共用水量 2.35 亿立方米，占总用水量 1.2%；居民生活用水量 9.27 亿立方米，占总用水量 4.8%；生态环境用水量 29.41 亿立方米，占总用水量 15.1%。

2020 年全区万元地区生产总值用水量（按 2015 年不变价计）为 78.28 立方米，万元工业增加值用水量（按 2015 年不变价计）为 13.68 立方米，农田灌溉水有效利用系数 0.564。

二、水资源量

（一）降水量

2020 年内蒙古自治区平均降水量 311.2 毫米，折合降水总量 3599.39 亿立方米，较上年增加 11.3%，较多年平均值增加 10.3%，属平水年份。

从行政分区看，包头市、乌海市、呼伦贝尔市、兴安盟、锡林郭勒盟、乌兰察布市、鄂尔多斯市和阿拉善盟降水量较多年平均值偏多 5.4% ～ 70.0%，其中乌海市增幅最大；呼和浩特市和巴彦淖尔市降水量较多年平均值分别偏少 9.2% 和 7.6%；其余盟市降水量与多年平均值接近。

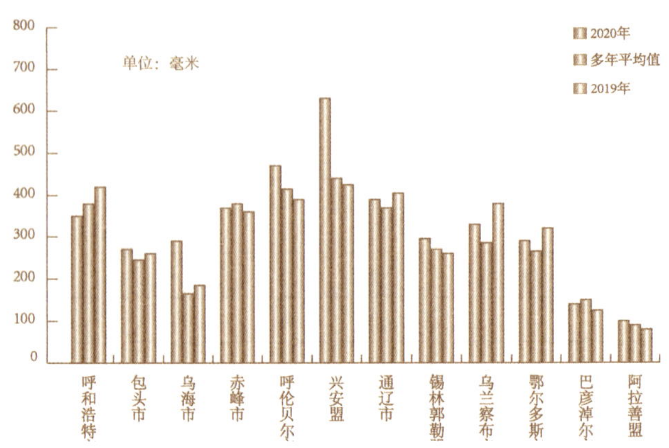

图 1　2020 年内蒙古行政分区降水量与多年平均值及上年比较

从水资源分区看，辽河流域、海河流域和黄河流域降水量与多年平均值接近，松花江和西北诸河区降水量较多年平均值增加，增幅分别为 16.8% 和 11.8%。

全区降水量时空分布极不均匀，年内降水量主要集中在汛期 6 ～ 9 月份。年降水量空间分布趋势是由东向西逐渐递减，最高值出现在松花江流域的兴安盟保隆站，为 853.1 毫米，最低值出现在西北诸河流域的阿拉善盟哨马营站，为 13.1 毫米。

（二）地表水资源量

2020 年全区地表水资源量 354.19 亿立方米，折合年径流深 30.6 毫米，较上年增加 15.8% ，较多年平均值减少 12.9%。

从行政分区看，乌海市和阿拉善盟地表水资源量与多年平均值接近，其余盟市地表水资源量较多年平均值减少 5.5% ～ 75.7%，其中乌兰察布市减幅最大。

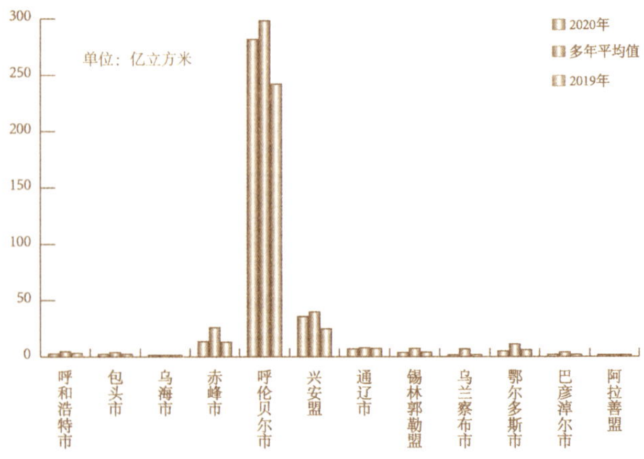

图 2　2020 年内蒙古行政分区地表水资源量与多年平均值及上年比较

从水资源分区看，松花江、辽河、海河、黄河和西北诸河区地表水资源量较多年平均值均减少，减幅分别为6.4%、38.3%、49.3%、49.1%和60.9%。

（三）地下水资源量

2020年全区地下水资源量243.94亿立方米，较上年偏多4.4%，较多年平均值偏多3.3%。其中，平原区地下水资源量155.90亿立方米，山丘区地下水资源量112.18亿立方米，平原区与山丘区间地下水资源重复计算量24.14亿立方米。

从行政分区看，包头市、呼伦贝尔市、兴安盟、通辽市和阿拉善盟地下水资源量较多年平均值偏多5.5%～15.7%，其中兴安盟增幅最大；呼和浩特市、乌兰察布市和巴彦淖尔市地下水资源量较多年平均值偏少，减幅分别为11.6%、11.8%和8.4%；其余盟市地下水资源量与多年平均值接近。

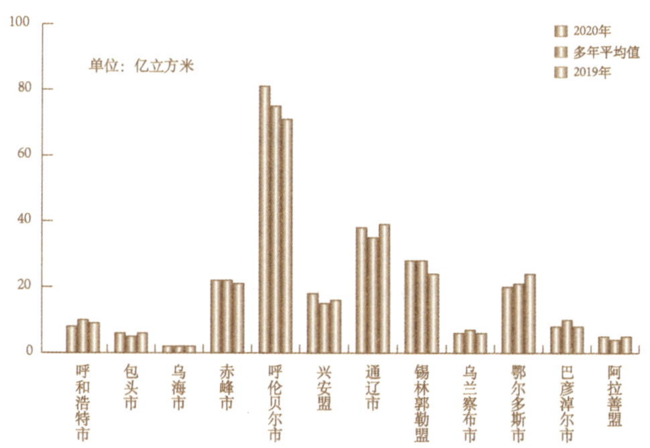

图3　2020年内蒙古行政分区地下水资源量与多年平均值及上年比较

从水资源分区看，松花江流域地下水资源量较多年平均值偏多8.1%，黄河和海河流域地下水资源量较多年平均值偏少5.3%和29.6%，辽河和西北诸河区地下水资源量与多年平均值接近。

（四）水资源总量

2020年全区水资源总量503.93亿立方米，其中地下水与地表水资源量间重复计算量94.20亿立方米。全区水资源总量较上年偏多12.5%，较多年平均值偏少7.7%。全区平均产水系数0.14，平均产水模数4.36万立方米/平方公里。

从行政分区看，乌海市和阿拉善盟水资源总量较多年平均值偏多21.7%和12.6%；呼和浩特市、包头市、赤峰市、锡林郭勒盟、乌兰察布市、鄂尔多斯市和巴彦淖尔市水资源总量较多年平均值偏少7.7%～33.1%，其中乌兰察布市减幅最大；其余盟市水资源总量与多年平均值接近。

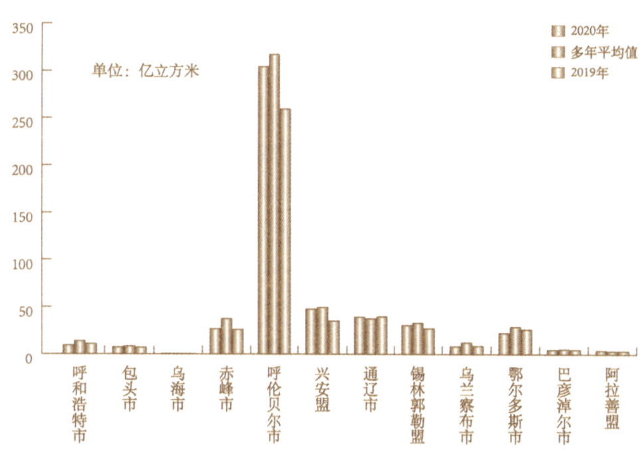

图4　2020年内蒙古行政分区水资源总量与多年平均值及上年比较

从水资源分区看，松花江、辽河、海河、黄河和西北诸河区水资源总量较多年平均值均减少，减幅分别为4.3%、11.3%、39.7%、22.7%和7.6%。

2020年内蒙古行政分区水资源量表

表1　　单位：亿立方米

行政分区	降水量	地表水资源量	地下水资源量	地表水与地下资源重复量	水资源总量	产水系数
呼和浩特市	60.10	2.72	8.60	1.92	9.40	0.16
包头市	78.93	1.72	6.47	1.01	7.18	0.09
乌海市	5.01	0.12	0.55	0.33	0.34	0.07
赤峰市	320.39	13.54	21.91	8.77	26.68	0.08
呼伦贝尔市	1225.21	281.72	80.31	57.76	304.28	0.25
兴安盟	345.50	35.66	18.42	6.55	47.53	0.14
通辽市	233.08	7.00	37.58	5.60	38.99	0.17
锡林郭勒盟	582.29	3.78	28.85	2.27	30.36	0.05
乌兰察布市	174.94	1.68	7.22	0.71	8.19	0.05
鄂尔多斯市	250.60	5.05	20.28	2.96	22.37	0.09
巴彦淖尔市	90.86	0.81	8.39	4.43	4.77	0.05
阿拉善盟	232.48	0.37	5.35	1.89	3.83	0.02
全区	3599.39	354.19	243.94	94.20	503.93	0.14

2020 年内蒙古水资源分区水资源量表

表 2　　　　单位：亿立方米

一级区	二级区	降水量	地表水资源量	地下水资源量	地表水与地下水资源重复量	水资源总量	产水系数
松花江	额尔古纳河	670.29	82.81	47.50	26.66	103.65	0.15
	嫩江	912.56	235.51	50.57	37.82	248.26	0.27
辽河	东辽河	0.30	0.00	0.05	0.01	0.05	0.17
	西辽河	464.72	13.75	52.35	12.85	53.26	0.11
	辽河干流	35.78	4.50	4.83	0.38	8.95	0.25
	东北沿黄渤海诸河	10.80	0.47	0.58	0.34	0.71	0.07
海河	滦河及冀东沿海	24.64	1.47	1.01	0.81	1.66	0.07
	海河北系	20.94	0.56	0.85	0.21	1.20	0.06
黄河	兰州—河口镇	223.59	5.95	29.43	9.14	26.24	0.12
	河口镇—龙门	72.70	3.56	6.95	1.67	8.83	0.12
	内流区	104.79	1.24	7.37	0.04	8.57	0.08
西北诸河	内蒙古内陆河	833.99	4.05	37.94	2.38	39.61	0.05
	河西走廊内陆河	224.31	0.32	4.51	1.89	2.95	0.01
全区		3599.39	354.19	243.94	94.20	503.93	0.14

三、蓄水动态

（一）大中型水库蓄水动态

2020 年末全区 15 座大型水库和 90 座中型水库蓄水总量 27.03 亿立方米，较年初蓄水量增加 4.32 亿立方米，其中大型水库年末蓄水量 17.99 亿立方米，较年初增加 3.23 亿立方米；中型水库年末蓄水量 9.04 亿立方米，较年初增加 1.09 亿立方米。

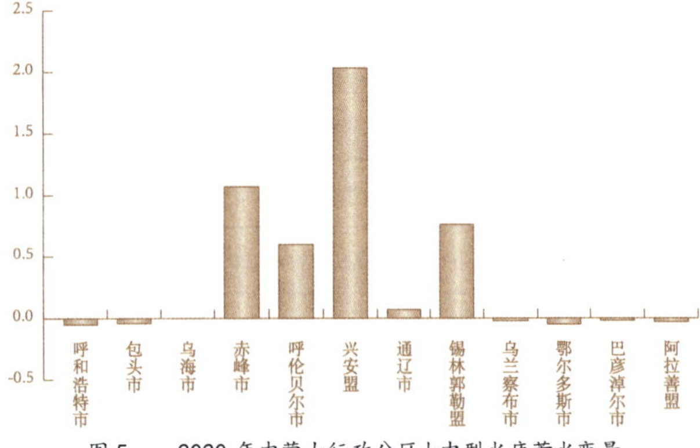

图 5　2020 年内蒙古行政分区大中型水库蓄水变量

按行政分区统计，赤峰市、呼伦贝尔市、兴安盟、通辽市和锡林郭勒盟年末蓄水总量较年初分别增加 1.07 亿立方米、0.60 亿立方米、2.03 亿立方米、0.07 亿立方米和 0.76 亿立方米，呼和浩特市、包头市、乌兰察布市、鄂尔多斯市、巴彦淖尔市和同拉善盟年未替水总量较年初分别减少 0.05 亿立方米、0.04 亿立方米、0.02 亿立方米、0.05 亿立方米、0.02 亿立方米和 0.03 亿立方米。

按水资源分区统计，松花江、辽河和西北诸河区年未蓄水总量较年初分别增加 2.62 亿立方米、1.16 亿立方米和 0.78 亿立方米，海河和黄河流域年未蓄水总量较年初分别减少 0.09 亿立方米和 0.16 亿立方米。

（二）平原区浅层地下水动态

2020 年末西辽河平原、土默川平原、河套平原和鄂尔多斯黄河南岸平原地下水位埋深分别为 6.05 米、7.22 米、1.90 米和 7.84 米，与年初比较，地下水位基本保持稳定，局部略有上升。

四、水资源开发利用

（一）供水量

2020 年全区供水量 194.41 亿立方米，较上年增加 3.53 亿立方米。其中，地表水源供水量 105.71 亿立方米，较上年增加 5.71 亿立方米；地下水源供水量 81.56 亿立方米，较上年减少 2.72 亿立方米；其他水源供水量 7.12 亿立方米，较上年增加 0.54 亿立方米。

按地表水源供水统计，蓄水工程供水 4.81 亿立方米，较上年增加 0.02 亿立方米；引水工程供水 82.27 亿立方米，较上年增加 2.46 亿立方米；提水工程供水 17.80 亿立方米，较上年增加 2.60 亿立方米；非工程供水 0.83 亿立方米，较上年增加 0.64 亿立方米。按地下水源供水统计，浅层地下水供水 81.40 亿立方米，较上年减少 2.90 亿立方米；微咸水供水量 0.19 亿立方米，较上年增加 0.18 亿立方米。按其他水源供水统计，污水处理回用量 4.62 亿立方米，较上年增加 0.39 亿立方米；矿井水利用量 2.47 亿立方米，较上年增加 0.14 亿立方米；雨水集蓄利用量 0.03 亿立方米，与上年持平。

按行政分区统计，地表水源供水量最大的盟市为巴彦淖尔市，供水量 45.78 亿立方米，占全区地表水源供水量 43.3%；地下水源供水量最大的盟市为通辽市，供水量 26.20 亿立方米，占全区地下水源供水量 31.2%；其他水源供水量最大的盟市为呼和浩特市，供水量 0.79 亿立方米，占全区其他水源供水量的 17.0%。

2020 年全区总用水量 194.41 亿立方米，其中，农田灌溉用水量 124.29 亿立方米，占总用水量 63.9%；林牧渔畜用水量 15.69 亿立方米，占总用水量 8.1%；工业用水量 13.41 亿立方米，占总用水量 6.9%；城镇公共用水量 2.35 亿立方米，占总用水量 1.2%；居民生活用水量 9.27 亿立方米，占总用水量 4.8%；生态环境用水量 29.41 亿立方米，占总用水量 15.1%。

2020年全区总用水量较上年增加3.53亿立方米，其中，农田灌溉用水增加2.36亿立方米，林牧渔畜用水减少2.00亿立方米，工业用水减少1.17亿立方米，城镇公共用水咸少0.80亿立方米，居民生活用水增加0.75亿立方米，生态环境用水增加4.39亿立方米。

按行政分区统计，巴彦淖尔市用水量最大，为52.89亿立方米，占全区总用水量27.2%；乌海市用水量最小，为2.69亿立方米，占全区总用水量1.4%。

2020年内蒙古行政分区供用耗水量表

表3 单位：亿立方米

行政分区	供水量					用水量									耗水量
	地表水	地下水	其他水源		合计	农田	林果地	草场	牲畜鱼塘	工业	城镇公共	居民生活	生态	合计	
			小计	其中污水处理回用量											
呼和浩特市	4.19	5.11	0.79	0.79	10.09	5.36	0.05	0.01	0.25	1.17	0.34	1.81	1.10	10.09	6.99
包头市	6.56	3.32	0.67	0.65	10.54	5.40	0.00	0.34	0.10	2.82	0.32	0.96	0.60	10.54	7.27
乌海市	1.63	0.85	0.22	0.22	2.69	0.56	0.04	0.00	0.00	0.89	0.14	0.23	0.83	2.69	1.82
赤峰市	7.62	13.96	0.55	0.55	22.13	15.02	0.86	0.96	1.19	0.98	0.42	1.23	1.46	22.13	16.98
呼伦贝尔市	13.74	3.51	0.29	0.29	17.54	4.58	0.30	0.56	0.88	1.06	0.18	0.97	9.01	17.54	13.72
兴安盟	8.25	4.30	0.04	0.04	12.59	10.85	0.03	0.01	0.44	0.23	0.09	0.49	0.46	12.59	8.01
通辽市	0.56	26.20	0.50	0.50	27.26	21.30	1.66	0.77	1.14	0.69	0.21	1.03	0.47	27.26	19.48
锡林郭勒盟	0.24	3.44	0.18	0.18	3.86	0.65	0.04	1.26	0.59	0.53	0.13	0.40	0.26	3.86	3.00
乌兰察布市	0.21	4.16	0.27	0.27	4.65	2.96	0.09	0.01	0.26	0.44	0.12	0.65	0.12	4.65	3.14
鄂尔多斯市	6.62	9.91	0.73	0.73	17.27	9.37	0.29	1.27	0.45	3.47	0.18	0.81	1.42	17.27	12.60
巴彦淖尔市	45.78	6.83	0.27	0.27	52.89	46.37	0.53	0.42	0.58	0.61	0.13	0.55	3.70	52.89	28.45
阿拉善盟	10.30	2.49	0.12	0.12	12.91	1.87	0.06	0.21	0.05	0.52	0.09	0.12	9.99	12.91	11.14
全区	105.71	84.06	4.65	4.62	194.41	124.29	3.94	5.82	5.93	13.41	2.35	9.27	29.41	194.41	132.60

注：1. 用水量中包括黑河补水（8.99亿立方米）、乌梁素海补水（2.44亿立方米）等人工河湖补水24.31亿立方米。

2. 巴彦淖尔市的供水量（地表水）和用水量（农田）中未扣除河套灌区排入黄河水量8.06亿立方米。

2020年内蒙古水资源分区供用耗水量表

表4

单位：亿立方米

行政分区	供水量					用水量									耗水量
	地表水	地下水	其他水源		合计	农田	林果地	草场	牲畜鱼塘	工业	城镇公共	居民生活	生态	合计	
			小计	其中污水处理回用量											
额尔古纳河	9.94	2.11	0.25	0.25	12.30	0.83	0.16	0.24	0.47	0.95	0.10	0.63	8.91	12.30	10.63
嫩江	12.14	6.02	0.22	0.22	18.38	14.66	0.18	0.44	0.87	0.63	0.18	0.87	0.54	18.38	11.46
东辽河	0.02	0.31	0.00	0.00	0.33	0.28	0.03	0.00	0.01	0.00	0.00	0.02	0.00	0.33	0.24
西辽河	7.12	37.50	0.88	0.88	45.49	34.26	2.33	1.60	1.98	1.33	0.58	2.06	1.34	45.49	33.47
辽河干流	0.33	1.48	0.03	0.03	1.84	1.33	0.11	0.00	0.14	0.01	0.03	0.11	0.10	1.84	1.36
东北沿黄渤海诸河	0.07	0.31	0.00	0.00	0.38	0.26	0.03	0.00	0.05	0.01	0.00	0.03	0.00	0.38	0.30
滦河及冀东沿海	0.15	0.52	0.01	0.01	0.68	0.35	0.00	0.00	0.05	0.17	0.01	0.07	0.03	0.68	0.52
海河北系	0.07	0.60	0.06	0.06	0.73	0.41	0.04	0.01	0.03	0.11	0.00	0.13	0.01	0.73	0.47
兰州—河口镇	63.94	18.16	2.20	2.18	84.31	63.31	0.68	0.49	0.99	6.88	0.96	3.72	7.28	84.31	50.50
河口镇—龙门	1.74	3.64	0.48	0.48	5.87	1.75	0.03	0.65	0.08	2.13	0.14	0.53	0.54	5.87	4.21
内流区	0.08	3.39	0.06	0.06	3.53	1.94	0.21	0.50	0.29	0.30	0.02	0.11	0.17	3.53	2.61
内蒙古内陆区	0.71	7.79	0.38	0.38	8.88	3.52	0.07	1.66	0.93	0.71	0.24	0.88	0.86	8.88	6.50
河西走廊内陆区	9.41	2.22	0.07	0.07	11.70	1.39	0.06	0.21	0.05	0.18	0.07	0.11	9.63	11.70	10.32
全区	105.71	84.06	4.65	4.62	194.41	124.29	3.94	5.82	5.93	13.41	2.35	9.27	29.41	194.41	132.60

注：1. 用水量中包括黑河补水（8.99亿立方米）、乌梁素海补水（2.44亿立方米）等人工河湖补水24.31亿立方米。

2. 兰州至河口镇的供水量（地表水）和用水量（农田）中未扣除巴彦淖尔市河套灌区排入黄河水量8.06亿立方米。

（二）耗水量

2020年全区总耗水量132.60亿立方米，较上年增加3.53亿立方米，综合耗水率68.2%。其中农田、林牧渔畜、工业、城镇公共、居民生活及生态耗水量分别为76.69亿立方米、12.30亿立方米、8.45亿立方米、1.36亿立方米、6.10亿立方米和27.68亿立方米。

（三）用水指标

2020年全区人均水资源量2097立方米，人均综合用水量809立方米。万元地区生产总值按当年价计用水量为99.50立方米，按2015年不变价计用水量为78.28立方米；万元工业增加值按当年价计用水量为24.18立方米，按2015年不变价计用水量为13.68立方米；按2015年不变价计算，万元地区生产总值和万元工业增加值用水量较上年分别下降4.8%和8.7%。全区农田灌溉亩均毛用水量256立方米，农田灌溉水有效利用系数为0.564。全区居民人均生活用水量106升/天，其中，城镇居民108升/人·天，农村居民100升/人·天。

五、重要水事

（一）水旱灾害

2020年全区因洪涝灾害共造成呼和浩特市、包头市、兴安盟、赤峰市、锡林郭勒盟、乌兰察布市、鄂尔多斯市、巴彦淖尔市、乌海市、阿拉善盟10个盟市、39个旗县（市、区）、116个乡（镇、街道）的19.7万人受灾。因灾死亡6人，紧急转移人口105人。农作物受灾面积65.33千公顷，损坏堤防81处、长度9.7千米，损坏农村灌溉设施14处，损坏水文测站44个，损坏机电井51眼，共造成直接经济损失6.36亿元，其中水利工程设施直接经济损失5344万元。

2020年我区气候异常，春夏季中西部牧区和东部区局部地区降水偏少40%～80%，气温变幅大，立夏时节气温高达33℃，且大风扬沙天气频繁，土壤快速失墒，出现旱情。旱情主要发生在呼伦贝尔市西部、通辽市南部、赤峰市北部、呼和浩特市南部、包头市北部、鄂尔多斯市西部、巴彦淖尔市山旱牧区和阿拉善盟。旱情最重时，农田受旱面积1911千公顷，其中重旱面积589千公顷，草场受旱面积4.3亿亩，有近10万人、73万头牲畜饮水受到干旱影响。总体看农区受旱程度不是很严重，牧区受旱程度较为严重。8月以来，全区几次大范围的降水过程，有效缓解了前期旱情。

（二）水事活动

1月6日　为深入落实习近平总书记提出的“节水优先、空间均衡、系统治理、两手发力”治水方针，从源头上把好节约用水关口，推进水资源集约节约利用，促进形成与水资源条件相适应的空间布局和产业结构，自治区水利厅在全区推进规划和建设项目节水评价工作。

1月21日　自治区水利厅召开全区水利工作暨党风廉政建设工作会议，会议认真贯彻落实中央农村工作会议、全国水利工作会议、水利部水利党风廉政建设工作会议和自治区纪委十届六次全会、自治区党委农村牧区工作会议精神，总结2019年水利工作，安排部署2020年水利重点任务和党风廉政建设工作。

2月24日　自治区党委书记、人大常委会主任石泰峰检查指导黄河防凌工作。

3月22日　水利厅原厅长刘万华在《内蒙古日报》发表署名文章：坚持节水优先 推进“量水而行”。

3月12日　为进一步落实中央环保督察整改任务，加快推进赤峰市红山区超采区治理工作，自治区水利厅与赤峰市政府召开了推进赤峰市红山区超采区治理工作视频会商会议。

4月20日～23日　自治区党委书记、人大常委会主任、自治区第一总河湖长石泰峰沿着黄河内蒙古段右岸一路向东，深入海南区、杭锦旗、达拉特旗、准格尔旗、清水河县、托克托县巡河巡湖调研，推动黄河流域生态保护和高质量发展工作。

5月7日　自治区河长办印发《内蒙古自治区河长制办公室关于做好新一轮“一河一策”“一湖一策”实施方案编制工作的通知》。

5月13日　为切实减轻收费的阻力，提高农牧区用水户缴纳水费的主动性和自觉性，自治区水利厅首发印制了《农村牧区集中供水工程水费收缴宣传画》12000余册，分发各盟市进行广泛深入的宣传，以增强农牧民有偿用水、节水惜水、安全饮水意识。

5月16日　内蒙古自治区2020年重点项目，岱海生态应急补水工程在乌兰察布市凉城县六苏木镇弓坝河水库下游右岸滩地开工建设。

5月28日　自治区水利厅制定并印发了《2020年节约用水工作要点及重点工作任务清单》，部署全区2020年节约用水重点任务，切实要求把节水作为水资源开发、利用、保护、配置、调度的前提，着力落实自治区节水行动实施方案，严格水资源管理制度考核，加强节水监管和宣传教育，全力做好节约用水各项工作。

6月19日　自治区党委副书记、自治区主席、自治区总河湖长布小林签发自治区2020年第2号总河湖长令，要求各级河湖长切实提高思想认识，按照2号总河湖长令的要求，贯彻落实好2020年河长制湖长制各项工作，推动河湖长制工作见实效。

6月30日　自治区党委书记石泰峰主持召开全区总河湖长会议暨河湖长制工作推进会议，强调要认真贯彻落实中央关于全面推行河湖长制的决策部署，着力解决突出问题，持续改善河湖面貌，为打造水清河美的内蒙古作出应有贡献。

7月7日　自治区水利厅召开西辽河流域水量调度工作启动会，依据《内蒙古西辽河流域水量分配方案》对西辽河实施了首次水量调度。

7月15日　自治区水利厅、发改委联合印发了《内蒙古自治区2020年度节水行动计划》，布置全区各行业、各部门节水重点任务。

8月25日～26日　自治区第一批水生态文明城市建设试点（呼伦贝尔市海拉尔区、陈巴尔虎旗、额尔古纳市、新巴尔虎右旗、新巴尔虎左旗）通过验收。

8月28日　国家水资源监控能力建设二期内蒙古自治区项目（2016—2018年）通过水利部技术评估。

9月27日～28日　自治区河长制办公室举办全区河长制湖长制工作业务培训班。

9月27日　巴彦淖尔市人民政府分别与乌海市人民政府、阿拉善盟行政公署签订水权交易协议，跨盟市转让交易巴彦淖尔市大中矿业有限公司1300万闲置黄河水权指标。

9月30日　自治区水利厅联合文明办、团委及相关厅局在全区范围内开展“节水内蒙古，我们在行动”系列主题宣传活动，并在9月30日当天举办了自治区、盟市、旗县三级同步的启动仪式。

11月17日～20日　为深入推进全区水资源管理工作，提升水资源管理履职能力，自治区水利厅举办了全区水资源管理工作培训班。

11月18日～19日　水利部原党组书记、部长鄂竟平在我区调研水利工作，深入巴彦淖尔市实地调研河套灌区标准化规范化所站建设、节水改造项目、乌梁素海生态修复补水专用通道工程，以及“十四五”计划改造的水利设施等有关情况。

12月11日　自治区水利厅代表队荣获全国水利青年干部“深研总基调建功新时代”知识竞赛及成果展示活动决赛二等奖。

12月25日　自治区水利厅组织对《内蒙古自治区行业用水定额（2019年版）》进行了修订，新定额对自治区主要行业用水定额进行了分级制定。自治区市场监督管理局以（2020年第19号）地方标准公告对《自治区行业用水定额》（D815/T 385—2020）进行了公布。

术语和定义

1、地表水资源量：河流、湖泊、冰川等地表水体逐年更新的动态水量，即天然河川径流量。

2、地下水资源量：地下饱和含水层逐年要新的动态水量，即降水和地表水入渗对地下水的补给量。

3、水资源总量：当地降水形成的地表和地下产水总量，即地表径流量与降水入渗补给地下水量之和。

4、产水系数：一定区域内水资源总量与当地降水量的比值。

5、产水模数：一定区域内水资源总量与当地地区总面积的比值。

6、供水量：各种水源为用户提供的包括输水损失在内的水量。

7、用水量：各类用水户取用的包括输水损失在内的水量。

8、耗水量：即用水消耗量，指在输水，用水过程中，通过蒸腾蒸发、土壤吸收、产品吸附、居民和牲畜饮用等多种途径消耗掉，而不能回归到地表水体和地下饱和含水层的水量。

内蒙古自治区二〇二〇年降水深等值线图
N
单位：mm
图例
自治区界
盟市界
河流
湖泊水库
旗县界
降水深等值线

内蒙古自治区二〇二〇年降水距平等值线图
单位：%
N
图例
自治区界
盟市界
河流
湖泊水库
旗县界
降水距平等值线

内蒙古红色教育基地

一、全区全国经典红色旅游景区

1. 呼和浩特市红色旅游系列景区（乌兰夫故居和纪念馆，武川县大青山抗日游击根据地旧址）

2. 满洲里市红色国际秘密交通线教育基地

3. 乌兰浩特市内蒙古自治区政府成立纪念地

4. 呼伦贝尔市世界反法西斯战争海拉尔纪念园

5. 锡林郭勒盟多伦县察哈尔抗战遗址（察哈尔抗日同盟军收复多伦指挥部、吉鸿昌将军演讲地、同盟军收复多伦战斗旧址）

6. 乌兰察布市绥蒙革命纪念馆及田家镇惨案遗址，集宁战役红色纪念地

7. 和林格尔县绥南革命根据地遗址（托和清地道遗址、革命烈士纪念塔）

8. 呼伦贝尔市诺门罕战役遗址及陈列馆

二、全区全国爱国主义教育示范基地

1. 乌兰夫纪念馆

2. 内蒙古革命烈士陵园

3. 大青山抗日游击根据地旧址（武川县得胜沟抗日根据地旧址）

4. 内蒙古博物院

5. 内蒙古自治政府纪念地（内蒙古民族解放纪念馆、“五一”会址、乌兰夫办公旧址、内蒙古共产党工作委员会办公旧址、内蒙古自治政府办公旧址）

6. 世界反法西斯战争海拉尔纪念园（呼伦贝尔市侵华日军海拉尔要塞遗址）

7. 王若飞纪念馆

全区 A 级红色旅游景区

1. 满洲里市中俄边境旅游区（满洲里市红色国际秘密交通线教育基地）AAAAA
2. 乌兰夫纪念馆 AAAA
3. 内蒙古博物院 AAAA
4. 北方兵器城 AAAA
5. 世界反法西斯战争海拉尔纪念园 AAAA
6. 呼伦贝尔市布苏里北疆军事文化旅游区 AAAA
7. 集宁战役红色纪念园 AAAA
8. 城川红色文化旅游区 AAAA
9. 东风航天城旅游区 AAAA
10. 二连浩特国门旅游景区 AAAA
11. 乌兰夫故居红色文化旅游区 AAAA
12. 老牛坡红色文化旅游区 AAAA
13. 内蒙古五原抗战纪念园旅游区 AAAA
14. 贾力更烈士纪念馆红色旅游区 AAA
15. 大青山红色旅游景区 AAA
16. 大青山社会主义核心价值观公园 AAA
17. 包钢工业旅游景区 AAA
18. 策克口岸国际文化旅游区 AAA
19. 内蒙古民族解放纪念馆 AAA
20. 通辽市开鲁县麦新纪念馆 AAA
21. 三段地革命历史纪念馆 AAA
22. 白云鄂博草原英雄小姐妹事迹展览馆景区 AA
23. 阿荣旗抗联英雄园 AA
24. 兴安村第一党支部 AA
25. 阿尔山市白狼南兴安爱国主义教育基地景区 AA
26. 通辽市开鲁县烈士陵园 AA
27. 柴胡栏子烈士陵园 AA
28. 多伦县山西会馆（多伦县察哈尔抗战遗址）AA
29. 城川红色国际秘密交通站陈列馆 AA

注：截至 2021 年 3 月 16 日

调查研究报告

综合经济篇

对“十四五”时期内蒙古经济社会发展思路与重点的建议

［按语］按照自治区政府工作要求，研究室与国家发改委经济研究所合作，对“十四五”时期内蒙古经济社会发展若干重大问题开展专题研究。课题组在进行充分调研、数据测算、专家论证的基础上，对“十四五”时期内蒙古发展环境、阶段性特征及面临的矛盾、问题进行深入分析，并提出一系列新思路、新举措、新观点，对做好我区“十四五”时期各项工作具有重要决策咨询价值。现分三部分摘编，之二如下：

“十四五”时期是我国“两个一百年”奋斗目标的历史交汇期，具有承上启下的重要作用。找准我区未来发展方位和实现路径，科学制定阶段目标和重点任务，对“十四五”时期开好局、起好步，实现高质量发展至关重要。

关于“十四五”内蒙古经济社会发展思路和目标

“十四五”时期的发展思路，即要聚焦2021—2025年自治区面临的机遇和挑战、存在的优势和短板，同时也应依据经济社会发展的一般规律，与2035年总体战略目标相衔接，以战略性、全局性的视角来思考和谋划未来发展。

在发展思路上要坚持六个结合。

一是坚持国家战略与内蒙古优势相结合。把服务国家战略与发挥内蒙古优势相结合作为推动高质量发展的首要准则。围绕提高与国家发展战略的同步性和契合度，充分挖掘自治区自然和生态资源丰富、民族文化多姿多彩、发展潜力巨大、战略地位重要等优势，加快推动发展方式转变、经济结构调整、发展动能转换，在服务国家重大战略中释放发展潜力和强大动能，实现国家发展战略和自治区发展目标的有机结合。

二是坚持高质量发展和高水平保护相结合。把高质量发展和高水平保护相结合作为自治区长期持续发展的内在要求。围绕建设亮丽内蒙古、共圆伟大中国梦，把生态环境保护作为经济社会发展的首要前提，统筹把握生产、生活、生态发展空间的内在联系，在积极探索以生态优先、绿色发展为导向的高质量发展新路子中，实现经济社会建设与生态建设同步进行、经济社会效益与生态效益同步提高。

三是坚持质量优先与稳定增长相结合。将处理好发展速度与发展质量的关系作为推动经济高质量发展的根本遵循。围绕提高经济整体竞争力，针对经济形势变化，及时采取有效措施，促进消费潜能全面释放、投资可持续增长、出口稳定增长，确保全区国民经济发展始终处于合理区间。着力化解制约发展方式转变、经济结构优化、增长动力转换的突出矛盾，健全制度长效机制，推动经济在量的稳步增长中实现质的有效提升。

四是坚持潜力板块与重点地区相结合。将推动“潜力板块”和“重点地区”协同发力作为推动高质量发展的必然选择。围绕培育新动力源和促进区域协调发展，继续发挥呼包鄂城市群经济基础好、交通联系密、协同程度高的优势，加快挖掘乌兰察布等潜力板块的后发优势；积极引导赤峰、通辽做好产业多元、结构升级的文章。高标准推进潜力板块基础设施和公共服务建设，加快形成具有竞争力的新增长极和综合承载力、资源优化配置能力强的新动力源，以潜力板块和重点地区的动能接续来支撑内蒙古长期持续协调发展。

五是坚持有为政府与有效市场相结合。将有效市场与有为政府相结合作为高质量发展的重要手段。围绕提高经济运行效率，遵循市场规律，以完善要素市场为重点加快建设高标准市场体系，以壮大民营经济为重点加快培育高质量市场主体，以充分竞争为导向加快优化市场环境，充分发挥市场配置资源的决定性作用。准确把握政府职能边界，坚持“有所为有所不为、有所先为有所后为”，加快改善营商环境，积极防范化解各类风险，优化经济治理方式，提高政府治理效能，在及时弥补市场失灵、引导要素合理流动和高效集聚、创造良好发展环境中更好发挥政府统筹和市场监管作用。

六是坚持尽力而为与量力而行相结合。将尽力而为与量力而行相结合作为推动高质量发展的基本准则。围绕满足人民日益增长的美好生活需要，一方面，咬定经济社会发展目标不放松，持续加力提效，推动资源型地区转型升级和新旧动能有序转换，保持经济持续稳定健康发展，尽力而为加大民生投入，想方设法提高民生保障水平。另一方面，要量力而行，不提不切实际的目标，不做超越阶段和能力的事情，从经济社会发展阶段和实际出发，合理引导民生预期，注重提供与经济发展水平相适应的基本公共服务，引导多元主体参与民生供给，满足人民多层次、多样化需求。

在战略导向上，要体现五大发展战略。

一是把绿色崛起作为推动高质量发展的战略基点。顺应全球新一轮产业和科技变革的发展趋势，把产业绿色转型发展作为破解资源环境约束的关键突破口，在坚持绿色发展导向中做大经济总量、做强经济实力，实现经济崛起。

二是把创新驱动作为推动高质量发展的强劲动力。

顺应建设创新型国家和创新引领发展的时代要求，推动创新创业与实体经济发展深度融合，为提升自治区创新力和竞争力、促进经济转型升级提供有力支撑。

三是把开放引领作为推动高质量发展的重要途径。顺应我国更高水平开放发展要求，把“引进来、走出去”作为经济提质增效的重要抓手，推进全方位、多层次、宽领域的对内对外开放和区域合作，构建内外衔接、板块联动的有效机制，拓展发展新空间。

四是把区域协调作为推动高质量发展的空间准则。顺应我国区域经济格局深度调整新趋势，以生态优先、分工协作、协同开放为导向，更好融入国家重大战略，加快建设内蒙古中部、东部、西部三大区域板块，构建以呼包鄂乌为发展核心的“一核多点支撑”区划经济格局，推动自治区各区域板块分类高质量发展，促进形成我国内陆区域协调发展的先行区。

五是把乡村振兴作为推动高质量发展的全局任务。顺应我国现代化建设和城乡关系的变化规律，坚持“三农三牧”重中之重的战略地位，走中国特色社会主义乡村振兴道路，把乡村振兴与新型城镇化建设结合起来，推动牧区与农村同步振兴。

在目标设定上，要做到“一个合理、两个强化、一个体现”。

合理确定经济增长速度目标。考虑到自治区仍然处于工业化中期，经济发展水平偏低、赶超发展任务重，结合自治区潜在经济增长水平，将“十四五”时期地区生产总值年均增长速度目标设置在5.62%左右。同时，重点设置资源型产业增加值占生产总值比重、高新技术产业总产值占规上工业比重、千亿元级产业集群数量、工业增加值率、全员劳动生产率等体现产业结构调整和发展效率方面的指标。

强化高质量发展的根本要求。突出发展的创新性，设置研究与试验发展经费投入强度、数字经济增加值占生产总值比重、科技进步贡献率等指标；突出发展的协调性，设置户籍人口城镇化率、城乡居民人均可支配收入比、人均GDP极值比等指标；突出发展的可持续性，设置单位建设用地面积产出、万元地区生产总值用水量、工业固废综合利用率、生活垃圾资源化率指标；突出发展的内外联动性，设置货物和服务进出口规模、实际利用外资规模、引进区外资金规模、跨境和境外合作园区数量等指标；突出发展的包容普惠性，设置城乡居民人均可支配收入增长率、城镇调查失业率、新增劳动力平均受教育年限、每千常住人口执业（助理）医生数、学前教育入园率、公共文化设施覆盖率、人均预期寿命等指标。

强化现代化建设的目标导向。优先提升经济发展水平，实现人均国内生产总值较快增长，奠定自治区与全国同步实现现代化的经济基础。重点增强创新驱动发展能力，以提升研究与试验发展经费投入强度、切实支持创新成果转化为重点，夯实经济发展动能转换的基础。有序推动区域协调发展，结合区域协调发展的一般规律，分阶段、有序推动区域发展的协调性、联动性，将2025年人均GDP极值比目标值设定为5.1以内。持续推动生态环境改善，结合自治区自然地理特征和发展实际，设置森林覆盖率、单位建设用地面积产出和生活垃圾资源化率目标，引导各盟市加快探索走以生态优先、绿色发展为导向的高质量发展新路子。加快完善公共服务体系，高标准适当超前建设医疗卫生、教育、文化等公共服务体系，加快改善居民生活条件，优化吸引人才的软环境。切实提升城乡居民收入水平，将“十四五”时期城乡居民人均可支配收入年均增速目标设置为高于经济增长速度，缩小与全国平均水平的差距。

体现集中集聚集约发展的要求。必须立足自治区资源禀赋特点、体现本地优势和发展特色，突出主体功能导向，对不同功能区域的发展目标采取差异化设定，实施分区分类调控，引导人口和生产要素向核心经济功能区集中、收缩、转移和调整，形成全区由东到西集中集聚集约发展的经济隆起带，而非重点开发的城镇和产业园区则加强生态系统修复和环境综合治理，严守资源环境生态红线，强化生态保护、环境治理和公共服务功能。

关于“十四五”时期内蒙古经济社会发展的重点任务

打造现代化产业新体系。瞄准新一轮科技和产业革命发展趋势，全面对接国家战略、行动计划，加快构建以现代能源化工产业为主导、战略性新兴产业为引领、绿色农牧业为特色、现代服务业为支撑的现代化产业体系。

做强现代能源经济。推进多能融合发展，以鄂尔多斯、呼伦贝尔绿色矿业发展示范区为重点，改造提升煤基能源。以锡林郭勒风电基地、乌兰察布风电基地、阿拉善风光热综合新能源基地等为重点，聚核发展可再生能源；以提高电网调峰能力和新能源消纳能力为目标，创新发展调峰储能网。加大油气勘探开发和氢能等新兴能源开发力度。推进可再生能源生产消费的用能权制度创新，促进能源结构调整。做强做优能源延伸产业，以鄂托克经开区、苏里格经开区等为重点平台，加强煤化工与电力、氯碱化工、石油化工、冶金建材、氢能等行业耦合发展，形成原料、产品和动力互供的基地化格局，提高煤化工经济性。探索发展高值化、高端化、差异化前沿引领技术，以包装膜、餐具、包装袋等可降解材料为重点开发绿色化工终端产品。

培育发展战略性新兴产业。大力发展高端新材料产业，以包头稀土高新区，石墨（烯）新材料制造创新中心为平台，发展“硬核”科技，壮大稀土功能材料、硅材料、石墨烯高端新材料产业规模；联合铜、铝、镁合金材料科研院所、生产和应用企业，加速推进合金新材料研发和创新应用。培育壮大高端装备制造业，依托呼和浩特、包头、霍林郭勒汽车及电池产业基础，以豪华智能电动汽车、新能源客车、稀土新能源重卡为重点构建“整车—电池电机电控—底盘”产业链。依托“万企登云”系统建设，发展设备远程定位监控、检测诊断、运行维护等智能制造装备服务。拓展发展数字经济应用，大力发展微型化、集成化、多功能化、智能化显示器件，建设区域大数据中心和新型绿色数据中心集群；发展政务、教育医疗、草原生态、电力等大数据应用服务；布局5G通信和区块链、物联网、人工智能等产业。加快生物医药、节能环保产业发展，构建“蒙中药材种植—精深加工—中药提取—生物制药”产业链条；充分利用煤炭、电解铝、钢铁、光伏硅等高耗能行业的伴生物，大力发展循环经济产业链，发展节能环保供需对接、技术转移、市场推广等新业态新模式服务。

壮大发展绿色农牧业。大力发展畜牧业及乳肉绒产品，实施养殖业重点工程和饲草料保障能力提升工程，构建一二三产业融合发展模式，打造千亿级牛产业集群、千万吨级奶类产能。加强科尔沁牛肉、锡林郭勒羊肉、呼伦贝尔牛奶、鄂尔多斯羊绒等区域公用品牌建设。扩大民族特色乳制品工厂化生产规模，促进奶业全面振兴。培育发展现代种植业，优化形成“三带一区两基地”的种植业布局。即东西部两大玉米产业带，西部沿黄灌区优质小麦产业带，中部马铃薯优势区，东四盟市大豆、粳稻两大基地。创建一批国家级特色农产品优势区，推进巴彦淖尔国家农高区等基地建设，打造“粮头食尾”“农头工尾”的农产品精深加工链条。

加快发展现代服务业。重点提升物流业质量效益，推动国家物流枢纽布局承载城市与中欧班列融合发展，建设由“大型综合物流园区分拨中心—公共及专业配送中心—城乡末端配送网点”组成的高效物流网络，大力发展“全链条、网络化、严标准、可追溯”的现代冷链物流。推动文化和旅游产业融合发展、全域发展和全季发展，构建特色化“跨盟市产业带—主题精品景区—文旅产品”三级文旅体系，着力打造“乌阿海满”一体化旅游带、黄河几字湾文化旅游风情带、环京津冀内蒙古千里草原风情带等三大特色文旅产业带。开发一批文化演艺、工艺美术等特色文旅产品。发展智慧旅游服务。多元发展金融服务业，完善金融服务体系，积极引进保险、证券、基金、融资租赁等多种类型金融机构；鼓励银行、大企业财务公司等运用区块链技术发展供应链金融，绿色金融和开展中蒙俄跨境金融服务。

建设北方重要的生态安全屏障。统筹建设保护体系。建设以农牧交错带，大兴安岭、阴山山脉和贺兰山山脉，沙地防治区、天然林保护区与天然草原区为主的“一带三屏三区”生态安全屏障。统筹自治区“山水林田湖草”生态体系建设保护和综合治理，实施国家自然保护地体系建设工程，推动布局大兴安岭国家森林公园、呼伦贝尔草甸草原生态系统国家草地公园、锡林郭勒典型草原生态系统国家草地公园、额尔古纳国家湿地公园和库布其国家沙漠公园等国家公园试点。实施退化生态系统修复工程，布局海拉尔、乌珠穆沁、浑善达克、科尔沁、毛乌素五大沙地生态恢复和综合治理工程，采取湿地补水、水生植被恢复、水位调控、富营养化治理等措施，对呼伦湖、乌梁素海、岱海、黄旗海和居延海等进行生态环境修复。实施农牧交错带退耕还林还草和“粮改饲”，综合施策恢复生态功能。实施草原生态修复试验示范区建设工程，探索划区轮牧、禁牧、休牧，对不同程度退化的草原分类治理。实施森林生态系统保育与提升工程，加强林区基础设施建设。推进城市生态系统污染攻坚。

推动产业绿色转型。加快传统产业绿色化升级改造，突出用先进节能降耗技术对重点用能企业、重点用能设备改造升级，培育壮大生态环保产业。建设绿色矿山，发展绿色能源产业。大力培育以大数据为基础的人工智能、区块链等绿色新兴产业。实施绿色农业建设工程，发展生态、高值、多功能、可持续的现代农业。加强生态保护服务功能提升，统筹规划林、草、沙、湿地等旅游区域，打造绿色生态主题“大旅游”路线，发展生态旅游产业。建设节能、环保、高效的现代物流网络。

创新完善生态安全发展机制。稳妥有序开展生态环境损害赔偿制度改革试点，建立损害生态赔偿的运行机制和采矿企业退出补偿机制。推进水权、排污权、碳排放权制度改革，完善生态产品价格形成机制，培育和发展资源环境权益的综合性交易平台。建立自然资源确权登记、生态环境监测、预警、监管与评估机制，实施生态安全屏障建设的全过程监管，建立完善督导的评价体系和激励机制。探索自然资源资产证券化模式。建设生态文化传承发展示范区，丰富生态文明建设的文化机制。

加快完善科技创新体系。提升企业和高校科研院所创新能力，建设研发创新载体。构建“雏鹰企业—瞪羚企业—领军大企业”三级创新型企业培育体系，以“促两头带中间”，着力提升小企业和高技术领军企业研发能力；支持高校院所开展职务科技成果权属混合所有制改革，鼓励高校院所与发明人分割职务科技成果权属，激发发明人应用型创新积极性，提高高校院所产业技术创新能力。围绕煤炭清洁利用、大规模储能、可再生能源与氢能技术等重大科技和稀土、石墨烯、碳捕集封存等新兴专业领域，组建协同创新联合体等新型研发机构，加强央地重大技术开发，推进研究开发、中试熟化与产业化开发。构建孵化育成和全链条技术服务体系。以经济社会重点领域创新需求为牵引，建设形成“前孵化器—孵化器—加速器—特色小镇—产业园区”完整的梯级孵化体系。加强技术交易后补助力度，引育专业化技术交易服务机构，发展技术信息、资产评估、技术拍卖、会计审计等公共服务，打造完整的技术转移产业服务链。建设面向京津冀的科技成果转化基地。围绕农业科技、高端装备制造、节能环保、新能源新材料等新兴领域，加强与京津冀高校科研院所共建科技园等孵化载体，主动接受创新中心城市的科学研究能力、前沿技术开发能力、产业创新引领能力的辐射带动。推进开放创新合作。依托中蒙技术转移中心平台、联合实验室等科技合作平台，鼓励企业吸收和利用国外创新人才、专利等资源，加快新技术开发。支持企业与海外跨国公司结成战略联盟，探索科技计划对外开放，吸引海外优秀科技人才和科研机构参与内蒙古科技创新活动。

推动城乡区域协调发展。建立健全东中西统筹发展机制，根据东中西部区域差异和现实特点，分类实行财政、投资、产业、环保、用地等政策；对接融入国家重大发展战略，积极争取中央财政加大对内蒙古重点生态功能区转移支付力度。推进呼包鄂乌协同发展，加强四市战略协作分工，加快建设和林格尔新区；黄河生态经济带保护发展，加强流域生态保护与治理，推进水资源高效集约利用，推动流域经济高质量发展，提升沿黄盟市协同发展水平；东部盟市振兴发展，推进资源型城市转型升级，承接新一轮东部产业转移，推动与东北地区联动发展；乌海及周边地区转型发展，提升乌海核心组织功能，分步有序推进一体化进程；重点区域城乡融合发展，加快实施乡村振兴战略、推进城市群地区、盟市及旗县驻地周边地区、沿边地区等重点区域城乡融合发展，完善城乡区域协调的市场一体化、区域协作和基本公共服务均等化体制机制，构建城乡区域协调发展大格局。

促进基础设施提档升级。建设网络一体、便捷高效的综合交通体系和安全可靠、功能完善的水利设施体系。统筹谋划公路、铁路、民航等多种交通方式互联互通，加快实施重点通道内蒙古段连通工程和延伸工程，打造以沿边六大口岸为基点沿交通轴线向内陆腹地不断延伸的八大开放大通道；畅通面向京津冀、东三省、晋陕宁的对外综合交通网络；完善区域内部东西高速公路、铁路大通道、机场布局等综合交通体系，以新基建建设为契机，推动盟市之间的城际高速公路和城际轨道交通建设。推进呼和浩特、包头、通辽、乌兰察布综合交通枢纽和满洲里、二连浩特、甘其毛都、策克、珠恩嘎达布其沿边重要口岸枢纽建设。补齐防洪抗旱减灾体系短板，加快推动重大引调水、水源工程和河套现代化灌区建设。构建高速智能、安全泛在的信息网络清洁低碳、安全高效的能源输送体系。推进城市骨干网、城域网、接入网、互联网数据中心和支撑系统的IPv6升级改造，部署5G基建投资，推动工业互联网、物联网、人工智能及配套基础设施建设。重点推进以呼和浩特、鄂尔多斯、乌兰察布、赤峰等云计算数据中心基地群建设。加快建成呼和浩特国家级互联网骨干直联点和区域性国际互联网数据业务出入口。推进蒙西电网与国家电网、南方电网的网网连接，规划建设蒙西至河南、湖北、长三角地区、成渝地区、粤港澳大湾区的特高压电力外送通道。超前部署800千伏及以上直流电和1000千伏交流电及以上特高压输电项目建设。积极发展智能电网，整合蒙东电网，打造南北一体的主网架结构，提升区域间电网的衔接能力和对偏远地区的覆盖能力。推进西气东输输气管道和蒙西、蒙东煤制油外输管道建设。

大力发展泛口岸经济。明确口岸功能定位，强化口岸与内陆腹地的发展联动。支持二连浩特和满洲里打造多层次、立体化综合经济区，策克和甘其毛都形成能矿资源精深加工型“口岸+园区”发展模式，呼和浩特国际航空口岸加快发展临空经济；支持发展以生态文化旅游为特色的口岸集群建设若干口岸经济发展带，鼓励地区间依托口岸合作发展多式联运。建设锦州港—赤峰—珠恩嘎达布其口岸—蒙古国的铁路出海大通道，增加东部地区通江达海的开放通道。

依托口岸打造中蒙俄国际供应链中心。发展“口岸+枢纽+产业链”泛口岸经济合作模式，加快国际产业合作园区建设。积极培育和发展边贸产品落地加工业。布局建设自治区始发中欧班列货物集拼集散中心，大力发展班列经济，建设跨境旅游合作区，积极发展跨境旅游。加快申报设立中国（内蒙古）自由贸易试验区。推进中俄、中蒙跨境合作区建设，构建新型对外开放功能平台，争取国家先行先试对外开放政策。建立健全口岸间、口岸与腹地、央企与口岸协作发展机制，推动央企支持口岸经济发展。

防范化解政府隐性债务风险。坚守不发生系统性金融风险的底线，妥善处理好化债和发展、政府和市场、债权人和债务人之间的关系。严控债务增量。实施“停、缓、调、撤”四个一批，大力压减超过财政承受能力的政府举债建设项目。完善对地方政府融资的制度约束，实行严格规范的债务投资决策责任制度。建立健全“举债必问效、无效必问责”的政府债务资金绩效管理机制，强化地方政府债务管理。完善新增隐性债务定期核查机制，加强对违法违规举债行为的督导问责。“多措并举”化存量。协调政府、金融机构、债务主体风险共担，运用统筹安排财政资金和盘活国有资产方式偿还债务、使用债务重组工具合规转化为企业债务、与金融机构协商进行展期或贷款置换等多种方式，妥善化解存量隐性债务。推进地方融资平台的清理、整顿和重组，严控平台公司数量，分类推动融资平台公司依法转型升级，提升平台公司质量。切实防范隐性债务风险及金融风险。完善隐性债务风险监测与预警体系，建立紧急救援和处置机制，健全政府金融机构、债务主体等各方信息沟通机制。严密防范地方法人机构的流动性风险，加强对城商行、农商行等中小银行的风险防控，建立风险预案。加强城投债券违约风险监测和预警，积极防范城投债券违约风险。加快金融机构、资产管理公司等隐性债务相关不良资产的处置进度。建立地方金融风险监测预警系统、风险隔离制度。构建全覆盖综合监管体系，健全风险防范处置长效机制。

打造市场化、法治化、国际化营商环境。完善法治化、便利化的贸易、投资环境。对标东部领先地区，接轨国际通行经贸规则，搭建国际经贸平台吸引经贸资源，推动贸易通关便利化、跨国互认和“泛口岸经济”通关一体化，在呼包鄂乌协同发展区域的园区试点放宽商贸物流、信息和通信技术、会展业、能源技术研发等服务业准入，大幅放宽服务型的国际企业的注册和监管限制。推动呼包鄂乌—二连浩特、乌海—甘其毛都等地，实现“一点报关、多点放行”。探索大批量产品、原料中蒙俄快速检验通关制度。深化简政放权，推动数字政府建设，推进公共服务提供模式转型。实施“五证合一、一照一码”登记制度，建立公共数据共享清单。探索设立市场化运作的法定事业（企业）机构，形成政府与辖区企业的缓冲带和夹心层，形成共治共管、纠纷多元化解的机制。建设高效便捷、公平透明、竞争有序的良好发展环境。加快形成建立健全服务实体经济的现代化金融体系，积极协调组建中小企业政策性金融机构、住房政策性金融机构；培育本土化金融企业，探索开展农村合作金融创新试点；通过奖励、风险补偿等多种方式引导融资性担保公司发展；探索创业失败成本分担机制；促进区域性股权市场改革创新、规范运作。深化土地、能源、技术、数据、权证等要素市场化配置改革，打造信用全闭环的政务服务和监管体系，扎实推进社会信用体系制度建设。

（内蒙古自治区研究室信息研究处）

附件：“十四五”时期内蒙古自治区经济社会发展目标

附件

“十四五”时期内蒙古自治区经济社会发展目标

类别	序号	指标名称		2018	2020	2025	年均增长（累计）	属性
发展质效	1	人均地区生产总值（万元）		6.83	7.67	9.95	5.35	预期性
	2	全社会劳动生产率（万元/人）		12.1	13.9	19.3	[5.4]	预期性
	3	服务业增加值占生产总值比重（%）		50.5	51.0	55.0	[4]	预期性
	4	资源型产业增加值占生产总值比重（%）			—	—	[-5]	预期性
	5	千亿元级产业集群数量（个）			—	—	[2—3]	预期性
	6	工业增加值率（%）		27.9（2017）	28.0	30.0	[2]	预期性
	7	宏观杠杆率（%）			—	—	[-5]	预期性
创新发展	8	本科以上学历人口占常住人口比重（%）		8.66	9.26	10.76	[1.5]	预期性
	9	R&D经费占生产总值比重（%）		0.75	＞0.8	＞1	[0.2]	预期性
		#规上工业企业R&D经费占主营业务收入比重（%）		0.56	＞0.65	＞0.9	[0.25]	
	10	规上工业企业研发机构设置率（%）		12.3（2017）	＞13	＞14	[1]	预期性
	11	每万人发明专利拥有量（件）		2	2.8	＞4.8	[2]	预期性
	12	科技成果转化率（%）			—	—	[-5]	预期性
	13	高新技术产业总产值占规上工业比重（%）		14.7	＞16	＞20.5	[4.5]	预期性
	14	数字经济增加值占生产总值比重（%）		20.7（2017）	＞30	＞40	[10]	预期性
	15	科技进步对经济增长的贡献率（%）			＞55	＞60	[5]	预期性
协调发展	16	城镇化率	常住人口城镇化率（%）	62.7	65	70	[5]	预期性
			户籍人口城镇化率（%）	43.96(2017)	＞47	＞52	[＞5]	预期性
	17	城乡居民人均可支配收入之比		2.78	＜2.75	＜2.7	[-0.05]	预期性
	18	人均GDP极值比		5.49	＜5.4	＜5.1	[-0.3]	预期性
	19	民营经济占地区生产总值比重（%）		65.5	66	＞70	[3]	预期性

续表

类别	序号	指标名称	2018	2020	2025	年均增长（累计）	属性
绿色发展	20	森林覆盖率（%）	22.1	23	＞23	[＞0]	约束性
	21	耕地保有量（万公顷）		＞697.73	＞697.73	—	预期性
	22	单位建设用地面积产出（亿元／平方公里）	1.03	＞1.14	＞1.46	[＞0.32]	预期性
	23	非化石能源占一次能源消费比重（%）	10.7（2017）	13	17	[4]	约束性
	24	单位生产总值能耗降低（%）		—	—	[20]	约束性
	25	万元生产总值用水量降低（%）		—	—	[20]	约束性
	26	单位生产总值二氧化碳排放降低（%）		—	—	[25]	约束性
	27	工业固废综合利用率（%）	36.75	＞40	＞55	[＞15]	预期性
	28	生活垃圾资源化率（%）		—	＞50	—	预期性
	29	地级城市空气质量优良天数比例（%）	83.6	83.8	＞84.8	[＞1]	约束性
	30	地表水质达到或好于III类水质比例（%）	53.8	＞60	＞70	[10]	约束性
	31	受污染地块安全利用率（%）		＞90	＞95	[5]	约束性
开放发展	32	货物和服务进出口总额（亿元）	1034.4	＞1200	＞1800	＞8	预期性
		#服务贸易进出口总额（亿元）		—	—	＞8	
	33	实际利用外资（亿美元）	31.6	＞35	＞45	[10]	预期性
	34	引进区外资金（亿元）		—	—	＞10	预期性
	35	跨境和境外合作园区数量（个）		—	—	[2—3]	预期性
共享发展	36	居民人均可支配收入（元）	28375.7	33109	46497	＞5.62	预期性
	37	城镇调查失业率（%）		＜4.5	＜4.5	—	预期性
	38	新增劳动力平均受教育年限（年）		13.5	＞13.8	[0.3]	预期性
	39	人均居住面积：农村居民人均居住面积（平方米／人）		＞30	＞35	[＞5]	约束性
		人均居住面积：城镇居民人均居住面积（平方米／人）		＞40	＞45	[＞5]	约束性
	40	每千人口执业（助理）医师数（人）	2.9	3.11	3.3	[0.19]	约束性
	41	学前教育入园率（%）		—	100	—	预期性
	42	公共文化设施覆盖率（%）		—	100	—	约束性
	43	人均预期寿命（岁）	75.8	76.8	＞77.9	[1.1]	预期性

注：［］内为2021—2025年的五年累计数，地区生产总值、人均地区生产总值等为2018年不变价。各指标目标值均为基准情景（或中间情景）经济增长水平下的预测结果。

产业发展篇

我区传统产业清洁化绿色化发展问题研究

推动我区传统产业清洁化、绿色化发展是践行生态优先、绿色发展为导向的高质量发展新路子的重要举措。“十三五”以来，我区传统产业清洁化绿色化发展取得明显成效，目前主要耗能产品能耗逐步下降，原煤、火电、水泥、焦炭、铁合金单位产品能耗较2015年分别下降12%、2%、7%、2%、4.4%，硅铁、烧碱等单位产品能耗均优于国家能耗限额标准先进值；万元工业增加值用水量比2015年下降38.2%；完成火电超低排放改造6609万千瓦、节能改造2627万千瓦，分别占到火电总装机的71%和29%；建设绿色制造体系，创建绿色工厂102家、绿色产品31个、绿色供应链4条、绿色园区15个，制定绿色制造标准23项，其中3项成为国家标准；国家和自治区级工业园区污水处理、渣场、供热等环保设施全部建成，自然保护区内62家工业企业全部退出。但当前我区传统产业高投入、高消耗、高排放的问题仍未得到根本改变，产业发展与资源环境的矛盾仍较为突出，绿色低碳发展任重道远。

一、存在的问题

（一）企业清洁化绿色化发展面临困难较多。一是清洁化绿色化改造资金压力较大。我区传统产业大部分为资源能源型企业，因国家信贷政策调整较难获得银行贷款。清洁化绿色化改造一般资金投入大，投资回收期限较长，给企业带来巨大资金压力。2019年以来，包铝集团清洁化改造投入13.8亿元，使吨铝成本增加100元。包钢集团2020年前三季度实现利税36.2亿元，但实施超低排放改造等环保投资高达40亿元。参与问卷调查的1086户企业有41%的企业认为，资金投入大、成本高是制约企业推进清洁化绿色化发展的主要因素之一。二是绿色技术供给不足。参与调查的1086户企业有46%的企业认为，三废低成本治理工艺及综合利用技术、煤焦化清洁环保吸焦技术、PVC无汞催化剂技术等绿色技术供给不足，已经成为制约企业清洁化绿色化发展的主要因素之一。三是绿色金融创新严重不足，难以满足企业融资需求。截至2019年末，全区绿色贷款、绿色债券余额分别为2116.68亿元、14亿元，均低于全国平均水平。当前全区开展绿色金融业务的机构有28家，绿色保险业务仅2家，绿色股票债券基本属于空白。此外，我区绿色金融产品主要面向大型环保类企业和项目，中小企业融资难、融资贵问题仍较为突出。四是资源综合利用水平较低。我区园区企业之间关联性普遍不高，闭环式循环经济产业链尚未形成。虽然部分园区初步规划配套了循环产业链条，但受市场供求、价格等因素影响，循环供应链很容易被打破。工业固废利用途径单一，产品附加值低，企业投资积极性不高，大量工业固废无法及时消纳，全区大宗工业固废综合利用率不足40%，低于全国平均水平15个百分点。

（二）支持政策落实不到位、体系不完善。一是部分政策落实不到位。部分火电企业在完成超低排放改造后，未能及时享受到发电量环保加价政策，参与调查的291户完成超低排放改造的企业有54%的企业奖补政策没有兑现。按照国家相关政策，开展资源综合利用评价的企业依据评价结果可以申请免征环境保护税，但是我区税务部门还未将评价结果作为免税依据。二是激励引导政策不完善。我区还没有出台支持企业开展超低排放改造、创建绿色矿山等方面的激励政策，企业开展清洁化绿色化改造的积极性不高。支持绿色金融发展的税收优惠、贷款贴息等相关配套政策措施不完善，难以有效激发绿色金融市场活力。三是政策统筹协调性不强。推动传统产业清洁化绿色化发展涉及多个部门，由于缺乏有效的统筹协调，各部门衔接不畅，难以形成政策合力。以我区工业固废监管为例，煤矸石、粉煤灰由能源局负责，尾矿由自然资源厅负责，固体废物、化学品、重金属等由生态环境厅负责，冶炼废渣、炉渣、脱硫石膏等由工信厅负责，各部门间缺少联动机制，缺乏统筹全区工业固废综合利用的规划和政策引导，一定程度影响了工业固废综合利用工作的开展。四是政绩考核机制有待完善。当前，自治区绿色发展考核指标体系还不完善，绿色指标考核权重不高，导向作用不明显。

（三）传统产业清洁化绿色化改造进展缓慢。从能源行业来看，全区火电供电标准煤耗比全国平均水平高出19克／千瓦时，仅此一项每年多消耗875万吨标准煤。从化工行业来看，部分PVC企业仍然采用高汞触媒工艺，不符合国家要求；25%的焦化企业仍然使用5.5米以下焦化炉，能耗排放高。从冶金建材行业来看，全区吨铝液电解电耗、吨钢综合能耗等指标均高于行业先进水平，电石铁合金行业使用最先进环保型、节能型密闭炉的比重仅占总产能的40%。工业园区空压站、气化岛、真空系统等节能减排设施基本以企业自投自建为主。目前，自治区级及以上工业园区虽然全部实现了污水集中处理，但是部分园区受运营模式僵化、污水成分复杂、技术手段落后等因素影响，污水处理成本居高不下、持续运行难度较大。

二、对策建议

（一）强化源头管理，提升传统产业清洁化绿色化发展水平。一是加快推进重点行业节能降耗。严把行业准入关，将固定资产投资项目节能审查纳入在线审批监管平台统一管理，新建项目单位产品能耗必须达到国内行业国家标准先进值。加强对重点工业用能单位用能管理和节能考核，对未完成节能目标任务的企业，取消各类财政奖补资金和税收优惠政策，并实施强制能源审计；坚决淘汰国家产业政策限制类及以下的电解铝、铁合金、钢铁、水泥等产能。探索建立基于单位产值能耗、污染物排放的差别化电价政策，发挥电价在促进产业转型升级和绿色化发展中的引导作用。鼓励企业采用先进节能技术，推动重点行业清洁生产和绿色化改造。二是完善工业固废综合利用机制。落实开展资源综合利用评价企业可申请免征环境保护税政策，出台新增工业固废利用补贴政策，增强企业开展固废综合利用的积极性。借鉴宁夏等地工业固废资源化外销的做法，出台鼓励引导工业固废外运相关政策。完善工业固废用于基建、筑路相关标准与政策，支持固废综合利用项目建设，对粉煤灰、脱硫石膏、煤矸石、工业废渣等综合利用项目予以贷款贴息支持。建立自治区工业固废综合利用工作协调推进机制，加强部门统筹协调、形成工作合力，不断提高工业固废综合利用水平。三是加快发展环境第三方治理。尽快培育一批具有较高专业化水平的环境第三方治理骨干企业，探索成熟稳定的第三方治理业态模式。在煤炭、电力、钢铁、有色、水泥、煤化工、发酵类制药等重点行业，鼓励企业采取委托治理、委托运营、环境绩效合同管理等方式，将环境治理业务剥离并交由第三方治理。推进环境基础设施建设运营市场化，鼓励盟市政府或园区管委会运用 PPP、特许经营、委托运营等方式引进具有创新技术、资金雄厚的企业建设运营园区渣场、污水处理等环保设施，提高环境治理效能。

（二）发挥示范引领作用，加快绿色工厂、矿山、园区建设力度。一是开展绿色制造示范。积极培育绿色产业集群，建立绿色发展示范企业培育库。在电力、钢铁、有色、化工、建材等重点行业建设一批绿色示范工厂。二是加快推进绿色矿山建设。结合地区和行业特点，分类制定绿色矿山建设标准，明确矿山环境、开发利用方式、资源节约集约利用、现代化矿山建设、矿地和谐等绿色矿山考评标准。完善绿色矿山建设相关政策措施，从资源配置、用地政策、金融支持、税费减免及资金支持等方面加大支持力度，在资源配置和矿业建设用地指标等方面优先向绿色矿山倾斜，着力构建促进绿色矿山建设的长效机制。三是提升园区绿色发展水平。引导全区工业园区根据产业特点和区域资源分布特征，制定园区综合能源资源一体化解决方案，实现园区能源梯级利用、水资源循环利用、废物交换利用、土地节约集约利用，全面提高园区资源利用效率，优化园区企业和基础设施空间布局。促进园区管理体制改革，探索建立和完善职能有机统一、运转协调高效的生态环境保护综合管理机制，形成不同区域、不同行业工业园区绿色发展模式。

（三）强化要素保障，加快推进绿色技术和金融创新。一是增强绿色技术供给。聚焦节能环保、清洁生产、清洁能源、生态保护与修复等领域，加快突破一批原创性、引领性绿色技术，促进先进绿色技术装备的有效供给。支持行业龙头企业整合创新资源建立一批绿色技术创新联合体、绿色技术创新联盟，有针对性地开展绿色技术攻关和推广。聚焦绿色技术研发推广创建一批制造业创新中心、国家工程研究中心、国家科技资源共享服务平台等载体。完善绿色技术全链条转移转化机制，建立一批绿色技术转移、交易和产业化服务平台，推进先进技术成果转化和示范应用。二是健全绿色金融体系。以创建国家生态文明试验区为契机，争取设立国家级绿色金融改革创新试验区，开展绿色信贷、绿色债券、绿色保险等创新试点，促进产业结构和经济发展绿色转型。完善绿色金融支持政策，对开展和扩大绿色金融业务的金融机构和企业给予税收优惠和财政支持。建立企业绿色信息共享机制，引导金融机构将企业绿色发展指数信息作为信贷审批、贷后监管的重要依据。研究设立自治区绿色发展基金，探索建设绿色担保机制，为符合绿色标准的企业优先提供融资服务。积极探索“生态环保贷”制度，以财政资金为引导，吸引金融机构和社会资本设立生态环保项目风险补偿资金池，为生态环保领域开展污染防治、环保基础设施建设等项目进行贷款增信和贷款风险补偿。

（四）健全政策体系，完善绿色发展的体制机制。深化环评审批制度改革，积极探索开展“区域能评、环评 + 区块能耗、环境标准”改革。健全环保信用评价制度，探索实施企业环保承诺制，推行企业环保信用与信贷、水电价、招投标、财税补贴等政策挂钩机制。深化绿色发展价格机制改革，完善污水处理费、固体废物处理收费、节水水价、节能环保电价等绿色发展价格形成机制。完善资源能源环境权益交易制度，建立统一规范的生态产品公共资源交易平台，完善环境权益交易市场，健全用水权、排污权交易制度，推行资源要素交易、环境权益交易和用能权交易，推动有限资源能源和环境容量指标向效益更好的行业和企业流动；推进碳排放权、碳汇通过市场交易实现价值，努力探索更多生态资本可度量、可交易、可变现的实现路径。完善差别化电价及部分环保行业用电支持政策。开展生态产品价值核算，结合主体功能区规划和国土空间规划，统筹考虑不同区域生态功能、产业基础、资源禀赋、地理区位等因素，采取共性指标和个性指标相结合的方式，完善自治区绿色发展评价指标体系，并将其纳入各级政府经济社会发展综合评价考核体系。

（内蒙古自治区研究室工交商贸研究处）

三农三牧生态篇

当前牧区需要重点关注的几个问题

按照自治区政府主要领导安排，近期，自治区研究室会同自治区政府办公厅就牧区现代化试点工作推进情况赴锡林郭勒盟开展调研，现就牧区目前存在的有关问题进行梳理，并提出相关建议。

一、关于牧区适龄儿童教育问题

撤乡并镇以来，苏木镇学校也随之全部撤销，导致牧区适龄儿童入园入学只能选择到旗县所在地就读，由此产生一系列问题。一是增加家庭教育支出，主要为房租费、交通费、水电费等，一年至少1万元以上。二是家庭劳动力缺失。目前牧民送孩子读书，一般至少1名家长进城陪读，家庭劳动力减少，影响生产。三是长期陪读造成牧民夫妻两地分居，无形中形成“单亲家庭”或“空巢老人”，一些地方离婚率上升，不利于孩子身心健康发展，形成新的社会问题。

建议：根据实际情况，在较大苏木镇所在地，先行试点恢复集幼儿园、1-3年级为一体的苏木镇小学。在编制配备、招聘职称等方面，出台专门针对苏木镇教师的特殊政策，采取定向委培方式培养本土师范人才回乡工作，确保牧区教师专业强、留得住、教得好，逐步引导学龄儿童在没有自理能力之前就近上学。

二、关于牧区养老问题

当前，牧区60周岁以上人口占10%-20%左右，他们的子女离开牧区到城镇读书就业，不再返回牧区，而苏木镇一级没有设置养老机构，形成的大量“空巢老人”得不到应有照顾，而且多数牧区老人都有草原情结，不愿意到城镇养老。一些地方虽然在城镇建设了养老机构，但多数以基本生活照料为主，医疗康养服务欠缺，基础设施和专业养护队伍建设不足，专业服务能力较差。

建议：自治区出台政策，支持苏木镇统筹规划，整合医疗卫生和养老服务资源，卫生院和养老院一体建设，开展医养结合服务。也可在苏木镇建设小规模、区域化养老服务机构，采取“政府扶持+企业运营”的社会化服务养老模式。

三、关于牧区公共卫生服务问题

近年来，苏木镇卫生院基础设施条件不断改善，已基本能够满足需求，但是由于牧区条件艰苦，工资待遇低，技术职称限制等原因，目前苏木镇的医护人员严重短缺，检验、影像等专业技术岗位长期“无岗无人”，医疗服务水平与群众的期待差距很大。嘎查村主要依靠乡村医生开展服务，他们还得不到必要的经费保障和应有的工资性收入。

建议：制定出台基层医疗卫生机构人员编制调配使用倾斜政策，解决基层卫生技术人员编制短缺问题。研究建立符合基层医疗机构人才培养使用机制，加强基层卫生人才队伍建设，实施基层卫生人才能力提升项目，每年选派中青年医务人才到上级医学院进修、培训，提升医务人员队伍整体素质。建立工资、职称、进修相配套的激励机制，提高基层医疗机构医务人员工资福利待遇，在基层医疗机构专业技术人员职称聘任等方面制定倾斜政策，加大本土人才培养，每年给予本土人才一定数量的定向招聘指标，并将招聘权限下放到旗县。

四、关于牧区通信问题

牧区通信盲区盲点多，通信信号差，约60%的牧区信号不畅通，即使信号畅通也仅支持2G通话，4G网络覆盖率约为40%，大部分牧民无法享受4G网络，不利于牧区信息化建设，制约牧民生产生活。比如，阿巴嘎旗的牧区现代化智慧牧业项目信息化平台无法对接未覆盖4G信号的地区，直接影响试点项目的推广与普及。

建议：自治区有关部门在电信普遍服务试点项目申报中，充分考虑牧区面积大、牧户居住分散的实际情况，给予牧区4G基站项目上的倾斜。自治区出台补贴政策，加大牧区通信基站建设力度，优化通信基站建设布局。自治区协调通讯企业及铁塔公司，鼓励企业参与公益性4G基站建设，扩大通信覆盖面。

五、关于牧区道路问题

苏木嘎查公路“点多线长”，“四好”公路通畅终点只到嘎查两委所在地，“四好”公路的通达深度相对牧户而言不足60%。“四好”公路建养失衡矛盾突出，现有财力、人力难以满足牧区道路养护工作，牧区公路基本处于失养状态，部分路段通而不畅，出现路基沉陷，基层变形、标识标牌老化等问题。财政投入与公路巡查需求难以匹配，路政巡查力度和频次不够，“四好”公路管养严重“缺位”。

建议：鉴于牧区实际情况，自治区在牧区与农区公路后期养护、管护上要差异化对待，提高牧区“四好”公路养护投入标准。改造升级牧区低标准公路，出台偏远牧区道路养护管理特殊政策，增加偏远牧区道路养护资金的投入，多方发力保障牧区公路的建养平衡。

六、关于牧区用电问题

牧区地广人稀，牧户居住分散，牧户通网电的比例仅为30%左右，距离电源点较远的牧民无法通网电。风光互补作为牧区用电的补充，功率在600瓦的风光互补设备占比较大，即使是3000瓦的设备也只能保证生活用电，无法完全满足生产用电，导致生产中一些新型机械化设施设备无法使用，制约牧区自动化生产发展。个别牧户反映，冬季取暖用电成本较高，一个取暖周期需用电费1万多元，一般牧户难以承受。

建议：有关部门与内蒙古电力公司协调，根据牧区居住分散的实际，增加牧区10千伏变电站的数量，缩短供电半径，提高电压质量，使更多的牧户用上网电。鼓励有条件的牧户使用电取暖，电力公司适当让利，政府给予适当补贴。同时，引导牧户采取错峰用电，降低取暖成本。自治区启动“新能源通电+辅助供热取暖”工程，加大设备补贴力度，满足牧民日常用电及供热的需求。

七、关于牧区社会化服务问题

牧民居住分散、劳动力短缺、机械化水平较低，牧户配备现代化机械设备耗费巨大，且容易造成资源浪费。畜牧业防疫、改良、冷配、育种、扩繁、育肥等各个环节的专业技术人员欠缺，服务内容少，服务半径小，服务质量差，难以满足牧区发展需求，制约畜牧业产业转型升级，不利于牧区解放劳动力。

建议：自治区调整牧区财政资金投入结构，在政府兜底的公益性社会化服务方面安排专项资金，对于经营性社会化服务主体，根据服务内容给予适当扶持和补贴。支持牧民合作社、嘎查集体强化畜牧业生产环节专业化服务职能，并给予适当补贴，使之成为社会化服务重要力量。鼓励高校、科研人员从事技术推广服务，实现院校专家与基层技术力量有机结合，科研课题与畜牧业生产问题全面接轨，技术服务与牧民需求有效对接。

八、关于牧区矿山治理问题

草原上露天矿开采形成的“大坑”治理目前已逐步展开，但一些大坑治理方案不科学，标准较低，还有一些在期矿山开采治理方案需完善，治理进度缓慢。

建议：建立治理工作协调机制，尽快下发全区露天矿“大坑”专项整治行动治理方案，科学指导各盟市露天矿“大坑”治理工作。建立矿山地质环境诚信体系和公益诉讼制度，对那些恶意不治理的闭坑矿山企业起到震慑作用。对于在期的矿山，要科学论证完善治理方案，严格按相关标准要求推进，对于不符合绿色矿山标准的矿山企业加快整改。对生态环境影响较大的，要依法限期退出。

（内蒙古自治区研究室农村牧区经济研究处）

改革开放篇

加强边境口岸监管筑牢北疆生物安全屏障

习近平总书记在2月14日召开的中央全面深化改革委员会第十二次会议上强调，要从保护人民健康、保障国家安全、维护国家长治久安的高度，把生物安全纳入国家安全体系，系统规划国家生物安全风险防控和治理体系建设，全面提高国家生物安全治理能力。

国门生物安全是国家生物安全的重要组成部分，是指由管制性生物通过出入境口岸进出国境而产生危险，其后果可能不局限于生物领域，也可以对动植物、微生物及人体生命健康、农业生产、资源环境、国际贸易等产生重大影响。

我区陆地边境线长度居全国第二位，边境管理区面积全国第一，是祖国北疆重要的生物安全屏障。加强边境口岸监管，筑牢国门生物安全屏障，既是贯彻落实总书记和党中央要求、全面提高我区生物安全治理能力的首要任务，也是建设我国北方生态安全屏障的重要任务。

一、我区国门生物安全面临的现实挑战

随着我区对外开放战略的持续推进，入境动植物及其产品数量、种类不断增加，跨境电商等新业态迅猛发展，物流形式更加丰富多样，加之进口食品安全问题依然突出，新老问题交织，使得疫情疫病传入风险进一步加大，国门生物安全面临诸多挑战。

（一）重大疫病疫情传入风险较高。我区拥有1.39亿亩耕地，粮食产量居全国第8位，是国家重要的粮食调出省区和绿色农畜产品生产加工输出基地，外来有害生物和动植物疫病疫情一旦传入，对我区乃至全国的生态安全、人民群众的生产生活都会产生难以估量的影响。

蒙古国连年发生鼠间鼠疫、人感染鼠疫，同时又是口蹄疫等多种疫情疫病的传统疫区，其牛羊（生）肉因疫情问题而被限制进口，但蒙古国优质低价的牛羊肉在国内市场又有较大需求，于是通过瞒报、夹带、私藏等途径进口屡禁不止，监管难度大，疫情传入风险高。非洲猪瘟在俄罗斯肆虐已超过十年之久，始终没有得到有效控制，非洲猪瘟经我区传入境内的风险依然较大。

中蒙、中俄边境地区生态环境极为相似，边境地区野生动物猎杀与走私时有发生，加之俄蒙疫情疫病复杂多变，监测防控难度极大，疯牛病、非洲猪瘟、禽流感、口蹄疫等重大疫病疫情对我区生物安全构成的威胁将长期存在，国门生物安全形势不容乐观。

（二）进口资源型商品成为有害生物新载体。随着我国工业的快速发展，对资源型产品的需求也日益扩大。我区边境口岸对外辐射的蒙古国与俄罗斯联邦边境地区的矿产资源和木材十分丰富，口岸入境商品主要是煤炭、矿砂、原油、原木、锯材、纸浆等资源型商品。满洲里、二连浩特均为全国进境粮食指定口岸，同时也是俄罗斯木材进口的重要渠道，进口木材、粮食等资源型商品正在成为外来有害生物入侵的新途径和载体，随着进口量的持续增长，我区国门生物安全的压力不断加大。以满洲里为例，2019年检出进境植物有害生物119种7304次，其中检出检疫性有害生物5种37次。满洲里十八里海关在一批俄罗斯进境集装箱桦木原木段中检测发现检疫性有害生物青杨脊虎天牛、欧桦小蠹。这些有害生物一旦传入定殖，被害林木轻则影响生长、降低成林，重则干折头断、大面积死亡。

（三）跨境邮寄包裹检出有害生物持续增加。近年来，电子商务迅猛发展，跨境包裹数量持续快速增长，出现了外来生物通过邮寄包裹进入我区的情况。2018年呼和浩特航空口岸首次截获了检疫性有害生物桔小实蝇，桔小实蝇可造成果实失去经济价值，严重的地区可致使作物绝收，一旦入境繁殖危害极大。随着城市宠物热的日益高涨，各种外来生物成为人们的新宠，海关截获的外来新型宠物逐年增多。2019年满洲里海关共截获外来有害生物150余批次、20种，呼和浩特海关截获14613批次、

99种，加强国门生物安全治理显得越来越迫切。

（四）进口食品安全问题依然突出。近年来我区进口食品的种类与数量持续增加。据统计，内蒙古进口熟制牛羊肉、冷冻马肉数量居全国第一位。2019年，呼和浩特海关共检验检疫进口食品5267批、货值1.67亿美元；检出进口不合格食品22批，批次检出率0.42%，检出率是上年的2倍多，不合格项目集中在货证不符合进口蒙古熟制牛羊肉微生物不符合国家标准要求。

二、筑牢我区国门生物安全屏障的对策建议

新冠病毒的肆虐再次证明生物安全防控是一场输不起的战争。习近平总书记提出的总体国家安全观，为新形势下维护国门生物安全提供了行动指南。加强边境口岸监管，筑牢内蒙古国门生物安全屏障，要以总体国家安全观为指导，强化风险防控意识和底线思维，及时研判我区国门生物安全的特点与规律，积极推进边境口岸分类分级分模式监管，对重点监管品类要做到全过程监管，加强政府间、部门间、社会组织间的交流与合作，形成国门生物安全治理合力。

（一）完善分级分类分模式监管制度。总结近些年来边境口岸监管经验，根据不同口岸的辐射范围、贸易种类和贸易数量，进行科学规划和布局。建议将内蒙古边境口岸划分为生物防控一级口岸、二级口岸和三级口岸，根据口岸级别制定相应的防控和检疫建设标准。对于贸易数量大、生物安全隐患高的进口商品要形成“一品一案”的监管模式，做到源头严防、过程严管、违法严惩。对于防控技术能力强、手段和措施齐全、建有先进的大型检疫处理设施、防控条件好、管理规范、效果突出的口岸定为有害生物安全监管三级口岸，进口携带有害生物风险等级高的商品必须从三级口岸入境，实施最为严格的生物安全监管。对风险小的商品，则可根据风险程度分别从一、二级口岸入境。

（二）强化进口食品全过程监管。一是要健全准入机制。注重源头防控，把好境外食品进口准入关。认真落实境外输华食品准入和生产加工企业注册制度，严格落实“两个一律不准进口”政策，对没有获得准入的国家（地区）的产品一律不准进口，对应注册而未获得注册的境外生产加工企业的产品一律不准进口。二是要加强全流程严管。加大口岸监管、打击走私力度，严禁疫区产品通过瞒报、夹带、私藏等途径进口，严防疯牛病、非洲猪瘟、禽流感、口蹄疫等重大疫病疫情传入风险。强化口岸食品检验把关，开展进口重点敏感食品专项治理。三是加强进口食品安全监管工作督查，确保在受理申报、申报前监管、现场查验、样品管理、实验室检测等各环节操作规范、科学、高效。四是加大违法行为处罚力度。强化对不合格食品的处置，严格实施退货、销毁或改变用途处理，严防不合格食品转关进口。加强海关、市场监管等部门合作，推进食品安全共管共治，对进口食品违法行为形成有效震慑。

（三）形成国门生物安全治理合力。强化国门生物安全治理能力建设，通过逐步完善“制”的建设转化为“治”的效能。一是加强与俄蒙等国家和毗邻地区的合作，推动疫情信息共享，强化疫情预警，从源头控制疫情疫病跨境传播风险。二是加强与世界动物卫生组织、国际植物保护组织等国际组织的定期交流与合作，及时掌握生物安全前沿动态。三是科学统筹我区监管、监测、防控资源，推动建立部门联席会议制度和协调机制，加大动植物疫情相关部门共同监测与防控合作力度。

（审核：内蒙古自治区研究室综合研究处 拟稿：自治区党校刘媛）

社会民生篇

我区重大传染病防控存在的问题和建议

近期，我室就重大传染病防控情况，深入呼和浩特市、呼伦贝尔市、鄂尔多斯市等盟市开展了专题调研。现将调研情况报告如下。

一、存在的问题

（一）重大传染病防控救治资源匮乏。全区传染病专科医疗机构和人员数量不足。截至2019年底，全区794家医院中有传染病医院10家，占比仅为1.26%；近25万医护人员中传染病医院工作人员仅0.3万人，占比不足1.2%；7.8万执业（助理）医师中传染病医院仅有781人，占比仅为1%。另外，人才流失问题较突出，如呼和浩特市传染病医院近年已有22名医师辞职或调离。受经济利益驱使，各类综合医院普遍存在“重医轻防”的观念，传染病防治被边缘化，流行病学调查和专科建设滞后，传染病院区布局不合理，负压隔离病房和负压救护车配置数量严重不足，不能满足传染病医治和防控要求。如内蒙古林业总医院，改造后的传染院区仅能满足“三区两通道”的要求，没有通风系统和独立卫生间，没有配置负压病房和负压救护车。目前基层医疗机构基本不具备发现和治疗新发传染病的能力，新冠肺炎疫情发生后所设立的发热门诊不够规范，可用于集中收治重大突发传染病患者的床位十分有限。如鄂伦春旗人民医院有床位139张，没有单独用于收治传染病患者的床位，仅有3张发热门诊的观察床位。各级疾控机构和医疗机构工作协同、信息共享等机制不完善，相关数据信息仅在小范围内流转，综合分析和研判水平较差，没有实现防与治的有机融合。另外，2020年中央预算内投资支持我区重大疫情救治基地仅有2家，即内蒙古自治区第四医院和呼和浩特市第二医院，项目争取和建设力度不足。

（二）疾控基础能力和检验检测能力薄弱。全区各级疾控机构建设达标率低，66.7%盟市疾控机构和67.4%旗县疾控机构设施建设不达标，空间布局不合理，多数疾控机构紧邻居民区，改造难度很大。如鄂尔多斯市疾控中心办公场所与卫健委、爱卫办、卫生监督局、中心血站等单位共用，且与实验楼相连，楼下一开始做实验，楼上办公区都必须关门窗，存在较大生物安全隐患。生物安全实验室建设落实不到位，全区没有1家P3实验室，包头、兴安、通辽、乌兰察布、鄂尔多斯、巴彦淖尔、乌海、阿拉善等8个盟市各仅有1家具备核酸检测能力的P2实验室，全区50%以上旗县没有P2实验室。各级疾控机构实验室用房严重紧缺，83.3%盟市疾控中心和100%旗县疾控中心实验室面积不达标，功能分区不够合理，甚至共用一间实验室，极易发生交叉污染。如兴安盟疾控中心实验室面积仅达到标准的26.96%。实验室仪器设备更新缓慢，基因测序仪等先进设备缺乏，不能满足应对突发公共卫生事件未知物分析的要求。如呼和浩特市疾控中心检测设备大多是2007年利用荷兰政府贷款购置，大部分已到最长使用年限；除赛罕区A类设备配备率达到80%外，其他旗县区疾控中心设备种类和数量配备率均不达标。

（三）监测预警和物资储备系统建设滞后。卫生健康主管部门与疾控机构、医疗机构间衔接不够，未建立统一有效的疾病预防和救治指挥体系。我区公共卫生监测预警系统主要依托于“国家公共卫生监测网络直报信息系统”开展工作，目前已覆盖四级医疗机构和疾控机构。但调研发现，监测设备普遍陈旧老化，监测信息利用率低，网络直报系统与医疗机构病历信息尚未实现互联互通，农村、学校、菜市场、娱乐场所等重点区域均存在监控盲点。如巴彦淖尔市各级各类学校的校医室和校医设置几乎为空白，缺乏在校疾病预防、应急处置、健康教育等保障措施。另外，应急物资储备的统筹力度不足、轮换更新不及时、采购目录不清晰、产品标准不统一等问题较突出，一旦出现重大疫情，现有物资难以应对疫情处置。以包头市为例，应急物资储备由各级疾控中心或医院自行负责采购，全市应急物资储备种类达标率仅为50%。

（四）公共卫生社会治理和服务效能亟待提升。新冠肺炎疫情暴发以来，各级已初步建立起政府主导、卫生健康等部门牵头、有关部门协同配合的联防联控工作机制，但仍存在条块分割、信息沟通不畅、工作合力不强等问题。另外，疫情防控中社区治理的边界与权限、职能定位、参与主体以及如何融入社会治理等缺乏可操作性细则，社区卫生服务中心设备短缺、基层组织不健全、物业管理服务不足、健康码使用宣传不到位等问题较突出。以呼和浩特市区为例，35家社区卫生服务中心“大三件、小三件”设备均配备不全，且70%以上不是数字化设备。

（五）资金保障不足与专业人员短缺问题突出。《中共中央国务院关于深化医药卫生体制改革的意见》颁发后，医疗和公共卫生两个系统此消彼长，自治区各级财政对公共卫生的投入逐年减少，且多以临时投入为主，远不能满足各种传染病调查处理、疾病监测、样品检验检测、防控应急物资和药品储备更新等各项业务的日常运转。如乌海市疾控中心业务经费由2014年190万元减至2020年90万元，实验室运转经费151万元一直未纳入财政预算；呼和浩特市疾控中心设备更新经费严重不足，许多种类检测设备仅有1台，且老化严重、故障频繁。按照国家和自治区文件要求，全区三级疾控人员应配置7411人，其中专业技术人员占比不低于85%。目前实有编制5571个，在编在岗人员仅有4956人，其中专业技术人员占比不足70%。以鄂尔多斯市疾控中心为例，目前持有公共卫生执业证书的有66人，占比为48.9%；检验检测人员中有专业学历的仅有3人，占比为12.5%。2003年“非典”以来，各级疾控机构逐步取消了原来的营利性收费项目，从业人员待遇较低，加之传染病防疫津贴落实不到位、技术人员职称聘任难等问题，疾控人才引进愈发困难，各级疾控机构普遍面临人员结构老化、梯队断档的窘境，目前全区疾控人员中50岁及以上人员占比达37%。

二、对策建议

（一）强化传染病预防治疗能力。完善重大传染病防控救治体系，高起点规划建设自治区级公共卫生综合临床中心，形成集预防医学、临床治疗、应急响应、患者管理、科研交流培训于一体的大型公共卫生服务机构。按照人口分布和疾病谱情况，依托盟市级医疗卫生资源，布局包头、呼伦贝尔、赤峰、鄂尔多斯四大区域重大疫情防控救治基地，形成“1+4”公共卫生临床救治体系。建设平灾结合的陆空一体化急救转运体系，积极申报国家紧急医学救援基地和航空医学救援基地。加强传染病救治资源配置，补齐盟市、旗县传染病区（科）短板，各地区结合实际情况，有计划地新建和改扩建独立传染病医院或传染病院区，完善负压病房设施，配置负压救护车，并列为属地疾控中心的传染病防控基地。强化医防融合、平战结合，明确和落实各级公立医院的公共卫生职责，保障感（传）染科专用业务用房，加强发热、肠道、呼吸门诊和急诊标准化建设，建立健全突发公共卫生事件的应急响应机制。在全区三级甲等医院布局建设传染病重症病房，健全各级各类医疗机构与疾控机构定期分析会商和研判制度。完善中西医协作机制，推行传染病中西医结合诊疗方案，加强中医药人才、技术储备，提高全区蒙、中医院应急和救治能力。建设覆盖全区各级各类医疗机构的疾病预防控制应用数据平台，形成传染病、慢性病及危险因素、免疫规划、精神卫生、健康危害因素、疾病预防控制综合管理与爱国卫生应用等六大业务系统网络，提高实时分析、集中研判能力。

（二）强化实验检验研究能力。提升疾控机构“一锤定音”能力，强化各级疾控中心现场调查处置能力、信息分析能力、检验检测能力和科学研究能力，发挥领头雁作用。按照《疾病预防控制中心建设标准》及实验室生物安全要求，实施全区各级疾控中心业务用房和设施设备标准化建设，自治区、盟市、旗县疾控中心建设面积分别不低于4万、2万、1万平方米，实验室占比不低于55%。建立健全各级各类实验室，加强P3实验室建设，实现盟市级负压P2标准实验室、旗县级P2标准实验室全覆盖，配备齐全疫情发现、标本采集、现场处置等设备，形成24小时内完成禽流感、鼠疫、艾滋病等重大传染病快速检测的能力。建立重大传染病研究资源共享平台，加强药物及疫苗研发、病原学与流行病学等领域的科研攻关。

（三）强化应急管理和保障能力。全面加强重大传染病应急管理领域法治建设，加快制定完善传染病防治、公共卫生应急、生物安全风险防控和治理等方面的地方性法规。加强突发公共卫生事件指挥能力建设，高标准建设自治区公共卫生应急指挥中心，形成统一领导、权责匹配、智慧高效的公共卫生应急指挥调度系统。完善突发重大传染病事件应急预案体系，细化事件分级标准，完善监测、预警、报告、救治等应对处置方案，明确相关部门社会面管控措施。构建多层级重大传染病事件监测预警系统，强化第一时间调查核实和先期控制措施的落实，建立疫情核实结果通报与报告同步、疫情发布与应急响应请示同步的机制，完善口岸、机场、火车站、长途客车站、学校等重点公共场所监测哨点，完善传染病专科医院和二级以上医疗机构发热、呼吸、肠道门诊以及社区卫生服务中心发热筛查哨点。建立公共卫生应急征用机制，新建大型场馆在场地设置、通风系统等方面预留转换接口和空间，形成快速转化为救治和隔离场所的条件。建立公共卫生事件“预备役”制度，分级分类组建卫生应急队伍，覆盖流行病学调查、医疗救治、实验室检测、社区指导、物资调配等领域。健全应急物资保障调度机制，建设自治区、盟市两级应急储备中心，加强疫苗、药品、试剂和医用防护物资储备。立足我区产业实际，建立或储备必要的医疗物资生产线，确保物资及时到位。

（四）强化基层防控和服务能力。加大依法防控、联防联控、群防群控力度，压实盟市、旗县属地责任，落实部门防控职责，形成道口防输入、社区防扩散的公共卫生社会面防控体系。建立应急状态下街道、公安派出所、社区卫生服务中心三方联动机制，完善以基层党组织为核心、居委会为主导、社会各方面共同参与的基层社区防控架构。修订完善《内蒙古自治区物业管理条例》，明确社区物业的疫情防控和重大公共卫生等突发事件处置职责。健全疾控机构和城乡社区联动机制，压实乡镇卫生院和社区卫生服务中心疾病预防职责，推进基层卫生服务机构发热门诊、发热病房标准化建设，强化预检分诊、隔离观察、协同转运、应急处置等功能。把健康教育和文明生活方式教育纳入国民教育和精神文明建设体系，把公共卫生安全纳入中小学教学内容，建立健全突发公共卫生事件健康科普体系，提升广大群众公共卫生应急素养。

（五）强化资金、人才保障能力。完善政府常态化投入、分级负责的公共卫生经费保障机制，把卫生应急经费列入财政预算，足额保障重大疫情防控所需基本建设、设备购置、物资储备等经费。拓宽资金筹集渠道，运用地方政府债券、政策性贷款和社会资本等方式强化资金保障。加强全区医学院校公共卫生与预防医学、传染病、卫生应急管理等学科建设，着力培养病原学鉴定、疫情形势研判和传播规律研究、现场流行病学调查、实验室检测等专业人才。健全公共卫生机构专业队伍培养、待遇保障、考核评价和激励机制。按照国家和自治区标准核定各级疾控机构人员编制，2020年底前对全区各级疾控机构专业技术人员进行集中补充，对于高级专业技术人员和急需紧缺专业人才，采取直接考核的方式公开招聘，适当增加专业技术高级岗位比例，将高中初职称比例由2∶4∶4调整为3∶4∶3。加快疾控等专业公共卫生机构的薪酬制度及绩效评价制度改革，贯彻落实习近平总书记“两个允许”重要讲话精神，探索疾控机构实行“公益一类财政供给、公益二类绩效管理”，提高职工绩效工资比例和防疫津贴补贴标准，允许在完成核定任务基础上提供技术服务，合理增加收入，缩小与公立医院的薪酬差距。加大基层公共卫生专业人才引进力度，2020年底前集中补充基层医疗卫生机构专业技术人才，2021年底前足额配齐基层专业技术人员。提升基层全科医生工资水平，设立全科医生津贴，使其工资水平与当地旗县级医院同等条件临床医生工资水平相当。

（内蒙古自治区研究室社会发展研究处）

呼和浩特市蔬菜供应、价格情况调研报告

按照自治区政府主要领导要求，自治区研究室与农牧厅、商务厅、市场监督管理局、国家统计局内蒙古调查总队，对呼市蔬菜供应、价格情况作了专题调研。从调研掌握的情况看，近年来呼市在落实“菜篮子”市长负责制方面采取了不少措施，取得一定成效，同时存在的问题也比较突出。

一、蔬菜价格多年来一直居高

调研组了解了近5年呼市的蔬菜价格，自治区发改委重点监测的15种蔬菜价格，呼市的涨幅一直比较大，高于周边城市。今年农业农村部反馈了2018年度全国36个城市“菜篮子”市长负责制落实情况考核结果，呼市是被考核城市中“菜篮子”产品价格涨幅最大的城市之一。

今年以来，受疫情等多种因素影响，呼市蔬菜价格上涨问题更为突出。特别是进入7月本地蔬菜生产旺季后，重点监测的15种主要蔬菜与周边城市相比，价格仍然明显偏高，其中有9种蔬菜的零售均价高于太原、石家庄、银川20%以上，居民日常主要消费的6种蔬菜价格高于

包头7%、高于赤峰31%。以黄瓜为例，7月呼市为每斤2.07元，周边城市价格最低的银川市为每斤1.64元。

2016—2019年部分城市6种蔬菜及15种蔬菜平均价格

单位：元/500克

	呼和浩特市	包头市	赤峰市	太原市	石家庄市	银川市
大白菜	1.38	1.31	0.92	1.18	1.04	1.12
油菜	2.83	2.65	2.39	2.89	2.89	2.13
黄瓜	3.21	2.73	2.25	2.67	2.57	2.86
茄子	3.40	2.33	2.22	2.66	2.54	2.75
西红柿	3.49	3.08	2.47	2.71	2.81	2.84
青椒	3.55	3.20	2.57	3.27	3.01	2.83
15种蔬菜平均	3.12	2.81	2.17	2.46	2.44	2.50

蔬菜价格高增加了居民生活支出，特别是给低收入家庭带来较大压力。本次调研向市民发放1898份有效调查问卷中，有一半市民认为购买蔬菜费用占到了家庭月消费支出20%以上。

二、蔬菜生产能力不足

（一）蔬菜种植面积持续减少。随着城市建设推进，呼市近郊菜地被大量征用。2014年到2019年，全市蔬菜种植面积由1.28万公顷减少到8240公顷，减少37.5%，蔬菜产量由81万吨下降到53.93万吨，下降33.4%。目前呼市蔬菜种植面积仅相当于包头市的1/2、赤峰市的1/10。国家对“菜篮子”产品生产能力考核项总分24分，呼市仅得8分。

（二）生产方式粗放。以小规模家庭经营为主，新型经营主体不强。设施蔬菜仅占种植面积的50%，其中基地化运营、规模化生产的设施大棚仅占25%。多数设施蔬菜种植仍然采用传统平面栽培方式，综合、立体、集成栽培技术应用少，无土栽培、水肥一体化、PO膜、石墨稀保温膜等技术和材料还未得到推广。菜农普遍反映，因种植技术相对落后，同样的种子或株苗，蔬菜产量远低于赤峰、包头等地。

（三）生产成本高，存在质量安全风险。露地蔬菜和设施蔬菜生产成本均逐年增高。以设施黄瓜为例，2019年每亩生产成本1.8万元，比2018年增加了9.6%，比2017年增加了16.8%，比赤峰市、鄂尔多斯市、包头市分别高81.8%、58%和20.9%。除了人工成本费用相对较高之外，主要是种子、化肥、农药费用高，每亩黄瓜的种子费用是赤峰市的2.4倍、鄂尔多斯市的1.8倍、包头市的1.2倍，化肥、农药费用是赤峰市的3.8倍、鄂尔多斯市的5.8倍、包头市的1.9倍。种子费用高的原因，主要是呼市育苗基地建设滞后，种苗需要从山东寿光等地采购。化肥农药费用高的原因是由于技术支撑不足，种植户主要通过大量使用化肥、农药来提高产量，不仅增加了蔬菜生产成本，也影响土壤环境和蔬菜产品质量安全。此外，占全市蔬菜种植总面积近50%的零散种植户，仍无法实现质量可追溯，质量安全管理薄弱。

2019年部分盟市设施黄瓜生产成本

单位：元/亩

	呼和浩特市	包头市	鄂尔多斯市	赤峰市
生产成本	18147.27	15005.83	11484.7	9980.57
#每亩物质与服务费用	10033.54	6455.83	4852.7	3960.02
（一）直接费用	8335.91	5700	3811	3247.69
1.种子费	2232.83	1909	1242	946.17
2.化肥费	1889.98	1612.5	364.83	576.46
3.农药费	1402.92	202.5	225.2	322.17
4.农家肥费	671.08	545.33	850.2	401
5.农膜费	513.57	465.33	390.67	327.56
6.租赁作业	439.47	374.84	272.2	304.83
7.工具材料费	992.48	406.83	298	329.33
8.维护修理费	166.73	183.67	168.2	40.17
（二）间接费用	1697.63	755.83	1041.4	712.33
#每亩人工成本	8113.73	8550	6632	6020.55
1.家庭用工折价	7040.40	7140	6380	6020.55
2.雇工费用	1073.33	14100	252	0
雇工天数	9.62	8.83	1.8	0
雇工工价	111.57	159.68	140	150

三、蔬菜流通体系不完善

（一）流通环节多。至少有5个环节：产地→运输商→本地批发市场→市场坐地菜贩→零售商→消费者。每个环节要加价0.3-0.5元/斤，其中零售商加价最多，通常每斤加价1.0元左右，对损耗大的绿叶菜加价更高，一般在2元左右。比如生菜，8月地头价2.2元，零售价6元，差价达到3.8元。冬季外调蔬菜流通运输成本比地产蔬菜高15%以上。同时，蔬菜在流通环节的损失率高达25%-30%，间接抬高了菜价。

（二）物流配套设施不完善。冷库、物流等设施短缺。全市仅有美通批发市场1个大型冷库，并且主要储存菌菇类蔬菜，现有仓储能力无法满足实际需求。为菜农配备了新能源运输车，但充电桩建设滞后，运输车续航不足以满足运距和运能，导致车辆闲置。

（三）市场建设滞后。农贸市场方面，市区建成5个占地100亩以上的大型农贸批发市场，经营面积600㎡以上的农贸市场近60个。但美通一家蔬菜销量占全市的80%左右，其他大型批发市场的辐射带动作用、良性市场竞争作用没有完全发挥出来。部分农贸市场利用城市“边死角”或遗留土地建设改造而成，存在基础设施不达标、经营管理不规范的问题。便民市场方面，大多是政府拿出临时用地，交由私营企业建设、管理、运营，摊位租金高的问题突出。比如，春晖便民市场10平方米摊位每年租金1.5万元，占蔬菜销售成本的一半以上。“农超对接”方面，《全国蔬菜产业发展规划（2011—2020年）》提出，支持“农超对接”，“十二五”末经超市销售的蔬菜比例提高至30%。目前呼市经“农超对接”销售的蔬菜占比不到10%。

（四）产供销信息服务不到位。蔬菜产供销信息平台不完善，发布的生产信息多、市场信息少，特别是前瞻性的市场预测和市场预警信息少，对蔬菜生产和流通的指导作用小。菜农很难准确掌握市场行情和市场需求，生产具有一定的盲目性，难以走出“价高多种，多种价跌”“价跌少种，少种价涨”的怪圈，造成短缺和过剩交替出现，形成“菜贱伤农，菜贵伤民”的问题。

四、落实制度和政策不到位

（一）落实关于提高菜篮子产品自给水平的要求不到位。国务院明确要求，直辖市、省会城市、计划单列市等大城市“菜篮子”产品的自给水平保持稳定并逐步提高，并且要根据具体情况，合理确定“菜篮子”重点产品自给率等指标，并作为大中城市市长负责制的内容。2016—2020年呼市每年政府工作报告均提出，推进“菜篮子”工程，提高自给率。但是呼市蔬菜自给率低的状况仍没有明显扭转，夏秋季蔬菜自给率不足60%，冬春季自给率不足20%。

（二）落实“菜篮子”发展规划制度不到位。国务院多次要求，大中城市要制定郊区“菜篮子”建设发展规划。呼市一直没有出台“菜篮子”建设发展规划，发展蔬菜产业缺乏规划的指导、约束和保障，没有明确的目标和持续有效的措施。

（三）落实菜地最低保有量制度不到位。国务院相关文件和全国蔬菜产业发展规划明确，实行菜地最低保有量制度，要求全国36个大城市（包括直辖市、计划单列市、省会城市等）按照提高蔬菜特别是叶类菜自给率（自产蔬菜占本市常住人口蔬菜消费总量的比例）的要求，规划确定常年菜地最低保有量。但是呼市一直没有提出菜地最低保有量的约束性要求和制度安排，导致菜地持续减少，目前市区除了赛罕区还留存一部分老菜地，在城市周边30公里范围内没有建设新菜地。

（四）落实扶持政策不到位。国家要求，各级政府将蔬菜生产基地和市场建设纳入国民经济和社会发展规划，加大对蔬菜产业发展的扶持力度。2012年呼市对建设温室大棚给予一定补贴，但由于不精准，出现了部分套取建设补贴现象，建设的部分温室大棚在棚间距、保温墙壁厚度等方面不符合标准，无法满足农民种植需求和种植技术条件。据统计约有35%的设施大棚处于闲置状态。从2014年起呼市没有出台过支持蔬菜产业发展的扶持政策。自治区用于支持蔬菜产业发展的专项资金到旗县区被挪用问题突出。

五、工作建议

“菜篮子”工程事关千家万户的切身利益，党中央、国务院高度重视，习近平总书记等中央领导同志多次作出重要指示。从这次调研和平时了解的情况看，一些地区还没有把这项工作摆在应有位置。因此，必须推动各级各部门切实提高政治站位，自觉践行以人民为中心发展思想，把抓好“菜篮子”建设作为政治任务，把确保市民“菜篮子”货足价稳作为保障和改善民生的底线要求。

（一）严格落实“菜篮子”市长负责制。坚持问题导向，对照“菜篮子”市长负责制的要求和考核体系补短板强弱项，该落实的责任要落实到位，该完成的任务要实打实地完成，真正让市长负责制成为硬约束、硬责任。虽然城市农业包括蔬菜产值比重小，但是在经济民生的中地位不能弱化，特别是大中城市决不能简单地把蔬菜生产甩给主产区、流通甩给大市场，必须按照国家要求稳定提高蔬菜自给能力和应急供应能力。

（二）强化制度执行。按照党的十九届四中全会要求，要强化制度意识，自觉尊崇制度、严格执行制度、坚决维护制度。对国家关于“菜篮子”工程建设和发展蔬菜产业的制度，特别是“菜篮子”发展规划、菜地最低保有量、储备调节制度等制度，要不折不扣落实到位。要加强对制度执行的监督，坚决杜绝做选择、搞变通、打折扣的现象。

（三）完善和落实扶持政策。全面梳理国家和自治区出台的政策措施，推动已出台政策落地见效。对没有落实到位的，要拿出有针对性的措施，有效推动落实。该扶持的要完善扶持政策，并且要扶持到位。特别是对带有公益性农贸市场、便民市场等基础设施，要加大支持力度。

（四）加快转变蔬菜产业发展方式。坚持生态优先、绿色发展，加大科技投入，加快“菜篮子”示范基地建设，实现标准化、规模化、绿色化生产。加强“菜篮子”市场体系建设，持续推进农贸市场提档升级，科学有序加密农贸市场和零售网点，依托“互联网+”发展农超对接、农社对接、直采直供等模式，推进农产品全程冷链物流服务。扶持农民专业合作社和规模化生产主体，提高蔬菜生产的组织化程度和产业化水平。提升“菜篮子”安全监管能力，建立健全质量安全追溯体系。依托现代信息技术，加强市场信息采集、分析与发布，引导产销平衡、价格稳定。

（五）加强督查指导。自治区相关部门要充分发挥职能作用，加强对盟市“菜篮子”工程的指导、督查与考核，强化考核结果运用。对国家对“菜篮子”市长负责制考核指出的问题，要加大督查督办力度，对整改不力的部门和地方依规依法严肃追究责任。

（内蒙古自治区研究室信息研究处）

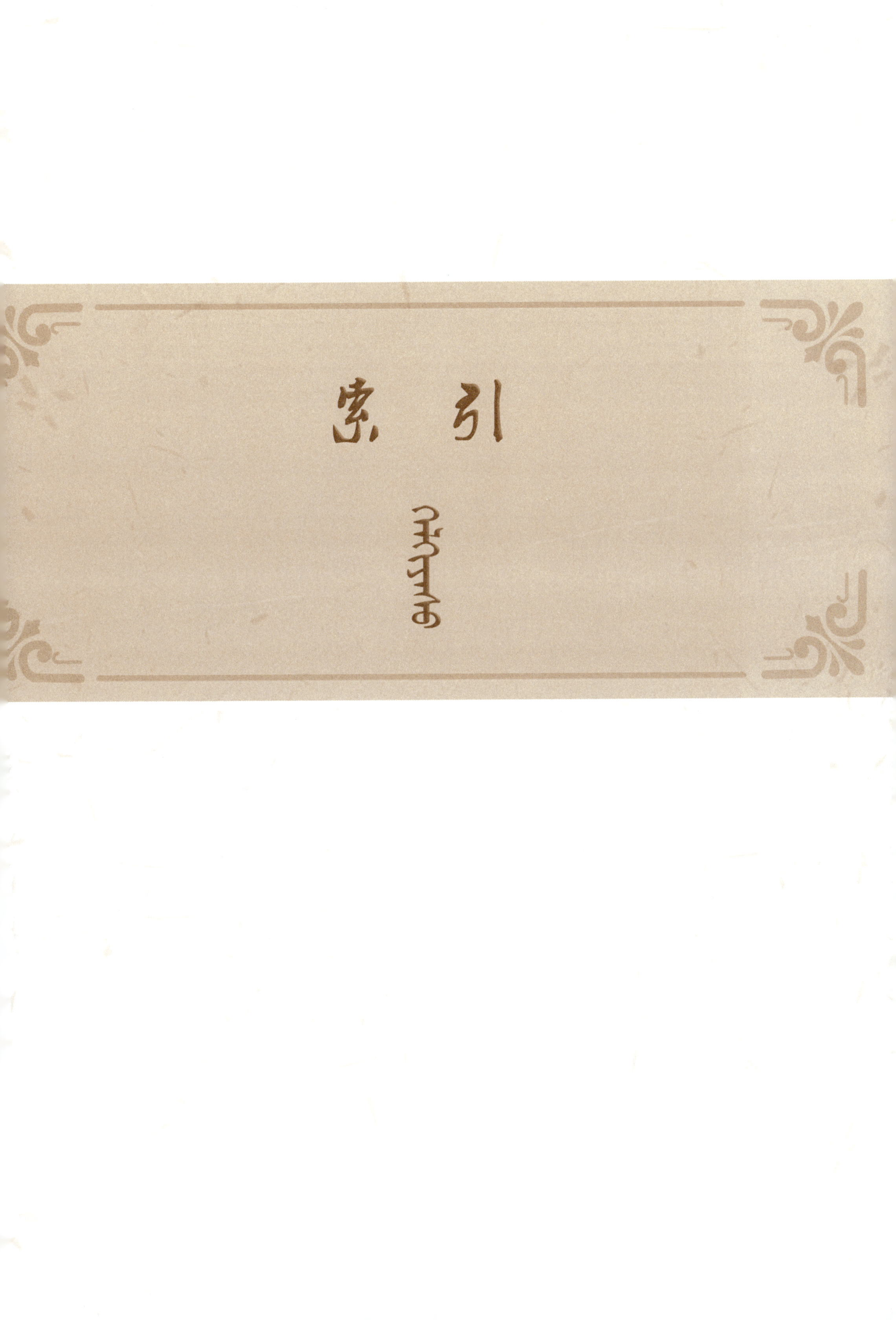

索引

使用说明

1. 本索引采用内容分析索引法编制。除大事记外，年鉴中有实质检索意义的内容均予以标引，以便检索使用。

2. 本索引基本上按汉语拼音音序排列。具体排列方法如下：以数字开头的，排在最前面；以英文字母打头的，列于其次；汉字标目则按首字的音序、音调依次排列，首字相同时，则以第二个字排序，并依此类推。

3. 索引标目后的数字，表示检索内容所在的年鉴正文页码；数字后面的英文字母 a、b、c，表示年鉴正文中的栏别，合在一起即指该页码及左、中、右三个版面区域。年鉴中用表格、图片反映的内容，则在索引标目后面用括号注明（表）（图）字，以区别于文字标目。

4. 为反映索引款目间的隶属关系，对于二级标目，采取在上一级标目下缩二格的形式编排，之下再按汉语拼音音序、音调排列。

0～9

A

B

C

D

E

F

G

H

J

K

L

M

N

O～P

Q

R

S

W

Y

（王彦祥、毋栋 编制）